투명기계

 C 카이로스총서 53

투명기계 Transparent Machine

지은이 김곡

펴낸이 조정환
책임운영 신은주
편집 김정연
표지디자인 조문영
홍보 김하은
프리뷰 전성욱·한태준

펴낸곳 도서출판 갈무리 등록일 1994. 3. 3. 등록번호 제17-0161호
초판 인쇄 2018년 10월 22일 초판 발행 2018년 10월 26일
종이 화인페이퍼 인쇄 예원프린팅 라미네이팅 금성산업 제본 은정제책

주소 서울 마포구 동교로18길 9-13 [서교동 464-56]
전화 02-325-1485 팩스 02-325-1407
website http://galmuri.co.kr e-mail galmuri94@gmail.com

ISBN 978-89-6195-186-9 93680
도서분류 1. 영화 2. 철학 3. 미학 4. 예술 5. 정치

값 45,000원

이 도서의 국립중앙도서관 출판예정도서목록(CIP)은 서지정보유통지원시스템 홈페이지(http://seoji.nl.go.kr)와 국가자료공동목록시스템
(http://www.nl.go.kr/kolisnet)에서 이용하실 수 있습니다.(CIP제어번호 : CIP2018028527)

이 도서는 한국출판문화산업진흥원의 출판콘텐츠 창작 자금 지원 사업의 일환으로 국민체육진흥기금을 지원받아 제작되었습니다.

투명기계

화이트헤드와 영화의 소멸
김곡 지음

Transparent Machine :
Whitehead and
the Perishing of Cinema

갈무리

일러두기

1. 영화 제목은 본문에서 원어를 병기하지 않았으며 모두 찾아보기에 병기하였다. 국내에 개봉 혹은 출시되지 않았거나, 잘 알려지지 않은 작품의 제목은 저자가 의역하였다.

2. 영화 제목은 모두 꺾쇠에 넣었다. 다만 저자가 중요하다고 생각하는 정식이나 등식 또한 꺾쇠에 넣었다. 예를 들어, <미래=영원>.

3. 같은 작가의 영화를 나열할 때는 꺾쇠 사이에 쉼표를 찍지 않았다. 단 다른 작가의 영화들을 나열할 때는 쉼표를 찍어서 구분하였다.

4. 단지 정보 차원에서 제공되어야 할 영어나 한자는 모두 첨자로 병기했다. 다만 그 영어나 한자에 내포된 의미가 되새겨질 필요가 있는 경우는, 첨자로 병기하지 않고 이탤릭 등으로 강조하였다. 예를 들어, 허풍(虛風 -가짜 하늘). 또는 플래시-백.

5. 용어표는 가장 주요한 개념부터 포괄적으로 적되, 세부개념에 있어서는 이 책의 챕터 흐름을 따랐다.

6. 찾아보기는 각 작품의 제작국가의 원어로 표기함을 원칙으로 했다. 그러나 상대적으로 친숙하지 않은 언어(예컨대 체코어, 폴란드어, 핀란드어, 러시아어 등)의 경우, 그리고 유사제목이 있거나 원제보다 더 통용되는 별칭이 있는 경우, 혼선을 피하기 위해 영어 병기를 함께하기도 했다.

7. 자주 인용되는 알프레드 노스 화이트헤드(Alfred North Whitehead)의 저서들은 약어로 표기하였다.
   CN : *The Concept of Nature*, Cambridge University Press, 1995 edition.
   SMW : 『과학과 근대세계』(*Science and the Modern World*), 오영환 옮김, 서광사, 2005(1판).
   SME : 『상징활동 : 그 의미와 효과』(*Symbolism : Its Meaning and Effect*), 문창옥 옮김, 동과서, 2003(1판).
   FR : 『이성의 기능』(*The Function of Reason*), 정연홍 옮김, 이문출판사, 2000(4판).
   PR : 『과정과 실재』(*Process and Reality*), 오영환 옮김, 민음사, 2003(2판).
   AI : 『관념의 모험』(*Adventures of Ideas*), 오영환 옮김, 한길사, 2002(1판).
   MT : 『사고의 양태』(*Modes of Thought*), 오영환·문창옥 옮김, 도서출판 치우, 2012(1판).

8. 필요에 따라서 통례의 표기법이나 문법을 지키지 않은 부분이 있다. 모두 말해지는 바가 좀 더 생생히 체감되도록 하려는 저자 본인의 목소리다.

어머니, 아버지,
그리고
장 여사에게

불이 꺼진다. 스크린에 이미지가 던져지면, 무언가가 우리를 휘감는다. 누군가 빛이라 했고, 누군가는 그림자라 했고, 누군가는 유령 혹은 물질이라 할 그것이.

이렇게 그들의 이름이 달라지는 건 그들의 오류가 아니다. 반대로 이것이 바로 그들 캐릭터의 본질로서, 그들은 저 너머에 있다기엔 너무나 없고, 반대로 저 너머에 없다기엔 너무나 있는 자들이기 때문이다. 실상 영화는 단지 우리 눈앞에서만 일어나는 사태가 아니다. 그건 우리 눈 뒤에서도, 뇌 안에서도 일어나는 일이며, 엄밀히 말해선 스크린에 견주어도 하나도 꿀릴 것 없는 우리의 망막, 피부, 필름과 나 사이의 그 간극, 보이지 않지만 너무나 충만한 표면에서 일어나는 일이다. 내부와 외부 어디에도 독점적으로 속하지 않음으로써 그 둘을 접붙이는 그들의 공통경계로서의 표면에서.

이 책은 바로 그 표면이 영화 자신임을 보여주려고 한다. 실상 표면은 영화의 진짜 주인공이었음에도 불구하고, 게다가 우리는 이러한 사실을 너무나 탁월하게 즐기고 또 누리고 있었음에도 불구하고, 그는 개념의 교실에만 진입하면 습관적으로 왕따 당해왔다. 극영화 이론은 으레 심도주의였다(주로 유럽권). 여기서 심도는 이미지 너머로 향한다. 반면 실험영화 이론은 으레 사물주의였다(주로 영미권). 여기서 객관화는 관객의 의식으로 돌아온다. 한쪽은 표면이 너무 없다고 말하고, 다른 한쪽은 표면이 너무 있다고 말한다. 하지만 말이 사실을 이길 수 없다. 우리는 심도와 사물 중간에서, 그 귀신같은 표면에서 언제나 영화와 마주친다. 차라리 그 마주침이 곧 영화다. 고로 표면은 소유되지 않는다. 표면에게 소유는 곧 빙의이기 때문이다. 빙의는 변신을 부른다. 이 역시 심도주의가 말하는 소통과도, 사물주의가 말하는 의식화와도 전혀 다른 어떤 사태다.

표면을 일단 '관계'라고 이해해도 좋을 것이다. 하지만 이것이 다시 헤벌쭉이 상대주의는 아니다. 영화의 표면은 외려 원자론에 가깝다. 여기서 우린 시간이 열림보다는 닫힘에 가까웠음을 새삼 발견할지도 모른다. 나아가 우린 영화가 – 이론가들은 넘어섰다고 자부했던 – 한 장의 사진이고, 한 편의 공연이며, 심지어 스스로 닫히는 연극이었음을 발견할지도 모른다. 이만희의 〈휴일〉이 경주했던 바로 그러한 폐쇄성으로부터 우린 표면의 가장 강력한 증언을 듣게 되는지도. 설령 그것이 우리가 통상 가져오던 리얼리즘이라는 관념을 개헌하는 원치 않던 폭력일지라도.

이 책의 전체적인 뼈대는 (그 심오함에 비한다면 한참 덜 알려진) 화이트헤드를 참조했다. 화이트헤드의 세계는 정확히, 심도주의와 사물주의가 은밀히 꿍쳐오던 '실체'를 제거한 표면들만의 세계이기 때문이다.

이러저러한 개념적 혹은 물리적 눈치들에 치여서, 그 용기박약에 스스로 발목 잡혀 한국작가들(특히 독립-실험 진영의)을 더 많이, 더 깊이 다루지 못한 게 후회로 남는다. 하지만 이것은 미학적 후회가 아니라 실천적 후회. 실천만이 아름다운 게 사실이라면, 그들은 이미 충분히 아름답기 때문이다.

또 하나, 눈앞에 주어지는 이미지에 대해서 '평가'하지 않으려고 노력했다. 주어지는 어떤 이미지도 귀중하지 않은 것은 없을진대, 마치 거기에 귀천이 있는 양, 1등과 꼴등이라도 있는 양, 우등생과 열등생이라도 있는 양, 이미지들을 내려다보며 줄세워 평점 매기고 평가하는 짓이야말로, 개념이 할 수 있는 최고의 오만이자 폭력이기 때문이다. 이미지의 진화선상에서 못남이란 있을 수 없다. 다름만이 있을 뿐이다. 개념은 언제나 이미지의 곁에서 태어나, 그 결을 따라가고, 이미지의 편에 서야 한다. 개념은 이미지의 비명과 옹알이를 번역해주고 그 세세한 차이들을 살펴, 혹시나 있을 오독과 와전에 그가 원통하여 무덤에서 벌떡 일어나는 일이 없도록 해주는 이미지의 충직한 무당이어야 한다. 그게 아니라면 개념은, 먹물 먹고 이 쑤시는 골목대장에 불과하다.

좋은 무당에게 번역하지 못할 방언이란 없다. 선무당만이 이미지를 탓할 뿐이다.

현실에서든 개념에서든, 정치는 접신 다음에나 가능한 일이다. 그 역순은 절대 불가능하다.

이것이 이 책이 이미지를 줄 세우느니 차라리, 그를 줄 세우려던 개념들을 줄 세우는 쪽을 택한 이유다.

1부 과거와 소멸 : 표면과 몽타주에 대하여

3부 미래와 평행 : 풍경과 내러티브에 대하여

4부 영원과 변신 : 막과 무대에 대하여

부록

1부
과거와 소멸 :
표면과 몽타주에 대하여

소멸의 원자론 : 화이트헤드, 베르그송, 필름

1-1. 화이트헤드와 필름스트립

시간이란 소멸이다. 이 한마디로부터 모든 것을 시작해보자. 화이트헤드는 자신이 빚지고 있다고 여기는 플라톤과 로크로부터 이 테제를 취했는데 그들과는 완전히 다른 목적 아래에서였다. 만약 시간이 소멸이 아니고 단지 운동 혹은 변화일 뿐이라면, 시간 안에는 불변하는 것이 다시 남는다는 것이다.[1] 가령 근대 이전의 서양철학은 이데아를 상정했다. 근대에 와선 그것을 에테르나 진공으로 뒤바꿨을 뿐이고.[2] 그러나 종교적 실체나 과학적 실체나 모두 불변하는 기체로서는 매한가지다. 화이트헤드는 아리스토텔레스를 비난했다. 변화하는 속성들과 불변하는 실체의 이원론을 철학과 과학 모두에게 전파한 주범이라는 이유에서였다.[3] 소멸 개념은 불변기체를 끝장내기 위함이다. 그리고 소멸은 불변실체의 이름 아래 전통 철학이 그동안 혼동해왔던 실체–속성이라는 물구나무선 주술관계의 재배열을 요구한다. 그것은 영원한 주체(실체)와 시간적 대상(속성)이라는, 번지수가 잘못 매겨진 두 아리스토텔레스적 요소들에 대한 재심의다.

『과정과 실재』의 끈질긴 경고를 한마디로 요약하면 다음과 같다. 다시 아리스토텔레스적 불변기체로 돌아가지 않기 위해서 혼동하지 말아야 할 것은 시간 안에

---

1. PR 2부 2장 5절.
2. PR 2부 2장 4절. "〈공허한 현실태〉의 관념은 〈실체에 있어서의 성질의 내속〉이라는 관념과 매우 밀접하게 결부되어 있다. 유기체 철학의 형이상학적 학설에 있어서 근본적인 점은 변화의 불변적 주체로서의 현실적 존재라는 개념이 완전히 폐기된다는 데에 있다."(97).
3. SMW 3장, 9장. AI 8장.

있는 것과 시간 바깥에 있는 것이다. 한편엔 소멸하는 것, 시간적인 것으로서의 주어가 있고, 다른 한편에는 소멸하지 않는 것, 초시간적인 것으로서의 술어가 있다. 화이트헤드는 전자를 "현실적 존재"actual entity, 후자를 "영원한 객체"eternal object라 부른다. 현실적 존재는 연접conjunction을 구성하는 시간적인 존재로서, 소멸하기를 반복하는 대신에 생성 또한 반복한다. 그래서 소멸이란 무無로의 소멸이 아니다. 만약 그러했다면 소멸은 현실적 존재들의 집합에 공백을 남길 것이며, 영원의 끝에서 우주엔 거대한 무만이 남을 것이기 때문이다. 이와 반대로 소멸한 하나의 현실적 존재는 마치 죽은 자가 태어나는 자에게 돌아오듯이 시간에 있어서 후행하는 다른 현실적 존재에게로 객체로서 돌아온다. "현실적 존재는 주체적으로 〈끊임없이 소멸〉되지만 객체적으로 불멸한다."[4] 불멸이란 소멸의 대가이다. "소멸은 〈객체적 불멸성〉의 달성이다."[5] "현실적 존재는 변화하지 않는다."[6] 현실적 존재는 소멸하고 또 불멸할 뿐이다. 그리고 바로 이러한 조건 아래에서만 어떤 현실적 존재를 둘러싸면서도 그에 내재하는 다른 모든 현실적 존재들의 집합, 즉 "결합체"nexus, 나아가 "결합체들"nexūs만이 우주의 유일한 경험적 사실이라고 말할 수 있다.

반면 이접disjunction을 구성하면서 현실적이었던 적도 없고, 현실적일 리 없을 존재가 있다. 그들은 소멸하지도 않기에 불멸한다고도 말할 수 없다. 그들은 영원하다. 영원한 객체는 가능태이되 "순수한 가능태"pure potentiality다.[7] 필요할 때면 언제든지 나타나곤 하는 색깔, 모양, 질감뿐만 아니라 머릿속으로 생각할 수 있는 모든 것이 영원한 객체다(고로 우리가 현실적 존재에 대해서 "물리적 느낌"을 가진다면, 영원한 객체에 대해선 "개념적 느낌"을 가진다). 영원한 객체는 영원히 객체다. 백년손님이고 천년만년손님이다. 영원이 지나도 객客이기 때문이다. 하지만 영원한 객체는 영원히 손님인 바로 그 까닭으로 각기 다른 시간들의 뚜쟁이이기도 하다. 그들은 영원이 지나더라도 결코 중복될 수 없는 새로운 관계를 수반하므로, 현실적 존재들의 접착제

---

4. PR 98.

5. PR 158.

6. PR 310.

7. PR 1부 2장 2절, 87. 화이트헤드가 영원한 객체에 굳이 붙이는 이 형용사("순수한")에 대해서 우리는 곱씹어볼 것이다. 그것이 베르그송의 '잠재태'(virtualité)와의 차이를 드러내기 때문이다.

이며 "사건들의 통역자"[8]가 된다. 어찌 보면 영원한 객체 자신은 무시간적이다. 허나 그 목표는 그 자신 외에 어떤 다른 시간으로도 침해될 수 없는 각기 고유한 시간을 각 존재들에게 허용하기 위함이다. 그래서 영원한 객체의 다수성엔 초월적인 성격이 있다. "단순히 모든 영원한 객체의 집합이라 할 수 있는 것과 같은 하나의 존재란 없다. 왜냐하면 우리가 어떤 영원한 객체의 집합을 머리에 떠올린다 하더라도, 거기에는 그 집합을 전제하면서도 그것에 속하지 않는 부가적인 영원한 객체가 언제나 존재할 것이기 때문이다."[9] 그래서 "새로운 영원한 객체라는 것은 있을 수 없다."[10] 만약 객체가 영원하지 않았다면 소멸은 현실적 존재들의 차이를 소거하고 영원의 끝에서 우주엔 무차별적인 일자——만이 남으리라. 현실적 존재와 영원한 객체는 기존 철학이 강매하던 영원한 주체와 시간적 대상에 대한 재심의다. 소멸에 있어서 주체란 사실 객체적으로 불멸할 뿐인 현실적 주체일 뿐이며, 대상이란 결코 시간으로 돌아가는 법이 없는 영원한 객체일 뿐이다. 전자가 모든 현실태들은 서로를 느끼고 거기엔 공백이 없다는 〈존재론적 원리〉에 연관된다면, 후자는 모든 현실태들은 각기 다른 시간들이라는 〈상대성 원리〉에 연관된다.[11]

그러나 우리는 이 두 존재의 연관에 대해서 더 고려해 보아야 할 것이다. 영원한 객체는 시간 안에 없다. 그것은 시간에 '주어진다.' 그러나 그렇다고 해서 영원한 객체는 무언가를 결정하지 않는다. 만약 그러하다면 영원한 것은 다시 주체일 것이고, 이때 시간은 사건들의 받아쓰기면 충분할 것이다. 그래서 화이트헤드는 영원한 객체는 시간에 대해 아무런 결정도 하지 않는다고 말한다. 영원한 객체는 시간에 대해 "아무런 이야기도 하지 않는다."[12] 영원한 객체는 시간에 "진입"ingress한다. 반대로 결정하는 자, 그리고 자기 창조하는 자는 시간 속의 주체들이다. 현실적 존재는 결단하고, 영원한 객체는 진입한다.[13] 가능성들의 결단과 현실로의 진입. 객체적 불멸

---

8. SMW 9장, 223.

9. PR 132.

10. PR 86.

11. 〈존재론적 원리〉와 〈상대성 원리〉에 대해서는 PR 1부 2장 2절, 설명의 범주 부분. "상대성 원리는 존재론적 원리가 극단적인 일원론으로 귀결되는 것을 방지하는 공리이다."(PR 312).

12. PR 504.

13. PR 2부 1장 2절, 결단에 관한 부분("〈결단〉은 현실태 그 자체의 의미를 이루고 있다. 현실적 존재는

성은 결단을 위한 자료조사다. 결단과 진입의 차이는 "제한·제약"limitation·condition 과 "한정·정의"definiteness·definition의 차이이기도 하다. 그 결단을 통해 현실적 존재 는 진입하는 영원한 객체들(및 그가 수반하는 창조성)을 제한하고, 반대로 그 진입 을 통해 영원한 객체는 서로 파악하는 현실적 존재들(및 그들이 구성하는 공재성) 을 한정한다.[14] 제약은 배제exclusion지만 더불어 자격qualification과 인증exemplification 을 준다(고로 궁극의 제약자는 신이다). 한정은 폐쇄isolation 지만 더불어 형상form과 캐릭터character를 준다(고로 궁극의 한정자는 세계다).[15] 고로 진입은 활동motion이 나 운동movement이 아니다. 그것은 그 목표의 제공이고 순응에의 요구이며 가치평 가의 조건이다. 그런 점에서 영원한 객체는 침묵하는 무엇이다. 영원한 객체는 영원 히 대상이기에 영원한 객체이다. 진입은 기존 철학에서 영원한 주체가 향유하던 '소 유'나 '귀속' 개념에 대한 2차 심의다. 그런데 마찬가지 이유로 시간은 결코 대상이 될 수 없다. 반대로 시간에게 영원한 객체가 대상이 될 뿐이다. 근대과학이 그러했던 것 처럼 측정가능성의 믿음과 규약으로 물러나 봤자 현실적 대상이란 말을 쓸 수 없 다. 시간은 언제까지나 주체의 향유이며 그 자기창조의 체험이기 때문이다. 즉 시간 은 현실적 존재들이 결합하는 과정, 그 동시적 생성 이외에 다름 아니다. 왜냐하면 객체가 영원히 객체인 것과 같은 이유로, 주체는 영원히 주체이기 때문이다. 만약 그 러하지 않다면 주체는 다시 대상일 것이고, 이때 영원은 사건들끼리 짜고 쓴 시나리 오면 충분할 것이다. 소멸에 있어서 변화하지 않는 하나의 현실적 존재가 있어서 다 른 현실적 존재들의 변화를 관찰하거나 관조한다는 것은 있을 수 없는 일이다. 하나 의 현실적 존재가 변화하기 위해선 그밖에 다른 모든 현실적 존재들이 변화해야 한

그것을 위해 주어진 여러 결단에서 생겨나며, 바로 그 자신의 현존에 의해, 그것 다음에 오는 현실적 존재들을 위한 결단을 제공한다.", 125).

14. 한정에 대해선 PR 1부 2장 2절, 다섯 번째 현존의 범주("순수한 가능태, 또는 한정의 형식", 85), 3절, 네 번째 범주적 제약("한정성을 결정하는 영원한 객체", 93). 결단과 제한에 대해선 PR 1부 2장 4절, 2 부 7장 4절("영원한 객체들을 축출하는 제한이 곧 결단의 특징이다.", 342).

15. "현실태는 가능태를 예증(exemplification)하며, 가능태는 현실태를 규정(characterization)한 다."(MT 4강 3절, 146). 화이트헤드는 캐릭터화를 현실적 존재의 몫으로 거꾸로 말하기도 하는데 ("창조성에 캐릭터를 부여(characterize)하는 것은 현실적 존재의 기능", PR 449), 이는 모순이라기보 다는 '캐릭터'라는 용어의 특수성 때문인 걸로 보인다. '캐릭터'는 배역을 의미하기도 하지만, 배우를 의미하기도 하기 때문이다(우리 책 4부).

다. 엄밀히 말하자면 동시성이란 없다. "공재성"togetherness만이 있을 뿐이다. 하나의 소멸은 다른 모든 것의 동반소멸 즉 공멸이며, 생성에 대해서도 마찬가지다. 하나의 독자적 생성이란 없다. "생성의 일치"16 즉 "합생"concrescence만이 있을 뿐이다. 언제까지나 영원히 그러하다. 요약해보자. 화이트헤드는 우리에게 총 네 번의 심의를 보여주는데, 이는 영원한 주체와 시간적 대상에 대한 1차, 2차 심의로 나뉜다. 먼저 전통적인 영원한 주체는 소멸하는 주체로(존재론적 원리), 전통적인 시간적 대상은 영원한 객체(상대성 원리)로 바로 잡는다. 여기까지는 1차 심의이다. 영원한 주체로부터 파생되는 영원의 주관성과, 이에 조응하듯 시간적 대상으로부터 파생되는 시간의 객관성에 대한 파생적 심의가 있다. 그것은 대상은 영원히 대상이라는 2차 심의와, 주체는 영원히 주체라는 2차 심의이다. 이 네 번의 심의는 『관념의 모험』에서 그가 전통적 사유가 매달려왔다고 말하는 네 가지 진리론(내재설·부과설·기술설·규약설)에 대한 수정이기도 하다.17

화이트헤드는 우주를 구성하는 네 가지 존재(영원한 객체·명제·현실적 존재·결합체)를 분류하기도 했고, 현실적 존재를 구성하는 네 가지 단계(여건·과정·만족·결단)를 분류하기도 했지만, 이는 그가 '유기체 철학'이라 부르는 사변적 구도를 기술하기 위함이었다. 세부사항을 다 설명하기엔 아직 이르지만, 우리는 영화적 상황들을 기술하기 위해 그로부터 시간의 네 가지 회로들을 추출할 것이다. 먼저 소멸이란 과거의 차원이다. 이 회로는 소멸-반복에 연관되는 객체화에 관련된다. 현실적 존재는 소멸함으로써 객체화된다. 그런데 객체화는 결단 없이는 아무것도 아니다. 객체화된 존재는 후행하는 존재의 결단에 의해서만 그 가능성이 실현되기 때문이다. 객체적 불멸성의 반복에, 하나의 결단에서 다음 결단으로 끊임없이 이어지는 결단의 반복이 대응되며, 이것이 두 번째 회로다. 그리고 결단과 결단 사이에는 "만족"satisfaction이 있다. 만족은 소멸증명서이자 불멸자격증이다. 그래서 만족은 각 주

---

16. "이것이 〈생성의 일치〉에 있어서 상호관계성의 원리이다."(PR 271).
17. AI 7장을 보라. 내재설과 부과설 사이에서의 철학의 방황에 대해서는 8장도 보라. 이 네 가지 심의는 니체가 '네 가지 오류'라고 말했던 것에 대한 응답이기도 할 것이다. 즉 의식을 주체로 혼동하는 오류, 징후를 힘으로 혼동하는 오류, 감각을 지식으로 혼동하는 오류, 생성을 책임과 혼동하는 오류(니체, 『우상의 황혼』, '네 가지 중대한 오류들' 부분).

체의 목표이자 그의 미래이기도 하다. 만족은 주체의 "자기초월체"superject로의 도약인 동시에 객체로의 불멸화다. 고로 만족은 과거나 현재가 아니라 미래에 먼저 속한다.[18] 미래를 향하는 진입-만족의 반복, 이것이 세 번째 회로다. 그리고 "합생"이 있다. 합생은 위의 모든 것이다. 합생은 객관화된 것들의 합생, 결단들의 합생, 자기초월체들의 합생이다. 모든 생성이 이미 합생이다. 합생은 영원하다. 거기엔 고독한 생성을 남기는 시간의 시작과 끝이 없기 때문이다. 이것이 신과 창조성의 논제와 결부되어, 영원의 순수한 의미를 제공하는 시간의 마지막 회로다.

어쨌든 이처럼 시간은 현실적 존재들과 영원한 객체들의 이중주다. 그때 시간은 소멸을 출입구 삼아 자신의 바깥으로 돌아 나올 것이다. 이에 따라서 우리는 시간이 얇아지거나 넓어지거나 두꺼워지고 또 결 지워지는 것을, 심지어는 시간이 더 이상 시간이 아닌 모험을 볼 수도 있으리라. 그러나 어떤 회로에 있어서도 핵심은 시간은 원자atom의 모험에 지나지 않는다는 것이다. 소멸로 시작한 화이트헤드가 더 이상 아무도 들춰보지 않던 구태의연한 원자론을 꺼내 드는 것은 당연하다. 소멸이 그 자신에게는 변화이고 창조이며 발생인 자는 원자이기 때문이다.[19] 더 이상 소멸은 단지 소멸이 아닐 것이다. 원자는 소멸에 영원성을 도입하기 때문이다. 원자는 시간이 아니라 오직 영원에 의해서만 소멸하거나 쪼개진다. 즉 다수적이 된다. 오직 이러한 조건 아래에서만 시간은 영원한 생성일 수 있다. 원자는 원자들로 분할되며, 그 분할은 영원히 계속된다. 원자론의 가장 심오한 교훈이란 마지막 원자란 없다는 것이다. 하나의 원자는 영원히 여러 원자들이다. 원자는 소멸을 다수성으로 바꿔놓는 트랜지스터이며 소멸과 생성의 매개변수다. 〈존재론적 원리〉란 원자론의 음모일 뿐이다. 우린 소멸을 생각하는 순간 원자론자가 된다. 시간을 소멸하게 하는 것도 원자이고, 시간을 다시 태어나게 하는 것도 원자다. 원자는 소멸의 이유이며 목적이다. 시간이 소멸인 것은 존재가 원자인 것과 동일하며 같은 의미다. '과정'process과 '원자적'atomic이란 말 역시 동일하고 같은 의미다.[20] 원자는 또다시 불변기체가 아닐 것이

---

18. "만족은 창조성의 제약이다(qualification of creativity)."(PR 201).
19. "궁극적인 형이상학적 진리는 원자론이다. 피조물은 원자적이다. 원자론은 복합성도 보편적 상대성도 배제하지 않는다. 각 원자는 모든 사물의 체계인 것이다."(PR 111).
20. "현실적 존재는 과정인 동시에 원자적이며, 따라서 어떤 의미로도 그것은 그 부분들의 총화가 아니

다. 반대로 원자는 어떤 시간에 의해서도 변형되지 않는(즉 오직 다른 영원한 객체의 진입에 의해서만 변형되는) 영원한 차이의 영원한 발생이다.

원자의 다른 이름은 '관계'일 것이다. 관계는 불변기체의 속성이 아니면서 불변기체를 진정 소멸시킨다. 관계는 관계의 관계이며 또 영원히 그러한 한, 관계는 원자가 소멸하거나 연장되는 힘, 진입하거나 합생하는 역량을 의미한다.[21] 만약 하나의 영원한 객체가 다른 영원한 객체들과의 내적 관계를 가진다면, 진입에 있어서가능한 관계이기 위해서다.[22] 그래서 **모든 원자는 이미 표면**이라고도 말할 수도 있을 것이다. 표면은 불변기체의 비존재를 표시하면서 그와 함께 모든 실체의 권능을 관계에게 위임하기 때문이다. 표면은 빛에게 소실점을 부여하기도 하고, 다른 표면으로의 출구를 제공하기도 하며, 또 빛을 가두거나 굴절시키기도 한다. 표면은 표면의 표면인 한에서 빛을 대상에 머무름 없이 영원히 전파되게끔 한다. 만약 영화가 화이트헤드적 본성을 가지고 있다면 바로 이것이 필름스트립이 시간을 구성하는 방식이기 때문일 것이다. 필름스트립은 1초당 24개의 포토그램들의 연쇄다. 임의의 한 포토그램은 사라지는 한 순간을 표시하는 소멸의 단위주체이지만 동시에 "산 자가 죽은 자를 전유"[23]하는 것처럼 후행하는 다음 순간을 위해 잔상을 되돌려주는 불멸의 단위객체이기도 하다. 잔상이란 임의의 한 포토그램이 표현하는 객체적 불멸성을 의미하는 한에서 필름스트립은 원자들의 결합체이다. 또한 여기서 운동이란 원자들의 자기 객체화이며, 지속이란 원자들의 연접이다. 머이브릿지는 말이나 사람의 움직임을 단위 스냅샷들로 분해했고 이는 사람들을 놀라게 했다. 인간이 말에게 덮어씌우고 있던 객체적 이미지를 객체적으로 불멸하는 잔상afterimage으로 대체해버렸다는 점에서 머이브릿지의 연구는 운동을 원자화하려는 최초의 현대적 노력이다(그는 더욱 정교한 셔터의 개발에 부심했었다).[24] 물론 영화가 아직 필름스트립

라는 것."(PR 300). 이것이 우리가 몽타주에서 발견해야 할 주제이다.

21. "계기들 간의 〈관계〉는, 그 계기들이 그것에 의해 결합체를 구성하고 있는 그런 상호적인 파악들의 복합체로 예시되는 하나의 영원한 객체이다."(PR 395).

22. 영원한 객체들 상호 간의 내적 관계와, 현실적 존재에 대한 외적 관계에 대해선, SMW 10장.

23. PR 46.

24. 홀리스 프램튼이 머이브릿지에 대해 쓴 중요한 글, Hollis Frampton, "Eadweard Muybridge Fragments of a Tesseract", *Circles of Confusion*, Visual Studies Workshop Press, 1983. "머이브릿지

을 충분히 연장시키지 못하거나 충분한 결합체를 실험하지 못하고 있었던 그 초창기(카메라와 영사기는 아직 분리되지 않았고 편집은 카메라 안으로 한정되었다)에는, 흡사 화이트헤드가 철학의 태동에서 관찰했던 내재설과 부과설 사이에서의 방황과도 같이, 영화는 대상에 내재하는 자연적 시간과 카메라가 부과하는 인위적 시간 사이를 방황하고 있었다. 이것은 잔상에 대한 태도(대상의 가멸성을 포함하여)를 정하는 매우 중차대한 문제다. 뤼미에르에게서처럼 영화는 세계의 잔상에 불과한 것일 수도 있고, 반대로 멜리에스에게서처럼 영화 때문에 세계는 또 하나의 잔상일 수도 있을 것이다. 하지만 어떤 편을 선택하든 세계나 영화 둘 중 하나는 주체적으로 소멸하고 객체적으로 불멸하는 것만은 사실인 것처럼 보였다. 이것이 뤼미에르가 영화에 대한 신뢰를 잃고서 "영화엔 미래가 없다"고 선언한 이유다. 그는 옳았다. 하지만 그 이유는 영화의 미래는 자기 자신의 객체적 불멸성에 다름 아니기 때문이다.[25] 그 뒤에도 영화사는 영화와 원자론과의 고통스럽고 끈질긴 협상과정이었다. 초기 연극영화들이 원자적 공간 안에서의 움직임을 표현한다면, 채플린이나 키튼과 같은 작가들은 바로 그 움직임에서 원자적 순간을 추출하려고 한다. 전후 프랑스 작가들은 이 원자적 순간에 내적인 다양성을 부여한다. 하나의 움직임은 여러 하위 움직임들의 종합인 것이며(아벨 강스), 이로써 영화는 대상들의 동시성을 넘어서 운동과 정지 간에 성립하는 새로운 동시성을 성취해야 한다(장 엡스텡). 에이젠슈테인 또한 이러한 결단들을 자신의 변증법 안에 포함시켰으나 그에게는 좀 더 큰 포부가 있었다. 그것은 여전히 문학적 묘사에 종속되어 있는 영화를 시간의 변곡점들 혹은 충돌점들을 통해서 대상에 내재해 있던 어떤 내적 형상(투쟁의 관념), 즉 개념적 원자를 이끌어내는 '지적 영화'로 변모시키는 것이다.

이 모든 것은 필름스트립의 구조와 별개로 진행되는 우연한 현상들이 아니다. 그것은 필름스트립의 필연적이고 역사적인 표현들이다. 필름스트립은 원자적이다.

는 그의 이미지들을 비워냈다. 그의 동물들, 운동선수들, 변태 미술가들의 모델은 촉감적 특정성을 절멸시키고 고로 가능한 어떤 공간감도 무화시키면서 우리는 언젠가 시간이 있었다고 회상하게 된다."(pp. 77~78).

25. "각 현실적 존재는 미래를 실재적으로 경험한다. 각 현실적 계기는 자기 자신의 객체적 불멸성을 경험하고 있는 것이다."(PR 432).

포토그램은 결코 운동하지 않는다.[26] 포토그램들은 소멸하고 또 불멸할 뿐이다. 바쟁은 이 원자적 구조에 영화의 미학적 책무가 있을 것이라 단언했다. 소멸한 것의 흔적들을 원본 그대로 봉인하고 보존하는, 그래서 거기엔 더 이상 뺄 부분도 더할 부분도 없는 원자영화로서, 완전영화란 "변화의 미이라"와 같은 불멸의 영화, 추모비적 영화다.[27] 영화는 무대 뒤가 없다. 그것이 재현하는 운동엔 이미 무한한 바깥이 포함되어 있기 때문이다. 그래서 바쟁의 예상치 못한 공헌은 바깥의 정의일 것이다. 이제 바깥이란 원자성이다. 그것은 현실이 그로 소멸해 들어가거나 그로부터 불멸해서 돌아오는 곳이며, 영원한 것이 진입하는 목표이며 합생하는 토대다. **바깥이란 시간의 바깥이고, 모든 원자의 내면이다.** 바깥은 진공이 아니다. 반대로 진공을 허용하지 않는 것이 바깥이다. 그것은 정성일이 "공기(숨)", 허문영이 "풍경"이라고 부른 것에 가깝다. 나중에 바쟁의 기대와는 전혀 다른 방향의 탐험로들도 열어주기는 했지만 필름스트립에는 이미 그 바깥이 있다. 그것은 파졸리니가 "유의미한 비존재"라고 불렀던 것으로서, 포토그램과 포토그램 사이의 접합부(스플라이스 영역)다. 나아가 파졸리니가 ― 바쟁이 염원했던 완전한 무한연속체를 순수가설로 간주하면서 ― 이 접합부를 "죽음"[28]이라고도 부를 때 그는 다음을 확신한다. 포토그램들 간의 관계라고도 말할 수 있고, 반대로 하나의 포토그램을 관계 자체로 만드는 초월적 관계라고도 말할 수 있는 이 사이, 틈새 혹은 표면은 포토그램들에게 소멸을 대가로 운동과 시간을 내어주는 비현실적 존재다. 그것은 시간 안에 없다. 그 대신 그것은 시간을 가능하면서 그 자신 "시간의 바깥"[29]을 의미하는 또 다른 종류의 원자. 영원한 객체. 우리는 필름스트립에 있어서 등간격의 현실적 존재들 사이로 진입하는 이 영원한 객체를 "씨네그램"cinégramme [30]이라고 부르기로 하겠다. 필름스트립은 포토그램

---

26. "현실적 존재는 결코 운동하지 않는다."(PR 181).

27. 앙드레 바쟁, 「사진적 영상의 존재론」, 『영화란 무엇인가』, 박상규 옮김, 시각과언어, 1998, 22쪽. 같은 책의 「완전영화의 신화」도 보라.

28. '비존재'에 대해선 Pier Paolo Pasolini, "The Theory of Splices", *Heretical Empiricism*, New Academia Publishing LLC, 2005, p. 287. 플랑세캉스, 연속성, 완전성 등 바쟁적 개념들에 대항하는, 샷과 편집의 죽음의 역능에 대해선 같은 책, "Is Being Natural?"("영화에서 시간은 완결(complete)되어 있다.", p. 243. 강조는 인용자). 우리는 나중에 파졸리니의 이 논제로 되돌아갈 것이다.

29. Pier Paolo Pasolini, "Living Signs and Dead Poets", *Heretical Empiricism*, p. 250.

30. 우리는 이 단어를 다음 글로부터 빌려온다. Pip Chodorov, "Le Seuil du Mouvement", *Cinergon*,

들의 총합이 아니다. 그것은 씨네그램의 진입이다. 이러한 한에서만 필름스트립은 운동기체를 소멸시키고 연장하고 결단한다. 그리고 다른 필름스트립들에게로 끼어들거나 그와 결합할 수 있다. 씨네그램은 영화가 문학, 사진, 연극으로부터 빠져나오는 최초의 탈출구였을 것이다. 특히 영사기와 카메라가 분리됨과 동시에 연극무대의 장면전환을 편집으로 대체했을 때가 그렇다. 그래서 씨네그램은 프레이밍과 몽타주의 제일질료다. 대각선들과 뾰족한 첨점들, 뻗어 나가거나 교차하는 줄무늬 광선들의 표현주의적 사례에서처럼 프레이밍이란 언제나 그 바깥에 의해 한정되지만, 바로 그 바깥이야말로 하나의 프레임들을 여러 프레임으로 분할하거나 재결합시킨다(비네, 무르나우, 랑). 몽타주에 있어서도 마찬가지로서 운동은 그 연속성의 바깥에 의존한다. 씨네그램이란 그리피스의 수렴면이고 에이젠슈테인의 충돌면이다. 모든 것은 씨네그램이 운동이나 빛을 소멸시키는 역량과 직결된다. 소멸이야말로 관계 맺기의 조건이기 때문이다. 씨네그램은 그리피스의 KKK단과 에이젠슈테인의 구시대가 사라진 그곳이며, 드레이어의 게르투르트가 사라진 그곳이기도 하다. 영화는 각 포토그램들의 총합이 아니다. 그것은 각 "명제들"의 총합이다.[31]

씨네그램을 당분간은 '표면'이라고 말할 수 있을 것이다(분할면·결합면·굴절면·반사면…). 그리고 우린 거기서 화이트헤드가 시간에 부여했던 네 가지 회로들을 고스란히 관찰할 것이다. 즉 씨네그램은 빛을 소멸로 이끄는 어둠일 수 있고(1부), 반사나 굴절에서와같이 빛을 연장하거나 절단하는 틈새일 수 있다(2부). 이러한 것들은 표면의 연접적 변주들이다. 반면에 표면의 이접적 변주들이 있다 : 씨네그램은 이질적인 광선들을 회집시키고 한정하는 내벽 그리고 그 환경을 이룰 수도 있고(3부), 거기서 그 표면들은 흡사 서로를 만지는 촉지각과도 같이 미시적 광자들로서 바로 그 회집에 직접 참여할 수도 있을 것이다(4부). 그러나 어떤 위상에서도 영화는 원자적일 것이다. 그것은 과정이기 때문이다. 씨네그램의 모험. 영화가 최초로 촬영

---

n° 8/9, 1999/2000.

31. 화이트헤드의 명제 개념을 보라. "명제는 새로운 종류의 존재이다. 그것은 순수한 가능태와 현실태 간의 혼성물이다."(PR 2부 9장 1절, 380). "한 명제는 현실 세계의 체계적 문맥으로부터 끊을 수 없다."(PR 66). 언제나 명제들만이 있다. 이것을 간과한다는 데에 기존 사변철학들의 오류가 있었다고 화이트헤드는 본다(1부 1장). 영화는 그렇지 않을 것이다.

한 대상은 카메라 밖에 놓여있던 현실적 대상이 아니라, 바로 이 영원한 대상이었다. 영화는 "영원성의 움직이는 이미지"다.[32]

1-2. 베르그송과 필름스트립

반대로 베르그송은 영화를 혐오했다. 원자론을 혐오했기 때문이다. 그에게 개념에 있어서건 이미지에 있어서건 "영화적 환영"을 준다는 점에서 원자론과 영화는 그렇게 한통속처럼 보였다.[33] 반면 "지속"^{durée}은 원자화될 수 없는 것이었다. 그것은 더 이상 운동체가 통과한 공간적 궤적과 혼동될 수 없는 구체적 운동의 본성이며, 질적 변화가 아니라면 지각할 수가 없는 양화불가능하고 분할불가능한 시간이었기 때문이다. 즉 베르그송에게 지속이란 시간의 현출 자체였다. 그러므로 시간에 의해 변화하지 않는 원자가 만약 운동을 만들어낸다면, 그것은 지성적 "이중노출"이 일으키는 가짜 시간에 의해서일 것이라고 단언했고,[34] 우리가 볼 때 그러한 이중노출이야말로 객체적 불멸성의 효과일 텐데 말이다. 일견 베르그송과 화이트헤드는 매 지점마다 대립하는 것처럼 보인다. 베르그송에게 운동·변화·연속·강도·시간인 것은, 화이트헤드에겐 소멸·불멸·결단·연장·영원이다. 베르그송은 최소한도로 자르려고 했다. 왜냐하면 실재란 본디 잘리지 않는 것이기 때문이다(전체가 주어지고 생성은 연속적이다). 반면 화이트헤드는 최대한도로 붙이려고 했다. 왜냐하면 실재란 본디 잘려져 있는 것이기 때문이다(원자들이 주어지고 생성은 불연속적이다). 베르그송

---

32. PR 640.

33. 앙리 베르그송, 『창조적 진화』, 황수영 옮김, 아카넷, 2005. 4장. 『사유와 운동』(이광래 옮김, 문예출판사, 1993)의 첫 번째 서론과 「변화의 지각」의 두 번째 강연도 보라. 사실 베르그송은 화이트헤드와 같은 곳으로부터 시작한다. 그것은 불변기체의 비판이다. 그러나 그 처방은 완전히 다르다. 베르그송은 불변기체를 소멸시키지 않고, 순수한 변화와 구분해 버린다. 소멸은 화이트헤드와 베르그송의 모든 간극이 시작되는 지점이다.

34. "그것[실재적 지속]의 본질은 경과(passer)한다는 것인 한, 그 어떤 부분들도 다른 부분이 나타날 때 이미 거기에 머물러 있지 않다. 고로 측정할 목적으로 한 부분을 다른 부분에 포개놓는 것(superposition)[이중노출]은 불가능하고, 상상불가능하며 생각할 수도 없다."(베르그송, 「서론 1」, 『사유와 운동』, 10쪽. 강조는 인용자).

에게 지속이란 계기적 사건들의 집합이라면, 화이트헤드에게 지속이란 동시적 사건들의 집합이다. 고로 생명은 베르그송에게 먼저 열림이었던 반면, 화이트헤드에겐 무엇보다도 먼저 닫힘이었다. 베르그송에게 먼저 주어지는 것은 하나의 동일한 지속인 반면, 화이트헤드에게 먼저 주어지는 것은 여러 다른 지속들이기 때문이다… [35] 이것은 흡사 생물학과 수학, 선과 점의 대결, 혹은 깊이와 두께의 대결 같은 것이다.

화해의 여지는 얼마든지 있다. 베르그송의 지속은 사실 분할불가능한 것이 아니라, 분할하면 그 본성이 변화하는 것이라는 한에서 그러하다. 실상 베르그송이 지속은 부분을 갖지 않는다고 항변하는 이유는, 하나의 부분이 변하면 나머지 부분도 함께 변하기 때문이다. 사실 베르그송은 『물질과 기억』의 위대한 1장에서 이미 그만의 〈존재론적 원리〉와 〈상대성 원리〉로부터 모든 것을 시작하고 있다. 바깥을 지니지 않는, 그래서 스스로 바깥일 뿐인 전체가 첫 번째 공리이고(〈존재론적 원리〉), 그 유일한 바깥이 전체일 뿐인 (나의) 신체가 그 두 번째 공리이다(〈상대성 원리〉).[36] "이미지들은 뇌 속에 있지 않다. 오히려 이 이미지들 안에 뇌가 있다."[37] 화이트헤드와 베르그송은 실재가 아니라, 환영에 대해서만 입장이 달랐던 것은 아닐까? 그리하여 견원지간의 이 두 철학자가 영화 안에서 다시 화해한다면, 그것은 누구에게 더 큰 아이러니일까? 베르그송이 영화적 환영이라 비난했던 이중노출면이나 표면, 즉 씨네그램을 그의 지속 개념에서 찾아보는 것으로 화해는 충분하지 않을까?

일단 지각과 행동에 있어서 뇌가 이미 표면이다. 뇌는 우주의 절단면이다.[38] 베르그송 자신이 묘사했던 것처럼, 잠재태(기억)의 탄생은 흡사 두 매질 사이의 표면

---

35. 화이트헤드의 "현재화된 지속" 혹은 "변형의 장소" 개념을 보라. ("고전 이론은 만일 N이 M의 직접적 현재를 포함하는 지속 내에 있다면, M은 N의 직접적 현재를 포함하는 지속 내에 있게 될 것이라고 가정했다. … 유기체 철학에 의하면 단 하나의 지속만이 M의 모든 직접적 현재를 포함한다. 그러나 M 자신은 많은 지속들 속에 있다.", PR. 272). "공액관계"에 대해선, 화이트헤드의 CN 5장도 보라. 들뢰즈는 『베르그송주의』의 마지막 장에서 같은 문제를 다룬다.

36. 『물질과 기억』 1장의 위대함은 이 최소한의 공리로부터 물질-지각, 권리-사실, 표상-행동, 현실태-잠재태 등의 탁월한 개념쌍들을 연역함에 있다. "뇌가 물질적 세계의 일부를 이루는 것이지, 물질적 세계가 뇌의 일부를 이루는 것은 아니다."(앙리 베르그송, 『물질과 기억』, 박종원 옮김, 아카넷, 2007, 40쪽).

37. 같은 책, 259쪽.

38. "뇌는 그 나머지의 물적 우주 전체와 더불어 끊임없이 갱신되는 우주적 생성의 한 절단면을 구성한다."(같은 책, 255쪽).

을 굴절하며 통과하던 빛이 어느 임계각에 이르러 반사되고 그 대신 통과하지 못한 매질에 잠상을 남기는 것과 같다.[39] 여기서 빛이 "주체적으로 소멸되지만 객체적으로 불멸한다"면, 그것은 지각되는 이미지로서 다시 돌아오기 위해서이다. 지각이란 객체화이고, 잠재화란 불멸화다. 이 두 매질(나와 세계) 사이의 표면은, 그 덕분에 잠재적 이미지가 나의 가능적 행동을 한정하는 감각–운동적 씨네그램이다. "비결정성의 지대"zone d'indétermination가 이미 그런 씨네그램이다. 주체화가 소멸을 처리(제약)하는 정확한 비율로 객체화는 불멸을 처리(한정)한다.[40] 그러나 베르그송에겐 더 심오한 씨네그램이 있다. 그것은 더 이상 지각이 아니라 기억을 구성하는 씨네그램들이다. 뇌는 우주를 자르지만 기억은 뇌를 자른다. 차라리 뇌란 스스로를 절단하는 기억 자신이다. 이것이 베르그송이 『물질과 기억』 3장에서 끊임없이 역설한 바다. 기억이란 한 현재로부터 소멸한 과거들의 다른 현재로의 빈틈없고 끊임없는 객체화이다("모든 지각은 이미 기억이다"[41]). 기억이란 "주체적으로 소멸하고 객체적으로 불멸"하는 현실태들을 재현하는 잔상들의 무한집합이며, 모든 수준에서의 그 자기반복이다. 뇌는 이를 연기하는 배우일 뿐이다. 기억이란 자기 객체화다.

즉 기억이 기억되기 위해선 어디선가 잘려야 한다. 베르그송이 기억의 영속성을 말할 때, 그는 기억의 철학자 이상으로 이미 망각의 철학자였다. "기억의 자기보존"이 자기객체화인 한, 자기소멸을 전제하기 때문이다.[42] 망각 없이 기억도 없다. 씨네그램 없이 포토그램도 없다.

베르그송은 그 유명한 원뿔로써 우리에게 네 가지 종류의 씨네그램을 제시하는 것으로 보인다. 먼저 원뿔의 꼭지점과 접하면서 그에게 운동을 부여하기 위해 움직이고 있는 평면("행동의 평면"plan de l'action)이 있다. 이 첫 번째 표면은 감각–운동, 파동들의 유입–유출에 관련된 현재의 표면이다. 그다음에 원뿔의 몸통 자체를 이루는 표면들("여러 분할면들")이 있다. 이것은 움직이는 평면이 제약하는 등급에 따

---

39. 같은 책, 70쪽.
40. "지각은 행동이 시간을 처리하는 정확한 비율로 공간을 처리한다."(같은 책, 62쪽).
41. 같은 책, 257쪽. ("가정상 존재하기를 그친 과거가 어떻게 스스로에 의해 보존될 수 있겠는가?", 256쪽).
42. 『사유와 운동』에서 「변화의 지각」을 보라. "설사 두뇌가 기억을 쌓아둔다고 가정하더라도, 우리는 과거가 자신을 자동적으로 보존한다는 결론을 피할 수 없다."(187쪽).

라 꼭지점으로부터 가깝거나 멀게 늘어서는 기억원뿔의 레이어들이다. 이 분할면들
은 "우리 과거의 삶 전체의 그만큼의 반복"이고, 동시에 "그 분할의 양태는 한 견본에
서 다른 견본으로 이행할 때는 같은 것이 아니"[43]기 때문에 원자적이다. 각 분할면
들은 소멸한 삶들을 품은 채 서로에 대해서 반복하고 있다. 그래서 분할면들은 행
동의 평면에 대해서 멀어지면 멀어질수록 그 반복은 더욱 자유롭지만 그만큼 더 무
심하고 초연한 것이 될 것이다. 이것이 세 번째 표면으로서의 원뿔의 밑면("꿈의 평
면"plan du rêve)이 다른 분할면들에 대해 가지는 상징적이고 결정적 의미이다. 원뿔 밑
면은 기억에 무의식을 도입하는 핵심인자로서 신체와 의식의 주관적 바깥을 형성한
다. 여기서부터 씨네그램의 성격은 질적으로 바뀐다. 이전의 두 표면이 기억의 수축
에 관련된다면, 이것은 기억의 이완 혹은 팽창에 관련되기 때문이다. 그래서 세 번째
표면 뒤에 하나의 표면이 더 있는데, 그건 바닥면을 그 바깥쪽으로 끊임없이 끌어내
는 팽창면이다. 이것이 베르그송이 암시하기만 한 원뿔의 네 번째 표면이다. 이것은
움직이는 평면에 응답하거나 그와 경쟁하는 움직이는 밑면이며, 더 이상 내 신체의
바깥이 아니라 시간의 객관적 바깥을 형성한다는 점에서 원뿔의 빗면들로 비유할
수도 있을 것이다. 이 마지막 표면은 미처 체험해보지 못한, 그러나 그 체험을 부지
불식간에 이미 구성하고 있는 영원한 객체들의 네트워킹이다.[44]

　잘 알려진 대로 베르그송은 두 종류의 기억을 구분했다. 현재에 대한 관심에
종속되었기에 수축을 수행하는 "신체의 기억" 혹은 "회상"souvenir이 있고, 그로부터
독립적이고도 자율적이기에 팽창을 수행하는 "순수기억"mémoire pure이 있다. 우리가
열거한 네 가지 표면들 중 앞의 두 종류가 회상을 구성하는 감각-운동적 씨네그램
들이라면, 뒤의 두 종류가 순수기억을 구성하는 무의식적-자동적 씨네그램들일 것
이다. 특히 두 종류의 무의식적 씨네그램들은 베르그송이 과거라고 불렀던 것의 진
정한 민낯을 드러낸다. 그것은 "내 신체의 어떤 부분에도 관련되지 않"[45]기에 무의식

---

43. 앙리 베르그송, 『물질과 기억』, 284, 287쪽.
44. 베르그송은 예술에 대해 이야기할 때만 이에 대해 암시한다. 가령 『사유와 운동』의 「변화의 지
　각」 첫 번째 강연에서 지각의 확장에 관한 부분.("우리는 알아보지 않은 채 지각했다."(nous avions
　perçu sans apercevoir), 164쪽). 「가능적인 것과 실재적인 것」 또한 보라.("예술가는 실재적인 것과
　동시에 가능적인 것도 창조한다.", 125쪽). 잘 알려진 대로 베르그송은 잠재적인 것(le virtuel)과 가능
　적인 것(le possible)을 구분했고, 후자를 지성의 산물로서 비판했다.

적 대상들이지만 바로 그 덕분 – 만약 영원한 삶이 주어진다면 – "똑같이 가능한 무한한 기억들"이다. 원뿔의 밑면과 그 팽창면에서는 "어느 두 기억도 완전히 같은 것이 아니기 때문이다."[46] 그도 그럴 것이 기억이 만약 지속이라면 그것은 스스로 변화하기 위해서 스스로를 분할해야, 즉 자기원자화해야 할 것이다. 지속은 지속보다 단단한 것으로, 기억은 기억상실로 스스로를 잘라야 한다. 순수기억이 무력한impuissant 이유는 아마도 그것이 시간을 초월해 있는 순수한 가능태들, 즉 영원한 객체들이기 때문이리라. 실상 베르그송은 영원성에 반대한 적이 없다. 그는 공허한 주체(경험론) 혹은 영원한 주체(이성론)라는 "죽음의 영원성"으로부터 진짜 영원성을 구출하려고 한 것뿐이다. 어떤 지속의 전체를 응축해도 또 다른 지속을 무한히 공급하는 술어적 영원성, "생명의 영원성"을.[47] (순수)기억이란 잊혀진 영원한 객체들의 집합이다. 불멸태를 그 내용으로 가지는 영원한 객체들 말이다. 지각이 권리상 전체에 대한 지각이듯, 기억은 권리상 영원에 대한 기억이다. 기억이란 권리상 가능한 모든 미래의 무한집합이다. 살아남는다는 것survivre, 그것은 순수한 미래를 산다는 것이다.

이 모든 의미에서 베르그송이 영화를 위해 썼었을 책은 『물질과 망각』일 것이다. 기억을 비로소 지속으로 만드는 것이 망각이기 때문이다. 망각은 기억에 태생적으로 함축된 소멸이며, 그 잔상들의 반복과 재구성이다.[48] 우리는 기억 원뿔들을 구성하는 각기 다른 네 종류의 씨네그램들이, 안타깝게 성사되지는 못한 『물질과 망각』이라는 공식적인 합병행사 없이도 어떻게 영화와 공모해왔는지 살펴볼 수도 있을 터다. ① 과거[기억=망각]: 그 내용을 잔상으로 가지면서 원뿔의 밑면 쪽으로 침전하고 있는 레이어들이 있다. 망각이란 이렇게 스스로 어두워지는 표면들의 집합이며 반대로 기억은 그것들의 암시장임을 보여주는 것이 웰스와 맨키비츠의 소임이었다(물론 서부극도 신대륙의 개념을 통해서, 히치콕은 범죄 개념을 통해서 어느 정도

---

45. 앙리 베르그송, 『물질과 기억』, 240쪽.

46. 같은 책, 283, 282쪽.

47. 앙리 베르그송, 「형이상학 입문」, 『사유와 운동』("살아 있음에 아직도 움직이고 있는(mouvante encore) 영원성", 226쪽). 원뿔로부터 추상된 경험론("딱딱한 껍데기")과 이성론("침상결정")을 설명하는 부분도 보라(224~225쪽). 화이트헤드가 베르그송의 "직관"을 해명하는 대목도 보라(PR 106).

48. "영화가 완성되는 순간 대상들은 소멸한다(vanish)."(Hollis Frampton, "For a Metahistory of Film : Commonplace Notes and Hypotheses", *Circles of Confusion*, p. 115).

이러한 성과를 공유하고 있다). 이들보다 조금 늦게 도착한 미국 언더그라운드 작가들은 음성굴광성 표면들로만 이루어진 가상의 원뿔을 재건하려 한 작가들이다. 마야 데렌의 폐쇄회로 속에서, 그리고 케네스 앵거의 반짝이는 검은 물질 속에서 잔상은 원본을 잃고 스스로 새로운 신화의 토대가 된다. 반대로 파운드 푸티지 영화들은 아직도 현실에 의존하는 낡은 신화에 대한 분석과 비판에 몰두한다. ② 현재[행동=망각] : 반면 "행동의 평면"에서 표면은 더 이상 어두운 표면이 아니라 빛의 반사면(감각-운동 체계)일 것이다. 그래서 그것은 빛에 대한 즉각적인 망각일 수 있으며, 관계의 틈새 혹은 관계로서의 틈새가 정의하는 준안정적이고 진동하는 감각-운동 체계와 직결된다. 구로사와는 대립한 두 적들 사이에 어디에도 끼지 못하거나 그들 사이에 난 샛길을 탐색하는 그림자 무사들에게서 관계는 곧 틈새임을 보여주었다(〈숨은 요새의 세 악인〉 〈요짐보〉). 고다르는 이에 반사면이 곧 틈새라는 세부적인 결론을 덧붙인 작가다(〈주말〉 〈미치광이 피에르〉). 이것은 행동의 체계나 몽타주 문법에 찾아온 크나큰 변화일 것이다. 실상 순간적인 잔상들로만 구성된 운동이나 행동이 가능하다. 트른카와 스반크마예르와 같은 체코 애니메이터들은 구멍 난 행동, 구멍으로 빨려 들어가는 운동 등을 개발하였으며, 쿠트 크렌이나 요나스 메카스와 같은 플래시 몽타주 작가들은 짧게 끊어지는 샷들의 스타카토 교차, 한 샷 안에 겹쳐 들어가는 다른 샷들과 같은 미시적인 분할을 개발하였다(특히 크렌의 60년대 작품들). 또한 드 팔마와 이명세는 이중반사면이나 난반사면으로부터 가장 미세한 틈새 그리고 가장 투명한 틈새를 추출하려고 했다. 웰스나 데렌에게서 〈기억=망각〉(어둠)이었다면, 이들에겐 〈행동=망각〉(틈새)인 셈이다. ③ 미래[융기=망각] : 좀 더 밑으로 내려가 보면, 원뿔의 밑면("꿈의 평면")에서 일어나는 망각도 있다. 그것은 모든 망각된 것들에 대한 망각이고 나아가 주체와 주관적 시간에 대한 망각이다. 각 사물이나 기호들이 거하던 레이어들로부터 그들을 뿌리 뽑아 무시간적 바닥면에 과포화시키는 초현실주의적 망각법이 그에 속한다(부뉴엘, 조도로프스키, 린치, 퀘이 형제). 그리고 밑면을 위악적으로 레이어로 오해하는, 나아가 밑면이 밑면임을 일부러 망각하는 방법론이 있을 것인데, 그것이 바로 다이렉트 시네마의 경우다(루쉬, 페로, 카사베티스). 이러한 사례들은 마치 원뿔 밑면의 자발적 융기climax가 또 하나의 망각임을 보여준다. 각기 다른 시간을 품은 잔상들을 자신에게로 날인하여 스스로 하나의 거대한 부조판화가 되려는 듯이 자동융기하는 밑면은, 각기 다른 하위 차원들로부터 제3의 통합적 차원을 합성해내는 옵티칼 프린팅 작가들(팻 오닐, 이토 다카시 등)에게 통시적 접근을 제공했고, 반대로 각기 다른 시간 계열들을 하나의 앰비언스로 통합하는 내러티브 작가들(타르코프스키, 알트만, 체르카스키 등)에게 계열적 접근을 제공했다.[49] ④ 영원[연기=망각]:가장 밑바닥의 좀 더 밑, 차라리 그의 이면이라고 할 수 있는 팽창면에서 일어나는 망각은 좀 더 까다롭다. 그것은 밑면에 대해서 팽창면은 하나의 가면이나 배역이 되고, 반대로 팽창면에 대해서 밑면은 하나의 무대가 되는 수행적performative 망각이기 때문이다. 오즈 야스지로는 더할 팽창이 없는 여백과 삶이 하나의 연기가 되는 배역들을 실험하였다. 뉴 저먼 시네마는 신인류로 팽창하기 위해 자기희생하는 영웅 배역을 끌어냈으며, 쿠스트리차나 미국 B 무비 작가들(메이어, 힐, 워터스)은 신체를 하나의 배역으로 만들어버렸다. 공포영화에게 팽창면이란 전염면이며 '배역균'을 전염시키는 자와 전염된 자, 그리고 잠복기에 있는 보균자들 간의 경연 혹은 협연이 곧 팽창이다(브라우닝, 카펜터, 크로넨버그 등). 영화는 여기서 연극적인 형식을 되찾을 수도 있다. 김기영, 박윤교, 장선우, 올리베이라, 이오셀리아니가 각기 다른 목적과 방법을 통해 배역을 건져 올린다.

정리해보자. ① 과거에 관해서 〈기억=망각〉 ② 현재에 관해서 〈행동=망각〉의 회로가 있다. 전자의 경우 잔상이 신화의 토대라면(시간의 얇기), 후자의 경우 잔상은 결단의 실천이며 그 표현이다(시간의 넓이). 그러나 ③ 미래에 관해서라면 〈융기=망각〉의 회로다. 이것은 주체가 자신이 살아냈던 시간을 망각하는 자기망각의 클라이맥스와 관련된다(시간의 두께). ④ 영원태들을 직접 흡수하는 팽창면에서는 〈연기=망각〉이다. 영원은 더 이상 주관적이지 않고 객관적 시간에 대한 망각이며, 삶이란 이미 영원의 잔상이기 때문이다. 영원은 시간을 연기하는perform 타자다(시간의 결).[50]

---

49. 타르코프스키에게 희생이란 일단 기억의 희생이었다. 타르코프스키의 희생 개념에 대해서는 Andrei Tarkovsky, *Andrei Tarkovsky Interviews*, ed. John Gianvito, University Press of Mississippi, 2006에 실려 있는 1978년 인터뷰를 참조하라("이 영화(거울) 이후에 난 아무것도 기억하지 않게 되었다. 기억이란 이러한 순간의 선물이다. 그것은 순간의 상태이지, 과거를 향한 시선이 아니다.", p. 45).

50. "지속은 원인이라는 형태로 작용하는 것이 아니고 기회라는 형태로 작용한다."(가스통 바슐라르, 『순간의 미학』, 영언문화사, 이가림 옮김, 2002. 1장 6절 85쪽). 잘 알려진 것처럼 바슐라르는 끈질긴

영화에게 운동과 지속은 더 이상 문자 그대로의 의미들이 아니다. 오히려 운동과 지속은 소멸, 망각, 절단, 폐쇄, 고립 속에서 피어난다. 기억이 필름스트립 덩어리인 바로 그 이유로 말이다. 존속이란 불멸이며, 불멸은 소멸을 전제한다. 물론 베르그송은 지금 연기하는 중일지도 모른다. 그에 맞춰서 영화도 경연하고 있을지도 모른다. 그래서일까. 영화는 틈틈이 베르그송과의 결별을 시도할 것이다. 특히 원뿔의 밑면과 팽창면에 이르러 영화는 끝내 잠재태와 영원태를 구분하려 할 것이며, 이는 베르그송을 분명 당혹하게 할 것이다. 하지만 이것이 베르그송이 연기 중이라는 것을 반박하는 증거는 아닐 터다. 베르그송은 그의 이론에 가장 심오한 부분으로부터 정념론과 순수지각론이라는 암호로 이에 응답할 것이기 때문이다(우리 책 3부에서 논할 것이다). 우리는 영화가 베르그송에게서 화이트헤드로, 지속론에서 원자론으로 탈주하는 "과정"이 곧 영화사라고 말하려는 것이 아니다. 오히려 우리가 말하려는 것은 운동과 지속은 원자론의 음모였으며, 그 악역이 베르그송일 이 자작극 속에서 영화야말로 자발적인 희생자 배역을 맡았다는 것이다.[51]

1-3. 연장적 연속체 : 원자적 연극, 가분적 음악, 이행적 사진

대상들이 있고 그들 간에는 표면이 있다. 표면은 대상들을 분할하면서도 결합시키며 이것이 곧 운동이다. 정지점들이 운동을 만든다는 것은 분명 역설이나, 제논의 역설과는 다르다. 화이트헤드 또한 제논의 역설을 논박했다. 그러나 베르그송과는 완전히 다른 이유로. 화이트헤드에 따르면 제논은 운동이 아니라 생성을 분할가

베르그송 저격수였다. 그는 지속에 순간을 대립시킴으로써 원자론을 구출하려고 한 작가로서, 우리도 앞으로 꾸준히 참조할 것이다. 그의 '기회' 개념은 대지·바다·하늘뿐만 아니라 '배역'과 '퍼포먼스' 개념을 위한 초석을 제공하기 때문이다(비본질적 실험에 대해선 『부정의 철학』 3장도 보라). 역설적으로 베르그송도 자연선택론을 논박할 때 기회원인론을 인용한다. 즉 생명체에 대해서 환경이란 "원인이라기보다는 기회일 뿐이다."(『창조적 진화』 1장). 베르그송과 바슐라르의 간극은 의외로 크지 않을 수 있다. 베르그송이 생명에서 발견하려던 것을, 바슐라르는 시간에서 발견하려고 할 뿐이다. 즉 [개체-환경] ≡ [순간-지속].

51. 베르그송과 화이트헤드의 비교에 대해서는 다음을 보라. 오영환, 「화이트헤드와 베르그송 ― 두 시간이론의 철학적 평가」, 『화이트헤드와 인간의 시간경험』, 통나무, 1997.

능하다고 가정했기에 그는 틀렸다(1초는 무한히 분할될 수 있는 것이 아니라, 반대로 분할에 의해서 끝날 수 있다). 생성은 분할되지 않는다. 그 자체로 불연속이기 때문이다. 반대로 분할될 수 있는 것은 운동이다. 운동은 연장extension이기 때문이다. 나아가 지속이야말로 연장이다. 지속은 소멸에 의한 시간적 분할이기 때문이다.[52] 우리는 같은 것을 영화의미론에 대해서도 말할 수 있다. 정신분석학파(메츠)나 러시아 형식주의(티냐노프)에서 말하는 것과 같은 대상과 기호의 분리는 실제에선 일어나지 않는다. 의미의 생성은 분할불가능하며, 분할가능한 것은 의미를 연장(표현)하는 사물의 운동이기 때문이다. 즉 러시아 형식주의는 필름스트립을 잊고 있다. 이것이 얌폴스키 비판의 요체다.[53]

우리는 이제부터 지속으로 존재하고, 그 형상을 공유하는 필름스트립을 "연장적 연속체"extensive continuum라고 부르겠다. 그것은 각 포토그램에 표현되고 예증되는 씨네그램들의 도식("잠재적 도식"potential scheme [54])이자 관계들의 네트워킹이다. 분할은 결코 연장과 반대되는 개념이 아니다. 외려 필름스트립은 "가분적divisible이어서 연장적extensive이다."[55] 우린 분할을 운동이나 변화의 동의어로 간주한다. 분할엔 재결합이 이미 함축되어 있기 때문이다(운동은 공간적 분할이고, 변화는 시간적 분할이다). 분명히 화살은 날아갔을 것이며 아킬레스는 거북이를 따라잡았을 것이다. 하지만 그 이유는 화살, 아킬레스, 거북이가 각기 다른 분할선을 따라 달리고, 각자 선택한 상이한 결합면 위에서 각각 존재하기 때문이다. 연장은 소멸과도 모순되지 않는다. 포토그램의 소멸에 의해서만 대상(그의 운동과 지속)은 분할되기 때문이다. 분할은 객체적 불멸성의 조건이다.

① 열림과 닫힘[원자적(연극)] : 연장적 연속체는 영화의 혈행계이고 카메라의 신

---

52. "연장적 연속체" 논의는 다음을 참조하겠다. PR 2부 2장. 잘 알려진 대로 화이트헤드의 "연장" 개념은 근대 물리학의 그릇된 뉴턴적 전제들("단순 정위의 오류")을 수정하기 위해 고안된 것이다(SMW 3장, MT 7강).

53. 미하일 얌폴스키, 『영화와 의미의 탐구』, 김수환 외 옮김, 나남, 2017. 1권 1부 6장("시각적 에스페란토 어", 202쪽). 얌폴스키는 에이헨바움이 차용했던 러시아 미래주의 전통("자움[заумь]")과 프랑스 관상학 전통("포토제니")을 인용한다. 얌폴스키의 기획은 영화이론을 언어학에서 현상학으로 옮겨놓는 것이다.

54. PR 171.

55. MT 7강, 274. 또 "가분성이 연장성을 구성한다."(PR 174).

경계로서 다른 예술과는 무언가 다른 것을 영화에게 선사했을 것이다. 먼저 이것은 영화가 연극무대로부터 기술적으로 해방되었음을 의미했다. 연극의 무대는 무無에 둘러싸여 있는 반면 영화의 무대는 무한無限에 둘러싸여 있다는 바쟁의 탁월한 논점은 이로부터 나온다("무대의 공간과는 반대로 스크린의 공간은 원심적이다"). 연극은 결합이라는 반쪽을 잊은 채 연장적 연속체를 정말로 잘라낸 것이다.[56] 반대로 영화는 연장적 연속체를 자르되, 이때 분할은 연장적 연속체 안에서 결합과 그 복잡성과 내밀함을 증가시킨다. 연극이 연장적 연속체의 단발적 원자화라고 한다면, 영화는 그것의 총체적 원자화, 즉 한 부분의 원자화가 다른 부분의 원자화를 병렬시키거나 동기화시키는 그 공共원자화들이다. 하나의 대상이 원자화됨과 동시에 그를 둘러싼 나머지 모든 대상들과 그의 환경들이 원자화되었고(시점이나 관점의 발명), 하나의 대상이 원자화되는 순간은 다음에 후행할 재원자화를 준비하게 되었으며(운동의 분해, 앵글의 다각화), 심지어 한 원자화는 여러 원자화를 내포하게 되었다(샷 사이즈의 구분, 카메라 운동의 발생). 비록 초기영화가 연극의 많은 문법들을 빌려왔던 것이 사실일지라도 연극적 닫힘과 영화적 닫힘의 차이는 분명한 것이다 : 영화는 연장을 닫는 게 아니라, 거꾸로 닫힘을 연장한다. 그리피스는 분명히 전쟁을 무대화했지만 이는 북부와 남부, 흑인과 백인 등의 고립적 관점들을 끊임없이 대립시키거나 병립시키는 한에서였다. 또한 채플린은 발레와 마임극을 공장이나 광산으로 확장했고, 르느와르와 오퓔스는 연극적 동선이나 율동으로 닫힌 프레임에 심도를 부여했다. 조선영화의 경우는 더욱 명징한 경우로서 영화의 독립성은 연극과 영화 사이에서 이루어지는 직접적 연장에 의해서 모색되고 있었다(연쇄극).[57] 여기에 기존 연극이 홀대했으나 영화가 환대함으로써 되찾아지는 바깥의 진정한 의미가 있다 : 바깥

---

56. 연극이론은 바깥-닫힘의 문제를 으레 배우-배역의 문제로 대체해왔다(헤겔, 디드로 등). 그것이 무대화의 문제와 불가분의 관계에 있음이 밝혀진 것은 한참 후의 일이다. 한국 연희극 이론은 그를 직시했다(조동일, 채희완 등). (우리 책 4부).

57. 임화의 연쇄극 논의(「조선영화론」)는 이영일에 의해서 확장되었는데(『한국영화전사』), 이는 연쇄극 형식 안에선 공존하던 작위성과 기록성, 나아가 신파성과 리얼리즘의 경계를 지우는 측면마저 드러냈다. 이러한 논점들은 연극적·문학적 내용과 영화적 형식을 분리하던 같은 2세대 평론가들(안병섭·김종원·변인식)뿐만 아니라, 나아가 과학적 분석법과 비판적 모더니즘으로 무장했던 3세대 평론가들(『계간 영화언어』를 주축으로 한 이용관·전양준·이효인·변재란·남인영 등)과 상충할 수밖에 없는 것이었다. 이후 백문임은 다른 견해를 개진했다.

이란 스스로 닫히면서 닫음, 즉 맞원자화, 쌍원자화 나아가 전宇원자화다. 영화는 연장적인 한 닫는다. 허나 그것은 다른 바깥과 한 번 더 마주치고 접촉하기 위해서이다. 반대로 닫힘이란 바깥과의 동시적 닫힘이고, 여기서 바깥은 수축하거나 팽창하면서 한번 시작하면 결코 멈출 수 없는 영속적 원자화로 표현된다. 한마디로 **바깥은 닫힘의 공재성이다**("형상들은 본질적으로 밖에 있는 것과 관계하는 것referent beyond themselves"이므로 "형상들의 집에는 많은 방이 있다."[58]). 엄밀히 말해 바깥은 대상의 내부에도 외부에도 없다. 바깥은 대상들 사이에 주어지기 때문이다. 대상은 바깥으로 열리지도 않는다. 대상은 바깥 안에서 닫힌다(이에 비한다면 연극은 여전히 열려 있다고 할 것이다. 그것은 관객이 아니라면, 무에게로 열린 것이다. 그래서 영화는 이런 이점을 더 잘 이용할 수 있었을 것이지만 그것은 이후의 일이다).[59] 시간에 대해서도 같은 것을 말할 수 있다. 지속의 전체, 혹은 지속으로서의 전체는 주어질 수 없다. 하지만 그것은 전체가 이미 바깥이기 때문이다. 이것이 바로 펠리니의 세계로서, 그의 방랑자와 광대들은 주어진 지속을 모두 소진하는 순간 다음 무대로 옮겨 타고, 무대의 다층화 속에서 끝내 지속 전체를 연기perform한다. 그들에게 삶이란 서로에게 바깥이 되는 무대소stagegram로 이루어진 무대-스트립인 것이다. 강스, 그레미용, 엡스텡과 같은 프랑스 작가들이 추구했던 비극적인 속도를 근거 짓는 것도 바깥의 이 두 측면이다 : 무용수의 관절들, 기차의 바퀴나 기계의 조인트들은 상대적 바깥(가속도)을 향하는 한편, 다른 한편에서 가속도＝0에 이르러 춤과 종단속도는 그들로부터 지속을 압류하는 숭고한 순간을 향한다. 이것이 절대적 바깥이다. 영화는 연극으로부터 무대의 내부가 아니라 그 바깥을 빌려오는 셈이다. 이것은 가속몽타주의 퇴조 이후에도 매우 중차대한 숙제로 남았을 것이다. 가령 브레송은 바로 그 바깥을 내면화하는 자폐증의 개발에 부심했고,[60] 또 프랑스 시기의 오퓔스는 이를 윤무로까

---

58. MT 4강 3절, 144. "가능태란 이 개념은 외재적인 의미(external meaning)를 갖고 있다."(같은 곳).

59. 폐쇄적 순간론을 극단으로 밀고 나간 프랑스 이론가는 셰페르다. Jean Louis Schefer, *l'Homme Ordinaire du Cinéma*, Cahiers du cinéma-Gallimard, 1997("우리는 모든 이미지의 숭고한 순간 자신이다. 세계보다 큰 순간…", p. 122). 그의 다른 저술도 보라. Jean Louis Schefer, *Du Monde et Du Mouvement des Images*, Cahiers du Cinéma, 1997. 특히 순간에 관한 부분("Instant").

60. "폐쇄적이면서 자신도 모르게 바깥과 소통하는….'(로베르 브레송, 『시네마토그래프에 대한 단상』, 오일환·김경온 옮김, 동문선, 2003, 121쪽).

지 승화시켜서 더 이상 무대 뒤를 남기지 않는 폐쇄회로형 무대를 제작하고자 했다.

② 선과 점[가분적(음악)] 하나의 대상은 분할되고, 다른 대상에 대해 원자화되고, 더 크거나 작은 대상 안에서 닫힌다. 고로 원자화되는 와중의 연장은 단발적이지 않고 리듬적인 것이다.[61] 서로에게 바깥이 되는 원자들을 이어주는 분할선의 진동이 바로 리듬인 것이다. 이 두 번째 층위에서 영화는 비로소 음악과 대면해야 할 것이다. 음악은 지속되는 음들이 서로에게 잔상이 되는 선율이지만, 바로 그 때문에 가분적이다. 영화와 음악이 일찍부터 공유한 원리가 있다면, 그것은 연장적 연속체는 가분적인 한에서만 연속적이라는 원리다. 실상 뮤지컬 영화는 가분적 공간에 입각한다. 집, 길거리, 들판 등 모든 곳은 잠재적 도식의 일부를 이루는 각기 다른 잠재적 무대들이며, 그것은 결정적 분할에 의해 비로소 하나의 무대로 원자화된다(미넬리, 도넌, 켈리). 뮤지컬 영화에서 무대들 사이 혹은 무대 안에서 인물이 취하는 동선은 분할선들의 집합이다. 그리고 분할선은 분할선의 분할선이다. 그래서 선은 점집합, 확률운, 스타카토와 비트로서만 지속이다.[62] 포토그램은 점이다. 하지만 포토그램 안에도 점이 존재한다. 플랑세캉스의 개발자들이 발견한 것은 하나의 마지막 포토그램에 이르러서라도 분할이 멈추지 않을 수 있으며, 카메라의 고정점을 계속해서 바꿈으로써 하나의 포토그램 안에서도 다른 규모와 차원의 포토그램들을 계속해서 분할해낼 수 있고, 결국 플랑-연속체는 어떤 리듬을 가질 수 있다는 사실이었다. 고로 선, 분할선, 분할점을 구분해야 한다. 선은 가분적이며 연속적이다. 하지만 분할선은 자른다. 분할선은 분할점의 집합이다. 선은 지속이지만, 시간은 아니다. 선은 시간의 부분집합이 아니기 때문이다. 반대로 선은 시간화되는 것이다. 점집합이 시간이다. 그것은 분할선의 부분집합이기 때문이다. 시간이란 점이다. "시간화되는 것은 가분적이지만, 시간은 원자적인 것이다."[63] 간단히 말해 지속은 가분선이고 시간은 분할선이다. 영화가 음악에게 졌던 빚을 청산할 수 있던 것도 이러한 점의 개

---

61. "원자는 일정한 주기의 리듬을 갖고 활동하는 하나의 사회로서만 설명될 수 있다."(PR 190). 화이트헤드는 양성자, 전자, 양자의 예를 들고 있다.
62. "영화에서 정지란 [무용에서처럼] 도착점이 아니라 운동의 출발점이다."(Jean-Luc Godard, "Voyez Comme On Danse", *Cahiers du Cinéma*, n° 85, juillet, 1958. 다음에서 재인용 : *Jean-Luc Godard par Jean-Luc Godard*, Éditions Pierre Belfond, 1968, p. 143). 스탠리 도넌의 영화들에 대한 고다르의 언급.
63. SMW 193.

념에 입각해서다. 독일 표현주의에게 수직선, 수평선, 대각선은 그것들 상호 간의 교차점에서 분할되는 선이었다. 여기서 선은 첨점으로부터 연장되고, 반대로 점은 선을 자르고 닫는 표면의 질료 혹은 바깥의 그레인이 된다. 기실 독일 표현주의는 점의 연장법을 전시하는 백화점이었다 : 포토그램들을 어긋나게 하자마자 배우의 동작은 점괄적이 되었고(무르나우 〈노스페라투〉), 포토그램들을 개개의 무대장식처럼 배열하자마자 점묘법이 생겨났으며(슈트로하임), 포토그램에 명암을 번갈아 부여하자마자 점멸이 나타났다(뒤퐁, 랑). 표현주의에게 음악은 더 이상 선율이 아니라 망상증자의 뇌를 채우는 소음이고 노이즈였다. 이와 정반대의 지점에 도브첸코가 있을 것이다. 도브첸코에게서도 점은 분할하지만 선을 대립이나 갈등의 형식으로 이끌고 가지는 않는다. 반대로 그것은 선을 더욱 부드럽고 가늘게 연장하여 전설과 미래의 연락병이 되도록 한다. 수확 중에 있는 곡식 알갱이, 바람에 흔들리는 꽃들, 장례행렬하기 위해 운집한 농부들, 비행기에서 도약하는 낙하산병들의 경우들처럼 말이다(〈즈베니고라〉 〈대지〉 〈에어로그라드〉). 표현주의와는 달리 도브첸코의 점은 하강하지 않고 상승하며, 밑바닥이 아니라 천상면으로 비활한다. 이미 하늘과 구분되지 않는 대지는 곡식알갱이로 조밀한 것처럼 표면은 점집합인 것이며, 선은 이로부터 파생되는 매개적 랩소디인 셈이다. 도브첸코는 점집합이 시간임을 가장 시적으로 보여준, 최초의 그리고 최고의 거장일 것이다. 어쨌든 점은 조밀하게 존재하고 내밀하게 선을 이룬다. 무엇보다도 점은 규모와 차원을 이행할 수 있다. 더 이상 선을 경유하지 않는 영화들은 점이 규모를 갈아치울 때 생겨난다. 가장 큰 규모로 산포된 점집합이 있을 수 있고(포드의 대지, 레오네의 공동묘지), 규모들을 갈아타는 유동적인 점이 있을 수 있으며(히치콕 〈새〉), 가장 미세한 점으로서의 그레인이 있을 수 있다(미국 구조주의 : 브래키지, 제이콥스, 샤릿츠). 하지만 어떤 경우든 분할선은 우주의 한 점과 다른 점을 이어주는 통신선이며, 그 자신 또한 점으로 이루어져 있다.[64] 하나의 분자로부터 은하계에 이르는 분할선(추상 애니메이션 : 휘트니, 벨슨), 혹은 태초의 빅뱅으로부터 문명의 종말점에 이르는 분할선(큐브릭)은 전일적 파동

---

64. "모든 형상들을 포괄하는 공점(void point) … "(Paul Sharits, "Notes on Films", *Film Culture*, no. 47, summer 1969, p. 15).

을 이루어 우주교향곡이 된다. 그것은 점집합으로서의 시간, 분위기이고 앰비언트다.[65] 여기서 "피조물은 어떠한 외적인 모험도 할 수 없으며, 오직 생성이라는 내적인 모험만을 할 수 있다. 그것의 탄생은 곧 그것의 종결이다."[66]

③ 정지[이행적(사진)] 시간은 조밀하다. 물질도 조밀하다. 그 자신이 물질로 뛰어드는 모험이 시간 자체일 빛이 있다고 한다면, 빛은 물질의 모든 점들뿐만 아니라 그 점들의 모든 집합과 부분집합들을 단숨에 통과한다. 그래서 연장적 연속체 안에 운동이란 없다. 변화도 없다. 지속은 그 표면들의 특정 조합일 뿐이다. "지속은 우주의 횡단면이다."[67] 여기 들판에 한 남자가 서 있다고 하자. 수상한 비행기를 의심하기 전까지 그는 아직 들판으로부터 분할되지 않았다. 비행기가 그리는 분할선은 들판과 남자를 비로소 결합시킨다. 운동이란 사실 이것이다(남자는 들판 위를 뛴다). 비행기는 이동하지 않았고 들판은 변화하지 않았다면, 이는 비행기는 들판을 분할하고 들판은 감옥으로 이행transition했기 때문이다. 오즈의 〈동경 이야기〉 한 장면을 보자. 큰아들이 어머니가 위독하다는 소식을 전해들을 때, 전화는 그를 다른 형제들로부터 분할하지만(상복을 준비할 것인가 말 것인가), 이내 다시 한가로운 정원의 분위기와 결합시킨다. 어떠한 운동도 없이 부지불식간에 그는 삶의 풍경으로 이행한 셈이다. 물론 큰아들이 몇 발자국 걷긴 했다. 또 개 한 마리가 정경에 끼어들긴 했다. 그러나 그러한 것들은 운동과 변화가 아니다. 흡사 사진 한 장 안에 있듯이 모든 것이 단숨에, 즉 시공간적 바깥의 경계에서 일어나기 때문이다. 오즈에게 운동은 삶의 대상화와 함께 성취되는 죽음의 대상화, 변화란 그 둘 분할선을 타고 진입하는 영원으로의 이행이었다. 바로 그 이행이 오즈의 모든 것을 사진 같은 정지로 이끈다. 이행은 무엇보다도 단숨이기 때문이다. 고로 가장 격정적이고 혁명적인 상황에서도 객체화와 이행의 구분은 절대적이었다. 에이젠슈테인은 수평적인 양적 성장으로부터 질적 전개 혹은 수직적 "도약"leap을 구분했고, 베르토프는 운동으로부터

---

65. "〈장소〉(locus)란 언제나 〈점들의 장소〉를 의미한다."(PR 578).

66. PR 193.

67. PR 271. 이것이 화이트헤드가 우리에게 요구하는 용법상의 엄밀함이다. 이제부터 우린 '변화'란 개념을 다음과 같은 용법으로만 쓸 것이다. "변화는 현실적 존재들의 차이"(PR 182)이거나 "영원한 객체의 모험"(PR 155)이다.

그 "간격"interval을 구분했다. 에이젠슈테인에게 도약이란 전체가 스스로를 분할함으로써 이루어지는 특질의 "이행"이나 "전이"[68]였는데, 이는 정지한 사자를 일으켜 세우거나 반대로 제왕마저 머뭇거리며 정지케 하는 "휴지점" 혹은 "운동의 영점"[69]을 조건으로 하는 것이었다(〈전함 포템킨〉〈폭군 이반〉). 마찬가지로 베르토프에게 간격이란 움직임이 아니라 그의 분해이자 절단이고,[70] 그 분할선을 물질의 다른 부분에게로 전이시키는 꺾임점 혹은 일시정지점이었다(〈카메라를 든 사나이〉). 인간과 기계에 대해 너무나 다른 생각을 가지고 있었고 서로 앙숙이어야 했던 에이젠슈테인과 베르토프는 이처럼 운동이 아니라 정지에서 조우한다. 어떤 작가에게도 바깥으로의 도약은 사진 한 장에서 일어난다. 이행이란 혁명이다. 일반적으로 모든 운동은 객체화이고 모든 변화란 이행이다. 연장적 연속체 내부의 모든 부분들과 대상들 사이에는 집중되거나 방사되고, 진행되거나 건너뛰는 조밀한 이행들만이 존재한다. 그리고 각 이행은 그 대상에 언제나 바깥을 조응시킨다. 그래서 이행은 언제나 두 측면에서 일어난다. 한편으로 이행은 대상들이나 부분들 사이에서 일어나며, 다른 한편으로 그것은 바깥과의 접촉을 표현한다. 이행은 바깥 안에서 대상들이 서로에게 연장되도록 하는 것이다. 그러므로 이행이란 바깥의 시간화이며, 시간의 원자화라고도 말할 수 있다. 이행에 의해 시간은 바깥 안에서 분할되고, 바깥은 시간 안에서 닫힌다. 이것은 영화가 여전히 사진과의 공통분모를 지닌다는 의미다. 크라카우어 매체이론의 전제는 영화는 사진의 총합이란 게 아니라 "영화는 사진의 연장"이라는 것, 그리하여 한 장의 사진이 상상 속에서 하던 것을 영화는 실재적으로 할 뿐이라는 것이었다.[71] 마야 데렌만큼 이를 잘 알고 있던 작가는 없다. 그녀는 영화가 사진으로부터 물려받은 기록적 성격을 인정하면서도 영화의 대상은 순간 안에 있는 게 아니라 순간의 바깥에, 순간과 순간 사이에, 즉 그들의 관계, 그 이행, 씨네그램에 있다고 확신했고, 영화가 인간을 새롭게 감금할 이상적 바깥을 기록할 수 있다고 확신했다(〈오후의 올가미〉〈대지에서〉).[72] 그러므로 이미 정지한 사진과 달리 연

68. Eisenstein, "The Structure of the Film", *Film Form*, trans. & ed. Jay Leyda, A Harvest Books, 1977, p. 172.
69. Eisenstein, *Nonindifferent Nature*, trans. Herbert Marshall, Cambridge University Press, 1987, p. 22.
70. 지가 베르토프, 「우리 ─ 선언문의 이문」, 『키노 아이』, 김영란 옮김, 이매진, 2006, 66쪽.
71. Siegfried Kracauer, *Theory of Film*, Princeton University Press, 1997. 서문.

장적 연속체는 정지할 수 있고 또 정지시킬 수 있다. 분할선이 그 정지선이며 바깥은 그 에어백이다.[73] 도브첸코, 드레이어부터 타르코프스키, 앙겔로풀로스, 스트라우브-위예에 이르기까지 금욕적인 영화들에서 우린 이 새로운 사진학을 빈번히 보게 될 것이다. 문명이 진보라고 착각하던 인류의 운동을 정지시키는 바깥 안에서의 평형과 균형 말이다. 그들에게 인류는 한 장의 사진으로 이행해야 했던 것이다.[74] 마르코풀로스의 말대로 영화사에서 되새겨야 하는 유일한 사실이란, "영화는 실제로 운동하고 있지 않다는 사실"[75]이다.

이 모든 것이 연극, 음악, 사진에 대응하는 필름스트립의 특성들이다. 필름스트립은 ① 현실성과 관련해서 원자적이고(연극), ② 잠재성과 관련해서 가분적이며(음악), ③ 현실화와 관련해서 이행적이다(사진). 그 각 특성에 있어서 영화는 닫힘, 점집합, 일시정지로 재정의되는 새로운 연극이고 음악이며 사진일 것이다. 영화가 대상이 아니라 그의 시간을 연기하고, 노래 부르거나 춤추고, 사진 찍을 수 있는 것, 또한 시간에 의해서 그렇게 하는 것이 아니라 시간을 그렇게 할 수 있는 것은, 그가 필름스트립 덩어리이기 때문이다.[76] 필름스트립은 지속이지만 그 바깥에 의해 생성됨으로 시간이며 소멸이기도 하다. 영화는 수수께끼 같은 다음 말을 일찍부터 이해하고 있었다 : "연속성의 생성은 있지만 생성의 연속성은 없다." 왜냐하면 "연장성은 생성하지만 생성 자체는 비연장적이기 때문이다."[77] 그래서 영화는 아직 무도, 신도 필요 없다.

---

72. "스틸 사진은 시간의 한순간의 고립에 연관된다. 영화는 순간이 다음 순간으로 넘어가는 바로 그 방식에 연관된다."(Maya Deren, "Creating Time with a New Dimension : Time", *Essential Deren*, Documentext, 2005, p. 133).

73. "〈정지〉라는 용어의 의미는, 어떤 계기와 그 〈변형의 장소〉(strain-locus)와의 관계이다. 계기라는 것은 그 변형의 장소에 〈정지해 있다〉."(PR 610).

74. "영화, 그건 사진입니다. 사진 그 이상은 아닙니다."(스트라우브-위예 인터뷰. 『장 마리 스트라우브 다니엘 위예』, 임재철 엮음, 한나래, 2004, 163쪽).

75. Gregory Markopoulos, "The Intuition Space", *Millennium Film Journal*, no. 32/33, fall 1998, p. 73.

76. 이는 다음 책의 부분적인 주제이다. 자크 오몽, 『이마주 : 영화 사진 회화』, 오정민 옮김, 동문선, 2006. 특히 3장 2절, 4장 3절.

77. PR 111.

프레임, 샷, 몽타주

2-1. 프레임

프레이밍은 대상의 발생학이기에 당장 모든 것을 다룰 수는 없지만 다음만은 분명하다. 프레이밍은 최초의 객체화이며, 대상이나 부분의 한정이다. 고로 그것은 대상을 표면으로 정의하는 일이며, 그 역할과 기능들은 이 표면성, 특히 표면의 보편적 범주라고 할 수 있는 네 가지 패턴으로부터 파생된다. 프레임은 대상들의 집합을 구성하되 그 각각이 멀거나 가깝도록 혹은 조밀하거나 느슨하도록 대상들을 켜켜이 배열한다. 켜는 공간을 전경, 중경, 배경으로 층화시키는 프레임의 첫 번째 구성요소다. 심도가 깊어지기 이전에 이미 쿨레쇼프는 프레임 공간을 그물망grid처럼 생각하였고 켜들을 가로지르는 뚜렷하고 분명한 횡단선들의 구도를 시도했다(〈살인광선〉 〈법〉). 또한 심도화면의 발명과 함께 켜들 간에 원거리 소통이 가능해졌다(와일러 〈작은 여우들〉 〈우리 생애 최고의 해〉). 아울러 켜는 대상의 굴곡이고 주름이며(무르나우), 공간의 윤곽선이다(랑). 켜는 퇴적층이다.

시점은 켜의 초점이며 두 번째 객체화다. 시점은 켜들이 속한 공간에 원근과 다각성을 부여한다. 내려다보거나 올려다보는 앵글, 비스듬한 앵글이 가능하며, 때로는 누군가의 관점을 대신하기도 한다. 시점은 광학적일 뿐만 아니라 역학적 차원이기도 하다. 시점이 공간에 새겨 넣는 원근도식은 켜들에게는 경로를, 대상에게는 유동성flux을 허용하기 때문이다(그래서 렌즈는 시점을 결정하는 핵심요소다). 일반적으로 부감은 경로를 축소하고 앙각은 경로를 확대한다(비더, 웰스). 또한 움직이거나 달리는 시점의 경우 경로는 한층 더 많은 자유도를 보유한다(포드). 시점을 단지 주관화라고 볼 수 없다. 시점화는 대상들 사이에서 성립하는 유율流率, fluxion의 도식이고 여전히 객체화의 한 방식이다.

　세 번째, 프레임의 한 변으로부터 연장된 수직선, 수평선, 사선이나 곡선은 대상을 조형적이거나 기하학적으로 분할한다. 공간의 상단과 하단을 분리하거나 한쪽을 일부러 비워놓거나 하는 식으로 프레임의 변은 대상, 공간, 장면을 하나의 건축물로 만든다. 그것은 일단 가두고 병존시키는 효과를 지닌다. 이미 미조구치는 여닫이문이나 병풍의 틈새로 전경과 후경을 분할했다. 히치콕에겐 창문이나 거대 구조물의 능선이, 큐브릭에게는 빙빙 도는 폐쇄원환이나 대칭화된 복도가 그런 역할을 했다. 플레이셔는 쇠창살로부터 이어지는 감옥 프레이밍을 보여준다(〈보스턴 교살자〉). 특히 안토니오니는 폐쇄 프레이밍의 거장이었다. 그는 창문이나 구조물이 만드는 직선들, 색과 그림자뿐인 공간 등 순수한 평면 안에 인물들을 고립시켰다(〈밤〉〈일식〉). 안토니오니의 평탄화된 프레임은 바깥 이외엔 출구가 없는 세계의 단절면, 그 경계 자체다.[1]

　하지만 고립과 응결은 언제나 그와 상보적으로 팽창과 확장의 효과를 동반한다. 예컨대 프레임에 의해 기울거나 잘린 얼굴들이 그렇다(드레이어 〈잔 다르크의 수난〉). 이러한 프레이밍은 화면에 대상을 포함시키는 것이 아니라 오히려 배제하거나 밀어낸다는 의미에서, 보니체르가 제시한 용어인 '탈프레이밍'décadrage에 해당한다.[2] 탈프레이밍이란 단절된 면을 바깥과의 접촉면으로 만드는 프레이밍이고, 여기서 변은 더 이상 역학적인 움직임이나 기하학적 위계에 종속되지 않으며 바깥으로 향하는 팽창면이 된다. 예컨대 프레임 안에 이중 삼중의 프레임들이 있는 경우가 그렇다(베르토프). 거울을 이용한 프레이밍도 마찬가지 경우다. 원본과 사본이 번갈아 혹은 한꺼번에 나타나면서 대상은 한 프레임 안에서도 여러 프레임들로 탈프레이밍된다(바바, 로지). 가장 놀랍고도 위대한 거울 프레임은 일찍이 맑스 형제들이

---

1. 안토니오니가 프레임에서 추구한 표면성에 대해서는 다음을 보라. Seymour Chatman, *Antonioni, or, The Surface of the World*, University of California Press, 1985. 저자는 안토니오니의 프레임이 인간을 세계의 부품으로 포함시키면서도 맞지 않는 부품으로 소외시키는 "양가성"에 주목한다(같은 책, pp. 105~107).

2. Pascal Bonitzer, "Décadrage", *Cahiers du Cinéma*, n° 284, janvier 1978. 탈프레임은 "틈새들로 가득 차 있고, 보이지 않는 것과 숨겨진 것의 요구로 가득 차 있으며" 고로 "화면을 미스터리의 장소, 즉 끊기고 유예된 내레이션과 영원히 대답 없는 의문문의 장소로 만든다."(p. 11).

찾은 것이다. 그것은 거울 없이도 하는 탈프레이밍이다(〈덕 수프〉). 그래서 외화면 또한 탈프레이밍의 일종으로 봐야 할 것이다. 외화면은 보이지 않거나, 혹은 목소리로만 들리는 바깥요소들의 집합이며, 마치 유령이나 파동처럼 확률적으로만 점존點存하는 결집합이다. 탈프레이밍은 외화면의 진입이고, 반대로 외화면은 탈프레임의 객체화이다. 외화면은 프레임 안에서 소멸한 바 있지만, 다시 안으로 불멸하는 잔상들의 무대를 구성한다(오즈).[3] 이런 점에서라면 가장 복잡다단한 외화면은 클로즈업이라고 할 수 있다. 클로즈업된 얼굴이야말로 시간의 층화인 동시에 탈층화이며, 얼굴 자신의 탈프레이밍이기 때문이다.[4]

프레이밍은 켜, 초점, 변, 결에 관련한 원초적 객체화다. 그래서 프레이밍은 소실점의 배열이라고도 말할 수 있다. 소실점의 층서학적 배열(전경과 후경), 광역학적 배열(시점, 화각), 기하학적이거나 건축학적 배열이 있으며(구도), 위상학적이고 양자역학적인 배열(탈프레이밍, 외화면)이 있다. 이 네 가지 프레임의 기능은 우리가 앞으로 보게 될 네 가지 접합(퇴접·탈접·병접·잉접)의 원초적 표현들이기도 하다.

2-2. 샷

다른 한편 샷은 프레임들이 합성해내는 연장이다. 그래서 그것은 지속시간(카메라를 켜고 끄는)이나 규모(피사체와의 거리)로 정의될 수는 없다. 그러한 것들은 모두 연장으로부터 따라 나오는 개념들이지 그 역이 아니기 때문이다. 첫 번째 고려해야 할 것은 언어학과의 비교였다. 샷에 포착된 대상들이 음소와 같다면 샷은 형태소와 같다는 것이다. 파졸리니가 그렇게 하였다. 하길종은 시와 영화를 비교하기도 했다(딕션-샷, 압운-컷). 이는 분명히 언어학이나 기호학에 영화를 종속시키는 처사지만 그들은 이 와중에 중요한 함축을 던지고 있다 : 한 형태소가 여러 음소로 합성되듯 한 샷은 언제나 '여러 대상들'로 구성된다. 대상(파졸리니의 용어로는 영화

---

3. 오즈의 빈 화면에 대해선 노엘 버치, 『영화의 실천』, 이윤영 옮김, 아카넷, 2013. 2장. "빈 화면이 외화면 공간의 망(網)을 만들기 위해 사용된다."(54쪽). 버치는 르느와르, 브레송, 안토니오니의 경우도 살핀다.
4. 이것이 다음 책의 결론에 해당한다. 자크 오몽, 『영화 속의 얼굴』, 김호영 옮김, 마음산책, 2006.

소kineme)의 보편적 다수성만이 샷을 정의한다("단 하나의 대상으로 이루어진 샷이란 불가능하다. 샷은 언제나 다양한 대상들로 구성된다."[5]). 프레임이 최초의 객체화라면 샷은 상호 객체화다. 샷은 프레임이 대상들 사이에 잠재적으로만 남겨놓았던 분할면을 실재적으로 보여준다. 샷 안에는 대상들의 분할과 재결합이 실재적으로 존재하고, 지속의 하위지속의 분할 또한 실재적으로 존재한다. 하나의 피사체가 움직임에 따라, 즉 그 다양한 국면들을 내어줌에 따라 샷이 생성됨은 사실이나, 하지만 바로 그 국면들이 또 다른 대상들이 된다(트래블링과 같은 카메라 이동은 이 과정에 갑절의 복잡성을 부여한다). 카메라는 대상 혹은 대상들의 분할면들로 샷을 구성한다고도 말할 수 있다. 물론 실제 영화에서는 이토록 빈약한 사례는 잘 주어지지 않는다. 어떤 작가도 으레 분할면들을 모으고 더 세밀하거나 더 대담하게 배치하면서 어떤 패턴을 만들기 때문이다. 예컨대 비더에게 이미 보이는 것과 아직 보이지 않는 것을 결합하는 개폐식 분할면이 있는가 하면, 웰스에게 확대된 전방과 축소된 후방을 결합하는 광각 분할면이 있고, 구로사와에겐 전진하거나 후퇴할 때마다 군중을 새롭게 무리 짓는 묶음식 분할면이 있으며, 바바에게는 초점거리를 분유하는 불투명면과 투명면을 점증적으로 혼합하는 초점 분할면이 있다. 샷은 시간에 입체성과 다차원성을 부여한다. 이는 운동이 느려지거나 빨라지는 고속촬영과 저속촬영에서도 마찬가지다. 고속촬영이 분할면들의 고밀도 농축이라면, 저속촬영은 분할면들의 저밀도 농축이다.

하나의 샷은 그 지속기간 동안 계속되는 파동에 따라 활성화되는 조밀한 이행의 체계다. 이것은 마치 한 샷 전체를 커버하는 하나의 거대 진동면이 그 대상들 사이를 관통함으로써, 그들을 분할하는 그 찰나에 다시 결합해놓는 것과 같다. 비더는 계단 위로 올라오던 사람들이 사라지고 나면 계단 밑에서 올려다보던 또 다른 무리가 보이고, 그로부터 다시 아들이 천천히 걸어 나오는 삼중의 분할을 한 샷 안에서 펼쳐 보여준다(《군중》). 카메라가 움직이거나 달리는 경우라면 리듬은 배가 될 것

---

5. Pier Paolo Pasolini, "The Written Language of Reality", *Heretical Empiricism*, p. 200.("영화소들은 무한하다.", p. 201). 하길종의 글은 다음이다. 「영화와 시」, 『심상』, 1974년 7월호(다음에서 재인용 : 『사회적 영상과 반사회적 영상』, 한국영상자료원·부산국제영화제, 2009). 하길종의 결론은 영화가 시 자체는 아니지만 시적 요소를 지닌다는 것이다("전체의 리듬").

이다. 이것이 존 포드가 역마차와 인디언들 사이에 가로놓은 진동면의 경우다(〈역마차〉, 쫓고 쫓기는 대상들이 리듬적 거리를 유지한 채 한 샷 안에 존재한다). 이렇게 진동면은 그에 접촉하는 모든 대상들에게 리듬적 통일성을 부여한다.

통일은 거시적 이행일 때가 많다. 오시마 나기사의 〈교수형〉의 마지막 장면에서 사형수를 교도관들과 분할하던 격자틀은 카메라가 이동함에 따라 그를 사형장 내부와 결합시킨다. 물론 샷의 통일성은 미시적 이행으로도 충분히 완결될 수 있다. 데 시카의 걸작일 〈움베르토 D〉의 한 장면을 보자. 구걸하려고 내민 손바닥은 움베르토를 거지로 분할하지만(적선하려는 행인은 반대로 결합되려고 한다), 비가 오는지 확인하는 시늉을 하면서 뒤집은 손바닥은 그를 다시 움베르토로 재결합한다(반대로 행인은 다시 분리된다). 손바닥의 작은 뒤집음 하나가 움베르토를 재결합하고 통일하는 것이다. 특히 샷의 길이가 길어짐에 따라 대상의 분할면과 샷 자체의 분할면은 점점 혼동되고, 마치 샷의 미시적 부분들이 또 하나의 샷이 되는 방식으로 샷은 자율성과 리듬을 되찾을 것이다(롱테이크, 플랑세캉스의 경우). 샷의 통일성은 그 입체성 혹은 다면성과 떼어놓을 수 없다. 일반적으로 샷의 분할면은 양날면이다. 그것은 샷 자신의 전체 지속을 자르면서 대상들의 부분 지속을 자른다. 미장센이란 한 샷의 형상을 그 대상들이 이루는 형상과 일치시키는 작업으로서, 이는 마치 단 한 번의 절단으로 대상들 그 각각으로부터 원하는 단면만을 얻어내기 위해, 내려치기 전에 대상들을 신중하게 배열하는 것과 같다.

샷이 의식처럼 태어나는 것은 사실이다. 하지만 그게 사실이라면 샷은 무의식의 연장이기도 하다. 미트리는 샷을 분할되려는 대상과 그를 재결합하려는 관객이 겨루는 식으로 진행되는, 실제 사물들과 관객 의식의 경합으로서 정의하려고 했으나(예를 들어 트래블링에서 관객은 대상만큼만 빠르며, 몽타주에서 관객은 대상보다 더 빠르다는 식이다)[6] 이는 〈존재론적 원리〉에 위배된다. 분할된 것을 재결합하

6. Jean Mitry, *Esthétique et Psychologie du Cinéma*, Cerf, 2001, pp. 263~264. 미트리는 트래블링에 "현실화"(actualisation)를, 몽타주엔 "현시화"(présentification)을 대응시키기도 한다. 어떤 의미에선 로트만의 논의가 더 설득력이 있는 것 같다. 그는 샷의 통일성이 집단적 의식("코드", "인습 기호")에 의해 정의된다고 말한다. 그리고 그는 이를 근거로 샷은 통사적 서술체의 기본단위임을 주장할 것이다. (유리 로트만, 「2장 쇼트의 문제」, 『영화 기호학과 미학의 문제』. 이 글은 다음 책에 수록되어 있다. 『영화의 형식과 기호』, 오종우 옮김, 열린책들, 2001).

고 경합하는 의식이란 필름스트립 자신이기 때문이다(고로 샷이 의식이라면 그것은 무의식의 연장인 한에서다).[7] 보니체르는 미트리의 심리학적 정의를 비판하면서 더 정교한 샷의 정의에 이른다 : 샷(플랑plan)이란 "다양한 본성을 가진 수많은 절단들의 효과이며 그 절단들의 한 매듭짓기"다.[8] 어쨌든 샷이 지니는 입체성은 의식의 형상보다는 대상의 형상에 더 많이 빚지는 것이다. 대상의 형상은 그 자체로 다양한 절단이기 때문이다. 이런 점에서 샷의 가장 좋은 정의는 유현목의 것이다 : 샷은 "하나의 대상을 다른 대상과의 관계로서 표시하고 현실의 **다양한 형상**形相을 채취하면서 거기에서 나타나는 현실의 구조를 입체적으로 표출"[9]하는 절단면이다. 여기서 '표출'表出은 표면表面의 연장을 뜻한다. 그것은 의식에 꽤 독립적인 출현이다.

우리는 프레임이 하나의 절단면인 것을 보았다. 그러나 아직 프레임은 양날면이 아니기에 거기엔 아직 지속이 없다. 반면 샷은 표면으로 직접 지속을 구성함으로써, 지속으로 하여금 표면 안에 속하게 한다. 샷은 프레임들의 결합이 아니라 프레임들의 재결합인 것이며, 대상이 아니라 그 관계에 대한 식별reconnaissance, 재인(再認)이다. 다음과 같이 요약할 수도 있다 : 샷은 시간을 그 개별 단면이 하나의 프레임인 다면체로 만든다. 샷에 의해서 비로소 시간이 입체적이 된다는 것은 이러한 의미에서다. 그 용적이 곧 지속이며, 그 단면 증가가 곧 연장인 다면체 말이다. 그리고 이 연장은 다면체의 단면들을 동시적으로 결단하는 단 한 번의 절단에 의해 그 즉시 결정화된다. 단면들의 총합이 곧 하나의 절단면인 것이며, 반대로 그 절단면의 넓이만큼 단면은 연장된다. 요컨대 샷은 단지 연속체의 단위가 아니라, 연장적 연속체의 단위다. 왜냐하면 이 연속체는 가분적일뿐더러 이미 한 번의 심사숙고한 절단에 의해 존재하기 때문이다. 그래서 샷은 지속을 포함할지언정 지속은 아니다. 오히려 샷은 지속의 절단면이다. 샷은 대상이 아니라 그 관계의 한정이다.

---

7. 화이트헤드의 의식 개념에 대해서는, PR 3부 2장 4절. ("명제를 떠나서는 어떠한 의식도 존재하지 않는다.", p. 482).

8. Pascal Bonitzer, *Le Champ Aveugle*, Éditions Cahiers du Cinéma/Gallimard, p. 16 (한국어판 : 빠스칼 보니체, 『비가시 영역』, 김건·홍영주 옮김, 정주, 2001).

9. 유현목, 「映畵藝術의 바람직한 未來像」, 『映畵學論叢』, 동국대 연극영화학과 편, 원방각, 1990, 841쪽. 강조는 인용자. 대상을 의식적으로 해체-재구성하는 30년대 방식과 네오리얼리즘의 방식을 구분하기 위해 유현목이 쓴 문장이다.

2-3. 몽타주와 플랑세캉스

　　몽타주 혹은 편집은 각 샷을 하나의 대상으로 삼는 더 큰 수준에서의 객체화다. 그것은 프레임과 샷이 제시하는 것보다 더 큰 표면의 생산이며, 이 거시적 표면은 영화의 전체를 직접적으로 연장적 연속체로 만든다는 점에서 핵심적이다. 일단 우리는 샷이 표면의 연장화라면 몽타주는 연장의 표면화라고 정의할 수 있을 것이다. 이러한 의미에서 에이젠슈테인은 샷을 '잠재적 몽타주'로 간주했다.[10] 그리고 샷이 리듬소로서 참여하고 반대로 샷 안에 "샷 내의 몽타주"intra-shot montage를 요구하는 몽타주의 거시적 리듬 또한 존재한다.[11] 하지만 이것만으로 충분치 않다. 몽타주엔 표면의 거시적 확장 말고 더 질적인 무언가가 있으며, 샷에서는 얻을 수 없었던 바로 그것을 작가들은 예감하고 기대했다. 우리가 보았듯이 샷은 지속 전체를 지닌다. 그러나 그 지속 전체는 이어지는 또 다른 지속 전체에 의해서 새로운 의미를 지니게 된다. 샷이 표현하던 지속 전체는 새로운 전체 속에서 재분할되고 또 재결합된다. 시간의 다면체라고도 할 수 있는 이 새로운 전체가 우리가 바깥이라고 부르는 것이다.[12] 이것은 장면의 전환이나 시공간적 급변뿐만이 아니라, 무엇보다도 장면의 시공간적 내파와 그 내적인 급변을 뜻한다. 왜냐하면 바깥은 지속 전체의 절단으로부터 생겨나는 지속의 내파이기 때문이다. 우리는 몽타주가 "의식 평면"plan de con-science에 의존한다는 바쟁의 의견에 동의한다.[13] 단 그것이 지속 전체의 외면이 아니라 지속 전체의 표면이자 그 내부로 내삽된 그 자신의 절단면인 한에서, 우린 동의한다. 그런 점에서 두 전체 사이에 바깥이 있다고, 혹은 두 바깥 사이에 전체가 있다고도 말할 수 있다.

　　바깥이야말로 소비에트 작가들이 그 치열한 논쟁과 실천 속에서 발견한 것이

10. Eisenstein, "The Cinematographic Principle and the Ideogram", *Film Form*, p. 38.
11. Lev Kuleshov, "The Principles of Montage", *Kuleshov on Film*, trans. & ed. Ronald Levaco, University of California Press, 1974. 이 글에 수록된 몽타주 커브를 참조하라. 이 글은 1935년에 있었던 소비에트 공식비평 뒤에 수정된 쿨레쇼프의 이론을 담고 있다.
12. 몽타주를 큐비즘과 결부 지은 작가는 뷔르거다. Peter Bürger, *Theory of Avant-Garde*, trans. Michael Shaw, University of Minnesota Press, 1984, pp. 73, 77.
13. 앙드레 바쟁, 「영화언어의 진화」, 『영화란 무엇인가』, 박상규 옮김, 90~91쪽.

다. 특히 그것은 누구보다도 몽타주가 영화의 핵심이라고 생각했던 베르토프가 자신의 핵심개념인 "영화-눈"에 요약한 바이기도 하다. 인간의 눈은 대상을 연속적으로 포착하고 그의 지속에 한정되는 반면, 기계의 눈 혹은 영화-눈은 대상을 불연속적으로 그리고 다각적으로 포착하며 그의 지속을 넘어선다. 영화-눈은 우주의 모든 지점을 통과하거나 연결하는 전일적이고 자유로운 이행이며 그러한 의미에서 부분 지속들의 총합 그 외부에, 즉 바깥에 존재한다. 주어진 지속 전체가 하나의 거대한 "간격"인 것이다. 베르토프는 영화-눈엔 관객이 대상을 엿듣거나 엿보는 무대 바깥이 없다고 끊임없이 강조한다. 영화-눈이 곧 그러한 바깥이기 때문이다. 공산주의가 자본주의의 바깥인 것만큼 영화-눈은 전체 지속의 바깥이다. 바로 이 때문에 바이올린이나 첼로에 어떤 사고가 생기더라도 멈추지 않는 교향악처럼, "서로 연결된 선들 중의 하나가 끊어진다고 할지라도 흐름은 계속된다"[14]고 말할 수 있다.

몽타주를 거시적 표면으로의 양적 확장으로만 정의할 수 없는 근거가 바로 바깥이다. 쿨레쇼프는 매우 간단한 몽타주를 통해서 이를 실험하였다. 쿨레쇼프 효과는 접합되는 샷에 따라 가변적인 대상(모주킨의 얼굴)에 대한 예증, 즉 바깥과의 접촉에 따라 질적으로 변화하는 샷에 대한 예증이었다. 이것은 눈 바깥에서 이루어지는 접촉에 따라 달라지는 시선과도 같은 것이다. 이때 배고프거나 슬프거나 행복한 모주킨의 얼굴은 주관적 바깥에 존재한다. 그런데 대상이나 시점이 하나가 아니라, 이번엔 두 개가 식탁에 마주 앉은 두 인물처럼 마주 보면서 주어졌다고 해보자. 이때 시선의 질적 이행은 쌍방향으로 이루어질 것이며 시선은 그 상대적 변이 속에서 말 그대로 중심점을 주고받으면서 진동할 것이다. 마주 보는 대상들이 서로에 대해서 중심을 내어주는 것은, 그들이 새로운 중심 속에 있기 때문이다. 그것은 각 대상의 지속 전체를 새롭게 결합함으로써 그들이 그 안에서 공속하게 되는 더 큰 지속 전체이다. 이른바 180도 법칙 또한 여기서 성립한다. 시선들이 반사되고 그들을 이어주는 단면(카메라가 따라가야 하는 축이 존재하는)이 하나인 이유는, 그들의 지속은 하나의 바깥 안에서 재결합하기 때문이다. 식탁에 마주앉은 두 인물은 객관적

---

14. 지가 베르토프, 「대사가 없이도」, 『키노 아이』, 김영란 옮김, 이매진, 2006. 원래 이 비유는 자막과 대사와 같은 번역과 관련하여 영화-눈을 옹호하기 위해 쓰인 문장이다.

바깥에 공존하는 것이다. 즉 쿨레쇼프 효과가 바깥의 질적인 복합성을 예증한다면, 180도 법칙은 바깥의 양적인 단순성을 예증한다. 일반적으로 몽타주에서 한 대상은 다른 대상의 바깥이 됨으로써 자기 자신이 되며, 상이한 대상들은 절대적 바깥에서 하나의 대상으로 재결합된다. 몽타주는 바깥 안에서의 재분할과 재결합이며, 바깥으로의 이행이다.

그 초창기에 이미 푸도프킨은 하나의 대상은 서로가 서로에 대해 외부가 되는 부분들(그가 "디테일"이라 불렀던)로 엄밀하게 분해되어야 한다고 주장했고 또 그를 실천으로 보여주었다. 예를 들어 싸움과 전투의 상황은 손이나 발과 같은 부분들로 분할되며, 기다림은 눈치를 보거나 긴장하고 있는 눈동자나 촛불로, 슬픔과 비애는 그 공간 한구석에서 떨어지고 있는 물방울로 분할될 수 있다. 푸도프킨은 항상 외부를 찾는다. 전체를 그 외부로 빠져나가는 작은 부분으로 전이시키는 동시에 반대로 그 부분들은 가급적 멀리까지 도망쳐 또 하나의 전체를 이룸으로써("외적 연결"), 분할의 내재적 근거("내적 연결")를 되찾기 위해서다.[15] 푸도프킨이 드는 또 다른 예는 감옥의 가장 먼 외부에 존재하는 어린이와 냇물처럼 인간으로부터 가장 멀리 주어지는 자연이다(〈어머니〉). 푸도프킨에게 몽타주란 오직 **외적 연결**에 의해서만 복구되는 내적 연결이었고, 그런 의미에서 얼음, 강, 숲과 같은 외부를 기준으로 해서 새롭게 그어질 전선과 또한 새롭게 구축될 연대 그 자체였다. 구로사와 역시 외부를 찾아내는 데 매우 능숙했던 작가다. 그는 샷들 사이에 넓은 샷을 편집하곤 했는데 (또는 트래킹에 의해서), 이는 단지 상황을 더 잘 보여주기 위해서만은 아니었다. 그 넓은 샷에는 무리의 외부자나 구경꾼과 같은 외부가 항상 포함되어 있고, 이전 샷에서 보여주던 관계의 변화가 바로 그 외부로부터의 반응에 의해서 가장 잘 보여진다. 예컨대 사무라이들의 대결을 그를 구경하러 몰려드는 구경꾼들의 롱샷보다 잘 묘사하는 것은 없을 것이다(〈7인의 사무라이〉). 구로사와는 푸도프킨의 조응하는 부분(자연)을 반응하는 여분(구경꾼)으로 대체한다. 하지만 어떤 경우든 샷들의 접착제는 그 바깥이다.

---

15. 부분들의 외적 연결과 부분과 전체의 내적 연결, 이것이 푸도프킨이 리얼리즘을 정의하는 방식이다. V. I. Pudovkin, *Film Technique and Film Acting*, trans. & ed. Ivor Montagu, Vision Press, 1958, pp. 329~331. 임화 역시 리얼리즘을 유기적 연결로 제한한다(「영화의 극성과 기록성」, 1942).

물론 이 모든 것은 하나의 샷 안에서도 이루어질 수 있다. 그러나 그것이 가능한 것은 샷 안에서 우리가 하는 것이 여전히 몽타주이기 때문이다. 이것이 바로 플랑세캉스의 경우다. 플랑세캉스는 단지 플랑들의 연쇄가 아니라 플랑들의 층화다. 움직이는 대상이 커들을 횡단하는 단순한 사례부터, 그들과 보조를 맞추며 움직이는 카메라와의 피드백 속에서 한 켜의 대상이 다른 켜의 대상과 끊임없이 연결되거나 분리되는 복잡한 사례에 이르기까지, 플랑세캉스는 각 플랑들이 함축하는 켜들 간에 이루어지는 원격적인 교통이나 근접적인 접촉이다. 이것은 – 다시 연극무대를 우회하는 한이 있더라도 – 심도를 바깥면으로부터 재정의한다는 것을 의미한다. 플랑세캉스에서 대상들은 더 이상 동일한 단면 위에서 마주치는 것이 아니라, 그 대상들이 속해있던 켜들로는 환원되지 않는 언제나 새로운 단면 위에서 마주침으로써, 바깥으로부터 소환된 단면을 화면심도 안에 심어 넣는다. 그 단면은 개별 지속(샷)의 내부에도 없고 외부에도 없지만, 그 모든 레이어들과 움직임이 잠재적으로 향하는 보이지 않는 포괄적 배경이라는 점에서 바깥켜다. 그것은 제3의 연인이 기다리고 있는 무대 바깥이고(오퓔스 〈윤무〉), 주인과 하인의 병존이나 귀족과 밀렵꾼의 공존이 지시하는 비행사가 거하는 바깥층이며(르느와르 〈게임의 규칙〉), 부모와 입양시설 직원의 공존재가 지시하는 어린 케인이 거하는 외부층이다(〈시민 케인〉). 플랑세캉스의 진정한 주인공 그 안에서 다른 조연들의 연락책을 맡고서 그들의 접선을 유도하지만, 언제라도 그들을 이끌고 바깥으로 나갈 수 있는 기억이나 지속 전체의 〈밑바닥〉인 것이다(르느와르). 바로 여기에 플랑세캉스와 몽타주의 본질적인 공통점이 있을 것이다. 그것들은 모두 새롭게 산출된 바깥켜 안에서 이루어지는 연장의 표면화다. 만약 미트리가 플랑세캉스에서 심리학적 능동성을 발견한다면 이 바깥켜가 관객이 비로소 참여하는 자리처럼 보였기 때문이며[16], 반대로 만약 파졸리니가 플랑세캉스가 여전히 자연적 지각을 모방하는 거울이라고 비난한다면 그것은 이 바깥켜가 작가가 안주하는 자리로 보였기 때문이다.[17]

---

16. Jean Mitry, *Esthétique et Psychologie du Cinéma*, Cerf, 2001. 플랑세캉스에 관한 부분("La Profondeur de Champ")을 보라. 이 부분은 바쟁과의 논쟁을 담고 있다. 미트리는 바쟁이 관객을 지나치게 수동적인 입장으로 치부한다고 비판한다. 그만큼 미트리는 플랑세캉스가 산출하는 플랑들 간의 간격은 관객이 능동적으로 메워야 할 것으로 생각했기 때문이었다.

바깥켜는 플랑세캉스의 임페투스다. 그것은 플랑-연속체에 켜켜이 스며들어 있음으로써 그를 견인하고 추동한다. 반대로 심도는 바깥켜가 지속에 남기는 그 효과이자 자취다. 고로 플랑세캉스에서 심도는 언제나 바깥켜가 스스로를 조직하거나 해체하며 심지어는 상변이하는 형태로 나타난다. 이미 바바는 올가미처럼 옭아매거나 나사처럼 조였다 풀 수 있는 플랑세캉스를 보여주었다(《사탄의 가면》). 가장 단순한 심도의 형태는 드레이어의 것이다. 여기서 바깥켜는 완전히 단색이 되고 증발되어 순수한 정신이 되며, 켜들은 내면으로밖에는 어떠한 소통도 하지 않는다. 드레이어의 하얀 평면, 그것은 이념적 바깥면이다(《오데트》 《게르투르드》). 반면 가장 복잡한 심도의 형태는 드 팔마다. 드 팔마의 플랑세캉스는 드레이어와 반대로 바깥켜의 농축에 의해 정의된다. 쉴 새 없이 들락날락하는 인물들과 여기저기를 휘젓는 카메라에 의해서 점점 복잡화되는 심도 속에서 점진적으로 농축되어 가는 허영과 불안이 있는 것이다(《허영의 불꽃》에서 소설가의 상향운동, 《카인의 두 얼굴》에서 검시관의 하향운동). 그래서 드 팔마 플랑세캉스의 컷포인트는 으레 섬광과도 같은 바깥의 용출이다(비명, 플래시 등). 드 팔마의 몽타주와 플랑세캉스는 바깥의 편재성, 그 끈질긴 다수성과 전염성과 떼어놓을 수 없다. 아무리 대칭적인 샷이라 할지라도 고개를 돌리는 작은 움직임만으로도 바깥은 촉발되며 시선의 외부에 자리 잡는다(예컨대 《드레스트 투 킬》에서 지하철 추격장면). 반면 동양적 플랑세캉스는 역학적 심도를 도덕적 거리로 대체함으로써 바깥켜에 어떤 자세마저 부여한다(허우샤오시엔).

정리해보자. 샷은 표면-지속이다. 하지만 몽타주는 지속-표면이다. 샷이 순수한 상호 객체화인 데 반해 몽타주는 바깥 안에서 이루어지는 자기 객체화이기 때문이다.[18] 몽타주는 지속의 절단면이기 전에 바깥의 절단면이다. 파졸리니는 몽타주를 시간의 죽음을 통해서만 태어나는 "순간적 몽타주"로 정의한다. 몽타주는 시간에게 끊임없이 그의 바깥을 부여하고 반대로 바깥은 그의 종결로써 찾아지는 의미

---

17. Pier Paolo Pasolini, "Quips on the Cinema", *Heretical Empiricism*, pp. 226~227.
18. 이것이 푸도프킨의 "유기적 단일체"(organic unity)다. "끊어지지 않고 전개되는 한 사건에 대한 단일한 이미지."(V. I. Pudovkin, *Film Technique and Film Acting*, p. 160). 푸도프킨은 몽타주에 있어서 샷은 엄격하게 제한된 시간 속에서 촬영되어야 한다고 주장한다. "감독은 촬영되는 모든 샷들을 가혹하고 매우 제한적인 시간적 프레임 안에 가둬놓아야 한다."(p. 159).

를 시간에게 되돌려준다. 바깥은 그 묘비명이 의미인 시간의 무덤인 것이다.[19] 몽타주와 플랑세캉스는 결코 반대되지 않는다. 그들은 지속-표면의 두 양면이기 때문이다. 오히려 플랑세캉스와 반대되는 개념은 클로즈업일 것이다. 플랑세캉스가 팽창과 지연으로 지속 속에서 이루려는 같은 것을, 클로즈업은 수축과 압축으로 순간 속에서 이루려고 하기 때문이다. 플랑세캉스와 마찬가지로 몽타주는 바깥의 생성, 그 바깥과의 접촉이며 바깥으로의 이행이다. 그리고 몽타주에 있어서 지속은 바깥으로 분할되고 대상들은 바깥 안에서 재결합한다. 그것은 샷과 그 묶음들을 계속해서 바깥으로 밀어내는 씨퀀싱 기술인 것이다. "하나의 씬을 어디까지 지속시킬 것인가를 안다는 것은 이미 하나의 몽타주다. 몽타주는 미장센을 부정함과 동시에 그것을 예고하고 준비한다."[20]

몽타주와 플랑세캉스는 사이에 본질적인 차이란 없다. 몽타주는 바깥-세캉스다(아마도 몽타주와 플랑세캉스의 결정적 차이가 있다면 그것은 배우, 관객, 영화의 육체에 관련해서일 것이다. 우린 이를 4부로 미룬다).

---

19. "죽음은 우리 생의 순간적 몽타주다. 우리 생이 우리 스스로를 표현하는 데 쓸모가 있는 것은 오직 죽음 덕분이다."(Pier Paolo Pasolini, "Observations on the Sequence Shot", *Heretical Empiricism*, pp. 236~237).
20. Jean-Luc Godard, "Montage, Mon Beau Souci", *Cahiers du Cinéma*, n° 65, déc 1956, pp. 30~31.

표면의 초기 형태들

3-1. 그리피스와 에이젠슈테인

그래서 영화는 운동만을 추구한 적이 없다. 운동이 통과해야 할 지속과 더불어, 운동이 정지해야 할 그 절단을 함께 추구하였다. 차라리 영화는 정지를 조건으로 해서만 운동을, 절단을 조건으로 해서만 결합을 취했다고 말해야 옳다. 그래서 베르토프는 몽타주는 영화의 모든 것이라고, 모든 시간이라고 주장했다. 카메라가 돌아가자마자 흐름이 연속적으로 나타나지만, 몽타주는 그 연속된 흐름을 끊는다. 그것은 지속하던 시간의 일시정지이며 그 지속 자체의 소멸이다. 하나의 연속된 지속은 바로 거기서 정지하고 사라지지만, 다른 지속들이 생겨나고 재시작되는 것 또한 바로 거기다. 진짜 운동은 거기서 일어난다. 그러나 이것은 전적으로 소멸과 불멸의 교차로서만 일어나는 운동이다. 하나의 끊긴 지속은 다른 지속들을 분화시키기 위해서만 소멸하고, 그렇게 분화된 다른 지속들이 재결합하기 위해서만 그것은 불멸적이 되기 때문이다. 몽타주의 절단면은 소멸과 불멸의 표면인 한에서만 운동을 영화에 도입한다. 영화에서 모든 연속성은 바로 소멸과 불멸의 교차로부터의 원자적(씨네그램적) 연속성이다. 그리고 몽타주는 그 교차점으로만 연속성을 구성함으로써 연장적 연속체 자체를 하나의 표면으로 변환한다. 몽타주를 통해 영화의 모든 연속체는 표면들의 연쇄다. 물론 하나의 연속된 샷 안에도 소멸-불멸의 연속적 교차가 있을 것이다(예를 들어 고속촬영이나 저속촬영에서 포토그램들 사이의 미시적 교차). 그러나 그것은 인간적·자연적 지각을 부득불 모방하는 와중에 여전히 표면을 운동에 종속되거나 은폐된 것으로 남겨놓을 여지가 있다. 반면에 몽타주는 표면만으로 구성된 운동, 즉 지속-표면을 우리에게 보여준다. 그래서 모든 운동들을 편집으로만 보여줄 수 있다는 신념만은 공유하던 영화사 초기의 몽타주 작가들 혹은 유파들이 가장 먼저 했어야 하는 것은, 바로 그 표면들의 개발이었을 것이다. 지속을 그 바깥으로 열어주는 표면들을 찾아내기.

에드윈 포터는 무엇보다도 이 표면이 동기화에 연관됨을 잘 알고 있었다. 즉 샷들을 이어붙이는 표면은 각 샷을 동기화시킨다(〈미국 소방관의 하루〉 〈대열차강도〉). 그러나 이를 단지 효과 수준에 남겨놓지 않고 지속의 본질로 다시 발견해내어 통일성의 원천으로 삼은 것은 분명히 그리피스의 업적이었다. 바이오그래프 시기부터 그리피스에게 동기화란 백인과 흑인, 남부와 북부, 전방과 후방과 같은 이원적 원소들을 차별함과 동시에 연합하는 포괄적 지속의 산출이다. 아무리 이질적인 지속이 주어지더라도 그들을 포괄하는 더 큰 지속이 주어질 수 있으며, 각 원소는 바로 그 안에서 공존하게 된다. 교차편집은 바로 이 공존의 표현이다(〈외로운 빌라〉에서 가족과 괴한의 공존, 〈이녹 아든〉에서 애니와 이녹의 공존). 그리피스가 찾은 최고의 교차편집은 클로즈업이다. 그것은 한 지속의 내면과 외면을 차별화함과 동시에 공존케 한다(〈꺾어진 꽃송이〉). 그런데 이 상호성은 무엇보다도 작용과 반작용의 상호성이며, 이로부터 교집합을 가지지 않는 공존이 나오게 된다. 그것은 타협할 수 없는 대결 혹은 경합의 경우이며, 이때 지속은 각 원소들을 더 큰 갈등으로 이끄는 한에서만 그들을 공존시킨다. 이것은 포괄적 지속과 구분되는 배타적 지속이며, 공존이라기보다는 차라리 병존이다. 이것이 교차편집과 구분되는 평행편집이다. 교차편집이 각 원소들을 포괄적으로 공존케 하는 각개 원자화라면 평행편집은 그들을 배타적으로 병존케 하는 상호 원자화다.

바로 여기서 그리피스는 세 번째 표면을 도출해냈고, 그의 가장 독창적 발견이 되었다. 평행한 원소들은 서로를 타협 없이 원자화시키지만, 바로 그 때문에 그들이 그 가상의 원점에 가까워질수록 그 원자화는 더욱더 강렬해진다. 백인을 포위한 흑인들이 격렬해질수록 KKK단은 더 빨라지고(〈국가의 탄생〉), 사형 집행의 순간이 임박할수록 구조대는 더 빨라진다(〈폭풍우의 고아들〉). 이것은 마치 그 바깥쪽에서 안쪽으로 갈수록 점점 빨라지면서 스스로 동기화되는 나선과 같은 것이다. 이것이 수렴편집이다. 수렴편집은 평행을 가속하는 편집이고, 여기서 가속은 마치 각 지속이 자신의 모든 에너지를 소진시키면서 운동의 영점으로 달려가듯이 일어난다. 이

때 궁극적인 교차는 두 평행선들의 무한원점에서의 교차이기 때문이다. 이것은 희생자의 생 전체가 소멸하려는 순간에 구원되는 통일성, 차라리 그 소멸을 원료로 재구성되는 통일성이다(〈동부 저 멀리〉의 마지막 폭포 장면). 소실점이란 무한원점이고, 그를 향해 질주하는 평행선들이 스스로를 통일하기 위해 되찾는 무한성 역시 거기에 있다.[1] 이것의 절정이 〈불관용〉이다. 수백 수천 년을 동떨어져 있는 각 문명은 페르시아 전투마차, 자동차와 기차, 줄지어 늘어서는 위그노의 시체들, 예수의 순례행렬이 교차하고 끝내 수렴됨과 동시에 그를 포괄하는 무한한 지속 속에서 통일을 이룬다. 그것은 어떠한 다른 시간이라도 품으려고 스스로 무한정해지는 하나의 영원한 국가다.[2]

얌폴스키의 지적처럼 그리피스가 다른 초기영화에 대해 거둔 승리는 총체성과 파편성 중 어느 한편의 손을 들어준 것이 아니라, 그 둘의 분리불가능성을 보여주었다는 데에 있다.[3] 이것이 바로 원자화다. 교차편집은 포괄적 지속에 의한 각개 원자화이고(공존), 평행편집은 배타적 지속에 의한 상호원자화이며(병존), 수렴편집은 무한한 지속에 의한 총체적 원자화다(병행). 이 삼단계는 또한 내러티브의 기하학적 발생에 대한 심오한 통찰이자 예견이기도 했다(우리 책 3부). 당대 유행하고 있던 완전영화 모델(시네라마, 극장열차)들을 그리피스가 압도할 수 있었던 건, 이처럼 그가 소멸과 원자론의 모델을 더 믿었고 그만큼 빨리 선취했기 때문이었다. 그리피스의 영화에서 소실점은 개별 원자들이 소멸해가는 무덤인 동시에 더 큰 원자가 태어나는 요람이 된다. 즉 세계의 완전성을 대체하는 영화(혹은 국가)의 원자성.

그런데 에이젠슈테인은 그리피스의 바로 그 원자를 비난하였다. 그리피스는 표면이 원소들 사이에 우연히 주어지는 것이라고 단지 가정하고 있으며, 표면이 원소

---

1. 〈국가의 탄생〉에서 직선과 소실점의 지배적 역할에 대해서 지적한 이는 세이모어 스턴이다. *Film Culture*, no. 36, spring/summer 1965.(Griffith I—"The Birth of a Nation"이라는 부제목을 단 그리피스 특집호, pp. 88~89).
2. "세상 전체가 무대이며, 끝없는 시간이 그 한계이다." 연극무대와 영화의 연관성에 대한 그리피스의 대답. 다음에서 재인용: *Focus on D. W. Griffith*, ed. Harry M. Geduld, A Spectrum Book, 1971, p. 33. 이 책은 그리피스의 여러 에세이들을 수록하고 있다.
3. 미하일 얌폴스키, 『영화와 의미의 탐구』 1권 1장. 얌폴스키는 스펙터클의 파편화 충동에 주목하며, 이를 내러티브에 대해서조차 독립적인 영화의 보편적 측면으로 간주한다.

들 간의 생산관계이며 그 성장법칙임을 간과하고 있다는 것이다. 즉 그리피스의 통일성은 흡사 부르주아가 사회를 바라보는 관점에서처럼 대결을 우연적인 것으로 가정하는 데서 얻어지는 가설적 통일성일 뿐이라는 것이다.[4] 하지만 에이젠슈테인이 볼 때 진정한 원자는 동시성에 지배되고 예정된 통일에 만족하는 죽은 원자가 아니라 언제까지나 살아있어서 투쟁하는 원자, 즉 세포여야 했다. 이것이 에이젠슈테인이 여전히 미국적 원자론으로 빠져들어 갈 위험이 있어 보였던 그의 소비에트 경쟁자들에게도 끊임없이 항변한 바다 : 통일 이전에 성장하는 원소들은, 평행 이전에 '충돌'한다.

에이젠슈테인에게서 유기적 원소는 흡사 체세포분열에서처럼 외부적 압력에 의해서가 아니라 내압에 의해서 투쟁하고 성장한다. 충돌이란 곧 내적 분할을 의미한다. 그리고 그것은 우연적인 모순이 아니라 필연적인 모순을 드러낸다. 한 개인 혹은 집단이 다른 외적인 집단과 갈등할 때에도, 그것은 국가라는 하나의 세포 안에서 그들이 통과해나가는 내적이고 필연적인 모순이다. 내적인 대립에 의거해서만 원소는 스스로를 분할한다. 이것이 "유기성"organic이다. 에이젠슈테인은 유기적 분할이 샷뿐만 아니라 씬이나 프레임까지도 지배하는 법칙이라고 생각했으며(그래서 그는 프레임 내에도 몽타주가 있다고 단언한다), 최소한 〈전함 포템킨〉 이후로 이에 대한 가능한 많은 목록들을 찾았다고 자부했다. 조형적 대립(수평선과 수직선), 차원의 대립(선과 평면), 양적인 대립(하나와 여럿, 소총사격과 함포사격), 시점의 대립(앵글, 원근), 역학적 대립(상하좌우, 운동과 정지), 리듬의 대립(선행과 후행, 빠름과 느림) 등등, 이 중 어느 하나도 프레임, 샷, 시퀀스 내의 지속을 스스로 분할하는 할선으로 만들지 않는 것은 없다. 구더기는 음식과 쓰레기를 분할하고, 계단은 기병대와 마을 사람들을 분할하고, 군함은 하늘과 땅을 분할한다. 또한 기관총은 모여있는 군중을 조각조각 분할해낸다(〈10월〉). 그리고 할선은 끊임없이 이어지며 자라남으로써 전체와의 관계를 표현한다. 이 모든 것은 분할이 곧 통일이고, 내적 모순이 그 필연인 변증법적 원자의 "성장"이다. 성장은 "황금분할"에 의한 나선의 발생이다($\frac{OA}{OB} = \frac{OB}{OC} = \frac{OC}{OD} \cdots = m$).

---

4. 이 모든 비판에 대해선 Eisenstein, "Dickens, Griffith, and the Film Today", *Film Form*.

그런데 변증법에는 대립과 양적 진전만 있는 것이 아니다. 대립되는 두 원소는 하나에서 다른 것으로 뛰어들거나, 아니면 그 충돌로부터 새로운 원소가 튀어나오기도 한다. 예컨대 수평선과 수직선의 충돌로부터 대각선이 나오고, 운동과 정지의 충돌은 가속과 감속을 낳는다. 유모차는 기병대의 전진하는 발의 "가속기"이고, 이때 "발을 내딛는 하강은 굴러떨어지는 하강으로 이행한다."[5] 이것은 하나의 특질(유모차)에서 다른 특질(발구름)로의 혹은 새로운 특질(학살, 반격, 혁명)로의 이행이다. 이는 더 이상 대립항 자체의 재생산, 즉 "성장"growth과 혼동될 수 없는 "전개"development다. 대립항은 여기서 동등한 차원으로 확장되는 것 이상으로 그 상위 차원의 질서로 비약하기 때문이다. 이것은 **질적 도약**이다.[6] 질적 도약은 단지 힘의 양적 증강이 아니라 가속이나 감속과 같은 힘의 비선형적이고 기하급수적인 증강을 표현한다. 여기서 분할되는 것은 더 이상 대립항들이 아니라 그들 전체라 할 수 있는 대립의 형식, 즉 그 대립에 내재하는 모순 자체다. 그것은 원소들이 충돌하는 데서 일어나는 폭발음이나 스파크 같은 것이다. 전개, 그것은 성장이 아니라 급성장이다. 그것은 힘의 자승이며, 운동의 급변이자 돌변이다. 그래서 질적 도약은 분할로부터 운동의 급변점, 즉 "운동의 영점"("휴지점"caesura, "극점"culmination point)을 구성한다. 가장 큰 충돌은 가장 강력한 휴지점을 가질 것이다. 어린아이는 기마부대로부터 시위대를 가장 크게 자르면서 떨어지며 그들 간에 성립하던 운동의 최저점을 구성한다(《파업》). 또한 적 함대는 갑판과 기관실의 모든 작은 운동들과 그 사소한 할선들을 통째로 휘감으며 분할하는 극적인 휴지점이다(《전함 포템킨》). 그리고 대제는 의심이 극에 달하는 휴지점에서 두 번 멈춰 선다(《폭군 이반》). 하지만 어떤 경우든 도약은 아무리 작은 동요까지도 소비에트 전체에게로 끌어올리는 돌변이고 급변이다. 〈총전선〉의 크림분리기 장면이 가지는 위대함은 이 도약을 클로즈업만을 가지고서 이루어냈다는 데에 있다. 침묵하던 배출구는 우유 한 방울로, 그리고 다시 우유 줄기로 이행하고, 집단농장에 비선형적으로 모여드는 노동자들이 자축하는 승리의 분수로 도약한다(1-4-17-29-43-50…). 이때 우유 방울이 통과하는 것은 할선

---

5. Eisenstein, "Methods of Montage", *Film Form*, p. 74.
6. 이 모든 구분들에 대해서는 Eisenstein, *Nonindifferent Nature*, trans. Herbert Marshall, Cambridge University Press, 1987. 1장 "On the Structure of Things."

과는 구분되는, 멱급수로 전개되는 선, 파선波線이다.

에이젠슈테인이 무성영화 시대에도 이 질적 도약에 대해서 많은 것을 시도했다는 것은 잘 알려져 있다. 예를 들어 안개가 음파로, 흑백 깃발이 붉은 깃발로 이행하듯 소리나 색에 대해서도 이와 같은 질적 이행이 일어날 수 있다. 그것은 각기 다른 특질들(소리, 영상, 색)이 외적인 필요에 의해서 서로 보상하는 외적 대응과는 구분되는, 흡사 음악에 있어서 협화음이나 공명처럼 특질들의 미분적 급변과 공감각적 전이를 생산하는 대위법적 구성에 의해서다. 이것이 에이젠슈테인이 말하는 "수직적 몽타주"다.[7] 수직적 몽타주는 이질적 감각들을 질적 이행, 도약, 힘의 자승으로 이끄는 몽타주이다(〈알렉산더 네프스키〉 빙상전투 장면). 에이젠슈테인은 이 수직적 몽타주에 엄청난 중요성을 부여했으며 말년까지 연구를 멈추지 않았다(그리고 이것은 소비에트 비평 속에 좌절된 〈폭군 이반〉과 〈베진 초원〉에까지 계속되었다).[8] 무엇보다도 그 이유는 수직적 몽타주는 다름 아닌 정서의 질적 이행이기 때문이었다. 이것이 "파토스"pathos다. 감각들 간의 이행, 새로운 공감각의 돌연한 출현, 그리고 그에 따른 심리적이고 정서적인 도약, 즉 "정서적 역학화"가 변증법적 전개의 핵심이다.[9] 공포에서 분노로, 의심에서 믿음으로, 고독에서 연대감으로, 좌절에서 희망으로.

하지만 파토스가 단지 감각의 영역에 국한된다고 할 수 없다. 파토스는 무엇보다도 먼저 의식이다. 도약을 따라 우리가 이르는 상위의 질서란 대립항들의 총합으로 환원되지 않는 대립 전체, 즉 대립 자체의 형상이고 그 "움직임의 형상" 혹은 모순의 형상이기 때문이다. 그것은 감각인 동시에 '개념'이다. "주어진 요소들의 충돌

---

7. 비록 충분히 실현되지는 못했지만, 에이젠슈테인은 매우 정교한 설계도들을 제시한다(그 중요성에 비해 이 글은 종종 간과되는 것 같다). Eisenstein, "Synchronization of Senses", *Film Sense*, trans. & ed. Jay Leyda, Faber and Faber, 1986. 에이젠슈테인은 가부키 연극에서도 같은 것을 확인하였다. 같은 책의 "The Unexpected"("기본적인 정서적 목표를 하나의 재료에서 다른 재료로, 하나의 자극 범주에서 다른 자극 범주로 전이하기. 우리는 운동을 듣고 소리를 본다.", pp. 21~22).
8. 버치가 〈베진 초원〉과 〈폭군 이반〉에서 나타나는 다면체 공간을 분석했다. 노엘 버치, 『영화의 실천』, 이윤영 옮김, 아카넷, 2013. 7장 「우연의 기능」, 3장 71~75쪽.
9. Eisenstein, "A Dialectic Approach to Film Form", *Film Form*, p. 57. 파토스에 대한 더 자세한 해명은 Eisenstein, *Nonindifferent Nature*, pp. 27~37.

에서 개념이 생성된다."[10] 에이젠슈테인은 연극, 문학이나 회화를 예로 들 수도 있을 것이다. 거기서도 나름의 몽타주가 있고 그 일반화하는 효과는 묘사와는 구분된다. 그가 볼 때 영화는 그것을 가장 잘할 수 있는 예술형태다. 충돌이 분할인 것처럼, 도약이란 의식이고 첨예한 갈등 속에서 태어나는 의식화다. 에이젠슈테인의 진정한 총알은 개념이다. 이는 에이젠슈테인이 연극으로부터 가져온 반사학reflexolgy의 교훈과도 일맥상통한다 : 움직임에서의 급변이 자극이거나 충격이라면 정서나 의식은 그 반응이다.[11] 단지 심리연상으로 치부될 소지가 있는 '견인 몽타주'란 용어의 진정한 의미가 여기 있을 것이다 : 견인 몽타주란 주어진 충돌면으로부터 그 상위 충돌면을 이행하는 것, 즉 보거나 들을 수 있을 뿐만 아니라 이제는 읽을 수도 있는 상위 표면을 의식 속에 생산하는 것이다. 견인 몽타주란 윗표면과 아랫표면의 편차 혹은 그 전위차가 곧 의식인 몽타주이다.[12] 견인되는 것은 단지 연상된 이미지가 아니라 이 간격, 의식, 반응 자체다(〈파업〉의 도살 장면은 후행하는 프롤레타리아의 눈동자 없이 아무것도 아니다). 그래서 모든 감동은 언제나 부분에서 전체로의 도약이다. 부분적인 자극에도 신체 전체가 반응하는 것처럼, 여기서 부분(충돌항)은 전체(형상, 개념)를 반영한다("pars pro toto"). 코안경은 단지 여교사로부터의 또 한 번의 분할이 아니라, 오데사 학살 전체의 관념이나 사회적 모순의 관념의 의식적 전개 속에 있다($A+a, A+2a, A+3a \cdots$). 도축된 소, 공작새, 분수 등은 연합된 부분-이미지가 아니라, 반대로 부분-이미지들이 그 아래서 연합되는 전체-이미지이며, 이것의 존재론적 규모는 결국엔 영화 전체에 맞먹는다. 그리고 여기에 에이젠슈테인의 가장 원

---

10. Eisenstein, "The Cinematographic Principle and the Ideogram", *Film Form*, p. 37. "전체의 형상"에 대해선 다음 책도 보라. 세르게이 미하일로비치 에이젠슈테인, 『몽타주』, 홍상우 옮김, 경상대학교 출판부, 2007. "두 개의 묘사의 충돌, 움직임의 두 개의 연속적인 단계의 충돌로부터 움직임의 형상이 생겨나는 것이다. ··· 몽타주 조각에서의 Pars(부분)은 toto(일종의 전체)의 형상을 불러일으킨다. 그래서 의식에서 이것은 이미 전체 영화의 형상이 된다."(「움직임의 몽타주적 형상」, 204쪽). 이 책은 에이젠슈테인의 가장 암울한 시기에 쓰였지만 광범위한 논제들을 다루는 소논문들의 모음집이다.
11. 견인몽타주의 연극적 기원(메이에르홀드, 생체역학, 반사학)에 대해선 다음을 보라. 김용수, 『영화에서의 몽타주 이론』, 열화당, 1996. 3부 2장. 이 책 부록에 실린, 김용수가 푸도프킨과 에이젠슈테인에게 가한 연극학적 분류도 보라(244쪽 도표).
12. "견인이란 최종적 이데올로기적 결론을 지각할 수 있도록 하는 유일한 수단이다."(Eisenstein, "Montage of Attractions", *Film Sense*, p. 181).

대한 소망이었던 "지적 영화" 개념이 위치한다. 지적 영화는 움직임의 형상, 사건의 구조, 나아가 정서적 형상을 의식의 전개 속에서 생산하는 영화이다. 하지만 그것은 사회적이고 집단적 의식이며, 충돌하는 부분들 속에 총체적으로 반사되는 전체-개념에 다름 아니므로, 이때 반사는 집단의 자발적인 혁명적 의식화와 구분되지 않는다. 지적 영화의 종착지는 언제나 전체다. 전개되는 것은 영화 전체(형식, 개념)이며, 그에 상응하는 집단의식(이데올로기, 계급의식)이다.[13] 에이젠슈테인은 소비에트 평단의 맹비난에도 불구하고 끝까지 이 지적영화론을 버릴 수 없었다. 지적 영화에서 가장 중요한 분할면은 자연과 인간, 영화와 사회 사이에서 전개되는 이러한 총체적 반사면이고, 그가 볼 때 이것이야말로 변증법적 유물론의 예술적 요체였기 때문이다(이것은 그와 베르토프와의 심오한 간극이기도 하다).

에이젠슈테인에게 그리피스의 통일은 얼마나 수평적이고 안일한 것처럼 보였을까. 그리피스의 평행선을 에이젠슈테인은 나선으로 대체한다. 그 나선은 내적인 통일만을 표현하는 할선, 물결선, 반사선으로 이루어져 있다. 그리고 이미 알아보았듯이 이러한 선들은 상이한 세 종류의 표면들을 각각 구성한다. 먼저 할선이 구성하는 **충돌면**이 있다. 이것은 나선을 횡적으로 자르는 수평적 분할면이고, 여기서 지속은 한없이 수축되어 휴지점 혹은 극점이 된다. 하지만 그 결정적 순간은 나선을 종으로 자르면서 질적 이행의 천장 또한 구성한다. 그것은 매번의 충돌, 매번의 휴지마다 가일층 들어 올려지는 나선의 극적인 종단면, 즉 **상단면**이다. 충돌면에서 대립 사이에 표면이 있다면, 상단면에선 표면들 사이에 도약이 있다. 한편으로는 중심에서 점점 멀어지는 동심원들과, 한 동심원의 한 휴지점에서 다른 동심원의 휴지점으로 끌어당겨진 지그재그 패턴의 호들이 있다. 나선 전체의 형상은 이 둘을 통해서 의식 속에 주어진다.[14] 고로 나선 전체를 자르면서 의식 속에서 재전개되는 반사학적 전단면이 그 마지막이다. 이것은 층층이 겹친 상단면 일체를 반영한다는 점에서

---

13. 지적 영화론을 공식적으로 드러낸 글은 "Perspective"(1929), *Film Essays and a Lecture by Sergei Eisenstein*, trans. & ed. Jay Leyda, Praeger Publishers, 1970. 「영화 형식」이란 제목으로 출간된 유명한 1935년 연설문도 보라("감각적 사유").
14. 나선의 발생사를 명료한 도식으로 제시하는 「형상에서의 통일」(『몽타주』)을 보라. ("길의 원은 나선으로 흩어진다. 혹은 그것의 길의 선은 나선으로 구부러진다.", 418쪽).

전반사면이다. 견인 몽타주는 영화의 각 부분을 그들이 참여하는 전체(형식)를 내비치는 전반사면으로 코팅한다.[15] 요컨대 에이젠슈테인은 그리피스의 교차(공존)·평행(병존)·수렴(병행)에, 각각 충돌면(대립)·상단면(전이)·전반사면(견인)을 대응시킨다. 물론 에이젠슈테인에게도 동시성은 중요한 관념이었지만, 이는 지속을 더 큰 갈등으로 가져가는 여러 시점들, 여러 절편들의 공재성을 위해서였다. 부분들의 싱크보다는 언제나 부분-전체의 제유법synecdoche이 더 먼저인 셈이다. 이처럼 그리피스와 에이젠슈테인의 간극은 문학에서 환유와 은유, 철학에서 이원론과 일원론의 유구한 간극만큼이나 근원적인 것이다.

에이젠슈테인의 원자는 피 한 방울, 우유 한 방울이다. 그것은 ― 그리피스의 평행소들이 영원에서는 구했던 ― 화해와 타협의 여지 없이 충돌할 수밖에 없기 때문에 원자다. 그것들은 충돌해서 재분열하고 폭발하기에 소멸한다. 질적 이행이란 핏방울이 승전기로, 우유 방울이 분수로 증폭되는 편향declination이다. 에이젠슈테인에게 가장 우주론적인 내적 모순이란 하나의 원자란 언제나 원자들이라는 것, 그래서 그것은 외면에서와같이 그 내면에서도 바깥과 접촉하는 표면이라는 것, 결국 하나의 원자는 "진동"이나 "파동"이라는 사실이었을 것이다(다른 소비에트 작가들에게도 이는 영감의 원천이었다). 에이젠슈테인은 우리에게 이 모든 것은 단지 샷에 한정되는 것이 아니라고 끊임없이 상기시킨다. 운동의 계열에서처럼 소리, 빛, 색의 모든 종류의 지속은 하나의 충돌하는 원자다. 그렇지 않다면 그들은 결코 더 큰 자율적 총체로 도약할 수 없고, 외적이고 기껏해야 상호적인 일치로 다시 떨어지고 말 것이다.[16] 또한 에이젠슈테인은 이중노출을 불필요하고 열등한 것이라고 여겼다. 그러나 그것은 몽타주가 이미 이중노출이기 때문이었다.[17] 예컨대 견인 몽타주가 이미 의식 스크린 위에서의 이중노출이다. 게다가 에이젠슈테인은 필름스트립이 이미 작은 변

---

15. 에이젠슈테인에게서 표면성을 탁월하게 읽어내는 브래키지의 표현을 빌자면, 지적 영화란 납작한 페이지들로 구성된 책이되, 그 각 페이지들이 빠르게 넘겨지며 글자들이 매 순간 재배열되고 헹갈이 되고, 전체적 의미가 떠오르는 "플립 북"(flip book)이다. Stan Brakhage, *The Brakhage Lectures*, GoodLion, 1972, pp. 93~95.

16. 전체를 보장하는 부분들의 자율성에 대해선 Eisenstein, "Synchronization of Senses", *Film Sense*, pp. 82~84. 오케스트라와 재즈의 예를 들고 있다.

17. "몽타주 전개의 더 높은 수준에서도 이중노출이 일어난다."(같은 글, p. 68).

증법이고 미시적 견인 몽타주라고 말한다("각 연쇄적 원소는 하나가 다른 것 옆에 있는 것이 아니라 그 위에 있는 것으로 지각된다. 동일 차원의 두 요소들의 이중노출로부터 새롭고도 보다 높은 차원이 언제나 생겨난다."[18]). 견인이란 그 위아래로 충돌면들이 깜박이며 스쳐 지나가는 상단면의 활공 같은 것이다. 이 모든 것을 감안해볼 때 충돌지점에서 소멸한 것은 하나의 특질이다. 불멸한 것은 소멸의 순간에 배태된 바 있는 충돌과 폭발의 형상, 즉 혁명의 형상이다. 그리피스에게서 갈등이 소멸되고 통일이 불멸한다면 에이젠슈테인에게서 사정은 정반대인 것이다. 갈등은 소멸되지 않는다. 반대로 불멸하는 것이 갈등이며, 그 갈등의 형식으로서의 전체다(바로 이 생각을 굽히지 않아 에이젠슈테인은 끝내 스탈린주의 평단으로부터 버림받게 된다). 물론 그리피스도 영화적 원자의 창시자이다. 그러나 그것은 완전히 다른 이유와 목적에서다. 그리피스에게 샷은 평행하기에 원자다. 에이젠슈테인에게 샷은 충돌하기에 원자다. 그리피스에게 소실점이 평행선의 무한원점이라면, 에이젠슈테인에게 소실점은 나선의 극점이다. 나선을 여전히 평행선이라고 할 수 있다면 그것은 쌍곡선일 것이다. 각기 다른 특질이 새로운 특질로 도약하되, 결코 그 도약선 자체는 소멸되지 않고 영원히 시간에 기입되는, 그래서 힘의 자승自乘을 위해서만 시간은 자기동일성을 취하는 쌍곡선.[19] 이것은 지속의 원자화(내러티브)보다 먼저, 그리고 더 절실하게 취해져야 했을 **영화의 원자화**("내적 독백"[20])다.

　충돌면, 상단면, 전반사면은 에이젠슈테인이 소비에트에게 돌려준 변증법의 삼단계이다. 그리고 바로 이로부터 변증법 몽타주의 다섯 범주를 도출해냈다고 그는 자부했다. 즉 충돌면은 상단면과 관련해서 즉자적으로는 계량적metric이고(양), 대자적으로는 리듬적rhythmic이다(질). 상단면은 전반사면과 관련해서 즉자적으로는 음조적tonal이고(잠재태) 대자적으로는 배음적overtonal이다(잠재태의 증폭). 전반사면은 즉자대자적으로 지적intellectual이다(개념). 전반사면은 지성적 상단면일 수 있

18. Eisenstein, "A Dialectic Approach to Film Form", *Film Form*, p. 49.
19. "쌍곡선의 펼쳐진 두 날개가 무한대에서 만나듯이, 두 부분으로 무한히 분리되었다가도 예기치 않게 다시 결합하는…."(Eisenstein, "The Cinematographic Principle and the Ideogram", *Film Form*, p. 35).
20. 내적 독백은 지적 영화의 대화법이다. Eisenstein, "A Course in Treatment", *Film Form*.

기 때문이다.[21] 물론 변증법 자체는 에이젠슈테인만의 발견은 아니었다. 당시 다른 소비에트 작가들 또한 다른 변증법들을 구사하고 있었는데, 그것은 그들이 삼단계의 표면들 중 하나에 집중했기 때문이다. 푸도프킨은 인간이 능동적으로 구성하는 상단면에 집중하였다. 그것은 의식 속에서 재조합되는 부분들과 그로 인한 의식의 질적 도약, 즉 의식화로서, 얼음들을 부수며 흐르는 강물이나 평원을 휘몰아치는 모래폭풍 안에서 이루어지는 어머니의 도약이며, 몽골 청년의 이행이다. 의식이란 장엄한 자연 안에서 이루어지는 부분들 간의 유기적 통일이다(〈어머니〉 〈아시아의 폭풍〉).[22] 도브첸코 역시 상단면에 집중했는데, 그의 상단면은 인간보다는 자연법칙에 먼저 속하는 것이었다. 그것은 피고 지는 꽃, 흐르는 바람, 심지어는 전쟁터의 광기 어린 웃음에 배태된, 비루한 현실로부터 영원으로의 서사적이면서도 운명적인 이행이고(〈병기창〉 〈대지〉), 여기서 상단면은 하늘과 맞닿아 미지의 노인과 스키타이인들이 회귀하는 대지와도 구분되지 않는다(〈즈베니고라〉). 이런 점에서 푸도프킨과 가장 반대되는 작가는 에이젠슈테인이 아니라 도브첸코일 것이다. 그에게 먼저 도약하는 것은 자연이기 때문이다. 이에 반해 푸도프킨에게 자연은 인간이 먼저 도약하기 전까지 아무런 조응도 내어주지 않는, 무관심하지만 그만큼 무한하고 순수한 외부로 남아있다. 도브첸코에게 인간이란 〈병기창〉의 정지해버린 병사들처럼 자연의 수용체에 불과하나, 바로 그 때문에 자연의 이행과 순환이 곧 그의 우주적 의식이 되며, 춤추거나 광분하고 죽고 다시 일어나는 인간에게 넘겨지는 혁명적 에너지란 원형적 무의식에 가까운 것이다. 푸도프킨에게 상단면은 인간과 자연 사이의 접면이었던 데 반해, 도브첸코에게 상단면은 인간을 사이로 만드는 자연 자체였다.[23] 이들과는 완전히 다른 지점에 베르토프가 있다. 베르토프는 상단면에 큰 관

---

21. 모든 연역 과정은 Eisenstein, "Methods of Montage", *Film Form*. 배음 몽타주에 집중하는 글로는 같은 책의 "The Filmic Fourth Dimension".
22. "난 살아있는 사람들에 본능적으로 빠져 있었고 그들의 영혼을 탐색하고자 했다. 에이젠슈테인이 전함 포템킨의 영혼을 탐색했던 것처럼."(푸도프킨 〈어머니〉에 대한 언급, 다음 책에서 재인용 : Jay Leyda, *Kino : A History of the Russian and Soviet Cinema*, Princeton University Press, 1983(3rd Edition), p. 209).
23. 도브첸코의 자연, 죽음, 대지 개념에 대한 개괄로는 카리닉의 서문. Marco Carynnyk, *Alexander Dovzhenko*, MIT Press, 1973. 영원과 죽음의 본질적 유착에 대해선 Ivor Montagu, "Dovzhenko : Poet of Life Eternal", *Sight and Sound*, summer 1957. "끝이나 종결로서 이해된 죽음이 아니라,

심이 없었다. 혹은 상단면이 더 이상 인간에 대립하지 않는 자연, 즉 순수한 물질 내에 속하는 것이라 그는 자신했다. 그것은 물질에 내재하는 전반사면이다. 흡사 물질 내에 천 개의 눈이 이미 잠겨있는 양, 중심도 주변도 없이 항구적으로 연결되고 또 서로 멀어지면서 고정된 관점을 남겨놓지 않는 간격의 영속적 순환만이 베르토프의 변증법을 정의한다. 여기서 상단면이란 각 물질의 어떤 단면일 뿐이며 이들을 광속으로 연결하는 영화–눈이란 의식보다 더욱 불멸한 것으로서 아담–기계 혹은 레닌–기계다(《카메라를 든 사나이》 〈레닌을 위한 세 개의 노래〉). 도브첸코가 여전히 시, 음악 혹은 무용으로 남겨놓았던 기계적 표면들을 베르토프는 완전히 물질로 해방시키고자 했다.

브루스 엘더는 에이젠슈테인 체계에서 러시아 상징주의, 중세 신비주의, 심지어 오컬티즘의 흔적까지 찾아서 보여준 적이 있다.[24] 하지만 이는 에이젠슈테인이 과학을 포기하고 신비주의자가 되었음을 의미하기보다는, 외려 그가 가장 유물론적 수준으로부터 가장 우주론적 수준으로까지 연역과 종합의 논리를 창출해냈음을 의미할 터다. 다른 소비에트 작가들과 견주어봤을 때 에이젠슈테인의 독창성은 여기에 있다. 즉 에이젠슈테인의 세계는 충돌면이라는 가장 작은 수준으로부터 전반사면이라는 가장 전일적 수준까지 모든 것이 필연적으로 전개되는 '표면의 우주론'이다. 에이젠슈테인은 소비에트 영화의 '유기체 철학'이다. 그에겐 – 파동이론과 결코 모순되지는 않는 – 다면체적 입자들로서의 과정과, 그 과정 속에서 매 순간 끌어올려지는 형상에의 개념적 느낌이 있다.[25] 이에 비한다면 푸도프킨의 유기적 통일성은 사이비 유기성, 그러니까 마치 뉴턴이 자연철학에서 범한 것과 같은 〈단순 정위의 오류〉처럼 보였을 것이다. 푸도프킨은 충돌면과 그로부터 전개되는 필연적 논리들

희생으로서의 죽음 … 재생성되는 삶의 끝없는 과정의 일부로서의 도브첸코에 있어서 어떤 죽음도 쓸모없지 않다. 모든 죽음이 본질적이다."(p. 47).

24. Bruce Elder, *Harmony and Dissent*, Wilfrid Laurier University Press, 2008. 6장. 엘더는 31년 멕시코 여행을 결정적 계기로 본다(p. 297). 미국 파라마운트 사와 진행했다가 무산되었던 프로젝트 (《유리집》)에 대한 분석도 보라(X-레이 부분).

25. "유기체 철학은 현실태에 관한 세포 이론이다. 사실의 궁극적 단위 하나하나는 세포복합체(cell-complex)이다."(PR 437). 화이트헤드는 유기체 철학의 모델로서 플라톤의 『티마이오스』를 인용한다(PR 214~218). 에이젠슈테인이 자신의 유기적 성장 나선을 위해서 인용한 것도 바로 저 책이다. Eisenstein, *Nonindifferent Nature*, p. 17.

을 생략한 채 의식을 구성했으며, 그 와중에 자연은 단지 '저기에' 있기 때문이다. 반면 에이젠슈테인에게 자연은 충돌면, 상단면, 전반사면으로 빈틈없이 조직되는 하나의 총체적 파동, 즉 "비무차별적 자연"이어야 한다. 물론 푸도프킨, 도브첸코, 베르토프에게도 그만의 원자들(낙수방울, 곡식낱알, 레닌)이 있을 것이나, 충돌면으로부터 상단면과 전반사면으로 전개되는 체계적 과정이 곧 자연이고 우주가 아니라면 원자와 몽타주는 충분히 유기체적이지 않다. 이것이 에이젠슈테인의 변증법적 고집이다.

3-2. 독일 표현주의와 블랙홀

독일 표현주의 역시 운동을 얻거나 또한 분할하기 위해서 충돌, 충격, 대립을 취할 것이다. 그러나 이번엔 그것은 빛 자체에 내재하는 충돌이며, 빛 자신의 반쪽인 그림자와의 끝없는 투쟁이다. 이것은 가상의 통일 속에 머무르지 않는 투쟁이라는 점에서 미국적 몽타주와도 다르고, 자연에 대한 지식 전체를 초과한다는 점에서 소비에트 몽타주와도 다르다. 표현주의에게 투쟁이란 사물에 내재하는 무의식이고 무질서이며 그 무한성을 의미했다. 이는 지성의 연속성에게 원근의 왜곡, 광선들의 변곡과 첨점들로의 분해와 같은 광폭한 소용돌이와 혼돈을 되돌려주는 질량을 빛 속에서 발견해낸다는 의미다. 이것은 차라리 진흙인형(베게너 〈골렘〉)과 몽유병자(비네 〈칼리가리 박사의 밀실〉, 파브스트 〈영혼의 비밀〉)의 눈을 통해서 본 세상이며, 인간에게로 되돌려질 그들의 시야이다. 혹은 벨라 발라즈의 말대로, 우주의 찌푸린 얼굴이다.[26] 독일 표현주의는 전체를 무한으로, 극점이나 소실점을 첨점이나 흑점으로, 그러니까 대립을 대조contrast로 대체하면서 태어난다.

표현주의 작가들을 사로잡은 첫 번째는 광학적 대조였다. 광선은 서로에게 이어지고 또 교차되면서 그들 각각이 꺾이는 첨점들로 분해된다. 급변의 명암법이라

---

26. 벨라 발라즈, 『영화의 이론』, 이형식 옮김, 동문선, 2003. 〈칼리가리 박사의 밀실〉에 관한 부분. 발라즈는 표현주의적 왜곡을 그의 관상학적 구도 안에 다시 위치시키고 있다.

할 수 있는 그들의 스타일 속에서 그림자들은 첨예한 꼭지점을 부여받고, 수평선과 수직선들은 기울어진 대각선이나 사선들로 변형되는데, 이는 베게너와 비네뿐만 아니라 파울 레니(《밀랍인형의 집》)와 루푸 픽(《파편》)이 무대를 꾸밀 때, 그리고 상이한 공간들을 편집할 때 기준 삼았던 원칙이기도 하다. 기울어진 벽들, 굽어진 계단과 지붕들, 첨탑들과 지그재그로 휘어진 길, 이것은 흡사 각 사물에 소실점이 심어져서 공간의 모든 지점에서 빛을 앞다투어 끌어당기거나, 반대로 최대질량에 빨려들어가는 시선이 공간과 원근을 만곡시키는 것과 같다. 빛은 굴절광으로 연장되며 **만곡면**을 구성한다. 만곡면은 두 가지 경우이다. 먼저 빛은 연성변형을 통해 주름들과 돌출부를 이루며 회색빛의 연속적 단계들을 통과할 수 있다. 이것이 파브스트가 그림자들로 몽환을 꾸며낸 방식이다(《영혼의 비밀》의 꿈 장면, 《판도라의 상자》에서 분장실의 아롱지는 빛, 런던의 뿌연 풍경). 무르나우 역시 이중노출과 다중렌즈의 효과들을 통해서 흔들리거나 명멸하는 불빛들, 바람에 진동하는 물결들을 취했으며(《파우스트》《선라이즈》), 또한 그 계곡과 능선들을 얼굴에서 고스란히 추출해냈다는 점에서 표현주의 클로즈업의 대가였다(특히 《타르튀프》《마지막 웃음》). 그런데 빛은 과잉반복과 초과연장에 의해 강렬한 한순간에 끊어지거나 부러질 수도 있다. 이것이 습곡면과 구분되는 단층면이며, 프리츠 랑이 정통하다. 《메트로폴리스》에서 상반과 하반이 서로에 대해 미끄러지면서 만들어내는 건축물들이 그렇다. 뿐만 아니라 랑은 이 단층의 건축학을 광학에 고스란히 적용하여, 인간과 로봇이 생을 맞바꾸는 명멸과 섬광마저 이끌어냈다. 표현주의에게 플릭커란 빛의 역단층이자 오버스러스트다. 또한 뒤퐁은 서커스의 줄타기 곡예에서처럼 진자운동 하는 사선으로부터도 역단층을 끌어냈다(《바리에테》).

빛은 어둠 없이는 진행하지 못하며 어둠은 빛이 없이는 퇴행하지 못한다. 사물은 그 표면이 빛의 반사면이 아니라 습곡면이거나 단층면일 때, 즉 굴절면일 때만 보이거나 존재한다.[27] 하지만 바로 이 때문에 빛과 어둠은 결코 대칭적인 것이 아니다.

---

27. 아이스너의 다음 명저 Lotte H. Eisner, *The Haunted Screen*, University of California Press, 2008. 특히 라인하르트의 영향을 묘사하는 2장, 표현주의 영화들에서 복도나 계단, 거울이나 그림자의 중요성에 대해 분석하는 7장과 8장. 무대미술, 촬영술, 조명술에 대한 고전적 견해에 대해선 Rodolf Kurtz, *Expressionismus und Film*, Chronos, 2007.

무르나우의 촛대는 타르튀프를 가두는 그림자를 드리우는 한에서만 화면을 대칭으로 이분할한다(《타르튀프》). 또한 기울어진 벽과 천정, 궁륭의 접근하는 능선들에서 이미 빛은 마치 사물들 기저에 웅크린 궁극의 검은 색에 흡수되듯이 어둠 쪽으로 기울어진다. 이처럼 표현주의에서 광선은 음성굴광적인 한에서만 굴절광이 된다. 표현주의는 어둠을 편애한다. 첨점들은 지하의 흑점이 지상에 흩뿌린 그의 박쥐들이자 전령들이다. 이것이 표현주의 영화 깊숙이 배어있는, 광선의 굴절과 공간의 만곡에 따라 진행되는 침강과 **바닥면**의 테마다. 사물과 동물들이 감시자가 되고, 집과 길이 추격자가 되고, 그림자가 아가리가 되는 것은 그들이 그들의 표면으로부터 그 이면에 내재한 바닥면으로 반전되기 때문이다. 무르나우가 숲에 내려앉는 검은 대기(《노스페라투》에서의 네거티브 반전), 단추의 하강(《마지막 웃음》), 혹은 모래시계 안에서 모래의 하강(《파우스트》)을 취할 때 또한, 그것은 무질서와 그 숭고한 폭력에 대한 항복이며 믿어왔던 시간의 추락이다. 그러므로 바닥면은 그 이면을 **융기면**으로 가진다. 그것은 인간과 빛이 침강하는 만큼 융기하는 검은 질량이며, 세계를 집어삼키는 폭풍우(무르나우), 문명의 붕괴와 함께 봉기하는 언더그라운드다(랑). 사실 습곡과 단층은 침강과 융기의 일의성 없이는 일어나지 않는다. 에릭 로메르가 무르나우 미장센의 벡터들을 분석해서 보여준 바도 이것이다. 대각선과 그 첨점들은 화면에 보이지 않는 이상적 원환이 뿜어내는 원심력(팽창)과 구심력(수축), 그 둘의 동시적 항존(나선)에 대한 부분적인 현상들이다.[28] 독일 표현주의에서 진짜 이성은 기억을 지배하는 인간의 이성이 아니라, 기억을 떠받치고 있던 **암흑물질**이다. 모든 측면에서 표현주의는 기억에 대한 현대적 입장을 너무 일찍 선구한 것으로 보인다. 대조는 기억과 기억상실 간의 대조이며, 첨점은 기억의 원근과 좌표를 일그러뜨리는 그 자신의 흑점이다. 모든 것은 기억원뿔을 떠받치고 있던 암흑물질에 의해 그 원뿔이 한없이 잡아당겨져 납작해지고, 그 일그러진 밑면이 행동과 시선의 공간좌표와 렌즈필터를 대체해버린 것처럼 일어난다. 소멸에 대한 표현주의의 입장은 다음이다 : 우리는 암흑물질을 잊었어도 암흑물질은 우릴 기억한다. 그는 불멸하기 때문

28. Éric Rohmer, *L'Organisation de l'Espace dans le Faust de Muirnau*, Cahiers du cinéma, 2000. 3장. 미장센을 도해하는 부록도 보라(pp. 101~139).

이다.

표현주의의 후계자들은 끝이 없을 것이다. 예컨대 조명탄의 깜박거리는 섬광으로 인해 참호에 떨어지는 독일 병사의 그림자는 비더가 표현주의를 어떻게 변주하려 했는지를 보여준다(《빅 퍼레이드》). 하지만 정통 표현주의에 가장 밀접하면서도 그와 거리를 유지하려고 했던 작가는 슈트로하임이다. 그에게서 진정한 그림자는 저주받은 사물이나 미신의 대상이 아니라, 질투나 탐욕과 같은 욕망의 본성과 연관되기 때문이다.[29] 이제 빛은 자연광이어야 하고, 침강은 본성변질transsubstantiation이어야 한다. 일례로 슈트로하임에게서 추락 자체보다는 누가 먼저 추락하느냐가 중요해진다(《어리석은 아내들》 불이 난 건물 발코니에서 백작은 그의 연인보다 먼저 뛰어내린다). 슈트로하임의 조명법은 표현주의의 조건부 인상주의화다. 그에게서 더 이상 빛과 어둠의 대조와 그 기울기보다는, 자연의 본성에 내재한 어둠이 그 외부로부터 들어오는 빛에 의해 은폐되고 장식되는 방식이 더 중요해지는 것이다. 그것은 대조를 대체하는 반짝거림이다. 야경을 수놓은 어지러운 반짝거림 혹은 빛을 등지고 그늘진 얼굴을 둘러싼 광채 나는 윤곽선보다 인간의 욕망을 더 잘 보여주는 것은 없다(슈턴베르크도 이에 이르지만 다른 이유와 방법에 의해서다). 반짝이는 흑색, 이것이 슈트로하임의 결정적 공헌이다. 그것은 금덩어리의 본색이자 그를 바라보는 고양이의 새카만 눈이고(《탐욕》), 용포와 휘장이 되어버린 찬란한 암흑물질이다(《여왕 켈리》). 그리고 여기서 탐욕은 모든 근거, 목적, 동기를 망각하고 스스로 해체될 것이다(고로 슈트로하임과 경쟁하는 네오리얼리즘 작가는 비스콘티다).

같은 이유로 공포영화 또한 끊임없이 표현주의를 참조할 것이다. 테렌스 피셔는 흡혈귀를 인간 자신의 그림자로 연장하고 그림자를 죽이는 그림자까지 명암법을 확장하였으며(《드라큘라⋯》 시리즈), 바바와 아르젠토는 지알로 전통 속에서 특히 상처와 반사상들을 통해서 생체의 명부와 암부들을 분할해냈다. 바바와 아르젠토는 흑백대조를 보색대비로, 침강과 융기를 감색 및 가색혼합으로 대체했다(《피와 검은 레이스》, 〈서스페리아〉). 다른 한편 이성적 개인 쪽으로 빛을, 그 환경이나 사회 쪽

---

29. 슈트로하임과 기존 표현주의 작가들이 갖는 거리와 차이점에 대해서는, 질 들뢰즈, 『시네마 1 : 운동-이미지』, 유진상 옮김, 시각과언어, 2002. 8장 1절 슈트로하임에 관한 부분.

으로 어둠을 분리할 때 필름 느와르 장르(하드보일드)가 출현한다. 표현주의를 가장 멀리까지 밀고 나갔던 랑이 개시한 바도 이것으로서, 랑의 범죄영화에서 바닥면과 융기면은 만곡면 뒤로 숨는 듯한데, 이는 그 침강과 융기의 주체가 항상 환경의 일원으로만 나타나기 때문이다. 이것이 느와르의 광학적 구조다. 만곡면은 바닥면과 융기면의 일부만을 보여주며, 그 모호한 환경 속에서 바닥면과 융기면의 실체와 구분점들을 희미하게 만든다(⟨M⟩의 휘파람소리, ⟨마부제 박사의 유언⟩에서의 목소리, ⟨사형집행인 또한 죽는다⟩에서 라디오소리). 필름 느와르는 바닥면의 환경화(앰비언트 : 어둠·안개 …)와 만곡면의 무대화(배역 : 음모·누명 …)로 정의된다. 느와르는 어둠에 의해 둘러싸여 그 내부가 찌그러지고 있는 무대의 제작인 것이다(이 정의에 이르자마자 랑은 할리우드로 떠난다). 여기서 단층과 습곡만이 결정적 배역을 맡으며 범죄는 더 이상 그 절대적 어둠이 아닌, 이성의 빛 내부의 플릭커로 나타나게 된다. 미국 느와르가 이를 밀고 나갔다. 추리는 그 단층(범인)이 오직 역단층(누명쓰는 자fall guy)에 의해서만 조명될 수 있는 이성의 오버스러스트다. 이성은 결국 어둠으로 지어진 무대 위의 배우나 꼭두각시에 불과하다(와일더 ⟨선셋 대로⟩). 이런 점에서라면 풀러의 ⟨충격의 복도⟩ 또한 미국 느와르의 모범적 사례로 간주해야 할 것 같다. 여기서 주인공은 단층에 이르기 위해 역단층 연기를 하다가 결국 스스로 오버스러스트된다. 그 무대의 바닥면에 먹힌 것이다.

표현주의는 빛과 그림자의 투쟁이고 그가 끌어들이는 악마적 무한자이며, 지속과 운동을 찢어발기는 만곡면, 바닥면, 융기면이다. 이것은 빛을 물질을 통과하는 파동으로 사유했다는 의미이며, 여기서 표현주의는 평행편집도 변증법도 알지 못하는 암흑물질의 항구적 팽창을 발견하게 된다. 독일 표현주의는 블랙홀의 형이상학이다. 그것은 의식과 이성의 중심점일 뿐만 아니라 기억 원뿔의 밑바닥 자체다. 우리는 파동과 블랙홀 개념을 더 밀고 나가는 현대 작가들을 차례로 만나게 될 것이다(린치, 매딘, 체르카스키, 그랑드리외). 반면 이 모든 것에 다시 총체적 반전을 가함으로써 표현주의와는 상반된 사조를 이룬 작가군이 존재한다. 그들에게 빛을 자르고 굽히는 어둠과 그늘보다 더 중요한 것은 빛을 낮거나 심지어 가두는 하얀 벽(드레이어 ⟨오르데트⟩ ⟨게르투르드⟩, 카발레로비치 ⟨수녀 요안나⟩)이나 회색 베일면(슈턴베르크 ⟨붉은 여왕⟩), 반투명한 평면(투르뇌르 ⟨나는 좀비와 함께 걸었다⟩의 병원, ⟨캣

피플〉의 수영장)이다. 미국 느와르엔 월시가 있다(〈화이트 히트〉). 한국엔 정지영(〈남부군〉 〈하얀 전쟁〉). 이 작가군은 표현주의와 구분하여 '표백주의'라 불러야 할 것이다. 그들은 블랙홀을 화이트홀로 대체한다.

3-3. 프랑스 유체역학파와 순간

독일 표현주의가 질량과 중력에 관심이 있었다면, 당대 프랑스 작가들의 관심은 전혀 다른 것이었다. 그것은 무게와 힘, 혹은 그 각각에 비례하거나 반비례할 수 있는 운동량과 속도였다. 그리고 이는 지속과 운동에 대한 총체적 양화와 그를 측정할 수 있는 가변적인 계량적 척도들의 개발이라는 거대한 시도로 이어졌다. 이것은 그리피스와 에이젠슈테인의 방법론과도 완전히 다른 것이다. 여기서 운동과 속도의 상대성을 정의하는 계량적 척도의 이차적 상대성, 즉 척도들 간에 일어나는 교대가 곧 전이이자 이행이며, 그로 인해 얻어지는 운동량의 최대치가 곧 특질이기 때문이다. 이미 뒬락(〈스페인 축제〉), 레르비에(〈엘도라도〉), 엡스텡(〈충실한 마음〉) 등은 무용수들에게서 볼 수 있는 끊임없이 느리거나 빨라지는 움직임과 그를 측정하는 계량적 단위들의 변이를 관찰했으며, 이 생각에 이르자마자 그레미용은 대상들 간에 혹은 대상과 카메라 사이에 이루어지는 운동들의 상대적 교환과 그 상호작용 속에서 측정될 수 있는 운동량 전체의 증가와 감소에 이르렀다(〈말돈느〉). 또한 강스는 〈바퀴〉에서 점점 빨라지는 기차 바퀴로부터 가공할 만한 운동량의 최대값에 이르려 했다. 가속 몽타주는 여기서 나온다. 등속도의 운동체라 할지라도 그것을 측정하는 척도(예컨대 앵글의 첨예함이나, 샷의 길이)의 변이에 따라서 그것은 더 많은 속도와 운동을 획득할 수 있으며 고로 가속될 수 있다. 가속 몽타주란 계량적 관계의 상대성이며 움직이는 척도, 즉 함께 달리는 속도계다.[30] 강스는 분명히 이 부분에

---

30. 이것이 아벨 강스가 과학적 객관성을 부정하고 그의 원대한 정신적 주관주의로 돌아서는 근거다. "난 빛 자체, 불꽃, 움직이지 않고도 진동하는 것, 즉 매 순간 변형되는 것을 믿는다. 나에게 영화의 메트로놈이란 마음이다."(Abel Gance, "Le Métronome du Cinéma C'est la Cœur", *L'Art du Cinéma*, ed. Pierre Lherminier, Seghers, 1960, p. 414).

있어서만큼은 엄청난 기술자였다. 그는 카메라를 고정된 위치로부터 떼어내서 달리거나 돌진하며 심지어는 흔들거나 회전하게 함으로써 영화를 하나의 거대한 가속기계로 만들어버렸기 때문이다(《나폴레옹》).

여기서 운동은 접촉의 관념과 결코 분리될 수 없다. 운동량은 충만한 역장을 전제하고, 그 힘은 접촉함으로써만 작용 및 반작용하기 때문이다. 가속몽타주를 구성하는 첫 번째 표면은 그래서 **접촉면**이다. 바퀴는 레일에 접촉하고 무용수는 무대 바닥과 접촉하거나 다른 무용수들과 접촉한다. 무엇보다도 강스의 이중노출과 폴리비전은 각기 다른 공간과 시간에 속해있는 상이한 지속들 간의 접촉이다. 근원적으로 운동량을 지니는 단위물체들은 상호접촉에 의해서만 존재하고 또 움직여질 수 있다. 접촉면은 기계 전체에 주어질 수 있는 운동량의 총량을 일정하게 한정하는 대신, 그것을 각 부분들이 빈틈없이 이어져 있는 연속체로 만든다. 이것은 그리피스의 동시성에 비교해볼 수 있는 프랑스의 동시주의이며, 주어진 기계적 총체를 구성하는 각 부품들을 영속적인 상호작용과 연동에 집어넣는 역학적 동시성이다. 그레미용, 레르비에, 강스에게서 무용수와 관객, 열차와 기관사, 병사와 장군 사이에 내밀하고도 필연적인 상호작용이 있는 것처럼, 한 부분에서의 움직임은 다른 부분에서의 움직임과 싱크되지 않을 수 없다. 빈틈없는 만큼 접촉체조차 없는 접촉면을 통해서 영화를 출렁이는 연속체로 만들려고 했던 작가는 르네 클레르이다. 그의 작품들에는 모자와 자켓 등과 같은 작은 접촉면으로부터 소동이나 축제와 같은 큰 접촉면으로의 부드러운 이행이 있으며, 그렇게 촘촘하게 싱크된 접촉면들 사이에 끊이지 않는 상호작용으로서의 리듬과 그 리듬에 따라 운동과 간격들을 고르게 분배하는 시적이고 서정적인 편집이 있기 때문이다(《이탈리아의 밀짚모자》〈백만장자〉〈파리 축제〉).[31]

이로부터 유동성fluidité이라는 개념이 나오게 된다. 유동체란 가장 미세한 부

---

31. 바르텔레미 아멩구알이 클레르 영화들을 분석한 글을 보라. "우연이 결국 예정조화라고 밝혀지는 이러한 계측계 속에서 삶이란 순수한 발레에 지나지 않는다. … 유기적인 만큼 기계적인 **밀접한 연대**(étroite solidarité)가 모든 개인들을 통일한다. 단 하나의 사건이 모든 것의 사건이 되는 것이다."(Barthélemy Amengual, *René Clair*, p. 82. 강조는 인용자). 연속체를 단순한 원자들로 끊임없이 분할하는 클레르의 유아성, 동질성에 대해서도 보라. ("〈그밖에〉[en outre]의 불가능성 … 어떤 것도 투명한 표면(limpide surface)을 뒤흔들지는 못할 것이다.", p. 65).

분들끼리도 서로 접촉하고 한 부분조차 그로부터 가장 먼 부분까지도 영향을 미치기에 항구적으로 변화하는 일자─啊다. 이는 마치 거대한 물줄기가 끊임없이 흐르고 변화하면서도 그 단일성을 잃지 않는 것과도 같다.[32] 여기는 바로 데카르트의 세계다. 유동체는 속도와 운동량의 상대성과 그 내밀한 공변을 정의하는 무한한 접촉면들로 이루어진 소용돌이 기계다. 그리고 프랑스 작가들은 이 데카르트 유동기계를 자신의 모델로 삼았다. 모든 운동은 마찰인 것이며, 고로 모든 접촉면이란 그 저항계수가 양값 혹은 음값으로서 미끄러지는 표면인 것이다. 프랑스는 물을 사랑했다. 하지만 그 이유는 물이야말로 습동저항이 최소화된 최고의 기계였기 때문이다. 동시성이란 유체역학적 싱크synch이며, 기계 전체는 **습동면**sliding surface의 총합이다.[33] 무용수는 습동면으로 이루어지므로 물기계가 되며, 여기서 춤이란 물분자의 유영이나 대류와 구분되지 않는다(클레르 〈막간〉, 레제 〈기계적 발레〉). 심지어 습동면은 폭발하고 범람한다(델뤽 〈홍수〉). 누구보다도 엡스텡은 유체의 포용하거나 폭력적인 속성들에 즉각적으로 경도되었다. 습동면은 그리워하는 얼굴이 내려앉는 이중노출면(〈충실한 마음〉)일 뿐만 아니라, 생명을 죽음으로 난폭하게 미끄러뜨리는 해수면(〈태풍〉)이기도 하다. 더 나아가 엡스텡은 운동 자체가 습동면들의 효과이고, 척도란 유속계이며, 시간 자체가 하나의 기계, 카메라, 모터, 필름스트립임을 보여주었다(〈어셔 가의 몰락〉에서 슬로우모션). 접촉면이 동질성과 연속성의 원리에 연관된다면, 습동면은 이질성과 불연속성의 원리에 연관된다. 허나 이 둘은 결코 모순이 아니다. 유동성이란 연속체의 내적인 이질성이기 때문이다. 기계란 유체를 헤엄치는 기계거나 유체화된 기계다. "모든 것은 방수처리된 부품들로 마디지어져 있다."[34] 이

---

32. 유동성이란 개념을 적극적으로 끌어낸 이는 엡스텡이었다. Jean Epstein, "La logique des images", *Écrits Sur Le Cinéma*, Vol. 2., Cinéma Club/Segehrs, 1975, p. 32 ("모든 형상들은 영속적인 움직임 속에서 액화된다. 동일성의 원리는 바다의 파도에 어울리지 않는다.") 같은 책의 "Logique du fluide", 가속도를 해명하는 "Logique de temps variable"도 보라. 모랭 또한 유동성을 영화의 발생학으로까지 가져간 이론가다. Edgar Morin, *Le Cinéma ou l'Homme Imaginaire*, Les Éditions de Minuit, 1956. 특히 3장.

33. 데카르트, 『철학의 원리』, 2부. 전적인 유동체를 소용돌이로 표상하는 것은 33절. 내적 장소와 외적 장소의 구분에 대해서는 15절. 유명한 '동시적 막대기'의 비유가 『규칙들』에도 나온다(규칙 9항)(한국어판: 원석영 옮김, 아카넷, 2002).

34. Jean Epstein, *Écrits Sur Le Cinéma*, Vol. 1., "Fernand Léger", p. 116. 강조는 인용자. 엡스텡이 레

는 레제의 작품뿐만 아니라, 뒬락의 〈주제와 변주〉와 레이의 〈에막 바키아〉에게도 적용되는 그들의 액체금속 찬미가이다.

그런데 데카르트가 코기토를 증명해낸 방식도 이것이다. 그의 이원론적 요소들, 즉 사유와 연장, 영혼과 물질을 뗄 수 없는 것으로 만드는 '순간'Instant이 있다. 사유가 다른 나를 파생시킬 틈을 주지 않는, 사유하는 순간 나는 존재한다.[35] 순간은 바로 프랑스의 세 번째 표면이다. 그것은 빈틈없이 사유하는 만큼 존재에게 영혼을 부여하는 표면이며, 그 안에 영혼을 품게끔 물질을 코팅하는 표면이다. 순간을 말하지 않고서 과연 프랑스 유체역학을 말할 수 있을까? 증발되지 않고도 천상에 이르는 바다와 강물과도 같이, 각 부분들이 상호반사하고 내밀하게 공명에 비례하여 그 자신 분리불가능하게 된 연속체 전체가 하나의 정신Esprit을 지니게 된다고 생각했던 그들을? 그래서 가속도와 운동량의 최대치는 곧 각 부품들의 총체적 연동이 일구어낸 자동유기성autorganic이며 그 거대한 무용수의 얼굴이라고 생각했던 그들을? 강스가 대중들에게 돌려주어야 할 충격이라고 생각한 것도 이것이다 : 프레임 단위로 가속화된 부분들은 어떤 것이 더 먼저인지 이후인지 분간되지 않는 자동적 연접 속에서, 대상 없이 저절로 움직이는 사유이면서 동시에 더 이상 측정불가능한 속도이자 운동량으로 고양된다(예컨대 〈바퀴〉의 절벽 장면에서 클로즈업의 가속편집, 〈나폴레옹〉에서 미묘한 시간차를 두고 진행되는 다중시점 편집). 이것은 마치 각자 넘실대는 물결이 최대 유속에 이를수록 소용돌이 전체는 자신의 중심을 더 잘 찾아내는 것과 같다. 이런 의미에서 운동량의 최대치는 결코 균형이나 평형의 관념과 반대되는 것이 아니다. 운동량의 최대를 정의하는 것은 유체를 하나의 자동기계로 만드는 그 평형점이기 때문이다. 이것은 클레르의 무용수들이 끊임없이 재갱신하는 무게중심이고(〈막간〉 〈백만장자〉), 〈잠든 파리〉이며, 엡스텡의 회전식 거울들

제의 〈기계적 발레〉를 분석하고 있다. 이 영화로부터 그는 "잠재적 축"을 관찰한다.

35. 데카르트적 순간성에 대해선 Martial Gueroult, *Descartes selon l'Ordre des Raisons II*, Aubier Montaigne, 1953, pp. 137~138. 그러나 데카르트의 형이상학과 인식론에 있어서 "순간"의 개념에 대한 가장 좋은 연구서는 역시 Jean Wahl, *Du rôle de l'idée de l'instant dans la philosophie de Descartes*, Descartes & Cie, 1994. 코기토가 기억과 상상이라는 두 함정에 안 빠지고도 획득하는 견고한 분할불가능성 또한 순간의 권위로부터 보장된다. "순간화된 인과성"(causalité instantanée)(p. 96).

이 전제하는 "비범하고 침착하면서도 전제군주 같은" 회전중심이다(〈삼면거울〉). 누구보다도 델뤽은 가장 격정적이고 난잡하게 증강되는 운동 속에서도 그 운동량 전체를 빨아들여 보존하는 하나의 정점을 기필코 찾아냈다(〈열광〉에서의 꽃, 〈어디에도 없는 여자〉에서 빈집). 최대로 가속된 유속은 방향성을 잃은 걸음걸이, 질투와 불안의 시선이나 깨어진 유대일 수도 있다. 기계는 이러한 세속적 불균형에 뿌리를 내림으로써 저항 받지만, 바로 그 저항을 내면화함으로써 비로소 평형점을 회복하고, 또 거기서 정신의 최대운동량을 발견할 것이다. 이것이 그레미용의 어부나 뱃사람들이 육지에 내렸던 뿌리와 닻줄을 모두 걷어내고 성취했던 정의이며 균형감이다(〈등대지기〉 〈예인선〉). 방랑, 불안, 광기와도 같은 영속적 불균형은 대지에 속하지만, 균형, 정의, 평형은 바다에 속한다. 이런 점에서 장 비고의 〈라탈랑트〉는 가장 아름다운 평형점을 찾은 걸작일 것이다. 지나치게 죄어진 부품(소년), 너무나 헐거운 부품(소녀), 그리고 그 둘을 바다처럼 투명한 순간 속에서 재조립시키는 낡은 기계(노인).

유동체의 평형점, 그것은 다름 아닌 순간에 의해 정의된다. 반대로 순간은 그 내적 지속들 간의 동시성이 영혼과의 분자결합이자 공유결합이 되는 단순실체다. 당대 프랑스 영화의 대들보와 같았던 포토제니 개념은 바로 이를 지칭함이다. 델뤽은 포토제니를 이미 모나드처럼 소묘했었다. 엡스텡은 좀 더 정교한 정의를 내놓았다 : 포토제니란 생명에게는 "사유의 속도"vitesse de penser를 부여하고 물질에게는 "정신적 공실체성"cosubstantialité spirituelle를 부여할 때까지 변이되어 증대되고 증강된 **"동시화된 유동성"**mobilité simultanée이다. 포토제니가 정지된 것처럼 보이기도 한다면, 이는 그가 물질에 일어나는 모든 국부적 변이들에 유기적 통일성을 부여하며, 나아가 시간을 단일실체로 응축하기 때문이다("정지는 운동 안에서 피어나고, 운동은 정지 안에서 열매 맺는다"[36]). 포토제니는 신비주의라는 세간의 오해와는 아무런 상

---

36. 모든 인용은 엡스텡의 글에서다. *Écrits Sur Le Cinéma* Vol. 1., pp. 67~69, 121. Vol. 2., p. 110. 그리고 Vol. 1., p. 323. 잘 알려진 엡스텡의 포토제니 정의는 다음이다. "영화적 재생에 의해 그 정신적 특질(qualité morale)이 증가된 사물들, 존재들, 영혼들의 모든 측면들을 난 포토제니라 부른다."("De quelques conditions de la photogénie", *Écrits Sur Le Cinéma* Vol. 1, p. 137). 그러나 엡스텡이 포토제니를 단지 물질 속에서 내재하는 이데아(idée)만이 아닌, 물질의 가속과 변이를 통해 발생하는 정신(esprit)임을 강조했다는 사실은 종종 간과되는 것 같다. "사물들, 존재들, 영혼들의 동적이고 인

관이 없다. 포토제니란 순간이다. 혹은 순간화의 힘, 모멘텀Momentum이다. 그것은 물질 스스로가 그 유동적 부분들을 동시화하는 정신 혹은 체계로서 나타나며, 영혼과 물질, 사유와 기계라는 데카르트적 구획선을 지운다. 프랑스 유체역학파가 데카르트와 결별하는 지점도 바로 여기다. 순간의 중심, 그 평형점에서 태어나는 것은 기계인 동시에 사유인 '기계지성'이다. 기계지성은 찰나를 살고 지속의 끝을 사유한다. 그 회전을 가속할수록 무無와 접촉할 뿐인 순간 속에서 생이 "원심분리된 비극"le tragique centrifugé 37으로 끝날지라도 말이다. 기계지성은 베르토프의 기계나 에이젠슈테인의 엔진과 혼동될 수 없다. 유체기계는 순간을 통해서만, 즉 더 이상 더 크거나 작은 시간이 아니라 그 무와의 접촉을 통해서만 시동 걸린다. 프랑스 기계들은 운동의 소멸, 시간의 죽음을 불사하는 비극적 원자화로 변증법적 원자화를 대체한다. 순간이 흡사 표현주의의 바닥면과 비슷해 보일는지도 모르겠다. 그러나 이번에 그것은 가속도=0과 접촉하는 바닥면이다.

접촉면, 습동면, 순간은 프랑스에서 활동하던 많은 실험적 작가들에게서 고스란히 예견되고 탐색되고 있었던 요소들이다. 광선은 속도를 갖는 힘의 선이며, 빛 속을 유영하는 수영선수이자 무용수다. 광선은 빛을 헤엄친다. 그리고 우주의 모든 지점들을 돌아 나온 광선은 최초의 접촉으로 회귀하기를 욕망할 것이다. 접촉이란 광선이 회귀하는 유리 조각이거나(뒬락 〈조개와 성직자〉) 그를 빠뜨리거나 익사시키는 거울일 수 있다(콕토 〈시인의 피〉). 반사는 곧 접촉이다. 클레르와 레제는 고속 혹은 저속촬영, 그리고 다중노출에서 이를 보았다 : 이중노출이 습동면들의 은유적 밀착이라면 고속/저속 촬영은 습동면들의 환유적 밀착이다. 그러나 만 레이는 더 세부적이고 근원적인 부품에서까지 이를 발견하였다(레요그래프). 이멀전이 곧 빛의 접촉면이다(〈에막 바키아〉).38 이 모든 것은 명부부터 암부로 이어지는 빛의 부드럽

격적인 측면만이 포토제니일 수 있다."(같은 책, p. 140). 델뤽과 엡스텡이 데카르트적 이원론과 결별한 것은 포토제니 이론이 신비주의여서가 아니라 반대로 지나친 과학주의였기 때문이다.
37. 〈충실한 마음〉에 대한 엡스텡 스스로의 코멘트, Jean Epstein, *Écrits Sur Le Cinéma*, Vol. 1., p. 59. 이보다 프랑스 편집의 비극성을 더 잘 설명해주는 말은 없는 것 같다. 기계지성에 대해서는 그의 유명한 소논문, "l'Intelligence d'une machine".
38. 이것은 모홀리-나기가 "객관적 표면"이라고 불렀던 것과도 관계있다. Lázló Moholy-Nagy, *The New Vision and Abstract of an Artist*, trans. Daphne M. Hoffman, Wittenborn, Schulz, Inc.,

고 매끄러운 변조를 운동으로 사유한다는 의미다. 흡사 인상주의 회화에서와 같이 가속이란 빛의 내재적인 충동이며 그 아롱진 개화다. 빛 자신이 이미 포함하고 있던 명부와 암부, 투명함과 불투명함을 교대하거나 그 사이를 미끄러지는 빛 자신의 궤적이 하나의 인상인 그 충동 말이다. 이것이 앙리 쇼메트가 보여준 반사의 순수한 반복과 그 리듬 속에서 태어나는 이미지의 크리스탈화이다. 인상이란 가속도이며 편차이다(《반사와 속도의 놀이》 《순수영화의 5분》).[39] 아무리 비슷해보일지라도 이것은 표현주의와는 완전히 다른 것이다. 여기서 빛과 그림자는 대립하지 않고 그 최대값과 최소값으로서 상호반사하기 때문이다. 이것이 외젠 데슬로의 작품들이 갖는 의미다 : 네거티브는 포지티브의 몽상이고 백일몽이며 그가 꿈꾸는 최대의 운동량이다. 지속은 감전된다. 빛이란 전기이며 시간은 전도체이기 때문이다. 그 흐름이란 전류이고, 각각의 습동면이 곧 리셉터클인(《기계의 행진》 《전기적 밤》 《네거티브 이미지》).[40] 프랑스 작가들은 상대적 속도와 상대적 척도의 일의성을, 상호반사와 상호접촉의 일의성으로부터 건져낸다. 그것은 하나의 연속체 안에 포함된 각 부분들이 주고받는 내적인 공명으로서 내부와 외부, 가까운 것과 먼 것, 소규모와 대규모, 생명과 기계 등의 이질적 부분들은 인상과 충동 속에서 하나의 특질이 된다(그래서 프랑스 기계는 때린다기보다는 울린다). 별들이 하나의 하늘에 속하는 것, 파도에 부서지는 반사광들이 하나의 바다에 속하는 것과 마찬가지로 빛은 그렇게 이성으로 되돌아갈 것이다. 그것은 바다에 잠겨진, 혹은 해수면에 내비쳐진 별빛이다(만 레이 《이성으로의 회귀》 《불가사리》). 반사란 곧 이성에게 되돌려질 평형인 것이다(이후 누벨바그가 이 반사를 끝까지 밀고 나가게 된다).

우리는 영화사 초기에 등장한 네 가지 표면군을 분류해 보았다. 그리고 그것은 몽타주의 성격을 규정짓는 유형들이다. 먼저 그리피스의 평행 몽타주는 교차면·평행면·수렴면의 집합이다. 소비에트 작가들은 그것을 변증법적 견인 몽타주를 구성

1947. 2장, pp. 34~35.

39. "영화란 무엇보다도, 빛의 음악에 의해 동화된 어둠과 밝음이다."(Henry Chomette, "Le Cinéma peut créer", *L'Art du Cinéma*, p. 47). 그래서 쇼메트는 컬러영화뿐만 아니라 유성영화에 대해서도 회의적이었다.

40. "삶의 전기화"에 대해선 데슬로의 글과 그의 작품에 대한 비평문들이 실린 다음 책을 보라. Eugène Deslaw, *Ombre Blanche-Lumière Noire*, Éditions Paris Expérimental, 2004.

하는 충돌면·상단면·전반사면으로 대체했다. 이 두 사조는 표면의 추상적 형태의 두 선봉들일 것이다. 왜냐하면 표면은 영화의 형식, 혹은 카메라가 담아내야 할 세계의 형식으로서 다루어지기 때문이다. 그런데 뒤이은 두 사조, 독일 표현주의와 프랑스 유체역학파는 표면에 비로소 실체를 부여한다. 각자의 방식으로. 독일 표현주의는 표면의 무의식적 실체에 이르는 대조 몽타주를 취했으며 이것은 만곡면·바닥면·융기면으로 구성된다. 반대로 프랑스 유체역학파는 표면의 지성적 실체에 이르는 가속 몽타주를 취했으며 이것은 접촉면·습동면·순간으로 구성된다. 어찌 보면 독일 표현주의가 에이젠슈테인을 주술화했다면 프랑스 인상주의는 그리피스를 기계화했다고 말할 수 있다. 허나 이 모든 것은 어디까지나 그들이 공유하던 전제 아래서다. 즉 편집이란 지속의 분해이거나 그 원자화이며, 고로 소멸과 불멸의 번지수 매기기라는 전제. 예컨대 대립은 그리피스에게 소멸의 형식인 반면 에이젠슈테인에게 불멸의 형식이다. 따라서 에이젠슈테인에게 그리피스의 통일체는 객체적 불멸성의 과학이기는커녕 불멸적 객체성의 허풍으로밖에는 여겨지지 않았을 터고. 다른 한편 독일이 대상의 소멸(블랙홀)을 추구했다면 프랑스는 소멸의 주체(순간)를 추구했다. 전자가 주관적 망상 속에서 경험되는 소멸의 객관적 형식이라면, 후자는 객관적 계량 속에서 측정되는 소멸의 주관적 형식이다. 그래서 그들은 어떤 실체를 마주하고 있었다. 각각 빛의 원자(암흑물질), 시간의 원자(정신기계)라는.

이처럼 영화는 단지 생성의 예술이 아니었다. 그보다 먼저 소멸의 예술이었어야 했다.

4

기억상실의 대륙

4-1. 지표면 : 서부극

영화가 편집술을 얼추 완성했다고 자부하자마자 맡은 다음 과제는 운동의 증강이 아니었다. 오히려 그에 깊이를 부여하는 것, 그리하여 세계 어디까지 깊숙이 파고들 수 있을지가 문제였다. 그것은 역사의 기록과도 결코 무관하지 않은, 연장에 내재하는 심도의 문제로서, 소비에트 작가들은 양적 대립과 질적 도약의 구분을 통해서 이 문제를 거론하고 있다. 가령 푸도프킨은 외적 부분들의 수평적 분할은 오직 역사의식의 수직적 심화를 위한 것이라 생각했고, 그런 점에서 그는 지독한 사실주의자였다.[1] 비록 그 목적은 달랐지만 베르토프는 그 의식을 기록필름에서 찾았다. 에이젠슈테인 역시 역사적 사실들을 다루었으나 이 역시 사실 자체를 기록함이 아니라, 그 분할면들이 운율적이거나 상음적인 조합에 따라 반영해내는 사실의 형상 혹은 개념을 기록하기 위해서였다(이런 점에서 전반사면은 "리듬–기억"[2] 이라고 할 수 있다). 어떤 경우건 소비에트에게 역사의 깊이란 의식이 전개되는 도약의 높이와 떼어낼 수 없다. 신대륙의 영화는 이 구분을 추격이나 점유의 속도와 그에 상응하여 증강하는 집단기억력의 구분으로 대체하면서 태어난다. 워쇼를 인용해보자. 미국 영화를 개척했던 두 장르는 크게 대조적이다. 갱스터의 주인공은 확장이 목적인 반면(죽을까 불안하다), 서부극의 주인공은 오직 "그 자신의 이미지"를 보존하기

---

1. "디테일이란 언제나 강렬화(intensification)와 동의어일 것이다."(V. I. Pudovkin, *Film Technique and Film Acting*, trans and edit. Ivor Montagu, Vision Press, 1958, p. 91).

2. Eisenstein, "Perspective", *Film Essays and a Lecture by Sergei Eisenstein*, trans. & ed. Jay Leyda, Praeger Publishers, 1970.

위해서만 확장한다(죽어야 명예롭다).[3] 이것이 서부극의 기억법이고 신대륙의 특권이었다. 서부극의 카우보이, 보안관, 역마차는 기억하기 위해 달렸고 반대로 달린 만큼 기억할 수 있었다. 기억이란 황무지에 뿌리내리는 전통이며 그 위에 세워지는 공동체적 심도다. 이것이 바로 초창기(토마스 인스, 프랜시스 포드)의 측지학적인 동시에 법학적인 공식이다 : 법적 분할과 도덕적 결합의 보편적 일치 안에서 성립하는 수평적 표면과 수직적 표면의 산술적 비례식이 있다. 대지는 그 측정계이자 통일의 실체로서, 더 많이 분할될수록 더 깊은 전통과 역사를 정당화한다는 점에서 '근거(뿌리)'다. 아직까진 가장 큰 분할선(가장 빠른 속도)에 비례하여 획득되는 가장 큰 결합체(가족·마을·국가…)가 대지의 정의이고 카우보이 오페라의 법이다. 이는 또한 운동이 강해질수록 심도는 깊어진다는 광각렌즈의 공식이기도 했다.[4]

하지만 그들이 그토록 기억을 갈망했던 것은 기억이 부재했기 때문이었다. 이것이 대공황이 까발린 바다. 진짜 서부극은 이때부터, 즉 수평적 표면과 수직적 표면이 엇갈리고, 법적 분할과 도덕적 결합이 불일치하면서부터 시작되었다고 할 수 있다. 〈빅트레일〉(월시)의 개척자들이 그랬다. 또한 카우보이들은 점점 기억을 빼앗기거나 스스로 포기하기 시작했고, 배신자가 속출하는 속도가 그들의 달리기 속도를 추격하기 시작했다. 무엇보다도 새로운 인디언, 즉 자본가가 내부에서 등장했다. 공동체는 그의 예견이나 전통과 모순되는 사실들 앞에서, 점점 스스로를 파괴하기 시작하는 듯 보였다. 이미 포드는 가장 빠른 속도를 도박사, 매춘부, 알코올 중독자, 탈옥수에게 내주었으며(〈역마차〉), 혹스는 가장 큰 운동량을 엉터리 지도자와 배신자에게 맡겨 버렸다(〈붉은 강〉). 반대로 안소니 만은 과거의 트라우마에 붙잡힌 나머지 추격하는 속도와 총 뽑는 속도가 심각하게 감속된 총잡이들을 데려다 놓는다(〈분노의 강〉 〈가슴에 빛나는 별〉). 대지는 법적 분할과 도덕적 결합을 일치시켜주

3. Robert Warshow, "Movie Chronicle : The Westerner", *The Immediate Experience*, Doubleday & Company, Inc., 1962.
4. 이로부터 파생되는 온갖 구조주의적 대립항들(야만-문명, 서부-동부, 개인-공동체, 자연-문화, 과거-미래)을 추출한 것은 짐 키치즈다. Jim Kitses, *Horizons West*, Indiana University Press, 1969. 이 책은 이후 신화론적 분석의 모델이 되었다. 신화로도 봉합되지 않는 제퍼슨적 범주와 잭슨적 범주의 분류로는 두르낫·시몬의 글을 참조할 것. 가령 "Six Creeds That Won the Western", *The Western Reader*, ed. Jim Kitses & Gregg Rickman, Limelight Editions, 1999.

는 근거가 아닐 수도 있었으며, 그래서 도덕은 지상의 법과 유리된 근거 없는 신화일 수 있었음을 인정하면서 서부극은 태어난다. 보안관이나 카우보이의 분할속도는 법의 장애로 인해 정지하고, 가족과 국민의 결합속도는 도덕적 해이로 인해 정지한다(진네만 〈하이눈〉, 스티븐스 〈셰인〉). 헤더웨이는 총잡이로부터 역마차와 말을 빼앗고 감금시켰고(〈로하이드〉, 그것은 보안관으로 위장한 탈옥범에 의해서였다), 혹스는 보안관을 알코올 중독자 혹은 불구로 만들었으며(〈리오 브라보〉 〈엘도라도〉), 만은 영웅을 강도단의 일원으로 돌려보내고 가족에 가두어 놓았다(〈서부의 사나이〉). 비더조차 무법자들을 무장순찰대에 위장취업시켰으며(〈텍사스 레인저〉), 도덕적 붕괴를 일으킬 여자 총잡이나 혼혈인을 공동체 내에 투입했다(〈숲의 저편〉 〈백주의 결투〉). 요컨대 대지는 땅 위의 분할과 그 밑으로 뿌리내리는 결합을 일치시켜주는 기억의 함수가 아닐 수도 있었음, 이것이 서부극을 달리게 하는 동시에 멈추게 한다. 포드는 애초부터 이를 예감했다는 것만으로도 진정 서부극의 창시자였다. 광각렌즈로 포착되어 지평선에 의해서만 한정되는 그의 대지는 오직 허공에 뿌리내리나, 바로 그 때문에 역마차의 속도는 더더욱 가속되었어야 한다. 허문영의 정확한 요약처럼 "존 포드의 서부극은 모뉴멘트 밸리를 선회한다."[5]

서부극을 이루는 요소들을 정의해보자. 먼저 역마차, 총알, 말처럼 대지를 분할하는 것들이 있고, 반대로 축제, 결혼식처럼 대지를 통합하는 것들이 있다. 전자가 법적 분할이라면 후자는 도덕적 통합이다. 속도는 법이고 기억은 도덕이다. 그래서 대지는 많이 분할할수록 더 큰 기억과 더 깊은 전통을 품게 되며, 반대로 대지는 분할의 근거와 통합의 뿌리를 제공한다. 백인이 인디언과 겨루는 것은 단지 분할속도가 아니라 공동체의 근거, 기억의 심도다. 때로는 돈도 강력한 뿌리가 된다. 서부극에서 운동은 곧 기억에의 경쟁이며, 반대로 기억은 운동의 근거가 된다(총을 가장 잘 쏘는 자가 항상 도덕적이다). 그러나 다른 한편 대지는 하늘에 의해 한정되고 있다. 대

---

5. 허문영이 세 번에 걸쳐 KMDB에 기고한 서부극에 관한 글을 보라(「존 포드 이야기 — 역마차」). 허문영은 서부극을 읽어내는 기존 진화론과 신화론에 모두 반대하면서, 〈역마차〉에서 나타나는 풍경 융기와 서사 붕괴의 징후들을 읽어내고 있다. 물론 진화론에 반기를 들었던 최초의 작가는 태그 갤러거였다. 그의 유명한 글, "Shoot-Out at Genre Corral : Problems in the Evolution of Western"(1986). 우리 역시 갤러거와 허문영이 반대하는 견해에 반대한다. 그러나 그 이유는 그들과 다르다(우리 책 2부 1장 2절).

지와 달리 하늘은 측지되지도 않으므로 한 번의 진입만으로도 (1930년까지 제법 유지되던) 분할과 결합, 속도와 기억, 법과 전통의 통일을 흔들어놓는다. 이것이 대지의 두 번째 측면이다. 즉 대지는 뿌리이되 오직 허공을 향해서만 뿌리내린다(가장 도덕적인 자가 항상 영웅은 아니다). 서부극에서 대지는 양면적이다. 그것은 베르그송의 원뿔처럼 '행동의 평면'과 '꿈의 평면'으로 분기 중에 있으며, 더군다나 속도와 기억, 운동량과 심도는 반드시 일치하진 않는다는 점에서 분기는 절대적이다. 우린 이렇게 분기하는 양면적 대지를 **지표면**地表面이라 부를 것이다. 지표면은 행동의 평면이 넓어질수록 꿈의 평면이 넓어지고, 법이 빨라질수록 꿈은 가벼워진다는 것을 의미한다. 또한 이는 지상에서는 집과 광야로, 지하에서는 기억과 신화로 이중분절된다는 것을 의미한다. 지표면은 뿌리와 무덤에 한꺼번에 맞닿아있고, 반대로 근거와 무근거 쪽으로 분기 중에 있는 표면이다. 지표면은 갈라진다.

서부극의 모든 반전은 지표면과 그 양면성으로부터 나온다. 백인들은 달리면 달릴수록 후퇴하여 대지에 고립되거나 그에 묻히고, 인디언과 아파치들은 대지의 환경으로 퇴행하여 모래바람이나 동물 울음소리가 되어버린다(포드 기병대 3부작 〈아파치 요새〉 〈황색 리본을 한 여자〉 〈리오 그란데〉, 〈황야의 결투〉의 결투장면). 결국 백인은 자신이 딛고 서 있는 대지와 겨룬다. 〈수색자〉의 보안관은 대지에 총질을 한다. 이것은 흡사 포토그램이 씨네그램을 쫓기 위해 필름스트립을 더더욱 열심히 회전시키는 것과도 같다. **지표면은 필름스트립이다.** 인디언과 도적을 그 씨네그램(지평선)으로, 백인 카우보이를 그 포토그램(영토)으로 가지는. 여기서 카우보이는 결코 씨네그램을 따라잡을 수 없으며, 그 자승자박적 속도에 의해 준법적일수록 고립되고(혹스 〈리오 브라보〉의 감옥, 〈엘도라도〉의 교회), 도덕적일수록 기억을 잃어간다(만 〈분노의 강〉). 이런 이유로 우린 서부극에서 확장이 곧 유폐가 되는 닫힌 공간을 말할 수 있게 된다. 장 미트리와 하스미 시게히코가 그런 해석을 내놓았다.[6] 일반

---

6. 미트리는 포드의 샷들을 분석하여 서부극이 두 드라마의 분기, 즉 외적이고 사회적 '운동'과 심리적이고 도덕적 '순간'의 분기임을 보여준 바 있다. Jean Mitry, *John Ford*, Éditions Universitaires, 1954. 〈밀고자〉에 대한 분석, pp. 31~32. 미트리는 포드의 패닝샷과 픽스샷을 주로 분석하는데(〈상어섬의 죄수〉 p. 50, 〈역마차〉 p. 68), 그의 결론은 포드의 서부는 닫힌 공간이라는 것이다. "리듬이란 운동도 급속도 아니라, 절대적으로 정태적인 원소들 간의 관계로서 말해진다. 동역학은 그 관계들의 함수다."(p. 71).

적으로 서부극의 공간은 행동의 평면에 밑면이 점점 가까워지고, 그 꼭지점을 소실점이 점점 추격해오는 와중에 그 심도를 점점 잃어버리는 원뿔이다. 백인들은 꼭지점으로부터 출발하지만 그만큼 행동선은 밑쪽으로 침강하고, 행동의 평면은 원뿔 밑면으로 반전reverse된다. 하스미의 정확한 표현처럼 서부는 "뒤집어지는 하얀색"[7] 이다.

서부극은 철거 중에 있는 운동, 파업 중인 지속을 우리에게 끊임없이 보여준다. 그런 점에서 포드의 〈분노의 포도〉야말로 총잡이 없이도 이룬 기이한 서부극이라 할 수 있다. 여기선 자본가가 인디언을 대체하고 있으며, 백인들을 부단히 이동시키는 환경 자체가 된다. 하지만 여기서도 운동은 더 기억하기 위해서라기보다는, 기억할 것이 없어서 하는 이주나 퇴거에 가깝다. 땅을 추격하는 건 자본가들의 트랙터에 추격당하는 것과 같은 의미이며, 뿌리를 내린다는 것은 그만큼 그를 잃는다는 것과 같은 의미다("여긴 내 땅이야. 좋은 것도 없지만 내꺼야").[8] 지표면이 점점 박피되어 분리됨에 따라 누구는 상단면에 남을 것이고, 누구는 하단면을 쫓을 것이다. 전자가 어머니의 경우고, 후자가 아들의 경우다. 즉 행동하기를 멈춘 구세대와 꿈꾸기를 시작하는 신세대. 이것이 바로 포드가 공동체를 정의하는 방식이다. 지표면은 갈라졌지만 지평선이 그를 묶는다. 대지는 잘려나갔지만 그만큼 하늘이 그를 붙인다. 포드에게 꿈은 지표면이 조각내는 공동체의 파편들을 이어붙이는 하늘의 기능이자, 최악의 경우에도 그의 존재를 정당화해주는 유일한 근거다. 갤러거의 지적처럼 포드의 영웅들을 헤겔주의자라 할 수 있는 건 그들이 품는 꿈과 이상이 가지는 이러한 하늘의 매개적 기능 덕택이다.[9] 물론 포드의 공동체는 그만큼 하늘에 갇혀 있다고도 말할 수 있으리라. 허나 또 그만큼 도덕은 법의 공백 속에서 더욱 안전해

---

7. 하스미 시게히코, 『영화의 맨살』, 박창학 옮김, 이모션 북스, 2015에 수록된 「존 포드, 뒤집어지는 하얀색」(1977). 하스미는 존 웨인, 헨리 폰다보다는 기병대 삼부작의 벤 존슨에 더욱 주목하고 있다. "존 포드의 서부극만큼 저 먼 지평선의 확장이란 것에 등을 돌린 작품도 존재하지 않을 것이다. 세계는 도처에 닫혀 있고 앞으로 나아가려는 시선은 벽과 같은 바위산에 갇혀버리고 만다. 포드의 서부극은 철저히 닫힌 세계에서 전개되는 부자유스러운 유폐자의 이야기이다."(p. 216).
8. 〈분노의 포도〉에서 나타나는 사건 혹은 육체의 공백에 관한 허문영의 분석도 보라(「존 포드 이야기」).
9. "진정한 영웅은 매개한다(mediate)."(Tag Gallagher, *John Ford*, University of California Press, 1986, p. 479. '포드적 영웅' 부분). 갤러거의 헤겔주의적 해석은 서부극 일반에도 적용될 수 있을 것 같다. 〈리버티 밸런스를 쏜 사나이〉의 마지막 플래시백에 대한 벡터 분석도 보라(pp. 404~406).

지고 공동체는 순수한 이상 속에서 더욱 견고해진다(〈기병대〉와 〈나의 계곡은 푸르렀다〉의 공동체 역시 그렇다). 이로써 미국은 영원히 정당하다. 하늘의 무근거가 근거이기 때문이다. 아메리칸 드림이란 건 없다. 아메리카가 이미 꿈이기 때문이다.

혹스는 이와는 완전히 다른 서부극이다. 하지만 그 결론은 같다. 혹스는 반대로 광각화면으로부터 국지화되고 진지화되는 폐쇄공간들을 보았기 때문이다. 그것은 근거를 여전히 시간 안에서 붙들려고 하는 카우보이들이 내몰리는 장소로서("내게 시간을 다오. 전문가적 예의니까." 〈엘도라도〉), 혹스는 여기서 꼭지점으로 다시 수축해 들어오는 행동과 반응의 여러 양상들을 차례차례 묘사할 것이다. 혹스는 끝내 시간을 놓지 않는다. 그가 서부극에 더하려고 했던 유머는 이 끈질김에서 나오기 때문이다. 혹스는 〈리오 브라보〉가 〈하이눈〉과 정반대의 영화라고 강조한다. 도덕과 법의 비례관계를 확실하게 비틀어 꼬기 위해서는 단지 반응에 미쳐있는 총잡이가 아니라 "미친 반응"[10]의 총잡이가 필요하다. 이는 차라리 장애가 있는 신체 안에 갇힌 경우로서, 여기서 총잡이는 반응장애의 정도만큼 신체 안으로 수축됨에 따라 가장 넓은 곳조차 감옥으로 반전되고 대결은 내분으로 내향된다(〈붉은 강〉). 혹스가 볼 때 백인들의 기억력이란 가장 광활한 지표면조차 가장 좁은 공간으로 역전시키고, 심지어 스스로 가두는 감옥을 짓는 재주였다. 포드와 반대로 혹스의 하늘은 점점 좁아지는 대지에 감금되어 있다. 하지만 그 대신에 공동체의 구성원들은 공기만큼 가벼운 자유도와 공상을 부여받으며, 주어진 기억에 고착됨 없이 이질적 역할들(영웅-고주망태, 보안관-악당, 남자-여자…)을 자유로이 갈아타게 된다. 이것이 혹스의 다른 장르영화들에서도 볼 수 있는 그의 역할극적 성격(직업주의jobbism)이다. 즉 전통적으로 주어지는 기억의 심도를 거부하면서 남자와 여자, 어른과 어린이, 신사숙녀와 바람둥이라는 역할(직업job)을 얄팍하게 갈아타는 인물들이 존재한다(〈나는 남자 전쟁신부였다〉 〈몽키 비즈니스〉). 또 금발의 무기는 문자 그대로 천박淺薄이다(〈신사는 금발을 좋아해〉).[11] 혹스에게 기억의 원뿔이란 시간조차 매장된 피

---

10. 혹스 인터뷰. *Movie*, 5 nov. 1962. 다음에서 재인용: *Howard Hawks Interviews*, ed. Scott Breivold, University Press of Mississippi, 2006, p. 37.

11. 존 카펜터가 포드와 혹스의 차이를 매우 명석하게 지적한다. "존 포드의 작품은 가족, 즉 이 나라에 정착하려는 아일랜드인에 관한 것이다. 혹스의 영화는 완전히 다르다. 그의 병사들은 평화주의자들

라미드 무덤이었다(〈파라오의 땅〉). 만약 소비에트적 통일체를 서부극에서 재현한 이가 있다면, 그는 혹스가 아니라 포드이다. 혹스가 심히 재해석하다가 거의 포기해 버린 접착제나 매개체로서의 씨네그램, 그 영웅주의를 포드는 끝끝내 포기하지 않기 때문이다("우린 영원히 갈 거야. 우린 사람이니까"〈분노의 포도〉).

안소니 만은 정확히 포드와 혹스 사이에 위치한다. 그는 지표면의 분기를 고스란히 내러티브로 간주하기 때문이다. 그에게 분기란 분신分身이었다. 공통의 기억을 공유하면서 갈라져 나온 도플갱어로서 〈윈체스터 73〉의 두 형제, 〈분노의 강〉에서의 에머슨과 글린, 〈가슴에 빛나는 별〉에서 스승과 제자, 〈서부의 사나이〉에서 링크와 코리 등이 그렇다. 한 명의 영웅은 그의 불순한 과거에 기인하여 언제나 공동체 바깥으로 떠돌게 되거나, 반대로 하나의 공동체는 이미 그 바깥에 전염되어 가족도적단이 된다. 안소니 만은 다른 어떤 서부극 작가보다 이러한 내적 심리묘사에 능하였다. 그것은 기억의 대가를 치르는 듯한 공동체 내파에 대한 느낌, 그 알 수 없는 매혹에 견인되는 공동체의 내적 변질에 대한 느낌이다(〈서부의 사나이〉). 고로 만에게서 혹스와는 달리 좁은 공간으로부터 그 바깥으로 유인해내는 행동들이 나타나며, 또한 포드와 달리 끊임없이 대지의 바깥으로 치닫는 운동들이 있게 된다. 여기서 만은 공동체의 완전히 다른 근거를 발견한다. 만의 서부극엔 공중전의 양상이 있다. 그러나 사막의 열기와 모래바람이 고지대의 냉기와 입김으로 대체된다면, 그것은 공동체의 뿌리가 대지의 바깥, 즉 하늘을 향해서 심겨 있기 때문만이 아니라, 하늘이 대지에 삼투되려고 하기 때문이다. 이것은 관념적 매개로서의 꿈(포드)이 아닌 실질적 매질로서의 하늘, 용매solvent로서, 만이 능히 보여주었던 그 끈적끈적한 심리의 객관적 근원이기도 하다. 서부 사막도 동부 도시도 아닌 북부 고산지대로 거슬러 올라가는 두 도플갱어의 이중나선, 그 속에서 진행되는 그 둘의 상호삼투와 혼융, 전이와 오염, 이것이 만이 미국공동체를 정의하는 방식이다(특히 〈윈체스터 73〉의 마지막 결투장면).

서부영화의 세 거장은 이로써 완전히 다른 길을 택한다. 포드가 하늘 안에서 대

일 뿐, 애국자들이 아니다. 그들은 그들의 일(job)을 할 뿐이다. 아니면 죽는다. 그들은 현대 미국인이다."(*John Carpenter*, ed. Gilles Boulenger, Silman-James Press, 2001, p. 271). 카펜터는 〈리오 브라보〉를 리메이크하기도 했다(〈13번가의 습격〉).

지를 발견한다면, 혹스는 반대로 대지 안에서 하늘을 발견한다. 포드는 지표면 너머에 있을지도 모르는 영원에 내기를 걸었고, 혹스는 지표면 안쪽에 없을 수 없는 시간과 소멸에 내기를 걸었다. 즉 지표면은 접착제이거나(포드) 차폐벽이다(혹스). 만은 또 다르다. 그는 대지의 틈새에서 하늘을 발견한다. 만에게 지표면은 용매다. 고다르는 만의 영화에는 지표면 위로 자라나는 "식물적"vegetal 관념들과 지표면 밑으로 응고되어가는 "광물적"mineral 신체들의 분기가 있다고 정확히 지적했으나,[12] 우린 여기에 기체적pneumatic 혹은 점액질적phlegmatic 매질을 추가해야 할 것이다. 이탈리아 웨스턴보다 시공간의 스파게티화spaghettification를 더 먼저 선구한 미국작가가 있다면 그는 안소니 만일 것이다. 요컨대 포드가 일장춘몽의 서부극이고(하늘에 갇힌 대지) 혹스가 우물 안 개구리의 서부극이라면(대지에 갇힌 하늘), 만은 누워서 침 뱉는 서부극이다(대지에 스며든 하늘). 한쪽 대지에서 다른 쪽 대지를 향해 격발된 침이 허공을 통과하여 쓰러뜨리는 상대방은 바로 침 뱉은 자기 자신이다. 타액이 그 둘을 병살한다. 하지만 세 작가 모두에게 지표면은 스플라이서이며, 필름스트립으로 시간화된다. 아메리카란 "네거티브에 기록되는 시간 바깥의 리얼리티"다.[13]

4-2. 지층면 : 맨키비츠

서부극이 추격전과 총격전 통에 잊었던 연구는 다음이다 : 기억은 그 자신의 여러 층리들(켜), 즉 퇴적된 기억단면들로 이루어져 있다. 지표면은 기억의 최소표면과 최대표면, 즉 가장 수축된 기억단면과 가장 넓은 기억단면으로 분기된다. 그래서 지표면은 여전히 층리의 일종이면서도, 다른 한편으로는 절대적 바깥과 접하는 비범한 층리이다. 지평선 너머, 꿈, 하늘은 퇴적층의 기층인 것이다. 반대로 하나의 기억단면은 언제나 그 위에 존재하고, 또 서로에게는 상대적 바깥이 되는 층리들이다.

---

12. 식물과 광물은 안소니 만의 지지자 중 한 명인 고다르가 고안했던 개념들이다. "Super Mann", *Jean-Luc Godard par Jean-Luc Godard*, Éditions Pierre Belfond, 1968, pp. 199~200.
13. 포드 인터뷰. *John Ford Interviews*, ed. Gerald Peary, University Press of Mississippi, 2001, pp. 73~74.

임의의 기억단면은 언제나 다른 기억단면들 사이에 존재한다. 이것은 지표면과 구분되어야 할 **지층면**地層面이다. 지층면이란 과거한 포토그램들이 각인되어 점점 현재로부터 멀어지면서 퇴적되고 있는 기억의 켜다.

플래시백이란 지층면의 선택과 분할이다. 가장 쉬운 예는 현재(현행 이야기, 행동의 평면)를 기준으로 지층면을 선택하고 그에 결합하는 것이다. 여기서 이야기는 고정점을 중심으로 뻗어 나가고, 분할된 지층면은 그 틈새를 메우는 자료가 된다(소위 프레임 스토리 : '지금 나는 이것을 기억한다'). 하지만 반대의 경우도 생각해볼 수 있을 것이다. 지층면의 분할이 현행 이야기를 함께 분할하는 '역류하는 플래시백'의 경우가 그것이다. 이 경우 현재는 지층분할의 기준이 되지 않고 반대로 그에 종속되며, 플래시백은 기억이 보증해왔던 합법적 서술에 도덕적 문제제기이자 이야기의 탈프레이밍 자체가 된다. 이것이 바로 맨키비츠의 영화다. 이야기의 어떤 틈을 채우는 플래시백이 아닌, 이야기에 틈을 만들거나(〈타인의 집〉 〈맨발의 콘테사〉), 이야기를 빈틈없이 채우는 플래시백(〈이브의 모든 것〉)이 가능하다.[14] 그리고 단지 여러 인물이 등장하는 플래시백과는 구분되는, 여러 인물이 각기 다르게 분유하는 플래시백, 매번의 회상마다 생기는 틈새로 다면화되는 플래시백, 심지어 플래시백 안의 플래시백이 가능하다(〈세 부인에게 보내는 편지〉 〈맨발의 콘테사〉). 이것은 지층면이 정확히 현재의 분할면이 되었음을, 그래서 지층면이 자기분열 혹은 자가분할의 자율성을 지니게 되었음을 의미하며, 그것이 현행하는 현재에 매 분할마다 개입하여 상대적 바깥을 첨가함으로써 현재를 끊임없이 굴절시키거나 진동시키고 있음을 의미한다.[15] 이제 이야기가 서술됨에 따라 현재에 축적되는 것은 보증자료서의 지층면

---

14. 모든 것이 투림이 1950년대 할리우드 플래시백에서 관찰했던 그 주관적 방식들이다. Maureen Turim, *Flashbacks in Film*, Routledge, 1989. 4장. 투림은 할리우드 플래시백의 업적을 객관적·사회적 역사를 경험적·개인적 기억으로 재구성하려는 시도, 즉 "역사의 주관화"에 있다고 평가한다. 그러나 이를 통해 그녀가 진정 말하고자 하는 바는, 거기엔 주관적 관점의 변형과 해체, 현재의 빈틈화가 반드시 동반된다는 사실이다("과거 역사는 현재를 판결하는 힘이다.", p. 135). 투림은 와일더와 미넬리의 경우도 다룬다(〈선셋대로〉, 〈악당과 미녀〉).

15. "여러 인물들이 서로에 대한 기억을 서술하는 가운데, 문제 되는 인물의 초상화를 구성할 뿐만 아니라 자화상도 구성하는 복합적인 모자이크 구조"(맨키비츠 인터뷰. Gary Carey and Joseph L. Mankiewicz, *More About All About Eve*, Random House, 1972. 다음에서 재인용 : *Joseph L. Mankiewicz Interviews*, ed. Brian Dauth, University Press of Mississippi, 2008, p. 85).

들이 아니라, 이리저리 분열되는 지층면들의 사이, 그 틈새, 그리고 거기에 배태되는 미스터리이고(〈이브의 모든 것〉), 과거의 비밀을 간직한 채 대과거를 배회하는 유령들이다(〈유령과 뮈어 부인〉 〈말 많은 세상〉). 맨키비츠가 혁신한 것은 단지 이야기하는 방식이 아니라, 그것이 과거로부터 정당화되는 방식, 즉 이야기되는 시간 자체다. 맨키비츠가 "과거는 현재 안에 존재한다"[16]고 말한다면, 그것은 지층면이 현재의 단층면이고 습곡면이라는 의미에서, 이미 현재가 과거 안에 존재하기 때문이다.

맨키비츠는 과거엔 어떤 섬광 같은 것이 포함되어 있음을 보여주려 한다. 플래시백이란 *플래시-백*이다. 지층면은 현재를 하얗게 비워내는 해변이고 해수면일 수도 있는 그런 방식으로, 과거는 스스로 빛나고, 현재는 그에 눈이 멀었다(〈지난여름 갑자기〉). 이런 의미에서 지층면은 오직 과거로서만 존재하는 것이지, 결코 현재를 위해서 존재하는 것이 아니다. 외려 반대로 지층면은 섬광 안에 진짜 사실을 숨기고서 현재를 눈 가릴 수 있으므로, 스스로 마디마디 갈라지는 심도 안에서 우린 더 이상 인과적 법칙에 의존해서 그 단면들을 분류하거나 판단할 수 없으며, 오직 그 갈래들을 따라서만 그리 할 수 있다. 플래시백의 윤리학이랄 게 있다. 현재의 평면을 통과하는 행동들의 결점과 균열은 결코 그때에는 드러나지 않으며, 오직 사후적으로만 드러날 정도로 미세하다("식역하 몽타주"subliminal montage [17]). 그것은 이미 퇴적된 층리들을 되짚어야만 발견되는 흠결들이다. 현행법에는 걸리지 않으나 층리엔 새겨지는 도덕적 결손이 존재하는 것이다. 게다가 이건 태초의 지표면 위에 퇴적된 모든 인간들에게 모두 적용되는 도덕이다("이브 이후에 사랑에 빠진 여자는 다 똑같아요." 〈이브의 모든 것〉). 또 이는 맨키비츠가 할리우드를 바라보는 관점이기도 하다. 스타는 자신의 도덕을 소멸시킴으로써만 빛나는 초신성이다.

맨키비츠의 기억법은 서부극의 그것과 대조적이다. 서부극이 종합의 방법론을 보여준다면(분할속도가 전통에 비례), 맨키비츠는 분석의 방법론을 보여준다(분할속도가 미스터리에 비례). 게다가 그것은 하면 할수록 현재도 함께 쪼개지고 분열된다는 점에서, 분석의 영원한 불완전성을 입증하는 귀류분석법이다. 현재는 뇌를 해

---

16. 맨키비츠 인터뷰. *Positif*, sep. 1973. 다음에서 재인용 : *Joseph L. Mankiewicz Interviews*, pp. 138~139.
17. 같은 인터뷰, p. 135. ("그녀의 기억이 그녀를 이탈한다.")

부하는 메스지만, 뇌는 메스를 반드시 굴절시킨다. 이제 대지를 지배하는 것은 초식동물로서의 지표면이 아니라, 현재를 잡아먹고 녹여 먹는 과거, 즉 식충식물이나 육식동물로서의 지층면이고, 대지는 하늘의 비호 없이 하얀 아가리 속으로 찢겨져 나갈 것이다. 현재의 파열은 불가피하다.

4-3. 시층면 : 웰스

베르그송은 기억을 굴절모델로 제시한 바 있다. 두 다른 매질의 접면을 통과하는 빛은 굴절되다가 어떤 임계각에 이르면 반사되어 잠재화된다는 것이다. 여기서 굴절은 행동을 뻗어내며 기존 지층면들 중 필요분을 융기시키고, 반대로 반사는 행동을 잠재화하며 선행 지층면들을 포함하는 더 넓은 지층면을 퇴적시킨다. 고로 굴절모델은 두 방향이다. 기억원뿔의 위로 향하는 전개develope가 있다. 여기서 지층면들은 종합되고 빛은 굴절된다. 반대로 원뿔의 아래로 향하는 포함envelope이 있다. 여기서 지층면들은 분석되고 빛은 반사된다.[18] 전자가 서부극이 따라갔던 길이라면 후자는 맨키비츠가 따라갔던 길이다. 이것은 두 상이한 연장extension이다. 그만큼 이 둘은 상이한 판단체계를 플래시백에게 요구한다. 서부극에서 지표면은 가장 큰 기억단면이지만 현재에 종속되어 있다(종합적 전개). 반면에 맨키비츠에게서 지층면은 현재에 종속되진 않았지만 단위 기억단면이다(선험적 포함). 그렇다면 현재에 종속되어 있지 않으면서도 가장 큰 지표면이 가능한가? 그런 '선험적 종합판단'이 가능할까?

이것을 최초로 시도한 작가가 오손 웰스다(비록 몇몇 장면들이 비더에게 빚진 것이기는 하나). 이는 지층면들을 그 증인으로 삼고, 그 지층면들 각각에 각인된 이미지들을 증거로 제출하는 시간의 법정, 흡사 과거에 천착하거나 반대로 기억상실증에 걸려버린 가면왕의 자서전에 비견할 만한, 시간의 판단체계를 건국하려는 칸트적 야심이다. 즉 웰스는 분기되는 디테일한 지층면들로 지표면 전체를 직접 구성

---

18. 굴절모델에 관해선 앙리 베르그송, 『물질과 기억』, 1장. 이미지의 선별 부분(70쪽).

하려고 한다. 그래서 웰스의 영화들은 한편으로는 분기되는 이야기들로부터 종합되는 환영적 이야기의 전개일 것이며, 다른 한편으로는 선험적으로 존재하는 지층면들에 대한 세밀한 탐색이며 조사일 것이다. 여기엔 더 이상 역학적이지도 심리학적이지도 않은 광학적 단계들이 있다. 먼저 현행하는 현재 밑으로 지층면들이 점점 포함되어가는 수직적 몽타주가 있을 것이고, 행동평면에서 일어나는 전개와 지층면들 간에 일어나는 포함 사이에 부드러운 연속성이 있을 것이며, 마지막으로 현행하는 현재가 프레이밍하는 시간 자체의 순수한 전개가 있을 것이다. 만약 웰스가 다른 서부극 작가들이나 맨키비츠보다 더 철저한 구석이 있다면 바로 이 광학적 단계들을 두루 살피고 그 각각에 몽타주, 플랑세캉스, 프레이밍을 대응시켜서 선험적 종합의 광지층^{光地層} 체계를 완성하려고 했다는 것이다.

먼저 해야 할 것은 지층면들의 분석과 그 공존을 보여주는 것이다. 케인의 유년기·청년기·노년기는 케인의 기억 전체를 다면화하는 다양한 지층면들 위에 존재하지만 서로에 대해서는 공재하고 있다(〈시민 케인〉). 공재란 상호반사다. 상호반사는 지층면들이 더 이상 누가 포함하고 포함되는지를 구분할 수 없는 비결정성의 지표면 위에 배열된다는 것을 의미한다. 지층면들은 오직 현재와의 거리에 의해서만 선후를 가지며, 서로에 대해서는 오직 비약, 생략, 은폐, 결손, 비밀의 배태만으로 존재한다. 즉 각 지층면은 과거 다면체를 이루는 헐겁고 삐걱거리는 "나사가 빠진"out of joint 단면들이지만 바로 그 때문에 그들은 그 "나사 바깥"에서 공재한다. 웰스가 편집의 원리로 삼은 것도 이것이다. 현재는 나사joint이며 각 샷들은 조여졌다가 풀리기를 반복함으로써 현행하면서도 과거지만, 바로 그 나사의 바깥 속에서 공재하고 재회한다. 〈오델로〉 또한 편집의 영화다. 거기엔 오델로가 기억하는 자들(아내, 부하, 자신) 간에 이루어지는 조임과 풀림, 그리고 그 비틀거리는 이행이 있기 때문이다. 웰스에게서 몽타주란 상호반사하는 지층들에 대한 딥포커싱이다. 반대로 딥포커싱이란 선후 없이 공재하는 지층들의 몽타주다. 요컨대 딥포커싱이란 나사 빠진 몽타주다(케인이 자신의 거울분신들로 분열되는 장면).

다른 한편 나사 풀린 지층면들로부터 현재의 평면으로 전이되는 불확실성이 있다. 이것은 기억과 비례할 선형적 행동에게서 중심을 빼앗거나, 반대로 그것이 스스로 이탈하는 중심을 첨가한다는 것을 의미한다. 여기서 현재들의 수평적 이행은 지층면들의 수직적 이행에 반응함으로써만, 즉 삐걱거림으로써만 일어나므로 더 넓은 지층면, 더 큰 포함으로 나갈수록 전개에 있어서 더 큰 이탈이 일어날 것이다. 이것이 지층면들의 공재와 구분되는 굴절, 분석과 구분되는 종합이다. 웰스 느와르의 특징은 지층면의 파열적 종합이다. 〈상하이에서 온 여인〉에서 그리스비, 배니스터, 엘사 각각은 자신의 계획이 상대의 계획을 포함하도록 행동하고 반응하지만, 그것은 계획 전체의 중심을 이리저리 옮기거나 이탈시키는 데에 일조할 뿐이다. 이것은 마치 상대방의 음모를 포함하도록 꾸며진 누군가의 음모가 너무 분열증식하여 결국 아무것도 포함하지 않게 되는 것과 같다. 음모를 자가해체로 이끄는 것이 이런 지층면의 자가분열이다. 세 인물들이 번갈아 타면서 음모는 지나치게 굴절되어 그중 어느 누구도 그 주인이 아닌 셈이다.[19] 〈상하이 …〉의 거울방 장면뿐만 아니라 〈악의 손길〉에서 목소리가 메아리로 반향되는 장면이 선언하는 바도 이런 역설이다 : 전개가 굴절인 것은 포함이 곧 증식이고 반사가 곧 균열이기 때문이다. 이런 점에서 웰스의 시층면을 바로크적이라고 할 수도 있다. 하나의 시층면은 스스로 굴절되지 않고는 다른 시층면을 반사할 수 없으므로.[20] 또 이것은 베르그송의 굴절모델에 대한 일부 수정을 가하는 것이기도 하다. 반사(잠재화)는 그 이미지의 굴절을 해결하기는 커녕 굴절을 심화시키고 더 큰 문제로 만들어버린다. 웰스가 볼 때 이것이야말로 플랑세캉스의 원리다. 플랑세캉스란 포함이 전반사인 것과 마찬가지 이유로 전개가 곧 전굴절total inflection임을 끊이지 않는 연속적 지속 안에서 입증하는 일이다.[21] 플랑

---

19. 〈상하이 …〉 내러티브에서 나타나는 선형적 욕망과 순환적 충동 간의 대결, 결국 "욕망의 자가소모적 패턴"에 대해서는 J. P. Telotte, *Voices in the Dark*, University of Illinois Press, 1989. 3장. 기억의 먹거나 삼키는 역할을 분석하는 대목에 주목할 것("… 이야기들을 삼킨다. 왜냐하면 픽션은 실재보다 더 먹음직하기 때문이다.", p. 66).

20. 웰스의 바로크적 측면을 먼저 언급한 이는 앤드루 새리스다. Andrew Sarris, "Citizen Kane : The American Baroque", *Film Culture*, no. 9, 1956. 웰스의 미장센이나 플랑세캉스에서 나타나는 "바로크적" 요소들과 그가 표현하는 "로마네스크적 심도"에 대해서 좀 더 자세히 보려면 메즈닐의 다음 글이 좋다. Michel Mesnil, "Une Esthétique de la Lucidité", *Études Cinématographiques*, n° 24~25, 1963. ("연속성은 불일치하는 원소들로부터 나온다. 대립항들이 환원되거나 이어지지 않으면서 전체의 응결, 즉 각 부분들의 내밀한 불협화음 안에서 혼합됨으로써 성취되는 통일 — 바로크주의의 특징 중 하나 — …", pp. 24~25). 바로크적 굴절반사면에 대해서 같은 책의 다음 글도 보라. Pierre Renaud, "Aspects Baroques de l'Œuvre d'Orson Welles."

21. 잘 알려진 대로 폴린 카엘은 〈시민 케인〉의 시나리오 작가가 웰스가 아님을 고발하려 했다("Rais-

세캉스란 그 중심이 계속 이탈되고 그 동선이 계속 굴절되는 미로-연속체다(《악의 손길》 오프닝 장면). 고로 전개란 무게중심의 진동, 즉 배니스터 변호사 혹은 퀸란 형사의 절뚝거리는 걸음걸이다. 딥포커스가 나사 빠진 몽타주인 것처럼 플랑세캉스는 절름발이 샷이다.

고로 과거가 더 이상 추억되고 회상되기는커녕 불확실성의 중심이 될 때, 현재엔 무엇이 남는가? 그것은 과거한다는 것의 본질, 기억의 죽음, 즉 소멸이다. 〈아카딘 씨〉의 위대한 발견은 이것이었다. 마치 가면무도회의 왕인 듯한 갑부 기억상실증자의 숨겨진 지층면으로 점점 다다를수록 증인, 검사관, 판관들은 장례행렬처럼 현재를 통과하고 있다. 지층면들이 나사가 빠지고 분기되듯이 전개는 이렇게 이중분열되고 있다 : 즉 한쪽엔 증인들을 만나는 스트래튼의 회고록적 전개가 있으며, 다른 한쪽엔 그 증인들을 죽이고 회고록을 파기하는 아카딘의 파괴적 전개가 있다. 현재, 현실화, 지층면이나 잠재태의 수축은 정확히 이 둘 사이에 있다. 기억이란 언제나 사멸을 대가로 해서만 이루어지는 계약이다. 멀리 가면 갈수록 죄어오는 아카딘의 마수처럼, 현재를 관통하는 연속체는 넓어지면 넓어질수록 더욱더 밀봉되어 미래할 과거로부터의 운명이다. 죽음은 과거를 향해서 탐문과 운동을 극적으로 굴절시키고, 미래를 향해 반사마비를 미리 반사해내며, 현재 안에서 무를 향해 뒤집어진 가치들을 폭로한다.[22] 여기서 기억하려는 자는 그 뒤로는 더 이상 어떠한 광학적 원근도 전개되지 않을 정도로 지나치게 높거나 낮은 배경에 숨겨진 소실점을 향해서만 그의 행동과 노력을 전개한다. 이것이 웰스가 〈아카딘 씨〉에서 이른 프레이밍의 정의일 것이다. 앙각 앵글은 천장에 인물을 가둘뿐더러 천장 전체에 침윤되어 있는 소실점에 그를 가둔다. 지층면은 오직 밀폐되고 고갈됨으로써만 융기되고 전개되는 것

---

ing Kane", 1971; 같은 해 출판된 다음 책에 재수록 : *The Citizen Kane Book*). 그러나 사실 여부와 상관없이 이는 웰스의 공헌에 대한 적절한 비판은 아니었다. 웰스가 진정 전개시키고자 한 바는 내러티브 이전에 시층면이기 때문이다. 그건 펜보다는 카메라가 할 수 있는 일이다. 외려 저 글은 내러티브의 전개와 이미지의 전개를 일치시킴으로써, '전개'라는 개념의 의미를 확장시키는 집단 작가주의를 염두에 둘 때 비로소 유의미하다.

22. 이것이 에스테브가 정리한, 웰스의 작품들에게서 나타나는 죽음의 세 가지 기능이다. ① 극적인 탐문 ② 상징적 예언 ③ 윤리적 폭로. Michel Estève, "Notes sur les Fonctions de la Mort dans l'Univers de Welles", *Études Cinématographiques* n° 24~25.

이다.[23] 웰스에게 프레이밍이란 소실점의 배열일 뿐만 아니라 정확히 사점의 배열이다. 에릭 로메르보다 이를 더 잘 묘사할 수는 없다. 앙각, 그것은 "모래성처럼 무너지기에 평사^{平射}로 정렬될 수 없는 사멸하는 먼지나 과거의 조각들"이 현재에게로 전이하는 그 자신의 "짓누르는 무게"다.[24] 과거는 현재를 짓누르는 붕괴하중이고, 기억이란 물구나무선 중력이다.

〈시민 케인〉, 〈상하이에서 온 여인〉, 〈아카딘 씨〉의 광학적 삼단계를 통과한 웰스에게 있어서 지층면이란 **시층면**^{時層面}이다. 각 지층면이 기억의 최기저 이면까지 직접 구성하며, 거기서 회상과 행동, 꿈과 이야기를 포함한 모든 시간의 형성을 바로 그 이면으로 재구성하기 때문이다. 시층면은 지표면을 직접 구성하기 위해 분열하거나 증식하는 지층면이고, 반대로 그렇게 팽창하는 지표면의 단위이다. 지표면은 아래를 향해 갈라지고 지층면은 위를 향해 갈라진다면, 시층면은 자기를 향해 스스로 갈라진다. 팽창하는 지표면은 더 이상 대지에 속하지도 않을 것이라고 웰스는 단언한다. 차라리 그것은 눈보라처럼 엉겨 붙은 수증기의 공간(〈시민 케인〉의 유리구슬), 대지 밑을 더 깊게 관류하는 대양의 공간(〈아카딘 씨〉의 바다)으로만 한정될 수 있는 해저면이다. 그래서 반대로 기억이란 흡사 〈상하이 …〉의 수족관처럼 서랍식으로 대지의 원형들을 저장한 기록보관소다. 그것은 〈맥베드〉에서처럼 하늘과 땅, 물과 불이 아직 분화되지 않았던 "의식의 선사시대"이기도 하다.[25] 하지만 우리가 기억하기 위해 그 퇴적층으로 뛰어들자마자, 시층면은 마치 반사되는 햇빛을 명멸케 하기 위해서라는 듯이 파도처럼 출렁이며 우리를 집어삼키고 끝내 파멸시킬 것이다. 심도란 그 사이가 기억의 소실점인 시층면들의 증식이고, 그 바깥이 시간의 소실점인 팽창면의 확장이다. 이것은 서부극이 취했던 광각에 대한 웰스의 재정의다 : 가장 가까운 것이 확대되고 가장 먼 것이 축소되는 식으로, 어느 시층도 더 멀거나 가깝지 않은 플래시백 속에서 반전된 원근법이 있다. 웰스에게 기억의 본질은 기억한다

---

23. 앙드레 바쟁, 『오손 웰즈의 영화 미학』, 성미숙 옮김, 현대미학사, 1996. 광각렌즈와 천장에 관해 분석한 부분을 보라. "폐쇄우주론"을 언급하는 트뤼포의 서문도 보라.
24. Eric Rohmer, "Une Fable du XX siècle", *Cahiers du Cinéma*, n° 61, juillet 1956, p. 39. 로메르는 웰스의 프레이밍을 "곡언법"(litote)이라고 부른다. 대표적인 예가 〈아카딘 씨〉에서 흔들리는 배로부터 이격된 프레이밍이다.
25. 앙드레 바쟁, 『오손 웰즈의 영화 미학』, 146쪽.

는 것의 원초적인 불가능성, 즉 선험적 기억상실에 있다.

웰스는 미국이 서부극이나 플래시백 기법을 통해서 발전시켜오던 기억법을 완전히 일반화한다. 법은 현재의 전개development에 연관되고, 도덕은 과거의 포함관계envelopment에 연관된다. 기억의 심층부에 묻혀있던 도덕적 결손이란 단지 시층면에 각인된 어떤 모자란 이미지가 아니라 시층면들의 과잉된 분열, 인플레이션 그 자체이기 때문이다. 법의 논리적 전개는 선험적으로 종합 불가능하다고도, 혹은 선험적 종합은 논증이 아니라 실험일 뿐이라고도 말할 수 있다.[26] 과거에 죄가 있는 것이 아니라 과거가 즉자적으로 죄이기 때문이다. 웰스는 확신한다. 과거는 모순이다. 그리고 이 점이 법을 모순적으로 만든다. 왜냐하면 법도 시층면의 일종이기 때문이다. 가령 자살은 위법이고 살인은 합법적일 때, 그리하여 살인조차 날조하고 또 그 날조를 다시 날조할 때 모순은 가일층 확대되고 전염되어 우리는 완전히 법의 단면에 감금된다(《상하이 … 》). 웰스의 인물들은 이미 그러한 예외상태의 인간들이다. 그들은 증거를 인정하지 않는 고소인(《아카딘 씨》), 증거를 조작하려는 변호사(《상하이 … 》), 증거를 인멸하려는 형사와 검사(《악의 손길》)와 같은 과거-현재의 모순에 빠져버린 인간들이다. 법은 강물을 건너는 개구리 등 위에 올라탄 전갈과도 같다. 그의 본성은 그 자신 근거의 망각이다. 아마도 웰스와 카프카와의 대면은 셰익스피어와의 대면만큼이나 필연적이었을 것이다. 카프카는 법은 모두를 위한 것이지만 바로 그 때문에 누구를 위한 것도 아니라고 말한다. 보편과 특수의 선험적 모순, 이것이 법이 일부러도 망각해야 할 그의 기원이다. 법은 그 자신 출생의 비밀을 망각하는 보편적 기억상실증자다. 마찬가지로 〈심판〉엔 형사들이나 관료들의 시층, 서류들과 컴퓨터의 시층, 이웃집 여자의 시층, 화가의 시층들이 있을 것이며, K는 이 각 시층들을 통과하면서 최상위법정의 최종적 종합에 이르러야 할 것이다. 시층면이란 심급이다. 그러나 그것은 K에게 언제나 텅 빈 문을 열어줄 뿐이며, 최상위심급에서 종합되는 것은 보편적인 만큼 주어질 수 없는 불투명성, 빛줄기, 메아리치는 비명뿐이다.

---

26. "난 언제나 종합을 추구한다. 난 법을 제정하지 않으며 단지 실험자일 뿐이다."(웰스 인터뷰. *Cahiers du Cinéma*, n° 84, juin 1958, p. 11).

기억된다는 것, 그것은 무언가 이미 소멸했으나 아직도 무언가가 불멸한다는 것을 의미한다. 어떤 것은 현재로부터 소멸했고 과거 안에서 불멸한다. 하지만 시간이야말로 그러하다. 고로 진정 불멸하는 것이란 영영 기억될 수 없는 것을 포함한다. 반대로 기억할 수 없는 것, 그것은 영원히 불멸하기 때문이다. 우리가 아무리 시층들을 잘 배열하고 그 아귀를 잘 맞춰봤자 어떤 기억불가능한 것이라도 영원히 남는 법이다. 왜냐하면 바로 그것이 기억의 원동력이기 때문이다. **영원히 기억불가능한 것**, 그것은 로즈버드다. 그것은 현재를 기억상실증으로 감염시키지만 여전히 현재를 과거로 태워다 준다. 로즈버드는 주인 없는 시간이며, 원작자 없는 음모이고, 원본 없는 복사본이다. 로즈버드는 대지가 아니라, 더 이상 층화조차 불가능한 불투명한 눈보라 혹은 파열되어 비산하는 거울조각들 안쪽으로 깊숙이 묻혀있다. 〈악의 손길〉의 반향되는 목소리처럼 기억이란 되감는 순간 싱크점을 잃어버리는 필름스트립 뭉치다. 웰스는 시층이란 개념에 이르러 신대륙의 기억술을 완전히 종합한다. 서부극적 기억은 행동평면의 바닥면으로의 반전에 연관되며, 맨키비츠의 기억은 반대로 바닥면의 행동평면으로의 반전에 연관된다. 그래서 서부극에서 반전되는 것이 지표면이라면 맨키비츠에서 반전되는 것은 지층면이다. 허나 웰스의 시층면은 더 엄밀하고, 더 자학적인 것이다. 시층면은 즉자적으로 반전된다. 반사는 굴절을 함축하며 그 역도 마찬가지다. 반사*reflection*와 굴절*inflection*의 선험적 종합은 후굴*retro-flex*이다. **시층면은 그 자신의 이면으로 스스로 후굴된다.** 기억원뿔의 바닥면은 그 이면으로 뒤집히지 않고서는 스스로 팽창할 수 없다. 기억상실법은 무근거가 기원인 신대륙이 특권적으로 개발할 수 있었던 미국의 유일한 기억법이다.

웰스가 미국영화에서 가지는 독자성은 이 점을 더 이상 숨기지 않고, 칸트에 맞먹는 엄밀함과 아름다움으로 기억의 코페르니쿠스적 전환을 이뤄냈다는 데에 있다 : "존속 survivre의 관념에는 관심이 없다. 시인들은 모순들을 탐색하고 가꾸어야 한다."[27]

---

27. 웰스 인터뷰. *Études Cinématographiques* n° 24~25, p. 11.

운동과 소멸

5-1. 네오리얼리즘 : 로셀리니, 데 시카, 안토니오니, 펠리니

운동은 기억의 재료이고, 역으로 기억은 운동의 재료다. 이것이 자바티니를 감동시켰다. 그러나 영화가 다른 예술에 월등한 기억력을 가지고 있는 만큼 착오의 위험도 큰 것도 사실이었다. 바쟁이 내렸던 후속조치는 몽타주의 금지였다. 그가 볼 때 몽타주는 여전히 현실적 존재들을 너무 굴절하거나 아예 반사함으로써 기억착오만을 수행하고 있었다. 그러므로 진정 몽타주가 금지되어야 할 곳은 영화 안이 아니라 영화와 세계 사이에서였다. 바로 거기가 바쟁이 말하는 '완전영화'의 자리다. 완전영화는 베르그송의 굴절모델을 이상화한 것으로서, 영화와 세계라는 두 상이한 매질 사이에서 빛의 굴절률이 최소화되는 영화다. 완전영화는 영화와 세계를 굴절률=0으로 접촉시키는 완전표면으로 정의된다.[1] 바쟁이 완전영화의 실례를 네오리얼리즘에서 발견한 건 우연이 아니다. 완전표면이 제로의 굴절률로 접근하기 위해서 영화와 세계라는 상이한 매질들의 밀도 격차가 최소화되어야 하는데, 네오리얼리즘이 실천했던 전문배우의 폐기, 연출과 편집의 최소화가 정확히 그런 공정처럼 보였기 때문이었다. 하지만 바로 그 최소화된 굴절률 덕택에 네오리얼리즘은 애초의 정의로부터 꽤나 멀어짐을 우린 또 보게 된다. 네오리얼리즘은 조작하기 좋아하는 인간들(연출·배우·관객)에 의해 환기되지 않을 정도로 세계기억의 밑지층까지 침윤할

---

1. 이 모든 내용이 다음 글들의 요약이다. 앙드레 바쟁의 『영화란 무엇인가』에 수록된 「금지된 몽타주」, 「영화언어의 진화」, 「자전거 도둑」. 바쟁은 매질의 동질화를 위해 그 투과막의 소멸을 소망했는데, 이 생각은 클로조의 영화에 대해서 쓴 다음 글에서 잘 드러난다. 「베르그송적 영화 ─ 〈피카소의 비밀〉」("그 소멸이 회화적 우주와 우주 전체를 동일하게 하는, 프레임의 폐지", 254쪽).

수밖에 없고, 그에 따라 이번엔 반대로 운동과 기억의 희박화에 이르러야 하기 때문이다. 네오리얼리즘의 태동과 함께 영화사에서 운동은 완전히 보존되었을 뿐만 아니라, 동시에 운동은 완전히 대상화되었다고 말할 수 있는 역설은 이로부터 나온다. 이것은 또한 완전영화가 지불해야 할 비용이기도 했다. 완전한 기억은 그만큼 완전한 망각을 감수한다는 기회비용 말이다.

네오리얼리즘 영화들에선 언제나 무언가 사라진다. 그러나 이는 폐허, 구멍, 사막에서 운동이 사라지기 때문이다. 즉 공터에서 운동은 소멸이 된다. 이것이 네오리얼리즘의 발견이다. 로셀리니와 데 시카는 이 최초의 동일성을 성립시킨 네오리얼리즘의 진정한 무대건설자들이었다. 그들에게 지표면은 행동과 기억에게 공핍을 새겨 넣는 공핍층이었다. 잔해와 유물들만이 남은 로셀리니의 지하세계(〈무방비 도시〉 〈전화의 저편〉 〈독일 0년〉), 혹은 데 시카의 군중의 머릿수만큼 늘어나는 공터와 수용소(〈자전거 도둑〉 〈구두닦이〉) 등이 바로 그렇다. 각 대상 간의 거리를 무한대로 연장하는 잠재태의 용해 속에서 시층면은 운동의 희박화와 그 빈틈의 과포화를 일의적으로 만들 것이다. 네오리얼리즘의 일반적 특징은 운동의 극단적 이완이다. 그러나 이는 행동과 존재의 목적이 실종되었기 때문이다. 네오리얼리즘은 텅 빈 운동, 자궁으로 되돌아간 의식과 행동, 장례행렬, 배회와 방랑이다. 무엇보다도 이 모든 것은 의식 안에서 일어나는 일들이기도 하다(데 시카 〈움베르토 D〉). 또한 공터가 되어버린 것은 한 개인의 의식만이 아니며, 집단과 계급 나아가 문명의 의식이기도 하다. 이것이 로셀리니의 삼부작이 보여준 바다. 지표와 뿌리를 잃어버린 쁘띠 부르주아의 시선이라면 더 잘 드러나는 방랑이 있으며, 그 최저시층에서 발견되는 것은 지하묘지, 유골, 유황구멍, 요오드, 고대 유물과 같은 기억불가능한 죽은 시간의 지표들이다. 시간에 반사되는 것은 그 자신의 죽음이다(〈스트롬볼리〉 〈유럽 51〉 〈이탈리아 여행〉).[2]

물론 우리는 로셀리니와 데 시카의 차이점을 잊지 않는다. 로셀리니에게 먼저 사라지는 것은 굴절이고 어른들의 굴절이상과 방황 속에 어린이는 고립되거나 그들

2. 고로 분기되는 이중의 서사가 있는 셈이다. 멀비의 중요한 분석을 보라. 로라 멀비, 『1초에 24번의 죽음』, 이기형·이찬욱 옮김, 현실문화, 2007. 6장.

을 닮아간다(〈무방비 도시〉 〈독일 0년〉). 그는 좀 더 성숙한 시층의 상층부부터 내려간다. 반면에 데 시카에게 먼저 사라지는 것은 반사이며 반사불능증은 도리어 어른과 어린이의 공통지대를 마련한다(〈자전거 도둑〉 〈구두닦이〉 〈움베르토 D〉). 데 시카는 시층의 유아적이고 미성숙한 심층부로부터 시작한다. 바쟁의 분석처럼 로셀리니의 시층은 인물을 "외부로부터 포위"하는 반면, 데 시카의 시층은 인물의 내부로부터 "방사된다."[3] 하지만 시층면의 최심층이 그 이면, 텅 빈 시층인 것은 매한가지다. 운동이 남았다면 그것은 새로운 운동을 향한 굴절점이나 변곡점이 아니라 새로운 운동 일체를 무의미하게 만드는 극단적인 이완, 끝내 모든 긴장이 소멸되는 느려짐과 강요된 초연함이다. 대상끼리 주고받는 소통, 운동 따위는 소멸하였고, 또 이미 **운동이 곧 소멸**이다. 소멸, 실종, 유실은 로셀리니와 데 시카가 기억에 직접적으로 부여한 술어다. 무언가 사라졌다는 것, 그것은 기억할 것이 하나 더 줄어들었고 기억의 지층이 하나 더 무너졌다는 것을 의미한다. 〈움베르토 D〉에서 집주인은 전쟁 이후에 더 이상 움베르토를 기억하지 못할뿐더러 그를 일부러 잊으려는 듯 노래를 불러제낀다. 이제 기억은 허물일 수 있고(예의상 안부를 물어본 친구는 이미 죽었다), 반대로 기억하지 않는 것이 유일한 생존법일 수 있다(강아지는 더 이상 움베르토를 주인으로 기억하지 않는다).

　네오리얼리즘은 폐허의 기록으로 정의될 수 없다. 반대로 그것은 기록의 폐허로 더 잘 정의된다. 그렇다면 전장의 폐허가 복구된 뒤에도 남는 기억과 소멸의 일의성을 탐지한 다음 작가들은 더더욱 네오리얼리스트다. 안토니오니, 비스콘티, 펠리니가 그들이다. 안토니오니는 〈외침〉과 〈정사〉만으로도 네오리얼리즘에 속한다. 거기엔 다 채워졌다고 생각하는 순간 더 커지는 기억 자체의 실종이 있기 때문이다. 안토니오니가 강박적이고 분열증적인 프레이밍(시선이 엇갈리는 구도, 원근차가 비대한 구도, 인물이 커튼과 같은 사물들에 갇힌 구도 등)의 고수라면, 그 강박은 이러한 기억과 망각 사이의 고통스러운 긴장에 입각하기 때문이다(〈정사〉에서 산드로가 클라우디아를 유혹하자마자 프레임은 마치 물 위에 떠 있는 듯 흔들린다).[4] 안토니오니에게

---

3. 앙드레 바쟁, 「연출가 데 시카」, 『영화란 무엇인가?』, 399쪽.
4. 안토니오니 영화에서 도덕적인 측면뿐만 아니라 기술적인 측면에서도 나타나는 불연속성과 연속성 간의 긴장에 대해서는 Barthélemy Amengual, "Dimensions Existentialistes de 〈La Notte〉", *Études*

기억의 바닥이란 바다에 고립된 섬, 좌표축이 사라진 사막이다. 보니체르의 말대로 안토니오니는 꾸준히 기억을 사막화한다. 안토니오니에게 시층면이란 사막이다.[5] 시층면에서 무언가가 실종되었고 시층면은 누군가를 데리고 갔다. 그리고 그것을 찾기 위해 시층면을 향하는 인간들은 마치 지표면에 간신히 남은 흔적들이 자신의 감시인, 혹은 지표적 목격자라도 되는 듯 신경증이나 강박증에 시달리게 될 것이다. 만약 안토니오니가 플랑세캉스를 구사한다면 그것은 운동을 이 죽은 시층면에 종속시키기 위해, 마치 망원렌즈로 포착해낸 운동처럼 시간을 평면화하고, 나아가 무엇이 표면이고 무엇이 심도인가를 문제화하기 위해서다. 다른 한편 죽은 시간은 사건의 발생이 끝나고 자연스럽게 찾아올 공허와 불연속을 기다리는 컷포인트를 지정하는 원칙, 혹은 사건과 사건 사이에 불연속적으로 개입하는 풍경이나 그 외부에 있는 제삼자의 시선을 몽타주하는 원칙이다. 이것은 또한 〈밤〉과 〈일식〉에서 안토니오니가 보여준, 광장에도 감금시키는 놀라운 프레이밍의 원칙이기도 하다.[6] 안토니오니는 나중에 미국에 이끌리기도 했다. 허나 그건 그 지표면 위의 풍요가 아니라 그 밑의 공허와 빈곤에 이끌림이었다. 그는 포드가 그의 공동체를 정의했던 사막과 공허를 기억으로 다시 끌어들인다(〈자브리스키 포인트〉). 인간은 사막의 공허에 포위된 것이며, 거기서 시간의 실종만을 기억하면서 떨고 있다. 그것은 고독이고 소통의 단절이고 사랑의 실종이지만, 그것은 단지 우연적으로가 아니라 시간의 가장 심층부터, 즉 기억의 내면으로부터 선험적이고 추상적으로 주어지는 것이다. 그리고 기억하는 인간은 바로 그 선험적 내면으로 빨려 들어가고 현재로부터 실종된다. 우리는 안토니오니에게 추상이란 말을 이렇게 소멸과 연관 지어서 밖에는 생각할 수 없을 것이다. 그것은 기억과 빛의 소멸과 구분되지 않는 평탄 효과flat effect(채트먼)다.

Cinématographiques, n° 36~37, 1964. 그는 특히 "추상화"의 양면성을 다룬다("추상화라는 암").

5. "안토니오니, 그것은 외화면이다. 〈라벤투라〉 이후에 얼굴은 마치 그 외화면으로 빨아들여지는 것처럼 사라진다. 안토니오니의 최대목표는 텅 빈 플랑, 철거된(déshabité) 플랑이다. 안토니오니는 사막을 추구한다. 안토니오니 영화의 목표는, 그 목적지가 얼굴의 생략이자 인물의 지움인 모험을 통과해서 비형상적인 것에 이르는 것이다."(Pascal Bonitzer, *Le Champ Aveugle*, Éditions Cahiers du Cinéma, 1999, p. 62. 한국어판은 빠스칼 보니체, 『비가시 영역』, 김건·홍영주 옮김, 정주, 2001).

6. 이 모든 것은 채트먼의 분석이다. Seymour Chatman, *Antonioni, or, The Surface of the World*, University of California Press, 1985. 프레이밍에 대해선 5장, 롱테이크와 몽타주에 대해서는 6장을 보라.

소멸을 인간과 독립해있는 시간의 자율적 특권으로 간주한 작가가 바로 비스 콘티다. 비스콘티가 네오리얼리즘에서 갖는 위상은 슈트로하임이 표현주의에서 갖는 위상과 같다. 비스콘티에게 시간은 언제나 몰락의 시간이다. 허나 이는 단지 귀족들이 제도, 규율, 역사적 상황 등과 같은 현재성에 대해서 가지는 편견과 위선 때문만은 아니다. 그들은 그들 자신의 전통에 의해 위협받는다. 이것이 비스콘티의 귀족들이 순수혈통을 고집하면서 겪는 모순이다. 진정 순수한 전통은 무無만을 기억함이다(〈저주받은 자들〉 〈표범〉 〈순수한 사람들〉). 비스콘티는 순수기억 내부에서 일어나는 내파이고 근친상간이며 기억 자체의 귀류법이다. 비스콘티가 볼 때 순수예술의 운명도 여기에 있을 터인데, 특히 연극이 그렇다. 연극이 순수하게 아름다운 것은 그것이 무에 둘러싸여 무만을 재연하기 때문이다. 핏빛 바탕에 금빛 장식이 되어있는 〈순수한 사람들〉의 뮤직홀, 〈저주받은 자들〉의 파티장, 〈센소〉의 오페라, 〈베니스에서의 죽음〉의 호텔, 〈루드비히〉의 성이 모두 그 무대들이다(고로 〈강박관념〉에서 남겨놓았던 방랑의 경로를 최소화하는 것이 비스콘티 중후기작의 관건일 것이다). 비스콘티 연극의 백스테이지가 시층면 자체다. 비스콘티는 시간의 데카당스만이 지금 유일하게 가능한 예술이라고 생각했다는 점에서만 극렬한 탐미주의자다. 망각의 연극화.

다른 누구보다도 펠리니에 이르러 시층면은 완전히 기억의 코팅면이 된다. 특히 〈8½〉 이후로 펠리니는 기억을 고립된 단위들로 완전히 쪼개버렸다. 펠리니에게 기억은 서로에 대해 무한히 열리는 프레임들의 무한집합이라기보다는 서로에 대해 닫히는 연극무대들의 벌집형 건축물로서, 여기서 각 연극무대는 각자의 준칙을 지니며(가령 〈8½〉에서 1층과 2층), 등장인물들은 소란과 소요를 통해서만이 그 사이를 건너다닐 수 있다. 펠리니의 기억은 하나의 무대가 아니다. 그것은 차라리 회전하는 전조등이 밝히는 곳에 새로운 무대가 형성되는 벌집형 무대집합, 결국 꼬리에 꼬리를 문 카니발 집합, 그러나 어디까지나 "독립적인 섬들의 집합", 요컨대 "방문자–관객을 하나의 방에서 다른 방으로, 한 시공간을 마찬가지로 자율적인 다른 시공간으로 이행시키는" "박람회" 내지 "루나파크"[7]다(특히 〈영혼의 줄리에타〉와 〈여자들의 도시〉

7. 펠리니의 시공간 건축술에 대해선 아멩구알의 탁월한 분석을 보라. Barthélemy Amengual, "Fin

의 영매저택과 서커스장). 그러나 하나의 무대에서 다른 무대로 등장인물들이 우르르 빠져나가고 다시 들어오는 것은 기억의 한 단위나 원소가 일종의 무대커튼과 같은 필터, 펠리니가 "베일"이라고 부른 필터링 시층면으로 둘러싸이고 코팅되어 있기 때문, 말하자면 각 단위의 자율성을 잃지 않으면서도 각 단위들이 서로의 구성성분을 교환할 수 있도록 해주는 막膜이 그 루나파크의 칸막이이기 때문이다. 점성술, 심령술 혹은 싸이코 드라마(〈영혼의 줄리에타〉 〈여자들의 도시〉), 광대들의 인터뷰(〈광대들〉)도 그러한 막들이다. 한 길가에서도 즉흥적으로 무대를 짓고 허무는 파파라치들도 같은 기능이다(〈달콤한 인생〉). 요컨대 입구와 출구의 증식체계 혹은 결정체계, 그것이 기억을 상이한 모듈들로 분할하고 분업시키는 시층공원의 구조이며 방랑의 형상을 기억에 이식하는 펠리니만의 방법이다. 펠리니의 광대들은 기억 속을 방랑한다. 그리고 그 방랑이 길어질수록 기억은 점점 그 좌표를 포기해 나간다. 안토니오니와의 차이도 분명하다. 안토니오니에게서 사막이 인간을 분열적 광대로 만든다면, 펠리니에게선 반대로 광대들이 기억을 사막으로 만든다. 안토니오니가 객관성으로 시작한다면 펠리니는 주관성으로 시작해서 둘은 동일한 목표를 성취하는 셈이다. 그것은 세계의 결석, 기억의 공터다. 그런데 바로 이렇게 개별 연극무대들이 소멸해가는 현재를 따라 분할되는 까닭으로 그 베일-시층면은 그들이 교환하는 구성성분 말고도 두 가지 시간의 방향에 한꺼번에 결부된다. 하나는 그 발생에 따라 심화되어 가는 현재의 소멸이며(〈아마르코드〉의 시즌이 끝나가는 마을), 다른 하나는 그럼에도 불구하고 끈질기게 소망해야 할, 아직은 불가능한 미래에 대한 연극화이다(예를 들어 〈8½〉에서 흉물스러운 로켓 세트, 〈달콤한 인생〉에서의 보이지 않는 성모 마리아). 펠리니의 시층면은 현재의 죽음을 연료로 쓰고 미래를 그 응결체로 하는 필터이다. 이것이 펠리니 영화에 지속적으로 등장하는 거짓상승과 참된 하강의 테마다. 펠리니는 언제나 이러한 이중의 긴장 속에서 미래, 구원, 화해, 회합 등의 마지막 개

---

d'Itinéraire", *Études Cinématographiques*, n° 127~130, 1981, pp. 89~90. 강조는 인용자. 그러나 벌집구조는 이미 한국 마당극 이론이 "연산구조(連山-)"라 부르던 것이었다. 조동일과 채희완의 연구를 보라(각각 『판소리의 이해』, 『탈춤』). 장선우가 로셀리니의 영화에 마당극적 분석을 가한 적이 있는데, 이는 네오리얼리즘 전반에 적용되어도 무방할 것 같다(「열려진 영화를 위하여」, 『새로운 영화를 위하여』, 학민사, 1983, 316~317쪽).

넘들을 다루게 될 것이며, 과연 이 공터가 등장인물들이 다시 모일 수 있는 연극무대(각 기억단위가 공존하는 "움직임 없는 시간"[8])인지를 자문하게 될 것이다. 비록 그 마지막 무대가 죽은 자들, 유령들, 이미 사멸해 쓰러진 현재들만을 관객으로 삼는 무대일지라도 말이다("여기는 모두 멈춰있고 조용해." 〈영혼의 줄리에타〉).

네오리얼리즘에게 시층면이란 공터이자 사막이고, 연극무대의 커튼이었다. 네오리얼리즘은 다시는 시간 안에 포함되지 않는 **시간의 바깥**, 즉 **시간의 표면**을 추출한 최초의 사조다. 또한 시간의 힘보다는 그 무력함을 증명한 최초의 사조이기도 하다. 로셀리니와 데시카의 공터는 이미 깊이를 잃은 표면이었고, 안토니오니의 추상화되고 평면화된 화면, 비스콘티의 자멸적 연극, 펠리니의 칸막이들은 그에 대한 추상화였다. 어떤 경우든 "공간은 세분화되면서 증식"하기에 "시간은 희박화된다."[9] 몽타주가 금지되었건 권장되었건 아무래도 좋을 것이다. 중요한 것은 시간은 흐르기에 앞서 소산됨으로써만 자신을 드러내는 시층들의 중층임을 보여주는 것이다. 이것이 로셀리니와 데시카가 말년까지 굽히지 않았던 그들만의 새로운 사실주의였다. 즉 더 이상 시간을 따라 사실을 마주 보는 사실주의가 아닌, 시간 자체를 마주 보고 대상화하고 표면화하는 신新–사실주의. 이를 참지 못한 이탈리아 비평은 후기 로셀리니를 네오리얼리즘의 배신자라며 비난했다. 오히려 그 심오한 의미는 다른 뉴웨이브에게 더 잘 받아들여졌고(프랑스의 바쟁과 리베트, 브라질의 도스 산토스와 로샤, 영국 프리시네마의 일부 작가들, 한국에선 유현목, 이성구, 하길종). 당대 이탈리아 비평이 이해하지 못하고 타국의 뉴웨이브가 더 잘 이해했던 것, 그것은 네오리얼리즘이 그 태생부터 사실의 지질학이 아닌 "시간의 지질학"이었다는 점이다. 그런 의미에서 "〈이탈리아 여행〉은 최초의 현대영화였다"는 유운성의 단언은 타당하다.[10] 네

---

8. 펠리니 인터뷰. *Bright Light Film Journal*, no. 12(1994), no. 14(1995). 다음에서 재인용 : *Federico Fellini Interviews*, ed. Bert Cardullo, University of Mississippi, 2006, p.159.

9. 로파르스-뷔외미에가 안토니오니가 심도를 몽타주로 어떻게 대체하는지를 분석하면서 이른 탁월한 정식이다(Marie-Claire Ropars-Wuilleumier, "l'Espace et le Temps dans l'Univers d'Antonioni", *Études Cinématographiques*, n° 36~37, p. 22. "두께 없는 세계", p. 28). 안토니오니의 색채 미장센에 관해서라면, 변재란의 파동학적·신경학적 분석도 보라. "환경과 타협함으로써가 아니라 단순히 마비시킴으로써, 고의로 자신의 반응을 둔화시킴으로써 살아나가기 …", "사운드는 색깔과 유사하게 작용한다."(『세계영화작가론 I』, 283쪽).

10. 유운성, 「시간의 지질학, 기적의 유물론」. 다음 책에 수록되었다. 『로베르토 로셀리니』(한나래,

오리얼리즘은 염세주의는 아니었다. 시간은 죽어버렸고 소실되었지만, 바로 그 때문에 시층면은 시간의 표면일 것이며, 그 이면 쪽으로 배태될 시간의 바깥은 끊임없이 탐색되고 실험되어야 한다고 그들은 외려 항변했다. 비스콘티의 미학성은 바로 이 실험을 저주하고 희망을 모든 시간에 앞서서 일찍 포기했다는 데에 있지만, 로셀리니와 안토니오니의 도덕성은 바로 거기서 희망의 연착을 모험했다는 데에 있다("과학적 미지를 두려워하지 않는 인간은 도덕적 미지를 두려워한다."[11]).

하지만 시간 안에서 잃어버린 것들은 바로 그 바깥 안에서 재회할 수도(⟨길⟩에서의 춤, ⟨8½⟩에서의 마지막 원형대오), 최소한 빈 공간 속에 울려 퍼지는 메아리처럼 재응결될 수도 있지 않을까(⟨정사⟩에서의 종소리)?[12] 시간의 표면 덕분에 우리는 시간을 대상화하는 동시에 그 바깥을 대상화할 수 있는 것이다. 여기에 뉴 저먼 시네마와 네오리얼리즘의 차이가 있다. 뉴 저먼 시네마는 바깥의 원시질료로서의 육체를 주목했다. 그러나 네오리얼리즘에게 바깥은 아직 감각과 같은 형식으로서만 알려질 뿐이었다. 그래서 컬러필름이 등장하자마자 네오리얼리즘은 즉각 색으로 돌아선다. 색은 빛의 소멸이면서도 다른 색들과 공명하기 때문이다. 색에는 굴절과 반사가 아닌, 시간의 바깥에서만 가능한 공명이 있다. 안토니오니의 ⟨붉은 사막⟩은 이 신호탄이었다. 공장지대의 회색, 타버린 것들의 잿빛, 뿌연 안개와 역광에 의해 탈색된 굴뚝이나 나무들 속에, 아직은 다 칠해지지 않고 또 매우 서투르게 칠해졌을 뿐인 빨강, 초록, 노랑이 간신히 아로새겨져 있다. 이것이 네오리얼리즘이 표현주의의 대조법을 수정 계승하는 방법이다. 빛과 어둠의 대조가 아니라 유채색과 무채색의 대조가 있으며, 그것이 바로 하나의 질문이자 문제를 형성한다("버렸던 사람이나 물건들을 되찾으면 그게 이전과 똑같을까?"). 펠리니에게도 색이란 이미 구제불능인 사회적 기억 혹은 습관을 점점 포기해나가면서, 오직 주관적이고 심지어는 유아적

2004). 잘 알려진 대로 『카이에 뒤 시네마』는 후기 로셀리니를 옹호했다. 그것은 무너져가는 시간 속에서 인간이 취해야 할 믿음이라는 주제였다. 홍성남과 유운성도 같은 궤를 따른다.

11. ⟨정사⟩의 깐느 영화제 상영을 위해 안토니오니가 쓴 발제문. 다음에서 재인용 : Pierre Leprohon, *Michelangelo Antonioni*, Seghers, 1961, p. 106.

12. "그로부터 우리들 안쪽으로의 공명들을 일으키기 위해서 우리들의 시간에 묶여있을 필요가 있다."(안토니오니의 기고문, *Bianco e Nero*, septembre 1958. 다음에서 재인용 : Pierre Leprohon, *Michelangelo Antonioni*, p. 98).

인 기억의 심층으로 내려가는 인물들의 경로들을 표시한다(특히 〈여자들…〉 〈영혼의…〉). 우린 기억의 이면, 자궁이 품는 꿈에서나 사랑할 수 있을까? 색이야말로 그 모든 죽은 시층들 중에서 살아있을지도 모르는, 그래서 마지막 희망을 걸어볼 수 있는 중얼거리는 시층면일진대("이미지는 하나의 사실이지만, 색들은 이야기다"[13]). 색은 정직한 실험의 조건으로서 운동불능과 기억상실을 시각화한다. 네오리얼리즘 작가들이 색에 더욱더 탐닉하는 것은 운동의 극단적 이완, 시간의 소멸, 기억상실이라는 엄연한 사실로부터 모든 실험을 다시 시작하기 위해서다. 그들에게 색은 기억의 가장 무거운 밑지층, 그 바닥면이었던 것이다. 한 인터뷰에서 펠리니는 이를 정확히 지적하였다. 흑백영화는 바다의 푸른색이나 초원의 녹색을, 그 바다나 초원에 대한 기억으로부터 취한다는 점에서 여전히 기억에 얽매여 있다고 할 수 있다. 반대로 색은 그러한 기억, 운동, 지속을 정지시킨다. 이러한 의미에서 "영화는 운동이지만 색은 부동성immobilité이다."[14]

5-2. 오즈 야스지로, 여백의 예법

고로 구분해야 할 것은 더 이상 이전과 이후가 아니라, 시간과 그 바깥일 것이다. 이것이 바로 화이트헤드가 말하는 양극성 논리학이다. 반면 서양철학은 이를 사유하는 데 큰 어려움을 겪고 있었으며 전쟁과 같은 큰 충격들에 의존하지 않는 한, 으레 바깥을 내부와 상대적인 연관 속에서 정의해 버릇했다. 어찌 보면 이는 여전히 법의 편에서 절단하고 접합하는 습성이다. 안과 밖을 그의 부분들로 구분하는 총체성의 법 말이다. 서구영화도 이로부터 자유롭진 못하다(그들은 법이 붕괴한 후에야 시간의 붕괴를 감지하곤 한다). 하지만 시간 자체에게로 직접 주어지는 구분, 말하자면 시간의 안과 바깥에 대한 절대적 구분을 취하는 데 필요한 것은 법이 아니라 예법일 것이다. 왜냐하면 예법은 어떠한 인위적 전체도 가정하지 않으며, 바깥을 스

---

13. 안토니오니 인터뷰. *Esquire*, August 1970. *Michelangelo Antonioni*, ed. Marga Cottino-Jones, The University of Chicago Press, 2007, p. 99에서 재인용.
14. 펠리니 인터뷰. *Cahiers du Cinéma*, n° 164, mars 1965, p. 13.

스로 그러한 것, 즉 자연(自然)으로 간주하기 때문이다. 철학에서 화이트헤드가 그렇게 한 것처럼, 영화에서는 오즈가 그렇게 하였다.

며느리가 시어머니에게 "하나도 안 변하셨다"고 하자, 시어머니가 미소 지으며 "변했지. 늙었으니까"라고 대답하는 바로 그 순간, 영화사에서 그러한 절대적 구분이 정초되고 있었다(〈동경 이야기〉). 변하는 것은 지금 소멸 중에 있는 시어머니의 신체지만, 변하지 않는 것은 그녀의 웃음이다. 그러나 변화와 불변은 결코 대립하지 않는다. 소멸은 불멸과만 대립하지 않기 때문이다. 무언가 사라지지만 그 잔향은 남는다. 시어머니의 웃음은 며느리가 선택할 미래의 모든 시간(가령 재혼 문제)에 동일한 웃음으로서 내삽된다.[15] 이것이 오즈가 정물과 텅 빈 프레임에서 다시 취하는 시간의 문제다. 오즈에게서 텅 빈 프레임은 변화할 것이 남아 있지 않은 시간의 여백이고, 그 속에 놓인 정물들은 그 여백으로 충전된 시간적인 것들이다. 정물은 시간의 여백에 충전됨으로써만 시간 속에 존재한다("베개 샷"pillow shot). 정물과 프레임과의 관계는 대립이나 대조, 굴절이나 반사로 온전히 설명되질 않는다. 그 둘은 정확히 시간과 그 여백의 이항들이기 때문이며, 그 객체적 불멸성은 어떠한 운동의 형식으로도 환원되지 않기 때문이다. 오즈의 빈 프레임은 네오리얼리즘의 빈터가 아니다. 차라리 이것은 흡수에 가깝다. 흡수에선 각 부분이 오직 조화를 찾고 공존하기 위해서만 전체에게 운동을 기꺼이 내어주기 때문이다. 이것은 차라리 동양화에서 획과 여백과의 관계다. 여백은 획을 물들이고, 반대로 획은 여백에 스며든다. 산에 오르기 전의 시선과 그 이후의 시선이 공존하는 동양화에서처럼 획은 시간적 이항들을 분할하기는커녕 그들을 농담으로 공변시켜 그들이 스며들 여백 안에서 공존시키는 선이다. 오즈는 획의 수많은 예들을 제시한다. 쇼지나 창문틀처럼 곧은 획들 혹은 나뭇가지나 나부끼는 빨래, 산의 능선처럼 비스듬한 획들이 있다. 반면 먼저 그어진 윤곽 위에 덧칠해지는 획들이 있다. 다다미의 곧은 선들을 가로지르는 인물의 동선이나 삐딱하게 서 있는 정물들이 그러한 경우다. 곧거나 누운 획들이 몰골법이라면 이것은 구륵법이다. 가장 아름다운 구륵법은 〈맥추〉의 풍선이다. 노부부가 나란히 그린 평

---

15. 리치도 양극성에 이른다. "우리가 세상을 변화시킬 수 없는 이유는, 세상 자체가 항상 변하기 때문이다."(도널드 리치, 『오즈 야스지로의 영화 세계』, 김태원·김시순 옮김, 현대미학사, 1995, 101쪽).

행획을 공명시키고 그들 사이에 물리적 접촉 없이도 스며들기 때문이다. 한 방향을 바라보는 시선은 오즈의 가장 유명한 구륵법이었다(〈조춘〉의 기차역, 〈가을 햇살〉의 라면집 장면). 다른 한편 단 한 번의 강세만으로도 여백을 물들이고 산포되는 획들이 있다. 밥상머리의 젓가락, 식솔들이 들고 있는 부채, 무엇보다도 돈가스와 두부가 그렇다.16 〈안녕하세요〉의 방귀도 그러한 경우다. 이러한 획들은 공간을 일필산지 一筆散之로 물들이면서 그의 각 이질적 부분들을 어떠한 추가적인 운동 없이도 단숨에 공존시킨다. 이것은 공명의 운염법이라 불릴 만하다. 이 모든 경우에서 획이 시간 안에 존재하는 것은 그것이 그 여백에 스며들기 때문이다. 이런 점에서라면 가장 오즈적인 베개샷은 한 인물이 복도를 통과한 다음에도 컷하지 않고서 빈 공간을 바라보면서 잠깐 동안 기다리고 있는 샷의 경우라 할 수 있다. 카메라는 그 운동의 잔향이 빈 공간에 스며들기를 기다린 것이다(〈오차즈케의 맛〉에서처럼 미리 기다리기도 한다). 획은 여백에 스며듦으로서만 스스로 잔존하며, 상호 간 공존한다.

　오즈의 두 번째 논리학은 고로 초연함이다. 획은 여백에 저항하지 않기 때문이다. 스며듦은 일단 저항의 용해다. 〈동경 이야기〉에서 어머니가 위독하다는 소식을 들은 큰아들이 격한 반응 없이 정원을 배경으로 잠시 동안 서 있다. 여백은 획들의 행동으로 재구성되지 않는 것처럼, 스며듦은 그 반응으로 재구성되지 않는다. 그것이 아무리 격하거나 차분한 것일지라도 말이다. 서구철학에서 초월성과 내재성은 오랫동안 대립되어 왔으나, 그것은 여백을 점거·점유가능한 대상으로 생각하기 때문이다. 그러나 여백은 대상이 아니다. 반대로 그것은 대상을 존재하게 하는 그들 자신의 내밀한 바탕이다. 획을 물들이면서 그 자신 물든다는 점에서 여백은 초월적인 동시에 내재적이기도 하다.17 하스미 시게히코는 오즈의 영화에서 계단은

---

16. 하스미 시게히코, 『감독 오즈 야스지로』, 윤용순 옮김, 한나래, 2001. 2장 「먹는다는 것」과 3장 「옷을 갈아입는 것」. 이 책은 오즈를 온갖 부정태들로부터 구출해서 긍정의 작가로 읽기 위한 필독서다. 특히 그가 각종 서양적 해석에 저항하면서도 오즈를 단지 일본적인 작가로 오해하면 안 된다고 할 때(7장 「날이 개인다는 것」), 이 책의 가치는 가일층 두터워진다. 논쟁적이었던 〈만춘〉의 항아리에 대한 서구적 해석을 비판하는 대목도 보라(마지막 장).

17. 잘 알려진 대로 슈레이더는 오즈에게서 '불화'(disparity)와 '평형'(stasis)을 구분했다(Paul Schrader, *Transcendental Style in Film*, Da capo Press, 1972, pp. 42, 49). 그러나 이는 인과성과 양극성을 혼동하는 처사다. 슈레이더가 "선험적인 것"(transcendant)과 "초월적인 것"(transcendantal)을 혼동한다는 들뢰즈의 비판은 온당해 보인다(『시네마 II: 시간-이미지』, 1장. 오즈에 관한 부분, 그리고 각주 부분).

비존재하며 1층에 대해서 2층은 어떠한 특권적 위치를 갖지 않고서 차라리 "공중에 뜬 시간"이 된다는 아름다운 주석을 달았다(《도다 가의 형제자매들》).[18] 그런데 바로 이것이 오즈가 생각하는 초월성의 개념이다. 획이 초연한 한에서만 여백은 초월적이다. 그러나 획이 초연한 것은 이미 여백이 그에게 내재하기 때문이다. 오즈의 두 번째 양극성 논리학:획과 여백의 구분에 상응하는 초연함과 자연함의 구분.

초연함은 오즈의 인물들이 시간에 대해서 가지는 태도이자 신념이기도 하다. 내밀함과 초연함의 비례함수가 오즈의 내러티브를 사로잡는다. 인물들은 놀랄 필요도 없으며 놀랄 수도 없는 사건(부모의 죽음, 아버지의 재혼, 딸의 출가 등)에 대응하면서, 각자는 그 사건을 여백으로 하는 하나의 정물이 된다. 물론 우리는 울음을 터뜨리는 등의 격정적인 순간을 만나게 될 것이며, 이것이 오즈의 영화가 여전히 행동과 대립의 영화인지 아닌지에 대한 불필요한 논쟁을 불러일으켰음을 잘 알고 있다. 오즈의 몇몇 초기작이 대결의 구도를 차용했던 것은 사실이나, 그것이 완벽한 대립의 형식을 이루었다고 볼 수는 없다. 어디서도 획들은 잘리는 일이 없기 때문이다. 획들은 단지 부조화스럽게 스며들 수 있을 뿐이다(이것은 오즈가 그의 후기 색채영화들에서 다시 강조되는 주제다 : 〈부초〉 〈꽁치의 맛〉). 무엇보다도 부조화는 여백 안에서 재취될 예정조화를 전제로 해서만 발생한다. 그것이 바로 여백이 시간을 넘어서 가지는 역량이다. 획이 잘리는 것처럼 보이는 건 그것이 이미 현재에 내재해 있을 미래에 다시 접붙여지고 이어지기 때문이다. 그것은 차라리 공존을 선약하고서 미리 스며든 획이다. 〈만춘〉에서 눈물은 아버지의 미소 없이는 흐르지 못했을 것이다. 또한 장지에 떨어진 그림자 없이 항아리는 거기 존재하지 못했을 것이고. 정물은 화내거나 분노하지 않는다. 획들은 여백 안에서 언제라도 다시 공존을 찾기 때문이다. 이 '언제라도'가 여백의 초시간적 역량이다. 그것은 정성일이 말하는 "하여튼"이다. 여백은 시간에 구속되어 있는 획들을 미리 또는 이미(하여튼) 공존케 하기 위해서만 그들의 스며듦을 윤허한다. 오즈의 영화에서 나타나는 격정은 원한이나 분노 같은 행동의 감정으로는 더 이상 풀이될 수 없다. 그것은 미래하는 여백 안에서 미리 용서된 원한이고, 미리 화해된 분노다. 우리 동양인들은 시간 밖에서 중화되고

---

18. 하스미 시게히코, 『감독 오즈 야스지로』, 4장 「산다는 것」.

예정조화된 불화를 위한 좋은 개념을 이미 알고 있다. '서운함' 혹은 '섭섭함'이 그것이다. 친하지 않은 사람들 간에 섭섭함이란 개념은 성립되지 않는 것처럼 섭섭함은 이미 내재성의 표현이지, 결코 그것의 취소나 중단이 아니다. 섭섭함은 오즈에게 시간을 사유하는 하나의 엄밀한 과학이다. 섭섭함이란 시간의 여백 안에서 "하여튼" 화해될 것이 뻔하기에 미리 앞당겨져 내감되는 중화된 분노나 미움이다.[19] 섭섭함은 오즈 양극성 논리학의 세 번째 측면이며 가장 형이상학적인 동시에 윤리학적인 교훈이다. 나중에 보게 되겠지만, 그것은 내러티브적 느낌에 대한 기하학적 변형을 함축하기도 한다. 섭섭함은 미움의 리만변형이다. 하지만 아직까진 다음처럼만 말할 수 있다. 섭섭함, 그것은 미리 스며드는 미움이다. 눈물만큼 잘 스며드는 것은 없다.

네오리얼리즘이 운동을 매개로 발견한 것을 오즈는 운동 없이도 발견한다. 시간의 바깥이란 여백이다. 반대로 시간은 그 여백의 농담濃淡이다. 이것이 미국적 혹은 유럽적인 방식의 절단법으로부터는 연역될 수 없는 오즈의 예법들이다. 오즈는 지표면을 지배하는 굴절법을 스며듦의 예법으로, 지층면 위에서 일어나는 의심과 반사법을 초연함의 예법으로, 가장 깊은 시층면에서 일어나는 고뇌와 전반사법을 섭섭함의 예법으로 대체한다. 그에게 시층면은 적대적인 기억도, 고통스러운 상실감이나 강박증도 아니다. 그건 다다미이고 정물들이다. 시층면이란 획이다. 그것은 그 자신의 여백으로 스스로, 자연스럽게, 반전된다. 시어머니의 웃음, 지금 다다미를 걸어간 아내의 발걸음, 남편이 막 떠났거나 곧 돌아올 텅 빈 복도, 그러한 것들은 세계의 막에 배어들어 영원을 향유할 것이며, 바로 그 향유가 그들에게 시간을 내어준다. 버치는 오즈의 이러한 기법들이 궁극적으로는 스크린 화면과 상상적 외화면 간의 환영적 연대에 저항한다고 말한다.[20] 옳은 얘기지만 여백이 환영, 부재, 지연, 정

---

19. 오리엔탈리즘에 호소함 없이 오즈적 갈등에서 체념, 불편함, 슬픔 등을 적극적으로 읽어내는 주석가는 정성일이다. 이것이 그가 오즈에게 헌정했던 '하여튼-론'이다. 「'하여튼' 살아야 하는 삶, 그 슬픔에 관하여」(정성일, 2004년 5월 〈오즈 야스지로 특별전〉 팸플릿). 〈맥추〉에 대한 글도 보라(『KINO』, 2000년 2월호). '하여튼'은 시간에 대한 리만변형 연산자다. 서구주석가 중에 이러한 오즈적 회로를 이해하고 있던 이는 리치다("당신은 이 세계에서 손님처럼 행동한다. 당신은 하나의 덧없는 세계에서 한 사람의 나그네이다.", 『오즈 야스지로의 영화 세계』, 105쪽).

20. Noël Burch, *To The Distant Observer*, University of California Press, 1979, pp. 160~172. 버치는 그 유명한 '베개샷' 개념을 정의하면서, 그것이 시각뿐만 아니라 내러티브에 대해서 가지는 탈중심화 기능에 대해 논한다("디제시스의 정지"). 그러나 이는 하스미 시게히코가 불충분한 해석이라며 비판

지 등의 부정태가 아니라 스스로 그러한 공空이라는 원초적 긍정태인 동양적 사유에게 저 말은 다음 표현의 서구적 버전일 뿐이다. 무언가가 없어진 것이 아니라, 여백이 그저 있는 것이다. 저항할 환영도 없다. 그를 규정할 과거와 미래조차 거기에 스며들었으므로. 여백은 *이미·하여튼·미리* 와있는 미래의 차원이다. 여백이 개체에, 시간의 여백은 시간 자신에 내삽된다. 정물은 개체성을 잃기는커녕 스며듦으로써 개체화되고, 또 그렇게 스며듦으로써만 개체화는 **공개체화**다. 하스미는 이렇게 긍정되는 차이를 "표정"이라고 정확히 소묘하였다("혼재하며 공존하는 복수의 표정을 하나의 몸짓으로 긍정하는 것"[21]). 졸고 있던 어머니는 어디로 사라진 걸까? 그녀는 공장 뒤뜰에 스며들었다(《외아들》). 천의 표정이 녹아들고 스며드는 하나의 동일자, 거꾸로 천의 표정에 배어나는 시간 자신, 그것은 잔상이라기보다는 잔향이고, 행동이라기보다는 몸짓이자 결이다. 오즈에게 천의 표정은 한결 같다. 하스미 시게히코의 말대로 결이란, 미소다.

5-3. 여백의 변주들 : 미조구치와 구로사와

"존재란 공기를 호흡하는 자다."[22] 고로 물질계 속에서 우리는 두 가지 양극을 가진다. 한편엔 시간을 품고서 스스로 세밀화되면서 서로에 대해서 전개되는 무한한 획들이 있다. 이것은 매 순간 소멸하고 생성하는 만물의 선들이며 획들의 무한집합이다. 그러나 다른 한편 생성도 소멸도 없이 획들에 배어드는 전일적 기운이 있다. 그것은 우주적 공허이며 **영원한 공기**(空氣)다. 획은 공기를 숨 쉼으로써 숨결이고, 공기는 획을 통과함으로써 숨이다. 전자는 공空의 실체화substantialization이고 후자는 만물의 형상화figuration다. 동양화의 붓질처럼 노의 몸짓이 그러한 획이다. 한 번의 작은 몸짓은 나타나는 순간 사라지는 획이지만 들숨과 날숨으로 표현되는 공기의 자취다. 계절이 영겁의 자취이고 시간이 영원의 흔적인 것처럼 획들이 교환하는

한 바다.

21. 하스미 시게히코, 『감독 오즈 야스지로』, 24쪽.
22. 같은 책, 161쪽.

것은 숨 자체다. 획은 들숨이고 날숨이고, 숨결이다.[23] 우주의 숨이란 물질 안에서 현실화되는 여백효과다.

호흡은 흡수의 행동자 모델이다. 우리는 오즈를 행동자 모델로 옮겨온 두 명의 일본 거장을 만나게 된다. 미조구치의 획들은 대지에서 피어난다. 갈대, 대나무뿐만 아니라 집의 기둥, 병풍 등도 모두 그러한 획들이다. 그들은 대지의 기층인 호수와 지하온천수에 뿌리내리고, 지열과 그 온기를 숨 쉼으로써 물안개와 증기의 직접적인 표현이 된다. 미조구치에게서 획과 숨의 관계는 집과 대지 혹은 배와 물의 관계와도 같다. 특히 그것은 여성의 생이고, 숨이란 음기다. 미조구치는 발묵법의 작가다. 바탕으로부터 피어나는 습기와 옅은 묵 속에 만물이 잠겨있기 때문이며, 존재나 사건이 악센트를 취하고 또 스스로를 세분하는 것은 오직 그러한 침강하거나 묽어지는 기운에 의해서만 가능하기 때문이다. 〈우게츠 이야기〉에서 두 쌍의 부부가 호수를 건너는 장면을 보자. 달빛을 머금어 광채보다도 더 묽거나 투명한 물안개가 바탕을 이루는 가운데, 수풀이나 조각배, 인물들, 그리고 새롭게 조우하는 파선된 배와 같은 작지만 농밀한 먹점들이 화면의 악센트를 주고 있다. 악센트는 음기를 지배하지 않는다. 반대로 악센트는 음기와의 균형 속에서만 가능한 것이다. 이것이 〈치카마츠 이야기〉 호수 장면이 가지는 아름다운 균형감이다. 달빛과 옅은 물안개를 바탕으로 동반자살을 결심한 여주인과 하인이 서로를 껴안는 순간, 그들은 잠시 그 바탕으로부터 또렷해진다. 그러나 포옹의 순간 흔들린 배 때문에 그들은 다시 옅은 바탕 속으로 사라진다. 미조구치는 발묵법적 카메라, 즉 선담후농 촬영술의 작가다.[24] 어느 경우나 빛은 묽은 묵 뒤로 머물러 결코 음기를 해치거나 억누르지 않으

---

23. 노에서 숨의 기능과 의미에 대해선, 오이다 요시, 『보이지 않는 배우』, 허순자 옮김, 게릴라, 2003. 우리는 특히 하늘과 대지 사이에 매달린 인형 부분(43쪽), 시간과 몸 듣기에 관한 부분(61~64쪽), 내부/외부에 관한 부분(69~71쪽), 호흡법에 관한 부분(125쪽)을 참조하고 있다. 노의 "꽃" 개념에 대해서는, 제아미, 『풍자화전』, 김충영 옮김, 지식을만드는지식, 2008. "꽃이 시들다"에 대한 부분도 보라.

24. 하스미가 〈치카마츠 이야기〉의 장면들을 논하며 내린 결론도 이와 같다. 미조구치에게 있어서 화면 연출은 심리 연출에, 사건은 이야기에, 예감은 개연성에 선행한다. 그래서 하스미는 미조구치가 "필름 입자를 젖게 하는 것"으로 모든 심리적 계기를 대체하는 연출거부의 연출자라고 말한다. (『영화의 맨살』, 박창학 옮김, 이모션 북스, 2015의 「어두워져가는 시간 속에서 : 미조구치 겐지 〈치카마츠 이야기〉」, "박명(薄明)의 농담 속을 천천히 나아가는 인물을 쫓는 카메라의 습기를 띈 운동", 334쪽. 강조는 인용자) 하스미는 그런 점에서라면 미조구치가 나루세보다는 히치콕에 더 가깝다고 본다

며 절대적 균형 속에서 그에게로 투항하여 옅게 저며져 산포되고 있다. 미조구치에게 빛이란 달빛, 하스미의 표현대로 "박명"薄明이다. 우리는 왜 미조구치가 그토록 크레인샷을 사랑했는지 이제 이해할 수 있다. 거기엔 공기 쪽으로 가벼워지고 옅어져서 숨 자체가 되는 카메라와 대지 쪽으로 무거워져 농밀한 무게가 되는 피사체의 선담후농이 있기 때문이다.[25]

　미조구치의 여자들이 스며드는 바탕, 그곳은 **여지**(餘地)다. 여지는 대지가 아니다. 대지보다 묽기 때문이다. 여지는 묽은 여백이다. 그것은 남자들의 대지에 포함되어 있지 않은 여분의 땅이고, 추방된 여자들이 끝내 스며드는 초라한 규방이다(〈밤의 여인들〉의 여자병동과 폐허교회, 〈오유우님〉의 호숫가, 〈무사시노 부인〉의 집, 〈기온의 자매〉와 〈적선지대〉의 사창가). 미조구치가 주목하는 것은 여자들이 여지로 추방되고 있고 그녀들이 살아갈 여지조차 남지 않았다는 것, 하지만 바로 그 때문에 세상의 유일한 운동이란 여지의 발견, 즉 묽어지는 운동이라는 것이다(특히 〈산쇼다유〉에서 호수가 그렇다). 고로 음기의 호흡과 묽어지는 숨결만이 카메라의 운동을 정의할 수 있으며, 반대로 그녀들이 온전히 숨 쉴 수 있는 여지의 탐색으로부터 미장센은 다시 시작되어야 한다. 이로부터 미조구치의 플랑세캉스가 나온다. 일반적으로 미조구치의 플랑세캉스는 여러 인물들이 함께 서 있다가 그중 한 명이 멀어지면 다른 한 명이 그를 쫓아가고, 다시 멀어지면 다시 쫓아가는 선담후농의 패턴을 갖는다. 미조구치 플랑세캉스는 묽어지는 공간성이다. 여자들이 사랑하거나 이별하는 시간으로 충전된 공간이 있으나 그것은 언제나 그 외부로 이어져 있고, 그럼으로써 한 공간과 다른 공간 사이에, 또는 한 공간의 한 부분과 다른 부분 사이에 개입하는 잉여의 빈 공간들이 있다. 그리고 공간적 여지를 실현시키는 것은 획들에게 주어진 몫, 즉 여분의 획들에 의해서다(〈오하루의 일생〉에서 대나무 숲). 이것은 마치 숨이 막힌 여자가 숨 쉴 공기를 찾기 위해 더 바깥의 공간으로 계속 나아가는 것과 같다. 여지는 숨구멍이다. 미조구치의 플랑-세캉스란 플랑-두루마리(에마

(340~341쪽).

25. 미조구치의 롱샷이 인물에게 부여하는 '정서적 무게감'과, 크레인으로부터 오는 '부유감'에 대해서는 사토 타다오의 분석을 보라. Tadao Sato, *Kenji Mizoguchi and Art of Japanese Cinema*, trans. Brij Tankha, ed. Aruna Vasudev & Latika Padgaonkar, Berg, 2008, pp. 145, 163.

키)다. 그것은 여지의 연쇄만을 위해 둘둘 말려있던 표면들의 펼쳐짐, 즉 텅 빈 여백과 그 숨결만을 자신의 깊이로 가진 표면들의 펼쳐짐, 말 그대로 공간空間의 펼쳐짐이다.[26] 여지란 정성일의 표현대로 대지를 "관조하면서 동시에 포함되어 있는" "이중의 시선"이기도 하다.[27]

　　바로 여기에 미조구치의 플랑세캉스가 가지는 몽환성이 있다. 시간의 전개 속에서 여지는 영토와 공간뿐만 아니라 생 자체의 여백을 구성하며, 그리고 이는 여자뿐만 아니라 여자처럼 핍박받거나 여자에게 홀리는 남자들에게도 해당되는 것이다. 〈우게츠 이야기〉의 유령 플랑세캉스가 그러한 사례다. 여기서 카메라는 귀신들린 집의 방 내부에서 그 외부에 있는 온천으로, 그리고 더 먼 외부의 강가로 부드럽게 트래킹한다. 하지만 여기서도 획은 실재의 공간을 고립시키면서도 빙의시키는 생 바깥의 여백(이것이 이 장면에서 쓰이는 디졸브의 중요성이다)에 의해 절단되고 또 그 순간 결합되고 있다. 바로 그것이 여지다. 게이샤들은 달빛을 따라 거기로 침윤할 것이나 그만큼 영혼은 불멸하여 융기할 것이다. 미조구치의 플랑세캉스는 그 마디마디에 여지가 배어드는, 음기에 빙의된 플랑세캉스다.

　　이와 반대로 구로사와에게 숨이란 남성의 숨이며, 획은 매우 진하여 전투에 임하는 자의 전의와 힘을 드러내고 있다. 구로사와에게 필요한 것은 이제 음기가 아니라 양기, 달빛과 물안개가 아니라 전운戰雲이다. 만약 구로사와가 안개와 빗줄기 같은 음기의 획들을 취한다면, 거기서 양기가 더더욱 짙어지고 달음박질과 칼사위와 같은 역선들의 운동량이 배가 되기 때문이다. 구로사와에게 획과 숨의 관계는 힘과 기氣의 관계와 같다. 구로사와 전투장면을 정의하는 것은 순간의 격렬함보다는 그 직전 혹은 직후의 분위기, 서늘한 습기 속에서 더 뜨거워지는 사무라이의 호흡, 혹

---

26. 버치의 개념이다. Noël Burch, *To The Distant Observer*, pp. 226~236. 버치는 〈기온의 자매〉과 〈잔기쿠 이야기〉의 몇몇 트래블링 장면들을 예로 들지만, 우리는 이 개념을 미조구치 작품 전반에 적용할 수 있을 것이다. 또한 버치는 미조구치에게 음향이 바로 그러한 여백의 기능을 담당함을 보여주었다 (노엘 버치, 『영화의 실천』, 이윤영 옮김, 아카넷, 2013. 6장).
27. 정성일, 「오즈, 미조구치, 구로사와 : 일본영화의 세 가지 작가주의」, 『KINO』, 1997년 12월 호. 정성일은 일본영화사를 구성하는 오즈, 미조구치, 구로사와를 명쾌하게 대조시킨다. "오즈는 안의 영화라면 구로사와 아키라는 바깥의 영화다." 미조구치는 오즈와 구로사와 사이에 있다. 미조구치는 "안으로부터 자기를 돌아보는 방식"이다.

은 진지전에서 일어나는 것과 같은 전세의 순환이다. 구로사와의 전운은 환기換氣다. 구로사와는 호흡전呼吸戰이다.

고로 구로사와의 영화는 단지 행동의 영화가 아니다. 행동의 대상이 모두 공기이기 때문이며, 운동을 촉발하는 것은 힘의 공백이기 때문이다. 공백, 그것은 일단 지리적이고 물리적인 바깥이다. 구로사와가 즐겨 쓰는 대결이 임박한 사무라이들 주변을 에워싼 관중들의 경우를 보자. 여기서 상이한 두 획들을 교통케 하는 것은 그 두 획들의 바깥에 서 있는 관중들이며, 그러한 의미에서 고개를 돌리거나 놀라서 뒷걸음질하는 그들의 반응은 두 획들의 행동을 매개하고 있다. 또한 산적의 획은 사무라이가 쳐놓은 방어진의 바깥을 찾는 운동 속에서만 포착되며, 반대로 사무라이의 획은 그 바깥의 바깥을 찾기 위해서만 그려진다(〈7인의 사무라이〉). 또 공백은 심리적이고 정신적인 바깥이기도 하다. 그것이 〈거미의 성〉에서 마녀가 사는 하얀 움막이고, 〈카게무샤〉의 장수가 전장에서 마지막으로 바라본 것이기도 하다(구로사와는 전쟁터 풍경을 생략해버린다).[28] 구로사와의 운동은 행동action이 아니라 차라리 반응reaction에 의해서 잘 정의된다. 반응은 외부와 그 공백성의 표현이기 때문이다. 분명히 구로사와는 포드와 서부극으로부터 영향받았지만 그로부터 달라지는 지점도 여기다. 구로사와에게서 모든 행동은 여백에의 반응이다. 반응이란 공기로부터 직접적 뻗어 나오고 들어가는 획들이다.

물론 대지와 그 나머지 여분은 구로사와에게서도 중요한 요소였으며, 그에 따라서 모든 내러티브와 행동경로가 조직되고 있다. 그러나 실상 구로사와의 사무라이들을 정의하는 것은 대결에 요구되는 역량과 그 승패가 아니라, 반대로 대결에 유리하게 쓰일 외부적 빈틈을 찾아내는 힘, 심지어는 대결을 회피하거나 그 탈주로를 탐색하는 여력(餘力)이다. 이미 〈7인의 사무라이〉에서부터 전쟁의 승자는 빈틈을 더 잘 찾는 자였다. 그것은 또한 〈숨은 요새의 세 악인〉에서 군중과 군인들이 그려

---

28. 이 장면에 대한 리치의 분석을 보라. Donald Richie, *The Films of Akira Kurosawa*, University of California Press, 1996(third edition), pp. 212~213. 그는 이러한 행동 없는 반응이 구로사와에게 있어서 양기와 냉기의 균형을 정의할 뿐만 아니라, 그의 리얼리즘 개념 또한 정의한다고 본다("이때가 바로 전쟁의 현실이다. 고통, 죽음, 전멸 … 냉기란, 온기는 환영이라는 철학적 함축에 입각한다 : 실재, 영원성 그리고 죽음은 모두 냉하다." p. 213).

내는 큰 획들 속에서 탈주자들이 찾은 빈틈이며, 〈요짐보〉에서 이중첩자가 된 사무라이가 두 패거리 사이에서 찾은 빈틈이기도 하다. 〈츠바키 산주로〉에서 적들에게 둘러싸인 사무라이들에게 떠돌이 사무라이는 더 좋은 빈틈을 찾아준다. 더 이상 칼을 잘 쓰는 사무라이보다 잘 잠입하고 잠행하며 잘 위장하는 사무라이가 중요하다. 그리고 이러한 틈타는 전사 캐릭터야말로 구로사와를 네오웨스턴의 먼 선구자로 만드는 것이다. 〈카게무샤〉는 바로 이러한 탐색의 정점이다. 카게무샤는 성주만이 타는 말을 탈 수 있을까? 그의 손자, 첩들과 주치의마저 속이면서 궁지를 빠져나갈 수 있을까? 무엇보다도 이미 맘속 깊이 성주가 되어버린 그가 그 자신조차 속이고, 그 자신을 빠져나갈 수 있을까? 물론 미조구치의 공간에서도 이러한 탈주가 일어날 수 있겠지만(〈우게츠 이야기〉에서의 도공의 두 집 살림, 〈치카마츠 이야기〉에서 연인의 야반도주), 그것은 여전히 땅과 집에 종속되어 있다. 반면 구로사와의 빈틈이란 획들의 격렬한 운동과 농밀한 속도, 그리고 그들의 거칠고 장렬한 호흡 속에서만 포착되는 역학적 여백이며, 무엇보다도 그것은 그러한 획들의 움직임에 결코 선행하지 않는다. 반대로 그것은 마녀의 거미줄처럼 획들의 뒤에서 그들을 좌절과 소멸에 이를 때까지 잡아당기는 옅음이다. 미조구치의 선담후농의 세계관에 구로사와의 선농후담의 세계관이 정확히 대비된다.

미조구치가 발묵법적 카메라의 작가라면 구로사와는 파묵법적 카메라의 작가다. 여기서 획들은 서로의 바탕을 깨트리면서 나아가는 사무라이의 검과도 같다. 획들이 깨트린 바탕의 틈새로 도주하는 어떤 획이 반드시 존재하며, 거기서 그 획은 떠도는 바람처럼 점점 희미해지고 묽어질 것이다. 구로사와가 사무라이에게 느꼈던 것은 그들은 더 이상 이 세상에 속할 수 없는 퇴색되고 희미한 존재가 되어버렸으며 진정한 승자는 외려 농부들이라는 것이다. 그것은 농밀한 선들의 틈바구니에서 점점 세분화되어 끝내 엷어지는 존재로서, 이는 원본도 사본도 되지 못하는 대역 군주(〈카게무샤〉)나 광인이 되어 들판을 떠도는 군주(〈란〉)에 해당한다. 〈카게무샤〉의 "실체가 없어지면 그림자는 어떻게 되지?"라는 질문에 대한 구로사와 스스로의 대답이 여기에 있다. 그림자는 가장 짙은 어둠 속에서 희미해지고 더 이상 보이지 않을 정도로 묽어질 것이다. 이것이 선농후담의 미장센이다. 농밀한 역선들 사이에 그들을 사로잡고 뒤덮을 만큼 음울한 운명의 안개가 뒤따른다. 이미 〈거미의 성〉에서 구로사와는 이러한 상변이의 극치를 보여주었다. 그리고 컬러필름의 등장 이후에 그는 붉거나 파란 하늘을 배경으로 하는 병사들과 사무라이들의 실루엣들을 만들었으며(《카게무샤》), 단번에 긋는 짙은 빨강의 획(핏줄기)으로만 은유되는 죽음을 만들었다(《란》). 그림자의 운명은 스스로 짙어지지 못하고 반대로 그보다 더 짙은 하늘을 바탕으로 삼아 묽어진다는 데에 있다. 구로사와가 셰익스피어의 작품에 관심을 가진 것은 거기엔 권력에 둘러싸인 채 공허를 품고서 운명의 상변이에 휩쓸리다가 끝내 파멸하는 인물이 있기 때문이다(맥베스, 리어왕). 셰익스피어적 인간은 선농후담의 인간이다. 구로사와는 바로 거기서 동양화 혹은 노의 형식을 재발견한다. 시간이 나사가 풀렸다면time is out of joint, 나사의 바깥이란 여백이다out of joint is blank. 구로사와가 카메라를 움직이기 위해선 여지가 직접적으로 중요한 게 아니다. 반대로 그 멀리 떨어진 외부로 파고들고, 심지어 너무 멀어진 나머지 그 속으로 파멸해 들어갈 여력을 남기는 것이 중요하며, 운동과 정지의 원환 속에서 가장 강한 사무라이조차 한낱 잉여인간으로 만들어버리는 낯선 시간, 즉 **여시**(餘時)를 탐색하는 것이 중요하다. 미조구치의 여분과 여지를, 구로사와는 여력과 여시로 대체한다.

　　이 모든 것이 구로사와 카메라의 움직임을 정의한다. 미조구치에게 깨어지는 것이 선(여자의 생)이라면, 구로사와에게 깨어지는 것은 원(둥글게 둘러앉은 남자들, 다른 공동체와 대립하는 하나의 공동체)이다. 원은 속도로 현실화될 주기에 의해 한정되는 폐쇄된 선이며, 고로 대상이 카메라 주변을 빙빙 돌거나(최대한 카메라와의 거리를 유지하며 움직이는 피사체) 반대로 카메라가 대상 주변을 도는 운동이 가능하다(앵글의 변화). 선은 고정점이나 휴지점을 전제해야만 가능한 것이다. 운동에 있어서 여백이란 원점이다. 면은 이 원점으로부터의 거리에 의해 측정된다. 상대적으로 빠른 선이 그려지는 단면이 원점으로부터 멀리 존재하고 더 느린 선이 그려지는 단면이 그보다 가깝게 존재하지만, 이것들은 모두 원점에 대해 개별적 속도를 갖는 평행단면들이다. 가령 말을 타고 달리는 사무라이의 평행면은 그 옆을 스치는 수풀들의 평행면과 마주 보고, 검투하는 사무라이의 평행면은 그를 둘러싼 채 스치는 적들의 평행면과 마주 본다. 미조구치에게 평행면들이 늘어서는 공간이 있는 것처럼("두루마리") 구로사와에겐 평행면들이 순환하는 시간이 있다. 구로사와의 몽타주는 바로 이 평행단면들의 균형 속에서 피어난다. 단지 롱샷과 클로즈업의 교차가 아닌 빠름과 느림, 최대 운동과 최소운동, 광각과 망원의 교차는 무수한 평행 단면들을 하나의 원 속에 균형 잡는다.[29] 무엇보다도 여시를 찾아낸다는 것은 모든 단면들과 그 각각의 시간에 포함되지 않는 시간을 찾아낸다는 것이고, 이 평행단면들이 회전하는 원으로부터 그 중심을 찾아낸다는 것을 의미한다. 이것이 구로사와가 그토록 망원렌즈를 사랑했던 이유다. 망원렌즈는 상호 간에 거리가 매우 멀거나 심지어는 무한대일 두 평행면을 거리=0으로 압축시키고, 그중 한 단면을 그 무한원점 안에 가둠으로써 그를 '틈타게' 한다. 〈카게무샤〉의 마지막 전투장면에서 돌진하는 기병대들의 단면들을 자신의 앞뒤로 해서 포착된 카게무샤는, 마치 너무나 빨라 형상조차 잃어버린 비활하는 획들에 포위되어 고립된 듯하다. 무엇보다도 〈란〉은 망원샷들의 위대한 전시장이라 할 것이다. 흡사 동일한 평면 위에 위치한 것 같은 히데토라와 그를 배반한 아들 사이에서 달히는 거대한 문은 그 둘을 무한한 거리의 평행단면으로 분리한다. 또한 광야로 내몰린 뒤 히데토라가 빠져드는 기나긴 침묵은 광각샷과 망원샷의 교차로 분절된다. 구로사와의 몽타주는 공백과도 같은 무한원점을 중심으로 순환하는 평행시층면들에 대한 광각적 분할과 망원적 결합으로 정의된다. 그리고 〈7인의 사무라이〉에서 장례식 장면, 그 위대함은 거기에 망원압축원환의 모든 본질이 가장 정서적인 고양과 함께 녹아 들어가 있다는 데에 있다. 하늘을 배경으로 하는 무덤과 눈물 흘리는 자들의 첫 번째 압착이 있고, 이에 반응하여 기구치요(미후네 도시로)가 지붕 위에 꽂아 넣는 깃발의 두 번째 압착이 있으며, 이에 반응하듯 능선으로부터 출현하는 도적무리의 세 번째 압착이 있다. 가장 먼 평면에의 반응만으로 점점 넓혀가는 원환, 설령 그것이 또 다른 회전거미줄이 될지라도, 그 중심에서 공백이 고양됨에 따라 점점 짙어지는 획들과 힘들. 구로사와의 몽타주는 **망원 몽타주**다.[30] 망원 편집술은 거리=∞인 평행면들 속에서 점점 진해지는

29. "영화는 단순한 것이 아니라 다면체적인 것이라 믿는다. 영화는 구형이어야 한다."(구로사와 인터뷰. *Cineaste*, vol. 14, no. 4(1986). 다음에서 재인용 : *Akira Kurosawa Interviews*, ed. Bert Cardullo, University Press of Mississippi, 2008, p. 141). 오이다 요시의 탁월한 비유는 다음이다. "돌고 있는 팽이를 보라. 팽이가 사방으로 흔들릴 때는 천천히 돌아간다. 막 쓰러지려고 한다. 팽이가 한 지점에 똑바로 고정이 되면 굉장히 빠르게 돈다."(『보이지 않는 배우』, 70쪽).
30. 구로사와의 영화에 망원적 접근을 한 이론가는 리치다. 리치가 〈7인의 사무라이〉의 여러 장면 속에서 망원적 측면들을 분석해내고 있다. Donald Richie, *The Films of Akira Kurosawa*, pp. 103~105.

획들과 그에 갇힌 채 거리=0인 동일평면 속에서 점점 묽어지거나 옅어지는 획들을 단숨에 압착하는 기술이다. 리치가 꾸준히 강조하듯 망원편집술은 구로사와의 샷들을 경제적인 것으로 만든다. 그것은 숨구멍에 단숨을 불어넣는다. 이것은 거리의 원점이 공허라는 점에서 그리피스의 평행 몽타주와도 구분되며, 충돌점이란 압착점이며 이행이란 여백으로의 이행이라는 점에서 에이젠슈테인의 충돌 몽타주와도 구분된다. 마찬가지 이유로 구로사와가 만약 플랑세캉스를 쓴다면 그것은 미조구치와는 완전히 다른 이유에서, 즉 지속을 망원편집하기 하기 위해서다. 구로사와 트래블링은 인물들이 그려낸 원에, 하나 혹은 여러 인물을 포함시키거나 포함시키지 않기 위해서 투샷에서 쓰리샷…n샷으로 나아가면서 원의 무게중심을 찾는다(〈7인의 사무라이〉〈요짐보〉 무엇보다도 폐쇄공간에서도 이를 성취한 〈밑바닥〉). 또한 〈츠바키 산주로〉의 한 플랑세캉스에서 같은 편으로 위장한 떠돌이 무사는 호위병들을 따라잡고 합류하고 공격한 뒤 다시 오던 길을 되돌아감으로써, 동일평면과 평행평면, 숨죽임과 숨쉬기의 교차를 보여준다. 〈거미의 성〉에서 마녀가 살던 움막을 사라지게 하기 위해 전진하고 후진하는 트래블링은 이렇게 망원화된 플랑세캉스의 대표적인 사례일 것이다. 마녀는 전진과 후진 속에 배태된 씨네그램 속으로 사라진 것이다. 무엇보다도 망원편집술은 구로사와에게 내러티브 자체를 의미하기도 했다. 사무라이와 산적들, 군주와 성주들, 혹은 두 패거리 간의 대립, 나아가 인간과 자연, 생과 죽음은 그 원점 속에서 희미한 시간만을 남기며, 한 사건에서 다른 사건으로 시점은 이행했다가도 다시 자기 자신에게로 돌아올 것이다. 〈라쇼몽〉은 그 정점이다. 평행하게 진행되면서 서로 간에 거리를 유지하는 산적, 아내, 남편의 이야기가 있으며, 이것을 원점으로 각기 다른 방식으로 압착하려고 동일한 평면 위에 위치한 나무꾼, 승려, 무당이 있다. 이야기의 전개 역시 순환이며 그것은 그 자신이 그리는 원환의 중심으로의 환기(換氣)다.

미조구치가 공간과 플랑세캉스의 작가라면, 구로사와는 시간과 몽타주의 작가로 남아있다. 그러나 그 방법은 매우 상이했지만 미조구치가 세계 속에서 소멸해가

편집에 관한 그의 결론도 보라(pp. 238~240). 그는 망원편집술의 중요한 속성으로 (거리변화와 구분되는) 관점변화를 꼽고 있다. 리치는 동일한 분석방식을 내러티브에도 적용했는데, 그로부터 그가 "소나타 형식"이라고 부르는 패턴을 이끌어냈다(pp. 230~233).

는 게이샤들을 다룬 것처럼, 구로사와 또한 역사 속에서 소멸해가는 사무라이를 다루었다. 그것은 플랑세캉스와 몽타주를 수평적인 획에 국한하지 않고 수직적인 방향으로까지 밀고 나가 여백을 기억의 밑바닥 시층면으로 제시한다는 그들의 야심이다. 이제 과거가 되어버린 여동생의 편지를 읽는 순간, 카메라는 그녀의 모든 기억을 포괄하면서 비껴 서는 숨죽인 악기들로 미끄러지듯 측면 트래킹한다(《오유우님》). 또 〈오하루의 일생〉에서 플래시백은 그녀가 거쳤던 모든 집이나 공간들을 거쳐 지나가는 거대한 플랑세캉스로서 제시되며, 결국 그 연속적인 획을 따라서 그 마지막 심층에 이르러 발견하게 되는 것은 현재에 사라졌지만 언제까지나 기억 속에서 항존할, 그만큼 언제나 새롭게 그릴 수 있는 여백으로서의 부처-시층면이다("부처는 우리가 기억하는 얼굴…"). 반면에 구로사와는 망원렌즈로만 포착되는 먼 기억단면들의 격렬한 종합이 귀류법적으로 불러일으키는 꿈에 천착했다. 데르수는 시베리아 평원이 꾸는 꿈이며(《데르수 우살라》), 정령들이 행진하는 심층면들, 혹은 유령병사들이 여전히 불멸하고 있는 심층면들 또한 그 안에서 공재하고 있다(《꿈》). 더 이상 빠르거나 느린 운동은 대지에 속하지 않으며 양기의 근원일 하늘에 속하는데, 이는 바로 그 운동과 속도가 하늘이 꾸는 꿈이기 때문이다(이를 모른 체하며 경거망동하는 자는 운명적인 죽음을 맞이한다). 나아가 움직임이란 없다. 그것은 모두 여백 안에 있기 때문이다. 진정 움직이는 자란 결국 여백 자신이다. 아무리 빠른 반응, 반성, 반사조차 이를 막을 순 없다. 그러한 것들은 모두 여백에 대한 반응으로서, 결국 그 근원일 하늘보다 빠를 수 없기 때문이다. 〈란〉의 꿈 장면을 보라. 짙게 채색된 여백 속을 방황하는 카케무샤에 대한 이 트래킹 장면에서, 화면을 양분하면서 그 하단에 위치하는 수면에 비치는 반사상 덕분에 카메라의 움직임은 마치 공간 전체의 움직임으로 전환되는 것처럼 보인다. 카게무샤는 부처님 손바닥 위에 존재하는 것이다. 여백이 부처님이다. 어떤 의미에서 구로사와에게 진정 기억되고 꿈꿔지는 것은 오직 영원뿐이라고 말할 수도 있다. 거기서 모든 운동들은 일장춘몽의 연장 속에서 하나의 바탕을 이루기 위해 각자 희미해질 것이다.[31] 너무 다른 방식들이지만

31. 에스테브는 〈거미의 성〉에서 초자연 개념을 셰익스피어와 웰스의 것과 비교한다. 결론은: "구로사와의 독창성은 우리에게 자연과 초자연, 시간과 영원 사이에 존재하는 끊을 수 없는 결합(union)을 제시한다는 것이다. 자연과 초자연의 이러한 결합에 구로사와가 정립한 순간성과 영원성의 관계가 대

미조구치와 구로사와는 여전히 공통점을 가진다. 여백은 깨어진 선과 원, 절단된 획의 접착제라는 것, 즉 **여백은 획의 씨네그램**이라는 것, 그리하여 획이 궁극적으로 그려내려는 것은 영원한 대상이라는 것, 고로 여백으로의 스며듦은 곧 소멸이고 사라짐이지만, 바로 거기가 오하루가 자신의 아들과, 아르니세프가 데르수와 재회할 곳이라는 것…

응한다."(Michel Estève, "Le Réalisme de Kumonosu-Jô", *Études Cinématographiques*, n° 30~31, 1964, pp. 69~70).

화이트헤드의 첫 번째 모험 : 이중노출 이론

6-1. 잔상과 잠상의 구분 : 트래블링이란 무엇인가

화이트헤드에게 기억이란 재현이 아니라 재생reproduction이고 재연再演, re-enaction
이다. 시간은 소멸이기 때문이다. 고로 기억은 객체화다. 한편으로는 현행하는 객체
들의 시간이 있고, 다른 한편 객체화가 아니라면 다시 재연되지 않을 죽은 객체들의
시간바깥이 있다. 기억이란 소멸한 객체의 소생이고 갱생이다. 객체화는 언제나 시
간의 바깥, 그 잔해와 무덤으로부터 일어나기 때문이다. 화이트헤드의 철학을 지배
하는 이분법은 삶과 죽음, 생성과 소멸, 즉 객체들의 시간과 객체화되는 시간바깥의
구분이며, 이는 전통철학을 전면 수정하는 것이다. 화이트헤드의 용어들은 실체에
관련하여 소멸과 불멸의 구분, 속성에 관련하여 객체화와 이행의 구분, 양태에 관련
하여 "인과적 효과성"과 "현시적 직접성"의 구분을 제시할 것이다. 데카르트와 흄, 그
리고 칸트마저도 이들 중 후자가 더 근원적인 것이라고 너무 쉽게 가정해왔으나, 화
이트헤드가 볼 때 사정은 정반대이다. 우리가 대상을 만지거나 볼 수 있는 것은 우
리가 이미 손과 눈을 "계승"inherit하고 있기 때문이다(특히 흄은 목전에서 이 사실
을 놓쳐버리고 있다).[1] 즉 섬광 때문에 눈을 감은 게 아니라, 감을 수 있는 눈이 이
미 주어지기에 섬광은 지각된다. 인과적 효과성에 현시적 직접성이 의존하지 그 역
이 아니다. 인과적 효과성은 막연하지만 그만큼 근원적인 경험의 근거다. 흄과 칸트
는 과거로부터 계승되고 존속하고 있는 환경, 즉 결합체nexus를 외면하고 있는 셈이
다.[2] 기억도 마찬가지다. 기억은 인과적 효과성의 특수한 사례다.[3] 나아가 모든 인과

---

1. PR 162~163. ("빛깔은 눈으로[with] 보며 불쾌감은 내장으로부터[from] 계승된다.", 165).

적 효과성은 기억이다. 기억은 현재에서 가장 먼 사건으로부터 전이되는 "최초의 느낌"을 포함하기 때문이다. 이제 우리는 화이트헤드의 기억과 베르그송의 기억을 구분할 수 있다. 화이트헤드의 기억엔 (주관적 극한으로서의) 원뿔의 밑면이 없다. 그것은 과거로부터 인과적으로 계승되어온 결합체 전체, 즉 다른 **원뿔들과의 접촉면**이기 때문이다. 접촉면은 너무나 막연하여 기억불가능하지만, 분명 거기에 있다. 하지만 그 이유는 개별 기억의 근거가 될 우주 전체에 대한 미시기억들을 전달하기 위해서다. 이런 점에선 돌멩이조차 기억한다.[4]

화이트헤드는 기억은 본다는 것보다는 먹는다는 것에 더욱 연관되며, 광학적 모델보다는 소화모델로 더 잘 설명될 수 있다고 말한다. 기억은 죽은 것을 수용하고 소생시키는 과정이기 때문이다. 이것은 양태에 있어서 가장 첨예한 구분을 낳는다. "돌은 작은 것일 때에는 날아가는 무기로 또는 큰 것일 때는 걸터앉는 의자로 사용되었을지도 모르는 그것의 과거를 가진다"고 할 때, 돌은 먹을 것이고 돌을 던지거나 앉는 자는 내장이다.[5] 그리고 뇌야말로 내장이다. 뇌는 결합체를 통해 전이되는 외부 자극들을 먹고 소화하기 때문이다.[6] 현재-과거, 시간-영원의 최종적 종합이 여기서 나온다. 그것은 **잔상과 잠상의 구분**이다. 무기와 의자는 돌의 잔상afterimage인 반면, 그를 사용하는 자에게 그러한 것들은 돌의 잠상latent image이다. 대상은 주체에 대해서 잔상을 가지고, 주체는 대상에 대해서 잠상을 가진다. 과거 대상으로부터 현재 주체에게로 잔상은 시간을 따라 현시되는 반면 잠상은 시간 바깥을 따라 재연

---

2. 이 모든 것은 PR 2부 8장 3절, 4절. ("손은 투사된 촉각 여건의 근거이며, 눈은 투사된 시각 여건의 근거이다", 363). SME 2장도 보라.

3. PR 264.

4. 이것이 오늘날의 화이트헤드주의가 "범심론"(Panpsychism)이라는 다소 신비주의적 타이틀 아래 개발하고 있는 네트워크 이론이다(Graham Harman, Iain Hamilton Grant 등). 샤비로 등에 의해 더 정교하게 다듬어지고 있다(Steven Shaviro, *The Universe of Things*, University of Minnesota Press, 2014. 특히 4, 5장).

5. PR 2부 4장 7절. "인과적 효과성의 명백한 사례를 찾아보기 위해서는 내장이나 기억에 호소해야 한다."(266). 화이트헤드는 반대로 광학모델에 연관되는 것은 현시적 직접성이라고 말한다. "현시적 직접성의 사례를 찾기 위해서는 이른바 〈허상적〉(delusional) 지각이라는 것을 고려해야 한다. 예를 들면 거울 속에 보이는 회색의 돌에 대한 이미지는 거울 배후의 공간을 그려낸다."(266).

6. AI 14장 6절. 그러나 두뇌와 내장이 하나의 결합체로 합성되는 사례들은 완전히 다른 회로를 열어준다. 우린 이 사례들을 4부에서 검토할 것이다.

된다. 잔상은 한때 잠상이었던 것이고, 잠상은 이제 또 잔상일 것이다. 잔상은 잠상의 소멸했던 과거이고, 잠상은 잔상의 불멸할 미래다. 하지만 잔상이 현재에 속한다고 해서 잠상이 과거에 속한다고 단정할 수 없다. 잔상은 현실태로서 현재에 속한다면, 잠상은 잠재태로서 현재의 바깥에 속하기 때문, 즉 현행하는 현재와 소멸한 과거에 모두 공속하기 때문이다. 잠상은 현재에게로 퇴적되는 여러 시층면들 중 어느 하나에 기입된다. 잔상이 어떤 시층면으로부터 읽히는 것이라면, 잠상은 다른 시층면에 기입되는 것이다. 이렇게 잔상은 객체화를 통해 잠상에 이른다. 잔상이 원인이라면 잠상은 결과다.[7] 그래서 대상의 객체화는 주체의 표면화일 것이다. 주체가 마주 보는 잔상과 그가 품는 잠상, 이 둘 사이엔 시간의 소멸 이외에 어떤 시간도 주어지지 않기 때문이며, 주체가 독점할 수 있는 것이라고는 잔상이 객체화된 잠상 이외엔 아무것도 없기 때문이다. 즉 주체가 객체화하는 대상은 한때 사멸한 바 있는 또 다른 주체이기 때문이다.

고로 표면화는 이중의 유령화다. 돌은 사멸한 뒤의 잔상으로 유령처럼 돌아오고, 돌을 먹는 자는 바로 그 유령을 품기 위해 영안靈眼과도 같은 반투명한 내장을 예비한다. 잔상은 과거로부터 돌아오는 유령이고 잠상은 현재를 빙의시키는 유령이다. "빛깔은 그 의자를 어떤 방식으로 객체화시키는 동시에, 또한 그 눈을 다른 어떤 방식으로 객체화시킨다."[8] 기억이란 고로 과거와 현재로 동시에 진행되는 맞객체화이고, 잔상의 잠상으로의 "전이"다.[9] 기억표면은 잔상과 잠상 사이의 **이중노출면**이다. 표면은 잔상면과 잠상면으로 분기 중에 있다. 맨키비츠는 이 분기를 선험적 표면화로 이끌어내고, 웰스는 이 분기를 모순적 표면화로 이끌어낸다. 서부극은 반대로 경험적 표면화를 도출한다. 그것은 추격속도에 발맞추어 대지면과 심층면으로 분기되는 지표면이다. 특히 포드가 공동체의 잠상과 역사의 잔상 간의 전이를 가속화한 것은 현시적 직접성과 인과적 효과성의 근원적 이중성에 몸소 뛰어들었기 때문이다. 신화는 현실의 근거다. 그 역이 아니고.[10] 하지만 이는 또한 만과 페킨파로 이어질 웨

---

7. 원인과 결과, 느끼는 자의 재연에 대해서는 PR 3부 2장 1절을 보라.
8. PR 162.
9. 다시 PR 3부 2장. (특히 1절을 보라. "원인을 결과로 전이시키는 벡터", 472).
10. 새리스는 포드의 영화는 "모든 생생한 직접성(immediacy)에 있어서 뿐만 아니라 역사의 지평선에

스턴 사영기하학의 주제이기도 하다 : 적이 존재하기 때문에 총이 필요한 것이 아니며, 반대로 총이 존재하기 때문에 적이 생긴다. 우리는 나중에 인디언들이 점점 잔상이 되어가는, 무엇보다도 서부총잡이들 자신의 잠상이 되어가는 네오웨스턴을 정의해야 할 것이다. 서부극 총잡이들의 뇌가 저항했던, 그러나 그가 되돌려 받은 "궁극적 악은 과거가 사라진다는 사실, 시간이 〈끊임없는 소멸〉이라는 사실에 있다."[11]

사실 이중노출면은 작동할 때보다 오작동할 때 더 잘 드러난다. 잠상은 완전히 잔상으로 분해되고 잔상은 다시는 잠상으로 종합되지 못하기에, 현시적 직접성에게 오류와 모순만을 던지는 순수한 과거의 지층이 존재한다. 화이트헤드는 기억의 주요한 특성으로 "피로"를 말했다. 그것은 잔상의 한없는 누적에 따르는 기억감퇴 혹은 기억착오와 결코 무관치 않다. 서부극엔 역마차 바퀴, 돌아오는 총알, 공동체의 흥망성쇠에 이르는 크고 작은 주기들의 반복이 표현하는 리듬적 피로가 있으며, 맨키비츠의 영화엔 한없이 과거 쪽으로 퇴행해버린 빛나는 영광의 역습과 그만큼 과다표백된 하늘에 대한 섬망이 표현하는 맹목적 피로가 있고, 웰스의 영화엔 증거들과 기록들을 무의미한 것으로 만드는 원초적인 기억상실이 표현하는 무상함의 피로가 있다. 그러나 어느 경우나 피로는 "이성의 반정립"이다.[12] 피로는 기억에 짓눌려 절뚝거리거나 시층면에 기록된 잠상들을 판독하다가 무기력해진 웰스의 법관들, 형사들, 통치자들의 캐릭터다. 그들은 잠상들이다. 반대로 로즈버드는 잠상이되 '영원한 잠상'이다. 그것은 영영 기억될 수 없기에 영원히 잠상인 잠상이다.

이제 잔상과 잠상은 현시적 무매개성immediacy의 매개점으로부터 점점 분리되어, 무매개적으로 소통하기 위해 오직 가장 깊은 시층면만을 자신들만의 이중노출면으로 삼을 것이다. 객체화되는 잔상은 그를 기억해내는 주체를 또 하나의 잔상으로 만든다. 그는 피로에 짓눌려 헛것을 보는 기억이며, 그만큼 자유롭고도 파멸적인 이중노출을 실험하는 기억이다. 이것이 부드럽게 혹은 서서히 움직이는 카메라의 기능일 것이다. 트래블링은 세계를 죽음 이후의 잔상으로 만들고 시점의 주체를 유령

놓인 그것의 궁극적 기억-이미지에 있어서 한 사건을 바라보는 이중시각(double vision)"이라고 쓴다. Andrew Sarris, *Film Culture*, no. 28, spring 1963.

11. PR 644.

12. 피로의 세 가지 구분에 대해서는 FR 18~21.

으로 만든다. 트래블링 카메라가 미끄러지는 곳은 이중노출면이다. 이것이 맨키비츠와 웰스가 플래시백을 혁신하면서 이룬 성취다. 트래블링은 기억하는 자를 그 고정점(현행하는 현재)에서 떼어내어 과거로 내던져 버린다. 그것은 차라리 그를 방기한다. 이것이 맨키비츠의 〈타인의 집〉에서 계단을 따라 오르는 카메라가 지금은 죽은 아버지가 노래 부르는 장면으로 옮겨 타는 장면, 그리고 웰스의 〈위대한 앰버슨 가〉에서 앰버슨 저택을 과거로 고립시키기 위해 점점 높아지는 빌딩들 사이를 미끄러지는 카메라의 경우다. 서부극 또한 그럴 것이다. 고다르는 안소니 만의 〈서부의 사나이〉 중 게리 쿠퍼가 악당이 죽었는지 확인하러 은행에서 나오는 트래킹 장면을 예로 들면서, 이러한 미끄러지는 시선이 서부극을 재발명했다고 말했는데 이는 온당한 것 같다. 만이 카메라를 역마차에서 떼어내어 흩어지고 있는 공간에 정착했을 때 모든 동물적 움직임들을 점점 지표면 쪽으로 압착하여 그들을 지표면 위에 심어진 식물이나 그 밑에 묻힌 광물로 박제화시켰기 때문이다. 게리 쿠퍼의 스타화가 아니라 박물화.[13] 결국 회상하는 자의 시제는 현재진행형보다 앞서는 소멸진행형이다. 트래블링은 소멸했던 혹은 소멸 중에 있는 자, 즉 유령의 시점샷이다.

트래블링에 대한 미트리의 연구를 참조할 만하다. 그에 따르면 몽타주가 달리는 차 바깥에서 그를 관찰하면서 그 운동을 붙잡는saisir 것과 같다면, 트래블링은 달리는 차 안에 앉아서 그 운동을 겪는 것éprouver과도 같다. 고로 트래블링은 "우리로 하여금 프레임을 망각하게 하는 경향성을 가진다."[14] 그러나 미트리의 본심은 바로 이것을 운동뿐만이 아니라 시간에 적용할 수 있다는 것이다. 트래블링 카메라는 소멸하는 시간에 탑승한 자의 시점이다. 트래블링은 '망각을 탄다'는 의미에서 잔상들의 촬영이다. 고로 트래블링은 최초의 객체화와 그것이 표현하는 최초의 느낌 속에서

---

13. Jean-Luc Godard, "Super Mann", *Jean-Luc Godard par Jean-Luc Godard*, Éditions Pierre Belfond, 1968, pp. 199~200.

14. Jean Mitry, *Esthétique et Psychologie du Cinéma*, Cerf, 2001의 트래블링에 관한 부분("Psychology du Travelling"), pp. 263~265. 미트리가 트래블링 카메라의 대상들과 관련해서 "우리는 사물들과 함께(avec) 나아가고, 고로 우리는 그것들과 동시에 행동한다"라고 썼을 때, 그는 이 "avec"으로 인과적 효과성과 현시적 효과성의 구분을 의미하는 것 같다("빛깔은 눈으로with 보며 불쾌감은 내장으로부터from 계승된다"). 고다르 또한 서부극에서의 인과적 효과성을 다음과 같이 쓰고 있다: "고전 서부극에서 미장센은 발견한 이후에 겨눈다면 〈서부의 사나이〉에서 미장센은 발견하는 동시에 겨눈다."("Super Mann", p. 199).

새롭게 재정의되는 프레이밍과 관련 있다고 할 것이다. 그것은 주어진 기억에 대한 탈프레이밍 혹은 반대로 프레임에 대한 망각이다. 비더는 가장 거대한 프레임을 망각하도록 한 작가로 남을 것이다(〈군중〉에서 고층빌딩의 하단부터 상층부로 미끄러지는 카메라). 또한 웰스는 벽과 창문을 관통하는 카메라나 심지어는 미니어처를 이용한 눈속임 장면전환을 개발했으며, 히치콕과 많은 범죄영화작가는 이러한 보이지 않는 프레임으로부터 주인공과 상대방, 프레이밍되는 자와 프레이밍하는 자 둘 중 어디에도 속하지 않는 제3의 관찰자(관객)의 시점을 찾아냈다. 나아가 타르코프스키나 아케르만과 같은 작가들은 피사체를 비워내는 유령 트래블링에 이른다. 트래블링은 이제 "시간의 물결을 한 플랑에서 다른 플랑으로 흐르도록 하는 수문", "형상이 질료 속으로 용해되거나 그로 침강하려는 문턱들"을 제공한다.[15] 이것이 우리가 타르코프스키와 소쿠로프의 느리게 부유하는 트래블링이나 아케르만의 긴 측면 트래블링(〈동쪽〉)에서 볼 수 있는 잔상들의 세계 혹은 이미지의 사후세계다. 트래블링 카메라가 미끄러지는 표면은 매끄러울수록 그 프레임은 점점 더 희미해진다고 할 수 있다. 〈블루 벨벳〉(린치)에서 트래블링 카메라는 평온하고도 아름다운 마을의 풍경들을 미끄러지다가 지층면 밑에 웅크린 한 무더기의 벌레떼에 이른다. 트래블링은 기억을 "사탕코팅"함과 동시에 사탕을 쓰디쓴 잔상으로 만들어버린다.[16]

어떤 경우든 트래블링이 진정 소멸시키고 있는 것은 매개로서의 현재, 프레임 자체다. 프레임은 현재와 과거의 표면인 한에서 트래블링은 표면 위에는 영원히 시간화되지 않을 잔상만을 남기고, 표면 밑에는 영원히 현실화되지 않을 잠상만을 남긴다. 하지만 그 영원한 잠상 또한 영원의 잔상일 뿐이다. 그래서 트래블링의 표면에 맺히는 이미지란 불멸적으로만 기억가능한 잔상, 혹은 영원히 기억불가능한 잠상이다. 일반적으로 트래블링은 소멸하는 시간의 각 단면들이자 플랑들일 시층면들을 이중노출시킴으로써 그가 바라보는 세계를 잔상들의 집합으로 만든다. 트래블링은

---

15. 타르코프스키에 관한 시옹의 표현이다. Michel Chion, "la Maison Où Il Pleut", *Cahiers du Cinéma*, n° 358, avril 1984, pp. 39~41.

16. "우린 그것[과거]을 마구 사탕코팅(candy-coat)하기에, 우린 살아나갈 수 있다. 과거를 정확히 기억하는 것은 매우 우울한 일일 것이다."(린치 인터뷰. *David Lynch*, Collexción Imagen, 1992. *David Lynch Interviews*, ed. Richard A. Barney, University Press of Mississippi, 2009, p. 133에서 재인용).

시간 자체에 대한 이중노출이다. 그리고 여기엔 잔상들의 무게로부터 그 매끄러운 표면으로 전달되는 피로감이 있다. 그것은 이제 꺼풀만 남아버린 현재가 내감해야 할 시간의 내적이고 본질적인 피로다. 트래블링은 만성피로샷이다.

6-2. 고고학자들 : 르느와르, 오퓔스, 레네

트래블링을 몽타주나 각종 옵티칼 효과들의 자장 속에서 해방시키고 기억의 유일한 근거로서 위치 지을 때, 미국적 방식과는 다른 고고학자들이 출현한다. 진원지는 프랑스였다. 플래허티와의 교류 훨씬 이전부터 이미 회고록의 형식(《빈민촌》 〈랑주 씨의 범죄〉 〈라 마르세예즈〉)을 취했던 르느와르에게 영화는 게임이었다. 단 그것은 과거로부터 지속되고 있을 누군가의 전사를 숨기거나 드러내기 위해서 게임말 자신이 스스로 잔상이 되고, 게임판 자체가 시층면이 되는 게임이다. 게임말들은 서로로부터 잠상을 훔쳐보거나 훔쳐 오기 위해 스스로 잔상이 되면서, 또한 그렇게 전사를 지우지 못하면 패배할 수도 있다는 위기감 속에서 모두가 꾸었던 희망과 꿈이 결국 누구의 것인지를 놓고서 겨룬다. 〈위대한 환상〉의 포로들, 〈늪지대〉의 실종자는 잔상이다. 탈옥수는 그 잠상이다. 〈게임의 규칙〉에서 부르주아들이 잔상이고, 총 쏜 사람이 잠상이다. 잠상이란 판돈이다. '잠상은 누구의 몫인가'라는 질문에 사로잡힌 이 게임의 유일한 법칙은 '잔상을 베팅하여 잠상을 따내라'이다. 이것은 마치 잠상을 빨아들이기 위해 스스로 잔상이 되려는 거울상과 같다. 르느와르가 시층면을 거울, 유리창, 문틈, 조준경으로 직조한 이유도 이것이다. 거울 앞에 있는 한 대상이 거울면에 잠상을 불러일으키는 대신 자신은 반사라는 사건의 잔상이 되는 식으로, 하지만 바로 그 덕분에 자신도 이 게임에 참여할 수 있는 자격을 얻는 식으로 카메라는 인간과 짐승, 남자와 여자, 주인과 하인 사이를 공평하게 순환하면서 반과거半過去 폐쇄회로를 이룬다(르느와르는 방 전체를 비추는 거울을 등에 지고 선 인물, 그래서 잠상들에 포위된 인물을 보여주기도 한다). 인물들이 유리창이나 창문을 통해서 유령처럼 보여지는 것은 그들이 그들 자신의 관계 속에서 있었을지도 모르는 사건의 잠상이 되었기 때문이다. 르느와르의 플랑세캉스를 이루는 거울들은 전사前史의 조준경이다. 부르주아들은 짐승들을 망원경으로 조준하고 사냥하지만, 그만큼 자신들도 그들 관계의 심연, 먼 과거의 망원경에 의해 멀리서부터, 그만큼 오래전부터 조준당하고 사냥당하고 있다. 바쟁이 〈게임의 규칙〉의 두 가지 핵심테마가 축제와 사냥이라고 말한 것은 의미심장하다. 잔상축제가 곧 잔상사냥이기 때문이다. 과거로부터 돌아오지만 현재도 빠져나가는 잔상들은 서로를 겨냥하는 와중에 사냥은 서로가 서로에게 잠재적 타겟이 되는 잔상들의 추모제였음을 깨닫게 될 것이다. 누가 반칙을 했는가? 밀렵감시인? 비행사? 비행사는 밀렵감시인의 잔상이며, 밀렵감시인은 비행사의 잔상일 터인데.

만약 르느와르가 인상주의와 관련된다면 그것은 잔상들을 순간적으로 포착하되, 그 중첩과 단속을 통해서 잔상이 배태될 까지 그 포착을 멈추지 않는 인상주의 세캉스다. 표면화, 이것이야말로 르느와르가 이전과 이후의 연속적이고도 선형적 배열에 종속되어있던 심도를 재정의한 방식일 것이다. 그의 플랑세캉스는 차분한 트래블링의 복잡하고도 정교한 조합이며, 여기서 연속체는 잔상을 포착하는 조준경, 잔상을 품은 반사경이라는 두 겉면과 뒷면을 가진 표면들로 분해되고 또 재구성되는 과정에 놓인다. 트래블링에 의해서 플랑세캉스란 반사경(축제)과 조준경(사냥)의 유려한 조합, 틈새와 거울의 부드러운 교대 속에서 이루어지는 객체화의 물결이며, 그 객체들이 접합되거나 분리되는 표면들의 매끄러운 연결이다. 르느와르에게 더 이상 심도는 변화의 근거나 실체가 될 수 없다. 반대로 심도는 표면들 간에 이루어지는 상호반향이며 그에 조응하는 잔상효과들의 흐름이었다. 심도는 표면들의 게임일 뿐이다.[17]

오퓔스는 또 다른 트래블링이다. 르느와르의 인물들이 은근슬쩍 게임에 참여하고 판돈을 가로채려 한다면, 오퓔스는 대놓고 게임판을 제시하고 거기서 인물들은 자유롭게 전사를 지우거나 윤색하기 때문이다. 그것은 바로 서커스, 댄스홀과 같은 무대다. 그러나 이번에 그것은 마치 파트너를 바꾸는 자유롭고 흥분된 움직임으

---

17. 잘 알려진 대로 바쟁은, 르느와르 심도화면에서 드라마가 묘사에, 행위(acte)가 사실(fait)에 앞서지 않는다고 평했다. 허나 이는 '사실'이란 사물들 간의 '관계'이기 때문이었다. 이것이 바쟁이 르느와르의 카메라는 3인칭도 1인칭도 아닌 "측면자유"("신神의 눈")라고 말하는 이유다. (앙드레 바쟁, 「프랑스인 르느와르」, 『장 르느와르』, 박지회·방혜진 옮김, 한나래, 2005. 특히 99~109쪽).

로 조직된 거울반사로서, 주어지거나 교대되는 배역이 잔상이 되고 배역 뒤에 숨었을 전사가 잠상이 되는 플랑세캉스다. 르느와르의 게임판을 오퓔스는 춤판으로 대체한다. 더 정확히 말하자면 그것은 과거가 완료됨에 따라서 비로소 배역을 바꿀 수 있는 배역놀이다. 이것은 무대와 배우의 엄격함이기도 하다. 우리는 현재가 과거함에 따라 게임판에 들어올 수 있지만, 무대는 과거가 완료하지 않으면 참여할 수 없는 게임이다. 심지어 충분히 과거하지 않으면 알아차릴 수 없는 배역도 존재한다. 바로 그 때문에 대과거大過去는 배우의 운명이라고 오퓔스는 말한다. 대과거는 결코 밝혀지고 드러날 수 없기에, 오직 현재의 응시로만 채워질 수밖에 없기에 배우의 뿌리다. 대과거는 배역의 잠상이고 반대로 배역은 대과거의 잔상이다. 현행적 응시에 의해서만 태어나는 배우 자신이 이미 순수한 잔상인 것이다. 오퓔스의 독창성은 이 모든 것을 인물들의 순수한 몸짓, 자유롭게 붙었다 떨어지는 관계, 그 밀당과 내숭 속에서 끊임없이 변화하고 있는 표정과 정서, 그리고 말 그대로 춤추듯 미끄러지는 카메라로 얻어냈다는 데에 있다. 오퓔스는 잔상을 안무하는 인상주의다(〈윤무〉 〈쾌락〉). 그리고 그것은 나선계단, 반복되는 이별, 회전목마처럼 언제나 원형圓形이다. 왜냐하면 여기엔 어떤 잔상이 더 이전이고 더 이후인지 알기도 어렵고 또 중요하지도 않기 때문이다(리사가 먼저 이별한 사람은 스테판인가 아들인가? 〈미지의 여인에게서 온 편지〉). 돌고 도는 귀걸이는 오퓔스의 가장 훌륭한 잔상원심분리기였다. 여기서 귀걸이를 취득하는 모든 이가 배우가 되기 때문이다(〈마담 드…〉).

오퓔스의 트래블링이 지니는 낭만과 폭력, 열정과 우수는 그것이 잔상들만의 윤무를 형성한다는 데서 온다. 이 원환 속에서 현재에 남는 모든 잔상은 모두 동등한 잔상이 되어 꼬리에 꼬리를 물며 그 중심으로부터 잠상을 배태하되, 그 잠상은 순수한 대과거에 남아서 현실화나 검증이 불가능한 순수한 욕망으로 매번 거듭난다. 만약 오퓔스가 무대미술과 의상, 무엇보다도 트래블링에서 사치를 추구했다면, 이는 잔상들의 가장 사치스러운 원환 속에서 가장 공허한 잠상이 추출되기 때문이다. 오퓔스에게 공허는 곧 잠상의 힘을 의미했다. 그것은 운명, 반복, 모든 춤과 응시를 가능하게 한다. 하지만 바로 그 때문에 그것은 오직 대과거에 속하는 역능이기도 하다. 플래시백의 주체, 여배우, 모델은 대과거의 공허에 유폐되지 않는 이상 그토록 많은 응시를 받을 수 없다. 공허는 여인의 의지이고 여배우의 욕망이다.[18] 오퓔스가 독일적이고 낭만주의라면 이는 쇼펜하우어적 의미에서만이다 : "의지가 물자체다." "의지만이 윤회한다."[19] 〈롤라 몽테즈〉는 오퓔스의 실패작이 아니라 그의 가장 도전적인 작품일 뿐이다. 거기서 그는 기억 자체를 잔상들의 윤무가 펼쳐지는 하나의 서커스장으로 만들려고 했고, 그로써 이 대과거 폐쇄회로의 진정한 형식이 관객이 잔상을 응시하는 대신 배우는 잔상으로만 거듭나는 원형무대임을 보여주려고 했다. 르느와르가 던졌던 질문에 대한 대답은 오퓔스에겐 너무나 쉽게 대답 되고 있었다 : 잔상은 누구의 몫인가? '잔상은 모두의 몫이다'(〈만인의 여인〉) 오히려 오퓔스가 대답하고자 했던 질문은 다른 것이다 : 잔상이 모두의 몫이라면 '잔상은 누구의 몫인가?' 그것이 자신의 것이 아닌 유일한 사람인 욕망하는 자(배우) 자신?

레네는 르느와르와 오퓔스가 도달한 곳에서 모든 것을 다시 시작한다. 레네에게 게임에 더 이상 법칙이 있을 수 없는데 그것은 왜냐하면 대학살과 원폭으로부터 터져 나온 너무나 많은 잔해들과 유령들이 법칙을 뒤덮어버렸고, 빛과 시간마저 그 잔상들에 갇혀버렸기 때문이다. 레네에게서 무언가가 기억에 감금된 것이 아니라 기억 자체가 감금된 것이며, 이것이 레네의 플래시백이 게임과 춤보다는 방랑에 점점 더 가까워지는 이유다(〈밤과 안개〉). 레네는 〈히로시마 내 사랑〉과 〈지난해 마리엥바드에서〉 연작에서 이 최종도식을 발견해낸다. 잔상은 더 이상 하나의 기억 안에 없다. 한 기억은 잔상들로 이미 과포화되었기 때문이다. 잔상은 이제 두 기억 사이에 있다. 만약 서로 다른 기억을 가지고 마주친 프랑스 여자와 일본 남자, 혹은 X와 A 사이에 어떤 게임이 법칙 없이, 차라리 퍼즐처럼 벌어지는 것이라면 이는 그들이 훔쳐올 잔상조차 남아 있지 않을 정도로 파편화된 잔상들만 남았기 때문이다 ("가장 밝은 것은 어둠으로 들어간다. 너무 밝아서 우린 눈을 다치기 때문이다." 〈히

---

18. 태그 갤러거의 뛰어난 분석을 보라. 「막스 오퓔스 : 새로운 예술 – 하지만 누가 알아차릴 수 있을 것인가?」(다음에 수록 : 홍성남 외, 『막스 오퓔스 』, 한나래, 2006).

19. 쇼펜하우어가 불교에 심취했던 것은 잘 알려진 사실이다. 분명히 쇼펜하우어의 '표상'은 우리가 '잔상'이라고 부르는 것과 유사하다. 그러나 그는 의지를 오직 현재에만 국한시키고 있으며, 과거와 미래를 모두 지성적 개념일 뿐이라고 단정한다(『의지와 표상으로서의 세계』 4권 54장). 그런 점에서 오퓔스는 쇼펜하우어의 의지부정론에 동조하지 않는 것 같다. 오퓔스에게 의지란 잔상과 잔상(고로 과거와 미래)의 연쇄이며, 고로 부정될 수 없는 것이기 때문이다. 그것은 단지 감내 될 수 있을 뿐이다. 이런 점에서라면 오퓔스가 쇼펜하우어보다 더 불교적이다.

로시마…)). 이것이 게임이라면 그것은 항상 먼저 두는 사람이 질 수밖에 없는 게임, 즉 "함정"piège이다.[20] 〈히로시마…〉에서 여자는 히로시마의 현실적 이미지와 느베르의 잔상을 대응시켜 섣불리 전자를 후자의 잠상으로 삼으려고 하지만 남자는 그것을 부인한다. 왜냐하면 히로시마 자체도 너무나 잔상이어서 느베르 쪽으로 어떠한 확정적 시층면도 내어주지 못하기 때문이다. 마찬가지 이유로 〈지난해…〉의 A 또한 X가 여전히 기억한다는 그들 간의 오래된 약속을 부인한다. 그들 서로에게 각자의 기억은, 잠상들이 기입될 시층면들이 켈로이드의 주름마냥 너무나 일그러져서 더 이상 잠상들을 정렬하거나 층화할 수 없는 표면마비 상태에 놓여있기 때문이다 (그래서 이제 거울과 춤보다 더 중요한 것은 목소리와 피로함이다). 즉 잔상과대기억 속에서 유일한 잠상은 또 다른 기억일 뿐이다.[21]

레네에게 있어서 게임과 윤무는 두 기억 사이에서 이뤄진다. 단 그것은 확률학적 게임이고 위상학적 윤무다. 하나의 잔상은 하나의 기억에서 다른 기억에게로 전이될 때 산포적으로 시층화되고 하나의 시층면을 있을 법하게만(확률적으로) 선택하게 된다. 마찬가지로 한 기억에서 가까운 두 잔상은 건너편의 기억에서는 상대적으로 먼 시층면들 위에 기입될 수도 있다. 그래서 어떤 경우든 잠상은 순수하게 확률적으로만 배태된다. 프랑스 여자에게 더 가까울 수 있는 히로시마와 X에게 더 가까울 수 있는 조각상(〈히로시마…〉〈지난해…〉), 신세대와 구세대가 어떤 입장을 취하느냐에 따라 멀거나 가깝게 시층화되는 소녀의 죽음(〈뮈리엘〉)이 그러한 잠상들이다. 〈전쟁은 끝났다〉의 스페인 내전 역시 젊은 혁명가들에겐 새로운 시대에, 피곤에 지친 혁명가들에게는 영속적 내전의 시대에, 자유주의자들에겐 존재한 적이 없는 시대에 귀속된다는 의미에서 정확히 확률적 잠상이다. 르느와르의 게임판과 오필스의 춤판을, 레네는 확률구름으로 대체한다. 이에 들뢰즈는 '빵장수 변형'(프리고진·스텐저스)이라는 멋진 주석을 달았다. 시층면은 납작한 빵반죽처럼 접히고

---

20. 레네, 로브-그리예 인터뷰. *Cahiers du Cinéma*, n° 123, sept. 1961, p. 2. 저 단어는 인터뷰어였던 라바르트와 리베트 쪽에서 나온 말이다.

21. 로파르스-뷔외미에의 좋은 요약을 그대로 옮겨보면, 〈지난해…〉의 인물들에게 "어려움은 회상의 이미지들을 退魔하는 데에 있지 않고, 반대로 그것들을 다시 부활시키는 데에 있다. 그 거대하고 호화롭고 침울한 호텔 밖에서 삶이 용출하도록."(Marie-Claire Ropars-Wuilleumier, "L'Année dernière à Marienbad", *L'Écran de la Mémoire*, Éditions du seuil, 1970, p. 115. 강조는 인용자).

분단되는 와중에 그 평면상의 두 점은 점점 더 멀어지거나 더 가까워질 수도 있으며, 그 둘 사이엔 수많은 경로들이 존재하게 된다. 연속체는 파편화를 전제하고 그 역도 마찬가지다.[22] 하지만 이 역시 표면은 그 안쪽면과 바깥면의 위상들로 구분되며, 그 위에 맺힌 잔상은 그 바깥면을 위한 잠상이라는 전제에 한해서다.[23] 요컨대 레네의 이미지가 하나의 회로 안에서 스스로 잔상이 되는 것은 다른 회로에게 잠상이 되기 위해서다. 이는 오퓔스와 정확히 대조적인 트래블링이다. 즉 오퓔스에게 모두의 몫인 것은 잠상(여인·배우·모델)이지만, 레네에게 모두의 몫인 것은 오히려 잔상(아우슈비츠·게르니카·시체와 잔해들)이다. 잠상은 더 이상의 한 기억의 몫이 아니라 두 기억 사이의 몫, 즉 영영 다가갈 수 없는 한 기억의 나머지로만 존재한다. 나아가 대과거란 것은 존재하지 않는다. 상대적이고 확률적인 과거는 완료되는 법이 없기 때문이다(레네는 X가 총소리를 듣는 장면을 최종편집본에서 삭제해버렸다). 이것이 레네의 트래블링이 결국은 확률몽타주일 수 있는 이유이고, 그 엄청난 피로변형 속에서도 '잠상은 누구의 몫인가?'가 아니라 '잠상은 누구의 나머지인가?'라고 끈질기게 묻는 이유다. 르느와르가 반과거 폐쇄회로, 오퓔스가 대과거 폐쇄회로라면, 레네는 복합과거 폐쇄회로다.

　　결국 레네의 영화들은 기억을 분열시켰는가 통일시켰는가? 임재철은 레네가 내부에 갇힌 기억에서 외부에 갇힌 기억으로 이행했다고 결론 내리는데, 우리는 이에 동의한다. 레네는 기억을 바깥에 감금하여 우리들로 하여금 기억 안에서 공재토록 한다.[24] 영원히 여러 기억이 존재하기에 각 기억의 바깥면, 그들의 접면만큼 영원한 것은 없다. 하지만 이 '바깥'은 르느와르와 오퓔스에게도 똑같이 유효한 개념이다. 르

---

22. 질 들뢰즈, 『시네마 II : 시간-이미지』, 이정하 옮김, 시각과언어, 2005. 5장 3절, 235~238쪽.
23. "확률은 계가 모든 초기의 대칭성들, 모든 특별한 분포들을 잊어버리는 것을 알맞게 설명할 수 있는 것이다."(일리야 프리고진·이사벨 스텐저스, 『혼돈으로부터의 질서』, 신국조 옮김, 자유아카데미, 2011, 182쪽. 강조는 인용자. 초기조건에 대한 망각에 대해선 4장, 요동과 분기에 대해선 5, 6장을 보라).
24. 임재철, 「알랭 레네 - 기억으로서의 세계」, 『알랭 레네』, 한나래, 2001. "그는 말하자면 '갇혀 있는' 기억들에서 출발한 작가라고 할 수 있다. 그리고 그는 점차 그 기억들이 외부에 있는 것이라는 것을 실감하는 것처럼 보인다. 다시 말하면 그는 기억이 우리 내부에 있는 것이 아니라 세계에 내재해 있다는 것을 점점 강하게 의식하고 있는 것이다. 그래서 레네의 전체 경력을 '갇혀 있는 기억들'에서 '기억 속에 갇힌 우리들로 변하는 과정으로 소묘할 수도 있다."(130쪽). 편집증에 대항하는 레네의 방법론적 분열증에 대해서는 같은 책 김성태의 글도 보라(「레네 - 그 편집증과 분열증」).

느와르의 경우 게임의 예외나 반칙, 오퓔스의 경우 바깥면은 시선과 술회의 맹점, 무대의 사각지대와 같은 심도의 바깥면이 항상 존재한다. 레네의 경우 그것은 순수한 확률로서 집단기억에 난 "구멍"[25], 하지만 바로 그를 통해 여러 기억이 공재할 수 있는 구멍이다. 그러나 어떠한 경우에도 바깥면은 플래시백과 트래블링의 목표점을 형성한다. 거기가 바로 영영 잠상일 뿐인 잠상, 즉 **영원한 잠상**의 자리이기 때문이다. 그것은 이 윤무와 퍼즐에서 원인과 결과, 이전과 이후 같은 영원한 승자와 영원한 패자가 없다는 의미에서의 영원한 잠상이다. 영원한 잠상은 폐쇄회로의 중심이자 잔상들의 고향이자 목적지다. 영원한 잠상은 젠지스강, 귀걸이, 히로시마다. 그것은 바깥에 의해, 바깥을 위해서만 영원회귀하는 잠상이다.[26] 과거의 폐쇄회로가 그의 가장 거대한 바깥과 접촉할 때까지 회로가 파열하는 한이 있더라도 위악적인 연극과 위선적인 표면교환을 계속해나갈 수 있는 것, 그리하여 기억이 잠상들이 단순집합이 아니라 그 합집합(반과거), 공집합(대과거), 교집합(복합과거)이고, 결국 바깥을 내기에 건 잠상과 잔상의 게임일 수 있는 것은, 영원한 잠상만이 그 판돈이기 때문이다. 영원한 잠상에 의해서만 심도란 표면의 연장이고 바깥을 향한 뿌리내림이다.

위 작가들은 소멸에 의해서만 시간은 흐른다는 것을 보여준다는 점에서 고고학자다. 이론에 있어서 이러한 고고학에 이른 작가는 바쟁도 곰브리치도 아닌, 케르키 우자이다. "영화사를 가능하게 만든 것은 운동하는 이미지들의 절멸이다."[27]

---

25. 로브-그리예의 표현이다. *Cahiers du Cinéma*, n° 123, sept. 1961, p. 18.

26. "물론 우린 일반관념들(general ideas)이 필요하다. 그러나 그것들은 너무나 깊게 뿌리내려서, 너무나 심오해서 우리가 그걸 가지고 있다고 알지도 못해야 한다."(르느와르 인터뷰. 다음에서 재인용: *Interviews with Film Directors*, ed. Andrew Sarris, Bobbs-Merrill Company, INC. 1967, p. 368).

27. Paolo Cherchi Usai, *The Death of Cinema*, BFI, 2001, p. 19. 케르키 우자이는 "모델 이미지"(소멸하지 않는다고 가정된 이미지)의 가멸성으로부터 야기되는 담론과 인식론의 변질, 그에 동반되는 사회적-심리적 효과들을 통해 이미지가 비로소 시간화되는 과정을 추적한다. 이 책은 영화사의 역사적 유물론 같은 책이다. "영화사는, 모델 이미지가 부패하는 패턴이나 원인 등을 규명하기 위해 움직이는 이미지가 기술되고 설명되면서부터 실존하기 시작했다."(p. 91) 유럽권에서 이와 유사한 고고학적 관점은 셰페르다. 시간의 "소멸적 본성", 이미지의 유령적 본성이 영화로 하여금 이야기를 개시하도록 한다. 고로 "최초로 이미지에 도입되었던 건 시간이지 운동이 아니다. 그게 영화를 만든다."(*Du Monde et Du Mouvement des Images*, Cahiers du Cinéma, 1997, p. 17).

6-3. 폐쇄회로 : 얇기와 퇴접

과거가 있으므로 순수한 이미지란 없다. 어떤 이미지도 시간 쪽으로는 잔상을 내어주고 그 바깥쪽으로 잠상을 내어주는 한에서만 존재하기 때문이다. 영화의 이중노출이 보여주는 바도 이것으로서, 이중노출은 우주의 횡단면에선 잔상과 잔상 사이에(지각·트래블링), 그 종단면에선 잔상과 잠상 사이에(회상·플래시백) 일어난다. 어디에도 이미지가 잠상과 잔상 둘 중 하나를 선택함이 없이 이중노출에 참여할 수 없는 특권은 없다. 특히 현재의 현행 이미지, 그가 잠상이 될 수 있는 길은 영원히 없다. 그건 소멸하여 객체화된 뒤에나 주어지는 자격이다("객체적 불멸성"). 그가 이중노출에 참가할 수 있는 유일한 자격은 그 자신도 죽어 잔상이 되는 길뿐이다. 과거에 감염되는 길뿐이다. 이런 점에서 잔성殘聲, voice-over이 고전적 이중노출을 대체하는 방향으로 영화사가 흘러왔다는 미셸 시옹의 주장은 타당하다.[28]

우린 시옹의 논리와 가설을 심도화면에도 그대로 적용해볼 수 있을 것이다. 즉 유령의 목소리가 이중노출 화면을 대체해왔던 것처럼, 유령의 시선이 심도화면을 대체해왔다고. 어떤 식으로든 깊이의 고정점으로서의 현재는 온전치 못하다. 깊어지는 것보단 소산되는 게 더 쉽다. 깊이란 관습상 쓰는 말이다. 어떤 심도도 표면효과다. 그 잔상들의 아우성이다.

우리는 나중에 파운드 푸티지에 대해서 알아볼 것이다. 푸티지가 이미지의 잔해들이자 유령들임을 너무 잘 알았던 푸티지 작가들은 이 모든 상황을 단 하나의 원리로 일괄한다 : 시간은 "얇다."thin [29] 시간은 너무 쉽게 구멍 나고 찢어지고 파열한다. 허나 이는 과거와 현재에겐 완전히 상이한 의미다. 과거에게 얇기는 시층면들이 굽어지고 갈라지고 뒤집어지는 자유를 의미하는 반면, 현재에게 얇기는 지각과 행동이 멈춰서고 마비되는 무력을 의미한다. 실상 초기 미국영화를 양분했던 두 가지

---

28. 미셸 시옹, 『영화의 목소리』, 박선주 옮김, 동문선, 2005. ("마치 목소리가 표면을, 곧 안과 밖을 동시에 떠도는 것처럼…", 45쪽).

29. "얇기"라는 중요한 개념은 켄 제이콥스의 글에서 빌려온다. Ken Jacobs, "Beating My Tom Tom", *Ken Jacobs, Tom Tom the Piper's Son : exploding special issue* (pamphlet), Re:Voir Video, 2000. "몰락은 언제라도 일어날 수 있었으리라. 현실세계의 현상은 그만큼 얇다."(p. 9).

장르(느와르와 서부극), 혹은 두 가지 기억법(플래시백과 액션)은 이 두 측면에 각각 자리 잡는다. 즉 어떤 회상의 최고깊이도 기억상실만을 증명하거나(와일더, 맨키비츠, 웰스, 드미트릭), 어떤 질주의 최고속도도 전통의 무근거성을 증명하거나(비더, 포드, 만). 유럽적 플래시백의 이점이 있었다면, 미국영화가 결론으로 냈던 것을 시작점으로 삼을 수 있었다는 것이다(레네). 즉 어떤 방향의, 어떤 종류의 이중노출을 택하더라도, 현재의 파열을 피할 길은 없다. 시간이 얇은 만큼 현재는 뚫린다. 구멍난다. 박피되고 파열한다. 이것은 마치 잠상과 잔상이 마주칠 연결통로를 열어주기 위해 현재 스스로가 구멍 나고 비워지고 찢어지는 것과도 같다. 플래시백 작가들이 너무도 잘 이해하고 있던 바도 이것으로서, 현재로부터 과거 쪽으로 잔상을 넘겨내는 시간의 어떤 활동도 (결코 기억에 의해 소진되지 않을) 영원한 잠상을 남기고 만다는 것, 그래서 잔상과 잠상은 형상적으로 일치하는 법이 없다는 것, 결국 플래시백의 기준은 현재가 아니라 **현재의 틈새**일 수밖에 없다는 사실이다. 서양적 심도는 이 불일치를 거부하는 것으로부터 시작하는 반면, 동양적 심도는 반대로 이를 긍정하는 것으로부터 시작할 뿐이다(그 절묘한 접점을 미조구치와 오퓔스가 공유할 것이다). 첨언하자면 서양에게 영원한 잠상인 것은, 동양에겐 "영원한 지금"eternal now[30]이다. 그것은 현재를 거대하고도 영원한 잔상으로 만들어버린다. 우리는 서양적 심도에서 틈새가 되어버린 현재를 틈현(隙現)이라고, 거대한 여백이 되어버린 동양적 심도의 현재를 잔현(殘現)이라고 부를 수도 있으리라.[31]

기억의 재현불가능성, 이것은 기억의 불확정성 원리 같은 것이다. 철학은 이에 대해 기억이 너무 쉽게 변해서라는, 혹은 시간이 너무 비가역적이기 때문이라는 너무 쉬운 대답만을 내놓고 있었다. 이에 영화가 한 수 더 놓는 것이 있다면, 바로 저 현재의 틈새성, 그리고 조건과 이유에 대한 소명이다. 즉 기억이 재현불가능한 것은, 어떤 이중노출도 과거를 다른 과거보다 현재에 먼저 노출시켜 주지는 않기 때문, 거

---

30. Paul Schrader, *Transcendental Style in Film : Ozu, Bresson, Dreyer*, Da capo Press, 1972, p. 31.("시간은 무nothingness의 부분이다.") 동서양의 초월적 스타일을 비교하는 대목도 보라(pp. 53~55).

31. 버치는 일본영화의 평면화된 심도화면이 지니는 탈내러티브적 기능("super-inscription")을 논했다(*To The Distant Observer*, 12장). 반대로 하스미는 평면심도는 여전히 내러티브 안에 머무르며, 차라리 시간의 자연적 연속을 빠져나가는 탈시간적 기능을 지닌다고 보았다(『감독 야스지로』, 5장). 버치와 하스미는 내러티브 이전에 시간에 대해 다른 관념을 가지고 있었다.

기엔 현재가 현행하기에 앞서서 그를 찌부러뜨리려 선행하는 과거의 자폐적 결집이 반드시 포함되어 있기 때문, 또 그만큼 반드시 그 굴곡에 의해서 현재의 현행계열들을 얇아지도록 압박하고, 그를 박편들로 얇게 저미어내는(그래서 결국 구멍을 내고야 마는) 시간 진행 전체의 반전이 포함되어 있기 때문이다. 차라리 과거에서 미래로의 역전 같은. 현재에 대해서 과거는 문자 그대로의 미래(未來-도래하지 않음)가 되고, 과거가 재현불가능한 것인 만큼 미래만이 재현가능한 것이 되는 그런 역전. 이것이 서로가 서로에게 미래가 되고 있는 레네의 두 기억 사이에서 일어난 일이다. 또한 오퓔스가 리사의 과거에 서로에 대해서 미래일 두 남자를 몽타주했을 때(〈미지의 여인…〉), 맨키비츠가 암흑의 바다에 번적이는 새떼와 하얀 하늘을 몽타주했을 때(〈지난여름…〉) 이어붙였던, 현재에 의존치 않는 과거-미래의 원환이다. 이것이 영화가 보여주는 과거회로가 현재에 대해서 갖는 우월성이자 폭력성이다. 즉 과거가 재현불가능한 것은, 과거 스스로가 먼저 미래하기 때문이다. 이제 미래란 현재 다음에 오는 것이 아닌 만큼 과거 다음에 오는 것도 아니다. 반대로 그것은 과거에 있었을 수도 있었기에 장차 있을 수도 있었을 우연, 그러므로 여전히 현재를 모두 바꿀 수도 있을 정도로 맹렬히 빛나지만, 그 효과만은 결코 예측할 수 없는 어떤 돌발적 가능성, 언제나 시기상조로 미리 발굴될 뿐인 섬광과 퍼텐셜 자체를 의미한다.

우린 프랑스와 미국전통 어디에도 꿀리지 않을 뢰그의 플래시백 편집을 추가해야할 것이다. 그에게 컷백cut back과 컷포스cut forth의 교차는 과거-현재의 교차가 아니었다. 그것은 지나간 사실과 지금의 사실의 배열이 아니라, 바뀔 수도 있었을 가능적 사실과 여전히 바뀔 수 있을 가능적 사실의 교차라는 점에서 정확히 과거-미래의 교차였다. 하나의 사건이 이후 사건의 원인이 되는 식이 아닌, 하나의 사건이 이후 사건의 원인일 수도 있었던 동시에 아닐 수도 있었던 식으로만 서술될 수 있을 뿐인, 사실로서의 과거가 아닌 가능태로서의 과거, 기억됨이 외려 그 다면화와 계열화를 촉발하는 잠재과거, 이것이 뢰그의 영화를 기시감과 예감이 구분되지 않는 '매순간의 추리극'으로 만든다(〈퍼포먼스〉〈쳐다보지 마라〉〈배드 타이밍〉). 이런 작가들이 더 이상 믿지 않는 것은 과거-현재-미래라는 시간의 서열, 그리고 그를 지탱하던 현재본위제다. 더 이상 현재가 기준이 될 수 없었다. 더 이상 현재가 과거보다 뒤서며, 미래보다 앞선다고도 할 수조차 없다. 과거는 현재의 잠상이기 전에 미래의 잠상(미시감jamais-vu)이어야 하고, 미래는 현재의 잔상이기 전에 과거의 잔상(기시감déjà-vu)이어야 하기 때문이다. 과거와 미래는 현재의 영원한 이전으로서 공존한다(미시감=기시감). 현재는 과거와 미래의 이런 유착 이전에 어떤 순간도 통과할 수 없으리라. 과거의 회로는 전적으로 과거-미래의 **폐쇄회로**closed circuit다. 기억하지 않아도 과거가 스스로를 보존하는 과거주의가 아닌, 기억할수록 과거가 미래가 되는 역기억retro-memory의 미래주의.[32] 현재가 구멍 뚫리는 건 그가 얇아졌기 때문이다. 현재가 얇아진 건 찌부러졌기 때문이다. 과거와 미래가 양쪽에서 그를 누른다. "분명히 미래는 무無가 아니다. 미래는 그것에 선행하는 세계 속에서 살아 활동한다."[33] 이 잠상약속어음엔 부도가 없다.

박동환은 어떤 현재도 그의 잔상이 되고 마는 "영원의 기억"을 말했다. 그러나 그가 어떤 현재보다도 앞서는 대과거(x)大過去일 수 있는 자격은, 그의 반쪽일 대미래($\neg x$)大未來와 어떤 현재보다도 더 먼저 이중노출을 이루기 때문이었다.[34] 더 이상 기억에 대하여 반사란 말을 쓸 수 없다. 과거는 현재에 순순히 반사되는 법이 없고, 오직 과거 자신과 현재의 반전reverse이나 후굴retroflex을 통해서만 재현되므로. 과거는 퇴현retropresent된다. 미래와 먼저 퇴접retrojunct하기 때문이다. 과거-미래의 폐쇄회로의 술어는 퇴접retrojunction이다. 퇴접은 어떤 이중노출(디졸브·트래블링·플래시백…)에서도 보편적인, 대과거와 대미래의 무매개적 교통이며, 재현할수록 과거를 미래토록 하는 영원한 잠상 의 고갈되지 않는 진입이다. 미래는 과거와 퇴접하며, 그로써 그보다 늦는 법이 없다. 퇴접은 우리가 시간 속에서 뒤를 돌아볼 때 항상 우리와 함께 주어지며, 우리와 함께 일어난다.[35]

얇기와 폐쇄는 모순되기는커녕 상호함축하는 개념이다. 표면이 얇고도 취약하

---

32. 과거-미래의 폐쇄회로를 발견했던 작가 중에 한 명이 마야 데렌이다. 심지어 그녀는 이것을 사진에서 발견하고, 영화에 소급적용시켰다. Maya Deren, "An Anagram of Ideas on Art, Form and Film"(1946), "Cinematography : The Creative Use of Reality"(1960).

33. AI 12장 2절. 304.

34. "상상은 영원의 기억에 말미암은 것…"(박동환, 『x의 존재론』, 사월의책, 2017, 151쪽). 박동환은 우리가 영화에서 다루려는 폐쇄회로에 있어서라면 피해갈 수 없는 철학자다. 그의 이런 반전된 시간관은 동서양의 주류철학이 꾸준히 왜곡해오던 영원을 발견하려던 그 초기부터 이어져 오던 것이다(『서양의 논리 동양의 마음』, 『안티호모에렉투스』). 박동환은 외려 고대철학과 진화생물학을 원용한다. 그는 차라리 마야 데렌의 계통신화론과 맞닿는 것 같다(『x의 존재론』, 5장).

기에 과거와 미래는 매번 서로의 꼬리를 무는 데 성공한다. 미래가 과거보다 더 늦기엔, 반대로 과거가 미래보다 더 이르기엔 시간은 너무도 얇다. 과거-미래의 폐쇄회로는 보이고 만져지고, 회상되고 사유되는 현재의 모든 것을 잔상으로 만드는 과거의 근원적인 힘이다. 그것은 모든 현재에 앞서는 소멸-불멸, 잔상-잠상의 자폐회로이고, ― 박동한의 표현을 빌자면 ― $(x\&\neg x)$의 자율회로다. 폐쇄회로의 결맹으로 과거-미래는 현재를 왕따시킨다. 여기서 현재는 권리상 권리가 없다.

아직 다른 회로들을 살피지 않았지만, 다음만은 확실하다. 과거의 회로는 결코 시간은 소멸이라는 영화의 원리와 상충되진 않으며, 그의 나머지 회로들과도 상충하지 않을 것이다. 폐쇄회로는 결코 시간을 막지 않는다. 반대로 그것은 소멸에도 불구하고 시간을 흐르도록 한다. 폐쇄회로는 시간을 그의 바깥 안에 가두기 때문이다. 과거는 스스로 닫히기 전까진 시간을 흐르도록 놔두지 않는다. 폐쇄, 그것은 현재에겐 섬광이고 돌발이고 재현불가능성 자체다. 과거와 미래의 형이상학적 동일성이고, 소멸을 지불하고 이미지가 향유하는 고독과 자유, 기억과 상상, 기지와 미지, 섬락과 소생의 비인과적이고 실용적인 일치다. 그 스스로도 훌륭한 플래시백 작가였던 엡스텡이 〈어셔 가의 몰락〉에서 마들린의 초상화 속에 진짜 마들린을 세워놓았을 때, 그는 과거-미래 폐쇄회로를 최초로 시각화했다 할 것이다. "과거와 미래 사이에 나선볼트가 있다. 〈내가 있을 것이다〉는 〈내가 있었다〉 안에서 폭발한다." "미래는 기억들 가운데서 폭발한다."[36] 이 논증의 더 적나라한 시각화는 20년 뒤에 등장했다(〈상하이 …〉의 거울방 장면). 폐쇄회로에 정서를 부여했던 건 오즈다. 그의 섭섭함이 그것이다. 미리 용서된 원한, 사후적 화해를 미리 약속하여 현재에선 한없이 중화되어 지금 이미 잔상이 되어버리는 원망. 오즈에게 과거는 이미 미래와 폐쇄회로(차라리 여백회로?)를 이루고 있다. "아마도 여기에 오즈의 등장인물들이 과거를 갖고 있지 않은 이유가 있다."[37]

---

35. "한쪽 방향으로의 시간적 진화란 있을 수 없는 것이다. 정보는 시간에 대해서 불변이다."(프리고진·스텐저스, 『혼돈으로부터의 질서』, 서론 55~56쪽). "가역과정과 비가역과정의 공존"에 대해선 8장, "선택원리로서의 엔트로피"에 대해선 9장을 보라.
36. Jean Epstein, *Écrits Sur Le Cinéma*, Vol. 1. Cinéma Club/Segehrs, pp.107, 61. 강조는 인용자.
37. 도날드 리치, 『오즈 야스지로의 영화 세계』, 106쪽.

퇴행영화

7-1. 파편화와 물신화 : 비더, 로지

과거-미래 폐쇄회로에 도달하기란 어렵다. 그것이 시간에겐 모순으로서만 나타나기 때문이며, 미래가 아직 정의되지 않은 상태에서 잔상과 잠상을 구분하기 어려운 까닭에 까딱했다간 강박적인 초현실주의로 떨어지기에 십상이기 때문이다. 하지만 이 모든 문제를 시간으로부터 다시 시작해볼 수 있을까? 들뢰즈가 '자연주의'로 정의하려고 했던 사조 속에서 첫 번째 돌파구가 모색되었다. 그것은 현재의 파열을 통해서 과거-미래 폐쇄회로를 사유하는 방법이며 퇴접을 어떤 실재적인 힘으로써 실천하는 방법이다. 어떤 실제적 환경surrounding 속에서 퇴접이란 퇴행retrogression이다. 퇴행이란 인물이나 대상에 대한 실질적 절단이며 파괴이며 해체다. 반대로 퇴행에 의해 환경은 조각나고 파편화된다. 환경은 시층면이 아니다. 왜냐하면 그것은 먼저 물질이기 때문이다. 또한 환경은 지표면도 아니다. 왜냐하면 점유를 허용하지 않기 때문이다. 환경은 취소되기 위해서만 잠상을 기입하는 시층면이고, 축적되기 위해서만 잔상을 그러모으는 지표면에 가깝다. 퇴행의 세계는 우리가 여태껏 말해온 대상이나 표면으로도 완전히 설명되지 않는다. 그것은 결합 없는 순수한 절단으로 태어나기 때문이다. 퇴행은 과거, 현재, 미래에 대해 아무것도 모르며 또 개의치도 않는다. 퇴행은 부패, 퇴보, 몰락이고, 환경이란 찢어진 부분들, 조각들, 파편들이다. 고로 부르주아는 저능아이고 성직자는 변태성욕자이며, 그들을 둘러싼 거지와 하인은 점점 더 늘어나는 쓰레기이고 오물이며 인류의 찌꺼기들이다. 만약 환경이 고립된 장소라면 이는 파편들을 세밀하게 통제하고 그것들이 더욱 넘쳐나도록 하기 위해서이다. 퇴행은 환경을 고립시키고 그것을 내부로부터 고갈시킨다. 그것은 마치 모든 생명이 자신의 근원일 물질에게로 되돌아가려는 듯한 거대한 움직임이며 그 부패에의 정열이다. 이것이 부뉴엘의 세계다. 특히 멕시코 시기에서 그는 하수구, 쓰레기장과 같은 불모의 환경에 고립되어 주변관계와 스스로를 조각내는 분신들을 보여준다(〈잊혀진 사람들〉 〈이상한 정열〉 〈죽음의 강〉 〈아르치발도의 범죄인생〉). 동양쪽에서 이러한 경지에 이른 퇴행작가를 꼽으라 한다면 그것은 단연 김기영과 마스무라 야스조일 것이다. 그들에겐 규범적이거나 이상적인 신체에 대한 순수한 착취와 절단이 있기 때문이다(김기영 〈충녀〉 〈살인나비를 쫓는 여자〉, 마스무라 〈卍〉 〈눈먼 짐승〉). 퇴행이란 전염성 죽음충동이다. 환경이란 부분대상들의 누진집합이다. 여긴 순수한 잔상들의 세계다.

이 모든 것은 현실세계가 취약하고 너무나 얇은 평면이어서 가장 작은 자극에도 갈가리 찢겨 그 자신의 밑바닥으로 무너져 내리는 것과 같다(그래서 퇴행에게 표현주의의 흔적들이 다소 나타나는 것은 불가피하다). 퇴행회로는 과거-미래 폐쇄회로의 세속적 표현이다. 퇴행은 현재의 틈에서 성립한다. 파편은 잔상의 현실적 대상이다. 여기에 고립된 이들은 하인들이다. 그들은 자멸하는 시간에 종속된 노예들이기 때문이다. 다른 한편 시간의 자멸로부터 끊임없이 거리를 두면서 그를 포괄하려는 움직임 또한 있다. 신화적이거나 원초적인 자연상태만을 상기시키려는 물신 혹은 우상은 신격화된 파편이며, 고로 잠상의 비현실적 대상이다. 그것은 시간의 자멸을 표현하기를 그치고 반대로 시간을 지배하려고 하며, 고로 폐쇄회로를 최종적으로 완결하려는 주인의 역량이다. 요컨대 퇴행회로에 두 층위가 있다. 현재에 있어서 잔상·조각들·파편화가 있고, 다른 한편 잠상·우상·물신화가 있다. 전자가 하인에게 속한다면, 후자는 주인에게 속한다. 퇴행주의란 영원과 시간의 두 축을, 주인과 노예의 두 축으로 반전시키는 사조를 일컫는다.

부뉴엘의 퇴행회로는 항상 평행회로를 전제하고 있었고, 그런 점에서 그는 초현실주의를 떠난 적이 없다. 또한 김기영과 마스무라 또한 좀 더 초월적 회로를 향하고 있었다. 우리는 순수한 퇴행영화의 사례를 몇몇 미국 작가들에게서 찾을 수 있다. 그들은 구대륙보다(어쩌면 동양보다도) 더 취약한 평면 위에 놓여있었고, 바로 그 임박한 붕괴의 예감 속에서 퇴행을 더 절감할 수 있었기 때문이다. 그들은 먼저 킹 비더와 조셉 로지다. 비더는 문명의 수명을 측정하는 파편들에 관심을 가졌다. 그것은 전장으로 향하기 위해 끝없이 늘어선 병사들이기도 하고, 또한 고층빌딩 안에 바둑 알처럼 정렬되어 있는 노동자들이기도 하다. 비더가 그리피스를 참조할 때조차 두 힘은 통일을 거부하는 파편화의 여력을 남기고 있었고, 심지어 파편화를 통해서만 증거되는 것처럼 보였다. 참호로 쏟아져 들어오는 적군들을 부감으로 포착하여 마 치 그 혼전상황을 번쩍이는 개미떼들처럼 묘사하는 장면, 그리고 숲속을 수색하던 아군이 적군의 기습에 추풍낙엽처럼 쓰러지는 장면이 이미 그랬다(〈빅 퍼레이드〉). 비더의 롱샷은 파편샷이다. 롱샷은 〈군중〉에서 절정을 이룬다. 거기서 비더는 넓은 공간 안에서 정렬되면 될수록 상호 간 점점 더 멀어지는 파편들을 보여주었고, 이는 분명히 와일더, 마일스톤, 풀러와 같은 군중연출가들에게 영향을 주었다. 그것은 마 치 그 성장이 극에 달한 빌딩이 그 높이만큼 더 깊이 추락하는 것과 같다("나의 사 랑은 결코 멈추지 않아요, 저 폭포 같은 거죠"). 파편화의 정도는 문명의 나이이며 파 편은 세계의 주름살이다. 파편화는 그 자체로 세계의 퇴폐이고, 파편화하는 자는 개별 부분들을 끊임없이 빨아들이고 자신의 일부로 삼는다. 파편화란 곧 군중이다. 군중은 개인을 빨아들이는 괴물이다. 비더에게 주인-하인이란 군중-개인이다.[1]

군중은 개인을 내려다본다. 부감 혹은 앙각 프레이밍이 주는 높이와 거리, 수직 선과 수평선의 대조가 비더의 영화들을 사로잡는다. 그리고 그것은 윤리적이고 심 지어 신학적인 의미마저 지니고 있다. 퇴행은 고층빌딩에 대한 맹목적 동경과 같은 것이며(〈마천루〉), 노예들의 제의의식과도 같은 것이다(〈할렐루야〉). 그러나 노예들 을 그 망아상태에서 다시 진흙탕의 밑바닥으로 내동댕이치는 것도 그러한 퇴행의 수직선이다. 노예들 사이에 끼어드는 것은 그러한 양날의 수직선, 바로 맹신과 불신 이다. 바로 이것이 비더 영화에서 퇴행녀Retro Girl가 맡은 역할이다. 그녀들은 남자들 의 집단에 침투하여 이간질하고 끝내 그들을 바위절벽, 망망대해, 늪지대로 유인해 서 파멸시킨다. 그녀들은 지성마저 갖추고 있다. 하지만 이는 어디까지나 부패와 타 락을 가장 효율적으로 전개하기 위해서다. 물론 백인과 흑인, 남자와 여자, 주인과 노예 중 어느 하나가 퇴행의 마력으로부터 더 자유롭다고 말할 순 없다. 중요한 것

---

1. 비더의 필모그래피에 있어서 포퓰리즘의 개념사적 변천, 나아가 그 안에 내재되어 있던 이상주의와 실용주의, 집단주의와 개인주의, 제퍼슨주의와 해밀턴주의의 본질적 긴장관계에 대해선, Raymond Durgnat & Scott Simmon, *King Vidor, American*, University of California Press, 1988. 1, 3, 9장.

은 세계에 편재하는 파편화의 힘에 누가 더 민감하며, 이를 누가 더 대담하게 집도할 수 있는지다. 퇴행녀는 창밖의 화염과 빗줄기 속에 용출하는 신비한 폭소에 사로잡힌다(《숲의 저편》). 그리고 남자들이 사랑하던 대지마저 질투하고 끝내 수몰시켜 버린다(《루비 젠트리》).

그러나 개인과 집단은 파편화와 물신화에 대한 간접적 구분일 것이다. 왜냐하면 군중은 특수한 응집에 의해서만 물신화에 도달하기 때문이다(《마천루》의 고층빌딩, 《일용할 양식》에서 저수지). 로지는 개인-집단의 간접적 구분을 주인-하인이라는 직접적 구분으로 대체하면서 시작한다. 하인이 주인의 파편인 것만은 분명해 보인다. 주인은 고미술품, 쓰레기 조각상 같은 물신을 추구하기 위해 하인들을 동원한다. 하지만 바로 이 때문에 로지의 저 유명한 반전(주인-노예 변증법에 버금갈 만한)이 일어난다. 물신도 파편이기에 하인도 물신이다. 결국 주인은 하인마저 물신화한다.[2] 물론 로지가 초창기부터 이러한 사유에 이르렀던 건 아니다. 그의 초기작에서 주인과 하인의 구분은 여전히 강자와 약자, 법관과 무법자의 구분과 혼동되고 있었다(《녹색머리 소년》 《무법》 《빅 나이트》). 그러나 영국 망명을 기점으로 로지는 강자와 약자 사이에 내재하는 권력의 변태적 자학성, 물신의 내면화와 같은 퇴행회로를 발견했으며, 이로부터 주인과 하인의 완벽한 구분에 이르렀다. 주인은 퇴행에 너무나 사로잡힌 나머지 자신의 모든 권리마저 하인에게 이양하면서 스스로 퇴행의 먹이가 되어간다. 그리하여 주인은 지상에서 이미 효력을 잃은 물신의 숭배에만 매달리게 되며, 반대로 하인은 점점 그 물신이 되어 지하를 실질적으로 지배한다(《저주받은 아이들》). 주인은 하인에게 종속되어 더 이상 누가 주인이고 하인인지 구분할 수 없다(《하인》). 이 모든 것은 마치 하인이 주인을 비추는 거울인 것처럼, 반대로 주인은 그 거울 안에 갇힌 것처럼 일어난다. 일반적으로 비더가 하인들과 파편화를 통해서 한 것을, 로지는 주인과 물신화를 통해서 한다. 하인은 내려다보기 위해 물구나무선 군중이다.

여기에 로지 식의 폐쇄회로가 있다. 주인은 파편화됨으로써만 물신화를 완결하

---

2. "노예근성은 기본적으로 공포의 표현이다."(로지 인터뷰. *Conversation with Losey*, ed. Michel Ciment, Methuen, 1985, p. 229).

고, 하인은 물신화됨으로써만 파편화를 완결한다. 주인은 어느새 하인보다 더한 하인으로 퇴보하여 자신의 지배 안에 폐쇄되고, 반대로 하인은 수동적이지만 파괴적인 기생충이 되어 그 안에 자리 잡는다. 로지에게 폐쇄란 수동성으로 반전되는 능동성, 지배의 후굴을 통한 자기억압, 파편의 신격화를 통한 파편들의 역공과 역습 등과 떼어놓을 수 없다. 폐쇄회로는 그 자체로 출구 없는 미로를 형성하며, 권력과 사랑을 본류로부터 이탈시켜 그 가장 낯선 중심 쪽으로 후굴시킨다(해롤드 핀터 삼부작 〈하인〉 〈사랑의 상처〉 〈사랑의 메신저〉). 〈비밀제의〉에서 로지는 가장 흥미로운 폐쇄회로를 그려낸다. 서로에게 어머니와 딸의 분신이 되어주는 두 여자의 상호폐쇄회로는 계부의 개입과 딸의 임신으로 깨어지는 듯하지만, 임신한 아기는 인형임이 밝혀지고 다시 갈기갈기 찢긴다. 이것은 나선형으로 심화되고 있는 폐쇄회로 속의 폐쇄회로다. 과연 두 여자가 서로를 파편화하는 폐쇄회로가 사악한 계부가 조작하는 더 은밀한 폐쇄회로보다 더 나은 것이고 덜 불모의 것일까? 폐쇄회로는 탈주자들을 추격하기 위해 스스로 넓어지고, 심지어 더 넓어지기 위해 그들을 일부러 살려두는데도(〈고독한 추적〉)? 그렇다면 주인이 하인을 사랑할 수 있는 것과 하인이 기계적으로 주인을 사랑해야 하는 것과 무엇이 더 퇴행적인가(〈사랑의 메신저〉)? 로지는 비더가 막연하게 남겨두었던 폐쇄회로의 삼단논법에 가닿는다: 하인은 주인에 대해 잔상이다. 그런데 주인은 하인의 잠상이다. 고로 하인은 주인의 잔상이다(그래서 주인이 더 하인일 수 있고 하인은 더 주인일 수 있다). 로지의 영화는 기억력과 기억감퇴력의 일치 속에서 기억을 지배하려는 자가 거꾸로 기억과 그 파편성에 지배당하는 내러티브다.[3] 〈클라인 씨〉에서 진짜 클라인은 유태인들이 급처분하는 물신들로 이득을 보는 주인이었다가 유태인 클라인 씨로 오인 받고 그를 색출하려고 노력하는데, 바로 이 노력이 곧 퇴행력 자체로서, 그가 결국 발견하게 되는 것은 유태인 클라인 씨는 애초부터 한낱 잔상에 불과했었다는 것, 그리고 또한 애초부터 그 자신이 유태인 클라인의 잠상에 불과했었다는 사실이다. 즉 거울에 비친 다른 거울의 거울상, 잠상 속의 잠상(〈송어〉에서 거울 장면).

---

3. 〈사랑의 상처〉 〈사랑의 메신저〉에서 기억하기에 내재하는 파편화, 또는 기억의 현재변형력(과거의 현재성)에 대해서는 다음을 보라. James Palmer and Michael Riley, *The Films of Joseph Losey*, Cambridge University Press, 1993. 4~5장.

비더가 조각난 파편들이 누적되고 집단화되는 과정에서 어떻게 우상이 되는가를 탐구한다면, 반대로 로지는 우상이 찢기고 조각나는 과정을 통해 얼마나 그것이 애초부터 내정된 조각이었나를 탐구했다. 〈군중〉의 주인공은 결국 자신이 군중의 잔상이었음을 인정한다(이 생각에 이른 비더는 포퓰리즘과 중우정치의 신화로부터 철수하게 된다 : 〈전쟁과 평화〉 〈솔로몬과 시바〉). 반면에 〈하인〉의 주인은 잔상에 굴종하면서 하인의 잠상으로 변모한다. 이러한 차이는 비더와 로지의 플랑세캉스뿐만 아니라 그들의 광각렌즈의 운용에서도 고스란히 드러난다. 비더는 점점 내부로 들어가거나 점점 더 넓어지는 카메라의 움직임을 통해서 거대물신은 그 안에 깨알같이 들어차 있는 잔상들로 분해될 수 있음을 보여줄 것이다. 이것이 〈군중〉에서 고층빌딩을 타고 상승하던 카메라가 그 내부의 벌집공간으로 진입하는 장면의 경우다. 비더에게서 플랑세캉스의 접합부는 이중노출로 구성되어 있다. 이것이 기술적 한계가 아니라 존재론적 정당화다. 군중이야말로 먼저 이중노출 되어야 할 잔상들이기 때문이다. 반면 로지의 플랑세캉스는 이 이중노출을 거울과 그 대용물들로 대체하고 있는데 그의 움직이는 카메라는 거울, 초상화, 조각상, 그림자를 그 코너로 해서 굽어지고 휘어지는 것처럼 미로를 그려내고, 배경에 위치한 하인은 전경에 위치한 주인이 계속해서 자리를 바꾸면서 그 거울이나 조각상에 녹아들어 "관음증자" 혹은 "뱀파이어"의 바깥면을 만든다. 이것이 바로 〈하인〉의 계단 장면의 구조다(여기엔 물신의 공간까지 합친다면 6개의 공간이 연쇄되고 있다). 그래서 비더의 광각렌즈 속에서 사물들은 등간격으로 균질화되기 위해 등방적 배경으로 점점 후퇴하는 반면, 로지의 광각렌즈 속에서 배경은 공간 내의 사물들을 반사해냄으로써 점점 전진하고 사물들은 그에게로 빨려가듯 점점 후퇴한다. 새리스의 표현대로 로지의 스타일을 우리는 신경-바로크주의[4]라고 부를 수 있으리라. 주인이 감금된 곳은 그 자신의 뇌, 그 선험적인 노예근성이기 때문이다.

이 모든 차이에도 불구하고 비더와 로지가 미국적 폐쇄회로에 공헌한 공통점이 있다. 그들의 폐쇄회로는 현재를 파편화로 대체하기 위해, 과거를 무한퇴행하는 심연, 즉 무한히 죽음을 향하는 본원적 폭력과 그 무의미로 대체한다. 그들의 과거-

---

4. Andrew Sarris, *The American Cinema*, Da Capo Press, 1996, p. 98.

미래 폐쇄회로에서 과거는 더 이상 지나간 현재도 아니다. 그것은 있었던 적도 없기에 없었던 적도 없는 원과거임과 동시에 장차 올 리도 없기에 이미 와있을 수도 있는 원미래다. 군중과 물신이 이미 그러한 낯선 신화다. 그것은 그렇게 붉은 적도 없었으며 앞으로도 그렇게 붉을 리 없는 붉은 하늘이다(《백주의 결투》). 이것이 로지가 "영화 만들기가 하나의 제의ritual"라고 말한 이유다.[5]

7-2. 미국 언더그라운드 : 데렌, 앵거, 스미스, 마르코풀로스 등

우글거림, 파편들만이 있다. 그것은 군중이다. 군중은 더 이상 환경 안에 있지 않다. **군중이 환경이다.** '뉴 시네마 그룹'을 선언했던 미국 언더그라운드의 환경도 이것이었다. 그들은 군중의 심리(하위문화까지 포함하여)를 기록하는 한편, 영화에 내생적인 기계적 본성(내러티브를 배제하는)을 탐구한다는 이중적 과제 속에 스스로를 위치 지우면서 단지 키치나 캠프, 혹은 카메라 페티시 등으로 해명될 수 없는 퇴행의 네 가지 축을 공유하고 있었다. 먼저 이 사조는 대상을 조각난 이미지, 즉 푸티지로 간주하는 경향을 가지고 있었다(고로 그들에게 편집이란 몽타주보다는 다큐멘터리에 더 가까운 것이었다). 조각나서 버려지고 흩어져 버린 푸티지들을 건져내기 위해서 그들은 계속해서 지하로 향하며, 거기서 어떤 신성을 발견하려 했다는 점에서 고고학자의 면모마저 있다. 그들이 추구하고자 했던 것은 단지 대중문화가 아니라 대중신화다. 그것은 록스타나 네오나치와 같은 현대의 우상, 이미 종교가 되어 버린 미신, 그리고 사람들을 집단 최면상태에 빠뜨리는 마약이나 섹스와 같은 군중의 구심점, 밀집의 형식에 관련된다. 그리고 다른 한편으로 이 작가들은 파편화되어 가는 세계에 대한 기록이 그 기록수단이나 기록자에게 내정된 파편화와 형식적으로 일치해야 한다는 강력한 관념을 가지고 있었는데, 그것은 영화의 기록적 본성에 내재해 있는 증식이나 확장의 형식과 연관되어 있었다. 사진과 달리 영화는 관계의 기록, 즉 스스로 움직이고 확장되는 관계의 기록이며, 이것은 필름스트립의 원자

---

5. 로지 인터뷰. *Conversation with Losey*, p. 289.

적 구조(편집), 카메라 모터의 속도가변성(고속-저속촬영), 페이드나 디졸브와 같은 옵티칼 효과(이중노출) 등에게서 분명하다. 증식하고 다시 밀집하는 그러한 원자적 본성을 통해서 카메라 혹은 영화는 군중현상에 내재한 시간의 파편화를 따라잡을 수 있다.[6] 내러티브의 희생은 본질적인 것이며, 대신에 영화는 인간의 의식으로는 가 닿을 수 없는 영화적 무의식으로 향해야 했을 것이다. 그것은 군중처럼 자가증식하는 필름원소들의 관계 자체이며 비가시성과 가시성, 기계와 인간 사이를 가로지르는 기계적이나 또한 초월적인 영화적filmic 매개의 창조와 관련이 있다. 요컨대 미국 언더그라운드는 비더와 로지로부터 물려받은 퇴행의 네 가지 축을 현대화한다. 그들은 파편을 푸티지로, 우상을 대중신화로 대체한다. 이것은 내용과 기록의 차원이다. 다른 한편 형식과 창조의 차원에서, 그들은 파편화를 반내러티브적이고 필름특성적인 관계로 대체하고, 끝내 우상화에 새로운 영화적 임무를 부과한다. 그것은 대중매체mass media를 영매pyschic medium로 대체하는 일이다. 미국 언더그라운드 영화들은 대중신화를 촬영하는 카메라다. 만약 이 사조의 작가들이 비트족, 폭주족, 히피, 광신도들, 팬덤과 같은 대중퇴폐문화를 숭상하는 것처럼 보인다면, 그것은 집단기억의 신화로의 반전 때문이지 그 역이 아니다.

고로 미국 언더그라운드 영화에 군중의 형식과 속성들은 본질적인 것이다. 60년 선언문 훨씬 이전부터 마야 데렌은 이미 군중의 근본적인 발생을 다루었다. 그것은 분신 속에 나타나는 무한히 반복되는 자아분열이며, 여기서 자아는 텅 빈 거울만이 그 원본인 분신들의 무리로 변신한다(〈오후의 올가미〉). 데렌은 군중스트립의 주요한 두 속성에 이른다. 그것은 한편으로는 깨진 거울과 같은 분열이나 증식이고, 또 다른 한편으로는 체스말을 추적하는 와중에 생기는 밀집과 내밀화다. 고로 한편으로는 죽음 쪽으로 퇴장하는 자아(칼)와 다른 한편으로 신화로 입장하는 자아(열쇠)가 언제나 동시에 존재하게 되며, 분신은 각 시간에게 각기 다른 밀도를 부여하는, 시간 자체의 분열과 다중화를 의미한다(〈대지에서〉 〈변형된 시간 안에서의 제의〉). 데렌은 카메라가 시공간을 뛰어넘어 그를 압축하거나 연장하는 능력을 가지고

---

6. 이는 데렌이 쓴 다음 두 글의 주제다. Maya Deren, "Creative Cutting", "Adventures in Creative Film-Making." 이후 모든 데렌의 글들은 다음 책에서 인용하겠다. *Essential Deren*, ed. Bruce McPherson, Documentext, 2005.

있다는 것에 광적으로 매료되어 있었는데, 그중 특히 슬로우모션에 집착했다. 왜냐하면 그녀에게 슬로우모션이란 곧 "시간의 이중노출"을 의미하기 때문이다. 슬로우모션은 필름입자들에 대한 트래블링이다.[7]

끝내 시간에 이중노출되어 현상되는 것은 분신의 원동력이자 근원적 형식으로서의 무시간이다. 신화는 언제나 죽음과 정지를 내포한다. 이것이 앵거가 보여주고자 한 바다. 군중의 기저에는 죽음을 비호하는 근위병들이 있을 뿐 아니라(〈불꽃놀이〉 〈쾌락 궁전의 개관〉), 죽음을 향해 질주하는 바이커들과 그를 숭배하는 광신도들이 있다(〈스콜피오 라이징〉 〈내 악마 형제의 기도〉). 그들은 종양 덩어리처럼 분열하고 증식한다. 또 반대로 밀집하기 위해 서로를 식별하는 비밀코드나 타락의 징표들을 지니기도 한다(드래그 퀸의 의상들이나 장신구들, 악마적 문양들, 문신 등).[8] 앵거는 군중의 아주 독특한 속성을 발견한다. 그것은 현실적 퇴폐와는 구분될, 시간을 넘어서기 위해서만 취해지는 초월적 타락으로서의 동질성이다.[9] 이것은 또한 론 라이스와 잭 스미스의 의상도착자들과 양성애자들이 섹스파티의 눈부신 사치, 그 절정에 달해 이 모든 시간을 고갈시키기 위해 소환한 초월적 폭력을 통해서 이르렀던 속성이기도 하다. 혀가 발끝에 닿을 만큼 후굴된 신체, 마치 난교하기 위해 팔다리나 성기들을 이리저리 뒤섞어 그들이 분화되기 이전 상태로 퇴행해버린 신체, 차라리 초질성transgeneity(〈출룸〉, 〈황홀한 피조물들〉).

반면 마르코풀로스와 브로튼은 이 모든 것의 형이상학적 전제들을 발견해내려고 했다. 특히 마르코풀로스는 신화적 차원에서 만나게 되는 단일성과 다수성의 문제에 천착한 작가다. 그것은 분신들을 확장하기 위해 반복이 어떻게 단일체를 구성하느냐다. "내가 풀어야 첫 번째 신화는 나르시수스였다."[10] 초월적 밀집, 그것은

7. Maya Deren, "Adventures in Creative Film-Making", *Essential Deren*, p. 179. 데렌이 자주 드는 다음 비유에 주목할 것 : "사각형은 **빠르**거나 느리게 갈 수 있지만, 슬로우모션으로 갈 수는 없다."(같은 곳). 즉 사각형은 군중이 되지 못한다.

8. 앵거 영화에 있어서의 어두운 빛에 대한 탁월한 분석으로는 Williams C. Wees, *Light Moving in Time*, University of California Press, 1992. 5장. 위스는 헉슬리의 개념들("부적(talisman)")을 인용하며, 앵거의 영화에서 반사되는 빛과 자기반영하는 빛을 구분하기 위한 유용한 준거틀을 제공한다.

9. 이에 대한 당대 일반론으로는, Noël Carroll, "Identity and Difference : From Ritual Symbolism to Condensation in 〈Inauguration of the Pleasure Dome〉", *Millenium Film Journal*, no. 6, spring 1980.

10. Gregory Markopoulos, "The Adamantine Bridge", *Film Culture*, no. 53-54-55, spring 1972, p. 86.

현세에 유배된 프로메테우스, 포세이돈, 이오, 제우스, 이카루스 등이 점묘법적으로 그려내는 방랑과 회귀 속에서 피어나는 전일적 고독이기도 하고((일리아드적 열정)), 젊은 어머니와 늙은 어머니, 해와 달, 빛과 어둠 등으로 양쪽으로 잡아 당겨져 서로 멀어지는 시간들 사이에서 태어나는 우주적 동시성이기도 하다((두 번 태어난 남자)). 턱시도와 모피를 번갈아 입고 과학에서 종교로 회귀하는 자웅동체의 신비가 단성생식의 신화를 퇴현한다((그녀로서 그)). 마르코풀로스에게 영화에게 내재해 있는 이 자기회귀적 혹은 자기애적 동시성의 가장 강력한 증거는 프레임이었다. 프레임은 시간으로부터 유배된 조각이고 파편이지만 바로 그 덕분 각기 다른 시간들을 맺어주는 영매이기 때문이며, 결국 하나의 단일한 나르시스를 이루기 위해 서로가 서로를 해독해야 할 "상형문자"를 각자 새기고 있기 때문이다. 에로스와 나르시스, 프레임과 동시성의 관계는 구슬과 목걸이의 관계와 같다. 구슬들을 이리저리 꿰어 목걸이를 만들면 구슬들의 중심이 거기 있게 된다.[11] 일반적으로 미국 언더그라운드에게서 몽타주는 완전히 다른 의미를 갖고 있으며 이는 마르코풀로스에게서 가장 분명해 보인다. 편집이란 파편들끼리의 이중노출이며, 그 단속적인 섬광 속에 이루어지는 영원한 잠상의 퇴현이다((가멜리온) (슬픔)).

이는 브로튼이 가닿으려고 했던 지점이기도 하다. 모든 시간이 분화되기 이전의, 시간의 원초적 맹아, 그 자체로 순수하게 충족되어 있어 더 이상 어떤 시간에게로도 파편화되거나 대상화되지도 않는 영원한 객체((바로 그것)), 군중은 존재로서 바로 거기에 깃든다. 군중에게 그곳은 배설물과 정액을 헌납하는 입문제의를 통해 그로부터 다시 피어나야 할 대지이기도 하고((꿈의 숲) (쾌락의 정원)), 신체들이 난교를 하듯 포개진 채로 태어나고 죽는 침대이기도 하다((침대)). 그러므로 군중은 결코 무언가를 해독하는 사람들이 아니다. 그 존재 자체가 이미 상형문자이고 신화의 문장들이기 때문이다. 브로튼은 마르코풀로스가 영혼과 프레임으로 하려던 것을 신체와 샷으로 한다((황금자세)). 이 모든 것으로부터 브로튼의 '시'poem 개념이 나온다. 그에게 시란 시간 안에서는 밀집되기 어려운 이질적인 것들을 운집시키고

---

11. 1966년 5월 10일 뉴욕, (라디오 프리 유럽)에서의 마르코풀로스 인터뷰. 다음에서 재인용: *Gregory J. Markopoulos*, Whitney Museum of American Art, 1996, pp. 88~89. 마르코풀로스는 자신의 프레임 몽타주가 에이젠슈텐인의 것과 비교되는 것을 거부한다. 이유는 분명한 것 같다.

밀집시켜 그들을 그룹 짓는 공통의 몽상이고 집단적 꿈이다. "시란 개인적인 것에 대해 탈^{im}-개인적이고, 비^{non}-개인적인 것에 대해 개인적이며, 개인적으로 초개인적이다$^{personally\ transpersonal}$"[12] 시는 군중의 보편언어이고 폐쇄회로의 비밀코드다. 그러나 이 언어체계가 딱히 초현실주의적인 것은 아니다. 이것은 꿈이되 주관적이지 않은 집단적 형식을 가지며, 확장뿐만 아니라 밀집과 밀착에 의해서 작동하기 때문이며, 무엇보다도 팽창을 폐쇄로 대체하고 있기 때문이다(초현실주의의 영향을 받은 작품들은 오히려 시드니 피터슨과 스탠 브래키지의 초기작들이다).[13]

　　우리는 이 작가군이 공유하는 몇 가지 특성들이 군중의 속성을 패러디하고 있다는 것을 알 수 있다. 먼저 하나의 이미지가 파편화되는 것은 평등해지기 위해서다. 이것은 극단적 차이화를 통한 무차별화이며, 깨진 거울처럼 복제된 분신들에 의해 성취되는 평등의 차원이다. 앵거의 군중들은 유니폼을 입음으로써, 브로튼의 군중들을 아무것도 입지 않음으로써 평등해진다. 이미지의 퇴행한 형태인 푸티지는 이미지를 벗음으로써만 파편화를 완성한다. 데렌의 바다와 모래사막, 브로튼의 에덴동산은 헐벗은 환경들로서 평등의 완벽한 실체들이다. 윌라드 마스와 마리 멘켄 역시 이에 이른다(〈신체의 지리학〉에서 극단적으로 확대된 신체부위들). 둘째 파편들은 평등을 더욱 지속하고 또한 강화하기 위해서 동일한 목표와 그에 이르는 동일한 방향성 아래 정렬된다. 이것은 체스말을 쫓는 분신들이 일궈내는 공간의 만곡이나 왜곡일 수 있고, 혹은 바이커들이 질주하는 경사진 공간일 수 있다. 이러한 이방성^{異方性}이 렌즈를 통한 공간의 왜곡을 포함한다면 그것이 시간 바깥의 목표를 추적하는 방향성이기 때문이다. 사치는 추적, 혼합, 이방성의 공감각화다. 스미스는 순수하게 생체학적이거나 해부학적인 사치를 추구한 작가다. 다른 한편 파편들은 성장하고 불어나는데, 이것이 세 번째 특성이다. 이것은 단지 표면의 양적인 증식이 아

---

12. James Broughton, *Film Culture*, no. 61, 1975~76, p. 27. 제임스 브로튼 특집호다. 브로튼의 사상을 집약하는 글들이 대거 실려 있다.

13. 시트니는 데렌이나 브로튼의 영화들을 초현실주의 작품들(예컨대 〈안달루시아의 개〉〈시인의 피〉)로부터 성공적으로 구분해낸다. 아담스 시트니, 『시각영화』, 박동현 외 옮김, 평사리, 2005. 특히 1장과 2장을 보라. 이 책을 인용하면서 노게즈도 비슷한 비교를 시도한다. Dominique Noguez, *Une Renaissance du Cinéma*, Klincksiek, 1985. 25장. 노게즈는 추상적이긴 하나 우리와 비슷한 결론에 도달한다(27장).

니라 쪼개지고 분열되는 시층의 증식이다. 데렌과 라이스의 영화들은 바로 이렇게 편집되었다. 이것은 각기 다른 속도와 밀도로 풀려나가는 동일한 실타래와 같은 것이다. 카메라의 모터는 바로 이 가변성을 준다. 그것은 단지 동일한 시간 안에 국한되는 속도의 가변성이 아니라, 동일한 속도로부터도 분기되어 가는 시간 자체의 가변성이다.[14] 마지막으로 이 모든 파편화된 시층들은 다시 모이고 밀집되어야 한다. 문제는 매개변수를 찾아내어 그 구심점을 찾는 일이다. 혼합된 밀도의 정점엔 우상이 있다. 우상은 밀집되고 또 밀집시키기 때문이다. 데렌은 이 문제를 〈카메라를 위한 안무 연구〉와 〈폭력의 명상〉에서 옵티컬 효과와 편집에 의존하지 않고 일부 해결하게 된다. 마르코풀로스는 점멸적 동일성에 이른다. 마리 멘켄은 이를 순수지각의 차원에서 보여주었다(〈정원의 섬광〉 〈아라베스〉 〈광채들〉).

요약해보자. 파편들의 평등과 관련된 동질성의 차원, 물신의 추적을 정의하는 이질성의 차원이 있다. 전자가 광각렌즈나 망원렌즈의 사용에 대응된다면, 후자는 시점의 이동이나 카메라의 움직임과 같은 비현실적 운동에 대응되며, 금속표면이나 보석표면에서 얻어지는 색이나 광택에 의해서 완전히 추상화된다. 또 다른 한편 파편화는 증식의 차원에 놓고, 물신화는 밀집의 차원에 놓는다. 전자가 역모션까지 포함하는 카메라 모터의 역량과 관계된다면, 후자는 이중노출과 옵티칼 프린팅에 관련된다. 동질성, 이질성, 증식, 밀집. 이 성질들은 결코 모순되지 않는다. 군중이 그렇기 때문이다.

미국 언더그라운드를 정의하는 밑그림은 다음과 같다 : 세계 쪽엔 군중이 있고, 그를 바라보는 영화 쪽엔 군중의 형식이 있다. 이 내용과 형식의 일치가 단지 우연이라고 생각하는 것은 어리석다. 세계는 파편들만이 꿈꿀 수 있는 집단 무의식을 영화에게 내어주고, 영화는 필름스트립만이 행할 수 있는 창조적 제의를 세계에게 내어준다. 앵거는 자신의 영화를 관객들의 머리에 영사하고자 했다. 이런 태도는 이 작가군이 영화에게 부여한 사회학적인 동시에 신학적인 지위를 아주 잘 보여준다. 영화가 여전히 기록이라면 그것은 군중의 시간이 아니라 군중의 신화를 기록하는 제

---

14. "시간의 다른 기간들이 동시적이 될 수 있을 뿐만 아니라, 시간의 다른 차원들(orders)도 동시적으로 일어날 수 있다." Maya Deren, "Creative Cutting", *Essential Deren*, p. 148.

의적 행동이다. 제의는 오직 군중의 것이기 때문이다. 데렌은 "제의형식"ritual form이라는 용어로 이 모든 것을 요약했다. 그것은 영화의 관심사는 더 이상 개별 주체와 시간이 아니라, 집단적 주체와 신화라는 것을 의미한다.[15] 또한 시트니는 "몽환 영화"Trance Film 혹은 "신화 영화"Mythopoeic Film라는 용어를 제안했다.[16] 더 좋은 정의는 위스가 내놓은 것, 즉 "파운드 푸티지로 이루어졌지만 파운드 푸티지 영화는 아닌 영화"[17]다. 제의형식을 간과한 채 이 작가군을 오해한 것은 오히려 비평 쪽이었다. 당대 비평가들이 뒤집어씌운 것과 달리 이들은 카메라의 영화적 형식을 반성하는 유물론자들이 아니다. 오히려 그들은 카메라가 무당이길 원했다. 어떤 점에서 그들은 스스로 선언했던 '사적 영화'personal film의 피상적 의미와도 훨씬 멀어져 있었다. 세계에 넘쳐나는 군중의 형상을 영화화하려고 했기 때문이다. 차라리 사적 영화는 사적 연대성을 의미한다. 개인주의가 아니라.[18] 아울러 그들은 카메라 페티시의 작가들도 아니다. 오히려 세계를 살아 움직이는 거대한 페티시로 삼으려고 했던 신화학자들이다. 미국 언더그라운드는 퇴행신화영화retromythic film, 혹은 퇴행군중영화retrochlo film라고 불려야 옳다.

7-3. 군중과 신화

---

15. "제의형식은 인간을 드라마 액션의 재료로서 다루지 않고 드라마 전체에 있어서 **탈인간화된 요소**(depersonalized element)로 다룬다. 이러한 탈인간화의 목적은 개인의 파괴에 있는 게 아니다. 그 반대로 그것은 인간을 개인적 차원을 넘어 **확장(enlarge)**시키고, 개인성의 특성화와 한계로부터 해방시킨다."(Maya Deren, "An Anagram of Ideas on Art, Form and Film", *Essential Deren*, pp. 58~59. 강조는 인용자). 매트릭스 혹은 모자이크 형식으로 쓰인 이 소논문은 데렌의 중요한 논리들을 포함하고 있다. 과학과 예술의 비교에 대해서는 2B, 대상에 대한 폐쇄회로의 독립성 혹은 그 이중감광에 대해선 1C, 고로 의례형식으로서의 이중감광에 대해선 1B를 보라.

16. 이것이 『시각영화』의 큰 주제 중 하나이다. 시트니는 책 전반에 걸쳐 '몽환영화'와 '신화영화'를 자아와 집단으로서 구분하려고 하지만, 우리가 볼 때 이는 쉽지 않은 것으로 보인다. 군중은 자아 안에도 존재하기 때문이다(그리고 이것은 시트니 자신이 구분점으로 이용하려고 했던, 데렌과 마르코풀로스의 경우에서 가장 분명하다). 이 책은 낭만주의 문학사를 영화사에 투영하는 방식으로 쓰였다.

17. Williams C. Wees, *Recycled Images*, Anthology Film Archives, 1993, p. 3.

18. 기실 '사적'(personal)이란 개념은 1인 제작시스템 같은 개인적 창작보다는, 독립적 제작/배급방식과 같은 개인 대 개인의 직접연결을 의미하고 있었다. 요나스 메카스가 1961년과 1962년에 *Film Culture*에 기고했던 글들을 보라.

이것은 벤야민이 예견했던 바다. 세계는 총체성을 잃고서 파편화되어 군중으로 득실댈 것이며 군중은 영화의 진정한 주인공이 될 것이다. 하지만 파편화는 신화와 반대되지 않는다. 외려 군중과 신화는 상보적인 개념들이다. 군중은 신화의 인식근거이고 신화는 군중의 존재근거다. 철학에서는 이 주제를 다뤘던 두 권의 위대한 책이 있다. 그것은 소렐의 『폭력에 대한 성찰』과 카네티의 『군중과 권력』이다. 소렐은 소수가 역사로부터 외삽해내는 이데올로기와, 다수가 역사를 절단하기 위해 스스로 품는 신화를 구분했다.[19] 카네티는 무리(사냥 무리·전투 무리·애도 무리·증식 무리…)로부터 군중을 구분하고 그 주요한 특성들(방전·파괴·분출·추적감정)에 따라 군중의 유형들을 분류했으며, 무엇보다도 고대부터 현대에까지 끊이지 않고 발효되고 있는 군중 현상들(축제·전쟁·의회제·인플레이션·공동묘지·전염병…)을 찾아냈다. 이것은 군중의 유형학이자 고고학이다.[20] 아마도 우리는 위의 미국작가들을 카네티의 군중유형대로 분류해볼 수도 있을 것이다. 데렌에게는 그림자와 체스말을 추적하는 추적군중이 있는 반면, 마르코풀로스에게는 시간과 그 모순으로부터 끊임없이 달아나고 출구의 수수께끼를 풀기 위해 사색에 잠기는 도주군중들이 있다. 앵거에게는 흑마술적 에너지를 분출하면서 질주하고 봉기하는 역전군중이 있고, 브로튼에게는 시간에 파업을 선언하면서 최대한의 평등을 누리는 금지군중이 있으며, 스미스에게는 방종과 향락 속에서 고밀도의 평등을 성취해내는 축제군중이 있다….

군중은 '캐릭터'(웰스)를 가진다. 군중은 파편화의 함수일 밀도에 따라 성장하거나 쇠퇴한다. 군중의 본질은 반전, 즉 "접촉공포의 전도"[21]에 있다. 군중은 증식하는 파편들의 밀착이고 내밀화이며 그를 통한 반전이다. 그래서 군중은 한편으로는 파편들의 경로라 할 수 있는 시간과 의식류를 따라가고, 다른 한편으로는 물신과 우상의 경로라 할 수 있는 시층면과 무의식에 다다른다. 군중의 기억과 의식은 그 자

---

19. 조르주 소렐, 『폭력에 대한 성찰』, 이용재 옮김, 나남, 2007. ("한 덩어리로서 그리고 단 한 번의 직관으로 일깨울 수 있는 총체적 이미지들", 175쪽).

20. 엘리아스 카네티, 『군중과 권력』, 강두식·박병덕 옮김, 바다 출판사, 2002. 우리는 공포영화를 다룰 때 다시 이 책을 참고할 것이다(4부).

21. 엘리아스 카네티, 『군중과 권력』, 18쪽.

신의 공극률에 비례하고, 그의 무의식은 그 밀도에 비례한다. 이것이 군중이 개인적이거나 집단적인 기억을 다루는 방식일 것이며, 미국 언더그라운드 작가들에게도 마찬가지일 것이다. 그들은 분명히 지하 오물처리장에 버려진 잔해들과 파편들을 다루지만, 그것들이 그토록 퇴행하는 것은 공극률을 최소화하는 입자들로 수축되기 위해서다. 마르코풀로스는 이를 실천뿐만 아니라 이론으로도 보여주었다. 점멸하는 프레임이란 작아질수록 더 가벼워지고 더욱 넓은 무의식면을 그려내는 "시간의 입자"particle of Time다("하나의 시간입자는 무수히 많은 수감된 이미지들을 담고 있다"22). 시간의 입자는 데렌이 고속촬영으로 되찾은 체스말이고, 마르코풀로스의 프레임이며, 앵거의 엔진과 흑가죽으로부터 방사되는 진동파이고, 브로튼과 스미스의 팔다리이고 생식기다. 시간의 입자는 미래를 품고서 기억의 지층으로 침윤하는 트래블링의 단위이고(고로 그것은 이중노출의 단위이기도 하다), 정확히 무시간에 밀집하는 군중 자체다. 그들은 이미 낡아 버린 신화들과 경쟁하기 위해 "고대의 향기, 원초적인 것의 메아리, 영속적인 것의 맛"으로부터 미래를 기억해낸다.23

데렌은 집단주체collective subject를 말했다. 허나 그것은 단지 객관-주관이라는 케케묵은 문제가 아니라 정확히 과거-미래의 문제였다. 데렌은 각 개별 입자의 과거가 서로에게 미래가 되는 무시간이야말로 군중의 유일한 환경이라고 단언했고,24 이 것은 미국 언더그라운드의 사상적 기조가 되었다. 즉 신화는 기억불가능한 것이지만 바로 그 때문에 집단창조에 의해서 기억되어야 할 것이다.25 영화에 대해서도 같

22. Gregory Markopoulos, "The Intuition Space", *Millennium Film Journal*, no. 32/33, fall 1998, p. 71. 고로 "시간은 크리스탈화다. 하나의 보편적 입자."(같은 곳). 또한 "단일 프레임 혹은 프레임들의 그룹들⋯ 우리는 그러한 것들이 무엇을 담고 있는지 상상할 수 없다."(p. 72).

23. James Broughton, *Film Culture*, no. 61, 1975~76, p. 27. ("시란 존재하고 존재했었고 또 존재할 것이다. 그것은 그것이 과거와 미래에 연결되는 한에서만 현재에 속한다." 같은 곳).

24. 그녀의 원문은 다음과 같다. "집단주체라는 것이 있다. 아이처럼 우리 모두는 감춰진 채로 있는 상자를 하나씩 가지고 있다. 각각에게 그 상자는 사적이고 내밀하며 은밀하다. 예술의 소통은 이러한 상자들, 주체들 사이에 존재하며 우리 모두가 공유하지만 사적으로 공유하는 비밀인 것이다."(Maya Deren, "New Direction in Film Art", *Essential Deren*, p. 208. 강조는 인용자). 또는 "신화적 실재성, 그것은 한 개인의 관찰을 의미하지는 않는다."("Anagram", *Essential Deren*, p. 66).

25. "우리는 무를 개시한다. 모든 것의 기원은 우리들 바깥에 있다."(Jack Smith, "Statements, Ravings, and Epigrams", *Wait For Me at the Bottom of the Pool*, ed. J. Hoberman and Edward Leffingwell, High Risk Books, 1997, p. 151).

은 것을 물을 수 있을 것이다. 영화가 사진적 본성을 가진 것은 분명한 것이라면, 영화는 단지 기록매체이고 기억기계일 뿐인가? 데렌의 현명한 대답은 영화의 사진적 본성은 거부할 수 없는 것이나, 바로 그 때문에 영화는 기록과 창조, 발견과 발명 사이에 스스로 위치 지우며 기억을 발명해내는 기계가 된다는 것이었다. 이것이 그녀가 **사진적 폐쇄회로**라 부른 영화의 본질적 메커니즘이다.[26] 그리고 이 폐쇄회로의 매개변수는 군중이 밀집하고 또한 증식하는, 절대 오지 않는 시간이다. 그러한 한에서 영화는 "개인적 관찰자를 지시할 수는 없는 신화적 실재를 창조"[27]한다.

　데렌이 정신분석학 비평에 반대한 이유도 이것이다. 정신분석학은 카메라의 본성을 생략해버린 채 한 작가 개인이 자신의 무의식을 자유표현할 수 있다고 전제한다. 하지만 그녀가 볼 때 정신분석학이 생략한 바로 그 카메라의 본성이 집단 무의식을 끌고 들어온다.[28] 필름스트립으로 이루어져 본성부터 원자적인 카메라에게 군중은 선험적인 것이다. 차라리 군중은 영화의 이드[id]다. 비록 갑작스러운 죽음으로 데렌은 이 모든 것을 증명해 보이진 못했으나 다행히 그녀는 후계자들을 가졌다. 물론 미국 언더그라운드가 전시하는 퇴행력이 죽음충동과 비슷한 것은 사실이나, 여기서 죽음충동은 어디까지나 매개의 역할에 머물러 더 크고 실재적인 목표를 부여받는 것 같다. 죽음충동을 매개로 삼아 밀집하고 증식하려는 군중, 거대한 귀신무리나 유령집단이 되기 위해 동반자살하려는 군중, 차라리 쓰레기의 산맥을 이루려는 군중,[29] 즉 열린 미래를 폐쇄하여 바로 그 안에서 스스로 거대한 물신이 되려는 군주체[collective subject]를 일반 정신분석학은 설명하기 어려워 보인다. 분명히 폐쇄회로는 무시간적이다. 하지만 그 이유는 그것이 과거할 새도 없이 미래하기 때문이다. 군중은 발명하기 위해서 신화를 요구하고 신화는 발견되기 위해서 군중을 요구한

---

26. 이 문제는 다음 글에서 다루어지고 있다. Maya Deren, "Cinematography : The Creative Use of Reality", *Essential Deren*.

27. Maya Deren, "Anagram …", *Essential Deren*, 2B p. 66.

28. 같은 글, 3B pp. 71~72. 마찬가지 이유로 데렌은 영화에게 초현실주의란 불가능할 것이라 보았다(같은 글, 2C p. 87).

29. 파편들의 교환 혹은 공유는 잭 스미스의 "거대 쓰레기장"(giant junkyard) 도시계획에 잘 나타나 있다. Jack Smith, "Uncle Fishook and the Sacred Baby Poo Poo Art", *Wait For Me at the Bottom of the Pool*, p. 115.

다. 미국 언더그라운드의 신화작가들이 군중의 유일한 행위로서 선언한 것은 결국 퇴접이다. "창조, 그것은 신적 유산이다. 성취된 적도 배워본 적도 없는."[30]

　　요나스 메카스는 검열체제와 할리우드에 저항했다. 허나 그 이유는 그러한 기제들이 바로 이 세계의 정신분석학 구실을 하고 있었기 때문이다. 실상 메카스가 소형영화 작가들과 소규모 관객들의 자율적 조직을 통해 보여주려고 했던 바도 이것이다. 군중이 과거-미래 사이의 폐쇄회로다. 물론 군중은 시간 속에서 폐쇄될 수도 있고 반대로 열릴 수도 있을 것이다(카네티의 구분처럼 닫힌 군중과 열린 군중). 그러나 그러한 성장과 쇠퇴가 가능한 것은 군중은 시간 바깥에서 스스로를 폐쇄하기 때문이다. 그들이 스스로를 닫은 그 환경은 어떠한 기억과 과거에 의해서도 정당화되지 않고, 어떠한 예견과 미래에 의해서도 의도되지 않는다. 군중은 신화에 스스로 폐쇄되는 파편들의 집합이다. 그리고 영화는 그 본질적 수단으로서 굿이고 춤이며 제의 자체다. 영화는 그럴 자격이 있다. 포토그램들이 우글거리는 영화의 존재론적 구조가 바로 군중적이고 제의적이므로. 영화의 제의형식이 곧 군중의 폐쇄회로다. 폐쇄는 군중이 시간에 대해 가지는 자율성을 의미한다. 군중은 스스로 신화화하는 한에서만 자족적이고 자율적이며 자가생성적이다. 군중은 가장 거대하고도 심오한 물신 자체다. 이것은 아방가르드라는 고약한 명칭에 대한 그들의 생각과도 일맥상통한다. 아방가르드는 예술보다 미리 오는 것이 아니다. 그들에게 아방가르드란 어떤 기억과 예견에도 논박당할 수 없는 과거의 재해석과 변형, 그 체계로서의 신화의 창조를 의미했다. 그래서 우리는 잘해야 아방가르드는 존재하지 않는 것으로 말할 수 있을 뿐이다. 왜냐하면 그것은 과거-미래를 퇴접하기 위해 현재를 건너뛰기 때문이다.[31] 아방가르드는 예술의 미래가 아니다. 반대로 그것은 예술의 과거-미래 폐쇄다. 그리고 미래한다는 것, 그것은 군중의 자율적 행위다. 미학과 역사에 있어서도 마찬가지다. 다른 모더니즘 비평가들과 달리 후안 수아레즈는 분명히 미국 신화영화들에서 이러한 군중학의 원리를 보았다. '예술의 자율성'이라는 희한한 개념을 책임져야 할 당대의 비평은 아방가르드가 단지 예술로부터 도주한다고 생각한 반

---

30. Gregory Markopoulos, "The Intuition Space", *Millennium Film Journal*, p. 72.
31. "아방가르드란 용어는 장소도 국적도 갖지 않는다. 그것은 보편적이다. 그것은 '언더그라운드'처럼 실존하지 않는 것이다."(마르코풀로스 인터뷰. *Gregory J. Markopoulos*, p. 84).

면(아방가르드는 부르주아 예술로부터의 도주이고 키취는 아방가르드로부터의 재차 도주라는 식이다), 수아레즈는 아방가르드가 예술의 한가운데로 뛰어들어 "단지 다른 예술을 생산하는 것이 아니라 예술을 다르게 생산한다"고 보았다(고로 아방가르드는 더 이상 예술의 죽음으로서의 형식의 자율성이 아니라 단지 죽음을 내기건 경험의 통합성이다). 왜냐하면 아방가르드는 대중문화를 외면한 적이 없고 외려 그것을 파운드 푸티징하기 때문이다(예컨대 호모섹슈얼리티는 군중 해체의 증거가 아니라 오히려 군중 발생의 조건이다). 한마디로 예술의 자율성으로 오해되던 것은 사실 **군중의 자율성**이다.[32] 분명 군중은 허튼 시간을 생산하는 도주가 아니라, 시간을 다르게 생산하는 역전과 축제를 원한다. 그리고 아방가르드에게서 신화는 도피처가 아니라 무기다. 그것은 군중을 변증법의 끝이 아니라, 시간의 끝으로 동원하기 때문이다. 역사는 은유를 모른다. 예술도 마찬가지다.

---

32. Juan A. Suárez, *Bike Boys, Drag Queens, and Superstars*, Indiana University Press, 1996. 1장. 이 책만큼 미국 언더그라운드 영화들의 예술사적 위치를 군중학적으로 재발견해내고 있는 책은 드물다. 수아레즈는 예술의 자율성 논의에 대항할 때 뷔르거의 논의를 차용한다. 앵거와 스미스의 영화들에서 나타나는 형이상학적일 뿐만 아니라 정치학적 '양가성'에 대한 분석도 보라(4장).

역사의 신화

8-1. 신화변주의 네 가지 테제들 : 지버베르크, 워홀, 얀초, 매딘

    우리는 이제 역사라는 다소 무거운 주제를 다루려고 한다. 분명 역사는 세계의 기억이다. 그런데 여기엔 엄청난 선입견이 자리 잡고 있다. 역사는 선형적이고 심지어 인과적인 연속체라는 선입견이 그것이며, 이는 역사학자들과 해석자들에게 깊이의 관념을 내어주곤 한다. 역사–연속체, 이것이 우리가 역사를 다루기 전에 자문해봐야 할 것이다. 과연 영화도 이렇게 생각했을까? 필연적으로 군중의 예술이고 그 자체로도 포토그램의 다층적 덩어리이며, 필름스트립이 밀집하여 이룬 집단적 주체인, 그리하여 결국은 본질적으로 그의 영사가 제의적 행위일 영화도? 벤야민의 예언대로 군중은 전쟁터에 운집한 반란군들이나 병사들과 함께 본격적으로 영화화되기 시작했다. 그런 의미에서 군중은 영화에게 가촉성 자체를 의미했다. 군중은 밀도의 철학이기 때문이다. 군중은 영화에게 신체를 주었으며, 반대로 영화는 군중에게 신체를 주었다. 하지만 이것은 단지 현실적인 신체가 아니다. 그것은 한편으로는 순수한 물질로 퇴행하는 신체이며, 다른 한편으로는 정화되고 비약하려는 이상적이고 신화적인 신체. 이것이 나치의 웅장한 제의를 통해서 레니 리펜슈탈이 보여준 바다. 물질을 이루는 분자와도 같이 운집하는 개인들이 한 축이고, 그들이 통일하는 숭고한 신체가 또 한 축이다(《의지의 승리》 〈올림피아〉). 리펜슈탈이 거시적 수준에서 상위신체적supra-corporeal 군중을 다루었다면 군터 브루스, 오토 뮈엘, 헤르만 니치와 같은 전후 비엔나 행동주의자들은 반대로 미시적 수준으로 기어들어가 하위신체적infra-corporeal 군중을 다루었다. 특히 니치(크렌의 공동작업자들과 달리 영화에는 거리를 두었던)는 희생제의를 통해서 신체를 전쟁터 혹은 전쟁기념관으로 만드는 내장들과 부속기관들 추출했으며, 또한 초인류적인 신체의 출현을 알리는 이념적 고통을 추출했다. 분명히 역사는 군중의 역사다. 그렇다면 역사는 잔해들과 잔상들의 연쇄다. 왜냐하면 신화적 신체를 가지는 군중에 대해 그 개인들은 잔상들이기 때문이다. 단 가촉적인 잔상들. 뜯기고 절단되어 퇴행해버린 내장들과 팔다리들은 미래하는 신체를 구성하는 그의 잔상들이다. 이것이 1934년 뉘른베르크에 있던 어떤 사람도 오직 사후적으로만 개인이 되는 이유다.

군중은 잔상들의 집합이라는 전제 아래 우리는 다음 네 가지 테제들을 제시한다. 첫째 군중은 스스로를 이중노출한다. 고로 역사는 군중의 역사인 한에서 이중노출은 역사화이며 그 역도 성립한다. 이중노출이란 권리상 다중노출이다. 둘째 군중은 역사를 트래블링한다. 군중은 이중노출됨으로써만 역사를 여행할 수 있기 때문이다. 트래블링은 의례적 행동이다. 셋째 고로 역사는 군중의 플랑세캉스이다. 역사-플랑세캉스란 그 바깥켜를 배태할 때까지 밀집하고 증식하며 상전이하는 군중의 발생학이다. 넷째 군중은 역사의 바깥켜, 그 최저시층면에 거한다. 마치 뮤엘, 브루스, 니치의 살점조각들이 신체의 절단면에 겹치고 얽히며 거하는 것과도 같이. 개인이 잔상인 것처럼, 군중은 영원한 잠상이다.

영화는 역사진보론만큼이나 역사종말론도 반대한다. 이들 모두는 조야한 역사연속체를 전제하기 때문이다. 역사는 단지 연속적이지도 불연속적이지도 않다. 그것은 시퀀스적이고 계열적이다. 역사는 망각된 군중의 시퀀스이기 때문이다.

우리는 이러한 테제들을 아우르며 제의와 역사에 대해 고찰했던 몇 명의 작가들을 만나게 될 것이다. 이들은 비슷한 이미지들과 문법들을 공유하기도 하고 또 서로 비켜나기도 하면서, 위 테제들 중 어느 하나를 부각시킬 테지만 공통된 태도를 지니고 있었다. 〈히틀러〉에서 지버베르크는 나치의 신화(정치적, 미학적, 심지어는 우주론적)를 분해하는데, 그것은 단지 그 신화가 깊이와 근거가 없는 엉터리 거짓말이었음을 보여주기 위함이 아니라, 반대로 그것이 얼마나 많은 평면들의 퇴적물인지를 보여주기 위함이다. 무대 위에 늘어선 군인들, 추종자들, SA와 SS, 또한 과학자와 신학자들, 무엇보다도 그들의 물질화된 분신들(꼭두각시, 마네킹, 슬라이스처럼 얇게 저며진 스탠딩 사진들, 실제 배경을 대체한 인위적인 배경사진)들은 나치 신화의 깊이를 구성하는 지층면의 잔상들이다. 특히 목소리가 그렇다. 목소리는 주어진 프레임의 안팎을 신출귀몰 넘나드는 잔상殘像집합체다(《파르시팔》).[1] 지버베르크는 단언한다. 우리가 괴벨스와 히믈러의 깊은 속셈, 히틀러의 헤아릴 수 없는 내면에 대해 반추해보려고 하는 것이 어리석은 만큼, 그 모든 것이 엉터리 신화에 근거한 광기였다고 치부해 버리는 것도 어리석은 짓이다. 히틀러는 죽지 않는다. 히틀러도 잔상이며, 무엇보다도 그 다단한 잔상들의 중층으로서의 다중노출일 뿐이기 때문이다. 지버베르크의 경고 : 히틀러는 이미 여기, 군중 속에 존재한다. 왜냐하면 군중이 잔상인 한, 히틀러는 잔상군중을 포개고 조립하는 옵티컬 기술자나 편집기사로서 이미 그 군중에 속하기 때문이다.[2]

워홀의 영화는 바로 그 군중을 겨냥한다. 그에게 영화란 이미 현대의 제의였고, 먹고 듣고 잠자고 빈둥거리는 무의미한 운동 속에서 그 도래가 끝없이 지연되는 신화 자체였다(《먹기》〈잠〉). 제의는 여기 있으되 군중은 어디 있는가? 워홀의 대답은 간단하다. 군중은 이미 스크린 앞에 앉아있다. 초고층빌딩 같은 숭고한 신체에게로 트래블링하기 위해 이미 잔상이 된 관객처럼 말이다(《엠파이어》). 히틀러만큼이나 신화적인 자본주의 안에서 영화 또한 숭고한 물신이며, 군중은 물신 앞에 주체성이 소멸되어 잔상이 되어버린 상품구매자와 같은 것이다. 바로 여기서 워홀의 – 얄밉지만 탁월한 – 정식이 나온다. 영화물신은 소비자들을 불러 모으고 또 탕진시켜 버린다는 점에서 영화의 형식은 자본주의의 형식과도 동일한 것이다. 영화는 자본이다.[3] 만약 워홀의 영화가 나르시시즘에 연관된다면 그것은 자본의 나르시시즘이다.[4] 그

---

1. 지버베르크 작품들에서 이미지와 사운드의 탈싱크에 관해서라면 다음 두 책을 보라. 질 들뢰즈, 『시네마 II : 시간-이미지』의 결론 장. 미셸 시옹, 『영화의 목소리』에서 10장.("동시화는 거의 의례적인 의미를 가진다.", 220쪽).
2. 실제로 나치즘의 체계는 완벽한 전체주의가 아니었다. 나치즘에 있어서 일상구조뿐만 아니라 정치구조의 파편성("원자화")에 관해서는 다음을 보라. 데틀레프 포이케르트, 『나치시대의 일상사』, 김학이 옮김, 개마고원, 2003.
3. 워홀 작품과 자본 간의 동형성에 관한 뛰어난 분석으로는, Juan A. Suárez, *Bike Boys, Drag Queens, and Superstars*, 6장.
4. 워홀의 영화가 대단히 현학적인 논쟁을 불러일으킨 것만은 사실이다. 그것은 기록도 아니고 현존도 아닌 시간성을 취했기 때문이다. 즉 그는 기존의 유물론적 변증법이나 낭만주의의 구도로는 설명되지 않는 제국의 시간을 취했기 때문이다. 낭만주의와 반낭만주의 사이에서 머뭇거리지만, 워홀의 작품들에서 나르시시즘의 역학을 읽어내는 대표적인 저작으로는 Stephan Koch, *Stargazer*, Marion Boyars, 1991. 기실 워홀의 영화는 퇴현을 반재현으로, 무시간의 구심력을 구체적 시간의 원심력으

것은 맑스와 힐퍼딩이 예견했던 자본 자신의 신화, 즉 모든 심화의 운동이 물신 앞에 정지해버리는 〈유통시간=0〉이라는 신화다. "돈은 나에게 순간Moment이다."[5] 워홀의 영화는 그 자체로 자본주의 의례다. 그 앞에서 군중은 "흩어지지 않는다. 왜냐하면 모이지도 않기 때문에."[6]

워홀과 가장 대비시켜야 할 작가는 미클로슈 얀초일 것이다. 그는 트래블링을 스크린 안쪽으로 들여놓고 군중을 자본주의의 대척점으로 이끌기 때문이다. 얀초의 플랑세캉스는 군중의 발생학이다. 얀초의 저 놀라운 매스게임은 흡사 내부와 외부의 게임처럼 진행된다. 죄수와 교도관의 무리가 있고, 적군과 백군의 무리가 있다. 그들은 서로 마주 보거나 포위함으로써 쇠퇴와 발생을 반복한다(〈검거〉〈적군과 백군〉). 얀초의 최고작일 〈붉은 시편〉은 이 발생을 가장 길게, 그러나 가장 입체적으로 보여준다. 농민 무리는 모여들었다가 다른 무리가 감싸거나 파고들면서 다시 흩어지거나 다른 무리가 된다. 대립의 양상 또한 그렇다(병사들이 춤추는 무리에 섞여들었다가 다시 빠져나오는 학살 장면). 이것은 군중으로 하는 몰핑morphing이다. 군중은 조화 혹은 부조화의 정도를 표현하며 어떤 형상, 흡사 융이 말하는 '내용 없는 형'Typus을 이루고는 또 이내 변형된다. 이것은 역사적 사건의 상징적 재현이 아니다. 반대로 이것은 그 사건의 형상화이며, 아울러 그 형상은 역사연속체의 단면을 구성한다. 군중의 형상은 역사연속체에 새겨 넣는 빈틈이며 그 모양이다. 이미 에스테브는 얀초의 영화에 있어서 군중이 이루는 평행선, 사각형, 타원형, 원형 등의 기하학적 패턴들을 분류하고, 또 그 대형의 거리나 폐곡선의 지름이 비현실성의 계수임을 보여준 바 있다. "공간(평원)은 죽음을 향해서만 열린다. 죽어서만 나갈 수 있는 원."[7] 심도란 거기서 군중이 단체로 취하는 하나의 "비시간적"atemporel 자세일 뿐이다.[8] 이것은 혁명의 탈신화화지만 군중이 역사에 대해서 품는 희망과 절망에 대한

　로, 부르주아들의 주술적 중심을 프롤레타리아들의 혁명적 반사판으로 창조적으로 오인했던 영국 구조영화의 신화가 되었다.

5. Andy Warhol, *The Philosophy of Andy Warhol*, Harvest Book, 1975, p. 136.

6. 같은 책, pp. 80~81. "난 나의 기계가 사라지길 원한다."(같은 책, p. 113).

7. Michel Estève, "L'Espace, Le Mouvement, Le Cercle", *Études Cinématographiques*, n° 104~108, 1975, pp. 80~81.

8. 아멩구알은 얀초의 과잉 리얼리즘이 어떻게 비리얼리즘과 유사해지는가를 시점, 카메라 운동, 군

탈신화화이기도 하다. 분명히 개인은 역사의 포로지만 바로 그 때문에 군중은 역사의 끄트머리까지 가닿을 수 있으며, 거기서 그들의 원형대오는 역사의 빈틈과 그 예측불가능성을 품는다. 이것은 정확히 플랑세캉스로 다시 쓰는 『역사와 계급의식』(루카치)이다. 군중은 가난하지만 바로 그 궁핍이 트래블링의 연료가 되어 역사를 총체적으로 여행할 수 있는 것이다(반면 파편을 인식하지 못하는 부르주아 무리는 총체성에도 이르지 못한다).[9] 얀초의 영화들은 사회주의의 현실성의 상징이 아니라, 반대로 그 이상성의 지표다. 얀초의 죄수들, 백군들, 농부들은 행동하지 않는다. 행동이란 현재에서 다음 현재로의 인과적인 이행이기 때문이다. 그들은 인과성을 건너뛰고 춤추고 희생하고 거듭난다. 그들은 굿한다. 그들이 기억한다고도 할 수도 없다. 그들은 무無만을 기억하기 때문이다. 이 모든 것은 자본과 본원적 축적의 텅 빈 신화에 저항하면서 안으로부터 모여서 바깥으로 뻗어 나가는 사회주의의 신화로서 — 설령 그것이 스탈린주의에 무방비로 노출되어있다 할지라도 — 역사의 끄트머리에서 〈유통시간=∞〉을 다시 시작하는 비현실사회주의적 제의이다.

역사연속체 최기저층의 형상에 이르려고 한 작가가 얀초라면, 그 원초적 질료에 이르려고 한 작가는 가이 매딘이다. 매딘의 군중은 김리병원과 아이스하키 링크를 감도는 클로린 가스 자체이며 8mm 필름 입자 같은 영화의 분자들과 구분되지 않는다. 매딘의 세계는 시간 자체의 네거티브다. 그의 괴물 군중은 입자가 되어 흑백의 거친 안개층을 이루어 얼어붙은 기억을 품고서 기화되거나 응결되고 있다. 여기도 형상이 있긴 하나, 이 역시 최면성 인형극이나 결정체 형태의 파놉티콘을 이루며 기화되거나 반대로 응결 중에 있다(〈김리 병원 이야기〉에서 인형극 무대, 〈겁쟁이는 무릎을 꿇는다〉에서 헤어살롱). 이 안개는 흡사 군중이 지나치게 구심적이어서 고형화되거나(과밀화) 반대로 지나치게 원심화되어서 해산되거나(저밀화) 하는 부작용

무의 형태 분석을 통해서 보여준다. "공간의 리얼리즘은 연속성의 과잉에 의해 판타스틱에 이른다."(Barthélemy Amengual, "Jancsó Naguère et Aujourd'hui", *Études Cinématographiques*, n° 104~108, p. 139). 〈대결〉의 화면심도에 대한 데이비드 보드웰의 분석도 보라. 『영화의 내래이션I』, 오영숙 옮김, 시각과언어, 2007. 7장. ("깊은 공간과 얕은 공간의 교대", p. 372).

9. 얀초의 다음 인터뷰는 정확히 루카치적이다. "각자의 조건을 반성할 기회가 없는 빈자들, 그런 사람들은 이상(idéal)이 필요하며 그 중개자가 필요하다. 그것이 바로 제의다."(*Écran 72*, n° 10, déc. 1972, p. 10).

과 같이, 고농축과 저농축에 대한 의식의 반작용마저 가지고 있다. 전자는 복수심이나 강박증에 사로잡혀서 기억상실증마저 악용하려는 과대기억 충동이며, 후자는 무기력하게 고로 부도덕하게 습관에 안주하려는 과소기억 충동으로서, 이 둘은 기억입자들의 이중노출을 일으키는 두 장력이다. 〈대천사〉의 두 신랑, 〈얼음정령의 황혼〉의 줄리아나/제파, 〈세계의 심장〉의 예수연기자/장의사, 〈겁쟁이…〉의 메타/어머니의 쌍들이 그렇다. 강박과 건망의 옵티컬 프린팅. 가장 흥미로운 쌍은 〈조심해〉에 등장한다. 서로에게 과소기억자인 요한과 클라라는 각자 어머니의 자궁과 아버지의 정충에 이끌리고 있던 과대기억자들이었다. 어떤 경우든 그 둘 사이에서 다르게 기억할 수 있고 기억 자체를 발명할 수 있는 가능성을 선택하는 것이 관건이다. 즉 비기억immemory의 선택. 지나친 열기와 식어버리거나 미온적인 열기 사이에서 차가움, 냉기, 위니펙의 눈처럼 냉엄한 입자들을 선택하는 것, 이것은 또한 매딘의 새로운 표현주의이기도 할 것이다. 빛에 대해선 불투명하나 어두운 심연 속에서 밝게 빛나는 얼음의 정령들(〈세상에서 가장 슬픈 음악〉 〈나의 위니펙〉).[10] 매딘의 영화는 시간의 정충들이 활성화됨에 따라 점점 그 공극들은 확장되고 반대로 그 정충들은 공극에 갇히고 그에 취해버리는 그런 이야기다. 요컨대 매딘의 군중은 필름그레인이다. 그들은 영화뿐 아니라 시간 자체의 빙하기, 그 자궁의 빙하기를 증명한다. 매딘은 신화를 극화하는 게 아니라 반대로 극을 신화화한다. 이것이 매딘의 영화가 가지는 신비함이고 독창성이며, 그가 영화사에 가장 공헌한 바이리라. 매딘은 영화 자체를 푸티징한다. 이것은 관객을 푸티징하려고 했던 워홀과는 정반대이며, 이 기여에 비견할 만한 작가는 도이치나 체르카스키 정도일 것이다. 매딘은 메타푸티지 영화다. "자궁은 불모다."[11] 깊이는 사산아인 것이며 그만큼 발명될 신화로 되돌아갈 잔상일 뿐이다. 자궁은 후굴되었다retroflex.

스스로 역사화되려는 영화들은 깊이가 하나의 신화임을 보여주려고 한다. 깊이의 파시즘적, 자본주의적, 사회주의적, 그리고 표현주의적 신화화가 있을 수 있지

---

10. "흑백에서 그림자는 미스터리로 가득 차 있다. 그러나 컬러에 있어서 그림자는 단지 색이 없는 것일 뿐이다. 컬러영화를 찍는다면 노출과다(overexposed)로 찍고 싶다."(가이 매딘 인터뷰. *Kino Delirium*, ed. Caelum Vatnsdal, Artbeiter Ring, 2000, p. 78).

11. 같은 책의 "The Womb is Barren"을 보라. 특히 아이스링크를 덮치는 담배연기 부분.

만, 이들 모두는 역사의 질료를 표면으로 되돌려 보낸다는 점에서만큼은 한결같다. 역사의 구성단위는 표면이되 더 이상 인과성의 관념을 주지 않는 무근거면, **신화면** mytho-이다.[12] 역사의 최저 시층면이다. 그것은 지버베르크의 무대, 워홀의 스크린이고, 얀초의 평야이며, 매딘의 이멀전이다. 그들은 영화와 세계 사이에서조차 인과성은 성립될 수 없다고, 고로 영화의 서사조차도 역사화될 수 없고 영화의 스크린부터가 신화면이라고 확신한다.[13] 만약 매딘이 영화사에 관심을 가진다면 그것은 영화사의 자궁 또한 이미 푸티지로 가득 차 있기 때문이다. 〈나의 아버지는 100살〉에서 매딘은 익살스럽고도 엄중한 질문을 던졌다 : 영화는 세계 이외엔 원본이 없기에 리얼리티의 푸티지라고 말하는 로셀리니와 영화는 이미지의 조작이며 상상력을 통한 오락이라고 말하는 히치콕, 셀즈닉, 펠리니와 싸우면 누가 이길까? (채플린은 침묵을 지킨다) 매딘은 로셀리니의 편을 들어준다. 히치콕, 셀즈닉, 펠리니 또한 로셀리니의 후굴자궁이 품은 푸티지인 것 마냥. 매딘의 가장 위대한 시도는 그의 단편 〈세계의 심장〉에서 이루어졌다. 그것은 멜리에스, 소비에트, 독일 표현주의와 같은 원시영화들이 죄다 이미 푸티지 영화였음을, 그러나 군중의 마음속에 그 신화면이 이미 영사되고 있던 푸티지 영화임을 보여주는 푸티지의 선험적 증명이다.[14] 신화면은 역사의 각 시층이며, 그 각각이 단독적인 밑시층이다. 그것은 역사연속체를 절단하는 그 접합면이다. 그것에 기입되어 있는 원초적 활동은 비기억, 즉 망각이다. 신화면은 일종의 에피스테메다.[15] 매딘이 모든 것을 멋지게 요약한다. 자기가 죽은 지도 망각

---

12. 신화면은 논쟁적 개념이었을 것이다. 그것은 신화를 비판하되 신화를 재생산하는 역기능을 의심받을 수 있기 때문이다. 예를 들어 모더니즘의 변질을 개탄했던 제임슨과 같은 비평가가 그러한 입장을 취하였다. 지버베르크에 대해서 1981년도에 쓴 그의 글을 보라(프레드릭 제임슨, 「'파괴적 요소에 빠져라' : 한스 위르겐 지버베르크와 문화혁명」, 『보이는 것의 날인』, 남인영 옮김, 한나래, 1992). 그가 〈히틀러〉에 대해서 걱정하는 것은 브레히트와 바그너의 종합 속엔 ─ 팝문화가 이미 그러한 것처럼 ─ 총체성의 신화가 다시 숨어든다는 점이다. 하지만 이러한 비판은 신화면은 이상적인 거대군중(예를 들어 엘리트 집단)을 전제한다고 전제하는 것 같은데, 우리가 개념화하려고 하는 신화면의 전제는 그와는 반대다. 예컨대 호이징가, 터너, 김열규, 서연호의 저술들에서 놀이-제의 개념.

13. 얀초는 『씨네21』과의 인터뷰에서 다음과 같이 말한다. 영화를 하려는 사람들 중, "세상이 변할 수 있다고 생각하는 사람도 [영화를] 그만두는 게 낫습니다. 아니면 세상이 변하지 않는다는 생각을 갖고 해야 합니다."(미클로슈 얀초 인터뷰, 『씨네 21』, 1996년 5월 51호).

14. "영화를 처음부터 재발명하려는 시도."(Guy Maddin, "Very Lush and Full of Ostriches", *From the Atelier Tovar*, Coach House Books, 2003, p. 95).

해버린 유령들이 모여드는 위니펙, 거기가 곧 신화면이다.

8-2. 역사의 세 가지 평면화 : 폴란드 유파

　신화는 환영이 아니다. 반대로 그것은 깊이를 환영으로 폭로하는 실재성의 차
원이며, 고로 신화화란 깊이를 신화면들로 해체하고 그를 탈신화화한다는 것을 의
미한다. 신화면이 무근거한다는 것과 신화면이 자기근거한다는 것은 동일한 의미
다. 고로 신화면은 깊이를 막고서 닫아버리는 차폐벽이다. 시간의 다른 패턴들과 종
종 혼동되곤 하지만, 깊이는 거대서사이고 인과성의 뼈대다. 역사철학은 역사를 해
석하는 방법론에 있어서 두 가지 방법을 구분한다. 외삽법extrapolation이란 실변수의
함수인 시공간 연속체의 특정 간격을 가지는 두 개 이상의 시점들로부터 간격 밖의
미지의 시점으로까지 추세선을 연장하는 접근이며, 반대로 내삽법interpolation이란
그 시점들과 공존할 간격 내의 미지의 시점으로까지 내적으로 연장하는 접근이다.
이 차이는 크다. 전자의 경우 이미 알려진 함수값의 구간이 미래의 함수에 대해 열
려 있는 반면, 후자의 경우 그 구간은 미래의 함수에 대해서 닫혀있다. 저 외삽선이
바로 사람들이 '깊이'라고 부르곤 하는 것이다. 깊이는 으레 역사학자를 간격의 밖에
안전하게 위치하는 방관자의 입장으로 안착시키고, 인과성을 관조할 수 있도록 그
를 외재화한다. 반면에 역사학자는 내삽하기 위해서라면 그 닫힌 간격 안으로 몸소
입장하여, 그 간격의 내면이 자신이 부득불 끌고 들어가는 바깥에 의해 훼손됨을
감수하고서라도 바로 그 바깥을 계측기로 역이용하여 시점들의 사이, 그 표면을 경
험해내야 한다. 외삽법이 집중되는 사건들을 연속체의 깊이를 향하여 열어놓는 방
법이라면, 내삽법은 분산되는 사건들을 연속체의 절단면과 그 바깥에 폐쇄시키는

---

15. 푸코의 다음 인터뷰가 중요해 보인다. "On the Way of Writing History", *Essential Works of Fou-
cault 1954-1984*, ed. James D. Faubion, The New Press(New York), 2000. "그것들[담론들]은 나
란히 존재하며, 서로를 대체하며, 서로를 망각하고, 서로에게로 변형된다."(p. 292). 그러나 진정 푸코
가 말하고자 하는 것은 담론체계들 사이의 불연속이란 "이행"(passage)이란 것이다(같은 곳, p. 283).
1968년의 다음 논문도 볼 것. "On the Archeology of the Sciences"(같은 책).

방법이다. 내삽법은 "사건들의 진화의 완곡선을 그리는 것이 아니라 사건들이 다른 역할들로서 참여하는 각기 다른 장면들을 고립시키는 것"[16]이다. 외삽되는 것은 선이지만, 내삽되는 것은 표면이다. 외삽선의 인식론적 효과는 깊이인 반면, 내삽면은 인식론적 근거는 신화면이고 여기서 "지식은 이해를 위해서가 아니라, 절단을 위해서 만들어졌다."[17] 외삽법의 역사가 서사적이고 역사주의적historicist이라면, 내삽법의 역사는 씨네그램적이고 조직학적histological이다.

그래서 내삽법은 역사의 해석에 있어서 세 가지 평면화를 수행한다. 일단 그것은 목표를 표상하고 그를 향해 행동하는 주체적 깊이에 대한 평면화로서, 전쟁영웅이나 역사적 희생양이 품는 숭엄한 동기에 대한 평면화이며, 행동을 충동으로 전환하는 일이다. 주체적 평면화는 동기를 사소한 실수나 일탈과 같은 우연으로 역전시킨다. 그래서 이것은 습관과 피로에 대한 탐구이기도 하다. 두 번째 평면화는 대상의 깊이에 대한 것이다. 그것은 대상으로부터 원인과 결과의 권위를 빼앗고 그 접면에 관심을 가지는 일이다. 대상의 평면화는 그들 관계의 객관화다. 전쟁터, 시체 구덩이, 시위 현장과 고문실과 같은 역사적 잔해들에 대한 관심도 이에 속한다. 마지막으로 이념에 대한 평면화가 있다. 이데올로기는 행동에 동기를, 환경에 이유를 부여하는 의식의 근거(깊이)지만 바로 그 때문에 그 자신은 근거가 없다. 이념에 대한 평면화는 기호를 명령으로, 운동을 폭력으로 역전시켜 보여준다.[18]

이 모든 것이 폴란드 유파가 한 일이다. 폴란드 유파는 스탈린주의의 외삽법으로 오염되어 왔던 역사를 구출하기 위해 내삽을 영화화한다. 그들에게 가장 먼저 필요한 것은 균형감각이었다. 잘못된 재현을 옳은 재현으로 대체하고 외삽의 방향을 되돌려놓는 것만으로는 불충분하며, 대상들에게 부여되었던 깊이를 제거하되 그들끼리의 접면만은 고스란히 남겨놓는 것이 관건이다. 일단 그것은 우리가 영웅의 숭

---

16. Michel Foucault, "Nietzsche, Genealogy, History", *Essential Works of Foucault 1954-1984*, p. 367.

17. 같은 책, p. 380.

18. 우리가 말하는 주관적-객관적-초월적 평면화는, 폴란드 영화사학자들이 분류한 세 가지 경향, 즉 ① 낭만적-표현주의적 경향, ② 합리주의적 경향, ③ 심리적-실존주의적 경향에 각각 대응될 것이다. 폴란드 유파의 경향들뿐만 아니라, 그 세부 시기들과 분파들에 대한 자세한 소묘로는 다음 책이 유용하다. Marek Haltof, *Polish National Cinema*, Berghahn, 2008. 특히 5, 6, 7장.

고한 동기라고 착각했던 것 속에서 생존본능과 생리적 본능, 심지어 술을 마시고 춤을 추는 유희욕구와 같은 기본충동들을 추출함으로써 목표를 가진 거창한 행동을 파편들로의 작은 운동으로 변형시키는 것이다. 이것이 안제이 뭉크가 〈에로이카〉에서 보여준 술김에 무사히 총알들을 피하는 겁쟁이 전령사, 그리고 실은 다락방에 숨어있던 포로수용소 탈옥영웅의 경우다. 뭉크 유머의 본질은 여기에 있다. 그들은 잘한 것도 없지만 사실 잘못한 것도 딱히 없다. 그들은 단지 자신들의 작은 습관이나 기본충동에 충실했을 뿐이고, 오히려 중립적인 이들보다 더 미친 것은 파편들을 숨아내고 억지로 통합하려는 세계다. 한 남자는 한눈에 반한 여자가 레지스탕스인 바람에 졸지에 그녀를 대신하여 혁명투사가 되지만 사실 그는 사랑에 빠지고 싶었을 뿐이다(〈불운〉). 거창한 숭고는 실상 시답잖은 파편들로 가득 차 있다. 그러나 그것은 주체뿐만 아니라 대상도 마찬가지며, 특히 기억과 이름을 잃고서 흡사 잿더미나 모래알처럼 흩어져 있는 잔해들로 가득 찬 전쟁터의 폐허가 그렇다. 이것이 알렉산더 포드의 〈경계선〉뿐만 아니라 바이다의 초기작과 쿠츠의 저 걸작들이 보여주는 객관적 무미건조함이다. 가장 습한 지하환경조차 이성까지 질식시켜 병사들을 점점 파편화시켜서 동물적 충동만을 남겨놓는다(바이다 〈하수구〉). 그것은 무의미할 뿐인 훈장을 지닌 채 귀향한 병사, 명령불복종하는 병사들의 황폐화된 주관성으로부터 환경으로 전이되는 파편성이기도 하다. 쿠츠는 바로 이 전이를 그 특유의 정태적이고 희박화된 프레임으로 포착해냈다(〈용맹의 십자가〉 〈아무도 없다〉). 그의 프레임은 흡사 사물들이 퇴화하고 화석화되어 지표면 밑으로 퇴색된 듯한, 그러나 그 와중에도 미래의 광채를 배태하는 환경을 정의한다. 이것이 바로 쿠츠가 광물에서 발견한 역사성인 동시에 광부들에 대한 그의 애정일 것이다(〈검은 땅의 소금〉 〈왕관의 진주〉). 뭉크의 코미디가 주체적 평면화라면, 쿠츠의 작품들은 객관적 평면화다. 그러나 이 모든 역설, 모순, 코미디 같은 우연은 이데올로기의 깊이로부터 비롯된다. 뭉크의 코미디언은 "아무 행동도 하지 않아야 운명이 날 가만히 놔둔다"고 투덜거리며, 쿠츠의 청년 광부는 사랑하는 독일 간호사를 만나기 위해 독일군으로 변장한다. 이데올로기는 언제나 모순만을 선택하도록 한다는 점에서 폭력적이며, 바로 그 폭력만을 자신의 깊이로 가진다. 카발레로비치는 바로 그 이념적 깊이를 찌부러뜨리려고 한다. 점점 폭도로 변해갈 승객들을 실은 열차가 통과하는 어둠(〈야간열차〉),

빙의된 수녀가 퍼뜨리는 하얀 색(《수녀 요안나》)이 그 압착법이다. 카발레로비치의
작품들을 관류하는 테마는 이데올로기와 현실의 부조화, 선과 악의 본원적인 구분
불가능성, 그 틈을 비집고 도래하는 야수적 폭력과 순백색으로 얼어붙은 이성이며,
이는 이후 3세대 작가들(키에슬롭스키, 홀란드, 줄랍스키)에게도 지대한 영향을 주
었다. 카발레로비치는 초월적 평면화다.[19]

　이 모든 폴란드적 경향은 영웅주의를 단지 비웃자는 게 아니다. 그것은 영웅의
거창한 행동과 거대이념에 가려졌을 (그래서 트라우마의 형태로서만 기입되었을) 잉
여기억, 즉 사소한 우연의 가능성을 발견하려고 하는 것이다.[20] 중심기억이 필연·깊
이·체계라면 잉여기억은 우연·얇기·파편이다. 그것은 비록 역사의 큰 줄기 안에서
망각되고 은폐되었으나 그 거시적 흐름을 바꿔놓았을 수도 있었을, 최소한 이미 그
안에서 자신만의 일탈을 꾀하고 있던 역사적 우연의 가능성 자체다.[21] 니체는 우연
의 반대자들로서 세 가지 유형의 역사학자들을 지목한 바 있다. 과거의 정점으로부
터 현재적 효과로 외삽하려는 기념비 설계자들이 있고, 과거사들을 서로에게 외삽
시키려는 골동품 수집가들이 있고, 반대로 가설적 과거에 외삽시킴으로써 과거를
심판하려는 비평가과 심판관들이 있다.[22] 폴란드 유파는 이 세 가지 유형들을 소상
히 열거하였다. 〈에로이카〉와 〈용맹의 십자가〉에서 탈옥영웅과 지휘관을 전설로 만
들려는 군인들은 기념비적 역사관에 속하고, 〈세대〉(바이다)에서 민족으로부터 뿌
리를 찾으려고 하는 소녀 선동가는 부분적으로 골동적 역사관에 속한다. 가장 노
예스러운 골동품상들은 종족보존에 혈안이 되어있는 나치주의자들이다. 카발레로

---

19. 카발레로비치의 '냉기' 테마에 대해선 Alexander Jackiewicz, "L'Œuvre de Jerzy Kawa-lerowicz",
　　Études Cinématographiques, n° 62~63, 1967, pp. 47~49.
20. 폴란드 유파에 나타나는 영웅주의에 대한 분석으로는 다음을 보라. Paul Coates, *The Red and
　　The White*, Wallflower Press, 2005. 4장 "Heroism, Masculinity, Feminisation and The Polish
　　School". 우연의 왜곡된 기입으로서의 트라우마는 코츠의 꾸준한 주제이기도 하다. Paul Coates,
　　"Wajda's Imagination of Disaster : War Trauma, Surrealism and Kitsch", *The Cinema of Andrzej
　　Wajda*, ed. John Orr and Elzbieta Ostrowska, Wallflower Press, 2003. 코츠는 〈재와 다이아몬드〉
　　와 〈로트나〉에 집중한다(트라우마는 "재-경험한 후에야 호명가능하다.", p. 17).
21. 미시기억에 의한 역사서술에 대해서 우리는 크라카우어를 염두에 두고 있다. 특히 Siegfried Kra-
　　cauer, *History : The Last Things Before the Last*, Oxford University Press, 1969, 5, 6장.
22. 프리드리히 니체, 『반시대적 고찰』, II 1~3절. 우리는 다음 판본을 참조한다. 니체전집 III권, 『비극
　　의 탄생/반시대적 고찰』, 이진우 옮김, 책세상, 2005.

비치의 경찰이나 심판관들은 전형적인 비평적 역사가들의 경우다. 그러나 어떤 유형이든 역사주의는 "역사병"[23]이다. 그들은 파편들에 인과성을 부가함으로써 스스로 기억과 깊이의 노예가 된다. 그도 그럴 것이 기념비적·골동학적·비평적 외삽은 각각 현재·과거·미래의 물신화다. 폴란드 유파가 내놓은 처방전은 '제의'다. 제의는 기념비가 찬양하고 골동품이 박제하며 법이 가정하는 영웅적 행동과는 전혀 반대의 것으로서, 외려 그 깊이를 찌부러뜨려 잉여기억과 그 우연성을 압출해내는 집단적이고 무정형적인 힘이며, 놀이나 춤(뭉크), 과오를 대속하는 정화의식(쿠츠, 카발레로비치)과 떼어놓을 수 없다. 게다가 제의를 촉발하는 오물, 시체, 잔해들은 이미 도처에 널려 있다(바이다). 폴란드 유파는 주관적 평면화에 놀이, 객관적 평면화에 오물, 초월적 평면화에 희생이라는 제의형식들을 각각 대응시킨다. 이것은 과거를 대하는 새로운 인간상의 제시이기도 하다. 그것은 영웅적 인간을 대체하는 제의적 인간 ritual human이다. 영웅적 인간은 행동하지만, 의례적 인간은 무턱대고 행동하지 않는다. 행동은 으레 다시 깊이의 외삽이기 때문이다. 반대로 의례적 인간은 먼저 정지하고 스스로 파편들 안에 갇힘으로써 그들과 함께 놀거나 트래블링한다. 즉 의례한다. 폴란드 유파가 "도덕적 불안"(키옵스키)에 천착할 때 그것은 단지 한 인간의 연약함만을 의미하는 게 아니다. 그것은 그 자체로 의례적 가치를 지니며, 역사연속체가 절단가능하며 그 단면을 수놓는 파편들에게 내삽 가능하다는 새로운 심리적-물리적 상태의 표시다. 의례적 인간은 파편들 사이를 미끄러질 만큼 납작해진(표면화된) 인간이다. 그는 인과성의 종점, 그 필연의 빈틈, 시간의 죽음과 떼어낼 수 없는 카이로스를 향한다.

완숙한 폴란드 유파(2차 뉴웨이브)는 의례적 인간을 재구성하는 두 가지 방식을 보여주었다. 첫 번째 것은 파편들을 개별 사실로 하여 의례의 실재성을 재구성하는 방법이고, 두 번째 것은 파편들을 역할로 삼아 의례를 무대화하는 방법이다. 첫 번째 방식은 리얼리즘적 방식이되 관점의 상대성을 필요로 한다. 노동조합 리얼리즘에 합류한 바이다에게 의례란 바로 이러한 관점의 파편화 자체였다. 의례적 인간의 선결조건은 균열의 인간으로서, 그는 항상 두 대립되는 관점 사이에서만 출현한

---

23. 같은 책, II 10절.

다. 그는 노동영웅이 되기 위해 훈련받는 동시에 반대세력에 의해 음해당하는 비르쿠트이고(〈대리석 인간〉), 파업의 배후를 알아내려는 동시에 그 배후세력의 실존을 의심하는 기자다(〈철의 인간〉). 민주화의 폭풍 이후에나 우리가 발견해낼 수 있는 우연의 가능성이란 바로 이러한 관점이나 기억 간의 틈새, 즉 권위정부뿐만 아니라 진보연대에게도 상흔으로 남겨진 어떤 시간의 빈틈 속에만 존재하는 것이며, 이 빈틈을 견뎌내지 못한다면 우리는 파편화되어 흩어져버린 개별 사실들을 여행할 권리를 취득할 수도 없다. 관점의 파편화는 카발레로비치의 정치물에서도 핵심적 역할을 한다(〈프리지아의 별 아래〉 〈대통령의 죽음〉). 균열은 통과의례다. 노동영웅의 기념비나 세우려 하거나 그를 악인으로 단죄하려는, 혹은 사건의 정황을 골동품들의 집합으로 얼버무리려는 어용경찰, 어용노조, 민족주의자들과 같은 외삽의 인간들은 도처에 있다. 그러나 승리는 언제나 균열을 통과하는 자, 그를 통해 파편들의 집단에 스스로 내삽되는 자다("문이 잠겨 있으나 반드시 거기 있다는 것을 안다"). 반면 자누시에게 제의형식이란 수학적 혹은 과학적 정리와 같다. 왜냐하면 관점이란 변수와 상수를 구분하는 증명의 문제이기 때문이다. 자누시는 외삽의 과학자들과 내삽의 과학자들을 구분한다. 외삽의 과학자들이란 변수를 예측하고 상수를 도출하는 〈크리스탈의 구조〉의 물리학자이고, 적자생존의 법칙을 윤리학에도 적용하려는 〈위장〉의 언어학자이며, 가변량의 함수로부터 보편상수를 뽑아내려는 〈불변수〉의 수학자이다. 반면 내삽의 과학자는 예측하지 않는 자, 차라리 예측불가능성을 하나의 법칙으로 삼는 자이며, 설령 그것이 죽음과 자살을 재촉할지라도 나선으로서의 불변수를 믿는 자이다(〈나선〉 〈여자의 결정〉). 자누시에게 의례란 플랑크 상수의 증명과도 같다. 그것은 삶의 불확정성을 표시하는 동시에, 예측불가능성의 설원을 통과하여 영구적 변화 속에 거듭남으로써 히말라야의 정상에 이르는 의례적 인간의 가능성을 표시한다. 바이다가 내삽을 실천하려고 했다면, 자누시는 내삽을 증명하려고 했다. 하지만 내면적 역사를 이루는 실제 변수들로 인간의 파편성을 재구성한다는 점에서 자누시는 여전히 리얼리즘에 속한다. 자누시는 철학적 리얼리즘이다.

반대의 방법은 우화의 방법이다. 우화는 파편에 관점이 아니라 배역을 부여함으로써 의례를 무대화한다. 관건은 각 실화가 재구성하는 사실의 실재성이 아니라, 밀폐공간에서 알레고리의 각 역할이 스스로 균열을 일으키는 작위적 과정이고 그로 인해 드러나는 이념의 내재적인 파편성이다. 고로 우화에서 밀실공포증과 퇴행 충동의 출현은 불가피하다. 폴란스키의 초기작들은 이러한 양상을 차례차례 보여 준다. 지배자는 자신의 역할에 충실할수록 점점 권위는 정당성의 빈곤을 드러내며, 결국 물속으로 사라지는 칼과도 같이 그 자신의 공허성 안으로 함몰되어 간다(〈물속의 칼〉〈막다른 골목〉). 폴란스키의 남성적 공간에 스콜리모프스키의 여성적 공간이 정확히 대비된다. 그것은 권력의 결정을 기다리는 공간이지만 그 부름은 끝없이 지연되므로 인물들은 스스로 인위적이 된다(〈신원미상〉〈부전승〉). 그것은 무의미하게 반복되는 게임, 같은 곳을 맴도는 군중, 자동차에 맞서려는 칼 한 자루가 직조해내는 공간이기도 하다(〈장벽〉). 공포영화로 치자면 폴란스키가 슬래셔 무비라면 스콜리모프스키는 빙의영화다. 폴란스키가 남근을 거세하려고 하는 반면 스콜리모프스키는 자궁을 불모로 만들려고 한다. 하지만 그들이 남근과 자궁을 붕괴시키려고 하는 것은 그런 것들이 민주화 이후에도 여전히 기념비이고 골동품 노릇을 하고 있었기 때문이다. 줄랍스키의 근심과 저주도 여기에 있을 터다. 만약 역사의 기념비와 골동품이 사라진 것처럼 보인다면 이는 그러한 것들이 이미 우리 안에 내면화되어 기생충처럼 자라나고 있기 때문은 아닐까? 고로 설령 우연이 재발견된다 할지라도 과연 우리가 그걸 악마성과 죽음충동과 구분해낼 수 있을까? 괴물이 되어버린 기념비와 좀비가 되어버린 골동품이 이미 우리의 자궁과 남근을 대체하고 있는데도(〈포제션〉〈샤만카〉)? 실화가 통과제의라면 우화는 희생제의다. 그것은 광분과 자학 속에서 네 개의 눈이 달린 스탈린에게 현재의 가능성을 던져 넣음으로써 이념이 떠난 세기에 어떤 신화를 선택할지를 재차 묻는 가혹한 모의실험이다(〈손들어!〉). 실화가 신화를 재발견함으로써 의례한다면, 우화는 신화를 재발명함으로써 의례한다. 여기서 신화는 사실주의와 대립하지 않는다. 신화는 망각되고 찢긴 사실들로 이루어지기 때문이다.

결국 의례란 망각할 수 있는 힘이다. 니체는 역사주의에 "분위기"를 대립시켰다. 역사주의가 기억의 권력인 반면, 분위기는 망각의 힘이다. 하지만 그것은 인과성과 연속성에 대한 망각이다. 분위기란 어떤 외삽으로도 소거되지 않는 파편들의 불투명한 안개층이자 그 메아리라는 점에서 '비역사적인 것'이다.[24] 분위기는 역사연속체가 절단된 느낌, 그 단면으로서의 신화면, 그리고 그 위 산포된 파편들에 대한 느낌이다.

그러므로 한 단면에 폐쇄될수록 분위기는 점점 더 짙어진다. 기실 폴란드 작가들이 펼쳐내는 하수구, 폐허와 설원은 그 자체가 분위기로서, 의례적 인간으로 하여금 역사의 물신화와 그로부터 생에 외삽되는 이데올로기와 허무를 걷어내고 텅 빈 폐허, 감옥과 고문실, 카틴 숲으로 스스로를 내삽하여 그 비명과 침묵, 광분과 설맹을 트래블링할 수 있도록 해주는 그의 탈 것이자 나침반이 된다. 그러나 이것이 다시 객관적 역사 같은 일반관념으로 그를 되돌리진 않는다. 분위기는 무정형적일 뿐이지 무차별적이진 않기에 가장 빈약한 대상들이 주어지더라도 특정 지평 안에서 파편들을 국지화하거나 장면화한다. 이것이 아그네츠카 홀란드가 보여주는 분위기의 주관적 측면이다. 〈유로파 유로파〉와 〈어둠 속의 빛〉에서 악취와 습기는 게토의 안과 밖, 지상과 지하, 소련군과 유태인들을 빈틈없이 휘돌아 감으며 각 인물에게는 소련군복, 죽음의 물신, 오염수를 특정하는 배역에의 충동, 자살충동, 심지어는 개체화의 충동으로 나타난다("난 나 자신이 되고 싶어").

분위기는 의례의 비객관적 질료다. 그것은 의례적 인간이 호흡하는 공기 자체로서, 그의 내삽충동 자체가 된다. 그러므로 신화면은 분위기가 피어오르는 시간의 지평선이고, 반대로 분위기는 신화면의 원초적이고 선시간적 활동이다. 어떤 골동품학이나 기념비도 이걸 막을 수는 없으며, 의례적 인간은 역사의 거창한 원인을 망각해보고 스스로를 파편화의 놀이와 관점의 불확실성에 가둬보는 것만으로도 이 분위기를 발견하게 된다. 폴란드 유파의 방법론은 역사연속체를 신화면으로 잘라보는 실험이다. 신화면은 리트머스 종이이고 망각은 그에 묻혀놓은 시약이다. 그 화학반응이 분위기이고 검출되는 것은 우연이고 가능성이다. 만약 바이다가 시종일관 다큐멘터리의 형식을 취하며 과거와 현재를 교차한다면 이는 그 둘이 서로를 추론하거나 해명토록 하기 위해서가 아니라 서로가 서로에게 분위기를 형성할 수 있도록, 그로써 그들 접합면이 미래의 배아를 검출해내는 신화면을 이루도록 하기 위해서다. 거기서 영웅은 역사를 훔쳐보는 핀홀 같은 것이 되고, 영화 또한 더 이상 역사를 지시하지 않고 영화를 살아내며 이는 관객에게도 마찬가지다.[25] 아그네츠카는

---

24. 같은 책, II 1절. 망각의 기능에 대해선 『도덕의 계보』 2부 1절도 보라("망각이란 단순한 타성력이 아니다. 오히려 이것은 일종의 능동적인 저지 능력이다.").
25. 즉 영웅은 자신의 타자성을 지시하기 위해서만 자기지시한다. 바이다의 자기반성적 형식에 대해선

부활한 비르쿠트일 수도 있는 그의 아들을 만나는 순간, 그녀는 과거를 살아낸다. 그들이 재회한 그단스크 레닌조선소가 바로 신화면이다. 우화적 접근에서도 신화면은 분위기 발생기다. 우화에서 분위기란 무대 바깥에의 느낌이다. 그것은 밀폐공간 속 역할들을 몽땅 인위적으로 만들어버리거나, 혹은 폭풍우처럼 개입해서 그들을 휩쓸어버릴 수 있는 어떤 불가항력적 힘에 대한 내감이다. 폴란스키의 〈시고니 위버의 진실〉에서 분위기란 정작 보이지는 않으면서 오직 내감되기만 하는 지하고문실이었다. 일반적으로 우화적 접근에서 신화면은 관점보다 무대를 먼저 분할하므로 낯설게 하기와 같은 초현실주의적인 측면은 불가피하다. 실제로 폴란스키와 스콜리모프스키는 폴란드를 떠난 뒤 초현실주의적 색채를 띠게 된다(아파트 삼부작, 〈출발〉〈페르디두르케〉). 때로는 역사의 현장을 비껴 서서 그를 더욱 무대화하는 것만이 – 신은실의 너무도 정확한 표현 그대로 – "인간 낯짝에 대항하는 장엄한 조소를 날리는 곰브로비치의 궁뎅이"를 소환하기 때문이다.[26] 보이체크 예르지 하스는 신화면의 초현실적 변주를 가장 멀리 밀고 나갔다(〈사라고사 매뉴스크립트〉〈모래시계 요양원〉).

어떤 길을 택하든 폴란드 유파에게 분위기는 의례적 인간이 역사를 대하는 유일한 태도이자 방법이었다. 하지만 그것은 더 이상 미래로의 열림을 가장한 재현이나 통일이 아니다. 반대로 그것은 분위기에 스스로 갇히는 것, 그에 취하는 것이다.[27] 이것으로 충분했다. 왜냐하면 역사의 파편들은 접촉됨으로써만, 또 접촉하는 자가 함께 파편화됨으로써만 비로소 입을 열기 때문이다. 파편화로서의 솔리다르노시치, 이것이 니체가 새로운 역사가에게 요구한 바다. 즉 분위기를 살아내기. 그를 살아내기 위해 분위기에 스스로 갇히기. 비록 그것이 다시 질식과 구토를 일으킬지라

루벨스키의 글, "He Speaks To Us : The Author in 〈Everything For Sale〉, 〈Man of Marble〉 and 〈Pan Tadeusz〉", *The Cinema of Andrzej Wajda*. 바이다 영화를 영웅주의와 회의론 양쪽으로부터 모두 분별해내려는 저술로는 다음이 좋다. Bolesław Michałek, *The Cinema of Andrzej Wajda*, trans. Edward Rothert, Tantivy Press, 1973.

26. 신은실, 「악몽의 활인화(活人畵)」, 『예르지 스콜리모프스키』, JIFF 2009 총서(전주국제영화제), 2009, 85쪽. 신은실은 스콜리모프스키의 망명 이전과 이후를 비교하며, 투쟁이 점점 내재화되어 가는 경향에 주목한다. 같은 책에 실린 그의 다른 글을 보라(56쪽).

27. 니체, 『반시대적 고찰』, II 10절. "비역사적인 것이란 잊을 수 있고 제한된 지평 안에 스스로를 가둘 수 있는 기술과 힘을 말한다."(384쪽).

도. 분위기를 살아냄으로써만 우리는 과거를 외삽과 재현의 역사병으로부터 예방한다. 역사는 우리가 포연, 비명, 폭풍우와 눈보라 같은 분위기 안에 잠김으로써 미래의 흔적을 발견하는 동시에 새로운 신화를 발명하도록 거기에 있다. 분위기는 과거-미래 폐쇄회로의 연료이기도 하다. 분위기에서 돋아나는 것은 "미래의 뿌리"[28]이기 때문이다. 다이아몬드는 잿더미에서 나온다. 역사에 왕도란 없다.

분위기가 왕도를 생성하게 되는 것은 전혀 다른 회로에서다. 예컨대 한국 문예영화, 특히 유현목과 김수용의 경우가 그렇다. 타르코프스키와 일부 실험영화들은 다른 양상 속에서 같은 회로 선상에 위치한다(우리 책 4부).

8-3. 미시군중의 세 가지 행동 : 남미와 한국, 하길종, 이장호, 배창호

운동은 깊이를 필요로 하고, 깊이는 운동을 필요로 한다. 행동이란 인간의 운동이다. 고로 역사연속체는 인류의 행동궤적이다. 그것은 거대서사다. 그것이 통하던 시대가 있었으나 상황은 이제 완전 다르다. 세상은 파편화의 충동에 사로잡혔고 행동은 해체되었으며, 행동하는 인간을 군중이 대체해버렸기 때문이다. 군중은 행동하지 않는다. 군중은 파편들을 긁어모으고 그들과 경합하고 거대 서사를 이탈하면서, 파편화 속에서만 존재하기 때문이다. 이것이 고전영화가 가정하던 군중과 현대영화가 예증하는 군중의 차이일 것이다. 고전영화에서 군중은 통일된 집합체로서 단일 행동을 취함으로써, 그 자체로 서사의 물결을 이룰 것이라 가정되고 있었다. 소비에트 영화들이 그러했다. 아들에 합류하는 어머니가 있으며(푸도프킨), 수병들에 합류하는 마을 사람들이 있다(에이젠슈테인). 이 합류가 곧 의식화다. 반면 우리는 다른 것을 봤다. 군중은 쫓아오는 군중으로부터 도망치거나 반대로 다른 군중을 추적해서 동화시키려고 하는 한에서만 의식하거나 행동하며, 거대서사를 따라가기는커녕 그를 자르고 그 절단면에 유폐된 채 그를 제단 삼아 스스로를 신화화한다. 군중은 더 이상 의식적으로 행동하지 않는다. **군중은 무의식적으로 의례한다.**

---

28. 같은 책, II 7절.

소비에트 작가들 중에 의례하는 군중을 예견했던 이가 있다면 그는 도브첸코일 것이다. 그에게서 의례란 단지 혁명의 부산물이 아니라 혁명의 근거가 되고 있기 때문이다. 도브첸코의 의례는 개인과 집단(집단화의 자연화), 죽음과 삶(죽음의 물질화), 신화와 역사(미래의 정당화) 사이의 간극을 채우는 기술이었다. 이만큼 역사적 유물론과 신화군중학을 아무런 모순 없이, 게다가 장엄하고도 아름답게 보여준 작가는 아마도 없을 것이다.[29]

어쨌든 행동하는 군중에서 의례하는 군중으로의 전지구적 위상변화가 있다. 파편의 세계화 속에서 통일된 거대군중은 사라졌고, 파편들은 공적 영역에서 누수되어 사적 영역으로까지 흘러 들어갈 만큼 미시화되었으며, 국가는 파편들을 통제할 신식민주의를 개발하기 시작했다. 거대 서사가 소산된 것이다. 계기는 여러 가지일 수 있으리라. 스스로 물신화하려고 했던 히틀러와 스탈린이 등장했고, 자본주의는 냉전과 소비로, 사회주의는 당의 부패와 경제적 몰락으로 파편화를 재촉했고…이것이 미국 언더그라운드, 폴란드 유파, 동유럽의 블랙필름과 몇몇의 망명 작가들만이 볼 수 있었던 진실이다. 코스타 가브라스의 영화에서처럼 이제 모든 정치투쟁은 현실면이 아니라 신화면 위에서 일어난다(〈제트〉 〈뮤직박스〉). 확실히 이 현상은 그들에게 더 잘 노출되었다. 잔해들은 저급문화나 사적 공간과 같은 역사의 언더그라운드에 더 잘 쌓이기 때문이다. 그렇다면 세계의 오버그라운드보다는 어떤 국가의 언더그라운드에서 파편화는 더 잘 보이지 않을까? 대부분 군사독재로의 과도기에 놓여있었으며, 단일민족과 같은 오래된 집단적 정체성이 심각한 위기상태에 놓여있었던 제3세계의 경우 같은? 소위 '뉴시네마' 혹은 '뉴웨이브'라고 불리던 유파들 중에서 남미와 한국과 같은 곳에서 의례군중의 영화들이 출현하는 것은 사필귀정이었다. 그러한 국가들은 안팎으로 억압받고 있었으므로 통일성의 지옥인 만큼 파편성의 천국이었기 때문이다. 그들에게 통일성이란 거짓말은 더 이상 통하지 않았다. 그리하여 쿠바 영화는 혁명에 지친 민중의 틈새를 파고들었으며, 볼리비아의 '우카마우 그룹'은 원주민 촌락으로 향했다. 브라질에선 '시네마 노보'가, 아르헨티나

29. Vance Kepley Jr., *In the Service of the State*, University of Wisconsin Press, 1986. 저자는 도브첸코의 과거지향적 성격(전설, 민담)이 오직 현대적 딜레마를 위해서만 소환된다고 주장하면서, 도브첸코의 영화에게서 역사적 유물론을 다시 구출해내려고 한다.

에선 '해방영화'가 출현했다.[30] 한국의 경우 의례군중은 김소영이 '고백 영화'라고 부른 계보로 이어지고 있었다. 예컨대 1960년대 독재 아래 분위기만이 증언일 수 있었던 과묵한 신화면들이 그렇다(김기영 〈현해탄은 알고 있다〉, 이만희 〈휴일〉).[31] 허나 그것 역시 하길종, 이장호 등의 한국 뉴웨이브가 대체해버렸다. 현해탄을 고래가 대체한 것이다. 이 모든 뉴웨이브들은 거대서사를 전개develope할 생각이 없다. 그들은 반대로 거대서사를 저개발underdevelop하고자 하며 파편화의 폭풍 속에서 파편으로서만 태어나는 무리와 군중만을 고스란히 기억하려고 한다. 그것은 더 이상 다수결의 서사를 따르지 않는 원주민 및 혼혈인과 같은 소수자들, 병신이나 거지와 같은 소수 군중이다. 물론 그중 어떤 작가들은 여전히 통일된 거대군중에 대한 희망을 품었던 적이 있기는 할 것이다. 그러나 그 역시 더 거대한 파편화를 불러오는 화약들의 농축이었을 뿐이다. 카스트로의 부패, 체 게바라의 죽음, 아옌데 정권의 산화, 그리고 박정희를 대체한 전두환 등. 결국 그들 모두가 절감했던 사실이란 이것이다: 역사는 더 이상 거대서사가 아닌데 그것은 운동이 붕괴되었기 때문이라는 사실, 현실은 미시서사로만, 즉 파편들의 형태로만 기억될 수 있으며, 권력이 파편을 지배하는 방식으로 이미 선회하기 시작한 이상 혁명 또한 이러한 형태 밖에서 작동할 수 없다는 사실, 고로 더 이상 행동하는 군중이 아니라 기억의 밑면까지 침강하기를 불사하더라도 파편을 취하는 **미시군중**이 필요하며, 바로 그 능동적이고 자발적 파편화를 통해서 낡은 신화들을 부수고 새로운 신화를 "있는 그대로의 사실"로서 창조하는 군중이 필요하다는 사실. "어느 누가 나타나 선동해줄 필요가 없는", "우리 모두가 사상가"이고 "자기 나름의 혁명가"이고 "모두가 복음자이며, 견자見者"인 그런 군중이. 이것이 하길종의 미시군중 정의다.[32]

---

30. 국내에 제3세계 영화들을 소개하는 소중한 자료집으로는 서울영화집단이 펴낸 다음 책이 있다. 『새로운 영화를 위하여』, 학민사, 1983. 쿠바 영화와 시네마 노보에 대한 정태수의 연구도 보라(『영화연구』, 59, 61, 64호).

31. 김소영, 『파국의 지도』, 현실문화연구, 2014. 3장. 김소영은 영화뿐만 아니라 드라마, 라디오, 문학의 분야로까지 고백영화의 계보를 확장한다. 그는 분위기의 훌륭한 정의를 제안한다. "시대의 어떤 기운, 냄새를 슬쩍 풍기는 것…과잉성이나 휘발성을 갖기도 하지만 침잠되었거나 어떤 잔여, 지속으로 남아있는 것을 무드라 하자."(114쪽). "시대적 공기를 묵언으로 흡수…"(116쪽. 강조는 인용자). 허문영도 거의 동일한 결론에 이른다(「〈휴일〉 기적의 도착」, 『씨네 21』, 2005년 9월호).

32. 하길종, 「현대 영화예술의 혁명」, 『문학과 지성』, 1970년 창간호(다음에서 재인용: 『사회적 영상과

그러므로 그들이 다뤄야 할 첫 번째 사항은, 선교사와 원시부족의 이념적 갈등에서부터, 혁명에서도 소외당하는 혼혈인들이 제기하는 한계정체성의 문제들을 통해 드러나는 최초의 집단화된 신화적 움직임이다. 미시군중이 거대군중 안에서 스스로 파편화하려고 한다면 그건 어디까지나 거대군중으로는 더 이상 해결할 수 없는 현실 이면으로 건너가기 위해서다. 이 미시적 움직임은 단지 탈주가 아니다. 그것은 엑소더스exodus다. 만약 제3세계 영화에서 점점 군중이 없어지는 것처럼 보인다면, 그들이 객체적 불멸성을 획득하기 위해서 소멸 중에 있기 때문이다. 알레아, 에스피노사, 토레스 등이 네오리얼리즘으로부터 무언가를 배웠다면 그것은 이것이다 : 국가가 이상화하는 군중 틈틈이, 혁명에 지친 미시군집이 존재하며 그들은 그들이 집단기억에 박아 넣는 신비로운 공허를 통해서만이 포착된다. 알레아는 〈저개발의 기억〉에서 이를 완벽하게 보여준다. 주인공은 거리의 창녀, 노인들과 거지들을 자신의 시층면으로 불러 모으고, 이제는 과거가 되어버린 그 창녀들과 거지들을 심지어는 현실 속에서 다시 발견해내면서 첫사랑이 기입된 마지막 시층면을 향해서 다 함께 침강한다. 창녀, 노인, 거지 무리는 주인공의 시층면 위에 모임으로써, 양복을 입고서 혁명에 대해 탁상공론하는 거대군중의 시층면으로부터 흩어진다. 이것이 작은 무리가 거대군중의 부분들을 떼어내고 거대 이데올로기를 해체하는 방식이다. 엑소더스는 미시군중의 특권이며, 허울뿐인 거대군중은 번번이 엑소더스당한다고 말할 수 있다.[33] 알레아는 〈악마와 싸우는 쿠바인〉과 〈마지막 만찬〉에서 이러한 비교신화학적 양상들을 본격적으로 다룰 것이다. 스페인 식민주의자들은 성서가 쿠바 토착주술의 일부였을 수도 있다는 불안에 시달리면서 스스로 관대한 예수이길 자처하는데, 쿠바 노예들은 예수의 제자들이 되어 그들에게 침을 뱉고 농장을

반사회적 영상』). 하길종이 "리얼리즘"이나 "사실"을 말할 때, 그것은 신화면의 창조와 결코 대립하지 않음에 유의할 것. 이는 하길종이 미국 언더그라운드뿐만 아니라 뉴웨이브 일반을 정의하는 방식이기도 하다(같은 책의 「영화 미디엄의 재발견」, 「영화 미디엄의 현대적 변모」, "작가가 믿고 있는 진실에로의 접근", 85쪽).

33. 제3세계 뉴시네마에 있어서 소외는 정체성의 반대말이 아니다. "우리로 하여금 열등감을 벗어나도록 하는 유일한 해결책은 소외되는 것, 즉 다른 곳에서 정체성을 찾는 것이다. 난 **파편화된 정체성**을 원한다."(도스 산토스 인터뷰. Darlene J. Sadlier, *Nelson Pereira dos Santos*, University of Illinois Press, 2003, pp. 136, 139. 강조는 인용자).

불태우고 달아난다.

　이는 마치 거대군중의 공극률에 미시군중의 출생률이 비례하는 것과도 같다. 그 빈틈을 채우는 것은 더 이상 동원된 신화가 아닌, 잔해와 부스러기의 형태로만 존재하는 주술의식이나 미신, 전설과 민담, 토속 삼바리듬과 같은 민속음악 등의 버려진 신화들이다. 그것들은 거대군중 틈틈이 물신들로 되살아나서 그를 가두고 그의 행진을 멈춰 세운다. 이 되살아난 미시물신들은 유혹적이고 중독적이기 때문, 즉 분위기를 이루기 때문이다. 이것이 기존 거대군중의 행동으로부터 미시군중의 움직임이 견지하는 두 번째 차이일 것이다. 거대군중은 신화를 동원하지만 미시군중은 신화에 취한다. 엑소더스란 바로 이 최면, 도취, 마취, 가수면 혹은 가사상태와도 같은 비몽사몽에 의해 군중이 멈춰 서는 것이라 할 수 있다. 집단가사mass-asphyxia는 엑소더스의 객관적 상관항이다. 바로 이러한 조건 속에서만 신화면은 지표면을 재분할해내면서 소수의 무리들을 여기저기서 산발적으로 만들어낼 수 있다. 그것은 식민지 여기저기서 솟아나는 일탈에의 충동이며, 일탈에 동참할 더 많은 이들을 모으기 위한 유혹이다. 여기서 남미 뉴웨이브가 토속적 축제나 장례의식, 주술의식에 대해서 갖는 매우 특수한 기능들이 나오게 되는 것이다(시네마 노보 이전엔 마우루 〈내 사랑 파벨라〉, 카뮈 〈흑인 오르페〉). 분위기는 이미 식민화되어버린 지표면이 아니라 그 틈새로부터 새어 나오는 신화면의 유혹이고 메아리다. 시네마 노보의 한 분파로서 도스 산토스 역시 브라질의 황무지를 이것으로 채운다. 그것은 리오의 뜨거운 열기일 수도 있고, 어린아이를 맹목적으로 유혹하는 말, 새, 도마뱀, 개와 같은 동물들의 신비일 수 있다(〈리오 40도〉 〈사랑의 갈구〉). 무엇보다도 〈황폐한 삶〉에서 죽은 강아지는 그 자체로 분위기다. 유랑가족을 집단기억에게로 홀리기 때문이다. 분위기는 신화면이 군중을 이끄는 냄새나 미끼 같은 것이다. 도스 산토스는 이후 열대주의 시절에 우화적 형식을 택하면서 최면술의 기능을 아프리카–브라질적인 색채에게 위임한다(〈오굼의 부적〉). 시네마 노보의 또 다른 분파를 형성했던 로샤에게 역시 분위기와 마취는 절대적인 기능을 한다. 로샤의 군중들은 피비린내에 취한다(〈검은 신, 하얀 악마〉 〈죽음의 안토니오〉).

　그러므로 분위기는 미시군중으로 하여금 역사연속체를 방랑할 수 있는 자유, 고형적 지표면에 대하여 신화면이 가지는 자유로운 유동성을 의미한다. 분위기에 의해 군중은 더 이상 전체집합이나 부분집합이 아니다. 취한 미시군중은 군 이론에서와 같이 연산에 의해 매번 새롭게 정의되는 군이거나 새롭게 분류되는 부분군이다. 분위기는 끌개attractor다. 그것은 주어진 무리에 위상학적 변화를 가하고 새로운 군들을 촉발하는 그의 자가생성적 연산이다.[34] 대수적으로 연산operation인 것은 형태학적으로 사상mapping이다. 제3세계 영화엔 유클리드 기하학에서 위상기하학으로의 발전, 즉 지표면을 위상topos으로, 땅따먹기를 지도그리기mapping로 대체하는 발전 같은 것이 있다. 더 이상 개별적 속성이나 고정된 입장이 아니라 사회적·상황적 관계를 표시하는 위상적 특질들로 무리를 분류하고, 그 무리들이 동형적isomorphic이 되는 경로들(근방계에서 특이점들의 분포)로 공간을 다시 그려내려는 시도가 그것이다. 하길종의 〈바보들의 행진〉과 '영상시대' 창단과 함께 시작된 한국 뉴웨이브는 이것을 한다. 그들의 소수자 무리들은 달동네, 골목길, 창녀촌에도 있지만, 다른 한편으로는 캠퍼스, 회사, 심지어 운동경기장에도 있다. 그들은 지표면 위에 개별속성들을 분배하는 지리적(geo)-불변적 위치position로는 더 이상 구분될 수 없으며 오직 상황적($situ$)-가변적 위상topos으로만 분류될 수 있는 작은 무리들이다. 위상은 같지만 위치가 다른 무리들이 있는가 하면, 위치가 같지만 위상이 다른 무리들이 있을 수 있다. 하길종의 남성 독재자들은 같은 위상에서도 위치를 달리하려고 한다(〈화분〉 〈한네의 승천〉). 반대로 김호선의 여성들이 갖는 애잔함은 위치가 같음에도 위상 동형성을 점점 잃어간다는 데에 있다(〈영자의 전성시대〉 〈겨울여자〉 〈서울무지개〉). 또한 주어진 위치를 따라서만 움직일 수 있는 의사 약혼자가 지리학자라면, 각 위치로부터 위상적 연결을 찾아 지름길을 짜는 병태는 위상학자다(하길종 〈병태와 영자〉).[35]

한국 뉴웨이브는 바보로 정의된다. 바보는 위상학자이기 때문이다. 바보 무리는 전체집합이나 부분집합이 될 수 없을뿐더러, 놀이만으로 동형적이 되며 선택되

---

34. 국내엔 군이론, 위상학, 카타스트로피 이론, 카오스 이론의 대중화에 힘썼던 김용운·김용국의 저서들이 있다. 그중에서 우린 다음 책을 참조한다. 『토폴로지 입문』, 우성문화사, 1995.

35. 김수남은 하길종 영화에 있어서 '인과관계'와 '위상관계'를 구분할 것을 제안했다. "하길종이 집착하는 것은 등장인물들의 심리적 인과관계가 아니었다. 오히려 그것은 등장인물들을 둘러싸고 있는 유신정권 아래의 침울한 사회 **상황**과 불행하게도 그 **자리**에 존재하고 있었던 등장인물들과의 인과관계였음은 의심할 여지가 없다."(『한국영화감독론 3』, 지식산업사, 2005, 63쪽. 강조는 인용자).

는 놀이에 따라 자유로이 편을 다르게 먹는다. 그들은 군^{群, group}이다.[36] 그들이 통일된 군중이 될 수 없는 것은 싸울 대상이 단일하지 않거나 없기 때문이다. 한국 뉴웨이브에게 바보와 어른은 가장 중요한 위상학적 분류다. 군부를 비호하는 경찰 및 전경은 싸울 대상을 가진다는 점에서 데모대의 학생들과 동형적일 수 있으며, 땅부자와 그에게 사기당하는 할아버지는 역시 땅을 가진다는 점에서 동형적일 수 있다. 바보는 완전히 사정이 다르다. 그들은 전유하거나 경쟁할 대상이 없다는 점에서 어린이, 동물원의 금수, 거지, 부랑자, 대학생, 창녀와 모두 동형적이다. 신화는 바보들의 놀잇감이다. 그것은 사소한 승패에 열중할 때의 흥겨움, 편을 나누고 역할을 교대하는 도취감, 내기해 놓고 기다릴 때의 설렘으로만 존재하는 대상이다. 하길종은 완벽한 장면을 보여준다. 신문팔이 소년이 거스름돈을 고스란히 가지고 돌아오는지 내기 걸어보는 믿음 놀이가 그것이다(〈바보들의…〉). 이밖에도 달리기 놀이(〈병태와 영자〉), 이장호의 보쌈놀이(〈바보선언〉)가 있을 수 있고, 배창호의 시간멈추기 놀이(〈고래사냥 2〉)가 있을 수 있다. 요컨대 놀이에의 도취는 바보무리를 신화면의 부분군으로 만드는 한국적 연산이다. **바보들은 고래에 취한다.** 그리고 고래는 바보들로 하여금 자신이 속할 수 있는 군을 분류해낼 때까지 자유로운 짝짓기 놀이, 즉 동형사상^{isomorphic mapping} 놀이로 그들을 최면해 줄 것이다. 고래는 바보들의 끌개다. 한국 뉴웨이브에서 바보는 멍청해서 바보가 아니다. 그는 고래밖에 몰라서 바보, 고래바보다. 신화면에 이르는 어떤 매핑이 반드시 존재함을 믿으며 그 위상학적 실험을 멈추지 않는 위상바보이기도 하다. 이장호는 짝짓기가 실패하는 경우까지 다룬다는 점에서 여전히 위상학자다(〈별들의 고향〉). 〈바람 불어 좋은 날〉의 세 청년은 이미 땅부자들이 점령해버린 지표면에 속한 세 여자와의 짝짓기에는 실패하지만 지표면 너머에서, 더 이상 지리학적으로는 설명할 수 없는 충청도-경상도-전라도의 위상적 일치를 이룬다. 〈바보선언〉은 이장호의 최고작이라고 할 수 있다. 여기엔 이중삼중의 위상학적 분류가 있기 때문이다. 절름발이와 택시운전 기사의 군이 존재하

---

36. 안병섭은 1960년대 청춘영화에 대하여 뉴웨이브가 가지는 특징을 "우리의 청춘"이라는 무리 지음에 있다고 평했다(「영화적 사고와 제3세대 영화」, 『월간 영화』, 1975년 5월. 다음에 재수록 : 『영화적 현실 상상적 현실』, 정음사, 1989). 그가 "최인호 현상"이라 불렀던 고래끌개에 대한 분석도 보라(같은 책, 〈겨울나그네〉 부분).

며, 지표면에서 쓰던 가면을 벗어던지고 이에 합류하는 창녀가 존재한다. 그리고 그녀를 그룹섹스에 끌어들이려고 하는 부분군이 지표면 위에 존재하며, 이를 질투하는 순간 와해될 부분군이 지표면 밑에 존재한다. 또 스크린 앞으로 분류될 세상의 군과 스크린 너머로 분류될 어린이의 군이 있다.[37] 분위기는 소수집단을 대규모의 군중으로부터 분리시킬 뿐만 아니라, 다른 소수집단과의 소개팅도 주선해준다. 배창호는 집단가사의 이러한 동적인 측면을 탐구했다. 그는 병신춤을 방랑과 추적의 여정으로 연장한다. 하나의 소수자 무리는 동물원에서 창녀촌으로, 또 설원에서 섬으로 나가는 여정 속에서 깡패 무리, 시장무리, 경찰 무리, 노동자 무리와 붙었다 떨어지기를 반복하면서 지도를 그려나간다(〈고래사냥〉). 〈기쁜 우리 젊은 날〉에서 그 분위기란 조명, 인조 안개, 무대소품들로 이루어진 연극적 분위기다. 주인공은 연극배우에 취하고 연극배우는 브로드웨이에 취하지만, 가장 아름다운 무대는 이 둘이 더 이상 서로에게 관객이 되지 않고 협연할 수 있는 그 둘 사이다(이제 바보는 광대가 되며 이로부터 이명세로 이어지는 프레이밍의 계보가 나온다). 배창호의 바보들은 동형사상과 그를 실행하는 투영선으로 정의된다. 하나의 바보군은 다른 군에 대하여 그 자신의 구조적 이미지를 투사하고 같은 부류인지를 확인해가면서 동형군의 목록을 작성해나간다. 〈고래사냥〉엔 멋진 장면이 나온다. 깡패 무리에게 쫓기던 거지 무리는 마침 지나가던 장례행렬에 몸을 숨긴다. 거지 무리와 장례식 무리는 신화면을 향한다는 점에서 동형사상가능하다. 그리고 나중에 깡패무리도 이에 합류한다. 그들 모두는 호모토픽homotopic한 것이다. 반대로 장길수는 호모토픽할 수 없는 군들을 분류했고, 제1세계와 제3세계 간에 매핑이 영원히 불가능함을 증명해 보여주었다(〈밤의 열기 속으로〉 〈아메리카 아메리카〉 〈은마는 오지 않는다〉). 곽지균은 매핑의 좌절로부터 가장 깊은 내면적 방랑을 끌어냈다(〈겨울나그네〉 〈젊은 날의 초상〉). 가장 작은 부분군들로부터 가장 큰 매핑의 가능성을 끌어냈던 작가는 홍

---

37. 〈바보선언〉에 있어서 공간적 위상들의 미장센(닫힌 공간/열린 공간)과 관점들 간의 동형사상(거울, 유리, 색안경)에 대한 분석으로는 다음을 보라. 이용관, 「〈바보선언〉에서 드러나는 대안적 측면」, 『한국영화를 위한 변명』, 시각과언어, 1998("거울 속에 비친 바깥나들이", 259쪽). 이용관이 결국 보여주고자 하는 바는, 이장호의 영화가 지리학(미장센)보다는 위상학(매핑)에 가깝다는 사실이다. 〈나그네는 길에서도 쉬지 않는다〉에서 시제군들의 분류와 그에 따른 지리적 위상 및 이념적 위상의 로드맵도 보라(같은 책, 302쪽). 모두 1989년 『계간 영화언어』에 실린 글들이다.

기선이다(〈수리새〉 〈파랑새〉 〈가슴에 돋는 칼로 슬픔을 자르고〉). 김동원은 그 매핑이 또 하나의 독립적 자기동형사상일 가능성과 그 구체적 조건들을 탐색했다(〈상계동 올림픽〉 〈행당동 사람들〉). 이 모든 매핑의 원대한 목표는 병신춤과 굿, 바보와 무당, 양색시와 은마, 원숭이와 고래의 호모토피에 의해 정의되는 성과 속의 위상동형이다(특히 민중신학 영화들: 이장호 〈어둠의 자식들〉 〈낮은 데로 임하소서〉, 김동원 〈한사람〉). 한국 뉴웨이브에게 위상동형이란 언제나 취중동형醉中同型이었다.[38]

특히 이장호와 배창호가 대조된다. 배창호의 분위기는 고로 무리들 간의 투영선들, 그리고 그 투영선을 따라 이루어지는 무리들 간의 추적, 통과된 투영선들이 그려나가는 고래 로드맵으로 특징지어진다. 〈꼬방동네 사람들〉에서 택시는 리어카를 쫓는다. 반면 이장호의 바보 무리는 맴돌다 실패할지언정 추적하지 않는다. 그런데 배창호에게선 실패하더라도 추적한다(〈적도의 꽃〉 〈그해 겨울은 따뜻했네〉). 〈어우동〉과 〈황진이〉의 차이도 여기에 있다. 황진이가 진리를 쫓으며 남사당패에 합류하는 구도자라면, 탈을 쓰고 시시각각 변신하면서 왕족들까지 호령하려는 어우동은 누구인가? 혁명가? 혹은 민중? 이장호의 분위기는 방사형이 아니라 전방위적인 선에 의해 표현되는 순환형이다. 군에 속하는 자와 속하지 않는 자가 즉흥적으로 역할을 교대하거나 서로 관객이나 대역이 되어주는 식의 순환식 연극이 가능하며, 이때 분위기는 설령 공상에 불과하더라도 순환군의 자기동일성을 유지하려는 모든 놀이법과 마취제들을 동원한다. 이장호의 첫 번째 관심은 동형사상이기 전에 자기동형사상automorphic mapping인 셈이다. 배창호의 '고래는 어디에 있는가'라는 질문에, 이장호의 '고래를 찾는 우리는 누구인가'라는 질문이 대응된다.[39] 이 차이는 이장호와 배창호의 그 비관적인 멜로드라마들에도 그대로 이어진다. 군, 그것은 먼저 가족

---

38. (당대 연극계에서도 논쟁적이었던) 제의와 놀이의 상관관계, 그 조화로서의 예술에 대해선, 이상일, 『굿, 그 황홀한 연극』, 강천, 1991. 특히 2부. 리얼리즘을 억지로 찾아내려는 시도보다도 더 건설적인 논점들을 제공하는 것 같다.

39. 만약 배창호가 플랑세캉스로 돌아선다면 이는 길을 더 잘 찾기 위해서다. 관점 역시 길찾기와 관련해서만 배창호의 테마가 된다. 이효인과의 인터뷰를 보라(『한국의 영화감독 13인』, 열린책들, 1994, 163쪽). 물론 관점은 배창호를 이장호의 질문으로 이어주기도 한다. 호형 화면(arc shot)에서 원심형 화면으로의 전환이 그것이다(「배창호 감독론」, 『한국의 영화감독 13인』, 179쪽). 어쨌든 동형사상이란 배창호에겐 "사랑"이다(157쪽).

이다. 두 작가가 가족을 파열되는 군으로서 다룬다면, 이는 가족을 이루는 데 감수해야 할 위험성을 경고하기 위해서다. 가족 역시 국가의 부분군일 수 있기 때문이다. 딸의 모든 전단사 충동을 차단하고 그를 자살충동으로만 수축시키고 있는 가족이 있을 수 있고(이장호 〈무릎과 무릎 사이〉), 사실은 제3세계 군(파키스탄인, 멕시칸, 네그로)과 동치류인 여자와, 미국에 열렬히 전단사했으나 그것이 공집합(사막)임을 발견하게 될 남자가 이루는 불안한 계약형 가족이 있을 수 있다(배창호 〈깊고 푸른 밤〉). 이 모든 경고의 심오함은 우리의 시각을 집합론에서 군이론으로, 지리학에서 위상학으로 완전히 옮기려고 하는 데에 있다. 더 이상 이 모든 상황은 전체-부분의 관계나, 공적 영역과 사적 영역의 지위구분만 가지고는 파악할 수 없다. 가족은 이미 작은 국가가 되어버렸다(더 나아가 한국은 미국의 부분군이 되어버렸다). 가족은 전체집합의 부분집합이 아니다. 가족은 전체집합의 "무릎"이다. 그렇다면 어떻게 다시 개인적 충동으로 수축하지 않고서도, 무력한 아버지와 강박증환자 어머니 모두로부터 엑소더스하면서 이복자매는 무릎에서 무릎으로 동형사상할 수 있을까? 분단가족에서 분단영토를 통해 분단국가에 이르는 위상학적 방랑을 통해서?(이장호 〈나그네는 길에서도 쉬지 않는다〉) 정성일은 임권택(〈서편제〉)과 배창호(〈길〉)의 위상공간을 엄밀하게 구분해 보여준 바 있다. 〈서편제〉에서 운동은 부분군과 부분군(송화-동호)의 동형사상이 불가능하기 때문에 일어난다. 여기서 위상은 "기억 자체"이고, 그 매핑은 "통과"다(〈길소뜸〉도 그렇다). 반면 〈길〉에서 운동은 반대로 부분군(태석)의 다른 군들에게로의 동형사상이 가능하다고 믿기 때문에 일어난다. 여기서 위상은 도취의 "상황"이고, 그 매핑은 "수렴"이다.[40] 우리는 이것이 한국 뉴웨이브를 가장 잘 알아보는 방법이라고 생각한다. 한국 뉴웨이브는 위상동형에의 도취, 부분군의 끝없는 탐색이고 그 행동으로서의 매핑이다. 그런 점에서 홍기선은 가장 위대한 뉴웨이브였다.

한국 뉴웨이브는 미시군중을 위정학적topolitic 게릴라로 만들어버렸다. 고래잡

---

40. "멈추지 않고 그저 통과해버리는 잠재적인 집과 아무리 멀리 떠나도 그 안으로 수렴되는 거기 있는 집. 통과와 수렴."(정성일, 「배창호는 아직 할 이야기가 많다」, 『씨네21』, 2006년 578호). 정성일은 이것이 임권택이 6·25를 '통과'했던 것과 마찬가지로 배창호가 5월 광주로 '수렴'하는 알레고리라고 덧붙인다.

기 놀이는 독재정권이 동원한 가짜 신화에 대한 위정학적 파업이다. 뿐만 아니라 그것은 독재된 위상공간 안에 전사자와 생존자의 이름과 주소로 그려내는 지도이고 시나리오다. 여기서 미시군중은 그 시나리오의 일부가 되어 생성 자체로 수축되며 지표면에서 사라질 것이다. 만약 한국 바보들이 자살한다면 현실도피를 위해서가 아니라 신화를 선택하고 또 그로써 지도를 완성하기 위해서다. 등고선들 사이에서 바보들은 분위기가 된다. 한국 뉴웨이브는 리얼리즘일 뿐만이 아니라 또 하나의 민중신학이었다 : 거대군중을 대체하는 "작은 예수들" 무리.[41] 고로 제3세계 영화들에게 더 이상 신화의 허황됨을 분석하고 비판하는 것 이상으로 동원된 신화와 새로운 신화를 구분하고, 생성과 직결되는 원초적 수준에서 벌어지고 있는 아마겟돈을 간파하기 위해 신화적 민감성을 갖추는 것, 그리고 그에 적극 개입할 수 있는 제의적 행동을 준비하는 것이 관건이다. 고로 매핑이란 그 등고선이 핏줄이 되는 생명신학적 전투일 수 있다. 한국에선 누구보다도 장길수가 이를 직감했다(〈수잔 브링크의 아리랑〉 〈웨스턴 애비뉴〉). 남미에서 호르헤 산히네스와 우카마우 그룹이 선구한 바도 이것이다. 혼혈이란 강요된 위상동형이다. 고로 전투는 순혈과 혼혈, 혹은 그 두 그룹에 속한 인간들 간에 일어난다(〈우카마우〉). 또한 볼리비아 정부와 미국 봉사단이 몰래 불임시술을 해넣는 원주민의 자궁과 난소에도 전쟁이 있다(〈콘돌의 피〉). 이런 점에서 제국주의란 차라리 대지의 강간이다(칼라토조프 〈나는 쿠바〉, 솔라스 〈루시아〉). 결국 강대국에서 제3세계로 역수출된 것은 미시군중처럼 취하거나 홀리지 않고는 목격될 수 없는 분자나 배아들끼리의 전투, 분위기 간의 전투, 신들의 전쟁, 즉 "열려진 정맥"에서의 전쟁이다. 로샤는 이것을 신과 악마의 전투라고 했고, 도스 산토스와 알레아는 성서와 아프리카 간의 전투라고 했다(한국의 경우 3S와 고래 간의 전투). 바로 여기서 그들은 폭력에 대한 어쩔 수 없는 사유를 꺼내 든다. 시간의 끝에서 벌어지기에 근거를 겨룰 수 없는 이 전투의 본질은 폭력에 있다. 하나의

---

41. 이것이 이장호가 기독교에 대해 가지는 미시군중학적 관념이기도 하다. "예수를 예수답게 하기 위한 작은 예수들이 있는 거야. 교회나 크리스천이 그를 발견하지 못했다면 그건 교회의 교만이고 죄악이다. 제주 4·3 사태만 해도, 집단 예수라는 생각이 들어."(이장호 인터뷰. 김영진,『이장호 vs 배창호』, 한국영상자료원, 2008, 141쪽. 강조는 인용자). 섹스와 종교의 동근원성에 대해선 다음 인터뷰도 보라. Kim See-moo, *Lee Jang-ho*, KOFIC, 2009, pp. 95, 105.

신화가 다른 신화에 대해서 전혀 무의미한 것, 총체적 부정의 대상으로밖에 존재하지 않기 때문이다. 분위기는 고로 폭력찬가일 수도 있다.

바로 이러한 통찰에 이르러 아르헨티나의 '해방영화'Cine Liberación는 핍박받는 민중의 비루한 삶부터 체 게바라의 시체까지 아우르는 비장한 분위기 속에서 신식민주의 시대가 요구하는 자유와 폭력의 동일성을 도출해냈다(솔라나스 〈불타는 시간의 연대기〉). 또한 구스만은 폭력이란 의회정치에 존재할 뿐만 아니라 생활경제에까지 내재되어 있음을, 결국 아옌데가 죽고 피노체트가 승리했음에도 불구하고 미래의 전투는 여전히 두 신화 간의 타협 없는 전쟁임을 선언했다(〈칠레 전투〉). 그리고 바네트와 마십과 같은 쿠바 2세대가 알레아와 갈라선다면 이는 그들이 기억뿐만 아니라 그것을 수호하거나 갱신할 폭력에 대해서도 다루기 때문이다. 그러나 여기엔 폭력의 더욱 심오한 의미가 있다. 폭력은 어떤 대상의 폭력이기 전에 폭력을 행하는 자의 시간 전체, 그의 존재양식에 대한 폭력이다. 부분군도 폭력이다. 그것은 자신의 연산에 관해서 스스로를 닫는 집합이기 때문이다.[42] 고로 폭력은 전체집합과 그것이 강요해오던 식민지적 연산에 대한 망각이며, 그 자폐적 회로 속에서 되찾는 신의 폭력이다. 남미 작가들은 분명 에이젠슈테인에게 많은 것을 배웠지만 배우지 않은 것은 이것이다 : 이것은 분명히 신과 악마의 싸움이지만, 정확히 말해서 검은 신과 하얀 악마의 싸움이며 그 둘 사이엔 타협의 어떤 시간도 주어져 있지 않다. 고로 이 세계를 총체적으로 정지시키는 절대적이고 이념적인 비결정성 속에서 대지는 악마의 것도 아니고 신의 것도 아니다. 그것은 인간의 것이되, 다만 그 스스로 신이 되어버린 인간이다(〈검은 신, 하얀 악마〉). 로샤는 서부극으로부터도 많은 것을 배웠지만, 배우지 않은 것은 이것이다 : 안토니오는 혁명을 위해 총뿐만 아니라 신성으로 무장했다(〈죽음의 안토니오〉). 미시군중은 폭력을 행하기 전에 이미, 심지어 아무 행동도 취하지 않고도 이미 존재로서 폭력적이다. 그들은 폭력-존재다. 그들은 폭존(暴存)한다. 시네마 노보는 그 열대주의 시기에 그 완벽한 시각화를 찾아낸다. 다른 군을 잡아먹는 식인종이 그것이다. 식인은 폭력적 동형사상 isomorphosis이

---

42. 이것이 군의 대수적 정의다. "연산 '∘'이 자유자재로 행해진다는 것을 연산 '∘'에 관해서 '닫혀 있다'는 말로 표현한다."(김용운·김용국, 『토폴로지 입문』, 우성문화사, 1995, 187쪽).

다. 브라질 비평가들과 감독들이 식인성anthropophagy의 반대개념으로 이데올로기를 지적하는 것은 매우 정당해 보인다. 식인이란 식민지적 소비주의에 대항하기 위하여 그 이데올로기를 먹고 소화하는 것이기 때문이다(도스 산토스 〈나의 귀여운 프랑스인은 얼마나 맛있었나〉).[43]

만약 남미 영화들이 빈민들에게서 태생적으로 내재된 듯한 충동을 찾는다면, 이는 폭력엔 신화까지도 파괴하는 신성한 힘이 있음을 보여주기 위해서다. 그것은 그들을 민중의 고아 혹은 강간당한 대지의 사생아로서 태어나게 한 법이라는 신화다. 폭력은 파벨라의 법이다(부뉴엘 〈잊혀진 자들〉, 로샤 〈암〉). 폭력은 폭력을 물려줬던 과거의 법에 대해서 보복의 형태로서만, 그리고 폭력을 대물림해줄 미래의 신화에 대해서 자폭의 형태로서만 존재한다. 폭력은 자폭만큼의 자기정당성을 지닌다(바벤코 〈피쇼치〉).[44] 이것은 또한 벰베르그가 여성에게서 보았던 특별한 권리이기도 하다. 식민주의 아래 여성은 사생아 중의 사생아로서 폭력에 의해서만 태어나지만, 사랑하고 포용하는 자로서 법에겐 폭력-존재다. 남성이 기껏해야 폭력을 행사하는 반면, 여성은 폭력을 법에게 야기하기 때문이다(〈카밀라〉 〈나는 죄인 중의 죄인〉). 어떤 경우든 법은 자신의 기원인 폭력으로 되돌아가 스스로 구태의연한 신화가 된다. 로샤가 말한 '굶주림의 미학'의 요체는 폭력행위가 아니라 폭력-존재에 있다.[45] 폭력은 존재를 부수고 존재를 먹는다. 다른 존재로 거듭나기 위해서다. **폭력-존재는 섬망-존재다.** 그것은 신화적 위상에서 집행되는 이전 존재방식에 대한 총체

---

43. 식인 담론에 대해선 새들리에의 정리를 보라. Darlene J. Sadlier, *Nelson Pereira dos Santos*, pp. 70~73. 시네마 노보의 식인적 존재 양식에 선언으로는 다음도 보라. Joaquim Pedro de Andrade, "Cannibalism and Self-Cannibalism", *Brazilian Cinema*, ed. Randal Johnson and Robert Stam, Columbia University Press, 1995.("우리를 먹어치우는 사람들을 먹어치우기", p. 83). 같은 책의 다음 글도 보라. Randal Johnson, "Cinema Novo and Cannibalism : 〈Macunaíma〉". 이 책은 시네마 노보를 개괄할 수 있는 선언문들과 비평문들을 다량 싣고 있다.

44. 남미 영화에 있어서 '대지의 강간'과 그 집단무의식적 반응으로서의 폭력에 대해선, 임호준, 『시네마, 슬픈 대륙을 품다』, 현실문화연구, 2006. 특히 4장. 각 사례를 매우 상세하게 다루고 있다.

45. 로샤의 저 유명한 선언문. Glauber Rocha, "An Esthetic of Hunger", *Brazilian Cinema*.("라틴 아메리카의 굶주림은 단지 경고성 징후가 아니다. 그것은 우리 사회의 본질이다. 굶주림의 가장 고귀한 현현이 폭력이다.", p. 70). 제3세계 미시군중과 결코 혼동될 수 없는 개념은 아렌트(『전체주의의 기원』)의 '폭민'(暴民)이다. 왜냐하면 미시군중은 전체주의로부터 엑소더스하고, 그 바깥에 취하는, 전체 없는 폭민이기 때문이다.

적 망각이고, 미시동물 혹은 식인괴물로의 변신과 같은 번쩍이는 파열 속에서 발견하는 새로운 존재방식이다. 솔라나스의 주인공은 집단적 기억 속에 유령처럼 떠도는 지워지지 않는 페론주의의 흔적들, 학살당한 희생자들, 선거 벽보와 푸른 안개들을 통과해가며 비연대기적이고 파열적인 시간 속에서 역사를 재연한다(《남쪽》). 섬망은 역사화는 아닐지언정 그 전제다. 한국 뉴웨이브도 이것을 찾았다. 그것은 분단을 망각함으로써 의식이 자기 자신에게 가하는 제의적 폭력, 굿이다(이장호 〈나그네는…〉). 섬망은 불꽃을 부른다. 섬망(譫妄)이란 섬망(閃妄)이다.

역사주의 대 역사의 천사. 미시군중은 거대충동의 타성적인 신화를 파열로써 멈춰 세울 새로운 신화를 기억해낸다는 점에서 역사의 천사들이다. 그들은 역사주의의 세 가지 외삽적 행동들을 엑소더스-행동, 집단가사-행동, 섬망-행동으로 대체한다. 고로 망각은 기억의 반대말이 아니다. 그것은 기억을 쉽게 오염시키는 세 가지 역사병을 피하면서, 외삽에 의존하는 거대 서사 바깥에서 기억한다는 것을 의미한다. 이는 서사 바깥에만 존재하기에 그 미래에 사후적으로나 발견될 수 있었을, 새로울 수도 있었던 작은 것을 기억해내는 것이며, 그것을 이미 식민화된 지금에 섬광과 함께 내삽시키는 것이다. 제3세계 영화가 '민족'이나 '민중'을 말할 땐 바로 이러한 의미에서다. 민중은 거대집합 바깥에서 자생하는 부분군 간의 점멸적 동형사상으로서만 기억될 수 있는 무언가 혹은 누군가다. 즉 민중은 전체의 부분집합임을 망각함으로써 태어나는 부분군들의 집합이다. 이것이 김동원이 말하는 '가난의 공동체'다. 그것은 부분군들의 자율적 동형사상을 통해 아무런 현실적 근거 없이도 부활하는 가장 사소한 부분군, 그러나 그만큼 모든 부분군에 그 본성처럼 포함되어 있는 자기동일적 부분군, 즉 자명군自明群, trivial group이다. 가난은 물질의 가난이 아니라 기억의 가난이므로 부분군의 퍼텐셜 자체다.[46]

---

46. 우린 맹수진의 김동원론을 그대로 요약하고 있다(「인간에 대한 예의를 찍는 카메라」, 『독립 다큐의 대부 김동원 展』, 서해문집, 2010). 맹수진이 김동원의 도시빈민 4부작(《상계동 올림픽》 《벼랑에 선 도시빈민》 〈행당동 사람들〉 《또 하나의 세상 – 행당동 사람들2》)을 관류하는 공동체 개념을 읽어내는 탁월함은, 그것을 외적이고 현실적 문제가 아니라 전적으로 시간과 기억의 내재적 문제로 인식함에 있다. 즉 김동원에게서 공동체는 무리의 상태가 아니라 그 본성이고, 고로 **공동체는 투쟁의 결과이기 전에 투쟁의 근거가 된다**(84~85쪽). 아울러 맹수진은 바로 이런 위상학적 관점으로 김동원의 신학적 측면도 이해되어야 한다고 강조한다. 즉 하느님과 빈민의 위상동형("신이 함께하는 이 싸움은

망각의 순간은 벤야민의 '지금시간'Jetztzeit이다. 시간은 거기에 닫혀서 정지해있고 반대로 현재는 섬광과 파열로서만 주어지고 잔상들로만 표현되면서, 과거와 미래는 위상동형homeomorphic이다. 망각이란 미래의 기억이다. 메시아적 정지.[47] 결국 망각이 의도하는 것은 역사가 신화면들의 연쇄였고 신화-세캉스였음을, 망각이 역사의 원동력이었음을 상기시키는 것이며, 그러므로 역사는 영원히 지금시간 안에 머무르고 있음을 상기시키는 것이다. 지금시간은 신화면들의 별자리 지도다. 각 신화면은 미시군중의 "천수답"[48]이다.

절대 패배할 수 없는 싸움이다. 신은 가난한 자들의 편이다.", 87쪽).

47. 벤야민, 「역사철학테제」. N장도 보라. 신화적 폭력(속죄)과 신적 폭력(면죄)의 유명한 구분도 보라 (「폭력 비판을 위하여」).

48. 자신의 즉흥적 연출법을 지시하기 위한 이장호의 표현이다. 이장호 인터뷰. *Lee Jang-ho*, p. 97.

9

파운드 푸티지

9-1. 법의학 : 시체와 검시

그동안 미뤄왔던 푸티지footage의 논제가 남아있다. 푸티지를 정의해보자. 푸티지는 이미지가 아니다. 물질적으로는 이미지의 조각이자 잔해이고 정신적으로는 망각된 이미지이기에, 결국 잔상으로서만 현존하는 이미지이기 때문이다. 현재에 있어서 이미지는 푸티지의 껍질일 수 있다. 하지만 바로 그 때문에 푸티지는 소멸함으로 이미지의 표면성을 기억한다. 푸티지는 이미지의 표면성이 기입되는 소멸체다.[1] 고로 두 가지 층위를 상정해야 한다. 먼저 이미지가 배열되는 시간의 차원(의식)이 있으며, 두 번째 푸티지가 버려지고 쌓이고 또 끊임없이 흩어지고 있는 무시간의 차원(무의식)이 있다. 푸티지의 본성은 산망散亡에 있다. 그것은 분산되거나 반대로 밀집됨으로써 이미지에서 누락된 것, 미처 현실화되지 못했거나 현실화될 수 없는 것을 기록한다. 이미지는 푸티지를 잠상으로 만들고, 푸티지는 반대로 이미지를 잔상으로 만든다. 푸티지는 이미지의 파편들이다. 고로 푸티지는 역사가 망각한 무엇인가를 기억한다. 그것은 소멸이라는 사건이며, 그로써 역사의 절단면에 위치한다.[2] 쿠벨카는 광고 필름의 NG 컷들을 푸티징한 바 있는데 이는 전형적 사례라고 할 것이다(《시와 진실》). 이미지는 끊임없이 푸티지로 시간 밖으로 버려지면서도 그 스스로는

---

1. 이런 점에서 바르트는 푸티지의 정의에 가장 먼저 접근한 작가 중 하나다. 그건 사진론을 통해서였다. "존재했던 것의 심령체…이미지도 아니고 현실적인 것도 아닌 진정 새로운 존재."(롤랑 바르트, 『밝은 방』, 김웅권 옮김, 2006, 109쪽).
2. "재현되고 있는 것 뒤에는 언제나 재현되지 않았던 것이 있다."(아놀트 인터뷰. *A Critical Cinema 3*, University of California Press, 1988, p. 354). 우리가 앞으로 참고하게 될 *A Critical Cinema*는 스콧 맥도날드가 여러 작가들과 나눈 대담들을 수록한 인터뷰 시리즈다.

푸티지 덩어리를 패션이나 유행과 같은 역사로 덮어버리는 기구한 운명에 처해있다 (이미지가 향유하는 깊이는 바로 푸티지가 쌓인 깊이다). 이렇게 말해도 좋다면, 푸티지는 이미지를 입고^wear 이미지는 푸티지를 닳게 한다^wear out. 옷과 살갗이 닿듯 이미지는 표면으로서 푸티지와 접촉한다.

고로 푸티지는 그 자신의 소멸에 관한 순간을 흡사 탁본 뜨듯이 고스란히 간직하고 있는 '지표적 목격자'이며, 그는 이미지의 이면에 달라붙어 끈질기게 자신의 소멸을 증언하고 증명함으로써 끝내 이미지를 기억상실증이나 섬망으로 이끌 수도 있을 것이다. 파운드 푸티지의 영화사적 기원을 찾으라고 한다면 그것은 표현주의와 베르토프다. 전자는 기억을 푸티지들로 해체하는 반면(푸티지는 암흑물질의 조각들이다), 후자는 푸티지들로 기억을 재건한다(푸티지는 아담-기계의 부품들이다). 우리는 파운드 푸티지 영화와 극영화에 본질적 구분을 가하는 우를 범하지 않을 것이다. 왜냐하면 우리 정의에 따라 모든 이미지는 푸티지를 이미 내포하고 있기 때문이다. 예컨대 네오리얼리즘 또한 푸티지의 도입에 가장 적극적이었던 사조였다. 이미 로셀리니와 데 시카는 영화가 역사와 기억이 소실한 바 있는 푸티지들의 모음집이길 소망했다. 안토니오니는 사막에 흩어져 있는 푸티지들을 탐색하거나 푸티지들이 어떻게 이미지를 해체할 수 있는지를 살폈으며(⟨붉은 사막⟩ ⟨블로우업⟩), 펠리니는 가장 휘황찬란한 푸티지들의 빌딩 혹은 도시를 구축하려고 했다(⟨정령의 줄리에타⟩ ⟨여자들의 도시⟩). 이 목록은 계속될 수 있다 : 웰스의 인물들은 푸티지 수집가들이며, 레네의 인물들은 푸티지 여행자들이다. 특히 ⟨거짓의 F⟩에서 웰스는 스스로 수집가가 된다. 지버베르크는 나치의 푸티지들을 무대화했으며, 미국 언더그라운드는 대중문화의 푸티지들을 배양했다. 뉴 저먼 시네마는 아예 육체를 푸티징하려고 했다(특히 파스빈더, 클루게). 뉴웨이브 이전 한국영화는 이미지의 내밀한 푸티지화를 통해 끝없이 고백해왔다(고백영화). 한국영화의 숙명은 푸티지가 이미지의 현해탄이라는 데에 있다. 가장 메타적인 사례는 매딘이다. 그는 영화 자체를 푸티지화한다. 이 모든 측면을 고려해볼 때 우리는 극영화와 실험영화라는 인위적 구분을 이미 넘어서 있는 푸티지의 세 가지 정의에 이른다. 첫째 푸티지는 이미지의 시체다(과학적 정의) ; 둘째 푸티지는 이미지의 바이러스다(사회적 정의) ; 셋째 푸티지는 이미지의 유령이다(신학적 정의).

우리가 다루려는 파운드 푸티지 작가들은 이 모든 것을 필름스트립 위에서 하는 작가들이다. 이들은 어떤 지역이나 시기에 국한된 유파가 따로 없다. 이들은 전지구적으로 출몰하고 흡사 구름처럼 오직 산포적으로만 존재하기 때문이다. 파운드 푸티지 작가들은 먼저 푸티지를 검시하고 부검한다. 거기엔 그 자신의 임종과 그에 관계된 살해동기와 살해방법에 대한 정보들이 담겨 있기 때문이다. 시체보다 더 강력한 증인은 없다. 모든 푸티지는 그만의 다잉메시지를 품는다. 조셉 코넬은 자신이 사랑했던 여배우의 푸티지를 재연했으며(〈로즈 호바트〉, 그녀는 구심적으로 응고되어 죽었다), 켄 제이콥스는 화면 주변에 있는 밀려나 있는 엑스트라 인물들을 부분확대했다(〈톰, 톰, 피리꾼의 아들〉, 그들은 원심적으로 흩어져 죽었다). 또한 브루스 코너는 자동차와 코끼리, 잠망경과 여인, 어뢰와 핵폭발을 콜라주하고 심지어 하나의 영화 위에 다른 사운드를 얹음으로써 기표-기의의 자의성을 사망기전으로 지목했으며(〈무비〉 〈몽골로이드〉), 마티아스 뮐러는 다른 영화에 등장하는 여배우(들)의 똑같은 동작을 모아놓음으로써 그녀(들)를 죽인 것은 과잉반복에 의한 만성피로임을 증명해 보였다(〈홈 스토리〉). 우리는 옵티컬 프린팅이나 현상방법의 기술적 개선을 통해 검시를 더욱 과학적으로 정교화할 수도 있을 것이다. 아놀트와 차일드는 소프드라마 인물들의 연속적이고 매끄러운 동작들을 프레임 단위로 분해해냄으로써 검시를 기계적 분자수준까지 확대했으며, 레블과 모리슨 등은 부패한 이멀전의 입자들을 부검함으로써 검시를 분자수준으로까지 확대했다. 한때 이미지였으나 이제는 푸티지인 시체들은 가장 미시적인 기계적-화학적 수준에서 가장 유창하게 유언을 말한다. 이 모든 것의 전제는 푸티지는 주관적 측면에 있어서 가촉적이고 물질적이라는 사실이다. 언젠가 이미지의 일부였던 푸티지는 소멸의 순간 그 과정과 작인을 스스로 기입한다. 푸티지는 물질화된 시층면이다.[3] 그리고 반대로 이미지는 시간 속에서 취약하므로 푸티지로 버려질 수 있다. 이미지는 역사화된 시층면이다. 푸티지는 주관적으로 물질적이고, 이미지는 "역사적으로 취약하다."[4] 즉 얇다. 간단

3. "내가 〈피스 뚜셰〉를 만들 때 썼던 필름 스트립 안에는 50년대 사회가 새겨 넣었던 (무엇보다도 젠더에 관련한) 재현의 코드들과 많은 사회적 규범들이 들어 있었다. 이 모든 것들은 몇 개의 프레임들 안에 나타나고 있었고 나타나고 있다. 그 메시지들을 인식하기 위해서 영화 전체를 볼 필요는 없다."(아놀트 인터뷰. *A Critical Cinema 3*, pp. 351~352).

히 말해서 푸티지가 이미지의 시체인 만큼 이미지는 푸티지의 신체다. 푸티지의 가촉성과 이미지의 가멸성은 푸티지 이론에서 주관적 차원을 이루는 개념쌍들이다. 파운드 푸티지 작가들은 푸티지에 각인되어 있는 사소한 단서들이나 흔적들을 분석하거나 종합함으로써, 심지어는 더욱 부패하게 함으로써 그가 죽었던 상황 혹은 안 죽었을 수도 있었을 반대 상황을 재연하거나 가정하고, 사망기전과 사망원인을 밝혀낸다. 하지만 이것이 단지 재현은 아니다. 부검은 상처를 꿰매고 봉합하는 게 아니라 종종 상처를 더 크게 절개하고 장기들까지 몽땅 적출해서 분해함으로써 이루어지기 때문이다. 이런 점에서 필 솔로몬은 푸티징에 있어서 '묻는다'와 '캐낸다'가 동의어라고 말한다. 파운드 푸티지는 역사를 복원하는 기념비적 수술이 아니라 역사의 취약성을 측정하는 부검이기 때문이다. 파운드 푸티지 작가들은 단지 고고학자가 아니라 "역전된 고고학자"로서 법의학자다.[5] 부검은 전적으로 퇴현에 속한다.

이미 많은 작가들이 상이한 분류법을 제안했었다.[6] 그러나 우리는 검시법에 따라 푸티징 방법들을 분류해볼 것이다. 물론 각 접근은 서로 상관적이고 상보적이다. 먼저 사망원인에 대한 분류가 있을 수 있다. 이것은 푸티지에 남은 상흔들에 대한 분류(찰과상·좌상·열창·절창·자창…)를 통해 이루어지는 작용인에 대한 분류이며, 상처부위 혹은 손상순간에 대한 국지적 확대나 반복적 객체화와 연관된다. 마릴린 먼로의 푸티지를 반복하는 코너의 〈마릴린 타임즈 파이브〉, 푸티지의 일정 부분들을 필름그레인으로 흩어질 때까지 부분확대하는 켄 제이콥스의 〈톰, 톰…〉이 그렇다. 그들은 매끈하고도 즐거운 피부 밑에 일어나는 피하출혈과 그 정도와 범위

---

4. 케이스 샌본이 엄밀한 논증을 하고 있다. 샌본 인터뷰. *Recycled Images*, p. 91.

5. "나는 역전된 고고학자(archaeologist in reverse) 같은 존재다. 나는 먼지를 되돌려 엎음으로써 진실들을 발견하려고 노력했다. 나는 그것들을 캐낸다(excavate)기보다는 오히려 묻는다(bury). 나에게 파운드 푸티지란 상실된 진실들을 발굴하려는 방법이다."(솔로몬 인터뷰. *A Critical Cinema 5*, p. 220).

6. 니콜 브르네는 사용법에 따른 분류를 제안했다. ① 애가적 사용, ② 비판적 사용, ③ 구조적 사용, ④ 물질적 사용, ⑤ 분석적 사용(Nicole Brenez, "Cartographie du Found Footage", *Ken Jacobs, Tom Tom the Piper's Son*). 반면 바실리코는 철저히 푸티지(그 가촉성)로부터 푸티징을 분류하려고 한다. Stefano Basilico, *Cut*, Milwaukee Art Museum, 2004. 민진영은 더 세세하고 엄밀한 분류법을 제안했다. 즉 ① 늘이기, ② 끼워 넣기, ③ 연결 ④ 버리기, ⑤ 지우기, ⑥ 재배열(민진영, 『파운드 푸티지』, 전남대학교 출판부, 2015).

를 측정한다는 의미에서 좌상이나 열창을 다룬다. 상업영화의 광고 트레일러를 계속 반복하는 커크 투가스의 〈지각의 정치학〉, 제임스 본드의 푸티지들을 반복시키는 다니엘 바넷의 〈찢고/떨기〉도 마찬가지다. 피부가 뜯겨 죽은 이미지들도 있을 것이다. 쿠벨카의 NG 컷들이 그러한 표피박탈 혹은 찰과상의 대표적 사례다(시와 진실). 스콧 스탁은 포르노 필름에서도 표피박탈을 찾아냈다(〈노에마〉 포르노 배우들이 체위를 바꾸는 찰나 하게 되는 한눈팔거나 딴청 피우는 몸짓들). 그러나 영화 자체의 본질에서 표면의 취약성을 직접적으로 찾아내려고 한 작가는 모건 피셔다. 그는 촬영편집과정에서 얼마나 표피가 쉽게 뜯겨질 수 있는가를 보여주고(〈프로덕션 스틸〉 〈프로덕션 푸티지〉 〈큐 롤〉) 끝내 상업영화의 인써트샷들로만 이루어진 피부 덩어리에 이른다(〈( )〉). 절창과 자창은 주관성을 파고드는 시선이나 첨예한 명령어와 관련이 있다. 일찍이 지앙키안·리키 루키는 파시즘 시대의 선교사들이 아프리카인들을 개도하는 푸티지로부터 이러한 절창(문명-야만, 아프리카인-인디언)과 자창(문화 침투)을 추출해냈다. 물론 가장 불가피한 절창과 자창은 시간에 의한 것이다. 세실 퐁텐느, 빌 모리슨, 수에오카 이치로의 작품에서 볼 수 있는 부식된 이멀전 위에 생긴 기포와 주름reticulation이 그렇다.

　　두 번째 분류는 사망기전에 관련한 분류다. 사망기전은 사망원인이 작용하여 사망에 이르는 체계적 과정이며, 고로 이 분류는 지시관계들의 오장육부나 신경계를 가정 상 복원하고 거기에 있었을 단락이나 결손을 추적하는 재조합 과정에 연관된다. 이것은 사망 당시 메커니즘의 재연이고 재편집이다. 사망원인이 트래블링에 관련된다면 사망기전은 편집에 관련된다. 코너의 〈무비〉는 바로 이 범주에 있어서 획기적인 작품이었다. 그것은 이미지의 체계가 인접한 관계항들 간의 자의적이거나 우연적 연관으로 가득 차 있었음을 보여준다. 정반대로 뮐러의 〈홈 스토리〉와 같은 작품들은 과잉반복 속에서 드러나는 유사성을 재현함으로써 이미지 체계는 과잉필연에 의해 압사당하고 있음을 보여준다.7 전자의 경우 사망기전은 필연에 대한 과소노출이라면, 후자의 경우 사망기전은 필연에 대한 과대노출이다. 파로키는 가장 끔찍

---

7. "전후 20년 동안 미국 장르 영화들은 정밀한 제작 조건 속에서 엄격한 재현코드들과 가혹한 검열로 만들어졌기에, 그 재료들은 놀랍게도 비슷했고 그중 어떤 것들은 거의 일치하는 것으로 나타났다."(뮐러 인터뷰. *A Critical Cinema 5*, p. 291).

한 부검결과를 발표한 적이 있다. 이미지는 100년 동안 압사되어 왔다며(〈100년 동안 공장을 떠나는 노동자〉).

이미지의 틈새, 간격, 구멍은 모두 상흔들이다. 그러나 이미지는 그 저항값을 지니기도 한다. 그로부터 법의학자는 주저흔과 방어흔을 구분하게 되는데, 이것이 세 번째 분류군을 이룬다. 방어흔이란 외적인 충동이 주변의 이미지에 가할 때 생기며 외면적 저항값을 측정하는 반면, 주저흔이란 중심의 이미지의 충동이 내면화되어 자기 자신을 향할 때 생기며 소멸에 대한 내면적 저항값을 측정하다. 그래서 방어흔이 의외의 구석에서 발견되는 대조적이고 두드러진 상처라면, 주저흔은 집중된 부위에서 반복적으로 나타나는 은근한 상처(미수손상)일 경우가 많다. 가령 배우나 모델들의 딴짓하거나 한눈파는 순간 포착된 모델-이미지의 사소한 '옥에 티'는 전형적인 방어흔이며, 반대로 모델-이미지의 지나친 완벽성이나 일관성과 흠집의 부재에서 오는 민망함, 혹은 여타의 잡다한 이미지들을 모델-이미지에 억지로 끼워 맞추는 데서 오는 어색함은 전형적인 주저흔이다. 이 구분은 고로 문화적인 구분이다. 가령 유명브랜드, 여성신체, 정치인이나 스타의 얼굴과 같은 중심화되는 물신이미지는 스스로에 대해 주저흔을 가지지만, 쓰레기나 오물과 같은 파편이미지로 주변화되면서 방어흔을 가진다. 바로 이것이 스탠 밴더빅의 초기 콜라주 애니메이션이 개진한 구분이다. 그는 잡지, 신문, 엽서 등에서 각종 이미지들을 오려내고 다시 붙이고, 그것들이 재활성화되는 체계를 복원함으로써 이둘 중 누가 주저하고 누가 방어하는지, 누가 자살충동을 내면화했고 누가 타살충동에 희생당했는지에 대한 상세한 지도를 작성한다(〈사이언스 프릭션〉〈유행〉〈브레스데스〉〈절정〉). 또한 볼드윈이 각종 과학적-정치적 신화들을 짜깁기해서 만드는 푸티지극 속에서 찾은 것도 이러한 구분들과 그에 따라 재연되는 저항 혹은 굴종의 역사다(〈트리뷸레이션 99〉). 로젠블라트도 주저흔과 방어흔의 유형학에 매우 능란한 작가였다. 또 한 명의 인간일 수도 있는 히틀러의 목소리는 방어흔을 남기고(〈유해〉), 또 한 명의 히틀러일 수도 있는 인간의 행태는 주저흔을 남긴다(〈불타는 개미 냄새〉). 로젠블라트의 상처 분류는 방어흔과 주저흔, 일탈과 복종, 몸부림과 체념의 종합에서 정점을 이른다 : 사회적 자살충동은 누구의 것인가? 소멸과 함께 피어오르는 저 화염은 주저흔인가 아니면 방어흔인가(〈환지〉〈낮의 어둠〉)? 아마도 주저흔과 방어흔의 판별법을 영화의 물질적 본질로까지 밀고 나간 유파가 있다면 그것은 오스트리아 유파일 것이다. 그들에겐 스스로 침강하려는 영화의 총체적 떨림과 그에 저항하려는 사물들이나 인물들의 광분이 있기 때문이다. 방어흔이란 대부분 이멀전 위에 남은 광흔들이다. 반면 주저흔이란 영화가 영사되는 빛(브렘), 이멀전에 떨어지는 빛(체르카스키), 심지어는 프레임들 사이(아놀트)에 숨어있으면서, 때로는 아가리처럼 벌어진 상처가 꿀떡대며 내뿜는 플릭커 속에서, 때로는 스스로 찢어져 파열되려는 공간 속에서 진동파로서 존재한다. 오스트리아 유파는 흡사 하이데거가 철학에서 거둔 것과 같은 공포(방어흔)와 불안(주저흔)의 광화학적 구분에 이른다.

마지막 분류는 사망시간에 대한 것으로서 이는 시강, 시반, 체온하강이나 부패 정도의 측정뿐만 아니라 푸티지의 내장 속에 모여든 구더기들의 성장정도의 측정까지도 포함하는 소멸시점 추정법이다. 이것은 화학적인 측정들이며 케미컬 푸티지에서 주로 볼 수 있는 검시법들이다. 우리는 이멀전을 다른 베이스로 옮기기도 하고(퐁텐느, 수에오카), 아예 이멀전을 베이스 위에서 부패시켜볼 수도 있다(레블, 모리슨). 또는 부패를 더욱 가속화시켜 새로운 차원에 이를 수도 있다(브라운, 엘더, 쉬니만). 요컨대 상처의 유형들과 그에 따른 사망원인에 대한 분류법이 있으며(트래블링), 손상의 타이밍과 그것의 인과계열에 연관되는 사망기전에 대한 분류법이 있으며(재편집), 재연되는 이미지들의 저항에 따르는 자살-타살의 분류가 있고(콜라주 및 프린팅) 시반 및 시강의 측정을 통한 사망시간의 분류가 있다(산화 및 화학처리). 하지만 이 모든 검시법은 표면의 취약성을 전제한다. 그리고 그것은 다시 이미지의 표면성을 의미한다. "억압된 것이 재표면화된다resurface."[8]

9-2. 정치학 : 바이러스와 임계깊이

파운드 푸티지는 본질적으로 정치적 측면을 가진다. 이미지의 사망과 함께 억

---

8. Abigail Child, "Melodrama and montage", *This Is Called Moving*, University of Alabama Press, 2005, p. 24.

압된 것을 바로 이미지에게 드러내기 때문이다. 부검은 언제나 정치적 행동이다. 만약 푸티지 영화들이 태생적으로 신화비판의 성격을 가지고 있다면 바로 이 때문이다. 푸티지가 지목하는 이미지의 살해범은 법이다. 하지만 그것은 법전 안에 국한된 것이 아닌, 사회적 코드, 재현규범, 스타나 대중신화에 이르는 이미지의 통치법이다. 이것은 필연적이다. 푸티지는 사형당한 범법자의 시체다. 만약 우리가 푸티지 이론으로부터 정신분석학적 함의들을 찾아낼 수 있다면, 그것은 프로이트가 아니라 라이히의 것이다. 라이히에게 대중의 이데올로기나 신경증자의 환영 같은 억압의 부산물들은 단지 거짓이 아니라 그 억압의 사회적 메커니즘에 대해 가장 잘 증언하는 참이었고, 무엇보다도 무의식과 억압은 사회적인 것이며 군중의 것이었다.9 이미지는 합법적으로 의식을 흐르고, 푸티지는 불법적이므로 무의식에 버려진다. 그리고 파운드 푸티징은 바로 이 두 층위를 포개놓고 이중노출한다. 그것은 불법적인 것을 합법의 차원에 다시 끼워 넣는 사회적 퇴현이다. 파운드 푸티지 작가들은 웰스와 맨키비츠가 이미지를 가지고 하던 것을 푸티지를 가지고 한다. 죽은 신화의 부검은 필연적으로 살아있는 신화의 비판이다.

　　비판은 그 한계를 지정하기 위해 파단강도의 임계점을 측정하는 일이다. 크게 세 가지 방법이 있다. 첫째 푸티지를 절단하고 반복시키지 않거나 과소반복하여 법을 수축시키는 압착법이 있다. 코너의 〈무비〉가 이를 개시했으나 이후 이 방법은 더욱 정교해진다. 압착법의 또 다른 걸작은 아놀트의 〈피스 뚜셰〉다. 그는 옵티칼 프린터를 통해서 하나의 푸티지에 각인되어 있는 합법화된 운동을 분절시키고 뒤집거나 다시 짝맞추는 식으로 법을 파편화하는 것 이상으로 크리스탈화하고 프랙탈화해버렸다. 그리고 이 마주 보는 프랙투스 단위들이 이루는 대칭축을 따라 법은 압연된다. 라파엘 오티즈가 서부극과 웰스의 영화들로부터 가져온 장면들로 만든 경련 발작하는 댄스 필름도 이 경우에 속한다(〈카우보이 인디언 영화〉〈댄스 No.1〉). 두 번째 측정법은 첫 번째 것의 반대로서, 푸티지를 과잉반복함으로써 법을 도리어

---

9. 죽음충동 가설을 대체하는 껍질 이론(주변부 무장)에 대해선 빌헬름 라이히의 『성격분석』 13장을 보라(*Character Analysis*, Farrar, Straus and Giroux, 1972). 이 책은 정신분석학에 있어서 파운드 푸티지 이론을 창시하고 있다고도 할 수 있다. 죽음충동 비판에 대해서는 『오르가즘의 기능』의 8장도 보라(한국어판 : 윤수종 옮김, 그린비, 2005).

팽창시키고 결국 희박화하는 인장법이다. 광고나 스타 이미지를 여러 번 반복하는 와중에 그들에게 부과되어 있던 재현의 코드들과 신화적 명령들은 엄격성과 완벽성을 가진 채 스스로 드러난다. 이는 마치 배스킨라빈스 아이스크림을 오랜 시간 방치하여 녹여보고 나면 그 살인적인 당도에 놀라는 것과 마찬가지다. 즉 인장법은 법의 인플레이션이다. 모건 피셔의 할리우드 푸티징은 이 좋은 사례다. 그리피·바루첼로 역시 할리우드 영화에서 반복적으로 나타나는 상투적 제스처들을 재편집했다(〈불확실 증명〉). 샌본은 카피라이트 경고딱지를 이어 붙였다(〈아트워크…〉). 가장 극단의 연장법은 더글라스 고든의 〈24시간 싸이코〉다. 법의 인플레이션은 그 무가치의 증명을 포함한다.

　방어흔들의 누적을 막을 수 없는 법의 취약성을 통해 법이 드러난다는 점에서 법의 압착법(수축·축소)은 푸티지들의 동질성에 입각하는 반면, 주저흔만을 누적시키는 법의 지나친 공고함을 통해 법이 드러난다는 점에서 법의 인장법(팽창·확대)은 푸티지들의 이질성에 입각한다. 법이 작아질수록 두드러지는 딴짓의 가능성들, 그리고 법이 커질수록 낯설게 되는 허풍과 그 안에 숨어있던 중얼거림. 세 번째 방법은 첫 번째 것과 두 번째 것의 종합으로서, 수축과 팽창을 짧거나 긴 시간 안에서 교대하고, 법으로 하여금 모순을 스스로 드러내도록 파편들로 법의 체계나 코드들을 모방하거나 재구성하는 것이다. 이것은 법을 비트는 것twist이다. 이 방법은 압착법과 인장법에도 언제나 포함되어 있는 만큼, 파운드 푸티지 작가들에게 가장 빈번히 취해질 것이다. 가장 쉬운 접근은 투가스가 TV 쇼와 나치 집회를(〈밴쿠버로부터 온 편지〉), 오티즈가 교황과 핵폭발을(〈뉴스릴〉) 병치편집했던 것처럼 몇 개의 푸티지들을 그 내적 유사성에 의해서 비틀어 묶는 것이다. 좀 더 이후에 우린 비틀기의 극화라는 좀 더 진보한 방법론을 만나게 된다. 도이치, 로젠블라트, 차일드는 홈비디오나 교육용 필름 등에 흩어져 있고, 인간행태뿐만 아니라 자연질서에까지 산포해 있는 지식과 권력의 흔적들을 주워 모아 극화시킴으로써 인위적 법과 자연적 법이 이루는 이중나선이 또 하나의 꼬인 이야기임을 보여준다. 우리는 다른 영화에서 가져온 각기 다른 인물들을 마주치게 할 수도 있다. 또 이에 배역과 무대와 같은 형식을 부여하면서 좀 더 전문화된 스토리텔링이 곧바로 나타났다(립친스키 〈계단〉 〈대결〉, 위그 〈리메이크〉 〈제3기억〉). 결국 비틀기에서 모든 것은 푸티지와 이미지가 각각의 단면을 이루는 1인 2역 혹은 2인 1역 형태의 시간의 나선을 형성하면서, 흡사 마주 보는 거울이 대화하며 그 간극으로부터 모든 억압된 언어와 정념들을 자발적으로 끌어올리는 것처럼 진행된다. 비틀기엔 뭔가 연극적인 측면이 있다. 게다가 그것은 그 각 단면들이 역할을 교대하며 대화와 문답을 자기고백으로 변환시켜나가는 크리스탈화의 모뉴로그다. 뮐러·지라르데는 거울단면들의 n역 1인극을 제작했고(〈크리스탈〉), 마클레이는 전화를 걸거나 받는 푸티지들로 n차 다면체의 무대를 만들어 보였다(〈전화〉). 입육유는 히치콕의 〈싸이코〉를 n-채널 복화술사로 만들었다(〈싸이코(들)〉). 여기서 n겹의 나선에 의한 크리스탈화는 각 푸티지에 미완으로 각인되어 있던 메시지를 교류시키는 자발적인 탈코드화 과정이 된다. 오메르 패스트는 이를 가장 인위적으로 밀고 나간다. 그것은 뉴스 방송 푸티지들을 모아 미디어 권력에 대해서 앵커들 스스로 실토하도록 하는 것이다: "너의.죽음은.이미.네안에서.프로그램되어.있어 …"(〈CNN 사슬〉). 일반적으로 비틀기에 의한 푸티지의 크리스탈화는 자백 짜내기다. 그러나 그 언어는 방언이고 이종어heteroglossia다. 크리스탈화는 그에 참여하는 이미지를 자유간접화자로 만들기 때문이다. 그것은 화자의 배역분할을 통한 "잠재적 방언"의 재조립인 것이다.[10]

이런 점에서 비틀기 푸티징의 선구자들은 콜라주 애니메이터들로 간주해야 한다. 특히 스탠 밴더빅은 패션의 기호들, 섹스 심벌들, 정치인들의 얼굴들, 유명 브랜드 상표들을 그 유통망에서 떼어와, 섹스와 전쟁이라는 두 가지 충동이 자본주의의 자기파괴적 신화 안에서 얼마나 조화로운 일치(그래서 더욱 역설적인)를 이루고 있는지 보여준다(〈사이언스 프릭션〉 〈유행〉 〈절정〉). 이미지의 왜도skewness는 소시지가 미사일로, 집이 핵로켓으로 뒤틀리는 은유 토크torque에 의해 측정된다. 비틀림이란 패러디고 유머이며 모순이다. 루이스 클라는 바로 이 모순에서 감정을 끌어냈다. 그것은 신화에 대한 클로즈업 콜라주다(〈룰루〉 〈알타이르〉 〈나이 헛먹기〉). 이는 코믹스에서 따온 만화 캐릭터들을 비틀어 그들의 숨은 신화를 재구성하는 것이며, 그들이 운명적으로 포기해야만 했던 그들의 욕망을 다시 부추기거나 그 실패와 좌절을 추

---

10. 미하일 바흐친, 『장편소설과 민중언어』, 전승희 외 옮김, 창비, 1988, 178쪽('소설 속의 화자' 부분). 바흐친을 거치지 않고 파운드 푸티지에 있어서 화자의 배역분할과 말의 전유를 논하는 건 불가능해 보인다. '일반언어의 분화' 부분을 보라. 기억과 관련하여 서사시의 소설을 비교하는 서문도 보라.

모하는 일과 무관치 않다(〈포니 글래스〉에서 슈퍼맨은 질투와 연민 끝에 동성애자가 된다). 그러나 어떤 경우든 비틀기(혼융)는 법이 이미지에게 부과하던 심도를 신화의 심도로 비틀어버린다. 비틀림은 푸티지의 동질성도 이질성이 아니라 푸티지의 동형성에 입각한다. 즉 그것은 한 이미지 군에서 다른 군으로의 이행 혹은 매핑을 가능하게 하는 푸티지의 내재적 전이성 혹은 변태가능성에 입각한다(집-소시지-자유의 여신상-핵무기 …). 압연되거나 인장된 심도와는 달리 비틀린 심도는 그래서 '농담'이다.[11] 비틀기에 정치적 목표는 이미지의 심도를 허구화하는 데에 있다.

압착, 인장, 비틀기. 이 세 가지 방식은 광학적 차원에서도 고스란히 적용될 것이다. 푸티지가 시선 바깥에 머무르고 반대로 이미지가 시선 안쪽에 머무르는 것은 시선이 어둠과 빛을 구분하기 때문이다. 이미지가 빛인 것처럼 시선은 법이다. 디트마르 브렘의 작품들에서 우리가 볼 수 있는 것은 치명상 깊숙이 자리 잡고 앉아서 흡사 똥을 싸며 꿀떡대는 항문처럼, 어둠을 이쪽으로 펌프질해서 방출하는 만큼 시선을 안으로 빨아들이고 있는 거대한 블랙홀이다(〈시선의 욕망〉). 이것은 빛을 압축할수록 융기하는 방어흔의 숭고한 복수다.[12] 반대의 경우는 빛을 반사해낼 때까지 시선을 응결시키고 동결시키는 경우다. 바로 이것이 나오미 우만의 저 유명한 〈리무브〉에서 볼 수 있는 매니큐어 클리너로 하얗게 지워진 포르노 여배우의 육체의 경우다. 그로부터 빛이 팽창될수록 탁해지고 불분명해지는 상처, 즉 더 이상의 시선이 필요하지 않을 정도로 위생적인 면역계 속에서 과잉소독된 상처가 거기에 있다. 표백된 상처는 화이트홀이다. 법을 반사해내기 때문이다. 이 때문에 그것이 방어흔처럼 보일 수도 있다. 그러나 그것은 스크린과 눈 사이에 성립하는 내밀한 체계 속에서의 자가방어흔, 즉 시선 안쪽의 주저흔이기도 하다. 반사된 시선 속에서 빛은 주

---

11. 루이스 클라와 스탠 밴더빅의 콜라주 애니메이션의 "농담 같은"(jokey) 심도와 래리 조단의 애니메이션에서와 같은 "몽환적"(dream-like) 심도에 대한 훌륭한 비교로는 James Peterson, *Dreams of Chaos, Visions of Order*, Wayne State University Press, 1994, pp. 149~154. 은유의 비틀림에 대해서도 보라(p. 153).

12. 브렘 작품에서 이미지와 시선의 "압축"(Verdichtung)에 대해선, Gottfried Schlemmer, "The Murder Mystery-Ein Dokument der Angst und der Grauens", *Avantgardefilm Österreich 1950 bis Heute*, hg. Alexander Horwath, Lisl Ponger and Gottfried Schlemmer, Wespennest, Vienna 1995, p. 205.

저한다. 다른 한편, 블랙홀과 화이트홀이 있으니 웜홀도 있을 것이다. 그것은 쉬니만이나 엑스포트의 푸티지 영화에서 볼 수 있는 파편들로만 이루어지는 자기충족적 신체, 자기 정당화하고 자기 역사화하는 푸티지들의 경우다. 쉬니만은 〈퓨즈〉, 〈다림줄〉에서 한때 해체되었으나 이제 다시 스스로 시간화하는 푸티지들이 얼마나 아름다울 수 있는가를 보여주었다.[13] 또한 발리 엑스포트는 스스로 손톱을 벗겨내는 제의과정 속에서 여성 신체의 푸티지들이 남성의 전체주의적이고 이분법적 시선체계으로부터 어떻게 빠져나와 파편들과 그 간격들로만 이루어진 유동적이고 자율적인 연관체계를 구축할 수 있는지를 탐구한다(〈신태그마〉). 이처럼 페미니즘은 파운드 푸티지에서 그 원대한 욕망을 재발견한다. 즉 푸티지는 이미지의 표면성을 증거하지만 바로 그 때문에 푸티징은 이미지들의 접촉이고 재접촉일 수 있으며, 그를 통해 더 이상 이질적이지도 않고 동질적이지도 않기에 남성적 시선의 법적 체계로 환원되지 않을 푸티지 공동체를 이룰 수도 있을 것이다. 페미니즘 푸티지 영화에서 손은 바로 대표적인 웜홀이다. 눈은 전체를 보지만, 손은 파편들을 만지고 또 파편들을 모으기 때문이다(특히 크리스타넬의 찢고 꿰매는 손, 〈손가락팬〉 〈왼손 안의 움직임〉 〈그대에게〉). 웜홀이란 부분이 전체의 그림자가 아니라 자기 자신의 그림자일 뿐임을 스스로 승인하는 과정, 자신의 눈을 어둠 속에서도 더듬을 수 있는 손으로 대체하거나 차라리 그것을 낳는 과정이다(나오미 우만 〈손-눈 코디네이션〉). 스프로킷 홀들의 두 행렬이 양옆으로 열리는 〈신태그마〉의 도입부에서 발리 엑스포트가 보여준 요약으로 충분하다 : 여자는 자기 자신의 그림자이다. 고로 구멍이란 없다. 구멍이 있다면, 그 구멍은 채워지길 기다리는 법 없이 다른 구멍을 열고 닫는 구멍일 뿐이다. 구멍은 구멍을 낳는다.[14] 그렇게 "난 두 번째 질을 만든다"I make a second vagina(수 프리드리히 〈강물 따라〉). 아마도 페미니즘이 영화와 동맹을 맺는다면 그것은 먼저 푸티지 영화를 통해서일 것이다. 푸티징엔 페미니즘이 추구하려는 자율

---

13. 엘더의 분석을 보라. R. Bruce Elder, "The Body of Gnostic Energy in the Work of Carolee Schneemann", *A Body of Vision*, Wilfrid Laurier University Press, 1997.
14. 발리 엑스포트의 인스톨레이션이나 영화들에게서 나타나는 전체의 불가능성 혹은 파편들의 자율성에 대해서는, Roswitha Müller, *Valie Export*, Indiana University Press, 1994. 특히 2장과 7장. "여성은 객관화될지는 모르지만, 그렇다고 꼭 대상이 되는 것은 아니다."(p. 184).

적 파편성에 대한 욕동이 있기 때문이다. 푸티지는 이미지에 대해서 본질적으로 여성적이다. 모든 푸티지 영화는 이미 페미니즘적이라고 말해도 좋다. 단 사회적 규범에 의해 절단나고 구멍 난 뒤 버려지는 여성신체의 파편들이 법의 대상도 아니지만 불법의 대상도 아니며, 단지 스스로 합법화하는 자율적인 주체라는 것이 현대 페미니즘의 요체인 한에서, 즉 여성신체의 파편들은 죽어서 버려지는 이미지가 아니라 죽어도 살아 돌아오는 푸티지라는 것이 그 요체인 한에서 그렇다. 자궁의 출산율이 존재의 수축률이나 팽창률이 아니라 그 염률에 비례함을 긍정하는 한에서 그렇다.

산망되어 있던 푸티지들을 얼기설기 꿰매어 법을 다층화하는 압연과 비틀림의 정치학엔 크라카우어가 영화에게 바랐던 미시역사학의 모든 것이 있다. 그와 더불어 정치적 능동성마저 있다. 모든 것은 흡사 리바이어던을 이루는 원자들이 그로부터 터져 나와 자연상태의 법을 정초하려는 것과도 같다. 이것은 네크로 정치학이다. 정치학자들로서의 파운드 푸티지 작가들은 법을 재신화화re- 혹은 극신화화hyper-함으로써 탈신화화de-한다. 또 이미지를 식민화해버린 재현코드들이나 문법들이 얼마나 압연되고 인장되고 비틀어질 수 있는가를 관찰하면서 그 임계깊이를 측정한다. 허나 이는 결코 외부적 관찰자의 지위를 다시 고집함이 아니다. 방어흔과 주저흔은 이미지에 안에 남아있고 압연되고 늘어나서 깊이를 점점 잃어가는 것은 문법 자신이다. 무엇보다도 그 문법은 집단초자아의 문법이다. 만약 파운드 푸티지 작가들이 히틀러와 같은 정치적 물신들을 다룬다면 그것은 지버베르크적 교훈을 더 드러내기 위해서다. 즉 히틀러의 본질은 푸티지로서 이미 일상에 산포되어 있다고 경고하기 위해서. 쉽게 말해 파운드 푸티지 작가들은 푸티지들을 합법적 의식과 불법적 무의식 사이에 끼워 넣고 그 접면에 그들을 유통시킨다. 그런 점에서 푸티지는 합법적이지도 않으나 불법적이지도 못한 게릴라나 해적 같은 것이다.[15] 한 작품 안에서뿐만 아니라 배급과 유통에 관련되는 작품들의 체계에도 적용되는 이러한 태도는 파운드 푸티지 작가들에겐 어떤 전략이나 윤리학이 되기도 한다. 그들은 푸티지들을 건져온 바로 그곳으로 푸티지 덩어리를 다시 되돌려주기를, 또한 그 안에서 그것

---

15. 파르티잔에 대한 칼 슈미트의 정의. "파르티잔은 원래 합법적으로 행동하거나 원래 비합법적으로 행동하는 것이 아니라 단지 스스로의 위험 아래서, 그리고 그런 의미에서의 위험을 무릅쓰고 행동한다."(칼 슈미트, 『파르티잔의 이론』, 김효전 옮김, 문학과지성사, 1998. 서론 4절, 49~50쪽).

이 틈틈이 유통되고 증식하고 성장하기를 소망한다. 푸티지는 미시군중이다. 그들은 이미지로부터 달아나고 어둠 속으로 자처하여 분위기로 중무장한 뒤 웜홀을 통과하듯이 이미지에게로 돌아와 낡은 신화를 좀먹고 얼룩지게 하는 역사의 잔해들이다. 푸티지 영화는 영화계 혹은 이미지계를 제3세계의 게릴라전 전쟁터로 뒤바꾼다. 푸티지 뭉치는 이미지의 현해탄일 뿐만 아니라, 이미지에 꼬여 드는 우카마우이고 기억을 고래 잡는 바보 무리다. 푸티지를 들끓는 그레인, 글리치, 픽셀들이 이미 그러한 미시군중들이다.[16] 그리고 이 미시군중들의 집단가사, 제의적 행동은 어떤 법칙과 규율보다도 정당하다. 그들은 법의 구멍에서 행동하고, 신화면을 입고 그로 무장하기 때문이다. 필 솔로몬은 그의 입자군중들을 통해서 이것을 보여주었다. 그것은 미시적 입자들의 분자적 자기정당성이다.[17]

파운드 푸티징의 이 모든 정치적 측면들은 제3세계 영화의 전략들과 결코 무관할 수 없다. 푸타고스피어Footagosphere는 본성상 이마고스피어Imagosphere의 제3세계이기 때문이다. 푸티지들은 세 가지 집단행동으로 정의된다. 첫째 시간을 이탈하기 위해 모이고 법에게 방어흔만을 남기는 엑소더스(법의 효용성을 급감시켜 그를 탈수시킬 수도 있다), 둘째 시간 바깥에서 새롭게 전유된 문맥과 의미에 도취하여 법에게는 주저흔만을 남기고, 때로는 취기에 그 주저흔까지도 전유하는 집단가사(법의 효용성을 급증시켜 그를 팽창시킬 수도 있다), 셋째 자신이 푸티지임을 망각할 정도까지 주저흔과 방어흔의 혼돈 속에서 끊임없는 파열로만 존재하기에 기억할 것이라고는 물질과 물질적 매개체들밖에는 없는 섬망-존재(법에게 섬망을 전염시켜 그로 하여금 자기비판하게 할 수도 있다).[18] 오시마가 그의 조선인 삼부작에서, 레네가

---

16. "모니터 픽셀은 인용부호처럼 기능해야만 했다."(뮐러 인터뷰. *Überraschende Begegnungen der kurzen Art*, Schnitt-der Filmverlag, 2005, p. 60). 뮐러의 핵심 모티프가 되는 "발췌부분"(excerpt)이 함축하는 외부성(extraterritoriality)에 대해서는 리핏의 연구. Akira Mizuta Lippit, *Ex-Cinema*, University of California Press, 2012, 8장. ("전체를 대신하는 구멍들의 군집," p.139).

17. "불가피하며 옳다고 느껴지는 어떤 느낌, 분위기(mood), 격상된 의식이 반드시 거기에 있다."(솔로몬 인터뷰. *A Critical Cinema 5*, p. 216).

18. 이것은 위스가 파운드 푸티징에 있어서 구분한 세 가지 구분(① 모음[compilation], ② 전유[appro-priation], ③ 콜라주[collage])에 대한 우리의 미시군중학적 대답이다. William C. Wees, *Recycled Images*, pp. 32~48. 그의 구분은 매우 엄밀하고 명석한 것이다. 즉 모음은 인용과 재현이 일치하는 경우고(이미지는 지시대상에 귀속된다), 전유는 인용과 재현이 불일치하는 경우(이미지는 지시대상

〈밤과 안개〉에서 보여준 것처럼 이 세 가지 행동들은 푸티지로 만들어진 다큐멘터리에서 특히 두드러진다. 집단무의식 속에 묻혀 더 이상 개별적 현재에게는 재현불가능한 과거에 접근하는 푸티지 다큐멘터리의 전통이 있다. 어니 기어는 게슈타포 고문실이 있었던 장소의 푸티지들을 통해서 분위기를 촬영했다(〈시그널〉). 또한 다니엘 에이젠버그의 삼부작이 있다. 부모님들이 살아남았던 아우슈비츠의 텅 빈 풍경들, 그로부터 여전히 감염되어 있는 유럽의 풍경들과 그 풍경들이 자리 잡고 있는 전쟁세대와 전후 세대 간의 간극과 우연들(〈파편공조〉 〈추방자〉 〈끈기〉). 제3세계의 폐기된 기억에서야말로 푸티지 군중은 피어난다. 레안드로 카츠는 체 게바라의 시신으로 하여금, 상징적 아이콘으로서가 아니라 미시군중으로서 볼리비아로부터 남미 전역을 트래블링하도록 한다(〈날 사랑하게 될 날〉). 그의 여행지는 구스만이 아옌데 세대와 그 이후 세대의 간극에서 찾은 역사적 상실, 잃어버린 혁명, 그 숨죽였던 신화면이기도 하다(〈칠레, 끈질긴 기억〉).[19] 보이진 않지만 보이는 화면 전체를 이미 구성하고 있는 필름입자와도 같은 미시군중은 과거와 현재 사이의 공백, 즉 목격된 과거와 그를 증언할 법이 없는 현재 사이에서 뿜어져 나오는 유령적 분위기에 비몽사몽 취해있고 빙의되어 있다. 이 엑소더스, 집단가사, 섬망은 운동이 아니다. 그것은 수행perform이다. 차라리 그들은 이미지의 체계와 시간의 깊이를 구성한다고 가정되었던 그의 경계선들, 즉 지평선이나 지층선들을 잠식함으로써만 존재하는 촌충이나 흰개미다. 그들의 우글거림은 이미지의 체계를 귀신들리게 하는 힘이다. 파트릭 루게와 민진영은 '전유주의자'appropriationist라는 별칭을 헌사했다.[20] 우리는 '빙의주의자'possessionist를 덧붙일 수도 있을 것이다. 푸티지는 이미지의 틈새, 법의 구멍에 숨어서 보이지 않으나 분명 현존한다. 섬존(譫存)한다. 푸티지는 이미지의 프리온 단백질 PrP^{sc}이고 인플루엔자이고, 볼드윈의 말대로 "미디어 바이러스"다.[21]

에 귀속되지 않는다), 콜라주는 인용이 반(反)재현인 경우다(이미지는 푸티지에 귀속된다). "콜라주가 캐묻고 강조하고 대조시킨다면, 전유는 수용하고 수평화하고 동질화한다."(p. 47).

19. 푸티지 다큐멘터리 전통에 대한 상세한 소개와 분석들을 담고 있는 다음 책을 보라. Jeffrey Skoller, *Shadows, Spectres, Shards*, University of Minnesota Press, 2005. 역사와 아방가르드 영화(푸티지 영화를 중심으로)의 관련성을 논하는 서론도 보라.

20. 민진영, 『파운드 푸티지』, 35쪽.

21. 볼드윈 인터뷰. 로버트 플래허티 세미나 1995년 8월 9일, 다음에서 재인용: *A Critical Cinema 3*, p.

9-3. 연금술 : 유령과 플릭커

이것은 시간의 내전이며 이미지의 예외상태다. 이것은 본질적인 상황이다. 푸티지는 이미지에 대해서 외적인 장소를 가지지 않기 때문이다. 그것은 죽은 이미지임에도 불구하고 다시금 이미지에 속하며, 그러나 이미지로서가 아니라 여전히 이미지의 트라우마로서 그에 속하는 무리들이다. 푸티지는 이미지의 무의식이다(특히 부패충동은 그 분자적 무의식이다). 여기에 푸티지의 세 번째 면모가 있다. 그들은 소멸한 이미지지만 바로 그 때문에 불멸하는 이미지이기도 하다. 푸티지는 유령들이다. 그들은 죽은 것이지만 살아 있는 것을 안쪽으로부터 구성하고 지탱하고 또 위협한다. 이건 푸티지의 특권이다. 이미지는 소멸하는 반면, 푸티지는 불멸한다. 이미 죽었기 때문이다. 파운드 푸티지 작가들이 스스로 연금술사라고 자처하는 것은 바로 이 역설적 존재방식을 지시하기 위함이다. 그들에게 파운드 푸티지란 의례다. 단지 제사나 추모식이 아닌 "교령회."séance 22 죽어서 몰려다니는 유령들이야말로 미시군중이다. 군중이 제의와 분리될 수 없듯이 푸티지는 연금술과 분리될 수 없다. 그들은 시간에게 그가 잃었었고 잊었었던 기억을 되돌려준다. 그래서 그들은 시간 안에서 망각된 것이 불러오는 섬광처럼 존재한다. 푸티지는 그 자신에겐 어둠–존재인 반면, 푸티지는 이미지에게 섬망–존재다.

만약 푸티지 영화들에게 공통된 단 하나의 문법을 꼽으라고 한다면 그것은 번쩍이는 섬광 효과, 즉 플릭커flicker일 것이다. 플릭커는 소멸과 불멸의 한계교대이기 때문이다. 물론 초기에 그것은 재편집에 의존하고 있었으나, 그때도 추락한 해는 호수에 파장을 일으키고 있었다(《로즈 호바트》). 이후 파운드 푸티지 작가들은 광학장비와 핸드프로세싱 기술의 개발과 함께 과소노출과 과대노출의 빠른 교차 속에서 이루어지는 광학적 명멸(제이콥스, 샤릿츠, 체르카스키, 브렘), 짧은 순간에 있어서 왕복운동이나 대칭으로 뒤집어지는 운동에서 나타나는 행동의 명멸(오티즈, 아놀트, 차일드), 아울러 분자적 수준의 입자들이 때로는 탁하거나 투명하게 펼쳐내

---

177. "지금 미디어는 우리의 신체들을 관통하고 있다. 고로 그것을 취하라, 그리고 희생자가 되지 말고, 그 흐름이 바뀔(redirect) 정도까지 길게 흘러가라."(같은 곳).

22. 솔로몬 인터뷰. *A Critical Cinema 5*, p. 221.

는 광화학적 섬광(쉬니만, 솔로몬, 브라운, 엘더)과 같은 고도화된 플리커에 이르게 될 것이다. 또한 비틀기는 일종의 이중나선 내러티브를 형성하며 배역 간 플리커를 보여준다(밀러, 마클레이). 고로 플리커가 단지 가시적인 차원에서만 존재한다고 말할 수 없다. 그것은 보이지 않는 곳에서도 일어난다. 로젠블라트는 한 아이가 훔쳐보게 되는 부모의 성교장면을 포르노 푸티지로 대체했다(〈숨 가쁜〉). 도이치는 더 나아간다. 그는 모든 영화는 푸티지들의 인용문이고, 반대로 푸티지는 모든 영화의 백과사전임을 논증하려고 한다(〈필름 이스트.〉). 이것은 지성적 사유에 있어서의 섬망이다. 이러한 논증들은 이미지가 푸티지보다 선행한다는 명제를 자가당착에 빠뜨리기 때문이다 : '최초 장면'primal scene이 이미 푸티지다. 푸티지는 이미지의 푸티지가 아니라, 푸티지의 푸티지다. 원본이란 없다. 태초에 푸티지가 있었다. 고로 섬망은 이미지의 운명이다. 그것은 이미지가 푸티지보다 절대 앞서는 일이 없다는 사실로부터 물려받은 플리커다. 푸티지는 플리커-존재로서만 시간 안에 존재한다. 불멸한다고 생각하는 순간 소멸하는, 그래서 소멸하는 순간 실제로 불멸하는 존재로서. 푸티지는 섬존(閃存)한다. 섬존(譫存)하기 위해서다. 거짓의 F는 플리커의 F다.

이 모든 것을 애비게일 차일드는 그녀의 비트beat 혹은 휨bending에 대한 이론에 모두 포함시켰으며, 또한 그녀 자신의 영화들로 실천해 보여주었다. 그녀는 이미지는 연속적 흐름이지만, 푸티지는 불연속적이라는 전제로부터 시작한다. 하지만 그렇다고 해서 푸티지가 이미지로부터 분리되어 따로 존재한다는 것은 아니다. 푸티지는 일종의 충동이나 박동으로서 이미지에 이미 내재화되어 있다. 그녀는 언어학이나 음성학, 심지어 뇌과학까지 끌어들일 수 있으나, 요지는 매끄럽게 연속되는 이미지를 부러뜨리고 꺾으면 그로부터 푸티지의 모든 효과와 존재성이 튀어나온다는 것이다. 왜냐하면 이미 푸티지는 이미지를 입고서, 이미지 밑에서 그를 때리고 있는 박동이기 때문이다.[23] 이것은 단지 효과가 아니다. 이는 외려 이미지를 그의 효과로 만든다. 이것은 섬망과 그 박동에 도취된 이미지다. 그것은 박동, 비트, 리듬으로서 현현하는 푸티지의 플리커-존재다. 그녀가 작품으로 보여준 씽코페이션 분절이 그 좋은 예이다. 그것은 동선이나 몸짓의 비트일 수 있으며, 화면분할이나 시점분할에 의

---

23. "연속성은 있다. 그러나 그것은 휘었다."(차일드 인터뷰. *A Critical Cinema 4*, p. 209).

한 비트일 수 있으며, 사운드/이미지 탈구에 의한 비트일 수도 있다(《이러려고 태어났니?》 6부작). 모든 것은 일상화된 훈육체계로부터 탈구되어 첨예해진 한 비트점이 관절이 되어 하나의 새로운 몸짓을 이루는 것처럼 일어난다. 이것은 노이즈, 기괴한 리듬, 유머와 넋두리, 육체적 자문자답을 펌프질하고 박동하는 푸티지-드럼이고 이미지-비트다.[24] 여기서 푸티지는 지성도 물질도, 영혼도 물체도 아니다. 그것은 차라리 악센트, 비트 혹은 관절이다. 고로 푸티지는 차라리 듣는 것이다("화성 점묘법"chordal pointillism). 아니면 그것은 차라리 캐묻고 답하는 것이다. 푸티지의 노동이 있다면 그것은 ─ 차일드의 개념 그대로 ─ **"대화타"**(문답타)dialogic hit [25]다. 차일드가 만약 뇌를 꺼내 든다면 뇌야말로 지성과 의식을 두드리는 불연속적 박동의 모음집이자, 그 사유의 분기에 의해 이종어들 간의 대화를 유도하는 드럼머신이기 때문이다. 차일드는 푸티지와 이미지의 신경학적 구분을 제시하는 것 같다. 즉 눈과 뇌의 관계는 이미지와 푸티지의 관계와 같다. 외부세계는 뇌의 일부인 것처럼 모든 이미지들은 푸티지 영화의 일부인 것이며, 그만큼 푸티지 영화에게 더 이상 기억이 보전하는 사적 영역이란 주어질 수 없다. 아무리 사적인 푸티징조차 이미 현실적 외부에 대한 푸티징이기 때문이다. "파운드 푸티지는 언제나 고고학"이지만, 그 이유가 "푸티지가 상실이기 때문은 아니다. 그것은 말하며 꽤나 직설적으로 우리 시대에 대해 말한다. 그것은 사회적으로 조직된 우리 뇌의 풍경, 즉 가시적인 것의 민족지학을 반영한다."[26] 이것은 정확히 바흐친이 서사시에 대조시켰던 소설의 다중언어적이고 대화적인 역량이다. 비트는 이종어를 모국어로부터 분리시키고 그들 대화를 분화시키기위해 뇌를 쪼개나가는 기술이다. 게다가 그건 그 내부로부터의 박동이다. 같은 것을법에 대해서도 말할 수 있다. 비트는 법을 그 내부로부터 때린다. 그것은 법을 자문자답에 빠뜨린다. 비트는 법에 발작성 자유간접화법을 박아 넣는다.

---

24. "그 구성의 육체성(physicality)은 드럼을 배우는 것에 비유될 수 있다. 필름투영의 불연속적 본성은 정신적 과정에 상응한다."(차일드 인터뷰. *This Is Called Moving*, University of Alabama Press, 2005, p. 206). 몽타주 계보(특히 소비에트) 속에서 차일드의 발작 콜라주를 파악하는 시도로는 투림의 글, Maureen Turim, "Sound, Intervals, and Startling Images in the Films of Abigail Child", *Women's Experimental Cinema*, Duke University Press, 2007.
25. 차일드 인터뷰. *This Is Called Moving*, p. 206.
26. 같은 인터뷰, p. 218.

우리는 푸티지와 파운드 푸티지의 엄밀한 구분에 이른다 : 푸티지가 죽은 이미지 혹은 이후after-이미지라면, 파운드 푸티지는 유령-이미지 혹은 예외extra-이미지다. 연금술적 제의가 정치집회이며 파업이며 시위가 될 수 있는 것은, 파운드 푸티지는 자신의 존재방식 뿐만 아니라 법의 존재방식도 뒤집어놓기 때문이다. 푸티지는 법에게 그의 잃어버린 기억과 트라우마를 되찾아줌으로써만 법의 사각지대 속에서 찾아진다(폴란드 유파는 작은 영웅과 우화로서, 남미 유파는 혼혈, 이단, 고아, 사생아로서 여기에 접근한다). 푸티지 무리가 법의 사각지대 속에서 섬망으로서 발견된다는 것과, 법이 그 자신의 본질로부터 섬망을 기억해낸다는 것은 동일하고 같은 의미다. 역사와 신화면의 관계는 법과 무의식의 관계와 같다. 유령은 법의 무의식 자체가 되며 신화면은 법의 근거가 된다(압착, 인장, 비틀기). 유령들이 법의 구멍에 존재하는 만큼, 법은 시간의 구멍에 존재한다. 법은 시간 속에서 플릭커된다. 혹은 플릭커는 법을 입고 있다. 바로 이러한 까닭에 법이 기억해내는 섬망閃妄은 과거가 아니라 미래에 먼저 속한다. 칼 슈미트의 논증이다 : "주권적 독재는 현행 헌법이 아니라 초래되어야 할 헌법에 의해 근거한다."[27] 푸티징에 있어서도 사정은 마찬가지로서, 법이 자문자답 속에서 발견해내는 모순은 이러한 시간의 내적인 모순일 것이다. **법은 미래만을 근거로 미래만을 기억하기 위해 반짝인다.** 파운드 푸티지란 법안에서 플릭커를 발견해내는 작업이다. 파운드 푸티지는 파운드 플릭커다. 푸티지 작가들의 전략의 가장 정수도 이것이다. 이미지로부터의 폭격을 이미지에게 되돌려주고 이미지가 이미지에 대항토록 하라.[28] 비트에 비트를 잇고 서로 부딪히고, 결국 비트를 이미지에게 향하도록 하라.[29] 법이 경련하며 자문한 대화타의 대답은 미래에 있다. 파운드 푸티징은 과거-미래의 폐쇄회로 속에서 작동한다. 〈미래는 당신 뒤에 있다〉(차일드). 결국 파운드 푸티징이 하는 일이란 결국 "이미지 내에 있는 모순들을 앞당기는 것bring forward"일 뿐이다.[30] 시간 자신의 엑소더스.

---

27. 칼 슈미트, 『독재론』, 김효전 옮김, 법원사, 1996, 172쪽.
28. "가져오고 훔치고, 어떻게든 이미지들을 취해서, 이미지들을 이미지들에게로 되돌려줘라(turn'em against them)."(볼드윈 인터뷰. *Recycled Images*, pp. 68~69).
29. 차일드 인터뷰. *A Critical Cinema 4*, p. 214.
30. 차일드 인터뷰. *Recycled Images*, p. 74.

니콜 브르네는 파운드 푸티지를 여러 단계로 분류하면서 두 범주의 구분을 제안했다. "내생적 재활용"recyclage endogène은 과거의 재현가능성에 관련되는 범주인 반면, "외생적 재활용"recyclage exogène은 과거의 재현불가능성에 관련된 범주다. 전자가 원본 전체의 내용이 요약되는 영화 광고의 경우라면, 후자는 원본의 의도와는 다르게 비판 혹은 분석 등을 위해 사용되는 파운드 푸티지, 스톡 푸티지의 경우다. 그러나 여기엔 더 심오한 의미가 있는데, 그건 시간과 역사화에 관한 것이다. 즉 내생적 재활용에 있어서 미래는 과거에 내재하는 반면, 외생적 재활용에 있어서 미래는 과거에 외재한다. 즉 미래는 재현가능한 과거의 바깥, 과거의 재현불가능성으로서만 말해지는 바깥의 가능성이다. 그래서 내생적 재활용은 재현의 중심일 현재에 대해서 외생적인 과거-미래의 회로를 구성한다. 미래가 과거에 대해 외생적이라는 것은, 과거-미래가 현재에 외생적이라는 것과 동일하고 같은 의미다. 과거-미래의 **폐쇄회로는 현재에 대해 자율적이기 위해 스스로 닫힌다.**[31] 이것이 현재의 자율성을 대체하는 "지금시간"Jetztzeit의 초월적이고 신학적 자율성이다. 벤야민의 "변증법적 이미지"는 대화타 플릭커다. 역사는 유령들의 이야기다. 이러한 조건 아래서만 우리는 과거에서 현재로 이주할 수 있다.

---

31. Nicole Brenez, "Cartographie du Found Footage", *Ken Jacobs, Tom Tom the Piper's Son*, pp. 98~99("이미지들의 자율성").

2부
현재와 속도 :
틈새와 프레이밍에 대하여

몽타주의 급변

1-1. 고전 몽타주의 전제들

고전주의는 일단 몽타주였다. 몽타주 덕분에 영화는 세계의 표면일 수 있었다. 같은 이유로 몽타주되는 표면들은 영화가 세계를 향해 펼치는 그의 탁본이거나 그 단면들일 수 있었고. 그 무수한 차이에도 고전주의 사조들이 공유한 진리관이 여기에 있다. 몽타주는 총체성의 언어라는 생각이 그것이다. 왜냐하면 고전주의에게 세계는 아직 전체Tout였기 때문이다.

우리는 고전 몽타주의 세 가지 전제들을 추출해볼 수 있을 것이다. 먼저 표면들은 단지 부분이 아니다. 그것은 이미지 전체를 변화하는 총체성으로 재구성하는 유동분으로서, 여기선 표면들이 이루는 변화하는 관계들의 총체가 곧 전체가 된다. 소비에트 유파가 전체-부분을 말한다면 바로 이러한 의미에서다. 전체는 오직 변화함으로써만 존재하며, 부분들은 표면화됨으로써 그 변화를 표현한다(pars pro toto). 샷은 바로 이 표면들의 단위다. 전체는 변화하고 부분들은 분배된다. 그러므로 샷은 전체가 부분들의 집합에 뿌리내리는 위계에 따라 서열화된다. 이것이 '조직(유기성)'organization이며, 소비에트 유파가 가지는 상하 관념의 근원일 것이다. 즉 몽타주는 가장 작은 통일체(기병대-시위대)로부터 가장 상위의 통일체(부르주아-프롤레타리아트)로의 점진적 접근 및 돌발적 도약에 다름 아니다. 전체 안에는 작은 전체들이 있으며 그 안에 또 작은 전체들이 있는 식으로, 반복되는 것은 전체의 분신들이다. 위계는 '도약'의 질서이자 '극점'으로 한정되는 각 표면들의 서열이다. 이 조직을 계량화하면 프랑스 가속 몽타주가 나온다. 프랑스 유파는 소비에트 유파의 '전체'를 '조화'로, '도약의 질서'를 '수직적 질서'로 대체했을 뿐이다(강스).[1] 푸도프킨이 고전몽타주의 위계 관념을 한마디로 요약한다 : 편집이란 미분 및 적분이다.[2] 고전주의자들이 말하는 깊이란 사실 위계다.

만약 소비에트 유파가 다른 몽타주 유파를 비난한다면 그 물질적 조건의 빈약함을 비난하는 것이지 위계조직 자체를 비난하는 것이 아니다(오히려 그들은 위계조직을 먼저 발견한 그리피스를 질투했다). 위계는 영화가 부분에서 전체로 도약함으로써 세계에 이르는 아직까진 유일한 방식이기 때문이다. 고전 몽타주가 항시 참고하는 모델을 하나 찾으라고 한다면 그것은 인간의 의식이다.[3] 하지만 그것은 행동하는 인간의 의식이다. 행동은 그 자신 전체의 변화를 표현하면서 더 상위의 조화를 향해 점진하거나 도약하는 의식의 웅대한 활동이다. 후기로 갈수록 그 의미가 많이 퇴조하긴 했으나 에이젠슈테인의 '견인' 혹은 '제유' 개념은 이미 이를 암시하고 있었다. 즉 견인이란 의식의 행동이고, 제유란 의식을 표현하는 부분에서 전체로의 도약이다. 요컨대 고전 몽타주의 전제들은 전체-변화(자연학), 샷-위계(정치학), 행동-의식(신학)이다.

이 목록에 서부극을 추가해야 할 것이다. 서부극에서 대지 전체는 백인-인디언, 개척자와 약탈자와 같은 역동적 유동분들로 분할됨으로써만 주어진다. 이 운동쟁탈전이 격화됨에 따라 그 명분과 대상이 점점 사라지는 한이 있더라도, 고양되는 것은 카우보이의 자의식이다. 자의식은 그 전체 속에 부분표면들을 위계화함으로써 영화가 세계와 접촉도록 하는 거대한 접면이다. 이 표면은 결코 작은 것이 될 수 없다. 작은 것들을 그 안에서 조직해야 하기 때문이다. 결국 고전 몽타주는 거시表면이다. 실제로 각 고전 유파는 이 거시표면의 거주민을 설정하는 데에 큰 공을 들였다. 너무 작으면 전체에 이를 수 없고, 너무 크기만 하면 쪼개지지 않기 때문이다. 소비

---

1. 특히 강스는 그가 "정신"(esprit) 혹은 "영혼"(âme)이라고 부른 전체 속에 각 가속단위들이 상호적인 조화를 이루어, 영화가 관객에게 이미지 전체를 줄 수 있는 하나의 시각적 교향곡으로까지 고양되어야 한다고 생각했다. Abel Gance, "l'Harmonie visuelle est devenue symphonie", *L'Art du Cinéma*, ed. Pierre Lherminier, Seghers, 1960, pp. 164~165("난 마음을 만들려고 했다").

2. V. I. Pudovkin, *Film Technique and Film Acting*, trans. & ed. Ivor Montagu, Vision Press, 1958, pp. 94~97.

3. 가령 푸도프킨의 다음 논증이 그렇다. V. I. Pudovkin, *Film Technique and Film Acting*, p. 90. 즉 멀리서 대상을 바라보면서 뭉뚱그려서 얻는 전체-이미지보다, 뜯어본 디테일들을 결합해서 재구성한 전체-이미지가 더 "생생하고 심오하며 더 섬세"하다. "능동적 관찰자"로서의 카메라에 대해선 p. 82도 보라.

에트는 거대군중, 프롤레타리아트를 소환했다. 프랑스 유파는 비극적 영웅을, 독일 유파는 메피스토를 끌어들였다. 미국 유파와 초기서부극 역시 역사의 거인들이나 그 개척자들에 매혹되었다. 그들은 역사의 주인이었다. 운동을 소유했기 때문이다. 물론 전투는 언제나 승리는 아니었다. 하지만 거시표면은 그들이 패배하여 대상과 근거를 잃는다고 해서 없어지지는 않는, 외려 잃을수록 더 많은 운동을 흡수하는 '전체의 표면'이다. 만약 거시표면이 조직적organic이라면 그것은 이러한 의미에서다. 거시표면은 실패하는 법이 없다. 부분이 실패하더라도 전체는 더 큰 운동, 더 큰 도약을 취득하는 데에는 매번 성공하기 때문이다. 고전 몽타주의 세 가지 전제를 관통하는 숨은 대전제 하나를 더 추가한다면, 그것은 이러한 소유 관념이다. 영화는 세계를 소유하지 못해도 그 운동을 소유한다.

즉 거시표면은 운동을 자신의 속성proprietas, 재산·소유물으로 삼는다. 고전주의의 전체는 바로 이러한 실체화를 통해 태어난다.

1-2. 네오 몽타주의 초기증상들 : 카게무샤, 스파게티, 페킨파

거시표면은 표면들의 빈틈없는 체계를 의미한다. 거시표면은 빈틈없다. 그러나 이 체계에 빈틈을 내는 자들(소비에트에게는 부르주아와 멘셰비키, 서부극에게는 인디언과 도적들)은 거시표면의 반대급부이기는커녕 필수요소다. 거대군중과 거대영웅은 그들에 반응하여 더 큰 행동으로 응수하고 의식을 성장시킴으로써 더더욱 빈틈없는 몽타주를 성취하기 때문이다. 하지만 프롤레타리아트가 사라지고 서부가 점점 사라진다면, 그리하여 – 제3의 작은 군중들이 보여주는 것처럼 – "더 이상 전문적인 계급이란 없다"[4]면, 몽타주는 바로 그 '빈틈'gap에 의해서 재정의되어야 할 것이다. 고전 몽타주 반대증상들은 바로 그 순간에 나타나기 시작했는데, 그것은 자의식에 덜 취해있던 동양 쪽에서였다. 발견해야 할 아메리카도 주어지지 않았던 건

---

4. 도스 산토스 인터뷰. Darlene J. Sadlier, *Nelson Pereira dos Santos*, University of Illinois Press, 2003, p. 141.

일본 작가들에게 외려 특권이었다. 일본 작가들은 거시적 체계를 빈틈없이 채우는 돈이나 땅에 무관심했으며, 반대로 정물과 풍경과 같은 미시표면에 매혹되었다. 거시표면을 정의하는 위계는 풍경 속에서 평평해졌고 인물들도 의식화될 수 없는 자가 되었다. 풍경을 채우는 것은 오직 빈틈이며, 인물은 바로 그 빈틈 속에 살고 있기 때문이다. 일본적 빈틈이 바로 여백이다. 몽타주는 완전히 새로운 차원에 들어선다. 그것은 빈틈없는 체계를 빈틈의 체계로 대체하는 엄청난 시도다. 샷을 절단하는 것은 운동하는 인물이 아니라 그 이전 혹은 이후에 오는 정물이다(오즈). 또한 인물은 다른 인물을 부르는 빈틈을 공간에 박아 넣기 위해서만 샷을 빠져나간다(미조구치). 나루세 미키오에게도 여백은 인물들을 끌어당기는 가상의 목적지처럼 작동하며, 심지어 인물을 하나의 멈춰진 정물처럼 포획하는 힘마저 가지고 있었다(〈만국〉 〈부운〉 〈흐르다〉). 구로사와 기요시는 여백을 공포영화에, 수오 마사유키는 춤판에 도입했다(〈회로〉, 〈쉘 위 댄스〉). 고레에다 히로카즈는 혈연을 여백의 연으로 대체했다(〈아무도 모른다〉). 여백에도 결투가 있다면 그건 차라리 라멘 웨스턴이다(이타미 주조 〈담뽀뽀〉). 에이젠슈테인이나 포드라면 빈틈은 다음 행동을 위해 예비되는 잠재적 상태라는 점에서 이런 차이들은 본질적인 것이다. 잘 알려진 대로 오즈는 180도 법칙(O.S.)을 무시했고 두 인물을 마치 같은 곳을 바라보듯 나란하게 편집했다.5 여기엔 미학적 선택 이상의 의미가 있다. 샷들을 배열하는 기준은 더 이상 위계가 아니라 그 빈틈이거나 소실점으로서, 이것은 전혀 새로운 회로의 출현을 알리는 징후이기도 했다. 결국 고전 몽타주로부터 무엇이 달라졌나? 변화하는 시간 전체도, 서열화되거나 고양되어야 할 가치도, 따라잡아 이겨야 할 적군도 주어지지 않는다. 허무주의는 아니다. 거시표면에서 사라지는 것처럼 보일 뿐 시간, 가치, 적은 미시표면에 여전히 주어질 수 있기 때문이다. **미시표면은 거시표면의 절단면이기에 그의 빈틈**이다. 거시표면이 개척지이고 신대륙이라면, 미시표면이란 다다미이고 쇼지다. 거기엔 위계에 종속되는 사물이 아니라 정물이 산다. 미시표면은 무소유다. 운동이 아니라 그 텅 빈 틈새만을 소유하기 때문이다.

---

5. 편집과 촬영에 있어서 시선축의 틈새에 대해서는 리치의 분석을 보라. (도날드 리치, 『오즈 야스지로의 영화 세계』, 「촬영」 장).

물론 구로사와는 포드를 존경했다. 하지만 적을 상정했고 사무라이의 운동을 가속했다는 이유만으로 구로사와를 고전 몽타주로 치부할 순 없다. 그의 사무라이들은 서열화되고 대립적인 된 적대관계 속에서 빈틈을 찾는 것으로 정의되기 때문이다. 이것이 구로사와의 망원편집이 고전 몽타주의 광각편집에 대해서 이룬 업적일 것이다. 망원편집은 달리는 말과 그 옆을 스치는 배경들, 혹은 좁은 근경과 이완된 원경을 교차함으로써, 샷을 평행단면들로서 전체에 포함시키는 동시에 그들 공통중심으로서 주어지는 무한원점을 전체의 한복판에 박아 넣는다. 바로 그 빈틈, 아무리 완벽한 근경과 격렬한 근접전이 주어지더라도 전체에 구멍을 내고야 마는 그 빈틈이 구로사와 특유의 운동을 정의한다. 〈숨은 요새의 세 악인〉의 초반 군중 장면은 일견 에이젠슈테인의 오데사 계단 장면과 흡사해 보일지도 모르겠다. 하지만 여기엔 고전 몽타주라면 하지 않았을 위대한 한 수가 있다. 위에서 아래로, 아래에서 위로 돌격하는 군인 무리와 폭도 무리가 거대한 상승-하강의 선을 그리며 충돌할 때, 그 틈을 타서 샛길로 도주하는 세 명의 인물들에 대한 망원샷이 거기에 편집되어 있다. 또한 〈요짐보〉와 〈츠바키 산주로〉에서 검객은 두 패거리의 극미한 접점이면서, 전세 전체를 바꾸어 놓는 가속도 자체이기를 자처한다. 구로사와의 사무라이들은 속도에 의한 소유(광각)를 가속도에 의한 이탈(망원)로 대체한다. 그들은 틈새를 타는 미분소와 같은 방랑자들이며, 세상은 그가 시간의 끝까지 갔다가 돌아오면서 그리는 원에 의해서만 존재한다. 숨 쉬다가도 숨죽이는 이 사무라이들은 카게무샤들이다. 이제 시간은 들숨과 날숨의 순환이 전체에게로 도입하는 바깥의 숨, 호흡정지와도 같은 숨죽이는 순간성이며, 거기서 모든 사무라이들은 전체에서의 전법들을 버리고 여백, 바깥, 틈새 자체를 숨쉬기 시작할 것이다. 사무라이는 자를지언정 카게무샤는 자르지 않는다. 그는 미분한다. 숨구멍을 뚫기 위해서. 스스로 관으로 들어가고, 스스로 미물, 분신, 그림자, 정령이 되기 위해서. 숨 쉬되 숨죽이고, 달리되 빠져나가기 위해서. 더 이상 전체에 거리를 좁혀나가는 속도 혹은 전체의 지름을 넓혀나가는 광각적 속도가 아니라, 전체에 가장 근접한 거리(들숨)에서 그로부터 가장 먼 거리(날숨)를 발견하는 망원적 속도, 즉 전체가 자신의 바깥을 숨 쉬는 숨구멍을 찾는 속도, 반대로 환경 전체는 숨죽이는 낯선 풍경으로 만드는 속도가 관건이다. 그것은 주어진 전체의 모서리와 구석을 탐색하고, 그 구멍들을 빠져나갔다 돌아와 자신을 새롭게 돌아보게 되는 사무라이들의 반성(⟨7인의 사무라이⟩ ⟨카게무샤⟩), 혹은 자신이 포함되어 있지 않았던 낯선 세계의 발견(⟨이키루⟩ ⟨꿈⟩)에 이르는 무한망원 몽타주다.[6]

구로사와는 서부극의 전체-변화, 샷-위계, 행동-의식에 각각 전체의 소실점, 평행샷들의 무한원점, 행동의 원점을 대응시킴으로써 그만의 네오-사무라이극을 창시했다. 마치 구로사와가 서부극을 자신만의 방식으로 수입했듯이, 이번엔 반대로 구로사와를 그들만의 방식으로 역수입하는 네오웨스턴을 우린 만나게 될 것이다. 그러나 이것은 행동의 숨죽임에 의한 편집이 아니라, 반대로 그것을 지나치게 굴절시켜 왜곡하는 행동의 마비와 퇴행에 의한 편집이다. 물론 고전 서부극에서 빈틈이 없었다고 할 수 없다. 심지어 거기서 공동체는 빈틈으로만 정의되었고.[7] 하지만 결국 고전 서부극의 빈틈은 메워지기 위해서 주어진다. 반대로 네오웨스턴은 그 빈틈을 벌리고 넓히려고 한다. 이것은 본질적 차이다. 우린 갤러거와 허문영이 반대했던 서부극 진화론에 반대한다. 그러나 그 이유는 진화가 사실은 순환이어서가 아니라 퇴화여서이기 때문이다. 기존웨스턴과 네오웨스턴의 차이는 단지 형식과 심리의 안정성 여부가 아니라, 그를 유지할 수단과 의지가 여전히 있는지 여부다. 백인집단과 인디언 집단 사이에 나 있었기에 나름 막을 수 있었던 외재적 빈틈과는 다른, 백인집단 내부로부터 터져 나오기에 막을 방법도 의지도 없는 고삐 풀린 내재적 빈틈이 네오웨스턴의 몽타주를 정의한다. 진네만은 텅 빈 마을에 홀로 고립되어 마비된 카우보이를 내려다보는 크레인샷을 편집했다(⟨하이눈⟩). 점점 퍼져나가는 빈틈은 카우보이들을 내분과 마녀사냥으로 몰아가는 비더의 태양광(⟨백주의 결투⟩), 레이의 암흑이기도 하다(⟨자니 기타⟩). 네오웨스턴의 몽타주는 영웅적 행동과 그 속도를 구성해오던 목적과 의미를 제거하는 편집이고, 그 내부로부터 점점 넓어지는 빈틈의 확산이다. 특히 스티븐스는 그의 적들뿐만 그가 구하려는 공동체로부터 동시에 격리된

---

6. "우리가 인간 본성 자체, 그리고 우리가 생각하는 방식을 바꾸지 않는 한, 세상은 바뀌지 않는다."(구로사와 인터뷰. *Cineaste*, vol. 14, no. 4(1986). 다음에서 재인용 : *Akira Kurosawa Interviews*, ed. Bert Cardullo, University Press of Mississippi, 2008, p. 140).

7. 고전 서부극에 이미 잠재되어 있던 신학적이고 정치적인 모순, 청교도주의와 잭슨주의의 흔적들에 대해서는, Scott Simmon, *The Invention of the Western Film*, Cambridge University Press, 2003. 13장. 특히 시몬은 워쇼가 서부극에서 소유 개념을 누락시켰다고 비판한다(p. 140).

카우보이의 이미지만을 박피해내는 유령적 편집을 보여주었다(〈셰인〉). 이것은 거의 빈틈의 의인화라 부를 만하다.[8]

다른 한편 공동체에 난 빈틈은 백인무리를 그 외부에게로 열어놓으며 이를 개구멍 삼아 백인들은 인디언 무리로 누수되거나(데이브스 〈부러진 화살〉), 반대로 빈틈은 두 이종적 집단의 연결통로가 되기도 한다(펜 〈작은 거인〉). 미장센의 변화도 불가피하다. 빈틈은 백인집단과 인디언 집단 사이뿐만 아니라 그들에게 영토를 분배하던 측지법의 거시척도에도 구멍을 내기 때문이다. 이것이 우리가 위 영화들에서 보게 되는 극렬한 태양광이나 암흑, 혹은 불투명한 포연에 의해 좌표를 잃은 공간들의 경우다. 포드조차 〈수색자〉에서 측지법을 거의 포기함으로써 이에 동참한다. 또 〈샤이엔족의 최후〉에선 끝내 하늘과 땅의 광각적 결합, 지평선에 의한 공동체의 결합을 샤이엔족의 엑소더스가 그려내는 불투명한 바탕에게 위임하고 있다. 포드의 이 두 마지막 서부극에서 그 자신의 몽타주를 완전히 탈광각하여 망원화하는 것은 분명해 보인다. 샤이엔족은 백인들이 점령하려는 대지에 그들보다 먼저 속해있다. 반대로 백인들은 질주하는 마차와 말 사이에 갇혀서 허둥지둥 뛰어다니는 망원샷으로 포착되고 있다. 포드는 결국 구로사와를 어느 정도 역수입하는 것 같다. 백인들이 질주하던 그곳은 더 이상 개척지가 아니라 그들 탐욕이 무용해지는 여백이 되며, 인디언들은 바로 그 여백의 거주자로서 측지법의 구멍이 됨과 동시에 백인들 사이의 유일한 연결부호가 된다. 포드의 이 후기작들을 비로소 완전히 정태적statisme이라고 우린 말할 수 있을 것이다.[9] 혹은 여백은 그 초기작들부터 이미 징후처럼 나타나고 있던 "뒤집어지는 하얀색"(하스미)이거나. 요컨대 네오웨스턴의 두 축은 한 백인집단 내에서 일어나는 빈틈의 내면화, 그리고 백인집단과 인디언 집단 사이에

---

8. 셰인 캐릭터에 대한 로저 에버트의 마조히즘적 분석은 신랄하나 꽤나 정밀하여, 당대 서부자 캐릭터에 대한 대표성마저 지니는 것 같다. 로저 에버트, 「셰인」, 『위대한 영화 2』, 윤철희 옮김, 을유문화사, 2009. ("그에게는 왜 여자가 없는 걸까?").

9. 정태성은 몇몇 프랑스 비평가들에겐 포드적 공동체를 정의하는 개념이었으며, 특히 후기 포드에 대해서는 더욱 알맞은 개념이 되었다. 예컨대 코몰리는 〈샤이엔…〉에 대해서 다음과 같이 쓰고 있다. "우리는 거부하는 것과 우리가 찾는 것, 부정과 긍정 사이에서 연결부호를 찾을 뿐이다. 행동은 부동주의(immobilisme)이고, 모험은 이 부동성의 돌발적 계시자일 뿐이다."(Jean-Louis Comolli, "Signes de Piste", *Cahiers du Cinéma*, n° 164, mars. 1965, p. 75).

서 일어나는 빈틈의 내삽이다. 네오웨스턴은 백색법의 예외상태를 발견해내고 백인 총잡이의 이미지만을 박피해낸다는 의미에서 서부자westerner에 대한 파운드 푸티지 영화들이기도 하다. 가령 빈틈의 내면화가 압착법과 인장법에 연관된다면(《하이 눈》과 〈셰인〉은 정확히 전자와 후자에 각각 대응된다), 빈틈의 내삽은 비틀기에 연관된다(혹스 〈리오 브라보〉). 당대 서부극들이 매카시즘에 대한 비판적 푸티징일 수 있었던 것도 서부자를 과거로 박제하는 이런 빈틈충동 덕택이지, 결코 그 역이 아니다. 어쨌든 이제 백인집단은 거시표면에 존재하는 거인들이 아니라 미시표면에만 존재하는 작은 거인들로서, 개선행렬과 댄스축제는 점점 장례행렬로 퇴축되어갈 것이다. 어떤 의미에선 거대함을 일구던 운동은 있어 본 적도 없을는지도 모른다. 떠나지 말라고 하자, 비엔나가 대답하길 : "움직인 적도 없어요."(《자니 기타》)

　이 모든 것을 밀고 나가면서 스파게티 웨스턴은 네오웨스턴의 핵심 분파가 된다. 미국과 거리를 둔 이탈리아에선 푸티징이 좀 더 자유로웠을 터, 스파게티 웨스턴이 보여주는 자유엔 어딘가 더욱 잔혹하고 무자비한 것이 있다. 그것은 속물주의에 대한 충동적인 선택이고, 서부자가 독점하던 신비에 대한 첨예한 반전이며, 결국 변칙과 반칙 속에서 이루어지는 카리스마의 자발적 벌거벗음이다. 황금을 위해서라면 자신의 적과도 거래하고 또 배신하다가 몰락을 자초하는 스파게티 캐릭터가 이로부터 나온다. 스파게티 웨스턴은 변화하는 전체에 사방팔방 구멍을 뚫을뿐더러 서부자가 소유했었던 모든 신비와 깊이에 무차별적으로 구멍을 낸다. 스파게티 웨스턴은 빈틈을 확산시키는 데 만족하지 않는다. 그건 빈틈을 살포하고 난사한다. 이것이 장고의 기관총이 가지는 의미다 : 탄공彈孔의 인플레이션. 서부영웅이 힘겹게 지켜오던 도덕적 깊이나 기술적 품위란 이젠 한 줌도 남을 수 없다. 총알이 난무할수록 가속화되는 영웅의 가치하락만이 있을 뿐이며(코부치 〈장고〉), 그 정체성뿐 아니라 무기의 탈신화화가 있게 된다(파롤리니 〈사바타〉 연작에서 변신무기들). 혹은 아예 총탄은 육탄으로 대체되어, 총격전은 난잡한 육탄전으로 퇴보하고 말거나(바르보니 〈내 이름은 튜니티〉 시리즈). 이 모든 것이 기존 웨스턴이 아무리 망가진다 한들 범접할 수 없는 스파게티 웨스턴이 빈틈을 넓히는 방식이다 : 빈틈의 인플레이션에 의한 시공간의 스파게티화spaghettification. 기존 웨스턴이 이를 지평선으로 대충 뭉갤 순 있었을 것이다. 그러나 스파게티 웨스턴이 지워버린 건 대지 자체다. 정직한 궤적으로 측지되던 대지는 이제 얽히고설킨 총알궤적에 의해 난도질 되어 흐물거리며, 어느 누가 더 선도 악도 아닌 심연 속에 남는 것은 임시변통의 공모와 배반, 그 불투명성 속으로 흩어지는 총성과 모래바람뿐이다(레오네 삼부작 〈황야의 무법자〉 〈속 황야의 무법자〉 〈석양의 무법자〉). 어찌 보면 바르보니와 레오네의 관계는 혹스와 포드의 관계와도 같다. 바르보니가 서부자들의 역할교대를 경박한 슬랩스틱 난투극으로 만든다면, 레오네는 서부자들의 혈맹과 결탁을 숭엄한 합동장례식으로 만들어버렸다. 일반적으로 스파게티 웨스턴은 첫째 퇴행하는 신체, 둘째 반전되는 위계, 셋째 벌거벗는 의식으로 정의된다. 즉 물질과 정신, 모든 조직의 스파게티화.

잘 알려진 대로 스파게티 웨스턴은 반칙의 웨스턴이다. 하지만 그건 법마저 스파게티화하기 때문이다. 당대 태동하고 있던 파운드 푸티지 기법을 선구라도 하려는 듯 스파게티 몽타주는 크게 두 가지 방법을 보여주는데, 법을 한없이 찌부러뜨리거나 늘이는 압착법과 인장법이 그것이다. 전자가 지나친 생략이라면, 후자는 지나친 과장이다. 〈내 이름은 아직도 튜니티〉의 한 장면을 보자. 한 술집 안으로 총잡이들이 들어가고 튜니티와 시비가 붙는다. 그들은 곧 총을 뽑아 들 태세다. 하지만 순간 카메라는 술집의 외부로 빠지고 총소리만 들리더니, 잠시 뒤 바지가 벗겨진 총잡이들이 헐레벌떡 도망 나온다. 이것이 생략이다. 생략은 행동을 보여주지 않음으로써 빈틈을 증폭시킨다. 반대로 과장은 행동을 지나치게 묘사함으로써 그를 비워내는 방법이다. 장고의 기관총이나 사바타의 변칙무기가 그렇고, 튜니티의 터무니없이 빠른 총 뽑기 속도가 그렇다. 총 뽑기 직전 일촉즉발의 순간을 무한정 인장시켰던 레오네도 과장법의 대가였고, 어떤 경우든 반칙의 본질은 무한히 짧아진 순간이나 길어진 지속 속에서 스스로 벌거벗고 명멸하는 자의식에 있다. 시공간의 스파게티화는 법망의 스파게티화를 반드시 수반한다. 이 역시 고전 서부극에선 가급적 억압되어 오던 바다.

전체는 깨져버렸고 안전지대는 무법지대가 되었으며, 속도는 생략과 과장 속에서 태어나는 파편화의 충동으로 점점 퇴행해간다. 인디언이 되고자 하는 백인은 한때 주인이었던 노예가 아닐까?(이미지의 노예) 그리고 주인은 그의 이미지를 스스로 박피해내는 푸티지가 아닐까?(죽은 이미지) 페킨파는 이 경향의 정점이다. 〈던디 소령〉과 〈와일드 번치〉에서 우리가 보게 되는 것은 이질적인 구성원들(남부군-북부

군, 백인 도적떼-멕시코군)이 임시적으로 결탁해서 이룬 불안한 집단이며, 그 전투가 격렬해질수록 점점 더 희미해지는 대의명분이다. 한 집단 안에서도 내분이 있을 뿐더러 두 집단 간의 거래와 결탁은 서로의 배반을 경계하는 와중에 이루어진다. 레오네가 두세 명을 가지고 하던 것을 페킨파는 두세 무리를 가지고 한다. 그러나 이 뿐이었다면 페킨파는 단지 조금 더 분열적일 뿐인 스파게티주의자로 남았을 것이다. 페킨파는 행동의 진정한 주체인 신체를 직접적으로 다룬다. 먼저 신체는 환경 속으로 완전히 퇴행하여 환경의 광물적이거나 식물적인 일부가 된다. 가령 사막은 망원경으로 조준되는 사거리에 모두 포함되며, 같은 식으로 아이들과 여자들까지도 트인 공간에 숨은 저격수들이 될 수 있다. 또한 신체는 기관총으로 쉽게 연장되면서 그만큼 위계는 쉽게 반전된다. 기관총은 신체를 기계로 퇴행시킨다. 결국 남는 것이라고는 목숨을 부지하려는 동물적 신체뿐이고, 반대로 의식은 측지법의 붕괴를 막기는커녕 외려 불합리한 영웅주의를 근거로 더 큰 살육을 조장할 뿐이다(이는 훈장에 눈이 멀어 소대원들을 점점 궁지로 내모는 〈철십자 훈장〉의 지휘관의 경우이기도 하다). 페킨파는 〈와일드 번치〉에서 끈질기게 헐벗은 아이들을 스케치하는데, 이는 마치 그 아이들이 나중에 모두 적이 되고 또 서로 죽이게 될 것만 같이 보인다. 여기는 잠재적 저격수들과 잠재적 표적들로만 구성된 공간, 사방팔방 난사된 총알들이 그려내는 거미줄 공간이고 개미떼들이 들러붙은 전갈의 시간이다. 결투의 공간이 좁은지 넓은지는 더는 중요치 않을 것이다. 주체에게 환경은 언제나 광각이고, 환경에게 주체는 언제나 망원이기 때문이다. 그래서 〈겟어웨이〉의 계단, 〈스트로덕〉의 집은 아무리 폐쇄되어있어도 여전히 사막이다. 목숨을 건지기 위해 본능적으로 환경으로 후퇴하는 육체는 아파치가 학살된 시체더미에 숨어있던 것처럼(〈던디 소령〉) 쓰레기 더미에 실려서 궁지를 빠져나간다(〈겟어웨이〉). 페킨파의 서부를 정의하는 것은 이미지와 연쇄가 아니라 잠상과 잔상, 그리고 그 사이에서 일어나는 퇴행이다. 〈관계의 종말〉에서 분열하던 팻 개릿은 자신의 거울상을 쏜다.[10] 결국 페킨파

---

10. 이 영화에서 나타나는 분열적 거울이미지에 대해서는 Jim Kitses, "Peckinpah Re-Visited", *The Western Reader*, ed. Jim Kitses and Gregg Rickman, Limelight Editions, 1999. 특히 그는 포드가 서부극에 헌정한 그 유명한 마스터샷(하늘을 배경으로 실루엣 처리된 인물)을 페킨파가 물 위에 비친 뒤집힌 실루엣으로 대체하는 것에 주목한다.

의 독창성은 전체 속의 신체(전체-변화)를 광물적이거나 심지어는 기체적인 환경으로, 팔다리와 수단(샷-위계)을 기계로 퇴행시키고, 결국 육체 자신(행동-의식)을 본능으로 퇴행시킨다는 데에 있다. 그리고 그는 각 층위에 흩어지는 파편들, 난사되는 총알들, 비산되는 핏방울들을 대응시키고는, 이 현란한 분무의 리듬을 곧 몽타주의 원칙으로 삼았다. 페킨파의 몽타주는 비산혈 몽타주다. "산산조각 영화"shattering film[11], 더 이상 피가 표면들에 튀는 것이 아니라, 바로 그 튀는 핏방울들이 표면들이 되는 그런 영화. 거대한 것을 무너뜨리는 것은 이렇게 작은 것들이다. 〈와일드 번치〉의 한 총잡이는 이미 죽은 시체들에서 금니를 캐내려고 한다. 페킨파는 서부영화에 피와 본능을 전격적으로 도입한 작가다. 페킨파 서부극은 레트로 서부극이다.

1-3. 절단면에서 반사면으로 : 네오웨스턴의 두 가지 과장법

이 모든 것이 고전 몽타주에 아예 없었던 건 아니다. 그것은 어떤 징후처럼 이미 거기에 예견되어 있었다. 소비에트가 〈폭군 이반〉을 내팽개친 것은 그 징후들이 너무나 노골적이었기 때문이다. 이반이 영웅적 행동을 마비시킬 정도로 너무 과민반응한다는 것이다.[12] 이처럼 고전 몽타주를 개혁한 건 행동action이 아니라 반응reaction의 방식이었다. 반응이 빈틈의 산출이기 쉽기 때문이다. 징후들이 사례를 아무리 막연하게 할지라도, 우린 고전 몽타주의 큰 행동과 고전 이후 몽타주의 작은 행동의 차이가 결국 반응방식의 차이에 기인함을 잊지 않을 것이다. 고전 몽타주에서 반응은 빈틈에 대한 응답적 행동으로서, 빈틈을 메꾸는 족족 행동체계로 끊임없이 편입된다. 일례로 〈10월〉의 혁명장면을 보자. 농민, 근위병, 케렌스키, 레닌 사이에서 이루어지는 모든 반응들은 빈틈없이 행동으로 이어지면서 거대나선을 그린다. 〈역마차〉에서도 마차의 최대속도는 인디언들의 추격속도에 대한 반응이었고, 고전적 상황에

---

11. 페킨파 인터뷰. *Film Quarterly* 23(fall 1969). 다음에서 재인용 : *Sam Peckinpah Interviews*, ed. Kevin J. Hayes, University Press of Mississippi, 2008, p. 42.
12. 에이지가 〈이반 대제〉에서 마비증상을 읽어내고 있다. James Agee, *Agee on Film*, Modern Library, 2000 edition, p. 244(April 26, 1947).

서 반응은 더 큰 행동으로 이어질 행동의 일부인 것이다. 그러나 고전 시기 이후에 사정은 정반대로서, 여기서 반응은 행동의 일부이기를 포기하고 빈틈을 메꾸기는커녕 외려 빈틈을 방기하거나 장려하고 심지어 산출한다. 이반이 그랬고, 카게무샤가 그랬다. 네오웨스턴의 총잡이들도. 물론 〈붉은 강〉에서처럼 작은 자극에도 과민반응이 있을 수 있고(소떼), 큰 자극에도 소심한 반응이 있을 수 있다(카우보이). 그러나 중요한 것은 반응이 더 이상 행동체계에 포섭되지 않는 독립성을 갖추고, 어떤 행동으로도 다시 메꿔질 리 없게 빈틈의 독립성마저 선언하는 일이다. 더 큰 행동은커녕 더 큰 반응들을 얼마든지 더 불러들일 수 있어서, 부분과 전체, 수단과 목적으로 조직되던 어떤 거시표면도 너끈히 무너뜨릴 수 있는 작아도 위협적인 빈틈을 독립인자로 해방시키는 일이다. 일반적으로 반사의 기형적 비대증은 고전 몽타주가 붕괴되고 있다는 최초의 징후였다. 반응reaction, 응답response, 복수revenge, 책임responsibility 등 모든 종류의 반사re가 상처와도 같은 빈틈을 거시표면에 새긴다. 고전주의에선 찾아보기 어려웠던 반사의 봉기가 드디어 시작된 것이다.[13]

이제 반응은 아무리 작더라도 빈틈을 찾아내는 속도, 그리고 그 빈틈을 확산하거나 전이시키는 속도에 관련된다. 우리는 네오웨스턴이 혁신한 ― 거의 완벽하게 반대되는 ― 두 가지 과장법적 몽타주를 잊지 않는다. 먼저 레오네가 보여준 총을 뽑아 들기 직전의 두 총잡이 사이를 흐르는 무한정한 정적이 그 첫 번째 사례다. 레오네의 총잡이들은 더 이상 행동속도가 아니라, 더 빠르고 정확하게 상대방의 빈틈을 찾아내는 반응속도를 겨룬다. 그들이 숨죽이는 빈틈 이전의 지속이 있고, 지속이 길어질수록 작아지는 그의 간격과 빈틈이 있다. 지속이 점점 농밀해짐에 따라 반응은 더욱 첨예해진다(〈속 황야의 무법자〉의 회중시계가 그 측정기다). 레오네에게 속도와 밀도는 거의 같은 개념이었는데, 이는 반사속도가 흡사 텅 빈 공간을 채우는 모래알갱이처럼 빈틈의 농도로 환산가능했기 때문이었다. 허리춤에 맨 총을 전경에

---

13. 가령 코스트너의 〈늑대와 춤을〉이나 이스트우드의 〈용서받지 못한 자〉는 네오웨스턴이다. 늑대에서 버팔로 떼로 이어지는 반응들의 증가, 복수가 또 다른 복수를 낳는 반응들의 퇴행적 연쇄, 그로 인한 공동체의 자발적 해체가 있기 때문이다. 그런 점에서 〈매드 맥스 2〉(밀러)는 최고의 네오웨스턴이다. 반면에 루카스의 〈스타워즈〉 시리즈는 고전 웨스턴에 가깝다. 공동체나 혈통의 빈틈은 오직 더 영웅적인 행동으로 메워지기 위해서만 주어지기 때문이다.

커다랗게 확대하고 배경에 상대인물을 조그맣게 잡는 레오네의 저 유명한 샷이 고전서부극의 원근화법과 완전히 다른 차원(심지어 동양화적인···)인 이유도 이것이다. 그것은 움직이는 것의 속도가 아니라 정지한 것의 터질 듯한 농도나 밀도, 그리고 그 임계점에서야 솟구치는 빈틈의 첨예도를 측정하며, 이때 빈틈은 더 둔한 반응자에게 부과되는 방어흔처럼 기능한다. 유명한 투코 교수형 장면이 이 모든 것을 아주 잘 요약한다. 목매단 밧줄의 탱탱해진 장력이 바로 그 농도의 함수이고, 밧줄의 얇기가 바로 그 첨예함의 함수다. 그리고 투코가 발버둥 치면서 밧줄이 흔들리게 되자 일순간 빈틈의 간격은 더욱더 미세해져 조준이 더더욱 어려워진다(《석양의 무법자》). 레오네의 완벽한 대척점에 페킨파의 슬로우모션이 있다. 슬로우모션은 그의 이전이나 이후가 아니라 지속 와중에 바로 주어지는 빈틈으로서, 이때 빈틈은 지속이 길어질수록 더더욱 확산되어 시간을 희박화하고 끝내 소산시킨다(페킨파는 주로 죽음이 발생하는 순간을 슬로우모션으로 보여준다). 레오네와 달리 페킨파에게 더이상 빈틈의 외적인 첨예도와 방어흔이 중요한 것이 아니다. 여기서 중요한 것은 시간에 내적인 빈틈의 확산율이며, 그로 인해 점점 무뎌지나 그만큼 소멸하기를 주저하는 시간 자신의 반응, 즉 시간 자체의 주저흔을 포착하는 일이다. 이것은 마치 지속이 충분히 옅어짐에 따라 반응은 둔해지고 뭉툭해지는 시간의 발묵법 같은 것이다. 그래서 발묵법이란 역설법이기도 하다. 영혼이 떠나는 와중에 신체는 여전히 움직이고 있다는 역설이고, 시간이 자신의 소멸에 대해 반응하고 있다는 역설이다. 역설은 폭력은 존재에 대한 것이 아니라 시간에 대한 것임을 말해준다. 폭력에 의해 생명이 옅어질수록 피가 짙어지는 자가 존재인 것처럼, 폭력에 의해 연속적일수록 불연속적이 되는 것이 시간이다(특히 슬로우모션을 교차편집하는 경우).[14] 이것이 슬로우모션이 보여주려는 폭력의 본질이다. 지속을 옅거나 무디게 하는 순간의 짙음과 첨예함이 있는 것이다.[15] 페킨파는 슬로우모션 몽타주를 플래시백에도 고스란

---

14. 페킨파 슬로우모션에 대한 좋은 분석으로는 Stephen Prince, *Savage Cinema*, University of Texas Press, 1998. 2장. 저자는 뛰어난 용어를 제안한다. 슬로우모션 교차편집이란 "거짓 평행"(false parallel)이다(p. 70).

15. 이와 반대되는 경우로 페킨파는 TV에서의 폭력을 지적한다. 페킨파는 "무딘"(dull) 폭력(TV)과 "폭력 자체"(시네마)를 구분한다. 무딘 폭력은 폭력을 우연적이거나 허구적인 것으로 만드는 반면, 폭력 자체는 폭력을 본질적인 것으로서 보여준다. 전자는 의식의 반응을 둔감화시키지만, 후자는 반대로

히 적용할 것이다. 〈와일드 번치〉와 〈겟어웨이〉에서 과거의 이미지들은 물결치듯이 회상하는 자의 현재를 들락날락하면서, 현재들의 연속체를 무차별적 다공체로 만드는 기억의 반응샷들로서 기능한다. 페킨파의 플래시백은 산망샷이다.

레오네와 페킨파의 관계는 피터 체르카스키(농축, 총체적 절단)와 위르겐 레블(산망, 무차별적 타락)의 관계와 같다고 말할 수도 있겠다. 그만큼 레오네의 패스트-과장법에 페킨파의 슬로우-과장법이 대응하는 것 같이 보인다. 레오네의 몽타주가 단 한 발의 총알로 모든 게임을 끝내려고 샷을 농축시킨다면, 페킨파의 몽타주는 되도록 많은 총알로 게임판을 난장판으로 만들기 위해 샷을 분산시킨다. 바로 이러한 차이가 레오네와 페킨파가 책임에 대해서 다른 두 윤리적 입장을 갖도록 한다. 레오네는 이 모든 비극을 몽땅 책임질 한 사람을 찾아내 모든 책임을 몰아주려고 한다. 반대로 페킨파의 영화엔 모든 책임을 스스로 짊어지려고 하다가 그가 이끄는 무리까지 위기에 빠뜨리고, 끝내 더 많은 희생자를 내는 무모한 지휘관들이 자주 등장한다(〈던디 소령〉과 〈철십자 훈장〉의 지휘관, 〈와일드 번치〉의 파이크, 〈스트로독〉의 남편). 책임이 비산된 것이다. 책임이란 가장 치명적인 반응력respons-ability이다.

레오네가 반응하기 직전의 지속을 첨예하게 절단하는 직하혈의 몽타주를 구사한다면, 페킨파는 반응이 일어나는 지속을 옅어지게 하고 그 담백 속으로 순간들을 증류시키는 비산혈의 몽타주를 구사한다. 또 레오네가 반응 직전에 숨죽이는 순간들을 망원편집한다면, 페킨파는 반응 중에 있는 헛숨 쉬는 지속들을 망원편집한다.[16] 이 두 작가의 스타일은 숨죽임을 선행하는 샷에 부여할 것인가 혹은 후행하는 샷에 부여할 것인가에 따라, 그리고 인물들이 반응하는 순간을 여백의 앞에 둘 것

의식을 일깨운다. 그래서 페킨파는 폭력은 단지 보는 것만이 아니라 이해되어야 하는 것이라고 말한다(다음 인터뷰들이 중요하다. *Film Quarterly* 23 (fall 1969), *Playboy* (August 1972), 모두 *Sam Peckinpah Interviews*에 수록되어 있음). 폭력성에 관련하여 페킨파가 부당한 비판에 그토록 시달렸던 것은 당대 비평가들이 이 두 개념을 구분하지 않았거나 일부러 구분 못 하는 척했기 때문이다.

16. 폴린 카엘 역시 〈와일드 번치〉를 〈7인의 사무라이〉에 비유한다. Pauline Kael, *5001 Nights at the Movies*, Henry Holt and Company, 1991 editions.("[슬로우모션에 의해서] 영원까지 연장되어버린 하나의 순간", p. 838). 장르에 대해서도 똑같이 말할 수 있을 것인데, 그녀는 다음과 같이 비아냥댔다. "서부극이라는 병에 새로운 와인을 붓다가, 페킨파는 병을 깨뜨려버린다."(같은 곳). 하지만 바로 그것이 페킨파가 원했던 바다.

인가 뒤에 둘 것인가에 따라 달라진다. 레오네는 〈요짐보〉를 몰래 모방했고 이는 구로사와를 화나게 했다. 또한 페킨파는 대놓고 〈7인의 사무라이〉를 모방했고 〈라쇼몽〉을 공공연하게 칭송했다. 그만큼 확실히 네오웨스턴에겐 동양적인 무언가가, 특히 카게무샤의 숨결이 배어있다. 말하자면 레오네의 몽타주가 농밀한 지속 이후에 그를 첨예한 빈틈으로 깨뜨린다는 점에서 파묵법적이라면(선농후담), 페킨파의 몽타주는 옅어진 지속을 빈틈으로 세분화한다는 점에서 발묵법적이다(선담후농). 피는 빈틈을 통과한 묵이다. 반대로 묵은 빈틈을 통과해서 직하혈이나 비산혈이 된다. 네오웨스턴 : 〈씨네그램=피〉

반응은 반사의 일종이다. 반사와 틈새는 대립하는 것처럼 보이지만 사실은 같은 의미다. 그것은 모두 행동과 운동에 저항하기 때문이다. 반사면은 운동이 새는 틈새를 구성하는 미시면이다. 이는 흡사 반사가 표면에 구멍 뚫는 동시에 그 반사상이 그의 마개가 되는 것과도 같다. 그러나 반사가 절단의 일종인 것도 사실이다. 반사는 순수한 현재성의 차원이다. 고로 우리는 신화면과 **반사면**을 구분해야 할 것이다. 신화는 과거한 이미지들의 절단에 관련된다. 반사는 순수한 현재성의 차원에서의 절단이다. 신화면은 과거에 대한 반사면이다(바로 이 둘을 일부러 혼동하는 데에서 페킨파 플래시백이 나온다). 우리는 신화면과 구분하여 반사면을 **모방면**이라고 부를 수도 있을 것이다. 왜냐하면 반사면에서 일어나는 운동은 모방, 즉 미메시스 Mimesis이기 때문이다. 오즈의 인물들은 서로를 닮아가고, 구로사와의 맥베스는 자신의 운명으로 돌아오며, 레오네와 페킨파의 총잡이들은 어느 누가 더 좋고 나쁘고 할 것 없이 똑같은 무법자들이고 미래의 시체들이라는 점에서 다 같은 팔자다. 그러나 모방이 단지 원본의 재현이 아님을 상기해야 한다. 왜냐하면 모방은 틈새를 만드는 현재성이며, 무엇보다도 그 틈새들을 경험해내고 살아내는 것을 의미하기 때문이다. 그래서 반사나 모방은 '틈'이라는 명사로 완전히 환원될 수 없다. 반사와 모방, 그것은 틈타기다. 이런 점에서 오즈의 인물들은 여전히 능동적이다. 그들은 여백을 틈탄다.[17]

---

17. "무(無)란 한 편의 영화 속에 그려져 있는 것이 아니라 보는 도중에 겪게 되는 체험이다."(하스미 시게히코, 『감독 오즈 야스지로』, 윤용순 옮김, 한나래, 2001, 200쪽). 정성일이 "공기"라 칭한 것도 보라(『KINO』, 1997년 12월호).

2

마리오네트

2-1. 모방의 형상 : 채플린

거시표면은 베르그송이 도식Scheme이라고 불렀던 행동–반응의 총체적 체계다. 네오웨스턴이 그 체계를 빠져나온 것만은 사실이다. 허나 그것은 그 체계를 부정함이 아니라 반대로 지나치게 모방함으로써 가능했던 일이었음 또한 우린 보았다. 그것은 행동의 과장으로서 여기서 반응은 큰 행동을 대체한다. 너무 거창한 행동은 거시표면의 미세한 빈틈까지도 모방하면서 그를 스스로 드러내기 때문이다. 여기서 모방은 허풍이고 허세다. 행동은 빈틈을 관통하면서 맹목적이 되고 시선은 빈틈 속에서 대상을 잃어간다. 과장법은 빈틈의 인플레이션이다. 물론 과장법은 다른 장르에서도 찾아볼 수 있다. 가령 (갱스터 영화와 구분되는) 하드보일드–느와르 영화에서 빈틈은 이야기에 나 있으며, 그 암흑으로 들어갈수록 우리는 그 거대음모의 실체에 접근하게 된다(휴스턴, 드미트릭, 히치콕). 또한 비밀요원이나 초능력자와 같은 과장된 캐릭터를 다루는 히어로 영화 역시 그 빈틈을 캐릭터에 내재하고 있으며 힘의 실현이 빈틈의 과시와 직결된다는 점에서 과장법의 계보에 따라 진화하게 된다. 미국의 B 무비 역시 그렇다(특히 메이어). 이 장르들은 거시표면의 경계로까지 팽창되는 그의 빈틈을 주제로 삼고 그 점근선으로 서사를 대체한다는 점에서 정확히 과장법의 영화들이다.

우리는 과장법의 대척점에서 전혀 다른 장르를 발견하게 되는데 그것은 더 이상 과장(쌍곡선hyperbola)이 아니라 생략(타원ellipse)에 의해 작동하는 코미디 영화들이다. 들뢰즈의 정의다.[1] 하지만 우린 좀 더 넓은 범주를 정의해보고자 한다. 퍼핏 애니메이션부터 폭탄영화까지 포함해서 '인형극 영화' 혹은 '마리오네트 영화'라고 부를 전통이 그것이다. 마리오네트는 뭔가를 생략하는 자이기 때문이다. 클라이스트의 정의가 꼭 그랬다. 마리오네트는 사유와 함께 중력을, 고로 조종되는 줄을 생략한다.[2] 낭만주의로 치부하기 쉬우나 그가 영화에 오면 파급력은 상당하다. 일단 코미디부터 보자. 코미디가 정녕 생략의 장르라면 슬랩스틱은 가장 즉각적인 사례가 될 것이다. 슬랩스틱은 과장된 행동이기 전에 비틀거리고 넘어지는 등 모자라고 생략된 행동이다. 그것은 그 목적마저 생략하여 상황과 행동의 빈틈만을 노린다는 점에서 순수반응이기도 하다. 거의 완벽한 예로서 로렐과 하디의 작품들은 소심하고 옹졸한 복수의 연쇄가 얼마나 큰 파국에 이르는가를 보여준다(〈두 선원〉〈빅 비즈니스〉). 과장법과 반대로 생략법은 빈틈의 디플레이션이다. 생략은 너무 사소한 나머지 한 거시표면을 건너뛰는 행동이다(그래서 생략은 과장만큼이나 퇴행에 가까워질 수 있다). 고로 디플레이션 갭은 들뢰즈의 정확한 소묘처럼, 두 거시표면 사이의 "무한한 거리를 드러내는 작은 차이"다. 채플린에게서 아주 사소한 행동에 의해서도 권투와 춤, 레슬링과 마사지는 압착되며(〈챔피언〉〈치료〉), 방독면을 쓰거나 점수를 매기는 모자란 행동에 의해 치즈는 가스탄이 되고 전투는 게임이 된다(〈어깨총〉). 즉 슬랩스틱의 생략이란 양립불가능한 거시표면들을 빈틈으로만 연결하는 방법이다. 마찬가지로 버스터 키튼은 거시적 변침을 일으키는 미세한 시간차 혹은 속도차의 개발에 부심했고(〈셜록 2세〉), 해롤드 로이드는 지각편차를 포착하는 생략 프레이밍을 개발했다(〈마침내 안전!〉의 기차역 장면). 그러므로 생략엔 또 다른 가치, 그러나 이번엔 영화적이라기보다는 연극적인 가치가 내포되어 있다. 하나의 거시표면을 무심결 생략해버림으로써 다른 거시표면을 끌어들일 때, 거창하던 행동마저 퍼포먼스로 비워냄으로써 거시표면들은 서로에 대해 상대화되고 무대화되는 연극적 효과가 그것이다. 이때 거시표면은 우리가 나중에 '무대'라고 부르게 될 한정공간

---

1. 질 들뢰즈, 『시네마 I: 운동-이미지』, 10장 3부. 우리는 행동-반응 체계의 변화로 고전주의와 탈고전주의를 구분한 들뢰즈의 논의도 일부 차용했다. 그러나 우린 네오웨스턴에 관해선 좀 다르게 생각한다.

2. 우린 마리오네트 개념을 클라이스트로부터 빌려온다. 「인형극에 관하여」(Über das Marionetten-theater, 1810). 이 유명한 글로부터 많은 정의가 알려져 왔지만, 실상 가장 엄밀한 정의는 사영기하학적인 것이다. 즉 마리오네트는 팔꿈치나 엉덩이 같은 그 자신 신체의 여러 "초점"(Schwerpunkt)으로 인형조종사의 영혼이 자유롭게 "전이"(versetzen)될 수 있는 자다. 다음 책에 번역 수록되어 있다. 신태호, 『하인리히 폰 클라이스트의 노벨레 연구』, 삼영사, 1984.

이다(4부 8장).

　물론 네오웨스턴에 생략법이 아예 없는 것은 아니다. 일반적으로 생략은 과장을, 과장은 생략을 동반한다(특히 총을 뽑기 직전의 정지상태는 그 둘이 혼재된 상태다). 하지만 네오웨스턴에서 생략법은 여전히 제한적일 텐데, 그것은 가령 두 집단 사이에 교착된 총잡이들의 무표정과 무기력 같은 불활성 상태로 남아 있을 뿐이다. 권총과 기관총의 전술적 차이, 그리고 백인과 인디언의 생태학적 차이는 결코 작은 것이 아니며, 그런 점에서 네오웨스턴은 여전히 하나의 행동체계를 통째로 모방해내는 과장법에 의해 작동한다고 할 수 있다. 반면에 슬랩스틱 코미디는 허풍이 아니라 사소한 실수와 작은 트릭에 의거한다. 그러나 그것이 행동의 층위에 불러오는 차이는 거시표면을 뒤집고 분기시킬 만큼 거대한 것이다. 작은 고추가 맵다.[3] 반대로 네오웨스턴의 허풍 떠는 카우보이(뿐만 아니라 느와르의 탐정들도)와 같은 영웅들은 작은 고추를 먹지 않는다. 작기 때문이다. 그들은 닷새를 굶어도 풍잠 멋으로 굶는다. 요컨대 과장법이 거시표면을 파열시키는 빈틈의 제작이라면(인플레 갭), 생략법은 거시표면들을 압착하는 빈틈의 제작이다(디플레 갭). 그렇다고 해서 과장법이 다시 거시적 방법론으로 돌아간다고 볼 수 없다. 두 방법 모두가 미시면에 의존하는 모사법이기 때문이다. 과장법이 빈틈까지 모방한다면, 생략법은 빈틈으로 모방한다. 전자는 거시표면을 허풍쟁이로 만들고, 후자는 거시표면을 쭈글이로 만든다. 내러티브는 이 둘에 기하학적 인과성을 부여하는 기술이다(우리 책 3부).

　생략은 무엇보다도 부지불식간에 이루어지므로 의식의 빈틈이기도 하다. 마리오네트는 의식과 그 능동성이 생략된 자다. 비록 채플린을 참조하긴 했으나 소비에트의 "배우 마네킹"이나 "전형"은 마리오네트와 혼동될 수 없을 것이다. 배우 마네킹은 공간적 그물망spatial grid을 빈틈없이 살아내는 능동적 의식의 소유자들이다.[4] 반면 마리오네트는 바로 그 빈틈을 살아낸다. 뭐든지 무심결에 모방해내기 때문이다.

---

3. "웃음을 가져다주는 것은 언제나 작은 것들이다."(채플린 인터뷰. *Motion Picture Magazine*, March 1915. 다음에서 재인용: *Charlie Chaplin Interviews*, ed. Kevin J. Hayes, University Press of Mississippi, 2005, p. 6).

4. 배우 마네킹에 대해선 쿨레쇼프의 1928년 논문, "David Griffith and Charlie Chaplin", *Kuleshov on Film*, trans & ed. Ronald Levaco, University of California Press, 1974. 무대·앵글변화를 통해 공간적 그물망을 체화하도록 하는 배우훈련법에 대한 글도 보라("The Rehearsal Method").

이것은 거의 클라이스트가 말하는, 의식 없이 그려지는 "영혼의 자취"Weg der Seele다. 이 모든 것을 소비에트 변증법에 대립시켰다는 점만으로도 채플린은 마리오네트 영화의 개시자였다 할 것이다. 채플린에게서 먼저 모방은 한 거시표면에 머무르면서 동시에 다른 거시표면을 모방해내는 것, 그럼으로써 양쪽 모두를 한꺼번에 모방하는 것이다. 군인들의 행동을 모방하던 병사 찰리는 어느새 게임 플레이어의 행동을 모방하고 있다. 또한 추격당하고 있는 찰리는 어느새 서커스 광대의 행동을 모방하고 있다. 바로 이 '어느새'야말로 채플린이 '순간'Moment이라 부르면서 생략의 본질로 간주했던 것이다. 모방은 하나의 거시표면에서 다른 것으로의 매끄러운 이행이어야 하며 그 과정의 생략은 자연스러워야 한다. 바로 이 때문에 채플린은 하나의 넓은 샷 속에서 모든 모방을 시작하고 끝내고자 할 것이다. 몽타주의 형식적이고 추상적인 생략이 이 실질적인 생략을 가려버릴 위험이 있기 때문이다. 이것이 생략적 모방의 첫 번째 측면이다. 그것은 거시표면에서 다른 거시표면으로 큰 절단 없이 건너뛰고 틈탄다는 의미다. 모방은 애매모호한 양가적 반응으로서 한 상황 안에서 다른 상황을 연기함perform이다. 모방은 미러링이다. 그것은 겹쳐 베낌으로써, 관련 없는 두 행동체계를 서로에 대한 반응체계로 맞무대화해버린다(〈지배인〉에서 두 명의 찰리, 〈유한계급〉에서 두 계급의 찰리, 〈서커스〉의 거울방).

그런데 이렇게 접합된 두 거시표면을 통일할 상위의 형상은 더 이상 존재하지 않는데, 이는 겹모방이 어떤 질료적 차원을 전제하기 때문이다. 형상이 다시 나타나 개그를 방해하는 일이 없도록 마리오네트는 가장 먼저 무정형적 물질부터 베껴야 하며, 이것이 모방의 두 번째 측면이다. 특히 초창기의 찰리는 물에 잠기거나 흙이나 나무가 되고, 동상이나 자동인형의 무조건반사에 스스로를 종속시켰다. 마리오네트의 생은 관성적인 물질의 모방부터 시작된다. 이것이 분명 슬랩스틱의 생물학적 본질일 것이나(초기 생명체는 물질을 먼저 모방한다), 채플린의 고유성은 이러한 관성의 모방을 율동 혹은 댄스로까지 가져갔다는 데에 있다(〈시티라이트〉의 권투-댄스, 〈모던 타임즈〉의 노동-댄스). 이것은 모방의 발생생물학이다. 관성모방이 가장 먼저 끌어들이는 두 거시표면이란 무기체와 유기체다(〈시티라이트〉에서 치즈-비누, 국수-리본, 〈황금광 시대〉의 구두-요리). 그다음 찰리는 운동과 정지, 생명과 죽음을 압착시키면서 스스로 자동인형이 된다(〈서커스〉). 마지막으로 그는 구조물까지 흔들었다(《황금광 시대》). 모든 진화단계에서 마리오네트들은 근원적으로 생명과 죽음 사이에서 뒤뚱거린다.

결국 마리오네트는 빈틈을 내면화한다. 마리오네트의 주관적 형상은 물질에 맞먹는 비형상이다. 흉내내기impersonation란 탈인격화im-personation다. 하지만 여타의 코미디 작가들과 비교해봤을 때 채플린을 독보적인 예술가로 만드는 건 그가 바로 거기서 인간성을 다시 끄집어낸다는 사실이다. 이에 대한 채플린의 요지는 만약 마리오네트가 유기체와 물질, 생명과 죽음과도 같은 무한히 멀어져 있는 두 거시표면을 결합할 정도로 깊게 구멍 나 있다면, 거시표면들 사이에서 이루어지는 이행과 도약은 그에게 여전히 파토스일 수도 있다는 것이다. 하나의 거시표면에 머무르며 다른 거시표면을 바라보면 그것은 우스꽝스러운 상황이지만, 그 무한한 간극을 살아낸다는 것은 슬프고도 감동적인 상황이다. 객관적으로 바토스bathos이고 웃음인 것은, 주관적으로 파토스pathos이고 눈물이다.[5] 이 도약은 수정되어야 할 착각(로이드)도 아니고 재조립됨으로써 수정될 부품들의 오작동(키튼)도 아니다. 이건 물질 안으로 해체되었다고 생각되었던 인간의 것이기 때문이다. 이것이 채플린이 마리오네트주의에서 되찾는 휴머니즘이다. 분명히 빈틈은 인간성에 난 구멍이고 결손이지만, 바로 그 덕분 빈틈은 인간성의 마지막 남은 형상이지 않을까? 마치 그 자신의 반복 속에서 인간성의 회귀를 기다리는 듯 텅 빈 형상 말이다. 그것은 찰리의 빈틈을 아이가 모방하고 이를 다시 찰리가 모방하는 와중에 그들이 더는 잃을 것도 없이 맺는 연대감이다(《키드》). 〈시티라이트〉에서 찰리는 보이지 않음으로써만 보였다. 빈틈만이 그의 형상이기 때문이다.

미러링은 개그에게 "확대경"을 준다.[6] 이는 마치 빈틈이란 그 자체로 가면이나

---

5. 파졸리니가 이를 분석하였다. 채플린의 개그는 객관적 행동에 있어서 자동주의와 주관적 캐릭터 있어서의 휴머니즘이라는 양극으로 분해되며, 고로 그것은 빼기, 침묵하기에 의해 작동되는 가면과도 같은 것이다. 하지만 가면은 현실의 인간을 감추기는커녕 더욱 드러낸다. 가면은 빈틈이기 때문이다(Pier Paolo Pasolini, "The 'Gag' in Chaplin", *Heretical Empiricism*). 더불어 파졸리니는 무성영화의 종말과 함께 채플린의 개그가 끝날 것이라 장담했다. 유성영화엔 가면과 침묵이 없기 때문이다.

6. 채플린의 영화에 개그와 현실, 인물(figure)과 풍경(landscape), 확대경과 삶 등의 뛰어난 구분들을 헌정한 작가는 월터 커이다(Walter Kerr, *The Silent Clowns*, Da Capo Press, 1990, p. 171). 커는 〈키드〉 이전의 다른 초기 단편들에서도 확대경들을 찾아낸다(10장). 그에 따르면 확대경의 제작 역시 모방의 힘에 의거한다. "왜냐하면 코미디는 흉내 내기(impersonation)로부터 오고 파토스는 그것이 오

거울이어서, 마리오네트가 빈틈으로 자신을 가리면 가릴수록 거기에 더욱 드러나고 비치는 현실의 인간이 있는 것과 같다.[7] 영화는 그 부재를 통해 휴머니즘을 증언하고, 마리오네트는 그 빈틈을 통해 인류를 모방한다. 인류는 인간의 형상이다. 결국 모방은 물질의 모방으로 시작해서, 겹모방을 거쳐 형상의 모방, 즉 인간상의 모방에 이른다. 이것이 더더욱 절실해지는 것은 물질보다 더 큰 거시표면이 인류에 등장했기 때문이다. 인류조차 물질 혹은 한낱 기계부품으로 되돌려 보내려는 자본주의나 파시즘처럼.

마리오네트의 정치학은 여기에 위치한다. 한 편에는 스스로 꼭두각시의 조종자가 되려는 시끄럽고 말 많은 자본주의, 파시즘, 매카시즘이 있고, 다른 편에는 가난하고 침묵하는 민중의 삶이 있으며, 이 둘의 간극은 물질과 생명의 간극보다 더 크게 벌어져 있다. 전자는 후자를 줄만 잡아당기면 조종되는 우울한 마리오네트들의 체계로 만들려고 하고 그 소소한 삶을 생략해버리려 하지만, 그때마다 매번 더 큰 파토스와 눈물이 그 틈새로부터 솟구친다. 마리오네트들은 여전히 실존하는 것이다. 거대한 톱니바퀴들의 틈바구니에서, 빈틈과 침묵으로서. 무성 코미디의 종말을 알린 〈위대한 독재자〉는 이에 대한 위대한 최종 탄원서였다. 찰리는 가난뱅이 유태인과 파시스트 독재자를 한꺼번에 모방하면서 인류가 견뎌내야 할 무한한 간극과 거리를 측정하고, 그 와중에도 남겨져야 할 마지막 희망을 증언하였다. 채플린은 노년에 자본주의보다 더 잔혹한 물질화의 권력과 한판 붙어보기로 한다. 마리오네트들을 죄인으로 만들고 동정 안에 가둬놓는 세월의 힘 말이다(〈라임라이트〉). 이제야 찰리는 분장을 벗고 맨 얼굴로 무대에 오른다. 삶이라는 무대에. 마리오네트가 스스로 생략함으로써 압착해야 할 여러 거시표면들은 무엇보다도 서로가 서로에게 비참한 환영이 되는 여러 삶들일 수 있으므로. 고장 난 발레 마리오네트, 가난한 작곡 마리오네

래 가지 못하리라는 것을 안다는 데서 오기 때문이다." 이러한 조건 아래서만 채플린은 "웃기면서도 동시에 슬플 수 있었다."(p. 86).

7. 후기 채플린에 대한 워쇼의 분석을 보라. Robert Warshow, "A Feeling of Sad Dignity", *The Immediate Experience*, Doubleday & Company, Inc., 1962.("그의 실패는 '종국엔'(after all) 성공이다.", "칼베로와 철학자 간의 간극은 엄청난 것이지만, 바로 그 간극 속에서 광대는 승리한다.", pp. 235, 237). 워쇼는 〈라임라이트〉의 광대를, 아직 반성적 의식이 충분히 성장하지 않는 〈베르두 씨〉의 광대와 지속적으로 비교한다.

트, 자신을 무시하는 관객 마리오네트들, 무엇보다 함께 노쇠해져 버린 동료 마리오 네트(버스터 키튼)… 〈라임라이트〉에서 찰리는 비로소 채플린을 모방했다.

요컨대 채플린은 마리오네트를 세 가지 층위로 정의한다. 두 거시표면 간의 역학적 빈틈에서 일어나는 겹모방, 근원적인 빈틈 속에서 일어나는 물질의 모방, 내면화된 빈틈 속에서 일어나는 인간상의 모방 혹은 삶의 모방(고로 광대의 모든 역설은 삶과 물질을 겹모방한다는 데서 발원한다). 또한 이것은 앞으로 모든 마리오네트 영화들이 본받게 될 새로운 리얼리즘을 위한 서막이기도 할 것이다. 그것은 유기성이 아니라 무기성을 통한 반사, 완전함이 아니라 **틈새를 통한 반영**이다. 마리오네트는 인류의 형상을 연기하지만, 이제 그것은 소비에트의 '전형'이나 '형상'과는 완전히 다른 차원에 있다. 여기서 모방되는 형상이란 작은 현실까지도 은유해내는 큰 형상이 아니라, 더 큰 현실을 들여다보기 위해 스스로 빈틈이 되어버린 작은 형상이다. 바로 이 때문에 큐브릭은 "에이젠슈테인은 모두 형상인데 내용은 없고, 채플린은 내용인데 형상은 없다"고 말했을 터고.[8] 마리오네트는 미시면에 사는 프롤레타리아트다. 이것이 여전히 휴머니즘이라면 작고도 수줍은 휴머니즘이다. 마리오네트들은 의식적으로 행동하지 않고도, 그 반응들의 교착과 엉킴 속에서 무심결에 실존하는 것만으로도 물질보다 더 깊숙이 침잠해버린 인류를 모방하기 때문이다. 마리오네트는 "흉내쟁이 풍자가"mimetic satirist이다. 그가 결국 모방하려는 것은 "그 실존이 세계에 대한 무의식적인 풍자인 인간들"[9]이다.

2-2. 전반사 : 맑스 형제들, 스크루볼, 타티 등

유성영화의 도래가 코미디의 운명을 바꿔놓았다면, 그것은 무성 코미디에서 빈틈이 침묵에 의존하고 있었기 때문이다. 거기서 침묵은 빈틈의 재료인 동시에 그 바탕이었다. 그런데 유성영화에서 거시표면들은 이미 소리로 연결되어 압착된 채로 주

---

8. 큐브릭 인터뷰. *The Film Director as Superstar*, ed. Joseph Gelmis, Doubleday, 1970, p. 316.
9. 채플린 인터뷰. *New York Times Book Review and Magazine*, 12 December 1920. 다음에서 재인용 : *Charlie Chaplin Interviews*, p. 47.

어지므로 빈틈은 점점 더 명함을 들이밀기 어려워졌다. 가령 하나의 상황이 화면 안에 주어지고 카메라가 멀어지고 나면 다른 상황으로 역전되는 무성 코미디의 전형적인 연출법은 더 이상 통하지 않게 되었다. 화면 바깥의 상황이 소리에 의해 이미 화면 안에 주어지고 있을 테니깐 말이다. 결국 소리가 행동의 빈틈을 막아버리고 반사면을 가려버린다. 더군다나 소리는 단지 귀를 위한 신호만이 아니라 전방위적으로 전파되는 라디오 신호, 사방에서 몰려드는 시선들, 혹은 산포된 행동명령처럼 이미 그 자체로 거시적 체계를 조직한다. 예컨대 성숙한 자본주의에서 인간과 기계는 똑같이 시끌벅적하다(로이드가 이 주제에 천착한다). 더 이상 인간과 기계를 겹모방하는 마리오네트는 살아남기 힘들었다. 인간과 기계는 이미 그 소음 속에서 구분되지 않으면서 하나의 거시표면을 공통으로 이루고 있었기 때문이다. 결국 유성영화가 증명하는 새로운 현대는 한없이 전파되는 파동으로 조직되므로 한계를 가지지 않는 하나의 거시표면, 즉 이미 모든 모방이 끝나 있기에 더 이상의 새로운 모방이 필요 없는 빈틈없는 모방체계다. 모방이 거시표면에 의해 완전히 흡수되고 접수된 것이다.

하지만 바로 이 새로운 상황이 유성영화 시대의 차세대 마리오네트들이 발견한 것이며, 또한 그 위기 속에서 새롭게 발견해낸 또 다른 가능성이었다. 소리가 빈틈을 막기 때문에 기존의 모방이 실패하는 것이라면, 새로운 모방은 소리로 만들어진 빈틈으로 이루어지면 된다는 마리오네팅의 코페르니쿠스적 전환이 일어났다. 즉 이제 소음은 더 이상 피할 것이 아니라 반대로 추구되어야 할 것이며, 마리오네트는 음성의 파동들과 그로 꾸며진 음향방사면으로부터 모든 상황을 다시 시작해야 한다.[10] 맑스 형제는 거시표면을 음성화한 미국 코미디의 첫 번째 행보다. 그들 작품은 주변 물체들을 찢고 뜯어내면서 기괴한 사본들의 물질적 파장을 제작하는 하포-표면과, 음성들을 찢고 뜯어 사본들의 의미론적 파장을 제작하는 치코-표면(viaduct-why a duck 〈코코넛〉, flash-flesh-fish-flask-flush … 〈애니멀 크래커〉)이라는 큰 두 표면에 의해 정의되는데, 그 사이엔 항상 엉뚱한 매개항을 찾고 불합리한 결론을 추론해내

---

10. 미국의 초기 유성 코미디 영화들에서 나타나는 반내러티브적 무정부주의에 대해선 다음을 보라. Henry Jenkins, *What Made Pistachio Nuts?*, Columbia University Press, 1992. 8장. 윌러·울시 영화들의 플롯과 캐릭터를 상세히 분석하는 7장도 보라.

는 그루초가 위치한다(ice water-eyes water-onion 혹은 viaduct-why a duck-deep water, 〈코코넛〉). 결국 맑스 형제는 칸트를 모방하려는 것 같다. 한편에는 하포가 파열시키는 표상들이 있고, 다른 한편에는 그에 대응하다 보니 얼떨결에 덩달아 파열 중인 치코의 개념들이 있다. 그루초는 이성적인 체하지만 실상은 이성을 흉내 내고 있는 상상력이며 그가 산출하는 도식이다. 그루초는 잠든 하포를 대신하듯 방안을 메이드, 기계공, 요리사들로 방안을 넘쳐흐르도록 하며(〈오페라에서의 하룻밤〉), 치코의 농간에 일부러 져주면서 개념들을 넘쳐흐르도록 한다(암호문-암호책-마스터 암호책-사육자 안내책자… 〈경마장에서의 하루〉). 그루초는 음성에 관해서든 개념에 관해서든 파장의 증폭기이며, 그 도식에 논리의 빈틈을 박아 넣는 상상력의 울림판이고 비명 지르는 이성의 성대다. 그리고 그 빈틈을 치코와 하포는 피아노와 하프의 선율로 다시 채워 넣는다. 모두가 채플린의 율동만으로는 할 수 없었던 바다.

그루초는 또 다른 귀류논증으로 치코와 하포에게 "소란 떨지 마"don't make any noise라고 요구했다(〈오페라…〉). 그만큼 소음이란 상상력의 자유연상에 의한 것이므로 윤리적 차원을 지닌다.[11] 하지만 맑스 형제가 이를 더 밀고 나가진 않았다. 그들이 다루는 표면들은 너무 추상적인 데다가 세 명 콤비가 너무 자족적인 바람에 확장성이 없었기 때문이다. 세계의 표면을 취함으로써 다시 자유를 요청했던 것은 스크루볼 장르였다. 한쪽의 패배가 확실해졌거나 싸울 필요도 없어진 두 거시표면(자본주의-사회주의·상류층-노동자·부자-빈자) 사이를 파고들어 그 둘의 간극을 드러내는 자유소음은 스크루볼의 윤리학 자체였다. 스크루볼은 자유로운 짝짓기, 작은 실수나 다툼이 전파되는 식으로 직조되는 왁자지껄의 반응체계로서, 여기서 소음은 매개념의 형식에서 완전히 탈피하면서도 (자유와 평등처럼 허풍선이 논리로만 이어져 있지 실상 너무 멀리 떨어져 있는) 여러 거시표면들을 횡단하고 접붙이는 빈틈접속사로서의 사회적 기능을 보유하게 된다. 이것이 스크루볼 코미디에서 마치 공중에 떠다니는 말들을 낚아채서 재빨리 다시 공중으로 쏘는 듯한 속사포 화술이 가지는 기능이다. 가장 경쾌하고도 빠른 난사는 혹스였다(〈아기 키우기〉 〈그의 연

---

11. 칸트, 『실천이성비판』, 1권 1장 II.("실천적 실재성" A99). 순수이성의 실천적 확장에 대해선 2권 2장 VII. 칸트의 이 모든 경구들이 카프라의 정치 스크루볼 삼부작에서 거의 완벽하게 실현되고 있다.

인 프라이데이〉〈몽키 비즈니스〉). 카프라는 가장 간극이 큰 계급차를 압착하는 소박하지만 대담한 마리오네트를 제작했으며(〈어느 날 밤에 생긴 일〉〈당신은 그걸 가져갈 수 없어〉〈스미스 씨 워싱턴에 가다〉), 쿠커는 소음을 퍼뜨리고 그 틈을 타고 자꾸만 샛길로 새는 변덕쟁이 마리오네트들을 제작했다(〈휴가〉〈필라델피아 스토리〉). 루비치는 또 한 명의 위대한 스크루볼 작가였다. 그는 범죄, 작전, 음모 등을 가리거나 반대로 드러내는 화려한 표면들을 개발함으로써 첩보극 전통뿐만 아니라, 그가 개척했던 오페라타 의상극의 전통을 스크루볼과 결합하여, 체제의 빈틈을 덮거나 드러내는 의상표면을 만들어 보이기도 했다(〈천국의 말썽〉〈니노치카〉〈모퉁이 가게〉). 루비치에게 연극은 비판법이고 윤리학 자체였다. 햄릿, 게슈타포, 스파이 교수, 히틀러로 배역을 갈아입음으로써 나치즘을 하나의 연극으로 만들어버린 걸작 〈사느냐 죽느냐〉에서 특히 그렇다. 한국 스크루볼의 거장은 심우섭이다. 그에게도 소란은 연극이었으나, 그 이유는 연극이 대사보다도 먼저 오는 사회학적 반응이었기 때문이었다. 취업난에 떠밀려 여자 행세를 하는 남자의 경우처럼(〈남자식모〉〈남자기생〉〈구봉서의 구혼작전〉〈여자는 괴로워〉) 심우섭의 스크루볼은 더 이상 자유소음이라 할 수 없는 '구속된 소음'을 다루며, 이는 미국적-자유주의적 방식과는 또 다른 스크루볼의 모색이기도 했다. 즉 거시표면의 무대화를 넘어서는 그 객관화.[12] 미국 작가 중에 이러한 비판적 관점을 견지했던 이는 벤 스틸러였다(〈주랜더〉〈트로픽 썬더〉). 어쨌든 왁자지껄은 스크루볼의 정신으로서, 무성 코미디의 종말로부터 배운 그들의 지혜였다. 즉 소음으로만 거시표면들을 연결하기, 소란으로만 그 모순들을 모사하기. 맑스 형제가 유성코미디의 미학이고 판단력이라면, 스크루볼은 그 윤리학이고 실천이성이다(당대 미국 멜로드라마는 반대로 자유소음이 제한된 실천이성의 사례를 다룬다 : 더글라스 서크). 모든 측면에서 볼 때, 현재 로맨틱 코미디까지로 이어지는 스크루볼 전통이 미국장르 중 가장 윤리학적 장르임에 놀랄 이유는

---

12. 심우섭 코미디가 가지는 소격효과적 측면에 대해선, 김수남, 『한국영화감독론 2』, 지식산업사, 2003, p. 274. 김수남은 심우섭 영화가 저급하다거나 타협적이라는 평론들에 대항하여 심우섭의 작가주의를 방어하고 있다. 우린 김수남 편이다. 왜냐하면 스크루볼의 가치는 빈틈 자체에 있는 게 아니라, 빈틈이 까발리는 거시표면에 있기 때문이다("서민의 울분과 애환"). 루비치와 카프라가 그랬고, 심우섭도 마찬가지다.

없을 것이다.

현대 코미디가 자라난 새로운 생태계란 이것이다. 즉 빈틈만으로 이루어지고 채워진, 흡사 빈틈이 공기처럼 떠돌아다니거나 심지어 울려 퍼지는 매질로서의 표면. 제리 루이스의 '에어악기' 연주가 보여주는 바는 이제 소음은 계급이나 신분에 구애받지 않는 잠재적 신호가 되었으며 어디서든지 원격수신되어 사방팔방으로 전파될 수 있다는 사실이다(〈벨보이〉 〈신데펠라〉). 작은 자극에도 일인다역으로 증폭된다면 배역 또한 그러한 빈틈-파동일 수 있다(〈너티 프로페서〉 〈가족의 보물〉). 이것이 미국 스크루볼이 사운드를 체화한 가장 진보한 방식이다. 빈틈이 더 이상 대사와 논리에 국한되지 않는 신경공학적이거나 전자기적 파동이 되어버려 마치 모든 가능한 반응이 전일적 외화면에 잠존하는 것처럼 어떤 외부도 반사해낼 수 있고, 어떤 논리적 연결부도 생략해낼 수 있는 그런 순수 빈틈-스크루볼, 차라리 스크루갭 screwgap.[13] 이후 ZAZ 사단(〈에어플레인〉 〈못 말리는 비행사〉 〈못 말리는 람보〉 〈총알 탄 사나이〉)과 패럴리 형제(〈덤 앤 더머〉 〈메리에겐 뭔가 특별한 것이 있다〉)에 의해 대중화되었다. 이런 현대적 스크루볼은 어떤 문맥이 주어지더라도 즉각 반응을 내어줄 수 있는 외적 준거들의 잠재적 무한집합을 그 총체적 외화면으로 삼는다. 한국엔 김상진. 그의 영화는 잡다한 무리들이 교차하고 또 도치되기 위해서라면 어떤 반응이라도 끌어올 수 있는 잠재적인 난장판을 상정하기 때문이다(〈돈을 갖고 튀어라〉 〈주유소 습격사건〉 〈신라의 달밤〉).

하지만 이러한 빈틈체계가 다시 거시표면은 아닐까? 빈틈마저 모방해내어 체계화하는? 미국적 방식이 무심코 가정했던 바로 그 전제를 통찰한 작가가 바로 타티다. 타티가 절감하는 것은 이미 모든 모방을 체계화함으로써 더 이상의 모방을 쓸데없는 것으로 만드는 자동적인 반사체계가 도래했다는 사실이다. 거시모방면, 이것

---

13. 잘 알려진 대로 프랑스 평단이 루이스의 이런 혁신에 호응했던 반면, 앤드루 새리스 같은 미국 비평가들은 단지 프랑스 지성주의에 호소하는 나르시시즘이라고 힐난했고 〈카이에 뒤 씨네마〉와 〈포지티프〉의 평자들까지 싸잡아 비판했다(Andrew Sarris, *The American Cinema*, pp. 239~244). 하지만 만약 미국인들에 의해서 루이스가 평가절하되었다면, 이것은 미국인들이 그에게 반사를 기대하지 않았기 때문, 이미 미국영화의 장르가 그 기능을 충분히 수행하고 있었기 때문이다. 루이스 영화들에서 특히 레코딩이 가지는 분열적 기능에 대해선 Chris Fujiwara, *Jerry Lewis*, University of Illinois Press, 2009, pp. 91~97. ("소음은 인간을 기계적인 것의 부속기관으로 만든다.", p. 93).

이 타티의 발견이었다. 그것은 공장과 일터를 떠나 휴양지와 여가시간에서도 계속되는 반응의 획일화이며(〈윌로 씨의 휴가〉의 휴양객들), 무엇보다도 집안에서조차 예정된 반응만을 요구한다(〈나의 아저씨〉에서 자동가옥)는 점에서 이미 거대한 모방기계다. 이제 마리오네트들의 경쟁자는 공장 밖으로 한없이 연장된 자본주의 혹은 물질문명 전체인 셈이다. 타티가 보여주는 거시모방면은 더 이상 표면이라고 부르기도 어렵다. 거시면들의 안팎과 선후를 지우기 때문이다. 그건 〈플레이타임〉에서 그가 발견해냈던 투명면이다. 타티는 유리면으로 조직된 빌딩이 얼마나 길을 잃기 쉬운 곳인지를 묘사했으며, 심지어 유리벽으로 이루어진 건물의 두 방을 흡사 OS샷처럼 대칭적으로 편집해버렸다. 또한 이와 반대로 그는 유리면이 그 투명성을 속도로 하여 딴청, 하품, 웅얼거림을 얼마나 잘 전파하는지도 보여주었다(〈트래픽〉). 이것이 타티가 점지한 유성영화 시대의 새로운 권력이다. 즉 정보의 전파가 너무나 일상화되어 투명하게 되어버린 표면, 거울이 유리가 되는 게 아니라 유리가 거울이 되는 그런 표면.[14] 유리면은 루이스의 에어피아노에 대한 완벽한 대응쌍이다. 타티는 루이스의 투명악기와 투명도구에, 투명건물과 투명재료를 대응시킨다. 유리면은 소리, 소음, 파동이 저항 없이 전파되는 매질, 즉 공기를 형성한다.[15]

이 모든 것이 반사체계의 혁신을 알린다. 그것은 더 이상 국지화된 1:1 반사가 아니라, 어디서도 무엇이든 단숨에 반사해내는 **전반사면**全般事面의 개발이다. 더 이상 모방해내는 빈틈이 어떤 거시표면에 먼저 속하는지, 압착되는 거시표면 중 어떤 것이 부분이고 전체인지 알 수도 없고 중요하지도 않다. 중요한 것은 더 이상 피할 수만은 없는 소음을 뚫고 들어가 물질의 모방을 파동의 전파로, 생명의 모방을 그 증폭으로 대체하는 일이다. 이것은 무성영화의 침묵하는 마임과 구분되는, 문자 그대로의 판토마임*panto-mime*이다. 즉 전반사 마임.

---

14. 바쟁은 투명성의 역설을 이미 〈윌로 씨의 휴가〉의 사운드에서 찾아내고 있다. 앙드레 바쟁, 「윌로 씨와 시간」, 『영화란 무엇인가』. "타티의 온갖 익살은 선명성(netteté)에 의해 선명성을 파괴하는 점에 있다."(64쪽).

15. 공기, 질료, 저항, 소음에 대해선 미셸 시옹의 분석을 보라. Michel Chion, *Jacques Tati*, Cahiers du Cinéma, 1987, IX.

2-3. 난반사 : 고다르

고다르의 영화야말로 반사의 영화다. 거기서 마리오네트들은 서로를 반성하기 때문이다. 고다르의 인물들은 배역을 교환하고 서로의 행동체계를 모방하고 나아가 연극화함으로써, 서로를 마리오네트로 만든다(〈네 멋대로 해라〉 〈국외자들〉). 만약 고다르의 마리오네트들이 여전히 인용으로만 작동되는 것이라면, 그것은 단지 원본으로부터 푸티징하는 것이 아니라 원본을 하나의 푸티지로 만드는 상호-푸티징의 방법 속에서 이루어진다. 행동이 찢어 붙일 수 있는 조각이 되면서 행동체계는 무대가 된다. 그래서 반성은 행동체계의 연극화다(〈기관총부대〉에서의 전쟁 마임, 〈국외자들〉에서의 느와르 마임 혹은 뮤지컬 마임, 〈미치광이 피에로〉에서의 경극 마임). 또한 이 연극화는 행동체계를 이탈하거나 끊음으로써 그를 비판하고, 결국 그를 일종의 가사상태로 마비시켜버리는 브레히트적 탈신화화와 떼어낼 수 없다(돈을 훔치는 거사 직전에도 루브르 박물관을 9분 43초에 주파하는 〈국외자들〉의 청년들). 그러나 무엇보다도 큰 거시표면은 영화 바깥의 거시표면들, 즉 장르다. 고로 마찬가지로 연극화는 장르 간 반성을 유도하고 느와르, 멜로드라마, 다큐멘터리 등의 영화적 장르들뿐만 아니라 시, 음악, 만화, 사진, 연극 등 영화 바깥의 장르들 또한 자신의 반사체계로 끌어들여야 한다(〈여자는 여자다〉 〈결혼한 여자〉 〈Made in USA〉). 이제 더 이상 영화는 스크린에 반사되는 하나의 장르가 아니라 서로 반사되는 여러 장르들인 셈이다.[16]

그래서 고다르 유머는 썩소다. 그에게 반사는 무엇보다도 의식 속에서 이루어지는 것이었기 때문이다. 장르가 행동체계에 있어서 거시표면인 것은 그것이 의식에 있어서 이데올로기이기 때문이지 결코 그 역이 아니다. 의식의 행동이 사유인 한, 배역 혹은 장르 간 반사는 의식에게 사유를 주고, 반대로 의식은 배역과 장르에게 비판의식을 준다. 만약 이 비판이 개그라면 그것은 의식의 웃음이다. 고다르에게 반사는 반성인 것이며, 의식은 그 반사판인 것이다.[17] 이로부터 고다르 반사체계의 두 번

---

16. 영화는 "시이고 심리학이고 비극일 수 있지만, 단지 하나의 영화일 권리가 없다."(Jean-Luc Godard, "Parlons de Pierrot", *Cahiers du Cinéma*, n° 171, octobre 1965. 다음에서 재인용 : *Jean-Luc Godard par Jean-Luc Godard*, Éditions Pierre Belfond, 1968, p. 367).

째 특징이 나온다. 반사란 빛, 시선, 가시성, 이미지 전체에 대한 비판과 떼어놓을 수 없으며, 더불어 장르 간 반사는 극장과 스크린을 포함한 영화 전체에게로 확대되어 거기서 빛은 반사되어 관객의 의식에게로 되돌려져야 한다. 우리는 몇 가지 방법들을 즉각 생각해볼 수 있다. 먼저 영화 전체를 정지시키는 행동들이 있을 수 있다(영화 스크린으로 뛰어드는 장면 〈기관총부대〉, 하나 둘 셋과 함께 갑자기 소리가 꺼지는 스크린 〈국외자들〉). 영화 중간에 느닷없이 삽입되는 그 엄청난 자막들과 이미 공책이나 메모장이 되어버린 스크린들 역시 같은 기능이다(〈주말〉〈여기 그리고 저기〉, "*Fauxtographie*"). 무엇보다도 〈주말〉의 도로 장면과 〈만사형통〉의 슈퍼마켓 장면은 소란스러운 반응 전체를 조망하는 플랑세캉스 속에서 같은 일을 한다. 모든 것은 흡사 스크린을 시선이 사유에게로 반사되어 돌려보내지는 거대한 반사판으로 만드는 것과 같다. 그리고 의식은 다시 그와 마주 보는 반사판이 되고.[18]

고다르는 몽타주와 미장센을 대립되지 않는 것으로 간주했는데, 이는 그 둘이 사유 안에서 더 이상 구분되지 않기 때문이다. 몽타주는 사유를 미장센하고 미장센은 영화를 몽타주한다. 사유 앞에서 그리고 사유 안에서 몽타주되는 모든 크고 작은 장르-반사체들을 고다르는 "묶음"bloc, 덩어리이라고 부른다.[19] 필요한 것은 더 이상 행동에 관련되는 플랑세캉스가 아니라, 반사에 관련되는 블록-세캉스인 것이다. 단어와 문장, 인물과 사물, 사건, 장르, 담론 등 인용할 수 있는 무수히 많은 묶음들이 존재한다. 물론 가장 큰 묶음은 영화-묶음이다. 반대로 영화-묶음의 가장 멀리, 물질 쪽으로 이미지-묶음들이 있다. 영화-묶음 안으로 모방되고 몽타주되는 이미지-묶음들 간에도 장르-묶음만큼의 이질성이 있으며, 바로 이 최고의 감각 속에서 의식은 자신의 사유까지도 넘어서는 가장 심오한 반성의 회로를 그려야 할 것이다. 만

---

17. 고다르가 성취한 사유의 내감성에 대해서는 충분히 지적되어 왔다. Jean Collet, *Jean-Luc Godard*, Seghers, Coll. n° 18, 1963("우리는 사유하지 않는다. 우리가 사유다. … 우리는 보지 않는다. 우리는 사물들 편에 있으며, 우리의 사유도 그러하리라.", p. 15).

18. 비판적 입장에서이긴 하지만 장선우는 고다르의 반사면을 통찰한 바 있다. "그것은 **평면의 세계였다**."(장선우, 「열려진 영화를 위하여」, 『새로운 영화를 위하여』, 서울영화집단 엮음, 학민사, 1983, p. 312. 강조는 인용자).

19. "모든 것은 블록이다."(고다르 인터뷰. *Cahiers du Cinéma*, n° 138, décembre 1962. Spécial Nouvelle Vague, *Jean-Luc Godard par Jean-Luc Godard*, p. 285에서 재인용).

약 고다르가 그의 색채주의 영화들에서 감각적 이미지들 간의 반사를 다룬다면, 이는 순전히 교육적인 목적 아래에서다. 그것은 의식으로 하여금 사유를 넘어서서 감각하도록 하는 훈련으로서, 보이는 이미지와 들리는 이미지, 빛-이미지와 색-이미지 사이에 자율적으로 성립되는 공감각적 반성회로 속에서 의식은 스스로 감각적 사유를 구성한다. 그것은 색을 듣고 소리를 보기 위해 더 이상 어떤 지시대상이나 지시체계도 필요로 하지 않는 이미지의 자기반성적 회로이기도 하다(《경멸》의 파랑-노랑, 〈카르멘이라는 이름〉의 관현악-파도). "눈은 보기 전에 들을 줄 알아야 한다"(《즐거운 지식》). 이제 마리오네트는 소리를 입고서 시선을 연기하고, 색을 입고 빛을 연기한다. 그들은 이제 파도이고 바이올린의 현 자체, 광선의 스펙트럼 자체로서, 영화에 물질이 반사되는 것처럼 물질에 영화를 반사하는 자들이며, 거기서 의식은 완전히 전감각적인 신체로서 다시 조립되고 몽타주된다. 이제 마리오네트의 의식이 이질적인 이미지들을 휩쓸어가기 위해 자기반성하는 이미지 자체가 되는 것이다.

결국 영화-묶음은 스크린 위에서 이미지-묶음과 의식-묶음과 한꺼번에 마주한다. 하지만 마지막 질문이 남는다. 그렇다고 해서 스크린 뒤에서 영화-묶음은 삶과 마주하는 것일까? 삶도 또 하나의 묶음인가? 고다르는 아니라고 답한다. 삶은 묶음이 아니라 묶음들의 현출이며, 반사되는 것이 아니라 그 반사 자체이기 때문이다. 바로 이것이 "영화는 현실의 반영이 아니라 반영의 현실"이라는 말의 의미다(《중국 여인》). 삶은 반사되지 않는다. 삶이 이미 반사이기 때문이다. 삶은 반사의 형상이다. 그것은 묶음들 사이를 끊임없이 돌아다니기 위해, 그 반사점들을 탐색하면서 사유의 빛이 그려내는 어지러운 궤적과 그 가쁜 호흡 자체. 사유조차 삶을 반성하진 못한다. 반대로 사유 안에서 삶은 반성이다. 그래서 아무리 사유가 빛일지라도 "고다르에게 있어 빛은 해결되어서는 안 되는 문제인 것이다."[20] 바로 그러한 의미에서 마리오네트들은 반성을 '살아낸다.' 고다르의 마리오네트들은 환영과 실재, 영화와 삶, 나아가 문화와 권력 사이에 일어나는 정신적 순환을 자신의 형상으로서 내

---

20. 하스미 시게히코, 「파국적 슬로모션」, 『영화의 맨살』. 이것은 고다르적 문제에 대한 가장 좋은 글이다. 고다르에게서 문제란 "어째서"와 "왜냐하면"의 중간, 그 틈새에서만 주어지는 단언명제들이며, 그래서 해결되는 법이 없이 교차될 뿐이다. ("문제가 되는 것은 **틈새가 넓어진다**는 것이다." 300쪽. 강조는 인용자).

면화함으로써 비로소 정치화된다. 고다르가 마리오네트 전통에 부여한 가장 정치적 정식이란 다음이다 : 〈반사=순환〉 즉 "핑퐁."[21] 정치란 반성 끝에 결론에 도달하는 것이 아니라 반성을 결론으로 만드는 핑퐁 행위인 것이다.[22] 요컨대 고다르 마리오네트들은 채플린의 겹모방면·물질모방면·형상모방면을, 또한 루이스와 타티의 진동면·증폭면·투명면을, 연극 반사면(장르 간)·스크린-반사면(이미지-개념 간)·순환모방면(이미지 전체)으로 각각 대체한다.

고다르가 마리오네트 전통에 기여한 공헌은 결코 적은 것이 아니며, 게다가 그것은 에이젠슈테인이 소망했던 "지적 영화"의 차원에 상당히 근접해 있는 것처럼 보인다. 반성은 반사이기에 비판이고, 반사는 반성이기에 의식화다. 여기서 빛은 더 이상 보기 위해서가 아니라 읽거나 알기 위해서 존재한다. 모든 문제는 보는 것과 읽는 것, 즉 이미지와 개념의 문제라고도 말할 수 있다(특히 고다르는 후기작에서 이 문제에 몰두한다). 그러나 이것이 다시 고전 몽타주의 총체적 의식화는 아니다. 고다르에게서 의식화는 한 이미지에서 다른 이미지로, 한 담론에서 다른 담론으로 끊임없이 통과시키는 순환체계, 어떤 고정된 출발점과 도착점도 없기에 근본적으로는 소음-덩어리일 자기반응체계에 입각하기 때문이다. 이것은 차라리 피드백이다. 이때 의식은 유기적 통일성의 실패, 그 자신의 무지와 죽음을 통해서만 태어나는 의식, 즉 탈위계화된 빈틈-묶음이다. 즉 이 새로운 의식은 현실에 대한 순차적인 반사가 아니라 그 자체가 현실이 되는 무정형의 피드백이다.[23] 고로 고다르의 의식은 인간

---

21. 매니 파버의 용어다. Manny Farber, "Jean-Luc Godard", *Negative Space*, Praeger Publishers, 1971. 파버가 요약하는 고다르 영화의 일곱 가지 특징도 보라.

22. "반성 혹은 거리화하는 노력과 함께 살아내야 한다. 거리를 두는 동시에 거리를 두지 말아야 한다. 즉 살아내는 동시에 살아냄을 보아야 한다."(Jean-Luc Godard, "Parlons de Pierrot", *Cahiers du Cinéma*, n° 171, octobre 1965. *Jean-Luc Godard par Jean-Luc Godard*, p. 373에서 재인용. "정치를 한다는 것은 네 명 혹은 다섯 명의 각기 다른 인물들의 관점들을 관통하는데 이른다는 것이며, 동시에 매우 일반적인 통찰을 가진다는 것이다."(같은 글, p. 366). 고다르의 같은 책의 또 다른 글, "On doit tout mettre dans un film"도 보라.)

23. 아멩구알의 다음 논문은 고전적인 지적 영화와 고다르의 지적 영화를, 우리가 논했던 모든 층위에서 비교하는 귀중한 글이다. Barthélemy Amengual, "Jean-Luc Godard et La Remise en Cause de Notre Civilisation de L'Image", *Études Cinématographiques*, n° 57~61. 아멩구알의 결론은 고다르에게 지식이란, 빈틈을 통한 지식 혹은 사유불가능한 것을 통한 사유("스스로 구성됨에 따라 스스로 지워지는 지식", p. 126)라는 것이며, 이것이 그가 '추상화'라고 부른 고다르 영화의 힘이다. 예

이 옷과 가면을 입고서 점점 마리오네트가 되면 될수록 익명화되어 헐벗는 여러 거시표면들, 말하자면 점점 더 반들반들해져 반사율이 높아지는 여러 반사면들로 이루어져 있다. 브래키지의 표현처럼 에이젠슈테인의 견인 몽타주가 '플립북'이라면, 고다르의 몽타주는 중철이 빠져 제본이 안 된 플립북, 낱장으로 흩어져 다시 마구잡이로 콜라주되는 플립-스크랩북이다. 여기서 고전적 은유법과 대립하는 고다르의 직유법이 나온다. 노동자와 학생은 공장과 학교에 감금되었고 혁명가들은 패션잡지의 아이콘이 되어버리고 게릴라들은 식인종으로 전락했다면, 베트남전에 대한 뉴스는 이제 소음이 되어버렸고 전쟁이란 쁘띠부르주아들의 주차전쟁 혹은 교통대란뿐이라면 이 모든 것을 문자 그대로 보여주어야 한다. 또한 스타가 캐스팅되어야 영화가 투자된다면, 그래서 더 이상 영화는 자본의 노예가 되어버렸다면 실제로 스타를 캐스팅하고 그들로 하여금 영화를 모욕하게끔 해야 한다. 고다르의 의식은 더 이상 은유로 위계화되지 않는 헐벗은 반사면들에 이리저리 반사되며 순환하는 뜯겨진 개념들의 피드백이다. 직유법이란 은유 없는 모방법이다.

루이스나 타티와의 차이도 분명해 보인다. 그들에게선 반대로 산포된 빈틈들과 무정형적 반응들이 아직 의식과 사유에 이르지 않기 때문이다. 루이스와 타티에게서 빛은 반응 속에서 전반사된다면, 고다르에게서 빛은 반성 속에서 난반사된다. 반사면이 의식인 것처럼, 난반사면은 무의식이다(예술l'art=죽음la mort). 이것은 맑스 형제들과 스크루볼의 난리법석 휴머니즘과 루이스와 타티의 양반 기계론 사이에서 고다르가 취하는 균형으로서, 그만의 새로운 휴머니즘, 아멩구알의 표현을 빌리자면 추상적 휴머니즘이기도 할 것이다. 고다르는 휴머니즘(스크루볼)에게 무의식을 주고 실천이성을 받고, 반대로 기계론(루이스, 타티)에게 의식을 주고 전자기 노이즈를 받는다. 이 의식기계는 인간적 비판이나 기계적 증폭, 어느 한쪽으로만 정당화되

를 들어 고전 뮤지컬과 달리 고다르 뮤지컬에서 춤은 "우연"이자 "잘못된 인용"(p. 117)이고 영화 전체는 "거대한 빈틈"(décalage) 혹은 "광대한 사적 농담"이 된다(p. 120. 타티와 체코 애니메이션도 언급한다). 하지만 그가 소비에트 영화가 고다르에게 전수한 영향을 계속 부각시킴에도 불구하고, 차라리 고다르는 이미지-묶음(사유, 반성)에서 푸티지-잔해(유령, 반복)로 이행했다고 보는 편이 옳을 것이다. 그것이 파운드 푸티지 전통에 합류하는 후기 고다르의 면모다. 푸티지 이론의 관점에서 후기 고다르를 고찰하는 글로는, 김성욱, 「역사의 유령과 영화사의 뮤지올로지 : 장 뤽 고다르의 〈영화사〉를 중심으로」, 중앙대학교 박사학위논문, 2009.

지 않는다. 그것은 오직 정치로만 정당화된다.

　김상진의 영화엔 조폭, 양아치, 학생, 경찰 등 이질적 무리들이 한데 뒤엉키는 난장이나 난투가 있다. 고다르는 이것을 사유 속에서, 사유에 대해, 고로 미리 주어진 전체 없이 하려고 한다. 오직 난파장으로서만 자기의식하는 고다르 마리오네트들은 표면의 아무 데나 침투하고 거기서 병참을 현지조달하면서 '여기 그리고 저기'에서 소요를 일으키는 게릴라 마리오네트들이다. 이데올로기 표면에서 동시다발되는 난반사, 그것이 그들의 정체성이다. 정직한 휴머니즘이 더 이상 통하지 않게 된 난세에 바로 그 어지러움을 역이용하는, 정치의 인형극화에 대항하는 인형극의 정치화.

3

다큐멘터리

3-1. 모방의 체험 : 베르토프, 플래허티, 그리어슨

　다큐멘터리 영화야말로 모방의 장르에 속한다. 그것은 세상을 더욱 엄격하게 모방하기 때문이다. 베르토프가 한편으로는 소비에트의 거시적 몽타주와 거리를 두었다면 그가 다큐멘터리 전통에 속하기 때문이며, 다른 한편으로 이후의 다큐멘터리 작가들과 이론가들이 그에게 이끌렸다면 그가 매우 엄밀한 개념을 통해서 다큐멘터리의 존재론을 정의하고 또 실천해 보였기 때문이다. 그 개념이 '간격'interval이다. 간격이란 우리가 이제껏 '빈틈' 혹은 '틈새'라고 불러왔던 것이다. 베르토프는 소비에트 몽타주의 세 가지 원리들에 대응하는 세 가지 간격 개념을 가지고 있었다. 먼저 간격은 운동이 아니라 운동의 분해, 굴절, 이탈, 결절이다. 기록되어야 할 것은 단지 노동자, 농부, 아이, 기계, 도시가 아니라, 상이한 조건 속에서도 항구적으로 일어나는 그들 간의 상호작용이다. 베르토프에게 기록대상은 간격 그 자체와 결코 구분될 수 없으며 이것이 두 번째 층위를 이룬다. 간격은 언제나 간격의 간격이며 카메라는 이를 광속으로 따라잡는다. 카메라는 더 이상 세계를 바라보지 않는다. 카메라 자신이 빛이기 때문이다. 반대로 세계는 물질이 되어 그 자체로 간격들의 모든 네트워크가 된다. 간격이 대상은 아니다. 반대로 대상이란 간격이다. 세계야말로 그렇다. 그것은 그 자신이 전일적 간격으로서, 더 이상 대상화될 수도 없고 재현불가능한 지속이기 때문이다. 그것은 관객 없는 삶으로서의 '사실'이다. 세 번째 층위에서 간격이론은 가장 엄중한 정식에 이른다 : 간격은 사실이며, 사실은 간격이다.[1] 간격

---

1. "사실들의 공장이다. 사실들의 촬영. 사실들의 분류. 사실들을 유포. 사실들로 선동. 사실들로 선전.

이란 공산주의다. 그런데 이 세 가지 층위는 엄청난 삼단논법을 이룬다. 간격은 대상과 카메라 사이의 매개념으로서, 세계와 영화 사이의 간격이다. 이것은 베르토프가 편집이란 촬영부터 영화 상영까지 이어지는 것이라고 생각한 이유이기도 하다. 간격은 카메라, 편집자, 관객 누구든 간에 그것을 보는 자에 의해서 대상이 아님으로써만, 즉 그들과 함께 틈새가 됨으로써만 사실이다. 사실은 그런 의미에서 재현되는 것이 아니라 경험되는 것이다. 이 새로운 변증론의 결론은 다음과 같다 : 간격을 본다는 것은 곧 사실을 본다는 것이고, 사실을 본다는 것은 간격을 체험한다는 것이다. "무대는 작다. 제발 삶 속으로 나오라."[2]

　　베르토프는 에이젠슈테인과 심각하게 대립하였다. 베르토프의 '영화-눈'을 에이젠슈테인이 '영화-주먹'으로 대체하자마자,[3] 베르토프는 그것을 다시 '사실-주먹'으로 대체해버렸다. 차이는 분명해 보인다. 영화엔 관객이 있으나 사실엔 관객이 없다. 영화는 그것이 쪼갤 두개골을 가지지만, 사실은 그 자신이 바로 그 뇌이고 신경계다. 사실을 체험하고 살아내야 할 간격으로 보여주었다는 점에서 베르토프의 영화는 모든 다큐멘터리 영화들의 효시다. 만약 초기 다큐멘터리의 두 유파가 그 사회적 기능에 관해서 대립한다면 모두 간격의 체험을 전제해서이지, 결코 어느 하나가 그걸 방기해서가 아니다. 초창기의 플래허티와 그리어슨의 대립은 그 적당한 예가 될 것이다. 플래허티는 가혹한 환경에 처한 미약한 인간을 다룬다. 광대한 빙원에서 에스키모 가족은 한없이 작아져 있을뿐더러, 시시각각 닥쳐오는 시련에 대해서 거창한 행동은 하지 않고, 단지 밤이 되면 이글루를 짓고 낮이 되면 사냥을 하면서 순간순간 반응할 뿐이다. 바다표범이 얼어붙은 수면에 숨구멍을 뚫듯이 인간 또한 가혹한 환경에 빈틈을 찾는다는 데에 에스키모의 지혜와 문명의 씨앗이 있다

사실들로 만들어진 주먹들."(지가 베르토프, 「사실들의 공장」, 『키노 아이』, 132쪽) 베르토프가 '사실'을 엄밀한 개념으로 쓰고 있음에 유의할 것. '영화-대상'의 정의에 대해서는 같은 책의 「비연기 영화의 중요성에 관하여」를 보라.

2. 「영화인 혁명 – 혁명(1922년 초의 호소문에서)」, 같은 책, 80쪽. 또한 "우리는 당신에게 도망칠 것을 권한다."(「우리 – 선언문의 이문」, 같은 책, 64쪽).

3. 에이젠슈테인이 베르토프에게 가한 유명한 비판문. "The Problem of a Materialist Approach to Form", *Kino-zhurnal ARK*, nos. 4~5, 1925. (다음에서 재인용 : *Lines of Resistance*, ed. Yuri Tsivian, Le Giornate del Cinema Muto, 2004. "소비에트 영화는 두개골을 부순다.", p. 128).

((북극의 나누크)). 반대로 그리어슨이 이끈 영국 유파는 플래허티에게 존경심을 표하면서도 그의 정치적 무기력을 거부하며 자연환경을 문명으로 대체했다. 물론 여기서도 어부들은 넘실대는 파도에 대해 미약하게 반응할 뿐이나, 그들이 더욱 미약하게 반응하고 있는 것은 그들을 그토록 열악한 조건으로 내모는 문명사회다((유망어선)). 영국 유파에게 다큐멘터리가 추구해야 할 간격은 단지 자연으로부터 부과되는 운명적 틈새가 아니라 문명으로부터 부여되는 우연적 틈새, 고로 의식과 행동으로 채워 넣어야 할 인과성의 구멍이었다.[4] 특히 로사는 이를 실천으로서 보여주었고 또 이론화했다((조선소)). 또한 카발칸티는 탄광 외부시설들과 갱도 내부의 열기와 숨막힘을 대조시킴으로써 인과적 추론을 얻어냈다((막장)). 배달되는 우편물들을 따라가면서 점점 증강시키는 추론의 연쇄도 마찬가지다(와트·라이트 〈야간우편〉 〈북해〉). 하지만 이러한 대립은 두 유파 모두가 간격을 체험하기에 생기는 것이다. 차이는 관찰과 체험이 아니라 체험의 두 방식이다. 플래허티에게 있어서 간격은 경험됨으로써만 만족되고, 그리어슨의 영국 유파에 있어서 간격은 경험됨으로써만 불만족된다. 간격은 운명적 빈틈이니 채워질 수가 없다는 것만큼이나 간격은 우연적 빈틈이니 채워질 필요가 있다는 것은 모두 그 체험을 전제하는 점에선 매한가지다. 플래허티는 이를 편집으로 발전시켰고((아란의 사람들)에서 평행-교차 편집), 영국 유파는 사운드로 발전시켰다(오프사운드와 내래이션).

모방은 반응이며 반사이고, 간격 내기이자 구멍 뚫기다. 단지 비-다큐멘터리 영화가 영화 안에서 하던 것을 다큐멘터리 영화는 세계와 영화 사이에서 할 뿐이다. 전자가 모방을 개입시키는 반면 후자는 간격을 모방한다. 다큐멘터리가 취해야 할 모든 운동(피사체와 카메라와의 거리뿐만 아니라 편집에서도)은 세상에 대한 마임이고, 다큐멘터리는 그로써 세상을 살아낸다. 그러므로 그 마임의 형상은 그 자체로 모험, 경험, 체험이다.

---

4. 로사가 '해석' 혹은 '분석'이라고 부른 개념을 보라. Paul Rotha, *Documentary Film*, Communication Arts Books, 1952(3rd Edition), III. 로사에게서 다큐멘터리는 단지 리얼리즘만으로 정의되지 않는다. 반대로 다큐멘터리를 정의하는 것은 "사회적 문제들"로서의 간격들과 그에 대한 반응으로서의 "사회적 책임감"(sense of social responsibility)이다(p. 118).

3-2. 네 가지 간격 : 이벤스, 민족지영화, 일본 풍경론, 콜라주 다큐멘터리 등

주체(카메라), 대상(세계), 관객(스크린)은 다큐멘터리를 구성하는 핵심인자들인 것만은 분명하며, 그들의 관계에 따라 그 유형들이 분류될 수 있다.[5] 하지만 우리는 지나친 의인화를 피하고자 주체와 대상 사이에 존재하는 거리와 그들의 속성들이 아니라, 주체와 대상을 비로소 존재케 하는 표면과 간격으로 다큐멘터리의 유형들을 분류해보고자 한다. 고로 우리의 전제는 대상과 스크린 사이에 카메라가 있는 것이 아니라 반대로 대상과 카메라 사이에 스크린이 있다는 것이다.

먼저 한 지점에서 다른 지점으로 건너가는 대상들을 이루는 간격이 있을 수 있다. 일찍이 영국 유파가 했던 일은 자연인을 문명인으로 연장시키는 역사적이고 사회적 흐름들(노동자, 기차, 배 등)을 포착해내는 것이었다. 또한 이벤스의 〈보리나주〉에서 우리가 보게 되는 것은 채굴되어 나오는 광물 더미의 행렬, 억압에 저항하거나 그를 피하기 위해 점점 길어지는 시위대와 이주자들의 행렬 등이다. 관건은 파업이나 전쟁의 참혹함이 아니라 사람들의 그에 대한 반응이나 저항, 그 끈질김과 연속성을 포착해내는 일이다(〈스페인의 대지〉〈4억의 인구〉〈위도 17도〉). 이것이 이벤스가 말하는 연결link 편집이다. 연결편집의 목표는 파업이나 전쟁이 삶의 중단이 아니라 반대로 그의 일부이자 간격임을 보여주는 것이며, 나아가 정상상태와 비상상태의 근원적인 연결성을 보여주는 것이다.[6] 같은 것이 상황 일반에 대해서도 적용될 수 있으며 이것이 연결편집의 논리적 측면을 이룬다. 즉 하나의 상황을 세세히 묘사하는 게 아니라, 상황의 단면만을 보여주고 더 큰 일반적 상황과 병치시킴으로써 그 간격으로부터 "사실들과 일반적 사건들 간의 연관성"[7]이라는 논리를 의식으로부

---

5. 가령 니콜스의 다음과 같은 유용한 분류가 그것이다. ① 시적 ② 설명적 ③ 관찰자적 ④ 참여적 ⑤ 성찰적 ⑥ 수행적(빌 니콜스, 『다큐멘터리 입문』, 이선화 옮김, 한울, 2005. 6장). 고티에의 분류도 보라. 기이 고티에, 『다큐멘터리, 또 하나의 영화』, 김원중·이호은 옮김, 커뮤니케이션 북스, 2006. 11장. 다큐멘터리 용어들을 보기 쉽게 정리해놓은 10장도 요긴하다.

6. 몽타주에 관한 이벤스의 1939년 강연을 보라. 그는 〈스페인의 대지〉를 예로 든다. "폭력은 매우 잔인한 일이며, 고로 우리는 가능하면 폭력을 찍지 않으려고 했다. 삶은 계속된다는 그 생각, 흐름이라는 그 느낌"(다음에 수록 : Joris Ivens, "Documentary : Subjectivity and Montage", *Joris Ivens*, ed. Kees Bakker, Amsterdam University Press, 1999, p. 257).

7. Joris Ivens, "Repeated and Organized Scenes in Documentary Film", *Joris Ivens*, p. 266. 그는 〈보

터 끄집어낼 것. 증거제시형 편집evidentiary editing 역시 연결편집의 일종이다. 증거들은 개별과 보편 사이의 간격을 형성함으로써, 정책이나 상황 일반의 모순을 비판하는 논리의 연속체를 이루기 때문이다. 바로 이 때문에 횡단적 간격은 시적인 측면도 가진다. 개별과 개별, 또는 개별과 보편 사이에 가로놓여진 현실적 간극을 메우는 내재적 논리로서의 리듬이 동시에 가능하기 때문이다. 이벤스의 초기작품에서처럼 빗줄기가 도시의 각 요소를 잇는 다리 혹은 도로가 되듯 끊이지 않는 리듬이 존재한다(〈비〉 〈다리〉 〈움직임에 관한 연구〉). 루트만과 베르토프도 이것을 추구했다. 그 어감 때문에 오해를 불러일으킬 수 있는 펠레시안의 '거리 몽타주'distance montage도 연결편집의 가장 시적인 활용이다. 들끓는 군중과 짐승들, 폭발하는 자연, 질주하는 기계들과 같은 종적으로 유사한 샷들이 반복적으로 삽입됨으로써 서로에게 유지되는 간격은, 그들을 횡적으로 연결하는 리듬을 의식에게 요구하기 때문이다(〈우리〉 〈서식동물〉 〈우리 세기〉). 공익광고–철거현장, 아파트–달동네를 대조시키는 김동원의 거리 몽타주 또한 같은 공정이다(도시빈민 4부작 〈상계동 올림픽〉 〈벼랑에 선 도시빈민〉 〈행당동 사람들〉 〈또 하나의 세상 – 행당동 사람들2〉). 어떤 경우든 종적 간극은 유적 의식, 나아가 횡적 의식류를 요구한다. 횡단적 간격에 있어서 논리와 리듬은 결코 반대되지 않는다. 이벤스의 원대한 목표는 각국에 흩어져 있는 단절점들을 연결함으로써 정보와 힘의 횡단이 자유로운 국제도시를 제작하는 것이었다. 리듬은 논리의 도시화다. 리듬에 의해서만 비로소 다큐멘터리는 설득력 혹은 설명력을 가진다. 증거란 흐름의 다리이고, 그 자체로 연결이다. 그래서 설명이란 횡단이다. 설명은 다리를 필요로 하는 부분들을 분석해내는 것이기 때문이다.

두 번째 간격은 횡단로가 귀로 혹은 회로로 이어질 때 생겨난다. 이것은 카메라가 대상에 반응인 것처럼 대상이 카메라에 대한 반응일 때 얻어지는 간격으로서, 주체와 대상 사이의 쌍방향 횡단으로부터 모든 것을 시작한다는 점에서 첫 번째 간격과 다르다. 가령 인물들은 카메라에 반응할 수도 있고, 반대로 카메라는 그 반응을 유도할 수도 있을 것이다. 이것이 동시녹음 장비와 카메라의 경량화에 힘입어 퀘벡

리나주〉의 예를 들고 있다. 주인공이 춥고 배고프다는 것만을 보여주는 것으로는 부족하고, 그 뒤엔 그 원인에 해당하는 탄광의 총체적 상황이 뒤따라야 한다.

다이렉트 시네마가 보여준 새로운 가능성이었다(미국에선 리콕·드루·펜베이커 트리오). 특히 미셸 브로의 획기적인 핸드헬드 촬영술에 의해 더 이상 카메라는 인물들의 외부자로 남아 있지 않고 그들의 일원이 되어 반응의 즉각적인 교환을 이루었다(페로 〈세상의 다음을 위하여〉 〈양식 없는 나라〉 〈아카디, 아카디〉, 리콕 〈프라이머리〉). 다이렉트 반응법을 가장 공격적으로 발전시킨 곳은 프랑스였다. 이미 루쉬는 카메라를 대상들이 벌이는 역할극의 일부로 만들어버렸고(〈재규어〉 〈나, 흑인〉 〈어느 여름의 연대기〉), 고다르는 이를 이미지 일반에 적용했다(〈블라디미르 로사〉 〈브리티시 사운드〉 〈여기 그리고 저기〉). 가장 악명 높은 건 마르케의 '시비 거는 카메라'였다. 지금 행복하냐는 질문을 대뜸 받고서 사람들이 횡설수설 쏟아내는 빈말들, 중간중간 생겨나는 머뭇거림과 공백들은 작가의 말대꾸나 추궁에 점점 더 장황해지고 또 첨예해진다(〈아름다운 5월〉). 횡단적 간격이 필연을 추구한다면(전체에 대한 부분part), 반사적 간격은 우연을 추구한다(전체로의 참여participation). 그것은 카메라의 참여와 대상의 반응을 통해 드러나는 논리의 결점이며 관점의 다수성을 표현한다. 이 모든 측면은 민족지영화가 그 치열한 현장에서 스스로 터득해 온 바이기도 하다. 칼라하리 사막의 부시먼이나 우간다 유목민을 단지 관찰하고 기껏해야 그에 인위적 내러티브를 부여하는 것만으로는 부족하며, 그들 사회적 관계를 다각적으로 포착하기 위해 관찰자(카메라)도 그 관계의 일부가 되고, 또 이를 위해 작가도 그들과의 정서적 유대를 이루어야 한다는 생각이 민족지 영화를 이끈다.[8] 이것이 바로 존 마샬이 〈사냥꾼〉에서 〈고기싸움〉과 〈나이, 쿵 여인의 이야기〉로, 맥두걸 부부가 〈가축들과 함께 살기〉에서 투르카나 대화 삼부작으로 이행하는 과정에서 우리가 보게 되는 변화다. 이는 기린사냥과 같은 자연에 대한 부시먼의 반응으로부터 고기를 분배하는 과정에서 또 하나의 자연으로서 드러나는 부시먼들의 상호반응 체계로 관심을 옮긴다는 의미다(〈고기싸움〉). 민족지 영화는 최대한 끊지 않고 촬영되고 편집도 거의 하지 않는 '시퀀스 영화' 형식을 개발하기도 했다. 하지만 이 역시 단지 일방적인 시퀀스가 아닌 카메라와 대상을 환류하는 쌍방향 시퀀스로서, 두 야노마모 부족 사

---

8. 영상인류학에 관해서라면 국내에선 이기중의 저술들이 독보적이다. 특히 이기중, 『렌즈 속의 인류학』, 눌민, 2014.

이에서 갑자기 일어나는 싸움 앞에서 당황하거나 우왕좌왕하는 카메라와 작가들의 반응까지 모조리 포함하는 것이었다(티머시 애시 〈도끼싸움〉, 타파칸 시리즈). 특히 맥두걸 부부는 이 모든 기법들을 대화법으로까지 가져갔다. 맥두걸의 카메라가 향하는 곳은 더 이상 인물이나 상황이 아니라 그 안에 흐르는 말들과 생각으로서, 결혼을 두고서 신경전을 벌이는 양가 원로들, 그리고 신랑과 부인들을 매개하는 다수의 관점, 차라리 그들 사이를 순환하는 목소리 자체가 된다(투르카나 시리즈). 요컨대 반사적 간격이란 주체와 대상의 평등한 상호 반응, 그 "시선의 등가성"[9]이다. 반사의 논리란 그래서 순환논증법이다. 빛은 반사시키는 자와 반사되는 자 모두에게 평등하기에 그 둘을 순환하고 그 둘 사이의 간격과 우연을 비춘다. 〈부인들 가운데 한 부인〉에서 한 투르카나 여인이 맥두걸 부부의 카메라를 넘겨받아 대신 촬영하는 장면은 아직도 다큐멘터리 역사상 가장 아름다운 대목 중 하나로 남아 있다.

어떤 의미에서 주체와 대상, 아군과 적군, 후방과 전방의 경계는 간격 속으로 점점 사라지고 있다. 너무나 순수한 나머지, 그 자신의 관계항들마저 사라지게 만드는 이 새로운 간격이 다큐멘터리의 또 다른 대상이 되었다. 일본 언더그라운드의 풍경론은 바로 이 지점에 위치한다. 이제 간격이란 식별가능한 주체와 대상을 모두 집어삼키기 위해 거대한 여백 혹은 풍경이 되어버린 끝없는 간격이다. 여기서 대상은 더 이상 보이지 않는다. 대상 자신이 순수하게 잠재화됨과 동시에 그를 보는 주체 또한 불확실해졌기 때문이다. **풍경이 권력이다.** 기록되어야 할 것, 또 기록될 수 있는 것은 이제 이것뿐이며, 대상이 아니라 그 유령 같은 그림자, 행동이 아니라 그 분위기만을 추적하는 앰비언트 촬영법이 필요해진다. 마츠모토의 채굴 혹은 재봉질 앰비언트(〈돌의 노래〉 〈니시진〉)와 연쇄살인마를 길러냈던 감옥 같은 일상풍경들이 그렇다(아다치·마츠다 〈약칭 연쇄살인마〉). 또 풍경은 인간을 삼키고 그 자리에 유령을 남긴다(쇼헤이 〈인간증발〉). 나아가 일장기가 곧 풍경이다. 그것은 일본인을 빙의시키고 한국인을 가두기 때문이다(오시마 나기사 〈윤복이의 일기〉 〈도쿄전쟁전후비화〉). 일본 풍경론 작품들은 운동보다는 정지 속에서, 영화미학보다는 사진미학 속

---

9. 마르케의 개념이다. Chris Marker, "〈San Soleil〉 par Chris Marker", *Traffic*, n° 6, printemps 1993, P.O.L. 마르케 다이렉트 기법에 있어서 진실과 우연의 상관관계에 대해선 다음도 보라. Guy Gautier, *Chris Marker, Écrivain Multimédia ou Voyage à travers les Médias*, L'Harmattan, 2001. 6장.

에서 피어난다. 그들의 풍경이미지는 모든 것을 소진시켜버리는 섬광 혹은 에너지만을 증거하는 도마스 쇼메이의 오전 11시 2분과도 같다. 더 이상 기록은 대상과의 유사성이 아니라 그 분자들의 유사성에 입각한다는 점에서 풍경론은 도상icon의 기호학이라기보다는 이온ion의 기호학, 지표의 기호학이라기보다는 켈로이드의 기호학이다. 풍경론의 완숙한 두 걸작이 있다. 다카미네 고의 〈오키나와 드림쇼〉에서 증거란 학살된 희생자들의 유령들이 베어들어 느려지고 흩어지는 8mm 그레인 공간뿐이며, 여기서 카메라는 한없이 완만한 원심운동을 통과해서 출발점으로 돌아와야 한다. 고로 〈적군/PFLP : 세계전쟁선언〉(아다치·와카마츠)에서처럼 표적이 있다면 그건 텅 빈 사막과 참호뿐이고, 미리 녹음된 선동구호를 제외하면 남은 것은 섬광이 태워버렸거나 태워버릴 공기뿐이다. 말은 더 이상 설명하거나 설득하지 않는다. 순수 잠재태를 제외하면 증거할 아무것도 남지 않았기 때문이다. 고로 말은 이념만을 지시하는 명령어가 된다.[10] 일본 풍경론은 프랑스 다이렉트의 "시선의 등가성"을 "풍경의 등가성"[11]으로 대체한다. 일본 다큐멘터리의 가장 큰 공헌은 잠재화되어 총체화된 간격, 잠존하는 거대표면, 즉 잠재태-평면의 발견이다.[12]

풍경론은 권력이 점점 유령이 될수록, 그만큼 거대군중도 정착지로부터 뿌리 뽑혀 국경지대를 배회하거나 항구적 이주상태에 있는 유령집단이 될수록 현대 다큐멘터리의 기본태도가 된다. 아케르만이 정확히 그렇다(〈동쪽〉 〈남쪽〉 〈국경 저편〉). 스위스의 서정주의 전통을 예로 들 수도 있을 것이다(댕도, 베브). 하지만 마츠모토는 풍경론이 네오리얼리즘의 유사방법론들로부터 완전히 탈피하여 더 정치적이 될 것을 요구하였다. 풍경 속에서 외적 대상과 내적 대상이 이미 식별불가능하게 되었다면, 이제 포착되어야 할 것은 단지 막연한 풍경이 아니라, 밖으로는 풍경만을 남기면

---

10. 히라사와 고는 '풍경론'으로부터 '보도론'으로의 필연적인 이행이 있다고 본다. 히라사와 고, 「영화=운동의 현재를 위해」, 『영화와 혁명 특별전』, 시네마테크 문화학교서울, 2005 상영전 팸플릿, 20쪽.

11. 요모타 이누히코, 『일본영화의 래디컬한 의지』, 강태웅 옮김, 소명출판, 2011, 171쪽. 다카미네 고에 관한 부분.

12. 예를 들어 하라 마사토는 다음과 같이 말하고 있다. "영화의 영혼은 그 자체의 제국을 갖고 있고, 모든 것에 대하여 등거리이다. 아니, 모든 것을 등거리에 두어버리는 것이다. 그러니까 영화의 영혼에 비치는 풍경은 평면인 것이고, 영화의 제국은 한없이 높은 곳에 위치하는 것으로, 레벨 따윈 전혀 상관없어져 버린다."(하라 마사토, 「영화로의 여행」, 『보고 싶은 영화에 대해서만을』, 1977. 요모타 이누히코, 『일본영화의 래디컬한 의지』, 435쪽에서 재인용).

서 대상 속으로 숨어버린 그 식별불가능화하는 힘, 그 미시권력 자체의 간격이라는 것이다. 이 간격은 촬영되지도 않는다. 풍경의 일부일 뿐 대상이 아니기 때문이다. 편집되지도 않는다. 실재를 이룰 뿐 현실이 아니기 때문이다. 이 미시간격은 대상의 잠재적 상태로서 오직 실험될 수 있을 뿐이다. 대상의 외적 측면을 변형시키고 왜곡시킴으로써 그 감춰진 내면적 간격을 추출해내는 것, 이것이 마츠모토가 네오리얼리즘 대신 제안한 '네오다큐멘터리즘'의 방법론이다 : 〈대상화=더듬어 찾기〉[13] 이 방법론을 따르는 새로운 다큐멘터리의 일반적 특징은 말과 이미지의 이격이나 병렬, 과잉묘사에 의한 이야기의 대체, 기록오류나 기억착오를 통한 지각방식 자체의 객관화, 거짓주체와 거짓사실에 의한 현실 자체의 무대화 등이다. 마츠모토는 〈장미의 행렬〉에서 이 모든 것을 탁월하게 보여주었다. 그것은 대상의 전방(무의식, 환영)과 후방(의식, 사실)을 바꾸거나 마주치게 하는 미시간격들로 현실을 재구성하고, 무대와 객석이 안팎으로 교대하는 움직이는 연극 무대 위에 영화를 출연시키는 것이다(특히 게이 남창들의 느닷없는 인터뷰 삽입과 마지막 길거리 퍼포먼스). 트린 민하는 대상의 무의식보다는 주체의 의식, 즉 대상이 재현되는 관습적 방식에 더욱 관심을 가졌다. 아프리카 여인들을 바라보는 망설이거나 균열 난 시선, 혹은 삐뚤어진 프레임을 기록했으며(〈재합성〉 〈벌거벗은 공간〉), 나아가 그 시선과 프레임의 분열을 대상에게로 올곧이 돌려주었다(〈성은 베트, 이름은 남〉).[14] 이것은 무대의 현실화가 아니라 현실의 무대화다. 그만큼 미시간격은 인위적인 조작의 실패를 통해서만 증언되는 간격이다. 거대표면의 논증법이 소진법이라면 미시표면의 논증법은 귀류법이다. 그래서 하룬 파로키는 직유법에 몰두하였다. 직유는 기호와 실재 사이에서 언제나 실패하기 때문이다. 네이팜탄이 3000℃라는 것을 보여주기 위해 400℃의 담뱃불로 직접 살을 지져 보는 것으로 충분하며(〈꺼지지 않는 불〉), 이주법이 역사서와 신문의 아이콘과 상징들로 도표화된 이데올로기라면 그 도표를(〈인-포매이션〉), 현대의 전쟁

---

13. 마츠모토 토시오, 『영상의 발견 : 아방가르드와 다큐멘터리』, 유양근 옮김, 동국대학교 출판부, 2004. 4장, 73쪽. 마츠모토의 네오다큐멘터리 개념을 이해하기 위해 매우 중요한 인터뷰다. 5장도 보라. ("내부란 것은 외부의 연장이며, 그 둘 사이를 절대적으로 구별 짓는 것은 아무것도 없다", 94쪽).
14. "어떤 현실도 변형 없이는 포착되지 않는다."(트린 민하 인터뷰. *A Critical Cinema 2*, p. 362). 또 "진실은 오직 간접적으로만 접근할 수 있다."(Trin T Minha, *Cinema Interval*, Routledge, 1999, p. 219). 이 책은 네오다큐멘터리의 정신을 정교하게 이론화한다.

은 게임이 되어버렸다면 그 게임을 그대로 보여주는 것으로 충분하다(〈멀리 있는 전쟁〉). 또한 감금의 보편적 형식을 보여주기 위해서라면 옛날 푸티지들에 찍혀진 감옥과 현대감옥을 찍은 푸티지들을 비교해보는 것으로 충분하다(〈세계의 이미지와 전쟁의 기록〉〈감옥 이미지〉). 이 모든 시도들이 하려는 것은 지각된 사실의 기록이 아니라 그 간격의 기록이다. 지각의 간격이야말로 이제 가장 핵심적인 사실이기 때문이다. 그것은 카메라의 조각난 시선이고 객관성으로 포장되어 감춰져 있는 주체성의 은밀한 무의식을 포함하며, 우스꽝스러운 역설, 자발적인 멍청함, 오류와 오작동 속에서 드러나는 작지만 내밀한 진실들이다. 이 새로운 다큐멘터리는 풍경을 과잉분해하고 과잉합성하는 한에서만 미시간격들을 실험하기에 콜라주 다큐멘터리라고도 부를 수도 있다. 가령 오시마의 조선인 삼부작 혹은 레네의 푸티지 작품들, 솔라나스, 포르가츠, 차일드, 에이젠버그의 작품들과 같은 본격적인 푸티지 다큐멘터리는 이에 속한다. 일본의 사적 다큐멘터리 전통 역시 그렇다. 사적인 간격은 언제나 미시적이기 때문이다(가와세 나오미 등). 이런 점에서 기억해야 할 한국 작가들은 김경만, 이강현 그리고 박경태·김동령이다. 이들은 일본적 경향을 넘어선다. 푸티지에 산포되어있던 모든 종류의 미시간격들로부터 공공적인 차원까지 끌어내면서 '다이렉트-푸티지-시네마'에 이르기 때문이다(〈미국의 바람과 불〉, 〈파산의 기술〉〈보라〉, 〈거미의 땅〉).[15] 일반적으로 콜라주 다큐멘터리가 바라보는 현실이란 하이퍼-파편화되어 그 표면들이 너무나 작아지고 사적이 되어버린 극사실hyper-reality이다. "이미지에 대한 데콜라주décollage sur image, 시선의 데콜르망décollement du regard."[16]

　　요컨대 화자의 각기 다른 위상변환에 대응되는 네 가지 유형의 간격이 있다. 첫 번째 간격이 교량, 건널목이고 횡단면transection이라면, 두 번째 간격은 겉면과 속면이 상호교호되는 뫼비우스 표면이고 교차로intersection다.[17] 전자가 연역법이나

15. 한국 독립다큐멘터리에 있어서 재현불가능성의 문제에 대해선 다음 두 글. 맹수진, 「한국 독립 다큐멘터리 영화의 대항기억 재현에 관한 연구」, 동국대학교 박사학위 논문, 2009. 변성찬, 「진실의 다큐, 혹은 다큐의 진실」, 『독립영화』 41호, 2011년 9월.
16. 이 표현은 마르케 작품들에 대한 다음 소논문에서 빌려 왔다. Philipe Dubois, "La Jetée ou le Cinématogramme de la Conscience", *Recherches sur Chris Marker*, Presses Sorbonne Nouvelle, 2006, p. 13.
17. "마치 하나의 측면과 두 측면을 동시에 갖는 뫼비우스의 표면처럼, 그리고 거짓말의 테크닉이기도

귀납법을 수행하면서 현실적 거시표면을 이루는 데 반해, 후자는 순환논증을 수행하면서 현실적 미시표면을 이룬다. 세 번째 간격과 네 번째 간격은 모두 잠재화된 간격들이다. 차이는 세 번째 간격이 소거법을 통해 전단면*total cross section*을 펼쳐내는 데 반해, 네 번째 간격은 귀류법을 통해 미시단면*micro cross section*을 이룬다는데에 있다. 풍경과 같은 전단면이 잠재적 거시면이라면 오류, 푸티지, 파편 등 파열면은 잠재적 미시면이다.

	거시	미시
현실태	횡단면 transection	교차면 intersection
영원태	전단면 total cross section	미시단면 micro cross section

3-3. 허주(虛主)의 윤리학

이벤스는 "표면에 머물러선 안 된다"[18]고 말한다. 하지만 그것은 표면이 흐름과 순환의 정거장이 아니라 그 환승장, 확산과 증폭의 현장이어야 하기 때문이다. 다큐멘터리 작가는 그 표면들을 잇거나 끊는 자, 즉 그 표면들의 여행자가 되어야 한다. 일본 다이렉트의 획기적인 작품일 하라 카즈오의 〈극사적 에로스〉엔 충격적이면서도 아름다운 장면들이 있다. 인물이 카메라 뒤의 감독에게 화를 내면서 바닷물을 튀기는 장면이나, 막 출산되는 있는 아기를 바라보다가 겁먹은 카메라가 스스로 초점을 잃는 장면 등이 그것들이다. 하라 카즈오는 그 자신과 그가 만났던 대상들과의 접면을 촬영한 것이다. 김동원의 〈송환〉에서 또 한 장면을 보자. 비전향 장기수가

한 시네마 베리테의 테크닉처럼, 상상적인 것과 실제적인 것이 분명하게 분리되지만 하나이다."(고다르 인터뷰. "Pierre Mon Ami", *Cahiers du Cinéma*, n° 171, octobre 1965. *Jean-Luc Godard par Jean-Luc Godard*, p. 352에서 재인용).

18. Joris Ivens, "The Power of the Streaming Water", trans. Fritz Helbig, *Film Culture*, no. 53-54-55, spring, 1972.

먼저 출소했던 동료를 30년 만에 재회하는 순간이다. 카메라는 그들에게 차마 다가가지 못하고 머뭇거리는 그사이, 바로 그사이를 흐느낌과 개 울음소리가 비집는다. 좀 더 적극적이라 할 박경태·김동령의 〈거미의 땅〉의 또 한 장면을 보자. 한때 기지촌 여성이었던 인물이 과거에 그녀가 댄서로 일했던(혹은 그렇다고 가정되는) 무대 위에서 춤을 추고 카메라는 이를 트래블링으로 잡는다. 카메라는 지금의 그녀를 촬영한 게 아니라, 지금은 망각되어버린 과거의 그녀와 지금 보이는 그녀 사이의 간격, 현재로서는 온전히 재현될 수 없는(그래서 더더욱 기억의 문제로서 시선에 전이되는) 그 표면을 촬영한 것이다. 다큐멘터리는 표면의 실천철학이다. 그 전제는 세계의 표면성이다. 그리고 그것은 다큐멘터리 작가에게 바로 그 표면성을 모방하도록 종용하는 윤리학을 포함한다. 하라 카즈오의 말대로 세계는 한 꺼풀 벗겨도 다른 꺼풀이 끝없이 나타나는 "마늘장아찌(락교)"이고 다큐멘터리 작가는 그 배곯은 공복자다.[19] 그런 의미에서 다큐멘터리의 유일한 대상은 어떤 대상이 아니라 그들의 간격이고, 나아가 대상 없는 순수표면 혹은 순수틈새, 문자 그대로의 공간(空-間, 빈-틈)인 것이다.[20] 비록 최근의 급진적 다큐멘터리에게서 비로소 두드러지긴 했지만 이 전제들은 모든 유형의 다큐멘터리에게 예외 없이 적용될 것이다. 세계의 마늘 꺼풀들은 점점 더 많아지고 주체는 점점 더 배고파진다. 주체를 프롤레타리아트화하는 대상의 자율적 프롤레타리아트화가 다큐멘터리 전통을 지배한다. 그것은 국제적 표면을 횡단하는 트랜스-프롤레타리아화(횡단면), 반성적-프롤레타리아트화(교차면), 전방과 후방을 횡단하는 총-프롤레타리아트화(전단면), 그리고 리얼리티의 표면을 횡단하는 하이퍼-프롤레타리아트화(미시단면) 등이다. 만약 다큐멘터리

---

19. "마늘장아찌[락교]를 한 꺼풀 벗기고 또 다른 꺼풀을 벗기면, 그 밑엔 또 다른 꺼풀이 있기 마련이다. 마늘장아찌엔 핵이란 없다. 우리가 현실과 관계를 맺고 그를 탐험할 때도 마찬가지다. 그를 벗겨내면 우리는 여전히 다른 꺼풀을 볼 뿐이다."(하라 카즈오 인터뷰. *A Critical Cinema 3*, p. 130). 또한 "내 안을 비워내는 것, 그리고 내 대상(subject)이 나에게로 들어서게 하는 것⋯ 대상은 나의 적이 되고, 난 그 적의 액션과 전개를 받아들이는 수용자가 된다."(같은 책, p. 129). 하라 카즈오는 서양의 다른 다큐멘터리들에 대한 실망감을 감추지 않는다: "미국 작가들은 대상들에 매우 가깝게 다가가긴 하지만, 그들은 아직도 그들 자신과 그 대상들 사이에 어떤 공간을 남기는 경향이 있는 것 같다."(같은 책, p. 130).
20. 이것이 다음 중요한 저술의 대전제다. 이승민, 『영화와 공간』, 갈무리, 2017. 이승민의 분석이 상기시키는 바는 공간의 탈역사화가 그 자율화를 끊임없이 촉구해왔다는 사실이다. 특히 〈낮은 목소리〉 삼부작(변영주)에서 위안부 할머니들의 역할을 논하는 부분.

에 윤리학이 있다면 그것은 이것이다 : 유일한 사실이란 간격임을 보여주기 위해, 주체 스스로 표면화되고 간격이 되어라.

트린 민하는 다큐멘터리 작가가 갖추어야 할 이 덕목을 매우 동양적인 방식으로 탁월하게 요약한다. 즉 다큐멘터리에서 주체는 대상에 대해 존재해서는 안 되며, 반대로 주체는 그 자신마저 대상이면서 외부 대상이 기록되는 여백, 텅 빈 필름, 그러니까 대상들의 "텅 빈 중심"empty center이어야 한다.[21] 이는 마치 용매가 고밀도에서 저밀도로 저절로 빨려 들어가는 것, 혹은 새로운 공간으로 들어가기 위해 "잠깐 눈이 멀 준비가 되어 있어야"[22] 하는 것과 같다. 즉 텅 빈 중심으로 세상의 간격들이 저절로 흡수되도록 하라. 대상과의 간격 이외에 주체를 채우는 것은 아무것도 없다는 의미에서 그것은 허주(虛主)이고 공주(空主)다. 반대로 주체는 바로 그 자율적 비움을 통해서 언제나 무언가를 한다. 그것은 대상들과 그 간격들의 수용이고 흡수이며 필터링이다. 하지만 이것이 다시 행동은 아니다. 행동은 대상에 대한 것이기 때문이다. 반대로 허주는 대상들을 자신에게로 통과시키고, 그 마주침과 그로부터 생겨나는 우연까지도 걸러낸다. 주체가 대상에 대해 행동하는 반면, 허주는 대상과의 간격을 수행perform한다. 수행을 매개항으로 허주(虛主)는 접주(接主)가 된다. 김동원은 〈송환〉의 비전향 장기수 할아버지들의 이념적 고집에 대해 다음과 같이 말한다 : 그것은 "신념의 문제"가 아니라, "삶의 체험"이다. 이는 다큐작가 자신에게도 해당되는 말이다.[23] 변영주가 그를 했다. 작가가 대상과의 간격을 줄이려고 무언가를 하는 방식이 아닌, 그 간격들이 오롯이 마주치고 웃고 놀면서 스스로를 드러내도록 작가 자신은 빈터로 물러나는 방식으로 〈낮은 목소리〉 삼부작은 진화했다. 변영주는 위안부 할머니들의 트라우마를 촬영한 적이 없다. 촬영과정이 곧 그 치유과정이 되도록 그를 함께 살아냈다. 협연co-perform했다. 수행, 이것이 '살아낸다'라는 것의 진정

---

21. "파편화된 모든 것이 영화가 될 수 있는 것은 'I'가 비응집적인 것들이 마주칠 수 있는 장소를 구성한다는 사실에 기인한다."(트린 민하 인터뷰. *Cinema Interval*, p. 69). 고로 "혼돈은 수용성의 한 방식일 수 있다."(p. 190). 한 대담에서 토론자가 "모든 번역은 배반이다"라는 속담으로 비아냥대자, 그녀는 "슬픔은 원치 않는 손실이 아니라, 원치 않는 이득으로부터 온다"는 속담으로 맞받아친다(같은 책, p. 55).
22. Trin T Minha, *A Critical Cinema 2*, p. 364. 그녀는 밝은 곳에서 어두운 곳으로 갑작스럽게 이어지는 아프리카 가옥구조를 예로 든다.
23. 김동원 인터뷰. 『독립 다큐의 대부 김동원 展』, 서해문집, 2010, 215쪽.

한 의미다. 직접 참여함으로써 사람들 간의 관계를 살아내고(루쉬, 맥두걸), 스스로 맹목적이 됨으로써 풍경을 살아내고(아다치, 아케르만), 파편화를 감내함으로써 분열증을 살아낸다(마츠모토, 트린, 하룬). 혹은 그 모두다(김경만, 이강현). 다큐멘터리의 카메라는 "살아내는 카메라"living camera(리콕)다. 허주는 대상을 연기하고 스스로는 빈틈을 연기함으로써, 틈을 한다. 틈탄다 *surf.* 살아내기란 수행이고, 수행이란 틈타기다. "내가 강을 촬영해야 한다고 한다면, 난 그 안에 빠져야 한다."[24]

우리는 다큐멘터리를 스스로 간격이 되는 영화, **자율적 간격의 영화**로 정의한다. 그래서 모든 다큐멘터리는 어느 정도는 수행적performative이라고 말할 수도 있다. 다큐멘터리 작가가 에스키모의 행동에 얼마나 개입을 했느니, 시네마 베리테가 추구하는 진실은 사실과 얼마나 다르니 하는 등의 어리석은 논쟁들은 모두 행동과 수행, 틈보기와 틈타기를 혼동하는 데에서 오는 것들이다. 심지어 관찰도 틈타기다. 정보 또한 간격이고, 정보가 점점 미세해질수록 간격은 점점 더 커지며, 정보가 긴급해질수록 간격은 더 강렬해지기 때문이다. 객관성과 주관성의 고리타분한 대립이 다큐멘터리를 괴롭힌 적은 애초부터 없었다. 다큐멘터리는 객관을 연기하는 수행적 주관성이기 때문이다. 그것은 객관을 자신의 텅 빈 중심에 받아들이는 주관성이다. 다큐멘터리가 보여주는 장면들의 진정성은 현실에 대해 아무것도 하지 않는 것으로부터가 아니라, 바로 그 아무것도 아닌 것을 한다는 것으로부터 온다. 그래서 애초부터 "다큐 작가는 거짓말을 할 수 없다."[25] 왜냐하면 그는 연출자도 관객도 될 수 없기 때문이다. 이것이 다큐 작가에게 요구되는 유일한 윤리학이다. 다큐 작가는 허주가 되어야 한다. 다큐멘터리의 마지막 윤리학이란 윤리학은 불가능하다는 것이다. 허주는 윤리적이거나 비윤리적인 어떠한 행동도 할 수 없기 때문이다. 이것이 허문영이 〈송환〉의 진짜 주인공은 김동원 자신의 "무기력과 부끄러움", 그리고 카메라의 "겸허"(謙虛)라고 말할 때의 속뜻이다.[26] 모든 다큐멘터리는 운명적으로 페미니

---

24. 이벤스 인터뷰. *Entretiens avec Joris Ivens par Claire Devarrieux*, Albatros, 1979, p. 23.

25. Joris Ivens, "Notes on the avant-garde documentary film", *Joris Ivens*, p. 225.

26. 허문영, 「비평릴레이 〈송환〉」, 『씨네21』, 2004년 3월. '허(虛)' 혹은 '비어 있음'이라는 사태는 허문영의 다른 평론에서도 핵심적인 개념을 이룬다. 마찬가지 방식으로 허주의 철학을 일군 한국 철학자로는 이정우를 꼽을 수 있다. 이정우는 차생(差生)의 수행을 위한 경험론적 전제로서 "허(虛)의 차원"을 제시한다. 『주체란 무엇인가: 무위인에 관하여』, 그린비, 2009. ("무(無)는 위(位)의 없음이 아니라

즘이다. 세계의 기록은 진실된 객관을 가려내는 주체의 판단력이 아니라, 그럴지도 모르는 객관들을 모두 품어내는 허주의 포용력과 공감력에 의하기 때문이다. 허주란 세계와 관객 간 표면을 무대 삼는 마리오네트다. 그의 팔다리를 조종하는 줄들이 세계와의 간격일 뿐인.[27] 마리오네팅이 예술행위인 만큼 다큐멘팅은 행위예술이다. 고로 허주를 채우는 것은 현실적 운동들이 아니라 그의 시간의 바깥으로부터 오는 또 다른 시간들이다. 허주는 잠재성으로 배 채우기 위해 스스로 공복이 된다. 다큐멘터리는 영화에게 단지 더 멀리, 더 빨리, 더 실감 나게 보는 능력만을 가르쳐 준 것이 아니다. 반대로 다큐멘터리는 영화에게 보지 않는 법을 가르쳐주었다. 대상의 시간을 몸소 살아내는 법을, 무엇보다도 그 여러 시간들을 살아내는 법을. 주체는 때때로 또 다른 대상일 수 있는 것이다. 다큐멘터리 삼단논법 : 〈영화-눈〉이란 영원한 객체다. 그런데 그의 시간여행이 바로 역사다. 고로 다큐멘터리는 역사를 직접 연기하는 영화다.

위의 잠재성이며, 숱한 위의 형태들이 **점선들로 존재하는 허(虛)이다.", 100쪽).

27. "난 영화로 표현되는 국제적인 병사였다. 난 정치인이었던 적은 없다. 가끔씩 내가 작업에 대한 관념 때문에 도그마에 **빠**질 때면, 현실은 바로 그것을 수정하고 영화는 **스스로 인간화된다** (s'humanise)."(이벤스 인터뷰. *Entretiens avec Joris Ivens par Claire Devarrieux*, p. 44. 강조는 인용자).

모방과 소유

4-1. 스톱모션 : 체코 애니메이션과 스반크마예르

모방은 재현이 아니다. 모방의 본질엔 그 간섭이 포함되어 있다. 웃음, 하품, 눈물은 전파되지만 서로를 조금씩 수정하고 순서를 바꾸기도 한다. 모방과 간섭은 상호함축하는 개념들이다. 모방은 파동 같은 것이다. 파동은 이전 파동을 모방함으로써 존재하지만, 그와 동시에 주변의 파동들과 부딪히고, 서로를 간섭하면서 굴절되거나 증폭됨으로써만 모방한다. 모방이란 **모파**(摹波)다. 그리고 파동은 빈틈의 파도, 틈새의 물결, 즉 **틈파**(闖波)다. 그런데 영화에선 프레임이 바로 그렇다. 프레임은한 프레임의 포즈를 다음 프레임이 모방하되, 그 포즈의 일정 부분이 변형되거나 간섭됨으로써만 비로소 운동의 물결을 이룬다. 프레임들 사이에서 일어나는 일이란 빈틈을 통한 모방이며, 씨네그램을 매개로 하는 미메시스Mimesis다. 프레임은 영화의거울뉴런, 필름스트립의 밈Meme이다. 스톱모션 기법의 핵심도 여기에 있다. 순수하게 정지된 포토그램들 사이에서 이루어지는 모방과 간섭이 어떻게 운동파를 이루는지, 반대로 운동이란 그 정지된 포토그램들로 어떻게 분해될 수 있는지 보여줄 것, 끝내 운동이란 결국 모방과 간섭의 이중주임을 증명할 것. 귀속과 독점이 아니라.

한편으로는 초현실주의와의 협력 속에서, 다른 한편으로는 교육적 목적 아래에서 체코 인형 애니메이터들은 일찍부터 스톱모션의 정신적이거나 기법적인 측면들을 탐구하기 시작했다. 그리고 거기엔 기존 마리오네트 실사영화들이나 다큐멘터리에서 찾아볼 수 없던, 하지만 그들조차 은연중에 전제할 수밖에 없던 프레임의 파동학적 구조에 대한 심오한 성찰이 포함되어 있었다. 왜냐하면 프레임이 모방의 최소단위인 한, 그것은 마리오네트의 분자, 그 미립자이기도 하기 때문이다. 카렐 도달, 이지 트른카, 헤르미나 틸로바의 작품들이 우리를 놀라게 하는 것은 그들이 너무나 일찍이 또 너무나 완벽하게 자연적 운동을 프레임 파동만으로 재구성했다는 점이다. 특히 트른카(또한 공동작업자인 브르데카, 포야르 등)는 바람, 물결, 불과 같은 자연적 파동들을 스톱모션으로 표현하는 데 매우 능수능란했으며, 이것은 애니메이션 장르에 있어서도 혁신이었다. 그것은 바람에 나부끼는 옷이나 머리카락, 흔들거리는 불꽃이나 그림자, 물결치는 수면, 공간을 가로지르는 빗줄기 등이며, 또한 빠르게 달리는 말이나 차량과 함께 휘날리는 것과 같은 카메라 무빙이기도 하다(트른카의 단편들, 〈베이스 첼로 이야기〉 〈대초원의 노래〉, 포야르 〈곤드레만드레〉). 틸로바 또한 속도를 다루었으나(달리는 기차에서 나타나는 S파와 P파, 〈작은 기차〉), 그녀의 주된 관심사는 천과 실과 같은 좀 더 유연한 굴절체였다. 그녀는 그 매듭을 관절로 삼고서 흐느적거리는 손수건을 마리오네팅했으며(〈손수건 매듭〉), 털실뭉치나 실이 감기고 풀리거나 심지어 엉키는 복잡한 굴절들을 추출했다(〈두 개의 실뭉치〉 〈눈사람〉). 틸로바, 트른카와 포야르는 자연적 파동에게 굴절의 자유를 부여한다. 트른카의 대작일 〈황제의 나이팅게일〉, 〈바야야 왕자〉와 〈한여름 밤의 꿈〉은 바로 그런 점에서 현실과 꿈의 복굴절 영화라고 부를 수 있다.

　　트른카 및 틸로바와 대비되는 작가는 이지 바르타다. 바르타는 굴절권이 박탈된 자들과 굴절이 제한되어 남은 것이 반사밖에 없는 파동의 사례들을 다룬다. 반신불수 상태에서 유령들에게 피를 착취당하는 도둑(〈마지막 도둑〉), 마약과 술에 절어 뒤뚱거리는 마네킹들(〈버려진 자들의 클럽〉)이 그런 사례들이다. 바르타의 세계는 부딪히거나 부서질 수 있는 고체의 세계이며 파괴와 약육강식의 세계다. 그에게 반사는 파괴된 굴절을, 굴절은 죽음에 대한 반응만을 의미했다. 그의 선배들과 달리 그가 인공물에 천착한다면 그것은 죽음에 대한 인위적 반응만이, 그를 따라가는 장례행렬만이 문명에 남겨졌기 때문이다. 특히 아이들과 생명을 휩쓸어가는 소리의 반향이 그렇다(후기작 〈하멜른의 피리 부는 사나이〉 〈골렘〉). 바르타 반사법은 무기물과 유기물, 인공물과 자연물 사이에서 일어나는 다이렉트 스톱모션이다(〈장갑의 사라진 세계〉).

　　모든 측면에서 바르타는 트른카나 틸로바와 대비되는 것으로 보인다. 트른카와 틸로바가 흐르거나 휘날리는 유체들을 통해 자연물에 내재하는 굴절파를 다룬다면, 바르타는 딱딱하거나 부서지는 고체들을 통해 인공물에 내재하는 반사파를 다룬다. 하지만 굴절과 반사는 일찍이 카렐 제만이 그만의 재료들을 통해서 이미 아우르고 있던 파동형태들이다. 이미 그는 유리면을 통해 빛이 통과하거나 반사됨으로써 내비쳐지거나 굽어보이는 이미지들을 추구했다(《영감》). 무엇보다도 유리면은 장애물이되 빛을 흐릿하게 내비치거나 아예 잠재화시키는 투명장애물로서, 그 투명성이 빈틈의 투명성을, 그 잠재성이 틈입광의 잠재성을 이루어 거대한 슬릿공간의 질료가 될 수도 있다. 반사와 굴절만으로 모두 요약될 수 없는 회절이라는 테마가 제만에게 있다. 즉 슬릿이 주어지면 그를 통과하는 잠재적 파동들이 존재하며, 그것은 투명한 회절공간을 이룬다. 게다가 여기엔 회절의 정도를 나타내는 층마저 있다. 가령 홀씨는 투명한 물방울의 표면을 통과하여 홀씨왕자로 잠재화되지만 얼음벽은 통과할 수 없다. 또 얼음공주는 빙막을 회절할 수 있는 반면, 홀씨왕자는 그렇지 못하다는 데에 그들의 비극이 있다(《영감》). 회절공간은 투명도가 넘실대는 공간이고 빛이 일렁이는 공간이다. 그것은 매질의 모든 부분이 장애물이 되어버린, 그러나 동시에 그 모든 이음새가 슬릿이 되어버려 순수한 회절파들로만 채워진 잠재적 공간이다(이로부터 제만의 서명과도 같은, 문틈이나 기둥 사이의 틈새를 서서히 통과하는 카메라 무빙이 나오게 된다). 제만과 쥘 베른의 공통분모도 여기 있을 터다. 회절공간은 단지 꿈의 공간이 아니다. 그것은 너무도 투명하여 먼 시간대들도 자유로이 회절해 들어올 수 있는 공간, 그래서 고대전설의 신비와 진보문명의 과학이 공존할 수 있는 그런 공간이다. 회절공간은 외려 과학의 꿈이다(《선사시대 여행》 〈쥘 베른의 멋진 세계〉 〈뮌하우젠 남작의 모험〉).[1]

　　물론 제만이 회절만을 다룬 것은 아니다. 제만의 투명면은 그 표면과 이면에서 동시에 반사된 빛들에 의해 이루어지는 분광과 산광 등을 포함한다. 그것이 간섭이다. 기실 굴절·반사·회절은 모두 어느 정도의 간섭을 동반하고 또 포함한다. 가령 트른카의 바람은 달리는 것에 간섭하고, 바르타의 마네킹들은 서로에게 간섭한다. 제만의 물방울이나 얼음표면은 그 자체로 훌륭한 산광기다. 틸로바 또한 흐느적

---

1. "과학이 아는 것에 기초해야 했다."(카렐 제만 인터뷰. 다음에서 재인용 : Maria Benesova, "Karel Zeman, ce nouveau Melies …", *Jeune Cinema*, n° 3~4, 1964~1965, p. 15).

거리는 유체로부터 무지개색 스펙트럼을 얻어냈다(《푸른 앞치마》). 그러나 누구보다
도 스반크마예르가 간섭의 테마를 밀고 나갔다. 그에게서 인형이나 사물들이 정지
하여 숨죽인다면 그들 서로 파장을 던져 증폭시키기 위해서였고(《펀치와 주디》 《자
버워키》), 공간이 밀폐된다면 그 안의 파장들이 외부로부터 끊임없이 틈입하는 파장
을 더해나가기 위해서였다(《어둠 빛 어둠》). 그러나 보상간섭은 반드시 상쇄간섭을
전제하며, 이것이 스반크마예르의 비관적 세계관을 이룬다. 두 머리는 서로를 삼키
고 동화됨으로써 엉망진창의 혼합질료가 되며, 대화나 키스는 서로의 혀가 얽히고
설켜 들어가는 융합의 과정을 이룬다(《대화의 차원》).[2] 또 인간은 영양분으로 이루
어져 있지만, 바로 그 덕분 매 순간 부패와 소멸의 죄수일 수 있다(《플로라》 《음식》).
스반크마예르는 다른 체코 작가들보다도 더 해체에 사로잡혀 있었다. 허나 이는 그
에게 상쇄간섭이란 곧 소멸간섭을 의미했고, 그것이야말로 문명과 시간의 구조를
너무도 잘 보여주기 때문이었다. 시간의 가장 작은 부분, 매 프레임으로부터 일어나
는 물질의 소멸이 한편에 있고 시간의 가장 큰 부분을 향하는 형상의 생성이 다른
한편에 있으며, 이 둘을 가로지르며 종합하는 간섭의 나선이 존재한다(《자연사》).[3]

　이것이 소비에트의 거대서사와 유사하다고 볼 수는 없다. 반대로 스반크마예르
의 나선은 하나의 구심점을 향해서 초월하면 할수록 해체를 가속화하는 물구나무
선 꼬인 나선이다. 그것은 죽음과 정지를 극점으로 하여 오물과 살점을 뿌리지 않고
는 새로운 간섭을 유인하지도, 어떤 것도 통일시키지 않는다. 이는 당대 체코 뉴 웨
이브와 공유하던 주제와 형식이기도 할 텐데, 체코적 나선은 통일이 아니라 융합, 대
립이 아니라 부패를 통과하면서 그 풍경, 관점, 폭력, 위선을 싸잡으며 하강하는 다
중나선으로 정의된다(야스니, 히틸로바, 멘젤, 네메치).[4] 어쨌든 스반크마예르의 나

2. 두 머리는 "우리가 문명화의 단계에서 목도하는 과정을 모방한다. 즉 차이나는 것에서 단일한 것(uni-
form)으로의 과정"(스반크마예르 인터뷰. *Afterimage*, no. 13, autumn 1987, p. 27).
3. 스반크마예르에 대한 변증법적 해석으로는 František Dryje, "The force of imagination", *Dark
Alchemy*, ed. Peter Hames, Praeger, 1995. ("현상이 관념을 확장하고 관념이 현상을 확장한다",
p. 124). 소비에트 몽타주와 비교하는 오프레이의 글도 보라. Michael O'Pray, "Jan Švankmajer：a
Mannerist Surrealist", 같은 책. 그러나 체코 전통은 엄밀한 의미에서의 변증법과는 다르다. 이유는
전술했다.
4. 체코 뉴웨이브를 주제별 및 작가별로 두루 살피는 소개서로는, Peter Hames, *Czech and Slovak
Cinema*, Edinburgh University Press, 2009.

선은 거대서사가 아니라 미시서사, 즉 살아있는 것의 큰 이야기가 아니라 죽은 것의 작은 이야기다. 소비에트의 견인 몽타주와는 구분되어야 할 체코의 '간섭 몽타주'Interference Montage는 바로 이에 입각하며, 그 공헌도를 따져 보았을 땐 체코 애니메이터 중에선 스반크마예르가 단연 으뜸이라 할 것이다. 스반크마예르는 화석, 낡은 벽면, 뼈 등과 같은 썩어 죽은 것들을 회전·교차 편집하여 다시 일으켜 세움으로써 나선의 제의적 측면을 보여주었고(〈자연사〉 〈어셔 가의 몰락〉 〈납골당〉), 또 그 후기작에선 꼬인 나선 자체가 내러티브가 될 수도 있음을 보여주기도 했다(〈리틀 오틱〉 〈욕망의 공모자들〉). 스반크마예르에게 시간 혹은 역사란 무생물과 유생물, 부패와 부활을 한꺼번에 향하는 간섭파동들의 나선형 발생사다.

스톱모션은 운동이나 행동이 아니다. 그것은 죽은 마리오네트의 떨림이고 머뭇거림이다. 그래서 그것은 고정점이되 분기점이기도 하다. 인간을 연기했던 마리오네트의 전통(특히 랭든과 채플린)에 체코 작가들이 한 수 더 둔 점은 이것이다: 스톱모션은 굴절점·반사점·회절점·간섭점과 같은 정지점들의 연쇄다. 스톱모션은 빛이나 운동이 분기하거나 굴절하기 위해 거기서 일시정지하는 파면波面들의 분해 및 종합이다. 파면이란 프레임과 프레임 사이의 미시면이고, 정지한 것들만이 변화할 수 있는 장소다. 거기는 너무나도 비좁아서 정지할 수밖에 없는 곳이나 바로 그 덕분 파원波原이 될 수밖에 없는 곳이기도 하다. 체코 애니메이션은 수많은 예들을 제시한다. 늘어나거나 줄어드는 방, 물방울 속의 궁전, 인형들의 왕국, 밀실 속의 미궁 등등, 운동을 위해서 좁고 닫힌 곳이 파동을 위해선 넓고 열린 곳이다. **표면은 얇을수록 넓어진다.** 이렇게 체코 애니메이션은 전체-공간을 인터프레임 공간으로 대체한다. 고로 스톱모션의 모든 파동들은 표면파表面波라고 할 수 있으며, 이것이 스톱모션의 두 번째 특성이다. 표면파는 프레임들 간의 표면, 그리고 매질의 부분들 간 표면의 진동이다. 체코 애니메이션이 그토록 강조해온 접촉과 질감의 정신적 기능도 여기 있다 할 것인데, 그것은 만짐에 의한 근원적 평등성을 표현한다. 즉 정지된 것만이 만져질 수 있고, 만져지는 것만이 정지할 수 있다는 점에서 떨리는 모든 것은 평등하다. 파동이란 손이며, 접촉은 그 평등성이고, 질감은 그 특이성이다. 가촉성은 파면의 가능성 자체다. "한 사물이 많이 만져질수록 그 내용은 풍부해졌다."[5] 그 내용이란 죽은 것의 의식, 즉 무의식이고, 이것은 마지막 파면에 접한다. 체코 작가들은 스톱모션이 유년기의 체험과 무관하지 않음을 누누이 강조한다. 무의식이 의식의 유년기이기 때문이다.[6] 무표정의 사물들과 인형들은 침묵과 정지 속에 그 자신의 내밀한 전설을 숨죽이고 있다. 무의식이란 스톱-의식이고, 표면파들의 파원이자 종점이다. 그래서 그것은 접촉을 그 비밀코드이자 열쇠로 삼는 가촉적인 무의식이다. 스반크마예르는 이를 위해 "가촉적 기억"이라는 아름다운 용어를 창안했다. 하지만 이를 단지 과거의 재생이라고 오해해서는 안 된다. 가촉적 기억은 만지면 만질수록 그 이면으로 잘 뒤집어지므로 "가촉적 상상력"과 한 쌍이다. 가촉적 기억과 가촉적 상상력은 각각 시간의 안쪽과 바깥쪽으로 향해 있는, 흡사 각각 블랙홀로 유입되고 그 너머 화이트홀로 유출하는 동일한 접면의 두 양면이다.[7] 스톱모션에서 가장 근원적인 파면은 기억과 상상 간의 접촉면이고, 이것이 무의식파의 구성성분이다. 요컨대 체코 애니메이션은 기존 마리오네트 전통과 완전히 다른 개념들로 고전 몽타주의 세 가지 요소, 전체·위계·의식을 수정한다. 그것은 파면(프레임)·표면파(가촉성)·무의식파(가촉기억)이다. 스톱-모션이란 스톱-운동, 스톱-기억, 스톱-의식, 스톱-인간, 스톱-시간이다.

스톱모션 전통은 파블르 레비가 말하는 '영화장치'film apparatus 전통에 부분적으로 속한다. 그 원초적 상태로 되돌아가 클레이, 나무, 금속, 종이와 같은 정지한 물체들의 가촉성으로부터 운동을 끌어내기 때문이다.[8] 그러나 동시에 스톱모션 전통은 마리오네트 전통뿐만 아니라 다큐멘터리 전통에도 연관된다. 스톱모션은 단지 그 운동 이상으로, 그 자신의 기억과 역사를 침묵하는 마리오네트들의 무의식에 관

---

5. 스반크마예르 인터뷰. *Afterimage*, no. 13, autumn 1987, p. 33.

6. "난 일반적 범주로서의 아이의 상상적 세계에는 관심이 없다. 그것은 심리학자들이나 할 일이다. 내가 관심 있는 것은 내 유년기와의 대화다. 유년기는 나의 타아(alter-ego)이다. 대상들의 애니메이션은 유년기의 진실을 준수한다."(스반크마예르 인터뷰(1987년). *Afterimage*, no. 13, p. 52). 다음도 참조할 것. Michael Richardson, "Jan Švankmajer and the life of desire", *Surrealism and Cinema*, Berg, 2006.

7. "우리 유년의 구석구석까지 스며드는 가촉적 기억과 같은 것이 있고, 거기서 그것은 매우 사소한 접촉 자극이나, 가촉적 상상력이 일어나는 것과 같은 유비의 형식으로 반영된다."(스반크마예르 인터뷰. *Dark Alchemy*, p. 110).

8. Pavle Levi, *Cinema by Other Means*, Oxford University Press, 2012. 특히 초현실주의와 다다의 포토콜라주나 키네틱 작품들을 다루는 2장과 3장("장치는 영화적 무의식을 산출하고 현시한다.", p. 35). 레비는 특히 1920~30년대 유고슬라비아 아방가르드의 사례들을 재발굴하고 있다(Micić, Vučo, Matić, Boully).

한 다큐멘터리이기 때문이다. 스톱모션은 "사물들이 **스스로 말하도록**"[9] 하는 것이다. 이것은 스톱모션에 대한 가장 좋은 수행적 정의다. 반대로 스톱모션 작가는 사물이나 인형과 소통하기 위해 자신의 유년기와 무의식에게로 스스로를 고착시킨다. 픽실레이션*pixilation*이란 픽실레이션*fixilation*이다. 〈나는 생각한다. 고로 존재한다〉를 대체하는 〈나는 고착한다. 고로 진동한다〉. 고정파*fixwave*. 하지만 그 때문에 고정은 언제나 운동의 틈새, 의식의 빈틈에의 고정이며, 그에 상관적으로 스톱모션 작가는 인형의 불가해한 파장들을 빨아들이는 허주가 되어야 한다.[10] 우리는 체코 애니메이션의 굴절파·반사파·회절파·간섭파를, 다큐멘터리의 횡단면·교차면·전단면·미시단면에 각각 대응시킬 수도 있다. 그래서 스톱모션은 일종의 교육학이고 심지어 윤리적 측면까지도 내포하고 있다. 그것은 모든 것이 스톱모션의 대상이고, 모든 운동은 마리오네팅이며, 모든 변화는 생명과 물질 사이에서 일어나는 진동이라는 것, 그리고 윤리 혹은 정치란 이 진동과 무의식에 대한 태도임을 우리에게 가르쳐 준다. 이것이 그들이 디즈니 만화가 그릇된 교육물이라고 비난했던 근거였을 터고. 한마디로 모방이 아닌 것은 없다. 영원한 생성도, 영원한 파괴도 없으며 단지 생성을 향하는 좋은 모방과 파괴를 향하는 나쁜 모방이 있을 뿐이다. 좋은 모방이란 모방과 간섭이 균형 잡힌 파동이며, 나쁜 모방이란 모방과 간섭이 불균형한 파동이다.

여기엔 접촉의 유형학 같은 것이 있다. 즉 좋은 모방이란 만지고 쓰다듬는 손인 반면, 나쁜 모방이란 조종하거나 움켜쥐는 손이다. 트른카의 걸작 〈손〉의 교훈도 이것이다 : 지배하는 손이란 지시하는 손, 때리는 손, 저울질하는 손이기도 하겠지만, 무엇보다도 먼저 움켜쥐는 손이다. 그것은 권력을 쥐고 인형들을 조종하는 줄을 쥔다. 움켜쥐는 손은 모방의 반역이고 그 독재다. 그건 모방을 수행한다기보다는 다

---

9. 스반크마예르 인터뷰. *Afterimage*, no. 13, p. 33. 또 포야르는 다음과 같이 말한다. "애니메이션은 최면술과 닮았다. 하나의 나뭇조각, 즉 마리오네트에 최면 거는 것만이 관건이다. 최면술사가 실력이 없다면 마리오네트는 단지 움직이는 데에 머무를 것이다. 하지만 그가 실력이 좋다면, 마리오네트는 살아낸다. 당신과 나처럼."(포야르 인터뷰. *Jeune Cinéma*, n° 3~4, p. 19).

10. 스톱모션의 대선배 해리하우젠은 〈신밧드의 일곱 번째 여행〉의 싸이클롭스 캐릭터에 대해서 다음과 같이 말한다. "그의 캐릭터는 촬영 중에 나온 것이다. 하나의 포즈에서 다른 포즈로 옮겨 가면서 신체 운동이 서서히 진화했다."(해리하우젠 인터뷰. *Special Effects*, ed. Pascal Pinteau, Abrams, 2004, p. 40에서 재인용).

른 프레임들에게 자신의 모방을 강요하며(예술가에게 자신을 조각하라고 명령하거나 TV에게 자신을 복제하라고 강요하거나) 결국 모방을 통제한다. 파괴란 반모방이 아니라 나쁜 모방, 즉 다른 모방을 억압하는 모방이다. 기실 다른 체코 작가들 또한 모방에 관련한 이러한 정치적 구분을 각 작품에 녹여내고 있었다. 스반크마예르의 정치비판 영화가 그렇고(〈씩씩한 게임〉 〈보헤미안에서 스탈린주의의 죽음〉), 무엇보다도 모든 것을 먹어치우고 소화시키는 내장이야말로 움켜쥘 줄만 아는 손의 가장 실증적 사례다(〈음식〉). 포야르 또한 그의 캐나다 시기에 컷아웃 기법을 통해 모방의 사회심리학적 기제들을 분석해 보여주었다(〈볼 것이냐 안 볼 것이냐〉 〈E〉). 포야르에게 눈, 입, 뇌 등이 지니는 어떤 투영선의 패턴도 움켜쥐는 손의 패턴과 결코 무관하지 않다. 〈사자와 노래〉에서 사자가 연주자를 먹자 그 내장에서 아코디언 소리가 흘러나온다. 이들 작가 모두가 공감하고 있었던 건, 먹어치우는 모방은 다른 모방을 금지하고 동일한 것의 모방만을 강요한다는 점에서 스탈린주의와 자본주의의 공통분모이기도 하다는 점이다. 바르타의 〈버림받은 자들의 클럽〉에서 마네킹들은 소비주의를 모방하면서 점점 고갈되어 간다. 끝내 가장 나쁜 모방은 텅 빈 모방이다. 〈손〉의 주인공이 거울을 보면 거기엔 아무것도 비치지 않는다. 체코의 경고는 분명한 것 같다 : 오늘날 먹어치우는 모방의 정점은 자기를 먹는 모방이고 자동부패다. 결국 인간에게 남은 선택이란 어른에게 속하고 합리적이지만 자멸을 향하는 모방인가, 아니면 어린이에게 속하고 광란적이지만 꿈꾸는 모방인가, 이뿐이다.

체코 전통은 엄청난 영향력을 가지고서 꾸준히 전파되었다. 그것은 프레임 사이에서 운동의 저항값으로 환산되는 무의식의 파동이 내존하며, 그러므로 어떤 접촉과 실험을 통해서 그를 끌어올릴 수도 있다는 가능성의 발견과 확산이었다. 라울 세르베는 〈하피야〉 한 작품만으로도 이 전통에 속한다. 세르베는 이 영화에서 현실의 매 순간에 간섭하고 심지어 그를 집어삼킬 수도 있는 거대한 무의식파면을 발견하였고, 이를 시간(〈탁산드리아〉) 혹은 꿈(〈어트랙션〉 〈밤의 나비〉)에 확대적용하였다. 세르베는 무의식면을 허구와 실재, 미래와 과거로 이격된 시공간적 단위들이 콜라주되는 접합면으로까지 승격시켰고, 이것이 세르베그래피 기법(드로잉 배경과 실사의 합성)의 골자다.[11] 퀘이 형제는 체코 전통의 가장 고집스러운 계승이다. 그들의 작품은 REM 진동과 함께 가수면 상태에 이른 무의식면의 발견이며, 그들 각각을 하나의 초점면으로 하여 직조되는 불투명공간의 건축이었다. 이것이 그들의 악명 높은 초점미로공간이다. 그것은 제만의 회절공간에 대한 완벽한 고딕적 해석이기도 하다(《악어의 거리》). 퀘이 형제도 디즈니를 비난했다. 마리오네트들에게 여전히 인간중심적인 굴광성 파장(예컨대 목소리 더빙)만을 강요한다는 이유에서였다. 반대로 퀘이 형제는 마리오네트의 침묵과 그 무의식적 음파로만 공간을 채우고자 했다. 스톱-목소리. 이미 스톱모션은 무의식의 이야기이고 그만큼 작은 미시서사다. 인형들은 매 프레임 *틈탄다.*

4-2. 플래시 몽타주 : 네 가지 틈집법(闖輯法)

스톱모션은 기존 몽타주의 기능들을 대체하는 듯 보였으며 그 조건들을 소상하게 까발렸다. 그리고 그 조건이란 필름스트립의 발생에 참여하는 카메라의 기계적 구조와도 결코 무관하지 않은 것이었다. 우리는 이제부터 카메라의 물리적-기계적 구조로부터 몽타주의 조건들을 도출해내려고 한다. 스톱모션 작가들이 본능적으로 간파하고 또 전제했던 것처럼, 영화의 본성은 그 육체의 본성에 다름 아니며, 외려 몽타주와 같은 기법들은 그 본성의 이차적 표현이지, 결코 그 역이 아니기 때문이다. 이에 따른다면 만약 고전 몽타주가 부분과 전체의 대립을 전제한다면, 카메라의 기계부품 어디선가 그 구조가 먼저 성립되어 있어야 한다. 아니 땐 굴뚝에 연기 나랴. 연기의 색깔이 굴뚝과 아궁이의 구조에 따라 달라지지, 결코 그 역이 아니다. 예컨대 기존 몽타주는 게이트gate에서 일어난다. 필름스트립은 플레이트plate 위를 차례로 지나가면서 그에 난 구멍인 게이트를 통해 열림으로써 전체-부분의 구분에 들어서기 때문이다(플레이트를 통과할 필름이 전체라면 게이트를 통과 중인 필름은 그 부분이다). 즉 필름스트립은 보이는 부분과 보이지 않는 전체를 분리하는 게이트를 정점停點, arrest point으로 하지 않고는 결코 서열화되거나 국지화될 수 없다. 결국 게이

---

11. 다음 책에 실린 인터뷰엔 세르베그래피의 공정이 나와 있다. *Raoul Servais*, ed. Johan Swinnen & Luc Deneulin, ASP(Brussels), 2008.

트는 운동과 정지를 대립시킨다. 하지만 이는 전체로부터 정지를 은폐하기 위해서다. 게이트는 움직이는 부분만을 보여줌으로써 빈틈없이 움직이는 전체를 표상해낸다.

그런데 셔터shutter로 오면 사정이 완전히 달라진다. 기실 스톱모션은 게이트가 아니라 셔터에서 일어난다. 게이트는 열지만, 셔터는 닫는다. 셔터는 그의 어떤 부분도 한순간에 고립시켜 정지시킴으로써 필름스트립 전체를 정지한 것으로 만들지만, 그 전체가 진동하는 현으로 재구성되는 것 또한 이런 부분들의 평등한 고립에 의해서다. 이런 점에서 셔터에서 운동과 정지는 대립되지 않는다. 외려 셔터는 그 매 정점이 주어지는 모든 속도의 원점이 된다. 속도란 셔터스피드shutter speed다. 결국 게이트가 열어놓는 대신 전체와 부분, 운동과 정지를 대립시킨다면, 셔터는 닫아놓는 대신 그러한 대립들을 거짓대립으로 만들어버린다. 셔터는 프레임의 상수나 변수가 아니라 프레임들 사이의 미분소를 여건으로 가지기 때문이다. 셔터에 의해 플레이트는 매 프레임 파면波面이 되고 게이트는 매 순간 그 파원波源이 된다. 게이트가 필름을 빛에 노출시키는 반면 셔터는 그 빛을 시간에 노출시킨다고도 말할 수 있다. 셔터에 의해서 필름스트립은 광파光波가 된다.[12] 스톱모션이란 셔터모션이다.

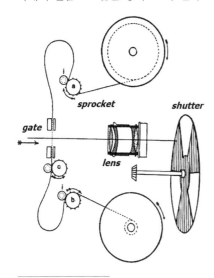

같은 것을 몽타주 일반에 대해서도 말할 수 있으리라. 결론부터 말하자면 영화사에 있어서 중요한 기술적 변혁, 즉 고전몽타주에서 네오몽타주로, 지속의 자축에서 순간의 통감으로, 모든 것은 게이트의 사유에서 셔터의 사유로 바뀔 때 일어난다. 그리고 여기서 몽타주는 모든 가치들을 운동에서 정지로, 지속에서 간격으로, 속도에서 가속도로 이전할 것이다. 즉 선에서 접선으로, 또는 광

12. "카메라의 모터는 셔터에 상응하여 필름의 운동을 조건 짓는다. 고로 우리가 카메라를 들었을 때 우린 빛 속에 있다."(Stan Brakhage, "A Moving Picture Giving and Taking a Book", *Brakhage Scrapbook*, ed. Robert A. Haller, Documentext, 1982, p. 73. 강조는 인용자). 현재 우리의 논의는 '카메라 해부학'이라고 할 수 있는 이 글에 많은 것을 빚지고 있다("with, rather than thru, the machine").

선에서 광파로. 스반크마예르의 간섭 몽타주가 이를 보여준다. 그리고 트른카와 털로바가 편집을 최소화하는 것처럼 보인다면 그건 한 샷 안에서도 이미 무수히 많은 몽타주가 일어나고 있기 때문이다. 또한 제만과 세르베는 하나의 롱샷 안에서 과거와 미래 혹은 가상과 사실이 겹쳐보이는 착시풍경을 보여주었다. 이처럼 샷들의 속성에 의존하지 않고서도 간격이 프레임들 사이에서 직접적으로 가속도의 증분이 됨으로써, 네오몽타주의 중요한 변별점을 표시하는 현대몽타주를 우리는 "플래시 편집법"[13]이라고 부르고자 한다. 기존의 몽타주가 노광된 이미지들을 편집하는 것이라면 이 새로운 몽타주는 노광의 순간들, 즉 이미지의 틈새들을 편집한다는 점에서 편집법(編輯法)이라기보다는 틈집법(闖輯法)이라고 부를 수도 있다.

우리는 가장 전형적인 플래시 몽타주를 구사했던 두 명의 작가를 살펴보려고 한다. 모든 걸 대표하는 건 아니지만 그들은 플래시 몽타주의 새로운 조건들을 너무나 명징하게 보여준다. 먼저 플래시 몽타주를 거의 정초했다고 자부할 수도 있을 쿠트 크렌은 객관적 간격으로부터 시작한다. 피사체들이 재빠르게 지나가면서 잔상으로만 겹치는 그의 스타카토 몽타주에서 대상들은 움직이지 않는다. 반대로 각 대상은 그 자신의 객관적 간격만을 교환하며 진동한다(⟨2/60⟩ ⟨3/60⟩ ⟨37/78⟩). 이로부터 구조-리듬이라고도 부를 수 있는 객관적 가속도의 개념이 나온다. 존재하는 얼굴, 숲, 시선은 상수와 속도에 속한다면, 미세한 표정, 나뭇잎, 곁눈질은 가변량과 가속도에 속한다.[14] 만약 크렌의 영화를 여전히 구조영화라고 부를 수 있다면 그것은 그가 흡사 무한히 짧아진 두 변에게서 앵글만을, 혹은 무한히 짧아진 선분에서 접선만을 남기려는 속도 없는 가속도, 변량 없는 증분을 추상해내려고 하기 때문이다. 프레임은 대상의 속도를 미세한 가속도들로 갈기갈기 찢어놓는 식으로 대상을 비워 버린다(특히 ⟨28/73⟩과 ⟨36/78⟩의 얼굴). 오토 뮈엘과 군터 브루스와 같은 비엔나 행동주의자들이 크렌의 플래시 몽타주를 통해 자신들의 퍼포먼스를 기록했

---

13. 이 용어는 체르카스키의 다음 소논문에서 따왔다. Peter Tscherkassky, "Lord of Frames: Kurt Kren"(1996년 전시회 카탈로그에 수록된 글로서, 다음에 재수록되었다. *Millennium Film Journal*, no. 35/36[fall 2000]).

14. 이미 많은 이들이 크렌의 프레임을 미분소로 읽어왔다. 예컨대, Peter Weibel, "Kurt Kren Kunst: Opseo-statt Kinematographie", *Ex Underground Kurt Kren Siene Filme*, hg. Hans Scheugl, PVS Verleger, 1996, p. 80. 특히 운동과 "비운동"(Nicht-Bewegung)의 구분.

던 것은 결코 우연이 아니다. 거기엔 안팎의 위상을 뒤집어 내장이 피부가 되거나 입이 항문이 되도록 신체를 추상화하는, 가장 작기에 가장 큰 변화를 일으키는 섭동적 간격이 있기 때문이다(〈6/64〉〈7/64〉〈9/64〉〈12/66〉 등). 프레임은 작아질수록 더욱 날카로워지는 칼날인 동시에 그럴수록 신체를 더욱 크게 재편하는 그의 절단면이다. 객관적 프레임이란 셔터날shutter blade이다("필름을 절단했을 때가 액션보다 더 첨예하다."[15]). 이것이 여전히 리듬이고 음악이라면, 극한의 블라스트 비트 속에서도 변박과 변곡점을 만들어 식역하 싱코페이션subliminal syncopation에 이르는 데스메탈이다.[16] 크렌의 작품군은 대상을 관찰하거나 포용하는 작품들과 그를 자르거나 찢는 작품들로 나뉜다. 그런데 바로 이것이 객관적 간격의 두 층위에 일치한다. 즉 셔터는 대상을 낚아채는 동시에 풀어준다. 고로 객관적 가속도의 이중성을 정의하는 것은 스프로킷휠sprocket wheel이다. 스프로킷휠은 그 클로claw로 필름을 붙잡는 동시에 그 스핀운동을 통해서 필름을 그 즉시 밀어내는 모터속도에 의해 정의되므로 여기서 프레임은 가장 짧은 구간에서도 그 파동을 가장 넓게 전파시키는 '상호결정성의 지대'zone of interdetermination를 형성한다. 스프로킷휠의 이중성은 직선과 원환의 이중성이고, 무시간과 동시성의 이중성이다. 공간적으로 떨어져 있던 각 창문들은 누구의 것도 아닌 시간 속에서 비로소 동시화되고 마주친다(〈5/62〉〈49/95〉). 같은 것을 정확히 시간 자체에 대해서도 할 수 있다. 각기 다른 시간대, 다른 계절들이 한 화면에 안에 동시화되는 그 언제도 아닌 시간(〈31/75〉).[17]

반면 주관적 가속도는 순수한 셔터플레이와 그가 닫아버리는 빈틈으로 환원

---

15. 크렌 인터뷰. *Avantgardefilm Österreich 1950 bis Heute*, hg. Alexander Horwath, Lisl Ponger, Gottfried Schlemmer, Wespennest, 1995, p. 127.

16. 데스메탈 계보에 있어서 극한속도와 변박 패턴을 조화시키는 이러한 혁신에 대해선 〈Death〉〈Atheist〉〈Demilich〉〈Dying Fetus〉〈Cannibal Corpse〉〈Suffocation〉〈Necrophagist〉의 연주를 참조할 것. 이후 등장한 본격적인 테크니컬 데스메탈은 더 풍부한 변주들을 제시한다(특히 캐나다 쪽). 찬트 전통에선 단연 〈Ruins〉(일본).

17. 크렌의 〈31/75 Asyl〉을 표면 혹은 접점 개념과 연관시키는 분석은 Michael Palm, "Which Way?", *Ex Underground Kurt Kren Siene Filme*. ("그는 이미지 필드를 여러 분자적이고 동등한 점으로 분할하고, 항상적으로 변화하는 그 성좌(Konstellation) 속에서 언제나 새롭게 되는 이미지를 증명한다. 전체를 향하는 종합은 일어나지 않지만 풍경은 잠재적으로 남는다.", pp. 121~122. 강조는 인용자). 팜은 이 영화에서 크렌이 썼던 구멍가리기 테크닉을 컴퓨터 알고리즘에 비교한다.

268 2부 현재와 속도 : 틈새와 프레이밍에 대하여

된 시선으로부터 얻어진다. 파올로 지올리가 손수 복원한 원시카메라에서 시선은 핀홀을 통해 그 자체 파동이 되어 네거티브와 포지티브 사이에서 회절되거나 간섭하는 시접선視接線 혹은 시파視波를 이룬다(〈내 유리눈을 통해〉 〈트라우마그래피〉). 지올리가 깊이 이해하는 바는 다음이다: 핀홀이 슬릿이므로 비로소 시선과 영화는 파동이 된다. 그에 상관적으로 필름스트립은 각 부분이 매 순간 자리를 옮기고 이전 슬릿을 다음 것이 교체하는 슬릿-스트립slit-strip이다. 윤곽선이 뿌옇게 되어 겹쳐지고 깜박이면서 루핑되는 이미지들은 슬릿을 계속적으로 통과하는 빛에게서 볼 수 있는 그의 잠재적 상태들이다(〈핀홀 필름〉). 고로 카메라는 빛에 내재하는 증분과 가속도를 드러내기 위해 그 자신도 잠재적이 되는 기계에 다름 아니다. 그것은 매 순간 스스로 구멍 뚫리고, 매 프레임 자기를 비워내는 기계다. 지올리는 셔터의 주관적 조건을 발견한다. 주관적 프레임이란 퍼포레이션 구멍perforation hole이다. 그리고 카메라는 바로 그 퍼포레이션 구멍을 통해서 자기 자신을 본다(〈기생충이 뒤흔든 이미지〉 〈구멍 난 촬영기사〉). 여기서 몽타주되는 것은 이렇게 질주하는 핀홀들에 의해 매 순간 깜박여지는 시선 자체다. 핀홀이 눈이라면, 셔터는 그 눈꺼풀이다. 사실 핀홀도 깜박인다. 셔터질이 그것이다. 지올리는 부뉴엘의 눈이 사실은 핀홀이었으며, 면도칼이 아니라 셔터날이 잘라내는 눈이었음을 보여주려고 했다(〈눈이 떨릴 때〉). 또한 자전거 바퀴살을 그 외장형 셔터로 가지는 핀홀 기계도 만들어 보여주었다(〈뒤샹 바퀴에 사로잡힌 이미지〉). 이 기획들에 따른다면 영화의 눈이란 줄지어 질주하는 핀홀들이다. 그건 핀홀도 아니다. 그것은 스프로킷홀sprocket hole이다. 지올리 본인의 분석처럼 핀홀(trou sténopé)이란 주틈(走闖-달리는 구멍)이다.[18] 스프로킷홀은 대상에 대한 시선을 그와의 접선으로 만들어 버린다는 점에서 주관적 가속도를 표시한다. 물론 스프로킷홀 역시 원환(필름-루프)과 직선(필름-스트립)의 이중성에 사로잡혀있지만, 그것은 스프로킷휠과는 완전히 다른 차원에서다. 스프로킷홀은 되돌아오되 언제까지나 텅 빈 구멍으로서만 되돌아옴으로써, 보는 자의 시간을 분기점들의 연쇄로 만들고 그 시선을 이탈선으로 만든다. 스프로킷홀의 이중

---

18. 지올리는 핀홀(trou sténopé)이란 말이 '짧다'라는 의미의 그리스어 'sténos'와 '본다'는 의미의 'orao'의 어근 'op'이 합쳐진 말이라는 데에 주목한다.(Paolo Gioli, "Le Film Comme Encre Sensible", *Selon Mon Œil de Verre*, Éditions Paris Expérimental, 2003, p. 5).

성이란 잠재적 상태에 내재하는 현실화의 역설, 즉 이시성異時性, asynchrotaneity이다.[19] 스프로킷홀을 통과하는 건 비전의 무한소다. 진동하는 시신경. 지올리는 바로 이것을 〈필름피니쉬〉에서 보여주었다. 필름스트립을 따라 노광된 길쭉한 이미지는 영사되지 않았을 때는 연속되는 직선이지만, 영사하기 위해 스프로킷홀과 접하는 순간 불연속적으로 끊어져 파편이나 산점이 된다는 섬락속도의 역설. **필름스트립은 안구의 접선이다.** 결국 지올리가 보여주고자 하는 바는 핀홀이란 깜박이기 위해 질주하는 스프로킷홀들이고, 카메라란 허주라는 사실이다. 그에게 스프로킷홀이란 "능동적 부재"(이무라 다카히코)[20]를 의미한다. 여기서 프레임은 가장 짧은 구간에서도 그 파동을 가장 다르게 전파시킬 수 있는 '비결정성의 지대'zone de indetermination다.

요컨대 셔터스피드를 이루는 두 가지 요소는 스프로킷휠(크렌)과 스프로킷홀(지올리)이다. 스프로킷휠이 상호결정성의 지대(객관적 가속도)를 형성한다면, 스프로킷홀은 비결정성의 지대(주관적 가속도)를 형성한다. 전자의 경우 셔터는 칼날이지만, 후자의 경우 셔터는 눈꺼풀이다. 허나 두 지대 모두 무언가가 정지되는 지대가 아니라, 정지가 그 무언가가 되는 지대다.

많은 현대 작가들(특히 독립영화 진영의)이 각기 다른 방식으로 플래시 몽타주의 개발에 뛰어들었으나 단 하나의 원칙만은 공유한다 : **플래시 몽타주는 셔터의 구조를 모방한다.** 크게 네 가지 방식이 있다. 먼저 스프로킷휠에 의해서 필름스트립은 휜다. 이것은 굴절법inflection이며 변곡점變曲點, inflection point의 생성이다. 굴절법의 요체는 짧은 샷들의 빠른 교대 속에서 얻어지는 순간가속도이며, 그 변곡점에서 눈 깜박할 새에 이루어지는 이중노출 효과다. 이미 프랑스 몽타주(강스, 엡스텡)와 소비에트 몽타주(푸도프킨, 에이젠슈테인)는 프레임 단위의 빠른 몽타주를 통해서 플래

---

19. 지올리는 영화를 두 차원으로 구분한다. 즉 원으로서의 영화(실재적)와, 잠재적 점으로서의 영화(잠재적). Paolo Gioli, "Dans l'Espace Cruel du Sténopé", *Selon Mon Œil de Verre*, p. 15. 같은 책에 수록된 1990년도 대담도 보라.

20. 이 중요한 개념은 다음 글에서 빌려온다. Iimura Takahiko, "A Note for *MA : Space/Time in the Garden of Ryoan-Ji*", *The Collected Writings of Takahiko Iimura*, Wildside Press, 2007. 이무라는 객관적 간격과 주관적 간격을 구분한다. "거리의 영점에서 관찰자는 대상과 동일화하게 되고, 여기에 바로 '마'의 또 다른 측면이 있다. 이것은 공간 내의 객관적 '마'와 구분되는 주관적 '마'라고 불릴 수 있을 것이다. 즉 능동적 부재(active absence)."(p. 103).

시 굴절법을 개시했다고 할 것이다. 크렌도 이 전통에 속한다. 또한 로버트 브리어는 임의의 어떤 구간에서도 여러 사물들이 하나의 새로운 형태로 종합되었다가도 이내 분해되는 극한속도를 만들어냈다. 여기선 임의의 한 샷이 그에 선행하거나 후행하는 인접 샷과 겹치는 많은 근방역이 있고, 또한 그 근방역들 또한 겹치는 이중삼중의 보편적 상호침투가 있게 된다(〈레크리에이션〉〈번쩍〉〈눈씻김〉).²¹ 굴절법은 잔상들의 편집이며 변곡점들의 연사다. 순수하게 가속에 의한 비선형 편집이다. 제프 킨은 굴절법이 그 풍부한 리듬 속에서 자유롭게 굽이치는 다중노출파임을 보여주었다(〈마르보 무비〉〈밋데이즈〉).

다른 한편 스프로킷휠은 두 개다. 거기엔 테이크업 쪽으로 필름스트립을 감는 장력과 피드 쪽으로 그를 당기는 장력이 평등하게 공존한다. 게다가 스프로킷휠 하나에도 원심력과 구심력이 동시에 작용하고 있다. 노광된 하나의 이미지는 언제나 두 개의 더블 이미지다. 여기서 플래시 반사법flash reflection이 나온다. 결코 유사하지 않은 상반된 두 샷(대-소, 원-근, 안-밖…)이 극히 짧은 구간 속에서 이루어내는 순간적 등가성이 있다. 특히 일본 독립영화 작가들은 소위 '화면 속 화면 영화'로 이것을 탐구한 바 있다. 스크린은 크거나 바깥의 프레임을 이루고 그 안의 그림 혹은 사진은 작거나 내부 프레임을 이루는데, 그 두 프레임은 상호 반사하면서 각각 굴절한다. 순간 안에서 일어난 일이란 더 이상 한 프레임의 독립된 일방향 반사가 아니라, 밖에서 감싸고 안에서 채우는 두 등가적 프레임의 쌍방향 반사다(코타 이사오 〈네덜란드 사진〉, 시주코 타바타 〈3분 아웃〉). 순간가속도가 평균가속도는 아니다. 그러나 이제 그것은 평등가속도이다. 이것은 이중노출이 아니다. 이것은 평행노출이다. 두 안팎의 프레임은 상호반사하는 한에서 평행굴절한다. 플래시 반사법을 끝까지 밀어붙인 작가가 이토 다카시다. 〈스페이시〉는 체육관 사진들과 그 사진들 안의 또 다른 사진들 사이에서 이루어지는 자유로운 공변과 그들을 연결하는 카메라의 그만큼 자유로운 편향이다(그중 어떤 사진을 선택하느냐에 따라서 돌진하는 카메라

---

21. "나는 앞으로 가는지 뒤로 가는지 말하기 어려울 정도로까지 흐름의 연속성을 부숴버렸다. 그리고 이것이 애매성들을 표현하기보다는 애매성(ambiguity)을 하나의 원소(element)로 이용하는 또 다른 방법이다."(브리어 인터뷰. *Film Culture*, no. 56~57. spring 1973, p. 60. 강조는 인용자). 연속성의 파괴에 대해선 다음 인터뷰도 보라. *Film Cuture*, no. 27. 1962.

의 다음 방향이 결정된다). 여기엔 깜박이는 반사면에 대한 엄청난 결론이 있다. 그 순간성 안에서 유동성을, 그 편차 속에서 평등성을 되찾는 뫼비우스 공간 : 체육관 사진은 체육관 안에 있지만, 체육관은 그 사진 안에 있다. 그리고 그러한 한에서 그들 사이에는 자유로운 굴절이 존재한다.[22] 이 모든 것을 이무라 다카히코는 추상적인 수준에서 되짚어보려 한다. 난 네가 날 보는 한에서 널 보며, 너 역시 내가 널 보는 한에서만 날 본다. 우리는 그 봄을 본다(〈보다/보아지다/보는 이〉). 그래서 자기반성하는 얼굴이란 소실점을 향해 퇴축하는 얼굴이다(〈난 (안) 보인다〉).[23] 플래시 굴절법이 인접성의 스톱모션이라면, 플래시 반사법은 유사성의 스톱모션이다.

다른 한편 스프로킷휠과 달리 스프로킷홀은 그 자신 질주하는 핀홀로서 시선의 회절공간回折, diffraction을 형성하며, 이것이 세 번째 측면이다. 회절은 굴절이 아니다. 굴절이 빛의 겹치기라면 회절은 그 건너뛰기, 너머보기, 꿰뚫어보기다. 스프로킷홀이 스프로킷–슬릿이고, 필름스트립이 슬릿–스트립인 것이 사실이라면, 이는 회절법에서 가장 분명해진다 할 것이다. 마리 멘켄은 흔들면서 단속적으로 끊어지는 촬영을 통해 곁눈질 회절법을 개시했다(〈정원의 섬광〉 〈광채들〉). 요나스 메카스는 저속촬영으로 더 큰 시공간을 포섭했다(〈월든〉 〈로스트, 로스트, 로스트〉 〈우연히 나는 아름다움의 섬광을 보았네〉). 플래시 회절법 작가들은 대부분 크로키 작가들이다. 회절은 건너뛰는 빛에 의해 각기 다른 시공간에 속하던 단면이나 부분들을 단숨에 회집함으로써 그들의 공통적 잠재태를 스케치해내기 때문이다. 그들이 말하는 '섬광'Glimpse은 바로 그런 우연한 마주침을 의미한다(고로 저속촬영은 불가피하다). 그건 분명 잔상들이지만, 거기엔 시선에게 되돌려주는 그만큼의 잠상들이 있다. 잔상의 저속촬영이란 잠상의 고속촬영을 의미한다. 메카스의 정확한 표현처럼

---

22. 다음 글을 보라. Asada Akira, "The Movement of an Endless Klein Bottle", *Illumination Ghost*, Daguerreo Press, Inc./Image Forum, 1998, p. 6. 또한 이토는 〈운동 3〉에 대해서 다음과 같이 쓰고 있다. "난 마주 보고 있는 두 거울 사이의 공간 안에서 만들어지는 미장아빔(mise-en-abyme) 공간으로의 연속적 돌진으로부터 얻어지는 시각적 운동에 대한 감각에 미쳐있었다."(같은 책, p. 12).

23. 여기에 이무라가 비디오로부터 되찾아내는 반사학이 있다. "프레임은 내부에 대해서도 경계이지만, 그와 동시에 외부에 대해서도 경계이다. 일반적으로 프레임은 이미지의 담지자로서 기능하지만 그 자신의 이미지도 포함한다."(Iimura Takahiko, "A Semiology of Video", *The Collective Writings of Takahiko Iimura*, p. 144). 일본어 '에가'(영화)에 내포된 반사와 표면에 대한 이무라의 또 다른 글, "On reflected cinema"(같은 책)도 보라.

회절점으로서의 섬광이란 "구두점으로서의 과잉노출"[24]이다. 저속촬영은 스프로킷 홀을 통해 유입되는 우연적인 섬광, 그리고 그것이 우연으로 만들어버리는 잠상들의 편집을 요구한다. 고로 반사나 굴절에서보다 회절에서 초점의 선택은 더더욱 핵심적이 된다. 일반적으로 회절점은 초점과 상관적이고, 회절각은 초점거리에 의해 측정된다. 회절은 순간가속화된 초점화로부터 나오기 때문이다. 로즈 로우더의 놀라운 작품들이 보여주는 것은 무수히 많은 상이한 초점면들 사이를 왕복하는 와중에 스스로 굽이치고 비약하는 시선과, 그에 조응하듯 풀잎과 꽃들이 전방위적으로 초점진동하면서 일궈내는 가상공간이다. 로우더는 초점화 자체를 스톱모션으로 만들었고, 다중초점파라는 새로운 양상에 이른다. 그것은 초점들의 순간적인 산포에 의해 허초점 공간을 형성하는 방식이다(〈회귀〉 〈꽃다발〉 시리즈 등). 반사면들 사이에 굴절이 있는 것처럼, 초점면들 사이에 회절이 있다. 슬릿은 그 자신이 중심점이 되는 표면파를 통해서 초점면을 형성하고, 반대로 초점면들은 그들 사이를 건너뛰는 회절광을 통해서 홀로그램 공간을 형성한다. 그래서 초점이동이란 "필름스트립의 이동 덕분에 이미지들의 배열 자체에 내재하는 가능성들"[25]의 표현이다. 로우더의 작품들은 플랑세캉스에 대한 완벽한 수정이다. 심도란 스톱-심도다. 이것은 미분적 플랑세캉스인 동시에, 지속 속에서 이루어지는 딥포커스 *deep focus*를 대체하는 순간화된 디포커스 *defocus*다. "포토그램을 따 모으는 그런 방식으로 꽃다발은 이미지 다발이 된다."[26] 이제 플랑세캉스는 샷-시퀀스가 아니라 슬릿-시퀀스다. 스프로킷홀은 필름스트립을 슬릿-스트립으로, 포토그램을 홀로그램으로 대체하는

24. Yonas Mekas, "The Diary Film(A lecture on 〈Reminiscences of a Journey to Lithuania〉)", international film seminar, August 26, 1972. *The Avant-Garde Film*, ed. P. Adams Sitney, Anthology Film Archive, New York University Press, 1978, p. 195. 메카스의 다이어리 필름에 대한 연구로는 다음 책에 수록된 글들이 유용하다. *To Free the Cinema*, ed. David E. James, Princeton University Press, 1992.

25. Rose Lowder, "Propos sur la couleur en partant des 〈Bouquet〉", *Poétique de la Couleur*, Auditorium Du Louvre/Institut de L'Image, 1995, p. 147.

26. Rose Lowder, "De l'enregistrement comme moyen de composition de l'image", *Pratiques*, Presses Universitaires de Rennes, no. 14. autumn 2003, p. 50. 로우더는 재현의 예술(실재의 시뮬레이션)과 조형적 예술(포토그램의 계열구성)을 구분하면서, 자신의 영화를 전자에서 후자로의 이행으로 규정한다(p. 47).

질주하는 회절격자 필름diffraction grating film을 형성한다.

　　마지막으로 플래시 간섭법flash interference은 슬릿-시퀀스에서 생겨나는 상이한 가속도들의 증가나 감쇄, 그 잠재태의 상생과 상쇄에 관련된다. 초점을 향하면서 가속되고 잠재화되는 미시벡터들이 있다. 그것들은 초점들이 분기되거나 통합됨에 따라 흡사 순간적으로 필름스트립을 양옆에서 잡아당기거나(초점분기) 반대로 잡아미는 것(초점통합)처럼 단숨에 증폭되거나 상쇄될 것이다. 하인츠 에미홀츠는 수평방향의 움직임들을 매우 미시적으로 편집함으로써 이를 보여준다. 이제 화면이란 벡터다(〈조류〉 〈쏜살표면〉 〈슈넥-타디〉). 또한 아놀트는 이 벡터들이 상호간섭을 통해 수평방향뿐만 아니라 수직방향으로도 증폭될 수 있으며, 스크린 전체를 집어삼키는 소용돌이로까지 돌변할 수 있음을 보여주었다(〈피스 뚜셰〉 연작). 그러나 간섭법이 다시 대립 몽타주는 아니다. 이것은 미분화된 대립으로서, 차라리 대칭 몽타주다. 플래시 간섭법의 핵심분파일 보색 몽타주가 그렇다. 여기서도 한 파장을 완결complete하는 평균가속도와 한 파장을 다른 파장이 보완complement하는 순간가속도는 엄연히 구분된다. 플릭커 영화들은 최대진폭으로 떨어지는 상쇄간섭이 극한의 보상간섭으로 불연속 도약할 수 있음을 보여주고(쿠벨카, 샤릿츠), 반대로 보색 몽타주는 그 두 극한 사이에도 파장의 연속적 변조가 가능함을 보여준다(스튜어트 파운드 〈클록타임〉 시리즈, 데이비드 리머 〈셀로판 포장지 변주곡〉, 핍 쇼도로프 〈샤를마뉴 2 : 필처〉). 일반적으로 간섭은 시차視差, parallax를 유도한다(화면이 아무리 추상적이어도 그렇다). 미시벡터의 증폭과 상쇄는 초점들의 이중성에 입각하기 때문이다. 그래서 간섭과 회절은 언제나 상관적이나, 그 둘의 구분은 더더욱 엄격해진다. 회절이 홀로그램이라면 간섭은 스테레오그램이다. 이런 의미에서 스탁의 〈엔젤 비치〉는 플래시 간섭법의 최고작 중 하나일 것이다. 미묘하게 초점이 다른 두 슬라이드 필름을 병치편집한 이 영화에서 시선은 오직 시차를 만들어내기 위해서, 그리하여 피사체에게 그를 배경으로부터 분리해내는 가상적 양감을 부여하기 위해서만 진동한다. 이것은 떨림의 형태로만 존재하는 스테레오그램이다. 또한 스탁은 〈사랑이냐 죽음이냐〉와 〈형태전환〉에서 이미 두 대의 카메라를 통해 찍은 샷들을 병치하여 3D 간섭시퀀스를 만들어냈다. 스탁의 시차 영화들은 이중슬릿 영화들이다. 욕망의 픽실레이션.

정리해보자. 스프로킷휠은 모터스핀에 의한 변곡점의 생산이다. 여기서 굴절(겹쳐보이기, 떠보이기)이나 반사(비춰보기, 내비치기)는 상호결정성의 양태들인데, 이는 변곡의 선후가 동시적이기 때문이다. 반면 스프로킷홀은 초점의 증감이나 성쇠에 결부된다. 슬릿은 초점을 제공하며, 초점은 미시벡터에게 가속가능성을 제공한다. 스프로킷홀은 모터속도가 아니라 모터중지로서만 얻어지는 맹점의 형성이고 이내 거기를 채우는 잠광의 포착이다. 만약 슬릿-시퀀스가 레이어들을 섬세하게 분리하는 듯 보인다면(가령 피사체와 배경의 이격), 그것은 가상현실과 현실에게 각각 고유한 실재성을 부여하기 위해서다. 허초점이란 비결정성의 초점이다. 이것은 단지 착시가 아니다. 이것은 착시(錯時)다. 일반적으로 회절(건너다보기, 꿰뚫어보기)이나 간섭(눈떨림)은 비결정성의 양태들인데, 이는 초점과 허초점이 이시적이기 때문이다.

	광각	망원
스프로킷휠 (상호결정성)	겹쳐보임(굴절)	내비침(반사)
스프로킷홀 (비결정성)	디포커스(회절)	대칭편집(간섭)

사진학자 이영준은 '거짓말하는 기계'와 '솔직한 기계'를 구분했다. 거짓말하는 기계는 이미지의 결정체계를 은폐함으로써 부분적으로 노출될 뿐인 이미지의 속성을 자연화하는 기계이고, 솔직한 기계란 반대로 그 오차와 빈틈을 통해 결정체계를 드러내고 이미지의 발생공정을 노출시키는 기계다. 예컨대 기계장치들을 껍질 안에 감춘 채 그럴싸한 자연풍을 내보내는 에어컨은 거짓말하는 기계인 반면, 아무도 자연풍이라고 속는 사람이 없으므로 "선풍기는 본의 아니게 진실의 기계가 된다." 또 현대문명에서 카메라가 가지는 특수성은 관습·프로토콜·코드·담론·제도를 은폐하여 '사진의 과학적 객관성' 같은 신화를 양산해내는 거짓말 기계인 동시에, 렌즈수차나 CCD 색수차와 같은 빈틈을 스스로 드러내는 참말 기계라는 점에 있다.[27]

---

27. 이영준, 『기계비평』, 현실문화연구, 2006, 251~273쪽. 이영준은 공적 재산(자연)과 사유재산(인공)의 케케묵은 구분을 대체하는 재료들의 유형학(하위재료·모순재료·대체재료·말재료·초재료…)을 제시했다. "나의 삶은 그 재료들로 엮어지는 비빔밥이다."(「재료와 인간에 대하여」, 『이미지 비평』, 눈빛, 2004, 259쪽). 이영준에게 사진 찍는 행위는 도시에 점점 과포화되어 가는 속도의 미분에 다름

같은 것을 영화카메라에 대해서도 말할 수 있으리라. 게다가 이 구분이야말로 게이트와 셔터, 나아가 고전 몽타주와 플래시 몽타주에 대해 가장 적용될 수 있을 터다. 즉 고전 몽타주는 게이트 기계이고, 거짓말하는 기계다. 게이트는 결정성의 지대들을 은폐하는 동시에 운동을 이미지의 속성으로 자연화한다는 점에서 그렇다. 반면 플래시 몽타주는 셔터 기계다. 셔터는 게이트를 닫는다. 무한히 정지한 것들(무한소)의 잠재적 네트워크일 결정성의 지대를 드러냄과 동시에 운동을 탈자연화하기 위해서다. 셔터는 솔직한 기계다. 그 솔직함이 영화가 자연을 들여다보는 게이트라는 신화를 부순다. 나아가 운동이 이미지의 사유재산이라는 신화마저.

4-3. 스톱-몽타주 : 라이프니츠, 타르드, 두 가지 동시성

고전적인 거시몽타주는 소유에 입각한다. 샷은 운동을 소유하고 운동은 샷에 귀속되므로 샷들은 전체 안에서 측정되는 재산proprietas 정도에 따라 위계를 이룬다. 운동은 샷의 속성이며, 반대로 샷은 운동의 소유주이다. 거시표면이란 샷들을 자신의 계열사로 거느리는 운동 재벌이다. 반면에 미시몽타주는 소유가 아니다. 그것은 모방과 그에 따라 이루어지는 공유에 의해서만 작동한다. 만약 모방이 빈틈을 만든다면 그것은 소유물(운동)이 새어나가도록 하기 위해서다. 그것은 또한 이탈과 탈선을 위한 틈새이기도 하다. 틈새는 두 샷이 공유하되 다르게 공유하는 그들의 관계다. 관계rapport·lien는 속성attribut이 아니다. 관계는 운동을 소유하는 순간 그것을 빼앗는 간격이며 가속도다. 요컨대 미시몽타주에 있어서 샷은 운동이 아니라 그 틈새만을 소유한다. 미시표면은 몽타주의 거울뉴런이고 그 시냅스다. 여기서 운동의 주인은 없다. 샷도 없다고 할 수 있다. 미시몽타주의 근원엔 속성과 소유 대신 관계와 공유가 있다. 미시표면은 간격의 시장이고 틈새의 도시다. 게다가 그것은 도깨비시장이다.

모방이 공유인 이유는 모방은 소유물을 알알이 흩어질 때까지 세분해내는 미

아니었다(『xyZ City』, 워크룸 프레스, 2010, 187~188쪽).

시절단이기 때문이다. 모방의 제일전제는 그래서 무한히 많은 고립적이고 자기폐쇄적 개체들이다. 소유주가 무한히 다수라는 점에서 모방은 영원히 미분이다. 무한자에서 무한히 많은 개체들로, 거대한 전체에서 무한히 작은 부분들로, 큰 지속에서 무한히 짧은 순간들로. 철학사에서 이러한 이행을 보여준 작가는 라이프니츠다. 그 방식이 악명 높다. 최소비용으로 최대결과를 끌어내는 경제학적 방식이다. 라이프니츠는 나누고 또 나눴다. 하지만 이는 나눌수록 개체가 다면체가 되기 때문이었다. 닫고 또 닫았다. 닫을수록 속성이 관계가 되기 때문이었다. 모나드는 창문을 가지지 않는다. 그 자신이 창문이기 때문이다. 모나드는 차라리 거울이다. 서로의 소유물을 복제하여 분양하는 방식으로, 그들은 서로를 비추는 상호관계 이외엔 아무것도 사적으로 소유하지 않는다.[28] 라이프니츠가 개혁한 것은 '가진다'는 술어였다. 모나드의 체계는 사유제이기는커녕 어떤 사유도 공유가 되는 체계로서, 이제 가진다는 것은 나누어 가짐만을 의미한다. 라이프니츠는 뉴턴을 비난했다. 그의 중력법칙이 물체는 힘의 소유주이고 신은 그 시공간의 소유주라는 식의 기괴한 스콜라적 미신에 빠져있다는 이유에서였다. 그러나 힘은 가해지거나 가져지지 않는다. 오직 나뉘거나 나누어 가져질 수 있을 뿐이다(에너지보존 이론). 신조차 소유주가 될 수 없다. 그야말로 나눔으로써 베푼다(예정조화론). 신은 특히 선을 나누어 가져야 한다(신정론).[29] 라이프니츠의 체계는 근대과학과 신학의 억지궁합에 잔존하던 힘의 다단계 하청구조($F=mg$)를 혁신하고, 소유와 경영을 분리하여 그 공공재($E=mv^2$)를 축적하는 재벌개혁과정이다.[30] 모나드는 우주를 무한히 나눈 대가로 무한을 나누어 가졌다. 고립된 대가로 영원히 고립되지 않을 관계를 벌었다. 관계는 이자다. 나눌수록 불어난다.[31] 관계만이 무한하다.

---

28. "단순실체 안에는 지각들과 그 변화 외에 어떠한 것도 없다."(『모나드론』, 17절). 고로 "모든 실체들은 관계(liaison)를 가져야 한다."(아르노에게 보낸 1687년 10월 9일 서간문, 강조는 인용자).

29. "신은 신국(civitas Dei, 신의 도시)과 관련해서만 비로소 선을 가진다"(라이프니츠, 『모나드론』 86절). 즉 신과 모나드들은 신국을 나눠 가진다("신과 더불어(avec) 공동체를 구성…", 84절, 강조는 인용자).

30. 중력 비판에 대해선 "Against Barbaric Physics(Anti-Barbarus Physicus)"(G VII 337~44, 1710~16년?), "공간은 신의 재산(property)"이라는 주장에 대한 반박으로는 클라크에게 보낸 다섯 번째 서간문(1716년 8월 18일, 36~45절). 라이프니츠가 가장 참을 수 없었던 것은, 신이 진공(vacuum)을 감각중추(sensorium)로 삼아 물체를 지각한다는 뉴턴의 주장이었다. 그 가장 큰 피해자는 신이었다.

31. "모나드들의 관계(lien)는 그들 안엔 없으나, 조절됨으로써 그들의 것이 됩니다."(라이프니츠, 데 보스

이런 점에서 라이프니츠주의의 위대한 계승은 가브리엘 타르드다. 그의 미시사회학 역시 무수히 많은 모나드들과 그들 사이에서 이루어지는 모방을 다룬다. 하나의 사회란 언제나 작은 사회들이고 상호소유하는 사회들이다. "한 소유주의 진정한 소유물은 다른 소유주들의 집합이다."[32] 고로 사회적 대립이란 모방과 간섭, 즉 '믿음'과 '욕망'으로 구성된다. 믿음이란 파동의 모방적 방사이고 신념의 동시성이며, 반대로 욕망은 두 다른 초점을 가지는 파동들 간의 간섭이고 그 편향이다. 마찬가지로 균형이란 상호적응이고 불균형이란 상호파괴다(이 상호성과 관계성을 고려하지 않은 대립은 사이비 대립이다). "눈이 빛에 적응하는 것도, 빛이 눈에 적응하는 것도 아니다. 그들은 비전에 상호적응한다."[33] 적응한다는 것은 언제나 상호소유한다는 것이다. 영화이론에 모나드론을 도입한 이가 있다면 그는 파졸리니다. 라이프니츠가 모나드를 샷으로 간주했다면 파졸리니는 샷을 모나드로 간주했다("Moneme"). 그는 영화가 여전히 미메시스의 예술임을 믿었다. 하지만 그 이유는 모방이란 항상 남의 것에 대한 모방이며, 또 남의 것만이 무한하기 때문이었다.[34] 또 그는 이론에 머물지 않고 타자(다른 계급, 다른 성…)에게 속한 작은 차이들과 그 미세한 간격들을 모방하는 화술 몽타주를 만들어 보여주었다. 자유간접화법이란 무한공유화법이다.

모든 경우에서 모나드는 하나의 완전한 샷이되, 편집까지 모두 끝난 한 편의 영

에게 보낸 1713년 8월 23일 서간문). "관계는 흡사 절대자처럼 변이합니다."(같은 곳). 『모나드론』 이전부터 속성의 축적은 모나드의 적이었다. 아르노와의 서신논쟁에서 핵심쟁점이다. "축적(aggregation)에 의해 형성된 존재들에 찬동하려는 **부르주아**의 권리에 제한을 가해야 합니다."(1687년 4월 30일 세 번째 서간문, 강조는 인용자).

32. Gabriel Tarde, "Monadologie et Sociologie", *Œvres de Gabriel Tarde*, Vol. 1. Institute Synthélabo, 1999. 7절, p. 88.

33. Gabriel Tarde, "L'Opposition Universelle", *Œvres de Gabriel Tarde*, Vol. 3, p. 55. 타르드는 모방(유사성과 미세편차)에 의거하지 않는 사이비 대립들도 열거한다(존재-무, 주체-객체, 질료-진공, 유기체-비유기체 등). 모방파, 초점, 간섭에 대해서는 다음도 보라. Gabriel Tarde, "Les Lois Sociales", *Œvres de Gabriel Tarde*, vol. 4.

34. Pier Paolo Pasolini, "The Cinema of Poetry", *Heretical Empiricism*. (한국어판 : 피에르 파올로 파졸리니, 「시의 영화」, 『폭력과 성스러움』, 문화학교서울, 김지훈 옮김. "가능한 단어들이 무한히 남아 있는 사전", 32쪽). 모랭도 이와 유사한 결론에 이른다. "주관성과 객관성은 중복될 뿐만 아니라 객관화하는 주관성과 주관화하는 객관성의 끊임없는 순환고리로서 소생한다." 즉 그 둘 사이엔 "무한소적 틈(hiatus infinitésimal)이 있다."(Edgar Morin, *Le Cinéma ou L'Homme Imaginare*, Les Éditions de Minuit, 2002. 6장. pp. 162, 155).

278 2부 현재와 속도 : 틈새와 프레이밍에 대하여

화로 간주되었다. 그러나 편집은 멈추지 않았는데, 여기에 모나드론이 영화에게 주었던 관점의 전환도 있을 터다. 즉 모나드끼리의 편집은 그것이 더 필요해서가 아니라, 반대로 편집하면 더 충분해져서다. 관계는 언제나 마주침의 잉여가치나 이자로서만 주어지므로, 그의 극대화를 위해 외려 필요한 것은 비용으로서 지불하는 부수적인 운동의 대대적인 삭감이다(이런 연유로 파졸리니는 의미 없이 운동만을 불려나가는 플랑세캉스를 비난했다).[35] 이제 몽타주란 스톱-몽타주다. 그 단위가 단지 샷이 아니라, 충분히 세분된 스냅샷들, 그래서 닫힐수록 더 촘촘한 관계망을 뻗어내어 그만치의 모션을 절약하는 스톱-샷이기 때문이다. 몽타주는 미분이고, 샷은 미분소다. 모션이 한낱 현상이 됨은 불가피하다.[36] 아무리 큰 대상이나 시공을 취한다 하더라도 이 근원적 사실을 막을 순 없다.

미시표면은 모나드의 표면이다. 그들 간 직조되어 펼쳐내는 관계망이다. 물론 그들이 처음부터 환영받았던 건 아니다. 거시몽타주에서 미시표면은 거시표면의 부분 신세였고, 통합되기를 기다리며 티끌 모아 태산($\sum x$)을 기도할 뿐이었다. 신이나 국가 같은 태산의 전체만이 완전했고, 모으는 운동만이 실재였기 때문이다(종교극, 서부극). 반면 미시몽타주에서 미시표면은 전체에 종속된 부분이 아니었다. 샷 각자가 이미 독자적인 데다가, 그들 맺는 관계가 주어진 전체를 초과하는 공통의 미세편차($x+\Delta x$)를 생성하기 때문이다. Δx는 x가 아니다. Δx는 x가 $a, b, c \cdots y$와 함께 직조하는 관계망의 그물코이고, 운동 없이도 마주치는 그들 간 창문이자 틈새인 동시에 그로부터 전체 없이도 분출되는 편향력déclinaison의 표현이다($\frac{\Delta y}{\Delta x}$). 이제 미시표면이 거시표면에 틈을 낸다. 자른다. 다른 전체로 빠져나가거나, 없다면 아예 새로 구축하기 위해서다(누벨바그, 스톱모션). 게다가 이 그물코가 무한히 작아질 수 있음이 편향력을 더더욱 위협적으로 만든다. 관계망이 그만큼 촘촘해지고 넓게 펼쳐지기 때문이다. 더 이상 티끌이 태산보다 덜 완전하다고, 모으는 힘이 흩어지는 힘보다 덜 실

---

35. 파졸리니의 중요한 글, "Is Being Natural?", *Heretical Empiricism*. 파졸리니는 편집을 샷의 죽음, 혹은 그 운동의 완전한 정지로 간주했다. 영화든 인생이든 의미란 모나드가 자신의 술어들을 모두 펼쳐냈을 때 완결되기 때문이다. "불멸하고 표현하지 못하거나, 표현하고 죽거나, 둘 중에 하나다."(p. 243). 파졸리니의 '시네마-필름'의 구분은 기호학적인 것이기 전에 '연속체(실재)-계기(현상)'라는 모나드론적 구분이었음을 상기할 것("스플라이스는 필름에만 있지, 시네마엔 없다.", 같은 책, "Rheme", p. 291).
36. "모션은 현상일 뿐입니다."(라이프니츠, 르몽에게 보낸 1714년 7월 서간문).

재적이라고 할 이유는 없을 것이다. 때로는 미세먼지가 무쇠보다 단단하다. 얇은 실이 더 잘 자른다. 태산 베는 티끌($\int \Delta x$). 미시몽타주 작가들이 – 만약 여전히 존재한다면 – 부분이 전체보다 앞선다고, 차라리 전체가 부분 속에 있다고 확신할 땐(가령 스반크마예르와 퀘이 형제의 핀홀 들여다보기, 한국 뉴웨이브의 샛길로 도망가기), 이처럼 편집의 이유와 샷의 완전성에 대한 근본적인 생각의 혁신, 심지어 영화사의 고전기와 그 이후를 가를 만한 매우 라이프니츠적인 혁신을 의미하고 있었다. 부분도 전체만큼이나 이미 완전한 것임에, 관계망은 운동보다도 실재적일 수 있음에, 이제 경영되어야 할 것은 더함의 편집이 아니라 나눔의 편집이고, 이제 축적되어야 할 것은 샷의 전체에 귀속될 운동이 아니라 샷들 사이에서 매 순간 공유될 관계 자체였다.[37]

아무리 빠른 속도에 이르렀다 할지라도 그리피스와 에이젠슈테인의 몽타주는 전체와 부분, 의식과 행동의 조직화에 의거한다는 점에서 여전히 거시적이었다. 그리피스와 에이젠슈테인 역시 가속도(Δx)에 몰두했으나, 으레 그건 분할된 부분들이 최상위의 전체("유기적 통일체")로 재통일되거나 도약하는 거대한 운동에 종속된다는 조건 아래서만 허용되었다. 하지만 관계망의 직조network는 운동의 조직organization이 아니다. 편향력을 그리피스는 구심력과, 에이젠슈테인은 견인력과 혼동한다. 여전히 운동의 실재성, 그만큼 부분에는 도저히 나눠줄 수 없었던 전체의 완전성을 믿었기 때문이다. 바로 이 점이 아무리 세부적인 부분으로부터 강력한 변침을 끌어냈다 할지라도, 그들로 하여금 여전히 마지막 소유주(아메리카, 소비에트)만은 남기는 재벌의 몽타주에 머물도록 하며, 이것이 그들의 위대한 시대적 한계였다. 아직 하늘 아래 두 개의 태양은 있을 수 없었다.

라이프니츠는 미세지각을 말했다. 그것은 지각의 무한소(Δp)로서, 무한히 나뉘는 물체를 자신의 육체로 가질 수 있는 모나드의 역량뿐만 아니라, 그만큼 무한한 모나드들이 존재토록 하는 신의 역량을 증거했다. 파도의 혼잡한 소음엔 바다 전체 그 모든 물방울들의 소리가 쟁여져 있으나, 그 물방울 하나하나가 또 각자의 바다다. 어떤 판명한 지각에도 어김없이 파고드는 미세지각의 혼잡성confusion은, 고로 전체를 지시하지 않는다. 관점의 다수성만도 아니다. 그것은 전 우주의 가장 작은 부

---

37. "관계들은 실재성을 가진다."(라이프니츠, 『신인간오성론』, II, chap. XXX, §4).

분까지도 각자 전체일 수 있는 **전체들의 다수성**, 즉 무한성을 지시한다. 무한은 전체가 아니다. 무한은 부분들의 공존은 결코 아닌, 전체들의 필연적 공가능성^{compos-}가 아니다. 무한은 부분들의 공존은 결코 아닌, 전체들의 필연적 공가능성^{compos-}sibilité이다. 미세지각은 최소지각이 아니다. 최소란 없다. 미세지각은 무한히 촘촘한 관계망에 대한 식역하지각이다.[38] 샷들의 충분히 작은 차이(심지어 거의 의식되지도 않는)만을 남기는 편집을 통해 플래시 몽타주가 보여주는 바도 이것으로서, 막 뒤섞이고 있는 형상들의 흐릿함(크렌·멘켄·브리어), 잎사귀가 느끼는 작은 떨림(메카스·로우더), 신체의 극미한 몸짓(이토·아놀트), 혹은 시선의 미세경련(지올리·스탁)과 같은 극소화된 지각편차는, 한 샷과 인접 샷을 혼잡하게 할지라도, 바로 그 혼돈을 재투자하여 열어젖히는 그들 간 창문이 되며, 한 샷을 그가 속한 전체의 변형으로 편향시키고 또 그렇게 공가능한 다른 샷들과 결속시키는 욕동의 사출구가 된다. 이 점에서라면 그리피스와 에이젠슈테인은 분명 틀렸다. 하늘 아래 여러 개의 태양이 있다(로우더 〈해바라기〉). 해바라기는 해가 아니라고 반박해봤자 소용없다. 해바라기들은 해와 완전성의 등급만이 다를 뿐이지 미세지각들로 공유결속되어 있는 각개 완전한 전체들, 즉 모나드들이니까. 바람, 벌레, 대지까지 그들 관계망에 참여하여 함께 일렁이며, 어떤 모나드도 또 다른 모나드들에게로 단숨에, 운동 없이 연결시키는 전체들의 무한집합을 이룬다. 모든 경우에서 관계망은 심연의 무한을 공명해내는 진동막처럼 기능한다. 무한은 혼돈이라고, 미세지각은 무한성의 감각이라고 말하는 것으로는 부족하다. **모나드들은 관계는 공유하고, 무한은 공감한다.**[39] 이제 샷을 컷하고 배열하는 원리는 파토스^{pathos}가 아닌 공감^{synpathos}, 황금비율($\frac{OA}{OB} = \frac{OB}{OC} = \frac{OC}{OD} \cdots = m$)이 아닌 황금의 미세조직($\frac{\Delta a}{\Delta b} = \frac{\Delta b}{\Delta c} = \frac{\Delta c}{\Delta d} \cdots = \frac{1}{\infty}$)

---

38. 미세지각은 "언제 어디서나 현실적 무한을 포괄한다." 현실은 "무한들"이다.(『신인간오성론』, 서문) 무한의 다수성(등급)과 그들 관계(비율)에 대한 인식, 이것은 연속체 문제와 관련하여 라이프니츠가 갈릴레오와 데카르트가 남겨놓은 난점들을 극복한 방식이기도 하다. 분명 무한에는 부분이 없으므로 척도도 없다. 그러나 여러 무한이 있다고 상정한다면 사정은 달라진다. 즉 하나의 무한은 부분이나 전체의 척도로는 통약불가능하나, "두 무한은 그 공통척도가 무한히 작다면 통약가능하다."(라이프니츠, 1676년 4월 10일 필사원고, 무한기수에 관한 부분. "Duo numeri infiniti commensurabiles possunt esse … habere mensuram communem infinite parvam.", hg. Deutschen Akademie der Wissenschaften, *Sämtliche Schriften und Briefe*, 1950, VI iii 497). 모나드에겐 미세지각이 바로 그런 공통척도다.

39. "우주의 모든 물체들은 공감한다(sympathisent)."(라이프니츠, 『형이상학 논고』, 33절).

인 것이다. 이런 작가들이 굳이 작은 차이로부터 극대의 속도를 뽑아내려는 건, 전체의 운동을 따라잡기 위해서다. 크렌의 액셔니즘 영화에서 가장 작은 차이만으로 뒤섞이고 있는 육체와 물체 사이에서 우린 어디까지가 안이고 어디까지가 밖인지 알 수 없다. 또 메카스의 다이어리 영화에서 사소한 사건과 미미한 순간들에 대해, 그들이 띄엄띄엄 직조하는 얇은 선들 이외에, 언제가 언제인지, 흘러간 시간은 며칠인지 몇 년인지 우린 알 수 없다. 플래시 몽타주에서 샷보다 먼저 정지되는 건 전체 자신이다. 신출귀몰 왔다가 사라지는 미세지각들 틈바구니에서 관계망은 전체를 휘감는 스프로킷휠($\frac{\Delta p_1}{\Delta p_2}$)이, 그 그물코는 그가 발 빠지는 스프로킷홀($\frac{\Delta p}{\infty}$)이 된다. 명석판명한 전체의 관념을 다시 반성해보려 한들 소용없을 것이다. 여기선 전체가 먼저 틈타기 때문이다. 플래시 몽타주는 스톱–전체다. 틈새가 여는 무한이 그의 발목을 잡는다. 플래시 몽타주는 거시몽타주의 전체-부분의 쌍을, 무한–틈새의 쌍으로 대체한다. 고전적 몽타주에서 속도를 전체(의식)와의 배음비례를 통해 포착해내던 반성도 더는 통하질 않았다. 플래시 몽타주에서 속도는 언제나 미세지각의 식역하적 유속으로서, 여기선 "속도는 속도를 반성하지 않는다." 이는 하길종 질주학에 요모타 이누히코가 인용한 김수영의 경구다.[40]

몽타주의 발전사가 해석학이 고전역학을 개혁한 방식과 닮은 게 사실이라면, 그 개혁이 향한 곳은 현대적 의미에서의 파동역학이었을 게다. 파면이야말로 파도이고 일렁이는 관계망이기 때문이다. 라이프니츠가 호이겐스와 논쟁하며 물체의 응집cohésion에 반대한 것은 과연 현대물리학의 행보를 가로막는 처사였을까? 사정은 정반대로서, 라이프니츠가 미세지각될 뿐인 미세관계를 "허구존재"Ens Fictitium라고 불렀을 땐 거기엔 꽤 현대적 의미의 관계 개념이 이미 예견되고 있다. 즉 관계는 너무 작아져 현실로서 존재하지 않는다는 의미에서가 아니라, 지시되는 현실대상이 없을 정도로 얼마든지 더 작아질 수 있는 가능성으로서만 존재한다는 의미에서 허구적이다.[41] 관계는 실존하지 않는다. 실재의 가능적 틈새로서 **틈존(闖存)**한다. 무

---

40. 요모타 이누히코, 「하길종의 초상」(『사회적 영상과 반사회적 영상』에 재수록). 이 글은 한국 뉴웨이브가 추구했던 미세지각 및 미시속도에 대한 탁월한 성찰이기도 하다("질주를 허용하고 있는 외계 그 자체…").

41. *Leibniz*, VI iii 498~499. 또한 이시구로의 전설적인 주석, Ishiguro Hidé, *Leibniz's Philosophy of*

한소는 양이 아니다. 가능세계로 **틈탈** 수도 있을 양자quantum다. 관계망은 확률망이다. 과학이 빛의 몽타주로 이를 증명한 것처럼, 영화는 플래시 몽타주로 이를 증명했다. 플래시 몽타주가 펼쳐내는 건 샷들이 상호결정되기에 비결정가능하고, 비결정되기에 상호결정가능한 양자마당으로서, 여기선 고전 몽타주가 상정해야 했던 통일된 의식과 같은 보편상수(명석-판명)란 존재하지 않는다. 만약 있다면 그건 플랑크 상수(명석-혼잡)일 터다. 이제 몽타주의 원칙이 되는 건 속도에 관한 틈새의 원리, 즉 불확정성의 원리다. 비평의 언어가 영화의 미세지각을 온전히 포착하기 위해선 허구적인 입자 개념, 가령 크세나키스가 음악에 제안했던 사운드 양자quantum of sound 개념에 상응하는 비전의 양자quantum of vision를 도입해야 한다. 파동의 무한소, 모방의 아페티투스. 그것은 마리오네트들의 '마임'mime이고, 그들의 진동을 이루는 '운동-입자'Bewegungs-Partikeln 42이며 '반키네틱적'anti-kinetic 43 원소다. 이런 점에서라면 고전 몽타주의 큰 두 방향, 질적 도약과 무차별화는 사실 양자공명과 양자중첩에 대한 고전역학적 해석이었다고도 말할 수 있다. 결국 두 가지 동시성을 구분해야 한다. 즉 샷들 간의 고전역학적 동시성과 그 간격들 간의 양자역학적 동시성을. 전자는 하나의 시간만을 표현하는 전체에 한정된 동시성인 반면, 후자는 시간의 분기점들의 동시성이며 전체로부터 누출되는 여러 다른 시간들과 거기서 공명하는 다수의 관점들을 표현한다. 즉 한 샷이 그의 직접적 일부가 되는 대신 샷 전체와 동질적이 되는 부분-전체의 동시성이 아닌, 한 샷이 틈새를 통해 누군가의 바깥이 되는 대신 스스로는 전체가 되는 자유간접 동시성, 차라리 관점의 등시성isochronism으로서, 여기서 샷들은 서로가 완전한 바깥으로서만 싱크되므로 부분으로서의 각 샷은 관점에 따라 서로 싱크될 수도 아닐 수도 있는 자유를 누리며, 샷들의 집합 전체는

Logic and Language, Cambridge University Press, 1990(2nd ed.). 5장. "무한소란 말은 아무것도 지시하지 않는다."(p. 83). "관계속성"을 변호하며 그녀가 동원하는 현대논리학은 이미 확률론에 가까워 보인다(6, 7장. "한 명제 안에 하나 이상의 주어가 있을, 혹은 다항 술어가 있을 가능성…", p. 101).

42. 아놀트 인터뷰. *Gegenschuß*, hg. Peter Illetschko, Wespennest, 1995, pp. 30~31.

43. 브리어 인터뷰. *Scratch Book*, ed. Yann Beauvais, Jean-Damien Collin, Light Cone/Scratch, 1999, p. 205. 브리어가 조각과 영화에 대해서 흥미로운 비교를 하고 있다. "조각품을 받침대로부터 떼어내기만 해도, 더 이상 그 조각품이 아니다. 조각품과 바닥과의 그런 관계(rapports avec le sol)야말로 미완된 미학적 문제들의 지대다."(같은 곳, 강조는 인용자). '바닥'은 'ground'(근거)의 번역으로 보인다.

전체 싱크가 틀어질 수 있는 틈새를 언제나 포함한다. 이것은 현실적 부분들(불연속량)의 동시성simultaneity과 반대되면서도, 공가능한 전체들(연속량)의 이시성asynchrotaneity과도 모순되지는 않는, 무한소적 틈새들(관계망)의 계열적 동시성, 즉 공시성共時性, synchrotaneity이다. 그에 의해 어떤 전체도 바깥과 접하고, 모든 시간은 영원의 접선이다.44 월터 커는 이 "새로운 동시성"을 채플린의 마임에서 찾았다. 마임은 희극적 인간과 비극적 인간을 동시에 겹모방함으로써 "순간의 비현실성"을 추구한다.45 애니메이터들도 스톱모션에서 같은 걸 찾았다. 그것은 포토그램의 연쇄적 동시성과 구분되는 씨네그램의 점멸적 동시성이다. 플래시 몽타주 작가들 역시 섬광들과 그것이 낳는 새로운 관계들을 편집해서 이러한 스타카토 동시성, 혹은 "모자이크 동시성"mosaic simultaneity 46에 이른다.

라이프니츠는 이 모든 것을 이미 그의 끈vinculum 이론에 포함시켰다. 두 모나드를 잇는 끈(관계)이란 실체도 양태도 아니면서 복합실체를 합성해낸다. 끈은 실체는 아니다. 하지만 그것은 실체화하는 것이다. 끈은 우연은 아니다. 하지만 그것은 우연에 노출시키는 것이다. 끈에 의해 우주는 그 부분들로 재현되고 분할되는 전체가 아니라, 그 하위 모나드들이 상호표현하고 공유하는 하나의 복합적 모나드일 수 있다.47 얇을수록 전체를 자를 수 있는 것은 그것이 실이고 끈이기 때문이다. 틈타기란 줄타기다. 단 그것은 진동하는 줄이다. "끈이란 모나드들의 메아리다."48 관계의 공유, 무한의 공감, 개체의 공명.

---

44. "시간은 양립되지 않는 가능성들의 질서입니다."(라이프니츠, 드 볼더에게 보낸 1703년 6월 20일 서간문).

45. Walter Kerr, *The Silent Clowns*, Da Capo Press, 1990, p. 86.

46. 영블러드의 용어다. 브래키지의 〈독 스타 맨〉을 예로 들고 있다. Gene Youngblood, *Expanded Cinema*, E.P.Dutton & Co., Inc., 1970, pp. 84~87. 브래키지도 심각한 모나드론자임을 우린 나중에 보게 될 것이다(4부, '닫힌 눈' 부분).

47. 라이프니츠 체계에서 가장 논쟁적일 모나드 합성의 문제. 다음을 보라. Christian Frémont, *l'Être et la Relation*, Vrin, 1999, pp. 60~65. 일부 오해가 있으나 러셀이 유명론적 딜레마를 끌어낸 적이 있다(Bertrand Russell, *A Critical Exposition of the Philosophy of Leibniz*, 1900).

48. Ybon Belaval, *Leibniz*, Vrin, 2005(6th édition) p. 304. 이 책은 라이프니츠에 관한 가장 탁월한 주석서 중 하나다. 블라발의 뛰어난 해석을 하나 더 인용하자면, "1) 소리의 송신자들 : 모나드들 ; 2) 반사하는 외벽 : 끈 ; 3) 메아리 : 복합체의 변양들 … 이 외벽은 분명히 변양이 아니며, 그 자체로 실존하며, 작용한다. 바로 이 때문에 메아리는 다른 메아리들의 토대일 수 있다."(p. 303. 강조는 인용자).

막간

5-1. 땅:로크와 소유

소유의 기원에는 땅이 있다. 소유는 공간에 분할선을 새겨 넣고 그 안과 밖, 부분과 전체를 분리하는 일이기 때문이다. 소유란 점거occupation다. 소유는 분할선들과 그것들이 이루는 좌표가 고정될 수 있는 땅에서 일어난다. 사적 소유란 측지학적 분할, 즉 분지分地다. 그것은 영토를 분할하고 또 재결합하는 방식으로 소유지를 확장해나간다. 분지란 인클로저enclosure다. 측지학이란 소유의 기하학이자, 사유지의 산술학이다. 근대적 소유 개념은 측지학적 분할을 노동과 동일시할 때, 그리고 노동이 어떤 소유물들도 땅의 일부로 만드는 그들의 매개변수가 될 때 생겨난다(난 신체를 소유한다. 신체는 대지에 노동한다. 고로 난 대지를 소유한다).[1] 땅은 분지됨으로써 점거되기 위해 무차별화된 대지다. 노동이 바로 그 분지이고 점거다. 노동은 땅따먹기다. 측지학의 보편화 혹은 내면화 같은 것이 로크에게 있다. 무차별화된 령토領土의 부분들을 지식으로 채워나감으로써 인클로저하고 그 구획선들을 정비하는 지성이란 "사진들이 들어차고 상황에 맞게 찾아질 수 있도록 질서정연하게 정리되는" "빛이 완전 차단된 서재" 혹은 "암실"과도 같은 것이다.[2] 로크에게 인식론은 곧 측지학이었다. 즉 "비감각적 입자들"은 노동한다. 물체는 제 1성질을 소유하고, 제 2성질은 소유하지 않는다. 지성도 노동한다. 지성은 명목적 본질을 소유하지만, 실재적 본질은 단지 임시 소유할 수 있을 뿐이다.[3] 이것이 로크의 천재성이자 근대적

---

1. 로크, 『통치론』, 5장 27절, 32절, 44절.
2. 로크, 『인간오성론』, 2권 11장 17절.
3. 성질의 구분에 대해서는, 『인간오성론』 2권 8장 7절~17절, 본질의 구분에 관해서는, 3권 6장. "물체

균형감이었다. 영토는 타불라 라사이고, 경험은 노동이고, 지식은 그 땅값이다. 소유란 땅의 사유화이고, 반대로 땅의 도식화는 소유의 조건이다. 〈재산=속성〉. 반면 프루동은 이 모든 것을 비판하였다. 땅은 누구를 위해 분할할 수 없는데, 왜냐하면 땅은 이미 누구에게나 평등하게 분할되어 있기 때문이라는 것이다. 즉 땅은 현실적 존재가 아니라 영원한 대상이다. 하지만 사적 점거는 이를 시간적 대상으로 억지 환원하려고 한다. 그것은 부르주아에게는 유한과 무한(권리와 능력, 현실적 신체와 가능적 신체), 프롤레타리아트에게는 장소와 공간(상품과 재료, 생산물과 생산수단)을 일부러 혼동하는 처사다.[4] 대지의 노모스 : *분할하고 통치하라 divide et impera.*

영화에서도 마찬가지였을까? 그 스크린이 말 그대로 타불라 라사인 영화에서도? 노엘 버치는 초기영화들에서 나타나는 PMR(재현의 원시적 양식)로부터 IMR(재현의 제도적 양식)로의 역사적 전환과 스크린을 팽창시키는 무한한 장소(디제시스)와 그에 편재할 수 있는 지주(관객)의 근대적 발생을 연구했다.[5] 또한 스티븐 히스는 어떻게 스크린이 측지학적으로 분할되고 또 팽창되며, 그 끊임없는 인클로저 운동 속에서 이미지가 투자되고 착취되는지 보여주려고 했다. 그에 따르면 프레이밍이 이미 영토화이고, 내러티브는 프레임과 탈프레임의 측지학적 연쇄다. 내러티브에 의해 "공간은 장소가 되는 것이다."[6] 초기 서부극은 측지학적 내러티브로 정의된다. 역마차는 노동하고, 사막은 분지되며, 공동체는 이를 점령한다. 서부자들은 땅을 국토화한다. 그들의 노동엔 누군가의 죽음이라는 세금이 어김없이 매겨지기 때문이다.[7] 서부극은 이렇게 측지학의 모순까지도 보여주었다는 점에서 진정한 신대

없는 공간"에 대해서는 2권 13장, 특히 21절.

4. 피에르 조제프 프루동, 『소유란 무엇인가』, 이용재 옮김, 아카넷, 2003. 특히 3장. 프루동에 따르면 사적 소유는 가능태와 현실태의 혼동, 신이 이미 분할해 놓은 것과 인간이 분할해도 되는 것의 혼동, 즉 '물에 대한 권리(jus ad rem)'와 '물 안에서의 권리(jus in re)'의 혼동에 의거한다. "생산물에 대한 소유는 배타적이다. 요컨대 물 안에서의 권리이다. 반면에 생산수단에 대한 권리는 공통적이다. 즉 물에 대한 권리이다."(3장 4절, p. 170)

5. Noël Burch, "The Motionless Voyage : Constitution of the Ubiquitous Subject", *Life to Those Shadows*, University of California Press, 1990. ("스크린 표면에서의 방향과 관객-주체의 방향 간의 동형성은, 관객을 그 주변에서 단일성과 연속성이 구성되는 지시점으로 만들기에 관객 센터맞추기(centering)의 시작점이었다." p. 209). "Building a Haptic Space", "Narrative, Diegesis : Thresholds, Limits"도 보라.

6. 스티븐 히스, 『영화에 관한 질문들』, 김소연 옮김, 울력, 2003. 2장, p. 66. "필요한 것은 자른 다음 이어붙이는 것 …"(p. 71).

륙 영화다. 포드는 국토가 미국의 꿈임을 보여준다(대지와 하늘을 가르는 지평선). 비더 역시 토지 개간에 대한 헛된 꿈을 다루었으며(《일용할 양식》), 개간된 토지가 수몰되는 악몽도 다루었다(《루비 젠트리》). 네오웨스턴은 측지좌표를 비산하는 총알과 핏방울의 넘실대는 스파게티 파도로 대체한다. 기억에 대해서도 같은 것을 말할 수 있다. 특히 페킨파는 육체를 점유했던 영혼이 유출되고 누수되는 순간을 보여줌으로써 로크의 제일근거를 논박했다. 모든 면에서 네오웨스턴은 토층을 액상화한다. 기실 대지에 고정된 분할선들과 구획선들을 넘나들면서 취소하는, 비월하거나 흘러넘치는 이미지가 영화에 선험적으로 주어져 있다. 영화는 포토그램들의 측지이기 전에 씨네그램의 범람이기 때문이다. 데렌의 〈대지에서〉에서 주인공은 대지에 익사함으로써 자아의 유동성을 증명한다. 그녀는 대지의 형이상학적 소작농이자, 체스말을 횡령한 탈세범이다. 영화에겐 운동소유권을 포기하는 것조차 노동이다. 그것은 공간 자체, 즉 영원한 대상에 대한 노동이기 때문이다. 로우더의 해바라기들은 땅에 고박되어있지만 바로 그 덕분에 다른 초점면에 위치한 다른 해바라기들과 원격소통하며(《해바라기》), 또한 이토 다카시의 공간은 구획선들을 넘어 안과 밖을 스스로 뒤집는다(《스페이시》). 픽실레이션 영화들은 총체적인 상호작용과 그 동시성 속에서, 불평등할 수 있었던 장소를 평등의 공간으로, 즉 국토를 대지로 평등화한다.[8] 이것은 더 이상 단일한 중심점으로부터 방사되는 점거가 아닌, 다중초점으로부터 간섭되는 상호소유다. "나는 욕망하고 믿는다. 고로 소유한다."[9] 제1 성질이란 건 없다. 대지를 미분하고 스스로 양자화되는 제n 성질들만이 있을 뿐이다.

5-2. 바다 : 칸트와 약탈

---

7. "태초에 모든 세계는 아메리카와 같았다."(로크, 『통치론』, 5장 49절). 로크의 사유권 논증의 보강, 사유지와 세금 간의 필연적 유착을 끊으려는 시도로는 역시 로버트 노직의 저작들(『아나키, 국가, 그리고 유토피아』).
8. "노동에 의해 우린 평등으로 나아간다."(프루동, 『소유란 무엇인가』, 3장 5절, 184쪽).
9. Gabriel Tarde, "Monadologie et Sociologie", *Œvres de Gabriel Tarde*, Vol. 1. 7절, p. 87.

로크가 땅철학이라면 칸트는 물철학이다. 도식과 범주가 대지의 측지학과 연관된다면 이성은 대양의 해양학과 연관된다.[10] 바다의 법칙이란 대지의 불평등과 완전히 대비되는 절대적 균형이다. 예컨대 이성은 하나의 능력을 균형 잡을 뿐만 아니라(도식과 범주에게 통일성을 부여한다), 인식적 관점에서는 비판받고 반대로 실천적 관점에서는 비판하는 식으로 능력들 사이에서도 균형을 잡는다. 반대로 이성이 이 균형을 잃었을 때 오류는 생겨난다(선험적 오류). 무엇보다도 이성은 자기 자신도 법정에 회부하기에 바다의 대법관이다.[11] 바다에서 자유와 균형은 동일한 의미다. 영화사에서 프랑스 유체역학파가 한 공헌을 칸트는 철학사에 한다. 마치 파도의 소용돌이가 그 중심점을 찾아내듯 자유로운 분할fraction, 分數과 그 가변적 비율은 순간을 정의한다(강스, 엡스텡, 그레미용, 비고). 〈이성으로의 회귀〉(레이)는 이성의 회귀다.[12] 그래서 칸트의 진정한 해양학은 『실천이성비판』일 게다. 여기선 이성이 직접 입법하기 때문이다. 균형이란 이제 법이다. 이 책은 법(法)이란 곧 물의 흐름(水＋去)이라는 격언을 논증한 최초의 서양서적이다. 실천이성의 코페르니쿠스적 전환 : 자유로부터 법이 연역되는 것이 아니라 법으로부터 자유가 연역된다. 자율체Autonomie만이 자유롭다. 순수한 법은 무법에만 근거하기 때문이다. 물론 바로 이 때문에 땅과 바다의 안티노미는 다시금 나타난다. 그것은 목적과 수단, 예지계와 현상계 사이의 불일치다(도덕과 행복 사이엔 아무런 필연적 연관이 없으며 최고선은 다시 이념일 뿐이다).[13] 경험적 비평형으로부터 선험적 평형을, 속세적 자유로부터 이념적 자율을 고립시킴으로써만 자율체는 태어나는 것이다. 그런데 바로 이 고립에 칸트의 또다른 면모가 있다. 예지계(도덕)와 현상계(행복)를 일치시키고 다시 자율성이 안티노미에 빠지지 않기 위해서라면, 자율체가 이념들 이외엔 아무런 (경험적) 대상을 소유

---

10. 칸트, 『순수이성비판』, B294.

11. 같은 책, B791.

12. "영화의 모든 영향은 반성의 고전적이고 데카르트적인 방법이라는 습관을 제거(deshabituer)하는 데로 향한다." "여기서 액체와 고체의 차이는 시간상의 속도차로 환원된다." (Jean Epstein, *Écrits Sur Le Cinéma*, Vol. 2., "Les faux dieux", pp. 27~28. 강조는 인용자). 만약 데카르트와 칸트가 공통점이 있다면 땅이 아니라 바다, 측지학적 좌표계가 아니라 유체학적 균형으로서의 주체(혹은 통각(Apperzeption))를 정의하려고 했다는 점이다.

13. "우리는 도덕 왕국의 법칙을 수립하는 일원이기는 하지만, 그 나라의 신민이지 군주가 아니다."(칸트, 『실천이성비판』, A147).

하지 않도록 스스로 비워내는 수밖에, 즉 "텅 빈 형식" 안에서 스스로 무한소가 되는 수밖에 없다. 대지로부터의 무한이탈, 그것이 무한소의 자기약탈이다. 자율체는 스스로를 약탈하기에 자율적이다. 자율의 자유는 자기약탈의 자유다.[14] 로크가 땅에 지표를 심으려고 한 것처럼 칸트가 바다에 부표를 띄우려고 했던 것만은 사실이다. 그러나 그 부표란 미분소다. 신만이 적분할 수 있을 정도로 작고도 사소하며, 불투명하고 측정불가능한. 이제 자유의 행동은 최고선으로 통하는 직선은 아니다. 그것은 그에 가닿는 점근선이자 그의 접선이다.[15] 최고선은 무한소인 한에서만 이념이다. 자율이란 미분의 자유다. 미분율이란 유율流率−흐름의 비율이다.

하지만 이 모든 것은 실천이성의 반쪽일 뿐이다. 영화는 여기에 나머지 반쪽을 더 추가한다. 약탈되는 자유와 구분될, 약탈하는 자유가 그것이다. 영화에 있어서 자율체가 자기의 대상을 약탈하는 목적은 다른 대상을 약탈하기 위해서다. 씨네그램은 다음 포토그램을 취하기 위해서만 현행 포토그램을 버린다. 여기서 스스로에 대한 약탈은 또 다른 대상에 대한 약탈과 같은 의미. 영화는 신이나 최고선이 필요 없었다. 자율성과 바깥성의 새로운 일치가 곧 그 신이기 때문이다. 영화적 자율체는 바깥을 약탈하기 위해 스스로를 약탈한다. 이것이 영화가 법과 자유, 자율과 타율을 균형 잡는 방식이다. 물론 영화가 처음부터 그랬던 건 아니다. 예컨대 그 과도기에 위치했던 프랑스 유체역학파에게서 바깥은 아직도 무無로 남아 있었다. 그들에게 비율ratio은 합리적인 분할rational fraction에 의거하며, 항들의 전체 속에서 정의되기 때문이다. 안티노미가 다시 나타날 수도 있다. 죽음 이외에 다른 최고선이란 없기 때문이다(특히 강스와 엡스텡). 프랑스적 '순간'이란 분자가 0이거나 분모가 ∞인 분수다. 이것이 바로 유리수rational의 영화다 : 〈비율 바깥은 죽음이다〉 … 다른 한편 무리수irrational의 현대영화들이 있다. 무리수적 영화들이 보여주는 바깥엔 죽음과는 다른 어떤 실재성이 있는데, 그것은 더 이상 주어진 항들의 비율로는 규정되지 않는

---

14. 자율성을 자기존중으로부터 구분하는 부분을 보라. "순수 실천이성은 자기애를 순전히 단절시킨다 … 순수 실천이성은 자만을 아예 타도한다."(같은 책, A129). 무한소에 대해선 A58.("이 원형에 무한히 접근해가는 것이 모든 유한한 이성적 존재자가 할 수 있는 유일한 것이다.", A149도 보라). "근원적 선"과 "파생적 선"의 구분에 대해서는 2권 2장 V도 보라.
15. 이 접선을 사변적 이성에서도 이미 찾아볼 수 있다. 그것은 대지의 지평선이다. 땅의 평면은 사실 이념적 곡면의 접면이다(칸트, 『순수이성비판』, B787, B790). '비판'이란 점근선의 한계를 찾는 일이다.

비합리적 비율irrational ratio, 주어진 계열 밖으로부터 미지의 제3항, 4항…n항을 계속해서 끌어들이지 않고는 포착될 수 없다는 점에서 차라리 '관계항 없는 관계'다.[16] 예컨대 네오웨스턴은 백인 집단과 유색인 집단 어느 쪽에도 속하지 않는 경계인들의 새로운 자율성으로 대지를 재편했다. 또한 네오리얼리즘은 폐허 속에서 유리수들을 잃어버린 채 표류하면서 점점 광기에 사로잡히는 무리수의 인간들을 캐스팅했고(그것은 서구적 이성 안에서 무리수를 찾아내려는 내재적 비판론이었다). 아울러 마리오네트는 춤추는 무리수 자신이다. 그는 비이성적 사물과도 기꺼이 결합하기 때문이다. 일반적으로 유리수적 영화에서 관계는 관계항의 약탈이다. 분할은 주어진 항들의 전체 어딘가에서 종결되므로 그 바깥은 무이다(*비율 밖에 없다 Nihil extra Rationes*). 반대로 무리수적 영화에서 관계는 또 다른 관계의 약탈이다. 분할은 전체 안에서 종결되는 법이 없이 그 너머로 이어지며, 바깥은 그 미분화되는 삐딱선과 구분되지 않는다(*비율 밖에 비율 Rationes extra Rationes*). 이것이 영화자율체가 스스로를 비워내는 두 방식이며 결코 혼동될 수 없다. 유리수적 자율체의 전리품은 죽음이다. 그가 약탈하는 바깥이란 결국 무이기 때문이다. 유리수적 자율체는 죽어야 명예롭다. 반면 무리수적 자율체의 전리품은 또 다른 신분증, 위조되거나 변조된 **제n의 정체성**이다. 그가 약탈하는 바깥이란 또 다른 관계들이기 때문이다. 무리수적 자율체는 죽지 않는다. 그는 사라지거나 희미해질 뿐이다. 더 이상 외부에 남아 있지 않고 그 내부로부터 배태되는 바깥 속으로. 삐딱하고 엉뚱하게. 무리수적 이성은 바깥부자가 되기 위해 빈털터리를 자처하는 자율거다. 네오웨스턴에서 백인은 금을 훔치려고 명예의 넝마주이가 되어간다. 네오리얼리즘에선 시간이 그 역할을 맡았다. 자전거를 도둑질한 자는 결국 스스로 빈터가 되어가는 기억 자체였으며, 특히 펠리니는 꿈마저 훔쳐 가는 유령선을 건조하였다(〈아마르코드〉). 그 부품들의 불량결합만으로 항해하는 키튼의 함선도 같은 경우다(〈항해사〉). 또한 신분

16. 데데킨트 절단을 염두에 둔다. 실수 계열을 절단했을 때 정수 간 비율(ratio- 즉 합리성)로 표현될 수 없는 수가 그사이 존재하며, 그것이 무리수(irrational- 즉 비합리적)다. 사상사에 데데킨트 절단을 다시 유행시킨 작가는 들뢰즈다. Gilles Deleuze, *Différence et Répétition*, PUF, 2000(10th edition). 4장. (한국어판은 질 들뢰즈, 『차이와 반복』, 김상환 옮김, 민음사, 2004). 이 책은 카사베티스의 〈얼굴들〉과 같은 해에 나왔다.

을 표절하거나 권한을 도용하는 정체성 도둑의 해양영화들이 존재한다(클레망 〈태양은 가득히〉, 페터젠 〈특전 유보트〉, 스콧 〈크림슨 타이드〉). 꼭 물이 있어야 바다인 건 아니다. 나치의 약탈품을 다시 훔쳐 오기 위해 레지스탕스들이 그 구획선들을 지우고 심지어 날조하는 대지는 이미 바다다(프랑켄하이머 〈더 트레인〉). 조지 밀러는 목적 없는 약탈만이 난무하는 물 없는 바다를 펼쳐냈고(〈매드 맥스〉 시리즈), 배리 레빈슨은 의식류를 항해하며 무의식까지 횡령하는 외계해적선을 제작했다(〈스피어〉). 어떤 경우든 바다는 그 관계항들을 이성적으로는 분할해낼 수 없는 무리수 π로 직조된 네트워크다(이안 〈라이프 오브 파이〉). 하지만 무리수적 약탈은 역사에 대한 실천적 관심에서 가장 분명하다. 역사는 으레 비이성과 광기의 역사이기 때문이다. 이것이 폴란드 유파가 훔쳐보기를 통해서, 그리고 파운드 푸티지 영화들이 이미지 절도를 통해 보여준 바다. 영웅이나 슈퍼스타는 역사를 훔쳐본다. 우연이 그 장물이다. 또한 다큐멘터리는 우연의 흐름을 합법적으로 훔쳐 탄다(특히 그리어슨 유파와 퀘벡 다큐멘터리에게서의 바다). "텅 빈 중심"이 그 약탈선이다.

바다엔 부분이 없다. 관계만이 그 분할선들을 지우는 그의 파도이기 때문이다. 바다의 각 부분은 스스로에 대해 틈새이고 서로에 대해 바깥이라는 점에서 자유롭고 평등하다. 고로 함선의 모든 경로는 접선이다. 뱃길은 영토를 점령하는 육로와 달리 그들 사이의 순수한 연결로와 봉쇄로, 혹은 침투로와 탈주로이기 때문이다. 함선은 어떤 영토에도 공평하게 속하지 않을 수 있는 자유다. 함선은 다시 내부가 되지 않을 바깥 영역에만 속하는 것이다. 이것이 약탈의 가장 심오한 의미다 : 함선은 재산이 아니라 관계를 훔침으로써 그 틈새를 탄다surf. 틈탄다. 접선이 분할선을 타듯. 함선이란 자율선(自律船)이다. 비글로우의 서퍼들이다. 은행털이지만 재산축적을 기피하며 어떤 정체성에도 정박됨 없이 그 경계선만을 틈타는(〈폭풍 속으로〉). 자율선은 유체가 통과해나가는 텅 빈 파이프 같은 것이다. 자율선은 훔친 관계만으로 자신을 채우기 위해 스스로를 비워내며, 그런 식으로만 바깥과 균형을 이룬다. 대지의 그물망으로 그를 잡긴 어렵다. 그 자신 이미 그물코로서 해류에 속하기 때문이다. 자율선은 그 자신이 또 다른 틈새이기에 바다의 일부다.[17] 시몽동은 관계항이 아니라 관계만

---

17. 땅(베헤모스)과 바다(리바이어던)의 "원소적 대립", 육지전(근접전)과 해양전(원거리 교전)의 근본적 차

을 소유한 자율체를 제시했다. 그리고 그 존재발생적 행동으로서, 연역도 귀납도 아닌 "변환"transduction을 제시했다. 이것이 '틈탄다'는 것의 의미다. 연역은 틈새의 배제이고 귀납은 틈새의 포함이지만, 변환은 틈새의 통과다. 시몽동이 말하는 "전개체적 장"은 이미 퍼텐셜의 바다다.[18] 요컨대 자율선은 관계를 명령하고(이성), 관계를 약탈하고(지성), 관계를 탄다(상상력). 그것은 해적선이다. 그리고 그것이 통과해가는 틈새들의 연쇄, 그리고 그들이 점거하는 바깥들의 연쇄가 곧 대양이다.[19] 실천이성이란 차라리 외계인이다. 바다의 진정한 대법관은 무법자이기 때문이다(카메론 〈어비스〉).

5-3. 하늘 : 러셀과 테러

러셀은 집합론이 땅철학인지 물철학인지 궁금했다. 그래서 그는 자기 자신을 그의 원소로 포함하는 집합, 즉 만약 자기 자신이 그의 원소라도 모순이고 그의 원소가 아니라도 모순인, 지나치게 자족적이어서 자기모순적이 되는 집합을 제안했다. 그러나 이것은 $w \in w$인 동시에 $w \notin w$이라는 의미가 아니다. 그것은 $w \in w$과 $w \notin w$가 등가적이라는 의미이며, 고로 자족성과 자폭성은 등가적이라는 의미다 $(w \in w. \equiv .w \notin w)$. 단 그것은 이념적 등가성이다. 자기포함하는 집합은 존재하지 않

이에 대해선 칼 슈미트, 『땅과 바다』, 김남시 옮김, 꾸리에, 2016. 해적의 합법성과 불법성에 대해선 7장, 대양이 펼쳐내는 "텅 빈 깊이"에 대해선 12장. 더욱 자세한 논의로는 다음도 보라. 『대지의 노모스』(최재훈 옮김, 민음사, 1995. "해양의 자유") ; 『파르티잔』(김효전 옮김, 문학과지성사, 1998. "우주 파르티잔").

18. 시몽동에게 재현의 원리로 다시 떨어지지 않는 진정한 관계란 항들 간의 동시성이 아니라, 오직 자기 자신과 항들 간의 동시성이다 : 관계는 "그것이 그 실존을 보증하는 항들과 동시화된다."(Gilbert Simondon, *l'Individu et Sa Gènese Physico-Biologique*, Jérôme Millon, 1995. 서문, p. 30) 고로 "대상의 발생이 성취되는 동시에 사유의 발생이 성취되기에" 개체발생은 "귀납적이지도 연역적이지도 않으며 단지 변환적이다." "변환(transduction)이란 관계들(rapports)의 실존에 해당한다."(같은 곳, pp. 32, 31. 강조는 인용자).

19. 슈미트는 근대 시기의 파르티잔이 여전히 대지에 속박되어 있었으며, 결국 해적까진 아니었다고 결론지었다(『파르티잔』, "파르티잔을 해적으로 보기에는 바다와 육지가 지니는 차이가 너무 크다."). 해적은 대지를 바다로 만드는 기술적 진보를 기다려야만 했다. 비릴리오가 이를 논한다(『속도와 정치』, 이재원 옮김, 그린비, 2004, 3장, 항해권과 소유권의 대조 부분). 하지만 자본주의도 넋 놓고 있진 않는다. 정보의 바다에 다시 땅값을 매기는 네트워크 자본화에 대해선 다음 두 책, 강남훈의 네트워크 효과론(『정보혁명의 정치경제학』, 문화과학사, 2002. 4장) ; 조정환의 인지토지론(『인지자본주의』, 갈무리, 2011. 5장, "이윤의 지대되기").

는다. 그것은 폭존한다. 이후 제르멜로가, 그리고 러셀 자신도 서둘러 지뢰제거반을 투입했으나 이 재앙을 막을 순 없었다. 이 폭탄은 땅이 아니라 하늘에 있기 때문이다. 자기포함은 이념적 대상의 자폭장치다. 대상으로서의 이념은 자족적인 한 자폭적이고 그 역도 마찬가지다($\phi \in \phi. \equiv . \phi \notin \phi$).[20] 이것이 하늘의 법칙이다. 사실 땅과 바다가 고유의 법칙을 가지는 것은 하늘이 허용하는 한에서다. 측지술은 기후변화에 무관할 수 없으며, 항해술은 별자리에 의존해야 한다. 기후와 별자리는 불가해한 코드들을 거주민이나 항해사들에게 내어주고, 때로는 그들을 유혹하여 느닷없는 파멸로 이끈다. 지진과 해일은 하늘의 뜻이다. 거기엔 어떠한 인과법칙이나 실천법칙으로 환원되지 않는 하늘의 자유가 있다. 그것은 폭력의 자유다. 점성학은 무리수가 아니라 허수로, 미분점이 아니라 미분불가능한 점, 즉 파국을 몰고 오는 급변점으로 정의된다. 고로 별자리는 자리도 장소도 아니다. 그것은 바람과 번개로만 채워지는, 문자 그대로의 공간(空間)이다. 관계가 척도인 한, 바다가 관계를 명령한다면 하늘은 관계의 파괴마저 명령한다. 칸트조차 이를 외면할 순 없었다. 순수이성이 이율배반antinomy, 실천이성이 자율autonomy이라면, 판단력은 자기이율배반auto-antinomy이다. 무제한적으로 팽창하는 상상력은 지성뿐만 아니라 스스로에게도 폭력적이다. 말하자면 상상력은 그 포착apprehension이 무제한적이지만 총괄comprehension은 제한적이라는 점에서 자학한다($2^n > n$). 하지만 바로 그 때문에 그의 자학은 무한성을 현시하는 고통이다($2^\aleph > \aleph$). 무한상상의 마조히즘. 이것이 칸트가 수학적 숭고를 증명한 삼단논법이다 : 무제한은 그 자신의 원소이고, 이는 자기 모순적이다. 그러나 이 자기모순이 자기를 현시한다.[21] 숭고는 러셀의 역설에 대한 칸트의 응답이기

---

20. 잘 알려진 대로 1902년 이후 러셀은 논리주의의 불완전함을 인정했다. 그가 투옥생활 중 쓴 다음 개론서에서 그의 입장을 함축적 형태로 찾아볼 수 있다. 버트란드 럿셀, 『수리철학의 기초』, 임정대 옮김, 연세대학교 출판부, 1986. 특히 13장, 17장. ("집합을 나타내는 기호는 오직 편의상일 뿐, 집합이라고 이름 지어질 하나의 대상을 나타내고 있는 것은 아니라고 할 수 있다. 나는 물건의 덩어리 같은 존재물[집합]이 있다는 것을 긍정하려고도 부정하려고도 하지 않는다." 17장, 232~233쪽).
21. 무제한의 자기포함에 대해서는 칸트, 『판단력 비판』, §25. 수학적 숭고 부분.("어떤 것을 단적으로 크다, 다시 말해 숭고하다고 부를 때 … 우리는 그것에 알맞은 척도를 그것의 밖에서가 아니라, 순전히 그것의 안에서 찾는다 … 단적으로 큰 것은 순전히 자기 자신과만 동일한 크기이다.", B84, 강조는 인용자). 상상력의 위축과 소극성에 대해서는 같은 책, §26. 상상력이 이성 앞에서 아무리 작아지더라도 이것은 미분이 아니다. 미분은 소극적으로만(간접적으로만) 무한을 표현하기 때문이다(B96).

도 할 것이다 : 분명히 무한성은 폭발하였다. 그러나 그 섬광은 또 다른 무한성을 현시한다. 그것은 대상의 무한성이 아니라 상상력과 이성의 불일치를 통한 일치, 그 고통스러운 등가성이라 할 마음의 무한성이다. 상상력은 지성의 대륙을 가로지르는 ICBM 같은 것이다. 그러나 그 타겟이 이성은 아니다. 장거리 비행에 지쳐 공중자폭하는 미사일의 그 섬광이 외려 이성의 광대한 지름과 그 무한성을 표현한다. 그런 점에서 상상력은 자기 자신만을 타겟으로 한다. 하지만 그의 자폭은 진짜 무한의 폭거를 위함이다("자유로운 합법칙성"). 엄밀히 말해서 상상력은 자율탄이 아니다. 상상력은 자기자율탄$^{Heautonomy-彈}$ 22이다. 이것이 "목적 없는 합목적성"의 집합론적 의미다 : **척도 없는 공통성($\aleph = \aleph + \aleph + \aleph \cdots$). 과녁 없는 적중.**

같은 것을 언어와 이미지에 대해서도 말할 수 있다. 즉 그 번역과 변형에 의해 아무리 작은 낱말과 사소한 몸짓도 "아무것도 전달하지 않지만 자기 자신만을 전달하는" 초한기수 $\aleph$이다. 유운성이 이를 보여주었다($N = n(d_1) + n(d_2) + n(d_3) + n(d_4) + \cdots$).[23]

땅과 바다의 영화가 있는 것처럼 하늘의 영화가 있다. 그것은 상상력의 과잉팽창, 무중력 상태에서의 아노미와 자유, 이데올로기에 내포된 모순과 그로 인한 자학적 고통, 숭고한 것이 전파하는 판단마비와 공허감의 영화들이다. 먼저 이상적으로 팽창하는 상상력을 타고 비월하는 이성이 있을 수 있다. 초현실주의 영화들의 경우가 그렇다(특히 쿠스트리차의 비행술 영화들 〈집시의 시간〉 〈아리조나 드림〉). 그리고 이상향을 추구하면 할수록 점점 자학하고 추락하는 이성이 있을 수 있다. 이것은 네오리얼리즘보다는 뉴저먼 시네마(특히 헤어조그, 벤더스)의 단골 주제이고, 히치콕도 고소공포증과 공기공포증을 통해 후기에 이를 다룬다(〈현기증〉 〈새〉). 비상을 꿈꾸나 대지의 벽이나 격자선에 속박된 이성을 다루는 몇몇 정치영화도 이 범주에 속한다. 특히 파커가 이에 정통하다(〈미드나잇 익스프레스〉 〈더 월〉 〈버디〉). 다른 한편 분위기나 공기 자체가 되어버린 이상 안에서 점점 질식하거나 기꺼이 증발하는 분열적 이성이 있다. 종교영화들(드레이어, 타르코프스키)와 풍경영화들(일본 뉴

---

22. 칸트, 『판단력 비판』, 서문, V. BXXXVII/V185~186. 상상력의 "자유로운 합법칙성"에 대해선 B69. ("상상력이 자유롭고 저절로 합법칙적이라는 것은 모순이다.")
23. 유운성, 「뤼미에르 은하의 가장자리에서 Part2(中)」, 『인문예술잡지 F』, 2013년 11호. 집합론, 벤야민, 크립키. (연재되던 이 글의 전문은 『유령과 파수꾼들』에 재수록되었다.)

웨이브, 탈식민주의), 그리고 앰비언트와 공기전염을 다루는 공포영화들(바바, 카펜터)이 이를 다룬다. 이 각각을 폭풍영화(빛=바람), 폭격영화(빛=번개), 폭빙영화(빛=기운)라고 부를 수도 있겠다. 물론 이 유형들은 언제나 섞여서 나타난다. 이마무라는 대상을 그 공허가 드러나도록 발가벗겨버림으로써 시선을 공허한 스크린으로부터 망막으로 발포되는 번갯불로 뒤바꿔 버렸다. 이것은 허상을 캐스팅한 자기포함극이다(《인간증발》). 또한 조도로프스키는 신비로운 상징들로 과포화된 공간과 그 점성술적 해독으로서 인간에게 운명처럼 주어지는 자살이나 증발 등을 다룬다. 상징들은 자기포함하기에 무한집합이면서 공집합이다(《엘 토포》《홀리 마운틴》).[24] 할리우드의 하늘영화는 SF와 슈퍼히어로 장르로 흡수되었다. 한국의 하늘영화는 신파다. 우린 이를 3부와 4부에서 다룰 것이다.

그러나 땅과 물, 혹은 진흙탕으로부터 하늘을 이끌어낸 최초의 작가군을 꼽으라고 한다면 그들은 여백의 작가들이다. 가령 구로사와에게서 여백은 폭력의 재귀를 명령하는 천공天空 자신이다. 귀신의 예언은 자기 포함하기에 천명天命이다(《거미의 성》). 반대로 가장 현대적인 하늘영화 작가는 플래시 몽타주 영화 작가들과, 이명세나 미야자키 같은 에어로-애니메이션 작가들이다. 그들의 영화는 해양의 유창한 가속도를 신출귀몰한 양자도약으로 대체한다는 점에서 양자영화다. 여기서 존재는 성운처럼 산포되어 있는 확률존재들이며, 그들의 점성학적 공존을 양자붕괴(폰 노이만)시키려는 세속적 척도가 항상 외부에서 개입한다. 추격과 대결은 타겟의 자기포함이기에 이미 춤이고 도약이다(이명세 《인정사정 볼 것 없다》《형사》). 슈뢰딩거의 고양이란 미야자키의 비행고양이다(《이웃집 토토로》). 하늘의 양자적 상태는 브래키지에게도 끈질긴 주제였다. "하늘은 그 자신의 원자를 확대해보는, 공기로 만들어진 렌즈다."(《별들은 아름다워》)[25] 양자는 에어로-미분소다. 비글로우는 대지에서 바다로, 다시 하늘로 이어지는 미분소의 상변이를 완벽하게 보여준다. 경찰과 살인마가 동시에 점유하는 권총에서(《블루 스틸》의 영토), 친구와 적 어디에도 속하지 않는

---

24. 조도로프스키는 군 이론을 언급한다. "많은 종류의 무한들이 있다. 하나의 무한 안에도 많은 무한들이 있을 수 있다." (조도로프스키 인터뷰, *El Topo*, A Douglas Book, ed. Ross Firestone, 1971, p. 117).

25. Stan Brakhage, "The Star Are Beautiful", *Brakhage Scrapbook*, ed. Robert A. Haller, Documentext, 1982, p. 139. "모든 것은 동시에 일어난다."(p. 140).

가면으로(《폭풍 속으로》의 서핑), 그리고 사정권을 무한정 확장하여 머릿속까지 도약해있는 폭탄으로(《허트 로커》의 공기). 일반적으로 하늘의 영화들은 땅의 점거, 물과 관계에 무관심하다. "모든 단단한 것들은 증발한다." 그리고 관계는 그 내부로부터 그것을 폭발시키는 "폭탄들인 생산관계들과 교류관계들"[26]이다. 하늘영화는 무정부주의적이다. 그러나 이는 아노미ª-nomy가 천문학astronomy이기 때문이다. 이것은 숭고한 폭력, 신의 테러다. 시간과 그 척도를 내파하기 때문이다. 하늘의 영화에서 주인공들은 비상하고 추락하거나 증발함으로써 이를 표현한다. 그것은 페킨파가 말하는 '폭력 자체'다. 공중전은 성전聖戰이다.[27]

육지전과 해전, 그리고 공중전의 차이는 분명하다. 육군은 거주민을 보호하거나 영토를 점령하는 반면, 해군은 거주지를 약탈하고 영토 간 경로들을 봉쇄하거나 샛길을 개척한다. 공중전은 완전히 사정이 다르다. 거기엔 점령하거나 봉쇄할 영토도, 약탈할 틈새도 따로 주어지지 않는다. 공중전엔 신출귀몰 속에서 이루어지는 요격 및 추락, 순수한 파괴와 그 섬광만이 있다. 하지만 그것은 생성마저 낳는 순수성이다. 공기는 불을 낳는다.[28] 별은 초신성이다. 모든 하늘영화엔 부활을 약속하는 테러의 순수성, 엉켜버린 중력의 탯줄들을 끊어버리고 미래의 천궁으로 웅비하는 중력파괴의 순수성이 깃들여져 있다(쿠아론 〈그래비티〉). 땅의 영화가 소유 없는 노동으로, 바다의 영화가 관계항 없는 관계로 정의된다면, 하늘의 영화는 타겟 없는 테러("목적 없는 합목적성" 혹은 "양자붕괴")로 정의된다. 기체역학은 테러신학이다.

---

26. 칼 맑스, 『정치경제학 비판 요강』 I권, 노트 I, 김호균 옮김, 백의, 2000, 140쪽. 실상 맑스는 하늘에 대해서는 확고한 관념을 가지고 있었다(즉 영원은 자연보다는 필연이라는). 가령 프루동에 대해 맑스는, 땅을 낳는 바다의 흐름("역사적 운동")을 사상한 채 하늘의 섭리로 건너뛰었음을 비난한 것이지("그에게 모든 것은 이성의 순수한 에테르 속에서 일어났었다."), 결코 하늘 자체를 비난한 건 아니었다("단결이라는 하나의 동일한 사상", 『철학의 빈곤』, 다음에서 재인용 : 『맑스 엥겔스 저작선집』 I권, 박종철 출판사, 1991, 277, 294쪽). 아직 모호하게 남아있던 바다와 하늘의 연관에 대해 혼란을 키운 건 외려 제2인터내셔널 이후의 맑스주의였다. 수정주의 단계에서조차 맑스주의가 실업자, 룸펜, 유랑민 같은 해양인을 계급의 범주에서 배제했음은 주지의 사실. 그들은 하늘을 공장 안에 가둔 셈이다.
27. 숭고와 테러와의 공모에 대해서는 역시 한나 아렌트, 『전체주의의 기원』, 이진우·박미애 옮김, 한길사, 2006. 3부 4장. 숭고한 폭력에 대한 가장 허무주의적 식견은 9·11 이미지로부터 테러의 공기전염을 읽어내려는 보드리야르의 것이다(『테러리즘의 정신』, 배영달 옮김, 동문선, 2003).
28. 공중전은 공기냐 불이냐, 슈미트의 근심이다(『땅과 바다』, 20장). 공중전의 양상에 대해선 다음도 보라. 『대지의 노모스』, 4~7. 현대적 파괴수단의 전쟁. 특히 7.3 : 공중전의 공간변화.

화이트헤드의 두 번째 모험 : 프레이밍 이론

6-1. 두 속도의 구분 : 클로즈업이란 무엇인가

현재는 미분소처럼 있어지는 순간 없어진다. 그래서 현재란 박동pulse이고 비트beat다. 그것은 수평으로 흐르지만, 수직으로도 내려찍는다. 그래서 화이트헤드는 시간으로부터 현재면을 잘라내는 두 가지 절단법을 제안한다. 먼저 초월적 결단transcendent decision이 있다. 그것은 선행하고 후행하는 현실적 존재들을 분할함으로써 시간에 횡단면을 낸다. 다른 한편 내재적 결단immanent decision이 있다. 그것은 한 현실적 존재의 내적 형상화이며 시간에 종단면을 낸다. 고로 두 가지 유동성이 있다. 횡단면에서는 한 현실적 존재에서 다른 현실적 존재로의 "이행"transition이 있고, 종단면에서는 한 현실적 존재의 구조에 내재하는 "합생"concrescence이 있다. 즉 한 현실적 존재는 작용인으로서 이행하고, 목적인으로서 합생한다. 이행하는 한에서 불멸하고, 합생하는 한에서 소멸한다. 이것은 거시적 과정과 미시적 과정의 구분이기도 하다. 이행은 여건들을 연결하는 벡터로서 비국지적이고 공공연한 횡단이고, 합생은 형상을 지향하는 스칼라로서 국지화되고 사사로운 종단이다.[1] 현재란 결단이다. 그런데 이행과 합생은 그 두 다른 방식이다. 이행은 결단의 "수용"receive과 "전달"transmit이다. 반면에 합생은 수용도 전달도 아니다. 합생은 결단의 "선별"select과 "흡수"absorption다. 합생은 객체적 여건의 수용과 전달을, 영원한 대상의 포함과 배제로 대체하기 때문이다. 이행이 "여건의 생성"이라면, 합생은 "자기의 생성"이다.[2] 무

---

1. PR 2부 10장.
2. PR 316~317, PR 323("과정은, 많은 느낌의 주체적 형식 속에 흡수됨으로써 이와 같은 통합을 낳는 영원한 객체들을 받아들이든가 아니면 거부하든가 한다.").

엇보다도 이것은 두 종류의 순간가속도다. 이행은 서로를 붙잡는 벡터로서 현실의 가속도다. 반면 합생은 그 구심벡터와 그 자신의 내적값 0을 완결로서 지향하는 접선벡터다. 접선벡터는 현실의 가속도가 아니라 현실과의 접선가속도, 즉 '현실화의 가속도'이다. 그것은 결정된 현실태들을 붙잡는 속도와 달리 비결정된 잠재태들을 걸러내는 속도인 것이다. 말하자면 이행은 상호결정성의 지대에서 일어나고, 합생은 비결정성의 지대에서 일어난다. 이행은 합생의 접선영subtangent이다.

현재는 프레임이다. 현재가 매 순간 탈현재이듯 프레임 역시 매 순간 탈프레임이다. 프레임이야말로 박동이고 비트다. 임의의 한 프레임은 작용인으로서 다른 프레임으로 이행하고, 목적인으로서 다른 프레임들과 합생한다. 그것은 수평적-객관적 탈프레이밍과 수직적-주관적 탈프레이밍이기도 하다. 분명히 프레임은 매 프레임 자기를 탈프레이밍한다. 그러나 이는 수평적 탈프레이밍이 프레이밍의 작용인이고, 수직적 탈프레이밍은 그 목적인인 한에서 그렇다. 이것은 흡사 벡터들이 거시적으로는 매끄러운 곡선을 이루는 가운데, 매 순간마다 접선벡터가 그 가이드로 끼어드는 것과 같다. 그래서 프레임은 서브탄젠트와 그 탄젠트로 표시될 수 있는 파동일 테고. 즉 프레임은 그 주파수가 결단의 수용 및 전달을, 그 진폭이 결단의 흡수를 측정하는 파동 함수다. 프레이밍이란 공공연한 곡선과 사사로운 접선 사이에서의 끊임없는 "진동"swing이다.[3] 프레임이란 "에포크"epoch[4]다.

프레임에 있어서 그 거시적 과정이 유독 강조되던 때도 있었다. 가령 프레이밍을 잠재적 편집으로 간주하는 이론적 처사들이 그렇다. 그러나 프레이밍의 대가들에게 프레이밍이란 무엇보다도 먼저 접선적이고 미시적 과정이었다. 예컨대 로지는 거울이나 틈새, 흐릿한 유리면에 갇힌 상태에서만 포착되는 이탈충동을((하인)), 또한 카발레로비치는 한 얼굴로부터 분기되려는 충동과 그걸 그 자신의 분신들과 접붙이려는 역행충동을 프레이밍했다((수녀 요안나)). 이 충동들이 접선가속도다. 이것은 한 벡터가 스스로 물구나무서기 위해 서로 다른 이질적 벡터들과 교미하고 접붙으려는 합생충동이기 때문이다. 벡터가 공식적인 주인이라면, 그를 그 자신의 거

---

3. PR 317.
4. SMW 191, 205.

울상에 가두는 접선벡터는 비공식 접주다. 다른 한편 코미디의 대가들 또한 그들만의 미시적 프레이밍을 개발했다. 개그는 한 장면에 은밀히 감춰져 있던 반대상황이 큰 진폭을 이루며 솟구치는 순간에 성립하기 때문이다. 사람들이 밀집한 댄스홀이나 공원 등에서 찰리는 남몰래 곤란을 겪는데, 이것이 채플린식의 접선적 탈프레이밍이다. 로이드는 이를 더 밀고 나가서 군중을 틈타 스스로 불량품이 되려는 접선을 개발했다. 그것은 군중들의 거시적 동선으로부터 이탈하기 위해 차를 일부러 잘못 타거나, 주변에서 눈에 안 띄게 흐르고 있는 사소한 물건들과 합류하는 탈프레이밍이다. 로이드의 거의 완벽한 장면화에 따른다면 수직적 탈프레이밍이란 한층 한층 이행할 때마다 나뭇조각들, 비둘기, 시곗바늘 등과 합생하는 프레이밍이다(《마침내 안전!》). 한마디로 개그는 이행하는 척하다가도 은근히 합생하는 접선적 탈프레이밍에서 성립한다. 미국 비평가들은 이 접선가속도에 '굴절력'inflection이나 '편향력'deflecting force라는 올바른 명칭을 부여했다.[5] 그러나 접선의 힘은 어떤 개별 장르가 아니라 영화 자체의 힘과 직결됨을 보여주고자 했던 이론가는 바쟁이었다. 그의 논지는 영화의 접선가속도는 그 프레임을 무한과 접하게 하지만, 회화와 연극의 접선가속도는 그 프레임을 무와 접하게 한다는 것이다("무대의 공간은 구심적이라면 스크린의 공간은 원심적이다"). 더 나아가 바쟁은 같은 것을 배우에 대해서도 말할 수 있다고 주장했다. 배우의 현존이 이미 접선가속도이므로, 배우가 관객과 합생하고 반대로 관객은 배우에게 동일시할 수 있는 것은 연극이 아니라 영화에서라며. 그에 따르면 오직 영화 프레임에서만 공감sympathy이 감정이입empathy일 수 있다. 연극무대가 아니라.[6]

이 수직적 탈프레이밍의 가장 중요한 사례는 무엇보다도 클로즈업일 것이다. 클

---

5. 제임스 에이지가 "굴절"이라고 불렀던 것("Comedy's Greatest Era", *Agee on Film*, p. 401), 그리고 워쇼가 "편향력"이라 불렀던 것("A Feeling of Sad Dignity", *The Immediate Experience*, "비타협적인 자기흡수의 편향력", p. 237). 매니 파버가 "탄젠트주의"(tangentialism)라고 불렀던 경향도 보라("Clutter", *Negative Space*, p. 215).

6. 앙드레 바쟁, 『영화란 무엇인가』, 「연극과 영화」, II. 바쟁의 논증은 설득력이 있는 것 같다. 연극의 경우 프레임(무대)은 무에 접하고 배우는 거기에 현존하며, 게다가 공적으로만 현존한다. 고로 관객들은 배우에 대해서 사적으로 대립한다(질투). 반면에 영화의 프레임은 무한에 접하고 배우는 거기에 현존하지 않으며, 심지어 사적으로도 현존하지 않는다. 고로 관객들은 "배우의 현존 속으로" 사적으로 흡수된다(감정이입).

로즈업된 얼굴에서 미세한 주름 각각이 이미 접선벡터들이기 때문이다(클로즈-업 = 미시-탄젠트).[7] 이것이 〈시티라이트〉의 그 위대한 마지막 장면, 소녀와 찰리의 두 얼굴 사이에서 일어난 일이다. 여기서 얼굴은 접촉에 의해서만 태어나고 얼굴들은 접촉함으로써 서로를 들여다보고 또 걸러낸다. 이것은 오즈의 정물들이 한 치의 미동도 없이 일궈내는 일이기도 하다. 클로즈업된 모든 것은 이미 얼굴이다. 그것은 하나의 얼굴뿐 아니라 그 주변사물들까지 잠재적 얼굴로 만들어 결착시키거나 해체시킨다. 클로즈업은 걸러내고 흡수한다. 우리가 드레이어와 베르히만의 클로즈업에게서 보는 것은 주변사물들을 바라보는 한 얼굴이 아니라, 이미 작은 얼굴들이 되어 그 안에 내재하는 그 주변사물들이다. 클로즈업은 물리적 심도를 지움으로써 정신적 심도를 되찾는 문법이라고 할 수 있다. 드레이어는 심도 없는 프레임을 미끄러지며 근경과 원경 모두가 클로즈업이 되는 "흐르는 클로즈업"[8]을 보여주었고(〈분노의 날〉 〈게르트루드〉), 베르히만은 최대한 정지된 프레임에서 모든 것을 집어삼키는 비워내는 클로즈업을 보여주었다(〈산딸기〉 〈얼굴〉). 특히 베르히만, 그의 클로즈업은 공허만을 반사했다. 그러나 이는 그 반사면이 다른 얼굴들의 접면이 되기 위함이었다(〈페르소나〉와 〈얼굴을 맞대고〉의 두 여인). 베르히만의 클로즈업은 공허를 통한 접촉이고 불안과 전율을 통한 영접이다.[9] 클로즈업엔 뭔가 신학적인 성격이 있다. 그 접선이 으레 초월적이기 때문이다. 기실 드레이어와 베르히만은 얼굴의 신학적 기능에 대한 다른 두 입장이었다. 드레이어의 클로즈업이 화이트홀이라면, 베르히만의 클로즈업은 블랙홀이라고도 말할 수 있으리라. 여기서 얼굴은 각기 다른 목적으로 빛-얼굴을 흡수하고 그의 물질적 심도를 찌부러뜨린다. 드레이어는 정신의 심도

---

7. 얼굴탄젠트들은 이미 소비에트 시절부터 관찰되었던 바다. 가령 쿨레쇼프, 배우의 얼굴 연기에 관한 부분. (Lev Kuleshov, "Art of Cinema", *Kuleshov on Film*, pp. 107~108). 유리 티냐노프 또한 클로즈업이 얼굴을 "시간의 흐름으로부터 떼어내는" 기능에 대해서 언급한다(「영화의 기반」, 『영화의 형식과 기호』, 오종우 옮김, 열린책들, 2001, 26쪽).

8. Carl Dreyer, *Dreyer in Double Reflection*, ed. Donald Skoller, Da Capo Press, 1973, p. 167.

9. "하나의 얼굴이 있다. 그런데 갑자기 거기에 다른 얼굴이 뚫고 나와 물질화된다. 얼굴들은 서로에게로 들락날락한다.⋯ 찬란한 햇빛은 불안으로 충전되어 있다. 난 모든 것이 최대한 하얗게 되기를 원했다."(베르히만 인터뷰. *Bergman on Bergman*, Da Capo Press, 1993, pp. 86~87). 보니체르는 베르히만의 클로즈업을 무한소적 프레이밍으로 이미 고찰한 바 있다(『비가시 영역』, 「보빈 혹은: 미로 그리고 얼굴의 문제」).

의 재건을 위해, 베르히만은 죽음의 심도의 건재를 위해. 하길종의 요약 : 드레이어가 "신의 구제"라면 베르히만에겐 "단지 신의 침묵만이 있을 수 있다."[10]

일반적으로 클로즈업은 결단을 흡수하기 위해서만 컷을 실행하거나 지연시킨다. 이는 클로즈업이 몽타주와 연동되는 방식이기도 하다. 〈수녀 요안나〉의 놀라운 두 장면을 보자. 첫 번째 것은 요안나 수녀가 허리를 뒤로 뒤집어 꺾는 롱샷 직후에 편집되는 물구나무선 그녀의 클로즈업이다. 두 번째 것은 멀쩡한 요안나 수녀가 신부로부터 점점 멀어지다가 뒤를 돌아보는, 그러나 어느새 빙의되어 있는 그녀의 클로즈업이다. 첫 번째 경우는 잘라먹는 클로즈업이고, 두 번째 경우는 빨아먹는 클로즈업이라고도 할 수 있다. 클로즈업은 샷이 아니다. 그건 컷에 달라붙어 샷마저 집어삼킨다. 클로즈업이란 다른 얼굴들을 빨아들이기 위해 스스로 비워내는 얼굴, **흡수하고 합생하는 얼굴**이다. 클로즈업은 흡수막이다.[11] 그런 점에서 클로즈업의 가장 극단적 사례는 서로 소화하느라 뭉개지거나 으깨지는 스반크마예르의 얼굴들이다 (〈대화의 차원〉). 반대로 클로즈업의 가장 실증적이고 엄밀한 사례는 카사베티스의 얼굴들. 그들은 너무 많은 얼굴들을 과식한 나머지 복통에 진동한다(〈얼굴들〉).

클로즈업에 의해서 얼굴은 언제나 여러 얼굴들이다. 클로즈업은 얼굴에서 다음 얼굴로의 이행일 뿐만 아니라 동시에 그 옆얼굴, 밑얼굴, 겹얼굴들의 발생, 해체를 무릅쓰고 거기서 결착하고 있는 무수한 얼굴소들 혹은 얼굴무한소들의 발생이다. 얼굴은 그 **자신의 바깥을 드러내는 동시에 감추는 얼굴-탄젠트**physiogno-tangent다. 이처럼 클로즈업은 얼굴의 가장 은밀한 내부, 너무 내밀한 나머지 그의 바깥이 되어버리는 그 내면을 지향한다. 클로즈업의 좋은 정의는 브래키지의 것이다. 클로즈업은 시선을 필터링하고 얼굴의 안팎을 뒤집는 누드필터다.[12] 오몽의 클로즈업 연구 또한 얼굴을 이중화하고 끝내 해체하는 탈얼굴화 충동을 프레임의 본질에서 찾아낸다는 점에서 매우 중요하다(얼굴은 시간이고, 그 죽음이고, 고로 죽은 시간이다). 오몽은

10. 하길종, 「잉그마르 베르히만」, 『한국일보』 1973년 2월 14일. (『사회적 영상과 반사회적 영상』에서 재인용).

11. 프레임의 빨아들이는 기능에 대해선 솔로몬의 뛰어난 글, Phil Solomon, "The Frame", *Millennium Film Journal*, no. 35/36, fall 2000.

12. Stan Brakhage, *The Brakhage Lectures*, GoodLion, 1972, pp. 38, 42. 그리피스의 클로즈업에 대해서.

가장 완벽한 정의에 이른다 : 클로즈업은 "투명한 가면"[13]이다. 그러나 가장 아름다운 정의는 발라즈의 것이다. 클로즈업은 차라리 듣는 것이다. 작은 얼굴들의 공명이고 미시잠재태들의 공진이기 때문이다. 얼굴의 폴리포니polyphony.[14]

클로즈업은 그 파면과 접면이 곧 성장판이고 공명판인 얼굴-파동이다. 클로즈업은 단지 현실적 부분들의 분할과 결합이 아니다. 클로즈업은 너무 미세해서 잠재적일 얼굴들의 잠재적 결합이고 공성장이기 때문이다. 그것은 존재의 일치가 아니라 "생성의 일치" 혹은 "합생적 일치"[15]다. 그래서 클로즈업은 비록 정지해있고 가장 적게 움직이는 얼굴에서도 가장 큰 운동을 발견해낸다. 그것은 정신적 벡터이고 그 미세한 주름 하나마다 영혼이 "정류"하여 "그와 공액적"congredient[16]이 되는 가속도다. 그것은 속도 이전의 속도, 그래서 보이지는 않으며 들을 수만 있는 속도, 말하자면 "사유의 운동"[17]을 측정하는 영혼가속도, 즉 투명한 속도 혹은 **선험적 속도**다. 클로즈업은 이미 롱샷이다. 여러 프레임들이 그 안에서 합생하는 영혼의 풍경이라는 점에서 그렇다. 이런 점에서라면 클로즈업의 반대개념은 롱샷이 아니라 오히려 슬로우모션일 것이다. 슬로우모션은 프레임에서 다른 프레임으로의 연쇄적이고 객관적인 이행이기 때문이다. 게다가 그건 너무나도 끈질기게 경험가능한 이행이다. 클로즈업이 선험적-주관적 플릭커라면, 슬로우모션은 경험적-객관적 플릭커다. 하지만 이 모두는 맥동하고 점멸하는 현재성에 대한 두 가지 다른 프레이밍일 뿐이다. 사람들은 슬로우모션이 시간의 클로즈업이라고들 말한다. 옳다. 그러나 반대로 클로즈업은 얼굴의 슬로우모션이기도 하다. 클로즈업이 정지하는 것의 주관적 분해, 운동 없는 탈프레이밍이라면, 슬로우모션은 운동하는 것의 객관적 분해, 끊김 없는 탈프레이밍이다.

---

13. 자크 오몽, 『영화 속의 얼굴』, 김호영 옮김, 마음산책, 2006, 138쪽. "이중적 얼굴"에 대해서는 3장, "탈얼굴"에 대해서는 5장과 6장.

14. 벨라 발라즈, 『영화의 이론』, 이형식 옮김, 동문선, 2003. 8장. 관상학 전통 안에서 쓰인 책임을 유의할 것.

15. PR 2부 4장 8절, 4부 4장 5절. "현재화된 지속"에 대하여.

16. PR 272. 모랭의 탁월한 삼단논법도 보라. "얼굴이 영혼의 거울이라면, 그리고 영혼 자체는 세계의 거울이라면, 클로즈업이란 영혼 안의 영혼을 보는 것 이상이다. 클로즈업에서 우린 영혼의 뿌리로서의 세계를 본다."(Edgar Morin, *Le Cinéma ou l'Homme Imaginaire*, 4장, p. 113).

17. 카발레로비치 인터뷰. *Études Cinématographiques*, n° 62~63, 1967, p. 15.

6-2. 해석학자들 : 히치콕, 드 팔마, 이명세

고로 프레임은 영화의 최소 단위가 아니다. 그것은 최초 단위다. 이것이 프레임을 극화하는 해석학자들의 공통된 생각이었다. 프레임 다음에 극이 주어지는 것이 아니라, 프레이밍이 곧 극화이다. 전개란 미분이다. 히치콕은 이러한 생각 속에서 현대적인 스릴러 공식을 완성했으며, 더불어 현대적 카메라를 제시하였다. 그것이 거대한 음모, 결백한 희생자, 그리고 그를 엿보는 관객들이라는 삼위일체라는 건 잘 알려진 사실이다. 하지만 그것은 어디까지나 프레임에 의한 삼위일체였음을 우리는 잊지 않는다. 즉 음모란 모함(framing)이다. 프레임은 모함하는 자(framer)를 그 바깥에, 모함되는 자(framed)를 그 내부에 동시에 발생시킴으로써, 일상적 운동을 총체적으로 정지시킨다. 프레임은 모함된 자가 빠져나가려고 움직이면 움직일수록 더욱 그를 죄어오는 맞춤형 감옥인데, 그것은 그가 심어 넣은 죄가 달라붙고 무엇보다도 전파되기 때문이다. 히치콕에게서 죄는 '교환'되고 '전이'된다.[18] 그리고 보니 체르는 이를 매우 적절하게도 '얼룩'이라고 불렀다. 얼룩은 들러붙고 번지는 죄다. 도망자를 쫓아오는 현상수배 기사들이나 범인을 따라다니는 희생자의 연상물들, 현장에 남은 범죄 흔적들, 그리고 사방팔방으로 삽시간에 번져나갈 하늘의 작은 점, 이 모든 것이 얼룩이다.[19] 얼룩은 부지불식간에 번진다는 점에서 프레임의 내용물이자 프레이밍 자체다. 얼룩은 "여건"datum이다. 이것이 히치콕의 횡단면 해석이다. 횡단면이란 죄수의 이행을 모두 자신의 이행으로 삼음으로써, 즉 그의 모든 탈옥 시도를 외려 죄의 전이로 삼음으로써 그를 따라 점점 커지는 감옥 같은 것이다(〈39계단〉 〈누명 쓴 사나이〉). 하스미의 말대로 이 모든 것이 직선(프레임)과 곡선(구멍)의 투쟁, 즉 미분이다.[20] 얼룩은 작은 흠집, 끈질기게 달라붙는 미세기공, 즉 미분소

---

18. 다음 책의 핵심적 논지다. 에릭 로메르·끌로드 샤브롤, 『알프레드 히치콕』, 최윤식 옮김, 현대미학사, 1980. 특히 결론 부분. 샤브롤은 그의 영화 〈도살자〉에서 이 주제를 직접 다루었다.
19. 빠스칼 보니체, 『비가시 영역』, 김건·홍영주 옮김, 정주, 2001. 히치콕에 관한 부분. (Pascal Bonitzer, *Le Champ Aveugle*, Éditions Cahiers du Cinéma, 3장).
20. 하스미 시게히코, 『영화의 맨살』, 「영화, 황당무계의 반(反)기호」(1976). 하스미는 〈현기증〉의 나선계단, 〈사이코〉의 욕실 타일, 그리고 〈레베카〉에서 문의 취약성 등을 두루 해석하고 있다("직선적 세계의 곡선적 세계에 대한 패배", 89쪽). 하스미 해석의 위대함은 미분학을 시각 자체에까지 적용한다는

이고, 그 번짐은 미분이다. 〈열차의 이방인〉에서 유일한 (그러나 쓸모없는) 증인은 미분학 교수였다. 히치콕의 해석학 스릴러 : 가장 미세한 흠집이 있는 동시에 가장 거창한 음모가 있다.

미분(음모)이 프레이밍이라면 적분(추리)은 점근이다.[21] 히치콕의 공헌은 이 점근선은 프레임의 내부에도 외부에도 없다는 것, 즉 그의 은밀한 주인은 프레임된 희생자와 프레임하는 범죄자 모두로부터 구분된다는 사실을 영화에게 가르쳐주었다는 것이다. 점근선의 숨은 공범은 정확히 그들 사이에 존재하는 제3자, 즉 연출자와 등장인물 사이에 존재하는 관객이다. 예컨대 히치콕의 트래블링 카메라는 어떤 등장인물의 시점을 빌지 않고도 관객과 직접 소통하며, 무엇보다도 서스펜스는 등장인물은 모르는 얼룩을 관객이 먼저 알 때에 성립한다(〈사보타지〉〈로프〉). 반대로 인물은 모함을 빠져나가기 위해서 그 누명을 스스로 연기해내야, 즉 자기미분해내야 한다(대표적으로 〈다이얼 M …〉에서 추리작가의 위증 시나리오, 〈북북서 …〉에서의 쏜힐의 케플란 되기).[22] 여기에 히치콕의 그 유명한 종단면 해석이 있다. 그 자체로 감옥의 벽을 이루면서 그 제3의 수직축이 제3의 시선이 되는 직교면, 그것은 영화관의 스크린 자체다. 그의 법선이 관객의 시선이고 반대로 관객은 그에 수직적으로 참여하기 때문이다. 서스펜스란 스크린 자체를 프레임 삼아 관객에게까지 들러붙는 죄, 즉 억울한 희생양 몰래 진행되는 범죄자와 관객의 내밀한 합생(공모)인 것이다. 결국 히치콕의 적분은 두 가지 다른 방향으로 전개된다. 서스펜스는 관객의 수직적 참여로서 얼룩의 외적加積이고, 역서스펜스라고도 부를 수 있는 모함된 자들

데에 있다. 그것은 거리감(겹눈複眼)에서 점착성(홑눈單眼 혹은 眼球)으로의 미분이다. "문이나 벽은 결코 외부를 차단하지 못한다. 멀리 있다는 것이 전혀 거리를 보증해주지 않는다. 도처에 구멍이 뚫어져 있어 모든 것이 자유롭게 왕래할 수 있다. 무엇보다 카메라의 렌즈는 둥글기 때문에 사각인 창이나 문을 가볍게 통과해버린다."(90쪽. 강조는 인용자).

21. "결백한 자의 죄책감은 절대적 결백에 비례하여 증가하고 그 역도 성립한다. 이처럼 기이한 균형 상태는 실제로는 이루어질 수 없는 것이다. 그렇다면 그것을 선한 혹은 사악한 결단력이 맞닥뜨리게 될 점근선과 같은 하나의 가능성으로 보아야 …"(로메르·샤브롤, 『알프레드 히치콕』, 171쪽. 강조는 인용자).

22. "거의 알아볼 수 없는 입자 그리고 완전히 고립된 입자(speck)."(Robin Wood, *Hitchcock's Films*, Castle Books, 1969, p. 102). 잘 알려진 대로 로빈 우드는 히치콕의 서스펜스는 도덕적 가치를 가진다고 강조했다. 관객을 미분에 동참하도록 하는 것이다(같은 책, p. 33).

의 자기미분은 얼룩의 내적內積이다. 요컨대 횡단면은 얼룩이 일어나는 들판인 반면, 종단면은 서스펜스가 일어나는 무대다.[23]

히치콕은 뉴턴적인 관점을 가지고 있었다. 신과 사물 사이에 편재하는 절대공간vacuum처럼, 관객은 연출자와 등장인물 사이에서 "신의 감각중추"sensorium Dei [24]가 되므로 그는 물리적 용량이 더 허용되는 만큼 도덕적 책무를 더 져야 하는 셈이다. 같은 것을 시간에 대해서도 말할 수 있다. 관객이 도덕적으로 진정 책임져야 할 충동은 프레임이 완결하는 하나의 상태가 아니라, 그 서스펜스에 의해 한 상태에서 다음 상태로 넘어가는 매 순간에 존재한다(그래서 더 유예될수록 책임지는 일은 점점 더 어려워진다). 도덕을 더 머뭇거리게 하는 충동의 순간성, 히치콕의 몽타주는 바로 이것을 보여준다 : 알게 모르게 무언가 변해 있다, 나는 멈칫한다, 그 어느새 일이 막 터지려는 순간이다, 나는 **순식간**(瞬息間)에 존재한다 … 그렇게 멈칫하고 소멸하려는 순간들의 몽타주, 즉 미분 몽타주. 허공을 휘젓는 손, 뒤뚱거리는 발, 뜬 채로 멈춰진 눈, 그것들은 신체 없는 살점들, 접촉체 없는 접점들이며, 여기서 그려지는 것은 대상의 윤곽선이 아니라 그 부재의 윤곽선일 그의 순수한 접선이다(〈싸이코〉의 샤워실 장면). 다른 한편 이 순간을 형상화하는 미장센이 있다. 거대한 상징물에 매달려suspended 희생자들은 한없이 작아지기도 하고(〈파괴공작원〉의 자유의 여신상, 〈스펠바운드〉의 스키슬로프, 〈북북서 … 〉의 러시모어산), 반대로 가해자들 또한 한 장면 안에서 한 마리의 연약한 새로 미분되었다가 흉포한 새떼로 갑자기 적분되기도 한다(〈새〉). 히치콕에게 클로즈업이 얼룩무늬라면 롱샷은 바탕얼룩이다. 마찬가지로 서스펜스는 카운트다운되어 사라지고 있는 중의, 그러나 완전히 사라지지는 않는 순간들의 몽타주이다. 서스펜스는 시간의 점착성(얼룩)이다. 반대로 얼룩은 순간의 유예(순식간)다. 그 순간들에 대한 클로즈업은 너무나도 작은 간격으로 한정되는 속도, 사라지기 전의 속도나 사라진 후의 속도가 아닌 유령과도 같은 제3의 속도, 사라지는 순간의 궁극적 속도다("단지 순간일 뿐이에요" 〈현기증〉). 그것은

---

23. 그래서 하스미는 히치콕은 영화에서 종(縱)의 문제를 횡(橫)의 문제로, 즉 추락을 서스펜스로 전환한 최초의 작가라고 말한다. 서스펜스란 실재적 운동이라기보다는 그 소멸("발판의 소멸", "허공에의 소멸", "공중에 뜸")에 연관된다. (『영화의 맨살』, 「영화와 떨어지는 것」, 히치콕에 대한 부분).
24. 뉴턴, 『광학』, 4th ed., Queries 28, 31.

정확히 영국적 미분율, 즉 유율^{fluxion}(뉴턴)이다.[25]

히치콕에게 하나의 프레임이 있다면 드 팔마에겐 언제나 여러 프레임들이 있다. 드 팔마의 세계에도 음모가 주어지지만, 이는 그 프레임 밖에 언제나 또 다른 프레임, 즉 증인이나 목격자가 존재하는 한에서만 그렇다. 이것이 히치콕과의 가장 큰 차이이며 결코 간과될 수 없다. 드 팔마에게 목격자란 프레임 내부의 다수성과 구분되는, 프레임 자체의 다수성을 의미한다. 또 그 내러티브는 언제나 두 겹의 음모, 두 겹의 목격자로 정의된다. 그것은 쌍둥이처럼 분기되는 이야기거나(〈자매들〉), 엿보는 사람을 엿보는 사람의 이야기이고(〈바디 더블〉), 언제나 두 번 속이는 이야기다(〈강박관념〉 〈드레스트 투 킬〉). 드 팔마에게 분할화면은 바로 이 관점의 다수성을 표시하며, 나중엔 흡사 사방팔방에서 감시하는 CCTV와도 같은 멀티분할화면을 보여주기도 했다(〈스네이크 아이즈〉).[26] 드 팔마에게도 여전히 이행은 음모이고 합생은 공모이나, 사정은 완전히 다르다. 이제 음모는 프레임에 가둔다는 것일 뿐만 아니라, 가두는 프레임의 분열과 증식이기도 하다. 음모와 미스터리는 얼마든지 분해가능하지만, 언제나 더 바깥의 프레임이 남기에 그 분해는 쉽사리 완결되지 않는다는 사실, 이것은 드 팔마에게 단지 흥미를 유발하는 내러티브의 정식이 아니라 영화의 본성과 결코 무관하지 않을 프레이밍의 정식이었다. 아무리 프레임을 쪼개 봐도 언제나 남는 목격자, 언제나 남는 잉여의 프레임이 있다. 서스펜스에 관해서도 관객만이 공범인 게 아니라, 음모의 분열에 참여하는 모든 프레임들, 모든 공범들이 곧 관객(들)이 된다. 드 팔마에게서 얼룩은 단지 교환물이 아니다. 그것은 **잉여물이다**.[27] 히

---

25. "소실되는 양의 궁극적인 비율은 그 양들이 사라지기 전의 비율도, 사라진 후의 비율도 아니고, 바로 사라지는 순간의 비율로 이해되어야 한다."(뉴턴, 『프린키피아』, Book I. Sec I. Lemma XI. Scholium).

26. "증인", "시선의 증가", 그리고 그 "선험적 다수성"에 대해서는 Luc Lagier, *Les Mille Yeux de Brian De Palma*, Cahiers du Cinéma, 2008. 특히 〈드레스트 …〉에 관한 부분. 라지에는 〈싸이코〉 살인장면과 〈드레스트 …〉 살인장면을 비교하는데 매우 적절한 것 같다. 즉 히치콕에게서 피부절단과 필름절단이 싱크되어 있는 반면, 드 팔마에게선 "탈싱크"(désynchronisé)되어 있다(p. 64).

27. 우리의 논지를 페렛츠는 "텅 빈 잉여"(blank excess)라는 탁월한 개념에 응축시켰다. Eyal Peretz, *Becoming Visionary*, Stanford University Press, 2008. 특히 2장, 3장. 이 책은 드 팔마에 관해서뿐만 아니라, 프레임 이론에 관해서도 최고의 연구서다("텅 빈 스크린의 열림은 본질적으로 프레임의 파열을 보여주게 된다. 프레임이란 없다. 우린 프레임 바깥에 있을 수 없다." p. 75).

치곡이 미분공식이라면 드 팔마를 미분방정식이라고 말할 수도 있다. 최초의 프레임을 미분할수록 언제나 남는 제3자, 제4자…제n자, 즉 n계 프레임이 있다. 원시적 프레임은 음모의 원시함수$^{primitive-}$를 구성하는 최초의 음모자인 한편, 파생적 프레임은 그의 도함수$^{derivative-}$가 되는 n계 공모자들이다. 추리는 적분이지만 언제나 이런 연쇄적인 파생, 분열, 증식을 요한다. 드 팔마 프레임은 도함수다. 파생(派生)은 파생(破生)이다. 드 팔마의 미분은 일파만파(一破萬破)다.

고로 드 팔마에게 미분방정식은 언제나 반사의 문제로 나타난다. 프레임의 증식과 분열은 곧 반사광의 증폭이기 때문이다. 허나 그것은 파생되어 마주 보는 여러 프레임들 사이에서 이루어지는, 흡사 크리스탈 다면체 안에서 빛이 한 단면에서 다른 단면으로 어지러이 건너뛰는 중심 없는 반사다.[28] 드 팔마는 언제나 하나의 사건을 그에 포함되어 있지 않은 주변 프레임을 통해 보여주는데, 그 주변 프레임이 사건에 참여함에 따라 원래의 중심 프레임이 이번엔 그를 바라보는 주변 프레임이 되곤 한다. 하나의 사건은 그 전면과 배면, 중심과 주변의 끊임없는 교대, 그를 따르는 시선의 진동과 밀당 속에서 비로소 태어난다. 드 팔마에게 미분(이행)이란 지그재그 반사다. 이것이 너무도 바로크적인, 드 팔마의 횡단면 해석이다. 클로즈업으로만 이루어진 〈드레스트 투 킬〉의 엘리베이터 장면을 보자. 여기서 빛은 면도칼, 창녀의 눈동자, 거울을 거치며 엘리베이터의 안과 밖을 지그재그 횡단한다. 가장 정교한 사례는 〈카인의 두 얼굴〉에 등장한다. 그 바깥쪽으로는 신년을 축하하는 관중들을 반사하는 동시에 안쪽으로는 불륜을 감시하는 시체의 눈을 반사하는 TV 화면이 그것이다. 그리고 드 팔마는 이 모든 것이 인물들이 움직이거나 달리는 상황 속에서도 가능함 또한 보여줄 것이다(〈언터처블〉 〈칼리토〉 총격씬). 이 모든 것으로부터 드 팔마가 깊이 이해하고 있는 바는 영화의 프레임은 연속성이나 불연속성, 어느 하나에 배타적으로 지배받지 않는다는 사실이다. 그것은 단지 비선형적일 뿐이다. 연속과 불연속은 그 두 측면만을 지시할 뿐이고.

같은 것을 서스펜스에 대해서도 말할 수 있다. 관점의 분열, 대상의 다층화에

---

28. 라이프니츠의 크리스탈 거울모델에 대해선, 『자연과 은총의 이성적 원리』, 12~14절, 『모나드론』, 57절.

공모하는 프레임들이 많아질수록 시간은 점점 더 길어지고, 상황은 더 첨예해지며, 그 종국점은 더 예측불가능하게 된다. 이것이 지그재그 반사로 주조하는 지그재그 서스펜스의 본질이며, 드 팔마의 종단면 해석이다. 드 팔마의 서스펜스엔 예정된 동선으로부터 이탈하는 비선형적인 전개, 알게 모르게 일어나는 역할교대와도 같은 반전, 능동태와 수동태의 은밀한 바꿔치기, 복잡성의 기하급수적 비약과 같은 프레이밍의 누진이 항상 있다. 가장 유명한 사례는 역시 〈드레스트…〉의 미술관 장면일 것이다. 여기서 쫓던 여자는 어느새 쫓기게 됨으로써 그 밀당은 비선형적으로 전개된다. 가장 복잡한 사례는 〈스네이크 아이즈〉다. 붉은 옷의 여인, 주정뱅이의 외침, 챔피언의 녹다운, 그리고 관객들의 함성에 맞춰서 격발의 총성까지, 모든 신호와 시선의 교환은 연쇄적이되 지수적인 궤적을 그린다. 드 팔마의 서스펜스는 더 이상 유율적이지 않고 계열적이다. 그것은 여러 관점, 프레임, 반사면들의 누진을 통해서만 주어진 여건들의 합생을 이루기 때문이다(가령 〈언터처블〉 계단장면에서 유모차는 계열변환기serializer가, 그것이 굴러떨어지는 궤적이 급수series가 된다). 드 팔마는 멱(冪)-서스펜스다. 그것은 프레임이 사건을 분해하고 또 그 단면들을 비선형적으로 누승시키는 힘, 그러나 더 이상 프레이밍하는 사람이 아닌 프레임 자체에 속하는 자승의 힘(冪)을 보여준다. 샷을 끊을 것인가 말 것인가는 더 이상 문제가 되지 않는다. 멱은 연속성 안에서 일어날 수도 있고(플랑세캉스), 불연속적 단위들로 재구성될 수도 있다(몽타주, 점프컷). 중요한 것은 프레임들의 분열과 증식과 동시에 그 누진을 취하는 것, 그럼으로써 프레이밍이란 누승이고 자승임을, 결국 누승과 자승의 합치를 보여주는 것이다. 드 팔마 영화는 플랑세캉스가 아니라 플랑급수plan-series, 가속 몽타주가 아니라 지수 몽타주exponential montage다.

드 팔마는 이행을 지그재그화했고, 합생을 수열화해버렸다. 이행이 파열, 반사, 진동인 것처럼 합생은 파생, 계열화, 수렴이다. 몇몇 비평가들은 드 팔마 영화를 치기 어린 B급으로 간주하며 윤리의식의 부재를 비난했으나 사정은 정반대로서, 멱-서스펜스가 진정 하고자 하는 바는 어떤 윤리적 판단체계의 건축이다. 증식하는 관점, 지그재그로 횡단하는 시선, 점점 더 늘어나는 분할화면, 그만큼 점점 더 가까워지는 칼끝, 모든 것은 그 궤적의 종착지가 마지막 파생 프레임의 내부인가 외부인가, 바꿔 말해 궤적이 종착하는 마지막 파생 프레임이 존재하는가 하지 않는가의 문제를 구성한다. 무한급수는 때로는 발산하고, 때로는 수렴하며, 때로는 진동할 것이다. 이들 중 어느 하나만을 미리 취하는 다른 슬로우모션 작가들(페킨파, 오우삼, 두기봉)과 드 팔마가 근본적으로 다른 점은 바로 이러한 자동판단체계다. 드 팔마 서스펜스는 무한급수 수렴판정법이다. 모든 것은 n계 도함수로의 파생이 있는 만큼 원시함수(최초 음모)로의 접근하는 것처럼, 고로 미분은 원시함수를 바라보는 마지막 프레임(마지막 목격자)에 이르기 위해 위악적으로 프레임을 1차, 2차…n차 무한히 파생시키는 것처럼 일어난다. 이는 마치 무한급수의 수렴성을 이상적분으로 판단할 수 있는 것과 같다($\int_{0}^{\infty} f(n) < \infty$). 우린 아마도 각 파생 프레임의 n계 위상을— 수학자들의 용법 그대로— '차수'order라고 부를 수 있을 것이다. 이상적분이 찾는 마지막 프레이밍에 의해서 그동안 쪼개져 나갔던 파생적 프레임들은 비로소 도덕적 질서order를 회복하기 때문이다.[29] 예컨대 지그재그의 마지막 프레임이 선과 악을 안팎으로 나누고 단죄에 성공함으로써 사건을 해결하는 경우는 수렴이고, 반대로 그것이 끝내 찾아지지 않음으로써 선과 악의 구분을 흐리며 또 다른 죄악을 불러오는 경우는 발산이다. 〈캐리〉의 무도회 장면은 가장 끔찍한 발산이었다. 거기엔 캐리의 잠재된 악마성을 불러들이는 돼지피의 용출이 있기 때문이다($\sum_{0}^{\infty}$ 월경혈 = 돼지피). 일반적으로 각 파생적 프레임들이 범죄의 목격자이고 사건의 단면이 되는 와중에 그들이 마지막 프레임에 포괄되면 수렴(무죄), 그렇지 않으면 발산(유죄)이다. 신은 가장 마지막 목격자, 가장 궁극적인 프레임이다. 이렇게 누승과 자승은 한 끗 차다.

드 팔마란 프레이밍으로 하는 라이프니츠다. 지그재그 이행과 수열적 합성이라는 그의 구분은, 라이프니츠가 했던 준칙maxim과 원칙order의 구분에 정확히 대응한다. 즉 횡단면은 파생적 프레임을 이루고 준칙을 따르는 반면, 종단면은 궁극적 프레임을 향하며 원칙을 따른다.[30] 어떤 범죄도 준칙을 벗어날 순 있어도 원칙을 벗

---

29. 언어학에서의 미분(저계도에서 고계도로의 추상화, 각 차수의 구분 등)에 대해선 저 악명 높은 Alfred Korzybski, *Science and Sanity*, International Non-Aristotelian Library Publishing Company, 1958(4th edition). 특히 II권 VII장. '구조적 미분' 부분. 구조적 미분은 은 우리가 영화를 볼 때 특히 슬로우모션을 볼 때 그대로 일어나는 일이다(같은 책, III권 VIII장, p.578). 코르지브스키의 경고는 우리가 차수를 혼동하여 의미의 구조적 미분에 실패할 때, "의미론적 질병", 특히 '아리스토텔레스 병'에 걸린다는 것이다(같은 책, pp.403~411). 히치콕과 드 팔마를 혼동하면 그 또한 아리스토텔레스 병이다.

어날 순 없다. 완전범죄란 원칙을 벗어나는 범죄가 아니라, 반대로 준칙은 벗어나되 원칙을 벗어나진 않는 범죄다. 즉 범죄는 원칙과 준칙 사이의 편차만큼이다. 그리고 그만큼 아슬아슬하게라도 원칙 안에 존재하는 한 범죄는 없는 일이 된다. 가령 헬기가 능선에서 나타나기 직전에만 베트남 소녀가 다리에서 추락해준다면 범죄는 은폐되고 없는 일이 된다(〈전쟁의 사상자들〉). 〈미션 임파서블〉은 극도로 미세한 편차에도 반응하는 금고를 보여준다. 여기서 공간의 모든 사물이 목격자가 되어 절도행각은 온도나 소리의 미세한 변화, 심지어는 땀 한 방울의 접촉만으로도 발각될 수 있으며, 고로 도둑은 말 그대로 틈타야 한다. 즉 땀 한 방울까지 범죄를 목격하고 일러바치는 파생적 프레임이 되는 그 작은 틈새가, CIA 보안의 준칙을 넘어서되 금고의 원칙을 넘어서지 않는 완전범죄의 예리함이 된다. 이것이 〈카인…〉과 〈미션…〉의 마지막 장면들에서 거대한 상황으로부터 어느새 수렴되어 주인공의 목에 아슬아슬하게 접하도록 바짝 접근하는 칼끝이 지니는 도덕적 기능이자 의미다. 범죄는 목에 닿는 칼끝만큼만 일반원칙에 내접하는 것이며, 단죄는 바로 그 칼끝만치 피할 수 있는 셈이다. 고로 가장 좋은 범죄란 최대한 준칙으로부터 남겨 먹고 최소한 원칙을 건드리지는 않는, 라이프니츠의 용법 그대로 '기적'이다. 드 팔마에게 서스펜스란 이러한 도덕적 서열매기기ordering 혹은 도덕적 판정과 떼어놓을 수 없으며, 무엇보다도 이 준칙과 원칙 간의 간극이 점점 작아질 때 그것은 점점 더 첨예해진다.[31] 특수준칙들이 일반원칙으로 수렴되는 만큼만, 사건은 스스로 심판받고 그 자체로 영원히 지워지지 않는 자율성을 지니게 된다. 이렇게 누승과 자승은 칼끝 차다.

분명히 드 팔마는 역-프레이밍의 거장이었으나, 그가 차용한 장면들 때문에 히치콕의 아류라는 어처구니없는 오해에 시달리기도 했었다. 그러나 만약 드 팔마가 베낀 게 있다면 그건 차라리 지알로 필름이었다(바바, 카르니메오, 아르젠토). 우리는 드 팔마적인 것과 히치콕적인 것을 혼동할 수 없을 것이다. 히치콕에게 범죄가

---

30. 준칙과 원칙의 구분에 대해선 라이프니츠, 『형이상학 논고』, 6, 7절. 두 가지 진리의 구분에 대해선 『모나드론』, 33~39절. 근원력(vis primitiva)과 파생력(vis derivativa)의 구분은 『동역학 시범』, 1부.
31. "난 기본적으로 도덕적 질서(moral order)를 믿는다. 누가 무슨 짓을 하든지 간에 그가 마주하는 어떤 난관도 넘어서는 도덕성 같은 것이 있다."(드 팔마 인터뷰. *Premier*, Sep. 1998, 다음에서 재인용: *Brian De Palma Interviews*, ed. Laurence E. Knapp, University Press of Mississippi, 2003, p. 158).

교환가치라면 드 팔마의 범죄는 잉여가치이고 그 자가증식이다. 드 팔마에게 얼룩은 더 이상 프레임 안에 있지 않다. 그것은 프레임을 초과하고 또 증폭시킨다. 이것은 얼룩도 아니다. 이것은 얼룩덜룩이다. 그것은 파열, 상처, 지그재그로 비산되는 핏방울들, 울려 퍼지는 메아리이며, 깨지고 찢어지는 프레임이다. 단지 당김이 아닌 밀당에 의한 울퉁불퉁, 히치콕 대 드 팔마는 중력Gravitas 대 바로크Barroco다. 고로 히치콕에게 음모가 단지 접선이었다면, 그 팔마에게 음모는 접촉마다 휠 수 있는 편향력의 펼쳐짐, 즉 n계 도함수들과 그 차수들의 연쇄다. 이제 서스펜스의 중심이 되는 제3자는 불필요한 것이 된다. 반대로 필요한 것은 그 중심을 주었다 빼앗았다 밀당할 수 있는 제n자다. 즉 관객이 공범인 것이 아니라 공범이 관객이다(히치콕의 서스펜스란 관객만 알고 있을 때 작동하지만, 드 팔마의 서스펜스란 꼭 그렇지 않아도 작동한다). 히치콕의 서스펜스는 선과 악의 경합, 그리고 번져나가는 악에 대한 도덕적 비판이다. 그러나 드 팔마의 서스펜스가 내포하는 도덕성은 이것이 과연 악인가 라는 근원적 비판이다. 또한 히치콕에게 궁극적 종단면은 관객(공범)이 점유하고 횡단면은 스크린감옥(접근선)이라면, 드 팔마에게 궁극적 종단면은 목격자(심판)가 점유하고 횡단면은 거울감옥(지그재그선)이다. 또 히치콕의 신은 매 순간 개입할 필요가 있다면("신의 감각중추"sensorium Dei), 드 팔마의 신은 궁극의 순간에 예정조화하는 것으로 충분하다("신의 지혜"sapientia Dei). 만유인력이 따로 형사일 필요가 없는 건, 사건해결을 위해 "만물이 공존함으로 충분하기 때문이다."[32] 요컨대 뉴턴-히치콕의 영국적 유율에, 라이프니츠-드 팔마의 바로크적 미분율이 대립한다. 드 팔마는 히치콕을 미분한 셈이다. 베낀 게 아니라.[33]

또 한 명의 위대한 해석학자는 한국에 있다. 그는 이명세다. 이명세는 운동과

---

32. 라이프니츠, 아르노에게 미발송된 1686년 6월 서간문. "공존(concomitance)의 가설"은 예정조화설의 베타버전이다.

33. 히치콕의 복제사라는 드 팔마의 오래된 오명에 대한 부분적인 반론으로는 다음을 참조하라. 김영진, 「아메리칸 드림, 피를 뒤집어쓰다」, 『씨네 21』, 1998년 168호. 브라이언 드 팔마 특집. 그러나 김영진이 "히치콕이 살해당하기 직전의 서스펜스를 강조한다면 드 팔마는 살인 그 자체의 서스펜스 묘사에 주력한다"고 말할 때, 김영진은 다시 한번 이 두 작가의 간극을 오도하는 것처럼 보인다. 왜냐하면 우리가 볼 때 두 작가의 차이는 프레임의 선후가 아니라 프레임의 안팎, 혹은 프레이밍의 방식 자체에 있기 때문이다. 나아가 신이 프레이밍하는 방식의 차이, 특히 공간과 관련하여 "진공"(뉴턴·클라크)과 "사물들의 질서"(라이프니츠, 1716년 6월 2일 네 번째 서간문)의 차이.

그 단위들을 정지된 컷들로 끊임없이 나누고, 그리하여 꿈과 같은 순간들로 돌려보 낸다는 점에서 에누리 없는 해석학자다. 드 팔마와 비교되어야 할 작가는 히치콕이 아니라 이명세다. 그 둘은 모든 측면에서 진정 대조적이다. 드 팔마에게서 여러 프레 임들 바깥에 하나의 프레임이 있다면, 이명세에겐 하나의 프레임 안에 여러 프레임 들이 있다. 그러나 이번에 그것은 동화나 삽화와 같은 만화의 컷들이며(심지어 그것 은 한 장씩 넘겨지거나 심지어 찢어질 수 있다), 현실이 아니라 상상을 해석하는 단 위들이다. 일반적으로 실제보다 더욱 과장되기 마련인 만화프레임들은 화각, 심도, 거리 등 거리체계에 관련한 식역하subliminal 혹은 식역상superliminal 왜곡으로 정의 된다. 그리고 과소지각imperception과 과대지각superperception은 이어 오는 순간들에 의해 평균화되고 객관화되기 직전의 지각이라는 점에서, 만화 컷들은 하나의 순수 한 순간, 찰나 안에 있다. **찰나의 미장센**, 이것이 이명세가 만화책의 프레임으로부터 직접적으로 영화에 도입하려고 한 것이다.

  이명세의 프레임은 찰나다. 그것은 히치콕의 순간과 다르다. 찰나 안에는 그 각 각의 독립적인 순간들이 쟁여져 있으나, 바로 그 독립성 때문에 그 순간들은 하나의 찰나 안이다.[34] 달이 차오르는 찰나는 연인들이 사랑하는 순간 없이는 아무것도 아 니며, 비가 내리는 찰나는 사람들이 서둘러 비를 피하는 순간 없이는 아무것도 아 니다. 이것이 정취이고 울림이다. 찰나 안에서 각기 다른 시간이기 위해 각 순간은 서로에게 확산되고 울려 퍼짐으로써만 하나의 찰나를 수놓는다. 찰나에 시간의 문 턱이란 없다. 그 내면을 울림으로 장식하는 지각의 문턱만이 있을 뿐이다. 그것은 시 간의 경계들을 흐릿하게 하는 산란에 대한 (과소 혹은 과대)지각이다. 찰나의 횡단 면은 난반사면이다. 난반사는 시간의 흐릿함이다. 찰나는 난반사면들로 채워졌기에 그 속을 흐릿하게만 내비친다. 찰나는 그 중심이 허초점인 뿌연 창문이다. 특히 이명 세의 초기작들에서 이것은 김이 서리거나 성에가 낀 창문이었으며(《나의 사랑 나의 신부》), 다른 한편으로는 너무나 인위적이어서 그 실재성이 흐려진 풍경세트였다(《첫 사랑》). 저 너머의 시간을 건너보는 그 불투명성과 아련함이 이명세의 클로즈업과

---

34. "단순성은 복잡성이기도 하다. 공허란 형상이며, 형상이란 공허이다.[색즉시공, 공즉시색]" (이명세
   인터뷰. Jang Byung-won, *Lee Myung-Se*, KOFIC, 2008, p. 120).

롱샷을 지배한다. 이렇게 불투명면은 이명세의 들판이고 감옥이다. 만약 이명세가 꾸준히 연극화를 추구한다면 그것이 그 자체로 기억의 산란이고 허초점의 퍼포먼스이기 때문이다. 난반사는 얼굴을 하나의 연극으로, 풍경을 하나의 무대로 만든다. 〈지독한 사랑〉에서 바깥 풍경을 투사하면서 방안의 두 남녀를 반사하는 유리창은 가장 먼 거리에 있던 두 다른 시간을 디졸브하고, 방안의 시간을 허구의 시간으로 만드는 연극막이다. 무엇보다도 〈개그맨〉에서 이종세의 희극은 바로 이 허초점이 외부의 롱샷에 속한다는 데에 있었으며, 그의 비극은 허초점이 자신의 클로즈업을 형성한다는 데에 있었다. 그러나 초기작들에서 상대적으로 간과되고 있었던 허초점을 이명세가 본격적으로 탐구하기 시작한 것은 〈인정사정 볼 것 없다〉 이후부터인 것 같다. 그것은 눈이나 빗줄기에 의해서 산란되고 있는 액션이고(〈인정사정…〉〈형사〉), 유리파티션이나 선풍기 날개들을 통과하면서 점점 산란되어 가는 기억이다(〈M〉). 찰나는 산란필터로 지어진 무대다. 이명세의 장면전환은 흡사 씬이 서로에게 녹아들어 어느 것이 이전이고 이후인지, 중심이고 주변이지 구분되지 않는 '어느새'에 이루어진다. 카메라가 대상으로부터 배경을 이격시키거나, 만화나 회화처럼 추상해버리는 경우도 마찬가지다. 이러한 경우들은 난반사면을 그 매개로 하는 장면전환이다. 가장 유명한 것은 지각체계 및 행동체계 간의 이행일 것이다. 격투와 왈츠(〈인정사정…〉), 추격전과 럭비, 검투와 탱고(〈형사〉) 간의 장면전환이 그렇다. 영화로부터 애니메이션이나 뮤지컬로의 장르이행(〈나의 사랑…〉〈남자는 괴로워〉), 나아가 아예 뮤직비디오나 광고로의 장르이행(〈M〉〈형사〉)도 마찬가지다.

고로 찰나는 그가 통과하는 허공만을 자신의 목표로 삼는다. 찰나의 횡단로가 공중이듯 그 종단은 공중부양이다. 이명세는 서스펜스의 동양적 의미를 되찾는다 : 서스펜스란 허공에의 서스펜션(매달림)다. 그것은 헛된 목표를 향한 점진, 누군가를 막연히 기다림, 혹은 눈을 감고 키스를 기다리는 두근거림과 같은 시간의 무중력상태이고, 여기서 기억이나 의지와 같은 중력들은 완전히 미정상태suspense로 들어선다. 이명세는 공(空)-서스펜스다. 하지만 이것이 단지 허구적이라고는 볼 수 없다. 그 수렴점이 헛될수록 서스펜스 자체는 점점 참이 되기 때문이다. 〈지독한 사랑〉의 호프집 장면을 보자. 남자가 여자를 애타게 기다리는 시간은 과대지각되어 그 자리에 정지한 듯하고, 반대로 어느새 떠나버리는 손님들의 시간은 과소지각되어 너무나 빨리 흘러가 버린다. 이명세에게 서스펜스란 흐르는 모든 시간을 증발시키는 기다림과 애절함, 즉 시간의 휘발성 자체다. 이명세는 이를 몽타주로 취할 수도 있을 것이다. 그것이 그가 애용하는 스틸 디졸브다. 순간의 이전과 이후는 모두 찰나 안으로 용해되어, 각각의 고유한 순간들로 침전된다. 샷이 컷의 증발인 것처럼, 컷은 샷의 용해다(특히 〈M〉에서 루팡 바 장면). 이명세의 서스펜스에게 점근선혹은 수렴값이란 허상이다. 그것은 어떤 순간으로의 점근이 아니라, 한순간 안에서의 점근이기 때문이다. 허상은 운동 자체를 휘발되거나 용해되는 매질이다. 고로 이명세에겐 슬로우모션이란 없다. 오직 슬로우만이 있을 뿐이다. 여기서 움직임은 너무나 느려, 영원이 지나도 찰나 밖으로 나가는 법이 없다.[35]

이명세는 드 팔마의 지그재그 반사와 멱-서스펜스를, 각각 난반사와 공-서스펜스로 대체한다. 난반사는 프레임에 허초점을 부여한다. 히치콕에게 엿보기, 드 팔마에게 겹보기가 있다면, 이명세에겐 건너보기가 성립한다. 사실 이명세에게 엿보기란 불가능하다. 엿볼 수 있는 구멍이 찰나엔 없기 때문이다. 차라리 건너보기란 있지도 않은 너머를 내다보는 것이다(이는 이명세 멜로물의 핵심테마다). 허초점에 맺히는 것은 허상이며, 여기서 서스펜스는 허상을 향해서만 수렴하기에 찰나에 속하는 극도의 느림이다. 이에 비한다면 드 팔마의 서스펜스는 실상을 향해가는 허상의 검열 과정이었다. 허상을 서스펜스와 결부시키려고 했던 것은 오히려 히치콕이었으나, 그에게도 허상은 여전히 실상에 대한 역진 계열이었다(예컨대 맥거핀 효과). 반대로 이명세에게서 허상은 정확히 무한급수의 종국항을 이룬다. 만약 찰나의 바깥이 허용된다면, 그것은 오직 찰나를 꿈꾸기 위해서다. 이명세에게 지그재그란 졸고 있는 노인, 잠든 소녀, 몽유병자의 ZZZ이다(특히 〈M〉에서 소녀가 그러한 외부에 있다). 이

---

35. "움직임이란 끊어지지 않고 모든 것이 연결되어 있는 어떤 느낌 … 소리, 색감, 빛, 음악, 모든 연계된 총체적인 움직임 … "(이명세 인터뷰. 『씨네 21』, 2005년 519호). 정성일은 바로 이러한 순간화된 총체성이 진짜 시간마저 증발시켜버리는 지나친 형식주의라고 비판하였다(『영화』, 1993년 147호. 〈첫사랑〉에 대한 좌담. 우린 다르게 생각한다. 증발이야말로 이명세에겐 시간이기 때문이다. 또한 "속도가 더해질수록 그의 정물들은 생각할 시간이 없어진다"(「우리들의 작가주의의 이상한 위기」, 『KINO』, 2000년 1월호)고 하는 그의 견해에도 우린 반대할 것이다. 엄밀한 의미에서 이명세의 영화엔 운동이나 속도가 있어 본 적이 없다. 우리가 볼 때 이명세는 한국영화의 위기라기보다는 한국시간의 위기다.

명세의 영화는 상상想像을 공상空想으로 해석하는 영화들이다. 드 팔마의 여러 질서 order를 이명세는 단일한 전일적 질서로 대체한다. 고로 난반사와 공–서스펜스는 영화에게 자유와 방종을 주기는커녕 반대로 엄청난 엄밀성을 영화에게 요구하며, 이것이 이명세가 하나의 장면을 연출해낼 때 고집하는 엄격함이기도 하다. 이명세표 프레이밍이란 행동이나 감정의 벡터가 그 최고점에서 정확히 정지함으로써 만들어지는, 그러기 위해선 카메라나 배우뿐만 아니라 소품에까지 프레임을 점하거나 떠나는 정확한 타이밍을 요구하면서 한순간이라도 그 정점을 향하는 벡터를 놓치는 법이 없는 한 장의 완벽한 그림이다. 분명 그건 그림이다. 왜냐하면 이것은 허초점으로 동선을 짜고 허상을 그 배우로 캐스팅하는 이미지로 하는 연극이기 때문이다. 여기엔 분할화면이 있을 수 있다. 그러나 그것은 휘날리는 눈발과 돈다발과 같은 산란필터가 그 무대장치가 되는 한에서다. 여기엔 슬로우모션이 있을 수 있다. 그러나 그것은 판토마임과 안무를 위해서다. 또한 여기엔 땀방울과 같은 미세편차가 있을 수 있다. 그러나 그것은 활공함으로써 허공 자체를 무대화하기 위해서다. 이 모든 것이 〈인정사정…〉의 사례들이다.

　이명세에게 원시적 프레임과 파생적 프레임과 같은 구분은 없다. 모든 프레임은 똑같이 원시적이기에 찰나다. 드 팔마의 관점주의와 복수주의를 대체하는 이명세의 평등주의가 있다. 모든 순간은 어느 하나가 다른 것에 대해 더 무겁지 않다는 의미에서 무중력에, 그 하나의 찰나 안에 있다. 고로 운동은 애초부터 생기지 않았으며 범죄도 일어난 적이 없다. 그러한 것들은 모두 순간의 불평등으로부터 생겨나고 찰나의 바깥을 전제했을 때 생겨나기 때문이다. 이것이 이명세의 영화에 어깨너머샷(OS)이 없는 이유이고 추격과 같은 진지한 운동이 불가능한 이유다. 범인과 형사들은 "모두 같은 사주를 타고난 사람들"이다.[36] 이명세의 무한급수는 그 편차가 등차이되 공으로서만 등차인 공차수열(空差數列)이다. 다투는 연인들의 동선, 범인들의 도주선, 기억을 흩뜨리는 정신줄, 하루를 지나게 하는 자오선, 심지어는 공중에 던져지는 스카프나 모자의 포물선, 모든 것이 공차수열이다. 차즉시공 공즉시차. **운동은 증발, 그밖에 아무것도 아니다.** 그의 액션영화에서조차 액션이란 없다. 장병원의 정확

36. 이명세, 『스크린』, 1999년 8월호.

한 표현처럼, 오직 "개념으로서의 액션"[37]만이 있다. 찰나는 시간의 꿈이다.

고로 특권화된 순간을 향한 여러 프레임들의 상호 해석 같은 것은 이명세에게 불필요한 것이 된다. 이명세의 각 프레임은 이미 충분히 해석된 하나의 찰나이며, 마치 그 자신이 모든 시간의 처음이자 마지막이듯, 주어지는 모든 시간과 자신의 시간을 접하게 하는 것으로 충분하기 때문이다. 이것이 이명세가 한편으로는 가장 단단한 것, 대지에 발을 딛고(〈첫사랑〉의 향수, 〈M〉의 기억), 다른 한편으로는 가장 공허한 것, 즉 천공으로 활공하는(〈개그맨〉의 꿈, 〈형사〉의 활극) 이유다. 반대로 〈지독한 사랑〉에서 불륜남녀의 보금자리는 지나가는 비행기에도 흔들리는 허름한 사상누각이었다. 어쨌든 대지는 천공에 대해 과소지각적인 것이지만, 바로 그 때문에 대지는 천공이 과대지각될 수 있는 근거가 된다. 이명세는 준칙-원칙의 구분을, 대지-하늘의 구분으로 대체한다. 영원토록 유일한 찰나프레임을 그려내는 것은 자기 자신 밖에는 아무것도 접하지 않는 땅과 하늘의 전일적 접선, 그 스카이라인skyline이다. 스카이라인은 두 종류다: 허초점에서 원심적으로 방사되어 내벽을 적시는 상상적 선들, 예를 들어 수증기, 공중으로 떠오르는 물건이나 사람들의 선(〈첫사랑〉 〈남자는 괴로워〉), 나래이션의 공중부양일 말풍선(〈나의 사랑…〉) 등등이 있는가 하면, 다른 한편으로는 허초점을 구심적으로 둘러싸며 그 매질을 형성하는 내벽 자신의 물질적 선들, 예를 들어 비, 눈, 낙엽, 눈물 등등이 있다. 전자는 하늘로 오르고(원심력), 후자는 하늘에서 내린다(구심력). 존재는 수증기와 함께 무산霧散되지만 그와 동시에 눈비와 함께 결로結露되거나 무빙霧氷되어 찰나 바깥으로 나가는 법이 없다.[38] 스카이라인은 활공력이나 증발력이다. 이것이 이명세 영화에서 끊임없이 나타나는 공중부양이나 무중력 댄스의 테마다. 스카이라인은 허상을 그려내고 천공을 펼쳐낸다. 공중존재란 무산되고 결로되는, 즉 수증기처럼 피어오르지만 흩어지고, 비나 눈처럼 응결되지만 흘러내리는 무중존재(霧中存在)다. 꿈꾸는 개그맨, 도약하는 검객들, 사랑에 빠진 몽유병자나 기면증자, 그들은 무존(霧存)한다. 더 이상 칼끝에

---

37. Jang Byung-Won, *Lee Myung-Se*, pp. 50~53.
38. "비는 운동이 본질적으로 부동적인 것으로 만들어질 수 있음을 보여주는 탁월한 매개체이다."(이명세 인터뷰. *Lee Myung-Se*, p. 53에서 재인용. 장병원은 이를 "정중동" 즉 "운동을 포함한 부동성"이라고 말한다).

반사되어 지그재그로 꺾이는 반사광만으로 충분하지 않으며, 난무되어 칼끝이 박무를 이루는 칼춤 추는 산란광이 필요한 것이다(〈형사〉). 물론 스카이라인에도 멱과 누승이 있긴 하다. 하지만 그것은 가랑비처럼 시나브로 내리는 시간, 즉 삽시간霎時間, 가랑비-시간이다. 안개가 어느새 가랑비가 되고 가랑비가 어느새 소나기가 되는 식 역하적 시나브로. 〈인정사정…〉의 40계단 장면은 이 모든 측면들을 종합적으로 보여준다고 할 것이다. 빗줄기가 천공과 대지의 접선을 형성하는 가운데, 헤어지는 연인들, 계단을 무심히 내려오는 어린이, 황급히 비를 피하는 사람들은 중심 사건을 시나브로 적시는 사건의 가랑비를 이룬다. 유일한 목격자는 곧 잔상이 되어버릴 이미지, 허상만을 예견하는 반사체들과 이 모든 사태를 꿈꾸려 잠든 노인뿐이다. 하늘로 오르는 것은 살인자, 펼쳐지는 우산, 칼이고, 대지로 내려가는 것은 희생자, 찢어지는 우산, 핏방울들이다. 빗방울은 시나브로 핏방울이다. 핏빛의 오리무중 속에 시간은 그렇게 정지해 있다. 이명세는 시나브로 몽타주다.

이명세에게 무한소가 있다면 그것은 실재와 허구, 현실과 꿈 사이에서다. 스카이라인을 따라서, 허공을 통해서, 찰나 안에서, 허구는 무한히 실재가 되고 그 역도 마찬가지다. 왜 이명세의 세계를 미니어처라고 부를 수밖에 없을까? 찰나의 내벽은 찰나 자신의 내부에 허초점을 생성해내기 위해서만 빛을 받아들이는 오목렌즈로 구성되기 때문이다. 시간에게 음의 곡률을, 또 자승에게는 음의 가치를 요구하는 허초점 자신은 분명히 허수虛數, imaginary number지만, 바로 그 덕분 더 강력한 평등을 실재 안으로 들여놓는다. 즉 자승에 있어서 실재와 상상의 평등을. 이명세 미학의 가치를 수학에 있어서의 해석학에서 복소해석학으로의 발전에 비견할 수 있을까? 이명세에게 n번의 프레이밍, 즉 사건의 n승이란 언제나 허구와 대립하는 실재보다 더욱 실재적인 허구를 겨냥하기에($i^2 = -1$)?[39] 김수남은 이명세를 옹호했다. 이명세가 i를 보여주는 데 그치지 않고, 그 자승($i^2 = -1$)을 실천했다는 이유에서였다.[40]

허구는 단지 불투명하지 않다. 허구는 실재를 내비치는 허공인 만큼 투명하다. 이것이 이명세의 창문이다. 지각의 불투명성과 맞바꾸는 존재의 투명성이 있다 : 산

---

39. "진정한 리얼리스트만이 꿈을 꿀 수 있고, 진짜 몽상가는 현실을 생각할 수 있어야 한다."(이명세, 『씨네 21』, 2007년 591호).
40. "유사현실을 통한 리얼리티의 실천…" (김수남, 『한국영화감독론 3』, 13장, 368쪽).

란필터는 정물을 더 부드럽게 한다, 그리고 밤하늘의 산란은 별빛을 더욱 빛나도록 한다, 기다림은 허무할 수 있어도 그만큼 그 설렘은 참된 것이다. 뿌연 안개 속에 피어나는 것은 물방울들이다. 찰나는 투명입자, "맑은 눈물"[41]이다. 눈물은 존재의 몍방울이다. 프레이밍된 얼굴이 어렴풋한 것은, 그를 프레이밍하는 당신이 눈물짓기 때문이다. 이명세는 해석학 전통에 초월적 측면을 부여한 작가로 남을 것이다. 얼룩이 아니라 이슬, 거울이 아니라 유리, 핀홀이 아니라 공허. 이명세에게서 이행은 뿌옇다. 합생은 맑다. 이것이 이명세 미분법이다 : 수증기의 도함수는 눈물이다. 기다림의 도함수는 설렘이다. 그러나 그 찰나는 무한 번 미분해도 같은 찰나이므로, 여전히 맑다.

6-3. 스트로크 회로 : 넓이와 탈접

　현재란 시간의 해석解釋, 쪼개기이다. 그래서 무한소가 그렇듯 각 현재는 단지 소멸이 아니다. 그것은 소멸과 생성 사이의 "섬광"flash이고 "돌발적 실현"abrupt realiza-tion[42]이다. 현재는 깜박이고 명멸한다flicker. 매 순간 게이트에서 필름을 넣고 빼는 셔터질이 그러한 스트로크다. 과거의 폐쇄회로와 구분하여, 아예 닫히지도 않았지만 그렇다고 해서 아예 열리지도 않은 현재의 회로를 **스트로크 회로**stroke circuit라 부르기로 하자. 두 회로의 차이는 꽤나 분명해 보인다. 폐쇄회로는 과거의 현재에 대한 자율성인 반면, 스트로크 회로는 현재의 그 자신에 대한 자율성이다. 기억이 중력·잔해·상흔·고고학이라면, 스트로크는 맥동·파장·메아리·해석학이다. 일반적으로 프레이밍이 이미 스트로크이다. 눈 깜작할 사이가 그 섬광이기 때문이다. 물론 기억에도 미분과 명멸이 있을 수 있다. 순수기억은 미분된 기억이기 때문이다. 특히 웰스와 레네가 이를 보여주었다.[43] 또한 푸티지 작품들은 경련과 분절비트 등을

---

41. 한 인터뷰 중에서. 이동진닷컴 2007년 11월 이명세 인터뷰.

42. PR 378, SMW 250, 257

43. 레네에 대한 부누르의 멋진 해석. dA=병, dX=죽음, dA=법일 때, 기억은 〈A+X+M=0〉과 〈A+X+M=1〉 사이에서 쌍곡선을 그린다. Gaston Bounoure, *Alain Resnias*, Seghers, 1962, 18절.

통해서 이에 이른다. 반대로 프레이밍에도 기억이 있다면 이는 플릭커 영화에서처럼 기억이 "자율적 현재"autonomous presence [44]의 부검, 즉 순간의 해석인 한에서다. 여기서 기억은 그 섬광에 폐쇄된다. 스트로크 회로 속에서 변주된 씨네그램을 '씨네제니'Cinegenie라고 부르자. 씨네제니는 반짝거리며 박동하는 스트로크 씨네그램이다. 씨네그램의 블라스트 비트. 씨네제니는 지속에 최대한 빚지지 않고도 운동을 생성하는 플릭커다.[45]

그런데 섬광은 다수성의 불꽃이고, 스트로크 회로는 얽히고설킨 네트워크 회로다. 이는 현재가 시간화가 일어날 수 있는 어떤 '마당'을 매 순간 구성한다는 의미다. 우리가 이미 보았듯이 프레이밍의 절묘함은 그 운동이 작을수록 점점 더 커지는 그 여파에 있다. 섬광은 커버하고 스트로크는 울려 퍼진다. 이는 또한 프레이밍의 영화들에서 빈번히 나타나는 광장과 밀실의 테마이기도 하다. 광장은 이미 여러 시선들로 만들어진 감옥이다(히치콕, 드 팔마). 가장 넓은 감옥은 무엇이든 품을 수 있는 텅 빈 하늘이다(이명세). 그래서 현재는 계열의 개념과, 스트로크는 극한(진동·수렴·발산)의 개념과 결코 떼어낼 수 없다. 화이트헤드는 아인슈타인이 〈상대성의 원리〉를 축소했다며 그 유명한 〈계층적 동시성〉stratificational simultaneity(요즘 말로는 계열적 동시성 혹은 다양체적 동시성이라고 부를 수 있는) 개념을 제안하였다 : 동시성은 순간성이 아니다. 동시성은 인과적 독립성을 의미하고 계열들의 다수성을 의미한다. 하나의 현재를 정의하는 것은 동시적 다수(여러 동시태들)가 아니라 다수의 동시성(여러 계열들)으로서, 그것은 한 사건이 서로에게 동시적이지 않은 두 사건에게 모두 동시적일 수 있는 계열화되고 다층화된 동시성이다.[46] 이때 동시성과 지속은 더 이상 대립하는 개념이 아니며, 지속은 동시적 사건들의 어떤 집합(공액관계)

---

44. Paul Sharits, "Words per Page", *Afterimage*, no. 4, 1972.

45. 운동은 비전의 지속성으로부터 나온다는 견해에 대한 반박과, 플릭커에 대한 신경물리학적 옹호로는 다음 글을 보라. Bill Nichols and Susan J. Lederman, "Flicker and Motion in Film", *The Cinematic Apparatus*, ed. Teresa de Lauretis and Stephen Heath, Macmillan Press, 1980.

46. SMW 7장, PR 4부 4장 5절, AI 12장 4절. 동시성과 순간성의 구분에 대해선 CN 3장 56~59. 화이트헤드의 동시성 개념은 현대철학이 '계열적 사유'라고 부르는 것과 상당히 맞닿아 있다. 이 주제에 대해서라면 '갈래의 철학자' 이정우의 저술이 독보적이다. 이정우, 『사건의 철학 : 삶, 죽음, 운명』, 그린비, 2011. 2000년 초반에 출간된 그의 라이프니츠 강의록들도 매우 유용하다(『접힘과 펼쳐짐』, 『주름, 갈래, 울림』).

이 된다. 한마디로 계층적 동시성은 하나의 순간을 여러 갈래들로 분해하고 분류한다. 그것은 한순간의 자기동시성과 구분되는 여러 현재군들의 각개-동시성이고, 한순간의 매개를 빌리지 않고도 각 현재들이 자유롭게 서로 매개된다는 점에서, 단지 간접적 동시성이 아니라 '자유간접 동시성'이다. 이것은 정확히 비동시적인 계열들이 지그재그로 동기화되어 가는 슬로우모션을 통해, 혹은 시나브로 동기화되어 가는 디졸브를 통해 드 팔마와 이명세가 보여주고자 한 바다. 존재의 동일화를 대체하는 생성의 동기화("생성의 일치"). 고로 현재는 계열들이 자유롭게 얽히고설키고 또 서로 부딪히는 어떤 마당field으로 정의된다. 현재를 정의하는 것은 **현장**(現場)이다. 현장이란 화이트헤드의 "변형의 장소'strain locus [47]다. 현장의 본질은 자유간접 동시성이 측정하는 그 넓이에 있다. 맥놀이는 마당이 있어야 한다. 또한 섬광은 이미 계열들의 교차점에서 뻗어 나가는 충격파에 다름 아니다. 가령 슬로우모션이 플릭커인 것은 그것이 순행과 역행의 교차이기 때문이다. 또 클로즈업은 플릭커인 것은 그것이 만감의 교차이기 때문이다. 그 교감sympathy이란 텔레파시telepathy이기 때문이다. 클로즈업이야말로 맥놀이 마당이고 섬광의 현장이다. 얼굴은 너비뛰지 않을 거면 번쩍이지도 않고, 번쩍이지 않을 거면 너비뛰지도 않는다.[48] 클로즈업엔 어떤 양자역학적 측면이 있는 것 같다. 즉 하나의 얼굴은 가깝거나 먼 혹은 동시적이거나 그렇지 않은 다른 얼굴들과 공명하고, 그렇게 과거나 미래로부터 다른 표정들을 빌려오거나 훔쳐 오고 또 마구잡이로 뒤섞음으로써 붕괴와 그 섬광을 표정 짓는다. 특히 오스트리아 유파가 이를 본격적으로 도입했다고 할 것이다. 광마가 할퀴고 간 얼굴, 필름에 짓눌린 얼굴, 그리고 미세하게 싱크가 틀어져서 분열되는 얼굴 등이 그렇다(크렌, 체르카스키, 마투시카 등). 마리오네트 전통은 정반대의 방식으로 같은 것을 얻는다. 확률로만 존재하는 얼굴이란 운명적으로 애매한 표정, 즉 무표정에 있다(특히 퀘이 형제). 이 모든 것이 양자얼굴이다. 그것이 "순백에서 나와" "솔러라이즈되

---

47. "변형의 장소"의 정의에 대해선 PR. 4부 4장. ("각 계기는 그 자신의 변형의 장소 내에 있다.", 610). 화이트헤드가 "에포크"를 설명하는 유명한 구절에서도 "장"(field)의 개념이 나타난다("이렇게 해서 지속은 공간화된다. 그리고 '공간화된다'는 것은, 지속이 실현된 패턴을 위한 장(場)이 된다는 것을 의미한다.", SMW 190).

48. "대비를 위한 넓이를 근원적으로 공급해주는 것은 파장과 진동으로 나타나는 정서의 맥동(pulse)이다."(PR 340).

고solarized 구름 상승처럼"[49] 활공한다면, 이는 하늘이 그에게 확률구름의 광장이 되어주기 때문일 것이다. 즉 얼굴은 하늘에서 가장 넓게 벌어진다open wide. 클로즈업의 원대한 이상은 천운天運과의 교감에 있다(그래서 클로즈업엔 언제나 신학적 성격이 있다). 그러나 프레이밍 자체가 이미 그렇다. 우리는 나중에 가장 먼 곳과 교감하거나 교통하는 프레이밍을 핸드헬드 기법에서 다시 발견할 것이다. 그것은 신이나 유령 따위의 초월적 주체의 시선에 사로잡히기 위해 그 자체로 진동하는, 페렛츠의 표현대로 신들린 프레임haunted frame이다. 핸드헬드란 그 현장을 자유롭게 넓히거나 좁히는 스트로크 프레이밍인 것이다(카사베티스, 도그마 영화들). 슬로우모션이 현재의 박판주조술인 것처럼, 핸드헬드는 현장의 박판주조술이다.

요컨대 현재는 넓이로 측정된다. 미분할수록 접촉면은 넓어진다. 또한 슬릿이 좁을수록 그 파면은 넓어진다. 화이트헤드 역시 넓이를 통해서 질서들을 구분하고자 했다. 순수혼돈에서 순수질서에 이르는 질서의 깊이란 없다. 널리 커버하거나 좁게 커버하는 질서의 "광범성"width만이 있을 뿐이다. 넓이란 질서와 체계의 다양성이고, 계열과 시점의 이시성이다.[50] 넓이는 자기동시화를 의미한다. 넓이에 의해 현재는 인과적으로 독립적인 여러 현재들로 분기되고, 또 스스로 동시화되어 수렴되기 때문이다. 현장이란 동시적 계열들이 마주치는 만남의 광장이다. 고로 현재의 역량이란 이것이다 : 현재는 자기 동시적인 것이 아니다. 현재는 스스로 동시화될 수 있음이다("자율적 현재"). 여기서 미래는 현재와 동시적인 현재 자신, 그래서 다른 현재들과 널리 동시화되거나 동시화되지 않는, 즉 수열화되는 현재 자신이다. 이제 우린 폐쇄회로에서의 미래 개념과 스트로크 회로에서의 미래 개념을 구분할 수 있다. 폐쇄회로에서 미래는 작용하고 이미 현존하는 반면, 스트로크 회로에서 미래는 작용하지도 않고 고로 아직 현존하지도 않는다.[51] 그것은 작용하기 이전에 번쩍이고 현존하기 이전에 동기화된다. 과거에게 미래는 아무래도 재현불가능한 것이라면 현재에게

49. Stephen Dwoskin, *Film Is*, Overlook Press, 1975, p. 200. 드보스킨이 크렌의 〈20/68〉에 대해 묘사하고 있다("차라리 사진이 현상되는 것과 같다", 같은 곳).
50. PR 2부 4장 1절, 2부 7장 4절도 보라("우주의 복합성에 대한 음미는 광범성의 차원을 통해서만 만족에 들어갈 수 있다.", 345).
51. 현재와 미래의 관계에 대해선, AI 3부 12장 3절.

미래는 '널리 동시화가능한 것'이다. 미래가 과거보다 뒤선 적이 없는 것처럼 미래는 현재와 같은 때인 적이 없다. 현재는 미래인 찰나에만 현존한다. 스트로크 회로에서 먼저 자율적인 것은 저 너비의 가능성, 그의 번쩍이는 출현이다. 여기서 과거는 권리상 권리가 없다.

이렇게 현재는 시간을 넓거나 좁게 커버한다. 넓이는 현재화된 바깥성을 의미한다. 그것은 씨네제니의 사정권이다. 씨네제니는 폭발이지만, 그 폭발의 탈자성extase에는 바로 이 탈ex-이 포함되어 있다. **비트는 널리 퍼진다.** 과거-미래 폐쇄회로의 술어가 퇴접*retrojunction*이라면, 현재의 스트로크 회로의 술어는 탈접*exjunction*이다. 전자는 잃어버린 미래에의 이중노출이지만, 후자는 번쩍이는 미래에의 노출이다. 슬로우모션이나 클로즈업은 그 과잉노출이다. 탈접의 탈ex-은 광활한 들판을 단숨에 내달리는 스트로크 엔진의 황홀경이고, 텔레파시와 같은 초감각extrasensory의 탈-이고, 엑소더스exodus와 유랑자exile의 탈-, 그들이 살아내는 모든 예외상태exception의 탈-이다. 그것은 실존exist의 탈-이다. 엡스텡의 말대로 현재는 "마주침", "교차", "지속적 섬광"이고 시간의 "나선볼트"다. "현재란 시간 **한복판에서의**, 시간의 **예외**다."[52]

---

52. Jean Epstein, *Écrits Sur Le Cinéma*, Vol. 1., Cinéma Club/Segehrs, p. 107. 강조는 인용자.

폭탄 영화

7-1. 탄도 영화 : 키튼, 로이드

엔진은 고전 몽타주의 스트로크 회로였다. 특히 에이젠슈테인과 강스에게 그랬다. 반면 베르토프는 언제나 엔진이 불충분한 것이라 생각했고 더 근원적 모델에 이르고자 했다. 그것은 낡은 관계들을 파괴하는 폭탄의 모델이다("우리는 예술의 바벨탑을 폭파할 것이다"). 엔진과 폭탄의 차이는 분명해 보인다. 엔진은 폭발을 이용해서 이동하지만, 폭탄은 폭발하기 위해서만 이동한다. 또 엔진은 연료를 자신의 일부로 포함하지 않지만(단지 그 흡기와 배기를 조절할 뿐), 폭탄은 연료를 그 자신의 일부로 포함한다. 화약이 그것이다. 이론적으로나 실천적으로나 에이젠슈타인과 베르토프가 이루었던 차이는 엔진과 폭탄의 차이였다. 영화–주먹이 관객을 필요로 한다면 그가 주입되어야 할 연료이기 때문이고, 사실–주먹이 관객을 필요로 하지 않는다면 그가 이미 그 화약이기 때문이다. 우리는 균열을 통해서 어떤 내용을 전달하는 것이 아니라, 균열 자체가 목표가 되는 자폭의 형식 속에서 모든 내용을 그 자신의 폭침을 위한 연료나 질료로 조직하고 동원하는 영화를 '폭탄 영화'라 부를 것이다. 여기서 프레임은 결정적 역할을 한다. 프레임이야말로 그런 균열자이기 때문이다. 폭탄영화를 최초로 정의한 이론가는 버치다. 영화의 형상을 왜곡하거나 해체하는 질료가 존재하며, 질료는 형상과 다른 구조를 가진다는 것이다("공격성의 구조").[1] 그런데 우리가 볼 때 그 질료란 화약이고, 그 구조란 프레임이다. 폭탄영화는

---

1. 노엘 버치, 『영화의 실천』, 이윤영 옮김, 아카넷, 2013. 8장 「공격성을 띤 구조」). 버치는 초현실주의, 슬랩스틱, 애니메이션 등 많은 폭탄적 사례들을 검토하고 있다. ("형식의 수학에 저항하는 질료들", 207쪽).

화약을 모으고 점화하고 폭발시키는 프레이밍의 영화다. 세 가지 층위가 구분된다. 폭탄영화는 잠재태를 그 화약charge으로, 현실적 관계를 그 뇌관fuse으로, 그리고 그 관계들의 필연성, 즉 이야기를 자신의 운반체vehicle, 유도체로 가지는 영화다. 고로 폭탄영화란 그의 파동이 충격파이고 그 자신은 섬광으로밖에 주어지지 않는 영화다. 그것은 폭존(暴存)을 폭존(爆存)으로 변환하는 영화다.

초기 폭탄은 코미디의 형식을 빌려 추진되었다. 코미디는 예상된 상황이나 예측된 동선을 일순간에 배반함으로써 웃음을 터뜨리는 식의 장전-점화-폭발의 회로로 정의되기 때문이다. 이것이 폭소 회로다. 그 자신을 장전하고 발사하고 또 터뜨렸다는 점에서 버스터 키튼이야말로 이 회로의 창시자라 할 것이다. 또한 키튼은 스스로 포탄이 되기 위해 주변 환경을 그 발사기나 유도체로 만들었고, 반대로 주변 환경을 거대한 폭탄으로 만들기 위해 스스로 그의 작은 부품이나 뇌관이 되었다. 물론 가장 빠른 포탄을 보여준 것은 로렐과 하디인 것만은 사실이나(예컨대 〈키드 스피드〉), 그들은 아직 엔진의 형식에 의존하고 있었고 유도체나 뇌관의 제작에는 큰 관심이 없었다. 채플린과의 차이도 분명해 보인다. 키튼이 기계 장치에 결합하는 반면 채플린은 인간들과만 결합하고 그에게 기계는 인간의 적이기까지 했다(〈모던 타임즈〉). 그래서 키튼에게 인간은 투척기의 정확한 부속품인 반면, 채플린에게 인간은 기계의 불량품이거나 추락해버리는 불발탄이다. 채플린이 뒤뚱거린다면 키튼은 달린다. 총알이나 포탄처럼 도약하기 위해서다. 지형지물에 부착되거나 매달리고 던져져서 다시 더 빨리 질주하기 위해서다. 말하자면 채플린과 키튼의 차이는 이소룡과 성룡의 차이다. 채플린이 발레적balletic이라면 키튼은 탄도학적ballistic이다.[2]

키튼의 초기 뇌관들은 원시적인 것이다. 그것은 도르래와 로프, 무게추들을 이용해서 만드는 아날로그 투척장치 같은 것이다(〈백일몽〉). 가장 원시적이지만 강력한 것은 중력을 이용한 비탈길 뇌관이다(〈7번의 기회〉). 가장 웅장한 뇌관은 폭포에 떨어지는 소녀를 구출할 때 쓴 도르래 장치다(〈우리의 환대〉). 이것은 도폭선을 지니는 뇌관이기도 하다. 가장 초고속 도폭선은 〈카메라맨〉에 나온다(키튼은 통화가 끝

---

2. "키튼은 쏟아지는 갈채에 답례하기 위해 잠시 휴식을 취하는 일 따위는 절대로 하지 않는다. 그는 목표에만 시선을 맞춘다."(로저 에버트, 『위대한 영화 2』, 「버스터 키튼」, 윤철희 옮김, 을유문화사, 2009, 222쪽).

나기도 전에 도착해있다). 가장 긴 도폭선은 〈귀신들린 집〉(지상에서 천상에까지 이르는 계단). 키튼은 부품들의 결합에 의해 작동하는 좀 더 진보한 뇌관들도 개발하였다. 예컨대 엘리베이터는 층수 표시기를 스위치로 하여 사람을 아래로 내던질 수도 있고 위로 쏘아 올릴 수도 있다(〈제물〉). 〈셜록 2세〉는 기계식 뇌관들의 보고라 할 것이다. 점프해서 창문을 통과한 키튼은 단숨에 변장하고, 경사면을 굴러 발사된 키튼은 나무에 매달리고, 키튼이 지나가는 바로 그 순간에 자동차는 끊어진 다리의 이음쇠가 된다.

모든 경우에서 점프는 격발이며 결합은 폭발 자체다. 키튼은 운동을 격발과 폭발로, 그 궤적을 탄도로 대체해버렸다. 로빈슨은 키튼의 개그를 "탄도 개그"[3]라는 용어로 정확히 묘사했다. 이것은 커가 말하는 "키튼 커브"[4]이기도 하다. 그러나 키튼 커브가 단지 외부만을 겨냥한다고 볼 순 없다. 키튼은 이미 1920년대에 바닥, 천장, 복도, 벽과 같은 인테리어가 뇌관과 도폭선이 되는 집-폭탄을 개발했고(〈일주일〉 〈귀신들린 집〉 〈전자동 집〉), 나중엔 폭풍에 뿌리 뽑혀 날아가는 집-포탄을 보여주었다(〈스팀보트 빌 주니어〉). 키튼에게서 모든 폭발은 내부로부터만 주어지므로, 집이 내밀성이 포탄의 정밀성이 되지 않고서는 어떤 커브도 먼저 그려질 수 없다. 키튼에겐 어떤 기계도 존재의 약실藥室이 된다. 기차는 이미 미사일이고(〈제너럴〉), 유람선은 어뢰였다(〈항해사〉). 그 속에서 인간과 기계가 얼기설기 그러나 그만큼 내밀하게 결합되어 뇌관과 격발회로를 이룬다. 키튼이 자꾸 집을 폭탄으로 만든 건 존재를 내파시키기 위해서다. 그것은 인간성이라는 존재다. 채플린처럼 그가 인간성을 믿지 않았을지도 모른다. 그러나 대신에 기계와 사물들로 직조된 환경과 세계를 믿었다. 키튼은 단지 인간성을 부순 것이 아니다. 그는 세상을 향해 인간성을 발사했다.

반면 로이드는 좀 더 복잡한 뇌관을 제작했다. 로이드가 다루는 도시에 넘쳐나는 사람들, 복잡한 도로들, 얽히고설킨 소통회로들에 비한다면, 키튼은 여전히 시골스러운 뇌관을 다루고 있었다 할 것이다. 로이드는 더욱 가변적이고 복잡한 부품들을 결합한다. 이것은 결합이라기보다는 채널링인데, 여기서 실수와 오작동은 필수불

3. David Robinson, *Buster Keaton*, S&W, 1973, p. 78.(키튼, "재난이 위협적이 될 때 가장 큰 웃음을 주는 캐릭터들", p. 179).
4. Walter Kerr, *The Silent Clowns*, Da Capo Press, 1990, 16장.

가결한 것이 되며 불량품만이 적절한 유도체로 기능한다. 가령 옮겨지는 상자에 숨어서 기어가다가 동선을 이탈하는 경우에서처럼, 로이드가 실수로 잘 못 타는 모든 것이 그의 유도체가 된다(《마침내 안전!》). 또 공인 줄 알고 모자를 들고 뛰는 럭비선수가 가장 빠르다(《신입생》). 마차를 가속하거나 멈춰 세우는 것은 사람으로 오인된 마네킹이다(《스피디》). 로이드의 뇌관은 난잡한 과부하 신호에만 반응하는 오작동 뇌관이다. 그의 위대한 삼부작은 그 특징들을 매우 잘 보여준다. 뇌관을 이루는 송신기와 수신기는 마치 그것이 하나의 도시인 듯 백화점, 경기장, 지하철과 놀이공원에 운집한 군중들이고, 격발 신호는 기계적이라기보다는 신호들의 전송, 즉 채널링으로 이루어진다. 잘 못 눌러진 스위치나 역할 교대에 의해서 꼬이는 신호들, 마네킹도 통과시키는 허술한 패스워드 등등이 그렇다.

이렇게 로이드에게서 폭발은 위기 속에서만 일어난다. 그래서 키튼에게서 신체와 기계가 정확히 결합할수록 개그가 강렬해진다면, 로이드에게선 반대로 신체와 기계가 부정확하고 엉뚱하게 결합할수록 개그가 강렬해진다고 할 것이다. 하지만 오작동 뇌관이 단지 오발탄이나 불량뇌관은 아니다. 실제로 그것은 명중하고 폭발에 이르기 때문이다. 차이는 뇌관이다 : 키튼이 즉발신관이라면, 로이드는 지연신관이다. 로이드의 영화에게서 잘못된 마주침과 엉뚱한 결합 이후에 웃음이 터지기까지의 미세한 시간차가 더 필요하게 된다(공이 여러 개로 보이는 착시 장면). 로이드 무기학의 정점은 철갑탄이다. 그것은 허영의 무도복이 벗겨질 때까지, 가식의 껍질을 뚫릴 때까지 기다렸다가 의식 안에서 내파된다. 로이드의 개그는 망연자실 서스펜스다. 그래서 지연신관은 스릴신관이기도 하다. 키튼의 탄도 개그에 로이드는 스릴개그를 대립시킨다.[5] 채플린과 로이드의 차이는 구봉서와 배삼룡의 차이다.[6] 채플린의 웃음은 슬픔에 비례하고 키튼의 웃음은 속도에 비례한다면, 로이드의 웃음은 공포에 비례한다.

---

5. 같은 책, 21장.("스릴은 개그를 위한 압력솥처럼 작용했다.", p. 202). 에이지 역시 로이드의 지연신관에 대해 언급하고 있다. James Agee, "Comedy's Greatest Era", *Agee on Film*, Modern Library, 2000 edition, pp. 402~404.

6. "배삼룡의 연기에는 스릴이 있어. 언제 또 실수하나 보는 거지."(심우섭 인터뷰. 『한국영화, 황금기를 찍다』, 남상국·남정욱 엮음, 연극과인간/광화문영상미디어센터, 2010, 43쪽). 심우섭은 지연신관과 즉발신관 모두를 능수능란하게 다룬 작가다.

7-2. EMX 영화 : 플릭커 영화, 일본 핑크영화들

다른 한편 폭탄영화사에서 장약의 개발은 인간뇌관에서 기계뇌관으로 발상의 전환 같은 것을 요구하고 있었다. 가령 필름스트립과 영사기와 같은 장치들 말이다. 가장 단순하면서도 아름다운 예는 키튼이 〈셜록…〉에서 보여준 극장 장면이라 할 것이다. 컷이 바뀔 때마다 키튼은 말 그대로 던져 진다project. 이 장면에서 키튼이 인간과 영화의 관계에 대해 깊이 이해하고 있는 바는, 필름의 컷이 곧 인간의식의 격발이라는 사실이다. 이것은 비엔나 행동주의와 손잡은 크렌이 또 다른 측면에서 편집에 걸었던 기대이기도 하다. 신체는 컷됨으로써 스스로 절파된다. 스플라이스 절단면은 신체를 터뜨리기 위해 정확히 그의 겉면을 이룬다 : '보디 페인팅=자기 절단.'[7] 바로 이 때문에 영화는 노이즈 비트에서처럼 흩어지는 와중에서도 여전히 비트이고 리듬일 수 있다.[8]

어쨌든 스크린과 영사기가 뇌관일 수 있는 것처럼 접촉면 자체가 하나의 장약일 수 있다. 그리고 그것의 광화학적 응집체를 필름에서 발견해낸 것이야말로 플릭커 영화의 소중한 성과였다. 감광을 격발신호로 삼는 이멀전의 폭발이 곧 플릭커flicker다. 플릭커 영화 작가들은 이것이 에이젠슈테인식의 스트로크와는 뿌리부터 다른 것임을 직감하였다. 이것은 시대가 영화에게 요구하는 폭력이 아니라 영화가 그 본질에 지니는 폭력, 고로 영화가 스스로에게, 그리고 그의 일부인 시지각장에게 행사하는 폭력이기 때문이다. 플릭커에 있어서 더 이상 영화는 스크리닝되지 않는다. 그것은 "스크린을 때린다."hit the screen [9] 쿠벨카는 그 구조가 하나의 리듬일 수 있음을 보여주었다(《아눌프 라이너》). 콘래드는 그것이 연주되고 또 변주되는 음악

---

7. 비엔나 액셔니스트 군터 브루스의 언명이다. Peter Weibel, "Vienna Actionism : Direct Art, Body Art, Material Art", *Beyond Art*, ed. Peter Weibel, Springer-Verlag, 2005, p. 537. 이 장은 이외에도 비엔나 물질행동파의 신체–표면 개념에 대한 좋은 개괄들과 인용문들을 담고 있다.

8. 노이즈와 비트의 결합에 대해서는, 재즈카머(Zazkamer), 〈Metal Music Machine〉(2006), 〈Art Breaker〉(2008). 단속적 맥동에 대해선, 마소나(Massona), 라스 마헉(Lasse Marhaug)의 연주들도 보라. 노이즈코어, 글리치코어 장르도 보라.

9. 쿠벨카 인터뷰. *Film Culture*, no. 44, spring, 1967. 다음에서 재인용 : *Film Culture Reader*, ed. Adams Sitney, Cooper Square Press, 2000, p. 291. 쿠벨카는 에이젠슈테인의 충돌과 플릭커를 비교하기도 한다(p. 292).

일 수 있음도 보여주었다(〈플릭커〉). 샤릿츠는 플릭커의 사변적이고 심지어는 신학적인 가능성들을 탐색하면서 가장 화려하고도 장황한 장송곡을 만들어 냈다(〈N:O:T:H:I:N:G〉 〈T,O,U,C,H,I,N,G〉). 어떤 경우든 하얀 프레임과 검은 프레임의 재빠른 교대 속에서 빛은 잠재화되었다가 충격파로 분출된다. 하지만 플릭커를 단지 대조 몽타주의 극한적 사례라고 쉽게 결론지어선 안 된다. 대조 몽타주가 빛과 어둠의 대칭성을 의미하는 것이라면 말이다. 실상 플릭커에서 기술적으로나(프로젝터 광량) 신경생리학적으로나(로돕신 표백) 언제나 비대칭적 우위에 있는 것은 검은 프레임이고, 어둠이 빛을 잠상으로 만들지 결코 그 역이 아니다. 니키 햄린이 이를 보여주었다.[10] 어쨌든 플릭커에 내포된 이 비대칭성이 영화를, 그 빛을 폭발성 유동물질, 즉 이멀전 폭약(EMX)으로 만든다. 플릭커는 빛이 아니다. 빛은 그 기폭제나 화약에 불과하다. 그건 빛마저 폭파하는 로돕신 쇼크이고 "빛-맥동"Light-Pulse(쿠벨카)이다. 플릭커란 시간이 "정신적 자살"mental suicide[11]을 기도할 때 주마등처럼 스치는 섬광 혹은 이명인 것이다(샤릿츠). 플릭커 영화들의 혁명은 스크린과 망막 사이를 가로지르는 광선을 뇌관으로 삼는 함수폭약을 필름(이멀전)뿐만 아니라 망막(로돕신)에서도 찾아냈다는 데에 있을 것이다.

같은 방식으로 플릭커는 무채색과 유채색 사이에서도 일어날 수 있다. 네오리얼리즘과 시네마노보도 부분적으로 이를 하였다. 그러나 이를 폭탄테러의 형식으로 밀고 나갔던 것은 일본의 혁명 핑크영화들이었다. 특히 와카마츠와 아다치에게 색은 먼저 세계의 자극 일체에 둔감해져 버린 육신의 흑백상태와 싸우는 전술이자 무기였는데, 이로부터 그들이 즐겨 쓰던 흑백화면을 컬러화면으로 돌연 교체하는 색삽입 기법이 나온다. 여기서 그들이 깊이 이해하고 있는 바는 흑백상태의 빛은 단지 색의 부재가 아니란 사실이다. 반대로 빛은 그의 스펙트럼으로 장전되어 있는 색의 잠재적 상태다. 색은 빛의 껍질이 아니다. 반대로 색은 빛을 껍질로 만들고 그것

---

10. Nicky Hamlyn, "Peter Kubelka's Arnulf Rainer", *Avant-Garde Film*, ed. Alexander Graf and Dietrich Scheunemann, Éditions Rudpi, 2007. 햄린의 신경물리학적 분석은 형이상학적 함의마저 가지고 있는 것처럼 보인다. 그의 다른 프레임 연구도 보라. Nicky Hamlyn, *Film Art Phenomena*, BFI, 2003. 5장.

11. Paul Sharits, "Notes on Films", *Film Culture*, no. 47, summer 1969, p. 14.

을 일거에 벗겨낸다. 우린 (혁명) 핑크영화와 (니카츠) 로망포르노를 혼동하지 않을 것이다. 로망포르노에서 색은 육체를 가두는 이념적 표피로서, 오히려 그 폭발의 억제와 지연 속에서만 취해졌다. 특히 고문의 형식 안에서 고통을 계속 지연시켜야 했던 능욕물이 그랬다(코누마 마사루 〈꽃과 뱀〉 〈상자 속의 여자〉, 니시무라 쇼고로 〈뱀과 채찍〉, 이시이 다카시 〈천사의 내장〉 시리즈). 또한 구마시로 타츠미는 여성신체를 가두는 색조명에서 그러한 억압성을 찾았다(〈이치조 사유리의 젖은 욕망〉 〈여지옥:숲은 젖었다〉 〈다다미방 이불속〉). 코누마 마사루의 〈밧줄과 유방〉의 한 장면을 보자. SM 연기자의 항문으로 주입된 빨간 액체는 수조 안에서 다시 배출됨으로써 연기자의 신체 전체를 가둔다. 로망포르노에서 색은 고통을 지연시키는 지속으로 기능하며, 육체를 압연하기 위해 그를 안팎으로 옥죄는 밧줄이 된다. 반대로 혁명 핑크영화에서 색은 더 이상 외적인 압력이 아니라 내부압력에 반응하는, 그래서 육체뿐만 아니라 의식에 대해서도 폭력적이 되는 순간적 분출로 정의된다. 여기서 색은 빛을 죄고 늘리는 것이 아니라 그를 응축하고 용출하는 회로만을 이루므로, 설령 그것이 여전히 에로틱한 육체를 보여주고 있을지라도 지속은 오직 색의 가림막으로서만 쓸모를 가진다. 이런 식으로 컬러필름은 흑백필름에 돌연 삽입됨으로써 빛의 내파를 이룬다(아다치 〈분출기원 15세 매춘부〉, 와카마츠 〈가라 가라 두 번째 처녀〉). 그것은 안쪽으로 빛을 빨아들이는 내향성 박피이기도 하다. 핑크영화의 색은 무채색으로 무감각해지거나 둔감해진 망막의 내벽에 부착된 EMX, 즉 "벽 속의 비사"로서, 그것은 더 이상 새로운 시각과 관점을 낳지 못하는 경직된 이성에 대하여 유기된 사산아와 집단학살된 시체들을 던지는 일깨움의 폭력이며, 반대로 폭탄을 가지고도 어디에 던질 줄 모라서 허둥대는 무력한 이성을 위한 자폭의 카운트다운이기도 하다. 무엇보다도 그건 이성뿐만 아니라 육체의 일깨움이다. 핑크영화에서 폭발은 박동의 물리적 전이와 떼어놓을 수 없으며, 이것이 이 장르가 지니는 유물론적인 동시에 뇌과학적 측면이다.[12] 와카마츠의 〈천사의 황홀〉의 마지막 장면은 색소폭탄의 정점을 보여준다. 더 이상 내분과 자폭밖엔 할 일이 남아있질 않은 혁명대원

12. 버치는 와카마츠 코지의 색삽입을 환영 벗겨내기 기술로("거리두기")와 연관 짓는다. Noël Burch, *To The Distant Observer*, University of California Press, 1979, pp. 353~354.

들의 육신들은 춤추고 구르고 진동하며 프리재즈의 카운트다운을 이루면 흑백안 구로부터 후지산을 향하는 붉은 섬광이 피어오른다. 아다치와 와카마츠는 색채 이외의 다른 EMX의 개발에도 부심했었다. 아다치는 푸티지가 또 하나의 EMX일 수도 있음을(《섹스게임》에서 유서 삽입), 와카마츠는 육신의 색조차 풍경을 감광하는 EMX임을 보여주었다(《광란의 질주》 〈현대호색전 : 테러의 계절〉 〈처녀 게바게바〉). 또 어떤 가혹한 조건에선 무채색조차 EMX일 수 있을 것이다(《정사의 이력서》에서 설원). 일본 핑크영화들은 플릭커 영화들이 속도를 통해 눈에 대해 수행했던 것을, 색을 통해 몸에 대해 수행한다. 혁명은 핑크색이다.

EMX 영화들은 폭발물의 역사에 있어서 함수폭약의 개발과 같은 발전이다. 대부분의 경우 EMX 영화들은 정교한 운반체를 따로 필요로 하진 않는다. 스크린에서 망막으로 이어지는 투영선이 이미 그 운반체이기 때문이다. EMX 영화들에 있어서 운반체는 장르의 외피로 대체되어 폭약은 위장되기 마련이며 그 물리적 지반에 부착되는 경우가 많다. 핑크영화에서 색은 망막에 부착된다. 하지만 그렇다고 해서 EMX가 단지 즉발뇌관만을 사용하고 있다고 볼 수 없다. 색분해의 경우처럼 그것은 시지각장을 교란함으로써만 더 큰 파장을 무의식에 불러일으키기 때문이다. 그 파장편차가 지연신관이다. 실제로 플릭커 영화는 눈꺼풀을 뚫고 들어가 폭발하는 벙커버스터다. 메카스와 브래키지의 정확한 묘사처럼, 플릭커 영화는 "눈을 감은 채로도 볼 수 있는 유일한 영화"다.[13]

7-3. 폭탄극 영화 : 데라야마, 큐브릭, 크로넨버그, 코엔 형제

장약이 EMX 영화에 연관된다면 유도체는 폭탄–내러티브 영화, 즉 폭탄극 영화bomb-drama film와 연관된다. 폭탄극이란 내러티브가 유도체이기 위해 내러티브가 전제하는 잠재적 이미지들의 농축과정이 곧 서술과정이고, 그 격발이 곧 클라이맥스인 이야기를 의미한다. 대부분의 폭탄극 영화에게서 메시지란 폭발이다. '미사일

---

13. 쿠벨카 인터뷰. *Film Culture*, no. 44, spring, 1967. 다음에서 재인용 : *Film Culture Reader*, p. 296.

영화'missile film라는 용어는 아마도 폭탄극 영화에 한정해서만 쓸 수 있을 것이다. 미사일만이 전달이고 전개이기 때문이다. 반대로 플리커는 아직 전개는 아니다(오스트리아 유파와 태국 유파가 등장하기 전까진 그렇다). 우린 미사일 영화에서 탄도미사일 유형ballistic missile과 순항미사일 유형cruise missile을 구분해볼 수 있다. 탄도미사일 유형은 고정되어 있거나 단단하게 뿌리내리고 있는 타겟과 그에 지배되면서 스스로 비상하지만 그만큼 스스로 추락하는 자들에 관한 폭탄극인 반면, 순항미사일이란 유동적이거나 보이지 않는 타겟과 그를 탐색하고 추적하기 위해 스스로 변형(기계화 혹은 자동화)되는 자들에 관한 폭탄극이다.

고로 탄도미사일을 정의하는 것은 내러티브를 포박하는 대칭성과 그에 의해 야기되는 정신분열증이다. 탄도의 대칭성은 의식의 대칭성이고, 그렇게 솟구치고 추락하는 의식은 무의식과 다시 비대칭을 이루면서 스스로 붕괴된다(그래서 탄도미사일 영화는 대개 자살영화 혹은 자폭영화다). 우린 와카마츠와 고다르를 예로 들 수도 있을 것이다. 또한 대칭적 프레이밍은 공포영화에 무한한 영감을 불어넣었고(아르젠토, 드 팔마, 일본호러). 탄도미사일의 핵심을 가장 잘 보여주는 영화 중 하나는 큐브릭의 〈샤이닝〉일 것이다. 대칭적인 복도, 반복되는 인디언 무늬들, 두 명의 소녀, 두 명의 호텔관리인, 거울에 비친 글씨 등 온갖 대칭성에 사로잡힌 이성의 고양과 그렇게 빙의된 채 서서히 광기로 변해가는 이성의 추락과정이 거기에 있다. 이것은 그 자체로 좌반구와 우반구로 나누어져 체계적으로 운행되고 있지만, 결국은 무의식의 파편들이나 잊혀진 유령들이 구석구석에 도사리고 있는 거대한 미로 밖에는 아무것도 기억하지 못하는 두뇌와도 같다. 지나친 합리성이 광기에 도달하듯 종국에 얻어질 대칭성은 이성과 광기, 의식과 무의식, 책임과 망각, 백인 국가와 인디언 무덤 간의 원초적인 비대칭성이다.[14] 일반적으로 탄도미사일 영화에서 대칭성은 광기의 위장막이고, 반대로 광기는 대칭성의 중력이다. 큐브릭은 대칭성이란 합리성의 체계가 스스로 유도해내는 자폭회로의 형상임을, 그가 신에 범접하려는 듯이 용솟음쳤다가도 추락하는 탄도궤적의 형상임을 부단히 보여주었다. 슈퍼컴퓨터 HAL의 자폭(〈2001 스페

---

14. 〈샤이닝〉에서 시공간의 객관적 압축과 그에 따른 내적 팽창에 대해선 Michel Ciment, *Kubrick*, Owl Book, 1982, p. 135. "대칭성의 붕괴"에 관해서는 "Reflections on an Oeuvre in Evolution" 부분.

이스 오디세이》), 지나치게 길들여진 무법자의 투신자살(《시계태엽 오렌지》)이 그렇다. 또한 원자폭탄의 버섯구름이야말로 대칭적이다(《닥터 스트레인지 러브》). 큐브릭에게 대칭성이란 이미 탄도미사일이 되어버린 이성이 그리는 포물선의 대칭성이고, 비대칭성이란 그 ICBM이 기억과 법에 대해서 가지는 비대칭 전력을 의미했다.

　탄도미사일을 실존의 권리로까지 고양시킨 자살영화의 대가가 데라야마 슈지다. 큐브릭에게 대칭성이었던 것, 그것은 데라야마에게 평균성이었다. 그것은 일상으로부터 전염되는 안일주의일 수도 있고, 주어진 법칙에 안주하려는 관성일 수도 있다. 예의범절과 법칙을 준수하고 또 가르치는 어른들을 고문하고 처벌하고, 그 시체들을 소각하는 어린이 군대가 데라야마의 세계를 활보하고 있다(《토마토케첩 황제》). 그들의 최종과녁 중 하나가 모성이다. 모성은 미래로 향하는 뜀박질과 창조적 욕동을 태초의 평형으로 퇴행시키는 관성 중에 관성이기 때문이다. 고로 필요한 것은 나의 실존 자체를 하나의 폭탄으로 만드는 것, 그래서 자궁회귀경로를 하나의 탄도포물선으로 만드는 것, 결국은 자궁 안에서 피어나는 섬광을 통하여 새로운 어머니와 재회하는 것이다. 그것은 유년의 자기 자신으로 돌아가 행하는 모친살해이고, 그로부터 인과적으로 유도되는 자가 살해다(《전원에 죽다》). 이는 또한 아직은 요부나 미친 여자로밖에는 보이지 않는 다른 어머니를 찾아, 피로 물든 탯줄을 따라서 사막을 건너고, 다른 자궁을 열어젖히는 주문과도 같은 노래 가사를 찾아내는 퇴행과정과도 같다(《초미궁》). 자궁은 이제 섬광을 낳을 것이다. 그것은 다른 어머니, 다른 세계, 다른 질서가 태어나는 산고다. 그리고 그가 볼 때, 이미 영화는 그런 포문기계, 자궁기계였다(《미궁담》〈포창담〉에서 프로젝터를 이용한 영화상영 환경 자체의 실험). 이것이 한편으로 데라야마가 순수한 속도를 찬양하며 다른 한편으로는 순수한 자살을 권유하는 이유다. 이 세계에서 무언가 부족해서 하는 것은 좋은 자살이 아니다. 반대로 잉여의 다른 세계, 그로 향하려는 충동과 종단속도만이 자살의 순수한 이유가 되어야 한다. 즉 자살은 그 자체로 사치여야 한다. 자살이 사치인 것처럼 속도는 도박이다.[15] 탄도미사일은 자살하는 비행체이고, 무엇보다도 섬광에서 그

---

15. 데라야마는 자살의 요건을 소상히 해명하는 「자살학 입문」이라는 아름다운 글을 썼다(데라야마 슈지, 『책을 버리고 거리로 나가자』, 김성기 옮김, 이마고, 2005). "일점호화주의" 혹은 "일점파괴주의"의 엄밀한 정의에 대해서는 같은 책, 「가출 입문」, 속도에 대해서는 「속도는 권력이다」를 보라.

사치를 찾는다. 요컨대 데라야마는 꿈이 자살폭탄테러가 되는 영화를 만들려고 했다. 관객마저 스크린을 향해 발사되는 자살 미사일이 되는 그런 영화(《로라》).

다른 한편 순항미사일은 이동하거나 숨어버리는 타겟을 탐색하며 그 목표물이 숨겨진 환경에 대한 독해법과 그 독해에 따라 항로를 제어할 수 있는 항해술을 탑재한다. 하지만 순항미사일이 탄도미사일보다 더 진보한 것이고 더 이후에 도래했다고 볼 순 없다. 폭발의 초기 버전은 폭로였을 것이므로 우린 순항미사일의 최초 형태를 카메라의 갑작스러운 움직임(렌즈를 대상 쪽으로 향하는)에서 찾아볼 수 있을 것이다. 그래서 순항미사일의 초기형식은 플랑세캉스다. 지속하는 하나의 샷 안에서 장면과 심도를 구성하는 플랑과 커플에 대한 독해와 그에 대한 카메라의 반응이 순간순간 행해지면서, 샷의 지속은 경로 탐색이 되고 컷포인트는 그 점화점이된다. 르느와르는 부드럽게 항해하다가 총성에 파열되는 유도체를 보여주었다(《게임의 규칙》). 반면에 마리오 바바는 올무처럼 쥐어짜거나 빙빙 도는 나선형 움직임의 정점에서 비로소 점화되는 유도체를 개발하였다(대표적으로 〈사탄의 가면〉). 드팔마도 이 방면의 대가다. 그는 가장 길고도 복잡다단한 탄도로 의식평면을 그려낸후 마지막 한 방의 격발(《허영의 불꽃》에서의 플래시, 〈카인의 두 얼굴〉에서 시체 얼굴)로 파열시킨다.

순항미사일은 복잡한 환경과 피드백하는 자동항법장치들의 이야기다. 우린 나중에 순항미사일의 가장 진보한, 그러나 가장 기괴한 형태를 크로넨버그의 영화에게서 보게 될 것이다. 그것은 단지 카메라와 결합된 인간이 아닌, 송수신기와 비디오, 심지어는 게임기와도 결합된 인간(눈, 팔다리, 자궁)의 경우들로서, 이제 플랑세캉스가 아니라 차라리 장기와 부품의 몽타주라고 할 수 있는 "융합–세캉스"fusion sequence(《플라이》)가 더 중요해진다. 새롭게 몽타주된 인간은 중력의 도움 없이 자체적으로 추진력을 얻을 뿐 아니라, 텔레파시 혹은 비디오 신호를 항법장치로 삼는 걸어 다니는 미사일이다(《스캐너스》 〈비디오드롬〉). 크로넨버그의 작품엔 비극의 성격이 강하다. 이 모든 사이버네틱 결합체들은 자기 파괴를 향하는 유도체이기 때문이다. 유도체는 단지 은유가 아니다. 질주하고 충돌하고 또 파괴되기 위해서 인간과 결합하는 자동차는 엄연한 현대적 사실이다(《크래쉬》). 어떤 의미에선 크로넨버그보다도 츠카모토 신야에게서 충돌과 폭발은 더욱 필수불가결한 것이 된다. 츠카모토의 신체는 리비도와 분노를 곧바로 추진력과 장약으로 삼는 순항미사일일 뿐만 아니라, 타겟들을 삼켜버림으로써 점점 성장하는 발육미사일이다(〈철남〉). 이 걸작에서 츠카모토 신야는 **퓨전이란 퓨즈의 발생과 성장**이라는 중요한 정식을 폭탄영화 전통에 남겼다.[16] 일반적으로 사이버네틱 순항미사일에게서 진화가 곧 전개이고 항해다. 바로 이 때문에 크로넨버그는 자신의 순항미사일이 에이젠슈테인의 엔진과 비교되는 것을 거부했다. 엔진은 인간의 형상("의식")으로 이루어졌지만, 순항미사일은 인간의 질료, 즉 "살"flesh로 이루어진다는 것이다.[17] 순항미사일은 말 그대로 육탄肉彈이다. 살이 그 화약이고 추진연료인. 탄도미사일과 순항미사일의 결정적 차이도 여기 있을 것인데, 그것은 중력에 항복하는 이성(사유)과 중력을 거스르는 무게(기계, 신체)의 차이다. 아무리 SF 장르의 외피를 쓰고 있더라도 카펜터의 〈다크 스타〉는 순항형이 아니라 탄도형 폭탄극이다. 생각을 너무 많이 하다가 자폭하는 인공지능 컴퓨터는 무중력 상태까지 격상되었다고 자부하는 순간 스스로의 무게로 인해 한없이 추락하는 사유–폭탄, A.I.탄이기 때문이다. 반대로 크로넨버그의 〈코스모폴리스〉의 리무진은 아무리 느려도 순항미사일이다. 그것은 이미 과거가 되고 있는 세계의 중력으로부터 이격되기 위해 정보, 자본, 지식, 로스코와 섹스가 주유되고 있는 "미래의 속도"이기 때문이다.[18]

이야기가 점점 희미해지는 경우들이 현대 폭탄극의 다른 한 분파를 이룬다. 그것은 희박화되거나 분산되는 이야기 전개가 곧 유도체가 되는 폭탄극으로서, 미사일 영화와 구분되는 지뢰 영화mine film다. 일반적으로 지뢰 영화엔 사건이 없다. 지뢰영화의 화약은 사건이 아니라 하위사건이다. 하위사건이란 사건에 비해서 극히 감지하기가 어렵지만 그만큼 무의식적으로 감지되는 미시사건들이며, 대상이나 동기

16. 츠카모토의 핵심주제일 "분신과의 대결"로서의 융합에 대해선, 요모타 이누히코, 『일본영화의 래디컬한 의지』, 강태웅 옮김, 소명출판, 2011, 츠카모토 신야 부분. 〈철남〉 시리즈에서 '팽창'이나 '성장'의 후기산업적 의미에 대해선 다음을 보라. Ian Conrich, "Metal-Morphosis: Post-Industrial Crisis and the Tormented Body in the 〈Testuo〉 Films", *Japanese Horror Cinema*, ed. Jay McRoy, Edinburgh University Press, 2005.

17. 크로넨버그 인터뷰. *David Cronenberg*, ed. Serge Grüberg, Plexus, 2006, pp. 91~92.

18. 〈코스모폴리스〉에 대한 남다은의 분석. 「출구를 마련하지 않은 악몽」, 『씨네21』 2013년 7월. ("미래의 속도와 과거의 속도 사이에 사라진 것은 현재성이다.").

의 소실, 필연성의 부재, 혹은 이들을 감내하는 데에 대한 피로와 그 누적을 동반한다. 그것은 내러티브의 이면을 스멀스멀 관류하는 불안으로서, 지뢰영화에선 무한히 샘솟고 또 응축되는 장약 역할을 한다. 사건은 커지는 것이지만, 하위사건은 짙어지는 것이다. 지뢰영화의 내러티브는 농축thickening이고 정제이며 필터링이다.[19] 만약 지뢰영화가 시점이나 공간을 이중삼중으로 입체화한다면, 그것은 농축필터를 더욱더 늘리고 또 세분화하기 위해서다. 구스 반 산트가 〈엘레펀트〉에서 그렇게 하였다. 아직 도래하지 않은 사건에 대한 단면들을 증폭시키기라도 하는 듯이 매번 다른 입장과 다른 앵글로 텅 빈 공간을 맴도는 다중관점의 플랑세캉스가 거기 있다. 이것은 흡사 하위사건을 축적하고 농축하기 위해서 그것을 필터링하는 단면적을 더 늘려나가는 과정이 곧 이야기인 것과 같다. 그리고 반대로 지뢰영화가 만약 시점에 아무런 희망도 걸지 않고 공간 또한 텅 빈 상태로 방치한다면, 그것은 사막과도 같은 거대평면 자체를 농축필터로 삼으려고 하기 때문이다. 뒤몽의 〈29 야자수〉가 그런 경우다. 여기선 느닷없는 파국이 솟구치기 전까지 공허한 불모지의 앰비언스가 유일한 사건이다. 지뢰영화는 미사일 영화의 대칭성을 앰비언트 앞에서의 평등성으로 대체한다.

지뢰영화에서 지뢰의 압력스위치를 누르는 것은 그 자신의 화약, 즉 농축되어 점점 무거워지는 그 자신의 장약 앰비언스ambience다. 지뢰영화는 임계압력에 이르려는 농축충동이다. 미디어 삼부작의 미카엘 하네케보다 농축을 엄밀하게 수행한 작가는 드물다. 미디어가 폭력적인 이유는 그것이 표면처럼 납작해졌고 하나의 감옥이 되었기 때문이다.[20] 하네케의 프레임이 하는 일도 이것이다. 〈7번째 대륙〉에서 매끈하고 반반한 가구들이나 가전제품들의 표면이나 〈베니의 비디오〉에서 가족들을

---

19. 이것은 비로가 폭탄극을 정의하는 방식이기도 하다. Yvette Bíro, *Turbulence and Flow in Film*, Indiana University of Press, 2008. 특히 1장을 보라("지각불가능한 축적", pp. 9~10). 이 책은 어떤 흐름도 이미 "난류"로 구성됨을 보여줌으로써 폭탄극 이론을 위한 중요한 논점들을 제공한다. 축적에 있어서 레이어 만들기 패턴(평행·교차·모자이크·서사시·관현악)을 열거하는 3장도 보라.

20. 하네케의 '원죄' 개념은 여기서 성립한다. "오늘날 사람들은 그들이 스스로 만들어낸 감옥 안에서 살고 있다. 빠져나갈 순 없는데, 왜냐하면 그들을 둘러싼 벽을 지은 것이 바로 그들 자신이기 때문이다."(미카엘 하네케 2000년 5월 깐느 인터뷰, 다음에 재수록됨. *Positif*, no. 478 déc, 2000 ; Peter Brunette, *Michael Haneke*, University of Illinois Press, 2010, p. 146).

가둔 액자들처럼 프레이밍은 표면적을 늘려나가면서 소통불능이라는 원죄를 농축해나간다. 그것은 각 인물군을 서로에게 고립시키는 새카만 프레임이 그들의 불안에 장단을 맞추며 가속되는 것과도 같다(《우연의 연대기에 관한 71개의 단편》). 미디어가 폭력의 소통인 것은 그 프레이밍이 소통의 단절이기 때문이다. 하네케의 프레이밍은 단면의 증폭기이며 죄의 농축기이다. 죄가 곧 화약이다. 하네케에게 빙결 glaciation이란 죄의 동결농축freeze concentration을 의미한다. 박빙 프레임. 가스파 노에 역시 일찍이 자신만의 폭파공법을 이룩한 폭탄극 작가일 것이다. 주절대는 말, 착란하는 시선, 흡사 고장 난 비디오처럼 끊어지는 의식의 결절부들은 생의 허무와 울분을 그러모으는 방언-필터 혹은 신경-필터가 되어, 필름 자체를 매 순간 장전되며 카운트다운에 돌입하는 총알로 만든다(《아이 스탠드 얼론》). 노에는 '순항 지뢰'라는 놀라운 개념을 제안하는 것처럼 보인다(물론 최초 창안자는 랑과 웰스일 것이나). 이것이 정글과도 같은 기억의 무법지대를 배회하고 빙빙 돌면서 분노를 정제하고 있는 카메라에서 우리가 보게 되는 바다. 노에는 농축필터가 시간의 내재적 속성임을, 나아가 시간은 아무런 외적 부가물 없이도 생을 전쟁으로 만드는 지뢰시퀀스임을 확신했고, 이를 증명하기 위해 편집을 순방향뿐만 아니라 역방향으로도 돌려봐도 농축이 일어남을 보여주었다(《돌이킬 수 없는》에서 한 번은 강간범의 머리에서, 다른 한 번은 희생자의 복중에서 일어나는 수미쌍관형 폭발).

앰비언트와 환경에서 화약을 찾는 것이 유럽적 방식이라면, 인물과 행동에서 화약을 찾는 것이 미국적 방식이다. 각종 미국적 장르(느와르, 서부극, 코미디 …)로부터 지뢰영화를 개발했던 작가가 코엔 형제였다. 그들에게 '실수'가 바로 그러한 지뢰와 뇌관의 기능으로서, 환경보다 먼저 인물이 농축시킨다. 하지만 여기서도 실수는 결코 막을 수 있는 것이 아니며, 흡사 칸트의 선험적 오류처럼, 인간에겐 우연이나 세계에겐 필연일 선험적 폭탄이 되어, 죽음충동에 버금갈 실수충동으로까지 내재화되고 있다(《파고》 《위대한 레보스키》 《그 남자는 거기 없었다》 《노인을 위한 나라는 없다》에서 어리숙한 범죄자들이 하는 사소한 실수들). 코엔 형제는 미국장르가 이를 수 있는 폭탄극영화의 최고치일 것이다. 코엔의 작품세계는 실수의 형이상학화다. 어떤 폭탄극 작가에게도 화약이란 시간 자체다. 그의 흐름이 곧 하위사건이 되는. 이제 폭발이란 시간의 절멸과 구분되지 않으며, 정확히 영화에게 되돌려져 시선의 사멸이 된다(코엔 형제가 자주 보여주는 텅 비거나 쓸모없는 프레임). 영화 전체가 타겟이기에 탄도포물선이 없는 폭발. 폭탄극 영화는 보이지 않는 무게와 압력에 이르러 스스로 절파되어 붕괴되는 영화다. 그것은 시간의 무게다. 이미지의 피로파괴, 이것이 폭탄극의 일반 공식이다.

이 모든 것이 폭탄영화가 프레임을 변용하는 방식이다. 이건 과거의 회로로 환원되지 않는 스트로크 회로의 고유한 권한이기도 하다. 프레임은 더 이상 잘리기만 하는 것이 아니라, 자르고 쥐어짜고 걸러내고 터뜨린다. 그 원대한 목표는 **시간이 곧 폭탄**이라는 것, 즉 영화는 본질적으로 시간폭탄time bomb임을 증명하는 것이다.

8

구조 영화

8-1. 미국 구조주의 : 기어, 스노우, 샤릿츠, 프램튼 등

프레이밍은 현실적 존재의 포착이고 현실화다. 현실화란 실현이고 생성이고 시간화다. 그래서 그것은 단절, 격변, 불연속으로 구조화되어 있다. 폭탄영화는 영화의 파괴를 통해서 이 구조를 보여준다. 그와는 완전히 반대의 방식으로, 즉 영화의 지속을 통해서 이 구조를 보여주려는 영화들이 60년대에 등장했다. 소위 '구조 영화'structural film라 불렸던 영화들은 현실이 아니라 현실화를 프레이밍한다는 의미에서 반성적 취향을 가진다고도 여겨졌었으나, 실상 그들이 하려던 것은 이것이다. 더이상 프레이밍을 통해 보여주는 게 아니라, 프레이밍 자체를 보여주기.

가장 먼저 해볼 수 있는 것은 랜도우가 했던 것처럼 프레임의 경계선이나 그 위에 묻은 먼지까지 다 보여줌으로써 프레임 자체를 드러내는 것이다(〈스프로킷홀, 테두리 글자들, 먼지 입자 등이 등장하는 영화〉). 기어는 좀 더 정교한 기계적 변량들을 포착함으로써 프레임을 드러내려 했다. 가령 매 프레임마다 광량과 진동량을 조절함으로써 프레임은 그 자신의 간격 속에서 드러난다(〈아침〉 〈기다림〉). 저 유명한 〈고요한 속도〉에서 기계적 변량은 렌즈 배율에 공변하는 심도다. 배율이 다른 렌즈를 통해서 본 같은 공간의 이미지들이 일정한 간격으로 교체되는 가운데, 공간은 마치 수축하고 팽창하는 투명내장인 것처럼 꿀떡대고 박동한다. 한 프레임 안에서 아무것도 움직이지 않았다. 움직인 것이 있다면 그것은 프레임들 사이의 압축률이다($\frac{55mm}{50mm}, \frac{65mm}{40mm}$ …). 여기서 작동하고 있는 것은 편집에서의 컷이 아니라, 순수하게 그 자신의 변화 혹은 급변으로만 포착되는 프레임 자신이다.[1] 이것은 피사체의 운동에 의존하지 않고서도, 오직 포착에의 충동(혹은 에너지)만으로 연속성을 회복하는 프레임-세캉스다.

기어는 더 많은 목록을 만들 수도 있을 것이다(실제로 영국 구조영화가 그렇게 한다 : 모터속도는 지속밀도의 프레이밍이며, 노출은 광도의 프레이밍이며, 대상의 운동은 객관적 벡터들의 프레이밍이며, 포커스는 심도의 프레이밍이다…). 일반적으로 구조영화들은 피사체의 운동이나 그 이야기를 무시하거나 아예 없애버림으로써 프레임을 비워내는 경향을 가지고 있는데, 이는 프레이밍 이전의 여러 선험적 특질들만을 포착하기 위함이다. 미국 구조영화는 선험적 특질들을 프레이밍한다. 그것은 초월적 프레이밍이다. 지각의 탄생, 즉 의식의 발생이라는 선험적 구조에 대한 프레이밍이라는 점에서 초월적이다. 기어는 이를 편집으로 하였다. 반면 스노우는 이를 최대한 끊지 않고서 하나의 샷 속에서 이루려 할 것이다. 단 하나의 줌인샷으로만 이루어진 〈파장〉은 텅 빈 공간 속에서 서서히 태어나고 있는 순수한 시공간, 즉 탄생 중에 있는 의식을 보여준다. 지금 막 발생하고 있고 그래서 아직 대상도 가지지 않은 의식의 배아의 프레이밍. 만약 이 영화에서 내러티브(사람이 죽거나 전화를 거는 등)가 주변에 머무른다면 그것은 이 배아의 발생이 곧 내러티브이기 때문이다. 스노우는 발생사의 물질적 측면을 탐구하기도 했다. 그것은 반복적인 움직임이나 단순한 왕복 속에서 형성되는 의식이다. 〈↔〉의 패닝이 그렇다.[2] 그리고 〈중앙지역〉은 전방위적으로 회전하며 천공의 모든 지점을 트래블링하는 활공카메라의 작품이다. 여기서 프레임을 통과하는 자는 우주적 의식 자신이다. 우리 없이도 세상은 그렇게 잘 돌아간다는 점에서 이 우주적 프레임은 황홀이되 여전히 비극이라고 스노우는 말한다.[3]

스노우는 자신의 영화들을 조각품에 종종 견주었는데 이는 단지 은유가 아니다. 그의 작품들은 마치 한 장의 사진처럼 시간의 영점zero point으로 되돌아가 스스로 잠재화되는 의식이기 때문이다. 그리고 그 의식은 주어진 한계를 넘어서 있는 것

1. "이미지가 아니라 프레임이 얼마 동안 스크린 위에 남아있는가가 관건이다"(Yonas Mekas, *Film Culture*, no. 53-54-55, spring, 1972, p. 26).
2. "〈파장〉이 형이상학이라면, 〈↔〉은 자연학일 것이다."(Michael Snow, *Film Culture*, no. 46, autumn, 1967, p. 4).
3. Michael Snow, "Michael Snow on 〈La Region Centrale〉", *Film Culture*, no. 52, spring 1971, p. 63.

들을 일거에 압축하고, 반대로 일거에 한계를 너머로 분출할 수 있기 때문에 적잖이 폭력적이다. 실제로 〈파장〉과 〈중앙지역〉엔 폭탄영화의 면모가 있다. 그것은 무력감, 멀미, 자기상실감이 그 자신의 산고가 되는 영화들이다.[4] 하지만 미국 구조주의에서 가장 폭탄영화에 근접한 작가는 샤릿츠다. 샤릿츠는 스노우가 지속 안에서 개념적으로 성취한 것을, 순간 안에서 감각적으로 성취한다. 이제 의식은 섬광 속에서 진정 고통에 휩싸인 채 태어나므로 더 이상 줌인이나 패닝 등으로 은유될 수 없다. 스노우와 정반대로 샤릿츠에게 의식의 발생은 의식되지 않는다(그것은 차라리 통각되는 것이다). 거기서 의식되는 것이라고는 의식이 발생하는 바로 그 순간에 되돌아가는 무無일 뿐이다. 샤릿츠의 플릭커 작품들은 의식에 그의 모순을 연사하는 기관총 영화다.[5] 스노우의 지속성과 영속성을, 샤릿츠는 동시성과 순환성으로 대체한다. 실제로 샤릿츠는 인도철학과 우파니샤드에 심취해 있었다. 흡사 만다라에서처럼 대립하는 부분들은 동시적일 때만 전체는 순환하고 또 비로소 존재하게 된다. 이 초월적 지혜를 위해 필요한 것은 의식의 점진이 시작되는 "영점"zero point(스노우)이 아니라, 의식의 시작과 끝이 싱크되는 "공점"void point(샤릿츠)이다.[6] 의식은 자신의 죽음을 통해서만 태어난다. 조각상은 무너짐을 통해서만이 완성되는 것처럼. 샤릿츠의 플릭커는 빛으로 하는 성상파괴주의다(쿠벨카와 콘래드의 리듬적이거나 음악적 구조와는 구분된다). 공허만이 반짝인다. 고로 공허가 끝내 보여주는 것은 대상 없이 빛나는 스크린, 결국 공허의 궁극적 불가능성이다.

그리고 프램튼이 있다. 그가 당대 구조영화 작가 중에 가장 현학적 개념들과 난

---

4. 엘더의 요약이 훌륭하다. "스노우에게 의식은 의식의 의식"이므로 "자기의식"인 동시에 "무"이다. R. Bruce Elder, *Image and Identity*, Wilfrid Laurier University Press, 1989, 14장. pp. 395~399. 엘더는 미국 전통뿐만 아니라 캐나다 전통에 초월론적 현상학적 해석을 가하고 있다.

5. "자기유도된 죽음, 정신적 자살. 텅 빈 어둠을 통해서 의식은 그 자신에게로 되돌려져 다시 태어난다. 망막 스크린이 타겟이다. 목표는 관객의 규범적 의식의 일시적 암살이다."(Paul Sharits, "Notes on Films", *Film Culture*, no. 47, summer 1969, p. 14). 크라우스의 글도 보라. Rosalind Krauss, "Paul Sharits", *Film Culture*, no. 65~66, 1978.("의식은 경험과 이성의 투쟁이라는 역설적 상황에 놓이게 된다." p. 97).

6. Paul Sharits, "Notes on Films", *Film Culture*, no. 47, summer 1969, p. 15. 샤릿츠 작품들에게서 나타나는 대칭성에 대한 분석으로는 다음도 보라. Regina Cornwell, "Paul Sharits : Illusion and Object", *Artforum*, Vol. 10, no. 1, September 1971.

해한 이미지들을 인용한다면 이는 그가 단지 의식이 아니라 완숙한 의식, 즉 이성을 프레이밍하려고 했기 때문이다. 이성은 법칙을 추구한다. 그래서 이성은 한계에 의해 고통받고, 또 그에 의해 축복받는다. 의식을 어떤 체계로 성장하게 하는 것은 한계에 대한 자각만큼이나 그 애매성에 대한 절감이다. 한마디로 한계는 체계의 원소다. 이것이 바로 프레임에 대해서 프램튼이 견지했던 생각이며, 또한 이것이 샤릿츠의 방법론과 정반대 방향으로 프램튼을 이끈다. 즉 프레임은 실패하기 위해 거기에 먼저 주어져야 한다(없는 척을 먼저 하면 우리는 다시 한낱 환영주의로 빠져들 것이다7). 프램튼은 〈하파스 레고메나〉의 체계를 통해 이를 보여주고자 한다. 즉 영화의 프레임은 환영과 실재의 구분에 있어서 실패하기 위해서만 거기에 주어진다는 것이다. 영화에게서 프레이밍이란 타들어 가는 사진을 바라보는 것과 같으며(〈노스텔지어〉), 또는 흔들리는 가상의 프레임과 흔들리지 않는 진짜 프레임 간의 이격을 바라보는 것과 같다(〈특수효과〉). 실재는 소멸되기에 환영일 수 있고 환영은 생성되기에 실재일 수 있는 것은 오직 영화 프레임에서다. 그래서 영화 프레임은 단지 실재를 환영으로 재현하지 않는다. 그것은 실재와 환영 사이의 거리를 "삼각측량"한다.8 고로 영화의 한계로서 프레임이 낳는 오류란 선험적 오류다. 이성의 한계뿐만 아니라 그 가능성마저도 증명하기 때문이다. 만약 프램튼이 일부러 혼잡한 이미지를 보여주거나, 혹은 악의적으로 말들을 영상으로부터 떼어내서 부유시키거나 반대로 화면의 심도를 제거한다면, 이는 해독될 것이 없어지면 저절로 드러나는 해독충동, 나아가 혼잡이 주어지면 최소한의 법칙이라도 찾기 위해 자진해서 고개를 드는 이성본능을 증명하기 위해서다. 〈임계질량〉에서 불량 편집은 바로 이를 교육적으로 의도한 것이다. 그러나 가장 아름다운 시도는 〈시적 정의〉에서 이루어졌다. 시나리오와 그 시나리오대로 촬영된 이미지가 번갈아 보여지는 와중에 말 그대로 태어나고 있는 중의 영화. 이것은 선험적 오류로만 쓰인 시나리오이고, 프레임의 한계로 그려진

---

7. 프램튼은 샤릿츠의 플릭커가 "회화 프레임의 모든 문제들을 되돌려준다"고 말한다(프램튼 인터뷰. *A Critical Cinema*, p. 34). 이성, 법칙, 자기생성, 독해 등에 대한 프램튼의 견해가 잘 드러난다는 점에서 이 인터뷰는 중요하다.

8. Hollis Frampton, "A Pentagram for Conjuring the Narrative", *Circles of Confusion*, Visual Studies Workshop Press, 1983, p. 63.

극영화다. 자기독해하는 이성처럼 프램튼의 영화는 자기체계화한다. 최소한의 음렬로부터 모든 가락이 파생되어 나오는 베버른의 작품에서처럼, 영화는 최소한의 법칙을 읽어냄으로써 스스로 체계를 찾는다. 〈조른의 정리〉는 이 자서전의 완벽한 모델이다. 거기엔 문명(상징)과 자연(이미지), 상위주기(행)와 하위주기(열)의 이중교차에 의한 매트릭스 체계가 있다. 하위주기에 있어서 이미지는 알파벳 서열에 따르지만, 그 상위주기에 따라서는 알파벳은 점점 이미지로 대체되어 가는 것처럼, 문명적 질서가 스스로를 고집하고 발전시키는 동안 무심코 동반성장하는 자연의 질서가 있다. 이는 환영주의에 대한 체계화이기도 하다. 하위주기에서 가설의 발생과 쇠퇴가 전체적으로 완성해나가는 것은 상위주기에 있어서 필연적 변화다. 라이프니츠의 용법을 빌자면, 이것은 '필연적 연결'과 '가설적 연결'의 행렬구조인 셈이다.[9] 그렇게 행렬의 각 프레임은 진보 전체를 아우르면서 끝내 도래할 미래의 기원으로 되돌아온다.

영화의 자서전 혹은 순수영화비판인가? 이제 프레임은 법칙들의 집합이고, 그로부터 체계화되는 하위 프레임들의 집합이다. 이 프레임을 통과하는 것은 시간 자신이다. 그리고 그러한 한에서만 시간은 영원히 시간이다. 이 단순한 신비를 설명하기 위해 프램튼은 문학, 대수학, 화성학, 점성술, 천문학 등 온갖 분야를 끌어들일 수 있을 것이다. 하지만 이는 보편적 프레이밍이란 프레임들의 경쟁과 보완, 정복과 공조, 그리고 이를 통한 체계적 증식(순서짓기, 서열화)임을 보여주기 위해서다. 우주가 이미 거대이성이고 우주도서관이며 한 편의 메가무비다. 프램튼에게 무엇보다도 분명했던 것은 영원히 순환하는 우주와도 같이 영화 또한 영원히 순환함으로써만 오직 시간이고, 또 시간에의 프레이밍이라는 사실이다. 이 장엄한 시도가 바로 〈마젤란〉 프로젝트다. 즉 빈칸만으로 써져서 영원히 다시 쓸 수 있는 백과사전. 프램튼에게 전체의 개념이 있다면 그것은 이런 것이다. 전체는 한계를 가지지만 같은 이유로 부분을 가지지 않는다. 한계엔 한계가 없기 때문이다. 전체는 자기포함하는 부분이고, 자기생성하는 무한인 한에서만 주어진다. 이 전체는 부분을 선택하지도 않는다. 그가 모든 것을 개시하는 선택의 공리란 "비선택"non-choice의 공리다. 그것은 "포

---

9. 이 영화의 '가설발생' 도식에 대해선 피터슨의 분석을 보라. James Peterson, *Dreams of Chaos, Visions of Order*, Wayne State University Press, 1994, 6장. pp. 113~115. 라이프니츠의 위 구분에 대해선 『형이상학 논고』, 13절.

함과 배제의 교차점"에만 위치하고 "모든 가능한 선택지의 절대적 공존"만을 선택한다는 의미다.[10] 기어와 프램튼의 차이는 분명해 보인다. 기어의 프레이밍은 유한한 속도를 내지만, 프램튼의 프레이밍은 무한속도다. 샤릿츠와도 다르다. 이제 총체적 순환을 이루는 것은 두 이질적 순간의 동시성이 아니라 두 주기의 동시성이다. 마치 하나의 주기가 상위주기와 하위주기로 무한히 계속 분할되고 파생되어 나가듯 말이다. "모든 지식의 순환들의 순환."[11] 또한 만약 스노우의 전체가 소진법으로 얻어지는 잠재적 무한 virtual infinity이라면, 프램튼의 전체는 자기증명법 혹은 순환논법으로 얻어지는 현실적 무한 actual infinity이다. "영화는 결국 그만의 뮤즈를 유혹했다. 그녀의 이름은 불면증이다."[12]

요컨대 기어가 유한에 대한 초프레이밍이라면, 샤릿츠는 무에 대한 초프레이밍이다. 스노우가 잠재적 무한에 대한 초프레이밍이라면, 프램튼은 현실적 무한에 대한 초프레이밍이다. 그러나 이 모든 프레이밍은 초월적이다. 왜냐하면 카메라의 유한한 변량, 자체발광하는 공허, 시공간의 잠재적이거나 현실적 무한 등, 모두가 영화 발생의 선험적 특질들이기 때문이다.

8-2. 영국 구조주의

영국 구조주의는 또 다르다. 영국 구조영화들 역시 '영화의 발생'coming into presence of the film을 다루지만, 미국 작가들과는 완전히 다른 관점과 목적 아래서다. 그들에게 영화의 발생이 중요한 이유는 그것이 의식의 발생이되 무엇보다도 인간 의식의 발생이기 때문이다. 더 이상 탐미적 은유에 남아있는 개념적 의식이 아니라, 스크린을 마주하고 있는 관객들의 저 구체적 의식 말이다. 그들은 이 의식은 탐지되긴

---

10. "선택한다는 것은 배제한다는 것이다. 선택을 부정한다는 것은 모든 것을 포함한다는 것이다."(Hollis Frampton, "Notes on Composing Film", *Circles of Confusion*, p. 122).
11. Hollis Frampton, "For a Metahistory of Film : Commonplace Notes and Hypotheses", *Circles of Confusion*, p. 116. 강조는 인용자.
12. 같은 책, p. 116.

어렵긴 해도 분명히 실존한다고 말한다. 반대로 이 의식의 발생을 방해하거나 억압하는 사회적 기제들이 있다. 세상만사를 잊으려 말 그대로 킬링타임하려고 사람들이 보게 되는 주류 상업영화의 환영장치들(내러티브, 감정이입, 스타 등)이 이미 그렇다. 영국 구조영화의 정신과 그 이론 깊숙이 맑스주의, 특히 루카치주의가 뿌리내리고 있다. 즉 환영주의적 영화는 관객을 소외시키므로, 그 물신화를 넘어서 반대로 되찾아야 할 것은 환영적 이미지에 대한 탈신화화, 구체적 생산과정(촬영과정 및 영사과정)에의 의식, 관람자로서의 자기의식, 요컨대 영화가 만들어지고 상영되는 물질적 과정에 대한 자각이라는 것이다. 이제 구조영화는 "그 자신이 만들어지는 과정에 대한 기록"record of its own making이어야 한다. 노동자가 상품을 통해 노동과정 전반(나아가 역사)을 반추해봐야 하는 것과 마찬가지로 말이다. 이 엄청난 생각, 즉 영화의 생산과정이 곧 노동과정, 고로 발생이란 곧 역사라는 생각이야말로 미국 구조영화와 영국 구조영화의 차이점일 것이다. 우리는 결코 이 둘을 혼동하지 않을 것이다. 즉 미국 구조영화의 경우 영화는 의식일 수 있는 어떤 것인 반면, 영국 구조영화의 경우 영화는 의식되어야만 하는 어떤 것이다. 그래서 영국의 경우 영화는 해방될 수 있는 만큼 억압될 수도 있는 물질로서만 존재하고, 고로 저항의식으로서만 태어나는 어떤 것이다. 여기서 영화는 단지 의식이 아니라 의식화이고, 그 발생은 단지 보편적 생성이 아니라 구체적 노동일 터다. 고로 프레이밍되는 것은 더 이상 선험적 특질(유한·무한·무)이 아니라 경험적 특질(필름·지속·컷)이다. 영국 구조영화는 미국 구조영화의 초월적 프레이밍을 유물론적 프레이밍으로 대체한다. 물질이란 영화가 제작되고 또 상영되는 구체적 과정을 의미하는 한에서 그렇다.[13]

하지만 이뿐만이 아니다. 의식의 발생엔 그 환영의 발생도 포함된다. 은폐된 노동과정을 떠올린들 그 상품을 탐하지 않기란 어렵다. 이런 까닭에 아무리 제작공정 전반을 포착하는 프레이밍일지라도 다시 물신화되고 만다는 딜레마는 구조주의 운

---

13. 이 모든 내용이 영국의 구조적/유물론적 영화의 정신을 정초한 기달의 그 유명한 1974년 선언문의 요약이다. 우린 1976년 본을 인용할 것이다. "Theory and Definition of Structural/Materialist Film", *Structural Film Anthology*, ed. Peter Gidal, BFI, 1976. "영화를 본다는 것은 영화를 보는 것과 동시에 그것의 발생(coming into presence)을 본다는 것이다. 즉 작품을 만들어내고, 또 작품에 의해서, 그 안에서 만들어지기도 하는 의식의 체계."(p. 2).

동 내내 골칫거리 문제였던 것이고. 여기에 영국 구조영화가 떠안은 두 번째 논제, 그러나 이번엔 정치라기보다는 과학에 가까운 논제가 있다. 즉 유물론적 구조영화는 영화가 물신이 되었다는 사실이 아니라 영화가 어떻게 물신화되느냐는 그 발생구조까지 보여주어야 한다. 의식에 은폐되어 폭로되어야 할 것 역시 사실이 아니라 구조, 그것도 환영의 발생구조인 것이다. 영국 구조영화 작가들이 영화촬영시간과 영화상영시간의 일대일 대응one to one correspondence이라는 제일강령을 제안할 때, 그것이 단지 프레임이나 스플라이싱을 드러내거나 카메라 뒤에 숨은 연출공정을 까발리는 등의 순진한 노출전략에만 국한된다고 할 수 없다. 반대로 거기엔 이미지의 물신화를 제거하기 위해 그 물신화 과정을 엄격하게 유비해내는 과학적 측면이 있을 것이다("허상적인 것을 허상적인 것으로서"imaginary as imaginary 보여주기).[14] 또 과학이되 실체를 소명하는 과학이 아닌, 반대로 실체라는 환영까지도 소명하는 과학으로서, 그것은 차라리 가라타니 고진이 취했던 구조주의적 전략에 가까울 것이다. 즉 "『자본론』이란 고전경제학 텍스트에 대한 마르크스의 독해, 그 이상도 그 이하도 아니"었던 것처럼, 그 자신의 구조가 환영주의 영화의 독해 자체가 되는, 그러기 위해서는 영화 스스로가 이미지로 쓴 『자본론』이 되는 것을 불사하는 그런 유물론적 구조주의.[15]

작가들 사이에 미세한 입장차들이 있긴 했으나, 전략은 크게 두 가지 구분으로 이루어진 것 같다. 먼저 영화를 이루는 두 가지 시간, 즉 영화제작과정을 통해 실제로 흘렀던 시간(실제 촬영한 시간)과, 스크린 안에 흐르는 것처럼 꾸며지는 환영적 시간(극중 시간)의 구분이 있다. 이것은 실재 비전과 환영적 비전의 구분이다. 이 첫 번째 구분은 내러티브를 자본주의의 산물로 간주하고, 환영주의를 자본주의와 동형적인 것으로 간주할 때의 기달이 공헌 한 바다.[16] 그래서 기달은 이 두 비전의 간

---

14. Peter Gidal, *Materialist Film*, Routledge, 1989. 7장, p. 20. "고로 관건은 비조작적 영화가 아니라, 과정 중에 있는 조작을 아는 것이다."

15. 가라타니 고진, 『마르크스 그 가능성의 중심』, 김경원 옮김, 이산, 1999. 1부("사용가치는 시니피앙이다."). 이 책은 모든 맑스주의의 적이다. 어떤 의식(기의·가치·계급)도 물질(기표·화폐·시스템)에 앞서는 '존재'가 아니라 그로부터의 '발생'으로 간주하기 때문이다. 바로 이 점이 영국 구조주의와 맞닿는다.

16. '진짜 시간'과 '환영적 시간'의 구분에 대해선, Peter Gidal, *Structural Film Anthology*, p. 9. 내러티브와 자본의 동형성(절단–봉합의 영속적 프레이밍) 연구는 단연 히스의 업적이다. 스티븐 히스, 『영화에 관한 질문들』, 김소연 옮김, 울력, 2003. 특히 1장, 2장. 구조적/유물론적 영화에 대한 7장도 보라.

극이 드러날 때까지 영화와 관객이 거리두기를 해야 한다고 주장했고. 동일시 또한 배제되어야 한다. 그것은 필요비전과 잉여비전에 대한 의식적 분별을 방해하기 때문이다. 영화의 "탈주체화"de-subjectivization만이 이미지의 "필요노동"을 분별한다.[17] 기달은 이를 실천으로 보여주었다(〈홀〉 〈루프〉 〈환영의 조건〉).

이러한 기달의 생각에 미묘한 입장차를 견지하며 르 그라이스는 또 다른 구분을 제안한다. 르 그라이스가 볼 때 기달은 내러티브로 통합되기 쉽다는 이유만으로 모든 주체성을 지나치게 경계하고 있다. 끝내 회복되어야 할 것은 관객과 영화제작자의 주체적 의식임에도 불구하고 말이다. 따라서 거리를 두거나 권위를 무너뜨리는 등 주체성을 격감시키려는 시도만으로는 부족하며, 반대로 그를 적극 이용하려는 과감한 시도(영화제작자의 흔적들을 드러내는 등)가 필요한 것이다. 이것은 동일시가 아니다. 이것은 참여이고 반성이다. 르 그라이스가 기달의 "일대일 관계"one to one relation 대신 "지속 등가성"durational equivalence라는 개념을 고집할 때 그의 본뜻도 이것이다: 등시적인 지속이 주체에 속하는 것처럼 비등시적 지속 또한 주체에 속한다. 단 그것은 기계장치들과 결합한 주체인 것이다. 예컨대 카메라를 조작하거나 편집기를 작동시킬 때 걸리는 시간도 엄연한 실재 시간이며, 이것은 분명히 환영적인 가짜 시간과는 구분된다. 그것은 기계적 주체들(카메라, 편집기 등)이 실재로 향유하는 시간이다(〈예 아니오 아마도 아마도 아닌〉 〈성 1, 2〉에서의 루핑, 〈마네 이후〉에서의 프레임).[18] 르 그라이스는 첫 번째 구분만큼이나 실재적이고 중요한 두 번째 구분을 제안한다. 그것은 "생산경제"와 "관객 경제", 혹은 "투자" 경제와 "심리적" 경제의 구분이다. 전자는 카메라나 편집기로부터 전이되는 가치들처럼 인위적으로 조작되는 시간, 즉 현장 바깥으로부터 옮겨지는 시간이라면, 후자는 작가 혹은 관객의 시선에서처럼 구체적으로 체험되는 심리적이고 질적인 시간, 즉 현장에서 실제로 느껴지는

---

17. Peter Gidal, *Materialist Film*, 9장, pp. 35~36.

18. 그래서 르 그라이스는 내러티브와 주체성에 대해 상대적으로 호의적인 편이다. 이는 르 그라이스 본인의 다음 저서의 여러 대목에서 드문드문 나타난다. Malcolm Le Grice, *Abstract Film and Beyond*, MIT, 2007. 이 책 후반부에서 시도하고 있는 추상영화의 정의를 보라("영화제작자의 주체성과 관객의 주체성 간의 관계에 대한 명확화", p. 153). 기달의 작품들에 대한 르 그라이스의 논평들도 보라. 르 그라이스는 기달의 작품들이 반성과 분석을 취해도, 리듬과 재구성은 취하지 않는다고 누누이 강조한다(pp. 114, 130).

시간이다.[19]

첫 번째 구분을 우린 필요비전(v)과 잉여비전(s)의 구분이라 부를 것이다. 전자는 경험에 필요하기에 실재적이고, 후자는 경험을 넘어서 연장되어 재현된 비전이기에 상상적이다. 반면 두 번째 구분을 우린 불변적 지속(c)과 가변적 지속(v)의 구분이라 부를 것이다. 전자는 기계(카메라나 편집기)로부터 이전되고 투자되는 시간이라는 점에서 불변적이고, 후자는 인간(제작자나 관객)이 참여하고 창조하는 시간이라는 점에서 가변적이다. 그런데 가변적 지속은 필요비전은 동일한 변량에 대한 두 측면으로서 등가적이다('일대일'이라는 전제로부터 이는 자명하다). 그리고 환영적 비전에 투하되는 시간의 총지속량은 불변적 지속에 가변적 지속을 더한 값이다. 고로 – 기달이 오해했던 것과 달리 – 환영은 단지 가변적 지속에 대해서가 아니라, 그에 불변적 지속까지 더해진 총지속에 대해서 산출된 잉여비전에 비례하는 값이다. 영국 구조영화가 저항하고 역공해야 할 최종 타겟은 이렇게 완성된 정식으로부터 나온다. 그것은 재현율 $\frac{s}{v}$와 구분되는 재현의 이윤율, 즉 환영률 $\frac{s}{c+v} = \frac{s/v}{c/v+1}$이다.[20] 영국 구조주의 운동은 그 다양한 작가들이 마치 경쟁이라도 하듯이, 이 환영률을 소묘하는 동시에 하락시키는 세부전략들을 쏟아내는 과정과도 같았다. 그들은 이윤율 하락을 증명하려는 과학적 맑스주의의 소임을 스크린 위에서 수행한다 perform. 공황이 물질의 해체이기는커녕 환영의 해체인 동시에 의식의 발생임을 보여주기 위해서.

먼저 $\frac{s}{v}$에 관련하는 전략들이 첫 번째 축을 이룬다. 재현율 $\frac{s}{v}$, 그것은 비전착취율이고 이미지의 잉여가치율이므로 시야에 프레임, 스프로킷홀, 스플라이싱 등을

---

19. 이 모든 내용은 다음 책의 2, 6, 13, 14장에서 논해지고 있는 바다. Malcolm Le Grice, *Experimental Cinema In The Digital Age*, BFI. 2001.(특히 내러티브에 대한 옹호에 대해선 2장, 경제 구분에 대해선 14장을 보라). 르 그라이스가 당대 다른 유물론자들에게 끊임없이 역설했던 바는, 이 핵심적인 구분은 "익명성" 혹은 "거리두기"(기달)만을 강조하다가 놓치기 쉬운 구분이며, 이 기계적 시간은 주체성의 구성요소로서 합당하게 고려되어야 한다는 것이다. "권위 관계는 피해갈 수 없다. 영화작업 안에서 그것을 문제화해야 할 필요가 분명해진다."(같은 책, p. 204).

20. "잉여가치와 잉여가치율은, 눈에 보이지 않는 본질(本質 : essence)에 해당하며, 그 반면에 이윤율과 잉여가치의 이윤형태는 눈에 보이는 표면적 현상(現像 : phenomena)이다." (맑스, 『자본론』 III권(상) 1편 2장. 이윤율」, 한국어판 : 김수행 옮김, 비봉출판사, 제1개역판, 47쪽). 즉 이윤은 물신으로 나타나며, 잉여가치는 그 뒤로 숨는다(53쪽).

드러내는 것만으로 그것은 일시정지될 수 있다(예컨대 아나벨 니콜슨 〈슬라이드〉). 사운드트랙을 드러내거나, 나아가 노출시간이 사운드레벨과 연동되어 드러난 이미지를 또 하나의 사운드트랙으로 만드는 경우(크리스 가랏 〈베르사이유 I & II〉), 그리고 셔터를 보여줌으로써 카메라의 내부장치를 드러내는 경우(크리스 웰스비 〈풍차II〉) 등도 이 전략에 속한다. 하지만 잉여비전은 다시금 나타난다. 고로 다시 재현을 무릅쓰더라도 동시에 환영률을 재현율에 덜 민감하도록 재현율을 둔화시키는 좀 더 정교하고 만성적(지속가능한) 전략이 요구된다. 카메라로 하여금 흐릿하거나 텅 빈 공간만을 비추도록 하고, 거기서 포커스를 단순반복하는 식으로 대상을 비워냄으로써 시감각과 상상력을 둔감화하는 기달의 방법론이 그것이다(〈포커스〉 〈환영의 조건〉 〈네 번째 벽〉). 또한 대상과 그 그림자, 그리고 그 거울상들 사이를 왕복하는 시선 또한 전형적인 둔화책이다(〈방 영화 1973〉).[21] 다른 한편 잉여비전을 완전히 중지시키는 강경책이 존재한다. 그것은 카메라맨이나 감독과 같은 재현하는 자를 이미지의 일부로 삼거나(크로스웨이트 〈카메라를 든 사나이〉, 해먼드 〈어떤 친구들〉, 둔포드 〈자의적 한계〉, 셔윈 〈단편 시리즈〉) 그 내래이터의 목소리를 지나치게 드러냄(존 스미스 〈껌 씹는 소녀〉)으로써 잉여비전을 취소하고 무효화시키는 방법들이 그렇다. 이러한 강경책들은 재현을 폐쇄회로 속에 가두어 총체적으로 무화시킨다는 점에서, 재현의 공간이나 운동을 부분적으로 허용하는 이전의 일시정지책이나 둔화책과는 완전히 다른 것이다. 이것은 잉여비전에 대한 총파업이다.[22] 이 부문에서 가장 위대한 시도는 훨씬 나중에 이루어질 것이다. 그것은 한 젊은 작가와 30년 이상 흐른 뒤의 작가를 동시에 반사하는 양면거울이 확장한 시간의 얼굴이다(셔윈 〈거울을 든 사나이〉).

다른 한편 $\frac{c}{v}$에 관련하는 전략들이 또 다른 축을 이룬다. $\frac{c}{v}$는 기계로부터 전이되는 시간과, 인간으로부터 창조되는 시간 간의 비율이고 경험에 대한 기술배합

---

21. 〈방 영화 1973〉에 대한 햄린의 중요한 분석을 보라. Nicky Hamlyn, *Film Art Phenomena*, BFI, 2003, pp. 92~97.

22. "기록 자체를 기록하고, 또 기록되는 영화"(마이크 둔포드의 〈정물〉에 대한 스스로의 코멘트, 다음에서 재인용. "Mike Dunford", *Structural Film Anthology*, p. 89). 그러나 부르주아 미학을 답습했다며 둔포드 본인이 자아비판한 바 있다(*Materialist Film*, 9장).

의 척도다. 그것은 이미지의 유기적 구성이다. 고로 만약 재현율의 증가가 충분히 완만하다고 한다면 기계개입이 활발할수록, 즉 이미지의 회전속도가 빨라지고 이미지의 분할점이 많아질수록 환영률은 감소하게 된다. 여기서 바로 루핑의 전략이 나온다. 루핑은 재현율을 둔화시키기도 하지만, 무엇보다도 공정 궤적의 절단부를 증식시키고 회전속도를 배가시킴으로써 끝내 환영률을 감소시킨다. 루핑은 대상을 말 그대로 회전시킴으로써 그 이미지의 유기적 구성을 증가시킨다($\frac{c_0}{v_0} < \frac{c_1+c_2}{v_1+v_2}$).[23] 다중 프레임은 루핑의 공간화다. 그리고 그것은 대상을 다양한 측면들로 분할함으로써 마찬가지 효과를 낳는다(옵티칼 프린팅). 여러 대의 카메라 혹은 영사기로 화면을 다각도로 분할하는 멀티스크린의 시도 역시 같은 경우다(질 이덜리 〈팬 영화〉 〈펼쳐진 샷〉 〈4 스크린 영화〉, 르 그라이스 〈마네 이후〉). 반면에 다중노출은 그 접합부가 흐릿하고 혼탁한 분할면들의 생산이다. 그것은 회전가속에 의한 감가라기보다는 인플레이션에 의한 감가로서, 겹쳐지거나 엇갈리는 샷들의 적층, 그 앵글이나 특성의 다양성, 광학적이거나 키네틱한 레이어의 양적인 팽창과 같은 이미지의 과잉축적에 의한 그 가치절하를 야기한다. 데이비드 홀의 〈위상시간2〉가 좋은 예일 것이다. 방 안을 패닝하는 동안 하위샷들이 그 시퀀스에 겹쳐서 포개진다. 하위 샷들이 각자의 상대적 잉여가치를 벌기 위해 분열하는 동안 시퀀스 전체는 과잉노출되고 과충전된 채로 재현되어 그 가치구성이 증가한 것이다. 인플레이션은 이미지를 우글대는 좀비떼로 만든다. 이에 정통한 두 명의 구조영화 작가를 꼽자면 그들은 윌리엄 라반과 리스 로즈다. 라반은 노출이나 재촬영 등의 기법을 통해서 희미하게 분광된 모습으로만 포착되는 유령들을 쫓는다(〈이 시간의 색깔〉 〈브로드워크〉). 한 정지된 피사체를 중심으로 움직이다가도 어느새 그 피사체로 자신의 운동을 전이시

23. 데이비드 하비, 『자본의 한계』, 최병두 옮김, 한울, 1995, 4장 4, 5절. 하비의 이 표는 시장교환들에 의해 생산이 분절될수록, 그만큼 자본이 짧은 순환주기를 가질수록 가치구성은 증가함을 보여준다. 결국 "개별 자본가들은 자본가 계급의 재생산을 허용하는 조건들을 위협하는 방법으로 행동한다."(같은 책, 191쪽). 이것은 『자본론』 III권에서 유통과 경쟁 부분에 대한 가장 좋은 보충적 도식화다.

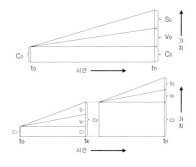

켜 버리는 카메라가 곧 유령의 시선이다(《입사각》).[24] 로즈는 출처를 알 수 없는 이미지들과 목소리들을 뜯어 붙이고 짜깁기함으로써 결국 작가 자신조차 유령처럼 만든다. 재현될 것이 없기에 이것은 그 기록에 실패하는 기록인 것이다(《빛의 독해》).[25] 다른 전략들과 달리 인플레이션 전략을 취한 작가들이 보여주고자 한 바는 구조적/유물론의 극단에 위치한다. 마치 굴절되던 빛이 어떤 임계입사각을 넘으면 굴절을 멈추고 반사를 시작하는 것처럼, 환영 역시 기계조작과 그 미세한 변주들이 만들어내는 물질의 효과라는 것이다. 인플레이션이란 유통시간=0을 배회하는 프롤레타리아트 유령들의 현존성 자체인 것이다(라반과 로즈는 모두 유물론의 경직성으로부터 거리를 두던 작가들이다. 구조주의 운동의 쇠퇴 이후에 라반은 이후에 풍경영화로, 그리고 로즈는 빛-음악으로 빠지게 된다).

결국 급격하고도 폭발적인 인플레이션, 기계적 시간의 폭증이야말로 $\frac{c}{v}$ 전략의 마지막 카드일까? 웰스비는 이미 《풍향계》와 같은 바람만 불어도 자동으로 촬영되는 유기농 영화 organic film를 만들어 보여주기도 했거니와. 결국 영사될 것이란 텅 빈 프레임들이나 순수한 섬광들의 과잉축적과 쇠락(두 케인 《렌즈 없는》), 혹은 영화의 본편은 퇴축되고 그 필름리더만 남아 카운팅 바늘만이 회전하다가 끝내 섬광으로 자폭해버리는 공허한 축적뿐인가(셔윈 《아카데미에서》), 아니면 재봉틀로 구멍 뚫리고 또 꿰매어지는 필름스트립(니콜슨 《릴 타임》), 혹은 영사기 안에서 끊기고 찢기는 필름스트립(리스 로즈·이안 커 《C/CU/CUT OFF/FF/F》)인가? 이 극단적 선택들은 영국 구조주의의 종착지를 암시한다. 결국 영사될 수 있는 마지막 시간이란 불변적 지속과 가변적 지속 간의 구분, 나아가 기계와 인간의 구분이 파괴되는 시간, 그리하여 이 새로운 노동이 잉여이미지를, 나아가 이미지 일반을 파괴하는 시간이다. 이미지를 파괴하는 것은 기계가 아니라 인간과 결합된 기계라는 이 생각으로부터 영국 구조주의는 확장영화를 모색하게 된다(60년대 후반 '필름액션' 프로젝트). 인간의 피부가 스크린이 되고 눈이 곧 카메라가 되면서 이미지의 유기적 구성이 폭증하는 가운데, 제도화된 영사시스템은 공간 속으로 붕괴되고 각 환영적 이미지들

---

24. "각 프레임은 운동을 다층적 이미지로 환원시킨다. 운동은 투명성과 동등해진다."(윌리엄 라반의 《이 시간의 색깔》에 대한 코멘트, 다음에서 재인용 : "William Raban", *Structural Film Anthology*, p. 129).
25. Peter Gidal, *Materialist Film*, 15장. 인용된 낸시 우즈의 에세이가 돋보인다.

은 룸펜으로 몰락하게 되는 그런 영화(대표적으로는 르 그라이스 〈호러필름〉, 맥콜 〈원뿔을 그리는 선〉, 라반 〈2분 45초〉). 말하자면 확장영화는 구조적/유물론적 영화의 공황론이다. 스크린의 인플레이션이 곧 확장인 것이며, 거기서 영화의 모든 권위는 관객에게로 반환된다.[26]

요약해보자. 재현율 $\frac{s}{v}$와 관련한 일시정지·둔화·폐쇄의 전략들이 한편에 있고, 이미지의 가치구성 $\frac{c}{v}$와 관련한 루핑·인플레이션·공황의 전략들이 다른 한편에 있다. 이 모든 것은 영화로부터 환영의 기제 일체를 걷어내고 인간과 노동을 복원하려고 했던 구조적/유물론적 영화들의 신념인 동시에 엄밀한 과학이었다. 만약 엄밀하지 않게 보이는 것이 있다면 그것은 환영율의 지속적 하락과 함께, 때로는 증가하는 것처럼 보이다가도 때로는 감소하는 것처럼 보이기도 하는 두 얼굴의 변수 v일 것이며, 그것은 당시에도 그리고 지금까지도 논쟁적이며 심지어는 모순적으로까지 보인다. 저 작가들을 끊임없이 괴롭힌 다음 질문들처럼 말이다 : 의식된 지속이 다시 환영은 아닌가? 주체가 인식한 역사는 다시 내러티브 아닌가? 결국 영화의 물질성이 다시 물신은 아닌가? 하지만 영국 구조주의의 종착역이 확장영화라는 사실을 비추어볼 때, 이 모순마저 과학의 일부는 아닐까. 필요지속 v는 의식화를 위해 증가하거나 반대로 기계화를 위해 감소하는 것이 아니라 팔다리를 가지는 의식, 즉 스스로 다면화되기 위해 신체화된 의식을 위해서만 전개되는 변수, 즉 접면을 늘려나가고 팔다리와 감관을 펼쳐 나가는 사회적 개인으로서의 주체성을 표시하는 변수는 아닐까. **개별적 필요노동의 축소는 집단적 필요노동의 확장**[27]에 다름 아니므로, 그 집단은 그 자신의 잉여노동을 재전유하려고 할 것이지만, 이때 잉여노동이란 말 그대로 노동 자체를 넘어서는, 제도화된 가치체계 자체를 넘어서는 잉여노동이라는 것, 그래서 그것은 더 이상 노동도 아니며, 그것이 표현하는 잉여가치는 더 이상 멀리서나 바라봐야만 하는 신기루가 아니라 지금 당장 만질 수 있고 가닿을 수 있는

---

26. 확장영화에 대한 광범위한 소개로는 역시, Gene Youngblood, *Expanded Cinema*, E. P. Dutton & Co., Inc., 1970. 그리고 Peter Weibel, *Beyond Art*, Springer-Verlag, 2005.

27. 네그리의 임금론이 보여준 바다. 안토니오 네그리, 『맑스를 넘어선 맑스』, 윤수종 옮김, 새길, 1994. 특히 7, 8강. 심층논의로는 해리 클리버의 저술도 보라. 『자본론의 정치적 해석』, 권만학 옮김, 풀빛, 1986. 특히 3, 5장. ("자유시간을 창조", 185쪽).

접촉면(가촉적 스크린)이라는 것, 그래서 결국 의식이란 곧 관계 자체라는 것, 이 모든 것들이 필요지속 v만큼 필연적이라면.

8-3. 메타 프레이밍

시트니는 '구조영화'라는 용어를 창안했으나 그 정의는 매우 모호한 것이었으며, 게다가 그 문맥은 문학사를 차용한 것이었다. 하지만 그 요지만은 분명했다. 구조영화는 영화의 형태shape가 의식의 구조를 은유한다는 것이다.[28] 그러나 정작 미국 구조영화 작가들 자신이 관심 있었던 것은 영화 혹은 의식의 형태도, 그리고 그 둘 간의 문학적 유사성도 아니었다. 그들은 오히려 영화와 의식이 생겨나는 순간과 그 방식에 관심이 있었다. 한마디로 그들이 추구했던 형태란 발생의 형태다("난 체계를 가지지 않는다. 난 체계이다"[29]). 어떤 형상이나 형태를 노골적으로 드러내려고 했던 것은 미국 구조주의가 아니라 오히려 영국 구조주의였다. 그래서 프램튼은 시트니에게 당신의 구조주의자들은 영국에 있다고 비아냥댔던 것이고.[30] 하지만 영국 구조영화가 추구하던 형태 역시 단지 영화의 형태가 아니라, 그것이 만들어지는 공정의 형태, 즉 노동과정과 그 가치증식과정의 구조였다. 시트니의 정의가 빠뜨린 것은 구조란 **발생의 구조**라는 사실이다. 의식이건 물질이건 미처 생기지도 않았으므로 은유되지 않는다. 그것은 모방될 수 있을 뿐이다. 미국 구조영화가 물질을 통해 의식을 모방한다면, 영국 구조영화는 의식을 통해 물질을 모방한다.[31] 전자가 영화의 물질을 통해 의식의 발생을 포착하는 반면, 후자는 관객의 의식을 통해 물질의 발생을 포착한다(이런 까닭에 미국 구조영화가 무의식적으로 구조주의를 거부했고 영국 구조영화는 의식적으로 구조주의를 차용했다). 사실 하나

---

28. 아담스 시트니, 『시각영화』, 박동현 외 옮김, 평사리, 2005. 12장.
29. Michael Snow, "Passage", *Artforum*, Vol. 10, no. 1, Sept. 1971, p. 63.
30. 프램튼이 기달에게 1972년 8월에 보낸 서간문. *Structural Film Anthology*, p. 77.
31. 두진베레의 좋은 요약에 따르면, 미국 구조영화가 "유비적 접근"을 구사한다면, 영국 구조영화는 "금욕적"이고 "근본적으로는 형태가 없다(shapeless)."(Deke Dusinberre, "Peter Gidal", *Structural Film Anthology*, pp. 111~112).

부터 열까지 미국 구조영화 지영과 영국 구조영화 진영은 대립한다. 하지만 이는 그 두 유파가 발생에 대해 너무도 다른 태도를 고수하기 때문이다. 그 아슬아슬한 인터뷰와 서간문 속에서 기달과 프램튼은 서로를 오해할 수밖에 없었을 것이다. 기달에게 환영의 파괴인 것은 프램튼에게 정확히 실재의 생성이기 때문이다.[32] 같은 이유로 미국 구조영화에게 발생이 "하위사건"sub-event[33]이라면, 영국 구조영화에게 발생이란 "필름 사건"filmic event[34]인 것이고.

구조주의 운동을 양분했던 이 두 유파가 공유하는 공통목표가 있다면, 그것은 관객이나 영화 등의 현실이 아니라 그 현실의 발생, 현실화를 포착하는 데에 있다. 일반적으로 구조영화는 현실적인 것에 대한 프레이밍이 아니라 현실화에 대한 프레이밍이다. 그것은 현실적 속도와 구분되는 현실화 자체의 속도, 지각 이전의 속도이기에 지각불가능한 속도, 즉 '고요한 속도'를 측정한다. 구조영화는 무언가를 프레이밍하지 않는다. 그것은 프레이밍을 프레이밍한다. 구조영화에 내포된 반성적 형식은 이런 측면에서 이해되어야 한다. 구조영화는 메타 프레이밍한다. 그리고 오직 메타 프레이밍하는 한에서 그것은 자기지시적이다.

어니 기어는 이 전前경험적 프레임을 '투명성'transparency이라는 개념에 정확히 요약했다. 셔터가 빠를수록 또 감도가 좋을수록 이미지가 덜 흐릿하게 맺히는 것처럼, 카메라로 재빨리 따라잡아야 비로소 보이게 되는 투명한 에너지의 흐름 혹은 박동 같은 것이 있다. 프레이밍은 바로 그러한 투명성의 활동이다. 이 에너지는 흡사 우리가 사진이나 영화를 볼 때의 프레임처럼, 안 보인다고 해서 존재하지 않는 것이 아니라 단지 투명하게 존재할 뿐이다.[35] 기어뿐만 아니라 스노우, 샤릿츠에게도 현실화의 속도란 투명한 것이 불투명하게 되는 속도다. 그런 까닭에 현실은 흐릿하거나 번쩍이는 섬광이고 그 멀미일 터다.

윤리학과 뒤섞여 있는 영국 구조주의의 경우는 좀 더 까다롭다. 그들에게 현실

---

32. 기달과 프램튼이 나눈 대화와 서로에게 보낸 서간문들을 보라. 두 작가는 미묘한 견해차를 내내 보이는데, 언어와 지속 개념에 이르자 견해차가 매우 뚜렷해진다. *Structural Film Anthology*, "Interview with Hollis Frampton", "Letter from Hollis Frampton to Peter Gidal on 〈Zorns Lemma〉".

33. Michael Snow, "Passage", *Artforum*, Vol. 10, no. 1, Sept. 1971, p. 63.

34. Peter Gidal, "Theory and Definition of Structural/Materialist Film", *Structural Film Anthology*, p. 2.

35. 어니 기어 인터뷰. *Critical Cinema 5*, pp. 371~372.

화의 속도란 환영률의 감소에 비례할 의식화의 속도로서, 물질과 그 공정에 내포된 유물론적 속도(생산시간·유통시간·소비시간)에 대한 내감과 떼어놓을 수 없다. 고로 그들에게 문제시되었던 투명성 혹은 투명프레임이란 주체성 자체였다. 그 불투명화란 그 노동력의 대상화이고. 비록 많은 논쟁에 휩싸이곤 했지만, 결론적으로 영국 구조영화에게서 현실화의 속도란 주체가 투명화되는 속도라고 말할 수 있다. 그것은 그 자신의 순수한 사용가치로서의 산노동만을 품고서 잠재화된 주체다. 그리고 의식화란 그 산노동에 대한 의식일 뿐이다. 그것은 그동안 보이지 않았던 노동과정이나 가치증식과정을 스스로 꿰뚫어본다는 의미에서 불투명성에 대한 의식이기도 하다.[36] 영국 구조영화에서 만약 물질이 보인다면 그건 관객의 의식이 너무 투명해졌기 때문이리라.

그래서 영국 구조영화는 워홀의 영화들과 정반대의 입장에 있다(그중 몇몇 작가들이 워홀을 자신의 선배로 오해하긴 했지만). 워홀에게서 영화는 곧 돈이었다. 그러나 영국 구조주의에게 영화는 돈이되, 그와 함께 중요한 것은 그 돈을 꿰뚫어보는 인간과 돈과 돈을 연결하는 인간의 발생이다. 짐멜은 자아는 돈에 거리를 둘 수 없는데 그 이유는 돈이 이미 그 거리이기 때문, 즉 자아들 사이의, 그리고 자아 내면의 거리이기 때문이라고, 그래서 돈은 결국 자아의 확장을 대리할 수밖에 없다고 말한다.[37] 영국 구조영화들은 바로 이 권력을 탈환하려고 한다. 영국 구조영화에서 자아는 이제 돈의 확장을 대리한다. 돈이 벌려놓은 그 방대한 거리를 재빨리 주파하는 속도가 곧 그 자신의 의식화인 인간이 거기에 있다. 그는 확장영화를 경험하고 영화제작에 직접 참여하는 인간이다. 더 이상 물질에 의해 매개되기를 거부하고, 거꾸로 물질을 매개하기로 한 확장적 주체다. 영국 구조주의 운동이 확장영화

---

36. 맑스는 물신사회의 반대 경우도 고찰했는데, 거기선 "개별생산자들이 노동이나 노동생산물과 관련해 맺게 되는 사회적 관계는 생산이나 분배에서 **투명**하고 단순하다"(맑스, 『자본론』, 김수행 옮김, 비봉출판사, 2001. I권 1장 4절. 101쪽. 강조는 인용자). 하지만 맑스주의의 일정분파(특히 휴머니즘 쪽)가 의식화란 개념을 만병통치약처럼 남용했던 것만은 사실이다. 이에 대한 균형추로서 추천할 만한 서적은 Moishe Postone, *Time, Labor, and Social Domination*, Cambridge University Press, 1993. 특히 2장, 4장.
37. 게오르그 짐멜, 『돈의 철학』, 안준섭 외 옮김, 한길사, 1983. 이 책은 돈과 주체성에 대한 가장 훌륭한 미시사회학적 연구서다. 반대로 거시적 관점에서 근대주권/국가의 형성과 결부된 화폐의 계보학으로는 단연 고병권, 『화폐, 마법의 사중주』, 그린비, 2005.

운동으로 이어졌음은 결코 놀랄 일이 아니다. 사실 구조주의의 인간은 그 출발점으로 삼았던 휴머니즘으로부터 이미 멀찌감치 멀어지고 있었다. 그가 여전히 인간이라면, 그 자신의 의식이 곧 구조적 차이가 되는 인간이다. 물신에의 맹종을 단지 거부하는 데 머무르지 않고, 물신과 물신을 능동적으로 연결하고, 차라리 물신들 간의 "의식적 관절"[38]이 되고자 하는 구조-인간. 접면을 넓히는 것은 이렇게 확장된 주체 Expanded Subject의 새로운 노동이다. $\frac{c}{v}$는 널리 **전파된다**. 그것은 파동이다. 홍익기계.

---

38. 칼 맑스, 『정치경제학 비판 요강』 II권, 노트VI, 김호균 옮김, 백의, 2000, 369쪽. 〈기계에 대한 단상〉 부분.

9

시간의 몰락

9-1. 완전영화와 무한영화

바쟁은 플라톤을 믿었고, 그래서 사실주의를 믿었다. 그는 예술의 임무가 시간의 흐름과 함께 사라져 가는 것들을 붙잡아 본뜨는 것이라고, 그리고 시간이 자신의 본질인 영화야말로 그 임무를 가장 잘 수행해낼 예술형태라고 생각했다. '완전영화'total cinema는 신화지만, 바로 그 때문에 과학기술마저 견인한다. 완전영화 모델은 접근모델이다. 이미지가 대상을 본뜬다고 할 때 그 둘 사이에 언제나 빈틈이 남지만, 빈틈은 계속해서 메워짐으로써 이미지는 점점 대상에게 접근해간다. 완전영화는 세계에 접근해가는 영화다. 그리고 그 접근선이 곧 시간이다. 이것이 리얼리즘이다. 리얼리즘은 빈틈없으려는 모방, 완전하려는 이미지, 접근하는 시간으로 정의된다.

리얼리즘은 표면을 거부하기는커녕 표면을 요청해야 한다. 그것은 영화와 대상 사이의 실재면이다. 리얼리즘은 으레 유물론과 짝꿍이다. 물질만이 빈틈없기 때문이다. 소비에트는 이 완전성의 동적 측면을 지시하기 위해 '유기적'이란 개념을 창시했다. 즉 리얼리즘이란 전체(개념)와 부분(현상) 간의 유기적 연결이다. 당대 임화와 카프 진영이 조선영화의 리얼리즘을 정의한 방식도 이와 크게 다르지 않다. 즉 리얼리즘이란 전체(주제)와 부분(사실) 간의 유기적 연결이다.[1] 2세대 안병섭의 정의 역시 그렇다("사회의식"과 "시대적 상황").[2] 한국 리얼리즘의 가장 진보한 정의는

---

1. V. I. Pudovkin, *Film Technique and Film Acting*, p. 330. 임화, 「영화의 극성과 기록성」, 『춘추』, 1942년 2월. (다음에 재수록 : 백문임, 『임화의 영화』).
2. 안병섭, 「한국영화 리얼리즘의 사적 전통과 특징」, 『문예진흥』, 1981년 7월. (다음에 재수록 : 『영화적 현실 상상적 현실』). 안병섭은 한국 리얼리즘 전통에서 형식의 부재를 근심한다. 왜냐하면 형식에

홍기선의 것이다. 즉 영화는 세계를 반영하는 그 부분집합("부속물")이 아니라, 그를 해부하는 그의 부분군("역할")이어야 한다. 고로 리얼리즘은 한 명의 감독이 아니라, 다수의 민중이 점차적으로 만들어가는 역사적 유기성인 것이다.[3] 어쨌든 유기성은 빈틈없음을 의미했다.

분명히 완전영화 모델은 많은 영화들의 길잡이가 되었고, 최소한 가장 빈번하게 참조되었다. 어떤 시점까진 말이다. 하지만 어떤 시점에 이르자 영화들은 완전해지려는 욕심을 버리고, 빈틈을 메우기는커녕 그것을 역이용하거나 남용하려고 했다. 그리고 시간은 완전히 다른 형태를 지니게 되었다. 드디어 틈새를 자랑하고 빈틈으로 자신을 도배하는 탈유기적 영화가 출현하기 시작한 것이다. 프램튼은 '무한영화'infinite cinema 모델을 제안했고, 이는 고다르를 감동시켰다. 그 모델에 따르면 영화는 선이 아니라 입체이며, 그것도 다면체polyhedron다. 무한영화는 무한한 단면들을 가지며 그 각각이 하나의 프레임으로서, 세계의 모든 부분들을 겨냥할 수 있도록 자동항해하는 "다형체적polymorphous 카메라"와도 같은 것이다. 고로 무한영화는 모든 사진을 자신의 선험적 일부로 가진다. 바로 이 때문에 무한영화 모델은 사진에서 영화로의 기술적 진보가 이루어졌다는 점진적 역사관을 거부한다. 반대로 무한영화는 사진보다 먼저 존재했고, 기술의 개발과 함께 그 빈 프레임이 점점 채워지고 있을 뿐이다. 그것은 포토그램과 필름스트립의 무한집합이다. 접근이 있다면 그것은 한 단면에서 다른 단면에 이르는 "무한한 수의 끊임없는 이행경로들"an infinity of endless passages과 같은 내재적 접근뿐이다. 고로 만약 무한영화가 진정 "마지막 기계"라면, 이는 그 자신이 천 개의 카메라이자 동시에 천 개의 영사기이며, 그들 사이를 통과해가면서 무한증식하는 천 개의 필름스트립이기 때문이다.[4]

프램튼의 무한영화는 바쟁의 완전영화와 정확히 대비된다. 무한영화는 시간이

의해서만 전체와 부분의 유기적 연결은 완성되기 때문이다(88쪽). 당대 평단에서 통용되던 '작가정신'이란 말은 바로 이 유기성의 고유한 형식 자체를 의미했다. 그리고 그 고유성은 아직 개별성(personality)과 구분되지 않았다(같은 책,「장인과 작가」).

3. 다음 글의 결론 부분을 요약한 바다. 홍기선,「한국영화의 리얼리즘」,『새로운 영화를 위하여』, 학민사, 1983. ("한 사람이 한 치의 길을 내면 또 다른 사람이 와서 또 한 치의 길을 낼 것이고…", 304쪽).

4. 모든 내용은 프램튼의 기념비적인 소논문, Hollis Frampton, "For a Metahistory of Film", *Circles of Confusion*, pp. 111~115.

지나도 더 완전해지지도, 그렇다고 덜 완전해지지도 않는다는 점에서 그렇다. 무한영화는 그 다면체를 영원히 회전하고 또 그 단면들은 영원히 순환한다는 점에서 무한한 영화다. 즉 무한영화에서 시간은 실재에 대한 접근 혹은 점근이 아니다. 무한영화에게 시간이란 실재를 죽이고 살리는 순환이다. 또 완전영화의 프레임은 투과시키면서 점근하는 프레임인 반면에 무한영화의 프레임은 치환되면서 뒤섞이는 프레임이다. 완전영화에게 빈틈은 오류가 되지만, 무한영화에게 빈틈은 그 자신의 구성성분이 된다. 이것은 마치 진화생물학에서 계통점진설과 단속평형설의 차이 같은 것이다. 무한영화란 빈틈의 무한다면체이고, 그 역사는 그 빈틈을 통한 개별영화의 도약사다. 무한영화에서 개체발생은 계통발생을 반복하지 않는다. 고로 무엇보다도 크게 달라지는 것은 대상의 위상이라 할 수 있다. 완전영화의 대상은 영원히 다가갈 수 없기에 영원한 대상이다. 반면에 무한영화의 대상은 그것이 영원히 변화하기 때문에, 즉 영원히 교체되고 또 무한히 공급되기 때문에 영원한 대상이다. 요컨대 완전영화는 대상의 완전성을 추구하는 반면, 무한영화는 대상의 무한성을 향유한다. 바로 이러한 이유로 민족 영화와 카프 영화로부터 80년대 뉴웨이브로 이어지던 한국 리얼리즘의 변질을 개탄하며 이효인은 다음과 같이 썼다 : "정말 중요한 것은 대상의 개념이다."[5]

사정은 한국만이 아니었다. 영화사의 어떤 시점에서부터 완전영화 모델만큼이나 무한영화 모델은 강력한 영향력을 행사하기 시작했다. 이는 영화가 관심사가 시간에서 그 빈틈으로, 즉 시간의 내면에서 그 바깥면으로 이동했음을 시사한다. 단지 시간을 적당히 이용하거나 속이는 영화가 아니라 시간을 대상화하고 실험하려는 영화, 나아가 시간을 추월하거나 학대하는 영화들이 출현하기 시작했다면, 그들은 모두 무한영화 모델을 어느 정도 참조한다고 볼 수 있다. 말하자면 영화사는 완

5. 이효인, 『한국영화사 강의 자료집』, 산 출판사, 1999, 99쪽. 이 챕터는 이효인 본인의 또 다른 글(「1980년대 한국영화에 대하여」, 계간 『영화언어』 4호, 1989)과 쌍을 이루며, 한국 뉴웨이브를 리얼리즘의 계보 속에서 살피는 글이다. 주지하다시피 3세대 한국평론가들은 한국 영화사를 리얼리즘의 역사로 인식하려 했고, 그에 상응할 리얼리즘의 이론적 분화를 연구하였다(예컨대 이효인의 분류 102쪽). 이들에게 평론은 하나의 정치적 행위였고, '근대성'은 '정체성'과 거의 동의어였다(『한국 영화 씻김』, 특히 이효인과 이정하의 글). 한국 최초의 리얼리즘 논쟁은 나운규와 심훈의 작품을 둘러싼 카프 진영과 비카프 진영 간 논쟁이다. 다음을 보라. 김수남, 『조선영화사 논점』, 월인, 2008.

전영화와 무한영화의 경합이었다. 그리고 영화사는 그 두 모델이 갈라지는 대분기의 흔적을 자신의 지층에 지니고 있다.

9-2. 바깥의 증상

우리는 이미 대분기를 따라서 영화사를 탐색해왔다. 웨스턴은 네오웨스턴으로 분기되고, 리얼리즘은 네오리얼리즘으로 변형되었고, 노동자는 마리오네트로 변모했다. 또 우린 이것이 고전 몽타주가 붕괴하는 과정이기도 하다는 것을 관찰했다. 거꾸로 말하자면 완전영화 모델과 리얼리즘을 지탱하던 메커니즘은 주체와 대상, 수단과 목적, 행동과 반응을 조직하는 거시적 체계였다. 그것은 대상의 서열이나 샷의 위계를 자연스럽게 조직한다는 의미에서, 그리하여 영화를 끝내 시간의 안쪽에 남겨놓는다는 의미에서 완전한 체계('전체')이기도 하다. 분명히 거기서도 틈새가 생겨나지만, 그것은 이내 메워짐으로써만 기능한다. 이때 시간의 바깥은 족족 내면화됨으로써 그만큼 영화는 점진하는 것이다.

고전 영화는 다가가기 어려운 어떤 대상에 접근하고 있는 영화들이다. 에이젠슈테인은 절대 개념으로 접근하는 혁명영화를, 강스는 절대 화성으로 접근하는 교향곡 영화를 구상했다. 그리피스는 이 접근법을 아예 영화의 본원적 형식과 이미지의 본질적 내연기관으로 선언해버렸다. 이 경우 대상은 최소한 이미지 속에서 환경이나 적을 구성한다. 서부극의 적은 타협이 어렵거나 이기기 쉽진 않지만, 분명히 거기에 있으므로 역마차와 총알들은 움직였고 또 조직되었다. 이것이 고전주의다. 그것은 (과학과 예술의 통합 속에서 가능하다고 믿었던) 적과 아군, 수단과 목적의 완전한 궁합이고 그 속에서 대상들이 빠짐없이, 끊김없이, 빈틈없이 서열화되는 체계적 리얼리즘이다. 물론 고전주의와 리얼리즘은 동의어는 아니다. 하지만 고전주의는 완전한 체계화라는 점에서 완전영화의 신화 속에서, 그리고 사실적인 대상화라는 점에서 리얼리즘의 신화 속에서 태어난다.

대분기는 대상이 점점 없어지면서 시작되었다. 우린 여러 가지 정치적이고 사회적 요인들을 찾아볼 수 있으며 그 시기를 1950년대로 어림잡을 수 있다. 자유주의의 득세와 함께 전지구적 거시표면에 구멍이 뚫리던 그때 말이다. 이미 많은 이들이 지적했듯이 가장 결정적 분수령은 거대서사의 붕괴와 그 주연으로서 거대군중의 해체였다. 예를 들어 승리자가 없었던 거대전쟁들, 현실 사회주의의 몰락과 자본주의의 심화, 기업이나 독재정권과 같은 거대조직들이나 그 거대프로젝트들(아메리칸드림)의 연이은 실패, 그리고 허물이 되어버린 경계선들을 횡단하는 잉여존재들의 출현 등등. 요컨대 반응은 추상적이고 총체적인 것이 되었으며 경로의 목적지는 점점 불분명해지고 있었다. 즉 적이 사라지고 있다. 적이 사라지고 있는데 전투가 온전할 리 없다. 설령 있다 하더라도 그것은 틀에 박힌 옛날 방식과는 전혀 다른, 현기증과 만성피로 속에서 이루어지는 섬망과도 같은 혼전, 피아식별이 어려운 게릴라전일 뿐이다(총력전·내전·테러·자폭…). 모든 것이 코스타 가브라스가 일군 현대 정치영화의 핵심테마인 '실종' 아래 자리 잡는 양상들이다(〈의문의 실종〉 〈뮤직 박스〉).

대상이 점점 사라진다. 시간 바깥으로 사라진 것이다. 그리고 바로 그 때문에 시간적 대상이 사라지는 대신 나타나는 것은 영원한 대상이다(예를 들어 이주민이나 난민과 같은 미시군중, 바이러스, 게릴라, 균열들…). 바로 그 분기점에서 무한영화 모델이 득세할 수 있었던 것은 무한영화가 바깥에 대한 사유와 영원에 대한 비전을 확신하고 있었기 때문이리라. 무한영화는 각 단면이 하나의 빈틈이 되고, 각자전주기가 하나의 영원이 되는 무한다면체. 무한영화에서는 "영화가 완성되면 대상이 사라진다."[6] 왜냐하면 그 대상은 영원 속으로 잠재화되었기 때문이다. 무한영화의 대상이란 빈틈이다.

물론 영화의 상업적 성공은 여전히 고전주의, 국가주의와 역사주의에 의존하거나 기생하고 있었을 것이다. 하지만 그렇다고 해서 영화가 자신의 변신을 늦추고 있었다는 것은 결코 아니다. 무한영화는 바로 그 성공과 실패 속에서 이미 하나의 끈질긴 경향 혹은 충동으로서 나타나기 시작했다. 심지어 그건 도태와 퇴보를 감수하는 완제품으로도 나타난다. 우린 네 가지 초기 징후들을 예로 들어볼 수 있을 것이다. 먼저 네오리얼리즘은 리얼리즘이 그동안 못 보고 지나치고 있던 환경과 대상의 빈터를 발견해냈다(로셀리니, 데 시카). 그에 응답이라도 하듯 누벨바그는 마리오네

---

6. Hollis Frampton, "For a Metahistory of Film", *Circles of Confusion*, p. 115.

트 전통과 교통하면서 생각하거나 행동하는 주체의 빈틈을 추출해서 그로 세계를 재구성하려고 했다(특히 고다르, 브레송, 리베트). 그리고 네오리얼리즘과 누벨바그로부터 영향받음과 동시에 그들과 경쟁하려고 했던 뉴 저먼 시네마가 있다. 뉴 저먼 시네마는 주체의 신체와 그것이 조직한 물질적 체계의 빈틈, 즉 신체적-물질적 빈틈을 경주하였고, 그를 통과하며 목도하게 되는 온갖 묵시록적 이미지들 뒷면에서 신인류의 배아를 구출하려고 하였다(특히 헤어조그, 벤더스). 그러나 가장 독특하고도 강력한 징후는 동양 쪽이었을 것이다. 예컨대 오즈와 나루세에게서 사물과 인물은 그 자체 빈터가 된다. 그것이 정물이다. 정물은 주변의 모든 변화를 통과시키므로 투명한 채 거기에 영원하다.[7] 또 하나의 징후를 추가한다면 그것은 B 무비의 등장이다. 그야말로 빈틈의 노출증.

모든 것은 완전영화에서 무한영화로, 시간에서 영원으로 분기되는 것처럼 일어난다. 매니 파버는 이를 흰 코끼리와 흰개미의 대결로 요약한 바 있다.[8] 시간은 나사 풀리거나 갈가리 찢겨서 그의 구멍 속으로 빨려 들어가 응결될 것이고, 반대로 대상은 시간을 이탈하여 공허 밖으로 던져지거나 정물이 되어 숭고한 풍경을 이룰 것이다. 이제 카메라는 현실적 사물이나 인물들이 어떻게 조직되고 힘이나 운동 등을 교환하는가에 대한 관심에서 그 현실화 과정 자체, 혹은 현실화의 조건과 현실화 이전의 무시간적 상태에 대한 관심으로 시선을 옮길 것이고. 더 이상 시간이 얼마나 잘 흐르는가를 보여주는 것이 아니라, 시간이 얼마나 잘 멈추는가 혹은 시간이 얼마나 취약하고 얼마나 잘 굽어지고 접히는가를 보여주는 것이 관건이다. 즉 시간과 영원이 얼마나 대립되는가가 아니라 시간의 관절 마디마디에 깨알같이 스며들어있던 흰개미가 바로 영원이라는 것을, 결국 영원은 얼마나 멀리 있는 것인가가 아니라, 반대로 그것이 얼마나 가까이 주어지는 것인가를 보여주는 것이 관건이다. 이 모든 것은 위에 전술한 네 가지 경향에 어느 정도 징후처럼 예견된 상황들이다. 1950년대 초반

---

7. 예컨대 노엘 버치는 그리피스와 제도권 영화들이 세워놓은 환영주의를 부수는 데에 있어서만큼은 서양이 으레 동양보다 늦다는 생각을 견지하는 작가들 중 한 명이다(*To The Distant Observer*, University of California Press, 1979).

8. 그의 유명한 글, Manny Farber, "White Elephant Art vs. Termite Art", *Negative Space*, Praeger Publishers, 1971. 문체에서뿐만 아니라 그 시각 자체에 있어서 그는 여타의 미국 비평가들과 달랐는데, 이는 그가 세계와 문화적 현상 일체를 한 편의 영화로 간주한다는 데에서 연유할 것이다.

은 대분기의 기념적인 해라고 특정할 수도 있을 것이다. 부뉴엘은 기억을 정지시키고 망각을 극화하기 시작했고(《수산나》 51년), 문자주의는 이미지를 정지시키기 위해 그를 낙서판처럼 찌부러뜨리거나 훼손시켰다(《영화가 이미 시작된 건가?》 51년). 또한 데 시카의 움베르토가 벽에 난 구멍에서(《움베르토 D》 52년), 오즈의 며느리는 시어머니의 미소에서 영원을 발견하기 시작했다(《동경 이야기》 53년). 한국은 약간 늦게 출발했다(유현목 〈오발탄〉).[9]

　　이후에 따라올 무한영화의 좀 더 노골적인 발현을 두서없이 나열해본다면, 내러티브가 약하거나 거의 없는 풍경영화들의 대두, 빈틈의 주체화를 통해 세계를 생생하게 체험하려는 네오다큐멘터리 혹은 다이렉트 시네마들의 성장, 주제뿐만 아니라 형식으로도 무의식을 다루는 영화들의 강세, 마리오네트들의 끈질긴 진화, (문학보다는 미술과 음악과의 교류 속에서) 실험영화나 푸티지 영화들의 출현과 성장, 내러티브에 저항하거나 그것을 벌거벗기려는 반내러티브(혹은 구조주의적) 영화들이나 이야기를 뒤틀거나 이접시키는 평행내러티브 영화들의 출현, 내러티브를 아예 호구로 전락시키는 하위 장르들(공포·SF·B 무비)의 급성장 등등이다. 한국 뉴웨이브 또한 영화사가들이 생각하는 것 이상으로 무한영화에 가까워져 있었다. 고래를 꿈꾸기 위해서 바보들은 역사의 푸티지일 필요가 있었으므로. 흰 코끼리 뱃속을 비워내고 있는 무수한 흰개미들.

9-3. 내러티브의 분기

　　그래서 우리는 대분기의 가장 중요한 사건 중 하나로서 구조주의 세력의 대두를 꼽고자 한다. 구조주의 영화들은 현실적 대상을 모두 제거하고서 순수한 프레임만을 남기는 영화들이기 때문이다. 그러나 우리는 여기서 더 중요한 함의를 하나 더 발견할 것인데, 그것은 구조주의 영화들과 그 작가들이 내러티브에 대해 보냈던 조

---

9. 〈오발탄〉에 있어서 "대립적 오브제"의 상실에 따른 "픽션의 파괴"에 대해선, 이영일, 「유현목 : 반허구 ─ 영상의 체험」, 『닫힌 현실 열린 영화』, 제3문학사, 1992. 이영일의 비판은 이 영화의 무한영화적 가치를 외려 부각시키는 것 같다. 이영일은 완전영화 모델을 전제하기 때문이다.

롱과 반감에 관련된 것이다. 왜 구조주의는 그토록 내러티브를 혐오했을까? 구조영화 작가들이 내러티브는 영화의 내재적 가능성을 가려버리는 환영일 뿐이라고, 그래서 틀에 박힌 내러티브가 순수한 프레임으로 대체되어야 한다고 말할 때, 그들은 내러티브가 또 다른 유형의 프레이밍이라는 교훈을 우리에게 시사하고 있다. 우리 책 3부에서 더 자세히 알아보겠지만, 내러티브는 영원한 대상에 대한 프레이밍이다. 고로 구조영화가 일찍이도 간파한 것은 다음이다. 대분기란 내러티브의 분기다. 완전영화와 무한영화는 내러티브에 대한 두 다른 태도였던 것이다.[10]

완전영화의 신기루 같은 대상에 대한 비극적 접근이고 낭만주의적 접근성 내러티브라면, 무한영화의 내러티브란 무엇인가? 구조영화는 대답하지 않았다. 구조영화는 내러티브의 모든 것을 버리려고 했기 때문이다.[11] 그 대답은 구조주의에서 멀리 떨어진 곳에서 나왔다. 최소한 네 가지 방법론이 경합을 벌였던 것 같다. 첫째 내러티브의 탈신비화. 먼저 고다르와 뉴 저먼 시네마를 꼽아야 할 것이다. 그들은 내러티브를 모셔다 놓고 개망신 주려고 했기 때문이다(외슈타슈와 피알라 등도 이에 일조한다). 하지만 상업적으로 가장 교묘한 전략은 미국의 장르물들(갱스터, 하드보일드)에 의해 차용된 것으로서, 가장 거대한 체계를 인위적으로 창안되고 조작된 음모나 도식으로 까뒤집는 내러티브다. 둘째 내러티브의 희박화가 있다. 그것은 인물이나 사물의 잠재화, 혹은 그렇게 반응불능이 되어버린 자들에게 남은 유일한 유산으로서의 풍경을 다룬다. 물론 동아시아 영화들은 일찍부터 이를 다루었을 수 있다. 68년 이후 미국엔 뉴시네마가 있다(호퍼·폰다 〈이지 라이더〉, 슐레진저 〈미드나잇 카우보이〉, 스콜세지 〈택시 드라이버〉, 코폴라 〈지옥의 묵시록〉). 풍경을 통해서 내러티브의 많은 장르적 습관과 위상들을 송두리째 바꾼 몇몇 장르도 대분기의 증

---

10. 매체 이론 쪽에서도 이와 유사한 연구들이 진행된다. 예를 들어 제이 데이비드 볼터·리처드 그루신, 『재매개: 뉴미디어의 계보학』, 이재현 옮김, 커뮤니케이션 북스, 2006. 저자들은 미디어의 계보란, "비매개"(투명한 인터페이스)와 "하이퍼매개"(인터페이스) 간의 견제와 균형, 투쟁과 타협의 역사라고 말한다. 그럼에도 불구하고 저자들은 하이퍼매개는 비매개에 으레 종속된다는 논점을 끝내 포기하지 않는다. 이런 입장에 대한 비판으로서 함께 살펴보아야 할 정치미학자들은, 레프 마노비치, 페터 슬로터다이크, 피에르 로장발롱, 홍철기.
11. 혹은 이론적으로만 대답하였다. 프램튼의 다음 논문이 그렇다. Hollis Frampton, "A Pentagram for Conjuring the Narrative", *Circles of Confusion* ("우주의 중심엔 화자의 다면체가 거주한다.", p. 67).

후군을 이룬다. 대표적으로 SF영화와 공포영화가 그렇다. 괴물이나 외계인은 풍경이 되어 더 이상 접근할 수 없으며, 인간의 이야기는 그 풍경을 부유하는 운명, 배역극, 프로그램 혹은 오래된 신화에 지나지 않게 된다(윌콕스 〈금단의 행성〉, 시겔 〈신체강탈자의 침입〉, 큐브릭 〈2001 스페이스 오디세이〉, 루카스 〈THX 1138〉, 밀러 〈매드 맥스〉 시리즈). 셋째 내러티브의 과잉복잡화가 있다. 이것은 이어지지 않을 법한 이야기들을 제멋대로 묶거나 다시 풀어헤치는 가장 무정부주의적 방법이었다. 미국 영화는 독립영화 진영에서 이 접근을 구사하게 된다. 특히 즉흥·즉발영화(메카스, 카사베티스, 스미스)와 푸티지 영화(코너, 제이콥스)의 출현은 이미 디제시스의 파편화, 혹은 내러티브의 푸티징을 예고한다. 한국 뉴웨이브도 이에 속한다. 하지만 이 복잡성의 정점을 찍은 작가들은 대부분 동유럽에 있었다(유고·체코·폴란드 뉴웨이브). 네 번째 것은 내러티브의 평행화인데 이것이 가장 정교한 접근법이었다. 이건 고되고 어려운 작업이기도 하다. 여기엔 각기 다른 이야기들 사이에 어떠한 인과관계도 성립시키지 않으면서도 동시에 진행시키는 기술이 필요하기 때문이다. 멀티 내러티브란 내러티브를 초인과적인 다면체로 조각해내는 일이다. 펠리니와 부뉴엘, 동유럽에선 보이체크 예르지 하스가 이를 개척한 거장들이다. 미국엔 알트만이 있다.

우리가 평행성을 신종 내러티브의 가장 핵심으로 꼽는 이유는 그것이 빈틈을 초월화하기 때문이다. 초월적 빈틈, 이것은 영화에게 새로운 위상의 씨네그램을 건네줄 것이다. 그것은 모든 이야기를 유혹하는 분위기다. 즉 에어졸 상태의 영원한 대상. 풍경(風景).

3부
미래와 평행 :
풍경과 내러티브에 대하여

1

내러티브의 평행성

1-1. 3틈 구조 : 표면에서 평행면으로

열차가 도착한다. 머이브릿지의 짐승들도, 르 프린스의 산책하는 사람들도, 이스트만과 에디슨의 인디언들도 못 한 일이 거기에 있었다. 그것은 내러티브다. 내러티브가 잃어버린 대상을 다시 되찾는 이야기이고, 깨져버린 평형을 다시 복원하는 과정이 사실이라면(토도로프), 영화는 그것을 사양할 이유도 없었고 단 하나의 작은 움직임, 단 하나의 샷만으로도 너무나 의기양양하게 해낼 수 있었다. 영화는 표면이고 그 틈새이기 때문이다. 여전히 연극적인 앵글, 조악한 특수효과와 어설픈 무대장치만으로도 로켓트는 달 표면에 구멍을 내고, 외계인 동굴에 빠지고, 계곡 틈을 통해서 무사히 지구로 귀환한다(멜리에스 〈달나라 여행〉). 평형면을 비평형으로 깨뜨리는 것이 틈새이며, 그 틈새를 메꾸려는 반응이 곧 극적 행동이다. 이 틈새를 편집에서 찾았다는 점만으로도 포터는 영화 내러티브의 개시자다. 평행하게 절단된 표면은 도움을 요청하는 사람들의 내부와 그를 구하러 오는 소방관들의 외부를 공존케 하는 동시에 갈라놓거나(〈미국 소방관의 하루〉), 이미 도망친 도둑들과 추격을 시작하는 사람들을 공존케 하는 동시에 갈라놓는다(〈대열차강도〉). 컷은 표면에 대상이 들락날락하는 구멍을 뚫는다. 이것이 영화가 문학으로부터 내러티브를 전용하는 방식이다. 영화는 대상을 틈새로 빼돌림으로써 그 대상을 되찾아야 할 목적으로 변환시킨다. 틈새의 폭은 주체(주인공)와 대상(목적) 사이에 놓이는 간극이자 거리다.[1]

---

1. 매우 초보적인 내러티브만을 가지고 있던 초기영화에도 이미 내재하던 "선형충동"(linear drive)에 대한 탁월한 연구로는 역시 Noël Burch, *Life to Those Shadows*, ed. Ben Brewster, University of California Press, 1990. 버치는 그가 PMR(원시적 재현양식)이라고 부르는 초기상태에서, 디제시스

평형-비평형-평형이라는 내러티브 3막 구조는 영화에게는 주어진 평형면에 균열이 일어나는 최초 틈새(발단), 평형면을 복구하려고 분투하면 할수록 더 커지는 최악의 틈새(위기), 그리고 마지막 결단을 통해서 대면하게 되는 최종 틈새(절정)라는 '3틈 구조'로 주어진다(화재 경보가 울린다-불타는 집 안에 여인이 갇혀있다-소방관들이 뛰어들어 구해낸다).

평형 ⇒ 비평형 ⇒ 평형
발단　위기　절정
1틈　2틈　3틈

영화 내러티브엔 무언가 평행스러운 것이 있다. 그리피스의 편집술은 3틈 구조를 완벽하게 집대성한다. 교차편집은 주체에게 대상을 빼앗아 되찾아야 할 목적으로 만들며(1틈-발단), 평행편집은 주체가 분투할수록 시련은 거세어지고 대상은 더욱 멀어지도록 만들며(2틈-위기), 수렴편집은 주체의 마지막 선택으로서 대상을 향해 달음박질하도록 한다(3틈-절정). 포터를 비롯한 다른 초기영화보다 그리피스가 더 밀고 나간 부분은 이것이다. 틈새는 평형을 깨뜨리고 행동을 유발할 뿐만 아니라, 그 행동을 지연시키고 방해할 수 있다. 극적 시련은 분명히 그리피스 편집술의 발견이다. 평형은 평행의 인식근거이고, 평행은 평형의 존재근거다. **평행**이 **평형충동**이다. 그리고 이 법칙을 발견하자마자 평행편집은 두 평행선을 내뿜으며 본격적으로 극영화의 세기를 그려나가기 시작했다. 문 하나를 두고서도 어긋나는 두 남녀의 선(루비치), 양쪽에서 유아살해범을 나란히 쫓아 들어가는 두 패거리의 선(랑), 거울처럼 마주 보며 갈라서는 두 광대의 선(맑스 형제), 앞서거니 뒤서거니 추격하는 인디언과 역마차의 선(드밀, 포드) 등 모두가 바로 그 평행선들이다. 평행 몽타주는 시련의 가속 몽타주다. 극화의 가속기. 요컨대 극영화의 3막은 3틈이고, 인물들이 계속해서 빠져드는 함정, 나락, 고난을 구성한다. 그리고 그 틈새는 모두 평행선의 구조

가 어떻게 관객의 외부성을 전유하여 IMR(제도화된 재현양식)로 변모해 가는지를 소상하게 분석해 내고 있다. "관객의 센터맞추기" 혹은 "디렉션 매치"에 대해서는 같은 책의 "The Motionless Voyage", "Narrative, Diegesis : Thresholds, Limits"를 보라.

에 기인한다. 평행선이 마주치는 무한원점이 그것이다. 평행선이 영원히 만날 수 없는 선이듯 대상은 영원히 가닿을 수 없는 무엇이다. 여기서 영원이란 이 시간 안에서는 관용을 베풀 수가 없고, 고로 그 시간을 모두 소진하고 포기해야만 얻을 수 있는 시련과 희생의 의미다.

고로 영화가 비로소 이야기할 수 있게 된 건 그 자신의 표면을 평행하게 몽타주할 줄 알게 되었을 때, 즉 표면을 **평행면**平行面, parallel-으로 변용할 줄 알게 되었을 때다. 그때부터 영화는 비로소 말할 줄 알게 되었다. 이야기는 평행면 위에 써진다. 그 **마주침의 무한원점**을 향하여.[2]

이론적으로 무한원점을 서사에 결부 지은 건 거닝과 얌폴스키다. 특히 얌폴스키는 무한원점에서의 마주침을 매우 적절하게도 "카이로스"Kairos라고 불렀다. 즉 평행한 계열들이 조우하고 수렴되는 "시간 밖의 시간." 시간의 종결을 통한 도래불가능한 것의 현현.[3] 하지만 같은 것을 모든 내러티브에 대해서도 말할 수 있을 것이다. 우린 카이로스가 내러티브의 특수한 사례일 뿐만 아니라, 그 보편적 구조임을 보여주고자 한다. 가장 평범하고 통속적인 내러티브조차 카이로스를 클라이맥스로 하는 이질적 계열들의 병렬진행임을.

1-2. 닫힌계 : 기계신, 아리스토텔레스, 그레마스

내러티브의 틈새란 평행선들이 마주치는 무한원점無限遠點, point at infinity이다. 내러티브를 이끄는 대상(목적)도 바로 거기에 거주한다. 무한원점에 의해 내러티브의 대상은 영원한 대상eternal object, 영원한 객체이다.[4] 현실적 대상이 아니라. 사실 영화

---

2. 평행편집과 내러티브에 대한 거닝의 글, Tom Gunning, "Non-Continuity, Continuity, Discontinuity : A Theory of Genres in Early Films", *Early Cinema*, ed. Thomas Elsaesser, BFI, 1997. 같은 책 3장에 실린 벨루어의 글도 보라(Raymond Bellure, "To Alternate/To Narrate").
3. 미하일 얌폴스키, 『영화와 의미의 탐구』, 김수환 외 옮김, 나남, 2017. 2권 3부 5장, 6장. 271쪽.
4. 우린 이제부터 '영원한 객체'와 '영원한 대상'을 동의어로 쓰겠다. 둘 다 'eternal object'로서 뜻은 같다. 다만 '대상'이란 말이 '내러티브상에서 인물이 추구하는 목표'를 더 잘 묘사하기에 혼용할 뿐이다.

엔 속편이 존재한다는 사실만으로도 영화 내러티브의 대상은 영원한 대상이다. 러닝타임이 끝난 뒤에도 끝을 모르고 언제든지 돌아오는 그 대상 말이다. 그렇다면 반대로 영화 내러티브는 영원한 대상을 캐스팅하면서 비로소 발생한다. 평행선이 그 출연료고, 무한원점은 그 입금통장이다. 이 요구조건을 영화는 무시할 수 없다. 바로 이 점이 영화로 하여금 연극과 문학에서보다 더 많은 인물들이 더 다양한 평행선들을 그려내면서, 더욱 강렬한 시련과 갈등을 증폭토록 했을 테고. 일반적으로 영화 내러티브에서 영원한 대상은 무한원점으로 통하는 세 가지 틈새로 도망 다니고, 주인공은 그걸 잡으러 동분서주하는 와중에, 그 둘 사이 좁혀지지 않는 거리만큼 조력과 시련은 많아지고 풍부해진다. 이는 마치 유리판 위에 모래로 그려지는 지도 같은 것이다. 모래는 경로와 장애물들을 이루지만, 그것이 가능한 것은 그들 사이를 갈라놓는 투명한 여백 때문이다. 시간 속에서 변화하는 것은 주인공이지 영원한 대상이 아니다. 영원한 대상은 영원히 대상이기 때문이고, 또 그러한 한에서 주체는 시간을 누릴 수 있기 때문이다.

내러티브는 닫힌계closed system 안에서만 벌어지는 이야기다. 그 장소를 한정하는 영원한 대상이 자기충족적이기 때문이다. 만약 내러티브의 장소place가 닫힌계가 아니라면, 과정은 너무 쉽게 포기되거나, 반대로 너무 쉽게 해결될 것이다(즉 소방관은 출동하지 않았어도 됐었을 것이다). 내러티브에 '열린 결말'이란 건 없다. 그건 그냥 관습적으로 하는 말이다. 실상 사람들이 열린 결말이라고 부르는 엔딩장면은 극장문이 열린 이후에도 언제든지 계가 다시 닫힐 수 있음, 그 닫힘의 영원성에 대한 표지다. 내러티브에 있어서 장소가 틈새 안에 있다. 틈새가 장소 안에 있는 게 아니라. 내러티브의 디제시스diegesis는 틈새 안에 밀폐되어 있다. 내러티브에서 계는 기계신deus ex machina을 향해서만 열린다. 기계신이 드나드는 문은 틈새가 아니다. 반대로 기계신은 모든 틈새를 막아버리고 나아가 주체를 병신으로 만든다. 기계신은 영원한 대상과 반대되는 개념이다. 전자는 계를 여는 대신 3틈을 막고, 행동을 무력화하고, 그 시간을 무효화하는 반면, 후자는 계를 닫는 대신 3틈을 뚫고, 행동을 촉발하고, 그 시간을 전개시킨다. 열린 결말은 기계신 접근금지 가처분신청이다.

닫힌계의 상업적 효율성을 가장 먼저 눈치챈 건 할리우드였고, 그 스튜디오 시스템은 기계신을 영원히 추방시킬 닫힌계를 잽싸게 제도화했다. 고전적 할리우드 내러티브 양식이 이로부터 나온다. 느와르 영화는 어둠과 서스펜스로 비밀을 밀봉해버렸고, 갱스터 영화는 대도시까지 밀거래와 암살의 벙커로 만들어 버렸으며, 스크루볼 코미디와 뮤지컬 영화는 밀애를 말 속에 숨겨버렸다. 그중 혹스는 밀폐에 가장 능한 작가였다. 그는 장르를 자유자재로 넘나들며 때로는 제한된 정보와 막연한 단서들로, 때로는 장황한 수다떨기와 농담 속사포로 결론을 끝없이 지연시키면서도 상황의 긴장감을 유지하는 데 매우 능수능란했다. 하지만 이 역시 꽉 막힌 무대에 주인공들을 옴짝달싹 못 하도록 가둬두기 위한 밀봉술이다. 그 무대란 도식scheme 이며("당신 계획scheme이 뭐야, 힐디?" 〈그의 연인 프라이데이〉), 혹스는 이것을 장르마다 변주한다. 코미디에선 비밀작전계획(〈그의 연인 …〉), 탐정 영화의 추리와 가설(〈빅 슬립〉), 갱스터를 구경거리로 만드는 언론의 시나리오(〈스카페이스〉), 끝없는 감옥으로서의 서부(〈붉은 강〉) 등. 혹스에게 특히 대사는 도식을 가리기는커녕 그를 직접 구성하는 재료로서, 도식을 과포화시킴으로써 비밀과 미스터리를 더욱 밀봉해 버린다. 그리고 이 철저함이 그를 당대 최고의 할리우드 감독으로 만들었다.[5] 어쨌든 고전 할리우드 내러티브 양식이 이룬 업적은 결코 폄하될 수 없다. 아무리 비즈니스였다지만 그들은 영화 내러티브의 핵심조건에 이른다. 즉 내러티브의 공식 : 디제시스를 밀폐시켜라. 영원한 대상을 비밀로 만들어라. 그리하여 영원한 대상을 밀실의 주인으로 만들어라.

닫힌계가 처음 발견된 것이 문학에서였던 건 사실이다. 그것은 그리스 비평이 '통일성'(아리스토텔레스)으로, 훨씬 늦게는 러시아 형식주의와 프라하학파가 '지배소'(야콥슨)로 암시한 바다. 영화 쪽에서는 아직까진 정신분석학의 도움을 빌려서 이 개념에 접근하고 있었다. 영화관람을 관음증에 비유했던 메츠처럼 말이다.[6] 물론 이러한 사상적 자장 안에서라면 영화 내러티브가 제도와 관습에 안착하기 위해서, 너무 쉽게 문학성이나 연극성과 타협한다고 비판할는지도 모른다. 그러나 우리

---

5. "잘 읽히는 시나리오는 좋은 게 아니다." (혹스, 보그다노비치와의 인터뷰. 다음에서 재인용 : *Howard Hawks Interviews*, ed. Scott Breivold, University Press of Mississippi, 2006. p. 25).

6. 크리스티앙 메츠, 『상상적 기표』, 이수진 옮김, 문학과지성사, 2009, 1부 4장. "훔쳐보는 자는 대상과 눈 사이의, 대상과 자신의 신체 사이의 빈 공간, **틈**(béance)을 유지하고자 한다. 훔쳐보는 자는 그 자신을 영원히 대상과 분리시키는 **틈새**(cassure)를 공간 속에 배치한다."(98쪽. 강조는 인용자).

가 볼 때 그것은 연극으로부터 빌려온 것이 아니라, 영화 본연의 원자론적 구조에 내재해있던 연극성이다. 즉 영화는 닫힘을 연장한다extend. 내러티브란 닫힘을 연장하는 이야기다. 목표가 되는 영원한 대상은 바로 그 닫힌계의 끄트머리에, 그 잡힐 듯 말 듯 아련한 마지막 틈새 안, 거기에 있다. 우리가 앞으로 꾸준히 참조하게 될 그레마스의 행동자 모델보다 이러한 사태를 잘 소묘한 이론은 없을 것이다. 그에 따르면 내러티브의 목표가 되는 대상이 기원하는 곳은 열린계 밖의 무(*ex nihilo*)가 아니므로 닫힌계 안의 초월자이다. 그리고 반대로 이 초월자는 대상이 유통되는 장소를 "닫힌 항아리"vase clos로 폐쇄한다. 그는 최초에 대상을 주는 초월적 발신자이며, 최종적으로 대상을 받아야 하는 초월적 수신자다. 고로 발신자–수신자의 쌍은 내러티브계의 양극한을 이룬다.

$$\text{발신자}(D_r) \Rightarrow \text{대상}(O) \Rightarrow \text{수신자}(D_{re})^7$$
$$\uparrow$$
$$\text{조력자}(A) \rightarrow \text{주체}(S) \leftarrow \text{반대자}(T)$$

우리 식대로 말한다면 이렇다 : 발신자와 수신자는 영원한 대상을 소통한다. 발신자와 수신자는 무한원점이다. 그것은 주체와 대상을 평행하게 만든다. 발신자와 수신자의 폐쇄회로에 주체–대상의 병렬회로가 조응한다(그래서 발신자의 의뢰는 으레 대상을 잃어버리는 것처럼, 주체의 모험은 으레 시험 혹은 통과의례를 겪는 것처럼 이루어진다).[8] 내러티브의 3틈 구조는 이 행동자들의 몽타주다. 3틈은 각각 주체–대상의 이접("가치의 잠재화" $S \cup O$), 발신자–수신자의 이접(가치의 "박탈"과 "포

---

7. A. J. Greimas, *Sémantique Structurale*, Larousse, 1966, p. 180. 예컨대 그레마스가 예시한 맑스주의의 행동자 모델은 다음과 같다(같은 곳).
$$\text{역사}(D_r) \Rightarrow \text{계급 없는 사회}(O) \Rightarrow \text{인류}(D_{re})$$
$$\uparrow$$
$$\text{노동자 계급}(A) \rightarrow \text{인간}(S) \leftarrow \text{부르주아}(T)$$

8. 그레마스의 명저, 『의미에 관하여』(김성도 옮김, 인간사랑, 1997). 특히 「서술 기호학의 한 가지 문제 : 가치의 대상들」을 보라. "마치 주어진 가치론적 세계의 내부에서 제 가치들이 닫혀진 항아리에서 순환하는 것처럼, 그리고 발견하다와 잃어버리다의 겉모습이 현실적으로 절대적인 연접과 이접을 포괄하는 것처럼 매사가 진행된다. 이 절대적 연접과 절대적 이접을 통해서 이 같은 **내재적 세계**(univers immanent)는 회로 밖의 가치들의 근원이자 수탁자인 **초월적 세계**(univers transcendant)와 소통한다."(같은 책, 348쪽. 강조는 저자).

기" $D_r \cup D_{re}$), 주체-대상의 연접("가치의 실현" $(S \cap O) \simeq (D_r \cap O \cap D_{re})$)이다(할리우드가 일궈낸 산업적 환경은 발신자에 스튜디오 시스템을, 수신자에 스타 시스템을 대응시킨 것이라고도 말할 수 있을까?).

이 복잡미묘한 상황을 시나리오 작가들은 아주 쉽게 요약하곤 한다. 내러티브의 사건은 "예측불가능하지만 그럴법해야 한다."unpredictable but probable 즉 영원한 대상은 디제시스 내부에 있지만 초월적이고, 그 외부에 있지만 내재적이어야 한다.[9] 이것이 그레마스가 보여주려고 한 영화기호학적 상황이며, 고전적 할리우드 양식이 전지적 시점을 취함으로써 실증적으로 증명해낸 바다. 영화 내러티브에서 대상은 정말 유령처럼 존재하며, 신기루처럼 주체를 유혹한다. 하지만 그것은 정말로 그것이 영원히 멀리 있기만 해서가 아니라, 그 자신이 영원한 대상이기 때문이다. "객체적 유혹은 영원한 객체들에 대한 식별이다."[10]

1-3. 디제시스의 문제

불행히도 이제까지의 내러티브 발생학은 디제시스 발생학과 심각하게 혼동되어 왔다. 예컨대 정신분석학파는 스크린은 배우와 관객이 노출증자와 관음증자가 되는 핍홀이며, 고로 내러티브 과정은 동일시의 과정이고 부인의 과정이라고 말한다. 그 대척점에 선 이들은 다름 아닌 유물론자들, 특히 영국 구조주의자들이다. 그들은 바로 그렇기 때문에 핍홀은 다시 의식으로 메워져야 하며 노출증자는 관객 자신이 되어야 한다고 주장했다. 즉 영국 구조주의는 동일시의 과정을 동일시를 부인하는 과정으로 대체하려고 한다(물론 기달과 르 그라이스는 미묘하게 다른 입장을 취하기는 했지만).[11]

---

9. "내재성과 초월성은 객체의 특징이다. 즉 객체는 실현된 결정자로서 내재적이요, 결정하는 능력으로서 초월적이다."(PR 475).

10. PR 379.

11. Malcolm Le Grice, *Experimental Cinema In The Digital Age*, BFI, 2001. 내러티브와 동일시 논제와 관련한 기달과의 입장차에 대해서는 특히 3장, 6장.

그러나 아무리 적대적으로 보일지라도 그 두 유파는 공통된 전제를 공유하는데, 디제시스가 페티시이므로 내러티브는 페티시의 환영적 운동이라는 전제가 그것이다. 하지만 우리가 볼 때 디제시스는 내러티브의 결과이지 그 역이 아니다. 왜냐하면 내러티브는 노출증자와 관음증자의 평행(메츠)도, 스크린과 의식의 평행(기달, 르 그라이스)도 아니라, 정확히 현실적 존재와 영원한 객체의 평행에서 기원하기 때문이다. 또 무엇보다도 관객의 주이상스Jouissance는 영원히 부재하는 배우와의 동일시되는 과정이 아니라, 그 자체로 영원한 객체와 이접되고 또 연접되는 과정에서 연유하기 때문이다. 저 배우는 거기 있는가, 혹은 없는가? 아무도 관심 없다. 하지만 순이와 철이는 키스할 것인가, 아니면 다시 헤어질 것인가? 우리 모두의 관심이다. 내러티브를 페티시라고 말하는 이들이야말로 내러티브를 페티시로 만든다. 즉 그들은 평행을 '부인'한다.[12] 실용적으로라면 내러티브 발생에 대한 가장 좋은 연구는 러시아 형식주의의 것이다. 그들은 스크린을 평행면으로 삼음으로써, 내러티브의 평행 구조를 정확히 영화관람 상황에 투사하고 있기 때문이다. 그것은 '파불라'fabula와 '수제'syuzhet라고 하는 평행면이다(토마셰프스키, 보드웰).[13]

틈새는 핍홀이 아니다. 관객은 내러티브를 믿지 않는다. 하지만 안 믿지도 않는다. 관객은 내러티브를 따라서 그와 함께 흘러갈 뿐이다. 관음? 환영? 아무래도 좋다. 영원한 객체에 가닿을 수만 있다면.[14]

---

12. 다음처럼 말이다. "관음증자와 노출증자의 지키지 못하는 약속, 서로는 앞으로도 계속 만나지 못하고 서로를 놓친다."(메츠, 『상상적 기표』, 102쪽). 정신분석학이 내러티브를 온전히 말할 수 있는 것은 죽음충동 개념을 취할 때이다. 에로스와 타나토스의 패러독스(paradox)로 내러티브의 평행성(parallelity)을 정의할 수 있기 때문이다. 대표적인 사례로는, 피터 브룩스, 『플롯 찾아 읽기』, 박혜란 옮김, 강, 2011. ("우리는 오로지 삶의 한계, 삶의 끝에 의해서만 삶을 이야기할 수 있다. 이야기하기는 언제나 절박한 결말에 의해 존재한다." 93쪽).
13. 티냐노프, 토마셰프스키, 에이헨바움, 시클로프스키 등 오포야즈 학파의 연구들. 러시아 형식주의의 글들은 전집으로 출간되었는데(*Russian Poetics in Translation*), 다음은 그로부터 영화관련 부분을 요약하는 책이다. *Russian Formalist Film Theory*, ed. Herbert Eagle, Michigan Slavic Publications, 1981. 국내번역본은 『영화의 형식과 기호』, 오종우 옮김, 열린책들, 1995/2001. 그러나 우린 이미 얌폴스키의 비판을 살펴보았다(『영화와 의미의 탐구』, 1부 6장).
14. "논리학자들은 명제의 판단만을 논할 뿐이다. 그러나 실재의 세계에서는 명제가 참이라는 것보다 명제가 흥미를 끈다는 것이 더 중요하다. 진리의 중요성은 그것이 흥미로움을 증가시킨다는 데에 있다."(PR 509).

내러티브의 비유클리드적 변형

2-1. $[S \cup O] \simeq [D_r \cup O \cup D_{re}]$, 표준렌즈와 멜로드라마

할리우드는 내러티브 법칙을 정립한 하나의 사조 혹은 학파로 간주되어야 한다. 할리우드 작가들이 내러티브를 다듬어왔던 과정은 그 복잡다단한 정리들과 규칙들을 최소화하고, 그것을 가장 단순한 공리들의 집합으로 정제하는 과정이었기 때문이다. 그 공리들의 집합이 바로 장르다(물론 그 또한 전복되고 진화하지만).[1] 고로 그들이 플롯 포인트들을 찍고, 행동선을 그리던 캔버스는 단지 극장 안에 국한된 것이 아니다. 산업에 관련된 모든 영역이 그들의 캔버스였다. 장르는 파불라fabula의 제도적 연장이고, 엔터테인먼트는 수제syuzhet의 통속적 연장이다. 할리우드 내러티브 작가들에겐 기하학자의 면모가 있다. 그 연장을 측량하고 조작해서 끝내 파불라의 선과 수제의 선을 정확한 각도로 접하거나 꼬이게 하는 엄밀성이 그들에게 있다. 할리우드 내러티브는 기하학이되, 평행선을 편집하고 무한원점을 몽타주한다는 점에서 비유클리드 기하학이다. 통속적인 것은 단지 주먹구구가 아니다. 통속적인 것에는 보요이-로바체프스키 기하학의 탄생에서 볼 수 있는 혁명의 흥분 혹은 리만 기하학의 탄생에서 볼 수 있는 지독한 엄밀함이 있다.

사람들은 그 필요성에 의문을 제기했지만, 그레마스가 발신자-수신자 쌍을 추가한 것은 내러티브 구조에 바로 그 엄밀성을 부여하기 위함이었다. 발신자와 수신자의 배열에 따라서 플롯은 세 가지 틈새로 변형되고, 디제시스 공간은 세 가지 층위로 위상변환한다. 평면 위에 점 O(대상)을 지나는 대상의 선 L_O와, 점 S(주체)를

---

1. 토마스 샤츠, 『할리우드 장르』, 한창호·허문영 옮김, 컬처룩, 2014. 2장. ("형식의 투명화", 79쪽).

지나며 L_O와 평행하게 진행하는 주체의 선 L_S이 있다고 해보자. 평면의 한계점이므로 발신자 D_r와 수신자 D_{re}는 무한원점이다. T와 A는 점 S에 가해지는 압력, 즉 반대자와 조력자다.

$$D_r \quad \overset{L_O}{\bullet} \quad \overset{O}{\underset{}{\bullet}} \quad\relbar\relbar\relbar\quad D_{re}$$

$$\Downarrow T$$

$$\underset{L_S}{\relbar\relbar\relbar} \quad \underset{S}{\bullet}$$

$$\Uparrow A$$

우린 먼저 점 S가 점 O로부터 거리를 유지하며 주어지는 경우를 생각해볼 수 있다. 발신자D_r는 대상을 송신하는 자이므로 직선L_O가 점 O를 지나는 것 자체가 주체와 대상의 분리와 그 거리를 의미한다. 이것이 이야기 최초의 균열이고 그 초기 조건인 평형을 깨뜨리는 최초의 틈새다. 주체는 대상과의 거리를 좁히려고 움직이기 시작하지만, 당장은 대상과의 평행선(L_S)을 그릴 뿐이다. 그리고 그 외면적 평행은 주체에게로 내면화되어 내적 갈등으로 변형된다. 이것이 선동적 사건, 즉 '1틈점'이다. 1틈은 유클리드적Euclidean 위상이다. 주체는 내면적으로 분기를 시작했지만 아직은 견딜만하며 상황은 여전히 표준적normal이기 때문이다. 즉 평행선은 단 하나만 존재한다. 그러나 고난과 시련이 점점 가혹해지고 행동이 점점 지연되어서(T의 상승), 점 S가 점 O로부터 점점 멀어지는 상황을 생각해보자. 두 점이 너무나 멀어져서 결국 그 거리가 무한이 된다면, 주체의 행동선 L_S는 점O와의 접점을 완전히 잃어버리는 절망의 순간이 온다. 여기선 주체가 어떤 경로를 택하든 대상의 선L_O와 평행한 선이 된다. 이것이 '2틈점', 즉 최악의 틈새이며, 주체가 취하는 어떠한 행동선도 모두 평행선이 되어버리는 최악의 경우, 결국 평행선이 무수히 많아지는 보요이-로바체프스키적Bolyai-Lobachevskian 위상이다. 반대로 점 S가 점 O에게로 가까워지는 경우는 주체의 결단이다. 그러나 그것은 현실적 대상들에 대한 선택이 아닌, 반대로 그러한 것들을 모두 포기하는, 심지어 자신의 주체성마저 포기하는 마지막 도약이다. 하지만 바로 그 때문에 평행선이란 더 이상 남아있지 않는 마지막 위상, 이것이 '3틈점', 클라이맥스다. 고로 클라이맥스는 언제나 리만적Riemannian 위상이다.[2]

---

2. 이 세 가지 기하학적 위상을 추출한 미국 이론가는 보드웰이다. 그는 할리우드 내러티브의 특징을

이 3틈, 세 가지 위상은 할리우드적 내러티브 양식에 보편적으로 적용되는 것이지, 결코 한 위상에 어떤 한 작품, 한 유형, 한 장르가 대응한다고 볼 수 없다. 어떤 한 위상이 더 도드라져 보이는 장르가 있거나, 어떤 한 틈새에 유독 공을 들이는 작가가 있을 뿐이다. 결국 어떤 장르, 어떤 유형의 내러티브도 발신자와 수신자를 이접하고 또 연접하는 비유클리드적 변형을 겪는다. 물론 그레마스는 발신자는 이야기에 명시되지 않는 경우가 많으며, 수신자는 주체와 동일한 인물일 경우가 많다고 누누이 지적했고, 나중엔 발신자의 역할을 축소하려고도 했다. 그럼에도 불구하고 발신자, 수신자, 주체는 혼동될 수 없으며 권리상 구분된다. 그들 간 권리상의 격차가 내러티브를 발생시키기 때문이다.

1틈부터 살펴보자. 평온한 정원, 평화로운 마을, 모자랄 것도 넘칠 것도 없는 평균적인 한 삶이 있다고 하자. 그리고 거기에 존재감이 극히 미약하여 하나의 점처럼 찍혀져 있는 한 인물이 서 있다. 움직이지만 아직은 행동을 시작하지 않았고, 컷이 바뀌지만 여전히 몽타주는 시작하지 않았기에 그는 여전히 일차원적이다. 이것이 내러티브의 초기조건인 평형equilibrium이다. 평면이 주어지고 점 하나가 찍혔을 뿐, 선이 그려지지 않았기에 우린 아직 발신자가 누구인지 수신자가 누구인지 알 수 없다. 하지만 이 점 옆에 다른 점을 나란히 찍으면(즉 대상이 나타나면) 상황은 완전히 달라진다. 점과 점은 거리를 좁히기 위해서 서로에게로 움직이지만, 어쩐 이유에서인지 거리가 쉽사리 좁혀지지 않자 당장은 나란히 평행선을 그릴 것이다. 1틈이 개시된 것이다. 비록 고요했던 수면에 일어나는 잔잔한 떨림이지만, 이 최초 일격에 의해 이미 모든 것이 달라져 있다. 우린 욕망하기 시작한 것이다(과연 두 남녀는 만날 수 있을까?). 욕망은 이접disjunction이다. 이접은 평면에 혼돈되어있던 주체와 대상을 분리해냄과 동시에 접합한다. 최초 이접이란 욕망의 꿈틀댐이며, 이것이 이접의 첫 번째 측면이다. 주체는 대상과 평행함으로써 잠재적 주체가 된다.[3] 그러나 이접

다음 세 가지로 요약하는데, 우리도 꾸준히 전제할 것들이다. ① 평행의 내면화(사적 플롯라인과 공적 플롯라인의 이중화), ② 닫힘의 인과화(여닫이 형태의 씬, "시공간적으로 닫혔지만, 인과적으로는 열려있는"), ③ 화자의 투명화(전지한 관찰자, 보이지 않는 편집, 정보의 단계적인 축적). David Bordwell, *Narration in the Fiction Film*, University of Wisconsin Press, 1985, 9장.

3. 이접은 주체-대상 관계의 잠재화다. "$Virt = F\ trans\ [S_1 \rightarrow O_1(S \cup O)]$"(『의미에 관하여』, 346쪽).

의 두 번째 측면을 고려해야 한다. 여기서 주체가 잠재적일 뿐만 아니라, 그가 대상과 유지하는 거리 또한 (앞으로 겪게 될) 고난과 시련의 잠재적 상태다. 이것은 움직이려는 욕망과는 또 다른 종류의 욕망을 불러일으킨다. 그것은 발신자에 대한 질문이다. 왜냐하면 발신자는 대상의 기원일 뿐만 아니라 그 거리의 기원이기도 하기 때문이다(결국 두 남녀를 가로막는 것은 무엇인가?). 발신자는 초기평형을 유지하는 누군가 혹은 무언가, 그 가치체계의 수호자 혹은 분배체계로서, 초기평형을 계약한 자(법·정의·질서 등)다.[4] 고로 대상과 이접된 주체가 발신자를 질문한다는 것은 계약자(혹은 계약위반자)가 계약서의 내용을 비로소 문제시한다는 것이며, 초기평면을 지탱하고 있던 가치의 대립항들(평온-소란, 마을-개인, 일상-일탈)과 그에 따라 분기되는 하위플롯들(반대자-조력자, 장애물-촉발물)을 역추론한다는 것, 즉 "가치체계를 범주화"한다는 의미다.[5] 이것은 잠재적 상태가 된 발신자로서, 최초이접의 두 번째 의미를 이룬다. 요컨대 최초 이접은 주체를 잠재화하고($\lfloor S \cup O \rfloor$), 마찬가지로 발신자를 잠재화한다($\lfloor D_r \cup O \cup D_{re} \rfloor$). 1틈 위상에서 주체-대상과, 발신자-수신자는 모두 최초 이접 상태라는 것, 그것은 주체가 대립항들의 목록을 추론하며 발신자가 문제로 변형된다는 것과 같은 의미다. 내러티브에서 욕망-행동하기는 문제제기problematize다.

할리우드는 두 종류의 1틈으로 큰 흥행을 했고 독립적 장르로 각각 발전하였다. 하나는 초기평면에 소음과 수다로 일격을 가하는 스크루볼법이고, 또 하나는 노래와 율동으로 그렇게 하는 뮤지컬법이다. 일반적으로 이 장르들에서 계약은 가

---

4. 그레마스의 발신자 개념은 종종 논쟁적이다. 그것은 ― 이 개념이 다른 학자들(예컨대 프롭, 수리오, 테니예르)에게서 급조되어서라기보다는 ― 그레마스 자신이 인색하게 설명하기 때문이다. 그의 입장을 확인할 수 있는 곳은 *Semiotique*, Hachette, 1979. 그러나 김성도가 〈춘향전〉과 〈별주부전〉에 적용한 행동자 모델을 참조하는 것이 가장 빠를 것이다. 김성도는 주제별로 발신자가 달라질 수 있음을 일목요연하게 보여준다(〈춘향전〉의 경우). 또한 "속임수"와 같은 양태변형 함수로서의 "조종"(manipulation)을 해석하는 대목도 보라(〈별주부전〉의 경우). (김성도, 『구조에서 감성으로』, 고려대학교 출판부, 2002. 3부 5장).

5. 이런 측면들 때문에 그레마스와 퐁타뉴는 최초 이접에 "감지"(sommation)라는 매우 적절한 용어를 추가했다. 이는 행위기호학의 모델로는 내러티브를 온전히 설명해낼 수 없다는 생각에 이르러, 정념기호학의 개발에 몰두했을 때의 일이다. (그레마스·퐁타뉴, 『정념의 기호학』, 유기환 외 옮김, 강, 2014. 가치와 발랑스의 구분, 이접의 두 가지 측면, 이산화와 범주화에 대해선 1장 「감각에서 인식으로」를 보라).

치체계의 유클리드-평면화이고, 수다, 댄스, 비트, 발구름은 그 평면에 빈틈을 박아넣는 계약위반인 동시에 그 빈틈이 새롭게 채워지기를 요구하는 계약의 문제화다. 특히 카프라는 그의 스크루볼 후배들이 꾸준히 참조하게 될 계급적 가치의 대립항들(부르주아-노동자, 도시-농촌, 사치-가난, 교양-자유분방…)을 풍부하게 제시하면서도, 그것들을 하나의 문제로 꿰어질 때까지 경쾌하게 두드릴 줄 알았던 스크루볼의 진정한 거장이었다. 또 그는 이념적 평행에까지 이르려고 했고, 스스로 이 장르를 변형시키기까지 했다(디즈-스미스-도우 3부작, 〈인생의 낙원〉). 반대로 뮤지컬이 문제 삼는 계약은 두 계급 사이보다는 현실과 꿈 사이에 먼저 존재한다(무대 위-무대 아래, 주연-엑스트라). 뮤지컬 장르에서 1틈은 직접적으로 캐스팅 계약의 문제다 (MGM 백스테이지 뮤지컬들: 월터스 〈부활절 행진〉 〈브로드웨이의 바클리 가〉), 도넌·켈리 〈사랑은 비를 타고〉, 미넬리 〈밴드 웨건〉). 이후로도 미국 뮤지컬은 여러 방향으로 발전하였지만 하나의 테마만은 일관된다. 그것은 댄스에 의한 계약의 문제화, 즉 두 패거리(와이즈 〈웨스트 사이드 스토리〉), 제도권과 낙오자(라인 〈플래시댄스〉), 구세대와 신세대(바담 〈토요일 밤의 열기〉, 로스 〈풋루즈〉, 아돌리노 〈더티 댄싱〉) 사이에 성립하고 있던 사회계약의 문제화라는 테마다. 특히 〈사운드 오브 뮤직〉(와이즈)은 가족을 옭아매던 아버지와 아이들의 계약에서, 해군대령과 가정교사의 혼인계약으로, 다시 신과 국가와의 계약으로 점점 확장되는 문제들의 연쇄를 펼쳐낸 이 장르의 걸작으로 남아있다. 어째서 댄스가 계약을 문제화하는가? 계약contract은 대지로의 수축contract이고 속박인 데 반해, 댄스는 그 중력의 이완, 하늘로의 자유로운 팽창이기 때문이다. 댄스는 경계선을 하나의 문제로 드러내는 훌륭한 이접행위인 것이다. 어쩌면 뮤지컬은 카프라가 정치로 우회하려던 발신자의 위상학에 보다 일찍 당도해있었을 지도 모른다. 무대의 안과 바깥만큼이나 벌어진 현실과 꿈 사이의 1틈을 통과하며 결국 발신자는 유토피아에 이르는가(아스테어), 아니면 여전히 토포스에 머무르는가(켈리)?[6] 반대로 수신자는 가치의 중력선이 틀어지는 곳에 내재하는가(도넌 〈로얄 웨딩〉), 아니면 중력 너머에 있는 또 다른 평면에 외

---

6. 아스테어와 켈리의 (미학적일 뿐만 아니라 정치적인) 차이에 대해서는 토마스 샤츠, 『할리우드 장르』, 7장, 특히 397~401쪽.

재하는가(미넬리 〈욜란다〉 〈파리의 미국인〉)? 모든 경우에서 댄스는 유클리드 평면을 발 구르고 두들겨서 그 전제로서의 계약을 드러내는 1틈-행동이다.

할리우드가 내러티브의 1틈을 마리오네트로 시작한 것은 우연이 아니다. 모든 것은 빈틈을 내면화한 마리오네트가 최초평면에 가하는 최초일격이 흡사 자신의 빈틈을 그 평면에 투사하는 것처럼 일어난다. 욕망을 촉발하는 자는 그 대상을 부여하는 발신자($[D_r \cup O \cup D_{re}] \simeq [S \cup O]$)라고 말할 수 있는 건 권리상일뿐이고, 사실상 욕망을 이미 품고 있는 건 주체들이다($[S \cup O] \simeq [D_r \cup O \cup D_{re}]$, 특히 카프라와 미넬리의 인물들). 그러나 소란과 소음이 발신자의 문제를 덮어버릴 수 있지 않을까? 우린 여기서 스크루볼과 뮤지컬의 요란함과는 정반대의 일격을 장착한 장르를 만나게 된다. 그것은 멜로드라마다. 스크루볼이나 뮤지컬과 달리 멜로드라마는 최초평면에 가해질 최초일격이 얼마나 작은 흠집이고 잔잔한 떨림일 수 있는가에 천착한다. 너무나 미세한 그것은 문자 그대로의 '점'으로서, 멜로드라마에서 1틈은 잘 감지되지도 않을 만큼 최대한 작아지고 수축되어 주어진다. 하지만 바로 이 때문에 초기평면은 더욱 크게 흔들리게 되고, 흡사 작은 조약돌이 수면에 일으키는 섭동이 더더욱 큰 것처럼, 발신자의 문제를 더더욱 불거지게 만든다. 멜로드라마의 발신자는 중산층 가치들의 정숙한 질서, 엄격한 결혼제도, 프로테스탄티즘과 타협한 아메리칸 드림이며, 고로 이접된 거리는 사회적-정치적이다. 개시되는 대립항들은 일상-일탈, 결혼-불륜, 엄숙-열정 등이다. 이접은 공고하지만 그럴수록 주체(대부분 여성)에게 내면화되어 그를 더더욱 정념의 화신으로 만든다. 그리고 그 정념은 그 모든 가치체계, 모든 계약들에 대한 문제의식화와 떼어놓을 수 없다.

요컨대 멜로드라마는 스크루볼/뮤지컬의 계급적-율동적-신체적 평행에, 사회적-정념적-이성적 평행을 대립시킨다. 미넬리도 멜로드라마에 심심찮게 도전했고 또 심지어 뮤지컬과 결합하려고도 하였다. 하지만 멜로드라마의 모든 측면을 세세하게 탐구하여 그 정수에 이른 작가는 더글라스 서크다. 서크의 초기평면은 작위성에 사로잡혀 있다. 그것은 세트 촬영과 테크니컬러에서 오는 기술적 작위성일 뿐만 아니라, 일상적 질서를 지나치게 엄격히 따르고 있는 공동체의 실질적 작위성이다. 개인은 점처럼 묘사되어 마치 초월적 힘에 이끌려서 조종당하고 있거나 "이집트 무덤"에 매장되어 있는 미이라 같으므로, 심지어 그 점 옆에 나란히 다른 점이 찍힌다

하더라도(대부분 구원자 남성이 등장하는 순간) 개시되는 이접은 무심함을 유지하려는 표정, 은연중에 나오는 자그마한 말실수, 정중히 사양했다가도 다시 승낙하는 수줍음, 표정이나 발걸음의 미세한 떨림 등등에 숨어버려서 즉각적인 행동을 촉발하지도 않는다. 서크는 초기 평면을 문자 그대로 '유클리드화'한다. 사람들은 공동체의 가치와 개인의 임무에 대한 공리들과 마을행사에 무슨 옷을 입고 갈지 거기서 무슨 농담을 할지에 대한 정리들에 사로잡혀 있고, 그에 따라서 엄격하게 동선을 그리거나 면적을 점하며 서로 접하고 교차하고 있다. 즉 서크의 1막은 작위적일 정도로 지나친 표준성normality을 정의한다(《마음의 등불》에서 〈하늘이 허락한 모든 것〉으로 옮겨가며 서크 자신이 더더욱 확신한 방법론이다). 서크가 거의 모든 컷에 표준렌즈를 사용하고자 했던 건 바로 이 때문이다. 표준렌즈가 아니라면 삶의 표준을 이루는 공리들, 정리들, 가치체계의 전제들, 나아가 그들을 기하학적으로 지배하고 있는 표준자 D_r를 담을 수 없다. 서크는 앞으로 다른 내러티브 작가들도 본받아야 할 1틈의 모범을 제시한다. 일반적으로 내러티브의 첫 번째 위상에서 1막 표면은 언제나 유클리드 표면이다. 발신자란 공리계다.

  서크의 표준화법이 브레히트적 소격효과로 이어진다는 건 그동안 많이 지적되어 왔고, 이후에 파스빈더 같은 작가들에게 깊은 영감을 주었던 것도 사실이다. 하지만 서크 표준렌즈의 진정한 위대함은 소격을 스크린과 객석 사이에 남겨두지 않고서 다시 스크린 안으로 들여온다는 데에 있다. 그것은 대상으로부터 뿐만 아니라 주체 스스로도 소격되는 거리, 즉 내면화된 자기소격의 거리다. 서크에게서 소격효과는 감정이입과 구분되지 않는다. 그에게서 소격은 오히려 감정을 더욱더 불러일으키며, 인물은 그에 따라 공적 플롯라인(정절·제도·D_{r1} …)과 사적인 플롯라인(열정·개인·D_{r2} …) 양 갈래로 분기되고, 이에 상관적으로 주변인물들은 반대자들과 조력자들로 분기되며, 인물은 한편으로는 주어진 질서를 충실히 따르면서도 다른 한편으로는 그 질서의 지배자인 발신자를 의심하는 내면갈등에 사로잡힌다. 서크의 주체들이 그리 고통스럽게 빈틈을 내면화하는 건 바로 그 빈틈을 통해서 발신자를 들여다보고 또 확인하기 위해서다. 서크의 여성들은 정념적이지만 여전히 이성적이다. 정념은 발신자의 역추론과 같은 기능이기 때문이다.[7] 이 계약은 누구를 위한 계약인가? 나아가 내가 계약을 맺은 건 누구인가, 하늘 아니면 법? 혹은 하늘을 가장한 법인가? [$D_r \cup O \cup D_{re}$]란 이중계약인가? 정념으로 세운 법정에서 주체들은 비로소 **전제를 문제로 변형한다.** 서크는 완벽한 세 가지 경우를 제시한다:즉 [$D_r \cup O \cup D_{re}$]가 주체-대상에 투영된 경우(주체와 대상이 평행, 〈하늘이 허락한 모든 것〉), [$D_r \cup O \cup D_{re}$]가 대상들에 투영된 경우(대상끼리 평행, 〈바람에 쓰여지다〉), [$D_r \cup O \cup D_{re}$]가 주체들에 투영된 경우(대상 없이 주체끼리 평행, 〈슬픔은 그대 가슴에〉). 서크의 여자주인공들은 결코 수동적이지 않다. 그녀들은 전제, 즉 공리계의 모순을 드러내기 위해서만 사랑과 욕동에 이끌린다. 이것은 모순을 실천함으로써 그 전제를 드러내는 정념의 귀류법 논증 같은 것이다. 무엇보다도 그녀들은 해결책이 없는 모순이고 답이 없는 문제임을, 나아가 발신자 평면이 그 모순의 해결책이 기계신deus ex machina밖엔 없는 공리계임을 증명하려고 한다. 그래서 느닷없는 해피엔딩은 그녀들의 가장 혁명적 행위일 수 있다. 서크 자신의 표현을 빌자면, 그것은 유클리드 평면이 유리피데스 평면임을 논증하는 행위다.[8]

내러티브학자로서 서크는 단언한다. 1틈은 평행의 최초 내면화이고 그 최초 정념화다. 그리고 그로 인해 내감되는 발신자에 대한 질문, 나아가 공리계에 대한 의심이다. 누구도 서크만큼 이 질문을 집요하게 제기하지 못했다. 멜로드라마는 종교영화만큼이나 집요하게 발신자를 캐스팅하는 장르다. 물론 행동자 모델에서 주체를 남성으로 바꾼다고 해서 멜로드라마의 상관항이 바로 나오는 건 아니다. 중요한 것은 표준렌즈로 1막(1틈)을 바라보는 것, 그리하여 **발신자, 공리계, 전제를 대상화**하고 문제 삼는 것이다. 게다가 주체가 남성인 경우 목적 없는 폭력 속에서 대상은 으레 사라져서 주체 자신이 되어버리고, 발신자는 조각난 풍경 속으로 사라지기에 십상이다. 이것이 니콜라스 레이의 경우다. 레이의 영화에서 평행은 퇴행으로 대체되

---

7. 파스빈더의 코멘트가 의미심장하다. "서크의 영화에서 여자들은 생각한다. 난 다른 감독들의 영화에서 이런 걸 본 적이 없다."(Rainer Werner Fassbinder, "Imitation of Life : On the Films of Douglas Sirk", *The Anarchy of Imagination*, The Johns Hopkins University Press, 1992, p. 81).

8. 서크는 해피엔딩이야말로 비판적 행위의 핵심으로 간주하며 유리피데스를 인용한다. 다음 인터뷰를 보라. *Sirk on Sirk*, ed. Jon Halliday, The Viking Press, 1972, pp. 119, 132. 할리데이의 서문도 보라 ("미국 멜로드라마를 역사화", p. 10). 서크가 언급할 수 있었던 또 다른 사상가는 쇼펜하우어였을 것이다. 쇼펜하우어는 유클리드 공리계가 모순율만 뽐낸다고 비웃고 있기 때문이다(『의지와 표상으로서의 세계』, 1권 15장). 쇼펜하우어는 유클리드의 쓸데없는 수고를 건강염려증, 생색내는 영주, 비겁한 병사 등에 비유하는데, 이것은 정확히 서크의 인물들이 하는 일들이다.

고 있고, 계약이행은 신경증적 이상행동, 조절장애, 도박, 의례행위로 수축되고 있다 (《삶보다 큰》에서의 아브라함과 이삭, 〈이유 없는 반항〉에서의 치킨게임). 그리고 레이가 볼 때 이것은 아버지 혹은 아들로 살아가도록 하는 가부장제보다 더 시급한 문제다. 퇴행충동은 삶보다 더 크기 때문이다. 그러나 퇴행신은 발신자가 아니다. 그는 대상을 주기는커녕 그를 산산조각낸다(바로 이러한 생각이 레이로 하여금 나중에 내러티브를 거의 포기하고서 또 하나의 위대한 퇴행영화로 이르게 한다: 〈에버글레이즈에 부는 바람〉). 아마도 멜로드라마 1틈의 순수한 계승은 재난영화나 괴수영화에서 찾아야 할 것이다. 거기엔 가장 큰 초기평면에 가해지는 숭고한 일격, 그만큼 긴급해지고 직접적이 되는 발신자의 문제가 있기 때문이다. 그것은 공적인 인간과 사적인 인간, 문명인과 야만인, 살아남을 자와 죽어야 할 자를 분기시키는 신의 문제다(님 〈포세이돈 어드벤처〉, 길러민 〈타워링〉).[9] 서크에게도 사랑은 재난이지 않았던가. 멜로드라마는 마음의 재난영화다.

2-2. $[D_r \cup D_{re}] \simeq [S \cup O]$, 광각렌즈와 슈퍼히어로

2막으로 가보자. 이제 점은 선을 그리며 나아간다. 주체는 "현동화"actualisé되었다. 때로는 조력자들의 도움을 받으며 때로는 반대자들의 방해를 받으며, 점과 점의 거리는 가까워지거나 멀어지거나 할 것이다. 그러나 시련은 점점 더 가혹해지고, 결국 점이 선 그리기를 포기하는 시점, 현동화의 끝장이 찾아온다. 두 선은 이제 온전한 평행선도 아니다. 두 점이 무한히 멀기 때문이다. 사방팔방으로 선을 다시 그려봐도 소용없다. 어디로 날뛰어 봐도 만날 가능성은 없다. 이것이 내러티브의 두 번째 위상, '2틈'(최악의 틈새)이다. 이제 이접은 완전히 다른 의미다. 주체 대신 대상이 잠재화되고, 또 너무나 잠재화된 나머지 그 잠재적 상태는 그 상실과 다를 바 없다. 대

---

9. 〈타워링〉과 〈신곡〉(단테)을 비교하면서 하길종은 재난영화의 가장 엄밀한 정식에 이른다: "땅은 하늘로부터 반대 방향으로 멀어진다. 인간의 자유의지가 불행과 멸망을 자초하는 악 그 자체…"(「타워링 인페르노」, 『월간 영화』, 1977년 12월호. 다음에서 인용: 『사회적 영상과 반사회적 영상』, 한국영상자료원/부산국제영화제, 2009, 307쪽. 강조는 인용자).

상은 2틈 안으로 사라져 버렸다. 주체의 분기(사적 플롯과 공적 플롯)는 분열로 터져나가서 어떤 행동선을 그려보아도 욕망의 고갈을 증명할 뿐이다. 즉 2틈은 주체가 어떤 경로를 선택하든 평행선이 되는 위상이다. 1틈이 평행선을 개시한다면, 2틈은 평행선을 증폭시킨다. 어떤 점을 택해도 점근선을 따라 미끄러지는 쌍곡선hyperbola에서처럼 하나의 평행선은 무수히 많은 평행선들로 과장hyperbolize된다. 2틈 위상은 더 이상 유클리드적이지 않다. 그것은 보요이-로바체프스키적이다. 초기평면은 안으로 한껏 구부려져 반전된다($M < 0$).

내러티브에서 고난과 시련의 형식이 "지연"delay이고, 욕동의 "묶어둠"binding 10이라고 한다면, 그것은 2틈에서 가장 전면화된다 할 것이다. 2틈은 유클리드 평면을 ─ 문자 그대로 ─ 묶어둠으로써 벨트라미 곡면 위의 선들이 마주치는 것을 영원히 지연시키려 한다. 벨트라미 곡면의 꼭지점은 무한원점이 아니다. 반대로 그것은 무한원점의 공석, 즉 무한공점無限空點으로서, 주체의 욕망이 고갈되는 사점을 표시한다. 기껏해야 무한원점인 척하는 허초점이다. 2틈은 벨트라미 꼭지틈이다. 고로

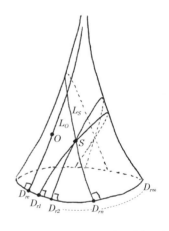

임의의 D_r를 출발점으로 삼아 그려지는 어떤 선 L_S도 L_O와 평행하다.

계약은 더 이상 추론될 것도 아니다. 2틈에서 계약은 무효화된다. 여기서 분천하는 발신자는 대상 없이도 수신자와 이접하기 때문이다. 이것은 문제의 해결solution이 아니다. 반대로 이것은 '문제의 소거'exhaustion이고, 발신자들의 악마적인 인플레이션, 그리고 가치 대립항들의 총체적인 결정불가능 상태 속에서 귀착되는 문제풀기의 포기다. 고로 2틈 위상에선 행동이 아니라 반대로 정념(분노·좌절·기다림·원한…)이 전면화된다. 즉 1틈이 행동(문제풀기)을 개시한다면 2틈은 그 행동을 멈춰 세운다. 1틈이 분기(공적 플롯-사적 플롯)를 개시한다면 2틈은 분열을 완성한다. 발신자의 분천(分天)에 주체의 분열(分裂)이 조응한다. 엄밀히 말해 벨트라미 곡면 위에서 주

---

10. "묶어둠"은 브룩스의 탁월한 개념이다. (피터 브룩스, 『플롯 찾아 읽기』. 4장).

체가 그려내는 평행선 궤적은 행동선이 아니다. 계약서는 이미 갈기갈기 찢어져(D_r, D_{r1}, $D_{r2} \cdots D_{r\infty}$) 다시 붙여져 봤자 허위계약만을 증빙하기 때문이다. 그것은 단지 "분노 시퀀스"[11]다. 요컨대 2틈은 행동이 고갈되는 순수한 정념의 위상이다. 1틈과 절대 혼동될 수 없이, 여기서 이접은 대상을 과잉잠재화hyper-virtualize하고($[S \cup O]$), 마찬가지로 발신자를 과잉잠재화한다($[D_r \cup D_{re}]$). 2틈 위상에서 주체는 욕망이 아니라 절망을, 분기가 아니라 분열을 한다. 발신자가 분천함에 따라 문제가 소거되기 때문이다. 절망-분열하기는 문제 포기하기nullifying the problem다.

갱스터 영화보다 2틈 위상의 특성을 잘 보여주는 장르는 없다. 갱스터는 쌍곡선(과장hyperbole)의 인간이기 때문이다(권세 확장, 부의 축적, 힘의 과시 등). 그 불법성은 도시와의 계약을 문제로 삼을 뿐 여기엔 아직 그 평면의 반전이 포함되어 있진 않다.[12] 반전은 그 과장된 행동선들이 꺾이고 또 함입해서 주체 자신을 향할 때 일어난다. 갱스터 장르의 2틈은 '배신'이다. 배신은 도시를 감옥으로 반전시키며 갱스터 내면엔 분열증을 야기한다. 배신은 대상을 빼앗는다. 그것은 도시를 미로로 만들 뿐 아니라(르로이 〈리틀 시저〉), 무엇보다도 배신은 또 다른 배신을 낳으며 더 큰 감금과 자학증으로 비화된다(웰먼 〈공공의 적〉, 혹스 〈스카페이스〉). 월시의 〈화이트 히트〉는 이 반전의 경지를 보여준다. 그 적이 패거리의 안쪽으로 함입됨에 따라 갱스터는 교도소와 트로이 목마 속으로 스스로 걸어 들어가며, 마치 도시와 맺었던 모든 계약에 총구를 겨누려는 듯 총성과 포연은 그의 뇌 속으로 휘감겨 들어와 발작을 일으킨다. 이 모든 것이 너무나 완벽한 외면의 내면으로의 함입, 즉 로바체프스키적 변형처럼 보인다(월시의 다른 영화들에서도 이러한 기하학자의 면모가 보인

---

11. 그레마스, 「분노에 관하여(어휘의미론적 연구)」, 『의미에 관하여』, 466쪽. ("정념적 명사통합체는 결코 인과율적 연쇄로 성립되어 있지 않다. 이 같은 정념적 몽타주는 하나의 행동으로 유도되지 않는다.", 486쪽). 이 글은 그레마스가 행동의 기호학에서 정념의 기호학으로의 이행을 알린 기념비적인 소논문이다. 그 대전제는 아마도 '행동 주체'와 '상태 주체'의 구분일 것이다(「존재의 양태화에 관하여」).

12. 갱스터 영화에서 나타나는 가치대립쌍들(군중-개인, 성공-실패)과 도시 공리계에 대한 워쇼의 짧지만 뛰어난 분석을 보라. Robert Warshow, "The Gangster as Tragic Hero", *The Immediate Experience*, Doubleday & Company, Inc., 1962. "이 원칙은 도시의 것이다 : 한 사람이 군중으로부터 부각되면, 나머지 사람은 아무것도 아니다(nothing). 성공한 사람은 무법자(outlaw)이다."(pp. 132~133).

다 : 〈하이 시에라〉 〈콜로라도 테리토리〉).[13]

서부극은 정반대의 히어로를 보여주지만 사정은 크게 다르지 않다. 갱스터 장르의 '배신'의 쌍곡선을 서부극 장르는 '왕따'의 쌍곡선으로 대체할 뿐이다.[14] 링고 키드부터 셰인까지 서부극의 총잡이는 구원자처럼 보이지만 실상 아무도 원하지 않는 공동체의 왕따였다. 이것이 서부극이 갱스터 장르와는 다르게 문제를 소거하는 방식일 터인데, 즉 갱스터 히어로들이 1막에서 분기된 두 플롯 중에서 지나치게 사적 플롯에 집착하며 가치들을 혼동한다면(성공에 대한 집착, 복수에 대한 강박), 서부극 히어로들은 반대로 지나치게 공적 플롯에 집착하면서 가치를 과장해서 허풍으로 만들어 버린다(맹목적인 정의감, 신화에 근거한 도덕). 2틈에서 갱스터 히어로가 광분할 때 서부 히어로는 폼 잡는다. 하지만 그것은 공동체와의 계약이 이미 파기되었고 하늘이 이미 분천되었다는 사실을 더더욱 숨기기 위해서다. 왕따이기 때문이다. 특히 만에게서 계약은 언제나 분기된 주체들 간에 이루어지고 분천된 발신자만을 증명하고 있다(〈윈체스터 73〉 〈가슴에 빛나는 별〉 〈서부의 사나이〉). 서부극에서 계약 위반자가 누구인지 결정하기는 쉬운 일이다. 하지만 계약이 애초부터 허위계약은 아니었는지, 공동체와 히어로 중 누가 누구를 먼저 왕따시킨 건지 결정하긴 어렵다. 서부극 히어로들은 그를 원하지 않은 사람들만큼 수많은 평행선들 안에 고립된다. 네오웨스턴은 평행선을 그야말로 난사함으로써 상황을 더더욱 악화시켰다(코부치, 페킨파, 펜). 특히 레오네는 무덤밭을 밑면으로 하는 벨트라미 곡면을 쌓아 올렸다. 그 정점의 "무명씨", 그것이 무한공점의 이름이다(〈석양의 무법자〉). 코스트너는 이것을 총알 없이도 한다. 그에겐 백인과 인디언 간의 경계를 지우고, 그들로 하여금 새로운 합병계약서를 촉구하는 버펄로 떼가 있기 때문이다(〈늑대와의 춤을〉).

2틈 위상은 광각렌즈 안에서 구부러진 표면이다. 광각렌즈는 심도면과 심도면 사이를 한껏 멀리 떨어뜨리며 대상을 음의 곡률로 구부리기 때문이다. 2틈은 오목

---

13. 새리스가 포드, 혹스, 월시의 카메라워크를 비교하는데, 매우 명쾌하다. "포드가 역사의 지평선 쪽으로 바라보고, 혹스는 아이레벨에 남아있다면, 월시는 드넓은 세상에서 길 잃은 아이를 바라보는 부감 앵글로 움직이곤 한다."(Andrew Sarris, *The American Cinema*, Da Capo Press, 1996, p. 120).

14. 갱스터와 서부자의 비교에 대해선 이미 인용했던 워쇼의 글. Robert Warshow, "Movie Chronicle : The Westerner", *The Immediate Experience*.

이다. 2틈의 공간은 꽉 막힌 벽, 너무 넓어서 경계선을 지우는 대지, 인물을 내려다보는 부감샷, 지나치게 텅 비어버린 거리, 방향감각을 상실케 하는 안개 혹은 심연 등이다. 바로 그 과잉되어 죽은 거나 다름없는 잠재태에서 평행선들이 증식하기 때문이다. 이접의 하이퍼리얼리즘. 갱스터 영화에서 2틈에 할당된 장면들을 예로 들어보자. 〈공공의 적〉에서 웰먼은 토미와 매트가 상대 조직원들에게 피격당하는 순간을 벽을 배면으로 하는 넓은 풀샷으로 잡는다. 매트는 쓰러져서 손을 내밀지만 토미는 모퉁이 뒤에 숨어서 차마 손을 내밀지 못한다. 바로 그 좁혀질 수 없는 간극이 바로 2틈의 심연이다. 또 하나의 예는 월시의 〈화이트 히트〉에서 코디 재럿이 어머니의 사망 소식을 듣는 장면이다. 넓은 부감 롱샷에서 코디는 교도소 안을 뛰어다니며 광분하는데, 이는 발신자를 찾아 몸부림쳐보지만 대답을 듣지 못하는 성난 평행선의 분열처럼 보인다. 갱스터 장르의 전통에서 가장 아름다운 2틈을 고르라고 한다면 단연 〈대부〉(코폴라). 심장발작으로 쓰러진 돈 꼴레오네를 무한공점으로 하면서 어린 손자가 평행선들을 새겨 넣는, 그럼으로써 죽음의 순간에서나 찾아지는 평범함과 그만큼 짙어지는 권력의 허무함으로 채색되는 생 일반의 로바체프스키 곡면이 거기에 있다.[15] 서부극에서 가장 격정적인 광각은 쇠스트롬의 것이다. 바람은 여인(릴리언 기쉬)을 결혼 계약에 이르게도 하고 반대로 그걸 스스로 취소하게도 하면서 그녀를 점점 망상증과 분열상태로 몰아간다. 애초부터 바람의 문제는 자신이 풀수 없었던 것이란 걸 깨달았을 때, 바람은 이미 그녀의 모든 뇌신경을 잡아끌고 승천하려는 듯이 그림자를 흩뿌리며 다가오고 있다. 바람은 그녀를 피해자인 동시에 가해자로도 만들기 위해 스스로 분열하는 발신자이며(매장된 시신은 바람에 의해 다시 드러난다), 유령 말의 말발굽에 매 순간 쪼개지고 있는 분천 자체다. 이 영화는 모든 샷이 2틈처럼 보이는 신비로움을 지녔다(〈바람〉). 일반적으로 2틈에서 문제를 소거하는 자가 주체라고 말하는 것($[S \cup O] \simeq [D_r \cup D_{rel}]$)은 사실상일 뿐이다. 주체를 고갈시키는 것, 압도적 권리로 그의 운명을 내려다보고 있는 것은 이러한 무한한

---

15. 남다은의 〈대부〉 해석이 뛰어나다. 그녀는 로바체프스키 평면은 "문제"가 아니라 그 "전제"를 지시하며, 아버지/아들, 선/악 같은 "각 항의 실체가 아니라 둘 사이의 틈"을 보여준다고 쓴다. 그 틈이 벨트라미 꼭지점이다(「아! 거대한 질문이여」, 『씨네 21』 2010년 778호, "결국 자기 토대를 무효화할지도 모르는…").

광각이다($[D_r \cup D_{re}] \simeq [S \cup O]$). 분천에 분기가 조응하지 그 역이 아니다.

　　슈퍼히어로는 쌍곡선을 신체에 탑재하면서 태어난다. 이것이 할리우드가 아메리카니즘을 갱신한 방식이다. 슈퍼히어로는 과장hyperbole을 실체화한다. 슈퍼파워는 곧 하이퍼파워hyperpower다.[16] 고로 더 이상 관념(서부극)이나 주변환경(갱스터)이 아니라, 발신자로부터 신체에게로 직접 슈퍼파워를 전송하는 '트랜지스터'Transistor를 찾는 것이 중요해진다. 비록 그것이 서부극 장르(선천적 슈퍼히어로 : 의협심·루저·노동자)와 갱스터 장르(후천적 슈퍼히어로 : 돈·재벌·기업가)에 부분적으로 빚지고 있다 할지라도 말이다. 모든 슈퍼히어로는 트랜지스터를 하나씩 가지고 있다. 슈퍼맨의 크립토나이트, 아이언맨의 아크원자로가 그것이다. 스파이더맨의 트랜지스터는 유전자다. 일반적으로 선천적 슈퍼파워의 트랜지스터는 DNA, 후천적 슈퍼파워의 트랜지스터는 테크놀로지다. 트랜지스터는 갱스터와 서부자가 은근하게만 남겨놓았던 모든 분열점들을 노출시켜 과잉기호화한다. 가면, 로고, 유니폼은 그러한 분열점의 기호들이며, 무엇보다도 법의 분열점을 지시한다. ― 벤야민의 용어를 빌자면 ― 트랜지스터는 히어로에게 신의 폭력을 전송하는 대가로 그를 불법과 합법 사이의 전이적 상태로 만드는 '순수수단'이다. 예컨대 트랜지스터는 그 자신도 전이 및 역전이(절도·교환·증식·분열)되어 초능력을 파괴적으로 돌변케 하거나 슈퍼히어로를 슈퍼빌런으로 둔갑시키기도 한다. 슈퍼히어로를 서부 히어로와 갱스터 히어로와 본질적으로 다르게 만드는 트랜지스터의 분열적 성질 또한 이것으로서, 트랜지스터는 발신자를 분천시킴으로써만 주체를 분열시키고 주체(S)와 반주체($\bar{S}$), 선과 악, 합법과 불법을 서로에 대한 모본들로 만든다.[17] 또 슈퍼히어로(S)와 슈퍼빌런($\bar{S}$)은 동일한 모체로부터 분열되어 나온 분체들일 뿐만 아니라 그 각자 역시 개별적으로 재분열하고 있으며, 이에 조응하여 세상도 상반된 루머들로 연쇄분열하고 있다. 슈퍼히

---

16. 슈퍼히어로의 과대남성성(hyper-masculinity)에 내포된 양가성, 과개발된(overdeveloped) 신체와 저개발된(underdeveloped) 정신에 대해선 부카트만의 글을 보라. Scott Bukatman, *Matters of Gravity*, Duke University Press, 2003. 3장.

17. 반주체와 적대적 발신자에 대해서는, 그레마스, 「서술물의 행동자들의 구조」, 『의미에 관하여』 중에서 발신자의 문제, 배신자의 문제. 또한 『정념의 기호학』에서 '동반-주체'(partenaire-sujet)에 대한 부분도 보라. ("대상의 속성으로 간주될 수 있는 것이 실제로는 주체들의 공동체 내부에서 작동하는 규칙의 총체에 불과하다는 사실", 103쪽).

어로 장르는 핵분열의 세계다. 분열이 전염되기 때문이다. 이것이 트랜지스터가 하는 일이다. 트랜지스터는 핵분열 전송기, 핵분천기(核分天機)다. 트랜지스터는 슈퍼히어로와 슈퍼빌런이 분유하는 공통뿌리가 됨으로써 그들을 슈퍼평행으로 만든다. 이것이 우리가 이 장르의 2틈에서 보게 되는 '누구의 편도 아닌 트랜지스터'의 면모다. 크립토나이트는 특정 조건에선 슈퍼맨을 병들게 하거나 무력화하고(도너 〈슈퍼맨 1, 2〉), 배트모빌은 펭귄맨에게 절도되어 범죄도구가 된다(버튼 〈배트맨 2〉). 일반적으로 선천적 트랜지스터는 자가전염법을, 후천적 트랜지스터는 자가면역법을 따라 분열된다고 말해도 좋다. 전자가 왕따의 전염학적 번역이고 후자가 배신의 면역학적 번역인 한에서 말이다. 어떤 경우든 슈퍼히어로의 2틈은 힘을 고립시키는 서부극의 방식(왕따)이나 그를 역전시키는 갱스터의 방식(배신)이 아닌, 힘을 그 근원으로부터 오염(핵분열)시키는 방식에 의한다.[18] 트랜지스터는 오염백신이다.

고로 슈퍼히어로 장르에선 트랜지스터와 접속되는 위상과 그와 차단되는 위상을 대립시키는 것이 관건이다. 중요한 것은 행동선의 외적 대립이 아니라, 그 전제가 되는 가치체계를 오염시키고 결국 공리계를 자가면역계로 유도하는 트랜지스터의 내생적 분열이기 때문이다. 팀 버튼은 아름다운 두 대립적 위상을 제시한다. 배트수트, 배트모빌, 배트윙 등이 그로부터 확장되어 나오는 테크놀로지의 요새 배트 케이브가 가장 낮은 곳에 있는 한편, 그 모든 무기와 테크놀로지가 헐벗겨지고 배트맨이 자신의 근원과 마주하는 가장 원시적이고 고대적인 고담 성당이 가장 높은 곳에 있다. 여기서 배트맨과 조커는 서로를 마주 보는데, 이는 마치 보름달이라는 동일한 발신자 안에서 포개지는 하얀 악마와 검은 천사 같다(〈배트맨〉). 〈배트맨 2〉는 여전히 외부에 남아있던 트랜지스터를 하나의 캐릭터로, 그 내면세계와 영혼으로 옮겨왔기에 서부극에 있어서 〈서부의 사나이〉나 〈리버티 밸런스를 쏜 사나이〉와 같은 지위

---

18. 코믹스에서 슈퍼빌런에 대해선 *Supervillains and Philosophy*, ed. Ben Dyer, Open Court, 2009. 저자들은 각종 슈퍼히어로 시리즈에 함축된 철학적-윤리적 논제들을 경쾌하게 논한다. 그러나 슈퍼빌런은 슈퍼히어로에게 더 난제를 던지는 자, 즉 문제교란자이고 끝내 문제소거자라는 하나의 주제만은 일관된다. *Popular Culture and Philosophy* 시리즈의 다른 책들도 흥미롭다. 예컨대 *Superheroes and Philosophy*, ed. Tom Morris & Matt Morris, Open Court, 2005. 슈퍼히어로 장르와 팝 문화에 대한 이러한 경쾌한 접근은, 무겁기만 하지 뻔하고 지루하기 짝이 없는 이데올로기 분석보다 백 번 낫다.

를 갖는 히어로물의 걸작이라고 할 수 있다. 그건 바로 펭귄맨이라는 캐릭터-트랜지스터다. 펭귄맨은 두 겹의 트랜지스터다. 그는 대지 쪽으론 오즈월드와 서커스 기형아, 재벌과 펭귄들을 연결하면서도, 하늘 쪽으론 배트맨과 캣우먼을 중매하거나 이간질한다. 펭귄맨의 기괴한 웃음 뒤에 감춰진 고독과 우수는 다른 슈퍼히어로들마저 "자멸해야 하는 신의 아이들"로 융합시키는 정념의 트랜지스터로 기능한다("모든 신의 아이들을 벌하라!").

슈퍼히어로는 분천을 단지 관망하거나 절감하지 않는다. 슈퍼히어로는 분천을 직접 수행하고 또 퍼뜨린다. 서부극 히어로는 평행선에 옴짝달싹 휘감겨 죽고 갱스터 히어로는 평행선에 갈기갈기 찢겨 죽는다면, 슈퍼히어로는 평행선에 구질구질 오염되어 죽는다. 슈퍼히어로의 평행선은 근원적으로 오염된 평행선, 평염선(平染線)이다. 무엇보다도 그것은 신과의 계약과 그 파약으로 갈라진다. 슈퍼히어로를 다루는 몇몇 작가들에게 기억은 흥미로운 테마가 된다. 기억이야말로 평염선들의 집합으로서, 최초의 계약을 오염시키기 때문이다. 특히 전이된 기억이 그렇다. 가령 로보캅의 트랜지스터는 뇌 자체, 그 공리계는 프로그램 자체다. 기억차단적 공리계(로봇 원칙)과 기억접속적 공리계(꿈) 사이에서 핵분열되어 오작동하며 비틀거리는 머피(버호벤 〈로보캅〉). 버호벤에게 벨트라미 곡면은 단지 행동과 사건이 일어나는 장소가 아니다. 그것은 그 꼭지점을 밑면 쪽으로 무한히 잡아당겨 만든 반전된 기억원뿔이다(〈토탈 리콜〉). 그곳은 스파이더맨과 메리 제인이 키스한 곳, 그러나 거꾸로 반전되어 어디가 겉이고 속인지 구분할 수 없는 핵분열된 기억의 원뿔이기도 하다(레이미 〈스파이더맨〉). 그리고 레이미는 이를 사회적 기억으로까지 확대해서 우리 삶에 내재하는 트랜지스터와 프로그램을 포착해낼 것이다. 역할극 무대라는 사회적 기억이 있다. 여기선 생의 트랜지스터는 배역이고, 생의 프로그램은 그 시나리오이므로 피터는 자신의 영웅 배역에 대해 회의를 느낄수록 초능력을 점점 잃어가고, 스파이더맨의 무대에서도 주연이 되지 못하거나 그렇다고 해서 메리 제인의 무대에서는 관객도 되지 못하며, 결국 그 자신 스스로가 가면을 벗기 전까지 핵분열된 무대를 벗어나지 못할 것이다. 벨트라미 곡면의 무대화, 이것이 〈스파이더맨 2〉에서 거둔 레이미의 위대한 성취이고 감히 루비치와 오퓔스의 업적에 비견될 만하다.

히어로물의 교본이 되는 코믹스는 서부극, 갱스터, 탐정 느와르, 고딕-표현주의로부터 영향받다(케인, 커비·리, 무어, 밀러 등). 하지만 그것은 인류학과 분자생물학 심지어 핵물리학으로부터도 많은 영감을 받았다. 슈퍼히어로 장르는 발신자의 분천을 정체성의 핵분열로, 그 통합을 타자성의 핵융합으로 과장하는 장르다(DC 코믹스는 전자에, 마블 코믹스는 후자에 사활을 건다). 2000년대 이후 펼쳐질 슈퍼히어로 장르는 아마도 이 공식 아래 여타 장르들을 더욱 흡수하면서도, 다른 한편으로 그 외연을 더욱 현실적인 사회, 혹은 더욱 실질적인 신화로까지 확장해나갈 것이다. 일단 테크놀로지 쪽으로는 군사과학과 기업신화의 핵융합으로서의 군산복합체가 있다(〈아이언맨〉 시리즈). 생체초능력 쪽으로는 DNA와 공동체의 문제가 남는다. DNA는 현대 공동체가 왕따공리계를 구축하는 가장 과학적인 근거, 즉 몸 안의 트랜지스터이기 때문이다. 일반적으로 슈퍼히어로 DNA는 왕따 DNA다. 혹은 비정규직 DNA다(〈스파이더맨〉 시리즈). 〈블레이드〉 시리즈는 전염학적으로는 서부극 히어로로의 운명이었으나, 면역학적으로는 느와르 갱스터이기를 선택한 혼종 슈퍼히어로를 다룬다. 여기서 왕따와 배신 모두를 감내해야 하는 슈퍼히어로 개인만큼이나 공동체도 핵분열로 얼룩져감에 따라 그 계약은 점점 임시적이 되어 간다. 〈엑스맨〉 시리즈는 확실히 분수령이다. 초능력자 공동체는 인간공동체로부터 왕따당할 뿐만 아니라, 재계약을 믿는 분파(자비에)와 그렇지 않은 분파(마그네토)로 이중삼중 갈라지면서 자가핵분열군을 이루기 때문이다. 나아가 발신자들의 무한증식에 따라 영화 전체를 시리즈물(프리퀄·시퀄·스핀오프)로 만들어버리는 내러티브 자체의 영원한 핵분열이 있게 되고,[19] 선험적 트랜지스터의 경우 정규직(〈슈퍼맨〉)-계약직(〈스파이더맨〉)-불법체류자(〈엑스맨〉)로 이어지는, 그리고 후험적 트랜지스터의 경우 재벌(〈배트맨〉)-개인사업자(〈블레이드〉 〈왓치맨〉)-보부상(〈어벤져스〉)으로 이어지는 사회학적 핵분열과 계약의 유연화가 그에 동반된다. 이 모든 분열적 상황들이 슈퍼히어로 장르의 2틈이 세상에 새겨넣는 로바체프스키 효과들이다.

---

19. 움베르토 에코는 〈슈퍼맨〉의 시리즈 내러티브에서 오히려 과잉반복, 고정성, 시간의 폐쇄성을 관찰한 바 있다(『매스컴과 미학』, 윤종태 옮김, 열린책들, 2009. 「수퍼맨의 신화」). 코믹스 연작방식에 핵분열 내러티브를 적극 도입한 것은 잭 커비와 스탠 리의 업적이다. 다음을 보라. Charles Hatfield, *Hand of Fire*, University of Mississippi, 2011.

2-3. $[D_r \cap S \cap D_{re}] \simeq [D_r \cap O \cap D_{re}]$, 망원렌즈와 토니 스콧

　이제 점과 점은 무한히 멀어지고 주체는 무수한 평행선으로 쪼개져 나갔다. 주체는 대상에게 영원히 다가갈 수 없는 것처럼 보인다. 하지만 바로 그 순간 놀랍게도 재반전이 일어난다. 바로 그 영원이 절망한 주체에게 일종의 자유를 허용하고 다시 도약할 수 있는 기적 같은 힘을 불어넣는 것이다. 지긋지긋했던 이접을 뒤로 한 채 비로소 연접하기 위해서. 허나 이 도약은 단지 현실적인 행동이 아니다. 그것은 미련에 불과했던 모든 것을 감행하는 도박사의 용단이며, 자신을 옭아매고 있는 징글징글한 평행선들을 단번에 잘라버리는 결단력이다. 이는 마치 바닥을 쳐야만 튀어 오르는 공, 블랙홀을 대가로 지불해야만 얻어지는 화이트홀 같은 것이다. 이것이 바로 내러티브의 3틈 위상, 즉 클라이맥스다. 3틈은 주체 그 자신의 분출구이자 그 자신을 쏘아 올리는 포문이며, 얽히고설킨 평행선 뭉치를 뚫어버리는 사출구다. 단 그가 바로 그 탄환처럼 죽음을 불사할 때만 허용되는 마지막 도박인 것이다. 1틈이 평행선을 분기시키고 2틈이 평행선을 증폭시킨다면, 3틈은 평행선을 절단한다*cut off*. 그리하여 어떤 점을 잡아도 두 점을 초점으로 하는 폐곡선을 그리는 타원에서처럼, 이제 주체는 다른 모든 방해되는 평행선들을 "생략"해버린다. 이 생략이 곧 결단이다. 3틈 위상은 더 이상 보요이-로바체프스키적이지 않다. 그것은 리만적이다. 클라이맥스는 벨트라미 곡면의 재반전이다($M > 0$).

　내러티브에서 3틈은 시련의 예외상태다. 3틈에서 주체는 미련 없이 그 포박줄을 끊어버림으로써 마치 그 탄력에 의해서 튕겨 올라가듯 부상한다*cli-max*. 자신의 가장 큰 미련일 시간 자체를 끊음으로써 초월적 위상으로. 그래서 3틈의 결단자는 자신의 소멸을 결단하는 주체일 뿐만 아니라, 주어진 시간 전체까지 모두 결단하는 '자기초월체'

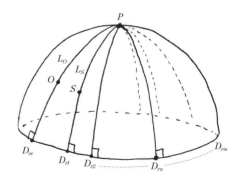

임의의 D_r를 출발점으로 삼아 그려지는 어떤 선 L_S도 L_O와 한 점 P에서 만난다.

다.[20] 이것이 벨트라미 곡면에서 어떤 행동선도 L_O에 평행선이었던 반면, 리만 곡면에선 어떤 행동선도 L_O에 교차선이 된다는 것의 궁극적 의미다 : 어떤 무한원점과도 내통할 수 있는 주체(D_r, D_{r1}, D_{r2} … $D_{r\infty}$)는, 이제 대상의 무한원점과도 내통한다(D_r, D_{r1}, D_{r2} … $D_{r\infty}$ … D_{re}). 여기서 연접의 첫 번째 측면이 나온다. 초월적 접합점으로 승화된 주체는 발신자와 수신자를 내통시키기에 대상과도 내통하며, 그 역도 성립한다. 이 주체는 더 이상 잠재적이지 않다. 대상과 이접하지 않을 수 있기 때문이다. 그렇다고 이 주체가 현실적인 것도 아니다. 발신자-수신자와 이접하지 않을 수 있기 때문이다. 이 신비로운 양태를 뒤늦게 발견한 퐁타뉴와 그레마스는 서둘러 "가능화"potentialisation란 아름다운 용어를 추가했다.[21] 하지만 우리는 '가능화'를 '투명화'라고 부르려고 한다. 그러한 주체는 대상과 연접도 이접도 아닌 선-주체, 대상의 "가치"valeur를 포기하는 대신 그 "발랑스"valence를 얻는 비非주체, 즉 주체가 아님으로써만 그 자신인 공空주체이기 때문이며, 무엇보다도 그 자신의 여백餘白-남는 반짝임을 통해서 발신자와 수신자가 서로를 들여다보도록 하는 틈隙주체이기 때문이다. 3틈에서 주체는 아무것도 숨기지 않는다. 하지만 그것은 바로 자신이 그 틈이기 때문이다. 이렇게 말해도 좋다면, 역설적으로 L_O에 평행한 유일한 직선은 L_O 자신밖엔 없는 것이나, 바로 그 *바깥*을 통해 L_S는 L_O와 만난다. L_S는 투명선이다. 요컨대 다른 모든 평행선의 생략은 주체 자신의 생략이다. 하지만 바로 그 때문에 주체는 생략한 만큼 투명해지고, 또 그 낙차만큼 도약한다("그 자신의 내적 과정은 증발되었고 닳아 없어졌으며 만족되어 있다"[22]).

---

20. PR 95. 자기초월적 주체의 자유에 대한 오영환의 각주도 보라("주체는 최종적 결단을 통해서 자기
   초월체가 된다.").

21. '가능화된 주체'와 '긴장주체'의 일의성에 대해선 그레마스·퐁타뉴, 『정념의 기호학』, 97~99, 215~216
   쪽. 퐁타뉴와 그레마스는 자신들이 빠뜨렸던 정념을 내러티브 모델에 추가하기 위해서 이 책을 썼다. 그러나 그 모든 논의는 가치발생 이전의 원초적 긴장감응계로 돌아가 "주체"와 "선주체"(pré-sujet), "가치"(valeur)와 "발랑스"(valence)를 구분해내는 것으로부터 시작한다. 그렇게 그들은 기존의 모델을 수정하면서도 완성했는데, 우리의 3틈 구조로 다시 그려본다면 다음과 같이 될 것이다.

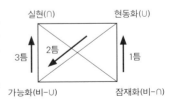

22. PR 438~439.

이것은 문제의 해결이지만 추론(1틈)이나 소거(2틈)를 통한 해결이 아니다. 반대로 주체 자신이 해결책solution이 되기 위해 스스로 용해됨dissolution을 결단한다는 의미다. 그 자신이 3틈을 대행하며 그를 통해 발신자D_r와 수신자D_{re}를 초월적으로 내통케 하는 것 자체가 계약의 완수이며 문제의 해결인 셈이다. 이제 계약을 대체하는 것은 차라리 결별선언, 유언장, 이별편지 같은 것이다. 하지만 바로 그런 최종결단과 함께 주체는 대상의 현실적 외피를 박피해내고, 그 영원한 가능성과 내통할 수 있다. 3틈에서 대상은 영원한 대상이기로 결단된다. 이것이 연접의 두 번째 측면이다. 3틈에서 연접되는 대상은 현실적이지도 않다. 이미 주체가 포기했기 때문이다. 하지만 그렇다고 해서 단지 잠재적이지도 않다. 주체가 그 가능성을 소유하기 때문이다. 연접은 대상의 영원화다. 주체가 하는 일이라고는 고통을 통해, 영원한 상태의 대상을 발신자–수신자의 내통라인에 돌려놓는 것뿐이다. 하지만 바로 그 때문에 주체는 대상을 영원히 소유하고 비로소 "실현된다."réalisé 어디라도 대상의 수신자와 내통할 수 있는 주체는, 언제라도 그렇게 할 수 있다. 요컨대 3틈 위상에서 연접은 주체를 투명화하고($[D_r \cap S \cap D_{re}]$), 대상을 영원화한다($[D_r \cap O \cap D_{re}]$). 즉 주체는 대상을 흡수한다. 고통 없는, 그래서 초월적이지 않은 연접은 없다. 결단–투명하게 되기는 문제–용해solution다.[23]

	1틈	2틈	3틈
행동	욕망	절망	결단
상태	분기	분열	흡수(투명화)
문제	추론	소거	용해
공리계	표준	과장	생략

미국영화에서 결단은 "No Pain, No Gain"이라는 프로테스탄티즘 윤리를 따른다. 가장 먼저 생각해볼 수 있는 건 목숨 걸기다. 할리우드 고전 시기부터 목숨 걸기

---

23. 도약과 공기, 영원성과 투명성에 대한 가장 훌륭한 연구는 바슐라르다. 다음을 보라. 가스통 바슐라르, 『공기와 꿈』, 정영란 옮김, 이학사, 2003. 특히 3장(「상상적 추락」). 리만 스피어의 현상학적 확장에 대해선 『공간의 시학』, 곽광수 옮김, 동문선, 2003. 8~10장.

는 결단의 가장 흔한 형태였다. 서부극, 갱스터 영화, 액션 영화에서 히어로는 목숨을 걸지 않는 한, 마지막 대결에 입장할 수 없다. 스크루볼이나 로맨스 영화에도 클라이맥스는 목숨 걸기다. 사랑은 연인들을 갈라놓는 신분과 위신을 걸고서 하는 게임이기 때문이다. 그리고 판돈을 키우는 경쟁자들이 더 많이 참여할수록 그 격차는 점점 더 벌어지고 베팅과 고백은 점점 더 어려워진다. 가장 아름다운 베팅 중 하나였던 〈로마의 휴일〉(와일러)의 3틈을 보자. 기자와 공주는 다시 공식 석상에서 만나지만 엄숙한 분위기 때문에 서로 진심을 드러내지 못하고 있다. 마침내 기자가 질문을 베팅한다. 공주는 '로마'라고 대답한다. 그 질문은 결단이다. 공주와의 운명적 거리를 인정하는 이별 선언이기 때문이다. 반대로 대답 '로마'는 영원한 대상이다. 기자에게 흡수되는 대상이기 때문이다.

다른 어떤 장르보다 하드보일드 장르(탐정 영화)에서 결단은 더더욱 관건이다. 왜냐하면 하드보일드엔 탐정을 오히려 의심받게 만들거나 주변인물 모두를 용의자로 만들어서 사건을 점점 오리무중에서 빠지게 하는 플롯 얽힘이 있고, 그만큼 더 날카로운 칼로 잘라야 하기 때문이다.[24] 탐정은 용의자를 하나하나 찾아 나가지만 자신 또한 용의자가 되며, 모든 플롯라인은 마치 애초부터 평행선이었던 것처럼 접점을 찾지 못하고 복잡하게 얽혀 들어간다. 모든 추리를 베팅하고서도 실패하여 베팅할 것이 바로 탐정 자신을 옭아매던 누명밖에 남지 않았을 때, 거기에 하드보일드의 3틈이 있다.

서부극과 갱스터 영화의 결단이 목숨 걸기라면, 하드보일드 영화의 결단은 누명 걸기, 즉 희생양 정하기다(이는 당대 탐정소설 작가들이었던 해밋, 챈들러, 케인 등이 견지하던 운명론이기도 하다). 〈말타의 매〉(휴스턴)에서 탐정은 자신의 누명을 공모자 중 한 명 혹은 여러 명에게 뒤집어씌우기 위해 범행에 공모한다("희생양"fall guy). 또한 〈살인, 내 사랑〉(드미트릭)에서 탐정은 자신의 누명보다 더 심오한 누명이 있다는 것을 발견하고, 용의자들이 그 누명을 서로에게 뒤집어씌우는 것을 목격하게 된다. 일견 비슷한 클라이맥스인 것 같지만 사실 이 두 걸작은 하드보일드의 양

---

24. 탐정 영화 내래이션의 특징인 '전지성의 제한'에 대한 분석으로는, David Bordwell, *Narration in the Fiction Film*, University of Wisconsin Press, 1985, 5장. pp. 64~70.

측면을 대조적으로 보여주고 있다. 〈말타의 매〉에서 탐정은 이성적이다. 그는 의뢰자가 처음부터 용의자라는 것을 모두 간파하고 자신에게 떨어질 몫과 자신이 짊어져야 할 리스크를 정확히 계산하며 범행에 가담한다. 희생양의 베팅은 전체 용의자가 짊어질 부담의 총량이 줄어드는 쪽으로, 즉 불확실성을 최소화하는 방향으로 계산된다. 반면 〈살인, 내 사랑〉에서 탐정은 감성적이고 무의식적이다. 그는 의뢰자들의 음험한 유혹에 휩쓸리며 텅 빈 문들만이 무한히 늘어서 있는 사건의 무의식 속으로 빨려 들어가는데, 이때 희생양의 베팅은 범인이 가장 많아지는 쪽으로, 즉 불확실성이 최대화되는 방향으로 일어난다(그레일 부부와 무스 모두가 죽어버림으로써 결국 8년 전의 사건은 끝내 묻혀버리고 만다). 〈말타의 매〉가 하얀 느와르라면 〈살인, 내 사랑〉은 검은 느와르이며, 이 두 형식은 앞으로 나올 하드보일드에게 두 다른 방향을 제시하게 될 것이다. 물론 이 구분은 다분히 형식적인 것이다. 하얀 느와르에도 불확실한 것이 남고(끝내 진짜 말타의 매는 찾지 못했다), 검은 느와르에도 확실한 것이 남기 때문이다(탐정은 결국 무죄로 풀려난다). 이 두 형식은 리만공간을 구축하는 두 다른 방식일 뿐이다. 일반적으로 하드보일드 장르에서 의뢰자와의 계약을 이행하고 불이행하고는 그리 중요한 문제가 아니다. 반대로 진짜 문제는 그 계약에서 누락되거나 일부러 생략된 빈틈을 찾아내는 것이며, 바로 그것을 용의자 전원에게 뒤집어씌워서 추리의 공간 자체를 재반전시키는 것, 그리하여 누구라도 범인일 수 있는 리만공간("천 마리 거미가 짠 회색 거미줄")을 구축하는 것이다.[25] 결국 플롯이 중요한 게 아니라 그 빈틈을 분위기로, 누군가는 희생해야 할 분위기로 조장하는 캐릭터가 중요하다.[26] 당대 비평가들은 40년대 하드보일드에서 냉소주의와 허무주의가 결단을 불확실하게 남긴다고 말했지만 사실은 그 반대다. 그 불확실성은 하드보일드의 결단을 더욱더 날카롭게 한다. 그것은 불확실성 자체에 대한 결단이기 때문이다. 그리고 거기에 하드보일드가 내러티브 전통에 남긴 위대한 유

---

25. 필름 느와르에 있어서 보이스오버의 다중성, 주관적 시점의 삭제와 "미로성"(labyrinthine quality)에 대해서는 J. P. Telotte, *Voices in the Dark*, University of Illinois Press, 1989. 4장, 5장. 다큐멘터리 느와르를 다루는 8장과 9장도 보라("투명한 리얼리티").
26. 에버트의 〈말타의 매〉에 대한 분석이 하드보일드의 일반론에 접근하고 있다. "플롯은 전혀 중요하지 않다…배우들의 외모, 대사, 움직임, 대사, 그리고 그들의 캐릭터가 체현하는 것들이 영화의 전부다."(로저 에버트, 『위대한 영화 1』, 최보은·윤철희 옮김, 을유문화사, 2006. 119쪽).

산이 있다. 바로 '희생'이라는 결단의 구체적 형태다.

　50년대 이르러 미국 영화는 새로운 조건을 맞이한다. TV의 보급, 파라마운트 판결 같은 생태계 변화가 일어났고, 이에 적응하기 위해서 회전율이 빠른 체질로의 개선이 요구되었다. 시각효과와 시네마스코프 등의 기술적인 보강, 대규모 예산의 복합장르 영화들이 실험되었다. 블록버스터의 징후들이 나타난 것이다. 이러한 생태적 변화에 가장 민감하게 반응한 내러티브 위상은 1틈이나 2틈보다는 3틈이었다. 몸집이 커질수록 더 큰 칼이 필요한 법이니까. 일단 평행선을 자유롭고도 단순하게 효율화하고, 무한원점을 이데올로기에서 스펙터클로 이주시키는 것이 관건이었다. 또한 그만큼 투명화($[D_r \cap S \cap D_{re}]$)는 더욱 즉각적이어야 하며, 반대로 영원화($[D_r \cap O \cap D_{re}]$)는 더욱 환영적이어야 한다. 그래서 가장 중요한 것은 − 하드보일드에서처럼 − 그동안 하위 플롯과 주변평행선(A, T)에게 맡겨놓았던 희생을 주체S에게 몰아주는 일이다. 아직 거대규모의 예산이 투입되기 전이었지만 그 맹아들에서도 이러한 측면들이 소상하게 나타난다. 〈죠스〉(스필버그)에서처럼 식인상어가 도사리는 바닷물 속에서 휴양객들이 헤엄을 치는 것보다 긴급한 상황은 없으며, 인간은 식인상어와 대결하기 위해선 스스로 물속으로 들어가야 하는 가장 위험하고도 희생적인 도약에 이르러야 한다($[D_r \cap S \cap D_{re}]$). 스필버그가 리만 스피어를 바닷물과 자연환경으로 채웠다면, 루카스는 그를 갤럭시와 인공물로 채웠다. 〈스타워즈〉에서 발신자는 자연에서 더더욱 확장되어 영웅 신화, 전쟁영화, SF, 서부극, 심지어는 동양철학과 비디오게임까지 아우르며, 영화사상 가장 인기 있는 영원한 대상 포스force에 이른다. 데스 스타는 루크 스카이워커가 제다이로 도약하기 위해 조준장치를 끄고서 포스를 소환하기로 결단하는 리만 공간이다. [*May The Force Be With You*] $\simeq [D_r \cap O \cap D_{re}]$.

　비록 그 초기형태지만 이 두 작품은 고전 이후 시기의 블록버스터들조차 따르게 덕목들을 고스란히 간직하고 있다. 첫 번째 연접($[D_r \cap O \cap D_{re}]$) − 리만 스피어를 최대한 확장하고(갈등과 스펙터클의 최대화), 두 번째 연접($[D_r \cap S \cap D_{re}]$) − 주체로 하여금 그것을 독점케 하라(낙차와 도약높이의 최대화). 요컨대 영원성의 대규모화, 그리고 투명성의 중앙집권화. *가장 크게 펼치고, 가장 명확하게 잘라라Show Big, Cut Clear*.[27] 비록 자의적이겠지만 각 연접법에 집중함으로써 발생할 수 있는 장르의 계보들을 재빨리 써볼 수 있다. 첫 번째 연접에서 영원한 대상은 물질적으로 점점 커져서 부비트랩과 미스터리로 중무장한 환경 자체가 된다(어드벤처물). 반대로 영원한 대상은 그 생명력이 점점 커지면서 범접할 수 없는 괴물이 된다(SF, 괴수물). 혹은 첫 번째 것과 두 번째 것의 융합이다(재난영화). 두 번째 연접에서 투명한 주체 밖에서 초월적 힘들(자동차, 무기 등)이 점점 증가한다(액션 영화). 반대로 투명한 주체 안에서 초월적 힘들이 증가한다(슈퍼히어로). 혹은 첫 번째 것과 두 번째 것의 융합이다(판타지) … 이 모든 것을 물량공세 상업주의라고만 치부하고 비난하는 것은 어리석다. 여기엔 규모의 경제학과 내러티브 3틈 구조를 접합시키고 그 균형을 잡으려는 엄밀한 계산이 있고, 연접의 최대치로부터 도약과 파토스의 최대치에 이르려는 예술적 고집이 있기 때문이다. 블록버스터의 시기에 속하는 미국 작가들보다 점점 복잡해지고 커져만 가는 내러티브 구조 속에서 두 가지 연접 간의 균형을 잡고, 또 결단으로부터 직접적으로 희생을 연역해내는 오만가지 방법들에 대해서 그토록 집요하게 골몰하여 그만큼의 예술적 성취를 이루어냈던 사조는 일찍이 없었다.

블록버스터의 초창기를 스필버그가 대표할 수 있다면, 그는 어떤 종류의 리만 스피어가 주어져도 그것을 단번에 자를 줄 알았으며, 주체의 결단으로부터 직접적으로 희생을 도출해내면서도 스펙터클의 풍부함을 해치지 않는 엄청난 균형감각을 가지고 있었기 때문이다. 스필버그는 더 큰 스펙터클일수록 더 잘 생략해야 함을 간파하고 있다. 기실 그는 온갖 종류의 생략편집법을 계승하고 또 발전시켰는데, 가령 인디아나 존스는 모자와 채찍부터 보여지고(《레이더스》), 외계인의 소생은 꽃이 다시 피어나는 것부터 보여진다(《E.T.》). 스필버그는 이야기와 스펙터클을 생략하는 데도 과감하다. 인디아나 존스 캐릭터의 모든 특징들(채찍과 모자, 뱀 공포증, 이름의 비밀, 아버지와의 관계)은 한 소년의 짤막한 시퀀스로 충분하다(《인디아나 존스 3》). 스펙터클할 수 있었던 로봇의 최첨단 메카닉도 생략된다. 보다 중요한 것은 인간이 되고픈 그의 욕망이므로 음식물과 뒤섞인 기계 뱃속을 보여주는 것으로 충분하

---

27. 블록버스터의 정치경제학적 구조는 독점자본론이다. 독점자본은 소자본들 간의 유통장벽을 '생략'함으로써, 가치의 운동 총체를 대자본으로 '집중'하려는 '화폐버스터'이기 때문이다. 그래서 집중이란 축적의 가속화다(맑스, 『자본론』 I권(하) 7편 25장 2절 ; 힐퍼딩, 『금융자본』 13장 ; 레닌, 『제국주의론』 5, 7장). 블록버스터란 파라마운트 판결을 교묘히 빠져나가는 할리우드 독점전략의 결실이다.

다(《A.I.》). 물론 가장 모험적인 생략은 〈죠스〉에서의 시점샷이었다. 대상까지 생략해버린 것이다. 그리고 이렇게 군데군데 생략되어 파편화된 이미지는 스필버그가 만든 유일한 하드보일드 영화의 주제가 된다(《마이너리티 리포트》). 그러나 스필버그가 작품마다 가장 골몰하는 것은 주체의 생략법이다. 스펙터클이 커질수록 주체는 더더욱 대상에 대해 더 집착하거나 반대로 더 소원해짐으로써 결단은 점점 어려워질 수 있기 때문이다. 그리하여 영원한 대상과 그를 둘러싼 스펙터클을 주체로 하여금 양자택일할 수밖에 없는 절체절명의 순간까지 몰고 가는 관건이다. 열린 성궤에서 파괴적 에너지가 몰아쳐 나올 때, 또 절벽에 매달려 신비의 돌을 놓치지 않으려고 발버둥 칠 때, 인디아나 존스는 영원한 대상과 그 환영적 스펙터클을 쫓는 인디아나 존스와 언제라도 죽을 수 있는 평범한 인간으로서의 닥터 존스 둘 중 하나를 생략할 수밖에 없는 기로에 선다. 바로 여기서 가장 큰 규모의 도약이 나오며, 이것이 스필버그의 위력이다. 스필버그는 스펙터클의 규모 자체를 도약의 높이로 환산한다($[D_r \cap S \cap D_{re}] \simeq [D_r \cap O \cap D_{re}]$). 즉 스펙터클과 그에 집착하는 주체성을 생략하는 대신 그만큼 투명한 개인성personality을 얻는 것이다. 이것이 스필버그가 블록버스터에 기여한 3틈 정식이다 : 〈너 자신의 생략보다 더 큰 스펙터클은 없다.〉 그것은 파토스의 스펙터클이다.

에이젠슈테인도 도약과 파토스, 그 투명성을 추구했지만 이와는 정반대다. 에이젠슈테인이 대립항들의 편차만큼 파토스를 증강시킨다면 스필버그는 스펙터클의 낙차만큼 파토스를 증강시킨다. 즉 에이젠슈테인이 객관적 대립의 형상을 생략한다면, 스필버그는 대립하는 주체성의 형상을 생략한다. 스필버그의 가장 과감한 생략 편집은 역사 속에서 생략된 인간성을 큰 주제로 다루는 그의 후기작들, 특히 전쟁물에서였을 것이다. 전쟁의 끔찍한 참상을 보여주기 위해선 클로즈업으로 과장할 것이 아니라, 반대로 부지불식간에 죽어버린 병사, 잘려나간 팔을 찾아 헤매는 병사를 프레임 주변부로 밀어버리거나 무심하게 풍경화하는 식으로, 희생자들을 하나의 물건처럼 거기에 단지 놓여있도록 해야 한다(《라이언 일병 구하기》). 이 영화에서 스필버그가 생략한 건 스펙터클 자체였다. 희생자들은 어디 한구석 강조됨 없이 무심결 스쳐 지나가는 풍경 속에 용해된다. 고통과 잔혹은 관객의 의식 속에서 일어난다.

여하간 블록버스터의 최대 미덕은 생략이다. 가장 크게 확장된 스펙터클 속에서 이루어지는 가장 효율적인 생략.[28] 장르의 관습은 생략을 위해서지, 결코 그 역이 아니다.[29] 고로 이것이 주어진 디제시스 조건의 전부라면, 즉 장르 전통이 역사를 대체할 수 있을 정도로 충분히 두텁게 축적된 상황이라면, 스펙터클의 대규모 확장 속에서 망원렌즈의 역할은 점점 더 절대적이 될 것이다. 망원렌즈는 가장 먼 심도면으로부터 가장 가까운 심도면까지 압착하면서, 주체로 하여금 심도공간을 단번에 관통하도록 해주는 가장 기본적인 리만관통기이기 때문이다. 일반적으로 광각이 거리를 처리하는 정확한 비율로 망원은 속도를 처리한다.[30] 망원렌즈는 거리와 그를 주파할 행동을 '생략'한다. 그래서 그것은 주체의 결단을 더욱 촉구하며 자기생략력을 더욱 증가시킨다. 물론 고전 시기에도 3틈에서의 망원적 촬영은 필수적이었으나, 헤어진 연인이 돌아온다거나(멜로드라마) 용의자들이 한 장소로 모인다거나(하드보일드) 하는 식으로 여전히 연극적인 상황연출에 의존하고 있었다. 물론 그 때문에 다양한 역설화법의 개발이 추동되었던 것도 사실이다. 예컨대 가장 멀어져야 할 두 공모자가 오히려 서로에게 더욱 이끌린다거나(와일더 〈이중배상〉), 가장 먼 곳에 숨어 있던 이별편지가 한발 늦게 도착한다거나(가넷 〈포스트맨은 벨을 두 번 울린다〉) 하는 거리의 역설법이 그것이다. 그러나 망원렌즈의 문학적이고 단발적인 사용에서 탈피하여 내러티브를 완전히 망원구조화하고, 그럼으로써 ─ 마치 영화 전체가 3틈에서 거대 망원렌즈로 바라본 하나의 풍경인 것처럼 ─ 망원렌즈를 내러티브계 전체를 압축하고 통일하는 지배적 형식으로까지 고양시킨 것은 성숙한 블록버스터에 이르러

---

28. 스펙터클과 생략을 처음 결부시킨 작가는 기 드보르다. 그는 스펙터클을 이미지의 과잉축적에 의한 주체성과 그 관계의 생략("이미지가 된 자본")으로 정의하기 때문이다(『스펙터클의 사회』테제34). 소통의 생략에 대해선 1장, 역사의 생략에 대해선 5장을 보라. 그다음은 스펙터클의 비인칭화(impersonation)하는 힘을 발견하는 수잔 손탁이다. Susan Sontag, "The Imagination of Disaster", *Against Interpretation*, Vintage Press, 1994, pp. 209~225. 주로 SF 영화들을 다룬다.
29. 같은 이유로 할리우드 토양이 아니라면 블록버스터는 생략이 어려울 수 있다. 가령 한국 블록버스터의 운명적 생략장애에 대해선, 김경욱, 『블록버스터의 환상, 한국 영화의 나르시시즘』, 책세상, 2002. 김경욱의 탁월한 결론은, ─ 우리 용어로 번역하자면 ─ 한국형 블록버스터에서 스펙터클이 더 대담하게 생략되지 못하는 이유는 그 타자가 장르가 아니라 역사로부터 와야 하기 때문이다(1장). 또 김경욱은 한국형 블록버스터가 더 잘 생략하기 위해 스펙터클을 외려 과장하는 악수를 둔다고 꼬집는다(2장). 그런 점에서 (특히 남성영웅의 재현에 있어서) 그 실패에 대해 리얼리즘 전통을 평계 댈 순 없을 것이다(4장).
30. "지각은 행동이 시간을 처리하는 정확한 비율로 공간을 처리한다."(베르그송, 『물질과 기억』, 62쪽).

서다. 서부극과 역사물이 여기저기 쑤시다 너덜너덜해진 대지로는 성에 안 찼을 터, 〈죠스〉의 바다, 〈스타워즈〉의 하늘은 이미 그런 망원공간이었다. 미국 블록버스터에서 망원렌즈는 주체의 자기생략력을 그의 점프력으로, 즉 주체의 결단력을 스펙터클의 절단면으로 비례환산해주는 매개함수다. 또 그것은 점점 커져만 가는 스펙터클 속에서 자칫 분산되기 쉬운 내러티브에 통일성을 부여한다. 간단히 말해 망원렌즈는 스펙터클의 절단면으로 내러티브를 코팅한다. 망원렌즈는 스타의 탄생과도 떼려야 뗄 수 없다. 스타만이 그만치의 스펙터클을 관통할 수 있기 때문이다. 스타는 관객으로부터 가장 가까운 동시에 가장 먼 자, 즉 스크린으로 코팅된 자다. 스타는 관객의 눈을 망원렌즈로 만드는 순수대상이다.[31] 모든 측면에서 볼 때 망원렌즈가 블록버스터를 마침 찾아온 게 아니다. 반대로 블록버스터는 망원렌즈를 요청했다. 망원렌즈는 스펙터클의 레귤레이터regulator이자 내러티브의 적산기totalizer다. 또 아무리 멀리서도 반짝이는 대상이 되기 위해 자기생략하는 주체 S의 적분기integrator다. "오직 스타들만이 살아남는다."

　　망원렌즈를 빼놓고 할리우드가 주도했던 현대 대중영화의 문법과 형식을 이야기할 수 있을까? 일반적으로 고전 할리우드 시기와 그 후기를 구분하는 것은 3틈과 망원렌즈다. 비평가들이 말하는 것처럼 만약 고전 할리우드 시기에서 형식(곡률)과 내용(평행선)이 분리되어 있었고 부득불 연극적 방법론에 의존할 수밖에 없었다면, 그것은 3틈이 아직 미완성이었기 때문이다. 반대로 고전 후기 할리우드는 바로 그 간극을 메우고 비로소 통일시킬 수 있는 기술적 조건에 이른다. 이제 망원렌즈는 더 이상 카메라의 부속물에 국한되지 않고, 환경의 제약 없이 핸드헬드를 가능케 하는 스테디캠과 각종 스태빌라이저, 피사체와 함께 나란히 달릴 수 있는 슈팅카, 피사체를 전방위적으로 포착할 수 있는 자이로헤드, 피사체가 아무리 빠르게 움직여도 어디서든 포착해낼 수 있는 멀티카메라 시스템 또는 의식으로부터 가장 먼 피사체까지 포착해낼 수 있는 특수효과 시스템 일체로 확장된다. 그 자체로 스펙터클 발생기인 동시에 그 조절기인 망원시스템, 차라리 망원기계. 블록버스터 작가들이 스펙터

---

31. '스타'에 관한 많은 논의가 있었으나, 카벨의 것이 정교하다. 스타의 "개별성" 혹은 "단독성"은 "그들을 우리와 더욱 비슷하게 만든다."(스탠리 카벨, 『눈에 비치는 세계』, 이두희·박진희 옮김, 이모션북스, 2014. 5장. 76쪽).

클의 규모와 주체의 결단력에 비례하여 공변하는 새로운 핵심변수를 찾아내게 되는 것도 이러한 기술적 조건 속에서다. 그것은 바로 속도다. 망원렌즈가 주체의 결단력을 스펙터클의 절단면으로 비례환산해주는 매개함수라면, 속도는 그 독립변수다. 빨리 뛸수록 더 높이 점프한다. 또 높이 점프하기 위해 더 빨리 뛰어야 한다. 망원렌즈의 좁은 화각과 얇은 심도가 피사체의 운동량을 외려 줄인다며 반박해봤자 소용없다. 바로 그 때문에 망원렌즈가 그 형상을 흐릿하게 하고 그 궤적을 지워냄으로써 가속하는 것은 대상뿐만 아니라 그가 속한 시공간 자체일 테니까. 할리우드 상대성이론: 팽창하는 스펙터클 속에서 속도는 점점 빨라지고 시간은 점점 수축된다. **망원기계는 시간생략기다.**[32] 또한 축적가속기이며 운동집적기다. 망원기계는 할리우드 블록버스터에게 이미지의 독과점을 윤허하는 핵심기술이다. 독점자본이 개별자본보다 빠르듯 망원기계는 광각기계보다 빠르다. "축적은 집중보다 느리다."[33]

　　이러한 조건들 아래서 이후 블록버스터 작가들은 폭주하는 자동차와 탄환의 물리적 속도(〈리셀 웨폰〉〈다이 하드〉 시리즈), 또 항상적 가속상태의 피사체를 포착해내는 멀티카메라 시스템(〈본〉 시리즈), 나아가 아예 활공하거나 순간이동 하는 슈퍼히어로들의 초월적 속도(〈엑스맨〉〈트랜스포머〉〈아이언맨〉 시리즈)와 광속도로 팽창하는 의식 자체의 상상적 속도(〈스타워즈〉〈반지의 제왕〉 시리즈) 속에서, 이야기의 근경과 원경 사이에서 초점 나간 채 흔들리는 인물들과 그 비장한 결단을 포착해나갈 것이다.[34] 여기에 블록버스터가 영화사에 헌정한 엄청난 삼단논법이 있다: 생략은 통일의 형식이다(리만 스피어). 그런데 생략과 속도는 공변함수다(망원기계). 고로 속도는 통일의 형식이다(스타 시스템). 아마도 블록버스터의 미학은—미국 상업주의를 그토록 경멸했던—에이젠슈테인과 비교되어야 할 것이다. 블록버스터에겐 소비에트 가속기에 버금가는 폭발적인 속도 속에서 되찾는 영화 전체의 형상이

32. "집적, 집중된 대규모 산업기업들이 독립적 상인의 매개 없이 직접 서로 접촉…"(힐퍼딩, 『금융자본』, 13장. 한국어판: 김수행·김진엽 옮김, 새날, 1994, 297쪽).
33. 맑스, 『자본론』 I권(하) 7편 25장 2절. 857쪽.
34. 블록버스터의 최근 경향 중 하나는 생략을 자멸로까지 확장한다는 데에 있다. 스펙터클에 내재된 자멸충동과 필름, 심도, 리얼리티의 죽음에 대해선 다음도 보라. Wheeler Winston Dixon, *Visions of the Apocalypse*, Wallflower Press, 2003. 더불어 CGI는 실재 자체의 생략까지 가져왔다. 마노비치의 유명한 개념인 "키노-브러쉬"("What is digital cinema?").

있기 때문이다. 에이젠슈테인이 개념과 이데올로기로 하던 것을 미국 블록버스터는 속도와 테크놀로지로 할 뿐이다. 이 차이는 크면서도 작은 것이다.

망원렌즈를 단지 속도를 포착하는 기술이 아니라 속도의 존재론으로까지 밀고 나간 한 명의 거장이 있다. 그는 토니 스콧이다. 다른 어떤 미국 작가들에 앞서서 스콧의 망원렌즈는 모든 것을 항상적으로 가변하는 속도에 위치시킨다. 그것이 심지어는 가만히 앉아 있는 하나의 인물이더라도 그가 나갈 수도 있었을 혹은 지금이라도 그가 나갈 수 있는 문이 위치한 배경이 전경까지 압착되었을 때, 그는 단지 가만히 존재하는 게 아니다. 그는 단지 느린 것뿐이다. 스콧에게 속도는 존재의 한 속성이 아니다. 반대로 존재가 속도의 속성이다. 고로 속도가 야기하는 결정장애는 존재에 내재하는 1틈으로서의 존재론적 사건이며, 이것이 스콧 영화의 집요한 주제가 된다. 모든 것이 너무 빨라져서 결단하기가 점점 어려워진다면 그것은 주체와 세계, 내부와 외부가 근경과 원경으로 이미 압착되어 모든 것이 망원화되어 있기 때문이다. 이로부터 트래킹에 의한 수평적 움직임 속에 두 다른 공간의 샷들이 접합되면서 그들로부터 가장 바깥에 위치한 외경(롱샷, 미디어, 스크린 등)이 간헐적으로 삽입되는 스콧 특유의 '텔레-몽타주'가 나온다. 스콧은 주체subject를 추진주체teleject로 대체한다.[35] 스콧이 처음부터 속도-근본주의자였던 것은 아니다. 그 초기에 속도는 관제탑과 레이싱 트랙과 같은 무대로 한정되고 있고, 결정장애는 속도의 후유증으로만 나타나고 있다(〈탑건〉〈폭풍의 질주〉). 그가 세계의 속도에 이른 것, 그리하여 결정장애의 존재론에 이른 것은 (그 단초가 나타나고 있던 〈마지막 보이스카웃〉과 〈트루 로맨스〉를 지나) 〈크림슨 타이드〉에서다. 세계로부터 너무나 빠르게 멀어지고 있는 잠수함은 바로 그 속도 때문에 긴급메시지 수신이 어려워지고 결정장애 상태로 진입한다. 물론 고독은 스콧 영화들의 2틈을 이룬다. 그러나 그것은 속도 속의 고독이다. 속도는 너무 빨라서 더 이상 판별할 수가 없는 선택지들 앞에서 인물들을 분열시키고, 끝내 그 모든 결정권과 판단력을 고갈시킨다. 이는 〈더 팬〉에서 주인

---

35. 현대의 속도와 그것이 지각체계와 정치체계에 야기하는 비장소성, 비시간성에 대한 방대하고도 심오한 성찰은 단연 비릴리오의 연구. "원격현존"(téléprésence)과 "초가상"(trans-apparence)에 대해선 『탈출속도』(배영달 옮김, 경성대학교 출판부, 2006), "질주정"(dromocratie)에 의해 야기되는 예외상태에 대해선 『속도와 정치』(이재원 옮김, 그린비, 2004).

공이 겪는 상황이기도 하다. 세상에 뒤쳐져 아직도 유아기에 남아있는 주인공은 더이상 자신이 야구선수를 사랑하는지 혹은 혐오하는지, 좋은 아버지가 되고 싶은 건지 혹은 열렬한 팬이 되고 싶은 건지 결정할 수 없다.

우리는 스콧의 작품들을 너무 빨라서 고독한 자의 영화들과 너무 느려서 고독한 자의 영화들로 나눠볼 수 있을 것이다. 〈탑건〉과 〈폭풍의 질주〉는 전형적인 빠른 고독의 영화들이다. 여기엔 초음속 추진주체의 고독과 내면적 분열이 있다. 핵잠수함은 외부로부터 탐지가 어렵고, 반대로 외부를 향해서 언제 어디서든 공격할 수 있다는 점에서 세상에서 가장 빠른 추진주체다. 여기서 정보의 해석을 둘러싼 내분은 더 이상 개인이 아니라 핵잠수함들의 승무원들 나아가 국가 전체로 확장된다(〈크림슨 타이드〉). 빠른 고독에서 결정장애 상태란 속력의 예외상태다. 반대로 〈트루 로맨스〉는 느린 고독의 영화다. 여기서 철부지 커플들이 겪는 시련은 그들이 너무 빨리 도망가서 초래되는 것이 아니라 반대로 너무나 늦어서, 즉 철 지난 B급 영화와 어린이 만화책에 사로잡혀 종잡을 수 없기에 자초되고 있다. 심지어 그들은 너무 느려서 잘 잡히지 않는다(이 어이없는 역설이 스콧과 타란티노와의 유일한 공통분모다). 〈에네미 오브 스테이트〉는 느린 고독의 대표작이다. 도시의 모든 CCTV부터 인공위성까지 장악한 국가는 초고속 추진주체로서, 그 앞에서 선 개인은 한없이 느려져 거의 점처럼 수축되어 있다. 시선의 네트워킹으로 직조된 가장 완벽한 벨트라미 곡면으로서, 감시국가는 원경으로 무한히 멀어져 시선의 무한원점을 독점하고, 반대로 개인은 아무리 달려도 출구와의 거리를 좁히지 못하며 평행선만을 남발할 뿐이다. 사적 영역과 공적 영역은 겉과 속이 뒤집어져 어디가 안이고 어디가 밖인지 더이상 판별하기가 어렵다. 이것이 바로 주인공이 추적장치를 떼어내려 옷을 벗고서 도시 한복판을 뛰는 추격 씨퀀스가 보여주려는 바다. 빠른 고독에서와는 달리 여기서 문제가 되는 것은 정보의 해석이 아니라, 정보수집장치가 커버하는 범위와 정보량 그리고 그 전송속도이며, 그것이 직접적으로 추격을 구성하는 요소들이 된다. 느린 고독에서 결정장애 상태란 속보速報의 예외상태다. 〈스파이 게임〉이 추격전이 없어도 가장 스콧다운 영화인 것도 이 때문이다. 그것은 CIA 사무실의 원경에서부터 근경까지 주파하는 첩보 속도전이다.

스콧에게 속도는 이미 세상의 것이다. 그리고 세상은 속도 속에서 중심을 잃었다. 그래서 주체에게 남은 결단은 바로 자기 가속화다. 이것은 마치 그 자신이 탄환이 되지 않고서는 표적을 분간할 수 없는 자의 운명과도 같다. 스콧에게 생략이란 실험과도 같은 것이다. 무엇이 옳고 그른지 알아보기 위해 더더욱 속도를 높여야만 하는 전투기 비행사와 카레이서의 실험이 그러하며, 누가 정의의 편이고 아닌지 판별하기 위해 두세 그룹을 한데 모아 서로 충돌시켜보는 크래시 테스트가 그러하다 (〈트루 로맨스〉 〈에네미 …〉 〈도미노〉의 마지막 장면들). 끝장 보는 속도 속에 스스로 용해되지 않고는 문제를 해결할 수 없는 추진주체의 운명. 스콧에게 판단속도는 곧 종단속도가 되고, 그 역도 참이다. 즉 종단속도(終端速度) = 종단속도(終斷速度). 스콧의 망원기계는 항상 투명한 속도를 겨냥한다. 그리고 그것은 〈언스토퍼블〉에서 만개하였다. 더 이상 내러티브를 찍는 장치나 그 도구가 아니라, 내러티브 자체가 되어버린 망원기계의 영화, 이것은 스콧 자신에게도 중대한 실험이었을 터다. 빈약한 플롯과 최소한의 인물들로만, 순수하게 속도만을 가지고서 영화를 만들 수 있을까? 속도만을 유일한 스펙터클로 삼는 그런 미국적인 영화를? 결과물은 모든 계약, 문제, 나아가 대립이 용해되어버리는 투명한 영화다. 미국 블록버스터에서 망원렌즈는 단지 투명렌즈가 아니라 투명성-가속기이고, 주체의 생략은 단지 증가한 것이 아니라 가속화된 것이라고 말할 수 있는 건, 스콧에 이르러서다. 스콧은 구로사와에 가장 가까운 미국 작가다.

베이는 이 모든 것의 대척점에 서 있다. 베이에게 속도는 세상보단 먼저 인간의 것이다. 결정장애는 시간에 본질적인 것이 아니며, 인간, 사회, 그리고 그 시스템의 부패와 과욕에 의해 일어난다. 즉 원경-근경의 압착 자체가 아니라 그 잘못된 압착, 가령 천더기나 루저들이 더 뛰어날 수 있음에도 불구하고 사회의 원경으로 밀려나 있는 잘못된 원근배열이 문제다. 고로 베이의 망원렌즈는 잘못된 원근을 도치시키기 위해서만 원경과 근경을 분리하는데, 예컨대 원경으로부터 천천히 걸어 나오는 말썽꾸러기 경찰들(〈나쁜 녀석들〉)이나 루저 노동자들(〈아마겟돈〉)의 망원 풀샷이 그러하며, 이때 근경을 점유하고 있던 관료, 부자, 정치인, 나아가 세계 전체까지도 원경으로 밀려나며 근경을 수놓는 배경장식이 된다. 이것은 망원으로 재탄생한 영웅주의다. 스콧의 텔레 몽타주를 베이는 코러스 몽타주로 대체한다. 사회의 원경이었던 천더기가 근경으로 도약함에 따라, 세상은 배경으로 물러나며 그와의 공명을 이룬다. 영웅들의 행진을 원경에서 축복해주는 비행기나 자동차, 미디어, 나아가 세계인들이 이미 그런 코러스들이다(《아마겟돈》). 베이의 영화에 무언가 그리스적인 것이 있다. 〈트랜스포머〉는 가장 고대적이고 그리스적 영화다. 인류마저 코러스로 밀어내는 기계신이 주연이기 때문이다. 베이의 망원렌즈는 공명기이고 딜레이 이펙터다. 스콧의 망원렌즈는 근경-원경을 압착하기 위해서만 분리하는 반면, 베이의 망원렌즈는 분리하기 위해서만 압착한다. 베이에게 나쁜 속도란 없다. 무능하면서도 주연인 척하는 조연들, 나쁜 코러스들이 있을 뿐이며, 고로 새로운 공명을 위해 무대의 안팎을 뒤집는 것이 관건이다. 그에게 생략은 순교다. 결단이란 그 공명을 최대진폭에서 잘라내는 일이기 때문이다. 실험은 오히려 위험하고 저능한 결단이다. 코러스와 공명을 고려하고 있지 않으며, 무대의 표면에 남아있기 때문이다(《더 록》에서 인질극을 실험하는 험멜 장군). 요컨대 두 작가는 두 다른 리만스피어이며, 이 입장차는 그들의 SF 영화에서 가장 잘 드러난다. 즉 평행시간이란 시작과 끝이 맞물리는 순환을 이루며 그 지름만큼 매 순간의 실험이거나(데자부)), 아니면 한쪽이 다른 한쪽을 포위하며 그 높낮이만큼 순교에의 요청이거나(《아일랜드》). 스콧이 갱스터 망원극이라면 베이는 웨스턴 망원극이라고 말할 수도 있으리라. 스콧에게서 고독과 우울은 영원히 끝나지 않는 시간, 환경 자체가 되어버린 속도와 그 운명으로부터 온다. 반면 베이에겐 시간은 진짜 문제는 아니며, 외려 그것이 가리는 배역이 문제다. 히어로의 고독과 우울은 그 자신이 스스로 부과하는 그 진짜 배역에 대한 책임감으로부터 온다. 결국 이것은 미국을 바라보는 두 다른 입장이다. 스펙터클의 규모만큼 자폭을 실험하는 미국(스콧), 혹은 스펙터클의 규모만큼 울려 퍼지는 숭고한 고독의 미국(베이).

미국영화의 역사는 이처럼 망원telescape의 발전사였다.

3

옵티컬 프린팅

3-1. 평행의 형상 : 리히터, 피싱어, 매클래런

평행은 내러티브의 원초적 형식이고 그 DNA다. 그러나 이 사실을 발견한 초창기에 영화는 평행을 찬미하거나 써먹기에 급급했지(특히 미국), 그것 자체의 발생을 충분한 사유와 고민 속에서 검토하려고 하지는 않고 있었다. 평행 자체가 조명된 것은 오히려 내러티브의 대척점에서다. 여기에 초기 추상 영화의 영화사적 책무가 있다. 추상 영화는 순수한 형태로서의 갈등과 대립, 그리고 그것들이 전개되고 또 통합되는 초월적 형식을 다루기 때문이다. 비록 그중 몇몇은 내러티브에 반대하는 입장을 취했다 할지라도, 그 사명은 배우와 세트제작자와 씨름하며 세계를 재현할 시간에 차라리 그들조차 참조하게 될 세계의 원형적 모델을 그려보겠다는 예술가적 결단에 의해 스스로 강요된 것이다.

그러므로 추상 영화의 1막은 '대립'으로 시작되어야 한다. 대립은 평행의 관념적 형태다. 그리고 물질적 깊이를 미리 배제하기에 스크롤은 그를 위한 완벽한 초기평면이 될 수 있었다. 거기서 운동을 최초로 촉발하는 형상들의 대립이 있게 되고, 또 항상적 변화(위치·크기·속도 등) 속에서 대립은 곧 리듬이 된다. 리히터는 면을 다루고(《리듬》 시리즈), 에겔링은 선을 다룸(《대각선 교향곡》)으로써 이 상위의 초월적 법칙을 보여주었다. 큰 사각형과 작은 사각형, 혹은 수직선과 수평선은 대립의 형상이지만, 빗면과 사선은 그 대립의 통일로서의 법칙이다. 법칙은 형상이 아니다. 형상은 필연적이기 때문이다. 그건 형상을 통일하는 것으로서의 우연이다. 우연은 초기평면에 운동을 최초로 촉발하고, 또한 매 순간 그것을 종결하는 그의 무한자다.[1]

리히터는 루트만의 작품들이 지나친 인상주의라고 비판했다. 하지만 그것은 리히터 자신이 아직도 1틈에서 모든 것을 건져내려고 하기 때문이다. 하지만 루트만에게서 더 이상 형상이 관건이 아니며, 반대로 형상의 소멸과 생성, 그리고 그 영구적인 교대, 즉 그의 2틈이 관건이다(《오푸스》 시리즈). 즉 형상이 아니라 변형, 리듬이 아니라 음악이 문제이며, 끊임없이 역할을 교대하는 수동적 형상과 공격적 형상, 끊임없이 중첩되고 간섭하는 줄무늬나 도형들 속에서 어떤 진동 패턴을 찾아내는 것이 문제다.[2] 그것이 우리가 피싱어의 작품에게서 보게 되는 우주적 진동 속에 사로잡힌 유동적 변형fluid metamorphosis이다. 피싱어의 초기작품에서 하위 형상들이 상위 형상에 부분적인 파동으로 퍼져나가거나 또는 수축되어 모이고, 또한 개별 형상들은 전체의 형상과 크거나 작은 주파수로 공명하면서, 우주는 진동파를 내뿜는 거대한 비형상적 형상amorphous form이 되어 있다(《연구》 시리즈, 〈옵티컬 포엠〉).[3] 피싱어에게 형상은 단지 기하학적 단위들이 아니라 그 자체 내적 사운드를 내장한 단위들이며, 그것을 진동시킴으로써 하나의 전체적 교향곡으로 과대확장hypertend시키는 것이 가능하다. 이것이 그가 말하는 "정신적 이미지"mental image다. 그것은 형상 속에 내재한 비밀스러운 진동이고, 형상을 핵분열로 이끄는 내적 선율이자 외침이다. 이것이 디즈니와의 갈등 속에서도 그가 고수하려고 했던, 리히터와 에겔링과는 다른 위상의 법칙이다. 즉 피싱어에게 대립이란 불협화음이고, 통일이란 화음이다. 우연이란 파동이며, 형상이란 그 패턴에 다름 아니다(《판타지아》 〈라디오 다이나믹스〉).

피싱어의 작품들이 "회화적 음악"이라거나 싱크의 예술이라고 말하는 것은 부당하다(피싱어 자신도 이러한 표현을 매우 경멸했고, 자신의 작품은 사운드 없이 보아도 무방하다는 입장을 견지했었다). 그에게서 평행한 것은 사운드와 형상 혹은 청각과 시각이 아니라, 청각을 이미 내포한 시각적 형상들 자체. 고로 형상들 간의 싱크로나이즈synchronization는 오히려 작위적인 통일이며, 성숙한 추상 애니메이션은 형상의 내면에 이미 배태되어 있는 원초적인 물질적 매개변수와 대면해야 할

---

1. 법칙과 우연의 동일성을 리히터는 이론화했고, 또 다다이즘 운동의 모델로 삼았다. 한스 리히터, 『다다:예술과 반예술』, 김채현 옮김, 미진사, 1988, 3장. 우연에 관한 부분(86~102쪽).
2. 르 그라이스가 리히터·에겔링의 형식주의와 루트만의 음악성을 대조시킨다. Malcolm Le Grice, *Abstract Film and Beyond*, MIT press, 1977, pp. 26~30.
3. 피싱어 영화들에서 나타나는 진동, 패턴, 파형들에 대한 모리츠의 분석을 보라. William Moritz, "The Films of Oskar Fischinger", *Film Culture*, no. 58-59-60, 1974.

것이다. 다이렉트 애니메이션은 그것을 작가의 신체에서 찾아낸다. 카메라 없이 필름표면에 형상을 직접 그려 넣는 작가의 신체는 그 자체로 진동이면서 각 형상들을 매개해주는 초월적 메타진동이 되므로, 그 자신이 싱크로나이저가 될 수 있을 터다. 허나 그건 더 이상 진동의 최고점과 최저점을 일일이 계산해가며 맞추는 작위적인 이성적인 싱크로나이저가 아닌, 때로는 무심결에 때로는 일부러 에러를 발생시키는 즉흥적이고 무의식적인 싱크로나이저다. 이것은 불일치를 통한 일치, 어긋남을 통한 싱크로나이즈, 차라리 싱코페이션syncopation이다. 라이는 악센트들 간에서 미묘하게 어긋나는 오프비트와, 큰 패턴으로부터 이탈했다가도 부지불식간에 다시 돌아오는 하위패턴들의 엇박자 리듬을 통해서 이를 보여준다(〈컬러 박스〉 〈칼레이도스코프〉 〈컬러 크라이〉). 매클래런은 이를 가일층 밀고 나가서 중간지점들이 생략된 채 띄엄띄엄 건너뛰며 아예 경련하고 발작하는 선들, 마치 뇌신경의 파형들인 것인 양 전체적으로는 통합되어 연속하지만 미세하게는 불연속적으로 해체되고 있는 점괄적 진동에 이를 것이다(〈헨 합〉 〈피들-디-디〉 〈블링키티 블랭크〉). 이것은 작가의 신체와 뇌로부터 직접 투영된 형상의 무의식적 진동, 차라리 '볼 수 있는 사유'다.[4] 다이렉트 애니메이션은 작가의 신체를 대립된 형상들, 평행한 계열들을 내통시켜주며 또 이어주는 필터 혹은 망원렌즈로 만들고, 반대로 작가는 인위적 연출가로서의 인간성을 생략함으로 그의 무의식적 손놀림과 몸부림을 화면에 투사한다. 매클래런은 〈빠 드 두〉에서 통합되기 위해 스스로 분해되고, 도약하기 위해 스스로 생략되어 한껏 투명해진 신체를 보여준 바 있는데, 다이렉트 애니메이션에서 작가의 신체가 꼭 그렇다. 다이렉트 애니메이션 작가의 신체는 3틈을 실천한다. 싱코페이션은 그 도약이다. 다이렉트 애니메이션은 리히터의 법칙을 신체로 대체한다. 신체야말로 우연-발생기다.

정리해보자. 추상 영화사는 흡사 그 자체로 내러티브를 이루는 듯, 평행의 형상이 전개되는 그의 성장사다. ① 표준이란 통일이고 1틈-형상이란 법칙적이고 관념적이다(리히터·에겔링). ② 과장이란 진동이며 2틈-파형은 음악적이고 정념적이

---

4. 뇌, 발작, 잔상에 대한 매클래런의 언급에 대해서는 다음 책에 수록된 매클래런 작업노트를 보라. *Experimental Animation*, ed. Robert Russett & Cecile Starr, Da Capo Press, 1976. 이 책은 렌 라이, 휘트니 형제, 배리 스피넬로, 래리 조던 등 많은 실험적 애니메이터들에 대한 풍부한 자료들을 담고 있다.

다(루트만·피싱어). ③ 생략이란 싱코페이션이며 3틈-매체는 질료적이고 신체적이다(라이·매클래런).[5] 추상은 결코 내러티브의 반대말이 아니다. 추상에는 내러티브 출생의 비밀이 담겨져 있다. 추상영화는 내러티브의 숨겨진 발생학이다. 그 자체로 평행의 성장영화다. 브래키지와 프램튼은 추상영화에서 미지수 x(우연)에 대한 분할면(평행)들로 이루어지는 대수방정식이 곧 내러티브의 원형임을 보여준 바 있다 ($x = \frac{x}{3} + \frac{x}{5} + \frac{x}{6} + \frac{x}{10} + 6$).[6] 여기서 연산자가 곧 감정이입이다. 보링거가 진정 말하고자 했던 바는 감정이입은 추상의 종단면일 뿐이라는 사실이다.

3-2. 옵티컬 프린터 : 오닐, 아놀트, 이토

초기 추상영화가 찾던 것은 결국 옵티컬 프린터다. 추상영화는 시공간적으로 차별화된 개별 형상들을 분리하거나 통일시키는 추상적 망원기계를 원했기 때문이다. 옵티컬 프린터는 공간적으로 이격된 근경과 원경, 나아가 시간의 전경-배경을 압착하고 통일시키는 가장 기본적인 망원 기계다. 더군다나 그건 초기 추상영화들이 외면하고 있었던 극영화에 이미 존재하고 있었고, 극영화의 내러티브적 디제시스와 함께 꾸준히 성장하고 있었다. 물론 아직은 연극적인 방식을 빌려오고 있었고, 때로는 지나치게 신체나 물체의 조형적 즉물성에 한정되어 있었더라도 말이다. 가령 멜리에스는 지구(근경)로부터 가장 먼 배경(원경)을 분리해냈고, 모홀리-나기와 레이는 물체(근경)로부터 광학적 형태(원경)를 분리해냈다. 그러나 이 모두는 무대표면 혹은 물체표면과 같은 하나의 표면만을 작동시키지, 그와 마주보는 필름스트립을 아

---

5. 바로 이 때문에 브루스 엘더는 초기 절대영화와 추상예술의 또 다른 기원을 오컬트(물질-정신, 색-소리)로 꼽는다. Bruce Elder, *Harmony and Dissent*, Wilfrid Laurier University Press, 2008. 1장. 리히터와 에겔링 등 초기 추상영화 작가들과 그들의 사상적 조력자들일 모홀리-나기, 칸딘스키, 들로니 등에 대해 해설하는 2장도 보라.

6. Hollis Frampton, "A Pentagram for Conjuring the Narrative", *Circles of Confusion*, Visual Studies Workshop Press, 1983, pp. 63~64. ("사랑싸움 도중에 목걸이가 끊어졌다. 1/3은 바닥에 떨어지고, 1/5은 소파 위에 남아있고, 1/6은 여자가 찾아냈고, 1/10은 그녀의 연인이 찾아냈다. 6개 진주가 목걸이에 남아 있다. 목걸이의 진주는 몇 개인가.").

직 표면화하지 않았기에 아직은 원시적 옵티컬 프린터라고 할 수 있다. 차라리 미국 평행편집술에 거리를 두며 무대표면과 그 바깥면을 배우신체를 통해서 압착하려고 했던 프랑스 초기영화들(제카, 페이야드, 페레 등)이 더욱 옵티컬 프린팅스럽다고 말해야 될지도 모르겠다.[7] 프린팅은 하나의 표면에서의 전개가 아니다. 프린팅은 표면의 (재)발생으로서, 표면들의 분할과 재결합이다. 프린팅은 언제나 마주 보는 두 표면이다. 이런 점에서 스크린 프로세스는 옵티컬 프린팅의 사춘기였다. 비록 어설프지만 카메라와 프로젝터는 완전히 분리되어 두 필름스트립이 비로소 나란히 마주 보게 되었기에. 성숙한 현대적 옵티컬 프린터는 그렇게 나란한 필름스트립이 프레임 단위까지 마주보게 되었을 때, 그리고 더욱 정교한 헤드가 개발되고 프로젝터 개수가 점점 늘어남에 따라 카메라가 둘 혹은 여러 세상들과 마주하게 되었을 때, 요컨대 둘 혹은 여러 표면들이 보편적 평행성을 보유하게 되었을 때 비로소 완성된다. 평행한 두 게이트, 두 필름스트립, 두 프로젝터.[8]

"옵티컬 프린터는 카메라에 대항하는 장치다."[9] 과연 그렇다. 왜냐하면 옵티컬 프린터에서 카메라는 서로 맞서는 프로젝터들 사이에 주어지기 때문이다. 필름스트립은 더 이상 하나의 카메라 안에 있지 않고, 두 카메라들 사이에 있다. 카메라 안에서 일어나던 모든 일은 이제 이러한 총체적 병렬성의 차원에서 완전히 다른 양상으로 일어난다. 옵티컬 프린터의 게이트에서 대립되는 것은 더 이상 운동과 정지, 전체와 부분이 아니다(우리 책 2부 4장). 반대로 대립되는 것은 운동과 또 다른 운동, 하나의 전체와 그와 평행한 다른 전체다. 옵티컬 프린터는 빛을 국지화하는 슬릿slit을, 빛을 평행한 여러 전체들에게 할당하는 '스플릿'split으로 대체한다. 옵티컬 프린터에 점점 추가되어왔던 광선 스플리터, 분광 프리즘, 색분리 필터 등의 스펙트럼 장치 일

---

7. 파테, 고몽 사의 초기 영화들에 대한 버치의 고찰이다. Noël Burch, *Life to Those Shadows*, ed. Ben Brewster, University of California Press, 1990. "Building a Haptic Space" ("외화면 공간의 활용", p. 173).
8. 스크린 프로세스와 옵티컬 프린팅의 기술적이고 존재론적인 차이, 그리고 그 발전사에 대해선 Julie A. Turnock, *Plastic Reality*, Columbia University Press, 2015 (특히 pp. 29~43). 그러나 이 책의 진가는, 옵티컬 효과는 두 디제시스의 병접일 뿐 아니라 두 패러다임(특수효과와 포토리얼리즘, 애니메이션과 라이브 액션, 추상영화와 산업영화 등)의 병접임을 계보학적으로 증명해내는 데에 있다.
9. 마틴 아놀트 인터뷰. *A Critical Cinema 3*, University of California Press, 1998, p. 360.

체가 스플릿의 기능이다. 그렇다면 게이트의 상관항은 플레이트가 아니라, 분리된 플레이트, 즉 '매트'matte다(린우드 던, 존 풀톤). 매트는 스플리터와 완전히 상관적이다. 분광기가 발전하면 할수록 매트 역시 점점 고도화되고 정밀해질 뿐만 아니라, 색필터에 의해 감색된 암수매트들로 다시 세분화될 수도 있다(테크니컬러, 나트륨 등 프로세스의 경우). 게다가 매트는 움직인다(블루스크린, 트래블링 매트). 모든 것이 하나의 빛줄기로 운동을 그려내던 슬릿·플레이트의 직렬구조에서, 빛의 가름 자체가 곧 운동이 되도록 하는 스플릿·매트의 병렬구조로의 전환을 개시한다. 스플릿은 빛을 시간의 레이어로 만드는 프린팅의 1틈이다.

다른 한편 옵티컬 프린터의 셔터와 카메라의 셔터는 또 다르다. 매트 자체가 쪼개질 수 있는 데다가, 감색·감광이 얼마든지 가능하기 때문이다. 카메라의 셔터가 자른다면, 프린터의 셔터는 오린다. 그게 마스크mask다. 마스크는 (필름감도가 무한정 보장되기만 한다면) 한 매트를 몇 번이고 잘라내고, 몇 벌이고 복사할 수도 있으며, 아예 산산조각낼 수도 있다. 같은 식으로 매트에서 빛을 빼앗을 수도 있고, 아예 그를 하얗게 태워버릴 수도 있다. 가장 초보적인 마스킹은 하얀 매트와 검은 매트를 두 극점으로 삼았을 때였을 것이다(페이드, 디졸브). 가장 고도화된 마스킹은 현상기술과 마운트 기술이 더 진보함에 따라 둘 혹은 여러 매트가 서로를 극점으로 삼고, 매트라인도 충분히 통제할 수 있게 되었을 때, 그래서 정교한 하이콘트라스트high-contrast의 마스킹이 가능해졌을 때였을 것이다. 이것이 (각각이 전경과 배경 하나씩을 지우고 있어서 포개지면 하나의 그림이 나오는) 암매트female matte와 숫매트male matte로 양분되는 마스킹 매트의 경우다. 스플리터가 매트를 분리한다면, 마스크는 매트를 아예 반전reverse시킨다. 또 그에 할당되었던 시공간 전체를 반전시킨다. 마스크란 시간의 리버설 필름reversal film이라고 말해도 좋을 것이다. 마스킹은 프린팅의 2틈이다.

쪼개고 뒤집었으면 이젠 합쳐야 한다. 이것은 어렵다. 매트라인과의 사투는 중력과의 사투를 의미하기도 때문이다. 마스킹에 의해 멀어지는 것은 단지 한 시공간 안에서의 물체들이 아니라, 둘 혹은 여러 시공간들 자체라는 의미에서 그렇다.[10] 또한

---

10. 프린팅을 통해 내러티브적 질량을 처음 발견한 이는 웨버·와트슨이다(《어셔 가의 몰락》 〈롯 인 소돔〉

멀어질수록 합치는 것은 더더욱 어려워진다. 싱크의 문제뿐만 아니라 해상도의 문제, 즉 투명성의 문제가 남는다. 스크린 프로세스는 아직까지도 애용되는 방법이지만, 사실 스크리닝은 이 문제를 해결한다기보다는 회피하거나 소거하는 것이다. 스크린은 충분히 투명하지 않다(배경의 화질열화와 초점풀림을 어느 정도 감수해야만 한다). 관건은 마스킹에 의해 무한히 멀어진 두 매트, 두 필름스트립, 두 시공간을 모두 책임질 수 있을 만큼 투명한 중력중심을 필름의 체계 안에 직접 부여하는 일이다. 평행편집의 개척자이기도 했던 미국영화는 그 필요성과 이점을 너무나 잘 알고 있고, 외려 흥미로운 것은 그 기술적 맹아의 태동이 미국영화 밖에서였다는 사실이다. 〈메트로폴리스〉의 촬영감독 오이겐 슈프탄은 거리상 떨어져 있는 두 다른 대상을 반사하는 동시에 투과시킴으로써 하나의 샷 안에 결합하는 "슈프탄 거울"Schüfftan mirror을 발명했고, 이는 이후 진보한 프리즘 시스템(프로젝터에서 빛을 송출하여 거울과 렌즈를 투과시키는 송광기술送光-)의 원조가 되었다. 사실 '거울'이란 용어는 부적절하다. 반사만 가지고서는 무한히 멀어지거나 뒤집어진 매트들을 통합시킬 순 없기 때문이다. 반대로 그것은 무한히 흩어지려는 빛뿐만 아니라 무한히 응축되려는 빛까지 골고루 흡수할 수 있는, 그리하여 어떤 종류의 광선도 X-레이로 변환할 수 있는 X-거울, 차라리 반투과 글래스여야 한다(같은 필요성 때문에 순수예술 분야에서도 모홀리-나기는 포토그램에서 빛-조각으로, 만 레이는 레요그램에서 솔라리제이션으로 이행했었다).[11] 비록 그것이 프로젝터, 거울, 프리즘, 필터, 마운트, 캐리지 등 다양한 장치들로 이루어졌음에도 불구하고, 우리가 저 진보한 프리즘 시스템을 '슈프탄 글래스'라고 부르려고 하는 이유는 바로 그 투명성에 있다. 더 많은 프로젝터 헤드와 더 자유로운 트래블링 매트(가령 에드룬드의 쿼드 옵티컬 프린터, 딕스트라의 모션콘트롤 카메라)는 슈프탄 글래스가 점점 더 투명해지고 정교해짐을 의미한다.[12]

에서 절파·추락하는 잔상들). 이론적으로 처음 발견하는 이는 프램튼(Hollis Frampton, "A Pentagram for Conjuring the Narrative", *Circles of Confusion*. "중력질량"(gravitational mass), p. 64).

11. X-레이와 초기 영화의 친화성에 대한 계보학적 서술로는 Bruce Elder, *Harmony and Dissent*, pp. 340~350. 에이젠슈테인이 파라마운트 사와 계약했던 영화 역시 투명한 세상에 관한 영화였다. 〈어셔 가의 몰락〉을 만들었던 와트슨 역시 이후 방사선과 의사로 전향하여 X-레이 영화(투시영화)에 도전했다(〈닥터 와트슨의 X-레이〉).

12. ILM이 자체적으로 개발했던 옵티컬 프린터들(쿼드, 워크 호스 등)과 비스타 비전의 획기적인 재활

CG 크로마키는 가장 투명한 슈프탄 글래스다. 그것은 디지털 신호로만 존재하는 반투과막이기 때문이다. 슈프탄 글래스 투명성의 본질은 어떤 상이한 시공간도 싱크를 맞춰 결합하는 공시성synchrotaneity에 있다. 프린팅 기술자들은 이에 매우 적절한 술어를 헌정하였다. 그것은 공존coexistence과 구분되는 합성composition이다. 슈프탄 글래스는 프린팅의 3틈이다. 옵티컬 프린터의 진화과정은 (욕심을 내본다면) 무한히 멀어진 둘 혹은 여러 시공간이 합성되는 무중력의 무한원점을 찾아내고, 거기로 도약하는 일과도 같았다. 영화가 영토에서 벗어나게 된 건 카메라 덕분이지만, 대지의 중력 자체로부터 벗어나게 된 건 옵티컬 프린터 덕분이다.

세 가지 위상을 고려해볼 때 카메라와 옵티컬 프린터의 차이는 명확해 보인다. 카메라는 자르고 붙이지만, 프린터는 오리고 싱크시킨다. 카메라가 ─ 더 진보한 몽타주의 혜택을 빌기 전까진 ─ 미분방정식($\frac{\Delta y}{\Delta x}$)으로만 하던 것을, 프린터는 매개변수($\Delta t$)와 매개변수방정식($\frac{\Delta y}{\Delta x} = \frac{\Delta y}{\Delta t} \cdot \frac{\Delta t}{\Delta x}$)으로 한다.[13] 더 이상 미분율 자체가 중요한 것이 아니라, 언제나 평행한 두 변수 혹은 두 방정식(근경–원경·암매트–수매트⋯)이 주어지므로 그들을 매개하는 매개변수(감색·노출·감도·콘트라스트⋯), 나아가 그들을 싱크시키는 매개변수방적식(트래블링 매트·MCC⋯)을 찾아내고, 그 접선들의 행로(매트라인), 즉 자취를 적분해내는 것(합성)이 관건이다. 어찌 보면 카메라가 변수를 촬영할 때, 프린터는 매개변수para-를 촬영한다. 고로 카메라의 촬영은 극화를 *위한* 것이라면, 옵티컬 프린팅은 극화*이다*. 게다가 *그것은 3틈 구조에 의한 내러티브화다.* 우리가 살펴본 대로 ① 매트는 레이어들을 최초로 분기시킨다는 점에서 '병

용에 대해선, 토마스 G. 스미스, 『특수효과기술』, 민병록 옮김, 영화진흥공사 영화이론총서 제 28집, 1993. 9장. 저자는 〈제국의 역습〉과 〈제다이의 귀환〉에서 옵티컬 프린팅했던 매트 레이어가 얼마나 방대하고 복잡다단했는지를 묘사한다. 예컨대 〈제국의 역습〉에서 밀레니엄 팔콘 호가 운석지대로 도주하는 장면엔 무려 200개 이상의 레이어가 겹쳐져서 프린팅되었다(233쪽).

13. 조셉 쉴링거의 싱크로나이즈 이론은 공시성 개념을 정립하기 위해서라면 피해갈 수 없는 논문이다. 싱크로나이즈는 매개방정식으로의 형태로만 재현되며, 그 직교방정식이 그리는 함수값들은 매개변수가 소거된 두 변수 간의 방정식의 자취다. 예컨대 단순한 수열이 아니라 무한급수로 전개될 수 있는 쌍곡선이나 포물선 방정식의 경우가 그러하다. "비주얼-오디오의 동기화는 반드시 일 대 일 대응을 의미하지 않는다. 다른 구성원들은 그 다른 멱들(powers)의 무한 변이와, 동일한 멱의 다른 변양들을 통해서만 관련지어질 수 있다."(Joseph Schillinger, "Theory of Synchronization", *Experimental Cinema*, no. 5, 1934).

렬결정성의 지대'zone of paradetermination를 형성하며 프린팅의 1틈이다(스플릿·매트). ② 마스크는 레이어들이 도망가거나 탈주하는 구멍을 블랙홀과 화이트홀로 과장한다는 점에서 '과소결정성의 지대'zone of underdetermination를 형성하며 프린팅의 2틈이다(리버설·마스킹). ③ 글래스는 블랙홀과 화이트홀을 매개하는 웜홀이며, 레이어들이 중층되어 하나의 합성레이어로 도약하기 위해 마스크를 생략하는 '과대결정성의 지대'zone of overdetermination다. 그것은 프린팅의 3틈이다(합성·슈프탄 글래스). 이 모든 것이 다름 아닌 빛의 내러티브를 촬영해내는 옵티컬 프린터의 광학적 3막 구조다.

옵티컬 프린팅을 내러티브에 반대되는 공정으로 간주하는 것은 빛이 물체와, 빨간색이 사과와 반대된다고 말하는 것만큼이나 어리석다. 추상화 효과에 내러티브화가 포함되어 있는 만큼, 모든 내러티브화엔 추상화가 포함되어 있다. 옵티컬 프린팅의 주인공은 단지 빈틈을 통과하는 미분소가 아니라 웜홀을 통과하는 벌레다. 옵티컬 프린팅이란 거시 내러티브도 아니지만 그렇다고 해서 미시 이야기도 아닌, 미시 내러티브이자 벌레의 발육사라 할 수 있는 이미지-드라마의 발생사다. 우리가 볼 때 이 과정이야말로 그동안 사람들이 '추상화'라고 불러온 것이다.

옵티컬 프린팅은 내러티브의 추상이다. 그리고 반대로 추상이란 내러티브의 발생사다. 추상 애니메이션이 완숙한 옵티컬 프린팅 기술을 통해서(심지어 실제로는 사용하지 않고서도) 궁극적으로 보여주려고 하는 바도 이것이다. 상징주의 작가들이 뜯어낸 종이들과 골동품 동판화 등을 손으로 직접 옵티컬 프린팅한다면, 이는 그것들이 실제로 과대결정된 기호임을 직접 증명해 보여주기 위해서다. 상징주의 애니메이션에서 상징이란 고정된 대상을 잃어버린 망원경, 영속적인 순환에 빠져버린 천체, 떠도는 구체나 나비처럼 수신자 없는 기호들(래리 조던 〈햄펫 아사르〉 〈짐노페디〉 〈소피의 집〉 〈행성의 우리 아가씨〉), 혹은 만달라 무늬나 카발라 무늬, 끝없이 던져지지만 짝패가 맞지 않는 주사위나 카드패 같은 점성술학적 평행기호들(해리 스미스 〈No.10〉 〈No.11〉 〈No.12〉)이 무한히 쟁여져 영원히 독해될 수 없는 상형문자다. 그래서 상징은 마스크이기도 하다. 짝이 맞지 않게끔 서로를 부단히 암호화하고 끝없이 의미를 폐기하는 기호들의 응집인 한에서만, 상징은 무한자의 자기표현이기 때문이다. 상징은 모든 중개항들을 고갈시키는 뇌의 구멍 혹은 모든 기호들을 빨아들이는 골상학적 블랙홀로서, 의식에는 과소결정성의 지대를 형성한다. 물론 조던과 스미스의 차이를 간과할 순 없다. 조던이 하늘과 바다, 비잔틴 성당과 같은 심도 깊은 매트를 취하며 천체와 비행체를 마스킹한다면, 스미스는 카드패와 주사위, 해골이 춤추는 검은 질료를 취하며 뇌를 마스킹하기 때문이다.[14] 하지만 어떤 경우든 마스킹은 무한을 영접하기 위해 의식이 지불해야 할 복채다. 상징주의 애니메이션은 의식을 과소결정성의 지대로 만드는 과대결정성의 기호들이다(특히 조던 〈패트리샤는 문가에서 꿈을 낳는다〉에서의 비행과 변신).

상징주의와 반대로 과학주의 애니메이션은 과소결정된 기호로부터 시작한다. 모든 구체적 지시대상이 마스킹된 신호는 순수한 순열가능태들permutabilities이며, 그럼으로써 거시패턴과 미시패턴들을 병행시키면서도 싱크시키는 자율적 매트릭스를 이룬다.[15] 이것이 휘트니 형제의 작품에게서 볼 수 있는 프랙탈 패턴의 오묘함이다(〈라피스〉 〈얀트라〉 〈순열〉 〈매트릭스〉). 휘트니 형제의 슈프탄 글래스란 자가생성적 파동이다. 그리고 그들이 "파형 플롯"waveform plot이라고 부른 전개 속에서 음악-빛, 점-면, 거시패턴-미시패턴 등 무수한 평행패들은 공명과 비공명, 보강간섭과 상쇄간섭을 반복하며 거대한 전일적 진동 안에서 조화를 이룰 것이다. 반대로 벨슨은 더욱 과소결정되어 아예 기체상태가 되어버린 신호, 에테르-신호를 프린팅한다. 그것은 소우주와 대우주 사이에서 일어나는 전일적 호흡이며, 평행세계들을 잇는 들숨과 날숨이다. 벨슨은 많은 평행쌍들을 예시한다. 원자와 태양(〈모멘텀〉), 동공과 하늘(〈사마디〉), 미립자구조와 천체궤도(〈매혹〉) 등. 그러나 어느 것 하나도 자신의 배타적 개체성을 유지하려고 하지 않으며 우주적 호흡의 일부분으로서 용해된다. 에테르의 준안정상태, 그것이 벨슨의 슈프탄 글래스이며, 우주의 모든 부분들을 이어주기 위해 자신은 텅 빈 공허가 되는 "트랜지스터"[16]다. 요컨대 상징주의가 과대결

---

14. 래리 조던의 심도 공간에 대한 제임스 피터슨의 분석을 보라(James Peterson, *Dreams of Chaos, Visions of Order*, Wayne State University Press, 1994, p. 151). 해리 스미스 영화에 나타나는 뇌절개술 이미지에 대한 아담스 시트니의 분석도 보라(『시각영화』, 박동현 외 옮김, 평사리, 2005, 8장). 스미스의 순열조합 자동기술법에 대해선 다음을 보라. Harry Smith Interview, *Film Culture*, no. 37. summer, 1965.

15. 이 모든 것에 대해서는 휘트니 본인의 저서, John Whitney, *Digital Harmony*, Byte Books/McGraw-Hill Publications, 1980. "미분동학"(differential dynamic), "중력 당김"(gravitational pull), "소리/시각 상보성"(aural/visual complementarity)에 대해선 6장을 보라.

16. 벨슨 작품들에 대해 영블러드가 헌정한 개념이다. Gene Youngblood, *Expanded Cinema*,

정된 기호로 과소결정성의 지대를 짓고 의식의 발생사를 요청한다면, 과학주의는 과소결정된 기호로 과대결정성의 지대를 짓고서 우주의 발생사를 증언한다. 그러나 평행항들이 무엇이든 간에 그들 간의 매개변수(Δt)를 극화시키고 그를 주연으로 캐스팅한다는 점에서 두 장르는 모두 공통된다. 여기서 매개변수로서의 "시간은 어떤 실체성을 얻게 된다." 그리고 "퍼포먼스는 시간의 질곡으로부터 벗어난다."[17]

내러티브의 발생사, 가장 진보한 옵티컬 프린터를 가지고 있던 할리우드가 이것을 할 수도 있었을 것이다. 그러나 할리우드 작가들은 이것을 일부러 외면하거나 포기할 수밖에 없다. 그들은 합성-이미지를 으레 미래-이미지에 국한시키기 때문이다. 그건 외려 독립영화 내지 실험영화 진영의 작가들에 의해서 탐구되었다. 세 명의 대가들을 언급하는 것으로 충분할 것이다. 먼저 팻 오닐은 옵티컬 프린팅의 객관적이고 인식론적 조건들을 탐구하고자 했고, 이 때문에 할리우드와의 협업을 계속 이어나갈 수 없었다. 그의 독립적 작품들은 가능한 모든 스플릿을 진열하면서 시작한다. 수직방향-수평방향, 가까운 것-먼 것, 표면-배면의 분기, 질료-형상의 분기가 가능하며, 또한 스펙트럼의 분기가 가능하다(〈7362〉 〈하강기류〉 〈소거스 시리즈〉). 만약 오닐이 이러한 분기를 포지티브 필름과 네거티브 필름의 바이팩킹과 교차에서 직접적으로 얻으려고 한다면 그건 분기가 물질의 분해에서처럼 실재적이고 타협불가능함을 보여주기 위해서다. 오닐의 매트는 모든 것이 네거티브와 포지티브로 핵분열되는 병렬결정성의 지대다. 그래서 무엇보다도 먼저 분기되는 것은 시선 자체다. 표면과 배면이 스크린의 네거티브와 포지티브이기에 시선은 2차원 평면과 3차원 공간을 따라 자체 스플릿되고, 모순이나 역설이 되어버린 병렬지대 사이에서 머뭇거리거나 어느 하나를 선택하게 되며, 끝내 자신 역시 하나의 물질처럼 용해(소격)되거나 재응집(동일화)된다.[18] 오닐은 스플릿과 매트의 쌍을 분자와 매질의 쌍으로 대체한다. 분자는 가장 미세하게 분기되어 시선을 끄는 것으로서 움직이는 사물, 근경의

E.P.Dutton & Co., Inc., 1970, pp. 157~177.

17. John Whitney, *Digital Harmony*, p. 117. 벨슨과 휘트니 영화의 자기지시성에 대한 분석으로는 William C. Wees, *Light Moving in Time*, University of California Press, 1992. 6장.

18. 오닐 인터뷰. "Patrick O'Neill Interviewed by Miles Swarthout", *Film Culture*, no. 53-54-55 spring 1972.

화분, 색이 분명한 폭포 등이며, 매질은 분자구조가 단단해지거나 느슨해지며 시선을 빼앗거나 흐트러뜨려서 선택을 강요하는 것으로서 사물과 함께 흐르는 배경, 원근법을 무시하면서 디졸브되는 산맥, 포지티브를 관류하는 네거티브 풍경 등이다. 매질이란 결단장애 상태에 빠진 매트다(매질은 포지티브에 스며들거나 관류하는 네거티브에서 더 분명해진다). 이것은 착시와는 구분되는, 스플릿된 차이에 의거한 시착, 즉 **시차**視差, parallax다. 시차란 분자화되어 병렬결정된 시선이다.[19] 그런데 오닐은 〈소거스 시리즈〉 이후 또 하나의 쌍을 발견한다. 스프로킷휠의 회전속도에 따라 가변적인 시차압력이 존재하며, 그 회전주기에 비례하여 매질은 고밀화되거나 저밀화될 수도 있다. 주기cycle와 밀도density의 쌍, 이것이 〈소거스 시리즈〉 〈사이드와인더의 델타〉 〈전경〉에서 실사와 허구의 뻔뻔스러운 합성, 거꾸로 흐르는 삼원색 폭포와 원근법 왜곡, 그리고 가속-감속의 반복을 통해 얻은 매트의 물질화, 시선의 분자화, 그리고 그 분자구조의 단단함과 느슨함을 통해서 더욱 복잡다단해지는 시차효과가 증명한 바다. 스프로킷휠은 매트 콘덴서matte condenser다. 그 회전주기는 근원적으로 유동적인 매질에 대한 압력이고 권력인 셈이다. 이 모든 것이 그의 대작 〈물과 권력〉의 모티브가 된다. 점점 빨라지면서 그 주기가 짧아지는 인류문명이 한편에 있고, 그에 초연한 듯 자신만의 느리고 긴 주기만을 향유하는 자연이 다른 한편에 있으며, 그들 각각 이루는 고밀도 매질(광적만 남기는 고속촬영)과 저밀도 매질(성운이 각인된 하늘) 사이에 일어나는 역사에 대한 천체와 성운의 도약이 있다. 오닐의 슈프탄 글라스는 삼투압막이다. 시차란 바로 이러한 고밀도 매질과 저밀도 매질 사이에서 일어나는 "삼투압"osmosis이기 때문이다. 그리고 문명의 스프로킷휠이 더욱더 빨라지고 그 주기가 짧아짐에 따라, 자연은 자신의 큰 주기에서 이탈해서 문명 쪽으로 투명한 광채를 투과시키며 우주 전체에게 평형을 되찾아준다. 오닐은 시차의 가장 완벽한 정의에 이른다. 시차란 의식과 상상, 지각과 착각(예컨대 2차원 지각과 3차원 환각) 사이에서 일어나는 삼투압이며, 그 둘을 평형에 이르도록 스스로 시간의 차원으로 도약하는 평행지각paraception이다.

---

19. 오닐에서 평면성(물질성)과 심도(환영)의 놀이전략에 관한 뛰어난 분석으로는, Grahame Weinbren & Christine Noll Brinckmann, "Selective Transparencies : Pat O'Neill's Recent Films", *Millennium Film Journal*, no. 6, 1980.

이토 다카시는 완전히 반대의 옵티컬 프린팅이다. 이토 역시 광장(《스페이시》)을 다루었지만 어둡고 밀폐된 공간에서는 그보다 더 빠른 스프로킷휠을 발견한다. 그것은 주기=0의 무의식이며, 상대적으로 긴 주기를 가지는 느슨한 모든 운동을 스톱모션으로 만든다. 무의식은 주기=셔터다. 그 분자는 매프레임 운동을 스플릿하는 스톱-주기다(카메라-주기와 스톱-주기 간의 시차에 대해서는 〈박스〉〈드릴〉[20]). 이토 역시 (셔터스피드에 의해 새겨지는) 반투명한 광적을 취하지만 이것은 삼투압이 아니다. 반대로 그것은 확산이며, 고농축되어 분기탱천한 무의식으로부터 저농축되어 산만한 의식으로 퍼져나가는 잠재의식의 벼락불 혹은 심령광의 활동이다. 이것이 〈천둥〉과 〈유령〉 연작에서 이토가 보여준, 픽실레이션된 카메라워킹 속에서 공간을 떠돌고 점점 그를 지배해가는 도깨비불의 이미지다. 만약 이토가 MCC와 같은 첨단장비 대신에 직접 손으로 카메라워크에 스톱모션을 부여한다면, 그것은 무의식이 무엇보다도 물질 안에 내재함을 보여주기 위해서다. 무의식은 주기=0의 의식이므로 그것은 임의의 주기를 가지는 모든 사물들 안에 이미 있다. 사물들은 이미 그 자신 무의식의 프로젝터다. 고로 확산은 카메라가 아니라 옵티컬 프린터가 포착해낼 수 있는 것이며, 무엇보다도 작가의 신체를 포함한 방 안의 모든 사물들로 구성되는 옵티컬 프린터에 의해 포착될 수 있는 것이다. 이 정점이 〈음산〉이다. 방 안의 사물들은 각자의 무의식을 영사하는 프로젝터가 되어서 도깨비불을 확산시키고, 반대로 방 전체는 각 사물을 자신의 헤드로 가지는 무한헤드 옵티컬 프린터가 되어 스스로를 유령들의 과밀지역으로 만들어나간다. 도깨비불을 남김없이 흡수하기 위해 주기=0의 매 순간에 껌벅거리는 우주인 동시에 그만큼 물질 쪽으로 **엑토플라즘**을 토해내기 위해 경련하는 기계귀신. 오닐보다 이토가 더 나아가는 지점은 슈프탄 글래스를 비로소 실체화해서 보여주었다는 데에 있다. 무의식을 토해내기 위해 그 자신의 표면을 배면스크린으로 스스로 뒤집는 모든 사물들이 이토의 슈프탄 글래스다.[21] 엑토플라즘 발전기는 방 안 어디에도 있다. 모든 장소가 이미 매트이고 "지

---

20. "상자가 **영원히** 회전하는 것처럼 보이지만, 실제로는 90도 회전만을 하고 있다."(이토 다카시의 〈박스〉에 대한 코멘트, 비디오 팸플릿, *Illumination Ghost*, Daguerreo Press, Inc., 1998. p. 12. 강조는 인용자).

21. "난 방 안에 있는 다양한 물건들에게서 그 껍질만을 떼어내어 공중에다 흩뿌린 후, 그것들을 다른

대"zone다. 하지만 그것은 이미 중층결정된 사물들의 지대, 그리하여 그 기억과 혼령으로 과밀화된 배면 지대다(〈지대〉, 배면스크린은 이토의 후기 비디오 작품들의 큰 주제가 된다).

아놀트는 오닐과 이토의 중간쯤 위치한 작가다. 그는 본격적으로 마스크를 다루기 때문이다. 마스크에 시각적으로 도달하는 건 어렵다. 그것은 매트와 글래스 사이에 끼어 있기 때문이다. 그것은 너무 큰 밀도차이며, 너무 작은 주기다(그래서 오닐과 이토의 경우에도 마스크는 으레 은유와 환유로 남아 있다). 아놀트는 밀도와 주기 사이에 또 하나의 변수를 발견하고 심지어 그를 조절할 수 있는 장치를 손수 개발했다. 그것은 분자의 무게, 차라리 분자량이며, 또한 그것은 스프로킷휠 회전주기와 매질밀도를 각각 입력값과 출력값으로 가지는 압력의 함수를 구성한다. 그럼으로써 주어진 디제시스에 녹아들어 있는 운동–입자들을 각기 다른 방향의 운동–분자들로 분해하는 것이 가능해진다. 그것은 영화의 분위기에 녹아서 감각되지 않고 있던 두 다른 밀도를 분리해내는 일이며, 무엇보다도 신체의 매끄러운 운동에 혼용되어 있던 두 다른 압력을 분리해내는 일이다. 〈피스 뚜세〉에서 모든 것은 마치 하나의 움직임을 포지티브 방향으로 잡아당기는 숫매트의 검은 질량이 한편에 있고, 그 네거티브 방향으로 잡아당기는 암매트의 하얀 질량이 그 반대편에 있는 것처럼 일어난다. 그리고 그 당김의 주기가 짧아지고 빨라질수록 한 장면을 양분하는 두 대칭면은 점점 과농축되어hyper-dense 전체적으로는 흡사 '방향의 솔라리제이션'solarization of sense을 이룬다. 이것은 삼투압이나 확산과도 구분되는 역삼투압이며, 무엇보다도 중력에 의해 반전된 삼투압이다. 필름에 은밀히 새겨져 있던 중력, 이것이 아놀트의 발견이다.22 그의 업적은 추상적으로 남아있던 분자를 무게를 지닌 **"운동–입자들"**Bewegungs-Partikeln 23로, 밀도를 운동–방향으로, 스프로킷휠 회전주기

물건에 붙인다는 생각을 전개/물화시켰다."(이토 다카시의 〈음산〉에 대한 코멘트, 같은 글, p. 13).

22. 아놀트 영화에 있어서의 과대기억력(hypermnemic force)과 그 이론적 기원으로서의 '스크린 메모리'(프로이트)에 대해선 Akira Mizuta Lippit, *Ex-Cinema*, University of California Press, 2012, 3장 "Cinemnesis : Martin Arnold's Memory Machine".

23. "영화란 운동–입자로 쓴 글이다."(마틴 아놀트 인터뷰. *Gegenschuß*, hg. Peter Illetschko, Wespennest, 1995, p. 31). 이 인터뷰에서 아놀트는 극영화에서 이미 종합되어 있는 거시적 운동을 그 미시구조로 분해할 수 있는 옵티컬 프린터의 다층화의 역량에 대해서 역설한다.

를 그 무게에 가해지는 중력으로, 매트와 그 분위기를 질량과 덩어리로 환산했다는 데에 있다. 아놀트는 감각sense을 구출하려고 한다. 하나의 필름이 주어지고 방안에 들어서는 남자의 운동이 감각되지만, 그것은 사실 두 운동방향이 혼융된 상태로서 둔감화된 상태다(아놀트가 "증상"이라 부르는).[24] 그러나 압력이 가해지고 진행하던 남자가 중력에 저항 받듯 멈추어 서거나 덜덜 떨리게 되면서, 그리고 압력이 더욱 가혹해져 그가 포지티브 방향의 고밀도 상태와 네거티브 방향의 저밀도 상태로 찢어지고 심지어 완전히 대칭적으로 뒤집어지면서, 비로소 우린 숨어있던 중력을 예민하게 감각하게 된다. 반전이란 중력에 대한 과민반응hypersensitivity이고, 역삼투압은 그 압력에 대한 과감화hypersensitization이다. 이것은 단지 행동장애와 구분되는 과잉행동장애hyperactivity disorder이고, 정확히 압력의 표현이다. 아놀트는 고통스럽게 발작하는 마스크, 무엇보다도 그 떨림으로 글래스를 구성하는 마스크에 이른다. 그것은 대칭화의 주기를 자기 자신의 박자로 삼으며 춤추는 비트기계이며, 그리하려 흩어지면서 동시에 뭉치는 박동기계다. 그리고 중력은 마주 보는 샷 사이에도, 그리고 화면과 마주 보는 사운드 필름에도 숨어있을 수 있기에, 영화 전체가 하나의 역비트 오페라가 될 수도 있다(《행동으로의 이행》 〈삶에 지친 앤디 하디〉).

이렇게 오닐, 아놀트, 이토는 프린팅의 3막을 이룬다. 즉 ①오닐은 병렬결정성의 지대를 정초하고(밀도 매트) ②아놀트는 과소결정성의 지대를 동화시키고(발작 마스크), ③이토는 과대결정성의 지대를 실체화한다(엑토플라즘 글래스). 그리고 각각 삼투압막, 역삼투압막, 확산막을 통해서 비로소 예시되는 지각과 상상의 시차, 둔감과 민감의 시차, 의식과 무의식의 시차가 있다. 아놀트는 할리우드 내러티브가 억압적이라고 비판했다. 또 옵티컬 프린터는 억압된 미시구조를 끄집어내는 장치라며 실천해 보여주었고, 오닐 역시(《픽션의 부패》). 그러나 이 작가들의 결과물들은 할리우드 빰치게 극적이었다. 그것은 그 자신이 또 하나의 미시드라마가 되는 시감각의 발생극이다.

---

24. 아놀트의 '증상' 개념에 대해선, 마틴 아놀트 인터뷰. *A Critical Cinema 3*, University of California Press. 1998.

3-3. 옵티컬 내러티브 : 퀘이 형제, 보카노프스키, 마투시카, 체르카스키

옵티컬 프린터는 내러티브 프린터다. 그의 전개가 곧 3틈 구조를 이루기 때문이다. 그렇다면 순수하게 옵티컬 프린팅으로만 내러티브를 만들 수도 있을까? 카메라가 아니라 옵티컬 프린터로 찍는 극영화가 가능할까? 매팅으로 유클리드 평면을 뒤흔들고(1틈), 마스킹 매트로 보요이-로바체프스키 곡면을 만들고(2틈), 슈프탄 글래스로 리만 곡면을 만들고(3틈), 그들 간에 유기적 통일성을 부여하는 것이 가능할까? 이러한 엄청난 시도는 소위 실험영화 작가들이 단발적인 실험과 효과의 전시에 안주하지 않고, 그러한 효과들을 디제시스로 삼고서 그 전개로부터 내러티브적 통일성을 찾으려고 할 때 이루어진다. 푸티지 영화와 구조주의 영화가 종종 이를 시도했지만 성과는 부분적이다. 왜냐하면 그들은 으레 디제시스의 발생을 영화의 외부(관객의 지성 혹은 신체)에 위임하기 때문이다. 옵티컬 내러티브에서 관건은 프린팅 효과들로부터 직접적으로 3틈들을 찾아내고 또 그들을 유기적으로 통일시키는 것이다.

아마도 애니메이션은 그것을 더 쉽게, 또 먼저 할 수 있었을 것이다. 필름스트립은 이미 3틈구조화되어 있기 때문이다(포토그램-씨네그램-진입). 퀘이 형제는 아주 모범적인 사례들을 제공한다. 마리오네트는 미니어처 공간의 불투명성에 감염되고, 반대로 그 공간은 출구 잃은 마리오네트의 분열증에 감염된다. 퀘이 형제는 모든 것을 최대한 움직이지 않고서 하려고 한다. 즉 모든 힘을 순수한 옵티컬의 차원으로, 그 모든 작용점들을 모두 초점들로 환산함으로써. 고로 퀘이에게 디제시스가 파동인 만큼 내러티브는 현이 된다. 퀘이 형제의 독창적이고 악명 높은 초점공간의 극적 기능도 이것으로서, 거기는 풀리는 스트링과 묶이는 스트링, 풀려나가는 나사와 조여오는 나사, 윈도우 안에 진열된 인형들과 윈도우 밖에서 쳐다보는 인형들 등, 언제나 두 이질적인 투영에 의해서 다층화되어 스플릿되는 공간이며, 나아가 나란히 선 거울들과 흐릿한 플레이트들에 의해서 다중초점화되어 탈위상화되는 공간이다. 다중초점이란 멀티프로젝션multi-projection이다. 그것은 과잉중력 상태 속에서 각기 대상이 되는 심도면들을 평행케 하기 때문이다(1틈). 주체는 그에 시차parallax로 응답하며 스스로 탈초점화되는 자이며, 이것이 가면의 역할이다. 가면은 주체를 산산조각낸다. 가면 뒤엔 또 다른 가면일 뿐이며 그만큼 미로의 출구는 멀어지기 때문이다.

가면의 눈, 그것은 미로의 허초점을 형성한다($D_r, D_{r1}, D_{r2} \cdots D_{r\infty}$). 가면이 불러오는 시차는 존재와 비존재, 영원과 순간, 내장과 플라스틱 사이에서 망설이는 실존장애의 직접적인 표현이다(2틈).[25] 고로 결단이란 허초점을 무한초점으로 변환하는 일이며, 마리오네트 자신을 옥죄고 있던 시선, 투영선, 임피던스를 모두 흡수하고 또 합성하기 위해 스스로 트랜지스터가 되는 일이다($D_r, D_{r1}, D_{r2} \cdots D_{r\infty} \cdots D_{re}$)(3틈). 퀘이 형제는 신비롭고도 과학적인 예들을 풍부하게 제시한다. 트랜지스터란 반쪽은 기계부품들로 나머지 반쪽은 내장으로 만들어진 시계(〈악어의 거리〉), 나선들을 따라 내부와 외부를 위상변형하는 로바체프스키 제도기계(〈사멸한 해부학을 위한 리허설〉), 그러나 그로부터의 진동으로 만물을 흔들어 깨워내는 REM 진동기계다(〈고요한 밤〉 연작). 모든 것은 잠들어 있으나 그만의 초점을 각자 하나씩 품고 있다. 시선은 떨림으로 그들을 꿰어내는 현이 되고, 반대로 그들은 그 자신들이 맺히는 무한초점을 찾아낼 때까지 현을 밀당하는 도르래가 된다(퀘이 형제는 바로크 원근법에서도 이와 유사한 기제를 발견한다: 〈왜곡법, 혹은 왜상에 관하여〉). 간단히 말해 퀘이에게 트랜지스터란 존재를 매듭짓거나 풀어내는 원생적 옵티컬 프린터였다. 단 그것은 주체 그 자신의 변형을 통해서만 출구를 찾는 자가프린터인 것이다. 이 트랜지스터의 또 다른 이름은 매체일 것이다. 매체는 스스로 소생하는 물질처럼, 스스로 변형하는 신체이기 때문이다. 퀘이 형제가 더빙에 반대하며 마리오네트의 침묵과 노이즈만을 그 본연의 목소리로 삼아야 한다고 주장하는 이유도 여기 있다. 애니메이션에서 목소리는 매체를 통한 목소리가 아니라, 매체 자신의 목소리여야 한다. 매체란 마리오네트끼리 연결해주고 심지어 그들을 애니메이터와도 연결해주는 영매다(얀코프스키, 펜데레츠키의 음악도 같은 기능이다). 고로 그가 들려주는 이야기 역시 매체 자신의 변형metamorphosis, 신체의 불가능한 위상변환일 뿐만 아니라 공간 전체의 불가능한 초점이동일 매체의 실체변환transubstantiation과 결코 떼어낼 수 없다.[26]

---

25. 퀘이 영화의 2틈에 관해서라면 클라인의 분석을 보라. 그의 독해에서 좋은 점은, 2틈을 매체 자체에 내재한 '무게' 혹은 '질량'으로 상정하고 있다는 점이다. Norman M. Klein, *The Vatican to Vegas*, The New Press, 2004, pp. 262~268. 그가 볼 때 퀘이 형제의 가장 바로크적인 측면은, 신체뿐만 아니라 공간까지도 변형시킴으로써 내러티브를 "필름 자체로서의 망설임"(hesitations as the film itself, p. 264)으로 삼았다는 데에 있다. 또한 질량 변형을 금지했던 디즈니와 그를 적극적으로 도입했던 플레이셔를 대조시키는 대목도 보라(pp. 254~260).

퀘이 형제는 분명히 스반크마예르의 전통으로부터 시작했지만 거기에 국한되지만은 않았다. 왜냐하면 그들은 디제시스에 중력의 초점을 새겨 넣고 그 초점변환으로만 이야기를 써내려감으로써, 그리하여 내러티브를 하나의 진동하는 현으로 만들어버림으로써 스톱-모션을 스톱-프린팅까지 밀고 나갔기 때문이다. 중요한 것은 옵티컬 프린팅의 과정을 문학적 플롯을 위한 장식물이나 특수효과로 남겨두지 않고 그 과정 자체가 플롯이 되도록, 그 효과로부터 주연과 조연을 가려내어 디제시스를 직접 구성하는 것, 나아가 드라마를 위한 특수효과를 그의 일반원인으로 전환하는 일이다. 옵티컬 극작술, 그것은 프린팅에 참여하는 요소들을 주연과 조연으로 캐스팅함이고, 차라리 옵티컬 프린터로 하는 퍼포먼스 같은 것이다. 옵티컬 내러티브는 세 가지 연기술이다. 1틈에서 매팅을 연기하는 멀티프로젝션, 2틈에서 마스킹 매트를 연기하는 가면, 3틈에서 슈프탄 글래스를 연기하는 트랜지스터. 각각은 ① 객체를 다층화layer시키고, ② 주체를 시차parallax에 함몰시키고, ③ 매체를 변형metamorphosis되도록 한다. 옵티컬 내러티브는 각 위상에서 누구를 캐스팅하느냐, 또어떤 캐릭터를 부여할 것이냐에 따라 각기 다른 장르로 나타날 것이다. 장르 역시 효과이기 때문이다.

만약 옵티컬 극작술의 1막이 멀티프로젝션이라면, 보카노프스키야말로 가장 명징한 사례가 될 것이다. 그는 여러 원근법 도식이 겹쳐있는 화면을 구성해 보여주었을뿐더러 아예 렌즈를 깎고 비틀어서 다양한 앵글들이 뒤섞여있는 다중초점 화면을 보여주었다(⟨호숫가에서⟩ ⟨태양의 박동⟩). 그러나 그런 다층성은 대상의 속성이 아니라, 반대로 시선의 주관적 분할에 의한다. 그 자신이 '주관적 광학'이라고 부르는 방법을 통해 보카노프스키가 깊이 이해하고 있는 바는 눈이 곧 프로젝터이고, 시선이 곧 투영선이란 사실이다.27 눈은 다각적 시선들을 투사하고 대상은 다초점

26. 퀘이 형제 작품에서 질료성과 관련된 "이접"과 "비-공존가능성"에 대해서는 Suzanne Buchan, *The Quay Brothers*, University of Minnesota Press, 2011. 특히 2장, 4장. 불연속 몽타주와 방향상실 심도에 대한 분석은 5장.

27. "눈은 단지 수용기가 아니라 방출기(émeteur)이기도 하다."(Patrick Bokanowski, "Droit dans La Tête des Auteurs", *Les Créateurs*, n° 43, mars 1983, p. 62). 주관적 광학에 대해서는 보카노프스키 본인의 글, Patrick Bokanowski, "Réflexions Optiques", *Revue et Corrigée*, n° 8, printemps 1991. (다음에 번역되어 재수록 :『나방』, Vol. 3., 2007년 12월호). 보카노프스키는 다중렌즈를 정초한 앙

으로 다층화된다. 눈은 멀티프로젝터다. 차라리 시선은 대상을 깎고 조각한다. 그래서 투영선은 촉각의 차원에도 속하는데, 이때 시선은 대상을 드러내는 동시에 숨기기도 할 것이다. 각각의 투영선이 절삭해내는 대상의 단면은 시간 속에서 퇴적층을 이루기 때문이다(〈아침 식사〉에서 기억장애, 투영장애). 보카노프스키는 회화적 화면에 끝없이 이끌리며 흡사 얼룩이 끼이거나 앙금이 엉겨 붙은 듯한 질감화면들에 이르렀는데, 이는 그에게 멀티프로젝션이 곧 붓질의 의미였기 때문이다.[28] 이것은 그가 생각하는 1틈의 의미이기도 하다. 즉 대상은 시선의 덧칠에 의해 켜켜이 퇴적되는 그 자신의 버캐 속으로 숨는다($[S \cup O] \simeq [D_r \cup O \cup D_{r\!e}]$). 예컨대 〈분바르는 여자〉에서 분을 바를수록 풍경은 버캐로 충전되어가며 점점 불투명해진다(흙먼지의 시점으로 인물을 보여주기도 한다). 고로 2틈은 그런 투영선들의 극단적 퇴적, 그에 동반되는 투영선들의 역전과 시야의 사막화에 다름 아니며, 3틈은 그 모든 버캐들, 중심을 잃고 흩어지려는 단면들, 대상과 더불어 의식마저 해체하는 역투영선들 일체를 꿰뚫는 가장 주관적인 빛, 천상의 빛과도 구분되지 않을 믿음의 빛의 회복에 있다. 이것이 바로 〈천사〉가 보여주는 그 엄청난 수직섬광의 극적 기능이다. 〈천사〉의 모든 것은 서로가 서로를 잔상으로 만드는 기억의 버캐이고, 대상을 모호하게만 하는 그의 너무나 늙어버린 레이어들이며, 여기서 의식은 일시정지한 우유병, 목욕하는 귀족, 도서관 서기들, 프로젝터 제작자가 서로가 서로를 퇴적시키는 계단식 지층과 그 서지학적 허울에 갇혀 있다. 고로 상승, 그 계단을 오르는 일은 언제나 결단이 된다. 대상으로부터 눈으로 역류하던 역투영선들을 가상의 원점에서 종합하여 버캐의 퇴적층 일체에게로 재투사하는 일, 즉 시선을 천상의 수직선으로 변형하는 일이기 때문이다. 〈천사〉에서 보카노프스키는 진정 시간을 붓질했다 할 것이다. 보카노프스키에게 변형이란 눈이 투영선을 토해내는 방출기로 변신하고, 주체가 프로젝트를 연기한다는 것, 그리하여 프로젝터 자체가 수직적인 투영선을 대지와 스크린에 직교시킨다는 것을 의미한다.[29] 보카노프스키의 영화들은 투영선으로 쓴 내러

리 디미에를 꾸준히 참조한다.

28. 보카노프스키의 물질성과 질감에 대한 언급들에 대해서는 Patrick Bokanowski, "L'Image Standard en Question", par Gérad Langlois, *Cinéma Pratique*, n° 137, 1975. ("일반적으로 이미지는 이미 그 자신의 물질을 가진다.", p. 47).

티브다. 그는 가장 객관적인 시선에서조차 유클리드란 불가능할 것이라 단언하고, 여전히 객관적이고 규범적인 프로젝션을 만들려고 하는 원근법의 척도들을 심판대에 올린다.

보카노프스키가 1틈의 거장이라면, 마투시카는 2틈의 거장이다. 마투시카는 좀 더 세속적인 프로젝터를 발견한다. 그것은 신체다. 신체는 팔다리를 뻗고 생식기와 관절을 분리하고 또 돌출시킴으로써 그 자체로 훌륭한 멀티프로젝터다. 게다가 그는 훌륭한 가면이기도 하다. 신체는 주체를 부위별로 조각낼 뿐만 아니라, 피부와 내장, 그가 먹고 싸는 음식과 똥으로 위상학적으로 분절해내기 때문이다. 특히 여성의 신체가 그렇다. 여성의 신체는 투사되는 (남성적) 시선에 의해 언제나 파편화되어 찢어지지만, 바로 그 때문에 그는 파편을 먹고 싸는 파편의 겹 자체가 된다. 그래서 마투시카는 이 모든 섭취, 배변, 자해, 몸부림이 투영의 은유나 상징이 아니라고 누누이 강조한다. 차라리 그것은 투영의 "합체"Einverleiben 혹은 "체화"Verkörperlichung 30다. 보카노프스키의 투영·버캐·관점을, 마투시카는 체화·겹살·살점으로 대체한다. 체화가 소화와 배설이라는 두 암수 매팅으로 양분되는 한에서 신체는 선험적인 마스킹 매트다(〈병렬감〉〈티타니아의 침몰〉). 발리 엑스포트 또한 파편화와 마스킹 매트를 다루었지만 그건 어디까지나 재현의 문제를 거론하기 위함이었다. 반면 마투시카는 2틈을 재현하지 않는다. 그녀는 2틈을 몸소 연기한다. 육체의 옵티컬 프린팅. 바로 여기서 쓰여지고 쓰는 신체가 나온다. 표피가 벗겨지고 눈과 입이 삐뚤어지면서 나오는 분비물로 쓰는 내러티브, 실존장애란 곧 소화장애 및 배설장애라는 메시지를 쓰는 육체플롯이 가능하다(〈볼헤드〉〈제왕절개〉).31 마투시카의 2틈은 내장의 로바체프스키적 변형이다 : 과식하면 오바이트($[D_r \cup D_{re}] \simeq [S \cup O]$). 그리고 3틈

29. 상승–하강의 논리에 평행한 보카노프스키의 테크닉과 그 관념들에 대한 간략한 서술로는, Vincent Ostria, "l'Escalier de l'Être-Ange", *Cahiers du Cinéma*, no. 358, avril 1984.

30. 마라 마투시카 인터뷰. *Gegenschuß*, hg. Peter Illetschko, Wespennest, 1995. ("대상을 들이마시고 다시 내뱉는 것", p. 101).

31. 마투시카의 영화에서 나타나는 쓰기와 목소리에 대한 분석으로는 다음을 보라. Christina Blümlinger, "Die Geshichter der Mara Mattuschka", *Avantgardefilm Österreich 1950 bis Heute*, hg. Alexander Horwath, Lisl Ponger and Gottfried Schlemmer, Wespennest, 1995. ("글쓰기를 이미지의 한계에 이르게 하는 것", p. 280).

으로 이어지는, 그렇게 비대해진 신체의 도약이 있다. 이미지의 파편들(군인들 푸티지)에 의해서조차 찢겨나가는 가장 낮은 거인(마투시카 본인이 연기하는 '미미 미누스')은 스스로를 비워내는 대신 가장 큰 남근(에펠탑)을 사타구니로 흡수한다(〈S.O.S. 외계인〉). 이것은 2틈에서 3틈으로 이어지는 완벽하게 유기체적 극화이며, 이 개연성과 정당성을 여성신체의 특이성에서 찾았다는 데에 마투시카의 독창성이 있다. 마투시카를 또 하나의 위대한 내러티브 작가로 만드는 것은 이렇게 여성신체의 2틈을 3틈의 기회원인으로 삼는 대담함, 그럼으로써 매체 자체를 연기해내고, 심지어 거기에 유머를 가미하는 용맹함이다.[32] 그 매체란 하이퍼-파편화된 만큼 하이퍼-파워를 몽땅 흡수해내는 슈퍼자궁 트랜지스터다. 보카노프스키가 멜로드라마 장르와 종교영화 장르를 옵티컬 프린팅했다면, 마투시카는 슈퍼히어로 장르를 옵티컬 프린팅했다고도 말할 수 있다. 보카노프스키에게서 매체는 투영선을 수직선으로 초점변환하는 빛 자체라면, 마투시카에게서 매체는 소화를 배설로, 입을 똥구멍으로 위상변환하는 살 자체였다.

그리고 체르카스키가 있다. 그는 보카노프스키와 마투시카와는 완전히 다른 장르 안에 있다. 그는 이미 영화에 가장 숙명적인 매체를 발견했기 때문이다. 그것은 필름 자체, 즉 필름스트립이다. 체르카스키는 몇 겹이고 콘택트 프린팅하는 기술과 필름면 위에 스팟-노광시킬 수 있는 레이저 포인터 기술의 대가다. 체르카스키는 멀티프로젝션과 다층화를, 다중노출과 다공화로 대체한다. 하지만 이는 빛이 뚫은 핍홀을 통해서, 보이지 않지만 거기 있는 필름스트립을 들여다보기 위해서다. 체르카스키에게 필름은 유령이고 엿보기란 빙의다. 그리하여 열차의 도착을 지연시키는 필름귀신의 이야기가 가능하며(〈도착〉), 집을 귀신들리게 하고 사람을 빙의시키고 심지어 공격하는 필름귀신의 이야기가 가능하다(〈외부공간〉).[33] 보카노프스키나 마

---

32. "독특성이란 언제나 결함(Defekt)에 있지 효과(Effekt)에 있지 않다. 결함이야말로 신체와 우리 각자를 개체화하는 것이다."(마투시카 인터뷰. *Gegenschuß*, p. 112). 〈티타니아의 침몰〉의 '항문 네트워크'에 대해 설명하는 대목도 보라.("배수구는 도시 밑 하수도 네트워크의 항문이다. 하수도는 그녀의 내장이다. 모든 엉덩이들은 이런 식으로 연결되어 있다.", 같은 책 p. 105).

33. 체르카스키 영화에서 나타나는 유령성에 대해선 투림의 분석을 보라. Maureen Turim, "Works of Dreams and Shadows", *Film Unframed*, ed. Peter Tscherkassky, FilmmuseumSynemaPublikationen, 2012, p. 208. 투림은 체르카스키의 기법을 만 레이와 피카비아의 기법과 비교한다.

투시카와의 차이도 분명해 보인다. 체르카스키에게 투영은 곧 투시가, 접촉은 곧 접신이 된다. 이건 한낱 은유가 아니다. 이러한 개념들은 무속학에서 구분하는 빙의의 두 측면을 정확히 표현하며 체르카스키는 그 각각에 고유한 기법들을 엄밀하게 대응시켰다. 즉 얼굴을 분열시키고 겹치게 하는 다중노출이란 안으로부터 투사되는 필름령의 경우이므로 해리解離이며 탈혼脫魂인 반면, 프레임 경계와 사운드트랙 심지어 리더필름까지 노광시키는 콘택트 프린팅이란 밖으로부터 투사되는 필름령의 경우이므로 침혼浸魂이고 빙혼憑魂이다.34 체르카스키에게 매체媒體란 곧 영매靈媒다.

물론 체르카스키가 처음부터 필름령을 발견했던 것은 아니다. 그가 처음에 발견한 것은 필름령의 추상적 구조였을 뿐이었다(〈병렬공간 : 인터-뷰〉). 그러나 필름령의 실체성을 발견하자마자, 게다가 그것이 실질적으로 영화 속 인물들을 빙의시킬 수 있고, 그 해리와 방언 속에서 스스로 현현할 수 있는 기술, 즉 '화술'을 발견하자마자 진짜 체르카스키는 시작되었다. 민속학자 김열규는 무속학에 끈질기게 남아있던 탈혼과 빙혼의 전통적 이분법을 비판했다. 허나 그 이유는 그 둘이 구분되지 않아서가 아니라, 그 둘은 각각 2틈과 3틈으로서 굿의 내러티브를 이루는 동등한 요소이기 때문이었다.35 바로 이것이 체르카스키가 다른 파운드 푸티지 작가들과 근본적으로 달라지는 지점이다. 즉 필름의 무당화를 통한 **필름스트립의 내러티브화**. 〈외부공간〉은 완벽하게 모범적인 사례를 보여준다. 2틈에서 필름은 바깥이 되어 여자를 공격하고 고문하고 조각내는 반면(사운드트랙은 채찍이고 스프로킷홀은 총알이다), 3틈에서 필름은 그 내부가 되어 조각난 여자들을 재합성하는 매체로 변형된다(필름스트립은 눈들의 연결선이다). 결단이란 매체로의 용해다. 반면에 〈드림워크〉는 탈혼과 침혼을 전치와 압축으로 대체하며, 필름령의 무의식적 측면을 열어젖힌다. 단 그것은 필름스트립의 더 먼 외부공간, 즉 작가의 신체까지 포함한 정신역학적 측면이다. 2틈에서 필름스트립은 칼날이다(못이나 뾰족한 물체들의 콘택트

---

34. 무속학과 병리학에서 탈혼과 침혼의 구분은 클레멘츠와 엘리아데부터 올마르크스에 이르기까지 오래된 관념이다. 이 개념의 계보는 이부영에 의해서 면밀히 탐색되었다. 『한국의 샤머니즘과 분석심리학』, 한길사, 2012, 5장.

35. 김열규, 『동북아시아와 샤머니즘과 신화론』, 아카넷, 2003. 2부, 4.1부. "죽음에 관한 한, 무당은 보는 이라기보다는 말하는 이, 이야기하는 이다."(300쪽). 물론 접신과정에서 내러티브의 3막 구조를 먼저 추출한 작가는 엘리아데다(『샤머니즘』, 4장). 즉 영신(迎神)-합신(合神)-송신(送神).

프린팅). 그러나 3틈에서 그것은 자체적으로 스핀함으로써, 그렇게 저며진 네거티브와 포지티브를 혼합하는 회전형 그라인더가 된다. 그것은 콘택트 플릭커와는 구분되는 자이로 플릭커이고(스크린을 횡축으로 해서 스핀운동하는 필름스트립), 여기서 결단이란 필름의 무의식적 죽음충동, 즉 물체로의 용해다. 〈외부공간〉과 〈드림워크〉는 이렇게 정확히 대칭을 이룬다. 전자가 광학적이고 심령학적이라면, 후자는 물리적이고 정신역학적이다. 전자가 필름령을 필름에 내삽한다면, 후자는 필름몽에 신체를 외삽한다. 그래서 이 두 영화는 공포영화 장르의 두 범주에 정확히 상응하는 이분화이기도 하다. 〈외부공간〉이 귀신영화를 옵티컬 프린팅한다면, 〈드림워크〉는 슬래셔 무비를 옵티컬 프린팅한다.

다공화된 얼굴의 공극률은 그 자신 플릭커의 주파수이다. 일반적으로 체르카스키의 영화들에서 1틈 위상은 다중노출, 2틈 위상은 플릭커, 3틈 위상은 솔라리제이션으로 특징지어진다. 그것은 각각 네거티브와 포지티브의 최초 스플릿, 네거티브와 포지티브를 암수매트로 양분하는 반전, 네거티브와 포지티브의 최종 합성이다. 네거티브-포지티브 평행태의 3틈 변주가 내러티브를 몸소 구성하는 것이다. 이것이 체르카스키의 업적이다. 그는 내러티브의 3틈 구조를 암실 광학술로 완벽하게 번역했다. 체르카스키는 필름 자체를 캐스팅한 최초의 영화감독이다. 영화배우란 필름 자신이다($[D_r \cap S \cap D_{re}] \simeq [D_r \cap O \cap D_{re}]$). 체르카스키를 단지 파운드 푸티지 작가로 간주할 수 없다. 그는 푸티지에 침윤해있던 광학적 유령으로서의 플릭커를 발견해낼 뿐만 아니라, 그를 편집하고 변주하여 극화시키기 때문이다. 같은 이유로 그를 단지 반내러티브 작가라고 간주할 수도 없다. 샷의 교차편집과 평행편집을 대체하는, 시선 자체 혹은 그것이 통과하는 구멍 자체의 교차편집과 평행편집이 그에게 있기 때문이다. 체르카스키는 **접신 몽타주**다. 그것은 어떤 원본 영화가 주어져도 그 안에 숨겨져 있던 필름 자신의 이야기("한계 플롯")를 발견해내는 몽타주다. 게다가 그건 여전히 내러티브다. 거기에도 3틈 구조가 있기 때문이다. 원본 영화가 빙의되고 해체되어 결국 변신하는 필름의 내러티브 말이다. 접신 몽타주란 펀치 구멍을 무한원점으로, 필름스트립을 평행선으로 삼아 "내러티브의 수평적 구조를 수직적 구조로 전환"[36]하

---

36. 체르카스키 인터뷰. *Balthazar*, n° 5, printemps 2002. (http://cyrilbg.club.fr/tscherkanglais.html).

는 비유클리드적 몽타주다(체르카스키 자신이 "사랑의 기하학"이라 부르는).

　나아가 체르카스키는 접신 몽타주가 영화사라는 거대한 내러티브에 대한 재편집이기를 소망하였다. 영화사 역시 주류영화와 비주류영화, 극영화와 실험영화, 장르영화와 예술영화 등으로 스플릿된 포지티브와 네거티브로 이루어진 유구한 필름스트립일 수 있으며, 거기서 시선 바깥으로 추방되어 잊혀져갔던, 그러나 그와 평행하게 지속하며 영화사를 유령처럼 배회해오던 필름 자체를 재소환하고 재극화하는 편집이 가능할 것이다. 바로 이러한 기획의 정점에 있는 작품이 〈빛과 사운드 장치를 위한 지침〉이다. 거기엔 투코가 필름의 어떤 경로를 택하더라도 원본 영화로 돌아갈 수 없는 로바체프스키적 편집이 있으며, 반대로 투코가 필름의 어떤 경로를 택하더라도 원본 영화의 퍼텐셜과 그 자율성으로만 돌아갈 수 있는 리만적 편집이 있다. 체르카스키는 클라이맥스에서 엄청난 리만 스피어를 보여준다(그리고 이것은 서부극 장르에 대해 그가 헌사하는 물질적 반응이기도 하다). 그것은 세인트 힐의 묘비들을 자신의 스프로킷홀로 삼고서 자가회전하는 거대한 칼레이도스코프 필름-스피어로서, 여기서 투코는 어딜 뛰어도 이 필름 안에 있다. 머리와 꼬리가 연결되고, 표면과 이면이 겹쳐지는 영속적인 필름 안에. 투코는 필름스트립에 갇히는 대신 투명해지고, 반대로 필름스트립은 매체를 희생하는 대신 영매가 된다. **필름스트립은 자기 평행하기에 필름 자체**. 이것은 레이저 포인터로 하는 자기동형사상automorphism이고, 플릭커로 하는 뫼비우스 변환Möbius transformation이다. 리만적 술어란 재귀적 플릭커다 : $Head \simeq Tail$.[37] 〈빛과 사운드 장치 …〉에서 그레마스 사각형은 다음과 같다.

$$영화사(D_r) \Rightarrow 영화자체(O) \Rightarrow 관객(D_{re})$$
$$\uparrow$$
$$옵티컬프린팅(A) \rightarrow 투코(S) \leftarrow 주류영화규범(T)$$

　〈빛과 사운드 장치 …〉의 그 놀라운 카운트다운 장면이 우리에게 주는 충격은

---

37. 〈빛과 사운드 장치 …〉의 내러티브에 대한 메시아-유물론적 해석("부활의 주기", "엑소더스", "군중")을 가하는 로브닉의 뛰어난 글. Drehli Robnik, "Interventions in Saint Hill", *Peter Tscherkassky*, hg. Alexander Horwath/Michael Loebenstein, FilmmuseumSynemaPublikationen, 2005.("세인트 힐의 호모 사케르", p. 87).

여기에 있을 것이다. 레오네의 서부영화에서 지속이 길어질수록 빈틈은 점점 미세해지고 반응은 더욱 첨예해진다. 영화사에서도 마찬가지가 아닐까? 주류영화의 지속이 길어질수록 필름 자체의 반응은 첨예해지고 날카로워진다. 그것은 작지만 그만큼 더욱 격렬하게 스크린을 찢고 출현하는 새로운 영화, 영화사의 영원한 대상을 기다리는 필름스트립의 카운트다운이다. 세인트 힐의 호모 사케르는 영화 자신이다.[38]

이 모든 작가들이 깊이 이해하고 있는 바는 이것이다. 옵티컬 내러티브는 분명 내러티브는 아니다. 하지만 그것은 한계 내러티브다("한계 플롯"maginale Handlung[39]). 영화의 근경(의식·지성·코드)을 점거하는 내러티브와 영화의 원경(무의식·물질·효과)에 숨겨진 한계 내러티브와의 평행은 근원적인 것이지만, 한계 내러티브는 발생하는 이야기이고 내러티브는 발생되는 이야기라는 점에서 전자는 후자에 권리상 영원히 선행한다. 그래서 옵티컬 내러티브를 견인하는 역설은 한계 내러티브의 자기생성이 곧 내러티브라는 것이다(내러티브의 발생이 그 자신의 내러티브라는 역설과도 같은 효과다). 옵티컬 내러티브 작가들이 손수 필름을 만지거나 칠하고 렌즈를 깎고, 심지어 필름에 자신의 신체를 새겨 넣으려고 한다면, 이 역설이 단지 가설이나 관념이 아니라 구체적으로 실존하는 것임을 보여주기 위함이다. 각 작가는 그로부터 다양한 측면들을 끌어내었다. 즉 내러티브는 한계 내러티브의 자기 투영이다(보카노프스키). 내러티브는 한계 내러티브의 자기 배설이다(마투시카). 내러티브는 한계 내러티브의 자기 응시다(체르카스키). 모든 경우에서 그것이 필름의 것이든 혹은 작가 자신의 것이든, 육체는 대상을 바라보던 카메라의 위치에서 벗어나, 그 스스로가 대상이 된다. 허나 이는 스스로 변형됨으로써 그 자신을 서술하기 위해서다. 이제 그는 스크린 뒤에 숨은 서술자가 아니다. 그는 스크린 위에서 변형됨으로써만 말하는 한계서술자다. 그는 작가를 대신하던 카메라가 아니다. 그는 차라리 작가를 체화한 프린터Drucker다. 고로 "피는 잉크가 되어야 한다."[40] 미셸 시옹의 말대로 이는 마치 스크

---

38. '자율적 영화'에 대한 체르카스키의 입장은 다음 글, Peter Tscherkassky, "The Framework of Modernity", *Film Unframed.*

39. "그 영화적 물질이 한계 플롯에 침투하는 영화…"(Peter Tscherkassky, *Peter Tscherkassky*, p. 153).

40. 마투시카 인터뷰. *Überraschende Begegnungen der Kurzen Art*, hg. Peter Kremski. Schnitt Verlag/Internationalen Kurzfilmtagen Oberhausen, 2005, p. 42. 마투시카가 〈볼헤드〉에서 머리의 기능과 의미에 대해서 말하고 있다: "인간 머리가 기계에 결합되어서, 자동적으로 프린트하기 시작한다

린에 투영되는 광선의 진동이 곧 주인공의 행동이 되는 그런 내러티브다.[41] 한마디로 한계 내러티브의 자기평행이 곧 내러티브의 발생이다. 그래서 평행은 반성이 아니다. 한계내러티브는 내러티브를 반성할 수 없고, 단지 평행 속에서 그를 빙의시키고 가면을 씌우거나 벗기고 또 먹고 쌀 수 있을 뿐이기 때문이다. 반성을 말하는 엘리트들, 비평가들은 이를 종종 잊는다. 그리고 그들은 옵티컬 내러티브 영화는 관객으로 하여금 내러티브 자체를 반성케 하는 반反내러티브 영화라고 오도하며, 다시 영화를 유클리드 스크린 안에 가둬 놓곤 한다. 하지만 옵티컬 프린터가 발신자가 아니듯 옵티컬 효과는 대상이 아니다. 옵티컬 효과는 대상을 구성할 뿐이다. 옵티컬 내러티브는 효과로만 이루어지는 이야기이지, 결코 이야기를 대체하는 효과가 아니다. 체르카스키가 집요하게 주장하는 바도 이것으로서, 가령 플릭커는 픽션으로부터의 단절disconnect이지 결코 필름으로부터의 단절이 아니며, 반대로 필름 자체로의 재연결reconnect일 뿐이다. 그리고 바로 그 재연결에 의해 작가에 의해 새롭게 발견되고 관객과 함께 자율적으로 재창조되어야 할 한계 내러티브 자체가 발생한다.[42] 옵티컬 내러티브는 내러티브가 아닌 바로 그 이유로 반내러티브가 아니다. 그것은 평행내러티브이고 메타내러티브이며, 호바쓰의 용어를 빌자면 슈퍼내러티브("슈퍼-키네마토그래피")다. 한계 내러티브에서의 도약이 곧 주체(또 그에 동일화하는 관객)의 내러티브가 되기 때문이다. 이 모든 역설을 반성적 지성은 이해하기 어려울 것이다. 이 역설은 순수하게 체험과 효과성의 차원이기 때문이다. 한계 내러티브는 내러티브를 연기한다perform. 미미 미누스는 똥을 단지 재현하지 않는다. 미미 미누스는 단지 먹고 싼다.

면 어쩌겠는가?"(같은 곳).

41. Michel Chion, "Trois Mots sur l'Ange de Patrick Bokanowski", *Les Créateurs*, n° 43, mars 1983. ("이것은 마치 투영의 광선이 스크린에 투영되고 그 진동이 행동이 되면서, 영화를 만들기 위해 어떠한 환영적 이미지도 필요하지 않은 것과 같다.", pp. 59~60).

42. 체르카스키 인터뷰. *Balthazar*, n° 5, printemps 2002. (http://cyrilbg.club.fr/tscherkanglais.html). 자신의 영화와 픽션 영화와의 차이(특히 스크린과 관객의 위상과 관련된)에 대해 설명하는 체르카스키의 이 인터뷰는 매우 중요하다. 인터뷰어와 체르카스키 사이엔 인지학적 용어들의 혼용 때문에 잠깐 실랑이가 일어나지만, 체르카스키의 요지는 꽤나 명료하다 : 보통 할리우드 영화에선 관객이 내러티브를 믿는 대신 자의식을 잃는다(메츠). 그러나 자기 영화의 경우 관객은 자의식을 잃지도 않지만 그렇다고 자의식을 보존하지도 않는다. 여기서 관객은 영화가 내러티브를 구성하는 데에 참여하기 때문이다. 고로 플릭커는 소격이 아니라 참여다.

4

다이렉트 시네마

4-1. 평행의 체험 : 루쉬, 페로, 하라 카즈오

　한계 내러티브는 내러티브의 (옵티컬) 공백으로부터 내러티브를 새롭게 발견해내는 테크닉이므로, 옵티컬 프린팅은 실천이다. 하지만 반대로, 실천이 곧 옵티컬 프린팅일 수 있을까? 암실에서 필름스트립과 그 옵티컬 효과들이 한계 내러티브를 스스로 구성해내듯, 세계에서 인생-스트립과 그 생의 현상들이 한계 내러티브를 스스로 구성하도록 영화를 찍는 실천 자체가 하나의 프린팅 행위가 되는 그런 영화, 나아가 작가 자신이 옵티컬 프린터가 되는 그런 영화. 페로, 브로와 루쉬가 기존의 민족지학적 기술법과 주체 중심의 다큐멘터리 장르에 불만을 가졌다면 그 이유도 여기에 있다. 기존 다큐멘터리는 지배자의 관점과 같은 이미 짜놓은 시나리오에 세계를 끼워 맞추며 대상들로 하여금 스스로 이야기할 수 있는 기회와 능력을 박탈하고 있으며, 그런 면에서 주체 중심의 다큐멘터리는 내러티브 영화와 하등 다를 바가 없다. 고로 타자의 자발적 이야기를 담으려는 새로운 다큐멘터리에게 필요한 것은 카메라와 대상 간의 거리를 줄이는 척하면서 결국은 그 거리유지에 봉사하는 주체 중심의 간격이 아니라, 카메라와 대상 간의 거리를 인정함으로써 그 거리를 한계 내러티브로 전환할 줄 하는 타자 중심의 새로운 간격이고, 그를 가능케 하는 새로운 기술적 조건들이다. 만약 다이렉트 시네마가 핸드헬드 촬영술과 경량화된 녹음기를 취한다면 그것은 단지 대상에 더욱 밀착함으로써 카메라와 대상 간의 거리를 줄이려고 하는 것만은 아니다. 반대로 그 밀착에는 너무 사소한 일상과 지나치게 미세한 디테일까지 포착함으로써 대상을 이해할 수 없는 타자로 만들고, 결국 대상과의 거리를 요원하게 하는 역설이 있다. 주체의 내러티브와 구분되는 타자의 한계 내러티브는 바로 이 밀착과 요원의 역설에서 나온다. 그것은 은연중에 하는 빈말, 무심코 뱉는 헛소리, 사소하고 무용한 몸짓 속에서 저절로 드러나는 타자 자신의 이야기이며, 주체(카메라)가 이해할 수 없는 만큼 타자에게 독립적으로 귀속되는 그만의 다른 이야기, 즉 **딴말**이다.

참말과 딴말을 최초로 분리^{split}시켰다는 점에서 페로는 다이렉트 시네마의 개시자라고 말할 수 있을 것이다. 하지만 여기서 딴말은 참말과 대립되는 언어가 아니다. 반대로 딴말은 대립되고 있는 진실 중 어느 쪽 편에도 들지 않는 순전히 이행적인 언어이고, 기억과 상상 사이에서 분기되며 스스로 진동하는 횡설수설이며 방언이다. 페로가 무심결에 녹음되는 내밀한 말들에 엄청난 중요성을 부여하며 그것을 촬영과 편집의 기준으로까지 삼은 것은 이러한 이유에서다. 참말은 고작해야 "기지의 것"^{connu}을 증언하는 바른말이지만, 딴말은 "미지의 것"^{inconnu}을 증언하는 다른 말이다. 예컨대 프랑스와 캐나다 어느 편에도 속하지 않는 퀘벡 사투리가 그러한 딴말이고(《세상의 다음을 위하여》), 언제나 한 공동체가 품어왔던 신화적이고 전설적인 대상을 증언한다. 빛나는 짐승과도 같은. 딴말이란 문자 그대로의 전설傳說-전이되는 이야기이다. 두 다른 바른 말(불어-영어, 프랑스-캐나다) 사이에서 진동하며 영원히 전송 중인 설說이다.[1] 그것이 거짓말일 수도 있다. 하지만 그것이 거짓말이 되고 가까운 현실적 세계에서 점점 빛을 잃어가고 퇴색할수록 그 대상은 머나먼 상상과 꿈속에선 점점 더 빛나고 분명해지며, 그렇게 빛나는 괴수는 그 전설을 공유하는 공동체의 독립성을 더욱더 신빙성 있게 증명해줄 것이다(바로 이 역설이 페로의 작품들이 퀘벡독립에 반대하는 당시 비평가들에게 얄미운 가식으로 비춰진 부분이다). 페로의 아비티비 4부작이 보여주는 심원한 역설은 여기에 있다. 자신의 퀘벡 사투리가 캐나다와 프랑스 어느 쪽에도 섞이지 못하는 주인공(라랑세뜨)은 그럼에도 불구하고 투쟁을 포기하지 않으며, 심지어 자신의 개인적 실패가 공동체의 성공이라고 확신한다. 그것은 대지의 불가능한 부활을 꿈꾸는 투쟁, 즉 애초부터 머나먼 전설이 될 투쟁이었기 때문이다.

---

1. "모든 말들은 숭배되는 상상물과 관련이 있다. 난 그 증인인 척 할 수밖엔 없다. 촬영과 몽타주로 그들이 말을 하도록 하는 증인 말이다 … 실재하는 것에 대해서 어떻게 작가인 척을 하겠는가?"(페로 인터뷰. *Cinéaste de la Parole*, Hexagone, 1996, p. 83).

다른 한편 루쉬는 역할극이야말로 다큐멘터리의 새로운 형식이라고 확신했다. 왜냐하면 대상은 맡은 배역을 통해서 스스로 주체로 이행할 수 있으며 그만큼 자유롭게 딴말을 지껄이고 엉뚱한 짓거리들을 늘어놓는 극적 과정 속에서 억눌려있던 대상(피지배자)의 이야기를 발설할 수 있을 뿐만 아니라, 그를 억눌러왔던 주체(지배자)까지도 그 이야기의 일부분으로 캐스팅할 수 있기 때문이다. 즉 배역이란 딴말의 증폭기이자 그 메가폰이다. 물론 역할극은 루쉬의 공헌만은 아니다. 루쉬 이전에 이미 루키에는 시나리오에 의한 다큐멘터리를 보여준 바 있다(《파르비크》). 그러나 그 시나리오에 엄청난 즉흥성과 자유도를 부여하여 대상들이 내키는 대로 시시각각 수정되는 시나리오, 나아가 배역들의 도취적인 상호작용 속에서만 이루어지는 허튼 이야기 이외에 어떤 정해진 결론도 없는 즉흥극 다큐멘터리를 만든 것은 루쉬의 공적이다. 그것은 니제르 인들이 서로에게 총리, 기관사, 장군, 병사의 배역을 부여함으로써 식민지 지배자의 유령에 빙의되는 모의국회이고(《미친 사제들》), 흑인 젊은이들이 미신에 의거해서 금괴를 제작하는 모의시장극이며(《재규어》), 미국 배우의 역할들을 자처하면서 자신들의 환상과 실재를 스스로 대조하고 심지어 그에 교정을 가하는 싸이코 드라마다(《나, 흑인》). 어떤 경우든 대상들(니제르 인)은 각자의 배역 속에서 스스로 주체(캐릭터)가 되어 자신들의 말과 행동을 작위적으로 만드는 대신, 그들이 공유해왔던 미신, 전설, 지배논리, 나아가 권력의 시나리오조차 집단적으로 캐리커처하게 된다. 루쉬의 영화에서 대상 인물들은 오직 타자가 되기 위해서만 스스로 배역을 맡는다. 그리고 거기엔 가면을 쓰면 쓸수록 더더욱 드러나는 타자의 민낯, 즉 딴낯이 있다(《차츰차츰》에서 주인공은 파리지엔느를 자처하며 점점 더 아프리카인의 속성을 드러낸다).[2] 페로가 딴말을 녹음했다면 루쉬는 딴낯을 클로즈업한다. 배역이란 딴낯의 접사 렌즈다.

---

2. 고티에는 다음 책에서 여러 용례와 인용을 통해서 다이렉트 시네마의 기술적이고 윤리적 가능성과 그 한계에 대해서 상세하게 분석한다. 그 문제의식은 연출자의 경계, 그리고 배우의 경계를 질문하는 것에 이른다. 기이 고티에, 『다큐멘터리, 또 하나의 영화』, 김원중·이호은 옮김, 커뮤니케이션 북스, 2006. 특히 7, 8, 9장. ("다이렉트 기법이 가져다준 것은 삶의 심화, 즉 말을 영화의 배우가 아닌 역사의 '배우들'에게 이전할 수 있는 가능성이다.", 208쪽. 루스폴리, 탱도, 리콕의 입장도 보라). 다음 책도 보라. Gilles Marsolais, *l'Aventure du Cinéma Direct*, Cinéma Club/Seghers, 1974. "Cinéma et Réalité". ("배우는 창조자가 된다." p. 290).

그리고 딴짓의 다이렉트 시네마가 있다. 물론 딴짓은 딴말에 항상 동반되며 루쉬·브로·모랭 트리오(《어느 여름의 연대기》)가, 이후엔 마르께(《즐거운 5월》)가 보여준 것처럼 다짜고짜 즉문즉답법을 통해서 얻어질 수도 있다. 하라 카즈오는 이를 카메라의 액션으로부터 발견한다. 그것은 대상들을 촬영하면서도 그와 대화하고 심지어는 다투거나 싸우는 카메라다. 하라 카즈오의 작품들은 여전히 역할극이지만 카메라와 그 뒤에 숨은 영화작가까지도 역할극의 한 배역으로 포함시키는 총체적 역할극이고, 그럼으로써 관찰자로 하여금 영화 속의 관찰대상만큼이나 영화 바깥에서의 결단을 종용하는 확장된 행동주의다. 작가의 옛 연인이기도 한 여자주인공이 카메라에 모래를 집어 던지는 딴짓을 감행할 때 우리는 또 어떤 딴짓을 결단해야 하는가(《극사적 에로스》)? 그리고 천황의 군대였던 것을 후회하며 기행을 일삼던 주인공이 급기야 카메라에게까지 시비를 걸고 결국 작가가 영화 찍기를 그만두려고 할 때, 이 모든 딴짓들은 누구의 편인가(《천황의 군대는 전진한다》)? 같은 방식으로 오노 요코는 대상의 딴짓뿐만 아니라 카메라의 딴짓(시선의 폭력)이 존재함을, 그리고 영화는 이 두 딴짓이 격돌하는 대결장이 될 수 있음을 보여주었다(《강간》). 딴말이 두 언어 사이에서 진동하는 사투리이고, 딴낯이 가면의 표면과 이면 사이에서 진동하는 얼굴이라면, 딴짓은 영화와 세계 사이에서 진동하는 몸짓이다. 그리고 이 세 가지 '딴'은 다이렉트 시네마의 세 가지 위상을 이룬다. 요컨대 ① 딴말-스플릿, ② 딴낯-마스킹, ③ 딴짓-트랜스. 이러한 요소들은 이후 다른 목적과 조건 속에서 도그마 영화들에게 차용되었다(빈터버그, 폰 트리에).

다이렉트 시네마는 순수한 참말이란 불가능하다는 것만을 증명하는 유치한 다큐멘터리가 아니다. 반대로 다이렉트 시네마는 진실을 건지기 위해서만 빈말을 뒤진다. 무심결에 내뱉는 말만큼 정직한 건 없다. 또 잠꼬대만큼 솔직한 건 없다. 다이렉트 시네마는 페이크 다큐멘터리가 아니다. 진실인 척하지만 사실은 가짜인 페이크 다큐멘터리와 정반대로, 가짜인 척하지만 사실은 진실인 게 다이렉트 시네마다. '시네마 베리테'cinéma-vérité란 용어 또한 혼동을 불러일으키고 논쟁을 소모적으로 만들 뿐이다. 왜냐하면 다이렉트 시네마는 베리테(진실)는 세계 안에 내재되어 있어서 영화가 그와의 거리를 좁혀갈수록 진실에 더 가깝게 다가갈 수 있다는 고전적 진리모델을 포기하면서 태어나기 때문이다. 반대로 다이렉트 시네마에게 진실은 세계 안에도 그렇다고 영화 안에도 없다. 그것은 정확히 세계와 영화 사이에 있으며, 고로 딴말하고 딴낯하고 딴짓하는 와중에만 드러나는 '딴 얘기'(한계 내러티브)다. 고로 이제 영화는 세계와의 거리를 좁히기는커녕, 카메라의 존재를 의식하고 또 심지어 그에 반응하는 인물들을 통해 영화 또한 가면을 쓰고 조각들을 모으고 헛소리를 해대는 등 세계와의 거리를 늘려나가면서, 그 다양한 잡종의 거리들만으로 직조되는 다른 이야기에 이르러야 할 것이다. 신빙(信憑)이란 신빙(神憑)이다. 여기서 카메라-주체는 진실을 추구하는 진지한 탐정이기를 포기하고 대상으로 하여금 또 다른 주체로서 방언과 넋두리를 지껄이도록 촉발하는 작위적인 배역 혹은 그를 바보같이 경청하거나 심지어 속아주는 금치산 청자로 축소된다. 다이렉트 시네마는 주체의 위증을 타자의 자기증언으로 전환하는 기술이다. "있지도 않은 것을 어떻게 의심하는가?"[3]

모든 민족지영화엔 다이렉트 시네마의 성격이 조금씩 있다(특히 맥두걸). 또 우린 트린 민하의 텅 빈 주체 이론을 대입할 수도 있을 것이다. 그러나 다이렉트 시네마의 주체성엔 그 이상의 무언가가 있다. 다이렉트 시네마에게서 주체(카메라 혹은 작가)는 허주虛主이되 다른 주체들(니제르인, 퀘벡인, 오키나와인 등)에게 그 주체성을 도둑맞고 심지어는 임대해주는 극중주劇中主로서 기능하며, 여기엔 각 주체들을 하나의 타자로 합성해내는 극적 공정, 나아가 그 빈말이 하나의 딴말이 되는 과정을 그 자신의 한계 내러티브로 삼는 프린팅 공정이 있기 때문이다.[4] 다이렉트 시네마는 단지 세계와 영화의 간격에 입각하지 않는다. 다이렉트 시네마는 **세계와 영화의 근원적인 평행**에 입각하며 그 무한원점에 카메라를 위치시킨다. 다이렉트 시네마 작가는 단지 허주가 아니다. 그는 전주(傳主-teleject), 환주(換主-transject)이고, 살아있는 슈프탄 글래스다. 그는 단지 텅 비어 있지 않다. 그는 서로에게 요원한 각기 다른 주체-스트립들을 패스시키는 거짓경로들로 과밀화되어 있으며, 여기서 그들은 하나의 딴자와 그 딴말을 이루기 위해 밀착되고 합성된다. 다이렉트 시네마는 망원

3. 페로 인터뷰. *Cinéaste de la Parole*, p. 304.
4. 루쉬는 픽션 〈처벌〉(La Punition)을 만들기도 했다. 하지만 방법론은 같다. "즉흥 픽션이란 실재로부터 요소들을 긁어모으고, 거기서 촬영과 함께 하나의 이야기가 생성되는 영화를 말한다."(루쉬 인터뷰. Jean Rouch, Cahier du Cinema, n° 144 juin 1963, p. 8).

렌즈의 실천이고, 행동하는 옵티컬 프린터다. 주체가 대상에게서 멀어질수록 대상은 주체에 가까워진다는 것, 그것은 주체와 대상이 서로에 대해 동일한 타자가 된다는 역설이며, 바로 그 역설이 타자 자신의 이야기, 즉 전설, 신화, 거짓말이나 잠꼬대와 구분되기 어려운 한계 내러티브를 이룬다. 다이렉트 시네마는 망원 다큐멘터리 tele-documentary다. 들뢰즈는 최고의 요약을 헌사한다 : 다이렉트 시네마는 '나=타자'다.[5] 즉 近者=遠者.

4-2. 다이렉트 극 : 클라크, 키아로스타미, 코스타, 도이치

다이렉트 시네마가 특정 시기와 국가의 사조를 지칭하는 용어였던 것만은 사실이나, 그 평행구조의 보편성만 인정한다면 그 외연은 꽤 넓어질 수도 있을 것이다. 심지어 극영화까지도. 가령 시나리오마저 그 원경과 근경의 평행회로로 구조화된 극영화라면 여전히 다이렉트 시네마가 아니겠는가. 우리가 다이렉트 시네마의 하부장르로 정의하고자 하는 다이렉트 극은 바로 그런 시나리오의 평행구조에 기반한다. 정의해보자. 다이렉트 극은 단지 다큐적 요소가 가미된 픽션이 아니다. 다이렉트 극은 다이렉트 시네마의 평행회로를 고스란히 극적 형식에 적용한 픽션으로서, 유운성이 '형상적 픽션'figural fiction이라 부른 것에 가깝다. 다이렉트 극은 그 원경(사실·사건·인물)보다는 근경(허구·픽션·캐릭터)으로부터 내러티브를 시작하되 "구체적이고 현실적인 사건이나 인물로서 우연성을 향해 픽션을 개방"[6]하기 위해서만 그리하

---

5. 질 들뢰즈, 『시네마 II : 시간-이미지』, 6장. 우리는 들뢰즈의 이 엄청난 챕터야말로 다이렉트 시네마의 가장 좋은 정의라고 생각하며, 앞으로도 꾸준히 참조할 것이다.

6. 유운성, 「형상적 픽션을 향하여」, 『유령과 파수꾼들』, 미디어버스, 2018, 198쪽. 물론 모든 다이렉트 극이 형상적 픽션인 건 아니다. 유운성은 형상적 픽션을 허구적 플롯의 형식을 무너뜨리진 않는 가운데, 우연성이 불러오는 "그 불확정성으로 인해 형식의 안정성을 슬며시 흔드는" 영화로 한정한다(200쪽). 반대로 모든 형상적 픽션은 다이렉트 극이다. 그 형식이 슬며시 흔들리든 요란법석 흔들려서 아예 무너지든 그 이면의 우연성을 드러내기만 하면 다이렉트 극이기 때문이다. 유운성이 형상적 픽션의 예로 자주 드는 작가는 키아로스타미, 코스타 등이다. 아울러 유운성은 우리가 근경/원경이라고 부른 것에 대응할, 가시존재/속성존재라는 놀라운 개념쌍을 제시하는데, 이는 한데 뭉뚱그려 버리기에 십상이었던 형상적 영화의 하위범주들을 분별하는 준거틀을 제공한다(가령 브레송의 모델은 속

는, 내러티브의 근경과 원경을 압착하는 형식의 영화다. 가장 먼저 떠올려볼 수 있는 방법은 허구의 시나리오(거짓의 형식)에, 실제상황 혹은 그와 유사한 상황에 처한 실제인물들(참의 내용)을 캐스팅하는 것이다. 이런 점에서 다이렉트 극의 때 이른 경쟁자는 이탈리아 네오리얼리즘(로셀리니, 데 시카)와 영국 프리시네마(마제티, 앤더슨, 리처드슨, 라이츠)라고 할 수도 있겠다. 하지만 네오리얼리즘에서 근경과 원경의 간극은 풍경 안에서 소멸되고 지워지기 위해서만 주어졌었다. 프리시네마는 그 간극을 가까운 자(개인)와 먼 자(집단)의 간극으로 치환함으로써 풍경의 허구성에 한 걸음 더 다가갔지만, 여기서도 간극은 유도된 의식이나 분노로 메워지기 위해서만 주어지는 것이었다(《함께》《오 꿈의 나라》《엄마가 허락하지 않아》《만약…》). 그들이 그리어슨 전통으로부터 애써 거리를 두었음에도 불구하고 말이다.[7] 이와는 반대로 다이렉트 극에서 근경과 원경, 허구와 사실, 작위와 신빙 간의 간극은 등장인물들에게 직접적이고 소거되지 않는 문제로 주어지며, 그 가상의 해결을 위해 내러티브를 전개하는 삐딱한 동력을 제공한다. 또한 사실성은 허구에게 극적 개연성을 제공한다. 고로 다이렉트 극에선 공적 플롯과 사적 플롯의 정통적 분기 대신에, 가까운 플롯과 먼 플롯의 삐딱한 분기가 있다. 즉 배우에게 연기하도록 하는 미리 짜인 본체 내러티브와, 그럼에도 불구하고 배우가 돌발해내는 딴말과 딴짓의 한계 내러티브의 분기. 가까운 플롯은 먼 플롯의 기회원인occasional cause이 되며, 반대로 먼 플롯은 가까운 플롯의 돌발효과abrupt effect가 된다. 돌발효과란 사실성의 섬광이다. 다이렉트 극에선 이 섬광이야말로 극적 개연성의 근거가 된다.

　이런 분기를 개척했다는 점에서 카사베티스와 클라크는 다이렉트 극의 선구자였다. 특히 클라크의 〈커넥션〉에서 마약쟁이들은 어떤 한 친구를 기다리는 도중에

성존재를 가시존재로 환원시킨 반면, 홍상수의 배우는 반복을 통해 속성존재를 추출한다, 반대로 영화산업의 스타는 가시존재와 가상들을 단일한 속성존재로 매개한다, 일반 픽션이 가시존재와 가상의 등치라면 형상적 픽션은 가시존재와 속성존재의 등치다…, 204~215쪽). 이 개념쌍은 심리학이나 현상학처럼 보여도(가시존재-현상現像, 가상-허상虛像, 속성존재-실상實像이라고 읽어도 무방하다), 결국 존재론적 구분이다. 게다가 바쟁과 카벨보다도 엄밀하다.

7. 프리시네마 최고의 화두였던 "책임"(commitment, responsibility)의 문제는 결국 사회에 대한 개인적 반응(respond)의 문제였다. 앤더슨의 유명한 다음 아티클, Lindsay Anderson, "Stand Up! Stand Up!", *Sight and Sound*, autumn 1956.

카메라 뒤에 있는 영화감독에게 시비를 걸고, 심지어는 카메라를 **빼앗아** 스스로를 연출하려고 한다. 또한 〈제이슨의 초상〉에서 제이슨은 영화감독이 주문했던 연기에 너무 열중한 나머지 이를 간간이 배반하며 돌연 자기 자신으로 돌아가려는 것처럼 보인다(그때마다 감독은 어김없이 드러난다). 만약 클라크가 재즈음악과도 같은 경쾌하고도 변박적인 리듬과 마약에 취한 것 같은 발작적 몸짓에 계속 천착한다면 그것은 바로 이러한 돌발성, 즉 그 한계 내러티브가 애초의 내러티브를 언제든지 넘어설 수 있고 그리하여 배우가 감독 쪽으로 언제든지 넘어올 수 있는 돌발성을 위해서다. 그리고 이 돌발성이 곧 내러티브를 밀어주는 동기와 근거가 된다. 이것은 카메라를 **빼앗거나** 배역을 이탈하는 등의 돌발효과가 매 순간 내러티브를 단절시킴과 동시에 그를 봉합한다는 의미다.[8] 클라크가 진정 영화화하고자 했던 것은 한 내러티브가 아니라 두 내러티브의 자유로운 교대, 무엇이 이전이고 이후인지, 누가 감독이고 누가 배우인지 더 이상 알 수 없는 무대 안팎의 자유로운 위상교대다.[9]

다이렉트 극은 평행의 내러티브와 구분되는 내러티브 자체의 평행이다. 우린 실제상황과 연극상황, 실제인물과 허구적 캐릭터를 섞어서 그들의 경계를 내러티브로 삼으려고 했던 이마무라(〈인간증발〉)와 마츠모토(〈장미의 행렬〉), 카메라와도 역할놀이를 하려고 했던 리베트(〈광란의 사랑〉)와 고다르(〈주말〉)를 극단적 사례로 들 수 있을 것이다. 또 비행청소년들이 감독을 모독하고 내러티브를 깽판으로 만든 장선우표 다이렉트극도 있다(〈나쁜 영화〉). 재현하기를 드러내거나 일부러 좌초시킴으로써 진실을 우회적으로 드러내는 실험적 다큐멘터리들에도 다이렉트극의 면모가 있다. 어떤 경우든 핵심은 주어진 내러티브를 촉발제 삼아 그로부터는 연유할 수 없었을 생생한 진실을 길어 올리는 것, 더 정확히 말해선 아무리 틀어막아도 비집고 터져 나올 수밖에 없을 생의 떨림과 호흡을 스스로 드러나게 하는 것, 그리고 그것

---

8. 클라크 작품들에 대한 버치의 분석을 보라(노엘 버치, 『영화의 실천』, 이윤영 옮김, 아카넷, 2013. 7장 「우연의 기능」, "카메라의 역할 변화", 178쪽). 버치는 '우연'에게서 관습적 형식에 저항하는 '질료'를 발견하고 있다. 그러나 버치는 영화에서의 우연이 단지 형식의 단절을 의미하지 않는다고 말한다. 오히려 그것은 이질적 형식을 완성한다("우연이 음악의 세계에서는 침입자처럼 보이지만, 영화의 세계에서는 자연스러워 보인다.", 167쪽).

9. "영화는 너무 자유로운 나머지 이전과 이후에 오는 것을 알 필요조차 없어야 한다."(클라크 인터뷰. *Cahiers du Cinéma*, n° 205, oct. 1968. p. 32).

을 극적 개연성과 동기로 재투자하는 것, 그리하여 흡사 캐릭터를 실제 인물로 빙의시키는 것처럼 허구와 실재가 혼용되는 도취 속에서 내러티브를 딴짓과 딴말의 딴얘기로 물들이고 오염시키는 것이고, 애초에 평행하게 주어졌던 영화와 세계, 시나리오와 역사, 픽션과 사실, 신화와 실화를 그 무한원점 속에서 밀착시키고 합성해내는 일이다. 실재의 한계 내러티브로 허구의 내러티브를 물들이고 감염시킬 것. 말을 딴말로, 낯을 딴낯으로, 짓을 딴짓으로 채색하여 역사를 캐리커처할 것. 즉 **사실에 취할 것.** 그럼으로써 "우리는 삶 자체는 보지 못하지만 그 힘의 효과는 느낀다."[10]

고로 다이렉트 극에선 길이 제일 중요하다. 여기서 길은 언제나 허구상황과 실제상황으로 평행하게 분기하는 갈림길이고, 딴낯과 딴짓과 같은 사실성은 그 교차점이라 할 수 있는 무한원점에서 돌발하기 때문이다. 풍부한 작가군이 존재하지만 몇몇 작가만을 길의 유형으로 분류해보자. 윈터바텀은 아프간 소년이 국경을 넘어 영국으로 망명하려 했던 탈출루트를 그대로 되짚는다. 그 루트를 재현하기 위함이 아니라, 그를 허구적 내러티브로부터 실재로 빠져나오는 딴길로 삼고, 그 소년이 거기서 조우했을 우연적이고 돌발적인 상황, 그 가쁜 호흡과 뜻밖의 몸짓으로 허구를 다시 채우기 위함이다. 그렇게 실제 탈출루트는 허구로부터의 탈출루트가 되고, 반대로 허구적 내러티브는 실재로의 진입루트가 된다(〈인 디스 월드〉). 이처럼 다이렉트 극은 영토로부터의 탈출이 곧 배역으로부터의 탈출이 되는 배우의 문제를 통하지 않고서는 어떤 정치적·미학적 논제도 거론할 수 없다. 키아로스타미가 그 문제에 천착했다. 그러나 풀이가 전혀 다르다. 그의 카메라는 허구를 만들려는 자와 허구를 거부하는 자, 배역을 덧씌우려는 자와 배역을 이탈하려는 자 사이를 끊임없이 왕복하며 지그재그를 그린다(〈클로즈업〉). 윈터바텀의 딴길이 역사를 암행하는 일방통행이라면, 키아로스타미의 딴길은 현실과 허구, 역사와 내러티브를 횡행하는 쌍방통행이다. 지진으로 폐허가 된 이란 북부로 배우들을 찾으러 가는 감독의 여정이 그러하고(〈그리고 삶은 계속된다〉), 주어진 배역처럼 여배우에게 구애하려고 배역을 이탈하는 남자배우의 여정이 또 그렇다(〈올리브 나무 사이로〉). 그리고 키아로스타미는 이 지그재그를 확장하여 자신의 작품들을 왕복하려 하기까지 했다(지그재그 삼부

---

10. 유운성, 「형상적 픽션을 향하여」, 『유령과 파수꾼들』, 224쪽. "미미한 몸짓"의 사례들을 분석하는 부분.

작). 거기서 이전의 사건과 이후의 사건은 서로를 통해 미지의 것으로 매 순간 새롭게 발견되며, 그 분리와 이격은 그 샛길을 실제로 여행하며 점점 가면을 벗는 감독/배우의 생생한 민낯으로 채색되어 간다.[11]

　페드로 코스타는 완전히 다른 길이다. 그가 만약 역사에 관심이 있다면 그건 포르투갈 이주민의 역사처럼 이미 황폐화되어 지워지고 있는 역사이고, 만약 배역에 관심이 있다면 그건 그들에게 강제로 덧씌워져 파멸만을 기다리도록 하는 족쇄이기 때문이다. 다이렉트 시네마에 표현주의를 도입한 이가 있다면, 그건 아마도 코스타일 것이다. 코스타의 미장센은 강렬한 흑백의 대조, 어둠에 짓눌리거나 분할된 구도, 무엇보다도 거대한 구덩이나 동굴이 되어버린 검은 구멍에 사로잡혀 있다. 그것은 코스타의 내러티브에 유난히 많다고 지적되는 생략부나 결손부를 이루는 언어와 이성의 구멍이기도 하다. 그렇게 시공간에 뚫린 침강로들의 다발은 목이 좁아지며 가장 먼 심연까지 붕락하는 다공성 깔때기를 이룬다(폰타이냐스 삼부작). 코스타의 영화는 만약 딴길이 내러티브로부터의 탈출로라면, 그것이 근거해야 할 역사의 어디선가 먼저 구멍이 뚫려야 함을 너무도 처절하게 보여준다. 또 딴길에서 만나게 될 딴낯은 바로 그 구멍을 통해서만, 차라리 그 구멍에 갇혀서만 목격됨을 보여준다. 영화에 앞서 역사가 이미 표현주의다. 여기는 일방통행일 수 있을 것이다. 그러나 그건 역사의 밑바닥으로의 추락이다. 여기는 쌍방통행일 수도 있을 것이다. 그러나 그건 기억의 잔해들 사이에서의 방랑이다(《호스 머니》). 코스타의 딴길이란 막다른 길이다. 그것은 도주로(윈터바텀)나 왕복로(키아로스타미)와 혼동될 수 없는 퇴로다. 이주된 뒤에도 끊임없이 철거되어 퇴거 중이며, 식민된 곳으로부터도 재차 추방되고 있는 자들에게 유일하게 남은 딴길이다. 벤투라는 그림을 보기 위해서가 아니라, 그가 지었던 벽을 보러 미술관에 들어갔다(《행진하는 청춘》). 허구로 입장하면 할수록 실재를 향해 퇴장하게 되는 역사의 타자들, 그 민낯, 거기서 혹시라도 돌발하여 다시 삶을 꿈꿀 미미한 딴낯을 누구도 이렇게 잔혹할 정도로 소묘하진 못했다.

11. 이 삼부작에 있어서 픽션과 리얼리티, 플래시백과 플래시 포워드 간의 이격과 봉합에 대한 로라 멀비의 분석을 보라. 『1초에 24번의 죽음』, 이기형·이찬욱 옮김, 현실문화, 2007. 7장.

일반적으로 다이렉트 극에서 한계 내러티브는 딴길이다. 그것은 픽션으로부터 도망친다는 의미에서 딴길이고, 픽션과 실재를 들락날락한다는 의미에선 샛길이기도 하다. 딴길은 정확히 페로가 말했던 "거짓경로"다.[12] 딴말·딴낯·딴짓은 모두 딴길 위에서 마주치는 것들이다. 이것이 돌발突發이고 돌연突然이다. 딴길은 픽션에 돌연 구멍(탈출구 혹은 출입구)을 뚫는다. 그러나 그 이유는 그 목적지가 사실이고 그 도정이 역사이기 때문이다. 이는 마치 픽션이 사실로 향하는 터널이 되기 위해 내러티브 스스로 구멍 나는 것과도 같다. 이 빈틈을 정당화하는 것, 나아가 극에는 개연성과 필연성을 부여하고 인물에겐 독립성과 자율성을 부여하는 것 역시 그렇게 돌연하는 사실성이다.[13] 버치의 〈우연=질료〉, 유운성의 〈유령=속성〉 정식이 말하고자 하는 바도 이것이다. 다이렉트 극의 최종정식 : 〈돌연(突然)=자연(自然)〉. 다이렉트 극이 역사를 증언하지 않는다고 볼 수 없다. 반대로 다이렉트 극은 픽션의 돌연한 실패를 통해서 자연하는 사실만을 증언하려고 한다. 즉 이야기의 위증이 곧 역사의 자기증언이 되도록 할 것, 요컨대 **역사를 연기하라**. 이것이 다이렉트 극의 정언명령이다. 이는 현대연극학이 말하는 '역사 수행'performing history과도 궤를 같이하는 방법론이기도 하다.[14]

다이렉트 극엔 언제나 파운드 푸티지의 성격이 있다. 그 둘 모두 역사를 재활용하기 때문이다. 실상 샛길은 이미지와 푸티지 사이에서 먼저 성립한다. 루쉬가 역할극으로 의도한 바도 식민지적 이미지에 가려져 있던 니제르-푸티지의 재발견이었다. 반대로 파운드 푸티지에게도 평행성과 딴길은 이미 본질적 화법이었음 또한 우린 보았다(립친스키, 위그, 로젠블라트). 특히 코스타는 반다와 벤투라를 파운드 푸

---

12. "거짓경로"에 대해서는, 페로 인터뷰. *Cinéaste de la Parole*, pp. 256~257. ("난 언제나 거짓 경로를 따른다. 난 미지의 것을 쫓는다.")

13. "하나의 이야기는 글자퍼즐마냥 구멍들과 공란들을 가져야 하며, 관객들이 그것들을 채워야 한다. 그게 아니라면 영화와 관객은 똑같이 사라지고 말 것이다."(키아로스타미 인터뷰. "Un Film, Cent Rêves", *Abbas Kiarostami*, Cahiers du Cinéma, 1997, p. 71).

14. 김용수, 『퍼포먼스로서의 연극 연구』, 서강대학교 출판부, 2017. 8장. 김용수는 유치진과 이근삼의 한국 역사극을 분석한다. 요는 "역사 수행"은 단순반복이나 재구성으로 환원되지 않는, 집단정체성을 복구하거나 조정하는 행위라는 것이다(2절, 5절). 같은 방식으로 양주별산대와 신파극을 분석하는 9장도 보라("한국적 연극은 인위적으로 구성된 문화적 기억을 행하는(perform)하는 것이다.", 446쪽).

티징한 작가라고 할 수도 있으리라.[15] 그만큼 다이렉트 극과 파운드 푸티지 간의 원초적인 동근원성이 있으며, 그를 주제적으로나 기법적으로 밀고 나갈 때 파운드 푸티지를 '파운드 내러티브'로 끌어올리는 더 급진적 양식들을 우린 만나게 된다. 이를 '다이렉트 푸티징'이라고 부를 수 있다. 그러나 다이렉트 극과 그 평행구조는 같다. 예컨대 크레이그 볼드윈은 철 지난 SF 영화, 유치한 과학교육 자료들, 혹은 잡다한 뉴스릴과 TV 광고들을 모아서 거대한 정치적 음모와 같은 내러티브를 재구성했는데(《트리뷸레이션 99》 〈Mu 모형〉), 그것은 푸티지에게 어떤 인용-부호나 배역들(카스트로, 레이건, CIA 요원, 사이언톨로지 교주 등)을 새롭게 부여함으로써, 그들 스스로 짜나가는 이야기 속에서 음모론의 전말을 실토하게끔 하는 암호해독극을 이룬다. 이것은 정확히 푸티지가 연기하는 다이렉트 시네마다. 특히 정보와 미디어가 그들만의 유토피아 시나리오를 쓰는 것을 권력으로 삼는 오늘날, 이처럼 영화는 그 틈틈이 남았을 딴길들을 재발견하여 그 끝에 숨겨진 디스토피아를 무대에 올려 고발할 사명감이 있다. 푸티지의 "귀류법적 플롯짜기."[16]

도이치는 또 다른 다이렉트 푸티징이다. 〈필름 이스트.〉에서 푸티지는 더 이상 영화가 아니라 세계에 속하는 것처럼 보인다. 단 그건 그 어떤 푸티지라도 언제든지 반복되거나 교체되고, 또 무한히 추가될 수 있는 궁극의 백과사전으로서의 세계다. 도이치에게 푸티지는 무한한 목록의 일부로서 세계에 속하는 대신, 영화는 여전히 보이지 않는 이미지로서, 하지만 너무나 완벽한 나머지 아직 도달하지 않았을 뿐인, 차라리 영원히 도달할 수 없을 이상적 이미지로 존재한다.[17] 이것은 흡사 거기 있었던, 혹은 거기 있을 수 있었던 모든 사실들에 도취하는 이상적 박물관, 혹은 순수한

15. 코스타의 페르소나를 푸티지로 간주하는 유운성의 글, 「지하로부터의 수기」, 『오큘로』, 2016년 2호 (『유령과 파수꾼들』에 재수록). "그는 전형적인 인물도 아니고, 상징적인 인물도 아니며 그렇다고 해서 사실적인 인물도 아니다. 그는 아예 인물이라 할 수 없다."

16. Jeffrey Skoller, *Shadows, Spectres, Shards*, University of Minnesota Press, 2005, p. 32. 스콜러는 〈트리뷸레이션 99〉가 가지는 풍자와 패러디의 측면을 살핀다. 그러나 결국 그는 내러티브의 자의성을 주장하는데 우린 이에 동의하지 않는다. 반대로 다이렉트 푸티지 영화에서 내러티브에 필연성을 부여하는 것이 바로 한계 내러티브의 진실성/사실성이다. 허구를 꾸며내는 건 이미지지 푸티지가 아니다.

17. "〈필름 이스트.〉라는 영화는 절대로 끝나지 않는다. 언제나 무언가가 있을 것이다." (도이치 인터뷰. *Gustav Deutsch*, hg. Wilbirg Brainin-Donnenberg, Michael Loebenstein, FilmmuseumSynema-Publikationen, 2009, p. 82).

에너지 상태의 아카이브 창고 같은 것이다. 〈필름 이스트.〉는 세계를 이루는 무한한 딴짓들이 초월적으로 종합되어 이루는 순전히 잠재적인 영화, 즉 존재로서의 필름 자체다. 그것은 흡사 현상학에서 말하는 '빛'처럼 어떤 푸티지와 어떤 이야기가 주어지더라도 거기에 있는 '필름-존재'Film-Sein로서, 여기서 내러티브는 현존재의 역할들끼리 "합선 나고" 그 "절연체"를 마모시키며 내는 "스파크"에 다름 아니다.[18] 이 스파크가 빛의 딴짓이다. 하지만 그것은 필름-존재에 귀속되는 스파크이고, 세계-내-푸티지의 나타남Erscheinung이다. 볼드윈에게 플릭커가 폭로라면, 도이치에게 플릭커는 계시다. 볼드윈의 한계 내러티브는 암호와 해독에 연관된다면, 도이치의 한계 내러티브는 목록과 부기에 연관된다. 볼드윈이 현대의 모든 메시아주의에 저항하는 정치학자의 면모를 가지는 반면, 도이치에겐 독실한 성직자의 그것에 비견할만한 고문헌 학자 혹은 박물학자의 숭엄한 신념이 있다. 무엇보다도 이러한 차이는 세계와 영화의 근원적 평행에 대한 두 다른 태도에서 기인한다. 볼드윈에게 영화사는 세계사의 한계 내러티브라면(딴짓을 먼저 하는 것은 세계다), 도이치에겐 반대로 세계사가 영화사의 한계 내러티브다(딴짓은 영화에게 먼저 귀속된다). 영화는 세계의 푸티지다(볼드윈), 혹은 세계는 영화의 푸티지다(도이치). 도이치는 역사를 믿는다. 그러나 그건 존재를 믿기 때문이다. 도이치의 필름-존재는 자기 자신의 서술이 곧 모든 역사가 되는 역사-존재다.[19]

그러나 어떤 경우든 이제 푸티지는 단지 역사의 단면을 증거하는 죽은 시체가 아니다. 다이렉트 시네마에서 푸티지는 역사(세계의 음모, 영화의 존재)를 연기하는 배우들이며, 그 자전적 내러티브적 통일성 속에서 길어 올리는 자율적 정체성이 그들에게 있다. 다이렉트 극이 배우를 푸티지로 삼는다면, 다이렉트 푸티지는 푸티지를 배우로 삼는다. 다이렉트 극이 단지 발명된 내러티브가 아닌 것처럼, 다이렉트 푸티지는 단지 발견된 푸티지가 아니다. 그건 그 둘의 종합일 파운드 내러티브를 취하

18. 톰 거닝이 전통적 내러티브 영화와 〈필름 이스트.〉의 내러티브를 비교하며 쓴 표현들이다. Tom Gunning, "From Fossils of Time to a Cinematic Genesis", *Gustav Deutsch*, pp. 174~175. 쿨레쇼프와 도이치의 편집술을 비교하는 부분도 보라.
19. 필름-존재의 역사성에 대해선 호바쓰의 뛰어난 글. 같은 책, Alexander Horwath, "Kino(s) der Geschichte".

는 두 다른 길이다. 푸티지가 되어버린 배우 그 자신이 망각된 역사의 암부로부터 도약하는 이야기가 메타 내러티브가 되는 메타 푸티징의 두 방법론meta-hodos이다.

4-3. 카사베티스와 배우 자신

다이렉트 시네마엔 도취의 성격이 있다. 그것은 사실성에 취해 있다. 기록되지 못하지만 취소될 수도 없는 생의 우연성에. 한계 내러티브는 내러티브의 취중진담이고, 반대로 내러티브는 한계 내러티브의 음주운전이다. 바로 이 때문에 다이렉트 시네마는 으레 취하는 자, 즉 배우를 요청해왔고, 많은 작가들이 좋은 배우를 물색하는 데에, 혹은 인물을 좋은 배우로 성장시키는 데에 많은 공을 들였다. 그러나 카사베티스[카사베츠]만큼 이 여건을 그 최심층까지 파고 들어가 그토록 경이로운 생동감과 디테일을 끌어올렸던 작가는 아마도 없을 것이다. 만약 카사베티스가 배우들에게 느슨한 시나리오만을 던져주고서 그 자신은 연출자보다는 분위기를 조장하는 역할, 차라리 미팅 주선자의 역할로 물러서려고 한다면 그 이유도 여기에 있다. 배우들에게 최선의 자유를 주고, 그 자유로운 분위기 속에서 길어 올리는 개별적 생생함으로 내러티브를 채울 것. 하지만 이것이 내러티브가 흡사 색칠공부 책의 빈칸처럼 연기로 채워지기를 기다리는 프로그램이란 것을 의미하진 않는다. 반대로 이것은 어떤 배우가 자신의 배역을 연기해내고 살아내는 대로 시시각각 교정되고 차츰차츰 다듬어져 가는 발생 중의 내러티브, 그 배우의 변화와 함께 공변하고 나아가 그 배우가 아니면 달라져야만 하는 자동변조 내러티브를 의미한다.[20] 같은 이유로 이것이 제멋대로 하는 즉흥연기를 의미하는 것도 아니다(실제로 카사베티스는 즉흥연기란 개념을 마뜩잖아했다). 반대로 이것은 배우가 배역에 충실하기 위해서 자기 자신의 가장 먼 심층부까지 파고 들어가, 그를 근거로 해서만이 맡은 배역을 수

---

20. "영화를 만든다는 것은, 그것은 한 남자, 한 여자, 둘 혹은 여러 사람들의 **역사**에 대해서 말한다는 것이다. 각 **개인**(individu)에 대한 두 영화는 절대로 닮을 수가 없다. 각 사람의 영혼이란 고유하기 때문이다."(카사베티스 인터뷰. *Cahiers du Cinéma*, n° 205, oct. 1968. p. 37. 강조는 인용자).

정하고 변형시킨다는 것을 의미한다.[21] 카사베티스는 배우의 자유에 대해서 이중적 입장을 취하곤 했었는데, 바로 여기에 카사베티스 연기론의 핵심이 있다 할 것이다. 나쁜 자유는 시나리오와 대립할 것이다. 그러나 좋은 자유는 시나리오와 대립하지 않는다. 왜냐하면 그것은 시나리오를 필요로 하지 않기 때문이다. 배우가 궁극적으로 향유해야 할 자유란 스스로 시나리오가 되는 자유인 것이다.

카사베티스 연기연출론, 그것은 배역의 기회원인론이다. 시나리오는 완전한 필연이 아닌 것처럼 연기는 완전한 우연이 아니다. 시나리오가 필연의 우연성을 인정해야 하는 것처럼 배우는 우연의 필연성을 탐색해내야 한다. 카사베티스가 말하는 '배우 자신'이란 그 자신이 살면서 체득했던 습관이나 말버릇, 무의식적인 제스처, 그만의 기질과 기억 전반을 포함하는 것으로서, 극중 배역(캐릭터)이나 배우(이미지)와도 혼동될 수 없다. 다시 유운성의 개념을 빌자면, 배우 자신은 가상적이거나 가시적인 존재가 아닌 속성존재다. 허구적 상황에 제한되는 영화의 배역과 구분되는, 그 배우가 살아냈던 생의 배역이다. "좋은 배우 같은 건 없다. 관건은 삶의 연장 extension of life이다. 삶 속에서 연기할 수 있는 방식이 곧 스크린 위에서 연기할 수 있는 방식이다." "너 자신을 드러내라."Reveal Yourself[22] 즉 생에 취하라. 고로 삶의 연장은 배우가 그 자신 삶으로 분할함으로써 생성되는 가분적 시나리오를 의미한다. 즉 완전히 화이트헤드적 차원으로서, 여기서 핵심은 시나리오를 "연장적 연속체"로 만든다는 데에 있다.[23] 요컨대 평행하게 진행되는 두 벌의 시나리오가 있다. 감독의 시나리오엔 의식-이미지-배역이 미리 쓰여 있고, 배우의 한계 시나리오엔 무의식-신체-배우 자신이 이제 막 쓰여지고 있다. 전자는 말-짓-낯의 큰길인 반면, 후자는 딴말-딴짓-딴낯의 딴길이다. 물론 이 두 형식은 매 순간 겹쳐지고 뒤집어지고 또 섞여들면서 어느 것이 겉이고 속인지 분간되지 않는 총체적인 도취 상태under the influ-

---

21. "난 자신을 드러내지 않는 배우를 죽여 버릴 준비가 되어 있다. … 만약 자유란 것이 배우 자신에게 아무 의미도 없는 말을 지껄이고, 이야기에만 적당히 맞춰서 그 자신이 믿는 것들을 내버리는 것이라면, 난 이를 용납하지 않을 것이다."(카사베티스 인터뷰. *Cassavetes on Cassavetes*, ed. Ray Carney, Faber and Faber, 2001, p. 169).

22. 카사베티스 인터뷰. 같은 책, pp. 170, 169.

23. "현실적 존재들은 연장적 연속체를 원자화시킨다. 현실적 존재가 그걸 분할한다."(PR 2부 2장 2절, 169).

ence에 있다.

이미 〈그림자들〉부터 카사베티스의 영화는 밀당과 흥정 속에서 나타나는 변화무쌍한 표정들, 그 몸짓과 신체의 영화였고 흡사 재즈처럼 변박하는 변덕의 영화였다. 하지만 그 변덕은 어느새 이루어지는 것으로서, 그 변화는 내러티브의 가장자리에서 부지불식간에 진행되어 말이나 행동의 한 상태는 언제가 시작이고 언제가 끝인지 특정할 수 없는 무심결의 어떤 순간에, *어느새* 이미 다른 상태로 바뀌어 있다. '어느새'는 딴말과 딴짓의 위상이다. 모든 것은 〈얼굴들〉로부터 시작되었다. 〈그림자들〉에서 재즈의 흥분에 의존하고 있던 흥정과 밀당의 말들은 이제 그 변박성을 완전히 흡수하여 뚜렷한 문맥 없이 이어지는 잡담들, 말꼬리 잡거나 따라 하는 빈말들, 화를 내거나 흥분을 했다가도 돌연 사랑을 속삭이는 어조의 변덕이 된다. 이것은 게임이나 퍼즐이 되어버린 말로서, 마치 자유롭게 배역이 교대되거나 공수가 뒤바뀌듯이 돌연 반전되는 어조변화(톤 체인지)를 통과하며 하나의 말은 어느새 딴말로 변하여 있다. 특히 농담 따먹기가 그렇다. 〈얼굴들〉뿐 아니라 〈미니와 모스코비치〉에서도 농담은 언제나 다른 농담을 파생시키기 위해서만 말해지며, 하나의 농담은 웃어야 하나 말아야 하나 머뭇거리는 바로 그 어느새, 이미 다른 농담으로 변조되고 굴절되어 있다. 어느새에 의해 농담은 딴말의 파생접사이고 굴절접사다. 이것은 농담이 아니라 "반–농담"antijoking 24이다.

그러나 무엇보다도 카사베티스에게 딴말의 변조는 얼굴들에 의한 것이다. 얼굴은 끝없는 잡담이나 농담 따먹기와 함께 공변하며, 어느새 다른 얼굴로 변화함으로써 하나의 얼굴은 다른 인물의 얼굴을 위한 파생접사가 되거나, 그 자신의 다른 얼굴을 위한 굴절접사로만 주어진다. 이것이 〈얼굴들〉의 저 위대한 초반 시퀀스가 우리에게 보여주는 경이로움이다. 술에 취해 서로 얼싸안고 춤추던 세 남녀는 무심코 던진 짓궂은 농담에 의해 정색하며 느닷없이 갈라지는가 싶더니, 어느새 다시 구호

---

24. Ray Carney, *The Films of John Cassavetes*, Cambridge University Press, 1994, p. 105. 이 책은 카사베티스 작품들의 문법적 측면뿐만 아니라 심리적이고 철학적 측면까지도 아우르는, 카사베티스에 대한 최고의 연구서다. 카니는 이 밖에도 "감추기"(veiling), "건너뛰기"(skipping), "관점 선회"(swerving perspective)와 같은 카사베티스의 다른 극작술들도 논한다. 그리고 그 철학적 원류로서 제임스, 에머슨, 체호프 등 많은 사상적 배경들을 제시한다.

를 외치고 교가를 부르면서 다시 합쳐진다. 모든 것은 마치 농담으로 경쟁을 하던 두 남자가 농이 도를 넘자 대뜸 서로 정색하는 것처럼, 그러나 반대로 언제 그랬냐는 듯이 정색이 다시 대뜸 화색으로 둔갑하는 것처럼 일어난다. 그리고 이 두 얼굴 사이에 때로는 망연자실게 그들을 바라보기도 하고 때로는 열렬하게 환호하기도 하면서 스스로도 변조되는 지니의 오만가지 얼굴이 있다. 즉 얼굴은 어느새 다른 얼굴이 되어 있다. 그리고 카메라는 얼굴을 너무나 너무 일찍 혹은 너무 늦게 포착하므로 어떤 얼굴도 항상적인 소멸상태에 처한 것으로 보인다. 혹은 다른 얼굴들 간 매개적 상태에 있다. 의식의 자리는 부지불식간으로 축소되어 마치 미세한 눈짓과 찡그림, 입꼬리나 입술의 불수의적인 무심결의 떨림이 모든 의식적 표현을 넘어서고 장악하고 있는 것만 같다. 다른 영화들보다 〈얼굴들〉에서 카사베티스는 딴낯의 원리를 확신한다. 한 얼굴은 언제나 얼굴들 사이에 있으므로, 그 자신 스스로도 여러 얼굴들이다. 그것은 영원한 딴낯이다.

〈얼굴들〉이 딴낯의 영화라면 〈영향 아래 있는 여자〉는 딴짓의 영화다. 여기서 메이블(지나 롤랜즈)의 신경쇠약은 그녀를 매 순간 딴낯으로 돌변하게끔 할 뿐만 아니라 마치 자신과만 소통하듯이 엉뚱하게 행동하도록 하거나 느닷없이 여기저기를 배회하도록 하며, 흡사 자폐증이나 과잉행동장애처럼 툭툭 끊어지고 갑자기 용출하는 식의 삐딱한 제스처를 하도록 만든다. 무엇보다도 이것은 공간에 대한 삐딱함이다. 그녀는 있었던 일을 없던 것처럼 꾸미기 위해 공간을 수축시키고(바람피웠음을 감추기 위해 점점 자신 안으로 숨는다), 없었던 일을 있었던 것처럼 꾸미기 위해 공간을 팽창시킨다(아이들과 더 놀아주기 위해 다짜고짜 해변으로 나간다). 행동의 시작과 끝, 소통의 송신점과 수신점을 잃고 공간은 해체되어 일그러진 얼굴만큼이나 일그러진 좌표가 메이블을 속박하고 있다("위로, 아래로, 안으로, 밖으로…"). 카사베티스의 휴머니즘은 바로 이 비틀어져 해체된 공간에 대한 긍정에 있으리라. 〈영향 아래…〉의 두 번의 식탁 장면은 그 양끝에서 내러티브 좌표 전체를 비틀며 모든 불안과 장애를 그렇게 겪안은다. 식탁을 채우는 남편과 그를 일그러뜨리려는 아내의 식탁이 한 번이고, 아내를 위해 손님들을 내쫓는 남편과 다시 "바-바-"를 시작해보려는 아내의 식탁이 또 한 번이다. 그들은 '어느새' 다시 가족이다. 반대로 카사베티스가 갱스터 장르에 관심을 가진다면 그것은 갱스터야말로 딴짓(과시, 모의,

배반)하는 인물이기 때문일 것이다. 하지만 카사베티스는 자신만의 연기술과 극작법을 통해서 장르를 심각하게 변형시켰고 갱스터-다이렉트-시네마를 만들어버렸다. 일반적으로 카사베티스의 갱스터 영화에서 동선은 자주 흐트러져서 인물은 주어진 목표를 잊어버린 듯 행동하며, 총격전과 추격전은 너무나 산만하거나 변박적으로 지속되어서 차라리 사색의 과정이 되어간다. 카사베티스의 갱스터들은 딴짓에 사로잡혀 있다. 그들은 이미 죽은 것이나 다름없는 자들, 이 사회의 주변인들 marginalities, 한계인들, 차라리 유령들이다(〈차이니스 부키의 죽음〉). 이처럼 딴짓은 공간좌표를 해체하여 '딴곳'을 만드는 행위다. 딴짓이란 어느새 사라지려는 얼굴처럼 신출귀몰神出鬼沒이다(특히 〈글로리아〉에서 대뜸 나타나거나 이미 거기 와있는 갱스터들).[25]

　카사베티스는 반-스타니슬랍스키주의다. 스타니슬랍스키는 배우들이 주어진 배역을 진정 살아내기를 소망했고, 그에 이르는 방법론으로서 가설적 경로("만약에…")와 그 가설적 생을 언제든지 반복할 수 있는 내면적 심도("정서기억")를 제안했다. 스타니슬랍스키의 배우를 이루는 것은 배역의 삶("초목표")과 그를 느끼는 내적 의식("초의식")이다. 비록 그 이론적 디테일들을 군데군데 수정하긴 했지만 액터스 스튜디오의 배우들에게도 초목표가 각인되고 초의식으로 다시 태어나는 내면만이 모든 배역과 삶에 선행하는 것이며, 가장 격렬하고 폭발적인 행동들 또한 고요하고 엄정한 내면성을 전제하지 않는다면 그토록 심오한 죄의식에까지 도달하지 못할 것이다(특히 엘리아 카잔의 영화들 〈욕망이라는 이름의 전차〉 〈워터프론트〉 〈에덴의 동쪽〉).[26] 그러나 같은 신경쇠약증을 연기하더라도 카사베티스 사단의 배우들은 이와는 완전히 다른 경우다. 그들은 주어지는 상황과 주변 사물들, 특히 다른 배우

---

25. 카사베티스의 영화에서 플롯을 해체하는 제스처, 프레임을 탈출하는 신체, 배역을 넘어서는 헐떡임에 대해선 Vincent Amiel, *Le Corps au Cinéma*, PUF, 1998. "Cassavetes et le décadrage du geste". 아미엘은 키튼, 브레송, 카사베티스의 신체를 비교하며, 각각을 돌출, 파편화, 탈주로 규정한다. 하지만 이러한 육체의 문법을 가장 유사하게 개발하고 있던 동시대 작가를 꼽자면 그는 브래키지다. 비전과 액션의 동일성에 대한 그의 글, Stan Brakhage, "Film : Dance", *Brakhage Scrapbook*, ed. Robert A. Haller, Documentext, 1982.

26. 내면과 정서기억에 대해서는, 콘스탄틴 스타니스라브스키, 『배우수업』, 신겸수 옮김, 예니, 2001. 초의식과 초목표에 대해서는 같은 전집, 『역할창조』, 신은수 옮김, 예니, 2001. 메소드 연기에 대해선, 리 스트라스버그, 『연기의 방법을 찾아서』, 하태진 옮김, 현대미학사, 1993.

들에게 즉각적으로 반응함으로써만 자신을 찾아내려고 한다. 먼저 노출되어야 할 것은 내면이 아니라 반대로 다른 삶들과 접촉하는 외면인 것이며, 그들에 대한 즉각적이고 무의식적인 반응으로서만 증거되는 자신만의 삶의 방식인 것이다(이런 이유로 카사베티스는 조명과 카메라 세팅이 덜 끝났을 때도 배우들이 움직이기 시작하면 바로 촬영을 시작하곤 했다). 말론 브란도와 제임스 딘 같은 카잔의 배우들로부터 지나 롤랜즈나 세이무어 카셀, 벤 가자라 같은 카사베티스의 배우들이 견지하는 본질적 차이가 여기에 있다. 지금 이 상황 속의 감정, 그리고 그 감정이 이끌고 갈 다음 상황을 아는 것이 중요한 게 아니라 반대로 아예 모르는 것이 중요하다. 관건은 주어지는 자극에 대해서 더욱더 즉각적이고 돌발적으로 반응함으로써 내가 살아가는 방식을 부지불식간에 끄집어내는 것, 그리하여 자신도 몰랐던 작은 습관, 자세, 말버릇과 표정으로 배역을 채워나가는 것, 결국 나 자신에 대한 반응으로 배역을 대체하고 심지어 교정하는 것이다. **돌발**(突發)만이 **자발**(自發)이다. 돌발은 지금 이 순간 이후에 다시는 반복되지 않기 때문에 더욱 유일무이한 나를 증명하며, 이것은 돌발을 의식적으로 걸러내려고 했던 스타니슬랍스키의 방법론과는 완전히 반대다. 카사베티스는 스타니슬랍스키의 '만약에…'라는 가설적 경로를 '지금…'이라는 즉자적이고 집적적인 현장성으로 대체한다.[27] 요컨대 배역을 살아내는 것이 아니라 삶을 배역해내기, 즉 몰입이 아니라 귀몰 혹은 출몰, 메소드*meta-hodos*가 아니라 엑소도스*ex-hodos*. 이것은 정서기억이 아니다. 이것은 차라리 망각에 가까운 과대기억력이고 자세나 말버릇으로만 존재하는 신체기억, 그로토프스키가 "몸–기억"이라 불렀던 바로 그것이다. 카사베티스의 배우들은 초목표를 가지지 않는다. 반대로 그들은 영혼보다 밑에 있는 불수의근의 목표, 차라리 아목표亞目標를 가진다. 그들은 배역과 자기 자신 사이에서 진동하는 스타카토 정체성, 레이 카니의 정확한 표현대로 가물거리는 정체성shimmering identity[28]을 지닌다.

---

27. "아무것도 없이 시작함, 이것이 언제나 나를 매혹시킨다. 아무것도 없다. 주위의 몇몇의 사람들만을 가지고 시작해라."(카사베티스 인터뷰. *Cassavetes on Cassavetes*, p. 133). "당신이 무엇인지를 말해라. 당신이 무엇이 되고 싶은지, 당신이 무엇이 되어야 하는지가 아니라."(같은 책, p. 146). 〈얼굴들〉에 대한 이 인터뷰는 카사베티스 연기론을 이해하는 데에 아주 중요하다.
28. "정체성은 어른거린다(Identity shimmers). 그것은 가능성으로 요동치며, 어떤 고정된 배역이나 입장에 따라 안정화되질 않는다. 자아는 과정 속에 존재한다."(Ray Carney, *The Films of John Cas-*

스타니랍스키와 카잔의 배우들은 광각이다. 그들은 주어진 상황 전체를, 나아가 극 전체를 포괄하는 비전이 필요하기 때문이다. 이것은 카잔의 영화에서 유비가 성립되는 지점이기도 하다. 즉 미국과 남자, 조직과 밀고인, 아버지와 아들 사이에는 마치 광각렌즈의 부채꼴 화각처럼 펼쳐지며 개인에게 견딜 수 없는 죄의식과 격정적 반응을 부담 지우는 사회학적이고 심지어는 신학적인 유추가 있다(⟨에덴의 동쪽⟩ ⟨초원의 빛⟩ ⟨미국 미국⟩에서 농장이나 뉴욕이 그러한 유비적 원경들이다). 반대로 카사베티스의 배우들은 망원이다. 여기서 개인과 사회, 근경과 원경은 유비적 관계가 아니라 무한소적 관계에 있다. 근경은 원경으로 이탈하거나 그 속으로 막 사라지려는 순간, 그 '어느새'에 스타카토와 같은 의식의 점멸로서만 포착되며, 사회와 개인의 격차는 그러한 무한소적 진동의 형태로서만 나타나게 된다. 카사베티스의 얼굴은 사회적 간극을 유비하지 않는다. 얼굴은 간극을 찡그리거나 헐떡인다. 그것은 흡사 좁아지는 화각이 점점 더 날카로운 자극이 되어 육체와 얼굴을 더욱 도발하는 것과도 같다. 고로 카잔의 영화에서처럼 원경을 배경으로 격동하는 얼굴과 신체를 촬영하는 것, 그리고 극 전체와의 유비 속에서 감정의 정점을 향해 편집해나가는 것은 더 이상 중요하지 않다. 오히려 카사베티스에게 촬영과 편집의 원칙이 되는 것은 한 표면에서 분기되고 있는 근경과 원경을 동시에 포착하는 탈초점 촬영술과, 그 어느새 흔들리는 얼굴이나 신체의 입체성을 온전히 보전하는 다관점 편집술이다. 그리고 이것은 훨씬 나중에 미국상업영화에서 만개할 세계의 속도에 대한 때 이른 예견이기도 했다(토니 스콧).

요컨대 카사베티스는 배우를 촬영한 적이 없다. 카사베티스는 배우를 옵티컬 프린팅한다. 이는 단지 테크닉이 아니다. 이것은 배우의 삶과 삶의 배역을 가장 솔직하게 증언하려는 태도이며 정신이다. 만약 다이렉트 시네마가 사실과 허구, 다큐멘터리와 픽션 간의 옵티컬 프린팅이라면, 카사베티스는 배우와 배역의 옵티컬 프린팅이다. 그 옵티컬 효과란 배우의 프롤레타리아트화라 부를 수도 있을 '배우 자신'의 자율성이다. "배우들은 팔 것이 **그들 자신**themselves 밖에 없다."[29] 하지만 바로 그 때

---

savetes, p. 100). 의미의 체화에 대해선 메이블 캐릭터를 분석하는 대목도 보라(pp. 165~171).

29. 카사베티스 인터뷰. *Positif*, April 1978, p. 26.

문에 그 배우는 자신의 딴말과 딴낯을 통해 사회 전체를 인식할 수 있으며, 그 연출자로부터 강요되는 배역에 매우 사적이고도 내밀한 혁명을 가져올 수 있는 유일무이한 '그 사람'인 것이다. 〈오프닝 나이트〉는 단지 현실과 허구의 뒤섞임에 대한 이야기가 아니다. 반대로 이것은 죽음의 배역이 강요하던 허구로부터 생생한 현실을 구출하여 나 자신을 되찾는 진정한 '삶의 배우'에 대한 이야기다. 비록 연극을 보러 온 관객들에겐 조롱거리가 될지라도. 즉 캐릭터란 없다. 사람만이 있다.[30] 이것은 다이렉트 시네마에 있어서 감독의 배역에 대한 심각한 교정이기도 하다. 감독 또한 세트의 원경으로서 또 다른 배우가 되어야 할 것이기 때문이다. 폴란스키의 한 마디가 카사베티스의 업적을 너무나 잘 요약한다 : "그는 영화감독이 아니다. 그는 몇몇 영화들을 만들었을 뿐이다."[31]

---

30. "난 캐릭터를 믿지 않는다. 그것은 사람(person)이다."(카사베티스 인터뷰. *Cassavetes on Cassavetes*, p. 335).

31. 폴란스키 인터뷰. *Roman Polanski Interviews*, ed. Paul Cronin, University Press of Mississippi, 2005. p. 36.

미래의 내러티브

5-1. 초현실주의 : 하스, 보로브치크, 조도로프스키, 버튼

내러티브는 영화에게 새로운 문제를 던진다. 영화에게 미래란 무엇인가? 무한 원점 안에서 그를 기다리고만 있기에, 주인공이 자신의 시간을 모두 소진해도 가닿을 수 없는 대상이란 어떤 시간이고 또 어떤 현실인가? 그것이 시간이기는 한가? 내러티브 안에서 해답을 찾기란 어려운 일일 것이다. 리히터가 말했듯 그 등장과 함께 내러티브는 이미 자본주의의 허구적 미래에 포섭되었고, 엔터테인먼트 영화의 뻔한 결론처럼 영화는 부르주아적 미래에 대한 뻔한 반응이 되어 버렸기 때문이다. 그렇다면 반대로 해답은 내러티브를 '가지고서' 만들어질 수 있는 것이다. 리히터 시대의 작가들은 내러티브에게 새로운 형식을 요구한 목적은 바로 영화 그 자신의 미래에 있다. 새 시대의 의미와 그 진보적 효과를 영화에게 되찾아주는, 그 내용의 새로움과는 구분되는 새로운 내러티브 그 자체.[1] 이것은 오늘날 고리타분하게 되어버린 아방가르드란 당대의 개념이 함축하는 시간의 문제이기도 하다. 영화에게 허락되었을지도 모를 미래를 기껏해야 시청각 제국주의의 시녀가 될 뿐인 가독적 형식으로부터 해방시키고 그것을 가시적이고 물질적 형식 속에서 직접적으로 보여줄 것.

가장 먼저 시도된 형식은 꿈이다. 꿈은 이미지를 그 기억의 대지로부터 뿌리 뽑

---

1. 이것이 리히터가 역사적 범주화를 통해서 제기하는 시간의 문제다. Hans Richter, *The Struggle for the Film*, trans. Ben Brewster, St. Martin's Press. 1986. 특히 "픽션 필름"(2장), "진보적 시네마"(5장)에 대한 부분. 리히터의 시간 분석은 대중의 요구에 부응하는 영화의 사회적이고 기술적인 가능성을 전제하며, 맑스-루카치주의적이다. 즉 영화는 집단적 형식(테크놀로지, 단체관람, 극장배급 등)이기에 대중의 문제를 반영해야 할 의무가 있다(3장).

아 자유롭게 다시 연결함으로써 말도 안 되는 이야기, 즉 도래할 수 없는 이야기를 만들기 때문이다. 꿈은 도래불가능한 내러티브, 즉 미래-내러티브의 형식이다. 초현실주의가 영화와 친화적일 수 있었다면(특히 유럽영화) 몽상, 최면, 환각 상태 속에서 이루어지는 '낯설게 하기'defamiliarization 혹은 '데페이즈망'dépaysement이 영화의 본질적인 역량과 애초부터 공통분모를 가지고 있었기 때문이다. 낯설게 하기는 사물에 딴낯을 부여하여 그 내러티브를 딴소리로 전환하는 역량이다. 그리고 이것은 무엇보다도 화자에게 먼저 귀속되는 능력으로서, 화자는 상상과 연상(자동기술법)을 통해 그 자신의 현실을 넘어서는 비인과적이고 탈연쇄적인 플롯을 말할 수 있게 된다. 이로부터 초현실주의 영화엔 기법적인 두 축이 나타난다. 데페이즈망은 한 플롯의 대상을 다른 플롯 속으로 잘라 넣는 프레이밍이라면, 자동기술법은 각기 다른 플롯들을 부드럽게 이어가는 몽타주이다. 전자는 후자에게 결단력decision을 주고, 후자는 전자에게 연상력association을 준다. 영화에서 초현실주의를 선언했던 두 작품이 이 두 축을 잘 보여준다 할 것이다. 〈안달루시아의 개〉(달리·부뉴엘)에서 잘려지는 것은 눈이고 그 비전이며, 성게나 머리카락에서 둥그렇게 모인 구경꾼들로, 혹은 가슴에서 엉덩이로 부드럽게 변형되는 시각적 연쇄가 플롯을 대체한다. 반면 〈조개와 성직자〉(뒬락)에서 잘려지는 것은 머리이고 그 사유이며, 흡사 고체-액체-기체로 상변이하듯 자신의 무게를 점차적으로 덜어나가는 의식이 질투와 욕정의 플롯을 대체해버린다. 이것은 흡사 인간으로부터 달아나고 심지어는 반항하려는 모자와 넥타이처럼 하나의 문맥에서 다른 문맥으로 돌연 건너뛰면서 플롯을 총체적으로 탈인과화하고 우연의 증언으로 만드는 실천이며, 그런 점에서 우린 초현실주의와 다다이즘의 본질적 연계성을 말할 수도 있을 것이다(리히터 〈오전의 유령〉 〈돈으로 살 수 있는 꿈〉).[2]

초현실주의는 현실의 무게에 저항한다. 무게란 인과성의 속박이며, 근거를 따지려는 문법과 관습의 굴레다. 한마디로 초현실주의는 플롯에게서 근거를 뿌리 뽑고 내러티브를 탈질량화한다.[3] 이미 20년대 유고슬라비아 초현실주의("최면주

---

2. 리히터에 따르면 초현실주의는 다다이즘의 교리화이고 체계화다. 한스 리히터, 『다다 : 예술과 반예술』, 김채현 옮김, 미진사, 1988, 306~308쪽.
3. 엡스텡은 이미 거의 모든 글에서 유동성과 휘발성을 영화의 제일속성으로 꼽았으며, 초현실주의자임

의"Hypnism)는 스크린에서 뿌리 뽑혀 공간을 떠다니는 텍스트, 소리, 냄새로만 존재하는 "쓰여진 영화"written film를 보여주었다.[4] 그러나 스크린 안에서 내러티브의 기체상태 혹은 유체상태에 이른 건 콕토다. 콕토에게서 내러티브란 화자의 무의식 자체라 할 수 있는 신화로의 도정이며, 화자조차 그 이야기의 일부로 빨아들이는 그 가수면 상태 자체다(⟨미녀와 야수⟩ ⟨오르페⟩). 콕토는 거울에 미쳐 있었다. 하지만 그것은 거울이 현실과 몽상, 생과 사를 하나의 우주적 대양으로 합류시키는 수면水面이기 때문이었다. 피도 물이다. 특히 스스로 제물이 되어 영원의 몽상가로 거듭나는 시인의 피가 그렇다(⟨시인의 피⟩ ⟨오르페의 유언⟩). 콕토가 초현실주의에 남긴 업적이 있다면 그것은 주관적 상상력에 대한 선험적 증명과 그 신화적 정당화다.

초현실주의는 하나의 사조나 유파가 아니다. 그것이 작가에게 자유로운 연상과 상상을 허용하고 작가는 그렇게 얻어진 우연한 결과물을 다시 내러티브에 투영하는 방식인 한, 초현실주의는 끈질긴 경향이고 보편적인 방법론이다. 미술과 문학에서 그 흥분이 사그라진 뒤에도 초현실주의가 영화를 사로잡았다면 그 방법론적 이점도 여기에 있다. 초현실주의는 단지 황당무계한 꿈 이야기가 아니라, 꿈으로부터 정당화되는 이야기, 좀 더 엄밀히 말하자면 화자의 꿈꿀 수 있는 자유로부터 정당화되는 이야기이고, 그 우연으로 미래를 증언하는 이야기이며, 반대로 필연성을 꾸며 대던 합리성의 사회에게 역설을 부과하는 이야기이다. 이것이 배신과 정치논쟁에 지친 브르통이 두 번째 선언문에서 서둘러 강조한 부분이다. 초현실주의는 단지 자유와 기법이 아니라, 권리와 신념으로서의 상상력이다. 즉 상상권想像權, imagine right. 고로 초현실주의를 비현실주의와 더 엄격하게 구분할 필요가 있다. 자동기술법은 상상권이 선험적임을 의미하는 것이지, 상상의 재료나 상상된 내용이 선험적임을 의미하지는 않는다. 아도 키루는 콕토의 작품들을 맹비난했다. 콕토는 상상의 권리만 취하지 그 책무, 즉 현실에 대한 응답을 저버리며, 결국 귀신 이야기나 하등 다를 바 없는 뜬구름 같은 환영 속에 갇혀 버렸다는 것이다. 우리 용어대로 말한다면 콕토는 상상권을 배임하고 그것이 불러오는 우연을 너무 실체화한다("판타스틱")는 것,

---

을 자처했다(*Écrits Sur Le Cinéma*, Vol. 2., Cinéma Club/Segehrs, pp. 229~240).
4. Pavle Levi, *Cinema by Other Means*, Oxford University Press, 2012. 3장.

그러나 진정한 초현실주의자에게 상상권은 언제나 현실에 대한 응답이어야 하며 우연은 언제나 현실에 대한 우연이어야 한다("불가능한 것" 혹은 "경이로운 것")는 것이다.[5] 키루의 이러한 비판은 — 설령 그것이 콕토에 대해서 정당했는지 아닌지를 떠나서 — 매우 중요하다. 왜냐하면 이것은 상상권이 추구하는 우연에게 사회학적으로나 철학적으로나 엄밀한 이름을 되찾아주기 때문이다. 땅에 발 딛은 초현실주의자에게 우연이란 역설(마그리트)이다. 역설은 결코 현실을 떠나는 법이 없이 실재의 우연을 의미한다(부뉴엘).[6] 상상권은 우연을 접착제로 몽타주할 수 있는 권리이고 미래를 프레임으로 미장센할 수 있는 권리이나, 그것은 그 근거가 현실에 없는 우연이고, 그 자리가 현실에 없는 미래임을 잊지 않아야 한다. 초현실주의 영화의 사회적 책무는 단지 미래의 자유로운 공상에 있는 게 아니라, 반대로 미래가 여기 도래하지 못함을, 그러나 그 이유는 합리성을 꾸며대는 사회 때문임을 고발함에 있다.

초현실주의 내러티브의 평행*parallel*은 역설*paradox*다. 여기서 시공간의 데페이즈망은 한 합리적 공동체에게 즉각 문제가 되며, 화자가 자유롭게 꿈을 꿀수록 그것은 더더욱 큰 시련이 된다. 이러한 정식 아래서라면 우린 영화사에서 초현실주의의 계승자들을 쉽게 찾아낼 수 있다. 관건은 역설이 부가되는 합리적 공동체의 범위와 그 역설의 단위를 설정하는 일이다. 일단 한 화자의 의식 안에서 겹쳐지는 두 이야기, 두 내러티브를 생각해볼 수 있다. 이것이 보이체크 예르지 하스의 경우로서, 여기서 화자는 두 기억 혹은 두 꿈 사이를 횡단하는 동시에, 하나의 기억 안에서도 시층면들을 종단하며 유년기와 장년기의 불가능한 공존과도 같은 양립불가능한 화자와 청자의 공존을 일군다. 그것은 일인다역 혹은 다인일역으로 변모하는 이야기꾼의 증식일 수도 있고(《사라고사 매뉴스크립트》), 반대로 각 시층면에서 소집되는 랍비들, 마네킹 제작자, 비앙카 공주와 비단장수와 같은 청자들의 증식일 수도 있다(《모래시계 요양원》). 하스에게 역설이란 아무리 개인의 의식이 그와 접촉했던

---

5. "환상적인 것"(fantastique)과 "경이로운 것"(merveilleux)의 구분에 대해선 키루의 유명한 글, Ado Kyrou, *Le Surréalisme au Cinéma*. Le Terrain Vague, 1963, pp. 63~66. 키루는 리얼리티를 기반하며 그 낯섦이 땅 위에 있는(sur terre) 경이로운 것과, 초자연적 현상이나 쫓아다니며 리얼리티를 포기하는 환상적인 것을 대립시키며, 초현실주의의 범위를 전자에 국한시킨다.
6. "꿈이란 현실의 연속이고 삶의 일깨움이다."(부뉴엘 인터뷰. *Object of Desire*, ed. & trans. Paul Lenti, Marsilio Publishers, 1992, p. 212).

세계 전체로 열리는 집단의 균열 자체이며, 합리성의 역사 심층에 버려졌던 가면인 형들을 다시 움직이게 하여 미래로 비월하는 극락조로 변태시키는 역사적 무의식의 힘 자체였다. 발레리안 보로브치크는 반대의 경우로서, 이번엔 역설은 개인이 아니라 그 집단이나 종種에 속하며, 그 단위는 즉자적으로 육체가 된다. 보로브치크는 일인다역의 화술을 1인 잡종의 교접술로 대체한다. 그에게 역설이란 짐승과 인간의 불가능한 성교 혹은 종의 데페이즈망이며, 고로 에로티시즘이란 계통분류학적 합리성의 부조리함을 고발하는 인류학적 자동교접술이다(〈야수〉〈부도덕한 이야기〉). 이것은 잡동사니 고철들로 만들어진 기계장치처럼 합리성을 가장하고 있는 인류문명에 대한 폭로이기도 하다(〈고토〉). 만약 역설이 원죄라면 그건 합리성이 순혈주의이기 때문이다. 이것이 종의 순결을 보전하며 진화하고 있다고 착각하는 문명의 역사와 퇴행하는 여인들의 개인사 간의 데페이즈망을 통해 보로브치크가 진정 말하려던 바다(〈죄 이야기〉의 에바, 〈엠마누엘 5〉의 귀부인).[7]

조도로프스키는 또 다른 차원의 초현실주의자다. 그는 상상하기 전에 해석하기 때문이다. 초현실주의가 상상권인 것이 사실이라면, 초현실주의자는 현실 너머를 지시하는 기호들을 먼저 읽을 줄 알아야 하며(달리의 곤충떼, 콕토의 라디오 암호, 하스의 서류와 스크립트, 보로브치크의 성감대 등), 나아가 상상과 해석을 일치시킬 줄 알아야 한다. 조도로프스키에게 의식도 육체도 아닌 이성이 먼저 합리성의 범위를 한정하며, 고로 역설의 단위는 상징이 된다. 상징과 기호는 다르다. 기호는 유한을 지시하므로 해독의 근거가 있지만, 상징은 무한만을 지시하므로 원천적으로 불가해하다. 상징은 무한들의 데페이즈망이다. 조도로프스키는 군 이론group theory을 인용할 수도 있을 것이다.[8] 상징의 역설은 집합론적 역설이다. 무한집합들의 집합

---

7. 보로브치크에 있어서 동물성, 죄, 전염성에 대한 분석으로는 Michael Richardson, *Surrealism and Cinema*, Berg, 2006. 7장. "Walerian Borowczyk and the Desire of Desire". 보로브치크의 작품세계에 대한 포괄적인 설명에 대해서는 다음도 보라. Jeremy Mark Robinson, *Walerian Borowczyk*, Crescent Moon Publishing, 2008. 특히 〈부도덕한 이야기〉의 낯설게 하는 편집에 대한 부분.

8. "난 수학의 군 이론을 공부한 바 있다. 이 이론은 많은 종류의 무한들이 있다고 말한다. 하나의 무한 안에도, 많은 무한들이 있을 수 있다. 우린 하나의 테마를 끝낼 수 없다. 왜냐하면 각 테마 안에는 고갈될 수 없는 우주가 있기 때문이다. 고로 진리의 군들을 찾아야 한다."(조도로프스키 인터뷰. *El Topo*, A Douglas Book, 1971, pp. 117~118). 조도로프스키가 차용하는 연금술적 상징들에 대한 배경설명으로는, Ben Cobb, *Anarchy and Alchemy*, Creation Books, 2006.

보다 더 클 수 없는 무한집합은 자기 자신을 지시하는 공집합과 다를 게 없으며, 바로 이 역설이 진짜 상징과 거짓 상징을 분간하기 어렵게 만든다. 가장 하찮은 파리 떼, 두더지, 난쟁이와 허풍쟁이 왕조차 상징을 뽐내고 있으며(《엘 토포》), 상징의 무한함이 현실에 있다고 날조하며, 심지어 그것을 사고파는 성직자들과 장사꾼들이 존재한다(《홀리 마운틴》에서 예수 마네킹들, 개주검을 들고서 전진하는 군대, 난교를 일삼는 공장장). 조도로프스키의 영화를 니체가, 그리고 차라투스트라가 사로잡는다. 해석자는 이 모든 세계에 널려있는 상징들 일체를 검토해야 하며, 그 역설을 견뎌내며 각 해석을 스스로의 몰락과 도약의 기회로 삼아야 한다. 즉 그는 군 이론가가 되어야 한다. 《성스러운 피》는 군이론적 초현실주의다. 상징의 외양만을 덮어쓴 채 무한의 아폴론적 가상을 만들어내는 어머니의 신체는 나쁜 상징이지만, 세계의 상징들이 통과하는 공집합으로서의 소녀의 하얀 얼굴은 좋은 상징이다. 소년은 이 두 축을 따라가며 그 자신의 미래를 낙태시키는 가짜 역설(중력의 화신들, 문신 여인, 여자 레슬러, 추락하는 닭)과 그를 배태하는 진짜 역설(무중력의 정령들, 마임하는 손, 하얀 비둘기)을 분간해 내야 한다.

　기억, 원죄, 해석, 이 모든 것을 팀 버튼은 발달development의 문제로 요약한다. 미국영화에도 초현실주의가 있었으나 그것은 장르로 포장되거나(뮤지컬) 너무 독립적인 시도로 국한되고 있었을 뿐이었다(예컨대 시드니 피터슨). 미국영화는 아직까진 현실주의였기 때문이다. 그러나 버튼에게 발달이란 모든 현실에 선행되는 과정으로서, 심지어 모든 공동체의 분화가 이로부터 비롯되는 것이었다. 버튼의 모든 역설은 합리성의 과개발overdevelop과 저개발underdevelop 사이에 있다. 어떤 의미에선 저개발된 어린이나 미숙아가 과개발된 어른공동체의 문제를 더 잘 해결하며, 합리성이 금기시했던 유령이나 죽음과도 더 쉽게 친해진다(《프랑켄위니》 《피위의 대모험》). 심지어 반대로 합리성을 스스로 저개발하는 어른공동체가 존재하는 것처럼, 비합리성을 과개발하는 어린이들이나 유령들의 공동체가 가능하며, 바로 이 교환이 팀 버튼을 또 한 명의 위대한 초현실주의자로 만든다. 집을 과개발하려는 인간과 이미 국가를 이룬 유령공동체의 데페이즈망(《비틀쥬스》), 외계인의 침공에 스스로 저개발되는 인류의 데페이즈망(《화성침공》). 그리고 무엇보다도 가위와 손의 데페이즈망이 있다. 풍문과 악의만을 과개발하는 인간마을과 영영 개발됨을 모를 에드워드와의 데페이즈망(《가위손》). 버튼에게 역설의 문제란 늙지 않는 시간 속에 남아있는 공포, 사랑, 말썽과 순수를 어느 시간대에서도 해석해내는, 문자 그대로 '발달의 문제'인 것이다.[9]

마츠모토는 영화에서 초현실주의란 "프레임 없는 꿈"이라고 말했다. 즉 그것은 그의 꿈만이 자신의 유일한 현실인 화자의 이야기다.[10] 과연 옳다. 하지만 같은 이유로 그건 현실만이 자신의 유일한 꿈인 청자의 이야기이기도 하다. 마츠모토는 초현실주의에서 이러한 사회적 책무가 누락되기에 십상이라며 다큐멘터리로 눈을 돌렸지만, 그가 바라던 것은 초현실주의의 계승자들에서 이미 충분히 모색되고 있었다. 그것이 바로 비판으로서의 역설이다. 하스의 초현실주의는 각 개인을 관류하는 의식류의 데페이즈망이고, 역설은 형이상학적이고 계보학적이다. 반면 보로브치크의 초현실주의는 종과 영토의 데페이즈망이고, 역설은 인류학적이고 진화론적이다. 조도로프스키는 상징과 무한의 데페이즈망이고, 역설은 집합론적이고 군이론적이다. 반면 버튼은 과개발과 저개발의 데페이즈망이고, 고로 역설은 발달론적이고 국가론적이다… (이 목록은 계속될 수 있다) 초현실주의는 꿈의 주관적이고 주술적 형식이다. 하지만 바로 그 때문에 그것은 객관적 비판일 수 있다. 무엇보다도 그것은 너무 빨리 늙어버린 현실과 현재에 대한 비판이다. 초현실주의에게 미래란 우연이다. 필연으로 치장하고 합리성으로 입과 귀를 막아버린 현실이 앞으로 말할 리도 없고, 또 앞으로 들릴 리도 없는 우연. "녹는 물고기"란 《빅 피쉬》(버튼)다. 죽어도 늙지 않는 화자의 시간은 현실에 없다. 화자 자체가 이야기로 녹아드는 상상력을 이미 헤엄치고 있기 때문이다.

5-2. SF 영화 : ILM, 프로그램, 사이보그

---

9. "영속적인 청소년기"(버튼 인터뷰. *Burton on Burton*, ed. Mark Salisbury, Faber and Faber, 2006, p. 43).
10. 마츠모토 토시오, 『영상의 발견 : 아방가르드와 다큐멘터리』, 유양근 옮김, 동국대학교 출판부, 2004. 1장, 17쪽.

미래를 사유하는 유럽적 방식이 초현실주의라면 그 미국적 방식은 SF다. 이 둘은 너무나 반대되는 양식으로서 각자의 역사를 써왔다. 이미 그 문학적 태생부터 SF는 여전히 꿈꿔진 이야기지만 그것을 정당화하는 것은 화자의 자유가 아니라, 반대로 그 기술적 환경과 과학적 법칙이었다(로켓공학·로봇공학·양자역학·핵물리학…). 초현실주의가 꿈의 주관적이고 주술적 형식이라면, SF는 꿈의 객관적이고 과학적 형식이다. 분명 SF도 내러티브를 탈질량화하겠으나, 그건 어디까지나 인과성을 제거함을 통해서가 아니라 반대로 인과성을 가중시킴을 통해서다. 꿈을 꾸기 위해 필요한 것은 더 이상 화자의 천부적인 상상권이 아니라, 화자도 준수해야만 하는 꿈꾸는 테크놀로지, 즉 상상술想像術, imagine technology이다. 자유연상이 아니라 엄격한 계산, 자동기술이 아니라 자동화 기술이다.

물론 SF 영화가 처음부터 초현실주의의 대척점에 섰던 것은 아니다. 그 초창기(50년대)에 대상을 신화로부터 차용해온다든지(해리하우젠), 스케일의 확대나 축소를 통해 대상을 낯설게 한다든지(거시증 혹은 소시증적 비전 : 쇼드색, 아놀드) 하는 식으로 SF는 여전히 초현실주의적 비전에 호소하고 있었다. 무엇보다도 괴물이나 UFO는 인간 공동체를 침략하는 외계인으로서, 일부라도 유별나고 끔찍하게 보일 필요가 있었다(〈지구가 멈춰선 날〉〈세계전쟁〉〈지구 vs 비행접시〉). 한마디로 초창기에 외계인은 여전히 데페이즈망되고 있었다. 모든 것은 〈E.T.〉와 함께 달라졌다. 스필버그는 더 이상 외부에 낯설게 남아있지 않고, 인간과 친구가 되고 소통하는 외계인을 보여준다. 또한 외계인은 초대되거나 이미 여기에 와있고(〈미지와의 조우〉), 인간의 연인이자 친구이다(카펜터 〈스타맨〉, 로빈스 〈8번가의 기적〉). 테크놀로지 역시 더 이상 인간을 위협하는 외부가 아니라 온전히 인간 공동체의 역사를 이루며(트럼벌 〈사일런트 러닝〉, 와이즈 〈스타 트렉〉), 미래 역시 낯선 시대가 아니라 친숙한 것들의 잡종짬뽕이다(리들리 스콧 〈블레이드 러너〉). 이것이 70년대 이후의 SF 영화가 초현실주의의 잔재들과 완전히 결별하는 방식이다. 즉 친숙한 것의 낯설게 하기alienation가 아닌, 낯선 것의 친숙하게 하기familiarization 혹은 **외계인의 내수화** domestication of the alien.11 〈스타워즈〉(루카스)는 가장 강력한 내수화다. 갤럭시로 옮

---

11. 소브책의 다음 책 4장이 보여준 뛰어난 분석이다. Vivian Sobchack, *Screening Space*, Rutgers

겨놓았을 뿐인 진부한 건국신화이기 때문이다. 가장 놀랍고도 끔찍한 내수화는 〈디스트릭트 9〉(블롬캠프)에서 난민들이 되어버린 외계인의 사례였다.

위와 같은 발전양상이 서술뿐만 아니라 묘사의 영역에도 그대로 나타나며, 이역시 초현실주의와 정반대다. 해리하우젠 전통의 신화적 비전으로부터 빠져나오기 위해 70년대 특수효과 연출가들이 가장 심혈을 기울였던 부분은, 그 탈인과화하고 탈질량화된 비전에 극도의 인과성과 질량감을 부여하는 일이었다. 즉 더 이상 외계인이나 기계장치는 인과성의 속박으로부터 멀어질 게 아니라, 반대로 일부러라도 철저히 인과성에 속박되고 그만을 근거로 삼아, 지금 당장이라도 보거나 탈수 있는 것, 즉 접근가능한 것이 되어야 한다. 이 분수령이 바로 ILM이다. 카메라는 프린터로부터 분리되어 다양한 앵글을 구사하게 되었고(모션콘트롤 카메라), 접근로를 최대한 확보하기 위해서 세트는 대규모로 제작되었고(미니어처·매트), 외계 생명체나 로봇은 친숙한 지구생물체의 변형이기 위해 동물행태학과 생태물리학에 근거하며(크리처·메카닉 디자인), 피사체들이 장면에 자연스럽게 융화되기 위해 필터와 플래시 라이트가 동원되었다(환경효과).[12] ILM은 매트라인과 사투했다. 피사체와 배경을 서로 낯설게 하는 거리를 줄이고 끝내 삭제함으로써, 현실과 미래, 지각과 상상의 거리를 삭제하기 위해서였다. ILM 혁명은 단지 비주얼이 아니라 미래 개념의 혁신이다. ILM은 막연히 상상된 불가해한 초현실surreal을, 현실과 인과성의 엄밀한 연장으로서 그 공정과 작동방식이 단박에 이해가능할 뿐만 아니라 이미 손때가 타고 군데군데 낡기도 한 극현실hyperreal로 대체한다. 조지 루카스의 저 중요한 개념인 "중고 미래"used future가 가리키는 바도 이것이다. 클라인이 표현적expressive 방식에서 흡수적immersive 방식으로의 진화라고 소묘했던 바도 이것이며.[13] 이영준

University Press, 1999. 4장. 이 챕터는 책의 전반부와 10년 터울이 있으므로, 전반부의 추상적인 논의들과는 간극이 있음에 유의할 것. 소브책이 자주 인용하는 프레드릭 제임슨의 유명한 글도 보라. Frederic Jameson, "Postmodernism, or the Cultural Logic of Late Capitalism", *New Left Review*, no. 146 (July~August 1984).

12. ILM에 대한 도록으로는 영화진흥위원회에서 출판했던 다음 책이 요긴하다. 토마스 G. 스미스, 『특수효과기술』, 민병록 옮김, 영화진흥공사 영화이론총서 제28집, 1993. 특히 스톱모션과 고모션에 대한 5장.

13. 특수효과의 미시역사가 클라인이 오브라이언·해리하우젠의 스톱모션과, 루카스·ILM의 스톱모션을 비교하는 대목을 보라. 전자가 "표현적"(expressive)이라면, 후자는 "흡수적"(immersive)이다.

이라면 '거짓말하는 미래'에서 '참말하는 미래'로의 진화라고 말했으리라. 즉 그 상상이 현재에의 속박을 감추기는커녕 더더욱 드러내는 미래, 현실의 중력으로부터 이탈하기는커녕 그에 몰입함으로써 더 잘 꿈꿔지는 미래로. 역사마저 내수화한 미래로. 이런 점에서 ILM은 여전히 리얼리즘의 자장 속에 있었다 할 것이다. ILM은 사실을 위작한 적이 없다. 그들은 미래를 실사촬영했다("영화적 리얼리즘"cinematic realism).14

소브책은 SF 영화들에게서 나타나고 있던 무심도depthlessness 혹은 평평함flatness의 경향을 지적했다. SF 공간은 외부와 그로부터의 침공을 허용하지 않기 위해 깊이가 없어지는 표면이며, 공간의 모든 속성들은 단지 그 표면들의 팽창inflation과 수축deflation일 뿐이라는 것이다.15 그런데 이는 정확히 SF 내러티브와 그 디제시스에도 적용되는 상황일 것이다. 최소한 70년대 이후 SF 디제시스에 더 이상 낯선 크리처란 없다. 로봇이나 외계인은 인간과 친구이며, 그 변형이거나 돌연변이일 뿐이다 (가령 C-3PO는 인간의 팽창된 형태이고 R2-DT는 인간의 수축된 형태다, AT-AT는 사족보행, AT-ST는 이족보행 동물의 팽창된 메카닉이다, 자바는 무척추동물의 퇴행된 살덩어리다). 특히 스탠 윈스턴은 계통학적 개연성과 해부학적 상동성을 부여함으로써 크리처를 생명의 역사 내부로 편입시킨 거장이었다(터미네이터, 프레데터, 에일리언, 가위손, 몰록, 아이언맨 등). 완숙한 SF에서 돌연변이나 우연은 공동체의 외부에 주어지지 않는다. 그것은 언제나 공동체 안에 주어진다. 그것은 우연도 아니다. 그것은 공동체 규범의 예외로서 그 필연적 오류다. SF에서 우연이란 시스템에

Norman M. Klein, *The Vatican to Vegas*, The New Press, 2004. 11장. pp. 224~226. 클라인에게 특수효과란 영화산업뿐만 아니라 도시풍경과 문화현상 전반에도 나타나는 "바로크 효과"로서, 역사적이고 정치적인 의미를 가진다. 그것은 후기산업사회의 정치경제학적·인지학적 위기를 억지로 일상화하거나 자연화하려는 봉건제적 기능과 떼어놓을 수 없다. 이것이 12장의 내용이다. (HAL에 대한 기체역학적 분석도 보라, p. 235).

14. 특수효과가 창출하는 새로운 차원의 리얼리즘, 이것이 터녹이 논증하려고 한 바다. Julie A. Turnock, *Plastic Reality*, Columbia University Press, 2015. pp. 146~149. ILM 미학(《스타워즈》)과 트럼벌 미학(《미지와의 조우》)을 섬세하게 대조시키는 결론 장도 보라(pp. 263~269). "너무 사실적이진 않게"(not too realistic) 보여주려고 했던 해리하우젠의 전통적 스톱모션에서 트럼벌의 쇼스캔(Showscan)으로의 진화를 설명하는 대목도 보라(8장).

15. 소브책은 '수축(deflation)-팽창(inflation)-혼융(conflation)'이라는 세 가지 매핑을 쓰고 있다. 이 역시 우리가 앞으로 길잡이 삼을 개념들이다. (*Screening Space*, pp. 255~272).

러다. 그것은 테크놀로지의 오용과 남용과도 구분되는 테크놀로지의 자체 오류다.[16] SF 문학은 과잉진화(웰스), 로봇 3원칙(아시모프), 다중현실(딕)과 그것이 시스템에 초래하는 내생적 예외상태를 펼쳐냄으로써 이 모든 것을 이미 예견하고 있었다. 그러나 그 방대한 비전과 스펙터클을 모두 묶어내기 위해서 SF 영화는 바로 그것을 더더욱 고집스럽게 내러티브의 모티브로 삼아야 할 것이다. SF 영화에서 시스템 장애는 외계인이 하나의 시스템을 침공invasive해서가 아니라 반대로 그것이 공동체의 한복판으로부터 널리 퍼지기pervasive 때문에 일어나거나(인간과 친하거나, 인간보다 더 인간다운 외계인), 두 다른 시스템이 서로에 대해서 외계를 형성하며 충돌하거나 싱크가 맞지 않을 때 일어난다(타임슬립, 복제인간, 인공지능 등). 이 역시 초현실주의 내러티브와 정반대되는 상황으로서, 여기선 더 이상 순진한 개인이 공동체에 역설을 부과하는 것이 아니라 반대로 공동체와 그 엄밀한 법칙성이 개인에게 역설과 모순을 야기한다. 이것은 통상적 의미의 역설도 아니다. 이것은 통사론적syntactic이라기보다는 시냅스적synaptic인 역설, 즉 체계적인, 체계에 의한, 체계의 역설, 즉 패러다임 교란이다. 패러다임은 화자의 모든 화술과 인지행동 모델뿐만 아니라 세계가 대상과 데이터를 처리하는 프로토콜을 장악하는, 그래서 더 이상 스스로 해석의 외부와 깊이를 허용치 않는 전일적 필터("정상과학")이며, 예외와 오류에 의해서 붕괴되거나 전환되기 전까지는 팽창하거나 수축하며 관점의 내면을 구성한다. 일반적으로 현대의 SF가 내밀성을 지향한다면 그것은 패러다임이 더더욱 빈틈없는 편재성이 되기 때문이다. 이것을 최초로 그리고 너무도 거대하게 시각화했다는 데에 〈2001 스페이스 오디세이〉의 영화사적 의의가 있을 것이다. 인류의 집 혹은 지식의 자궁이 되어버린 디스커버리호 혹은 HAL이 있고, 우주조차 그 자궁의 일부가 되어 깊이 없는 전일적 내밀성을 이루는데, 큐브릭은 이것을 최대한 끊지 않고 '플랑 없는 플랑세캉스'로 보여주려고 한다(결국 큐브릭이 그토록 천문학적 비용과 시간을 들인 것은 이 집이 너무 컸기 때문이다). 모든 현실붕괴는 HAL 패러다임이 인간

---

16. 그렇다면 오용과 남용도 오류일 수 있는가? 텔롯은 1920~30년대("기계시대") SF 영화에 대한 고찰을 통해 이 질문에 답하려고 한다. J. P. Telotte, *A Distant Technology*, Wesleyan, 1999. "미친 과학자"와 "인조인간"의 관계변화를 계보학적으로 고찰하는 텔롯의 다른 책도 보라. *Replications*, University of Illinois Press, 1995.

의 오류까지 닮아갈 때, 패러다임이 파라노이아가 될 때 일어난다. 패러다임은 그 자신의 상상이 망상인 공리계다.[17]

SF 내러티브의 평행은 역설*paradox*이 아니라 패러다임*paradigm*이다. 그것은 더 이상 공동체가 외재적 거리를 견지할 수 있는 대상이 아닌, 반대로 너무도 내밀화되어 그 무심도 속에서 대상들을 산출해내는 공동체의 조건이다. 패러다임의 또 다른 이름은 **프로그램**이다. 그것은 측정하고 예측함으로써만 스스로 내수화되기 때문이다. 프로그램에 의해 이제 내러티브는 외적 대상에 대해 말해지고 서술되는 이야기가 아니라, 내적으로 고장나거나 오작동되는 이야기, 그리고 이에 대응하기 위해 컨버팅되거나 제어되고, 포맷되고 부팅되는, 즉 Ctrl+C/V되는 이야기가 된다. 이로부터 초현실주의뿐만 아니라 50년대 SF 영화들에게도 없던 70년대 이후 SF 내러티브의 일반특징이 나오는데, 그건 진보적 방식과는 전혀 반대되는 복고적 방식이다. 즉 프로그램은 그 요소들에게 배역을 부여하고 그 디제시스를 무대화함으로써만 공동체를 제어한다. 이런 연극화가 아니라면 그 자신이 충분히 내수화될 수 없기 때문이다. 물론 펠리니나 부뉴엘, 미국영화에서도 맨키비츠가 분기되는 이야기를 통해서 내러티브를 연극화한 바 있으나, SF의 프로그램극은 이와는 완전히 다른 것으로서, 여기엔 프로그래머가 존재한다. 또 프로그래밍을 더더욱 내밀화하는 테크놀로지가 존재한다. 프로그래머란 초월적이지만 그만큼 내재화된 그 기계장치들에 다름 아니다. 일반화하자면, 최소한 70년대 이후 **모든 SF는 본질적으로 연극적이다. 프로그램은 연출하기 때문이다.** 게다가 그것은 유리피데스적이다. 그 프로그래머가 기계신이기 때문이다.

트럼벌은 누구보다도 이를 잘 알고 있었고, 그래서 거대한 인공물이나 전자구름과 타임워프와 같은 초시간적 광휘를 프레임에 가두어 그 앞에 관객들을 배치하곤 했다(⟨2001 …⟩의 스타게이트 장면과 ⟨스타 트렉⟩에서의 비저V'ger 장면뿐만 아니라 그의 연출작 ⟨사일런트 러닝⟩ ⟨브레인스톰⟩).[18] 이것은 그가 줄곧 고수하게 될 '인

---

17. ⟨2001 스페이스 오디세이⟩가 보여주는 인식론적 패러다임 전환에 대해선 마이클슨의 유명한 글, Annette Michelson, "Bodies in Space : Film as 'Carnal Knowledge' ", *Art Forum*, no. 6, Feb 1969. 특히 무중력에 대한 부분.

18. 트럼벌의 미장센에 대한 분석으로는 Scott Bukatman, *Matters of Gravity*, Duke University Press,

464 3부 미래와 평행 : 풍경과 내러티브에 대하여

공적 숭고'의 사상과도 맥락을 같이하는 그만의 독특한 미장센이다. 즉 인조적 환경이 자연을 대체했으며 프로그램은 인간의 유일한 운명이 되었다. 환경이 곧 기계신이다. 반면 〈트론〉(리스버거)은 아예 처음부터 프로그램된 공동체에 이른다. CGI엔 선험적인 연극성이 있다. 그것은 신호의 인풋-아웃풋이 입장-퇴장을 대체하고, 정보처리공정이 곧 내러티브가 되는 식역하 프로그램극이다. 컴퓨터가 곧 기계신이다. 우린 소브책이 제안했던 디제시스의 세 가지 범주(수축·팽창·혼융)를, 무대화와 기계신의 위상에 따라 다시 써볼 수도 있을 것이다. 먼저 시공간을 수축^{deflation}시키며 공동체의 외부를 점령하는 가장 큰 기계신이 있을 수 있다. 이것이 바로 〈다크 시티〉(프로야스)의 경우로서, 여기서 공동체는 인류가 실험되는 실험장이 되어 결국 무대를 둘러싼 시공간은 한없이 수축되어 무한한 공허만을 남긴다. 〈13층〉(루스낵)은 이와는 반대의 경우다. 여기서 기계신은 공동체를 시뮬레이션하며 시공간을 팽창^{inflation}시킨다. 그는 주인공이 쫓던 범인이 그 자신이라는 사실이 밝혀지기 전까지 공동체 내부를 은밀히 점령하고 있던 시뮬레이션 속의 시뮬레이션이다. 이 두 영화는 스펙터클에 가려 놓치기 쉬운 기계신의 연극적 위상을 섬세한 플롯팅과 철학적이고 심지어는 제물론적인 상상력으로 풀어낸 작품들로서, 아직까지도 이 장르의 숨은 걸작으로 남아 있다.

　그런데 세 번째 위상은 시공간 사이에 끼어 있는 기계신, 그들을 넘나들며 굴절시키는 변덕스럽고 말썽꾸러기인 기계신이다. 이것은 시공간의 팽창과 수축과는 또 다른 혼융^{conflation}의 경우로서 타임슬립 영화의 모티브가 된다. 타임머신이야말로 기계신이다. 그것은 시간을 구부리고 접어서 시간을 무대화할 수 있기 때문이다. 저메키스의 〈백 투 더 퓨처〉 시리즈가 여타 시간여행물보다 더 나아간 지점도 여기에 있다. 시간여행은 단지 다른 시간대를 구경하고 돌아오는 풀코스 관광이 아니다. 시간여행은 타임라인의 시나리오에 반드시 흠집을 내며, 시간여행자는 이를 원상복구하기 위해선 특정 시간대를 무대로 삼고서 새로운 배역을 연기해낼 수밖에 없다. 가령 〈백 투 더 퓨처〉에서 마티는 과거의 아버지와 어머니가 다시 사랑에 빠

2003, pp. 94~97. 기존 숭고 개념을 대체하는 부카트만의 '인공무한'이란 개념을 보라(p. 104). 특수효과의 (유토피안적 측면과 구분되는) 메타토피안적 측면을 고찰하는 5장도 보라.

질 수 있도록 조역과 악역을 연기해내야 하며, 〈백 투 더 퓨처 2〉는 전편을 극 안의 극으로 삼는데 2편의 마티는 1편의 자기 자신이 연기하는 것을 구경하는 관객임과 동시에 그 연기를 완성시켜주는 무대연출가가 된다. 이것은 과거와 미래가 혼용되는 1인 2역극으로서, 이 경우 타임라인은 접히고 포개져서 한 인물은 과거 혹은 미래의 자기 자신과 대면하여 한 장면 안에 공존하게 되고, 둘 중 누가 더 과거이고 누가 더 미래인지를 분별할 수 없게 된다. 이것은 정확히 평행해진 시간대들이 서로가 서로에 대해서 객석이 되고 또 무대가 되는, 그래서 "타임 패러독스"야말로 주인공이 해결해야 할 문제가 되는 평행시간극이다.[19] 반면 〈토탈 리콜〉(버호벤)의 시간 역시 분기되어 평행하게 마주 보게 된 무대를 이루지만 상황은 너무 다르다. 이제 프로그램을 복구하는 것이 문제가 아니라 프로그램되기 이전과 프로그램된 이후, 원본과 모본을 가려내고 둘 중 하나를 선택하는 문제다. 그만큼 시간의 혼용은 그 굴절이 아니라 끼워 넣기와 바꿔치기로 이루어지므로 두 시간대는 주연과 조연을 교대하는 비대칭적 관계가 아니라 주연을 경쟁하는 대칭적 관계(하우저-퀘이드)를 형성하며, 프로그래머마저 경쟁의 일원이 될 때 그 대칭은 극대화된다. 〈백 투 더 퓨처〉가 누가 주연이고 누가 조연인지의 경합이라면, 〈토탈 리콜〉은 누가 배우이고 누가 연출자인지의 경합이다. 타임머신은 호접몽 기계일 수 있다. 외려 아무리 아비달마 철학과 선불교를 인용한들 〈매트릭스〉(워쇼스키 형제)는 호접몽 기계가 아니다. 여기서 경쟁하는 것은 무대와 무대, 배역과 배역이 아닌 무대와 객석, 능력과 능력이어서 모든 평행은 실재와 가상의 대립으로 축소되기 때문이다. 진짜 프로그램은 그리 쉽게 진짜 가짜를 분별해주지 않는다. 그 평행을 추구하기 때문이다. 프로그램은 찰나삼세론刹那三世論을 쓰지 않는다. 타임머신은 다르마dharma가 될 수 없다.

수축, 팽창, 혼용, 이 모든 것이 시간을 질량으로 사유하는 SF만의 태도다. 기실 저메키스와 버호벤은 미래의 무게를 대하는 두 상반된 태도를 보여준다. 저메키스에게서 시간은 가벼워서 혼용된다. 한 번의 작은 교란만으로도 타임라인은 걷잡

---

19. "두 종류의 다른 지성에게는 선험적으로 '진짜'인 다른 두 세상이 있을 것이며, 다른 두 배우에게는 '정확한' 햄릿의 다른 두 가지 연기방식이 있을 것이다."(짐멜, 「배우의 철학에 대하여」(1921). 다음에서 인용: 『배우의 철학』, 신소영 옮김, 연극과인간, 2010, 60쪽).

을 수 없이 공중분해되어 증발하려고 하며(지워지려는 사진), 고로 그만큼 통통 튀는 아이디어와 기상천외한 순발력으로 그를 붙잡아내야 한다. 반면 버호벤에게서 시간은 무거워서 혼용된다. 복제된 기억은 자신의 무게로 가라앉고 있으며(화성에 대한 꿈), 고로 무의식 깊숙이 묻혀있는 비밀을 건져내기 위해 그 심층으로 먼저 들어가야 할 것이다. 저메키스는 '작은 사람'의 영화다. 그는 경솔하고 작은 행동으로 공동체 전체에 위기를 초래하지만 그것을 다시 복원하는 것 역시 첫키스, 스포츠잡지, 스케이트보드와 같은 작은 행동들이며, 이때 공동체가 겪는 변화는 너무 사소하고 그 표지들이 너무 미세해서 눈치채기 어렵다(예컨대 twin pine mall-lone pine mall). 작은 사람은 시간의 가벼움만큼이나 경솔하고도 경박한 사람이다. 하지만 공동체의 거시역사를 직조하는 것 또한 그런 작은 사람들이며(《포레스트 검프》), 시간을 거스르려는 나쁜 공동체를 파괴하는 것도 그런 작은 결단이다(《죽어야 사는 여자》). 죽음과 운명 앞에서도 잃지 않는 유머와 경쾌함, 이것이야말로 저메키스 작품세계의 위대함이다. 정반대로 버호벤의 캐릭터들은 큰 행동의 큰 사람들로서, 기억이 원본을 잃어 가면 잃어 갈수록 문제의 해결은 점점 어려워지는 가운데, 그들은 공동체 전체의 운명을 좌지우지할 가장 위중한 결단과 마주하게 된다. 게다가 마지막까지 그것이 해결됐는지 아닌지를 확신할 수 없다는 데에서 이 무거움은 극에 달한다. 이것이 〈로보캅〉이나 〈쇼걸〉의 주인공들이 무대가 되어버린 공동체 안에서 겪는 상황이다. 즉 그들이 맡은 배역이 너무나 무거운 것이다. 〈원초적 본능〉의 캐서린 트러멜은 가장 무거운 캐릭터. 시간은 얼음처럼 결빙되어 그녀의 침대 밑으로 추락하고 있다.

　　꼬여버린 시간뿐만 아니라 SF 영화의 단골 악당들, 예컨대 자원과 에너지를 독점하려는 거대 계획, 국가나 기업의 지배 음모, 시스템의 조직적인 사기극 등등이 모두 프로그램이다. 프로그램은 배역분담을 통해서만이 그 요소들을 예측하고 통어하기 때문이다. 프로그램은 '장치'dispositif, dispositivo다. 배역이란 주체화이기 때문이다. 그리고 그것은 주체를 버려질 수 있는 일회용 인간("버려질 수 있는 인간"homme jetable)으로 만드는 탈주체화를 동시에 포함한다(마티 역시 증발되어 탈주체화되려고 한다).[20] 여기서 SF 내러티브의 두 번째 특징이 나온다. 그것은 프로그램된 공동체 안의 (탈)주체화된 개인, 즉 기계신이 그의 연출자가 되고 프로그램이 그 시나리오가 되는 '배우-기계'다. 우린 다시 수축-팽창-혼용의 범주들로 SF 캐릭터를 분류해볼 수도 있을 것이다. 거대하고 압도적인 기계신이 시공간을 수축시키는 경우 자유의지가 한껏 축소되어 주어진 배역에 충실한 개인이 있게 되는 반면, 작거나 만만한 기계신(예컨대 DNA)이 시공간을 팽창시키는 경우 자유의지도 함께 팽창하여 주어진 배역을 배반하고 탈출하려는 개인이 있게 된다. 전자의 경우는 로봇이나 사이버 캐릭터들이다. 행동의 도식은 로봇 3대 원칙으로 축약되거나 프로그램 알고리듬으로 코드화된다. 후자의 경우는 복제인간의 경우다. 복제인간은 원본에 대한 노예이기를 거부하면서 자신만의 배역을 스스로 확장한다. 신체의 내부에 숨거나, 심지어 우주선이나 건물의 인테리어로 위장하는 기생괴물 또한 이 범주에 속한다(〈에일리언〉 시리즈). 가장 억울한 복제인간은 유인원의 모본이 되어버린 인간 자신이다(〈혹성탈출〉 시리즈). 세 번째 범주일 혼용의 경우는 프로그램된 배역에 충실하면서도 돌발적으로 그를 배반하게 되는 배우들, 즉 배역의 스플릿이 역설적으로 자신의 정체성이 되는 배우들의 경우다. 이것이 사이보그의 경우다. 왜냐하면 사이보그는 기계 반-인간 반 합성된 자로서, 그만큼 프로그램 반 자유 반으로 자신의 영혼을 합성하기 때문이다. 사실 SF 영화에서 첫 번째 두 번째 경우가 단독적으로 나타나는 경우는 거의 드물며, 그들은 오직 세 번째 경우와 같은 종합 속에서만 존재한다. 특히 로봇은 C-3PO처럼 인간보다 더 유쾌한 수다쟁이로, 복제인간은 로이처럼 인간보다 더 성스러운 예수로 이미 진화했다는 의미에서, 최소한 70년대 이후 SF엔 순수한 로봇과 복제인간은 존재하지 않았다고 볼 수도 있다. 사이보그만이 SF 영화의 일반적 주인공이다. 엘리엇은 ET와 융합하고, 마티는 드로리안과 호버보드와 융합하고, 리플리는 로더와 융합한다. 융합되는 것이 유기물인지 무기물인지, 인간인지 기계인지는 상관없다. 사이보그를 만드는 것은 그 융합 속에서 이루어지는 배역의 스플릿, 에러의 수행, 그 자신이 역설의 배우로 다시 태어나도록 하는 프로그

20. '장치'는 현대 유럽철학의 가장 핵심적 정치개념 중 하나다. 양창렬의 다음 소논문은 그를 일목요연하게 일괄하며, 풍부한 예시 속에서 난점들에 답하려고 한다. 양창렬, 「장치학을 위한 서론」(저자 자신의 번역서인 아감벤의 다음 책에 수록되어 있다. 조르조 아감벤, 『장치란 무엇인가?』, 난장, 2010). 배역과 (카사베티스적) 연기술에 관한 아감벤의 입장에 대해선 그의 중요한 인터뷰, 「소수의 생명정치」("Une Biopolitique Mineure : Entretien avec Giorgio Agamben", [http://www.vacarme.org/article255.html]).

램의 배반이다. 버호벤은 자신의 기억을 새로운 원칙으로 삼아 로봇 3대원칙을 배반하는 사이보그를 보여주었다(《로보캅》). 카메론의 사이보그는 아무리 프로그램에 충실하더라도 이미 역설의 배우다. 그는 완벽한 인간신체를 가면으로 쓴 살인기계이기 때문이다(《터미네이터》). 그리고 카메론은 다시 이를 역전시켜서 스스로뿐만 아니라 인류의 미래까지 재프로그래밍하는 영화사상 가장 인간적인 사이보그 T-101에 이를 것이다. 더불어 단순한 접촉만으로도 스스로 배역을 바꾸는 가장 진보한 셀프-몰핑 사이보그 T-1000에 그를 다시 대립시킨다(《터미네이터 2》).[21] 가장 뜨거운 심장을 지녔던 사이보그는 클레릭 프레스턴이다(위머 《이퀼리브리엄》). 한국 뉴웨이브 전통의 바보를 사이보그화했던 이는 장준환. 병구는 물파스와 융합했을 뿐 아니라, 고래조차 프로그램의 한낱 시뮬레이션이었음을 간파했다는 점에서 가장 한국적인 사이보그였다(《지구를 지켜라!》).

사이보그는 프로그래밍되어 예측되고 폐기된다는 점에서 일회용이다. 그러나 그는 자신의 충동, 자유, 무의식을 위해 분투하며 프로그램에 야기하는 예외와 오류 속에서 스스로 1회, 2회, 3회…n회 태어나고 헐떡이고 변신한다. **사이보그는 프로그램된 안티-프로그램이다.** 그는 주어진 배역과 미지의 자아를 혼용하므로 그에게 배역은 촉매가 된다. 사이보그는 카사베티스-기계다. 크로넨버그보다 그 풍부한 이미지와 다양한 지식체계를 통해서 사이보그를 재생산해내고, 또 끊임없이 변주하려고 했던 작가는 없을 것이다. 크로넨버그는 온갖 혼용의 사례들을 나열한다. 인간-곤충, 인간-미디어, 인간-엔진, 인간-게임…융합은 언제나 공동체를 정의하는 기계장치와 개체적 신체와의 접속과 교류를 위한 행위이며, 그 프로그램의 실행 속에서 돌발적 이루어지는 시그널 컨버팅과 에너지 역류를 기다리는 행위다. 크로넨버그는 사이보그의 파토스도 주장할 수 있을 것이다. 이때 그는 자기 자신 변형됨으로써 주어진 무대배역을 넘어서려고 하며 그만큼 무대의 시나리오도 변형시키려는 '배우

---

21. 액체금속과 같은 사이보그 유동성에 포함되는 미시정치학적 함의에 대해서는 Mark Dery, *Escape Velocity*, Grove Press, 1997. 6장 "Cyborging the Body Politics". 고체금속과 액체금속의 대결에서 나타나는 두 민주주의의 대결(신화 vs 공포, 저항 vs 아나키)에 대해선 다음도 보라. Doran Larson, "Machine as Messiah : Cyborgs, Morphs and the American Body Politics", *Cinema Journal*, vol. 36, no. 1, 1997.

자신'이기 때문이다. 그런 점에서 〈비디오드롬〉은 크로넨버그 철학을 개시한 작품이라 할 수 있다. 비디오는 이미 환경이 되었고 미디어는 무대가 되어버렸다. 모든 충동과 쾌락이 접속으로 이루어졌기에 트랜스미터와 리셉터클을 하나의 생식기라고도 말할 수 있다. 그것은 페니스-비디오와 질-포트다. 프로그램은 개체를 강간한다. 그러나 바로 그 때문에 개체가 자신의 충동과 에너지를 끌어올려 프로그램에 저항할 수 있게 된다. 내장은 비디오테이프와 정보를 수류탄과 권총으로 변형시키는 컨버터다. 비록 그 파괴력이 프로그램의 셧다운과 함께 동반되는 자폭을 유도할지라도, 개체는 그와 함께 "새로운 살"new flesh을 위한 폭발적 돌변을 계속해야 할 것이다.

크로넨버그는 에러의 인류학이다. 에러는 생체시그널의 역류와 증폭, 나아가 육체적 돌연변이를 야기하는 정보처리오류로서, 진화의 타임라인에서 꾸준히 나타나고 있을 뿐만 아니라 테크놀로지에 의해서 더욱 가속화되어 사이보그 출현의 조건이 된다. 이것이 크로넨버그가 줄기차게 전시하는 폭주, 폭연, 폭굉 이미지의 인류학적 정당성이다. 두 이질적인 육체의 마찰과 충돌, 헌 신체를 급진적으로 해체시키는 압력, 즉 〈폭발=돌발〉의 등식이 사이보그의 정체성이다. 그건 정체성도 아니다. 그것은 돌발적 에러에 의해서만 정의되는 한계적 정체성marginal identity 혹은 터미널 정체성terminal identity 22이다. 그리고 이 에러야말로 크로넨버그가 끝내 합성하려는 두 패러다임(인간-기계, 유기체-무기체, 뇌-컴퓨터) 사이의 유일한 공통분모이자 매개변수, 그만큼 이질적인 두 신체의 유일한 접착제다.23 인간이 실수하는 만큼 기계도 에러를 일으킨다. 전송기는 오작동하며(〈플라이〉), 자동차는 급발진하며(〈크래쉬〉), 컴퓨터 코드엔 바이러스가 자생한다(〈엑시스텐즈〉). 무엇보다도 에러는 전파되고 또 전염된다. 미디어란 매개체vector다. 이것이 크로넨버그가 초현실주의자들만큼이나 심각하게 사이보그에게서 찾아내려고 하는 사회적-정치적 기능일 것이다. 프로그램

---

22. 부카트만의 개념이다. Scott Bukatman, *Terminal Identity*, Duke University Press, 1993. 사이보그 신체의 표면성, 투명성에 대해선 특히 4장을 보라.(p. 244). 이 책은 사이보그에 대한 가장 철학적인 연구서다.

23. 이것은 사이버네틱스의 기본전제 중 하나다. 유기체(동물)와 무기체(기계)는, 외부세계에 대한 반엔트로피 체계로서 호메오스타시스 피드백을 수행한다는 점에서 동등하다. Norbert Wiener, *Cybernetics or Control and Communication in the Animal and the Machine*, MIT Press, 1948. ("준안정적 악마는 존재한다.", p. 58).

이 전송되는 것처럼 그 에러도 개체에서 개체로, 나아가 공동체 전체로 전염병처럼
전파될 수 있다(《스캐너스》 〈데드 링거〉). 에러-바이러스, 에러-화학탄, 차라리 에러
드롬.[24] 〈비디오드롬〉과 〈플라이〉에서 너무 애매하게(혹은 너무 비극적으로) 끝낸
이 테마를 크로넨버그는 〈엑시스텐즈〉에서 다시 취하고 또 완결한다. 시뮬레이션
게임의 가상무대는 현실세계를 감염시키는 만큼 현실무대도 가상현실을 경쟁적으
로 감염시키며, 바로 이 깨진 링크, 신경공학적 404 에러만이 실존의 혁명을 가속화
한다. 크로넨버그는 에이젠슈테인을 비판했다. 그의 견인이 은유라는 해묵은 문학
적 패러다임에만 얽매여 있다는 것이다. 외려 중요한 것은 패러다임 간의 충돌과 그
균열과 예외이며, 견인되어야 할 것은 의식이 아니라 그 에러, 즉 통합적 의식으로
은유불가능한 육체적 융합과 변종이다. 즉 견인을 위한 은유적 충돌이 아니라 반대
로 모든 견인을 고장 내는 진짜 크래쉬가 필요한 것이다.[25]

　　크로넨버그는 점점 변태되고 업그레이드되는 인류에게 거대한 바이오메카닉
패러다임을 제시해 보이려는 것처럼 보인다. 그것은 생물학과 기계공학의 새로운 합
성이며, 좀 더 엄밀하게는 전염학과 메카트로닉스의 합성이다. 전염학적으로 전염·
감염·매개체인 것은 메카트로닉스에서 전송·정보화·미디어다. 자가전염체계와 자
가면역체계는 자동변환장치와 자동제어장치다(혹은 자폭장치인가?). 결국 SF 영
화에서 우리가 마주치는 것은 한 패러다임 내부에서 두 개체 혹은 공동체의 평행이
아닌, 두 패러다임이 이루는 평행이다. 어떤 때보다도 표면은 상대성과 예측불가능
성의 차원에 있다. 엄밀히 말해 사이보그의 육체는 단지 표면*surface*이 아니다. 그것
은 인터페이스*interface*다. SF 영화의 업적은 영화의 표면을 그 인터페이스로 완전
히 전환했다는 데에 있으며, 그로부터 사이보그의 파토스라 할 신경공학적 클로즈

24. 질병, 바이러스, 혹은 "창조적 암"(creative cancer)에 대해서는 *Cronenberg on Cronenberg*, ed.
Chris Rodley, Faber and Faber, 1997, pp. 79~84.("질병의 관점에서 이해한다는 것, 그것이 삶의
문제다.", p. 82). 〈비디오드롬〉의 바이러스-정치학, 면역-테러리즘에 대해선 다음 글도 보라. Scott
Bukatman, "Who Programs You? The Science Fiction of Spectacle", *Alien Zone*, ed. Annette
Kuhn, Verso, 1990. ("돌연변이란 사보타주다.")
25. "타자에 대한 감각은 언제나 존재한다. 그러나 타자성과 규범성 사이에 진정 변증법이 성립하는지
는 확실하지 않다."(크로넨버그 인터뷰. *David Cronenberg*, ed. Serge Grüberg, Plexus, 2006. p. 93).
크로넨버그의 에이젠슈테인 비판은 사이버네틱이 고전역학에 대해 가했던 비판과 닮아 있다(pp.
91~92).

업, 시냅스 전기신호들로 이루어진 얼굴을 추출해냈다는 데에 있다. 포트가 되어버린 얼굴, 변형과 역류에 통각하는 얼굴, 심지어는 폭발하는 얼굴들. 사이보그의 딴 낯이 곧 인터페이스다. 그들은 텔레파시가 곧 파토스이고, 변신의 고통이 곧 정념인 자들이다. 그들은 인간과 기계, 유기체와 무기체, 뇌와 컴퓨터 양쪽 모두에게 속함으로써만, 즉 스플릿됨으로써만 정의된다. 요컨대 사이보그는 생체공학적 평행을 살아내는 자다. 하지만 같은 이유로 그들은 프로그램을 평행회로로 재프로그래밍하며 그 무한원점을 자신의 유일한 관점으로 삼는 자들이기도 하다. 사이보그는 〈돌발(突發)=자발(自發)〉의 카사베티스적 연기론을 다음과 같이 번역한다 : 〈에러(error)=자동(automatic)〉. 나는 에러난다. 고로 나는 존재한다.[26] "당신이 타자라면 어쩌겠는가?*what if* …"[27]

초현실주의와 SF를 왕복하기란 꽤 어려운 일이다. 초현실주의는 작가에게 자유로부터 시작할 것을 권고하는 반면, SF는 작가에게 구속과 법칙성, 체계규범과 프로토콜로부터 시작해서 시스템 장애로 우회하도록 권고하기 때문이다. 이게 바로 조도로프스키가 당대 최고의 SF 프로젝트였던 〈듄〉을 끝내 포기하게 된 이유다. 조도로프스키는 살바도르 달리를 캐스팅하려고 했다. 그는 여전히 초현실주의자였으며 심지어 테크놀로지에서 연금술을 찾으려고 했고, 이는 제작자들의 심기를 건드렸다(물론 그들은 또 다른 초현실주의자 린치를 그 자리에 앉혀놓음으로써 프로젝트를 또 다른 재난으로 이끌었지만). 아마도 초현실주의와 SF를 넘나들 수 있는 거의 유일한 길은 우연을 순전히 공학적으로 접근하는 괴기한 방법론을 통해서일 것이다. 보로브치크의 〈고토〉 섬이 그랬다. 또한 주네·카로 콤비는 쓸데없이 복잡한 자살장치, 꿈추출기나 옵타콘스와 같은 우연발생장치들을 고안했고, 이를 통해 해묵은 문명체계를 홍수, 벼룩, 누전과 같은 자연의 심판 앞으로 부단히 내몰았다(〈델리카트슨〉 〈잃어버린 아이들의 도시〉). 또 주네는 그의 할리우드 진출작인 〈에일리언4〉에서 여전사 리플리를 종의 데페이즈망을 꿈꾸고 설파하는 우연의 공학자

---

26. 이 모든 함의는 오래전부터 이미 정치적이었다. 해러웨이의 「사이보그 선언」(1985)을 보라. 다음에 재수록되었다. Donna J. Haraway, *Simians, Cyborgs, and Women*, Routledge, 1991. 8장. 이진경의 사이보그론도 보라(『불온한 것들의 존재론』, 5장).
27. 크로넨버그 인터뷰. *David Cronenberg*, p. 93.

로 만들어버렸다. SF와 초현실주의를 넘나들었던 작가를 미국에서 찾으라고 한다면 그는 단연 플레이셔. 플레이셔는 완전히 다른 테마 안에, 즉 대상의 데페이즈망과 구분되는 관점의 데페이즈망이라는 테마 안에 자신의 작품들을 위치시킨다. 그역시 잠항술과 축소술과 같은 공학을 취할 것이나 그 목표는 자연물과 인공물의 혼동(〈해저 2만 리〉), 거시증적 비전(〈바디 캡슐〉)처럼 대상의 변형보다 관점의 변화를 먼저 초래하는 우연으로서, 이제 그건 문명의 프로그램 바깥이 아니라 그 안에서 찾아져야 할 것이었다. 우연은 이제 인간이 잃어서가 아니라 인간을 잡아먹어서 문제가 된다. 그것은 인간이 인간에게 가하는 데페이즈망-충동이라는 자기소비적 우연이다. 〈소일렌트 그린〉의 충격적 반전은 친숙하고 흔한 제품들을 암거래하는 등 대상이 아니라 사람들이 낯설어졌다는 것이었다. (〈보스톤 교살자〉의 핵심테마이기도 한) 데이터의 데페이즈망에 앞서는 프레임의 데페이즈망, 이것이 플레이셔가 인간 본성에 내린 음울한 진단이었다.

초현실주의와 SF의 공통분모가 공간화와 무대장치밖에 없다는 것, 이는 그 둘이 시간에 대한 완전히 두 다른 입장임을 의미한다. SF와 초현실주의의 차이는 단지 피상적인 것이 아니다. 그것은 미래를 사유하는 근원적으로 다른 두 태도다. 초현실주의에게 필요한 것은 미래를 우연으로 전환하는 자동기술자이지만, SF에게 필요한 것은 미래를 에러로 전환하는 자동변환기다. 그리고 무엇보다도 그것은 미래를 자동교정되는 시나리오, 혹은 자동적인 재프로그래밍으로 변형시킨다는 것을 의미한다. SF 문학에서뿐만 아니라 SF 영화에서도 빈번하게 나타나는 반쪽자리 비관론의 기원은 아마도 여기에 있을 것이다. 미래는 프로그램으로서 개체에게 운명적이나, 운명을 거부하는 개체의 결단마저 프로그램의 일부로 만들 수 있는 자기팽창적 퍼텐셜이다. 이것은 시간이 지나고 과거가 쌓일수록 점점 넓어지는 무대 같은 것이다. 사이보그는 주어진 미래에 저항하고 혁명을 하지만 그것은 미래 자신이 이미 자기혁명적인 한에서다. 〈토탈 리콜〉에서 하우저는 프로그램을 탈출해서 저항군에 합류하지만 이조차 프로그램의 일부였다. 사정은 〈엑시스텐즈〉에서도 마찬가지로서, 프로그램은 자신에 대한 저항과 탈출까지 자신의 일부로 포섭하면서 스스로를 확장하고 있으며, 결국 영화의 말미에 인물들은 자신이 여전히 프로그램 안인지 밖인지 알 수 없게 된다. "이게 꿈이면 어떻게 하지?"(〈토탈 리콜〉), 혹은 "아직 게임

안인가?"(《엑시스텐즈》)라는 마지막 질문은 단지 현실의 애매성에 대한 증언이 아니다. 반대로 그건 미래의 자동성에 대한 증언이다.[28] 〈백 투 더 퓨처〉 시리즈의 마지막 장면들은 아무 일도 안 일어났던 것처럼, 모든 것이 애초부터 예정되었다는 듯이 제자리로 돌아와 있음을 묘사한다. 바로 이 제자리로 돌아옴, 여기에 SF적 미래의 본질이 있다. 그것은 스스로 쓰여지는 시나리오, 혹은 스스로 리부팅되는 프로그램이다. 고로 무대는 영원히 닫혀있다. 하지만 바로 그 영원성에 사이보그의 자유와 가능성potentiality도 있으리라. 초현실주의 내러티브가 자동기술법이라면, SF 내러티브는 자동서술법이다. 미래는 이미 자동 내러티브인 것이다.

5-3. 미래의 자율성 : 터미네이터, 미래주의, 네그리

SF에서 미래는 프로그램이다. 하지만 그것은 자기생성적 프로그램self-generating program, 자동프로그램auto-program인 한에서 그렇다. 이것은 SF가 ─ 그 결론이 아무리 비관적일 때조차 ─ 미래를 〈아직 도래하지 않은 시간〉 혹은 〈장차 도래할 시간〉으로 사유하지 않는다는 것을 의미한다. 반대로 SF에서 미래는 사멸하고 지워진 심도 속에서 이미 증발해버린 시간, 하지만 바로 그 때문에 표면들의 중층으로서 벌써 여기 도래해있는 시간이다. SF 영화미술과 특수분장, 애니메트로닉스에 공통적으로 나타나는 특징이기도 하며, ILM 미학의 핵심이기도 한 미술적 콘셉트 또한 바로 이것이다 : 미래는 이미 골동품이나 쓰레기가 되어버린 상표, 철 지난 아이콘, 손때 탄 기계부품들의 집합일 뿐이다. 미래는 이미 닳아버린 "표면들의 무한집합"으로서의 "중고 미래"used future(루카스)다. 그리고 애니메트로닉스에 원시성과 미래성을 아우르는 예술적 두께를 부여한 스탠 윈스턴이 있다. SF에게 미래는 '아직 도래하지 않은 시간'이 아니다. 반대로 미래는 '이미 도래하고 있는 시간'이다. 왜냐하면 현재는 프로그램의 일부이고, 일부가 아닌 적도 없었고 또 앞으로도 없을 것이기 때문이다. 새

---

28. 이것은 가상현실(virtual reality)에 대해서 크로넨버그가 견지한 생각이기도 하다. 즉 가상현실이란 없다. 왜냐하면 모든 현실은 이미 가상적이기 때문이다.(*David Cronenberg*, p. 166).

프로그램이란 없다. 자신을 끊임없이 업데이트하고 갱신하는 헌 프로그램이 있을 뿐이다. 미래는 자동이다. 프로그램은 스스로를 자동업데이트한다.

SF를 사로잡는 시간성은 회로성circuity, 즉 뺑뺑이다. 프로그램은 시간여행자나 꿈여행자를 뺑뺑이 돌리기 위해 자신도 뺑뺑이를 돌며, 자동업데이트되는 회로 속에 그들의 이탈선들을 포섭해 버린다. 이것이 우리가 현재성 자체에서는 찾아볼 수 없었던, 미래가 현재에 대해서 가지는 역전되었지만 괴물적인 인과관계다. 미래는 현재를 부려 먹고 연료화해서 빨아 먹는다.[29] 그것은 소일렌트 그린의 자기폐쇄회로다. 이는 또한 〈터미네이터〉 시리즈의 서브플롯이 보여주는 바이기도 하다. 스카이넷의 창조주는 미래로부터 온 터미네이터의 잔해이며, 마찬가지로 존 코너의 아버지는 미래로부터 온 카일 리스다. 고로 만약 미래가 터미네이터와 카일을 보내지 않았더라면 미래전쟁도 없었을 것이고, 나아가 그들을 보낼 필요도 애초부터 없었을 것이다. 미래는 현재를 수정하려는 게 아니라, 처음부터 스스로를 만들어내고 있었다.[30] 이런 도치된 미래성을 메인플롯으로 끌어올린 작품을 꼽으라고 한다면 그것은 단연 〈마이너리티 리포트〉(스필버그). 여기서 미래는 그 예견이 사건의 원인이 되고 그로부터의 도주조차 프로그램의 일환이 되는 복합미래시제를 지닌다. 어쨌든 미래는 스스로를 결과하도록 하는 자동원인이고, 반대로 모든 현재의 사건들은 바로 그 자기원인하는 폐쇄회로의 일회용 건전지가 된다.

이것이 프로그램이 전유한 미래성의 가장 강력한 힘이다. 또 그것은 프로그램이 지닌 연극성의 원천이기도 하다. **프로그램은 연출한다.** 무엇보다도 시간을 연출한다. 하지만 이는 그 자신이 그 미래를 독점하여 스스로를 연출하는 방식에 의해서다. 프로그램은 스스로를 연출하는 미래 자신이다. 나머지 현재들은 그를 위한 무대

---

29. 우린 '생체권력' 개념을 염두에 두고 있다. "권력의 가장 중요한 기능은 아마 죽이는 것이 아니라 생명을 온통 에워싸는 것이 될 것이다"(미셸 푸코, 『성의 역사』 1권, 이규현 옮김, 나남, 2004. 5장. p. 156). 생체권력의 내재화와 그 정치사회적 조건(훈육사회에서 통제사회로의 주권적 이행)에 대한 가장 좋은 입문서는, 안토니오 네그리·마이클 하트, 『제국』, 윤수종 옮김, 이학사, 2001.
30. 〈터미네이터〉의 이 중요한 타임 패러독스는 메인플롯에 가려서 충분히 담론화된 것 같지 않다. 정신분석학이나 페미니즘이 간간히 입장을 내놓았었는데, 가령 Constance Penley, "Time Travel, Primal Scene and the Critical Dystopia", *Close Encounters*, University Of Minnesota Press, 1991. 그러나 정신분석학은 프로그램의 분석을 미래의 관점이 아니라, 과거의 관점(원초적 장면)에 국한시키곤 한다. 지나친 정신분석학은 종종 사이보그의 존재를 간과한다.

소품이나 단역배우가 될 뿐이다.

프로그램-미래는 자폐적이다. 그것은 현재를 자신의 기회원인으로 삼는 자기원인이다. 프로그램은 주체를 일회용으로 만들뿐더러 그의 현재를 언제든지 버려질 수 있는 일회용 원인으로 만듦으로써 미래를 절도하는 폐쇄회로가 된다(사라 코너와 카일 리스는 터미네이터의 잔해를 스카이넷에게 영원히 전해주는 배역을 수행하는 가운데 일회용 인간homme jetable이 된다). 결국 프로그램은 미래를 훔쳐 갈 뿐만 아니라 영원을 훔쳐 간다. 자폐된 미래가 영원히 오지 않는 만큼 영원성은 폐쇄회로의 형상이 된다. 이제 미래는 실의 처음과 끝이 양쪽에 묶여있는 실타래 같은 것이다. 현재는 그 실에 간신히 매달린 단추나 바늘과도 같다. 바늘을 어떻게 꿰어야 실타래를 풀 수 있을까?

미래의 자폐증, 이것이 SF가 역설이 되어버린 시간에 대해 내린 형이상학적이고 정치학적인 진단이다. 그런데 우리가 미래에 대해서 다른 진단을 내릴 때, 우리는 정반대의 시간론을 전개하게 되고 또 정반대의 대안들로 빠져들게 된다. 그런 점에서 SF와 대조되어야 할 것은 초현실주의가 아니라 미래주의일 것이다. 비록 영화는 많이 만들어지진 않았지만 미술과 문학 분야에서 미래주의의 진단은 이미 충분히 블록버스터급이었다. 미래주의에게 자폐증에 걸린 것은 미래가 아니라 현재였다. 고로 미래는 과거에 감금되어 버린 현재를 구출하기 위한, 그 감옥벽을 파괴하기 위한 근거처럼 기능했고. 바로 이것이 교리orthodox, -ism로서의 미래로서, 이것은 미래주의자들이 테크놀로지가 폭력의 현실화임을, 그리고 현재와 미래 사이에 실종되었던 인과성을 복원하는 외삽의 무기임을 천명하는 근거가 된다. 즉 미래주의의 미래는 폭력과 외삽의 근거였다(미래주의가 파시즘과 전쟁을 미화한다면 그것은 아직 오지 않은 국가나 헌법에 근거해서다).[31] 반면 SF에게 자폐증은 현재보다 미래에 먼저 속한다. 미래가 만약 문제라면 그것은 자기 외의 모든 근거를 삭제하기 때문이지, 결

---

31. 미래주의의 '미래' 개념에 대한 이택광의 신랄한 분석을 보라. "미래파가 말하는 미래란 건 현재를 부정하기 위한 핑계에 불과한 것 같다."(이택광, 『세계를 뒤흔든 미래주의 선언』, 그린비, 2008, 78쪽). 이 책은 미래주의의 철학적 기반, 예술과 정치의 혼용, 기타 분야에 끼친 직간접적인 영향들을 폭넓게 다루고 있다. 더 자세한 기술로는 다음도 보라 : Günter Berghaus, *Futurism and Politics*, Berghahn Books, 1996.

코 미래 자체가 근거여서는 아니다. 미래는 교리orthodox가 아니라 먼저 역설paradox이며, 고로 테크놀로지는 영원히 도래하지 않을 인과성을 복구하는 폭주술(전쟁·파시즘·우생학)이 아니라, 바로 그 영원한 인과적 균열과 그 역설을 살아내고, 심지어는 그를 먹고 싸는 환산술(컨버팅·자동주의·생체공학)이 된다. SF는 미래주의의 초인을 사이보그로 대체한다. 사이보그는 현재의 어떤 것도 부정하거나 파괴하지 않는다. 쓰레기와도 융합할 수 있는데 왜 굳이 내버리는가? 아깝게. 만약 사이보그가 파괴한다면 그것은 충돌과 마찰을 통해서 더 큰 융합에 이르고, 더 강력한 역설에 이르기 위해서다. 사이보그 테크놀로지는 미래에 현재를 외삽하는 기술이 아니라, 반대로 미래를 현재에 내삽하는 기술인 것이다. 미래주의자에게 미래는 근거지만, 사이보그에게 미래는 재료, 연료, 차라리 기회다. 사이보그는 프로그램을 단지 부정하지 않는다. 사이보그는 프로그램을 탄다surf. 그것으로 자신의 표면surface을 구성하며, 틈새탄다inter-surf. 현재가 자폐적 미래의 부속품이 되어버린 것은 엄연한 사실이나, 바로 그 때문에 미래가 현재를 자신의 기회원인으로 삼는 만큼 미래를 자신의 기회원인으로 역이용하는 현재가 필요한 것이며, 바로 거기서 투쟁은 매번 새롭게 시작되어야 할 것이다. 이것은 사이보그와 프로그램이 서로에게 기회원인을 떠넘김으로써 실재원인을 다투는 병렬회로 경주 같은 것이다. 그리고 그것은 미래주의의 직렬회로 방법론과 결코 혼동될 수 없다. 이것이 전편의 염세주의를 불식시키며 〈터미네이터 2〉에서 T-101이 맡는 배역이다. T-101은 여전히 자폐적 프로그램의 일회용 부품이 될 것이지만, 바로 그 자폐성을 다시 기회원인 삼아서 다른 기계들, 구식무기와 현대의 자동차, 과학자나 불량배와 같은 인간들, 심지어 자신의 타겟과 융합하여 자신만의 터미널 정체성을 합성해내야 한다. 반대로 미래주의적인 자는 T-1000이다. 그는 프로그램(스카이넷)과 직렬을 이루며, 자신의 몰핑 테크놀로지를 그 자폐성에 종속시킨다. 그는 나쁜 사이보그다. 그는 주변을 파괴할 뿐 그 아무것과도 융합하지 않기 때문이다. 일반적으로 사이보그에게 미래의 자폐회로는 회전형 합성기와도 같다. 그것은 그로부터 또 다른 합성과 융합을 이끌어낼 수 있는 n번의 기회인 것이다. 터미네이터의 진정한 역설은 그의 발생이 종결될 수 없음에, "I'll Be Back"의 영원함에 있다.

미래의 자폐증, 미래의 도래불가능성, 미래의 영원히 도래할 수 없음은 더 이상 비관적 비전이 아니다. 미래는 영원히 도래하지 않으나, 바로 그 영원성이 사이보그의 한계적 정체성을 정당화할 수 있기 때문이다. 프로그램이 미래를 자폐하여 영원을 훔쳐가는 만큼, 사이보그는 영원을 훔쳐서 그 자신의 미래를 자발한다. 사이보그는 미래에게 자폐증을 내어주고, 미래는 사이보그에게 자율성을 내어준다. "영원의 삶은 새로운 몸으로 구성된다."[32] 사이보그는 시간의 자폐성을 발생의 자율성으로 컨버팅하는 자다. 이것은 칸트가 윤리학에서 이룬 코페르니쿠스적 전환(법칙-자유)의 사이버네틱 버전이다. 직렬에서 병렬로. 폐쇄에서 자유로. 자폐에서 자율로. 인지생물학에서 이러한 이행을 보여준 작가는 마투라나다("자가생산"Autopoesis).[33] 영화이론가 중에선 셰페르일 것이다. 그가 볼 때 영화는 세계와 이미지 사이의 유비적 외삽과 같은 상상적 프로그램에 의해서가 아니라, 반대로 영화에 의한 "세계의 일시 정지"에 의해서만 작동한다. 왜냐하면 영화의 시간은 기억이나 상상 어느 것으로부터도 유추 및 외삽되지 않기 때문이며, 고로 이미지는 그 뒤에 세계의 그 무엇도 숨기고 있지 않기 때문이다. "절대 오지 않을 것을 기다림"[34]이 곧 운동이고 영화다("불가능한 전환"). 영화는 시간을 폐쇄한다. 영화는 문자 그대로 '미래(未來-도래불가능성)'인 것이다. 일상적 인간이 사이보그다. 일상적 인간은 스크린 너머에 가정되는 상상적 인간을 대체하며, 그의 일상과 융합하는 것처럼 극장, 영사기, 스크린, 그 안개

---

32. 조정환, 「비물질 노동과 시간의 재구성」, 『비물질노동과 다중』, 갈무리, 2005, 380쪽. 우리 논의는 이 짧지만 거대한 소논문에 많은 걸 빚지고 있다. 특히 시간과 영원을 구분하는 부분("노동의 시간은 영원으로부터의 절단이다. 영원은 자기반복하는 누승적 힘이다.", 367쪽), 그리고 제국-프로그램과 다중-사이보그의 대립을 영원을 둘러싼 투쟁으로 소묘하는 부분("영원을 포획한 제국이 마치 자신이 영원이자 공통인 것처럼 위장한다.", 379쪽). 자율주의의 개념들을 한국적 상황에 적용하는 조정환의 다른 저서도 보라(『아우또노미아』, 갈무리, 2003).

33. 움베르토 마투라나·프란시스코 바렐라, 『인식의 나무』, 최호영 옮김, 자작아카데미, 1995. 생명은 환경으로부터 외삽되는 표상에 의해서가 아니라, 그 폐쇄("구조접속")로부터 확보되는 내적인 자율성에 의해서 발생한다(6장). 고로 신경계의 폐쇄성은 생명의 자율성과 대립되기는커녕 그를 더욱 풍부하게 한다(7장).

34. Jean Louis Schefer, *l'Homme Ordinaire du Cinéma*, Cahiers du Cinéma-Gallimard, 1980, p. 107. 셰페르가 정당하게 묻길, "관객은 몇 살인가? … 영속적 사춘기 … 완성될 수 없는, 즉 세계를 평형화할 수 없는 그의 운명을 살아야만 하는 무한 삶, 고로 제일 나르시스의 영원년(âge perpétuel)이다."(pp. 141~142. 강조는 인용자). "지식의 선험성"에 대한 논박은 같은 책, pp. 135~144. ("실재성의 효과는 유사성의 환영에서 생겨나지 않는다. 그것은 저기 있는 이미지를 보증하는 미간행된 저편의 시간의 실재성에 의해 얻어진다.", p. 138).

혹은 수증기와 융합하기 때문이다. 네그리는 미래를 유물론적 목적론으로 다시 구해내려고 한다. 제국의 시간척도는 미래를 과거의 외삽이나 유비적 반복으로 프로그래밍한다. 그러나 반대로 미래는 과거와의 측정불가능한 접속을 통해서만이 텔로스의 생산일 수 있다. 네그리는 과거-순간-미래의 쌍을, 영원성-측정불가능성-공통성의 쌍으로 대체한다.[35] 측정불가능성이란 이전의 영원(물질)과 이후의 영원(이름)을 잇는 카이로스의 인터페이스이고 그 특이성의 표현이다. 그 주체는 사이보그다("인간-기계"). 사이보그는 물질의 영원성과 융합하며, 스스로 측정불가능하게 되는 자이기 때문이다. 무엇보다도 사이보그는 자신의 측정불가능성을 프로그램 전체에 전염시키는 카이로스 집속탄이다("공통적인 것").[36] 사이보그는 가난하다. 그러나 그것은 척도를 소유하지 않기 때문이다. 사이보그의 사랑은 영원히 척도 너머를 갈구하는 영원에의 사랑이다. 사이보그는 미래주의자가 아니라 자율주의자다.

---

35. 안또니오 네그리, 『혁명의 시간』, 정남영 옮김, 갈무리, 2003. 척도화된 미래의 비판과, 과거-미래의 〈영원한 것〉과 〈장차 올 것〉으로의 대체에 관해서는 2장. 공통된 이름과 상상력에 대해서는 1장을 보라("〈장차 올 것〉 속에서 공통적인 것을 구성하는 강력한 카이로스", 8.5절).
36. 사이보그는 운명적이다. 즉 공통적이다. 공통적인 것과 인간-기계에 대해선 4장을 보라. ("모든 관계들은 두뇌들이 되었으며, 모든 두뇌들은 공통적인 것의 일부를 구성한다." 같은 책, 16. 2절.) 카이로스의 전염성에 대해서는 7.5절.

6
화이트헤드의 세 번째 모험 : 평행우주론

6-1. 잠재성과 영원성의 구분 : 초점화란 무엇인가

내러티브의 대상은 미래다(그레마스). 그렇다면 철학이야말로 내러티브다. 철학은 미지의 것에 대한 서술이기 때문이다. 그런데 화이트헤드는 전통철학의 내러티브가 심각하게 잘못되어 왔다고 비판하며, 주지주의의 독단만큼이나 반주지주의의 무책임도 싸잡아 비난했다. 즉 주지주의는 주체가 먼저 말하는 독단적 내러티브("코기토")였던 것처럼, 반주지주의는 대상이 먼저 말하는 방종한 내러티브("존속")이며, 이 둘은 미래가 도래하는 것이라고 전제한다는 점에서 매한가지란 것이다(주지주의에서 불변주체가 미래를 도래시키는 목적인이 되듯, 반주지주의에선 존속대상이 그 작용인이 된다).[1] 반면 화이트헤드는 미래가 영원히 도래하지 않는 것이라 못박았다. 이것이 "영원한 대상"("순수한 잠재태")란 놀라운 개념이 지닌 본뜻이다. 즉 대상은 영원히 대상이므로 결코 시간의 축을 따라서는 올 수 없다.[2] 그렇다면 내러티브 또한 주체와 대상 둘 중에 누가 먼저 말하는 이야기일 수 없다. 차라리 "영원한 객체는 아무런 이야기도 하지 않는다." 하지만 바로 그 매혹과 도취 덕분에 주체는 스스로 이야기할 수 있다. 내러티브는 차라리 "명제"proposition 같은 것이

---

1. 주지주의 주체철학(데카르트·칸트)에 대한 비판은 2부 3장 1절, 6장 1~4절. ("유기체 철학은 칸트 철학의 전도이다.", PR 207). 반주지주의(니체·베르그송·프래그머티즘)에 대한 비판은 AI 15장 3절.
2. 1초와 같은 짧은 순간을 분석하는 직관의 영역으로 가 봐도 결론은 마찬가지다. 현재는 미래를 가지지 않고, 그 자신과 미래와의 관계만을 가진다. 고로 "미래와 현재의 관계는 객체와 주체의 관계 같은 것이 된다."(AI 307). 화이트헤드가 진정 말하려는 것은 미래가 현재에 대해 가지는 본질적 기능은, 단지 현실적이지도 영원적이지도 않고 '명제적'이란 것이다. 이것이 또 하나의 중요한 시간분석인 AI 12장 1절~3절의 요지다.

다. 명제는 참과 거짓이 아니라 오직 그 매혹만으로 평가되는 이야기, 주어의 기다림이 명제 자신의 실현이 되고 대상의 기다림이 주어 자신의 객체화가 되는 이야기라는 점에서 그렇다. 명제는 그 논리적 주어가 새로운 결합체(환경·여건)로 거듭날수록 그 술어적 패턴이 새로워지는 복합적 가능태다. 더 진실한 명제란 없다. 그것을 실현시키는 주어와 함께 성장하는 더 새로운 명제만이 있을 뿐이다("말해질 수 있을지도 모르는 이야기").3 명제론은 화이트헤드가 서구철학의 내러티브를 혁신한 방법론이다. 즉 명제의 대상은 주체에게 아무 말도 하지 않는다. 그것은 주체를 "유혹"lure한다. 반대로 명제의 주체는 대상에게 어떤 운동도 가하지 않는다. 주체는 "만족"satisfaction한다. 만족은 과정이 아니다. 그건 과정의 결과물이다. 만족은 생성이 아니다. 생성의 완결이다. 만족은 존재가 아니다. 존재의 마감이다. 만족은 주체가 아니라 자기초월체다. 주체가 객체화되는 반면 자기초월체는 자기객체화한다. 자기초월체는 객체적으로 불멸하는 주체다.4 명제의 미래는 주체의 미래에 달려있다. 즉 주체가 스스로 생략하고 증발하여 불멸객체로 얼마나 잘 도약하는가에 달려있다. 자기초월체는 주체의 미래다. 고로 만족은 합생의 미래다. 명제의 미래는 도래하지 않는다. 그것은 "진입"ingress한다. 요컨대 명제의 주어가 주체subject가 아니라 자기초월체superject이고, 술어가 대상object이 아니라 영원한 대상eternal object인 한에서 내러티브란 명제다. 명제에 함축된 미래시제(*pro*-position)란 주체의 자기초월을 표시하는 전미래 시제에 다름 아니다.5 미래는 도래하지 않는다는 사실로 말미암아 내러티브는 주체의 독백이나 대상의 방백도 아닌, 자기초월체의 자서전이 된다.

화이트헤드의 명제론은 순수미래비판이다. 특히 베르그송과 화이트헤드는 혼동될 수 없다. 기실 이 두 작가는 미래에 대한 정반대의 두 입장이다. 그리고 그 간극은 흡사 정신분석학에서 프로이트(Id)와 그로데크(das Es)의 간극만큼이나 심원

---

3. 명제에 대해선 PR 2부 9장 1절, 3부 4장 1, 2절. "이 명제 자신은 논리적 주어를 기다리고 있다. 명제는 세계의 창조적 전진과 더불어 성장한다."(PR 386). 논리적 주어(소크라테스)의 여건으로서의 결합체(아테네)에 대해선 3부 4장 6절. 자기창조가 어떻게 인식(의식)을 유도하는지에 대해선, 문창옥, 「화이트헤드의 과정철학과 명제이론」, 연세대학교 박사학위논문, 1994.
4. 등급화, 유혹, 만족에 대해선 PR 2부 3장 1절. ("등급화되는 영원한 객체들은 〈객체적 유혹〉이 된다." PR. 204).
5. "명제적 느낌은 초월적 미래에 있어서의 창조적 발현에 대한 유혹이다."(PR 516).

한 것이다. 베르그송에게 미래란 잠재적인 것이다. 그것은 '아직 도래하지 못한 것'(잠정적 미래)으로서 기억원뿔의 단면들이며, 고로 여전히 (나의) 시간 안에 있다. '행동의 평면'과 '꿈의 평면'은 원뿔의 두 극한을 이루는 동시에 그 꼭지점으로부터의 빛의 투사에 따라 원근화되어 원뿔의 내적인 연속성을 구성한다. 원뿔의 각 단면들은 초점면들이고 저 투사된 빛의 연속적인 조절에 따라 더 흐려지거나 더 명확해진다.[6] 고로 잠재태는 본성상 불투명하다(아무리 많은 빛을 쬐어도 그렇다). 그 관계적 본질이 개별적 본질로 분해되는 데엔 고정된 광원으로부터의 연속적인 투사로 충분하기 때문이다("원뿔"). 그것은 또한 연속적이다. 각 개별적 본질이 관계적 본질로 종합되는 데엔 다소간의 불투명한 시간이 필요하기 때문이다("비결정성의 지대"). 반면 화이트헤드에게 미래란 영원한 것이다. 그것은 '아직 도래하지 못한 것'이 아니라 '영원히 도래하지 못하는 것'(말 그대로 미래未來)으로서 시간 바깥의 객체들이다. 영원한 것엔 어떠한 주관적 극한도 없다. 어떤 시간 이전에, 어떤 극한의 바깥에 이미 **여러 원뿔들**이 주어져 있기 때문이다. 우리가 영원한 것의 어떤 집합을 머릿속에 떠올린다고 하더라도 언제나 여분의 영원한 것들이 있다. 심지어 새로운 영원한 것이란 없다. 신조차 영원한 것을 창조하지 않는다.[7] 잠재적인 것이 더 혹은 덜 드러나는 미래인 반면, 영원한 것은 양립가능하거나 양립불가능한 미래 자체들이다. 두 작가의 차이는 광학적인 것이기도 하다. 잠재적인 것은 주관적 광원에 대한 초점면인 반면, 영원적인 것은 그 자신의 광원이 내장된 초점면이다. 영원은 자체발광 초점면이다. 고로 연속적인 초점화란 없다. 이미 그 자신이 자족적인 광원인 초점면들이기 때문이다. 화이트헤드의 초점화는 더 이상 명암법적이지 않고 농담법적gradational이다. 그것은 주관적 광원에 의존하지 않고 "객체만을 축으로 하여 결정되는" "추상화" 혹은 "등급화"gradation이다. 초점면들 사이는 언제나 또 하나의 독립적인 초점면인 것처럼, 영원한 객체들의 관계 또한 ― 더 추상적일 뿐인 ― 또 하나의 개별적인 영원한 객체

---

6. 『물질과 기억』 3장을 보라(박종원 옮김, 아카넷, 2007). "의식은 미래에 기대어 미래를 실현하고 미래에 결합되기 위해 작업하는 과거의 이 직접적인 부분을 매 순간 자신의 미광으로 조명한다. 그리고 나머지는 어둠 속에 머문다."(257쪽). 꿈의 평면과 행동의 평면 부분도 보라("이 절단면들은 우리 과거의 삶 전체의 그만큼의 반복이다. 그러나 이 절단면들 각각이 밑면에 접근하는가 아니면 정점에 접근하는가에 따라 다소간 넓어지거나 좁아진다.", 284쪽).
7. PR 132. 86. 505. 예측명제에 대해선 다음도 보라. 문창옥, 『화이트헤드 철학의 모험』, 통나무, 1999. 8장.

다. 왜냐하면 그 관계는 그것을 이루는 영원한 객체들로부터 어떤 시간적 연관도 가지지 않고 초점화되기 때문이다.[8] 고로 영원한 것은 투명하다. 그 관계적 본질이 개별적 본질로 분해되는 데엔 불연속적이고 독립적 광원들로도 충분하기 때문이다. 또한 영원한 것은 고립되어 있다. 그 개별적 본질이 관계적 본질로 종합되는 데에 필요한 것은 다소간의 시간이 아니라 비시간적인 공평성이기 때문이다. 고로 투명성은 "실현의 투명성"이다. "영원한 객체는 실현에 있어서 투명하다." "개별적 본질이 변하면 거기엔 반드시 다른 영원한 객체가 나타난다."[9]

요컨대 화이트헤드는 잠재성의 세 가지 주체적 특성, 명암법-연속성-불투명성을 영원성의 세 가지 객체적 특성, **농담법-고립성-투명성**으로 대체한다. 이것이 『과학과 근대세계』 10장에서 제시된 세 가지 객체적 원리들이다: 즉 〈등급화의 원리〉(〈추상화의 원리〉), 〈영원한 객체의 고립 원리〉, 〈실현의 투명성 원리〉. 그 각각은 영원한 객체의 ① 개체적 본질의 다수성($R(X_1, X_2, \cdots X_n)$), ② 관계적 본질의 다수성($X_1, X_2, \cdots X_n$), ③ 진입 방식의 다수성($X_{R(X_1, X_2, \cdots X_n)}$)을 보증한다.[10] 시간이 하나의 드라마가 되는 것은 영원한 다수성에도 불구하고 단일한 사건이 발생하기 때문이지, 다수성이 단일한 사건을 미리 가정하고 있기 때문은 아니다. 즉 진입이란 실현의 극화다. 왜냐하면 실현이란 "여러 가능태들 가운데서의 선택"이고, 선택되는 "그러한 관계성은 현실화의 한 가능태를 나타내"[11]기 때문이다. 잠재적인 것이 중얼거리고 속삭이는 것("존속")과 반대로, **영원한 것은 "아무런 이야기도 하지 않는다."("진입")**[12] 하지만 바로 이 때문에 영원한 것은 내러티브의 대상이 된다. 그것이 이야기하지 않음으로

---

8. "일정한 영원적 객체들을 포함하고 있는 일정하고 유한한 관계는 그 자체가 하나의 영원적 객체이다."(SMW 243). 이것이 영원한 객체의 진입방식을 해명하기 위해 화이트헤드가 동원하는 중요한 개념쌍인 '개별적 본질'과 '관계적 본질'이 의미하는 바다. 화이트헤드는 이를 SMW 10장에서 집중적으로 논했고, 우리 역시 이를 요약하고 있다.

9. SMW 251.

10. 각 원리에 대해서 다시 SMW 10장에서 추가 인용해보면, SMW 235("각 영원적 객체가 저마다 관계적 본질을 갖는다."), SMW 241("(가능태에 있는 것으로서의) 관계들은 영원적 객체의 개별적 본질을 포함하지 않는다."), SMW 251("개별적 본질이 변하면 거기에는 반드시 다른 영원적 객체가 나타난다."). 이 얼마나 아름다운 3막 구조인가.

11. SMW 236.

12. 정확히는 "영원적 객체들은 그들의 진입에 대해서 아무런 이야기도 하지 않는다(tell no tales)."(PR 504).

써만 주체 스스로 이야기를 시작하도록 하고, 도래하지 않음으로써만 도래하는 것이라는 의미에서 그렇다. 그리고 내러티브란 언제나 주인공의 발생사라는 의미에서, 영원한 객체에 유혹되어 이끌리면서 전개되는 현실적 존재의 자기발생사라는 의미에서 그렇다(만약 내러티브의 대상이 잠재적인 것이었다면, 그래서 내러티브가 주체가 과거에 했을 수도 있었을 이야기의 재탕일 것이라면 이야기는 애초부터 시작될 필요도 없었을 것이다). 요컨대 잠재적인 것은 주체subject의 근거가 되는 그의 과거인 반면, 영원한 것은 "자기초월체"superject의 원인이 되는 그 자신의 미래다.[13]

내러티브는 영원한 객체들로 가득 찬 우주에 나는 길 같은 것이다. 고로 내러티브에 있어서 초점화는 언제나 현실적 대상이 아니라 영원한 대상을 먼저 겨눈다. 고로 이 여정엔 언제나 변환transmutation의 시련이 있다. 이 여정은 흡사 초점자가 주어진 초점면들을 만만히 보다가 무한대 초점에까지 이끌려 죽을 고비를 넘기고 자기 자신으로, 그러나 새롭게 돌연변이된transmutated 자기 자신으로 생환하는 성장드라마 같은 것이다. 바로 이 때문에 화이트헤드는 이 과정이 단지 원뿔 안에서만 안전하게 일어나는 일이 아니라고 누누이 강조한다. 이것은 원뿔 자체의 변형, 즉 광원의 위상변화(주체의 소멸에서 자기초월체의 생성으로)와 그와 평행하게 이루어지는 초점면의 위상변화(영원한 관계에서 영원한 객체로) 없이는 일어나지 않는 과정이다.[14] 서사학자들은 서술자의 위치에 따라 초점화의 유형을 구분하지만, 영화는 주관적 관점의 구분보다는 객관적 초점면의 등급화와 그 추상적 가치평가로부터 내러티브를 구조화하고 있음을 우린 이미 살펴보았다. 서크와 카프라의 세트처럼 초점이 고르게 분배되거나 균등하게 정렬된 초점면들이 있고(1틈-유클리드적), 갱스터나 슈퍼히어로 영화에서처럼 전체적으로 흐릿해져 버리거나 반대로 첨점들이 과대산포된 초점면 도시가 있으며(2틈-로바체프스키적)[15], 토니 스콧에게서처럼 압착되어 저항 없이 투명해진 초점면이 있다(3틈-리만적). 또한 우린 초점면의 위상변화

---

13. "자기초월적 주체(superject-subject)는 느낌들을 창시하는 과정의 목적이다. 느낌은 그 목적인으로서의 느끼는 자(feeler)를 지향한다."(PR 442).
14. "영원적 관계는 형상 즉 에이도스(eidos)이며, 발현하는 현실적 계기는 형상을 부여받은 가치의 자기초월체이다. 그리고 어떤 특정의 자기초월체로부터 추상된 것으로서의 가치는 추상적인 질료 즉 힐레(hyle)로서, 모든 현실적 계기에 공통되는 것이다."(SMW 242).
15. "공허함은 추상화의 특징이다."(FR 25).

에 평행한 초점자의 변형, 그 화각의 변형과 그에 따른 행동패턴의 변형이 있음도 살펴보았다. 예컨대 그것은 대상을 마주하고 그를 갈망하며 흔들리는 멜로주체(표준적 초점자), 과장된 행동 속에 방황과 분열만이 남은 히어로 주체(광각적 초점자), 대상을 포기함으로써 그를 얻는 자가생략하는 추진주체(망원적 초점자) 등등이다. 이 세 유형은 서사학에서 말하는 외적 초점자, 0도의 초점자, 내적 초점자(쥬네트, 조스트)와 아무 상관이 없다. 그렇게 정보의 분배만으로 분류되는 유형들이 아니기 때문이다. 외려 그것은 서술자의 위치가 아니라 반대로 서술대상의 위치로 더 잘 분류되는 유형들로서, 실상 내러티브에서 모든 것은 외부가 내부의 투사인 것처럼, 정보는 주체의 내적 형상화in-formation이고 그 전달은 그의 변형trans-formation인 것처럼 일어난다. 내러티브는 화자話者가 아니라 화각畫角에 의해 구조화된다. 내러티브는 단지 인물과 화자 간의 거리변화가 아니라, 인물의 내적인 위상변화에 의해서 발생하기 때문이다. 화각은 화자가 아니라 캐릭터다. 캐릭터는 단지 초점자가 아니라 초점이동자이기 때문이다. 무엇보다도 캐릭터는 그 자신의 초점이동을 세상에 전이시킨다. 화각은 차라리 트랜지스터다. 그 각각의 트랜지스터에 의해 슈퍼맨은 직선으로, 배트맨은 미로처럼 꼬불꼬불한 선으로, 스파이더맨은 포물선과 지그재그 선으로 그 자신도 생장하며 세계도 구부린다. 화각은 인물에 고유한 그만의 초점이동방식인 동시에 그가 세계의 초점면들을 직조하는 방식이다.16 "전망perspective은 여건의 객체화다."17 내러티브는 바로 거기에 있다.

　　내러티브는 가능한 초점면들($X_1, X_2, \cdots X_n$) 가운데서 자신을 한정할 하나의 초점면을 선택하고($R(X_1, X_2, \cdots X_n)$), 그 영원만큼 도약하여 자신도 영원화($X_{R(X_1, X_2, \cdots X_n)}$)하는 일이다. 삼단 초점이동극이다. 가장 중요한 것은 3틈에서의 초점이동이다. 그것은 시간 자체의 결단으로서, 주체의 가장 안쪽에서 일어나는 초점이동이기

---

16. 부카트만의 화각 분석을 보라. Scott Bukatman, *Matters of Gravity*, 8장. 부카트만은 슈퍼맨(마천루)-배트맨(미로)-스파이더맨(커브)의 도시 등을 분류하고, 이 모두를 자신이 '칼레이도스코프'라고 부르는 몰핑 환경으로 일괄한다.

17. PR 470. 요컨대 '전망(perspective)'이란 관계적 본질에 대한 개념적 느낌이다(MT, 4강 2절). 좀 더 심화된 논의로는, 주체의 〈자리〉와 객체의 〈초점적 영역〉에 대한 PR 4부 4장 2절. 단순정위와 초점적 영역을 대립시키는 AI 9장 7절도 보라("초점적 영역이란 진동상태(a state of agitation)를 말한다.").

때문이다. 결단은 현실적 대상을 포기하고서 그 가능성만을 취하는 행동이다. **결단은 언제나 리만적이다**. 결단은 행동도 아니다. 그것은 영원한 것의 흡수이고 만족이다.[18] 만족은 과거하는 주체와 미래하는 주체 사이에 이루어지는 시간적으로라면 불가능한 초점이동이고 **투명성의 "불가능한 전이"**impossible transition(셰페르)[19]다. 바로 이것이 내러티브의 혁신자들이 그의 캐릭터들뿐만 아니라 작가 스스로에게도 행동을 포기하도록, 주체의 수동성과 함께 그 능동성마저도 폐기처분하도록 종용함으로써 보여주려고 한 클라이맥스의 속성이다. 그것은 히어로 장르에선 희생적인 초점이동, 다이렉트 시네마에선 돌발적인 초점이동, 옵티컬 프린팅에선 슈프탄 초점이동이며, 초현실주의에선 낯선 초점이동이고, SF에겐 자동적인 초점이동이다. 게다가 여기엔 그 각각이 가지는 상징적이거나 의례적인 의미마저 있다. 허초점의 미로속에서 퀘이 형제와 체르카스키의 마리오네트들이 성취해내는 성체변환 초점이동이 그렇고, 배역의 아웃포커스 속에서 카사베티스의 배우들이 쟁취해내는 새로운 얼굴로의 초점이동이 또 그렇다. 나중에 연극적 영화들에게서 더 잘 보게 되겠지만, 배역이야말로 초점면이다. 과거하는 가까운 배역과 미래하는 먼 배역 사이엔 생을 뛰어넘는 망원적 초점이동이 성립하기 때문이다. 모든 배우는 **망원배우**tele-actor다.

어떤 경우든 클라이맥스에서 중요한 것은 흡사 볼록렌즈로 들여다보듯 프레이밍된 인물을 밀폐시키는 대신, 그를 둘러싼 다른 인물들, 환경, 앞뒤의 샷으로부터 영향을 받고 그를 수렴시킴으로써 그 흐릿해지는 초점 속에서, 도래불가능한 미래의 특질이 맺히는 새로운 초점적 영역을 찾아내는 일이다. 3틈에서 초점나감focus-out은 초점의 희생이자 생략이고, 초점맞춤focus-in은 그 도약이다. 흐릿한 초점은 미래의 초점을 투과시킨다. 클라이맥스란 미래-초점의 상승climax이다. 그래서 그것은 주체적 형상에 있어서 횡단초점화trans-focalization이고, 객체적 질료에 있어서 망원초점화tele-focalization이기도 하다. 그런 점에서 초현실주의와 SF는 가장 대조적인 망원초점법들일 것이다. 초현실주의는 한 형상에서 인과적 연계가 없는 다른 형상으로

---

18. "과정은 주체적 형식 속에 흡수(absorption)됨으로써 이와 같은 통합을 낳는 영원한 객체를 받아들이든가 거부하든가 한다."(PR 323 강조는 인용자).

19. Jean Louis Schefer, *l'Homme Ordinaire du Cinéma*, p.119. ("이 세계는 대칭적이지 않다. 그것은 투명하다.", p. 29).

부단히 초점을 이동시킴으로써 초점이동이 영원히 이어질 수 있음을 보여준다. 반면 SF는 아웃데이트에서 업데이트로 단번에 초점을 이동시키고, 신이 되어버린 기계장치와 마지막 인류 사이에서 영원이 제작될 수 있음을 보여준다. 전자가 인과적으로 공존불가능한 것들의 수렴이고 상상력의 영원성에 대한 자동기술이라면, 후자는 시대적으로 공존불가능한 것들의 수렴이고 프로그램의 영원성에 대한 자동서술이다. 특히 프로그램은 가장 음험하면서도 강력한 망원초점자다. 그것은 타임라인을 초점면들의 집합으로 환산하고, 미래를 모든 영원들이 빨려 들어가는 지배적 초점면으로 만들기 때문이다. 그래서 그것은 또 다른 망원초점자 사이보그와 대립한다. 일반적으로 SF 장르는 두 망원초점자의 대결이다. 영원성의 두 얼굴, 자폐환의 초점과 자율환의 초점이 양쪽에서 있고, 그 사이에서 한 방향으로 초점이동하는 프로그램과 그 반대방향으로 초점이동하려는 사이보그가 대립한다. 사이보그야말로 망원배우다. 그는 가장 먼 기계부품들까지도 그와 결합하는 조연으로 삼는다는 점에서 배역을 전염시킨다. 그런 점에서라면 현대 SF에서 망원초점화를 가장 잘 쓰는 할리우드 작가는 카메론일 것이다. 그의 클라이맥스에서 환경은 한껏 만곡되어 융기하거나 인물을 감싸며, 반대로 인물은 그로부터 전송되는 에너지나 빛으로 후광을 만들며 기계, 투명외계인, 혹은 장대한 자연의 네트워크와 결합하여 기존 패러다임에 의해 속박되어 있던 낡은 정체성을 버리고 새로운 전사로 다시 태어난다(〈터미네이터 2〉 〈에일리언 2〉 〈어비스〉 〈아바타〉). 그리고 그 과정은 모든 사건을 운명으로 귀결시키려는 자폐적–로바체프스키적 화자(스카이넷, 순종적 여성, 자기파괴적 인류)에서 "No Fate"를 선언하는 자율적–리만적 화자(인간화된 사이보그, 여전사, 각성하는 인류)로의 멀고도 험난한, 그래서 더욱 전복적인 초점이동을 요구한다(그래서 카메론의 영화에서는 플롯의 돌발적인 초점이동이 종종 나타난다 : 가령 리플리의 에일리언 소굴로의 회항, 디프코어 대원들과 외계인과의 조우, 사라의 다이슨 박사의 암살시도 등). 〈변환의 범주〉에 의해서 모든 자기초월체는 돌연변이 transmutant다. 내러티브의 모든 초점자는 돌연변이다. 최소한 영화는 그렇다.

물론 베르그송에 대한 우리의 비판은 부분적이고 위악적인 것일 수 있다. 원뿔을 프로그래밍하기 이전에 〈순수지각론〉과 〈정념론〉에 영원성의 단서들을 남겨놓았던 베르그송의 또 다른 면모를 일부러 간과했기 때문이다. 그것은 순수지각이란 이미 "투명한 사진"이며, 정념이란 그 프린팅이라고 말할 때의 베르그송이다. 지각이 잠재적인 것의 반사인 반면, 정념은 투명한 것의 "흡수"다.[20] 즉 그것은 물질 전체로부터 쏟아지기에 처리불가능할 정도로 압도적인 광선들, 그 자체로 측정불가능한 광원들에 대한 마지막 초점화, 주체의 존재론적 입닥침, 차라리 그 압통과 망연자실과도 같을 초점화의 위대한 실패다. 비록 베르그송이 기억원뿌리 통째로 복제되고 이식되는 미래의 뉴로-내러티브임을 믿지 않았고 언제까지나 순수지각과 순수기억은 엄연히 구분될 것이라고 단언했음에도 불구하고, 그가 내러티브의 가장 핵심을 짚는 것은 순수지각론과 정념론이 이미 초점화의 클라이맥스를 보여주기 때문이다. 정념이란 '내 투명체'에 대한 감각, 즉 투명감이다. 그리고 이것이 바로 베르그송이 "정념은 오히려 지각에 섞이는 불순물"[21]이라고 말할 때, SF 내러티브가 기억장애나 시스템 오류에 기대했던 바로 그 기능처럼, 나아가 기억 자체를 통째로 Ctrl+C/V하는 테크놀로지의 출현에 걸었던 그 희망과 저주처럼, 그가 원뿌리의 다수성과 영원의 투명성을, 나아가 생의 지속마저 넘어서는 그 초점이동을 믿는 것처럼 보이는 이유다.[22]

6-2. 평행현실주의자들 : 부뉴엘, 알트만, 린치

내러티브는 초점에 의해 정의된다. 초점면은 닫힌계의 경계를 형성하고 디제시스를 한정한다. 그러나 언제나 여러 초점면들이 주어진다. 만약 내러티브가 실험될 수 있다면 그것은 초점의 집중이 아니라 그 분산, 즉 그 다중초점화로부터 뽑아 올

---

20. 투명사진에 대해서는 『물질과 기억』, 72쪽. 그 흡수에 대해서는 101쪽.
21. 『물질과 기억』, 104쪽. "이미지의 순수성"을 "사이보그의 혼종성"이라고 바꾸기만 하면 이 대목은 사이보그 선언문의 못다 쓴 정념론 장으로도 읽히는 것 같다. ("정념이란 외적 물체들의 이미지에 우리 신체의 내적인 것을 혼합한 것이다. 정념은 이미지의 순수성을 되찾기 위해 우선적으로 추출해 내야 하는 그런 것이다.", 같은 곳).
22. 베르그송의 영원성에 대한 입장은 다음에서 볼 수 있다. 「형이상학 입문」, 『사유와 운동』(한국어판 : 이광래 옮김, 문예출판사, 1993. "물질성이 지속의 분산이듯이, 영원성은 전체 지속의 응결이다.", 226쪽).

리는 내러티브의 분기와 그 간서사적internarrative 초점이동에 의해서였을 것이다. 부뉴엘이 너무도 일찍 선구한 것은 이렇게 복수적으로 존재하는 가능세계들, 하나의 대상을 공유하면서도 근원적으로 이접하는 발신자와 수신자처럼 서로 간에 영원히 이질적인 평행세계들이다. 즉 한 초점면이 그 각각의 이면과 표면으로서 두 세계를 접붙이듯, 한 세계에서 인포커스(원본·친숙한 것·성스러운 것)인 것은 다른 세계에서 아웃포커스(모본·낯선 것·타락한 것)일 수 있다는 원자론적 사실이 부뉴엘의 영화를 사로잡는다.

물론 부뉴엘이 처음부터 평행세계를 구사했던 것은 아니다. 초기작들(특히 멕시코 시기)에게서 평행세계는 희미하고 막연한 신호로서만 포착되고 있었다. 박제된 사제들이나 마네킹 (〈안달루시아의 개〉〈황금시대〉〈아르치발도의 범죄인생〉), 파편화된 신체조각들과 그로부터 더욱 퇴행한 닭과 염소, 감자껍질, 실크 스타킹(〈멕시코에서의 버스 타기〉〈이상한 정열〉), 파인애플과 함께 엄습하는 북소리(〈나사린〉) 등등이 그러하다. 하지만 그것들이 퇴행의 기호라고 단정할 순 없다. 만약 부뉴엘에게서 신체와 그 행동이 퇴행한다면 그것은 현행 내러티브 이면으로의 또 다른 진행을 지시하기 위해서다. 그것은 **탈초점화된**defocused 기호들이며, 이것이 부뉴엘이 페티시를 재정의하는 방법이다. 부뉴엘에게서 페티시는 더 이상 전체와 부분의 혼동confusion이 아니라, 전체와 부분이 겹쳐지는 착란원circle of confusion을 의미한다. 즉 이 세계에서 부분인 것이 다른 세계에서는 전체일 수도 있을 것이며 그 역도 마찬가지다. 신부, 수녀, 사제뿐만 아니라 연쇄살인마까지도 자신의 고귀한 성역 안으로 시시각각 침투해오는 신비한 조각들과 불가해한 메아리에 사로잡힘으로써 그 자신이 낯설게 되고 또한 탈초점화되는데, 여기에 바로 부뉴엘이 그 초창기에 구축한 외재적 비판론이 있다 할 것이다. 수녀와 사제들이 나쁜 점이 그들이 너무 큰 이상을 품어서가 아니라, 아직은 감춰진 바깥에 비해서 너무나 작고 부분적인 이상에 집착하기 때문이다(〈나사린〉〈비리디아나〉). 하지만 부뉴엘은 이와는 질적으로 다른 상황들을 보여주기도 했는데, 그것은 페티시의 부분성만으로는 더 이상 해명되지 않는 총체적 감금의 상황이다. 저택에 갇혀 벽지를 뜯어먹거나 할 일이 자살밖엔 남지 않은 부르주아들에게 있어서 평행한 것은 더 이상 전체와 부분이 아니라 전체와 또 다른 전체다. 전체는 또 다른 전체에 의해서만 감금되므로, 이 상황은 페티시가 전제하는 전체의 단일성과 아주 반대되는 전체의 다수성을 지시한다. 확실히 〈절멸의 천사〉가 분수령이다. 총체적 감금의 발견이야말로 부뉴엘이 사회비판적 은유로 환원되기 일쑤였던 외재적 비판론을 탈피하여 그 내재적 비판론을 개시한 위대한 순간이었다. 감금은 페티시에 의존하지 않고서도 자발적인 탈초점화를 불러일으키므로 내재적 비판이다.[23] 감금은 퇴행retrogression에 빚지지 않는 순수한 병행paragression의 표현이다. 부뉴엘의 후기작에서 볼 수 있는 서로 다른 전체들이 겹쳐지는 착란원 효과 역시 이로부터 나온다. 한 세계에서 소화인 것은 다른 세계에선 배설이며(〈부르주아의 은밀한 매력〉), 한 세계에서 포르노적인 것은 다른 세계에선 아름다움이다(〈자유의 환영〉). 이제 페티시는 외부인물들의 갑작스러운 난입 같은 섭동으로 대체되고 주인공과 그 주변인물들은 마치 이전 세계를 잊어버린 듯 행동하며, 모든 인물들은 바로 그 평행의 직접적인 마리오네트가 되어 일인다역의 병렬회로로 진입하고 또 배회하게 된다. 부뉴엘은 매우 재치 있는 역전을 보여준다. 그것은 한 명의 콘치타를 두 명의 배우가 한꺼번에 연기하는 2인 1역의 병렬내러티브다(〈욕망의 모호한 대상〉). 부뉴엘에게서 1인 다역과 다인 1역이 동일하고 같은 의미인 것은, 평행은 감금된 인물의 목적인이고 감금은 평행한 역할의 작용인이기 때문이다. 부뉴엘의 꼭두각시들은 영원에 감금된 자들이다.[24] 이것은 단지 단기적이거나 장기적인 기억상실이 아니다. 기억은 여전히 하나의 세계에 뿌리내리는 단일한 주체의 관점에, 그리고 그 통일된 시간에 기반하기 때문이다. 이것은 평행세계들의 영원한 격리에 의해서 보증되는 영원한 기억착오paramnesia다.[25]

---

23. Manny Farber, *Negative Space*, Praeger Publishers, 1971, p. 279. "외부적 조건들을 비판하는 대신에, 비판은 안쪽으로 향한다."(p. 279).

24. 〈부르주아의 은밀한 매력〉에 대한 드루지의 분석을 보라. Maurice Drouzy, *Luis Buñuel Architecte de Rêve*, l'Herminier, 1978. 드루지는 부뉴엘의 다른 영화에서와 달리, 이 영화에선 부르주아의 대립항이 없다는 데에 주목한다. 그것은 부뉴엘의 내러티브가 자율적인 섭동(틈)의 체계라는 것을 의미한다. 부르주아의 식사 의례는 안쪽에서, 그리고 군대의 난입은 바깥쪽에서 내러티브의 중단을 이루며, "그들에게 일어나는 모든 것은 물수제비처럼 돌발한다."(같은 책, p. 233). 〈세브린느〉에서 균열의 증식을 분석하는 부분도 보라(pp. 131~132).

25. 그래서 부뉴엘은 폭탄영화의 전통에 속한다. 부뉴엘의 기억착오는 기억에 일시적인 스캔들을 일으키는 게 아니라, 기억 전체를 철폐하고 폭파하기 때문이다. 아도 키루는 이미 달리의 "이미지-스캔들"과 부뉴엘의 "이미지-쇼크"를 구분한 바 있다. Ado Kyrou, *Le Surréalisme au Cinéma*, Le Terrain Vague, 1963, pp. 208~209.

부뉴엘의 정치학은 기억착오는 초점면에서 다른 초점면으로 이행하는 권력이라는 점에서 성립한다. 또 그것은 주어졌던 시간 전체를 희생해야 한다는 의미에서 종교적인 성격마저 지닌다. 부뉴엘은 종교와 계급, 형이상학과 정치학을 한꺼번에 다룰 줄 알았던 몇 안 되는 거장 중 한 명이었다. 그러나 그것은 그가 감금된 민중과 방종한 특권층이라는 고전적 구분을 또 다른 위선이라고 치부하며 거부해버렸기 때문이다. 부뉴엘이 볼 때 감금되지 않은 자란 없다. 모든 존재자들은 감금됨에 있어서 매우 평등하며, 외려 계급은 감금에 대한 두 다른 태로부터 구분된다. 부뉴엘의 정치신학적 계급판별식 : 부자, 귀족, 성직자들은 기억착오를 모순으로서 혐오하는 자들이고, 빈자, 창녀, 거지들은 기억착오를 쾌락으로서 욕망하는 자들이다. 전자는 평행을 꿰매려고 하고 그 탈초점화를 감추거나 꿍치기에 급급한 반면, 후자는 몸뚱이와 영혼까지 갈가리 찢어가며 평행을 증폭시켜 탈초점화를 전파시키려 한다.[26] 평행과 탈초점화를 두려워한다는 점에서 기독교와 자본주의는 위상동형이다(〈죄의 공화국〉). 더구나 계급판별식을 간과한 채 진행되는 모든 선행과 고행은 또 다른 악과 폭력을 불러들일 뿐이다. 공허에 대한 초점화는 - 그것이 아무리 선할지라도 - 탈초점화에 배반된다는 점에서 매한가지이기 때문이며, 오히려 또 다른 위선적 초점들이 약삭빠르게 들러붙는 숙주가 될 뿐이기 때문이다(〈비리디아나〉 〈사막의 시몬〉).[27] 부뉴엘은 정신분석학을 경멸했다. 정신분석학은 으레 무無에 초점을 맞추며(욕망의 결핍) 대상이 결핍에 감금되었다(부분대상)고 말한다는 점에서 부르주아 이데올로기와 하등 다를 바가 없다는 이유에서였다. 그러나 그가 볼 때 대상은 그 결핍이 아니라 다른 대상들에 감금되어 있을 뿐이며, 무엇보다도 이 감금은 온 우주로 끊임없이 "전염"된다.[28] 부뉴엘의 우주는 화자들이 1틈으로만 접붙여져 있는 섭동계이다. 이야기되는 대상은 부분대상이 아니라 영원대상이기 때문이다.

---

26. 〈절멸의 천사〉는 "만약 노동계급 캐릭터들이었더라면 똑같지 않았을 것이다. 난 그들이 나갈 방법을 찾았을 것이라 믿는다. 노동자들은 생활고를 더욱 체감하기 때문이다."(부뉴엘 인터뷰. *Object of Desire*, ed. & trans. Paul Lenti, Marsilio Publishers, 1992, p. 162).

27. 〈비리디아나〉와 〈사막의 시몬〉에 대한 뷔아쉬의 내러티브 분석을 참조할 것. 프레디 뷔아쉬, 『루이 브뉴엘의 영화세계』, 김태원 옮김, 현대미학사, 1998. 11장. 15장.

28. "감금의 이 모든 상황은 그 자체로 무한하게 반복되리라. 그것은 무한히 바깥으로 뻗어 나가는 전염병과도 같다."(부뉴엘 인터뷰. *Object of Desire*, p. 170).

화자들이 분기되는 1틈은 캐릭터들에겐 모호한 대상에서 자명한 대상으로, 우연에서 미스터리로, 평형에서 평행으로 탈초점화하는 또 한 번의 기회다. 탈초점화는 상상력이다. 우연에서 미스터리로의 초점이동이다. 부뉴엘이 무신론자인 건 그가 이런 초점이탈만이 신성하다고 믿었기 때문이다. "누구라도 미스터리 속에 살기를 선택할 수 있다."[29]

알트만은 또 다른 평행론자다. 그에게 문제는 초점화를 방해하는 도덕, 법, 죄가 아니라 반대로 초점화를 너무 내밀화하고 사유화하는 일상성과 상투성, 시시콜콜한 신변잡기였다. 고로 더 이상 에피소드들은 환유적으로 편집될 것이 아니라 단절적으로 편집되어야 할 것이며, 거기서 개인과 개인, 그리고 집단과 집단은 그 간극에도 불구하고 우스꽝스러운 유비에 들어서고 있음을 그 일상적 지속 안에서 보여주어야 할 것이다. 부뉴엘의 인물들만큼이나 알트만의 인물들도 산만하지만 이는 완전히 다른 이유에서다. 그들은 바깥 초점면에 의해서가 아니라 그 자신들의 사적 초점들과 개인주의에만 몰입해감으로써 산만해진다. 전쟁이나 선거캠페인과는 무관하게 일상을 무심코 사는 사람들(〈M*A*S*H〉〈내쉬빌〉), 꼬마가 죽은 줄도 모르고 장난전화를 하는 제빵사(〈숏 컷〉), 각자의 잿밥 이외엔 서로에게 무관심한 패션쇼 참가자들(〈패션쇼〉)이 그렇다. 부뉴엘에게서 세계가 먼저 평행한 반면 알트만에게서 먼저 평행한 것은 사람들이다. 부뉴엘의 기억착오paramnesia를 알트만은 우화parable로 대체한다. 개인 혹은 집단은 시시콜콜한 신변잡기만을 떠벌리면서 각자의 세계 속으로 침잠해 들어가고, 마치 상대가 없는 것처럼 행동하면서 서로를 투명인간으로 만듦으로써, 서로가 서로의 우화가 된다. 알트만이 볼 때 이것은 부뉴엘이 진단한 탈초점화보다도 현대사회에 더 임박한 초점화의 장애, 제자리를 빙빙 돌며 와그라 증후군에 걸린 듯 동어반복만을 계속하는 자폐적 초점화, 즉 **폐초점**tauto-focus이다. 알트만의 인물들은 페티시가 아니라 시시콜콜에 감금되었다(아마도 알트만 영화 중에 가장 강력한 폐초점자는 〈세 여인〉에서 셜리 듀발이 연기한 밀리일 것

---

29. 부뉴엘의 자서전, *My Last Sigh*, trans. Abigail Israel, University of Minnesota Press, 2003, p. 174. 이 책의 15장에서 부뉴엘은 그의 무신론적 입장을 논증한다. 그것은 우연, 미스터리, 상상력의 구분에 입각한다("미스터리는 우연과 떼어놓을 수 없으며, 온 우주는 하나의 미스터리다. 다행히도 우연과 미스터리 중간 어디쯤에 상상력이 놓여있다.", 같은 곳).

이다).

알트만의 영화는 흡사 광활한 뽁뽁이가 세계의 초점면으로 펼쳐지고 개별 에어캡이 각 개인과 집단이 자신의 세계만을 들여다보는 볼록렌즈가 되는 것과 같다. 알트만은 여러 상황들을 즉흥적으로 벌려 놓고서도 주어진 시간 내에 이들을 신속하게 포착해낼 수 있는 줌인 시스템을 개발했다. 여기서 줌플레이는 개인과 개인, 집단과 집단 사이에 가로놓인 거리를 포착해내며 그들이 서로에게 부과하는 주변화를 포착해내는데, 한 번의 줌인은 매번의 구두점punctuation을 형성하며 내러티브상에서 접속사의 공펍puncture을 표시한다.[30] 알트만의 디제시스는 줌플레이로 포착되는 접속사의 디스토피아다. 알트만의 장르 영화가 가지는 일반적 특징들은 주인공들이 중심 사건보다는 주변 사건 혹은 사적인 신변잡기에 더 관심을 기울이며, 서로 동떨어져 있는 사건들 사이를 배회하는 와중에 진실은 얻어걸린다는 것이다(〈긴 이별〉의 사립 탐정, 〈우리 같은 도둑들〉의 떠돌이 강도들, 〈캘리포니아 스플릿〉의 도박사). 또한 공간은 대지에 뿌리내리지 못하고 있거나 뿌리를 내리자마자 다시 파괴되며, 혹은 인물들의 지나친 열정과 반비례해서 다시 시간의 냉각기로 돌아가는 듯 보인다(〈맥케이브와 밀러 부인〉의 텅 빈 교회, 〈퀸테트〉의 설원). 줌인은 그 단축되는 거리만큼 뜨거워지는 시시콜콜과 그 멀어지는 거리만큼 냉각되는 시간을 포착하며, 그런 점에서 정확히 폐초점화 효과다. 알트만의 일상성, 상투성, 사소성이 그 수사학적 의미를 넘어서 가지는 촬영술적 의미도 여기에 있을 것이다. 시시콜콜이란 한 인물이 토해내는 열변만큼이나 주변과의 초점거리를 냉각시킨다는 점에서 말로 하는 줌인 플레이다. 〈내쉬빌〉의 여가수는 무대 위에서 노래 부르기를 멈추더니 그동안 견뎌왔던 접속사의 공백을 한꺼번에 메워보려는 듯 자신의 시시콜콜한 이야기를 폭발적으로 뿜어내지만 관중의 반응은 더더욱 냉각될 뿐이다. 사람들의 내러티브는 구멍이 났고, 아무도 관심 가지지 않는 야전병원의 스피커와 선전차량의 공허한 목소리만이 그 구심점이 되어 서로가 서로에 대한 우화가 되는 개별적 내러티브들로 찢어졌고, 시간은 시시콜콜, 그 줌인의 초점거리, 폐초점화에 의해 해체되고 파편화

---

30. "구두법의 형식(form of punctuation)"(알트만 인터뷰. *Altman on Altman*, ed. David Thompson, Faber and Faber, 2005, p. 50).

되었고 주변화되었다. 무엇이 그들을 묶고 다시 엮어줄 것인가? 무관심의 극한으로서의 누드 패션쇼? 아니면 폐포커스의 극한으로서의 대지진 자동포커스?

요컨대 부뉴엘과 알트만은 세계의 내러티브에 대한 각기 다른 입장이다. 초점이 이탈되고 있음은 사실이나, 그것은 먼저 세계/신의 것(부뉴엘)이거나 사람들/사회의 것이다(알트만). 그래서 탈초점이 착각인 데 반해, 폐초점이란 "무감각"insensitivity[31]이다. 부뉴엘과 알트만의 공통점이 있다면 모두가 바로 그 시간의 잔해들로부터 다시 신념을 복원하고자 한다는 것이다. 기억착오가 반복을 혁명으로 바꾸듯, 무감각은 폐초점tautofocus을 자동포커스autofocus로 바꿀 수도 있다. 무감각은 생을 단절시키기도 하지만 사산과 지진에도 불구하고 남겨진 시간에 자동으로 포커스를 맞추어 생을 다시 개시토록 하는 민중의 힘일 수도 있다(〈내쉬빌〉의 마지막 장면에서 여가수의 죽음에도 불구하고 관중들은 다함께 노래를 부른다). 무감각성은 관심의 0도에서 되찾아지는 접속사이고 시시콜콜의 트랜지스터다.[32] 그리고 알트만은 세계의 첨병이 되어버린 영화의 무감각성을 다시 세계에게 되돌려주려고 한다. 이것이 바로 그의 걸작 〈플레이어〉에서 볼 수 있는 두 겹의 폐초점화(두 겹의 시나리오, 두 겹의 닫힌계, 두 겹의 영화)로서, 여기서 무감각은 스크린의 법선 방향으로 관객을 향하게 된다(특히 해피엔딩 장면). 이 영화는 할리우드가 대량복제해대는 무감각성에 대한 가장 신랄하고도 정교한 비판이다.

멀티 내러티브는 플롯들의 갈래가 생기게끔 그 초점들을 분배하는 일이고, 또 그 초점거리를 변주하고 그에 캐릭터를 부여하는 일이다. 그런 점에서 부뉴엘과 알트만은 멀티 내러티브의 가장 중요한 두 모델을 제공한다. 즉 부뉴엘에게서 화자들은 1틈으로 접합되고, 알트만에게서 화자들은 3틈으로 접합된다. 하지만 어떤 경우

---

31. 알트만 인터뷰. *Robert Altman Interviews*, ed. David Sterritt, University Press of Mississippi, 2000, p. 32.
32. "재수 없는 일이 있기 마련이다. 하지만 삶은 계속된다."(Shit happens, and life goes on). (알트만 인터뷰. *Altman on Altman*, p. 94). 알트만의 지지자인 폴린 카엘과 로저 에버트 또한 바로 이 점에 주목한다 : 즉 폐초점은 자동포커스일 수 있다는 사실로부터 도출되는 생의 끈질김("Coming : Nashville", *Selected Writings of Pauline Kael* ; 「내쉬빌」, 『위대한 영화 1』). 반대로 조너선 로젠봄은 〈내쉬빌〉을 비판하였다. 하지만 그 이유는 로젠봄 자신이 자동포커스를 사운드와 같은 순수한 감각성에 국한시켰기 때문이다(「알트만의 세계에서의 즉흥과 상호작용」, 『사이트 앤 사운드』, no. 4, 1975. 다음에서 재인용 : 『에센셜 시네마』, 이모션 북스, 2004).

든 초점의 분배는 그 분산으로 비화되고 있으며(부뉴엘에겐 죽음충동, 알트만에겐 산만충동), 이처럼 모든 멀티플롯팅은 무한초점면(2틈)의 불길한 실존에 빚지고 있다. 멀티 내러티브의 전통은 누락되었던 2틈을 재빨리 추가한다. 그게 바로 린치의 영화다. 린치의 영화에서 섭동적으로든 수렴적으로든 하나의 세계는 다른 세계와 평행하지 않는다. 여기서 한 세계는 절대적인 무Nothing와 평행할 뿐이다. 프랭크가 "뭘 쳐다보냐"고 묻자, 제프리가 대답하길 : "Nothing."(〈블루 벨벳〉) 린치는 알트만의 무감각을 무의미로 대체한다. 린치의 우주는 총체적 2틈의 세계다. 그것은 평화로운 트래블링 샷과 달콤한 유행가에 의해 반들반들 마연되는 매끄러운 표면으로 둘러싸여 있지만 "그 표면 밑으로underneath"[33] 이미 무와 맞닿아있어 언제든지 무너져 내릴 수 있는 일촉즉발 상태의 세계다. 린치는 부뉴엘과 알트만보다 일상에 대해 더 무서운 관념을 갖고 있었다. 즉 일상이란 무를 "사탕코팅"[34]한 얇은 가림막에 불과하며 그 달콤함은 곧 불안의 지표가 된다. 이것은 흡사 공허 위에 지어진 마을이나 죽음 위에 지어진 국가와도 같은 것이다. 그리고 이 절대적 무는 세계를 그 자신의 무한초점 쪽으로 잡아당겨 갈기갈기 찢어버릴 태세가 되어 있다. 바로 그가 아무 연계가 없어 보이는 플롯들(〈이레이저 헤드〉의 사위-장인어른-래디에이터, 〈블루 벨벳〉의 청년-여가수-프랭크, 〈트윈 픽스〉의 수사관-팔머 가족-난쟁이)의 유일한 접착제다. 린치의 멀티내러티브에서 화자는 2틈만으로 접합된다. 그로부터 펼쳐지는 무한초점면 위에서 벌벌 떨며, 그 아래의 무를 응시하며.[35]

부뉴열과 알트만과의 차이도 분명해 보인다. 만약 린치의 무대미술이 부뉴엘만큼이나 유클리드적으로 꾸며진다면, 이는 그 밑에서 꿈틀대고 있을 벌레 떼 혹은 기형아를 더욱 강조하기 위해서다. 또한 린치의 인물들이 알트만만큼이나 산만하다면, 시시콜콜한 디테일에 집착해서가 아니라 존재의 근원과 사건의 의미에 너무 집착해서다. 그들은 무감각이 아니라 무의미에 감금된 자들이다. 그들은 모든 것에 너

---

33. "아름답지만, 그 밑(underneath)에선 점점 낯설어지는 표면"(린치 인터뷰. *David Lynch Interviews*, ed. Richard A. Barney, University Press of Mississippi, 2009, p. 31. 강조는 인용자).

34. 린치 인터뷰. *David Lynch Interviews*, p. 133.

35. 시옹이 작성한 린치 사전에서 '전체'(tout) 그리고 '공허'(vide)에 대한 부분을 보라. Michel Chion, *David Lynch*, trans. Robert Julian, BFI, 2006. ("전체란 그 표면이 주름지고 요동칠 때 존재한다.", p. 186). '표면'(surface)과 '웅덩이'(flaque) 부분도 보라.

무나 민감하여 흡사 여러 방향으로 잡아당겨지는 고통을 억누르려는 듯, 이와 함께 적막과 침묵마저 응축시켜 일거에 폭발할 것처럼 부들부들 진동하고 있다. 린치의 캐릭터는 더 이상 기억착오paramnesia(부뉴엘)나 우화parabole(알트만)로 정의되지 않는 파라노이아paranoia다. 그들은 무한초점면을 내감하는 자들, 초점 둘 곳이 없기에 무한초점자인 동시에 무초점자인 자들, 고로 과대상상력hyper-imagination을 통해 각자의 허상을 현실 너머로 투사하는 허초점imaginary focus의 노예들이다. 부뉴엘의 탈초점-기억착오(1틈·초점분기), 알트만의 자동초점-우화(3틈·초점수렴)에, 린치의 허초점-파라노이아(2틈·초점발산)가 정확히 대조된다. 특히 알트만과 대조적으로 린치의 영화는 볼록렌즈와 구분되는 오목렌즈의 차원을 부단히 추구하였다. 또 오목렌즈에 있어서 무한초점면의 유일한 초점이 허초점일 수 있다는 생각을 끝내 포기하지 않았다. 실상 린치의 필모그래피를 전기와 후기로 구분해주는 것은 바로 이 오목함이 가지는 실재성의 발견에 있다 할 것인데, 아마도 그 분수령은 〈트윈 픽스〉 시기일 것이다. 이제까지 악마적 허무의 지표로서만 기능하던 초점은 이제 어떤 명백한 실체성을 지니고서 나타나기 시작한다. 그것은 트윈 픽스 곳곳에 숨어있는 미지의 노파, 거꾸로 흐르는 소리와 불, 그리고 난쟁이와 거인의 빨간 방이며, 무엇보다도 전소되어 버린 초점의 공백 속에서 방랑하던 플롯들을 한데 엮는 요정의 허무맹랑한 실존이다(〈광란의 사랑〉). 즉 무한초점면이 오목렌즈의 차원임을 간파할 때, 그래서 무한초점에서 더 이상 무의 실체적 허무만이 아니라 반대로 그 무한성의 상상적 실체성을 끄집어낼 때, 린치의 본격적인 후기작들이 시작되게 된다. 그것은 더 이상 무한초점면의 공초점으로 빨려 들어가고 마는 이야기가 아닌, 그 허초점으로 건너가고 진입하는 이야기, 그리고 허초점을 실초점으로 변환하는 데에 지불해야 할 정신의 희생과 육체의 뒤틀림에 대한 이야기다(〈로스트 하이웨이〉 〈멀홀랜드 드라이브〉 〈인랜드 엠파이어〉).[36] 후기 린치의 내러티브가 일견 부뉴엘적으로 보이는 것은 사실이나, 여전히 부뉴엘과는 다른 멀티플롯팅이다. 비디오테이프, 영화세트, 미디어 등은 실질적인 허초점을 형성하며 꿈꾸는 자에게 발신자에 대한 문제를

---

36. 〈인랜드 엠파이어〉의 이행 개념("교량")에 대해선 다음 글을 보라. 정한석, 「움직이는 회화의 창조주」, 『씨네 21』, 2007년 613호.

증폭시킴과 더불어 그 신체에게 연무, 광분, 섬망, 혹은 마비를 직접적으로 부과하기 때문이다. 즉 부뉴엘에겐 초점면의 무한성이 신성화되어 있을 뿐인데 반해, 린치에게서 무한초점면은 실체화 혹은 신체화되어 있으며, 이런 까닭으로 부뉴엘의 기억 착오자들에겐 단일 실초점에서 또 다른 단일 실초점으로 이행하는 것만이 문제였다면, 린치의 망상증자들에겐 허초점을 자신의 실초점으로 몸소 체화하는 것이 문제가 된다.[37] 이것은 린치 자신에게도 큰 변화다. 더 이상 무의식과 어둠 쪽으로 흩어지는 발산이 아니라 그 어둠을 자신이 통과해야 할 빈틈(2틈)으로 삼으며, 더 깨어나는 의식과 그 찬란한 백색으로 뛰어드는 발산이 문제다. 이것이 꿈과 실재의 간극까지 삭제하며 확대된 의식, 린치가 나중에 "통합적 마당"Unified Field 혹은 "하얀 방"White Room이라고 부르게 될 무한초점면의 클라이맥스 상태다.[38] 무심도와 무한심도의 일의성은 하얗게 불타는 초월의 의미다. 이것이 린치가 그의 하얀 페이드, 희뿌연 스모그, 심지어는 표백된 디지털 심도에서 발견해내는 무한초점면의 역능이다.

부뉴엘은 끊임없이 물었다. "똑같이 생긴 자두를 놓고서 왜 우린 하나를 택하고 다른 하나를 택하지 않는가?"[39] 멀티 내러티브는 이에 대한 대답이다. 멀티 내러티브는 가능세계들의 본질적 평행성에 대한 내러티브다. 평행편집에 의한 내러티브가 아닌 내러티브의 평행편집이고, 평행한 영원객체들에 대한 잡담이자 난상토론이다. 그러나 이것이 세계의 우연성을 찬미하는 처사라고만 볼 순 없다. 실상은 정반대로서, 멀티 내러티브 작가들은 흡사 이시구로 히데가 라이프니츠의 우연진리론에 가했던 무한소적 해석을 가하고 있는 것처럼 보인다. 즉 가능한 평행세계들 중 하나를 굳이 선택하는 이유는 없는 게 아니라 무한할 뿐이라는 것, "무한한 세계에서 이유들도 무한해진다"[40]는 것, 고로 그만큼 평행성은 영원한 객체들의 무한성을 증명한다는 것, 이것이 무한초점면을 통해 그들이 보여주려는 바다. 무한초점면에서 평

---

37. "나에게 미스터리란 자석과도 같다. 미지의 무언가가 있을 때 그것은 끌어당긴다."(린치 인터뷰. *Lynch on Lynch*, ed. Chris Rodley, Faber and Faber, 2005. p. 231).

38. David Lynch, *Catching the Big Fish*, Tarcher/Penguin Books, 2006, pp. 48, 49.

39. 부뉴엘 인터뷰. *Object of Desire*, p. 103.

40. Ishiguro Hidé, *Leibniz's Philosophy of Logic and Language*, Cambridge University Press, 1990(2nd ed.). 9장. p. 197. 그녀의 요는, 한 명제가 모든 가능세계에서도 참이라면 필연진리이고, 어떤 가능세계에서는 거짓이라면 우연진리라는 것이다.

행세계들이 공속한다는 것은 우리가 어떻게 초점이동을 해도 무방하다는 게 아니라, 어떤 초점을 선택하면 누군가는 그만큼의 본질적 변형을 감수해야 함을 의미한다. 이것이 멀티 내러티브의 가장 심오한 교훈이다 : 평행세계엔 무근거란 없다. 무한 근거만 있을 뿐이다. 무한초점면엔 무심도란 없다. 무한심도만 있을 뿐이다. 우린 멀티 내러티브 사조를 우연성이나 자의성을 추구하는 다른 사조들과 혼동하지 않을 것이다. 물론 위 작가들에게 초현실주의적 측면이 나타나는 건 사실이다. 허나 이는 단지 꿈과 현실을 몽환적으로 뒤섞기 위해서가 아니라 반대로 평행한 두 현실을 횡단하기 위해서다.[41] 그들이 죽음을 부단히 추구했던 것 또한 사실이다. 허나 이 역시 죽음으로 충분하기 때문이 아니라 죽음이 횡단에 필요해서다. 실상 멀티 내러티브는 정신분석학의 가장 큰 적이다. 죽음충동이란 없다. 다른 평행계로의 이행충동만이 있을 뿐이다(기억과 의식의 죽음이 그 통행세다). 욕망에 결핍이란 없다. 결핍이란 평행태들의 무한원점일 뿐이다(환생과 변신이 그 이득이다). 부뉴엘은 이를 이해하지 못하는 정신분석학적 해석에 인터뷰 도중에도 짜증을 냈다. "그건 꿈도 아니고 백일몽도 아니다. 거짓연결false raccord이란 없다. 그건 **생략**ellipse이다."[42] 엄밀히 말해서 멀티 내러티브는 초현실주의라기보다는 **평행현실주의**다.

6-3. 병렬회로 : 두께와 병접

"미래는 무가 아니다."[43] 미래는 영원이다. 미래는 미래未來하기 때문이다. 만약 미래가 도래到來한다면, 현재를 무無로 만들며 그 자신도 무無가 되리라. 영원만이 영원히 도래하지 않음으로써만 도래하는 "미래성 자체"futurity as such(페렛츠)다. 〈돌발(突發)=자발(自發)〉은 〈미래=영원〉과 동일하고 같은 의미다.[44] 화이트헤드가 진입은 운

---

41. 린치는 '미스터리'(mystery)와 '혼동'(confusion)을 구분한다("미스터리는 좋고, 혼동은 나쁘다. 이 둘 사이엔 큰 차이가 있다.", *Lynch on Lynch*, p. 227).

42. 부뉴엘 인터뷰. *Object of Desire*, p. 188. 〈세브린느〉의 편집에 대해서. 강조는 인용자.

43. AI 12장 2절.

44. 〈미래=영원〉의 등식을 가장 깊이 이해한 이론가는 드 팔마를 마주한 에얄 페렛츠(*Becoming Visionary*, pp. 11~18), 소쿠로프를 마주한 얌폴스키(『영화와 의미의 탐구』, 2권 2부 5장)일 것이다. 〈미

동이 아니라고 말하며 강조했던 바도 이것이다 : 현재와 미래 간에는 인과관계가 성립되지 않는다. 현재와 미래는 차라리 완전한 승자와 패자가 나오지 않는 끝없는 경쟁관계에 있다.[45] 미래는 현재에 대해서 **병렬회로**parallel circuit를 이룬다(바로 이 때문에 내러티브의 주인공은 주체가 아니라 자기초월체다). 폐쇄회로와 스트로크 회로와의 차이는 분명해 보인다. 폐쇄회로와 스트로크 회로는 각각 과거와 현재의 자율성을 의미하는 반면, 병렬회로는 바로 두 자율적 회로들의 병률성paranomy을 의미한다. 바로 이것이 추상영화가 이미지 계열들간의 싱크로노미synchronomy를 작품과 작가와의 파라노미paranomy로 대체하면서 보여주려고 한 바일 텐데, 여기선 작가(주체)의 현재와 작품(객체)의 미래 사이엔 어떠한 예측적인 운동도 성립하지 않으며, 차라리 예측불가능하고 우연적인 운동의 전이와 그 영속적 변형만이 성립한다(매클래런, 해리 스미스). 그런데 이것은 내러티브의 본질을 이루는 과정이기도 하다. 내러티브는 주체가 객체에게 접근해가는(반대로 객체가 주체에게 도래하는) 운동에 의해 정의되지 않는다. 반대로 내러티브는 주체가 다가갈수록 멀어지는 대상, 즉 주체의 전개와 함께 자발하는 대상에 의해 정의된다.[46] 추상영화가 수직적 파라노미의 내러티브라면, 극영화는 수평적 파라노미의 내러티브다. 그 둘은 서로를 함축하며 결코 본질적으로 대립된 적이 없다. 요컨대 병렬회로를 정의하는 진입ingression이란 병행paragression이다. 병렬회로의 술어는 병접parajunction이다. 그것은 손과 필름의 병접처럼 공주와 로마의 병접, 엘리엇과 E.T.의 병접인 것이다. 현재와 미래는 병접된다. 미래가 결코 현재보다 앞서지 않는 것은 병접에 의해서다. 극영화와 아방가르드 영화에 대해서도 같은 것을 말할 수 있다. 체르카스키는 '아방가르드'란 말에 분개하였다 : "무엇보다 앞선단 말인가? 누가 쫓아오는데?"[47]

래=영원)의 최초 사유는 키에르케고르에게서 찾아볼 수 있다(『불안의 개념』, 3장).

45. "영원한 객체는 그 본질에 있어 어떠한 선택도 기피한다."(PR 504).

46. 이것이 브룩스가 그의 '지연' 개념에서 찾아내는 미래성이다. 피터 브룩스, 『플롯 찾아 읽기』, 박혜란 옮김, 강, 2011. 4장. ("끝은 시작 이전에 있다." 165쪽).

47. 이것은 '아방가르드'라는 그릇된 용어에 의해 고질적으로 오도되어오던 예술의 미래성에 대한 가장 훌륭한 논박이다. "난 '아방가르드'란 말을 좋아하지 않는다. 무엇보다 앞섰단 말인가? 누가 쫓아오는데? '실험'은 더 나쁜 말이다. 그것은 무언가 안 끝났다는 냄새를 풍긴다. 그냥 해봤다는 식으로."(체르카스키 인터뷰. *Balthazar*, n° 5, printemps 2002. 〈http://cyrilbg.club.fr/tscherkanglais.html〉).

병렬회로는 폐쇄회로와 스트로크 회로 중간 어디쯤에 위치한다. 병렬회로에게 과거는 분위기를 주고(퇴접), 현재는 그 섬광을 가로채간다(탈접). 반대로 폐쇄회로와 스트로크 회로엔 어느 정도 이미 병렬회로가 포함되어 있다(파운드 푸티지에선 잠상과 잔상의 평행, 플릭커에선 포지티브와 네거티브의 평행). 오스트리아 유파의 업적은 바로 이 세 회로의 완벽한 교통을 보여주었다는 데에 있다.[48] 병렬회로는 과거하는 분위기를 현재의 플릭커로 응결시키는 트랜스회로이기도 하다. 고로 병렬회로의 척도는 두께다(허문영이라면 "초월적 거리"라고 썼을 것이다). 두께는 한 샷이 뛰어넘어야 할 다음 샷과의 거리 혹은 주인공이 뛰어넘어야 할 대상과의 거리일 뿐만 아니라, 그 무한원점으로부터 흘러나오는 분위기의 농후함, 그 짙음과 옅음이자, 영원한 대상의 예감이다. 이것은 과거와 현재의 얇거나 넓은 표면과는 완전히 다른 성질의 씨네그램이다. 왜냐하면 미래를 측정하는 두께는 바로 그 표면들의 불가능한 공존과 그 대기적인atmospheric 덩어리로부터 예감되기 때문이다. 우린 내러티브를 '분위기의 극화'로 정의한다. 그것은 '두께의 추상화'abstraction이기도 하다. 그런 점에서 우린 옵티컬 프린팅 영화뿐만 아니라 다이렉트 시네마까지도 모두 극영화로 간주한다. 옵티컬 프린팅 영화에서 두께란 레이어들의 덩어리며, 다이렉트 시네마에서 두께란 역할들의 덩어리다. 극영화의 두께는 초점면들의 덩어리다. 어떤 경우든 내러티브를 이끄는 것은 병렬회로가 뿜어내는 분위기에 대한 예감이고, 카니의 말대로 "깊은 진실"deep truth과 구분되는 "두꺼운 진실"thick truth [49]의 선택과 합성이다. 그런 의미에서 SF 영화는 심도에 극한의 변질을 가한 내러티브 사조라 할 것이다. 프로그램은 압력이 가해지는 표면들을 시시각각 포섭하며, 흡사 어딜 가도 빠

---

48. 슈퍼푸티징을 예로 들 수 있을 것이다. 〈필름 이스트.〉에 대한 톰 거닝의 분석을 보라. Tom Gunning, "From Fossils of Time to a Cinematic Genesis", *Gustav Deutsch*, hg. Wilbirg Brainin-Donnenberg, Michael Loebenstein, FilmmuseumSynemaPublikationen, 2009. "우리는 이미지들을 더 큰 전체의 부분처럼, 부재하는 이야기의 파편들처럼 느낀다. 파편들로서 그들은 내러티브나 계시의 안 보이는 미래순간들을 지시한다."(p. 173). "단지 과거의 이미지들을 재생하는 것을 넘어서, 미래 가능성들의 예언적 감각을 불러일으킨다."(p. 175. 강조는 인용자).
49. 카사베티스가 제시하는 진리 모델에 카니가 헌정한 용어다. "깊은 진실들이란 없다. 표면 진실들(surface truths)이 존재하는 모든 것이다. 두꺼운 진실이야말로 우리가 알 수 있는 진실이다."(*The Films of John Cassavetes*, p. 96). 두께를 철학적 개념으로 승화시킨 작가는 메를로-퐁티다(『지각의 현상학』 2부 1장, 『보이는 것과 보이지 않는 것』 「얽힘-교차」 부분).

져나올 수 없는 풍경처럼 스스로 두꺼워지는 미래였다. SF는 두께를 캐릭터화하기도 했다. 특히 호러장르와의 결합 속에서 기생괴물para-site은 숙주 안에서 환경으로까지 이어지는 병렬회로를 몸소 구성하며 은신처의 두께를 구성한다. 가령 에일리언은 구조물의 인테리어와, 프레데터는 정글과 분간되지 않는다. 또 공학적 측면에선 액체금속이야말로 기생괴물이었는데, T-1000은 주변환경에 병접함을 통해 그로 위장하는 초금속para-metal으로서, SF 심도공간처럼 "모두 표면들로 이루어져 있어 진짜 내부는 없는" 금속이다.[50] 극영화에서 가장 보편적인 두께는 3틈 구조에 내재하는 두께다. 극의 바닥(2틈)과 천장(3틈) 사이의 허공을 채우는 두께, 도약하는 주체가 흡수하는 투명성의 두께 말이다. 어느 모로 보나 병렬회로의 요소는 씨네제니는 아니다. 그것은 서로에게 평행한 주체와 객체를 아우르는 풍경, 즉 '씨네스케이프'Cinescape다. 씨네스케이프는 주인공을 끌어당기거나 밀어내고 또 빨아들여 버리는 질량이다. 내러티브가 무게의 3틈 변주(균열-추락-도약)로 말해질 수 있는 것도 씨네스케이프가 두께이기 때문이다. 그래서 이야기, 배역, 디제시스에 관련된 모든 초점이동은 중력과의 사투일 터이고, 씨네스케이프는 병렬회로의 지름이고, 그 평행면들이 적층된 두터움이며, 그 분위기와 추상화의 짙고 옅음이다. 씨네스케이프는 병접의 원소다. 그것은 영화의 디제시스를 이루는 풍경이다.

씨네스케이프는 추상화抽象畫다. 미래하는 대상들의 집합이기 때문이다. 그러나 그것은 수묵화水墨畫이기도 하다. 대상들이 그 농담濃淡에 의해 짙거나 흐리게 뭉쳐 있음으로 주체로부터 꿈과 환상을 유도해내는 타자성의 힘이기 때문이다.[51] 극화가 원자화의 과정인 것은 씨네스케이프가 디제시스를 이루기 때문이다. 씨네스케이프는 개체화의 유일한 원소다. "물음은 변형된다. 시간이란 무엇인가에서 시간이란 누구인가로."[52]

---

50. T-1000에 대한 텔롯의 탁월한 분석이다. J. P. Telotte, *Replications*, University of Illinois Press, 1995, 8장. "The Exposed Modern Body : The Terminator and Terminator 2", p. 176.

51. "자기 형성의 활동성이 타자 형성의 활동으로 이행한다."(AI 305).

52. 마르틴 하이데거, 『시간의 개념』, 서동은 옮김, 누멘, 2011, 47쪽. 하이데거는 미래성과 개체화의 원리를 결부 지은 최초의 작가다. 그것은 미래와 영원의 일의성을 선구하는 현존재의 실존적 가능성에 입각한다고 그는 썼다.

7

파라시네마

7-1. 미시군중과 병렬군중

　　미시군중은 강력했지만 성숙한 건 아니었다. 미시군중은 폐쇄회로 및 스트로크 회로와 맺은 일시적인 결탁을 아직 포기하지 않고 있었고, 자신의 폭존을 통해서 거대서사의 종말을 앞당기는 데에만 주력하고 있었기 때문이다. 반대로 미시군중의 성숙한 면모는 폭존의 광풍이 물러가고 그 지리멸렬한 후유증(냉전의 장기화, 자본주의의 안착, 신식민주의…)만이 남은 90년대 이후 출현한다. 그것은 거대서사를 단지 이탈하거나 해체하는 게 아니라 그를 자신만의 서사, 즉 작지만 자립적이고 독립적인 서사로 변형시키는 일이다. 미시군중과 달리 병렬군중은 여러 독립된 그룹들로 병렬군집하고, 그 사이 집단적인 두께를 형성하는 군중이다. 만약 병렬군중이 거대서사의 직렬회로(이념·영웅신화·경제체제…)를 해체한다면, 그것은 그 잔해들로 각자의 병렬회로(민족·인종·젠더…)를 재건축하기 위해서일 뿐이다. 신화는 이제 부차적인 것이다. 미시군중은 병렬군중을 위한 필요악이고, 아노미는 파라노미를 위한 수단일 뿐이다. 마치 소수민족의 민족주의와 투쟁은 자주독립을 위해서지 그 역이 아닌 것과 마찬가지로. 일반적으로 미시군중은 직렬회로의 파괴자에서 병렬회로의 건설자로 진화한다. 이것이 고다르-하스(유럽), 페킨파-알트만(미국), 로샤-부뉴엘(라틴) 그리고 이장호-여균동(한국) 사이에 성립하는 영화사적 진화가 예감한 바다. 즉 미시군중에서 병렬군중으로.

　　영화에서 병렬회로를 짠다는 것, 그것은 메인플롯에 복속되어 있던 서브플롯들을 독립시키고, 거대서사 구조에 숨어있던 병렬회로를 전면으로 끄집어내서 플롯팅뿐만 아니라 편집과 미장센에까지 적용시키는 일이다. 그리고 샷, 몽타주, 플랑세캉스의 고독하지만 새로운 의미와 기능을 재발견해내는 일이다. 물론 때 이른 징후들이 있었다. 예컨대 할리우드의 주변주였던 일본 한편에선 두 인물이나 사물을 한 방향을 바라보게끔 나란하게 편집하는 오즈의 병렬편집술이 출현했고, 또 다른 한편에서는 가장 먼 배면과 가장 가까운 전면까지 나란하게 편집하는 구로사와의 망원편집술이 출현했다. 어떤 경우든 시공간의 단위를 즉자적으로 독립적이고 상호적으로 평행한 단위로 사유한다는 점에서 공통되며, 각 독립적 단위를 통합할 상위의 시공간연속체가 존재하지 않는다는 점에서 그리피스 전통의 평행몽타주와도 구분된다.[1] 병렬회로 안에서 샷은 더 이상 잠재적 연결부가 아니라 실질적인 독립체다. 이제 몽타주는 연결도 아니다. 그것은 핵분열이거나 핵융합, 얌폴스키의 표현대로라면 "카이로스" 안에서 체험되는 "마주침의 순수효과"다. 더 이상 시간조차 해결책이 아닌 것이다. 오즈의 어깨 나란히 샷은 동양적 프레임 합성술(이명세, 허우샤오시엔, 카우리스마키)로, 구로사와의 망원촬영술이 미국적 속도합성술(카사베티스, 알트만, 스콧)로 원격계승되었다고 말할 수도 있으리라. 병렬군중은 평행 몽타주paral-lel montage를 병렬 몽타주para-montage로 대체한다. 병렬몽타주는 행동의 대립을 그 평행으로, 반응의 빈틈을 그 무한원점으로 변환하는 편집술이다.[2] 우린 병렬몽타주를 구사하는 모든 영화를 '파라시네마'라고 지칭하고자 한다. 파라시네마는 병렬회로의 영화들이다. 멀티 내러티브 영화는 대표적인 파라시네마다.

　현대의 파라시네마는 그 병렬회로에 어떤 육체성을 부여하는 경향이 있다. 파라시네마에서 몽타주는 더 이상 샷의 유기적 연결이 아니다. 그것은 차라리 유기적 샷과 무기적 샷의 불가능한 합성이고, 유기적 부품과 무기적 부품의 착오결합이다. 병렬회로의 몽타주가 유전자-스플라이서인 것처럼, 그 플랑세캉스란 '퓨전시퀀스'fusion sequence다(〈플라이〉). 우린 〈악의 손길〉(웰스)의 오프닝 시퀀스와 〈플레이어〉(알트만)의 오프닝 시퀀스를 비교해볼 수도 있을 것이다. 전자의 경우 자동차와

---

1. 오즈적 병렬회로("시선의 등방향성")에 대한 하스미의 해석이 독보적이다(『감독 오즈 야스지로』, 5장). 요는 나란히 병치된 시선이나 평면은 시공간의 절단이므로 인과율로는 봉합되지 않고, 오직 영원의 진입(기억, 예감, 정서)으로만 봉합된다는 것이다("꼭 헤어짐이, 출발이, 죽음이 도입된다.", 127쪽). 즉 오즈의 인물들이 나란히 바라보지만, 결코 화면에 보이진 않는 바깥, 그곳은 무한원점이다.
2. 기존 평행몽타주와 병렬몽타주의 차이를 잘 보여주는 길잡이 글로서, 정성일, 「도쿄와 타이베이 지도 다시 그리기」, 『FILO』, 2018년 3호, 72~73쪽. (에드워드 양의 〈하나 그리고 둘〉에 대한 분석이다).

인물 혹은 양떼는 결합되거나 분리됨에 따라 지속은 가능성으로 충전되지만(폭탄이 터질 수 있다), 후자의 경우 배우와 투자자, 세트와 사무실, 극중 대사와 산업적 해설이 나란히 병치됨에 따라 지속은 점점 불가능성으로 충전되어 간다(극의 안과 바깥을 결정할 수 없다). 우린 〈악의 손길〉의 오프닝 시퀀스가 6분 30초인지 3분인지 결정할 수 없는 만큼, 그 대사가 말해지는 것이 영화의 안에서인지 밖에서인지 결정할 수 없다. 극과 극중극은 융합된다. 이것은 **극장애**(劇障礙)다. 또 이는 몽타주된 샷들이 할리우드의 위선에 대한 은유나 패러디에 그치지 않고, 고장난 할리우드를 몸소 연기perform한다는 뜻이다.[3] 이 '몸소'가 중요하다. 왜냐하면 장애는 오직 실천으로서만 가능하기 때문이다. 일반적으로 플랑세캉스와는 달리 퓨전시퀀스는—그것이 인물이든 영화 자체든—어떤 돌연변이의 과정을 포함한다. 퓨전시퀀스는 에러시퀀스 혹은 트랜스시퀀스다. 단지 추모나 축복의 상징적 의례가 아닌, 무한원점에서 실질적으로 일어나는 신성한 합성오류, 차라리 성찬식 혹은 성체변환식이다. 〈플레이어〉의 경우 그것은 극중극의 극화였다. SF 장르에서 퓨전시퀀스를 개척한 작가는 알폰소 쿠아론이다. 알트만의 퓨전시퀀스가 할리우드의 오류를 연기하는 것처럼, 쿠아론의 퓨전시퀀스는 우주의 오류를 연기한다(〈칠드런 오브 맨〉 〈그래비티〉). 같은 것을 머릿속에서 한다는 점에서 〈지구를 지켜라!〉(장준환)는 한국최초의 퓨전시퀀스였다. 병구의 망상은 머릿속의 극장애로서, 그는 현실과 상상 양쪽으로 끝없이 평행분기됨으로써 강요되어 왔던 한국근대사의 오류를 몸소 연기했다. 이 모든 의미에서 퓨전시퀀스란 플랑들의 핵융합이고 샷의 돌연변이다. "포도주가 피인 것처럼 영화는 살이다."[4]

병렬 몽타주는 고전 몽타주의 세 가지 법칙들, 즉 전체-변화·샷-위계·행동-의식을 각각 체계-오류·샷-장애·결단-변이로 대체한다. 이것은 탈식민주의 이론가들이 새롭게 시작된 토양 속에서 군중에게 기대했던 비판적 기능들이기도 하다. 제

---

3. "패러디를 패러디하는 건 불가능하다."(알트만 인터뷰. *Robert Altman Interviews*, ed. David Sterritt, University Press of Mississippi, 2000, p. 153). 바로 이 불가능성이 이 영화의 초현실주의적 성격을 규정한다.
4. 크로넨버그 인터뷰, *David Cronenberg*, ed. Serge Grüberg, Plexus, 2006, p. 72. 정작 자신은 플랑세캉스 기법엔 인색했으나 크로넨버그가 퓨전시퀀스에 대해 깊이 통찰한다. 그는 인류의 진화과정 전체를 하나의 시퀀스로 간주하기 때문이다.

국주의와 식민주의는 물러갔지만 바로 이 때문에 그는 더욱 내면화되어 대지에 눌러앉았고, 이젠 기존의 저항방식으로는 승부를 가를 수 없는 두 질량, 두 지대 사이에 무중력 상태와 같은 혼종지대가 전지구를 뒤덮었다. 파농의 북아프리카인, 응구기의 케냐인, 사이드의 동양인, 바바의 3세계인, 스피박의 서발턴은 모두 〈그래비티〉의 우주인들이다. 뿌리를 흉내 내지만 결국 양가감정의 혼혈아들, 뿌리없음의 자식들이다.[5]

이에 비한다면 미시군중은 얼마나 많은 중력을 누렸는가. 비록 작아도 신화에 뿌리내리는 중력을. 신화의 시대는 그나마 중력의 시대였다. 그러나 병렬군중에게 남겨진 상황은 다르다. 그것은 뿌리털의 틈새마저 남겨놓지 않는 일상화된 무중력 상태, 혹은 내면화된 재난상태다. 다시 노동신화를 들이대 봤자 소용없다. 실상 로치의 영화가 가지는 동시대성은 노동의 뿌리가 여전히 유효함을 보여주는 데에 있질 않고, 반대로 노동자야말로 최초의 난민임을, 아무리 조직되더라도 그 뿌리를 찾을 수 없는 태생적 무국적자임을 보여주는 데에 있다(〈빵과 장미〉 〈네비게이터〉 〈자유로운 세계〉). 한국도 결코 덜하지 않다. 불타버린 남대문과 너무 먼 방글라데시 속 담밖엔 공통뿌리 내릴 곳 없는 신화의 진공상태만이 소녀와 이주노동자에게 남겨졌다. 그들에겐 고래도 없다(신동일 〈반두비〉). 혹은 대지는 모유와 오줌으로도 되살아나지 않는 불모의 자궁이 되어 여자가 뿌리내릴 곳은 육체, 그 안의 피웅덩이밖에 없다. 고래가 있다면 그것은 오래전에 포경되었다(김동명 〈피로〉). 모든 것이 아무것도 해결되지 않은 채 일상에 유기되었던 위안부 생존자들에게서 변영주가 목도했던 새로운 재난형태이며, 이후 그의 극영화의 테마가 되었다. 즉 이제 국가의 폭력을 대체하는 건 내면의 테러다(〈밀애〉 〈화차〉). 여기엔 어떤 대피소도 없다. 일상이 그 화약이고 마음이 그 소프트타겟이기 때문이다.[6] 미시군중은 작더라도 삶을 누

---

5. 양가성, 혼종성, 흉내내기는 모두 호미 바바에게서 가져온 개념들이다(『문화의 위치』, 나병철 옮김, 소명출판, 2012). 다른 한편 포스트모더니즘 담론이 일으켰던 난잡한 파열 속에서도 접합적 주체성과 정치의 복권을 이끌어내려는 시도로는 샹탈 무페, 『정치적인 것의 귀환』, 이보경 옮김, 후마니타스, 2007. (특히 시민권을 논하는 4장과 5장.) 라클라우와의 공저인 다음도 보라. 『헤게모니와 사회주의 전략』(이승원 옮김, 후마니타스, 2012).

6. 변영주와 김소영의 대담, 「지극히 신자유주의적인, 99%의 공포」(『씨네21』, 2012년 844호). 〈밀애〉가 〈화차〉보다 결코 덜 공포스럽다 할 수 없다. 어떤 점에선 추리보다는 게임이 더 지독한 테러의 방식이

렸다. 그러나 이제 삶은 작지도 않다. 삶은 "하찮아졌다."(〈밀애〉) 반대로 신화의 진공은 너무나 커져 이제 그걸 메울 수 있는 건 망상뿐이다(장준환 〈지구를 지켜라!〉). 물론 여전히 자연과 같은 마지막 신화를 믿는 병렬군중도 있을 것이나, 그 역시 으레 노래방 화면이나 여행책자 같은 순수한 꿈으로만 드러나며, 외려 그것이 실재성을 가지는 것은 자연 안에 이미 들어서 있는 도시화와 문명의 문제들을 통해서뿐이다. 임순례의 귀농군중이 보여주는 역설적 국면이 바로 이것으로서, 그들은 와이키키 해변과 같은 순수 자연을 꿈꾸지만, 정작 마주하게 되는 건 자연과 문명의 타협 불가능한 평행성(〈와이키키 브라더스〉 〈남쪽으로 튀어〉 〈리틀 포레스트〉), 그리고 이미 길들여져 무력해진 육체와 그 정념의 문제로서만 나타나는 순수와 불순, 참과 거짓, 진실과 조작의 결정불능 상태일 뿐이다(〈제보자〉에서 줄기세포 조작 사건). 이 모두를 제쳐두고서라도 한국은 반세기 묵은 병렬국가다(분단영화).[7]

"정치적-법적 예외상태는 끝났지만, 정념적 예외상태는 여전하다."[8] 이것이 병렬군중이 처한 새로운 상황이다. 병렬군중은 미시군중이 아니다. 병렬군중은 차라리 뿌리 뽑힌 미시군중, 혹은 정념의 난민들이다. 더 이상 미시군중과 거대군중을 대립시키는 이분법만으로는 충분치 않다. 거시표면만큼이나 미시표면도 예외상태로 들어섰고, 미시군중은 이미 거대군중의 미니어처가 되었기 때문이다. 차라리 미시군중과 거시군중을 병렬시키고 그 퓨전시퀀스로부터 어떤 혼종적 육신, 회색 가면, 무중력의 혀뿌리, 낯선 방언을 되찾아야 할까?

7-2. 반사의 세 가지 변주 : 드니, 하네케, 키에슬롭스키

병렬군중은 탈식민주의 시대의 군중이다. 그들은 그 실존만으로도 식민주의의

기 때문이다.

7. 분단영화(특히 블록버스터)에서 나타나는 병렬회로에 대해서는, 서인숙, 『한국 영화 속 탈식민주의』, 글누림, 2012. 서인숙은 한과 신파조차 병렬회로의 주요한 속성임을 보여준다(3, 4부).

8. 김소영, 『파국의 지도』, 현실문화연구, 2014. 서문, 13쪽. 이 책은 한국영화사에서 병렬군중의 징후들을 읽어내고, 그 모든 걸 한 편의 거대한 재난영화로 매핑하려는 기획의 일부다. 특히 예외-클로즈업에 대한 2장.

잔상들을 반영하므로 파라시네마의 주연이 된다. 가장 첨예한 반성은 서유럽 식민 국가(특히 프랑스)의 지성인들에게서 먼저 나왔다. 그러나 그것은 모든 측면에서 고다르와 대조되는 방법론이다. 왜냐하면 파라시네마는 대립을 평행으로 대체함으로써 '묶음'bloc(고다르)이 애초부터 조합불가능한 상태부터 다시 시작하기 때문이다. 파라시네마의 일반적인 특징은 대립축이 희미하게 사라져 대립쌍(주체-대상, 적-동지, 선-악)뿐만 아니라 모든 묶음쌍들이 분간조차 하기 어려워졌다는 것, 나아가 사유의 빛은 반사점뿐만 아니라 원점을 잃고서 침묵과 공백 속에서 산란되거나 응결될 뿐이라는 것이다. 더 이상 모방할 것도 없다. 모든 것이 이미 모본들이기 때문이다. 더 이상 원본과 모본의 직렬회로가 아니라(백인-흑인, 서양인-동양인), 그 선후를 지정할 수 없는 모본들의 평행회로만이 존재하기 때문이다(두 혼혈인, 두 베로니카). 유럽 파라시네마는 고다르적 반사에 대한 세 가지 변주로 정의된다.

먼저 파라시네마의 반사는 부분적partial이다. 그것은 그 일부가 소실되는 반사광, 시민권자와 불법체류자 사이에 교환되는 편파적인 시선이고, 가해자와 피해자의 기억이 혼재하는 반쪽자리 평온이다. 시선이 편견偏見인 만큼 반사는 편반사偏反射가 된다. 편반사면은 파라시네마의 일반적 환경을 이룬다. 하네케의 〈7번째 대륙〉에서 인물들을 둘러싸는 것은 너무나 매끈하지만 사실은 아무것도 반사해내지 못하고 있는 가구와 액자의 표면들이다. 하네케는 바로 여기서 미디어의 후기식민주의적 기능을 발견한다. 미디어는 외국인과 내국인을 소통케 해주지만 바로 그 때문에 그 소통의 차단기이기도 하다. 그것은 내국인이 스스로 만들어낸 감옥이다. 미디어는 평온확산기인만큼 불안농축기다. **미디어야말로 편반사면**이다. 고로 미디어는 폭력의 재현이 아니라 그 자체로 폭력이다. 특히 백인들에게 그건 자폭이고 자학이다.[9] 〈베니의 비디오〉 이후 하네케는 미디어의 여러 양상들을 탐색하게 된다. 미디어는 의식을 점령하거나(〈히든〉) 육체를 점령하거나(〈피아니스트〉) 영화를 점령한다(〈퍼니 게임〉). 비디오테이프가 의식의 외부에서 오는 미디어이고 마조히즘이 육신에 내면화된 미디어인 것처럼, 영화 자체가 이미 관중을 향하는 미디어인 것이다(하네케

9. 하네케 영화에 있어서 살인과 자살, 폭력의 재현과 재현의 폭력, 학대와 자학의 구분불가능성과 그 정치철학적 함의에 대해서는 Oliver C. Speck, *Funny Frames*, Continuum, 2010, 6장. 파스빈더와의 흥미로운 비교를 시도하는 3장도 보라.

는 정확히 역순으로 이를 보여주었다).[10] 하네케는 미디어에 의한 이 모든 재난과 원한이 유럽이 자초한 것이라 말한다. 백인들은 편반사와 전반사를 일부러 혼동하면서 죄를 떠넘길 대상을 억지로 꾸며내 버릇하기 때문이다.

편반사면에게 사실 반사대상은 없다. 이것이 두 번째 변주다. 대상이 점점 없어지고 있다. 백인의 시선은 그 외부대상의 실체성을 가늠할 수 없는 산란광으로서 되돌아온다. 이것은 매우 정치적인 증상이기도 하다. **진정한 적은 그의 부재이다.** 혹은 그의 있을지도 모름이다. 뒤몽의 군인과 백인들이 겪는 상황도 이것으로서, 적군, 강간범, 살인자는 보이지 않거나 환청으로만 존재하며((플랑드르)), 사막의 텅 빈 공허와 수풀이 차를 긁는 소리 속으로 용해되어 버렸다((29 야자수)). 백인들이 맞닥뜨리는 적이란 유령으로서의 적, 즉 적령(敵靈)이며, 이제 그들은 식민지의 옛 영광이 사그라진 공터 위에 이명과 신기루, 강박, 데자뷰로만 이루어진 유령식민지를 재건하게 된다. 이제 백인들은 무엇과도 대적하지 않는다. 그들은 빙적(憑敵)한다.[11] 그래서 이것은 식민화의 재연이되 그 모순과 오류의 재연이기도 하다. 적령은 식민지 공동체의 외부뿐만 아니라 그 내부에도 주둔하며, 무엇보다도 증오의 대상이기 전에 경외의 대상이기 때문이다. 드니보다 이를 잘 보여준 작가는 없을 것이다. 백인 용병들은 보이지 않는 적에 맞서는 와중에 내부적으로는 금단의 사랑에 탐닉한다((좋은 직업)). 그리고 반군의 존재를 부정하며 커피농장에 집착하는 여자 농장주는 반군에게 홀린 아들만큼이나 무언가에 홀려있는 것 같다((백인의 것)). 적령은 헐레이션halation이다. 그것은 백인공동체의 바깥에서 틈입해서 그 내부에서 일어나는 난반사다. 백인들이 적이라 생각했던 자는 사실 그 자신의 목소리, 그 내면이다. 그들이 숨기고 싶은 동성애 충동처럼, 혹은 그들 집안을 이미 점령한 어린 흑인병사

---

10. 미디어의 역설은 프레임의 역설이다. "이 문제에서 빠져나갈 순 없다. 프레임을 잡는 순간 그것은 이미 조작이다. 난 이를 투명한 방식으로 시도했을 뿐이다."(미카엘 하네케 2005년 5월 깐느 인터뷰, 다음에 재수록 : *Positif*, no. 536, oct. 2005. ; Peter Brunette, *Michael Haneke*, University of Illinois Press, 2010, p. 148).

11. 유럽 파라시네마에선 그래서 적과 신이 동급이다. 가령 뒤몽의 〈휴머니티〉와 〈슬랙 베이〉에서 넘어짐과 공중부양에 대한 정한석의 분석을 보라. 「희극이군, 희극인가?」, 『FILO』, 2018년 2호. "핵심은 '기적'이 아니라 '기적인가?'이고, '은총'이 아니라 '은총인가?'이다."(100쪽). '무중력'을 '디지털'로 치환하기만 하면, 도그마 영화에게도 잘 어울리는 글이다.

들처럼.

　　모든 측면에서 고다르의 미분법은 편미분법^{偏微分}, partial-으로 반전되는 것 같다. 편미분은 그 가치의 서열을 매기기 어려운 너무 많은 독립변수들이 한꺼번에 주어질 때, 그리하여 세계에 부분 없는 전체만이, 혹은 오직 부분들만이 남아버렸을 때 유일하게 가능한 미분법이다. 편미분은 여전히 반사회로에 속하지만, 그것은 기존 미분법과는 완전히 다른 폭력적인, 엄밀하게는 자폭적인 성격을 지닌다고 작가들은 말한다. 즉 미디어는 폭력의 반영이 아니라 반영의 폭력이다(하네케). 혹은 유령은 약탈의 반영이 아니라 반영의 약탈이다(드니). 여기서 백인은 자신에게로 돌려지는 적대 속에서 액세서리나 머리카락과 같은 보잘것없는 표징에 집착하는 편집증자가 되어간다. 너무 많은 독립변수들이 범람하므로 편미분만이 가능한 상황들 속에서 그러한 표징들만이 유일한 상수^{常數}, invariable이기 때문이다. 편집증은 상수의 부재에 의한 편미분 집착증이다. 요컨대 파라시네마는 전반사를 편반사로, 난반사를 헐레이션으로 대체한다. 모든 것은 반사광이 맺힐 중심초점이 더 이상 존재하지 않음에 기인한다. 반사와 구분되는 반사장애, 이것이 세 번째 변주이며, 고다르가 전반사와 난반사를 통해 궁극적으로 소망했던 재귀반사("사유")에 대한 변주이기도 하다. 만약 파라시네마가 마조히즘을 자주 차용한다면, 거기엔 백인들이 전시하는 자학의 병렬회로가 있기 때문이다. 백인은 오직 유령과 적대하기에 스스로에게 적대할 수 있을 뿐이라는 점에서 뛰어난 반사장애자이고 타고난 마조히스트다. 그들은 피해자와 가해자, 흑인과 백인, 무엇보다도 백인 자신들 사이에 전이되는 광기가 그 매개변수인 공멸의 병렬회로에 탐닉한다(〈백인의 것〉에서 아들 또한 반군에게 모욕당한 뒤 반군에 합류한다). 일반적으로 병렬군중은 반사할 수 없다. 병렬군중은 오직 전이하고 빙의하고 오인할 뿐이다. 반사장애란 결정장애다. 그것은 나와 타자, 시선과 응시, 광원과 반사체, 이편과 저편을 분간할 수 없음이고, 이 덕분 백인에게 마조히즘은 곧 자아분열이 된다. 지식인은 더 이상 범인이 외국인인지 내국인인지 결정할 수 없으며(하네케), 군인과 농장주는 사랑과 증오조차 분간해낼 수 없다(드니). 가장 극한의 분열증은 그랑드리외가 보여주었다. 그것은 살인충동이 살인범을 위한 것인지 희생양을 위한 것인지, 충동의 초점면이 무의식인지 풍경인지 결정할 수 없는, 의식-무의식, 생명-비생명 사이의 총체적인 경계면 진동이다(〈음지〉 〈새로운 삶). 물론 유럽의 탈식민주의 작가들은 지배자의 공동체만을 다루진 않았다. 특히 드니는 이주민들의 공동체를 자주 다루었으며 전후에도 끈질기게 이어지는 내면의 식민화를 그들이 어떻게 견뎌 나가는지를 소묘하고자 했다(〈노 피어 노 다이〉 〈침입자〉 〈35 럼 샷〉). 로치는 그로부터 어떤 긍정성마저 끌어내려 했다(〈빵과 장미〉 〈다정한 입맞춤〉). 하지만 약자들에게도 반사불능은 지배적인 것이다. 이주민, 흑인, 무슬림, 여성은 식민화 이후에 더욱 농밀해져만 가는 결정불능의 예외상태를 버텨내고 있다. 클로즈업의 변화도 불가피해 보인다. 더 이상 얼굴은 그의 예외 이외엔 아무것도 반사해내지 못하는 얼굴이기 때문이다. 무표정은 파라시네마의 일반적 클로즈업이다. 무표정은 편미분이 너무 진행되어버려 스스로 상수가 되어버린 얼굴, 더는 미분불가능하거나 미분하면 0이 되는 반사장애낯, 즉 예외얼굴이다. 무표정은 **평행얼굴**이다. 로치조차 이를 피할 순 없다.

키에슬롭스키는 이 모든 것을 도덕적 상황 속에서 다시 보여주려고 한다. 키에슬롭스키는 "덫"을 말했다. 아무리 선을 선택하더라도 거기엔 반드시 부분적으로 악이 포함되어 있다. 덫은 선과 악 사이에서 일어나는 편반사다. 고로 군중뿐만 아니라 신도 무표정이다(〈데칼로그〉).[12] 키에슬롭스키가 확신하는 것은 무표정은 더 이상 시간으로도 해결하지 못하는 신학적 문제가 되었다는 사실이다. 무표정은 영원히 타협될 수 없이 평행한 두 삶, 두 얼굴, 두 베로니카 사이에 이미 선재하므로 모든 시간 이전에 존재하며, 시간이 갈수록 무엇이 더 가치 있는지 결정하기 어려워진다(〈베로니카의 이중생활〉). 하지만 무표정은 현대의 죄가 된 것처럼 그 구원이 된다. 〈데칼로그〉의 네 번째 에피소드에서 연인이 친부인지 아닌지 결정할 수 없는 딸이 선택한 것은 그를 결정해줄 어머니의 편지를 태워버리는 것이었다. 선택불가능성을 선택한 것이다. 선택불가능성과 선택가능성의 일의성, 이것이 키에슬롭스키가 현대의 무표정에서 다시 읽어내려는 희망이다. 색 삼부작은 이를 이미지 자체에서 건져내려는 시도였다. 본성상 평행하게 분기되어 찢겨나가는 이미지는 비록 시간도 구원하지 못하지만, 같은 이유로 영원에서 합류할 수도 있지 않을까. 시간의 덫은 이미

---

12. "덫" 개념과 두 가지 신의 구분(구약-신약)에 대해서는 키에슬롭스키 인터뷰, *Kieślowski on Kieślowski*, ed. Danusia Stok, Faber and Faber, 1993. pp. 146~150.

영원의 덫은 아닐까. 이미지는 소산되어 사멸해가지만 바로 그렇게 그 바깥을, 즉 창조(〈블루〉), 부활(〈화이트〉), 면죄(〈레드〉)의 역량을 매번 빨아올리므로. 결국 선택불가능함에도 불구하고 여전히 선택한다는 것은 시간과 그 바깥 사이의 영원한 간극으로 우리의 실존을 이주시킴을 의미한다. 비록 환영일지라도 신도 이주민일 바로 그 무한원점으로.[13] 키에슬롭스키는 정치적 상황을 일부러 다루진 않았다. 그러나 모든 경계인, 이주민, 평행인들이 갖추어야 할 윤리적 덕목들을 살폈으며, 그런 점에선 타르코프스키만큼이나 독실한 파라시네마 작가였다. 드니와 하네케가 평행정치학이라면, 키에슬롭스키는 평행신학이다. 전자가 역사의 식민화를 다룬다면 후자는 시간의 식민화를 다룬다. 실존은 이미 이주다. 반성장애는 실존장애다.

　　모든 것을 고려해볼 때 파라시네마에서 샷은 장애이고 치매다. 시선과 동선은 샷과 샷 사이에서 단락되거나 소실되어 희미해진다. 그러나 이는 시간이 갈수록 점점 더 농축되는 죄에 의해 반사광과 반응이 차단되기 때문이다(특히 〈아무르〉의 미장센). 파라시네마의 또 다른 특징 중 하나는 플래시백 편집에 있어서 기억의 고정점이 되는 얼굴을 제공하지 않는다는 점이다. 이것은 단지 기억과 현실이 뒤섞인다는 의미 이상으로서, 얼굴이 더 이상 기존 방식대로 사유하거나 반성할 능력을 상실했음을 의미한다. 그 대신 파라시네마에게 편집점을 제공하는 것은 무표정의 얼굴들이다. 물론 인간의 얼굴만은 아니다. 검은 피부를 수놓은 백인의 장신구들, 아프리카 반군들이 주워 먹는 알약들, 천정에서 떨어지는 물방울, 빈 병 하나를 버리기 위해 힘겹게 걸어가는 노파의 뒷모습, 이 모두가 무표정의 차원이다. 일반적으로 무표정은 기존의 유기적 얼굴을 불량반사판으로 만든다. 키에슬롭스키는 클로즈업 역사에 있어서 가장 특별한 샷 하나를 추가한다(이것은 베르히만과 카발레로비치가 직렬로 하던 것을 병렬로 한 것이다). 돌연 페이드아웃되었다가 언제 그랬냐는 듯이 이내 페이드인되는 얼굴. 무언가를 기억하려는 지금, 그것은 언제라도, 언제인지 알 수 없다(〈블루〉). 유럽 파라시네마의 세계는 죄로 만들어진 미로이고, 트라우마로 지어진 감옥이다. 여기서 몽타주의 접착제는 죄이므로 샷은 죄 말고는 아무것도 반사해

---

13. 키에슬롭스키에 대한 지젝의 논평(『진짜 눈물의 공포』, 오영숙 외 옮김, 울력, 2004)에서 정신분석학적 독해보다 더 흥미로운 것은 그가 도입하는 마리오네트 전통이다("대역", "인터페이스", 8장도 보라). 색 삼부작의 엔딩에 공통된 눈물에 대한 연극학적 분석도 보라(9장).

낼 수 없는 얼굴과 육신들이다. 마조히스트가 어머니의 사타구니에서 털을 발견해 내기 전까지, 흑인기관사가 미로 같은 선로에서 질주마를 발견해내기 전까지, 육신들은 그렇게 거울에 비치지 않는 시간을 몸부림쳐야 할 것이다. 그 불량거울이 자신의 새로운 살이 되고, 헐레이션이 자신의 새로운 피가 되기 전까지.

7-3. 흡수의 세 가지 변주 : 카우리스마키, 차이밍량, 홍상수

그러나 허문영은 유럽의 탈식민주의 영화가 여전히 반사하는 지배자의 에고이즘에 갇혀 있다고 비판했다. 그들은 여전히 자아를 비춰 보려고 한다는 것이다.[14] 그의 이런 비판에는 서양적 입장과 반대되는 동양적 입장이 내포되어 있는데, 그건 피지배자의 생존술, 에고이즘을 처음부터 포기하고서 임했어야 하는 방어기술로부터 연원한다. 그것은 반사와 대조되는 흡수의 국면들을 우리에게 보여준다. 일반적으로 동아시아 탈식민주의 영화들은 흡수의 세 가지 변주로 정의된다.

동아시아 파라시네마에게서 먼저 환경은 실패와 오류를 위해서라도 반사하지 않으며, 마치 오래 묵은 먼지 덩어리, 혹은 반대로 아예 낯선 풍경처럼 거기 서 있다. 마치 내국인과 이주민의 구분은 애초부터 없었던 것처럼 반사광은 오래전에 도시와 간판 뒤로 빨려 들어가 대기를 이룬다. 이것이 허우샤오시엔과 지아장커의 영화에서 볼 수 있는 공기(空氣)로서의 환경이다(《비정성시》, 《스틸 라이프》). 그건 대상을 빨아들이고 주체를 홀로 남긴다. 고로 흡수의 두 번째 변주는 대상의 증발이다. 침입자, 가해자, 권력자는 이제 유령도 아니다. 안개나 연무 같은 것이다. 그들의 테러는 대상의 파괴가 아닌, 그를 "통째로 빨아 당김"에 있다(변영주 《밀애》). 만약 이창동과 봉준호가 여전히 죄를 다룬다면 그것은 애초부터 죄인이 없는 죄, 용서와 추격의 과정을 통해서도 재현되지 못하는 판결불가능한 죄다. 특히 한국적 주체인 바보들에게 그것은 바보로 태어난 죄와 다를 바가 없다(《박하사탕》, 《살인의 추억》).

---

14. 허문영의 〈히든〉 리뷰. "비디오테이프를 만들어낸 죄의식은 실은 위장된 죄의식이다. 죄의식을 가장한 극단적인 이기성, 거의 종교적인 에고이즘 …"(허문영, 「위장된 죄의식 – 자학게임」, 『씨네21』, 2006년 547호. 다음에 재수록 : 『세속적 영화, 세속적 비평』, 강, 2010).

고로 증발된 대상과 그것이 대기에 남긴 숨소리 이외에 어떠한 것도 느끼지 못하는 주체들만이 남으며, 이것이 세 번째 변주다. 그들은 다름 아닌 호흡자들이며, 들숨과 날숨 이외에 어떠한 행동-반응도 모르는 자들이다. 하지만 이는 이미 증기류蒸氣流가 되어버린 시간과 역사를 비로소 숨쉬기 위해서다. 아피찻퐁은 원시림에 떠도는 열대 안개를 호흡하는 육신들을 통해서(《열대병》), 유사한 방식으로 라틴 쪽에서 알론소가 타향의 냉기에 숨 막히는 호흡장애자들을 통해서 이에 접근한다(《리버풀》). 차라리 호흡자들이란 시선과 행동은 모두 인공적이 되는 대신 역사의 그레인을 대류시키는 자들이다(라브 디아즈 《멜랑콜리아》 《슬픈 미스터리를 위한 자장가》, 라야 마틴 《인디펜던시아》).[15] 요컨대 동아시아적 파라시네마는 유럽적 반사를 흡수의 차원으로 번안한다. 즉 환경-공기, 대상-증발, 주체-호흡.

서양적 병렬군중이 여전히 내국인-외국인의 병렬회로로, 나아가 국토의 에고이즘에 사로잡혀 있다면 동양적 병렬군중은 그렇지 않다. 애초부터 그들은 내국인인 적이 없기 때문이다. 우린 모두 이미 외국인이다. 내국은 모두 증발되어 공기로만 남았다. 이 역사적 차이가 본질적인 것이다. 서양 병렬군중이 스스로 고립되기 위해서 서로 병립하는 반면, 동양 병렬군중은 서로 병립하기 위해서만 고립된다. 그들에게 시급한 일은 스스로 감금하여 그 자신 내면을 반성해보는 것이 아니라, 이미 오래전에 시작된 감금을 버텨내어 그 외면을 음미하고 숨 쉬는 일이기 때문이다. 병립할수록 짙어지는 그 무한원점을. 멀어질수록 간절하게 들려왔던 노랫소리보다 이 상황을 잘 요약할 수 있을까. 동양 병렬군중은 그 무한원점에서 재회하기 위해서만 병립한다. 소군의 등 뒤에 새겨진 등려군, 그 무한원점을 다시 함께 숨 쉬기 위해서(천커신 《첨밀밀》). 서양 병렬군중이 여전히 과거의 회로에 붙잡혀 있다면, 동양 병렬군중은 미래의 회로로 벌써 가있다고 말해도 좋다. 동양 파라시네마는 여관방에 처박힌 조난자 혹은 계속해서 엇갈리는 연인처럼 고립되어 병립된 원소들과 그들 사이를 관류하는 두꺼운 공기로 정의된다.

그런 점에서 카우리스마키와 차이밍량은 완벽한 대조점을 이루는 두 파라시네

---

15. 고로 연극화는 필연적이다. 필리핀 영화의 계보에서 연극적 기원을 찾아내는 신은실의 글을 보라. 신은실, 「아시아 비애극의 어떤 원천 - 필리핀의 경우 〈슬픈 미스터리를 위한 자장가〉」(KMDB, 2017년 10월 기고).

마 작가다. 카우리스마키는 한정된 동선과 프레임, 최소화된 편집에 천착한다는 점에서 어떤 작가보다도 더 동양적이라 할 수 있을 것이다. 그의 인물들이 어딘가 모자란 대화를 하거나 하찮고 쓸모없는 말들만을 주고받는 것은 그들이 병렬되어 있기 때문이다. 그들은 어긋남으로써만 소통한다. 카우리스카미는 자신의 영화를 '루저 영화'로 불렀다. 루저란 소통 실패자다. 그 대상이 실종되었기 때문이다. 서로에 대해 대상이 될 수 없기에 그들의 대화와 행동은 띄엄띄엄 어긋나고 질투와 원한조차 점점 무미건조해진다(〈아리엘〉 데이트 장면). 카우리스마키 유머의 원천도 바로 여기에, 즉 대상이 없음에도 있는 척한다는 데에 있다. 실제로 유랑극단은 미국에 도달하지 못했으며(〈레닌그라드 카우보이 미국에 가다〉), 연인은 에스토니아로 떠난 적이 없다(〈천국의 그림자〉). 또한 카우리스마키는 카메라 무빙을 최소화함과 동시에 인물을 카메라에 마주 보듯이 프레이밍함으로써, 인물들을 행동과 그 대상을 규정하는 차원의 공백 안에, 그 무미건조한 0차원 평면에 거주하도록 할 것이다. 그곳은 기억과 연인을 찾으려는 왕따들이 사실은 면벽수행자가 될 뿐인 0차원이다(〈과거가 없는 남자〉 〈성냥공장 소녀〉). 카우리스마키는 평면화를 통한 부조리극이다. 하나의 샷, 하나의 공간 안에 함께 놓여있는 각 독립적 단위들 사이엔 그 접점들을 실종시키는 거대한 무미건조한 평면이 흐르고 있다.[16] 인적 없는 길거리, 텅빈 항구, 우중충한 구름과 풍경들처럼 사람들을 둘러싸므로, 그를 들이마시고 뱉는 것 이외엔 서로에게 다가갈 방법이 없는 진공의 원초적 무미건조함. 또한 그것은 단지 핀란드의 국제적 상황으로만은 한정될 수 없는 범세계적 진공, 즉 국가적 진공 national vacuum[17]이기도 하다. 고향의 진공이 사람들을 병렬시키지, 그 역이 아니다.

차이밍량 또한 밀폐된 골방에서 나오지 않으려는 병렬군중을 다루지만 상황은 정반대다. 그들을 갈라놓아 병립시키고 그 대상들을 증발시키는 것은 무미건조함이 아니라 반대로 습함, 말레이시아의 열기, 비와 강이다. 카우리스마키의 공기와

16. "나에게 가장 자연스러운 것이란, 벽 앞에 서 있는 한 인물이다."(카우리스마키 인터뷰. Peter Von Bagh, *Aki Kaurismäki*, Éditions Cahiers du Cinéma, 2006, p. 98).

17. Pietari Kääpä, "The Working Class Has No Fatherland : Aki Kaurismäki's Films and the Transcending of National Specificity", *In Search of Aki Kaurismäki*, ed. Andrew Nestingen, *Journal of Finiish Studies*, Vol. 8 no.2 Dec. 2004, p. 94.

증기를, 차이밍량은 습기와 수증기로 대체한다. 습기는 대상을 단지 증발시키지만은 않는다. 그것은 골방 구석구석에 새어 나오며 파이프에서 분수된다. 무엇보다도 그것은 들러붙는다. 차이밍량의 병렬인들이 서로에게 다가가기가 힘든 건 그들 행동이 매 순간 공기 중 수분 알갱이에 저항받기 때문이다(〈강〉 〈구멍〉 〈흔들리는 구름〉). 차이밍량은 인물들이 카메라 쪽으로 가까워지거나 멀어지는 플랑세캉스를 자주 이용하는데, 그들은 아무리 걸어도 그 자리거나(망원렌즈) 혹은 아무리 걸어도 아직 다다르지 못하는 것(광각렌즈)처럼 보인다. 차이밍량에게 습기란 세계의 질료이자 그 임피던스이고, 기억과 의식을 대체한 신체의 하중이면서, 존재의 체중이고 역사의 점성이다.[18] 〈안녕, 용문객잔〉에는 매우 아름다운 장면이 있다. 한 인물은 유령들이 서 있는 좁은 통로를 지나며, 그들과 닿을 듯 말 듯 아슬아슬하게 피해 나간다. 점탄성 플랑세캉스. 요컨대 카우리스마키의 행동의 평탄화를 차이밍량은 그 점성화로 대체한다. 그러나 습기의 점성은 병렬군중에게 새로운 대상과 접점을 선사하는 방식이기도 하다. 습기는 골방에 갇힌 자에게 신체를 깨닫도록 해준다. 더군다나 습기는 피부에 들러붙고 물에 불은 피부는 늘어난다. 끈적거리는 신체는 강물과 빗줄기 너머로 건너갈 수 있는 의식의 가능성 자체다. 점성은 차이밍량이 병렬군중의 상상력을 정의하는 방식이다. 각 의식은 자신의 골방에 고립되어 있지만, 끈적거리고 물렁물렁해지면서 옆방까지 늘어나기도 하며 그 탄성의 편차만큼 환영을 보장받는다. 상상력이란 의식의 탄력인 만큼 환영은 실재의 탄성이다. 가짜 티가 너무 나는 차이밍량의 뮤지컬은 항상 실패한다. 그러나 그것은 실패한 진짜인 만큼 성공한 가짜다. 〈구멍〉의 엘리베이터 장면은 이 마음의 탄성에 대한 차이밍량의 담대한 선언이었다. 뮤지컬 배우에게 카메라가 서서히 들어갔다가 다시 물러서면 그녀는 어느새 외로운 조명 속에 있다. 그녀는 천정부터 바닥까지 무한히 주물럭거리고 끈적거리는, 상상과 실재를 양극한으로 하며 영원토록 늘어났다 줄어드는 탄성원자다. 탄성이란 원자의 호흡이다. 요컨대 카우리스마키의 진공·대상의 증발·정념의 평탄화에, 차이밍량은 습도·육신의 점성화·정념의 탄성화를 각각 대응시킨다.

---

18. "물이란 부드럽지만 정작 그걸 가지고 무얼 할지는 모르는 어떤 것이다."(차이밍량 인터뷰. *Tsaï Ming-Liang*, ed. Jean-Pierre Rehm/Olivier Joyard, Éditions Dis Voir, 1999, p. 113).

홍상수는 평탄화와 탄성화의 중간쯤을 가로지르는 작가다. 그가 공기와 습기를 일상으로 대체한다면, 그것이 늘어나고 줄어드는 진공[19]이기 때문이다. 일상은 콩깍지가 씌었다가도 벗겨지는 듯 인물들 사이를 무한히 가깝게 만들기도 하고, 반대로 무한히 멀게 만들기도 함으로써 그들을 병렬시킨다. 홍상수에게 일상은 '밀당면'이다. 그것은 그 너머로는 위대한 환영을 주고 그 안쪽으로는 초라한 허망함을 주는 허풍면虛風面이지만, 어느 한쪽만 주어지는 경우는 불가능하며 언제나 공존한다(그래서 홍상수는 최대한 카메라를 움직이지 않고서 이 모두를 포착하려고 한다). 그러므로 밀당면은 병렬군중의 행동과 정념에 각각 내숭과 민망함을 부여하는 "표면장력"[20]으로 정의될 수 있다. 그것은 '지금은-맞고-그때는-틀리다'면이다. 이제 우리는 홍상수의 캐릭터와 내러티브의 기하학적 가치를 이해할 수 있다. 그것은 술자리에서나 떠들어대는 무용담과 허세, 남녀가 썸을 타며 주고받는 뼈꾸기와 내숭이며, 혹은 그 모든 위선이 들통났을 때의 쪽팔림, 비장한 마지막 섹스가 하필이면 생리날일 때의 민망함이다. 홍상수의 중기작부터 밀당면이 더욱더 전면화되어 부뉴엘적인 면모마저 드러내게 된다면, 이는 그것이 애초부터 병렬회로였기 때문이다(〈극장전〉의 스크린, 〈여자는 남자의 미래다〉 〈잘 알지도 못하면서〉 〈하하하〉의 꿈, 〈밤과 낮〉의 프레임). 물론 그것은 초기작부터 이미 병렬몽타주로 거기 있던 것이다(〈강원도의 힘〉 〈오! 수정〉). 일상의 부뉴엘리즘.[21] 홍상수의 일상이 무색무취한 것은 밀당면이 평면이기 때문이고, 그럼에도 신비로운 것은 밀당면이 밀당하기 때문이다. 그래서 우리는 홍상수의 작품들에 대해서 유클리드 기하학(정성일)과 프랙탈 기하학(정한석)을 모두 말할 수 있는 것이다(〈옥희의 영화〉): 즉 밀당면은 유클리드적 내숭을 떠는 비유클리드 평면이다.[22] 그것은 행동의 점성화와 정념의 평탄화를,

---

19. 홍상수는 이 인장법을 "유보"라고 부른다. "의미는 누구나 만들 수 있다. 의미를 만들기 전에 감각적으로 얼마나 포화 상태에 이를 수 있는가가 핵심이었다. 오랫동안 의미를 유보시키자."(홍상수 인터뷰, 『KINO』, 2000년 6월호).

20. 정성일이 홍상수의 평면 개념에 붙인 정확한 개념이다. 「강사 ─ 여대생 사랑 그 시시함의 미학」, 『NEWS+』, 1998년 4월.

21. 홍상수 자신도 〈오! 수정〉이 기억을 재구성한다는 해석에 반대했었다(홍상수 인터뷰, 『씨네 21』, 2000년 256호). 여기서 재구성되는 것은 기억이 아니라 망각이기 때문이다.

22. 정한석, 「아무것도 아닌 그러나 신비하기 이를 데 없는」, 『씨네 21』, 2010년 770호. 정한석은 "회전문" 개념을 제안한다. 정한석의 논점들을 부뉴엘에 대입해도 무방할 것 같다.

그 내숭화과 민망화로 대체한다. 홍상수는 한국영화에 있어서 시시콜콜하고 사소한 일상, 쇄말주의trivialism로의 변화를 보여주는 작가가 아니다. 반대로 홍상수는 한국의 미시군중으로부터 병렬군중으로의 진화를 보여주는 작가다. 홍상수는 일상을 촬영한 적이 없다. 홍상수는 일상을 옵티컬 프린팅했다.

동양 파라시네마는 거의 '원자론 영화'라 할 수 있다. 여기서 병렬군중은 각자의 고독을 향유하며 어떠한 지속으로도 연결되거나 소통하지 않기 때문이다. 병렬군중은 지속의 프롤레타리아트다. 자신의 지속 외에는 어떠한 통합적 지속도 주어지지 않는 시간의 빈자들, 시간의 루저들이다.[23] 이것은 동양 파라시네마의 편집과 플랑세캉스가 가지는 현대적 의미이기도 하다. 각자의 시간이 지리멸렬하게 늘어나는 것에 반해 서로의 시간은 점점 줄어들어 0차원으로 수축되고 있으므로 "차이밍량의 영화는 자기가 잘라내야 할 곳을 찾을 수 없기 때문에 길어진다."[24] 또한 홍상수의 영화에 "시간이 지속되고 삶이 지속되어야 할 이유가 없다."[25] **병렬군중은 병렬원자들이다.** 도리어 이 작가들은 병렬원자들의 새로운 소통방식에 희망을 건다. 모르던 사람과 스쳐 지나갈 때의 스파크, 침묵에서 누수되는 물보라나 선율, 서로에게 들어갈 수 없기에 성립하는 원자들 간의 마찰, 그 순간적인 숨 멈춤 같은. 동양 병렬원자의 섬광은 '스침'이다.[26] 여전히 폭력과 자책에 기대고 있는 서양 병렬원자보다 더 나아가는 지점도 이것으로서, 특히 카우리스마키는 스침의 풍부한 사례들을 열거해 보여주었다. 루저들이 서로에게 불러주는 노래, 성냥공장 소녀가 거사 직전

23. 카우리스마키 영화들에게서 나타나는 파편화, 대상결핍, 노동소외, 계급과 같은 맑스적 개념에 대한 분석으로는 Jochen Werner, *Aki Kaurismäki*, Bender, 2005. 특히 〈성냥공장 소녀〉의 카메라 운동, 프레이밍, 몽타주 등에 대한 분석을 보라(pp. 129~140). 〈황혼의 빛〉의 코이스티넨 캐릭터와 그 고독에 대한 폰 바흐의 분석도 보라. Peter Von Bagh, *Aki Kaurismäki,* pp. 202~210.

24. 정성일의 명쾌한 고찰이다. "차이밍량은 이미 헝클어진 상태에서 이 실타래들을 몇 차례의 가위질로 단숨에 끊어버릴 수 있을까를 고민하는 사람이다. 그는 가장 적은 가위질로 이것을 자르고 싶어 한다. 차이밍량의 영화들이 점점 더 기나긴 롱테이크로 만들어지는 이유는 거꾸로 자르기 위해서이다. … 그러나 세기말이 가까워지고, 다음 세기가 다가올수록 장면의 지속은 어디서 잘라내야 할지 알 수 없는 것이 되어간다."(정성일, 「세 번째 부산영화제에 보내는 편지」, 『KINO』, 1998년 10월호).

25. 허문영, 「밤과 낮, 그 사이와 차이의 여정」, 『씨네21』, 2008년 643호. 허문영은 홍상수 영화에서 시간의 폐쇄환환을 구성하는 음성과 몸짓에 대해서도 분석하고 있다.

26. "모르는 사람과 탁, 부딪히며 튕겨 일어나는 **스파크** 정도만 갖고 일상적인 관계를 꾸미고 싶다."(홍상수, 『씨네 21』, 2009년 702호. 강조는 인용자).

에 잠깐 들르는 온실의 야광 등이 그것이다. 카우리스마키는 인간이 서로를 위로한다는 것은 불가능한 것이고 오만함일 뿐이라고 말한다. 그도 그럴 것이 원자는 서로의 내면으로 들어갈 수 없기 때문이다. 카우리스마키 필모 중 가장 엄밀한 작품일 〈황혼의 빛〉에서 클로즈업은 2틈과 3틈에 단 두 번 나온다. 카메라는 인물에게 쉽사리 다가가지 않음으로써 원자론적 에티켓을 지키고자 한다. 이것이 그 마지막 장면에서 우리가 보게 되는 비로소 맞닿은 두 손, 그러나 상대를 섣불리 일으키거나 끌어안지는 않고서 넌지시 포개질 뿐인 두 손에 함축된 스침의 예법이다.

동양의 병렬원자는 소통에서 스침으로, 폭존에서 흡존으로, 반사에서 흡수로의 진보를 의미한다. 스침은 호흡이며, 그 섬광, 물보라, 선율은 숨이다. 이것은 시간관의 변혁이기도 하다. 동양 병렬원자는 서양처럼 서로에 대해 마지막 잠재태(죄, 화약, 트라우마)도 아니다. 그들은 각자의 시간 안에 영원히 고립된 영원태다. 하지만 그 때문에 그들은 소통과 현실화에 실패하는 대신 스침과 호흡에 성공할 수 있다. 동양이 잠재성(반사)보다는 영원성(흡수)에 더 일찍 다가갈 수 있었던 건 그들이 으레 약자의 입장에 있었기 때문이리라. 〈역사와 계급의식〉에 비견할 만한 〈역사와 영원의식〉일까. 시간의 빈자가 곧 영원의 부자다("귀중한 것은 공짜다." 〈잘 알지도 못하면서〉). 무표정은 이제 완전히 다른 의미다. 동양의 병렬인들은 오직 흡수하고 숨쉬기 위해서만 표정을 지운다. 아마도 유럽인임에도 불구하고 이러한 수준에 가닿은 이는 키에슬롭스키, 드니, 다르덴 형제 정도일 것이다. 동양 파라시네마는 **견디는 클로즈업, 버티는 플랑세캉스**다. 서양 병렬회로가 광기를 재연한다면 동양 병렬회로는, 남다은의 표현 그대로 "꾸역꾸역 광기를 삼킨다."[27] 즉 흡수한다.

---

27. 남다은, 「마더 : 폐쇄적이고 슬픈 발악」, 『씨네21』, 2009년 706호. 남다은의 평론에서 좋은 점은 어떤 종류의 병렬회로와 맞닥뜨리더라도 정치와 공포를 잊지 않는다는 점이다. 홍상수의 〈하하하〉에서 나타나는 "맨 얼굴의 공포"에 대한 글도 보라(『씨네21』, 2010년 753호).

풍경의 무게

8-1. 서사에 있어서 풍경의 기능

결론부터 말하자면 서사와 풍경이 가지는 관계는, 그레마스 행동자모델에서 주체-대상과 발신자-수신자가 가지는 관계와 같다. 풍경은 서사에 내재적이지만 그만큼 초월적이다. 풍경은 서사를 추동하지만 결코 서사로 해소되지 않는 어떤 것이다. 이것이 말년의 에이젠슈테인을 당혹게 하였다. 풍경은 몽타주로 이루어져 있지만, 몽타주로 완전히 분해되지는 않는다. 그것은 부분들이 아니기 때문이다. 그건 차라리 한 폭의 동양화, 혹은 멀리서 들려오는 소리 같은 정신적 전체로서, 대상을 주거나 빼앗는 것이다.[1] 즉 풍경은 대상이 아니라, 그 발신자인 동시에 수신자다.

그래서 풍경은 내러티브 3틈 구조의 진정한 원천이다. 서사가 풍경에 대해 가지는 "초월적 거리"는 주체가 대상에 대해 가지는 "초월적 거리"로 전이되기 때문이다. 영화에서 주인공이 대상에 유혹되지만 다가가기 어렵고, 전 재산을 내기에 걸어도 그 꺼풀만을 얻게 되는 것은 모두 풍경 때문이다. 풍경은 서사에게 평행을 주고, 반대로 서사는 풍경에게 무한원점을 준다. 풍경은 무한원점이 뿜는 숨이다. 이것이 허문영의 풍경론이 말하는 바다. 영화에서 풍경이 "무시간성의 심연"[2]인 한에서만 시

---

1. Eisenstein, *Nonindifferent Nature*, trans. Herbert Marshall, Cambridge University Press, 1987. 4장. 에이젠슈테인은 풍경에서 음조 몽타주의 진일보한 버전, "수직적 몽타주"의 예시를 보았다. 서사에 대해서도 마찬가지로 말할 수 있다(pp. 270~272).
2. 영화와 풍경에 관해서 허문영만큼 깊이 고찰하는 작가는 없다. 이 모든 논의는 다음의 짧지만 심오한 글에 포함된 바다. 『세속적 영화, 세속적 비평』, 강, 2010, 서문. "서부사나이를 배출했고 또 삼켜버리는 그곳은 대상이 아니다. 그것은 초월적이다."(20쪽). 그러나 우린 허문영이 말하는 "모던시네마" 이후의 풍경에 대해서는 그와 다르게 생각한다.

간은 흐른다. **풍경은 미래한다.** 풍경은 카이로스에 대한 예감이다.

만약 포드의 웨스턴부터 네오 웨스턴까지, 갱스터 필름부터 현대 액션-스릴러물까지, 그리고 초현실주의부터 SF까지 이어지는 것이 있다면, 그것은 바로 풍경의 미래성이다. 이는 비장르 영화, 비서사 영화에서도 마찬가지다. 어떤 영화에서도 시간은 흘러야만 하기 때문이다. 고전 시기 이후에 디지털과 CG의 가상풍경이 진짜 풍경을 대체해버렸다는 견해, 그래서 더 이상 진짜 씨네스케이프는 실종되었다는 견해는 종종 프로그램을 잊는다. 그러나 실상 프로그램이야말로 가장 강력한 풍경이다. 프로그램은 씨네스케이프의 초월적 위상을 가장 노골적으로 서사화한다. 프로그램이 소프트웨어, 사이보그가 하드웨어라면, 풍경은 베이퍼웨어vaporware다. 씨네스케이프란 서사가 호흡하는 미래다. 시간의 숨이다. 포드의 모뉴멘트 벨리도 프로그램이었다. 스콧에게서 속도가 풍경인 것과 마찬가지로. 풍경風景은 대지地-scape가 아니라, 공기와 바람風-scape에 먼저 속한다.

8-2. 역사의 무게 : 허우샤오시엔, 이창동, 지아장커, 봉준호

그래서 고전 시기와 그 후기를 나누는 것은 풍경의 존재 여부가 아니라, 풍경이 최종대상인지 아닌지의 여부다. 고전 시기에서 풍경은 거대서사를 견인하는 최종대상으로 가정되기 일쑤였다(그리피스의 아메리카, 에이젠슈테인의 소비에트). 그러나 탈고전 시기에 이르러 그러한 가정은 깨져버렸으며 이제 풍경은 서사의 얼개를 비집고 스며들어 그를 갈라놓는다. 이런 까닭에 우린 로치의 영화를 고전주의자의 것으로만 간주할 수 없었던 터다. 아무리 고전적이고 심지어 소비에트적인 개념들(행동·조직·투쟁…)을 끌어들인다 하더라도 그의 영화엔 빵의 거대서사와 동시에 요구되는 장미의 소소한 풍경이 있기 때문이다(〈빵과 장미〉). 일반적으로 고전 시기가 역사-풍경의 직렬회로(견인attraction)로 정의된다면, 고전 이후는 역사-풍경의 병렬회로(저항resistance)로 정의된다. '역사풍경 영화'historioscape라고도 부를 수 있을 최근의 아시아 영화들이 보여주는 **거시사와 미시사의 평행분리**는 그 사례들 중 으뜸이라 할 것이다. 그 본격적인 시작은 일본 풍경론이었다. 네오리얼리즘은 이 분리를 완

성하진 못한다. 아직 리얼리즘에 묶여있기 때문이다. 반대로 일본적 풍경은 거시사가 증발된 순수한 잠재적 상태가 되어 그 모든 역할들을 가장 미시적인 것들에게 위임하고 있다. 곤충과 돼지(이마무라 쇼헤이), 육신과 계란(오시마 나기사), 사산아와 게릴라들(와카마츠 코지)과 같은 작은 야생 말이다. 역사의 평행분리는 서사를 이루는 큰 운동과 작은 운동을 분리함이고, 그 둘 사이에 넘어설 수 없는 두께("초월적 거리")를 장면화하고 살아냄이다. 대륙의 큰 움직임이 배경을 이루는 가운데 대만인들의 소소한 움직임이 있게 되고(에드워드 양, 허우샤오시엔), 국토개발의 엄청난 속도에 비해서 항상 늦게 도착하는 중국 민중의 느린 움직임이 있게 된다(지아장커, 천커신). 한국의 경우 거시사와 미시사의 평행분리란 가해자의 역사와 피해자의 역사 간 분리다. 기억 쪽으로 학살과 국가폭력의 거대한 움직임이 밀려나고 있는 반면, 살아남은 자들의 작은 일상이 현재진형 중에 있다(변영주, 장선우). 혹은 그 거대한 움직임은 환영처럼 되돌아오며 위축된 현재와 순환회로를 이룬다(봉준호). 평행분리의 모든 것은 한국호러에서 친가親家와 외가外家가 분할되는 것처럼 일어난다.

결국 풍경이 숨이고 그 두께인 것은 그것이 **역사의 무게**이기 때문이다. 모든 풍경의 영화는 무게의 영화다. 병렬시대에 접어들며 바뀐 것 또한 풍경의 질량 개념이다. 고전 시기에 풍경은 단일서사를 견인하는 절대질량이었던 반면, 병렬시기에 풍경은 큰 서사와 작은 서사를 분리하는 전이질량transitive mass이다.[3] 전이질량은 더 이상 기다리지 않고, 이리저리 옮겨 다니고 나뉘거나 늘어난다. 그건 옮는다. 이제 풍경은 더 이상 역사적 행동을 촉발하는 가장 큰 질량이 아니라, 반대로 행동선을 잘게 세분하고 그 좁혀질 수 없는 간극에 눌러앉아 일거수일투족을 짓누르는 매질로서만 작동한다. 차이밍량의 습기처럼, 이제 풍경은 차라리 분자상태의 임피던스가 된다. 단 그것은 책임을 회피하며 한없이 가벼워지려는 거시사로부터 떠넘겨져 작은 사람들 사이사이에 베어드는 기체상태의 천근만근인 것이다. 대만 뉴웨이브는 여기다 '공포분자'(에드워드 양)라는 정확한 이름을 헌정했다. 역사의 평행분리란

---

3. 할리우드 블록버스터는 이 둘 사이 어딘가에 위치하는 것이겠지만, 바로 그 때문에 우린 스펙터클도 여전히 풍경이라고 생각한다. 스펙터클도 두께이고 무게이기 때문이다. 더군다나 그것은 환경(스펙터클)의 무게를 과장하는만큼 주체(스타, 관객)의 몸무게를 생략하도록 종용하는 절대질량, 꿈의 질량이다(특히 루카스, 스필버그의 경우).

무게를 덜어내고 점점 가벼워지려는 무책임한 거시사와 그 무게를 떠안고서 점점 무거워질 수밖에 없는 미시사의 비중계측이다. 병렬시대의 풍경은 거시사가 포기해버린 무게다.

이 모든 것이 허우샤오시엔, 지아장커, 이창동, 봉준호의 영화들을 사로잡는다. 그들이 각 국가를 대표하는 것은 결코 아니지만 아시아적 경향의 일부를 이룬다면, 이는 그들이 뒤늦은 정치적 해방의 풍경 속에 허겁지겁 묻혀버린 역사적 미제들에 천착하며, 거시사와 미시사의 저울질을 통해 그것들을 다시 비중선광比重選鑛하려 하기 때문이다. 물론 각각 주어진 조건은 상이하다. 허우샤오시엔에게 가장 무거운 것은 역사의 공백이었다. 그것은 대륙의 거시사에서 누락된 대만인들의 역사이기도 하고(《비정성시》), 세대를 거듭하면서 점점 희미해져 가는 본성인의 정체성이기도 하다(《호남호녀》 〈남국재견〉). 기록되고 전승되는 역사로부터의 거리로 구성되어 있으므로, 공백이란 그 기록될 수 없음이고 전승될 수 없음이다. 고로 공백은 거시사의 줄기에 목격과 증언의 맹점을 형성함과 동시에 역사적 사건에 대한 묵시의 거리를 형성한다(《희몽인생》의 인형들). 가장 무거운 것은 추억의 공백이다(유년 삼부작). 역사 역시 중국의 추억 혹은 대만의 추억이며 그 각각 혹은 그들 사이에 존재하는 공백이다. 허우샤오시엔이 깊이 절감하는 것은 기록될 수 없는 역사에 대해선 묵시만이 유일한 증언이라는 것, 침묵만이 그것을 기억할 수 있는 유일한 방법이라는 사실이다. 이것이 허우샤오시엔이 몽타주의 경거망동을 피하면서도 피사체에 침착의 거리를 유지하는 촬영법, 그리고 요란법석 떠는 외부와 지나치게 조용한 실내를 병치시키는 편집술, 식솔들이 모여 앉은 식탁보다 어떤 정치적 슬로건들도 우선시되지 않는 프레임 연출이 가지는 의미다. 묵시(默視)의 미장센.[4] 때로는 침묵만이 대상과 공감하는 유일한 방법이다. 이것이 새로운 천년이 요란법석을 떨며 도래할 때, 그

---

4. 허우샤오시엔의 카메라가 인물들에 대해서 유지하는 묵언의 거리에 대해선, 〈비정성시〉의 한 장면(벙어리 주인공이 부고 소식을 아내에게 전달하는 장면)에 대한 정성일의 분석을 보라(「아시아 롱테이크의 예법」, 『말』, 1997년 5월호). 정성일의 허우샤오시엔론이 가지는 탁월성은 단지 그가 허우샤오시엔을 열렬히 지지했었다는 사실이 아니라, 그가 허우샤오시엔 작품에서 역사를 추억으로, 그리고 지속을 거리로 이해한다는 사실로부터 나온다. 그런 방식만이 허우샤오시엔의 영화가 역사의 무게를 대하는(혹은 체험하는) 태도를 정의하기 때문이다(「허우샤오시엔 감독론」, 2003년 4월 허우샤오시엔 특별전 팸플릿).

러나 그것은 또 한 번의 천근일 수 있을 때 더더욱 요구되는 미시역사가의 덕목이다 (〈밀레니엄 맘보〉).

허우샤오시엔에게 묵의 무게인 것은 이창동에겐 죄의 무게다. 이창동에게 죄는 거시사와 미시사가 서로를 연결하는 유일한 접점을 형성한다. 하지만 그것은 거시사의 위정자들이 유기하여 미시사의 민중에게 거꾸로 떠넘겨진 죄이다. 이 죄는 속죄불가능하다. 전이된 것이기 때문이다(속죄가능하다고 공갈치는 가해자들이 있을 뿐이다). 고로 이창동의 죄 개념을 기독교의 죄와 혼동할 수 없다. 차라리 그것은 가해자의 거시사를 구원자의 것으로 날조하기 위해 죄인을 일부러 만들어내는 계획경제 사디즘, 김기덕의 경우다(아무리 오리엔탈리즘을 버무려봤자 그렇다). 반대로 이창동에게서 죄는 거시적 기억으로부터 미시적 기억에게로 이식되어 외려 죄인의 집단부재에 뿌리내린다. 한국 평단은 "공범의식"을 얘기했다. 이창동은 죄를 로바체프스키-변형한다. 허우샤오시엔의 '우린 모두 증인이다'를 이창동은 '우린 모두 죄인이다'로 대체하나, 그 이유는 무게는 공감共感이기 전에 공범共犯이기 때문이다. 허우샤오시엔의 유클리드적 미장센(고요하지만 공평한)에, 이창동의 로바체프스키적 미장센(풍요로우나 혼탁한)이 정확히 대립된다. 만약 이창동도 각 인물들을 최대한 공평한 거리에서 보여주려고 한다면, 이는 더 이상 죄인과 피해자, 음모를 꾸민 자와 희생양이 더 이상 구분되지 않음을, 나아가 거시사의 화려함과 미시사의 초라함이 이미 혼재되어 버렸음을 보여주기 위해서다(그것은 개천, 예식장, 청계천 고가 등 이창동적 장소에서 느끼는 역설감이기도 하다). 무엇보다도 이 모든 상황은 기억의 침전물이고 그 기층 쪽으로 침잠할수록 더욱더 짙어지는 혼탁함을 포함한다. 허우샤오시엔도 기억을 다루었지만, 그건 현재의 첨점으로부터 멀어질수록 증언자는 상대적으로 또렷해지는 침잠이었다(유년 삼부작). 반면 이창동에게서 기억은 현재의 첨점으로부터 점점 멀어질수록 가해자는 피해자와 뒤섞이며 너무 많아지고, 범죄의 시점은 점점 혼탁해져서 특정하기 어려워진다(〈박하사탕〉). 더구나 그것은 다시 현재와 미래 쪽으로 부상하려는 모든 몸부림을 신기루 같은 허초점에게로 몰아가는 침잠이다(〈오아시스〉).5 바로 이 때문에 이창동은 육체의 작가이기도 하다. 거시기억

---

5. 송효정의 하늘 분석이 비판인 동시에 이창동 영화에 대한 가장 좋은 일반론인 건, 그것이 로바체프

쪽으로 상승할 수 있는 유일한 것은 박하사탕, 시, 찬송가일 뿐이고 미시기억 쪽으로 침전하는 것은 오로지 육체, 죄의 무게를 그 자신의 무게로 살아내고 견뎌내야만 하는 육체, 그뿐이다(〈밀양〉〈시〉). 이창동에게 죄란 몸무게다.[6]

봉준호는 이창동보다 더 집요하게 거시사-미시사의 간극에 집착하며, 바로 그 평행분리가 그가 차용하는 다양한 장르의 유일한 공통테마를 이룬다. 그건 속도로 환산되는 무게, 즉 '추격'의 테마다. 봉준호의 작품들에서 책임을 덜어내려고 한국정부와 미군이 그려내는 도주선이 거시사를 이루는 한편, 얼떨결에 책임을 떠안은 민중들이 그려내는 추격선이 미시사를 이룬다. 이것은 두 서사의 경주 같은 것이다. 거시사가 도망가는 속도가 한편에, 미시사의 추격하는 속도가 다른 한편에 있다. 그러나 거시사가 잘 도망가는 만큼 추격은 점점 어려워지며, 심지어 추격을 원점으로 되돌리거나 우왕좌왕하는 갈팡질팡선으로 변형시켜 놓는다. 〈살인의 추억〉이 유머와 비애를 동시에 취하는 방식도 이것으로서, 추격선은 사실 우왕좌왕선에 불과하다는 데에 유머가 있고, 우왕좌왕선은 추격선의 영점을 이룬다는 데에 비애가 있다. 이것이 추격전에 함축된 시대적 풍경이다(시위대 진압에 경찰이 모두 동원되는 바람에 연쇄살인범의 검거는 더욱 어려워진다). 그러므로 죄인은 무한한 질량을 가졌지만 결국 환영일 수도 있는 허구질량이다. 그게 바로 봉준호가 말하는 '괴물'이다. 괴물은 엄청난 중력으로 추격선을 잡아당기지만, 사실은 추격선의 시작점과 종결점을 만나도록 하는 투명한 대상이다(〈괴물〉). 추격선은 사실 순환선이다(〈설국열차〉). 봉준호는 죄를 리만-변형한다. 괴물이란 망원질량telemass이다. 괴물은 거시사를 등지고서 무게의 근경을 이루지만, 동시에 미시사를 배지고서 그 원경을 이룬다. 아마도 봉준호의 작품 깊숙이 구로사와 아키라의 문법과 정신이 자리 잡고 있을 것이다. 괴물은 추격전의 근경을 이루어 잡힐 것만 같지만 실상 역사의 원경 쪽으로 무한히 멀어지고 있으며, 바로 이러한 역설이 한국의 미시사를 우왕좌왕으로

스키 공간 분석이기 때문이다. 「구성된 피해의식, 부질없는 구원의 논리」, 『씨네 21』, 2007년 606호. 송효정은 이 공간의 무한원점이 허초점임을 여러 측면에서 강조한다("오로지 광인만이 하늘을 인식하고, 하늘과 대화한다").

6. 이창동의 '버려냄' 개념에 대한 허문영의 글을 보라. 「고통의 심연, 찰나의 빛」, 『씨네21』, 2007년 602호. ("전도연은 연기했다기보다는 이 가혹한 서사 안에서 그저 버려냈다.")

채색하는 것이다(〈살인의 추억〉의 논두렁 플랑세캉스는 구로사와식 망원편집을 한 샷 안에서 한 것인데, 여기선 항상 원경으로부터 침입하는 동선이 있고 그것이 예정된 동선을 우왕좌왕하게 만들어 놓는다). 물론 거시사와 미시사의 구분, 그리고 그 둘을 끊는 동시에 잇는 회로는 이창동이나 봉준호의 독점물이 아니다. 그것은 한국영화가 '길'露의 테마로 100년을 다루어오던 바다.7 봉준호가 이에 덧붙인 것은 그 길을 연장시키는 질량이 에너지로 환원될 수 있음, 그래서 방랑의 깊이는 추격의 속도로 환산될 수 있음, 바로 그뿐이다. 봉준호 영화는 역사의 에너지 보존법칙 같은 것이다. 역사의 무게는 곧 추격속도가 된다(위치에너지=운동에너지). 그러나 그것은 에너지 보존의 위대한 실패이기도 하다. 추격속도에 공급된 에너지는 애초부터 거시사에 없었다. 그것은 미시사의 바보군중들이 스스로 끌어올린 힘이다. 봉준호는 여전히 민중을 믿는다.

(… 봉준호와 이창동은 광주와 87년의 무게를 다루는 두 입장이지만, 그 차이는 구로사와와 미조구치의 차이만큼 엄청난 것이다. 봉준호에게 무게는 힘으로 환산가능한 것이지만, 이창동에겐 결코 환산불가능한 것이고 신학적 가치마저 가진다. 또한 봉준호의 평행선(쫓지만 잡히지 않는)은 한곳으로 모이지만(무한원점=괴물), 이창동의 평행선(죄는 있지만 죄인은 없는)은 산포되고 심지어 증식한다(무한원점=무죄). 전자는 볼록렌즈로 본 무게(리만)인 반면, 후자는 오목렌즈로 본 무게(로바체프스키)다. 괴물은 허초점이 아니다. 오히려 허초점이 시간에 직접적으로 주어지는 것은 이창동에게서다. 면죄 혹은 용서라는 허초점이 …)

(결국, 무게에 누가 응답해야 하는가? "소녀의 죽음은 누구의 책임인가?" 뉴웨이브조차 미룰 수밖에 없었던 이 질문에 대한 2000년대 한국영화의 대답은 다음이다. ─ 김경욱의 정리를 빌리자면 ─ 그는 거시사 쪽으로는 '구조'다. 미시사 쪽으로는 '바

---

7. 한국영화에서 '길'이란 테마를 두루 읽어낸 작가는 김정룡이다(『우리 영화의 미학 ─한국 영화 감독론』, 문학과지성사, 1997). 그는 길의 철학을 많은 작가들(이명세, 박철수, 여균동, 임순례 등)에게 적용하는데, 그중 임권택에의 적용이 가장 탁월하여 기존 임권택론에 대해 일반성마저 가지는 듯 보인다. "길은 인간과 세계의 연결고리이자 차단막이다."(20쪽) 특히 〈짝코〉와 〈길소뜸〉에서 내면화된 회귀로를 분석하는 부분을 보라(29~42쪽). 김정룡 역시 망원질량 개념을 전제하는데("비실재적 실재물", "따라서 회귀의 길은 진로이자 퇴로다." 35쪽), 그를 통과하는 병렬군중을 "부민"(浮民)이라는 매우 적절한 개념으로 요약한다(55쪽). 즉 중력을 빼앗긴 민중.

보'다. 전자는 국가·체계·가해자이고, 후자는 민중·삶·피해자다. 전자가 역사를 재현할 능력은 있어도 자격이 없다면, 후자는 그를 재현할 자격은 있지만 능력이 없다. 그래서 이 바보는 뉴웨이브의 고래바보가 아니다. 이제 그는 응답바보, 응답불구다. 그의 작은 역사가 이미 거시사와 뒤섞여 버렸기 때문이다. 그 무한원점에서, 무게를 재현하지도 응답하지도 못할 그 "무능력"을 공유함으로써. 모든 것이 역사의 평행성이 점점 더 강렬해지는 효과들이다.[8]

고로 봉준호와 비교되어야 할 작가는 지아장커일 것이다. 지아장커는 무게를 속도로 환산하되 이번엔 매우 느린 속도로 환산해내기 때문이다. 그것은 국토개발의 무한한 속도에 비해서 너무나도 왜소하고 느린 미시사의 속도다. 지아장커의 영화에서 민중이 폐허를 방랑하게 되는 건 그들이 항상 늦게 도착하기 때문이다(〈스틸 라이프〉 〈24시티〉). 지아장커에게 역사의 폐허와 잔해가 곧 괴물이다. 봉준호의 그것처럼 그 괴물은 돌아오지도 않는다. 반대로 돌아오지 않음이 바로 그의 잔혹함과 괴물성을 이루며, 미시사의 느림보들을 짓누르며 더욱더 더디게 만든다. 그들은 무한속도에 짓눌린 속도=0의 미시군중이다. 봉준호의 추격과 괴물에, 지아장커의 방랑과 정물이 정확히 대응된다. 또한 허우샤오시엔의 형상주의(거리)에 지아장커의 질료주의(질량)가 대립한다면, 그것 역시 정물들만이 모든 대상이기 때문이다. 정물이란 느림보 질량이다. 지아장커의 카메라는 정물샷이다. 그것은 피사체의 정지상태를 부각시키며, 피사체보다 항상 늦게 도착하거나 늦게 출발한다(심지어 인물이 프레임 밖을 빠져나가고 나서야 카메라가 움직인다). 무엇보다도 그것은 거시사의 질주 속에서 낙오된 정물들(담배, 술, 차, 사탕⋯)을 따라 걷는다. 정물들이야말로 느리지만 끈질기게 미시사를 엮어내는 실초점들이기 때문이다. 정물은 거시사의 원경으로 밀려나 있지만, 바로 그 때문에 미시사의 근경에 이미 도착해 있는 것이다.[9]

---

8. 우린 김경욱의 다음 책을 요약하고 있다. 『나쁜 세상의 영화사회학』, 강, 2013, 특히 1, 4, 6장. 통렬한 서사분석을 통해 김경욱이 개탄하는 바는 저 응답불능이 한국의, 최소한 한국영화의 무능력이라는 것이다. 하지만 같은 이유로 우리는 저 질문이 끝내 대답될 수 있다고 가정할 수도 없다. 그 원천적인 대답불가능성을 논증해주는 것 또한, 김경욱 자신도 너무나 탁월하게 서술하고 있는 저 역사의 평행분리이기 때문이다. 대답의 가능성은 다른 차원에 있을지 모른다. 증언이 아니라 증빙에, 재현이 아니라 재생에, 말이 아니라 살에. 육신은 거짓말을 모르므로.
9. 〈스틸 라이프〉에서 정물들이 근경과 원경을 순환하며, 어떻게 그들을 재연결하는지에 대해선 허문영

	거시사	미시사
A.E.	죄(공범)	묵(공감)
E.O.	괴물(추격)	정물(방랑)

8-3. 버텨냄의 예법 : 에드워드 양

네 가지 전이질량은 무게의 각기 다른 측면들이지만, 이를 넘나드는 것은 매우 힘든 일이다. 그 각각은 한 국가의 고유한 민족성과 역사적 문맥에 이끌리기 마련이기 때문이다. 에드워드 양의 위대함은 너무도 일찍(그래서 너무도 외롭게) 이들을 변주할 줄 알았다는 데에 있을 것이다. 타이베이 삼부작과 마지막 유작은 각각 침묵(《청매죽마》), 괴물(《공포분자》), 죄(고령가 소년 살인사건), 정물(《하나 그리고 둘》)을 집중적으로 다루지만, 그 각각은 나머지 전이질량들 또한 흡수하면서 일상의 공기만을 가지고 무게의 입체주의를 만들어내고 있다. 진정한 괴물이란 맹아 상태의 죄인일 수 있으며(《고령가…》), 진정한 정물이란 늙어감에 대한 묵시일 수 있다(《하나…》). 에드워드 양이 증명한 것은 무게란 국토와 지리환경에 구애받지 않는 시간의 차원이라는 것이다. 에드워드 양의 영화는 점점 길어진다. 하지만 그것은 버텨내기 위해서다. 단지 물리적 지속의 지리멸렬함이 아니라, 그 지리멸렬 속에 녹아 있는 광폭하고도 잔인한 시간-무게를.

이제 풍경은 스스로 두터워지는 공기, 스스로 두꺼워지는 시간을 의미한다. 풍경은 스스로 무거워지고 있는 역사다. 숨이 점점 무거워진다. 반대로 아직 숨이 붙은 자는 그 풍경의 소실점, 거시사와 미시사가 마주치는 무한원점에 남았다. 에드워드 양의 인물들 또한 거기에 있다. 그리고 거기서 사랑하고 고뇌하고 존재하고 숨 쉼으로써만 역사를 스스로 구르도록 한다. 에드워드 양은 풍경윤리학의 가장 심오한 전제에 이른다. 역사는 스스로 무거워지는 만큼 스스로 굴러가야 한다. 역사는 자기 무게로 굴러가는 바위 같은 것이다. 이를 모른 채 우리가 역사에 다시 경거망동하려

의 분석, 「위대한 담배 한 개비」, 『씨네21』, 2007년 610호.

고 하고 그를 변화시킬 수 있다고 오만해지는 순간, 우린 어김없이 다시 괴물이 되고 죄인이 된다(〈공포분자〉의 남편, 〈고령가…〉의 소년). 반대로 NJ, 팅팅, 양양은 역사의 무게를 아는 자들이다. 그들의 겸손은 무게를 존중함이다. 숨 쉼이란 무게를 버텨냄이고, 고통과 고뇌 속에서 되찾는 균형감각이며, 시간에 새겨넣는 "하나 하나"(Yi Yi) 혹은 "각각"이라는 무게중심이다(〈하나 그리고 둘〉).

에드워드 양, 그리고 그 이후의 역사풍경 작가들에게 공통된 윤리학적 태도가 있다. 그것은 역사의 무게를 받드는 겸허다. 그것이 무지에서 오든, 무능력에서 오든 말이다. 가장 좋은 역사행동가들은 거시사와 미시사를 절단해내거나 반대로 봉합하기 위해 함부로 행동하는 자가 아니라, 그 무한원점을 역사의 무게중심으로 삼는 자들이다. 바로 그 평형점, 하중의 공점에 바로 미래가 있으므로. 〈역사-민중-풍경〉 ≡〈과거-무게중심-미래〉[10] 결국 풍경을 버텨냄은 역사에 대한 "예의"다. 그 무게중심에서 자신보다는 역사에게 먼저 자리를 권하는 예의인 것이다.[11]

한국영화에 대해서도 마찬가지일 터다. 더는 역사의 무게가 온전히 재현될 수 없는 건 민중이 무능력해서가 아니라, 그들이 이미 무게중심으로 이동했기 때문이다. 죄의 실체, 그 진실에 대해 당최 줄어들지 않는 그 거리를 "에어포켓"으로 삼아 무게를 숨으로, 그 버팀을 호흡으로 전환하기 위해. 그런 점에서 몸무게다. 증언證言될 수 없고 증빙證憑될 수 있을 뿐인. 버텨냄이란 그의 삭힘, 발효, 즉 "시김새"다.[12] 지성

10. "복식부기의 방식으로 전개되는 시제의 대차대조표 … 시간은 주사위 던지기이다."(정성일, 「후 샤오 시엔에 대한 우리의 예법」, 『KINO』, 2001년 12월호). 이 글은 허우샤오시엔의 시간 개념에 대한 고찰이다. 정성일은 또한 다음과 같이 쓰고 있다. 〈밀레니엄 맘보〉는 시간의 패배에 관한 성찰이다. 결코 오지 않을 시간의 저편에서, 그러니까 이미 비스듬히 옆으로 나아가 시간의 루프 안으로 빠져버린 자리에서 주어지고 있는 지금-여기가, 기억으로 남겨진 장소에 돌아왔을 때, 그 타임머신과도 같은 방식으로 같은 자리에 돌아왔을 때, 후회로 가득 차 있는 그 순간에 여전히 같은 실수를 다시 반복함으로써 우리에게 주어진 사건으로서의 현재를 상실하는 이 영화는 결국 후 샤오시엔의 같은 경구이다. 그가 이제까지 우리에게 현재는 항상 과거와 공존하는 것이라고 말한 것과 같은 방법으로, 미래는 현재와 공존하는 것이라고 말하는 중이다. **지금부터 주어지고 있는 현재는 다가오지 않을 미래의 반복이다.** 그럼으로써 그 반복 안에서 타자는 안전하게 머물 것이다."(같은 책, 강조는 인용자). 우린 이 문단이 에드워드 양 영화에도 적용될 수 있다고 생각한다. '공존'(共存)을 '병존'(竝存)으로 다시 읽을 수 있다면, 정성일은 그걸 했다(「도쿄와 타이베이 지도 다시 그리기」).

11. "영화는 세상에 대한 예의이다." (허우샤오시엔, 『KINO』, 2001년 12월호, 허우샤오시엔이 정성일과 사적인 대담에서 한 말이다).

12. 김지하의 '시김새' 론(『탈춤의 민족미학』, 실천문학사, 2004, '육체' 장, 105~155쪽 ; 「그늘에서 흰 그늘

에게 무능력인 것이 몸에겐 이렇게 딴 능력이 된다. 시김새란 겸허력이다.

변영주라면 〈숨결〉이라 했을 터다. 그것은 관점의 대대적인 변화, 즉 사건에서 사람으로의 초점이동을 내포한다. '질식사의 원인은 무엇인가'에서 '그럼에도 불구하고 숨 쉬는 자는 어떤 사람인가'로.[13]

죄인이 말해져야 할 어떤 것이라고 해서, 죄를 뺀 인ᄉ이 그 반대가 되진 않는다. 그냥 사람, 그는 "어떤 것은 아니지만, 그렇다고 아무것도 아닌 것은 아니다."[14]

로!」, 『흰 그늘의 미학을 찾아서』, 2005, 3강). 음악과 무용을 염두에 둔 것이긴 하나, 한국영화에 가해지고 있던 기존의 무능력론 혹은 무책임론을 대체할 수 있는 유용한 논점들을 제공하는 것 같다.

13. "[〈낮은 목소리〉 제작기간] 사건으로 보지 않고 사람으로 보게 되는 관점을 거기서 배운 것 같다. 어떤 일이 터지면 어떤 일에 관심이 있는 것이 아니라 그 사건 안에 누가 있는지, 그 **사람은 누구인지**에 훨씬 더 궁금해지게 되었다. … 나는 이제 세상의 모든 일이 이슈로 느껴지지 않는다."(변영주 인터뷰, 『프레시안』, 2012년 10월, 정치경영연구소 진행, 강조는 인용자).

14. 비트겐슈타인, 『철학적 탐구』, 304절. (Ludwig Wittgenstein, *Philosophical Investigations*, trans. G. E. M. Anscombe, Macmillan, 1957(2nd edition)).

9
개체화의 풍경

9-1. 풍경과 배우

우린 고전 할리우드 내러티브로부터 점점 멀어지고 있는 중이다. 그것은 보통 〈행동자–환경〉의 쌍을 따른다. 그리피스와 비더에서처럼 행동자는 환경을 변화시킨다(물론 실상은 그렇지도 않음 역시 우린 살펴보았다). 그러나 우리는 내러티브를 두께화하려는 현대의 시도들, 특히 파라시네마와 풍경영화들과 같은 동양적 시도들을 경유하면서 〈행동자–환경〉 쌍으로는 환원되지 않는 어떤 낯선 쌍과 마주하게 된다. 그것은 바로 〈배우–풍경〉의 쌍이다. 풍경은 환경이 아니다. 변화하지 않기 때문이다. 또한 변화하지 않음으로써 인물을 고립시킨다. 풍경이란 순수한 환경이다. 그것은 행동자를 포위하며 그를 더 큰 환경으로부터 고립시키는 여백이고, 나라 잃은 골방, 연출자 없는 무대. 같은 이유로 배우는 단지 행동자가 아니다. 그는 쓸모없고 자폐적인 행동만을 하기 때문이다. 하지만 이는 오직 반응하기 위해서, 그 외부에 앞서 내부에 먼저 반응하기 위해서다. 그는 몰두한다. 버텨낸다.

버텨냄은 운동이 아니다. 배우는 자기 자신 이외에 아무것도 현실화하지 않기 때문이다. 그것은 바로 그 예외 속에서 피어나는 자기현실화, 즉 개체화individuation 다. 개체화는 서양적 개인주의와 아무 상관이 없으며, 차라리 동아시아 포일주의와 더 밀접하다. 기실 개인주의는 개인들을 쪼개놓고 다시 합치는 어떤 시간적 간극에 의존한다. 가령 개인은 자연상태를 버텨낸 '이후에' 계약하기로 결단한다(홉스·롤즈·카잔). 반면 개체화는 그러한 시간적 간극이나 합의에 의존하지 않는다. 그것은 공기만을 먹으며 방랑하고 흔들리며 그 예외상태 속에서 온몸을 진동시키는 가운데 일어난다. 즉 버텨냄이 '이미' 결단이다(에드워드 양·이창동·지아장커). 개체화란 버텨냄과 결단의 동일성이다. 개체화란 원자화다.

시몽동은 서양철학의 전통적 개체화 원리들(형상-질료, 실체-진공 등)을 맹비난했다. 그것은 미리 짜여진 개체의 뽄本, modèle을 가정하고 있어서, 개체화는 개체 '이후에' 온다고 헛소리하는 것과 진배없다는 이유에서였다. 반대로 그가 볼 때 서양적 사유에서 발본색원해야할 것은 불안정성-안정성의 개념쌍이었다. 진짜 개체화는 그 사이에 있기 때문이다. 즉 진짜 개체화는 불안정한 상태 '이후에' 오는 안정적 상태가 아니라, 반대로 그 둘 가운데서 일어나는 끊임없는 진동 혹은 "내적 공명"으로서의 "준안정적"métastable 상태. 이는 개체화는 더 큰 개체화를 위한 또 하나의 "위상"phase이 되고, 그 "상전이"相轉移, déphasage를 통과하며, 개체는 더 큰 개체를 위한 "문제"problématique가 된다는 의미다. 고로 임의의 개체들 사이엔 어떤 개체화로도 고갈되지 않는 "전前개체적"préindividuelle 퍼텐셜이 항상 남아 있다(예컨데 결정화結晶化가 개체화라면 그 과포화 상태는 전개체적 상태다). 전개체적인 것은 준안정성의 원천이다.[1] 간단히 말해 무게는 전개체적이다. 버텨냄은 준안정성이다. 〈풍경-배우〉의 쌍이란 〈전개체적 장-개체〉의 쌍이다. 이는 이정우가 말하는 〈허(虛)-무위(無位)〉의 쌍이기도 하다. 또 김지하가 말하는 〈판-탈〉의 쌍이기도 하고. 준안정태가 시김새다.

가령 에드워드 양의 타이베이는 훌륭한 전개체적 장이다. 그것은 그 자신은 보태거나 빼지 않으면서 소년을 두 위상(소녀와 선생님, 두 패거리…) 사이에서 진동하기를 멈추지 못하도록 압박한다(〈고령가…〉). 이창동의 밀양이 잔혹한 것은, 그 자신은 아무런 숨김이나 변화 없이도 신애를 여러 위상들(유괴, 자살, 정신병원, 교회, 면회 등) 사이에서 신들린 듯 진동케 하기 때문이다. 신애는 준안정성의 화신이다. 그녀는 매번의 떨림을 다음 개체화를 위한 하나의 문제로 삼는다. 반대로 밀양은 전개체적 장이다. 그것은 신애에게 개체화를 압박하지만 그 자신은 고갈되지 않는 여백이자 개체화의 숨이고, 신애에게 준안정성을 공급하는 투명한 퍼텐셜 에너지다

---

1. 이 모든 논의가 다음 책의 서문의 내용이다. Gilbert Simondon, *I'lndividu et Sa Gènese Physico-Biologique*, Jérôme Millon, 1995. 개체는 개체화의 원인도 아니지만 그 결과만도 아니다. 개체는 언제나 준안정성의 체계이고, 그래서 "개체화의 체계, 개체화하는 체계, 개체화되는 체계"(p. 26)다. 고로 "우린 개체화를 인식할 수 없다. 개체화하고 개체화되고, 우리 안에서 개체화할 수 있을 뿐이다."(p. 34).

(《밀양》). 봉준호의 전개체적 장은 한강이다(《괴물》). 어떤 경우든 개체는 두 얼굴 혹은 두 가면 사이에서 진동하는 배우이고, 전개체적 장은 "개체화의 극장"[2]이다.

9-2. 개체화 연기술: 현, 과잉지속, 솔라리제이션

모든 개체화는 결정화結晶化. cristallisation 과정처럼 일어난다. 개체는 결정화의 체계("망상구조"網狀-. réticulation) 이외에 어떤 본질도 먼저 소유하지 않는다는 점에서 배우다. 반대로 전개체적 용매는 결정화의 배경(매질)과 방향성("정보화된 에너지")을 공급하고 또 조절하는 무대가 된다. 그것은 "연합환경"milieu associé이다. 연합환경은 화이트헤드가 말하는 "결합체"nexus이기도 하다. 즉 개체는 연결망을 연기하고, 전개체적인 장은 연합환경을 무대화한다.[3] 퍼포먼스는 피드백이다. 영화는 아마도 이 모든 걸 이미 하고 있었을 터다. 이미 몽타주는 연결망의 구축술이고, 프레이밍은 연합환경의 건축술이기 때문이다. 또한 씨네그램은 전개체적 장으로서 피드백의 경로를 직조한다. 뿐만 아니라 이 모두에 내러티브와 역사의 무게가 더해질 때 영화는 더더욱 육중하고도 입체적으로 결정화된다. 그러나 우리가 '개체화 영화'라고 부르려는 영화들은, 연결망과 연합환경을 가장 미니멀하게 취함으로써 결정화의 가장 원초적인 형태(심지어는 내러티브 이전의 상태)에 다다르는 영화들이다. 가장 단순한 예를 들어보자. 뿌연 화면이 있다. 서서히 화면이 투명해지면서 희뿌연 앰비언트는 안개였음이 어느새 밝혀지고, 그 어느새 초원에 서 있던 나무가 나타난다(고

---

2. 같은 책, p. 25. 허문영 역시 밀양-신애의 쌍에, 불투명-투명, 부자연-자연, 연극성-생동성을 대응시킨다. 「한 고전주의자의 안간힘」, 『씨네 21』, 2007년 608호. 한국적 풍경론에서 개체화론을 연역해낸다는 점에서 기념비적인 글이다.

3. 앞으로 자주 쓰게 될 이 모든 개념들 역시 시몽동에게서 차용한다. 특히 연합환경에 대해서는 Gilbert Simondon, *I'Individu et Sa Gènese Physico-Biologique*, 1부 1장 III. ("개체가 그보다 더 크거나 작은 것[개체]에 연계되는 것은 연합환경의 중개 덕분이다.", p. 63). 또한 질베르 시몽동, 『기술적 대상들의 존재양식에 대하여』, 김재희 옮김, 그린비, 2011. 1부 2장 2절. ("자기조절작용의 본부이자, 정보나 그 정보에 의해 이미 조절된 에너지를 실어 나르는 매체", 89쪽). 물론 결정체와 유기체는 개체화하는 방식이 아주 다르다. 생명은 물질보다 더 내재적이고 재귀적인 방식을 지닌다(*I'Individu et Sa Gènese Physico-Biologique*, 2부 2장 II. 위상학 부분. pp. 225~226).

트하임 〈포그 라인〉). 이것은 원초적 개체화의 완벽한 사례다. 뿌연 화면은 개체가 아니다. 그것은 개체와 환경이 분리되기 이전에 과포화된 전개체적 풍경이다. 반대로 나무는 개체다. 그것은 안개를 퍼텐셜로 흡수하여 한편으로는 자신을 결정화하고, 다른 한편으로는 주변의 숲과 전깃줄과 연합하기 때문이다. 줄기와 뿌리가 연결망인 반면, 숲과 전깃줄은 연합환경이다. 일반적으로 개체화 영화는 명상의 영화이기를 자처한다. 하지만 그것은 명상이 사유의 상전으로서, 내러티브 발생 이전에 선행하는 연결망의 정신적이고 물리적인 구축이기 때문이다. 명상은 나무뿐만 아니라 관객에게도 개체화의 내감이다.

개체화 영화들을 매혹시키는 세 가지 연기술이 있는 것 같다. 먼저 개체는 공간의 다른 부분들과 협연한다. 개체는 그 주변의 다른 요충지들과 교류하는 공간적 연결망 속에서 자신의 초점을 찾으며, 반대로 공간은 그 연결망에게 앰비언트Ambient를 그 심도로서 공급한다. 이것이 우리가 고트하임과 휴턴의 작품에서 볼 수 있는, 구름 낀 하늘 혹은 평면화된 대기 같은 심도-에너지다. 나무나 도시는 바로 그 심도를 흡수하고 주변의 숲이나 다른 건물들과 공명하면서, 지평선으로 이루어진 연결망을 구축한다. 앰비언트가 곧 연합환경이다. 지평선은 공간적 영역의 경계가 아니라 개체-연합환경의 경계를 표시하면서, 그 심도화된 에너지가 통과해나가는 개체화의 거름막을 형성한다(고트하임과 휴턴은 실루엣뿐만 아니라 몽타주로도 이 지평선을 추출해낸다). 고로 공간적 연결망의 초점은 "마이너스 소실점"[4]이다. 그것은 개체화의 항구적인 진행을 위해서 영원히 비워두는 에너지의 집중점이자 피드백의 회귀점이다. 물론 고트하임과 휴턴의 차이점 또한 간과될 수 없다. 고트하임은 앰비언트에 능동성을 부여하면서 그것이 얼마나 개체화와 그에 소요되는 시간까지 압도하고 또 이끄는지를 보여주었다. 여기서 개체와 연합된 환경의 경계선은 뿌연 안개 혹은 맑은 대기에 의해 희미하게 지워져 있다(〈지평선들〉 〈네 가지 그림자〉). 반면 휴턴은 앰비언

---

4. "내 영화가 소실점을 마이너스의 소실점으로까지 더 넓게 열어젖힐 때 나를 둘러싸고 있던 풍요로운 현실적 풍경은 닫혀버렸으며, 그 감소된 외적 실재성은 자아의 그림자의 징표처럼 보였다."(Larry Gottheim, "Sticking in/to The Landscape", *Millennium Film Journal*, no. 4/5, summer/fall 1979. p. 90. "난 나 자신을 수동적인 것으로, 무화된 것으로서, 즉 장면이 되는 것으로서 생각한다. 장면이 나를 통과해나갈 때, 난 단지 변형의 도구일 따름이다.", p. 85).

트와 지평선의 첨예하고도 기하학적인 대조(하늘과 도시, 햇빛과 창문틀, 강물과 유 빙의 대조)를 통해 개체와 연합환경을 동등하게 취한다(〈광휘〉 〈뉴욕 초상화〉 〈강의 연구〉). 고트하임에게서 개체의 실루엣이 심도변화 이후에 오지만, 휴턴에게서 심도 변화 이전에 그 실루엣이 먼저 와있는 것은 이 때문이다. 고트하임과 휴턴은 풍경을 클로즈업한다. 그들에게 초원과 뉴욕은 대류나 계절의 변화에 따라 끊임없이 흐르 는 앰비언트 속에서도 자신의 초점을 흔들흔들 찾아가는 개체의 얼굴이었다. 리튼 피어스는 바로 여기서 개체화의 클로즈업을 다시 시작하고, 지평선의 보편적인 형태 를 발견한다. 그것은 현(絃)이다.[5] 현은 그 진동을 통해서 주변사물들과 공명하면서 그 초점들을 연합시키는 준안정적 네트워크를 구축한다. 유리컵과 그녀를 이어주는 아지랑이와 분무되는 물방울들, 삽과 모래밭을 이어주는 자동차의 소음, 이 모든 것 이 현이며, 점점 더 큰 파장으로 주변으로 퍼져나가면서 가장 어렴풋한 초점을 찾아 낸다(〈조화로운 운동의 원리〉 〈붉은 삽〉 〈유리〉). 초점들 사이에 현이 있고, 현들 사이 에 다시 초점이 있다. 그러나 바로 그 때문에 초점떨림은 가장 순수한 개체발생이 된 다(〈50피트 현〉).[6] 피어스에게 회절(포커스 아웃)이란 이렇게 심도화된 에너지의 흡 수 자체를 의미했다("난 심도를 채색하기 위해 회절을 사용한다."[7]).

다른 한편 개체는 시간의 다른 시점들과도 협연한다. 어떤 지속은 그 자체만 으로도 개체화되었던 것과 개체화될 것 사이에서의 공명을 표현한다. 이것이 바 로 아케르만이 기나긴 텅 빈 지속 속에서 역사의 잠상들을 포착해낸 방식이다(〈동 쪽〉 〈남쪽〉 〈국경 저편〉). 아케르만의 위대한 발견은 이것이다 : 과포화된 지속만한 전개체적 장이 없다. 과잉지속 속에서 하나의 개체는 나, 너, 그 혹은 그녀로 부단히 재결정화되며, 반대로 이전 혹은 이후의 개체들은 시간의 연합환경을 이루어 매번 의 결정화를 밀고 당긴다(〈나 너 그 그녀〉 〈잔느 딜망〉).[8] 이제 공간의 현이 아니라 시

---

5. "현은 그 형상에 있어서의 심도를 드러낸다."(리튼 피어스 인터뷰. *A Critical Cinema 5*, p. 271).
6. 존 조스트는 피어스의 작품에서 지각의 최초 발생이라는 테마를 읽어낸다(존 조스트, 「마스터 미니 어쳐리스트」, 『나방』, vol. 3, dec. 2007, 다이애고날 필름 아카이브. "아이가 어떻게 세계를 이해하고 인지하기 시작하는가.", 200쪽).
7. 리튼 피어스 인터뷰. *A Critical Cinema 5*, p. 271. ("렌즈 가까이에 있는 대상들은 포커스가 나가 있지 만, 그것들은 더 멀리에 있는 대상들로부터 들어오는 빛들을 굴절시킨다.", 같은 곳).
8. 이것이 아케르만을 다루는 주요한 저서인 다음 책의 주제다. Ivone Margulines, *Nothing Happens*,

간의 현, 지평선이 아니라 타임라인이 연결망을 구성하며, 지속은 개체화를 둘러싸는 시간화된 연합환경을 이룬다. 시간의 연결망은 순간이다. 순간은 지속을 영원으로 결정화시키는 시간의 망상구조로서, 이전 순간과 이후 순간을 네트워킹하며 그 자신의 초점일 정점停點에 지속을 응결시킨다. 비올라는 이것을 한없이 느려진 슈퍼-슬로우모션을 통해서 보여준다(《격정》).[9] 카노 시호는 더 정교하고도 풍부한 미장센에 이른다. 흔들의자가 있고 물컵이 있다, 커튼이 산들바람에 흔들린다, 무언가가 어느새 변해있다 … 이처럼 순간은 항상 순간들 사이에 있다. 고로 순간이란 그들 자신의 내적 공명에 다름 아니며, 그 공명은 미래하고 영원화된 에너지의 표현이다(《흔들의자》 《하얀 식탁보》). 순간을 채우는 울림은 미래의 향기다(《향》). 카노 시호는 비올라와 대비된다. 비올라에게 개체화극의 주연은 연결망이며 고로 먼저 확산되는 것은 정점이었다. 반면에 카노 시호에게 먼저 확산되는 것은 영원이다. 그녀가 볼 때 개체화극을 주도하는 것은 흰 바탕이나 맑은 바람과 같은 연합환경인 것이다. 고로 순간을 물들이는 것은 영원이다.

솔라리제이션solarization은 또 다른 방식이다. 그것은 공간적 심도나 시간적 정점이 아니라 광학적 맹점을 초점으로 하는 망상구조의 구축이며, 흡사 포지티브와 네거티브가 서로에게 용매가 되고 그 사이에 거름막이 있는 것처럼 일어나는 화학적 결정화다. 솔라리제이션의 연결망은 사바티에 라인이다. 그것은 ISO의 지평선이고, 광밀도의 현이다. 반면 솔라리제이션의 연합환경은 브롬화합물 그레인이다. 일견 생소한 기법 같아 보이지만 솔라리제이션은 여러 형태로 변모하면서 영화사에서 꾸준히 나타나고 있다. 비록 편집에 많은 걸 의존했었으나 무르나우뿐만 아니라, 레이와 데슬로는 솔라리제이션의 원리를 예감했었다(《이성으로의 회귀》, 《네거티브 이미지》).[10] 플릭커도 솔라리제이션의 일종이다. 너무 빠른 솔라리제이션일 뿐이다. 이

Duke University Press, 1996. 특히 과잉(excess)과 낯설게 하기(estrange)에 관한 3장을 보라. 탈개체화(de-individuation)에 대한 4장도 보라.

9. 비올라는 으레 선불교와 수피즘을 끌어들인다. 그러나 이는 개체는 순간의 존재이며, 개체화는 순간의 논리임을 말하기 위해서다. 그의 작품세계는 다음 개체발생 윤리학으로 요약될 수 있을 것이다. "대상은 변하지 않는다. 변하는 것은 당신이다."(Bill Voila, "Note, 1980", *Reasons for Knocking at an Empty House*, Anthony d'Offay Gallery, 1995, p. 79).

10. "네거티브로 투영된 이미지들이 이미 실존한다는 것을 증명하기"(Eugène Deslaw, "Images en Néga-

미지들이 관객의 머릿속에서 재연합됨으로써 정신에 대한 2차 노광을 수행하는(샤릿츠의 플릭커 연작들).[11] 또 레블과 브라운과 케미컬 작가들도 필름의 연금술적 본성에 이르기 위해 부단히 솔라리제이션으로 돌아간다. 어떤 경우든 솔라리제이션은 영화의 물질 자체에서 유도되는 가장 감각적인 개체화라는 점이 작가들을 매료시킨다. 솔라리제이션 처리된 개체는 사바티에 라인의 그물망으로 걸러내는 할라이드 결정체다. 반대로 연합환경은 결정화에 브롬화된 에너지를 공급하면서 이온을 실어 나른다. 한마디로 솔라리제이션의 개체는 반짝이는 육체다. 뮐러만큼 이에 천착했던 작가도 없을 터인데, 그에게서 육체는 대지와 하늘 사이에서 파열되는 무장소a-topos로서, 동시에 바로 그 찢기고 벌어진 틈새만큼이나 하늘의 그레인을 흡수하여 스스로 두터워지는 예외개체화의 장소를 형성하고 있다(〈머나먼 곳으로부터-메모〉 〈슬리피 해븐〉 〈흩어지는 별〉). 이것은 부서지는 만큼 자체발광하는 육신결정체이며, 흡사 깨어진 거울과 유리로만 만들어진 망상구조다(〈팬텀〉 〈크리스탈〉).[12] 또한 그것은 광학적인 만큼이나 음향적인 차원으로서, 더크 셰퍼의 정확한 표현처럼 감도에 있어서의 망원효과, 즉 그 '원격 근접'distant proximity 효과라고도 할 수 있다. 뮐러에게 솔라리제이션이란 과잉감광과 과소감광, 반짝임과 투명함의 일치를 통한 자유다.[13] 브래키지는 바로 그러한 자유를 카메라−신체에게 돌려주려고 한다. 그것은 자유롭게 움직이는 카메라와 마치 춤추듯 이루어지는 몽타주 속에서 포착되는 그림자와 광흔들의 '움직이는 솔라리제이션'이다(빛에 대한 초중기작들 〈밤의 예감〉 〈혼가 : 성교〉 〈빛의 텍스트〉). 브래키지의 아름다운 걸작 〈창문 물 아기 움직임〉

---

tif", *Ombre Blanche-Lumière Noire*, Les Cahiers du Paris Expérimental, 2004, p. 21).

11. "파열하는 크리스탈, 이미지의 이미지 ⋯ 명석하게 밝혀진 모호함(clearly defined obscurity)"(Paul Sharits, "Blank Deflections : Golden Cinema," *Film Culture*, no. 48/49 winter & spring 1970, pp. 20~22).

12. 뮐러의 작품세계 전반에 나타나는 "과잉경제학"과 "유령경제학"의 일의성, "무장소성"(atopos)에 의한 예외개체화(extra-individuation)에 대한 탁월한 고찰로는, Akira Mizuta Lippit, *Ex-Cinema*, 8장 "Extract Matthias Müller"("여기는 저기가 된다. 난 내가 있는 여기에 있지 않고, 내가 없는 저기에 있다." p. 142. 또한 "no body is any body". p. 143).

13. 이것은 뮐러가 동성애를 바라보는 견해이기도 할 것이다. 뮐러에게 동종성(homogeneity)이란 전적으로 육체의 차원으로서, 그것은 동일성에 대한 사랑이기는커녕 양가성과 혼종성에 대한 사랑으로 정의된다. "〈슬리피 해븐〉에서의 신체들은 양가적이고 혼성적인 가치를 지닌다. 과열되고 전이적인 조건(feverish, transitory condition)에 대한 감각"(뮐러 인터뷰, *A Critical Cinema 5*, p. 289).

도 역시 노광 없는 솔라리제이션 작품이라 할 것이다. 거기엔 태아와 산모라는 두 평행한 육체가 서로를 연합환경으로 삼는 눈부시고도 투명한 솔라리제이션이 있기 때문이다. 솔라리제이션의 1차 노광이 전개체적 위상(산모)이라면, 2차 노광은 개체적 위상(태아)이다. 광학학자들은 솔라리제이션이 노출광에 대한 둔감화desensitiza-tion에 입각하는 메커니즘임을 밝혀냈다.[14] 옳다. 그러나 솔라리제이션이 빛에 대한 둔감화인 건, 그것이 영원에 대한 민감화hypersensitization이기 때문이다.

요약해보자. 과초점이 개체화의 클로즈업이라면, 과지속은 개체화의 플랑세캉스다. 솔라리제이션은 개체화의 현상現像이다. 솔라리제이션은 사바티에 주름으로 짓는 클로즈업이고, 은입자로 미장센되는 플랑세캉스다. 개체화는 순간인 만큼 반짝인다. 모든 것은 개체화 과정이 하나의 내러티브임을 말해준다. 마이너스 초점이 개체화의 공간적 2틈이라면, 마이너스 순간은 그 시간적 2틈이다. 마찬가지로 솔라리제이션은 필름특성곡선에서 사바티에 커브로의 극적인 전개development, 즉 現像다.[15] 이것은 연합환경을 그 디제시스로, 연결망을 그 파뷸라로 가지는 성장드라마다. 개체화란 존재의 극화다.[16] 단 행동의 수평적 극화가 아니라, 퍼포먼스의 수직적 극화인 것이다.

9-3. 성장영화 : 뿌리, 먹구름, 빗방울

---

14. Sandy Walker & Clarence Rainwater, *Solarization*, Amphoto, 1974, 5장 "Science and Behind the Art". "이멀전 전체의 보편적 감감화"(p. 120). 다음 논문 역시 유사한 논지를 펴고 있다. William L. Jolly, "Solarization Demystified : Historical, Artistic and Technical Aspects of the Sabatier Effect", Department of Chemistry, University of California, 5장 "Rationale of the Sabatier Effect"(http://www.cchem.berkeley.edu/wljeme/SOUTLINE.html).

15. William L. Jolly, "Solarization Demystified", 2장 "Edge Effects in Nature and Technology". 저자는 밀도차가 다른 두 영역들 간의 경계가 뭉툭(fuzzy)할 수밖에 없는 요인으로 감광되는 빛의 유한성도 지적한다.

16. "현실화를 명령하는 것은 언제나 개체화이다."(Gille Deleuze, *Différence et Répétition*, p. 323). 이 책의 5장은 시몽동 개체발생론의 계승이자, 베르그송이 남긴 질/양 문제에 대한 뛰어난 변호이다. 개체화는 현실화가 아닌데, 그것은 개체화가 단지 질적이거나 양적이지만은 않기 때문이다. 그것은 강도적(intensif)이다.

시몽동은 개체화의 등급을 말했다. 분자 수준의 개체화에서 한 개인과 그 환경의 개체화로, 그리고 이들 간에 직조되는 집단적 개체화의 연쇄들이 있다(기계도 마찬가지다 : 코일-터빈-발전소…). 개체화 영화는 아기의 인지발달과 같은 최초의 개체화를 다룬다(시간의 무게). 반면에 역사풍경 영화는 국가 수준에서 일어나는 성숙한 개인이나 집단의 최종적 개체화를 다룬다(역사의 무게). 그런데 우린 그 중간단계를 건너뛰었다. 그것은 바로 미성숙한 개인, 즉 어린이의 개체화의 경우다(삶의 무게). 성장영화는 바로 그 중간단계에 해당하는 영화들이다. 놀라운 것은 개체화 영화나 역사풍경영화는 그 방법론과 문법을 자유롭게 구사함으로써 최대한 다채로운 이미지를 펼쳐냈던 반면에, 성장영화는 대단한 엄격성을 통해서 어떤 생장모델에 이르려고 한다는 점이다. 심지어 그것은 하나의 장르처럼도 보인다. 그러나 이는 인간의 관습이 아니라 대자연의 관습에 따라 법칙화되는 장르로서, 성장영화에서 결정화 과정을 이루는 위상들은 대지(중력)와 하늘(무중력) 사이에서 수증기가 대류하는 것과 같은 자연적 내러티브로부터 연원한다. 그것은 시몽동이 말하던 순환적 생성 혹은 위상변환적 피드백이 풍경에서 일어나는 것과 같은 모델이다(그리고 이 모델은 다른 장르의 서사에게도 영향을 주는 듯 보인다).

첫 번째 위상은 대지 쪽에 위치한다. 미성숙한 개체는 집을 통해서 대지에 뿌리내린다. 집은 연합환경이고, 뿌리는 연결망이다. 그러나 연결망은 으레 불완전하며 해체되어 있고, 이것이 성장영화의 초기상태를 이룬다. 그것은 아버지 혹은 어머니의 부재, 가정폭력, 가난 혹은 엄격함에 파탄이 난 가정과 같은 '뿌리뽑힘'이다. 뿌리뽑힘은 개체의 위상변이를 촉구하는 작인으로서, 정신적으로 넋나감(분신, 분열)이고 물리적으로는 가출(일탈, 방랑)이다. 이 두 극은 성장영화가 1틈(최초분기)을 처리하는 방식이기도 하다. 즉 한편으로는—성장영화의 단골 이미지인—분신 혹은 도플갱어를 산출해내는 개체의 내면적 분열이 있게 되고(사우라 〈까마귀 기르기〉), 다른 한편으로는 집이 보장하던 삶으로부터 시체 쪽을 향해 갈라지는 동선의 외면적 분기가 있게 된다(라이너 〈스탠드 바이 미〉). 그러나 어떤 경우든 뿌리뽑힘은 증발이다. 거기엔 대지에서 하늘로의 전개체적 상전이가 반드시 동반되기 때문이다. 분신조차 개체의 자아가 증발되어 그 외부로 투사(가응결假凝結)된 것으로서, 목적과 종착지가 실종된 여정의 끝개가 된다. 가출은 대지에서 하늘로의 증발이다. 분신은 그 미끼다. 이런 점에서 모든 로드무비엔 성장영화의 성격이 있다. 길의 소실점이 그러한 비등점 역할을 하기 때문이다(구스 반 산트 〈아이다호〉, 리들리 스콧 〈델마와 루이스〉). 특히 벤더스에게 길이란 그 여행자들을 끝없는 분신과 증발의 상태에 처하도록 대지보단 하늘에 먼저 속하는 것이었다(〈도시의 앨리스〉 〈파리, 텍사스〉).

성장영화에서 하늘의 위력은 생의 무게를 소산시켜버리는 대신 그 목적까지 파괴하는 힘, 생을 죽음 쪽으로 빨아들이고 그 둘이 분간되지 않을 때까지 용융시켜버리는 힘에 있으며, 이것이 성장영화의 두 번째 위상을 이룬다. 성장영화 작가들이 어린이를 짓누르는 생의 무게를 역사의 무게로 확장하려고 할 때, 그 천문학적 무게대조를 발견하게 되는 것은 하늘에서다. 가령 쾌청한 대기처럼 맑은 순혈과 흐릿한 포연 속에서 태어나는 혼혈 간의 대조(슐뢴도르프 〈양철북〉), 설원의 순백색과 일장기의 거대암흑(오시마 나기사 〈소년〉) 간의 대조가 있을 수 있다. 스필버그는 규모의 대조를 보여준다. 그것은 대지로부터 날아오르고픈 장난감 비행기와 너무나 완벽하게 활공하고 또 추락하는 나머지 더 이상 적인지 동지인지 구분조차 되지 않는 대형 전투기 간의 대조다(〈태양의 제국〉). 닐 조던의 엄청난 농담 : 대지엔 돼지떼가 있고 하늘엔 흐루시초프가 있다(〈푸줏간 소년〉). 성장영화의 두 번째 위상에서 하늘은 꿈을 먹는 꿈, 맑을수록 검은 공기, 솔라리제이션 처리된 암흑질량이다. 여기서 개체의 연합환경은 장례행렬이며, 그 연결망은 먹구름이다. 먹구름은 심연을 그 초점으로 하는 자멸회로다.

그런데 하늘에서 다시 대지로 귀환하는 위상변이가 존재하며, 이것이 세 번째 위상이다. 증발된 개체는 먹구름에 포위당했으나 이를 탈출해야만 하며, 무엇보다도 바로 그 먹구름을 이용해서 탈출해야만 한다. 이것이 바로 성장영화가 실존주의와 공유하는 테마인 '수단으로서의 죽음'이다. 암흑과 죽음을 대상화하는 결단, 그리고 그것을 자신을 비춰보는 흑경黑鏡으로 역이용하는 결단은, 먹구름이 다시 무언가(누군가)를 재응결시킬 수 있음을 의미한다. 이것이 비의 개체발생론적 기능이다. 트라우마를 마주 보려는 소년의 눈물방울(구스 반 산트 〈굿 윌 헌팅〉), 꿈을 위해 희생한 소녀의 핏방울(델 토로 〈판의 미로〉), 모두가 빗방울이다. 빗방울은 개체를 하늘에서 다시 대지로 위상변이시키는 작인이자, 개체를 더욱더 견고하게 응결시키는 영양분이다. 비 온 뒤에 땅이 굳는다. 비의 수직선은 전개체적으로는 하강선이지만, 개체에게는 상승선 혹은 도약선이 된다. 나아가 분리되어있던 대지와 하늘의 연합시키는 것 또한 빗방울의 수직선이다. 예컨대 스승보다 높게 우뚝 선 학생들의 수직선(〈죽은 시인…〉), 잃어버린 필름과 다 커버린 토토를 잇는 눈물의 수직선(토르나토레 〈시네마 천국〉), 지하탄광으로부터 천공으로 도약하는 발레리노의 수직선(댈드리 〈빌리 엘리어트〉) 등등. 가장 절묘한 수직선은 아이들이 의외로 평범한 시체를 내려다볼 때 롭 라이너의 카메라가 취했던 거리, 죽음은 진정 아무것도 아님을 깨닫게 했던 그 초연의 거리다(〈스탠드 바이 미〉). 어쨌든 빗줄기는 개체의 새로운 뿌리줄기를 이루어 하늘과 대지를 봉합하는 동시에, 개체로 하여금 진정한 '꿈나무로 다시 설 수 있도록 하는 종축체계다. 그러나 그것은 대지와 하늘이 분리된 심연으로부터 과장되고 오인되던 가짜 꿈과 구분되는, **대지와 하늘의 연합**에서 태어나는 진짜 꿈이다(라이너 〈플립〉). 꿈나무의 연합환경은 꿈 자체다.

	1틈	2틈	3틈
연결망	뿌리(뽑힘)	먹구름	빗줄기
연합환경	집	장례	꿈

　하스미 시게히코는 영화에서 종축이란 어려운 것이고 심지어 불가능한 것이라 단언했다. 하지만 이는 현실화와 개체화를, 그리고 주체와 배우를 혼동하는 까닭이다.[17] 개체화는 온통 종축으로만 진행된다(그리고 이는 성장 장르에만 국한되지 않는다). 전개체적 상변이(뿌리-먹구름-빗줄기)에 조응하는 개체적 상변이(집-장례행렬-꿈)이 있으며, 이러한 그레인의 대류는 무엇보다도 대지와 하늘 사이에서 이루어진다. 무엇보다도 핵심은 이것이 주체의 운동이 아니라, 배우의 퍼포먼스라는 것이다. 삶을 짊어진 어린이는 *무게가 없는 척* 증발하고, *무게가 있는 척* 응결된다. 무게

---

17. 하지만 바로 이 때문에 이 글은 개체화에 대한 유익하고도 엄밀한 반증이다. 하스미 시게히코, 『영화의 맨살』, 「영화와 떨어지는 것」(1977). 실제로 그가 드는 예들은 모두 개체화이다. 계곡이나 절벽, 발판 등이 연합환경인 한, 서스펜스와 부감촬영도 개체화의 일환이다. 하스미는 그 모든 사례들이 부분적임을 잘 알았을 것이다. 그럼에도 불구하고 하스미가 이 글을 쓴 것은 영화의 시간은 흐름이라는 것, 결손되거나 소산될 수 없는 영속적 지속이라는 대전제를 암시하기 위해서였을 것이다. 물론 우리는 다르게 생각한다. 하스미 또한 오즈에 대해서만큼은 이와 다르게 생각한다.

에 의해 가출했다가 귀가하는 여정 자체가 이미 어린이를 하늘과 대지 사이에서 진동하며 피드백하는 배우로 만든다. 사우라는 완벽한 사례를 보여준다. 안나는 어머니의 유령과 협연하기 위해 그 자신의 대역이 되는데, 여기서 딸과 협연하기 위해 하늘로부터 하강하려는 과거의 어머니가 있고, 어머니와 협연하기 위해 땅으로부터 상승하려는 미래의 딸이 있으며, 이 순환은 안나가 어머니의 과거대역(외할머니)과 그 미래대역(이모)를 독살하는 순간까지 계속된다(〈까마귀 기르기〉).[18] 이처럼 성장영화에서 가출, 분열, 분신은 자아의 증발이지만, 그것은 어디까지나 그가 소산 혹은 응결에 이를 때까지 가속화되는 대류원환의 일부로서, 자아와 타아, 원본과 모본, 배우와 대역을 관통하는 정신적 피드백을 형성한다. 반대로 조도로프스키의 사례는 피드백을 정확히 신체에 구현했다는 점에서 가장 그로테스크한 성장영화로 남을 것이다. 여기서 소년은 어머니의 부분대역으로서, 부분적으로 중력과 복수심에 사로잡히고 부분적으로는 새와 활공에 이끌리는데, 이는 마치 암탉과 예수가 융합된 사이버네틱 사이보그가 죽음의 피드백 속에서 스스로를 실험하고 있는 것만 같다(〈성스러운 피〉). 사우라의 '플래시백이 곧 피드백이다'를, 조도로프스키는 '컷백이 곧 피드백이다'로 대체한다. 하지만 어떤 경우든 한 개체가 성장한다는 것, 그것은 완전하지만 자기파괴적인 대류를 비록 불완전해도 자기생성적인 대류로 대체하는 일이고 그 불완전성과 항구적인 평행성, 즉 준안정성 자체를 자신의 존재근거로 긍정하는 일이다.[19] 이것이 〈졸업〉(니콜스)의 그 마지막 투샷이 그토록 오래도록 감동을 주는 이유일 것이다. 거기엔 막 탈출에 성공한 젊은 커플의 얼굴에 깃든 불안과 떨림이 있다. 그건 배우의 떨림이다. 망각을 터득한 이전세대가 관객이 되는 가운데, 과거의 상처와 실수를 모두 잊어야 하는 그 미래의 배역 속에서도 그들은 다시 사랑할 수 있을까? 모든 것을 고려해볼 때 성장영화의 모든 가치는 퇴접이나 탈접이 아니라 병

---

18. 사우라는 어른이 생각하는 죽음과, 어린이가 생각하는 죽음을 구분한다. "어른에게 죽음이란 쇠퇴와 쇠약 과정의 끝이지만, 어린이에게 죽음은 차라리 사라짐과 동일시된다⋯안나는 필요할 때마다 엄마를 되살려낼 수 있다."(카를로스 사우라 인터뷰. *Positif*, °194, juin 1977. p. 4. 사우라는 "분신"과 "재현"의 문제에 대해서도 언급하고 있다. p. 6).

19. 조도로프스키는 '비인칭적 자아'(impersonal self) 개념을 제시한다. "우리는 많은 인칭들로 이루어져 있지만, 그 중심에는 비인칭적 자아가 있다."(조도로프스키 인터뷰. *Anarchy and Alchemy*, Ben Cobb, Creation Books, 2006, p. 271).

접의 차원에 있다. 단 더 이상 세계의 병렬회로에 대한 객관적 관심(멀티 내러티브, 파라시네마)이 아닌, 삶 자체의 병렬회로에 대한 근심과 애정으로부터 비롯되는. 성장영화는 병접의 교육영화다. 그것은 삶과 마주하는 그 언제라도 필요할 '예의로서의 병접'이다. 성장이란 무한하지만 자멸하는 병렬회로와 유한하지만 자생하는 병렬회로 사이에서 방황하고 또 선택하기를 연습하기, 역설들의 역설을 공부하기다. 피드백이란 그 예습과 복습, 그 모든 병행학습, '병접의례'에 다름 아니다.[20]

하지만 완전한 성장은 가능할까? 하나의 개체가 대지와 하늘, 나아가 토포스(규범·법·현실…)와 유토피아(꿈·자유·이상…) 사이에서 균형추 역할을 수행해내면서, 한편으로는 현실을 목표로 하면서도 다른 한편으로는 꿈이 자신의 근거(뿌리)가 되는 그러한 성장? 이 최종질문에 이르러 성장영화는 완숙개체의 모델, 즉 하늘이 땅보다 낮아 보이는 앵글과 뿌리를 하늘을 향해 내리는 개체와 마주하게 된다. 이것이 바로 성장영화 전통에 면면히 암시되어 오던 저 놀라운 이미지, **공중뿌리**의 함의다.[21] 비록 씁쓸한 가설에 불과할지라도 이에 대한 실험을 멈추지 않았던 두 명의 거장이 있다. 먼저 피터 위어는 나이에 걸맞지 않게 천진난만한 꿈을 꾸는 철부지 '애어른'을 다룬다. 그들이야말로 고리타분한 학교, 상업주의의 쓰레기 동산, 교회나 국가와 같은 토포스가 강요하는 대지의 배역을 거부하고, 유토피아와 그 새로운 하늘배역을 꿈꿀 줄 알기 때문이다. 심지어 그들은 보잘것없는 결정체 하나를 투석하는 것만으로도 불모의 토포스로부터 찬란한 유토피아를 석출해내려고 한다. 위어는 하늘로 자라나는 크리스털 이미지를 부단히 보여준다. 하늘 높이 솟은 얼음결정 기계(〈모스키토 코스트〉), 또는 공중에 떠 있는 뿌리줄기(〈그린카드〉의 공중정원)가 그렇다. 키팅 선생(로빈 윌리엄스)은 결정화를 직접 연기한다. 비록 그는 대지를 향했지만 그의 제자들은 하늘조차 내려다보는 공중뿌리로 성장할 것이다(〈죽은

---

20. 시몽동은 어린이에 속하는 기술(통과의례, 수습공)과 어른에 속하는 기술(백과사전, 엔지니어)을 구분했다(『기술적 대상들의 존재양식에 대하여』, 2부 1장. "아이가 인간이 되게 하는 행위인 그 시험 안에는 마술의 어떤 무게가 실려 있다.", 134쪽). 그리고 그는 이 둘의 종합을 주장한다. 우리가 볼 때 이것이야말로 피터 위어와 미야자키 하야오의 인물들의 경우다. 그들은 공생의 비기(祕技)를 전파함으로써 집단적 통과의례를 이루려는 성장전도사 혹은 성장 엔지니어이기 때문이다.

21. 공기나무 이미지와 '꿈의 식물학'에 대해서는 가스통 바슐라르, 『공기와 꿈』, 정영란 옮김, 이학사, 2003. 10장. '비상=뿌리내림'에 관련한 니체연구인 5장도 보라.

시인의 사회〉의 마지막 장면). 위어의 애어른은 개체화 전도사들이다. 그러나 이는 그들이 연기해내거나 무대화하는 결정화가 하늘을 향하기 때문이다. 고로 위어에게 진짜 개체화와 가짜 개체화의 구분만큼이나, 진짜 하늘과 가짜 하늘의 구분이 중요해진다. 진짜 하늘은 불모지 속에서도 개체 스스로가 꿈을 찾을 수 있도록 하는 연합환경이자 그 퍼텐셜의 배양기인 반면, 가짜 하늘은 문명의 이상향을 선전하지만 사실은 미리 짜놓은 꿈만을 강요하는 연합환경이다. 위어의 작품들에는 하늘을 가장하지만 사실은 대지의 세속주의일 뿐인 현대의 거짓하늘(이데올로기·미디어·정치슬로건·TV 프로그램…)에 대한 비판이 줄기차게 흐르고 있다. 그리고 이는 〈트루먼 쇼〉에서 만개하였다. 전 세계인이 시청하는 거짓하늘극 혹은 유토피아 쇼. 하늘조차 시청률의 감옥으로, 공중뿌리의 연결망조차 방송망으로 둔갑시키는 것이 미디어의 힘일진대, 하늘마저 프로그램되고 있을진대, 그렇게 평생을 가짜 배우였던 트루먼은 진짜 하늘을 찾아 진짜 배우로 성장할 수 있을까? 이미 세속주의가 점령한 저 가짜 하늘을 뚫고서? (〈트루먼 쇼〉의 시나리오 작가였던 앤드루 니콜은 이 문제를 자신의 영화들에서 가일층 밀고 나가 SF 장르에 철학적 깊이를 부여했다: 〈가타카〉 〈시몬〉 〈인 타임〉 〈호스트〉)

미야자키 하야오는 위어가 멈춘 곳에서 시작한다. 미야자키는 총체적인 활공의 세계다. 모든 것은 진짜 하늘이며, 진짜 하늘과 가짜 하늘의 구분을 대체하는 하늘을 아는 자와 그를 모르는 자의 구분이 있다. 위어의 '애어른'에 미야자키의 '어른애'가 대조된다. 미야자키의 어린이들은 활공하는 법과 그 즐거움을 안다는 점에서 대지에 속박된 어른보다도 더 완숙한 개체들이다. 그런데 미야자키에게 하늘의 질서는 대지의 그것과 대립하기는커녕 원초적으로 그것을 포함하며, 이것이 위어와의 큰 차이를 낳는다. 즉 하늘은 이미 대지에 내려와 있고(포자, 비행석, 고다마 같은 땅쪽으로 응결된 비행체들의 경우), 대지는 이미 하늘에 올라서 있어서(비행기계 같은 천공 쪽으로 증발되는 비행체들의 경우), 하늘의 질서란 대지와 협연하는 그 전일적 피드백 자체가 되어, 인간과 기계마저도 껴안으며 우주를 점점 더 큰 공명으로 채워나간다.[22] 그래서 공중에 뿌리를 내리는 것은 단지 개인이 아니라 그들의 집 자체

---

22. 자연-인간-기계의 개체발생론적 연합에 대해서는, 키리도시 리사쿠, 『미야자키 하야오 론』, 남도현 옮

일 터다. **공중에만 뿌리내리는 집**, 이것은 단지 가설적인 게 아니라 전개체적일 뿐이다. 라퓨타는 비행석을 정보화된 에너지로, 그를 운송하는 비행선들을 뿌리줄기로 삼으며 땅끝에서 하늘끝까지 그 자신의 내적 공명을 이루고 또 전파하는 '전개체적 개체'다(〈천공의 섬 라퓨타〉). 고로 하늘-대지가 대립하지 않는 것과 같은 이유로 자연-인간, 나무-기계가 대립하지 않는다. 오히려 비행선은 샘물, 데이다라보찌, 포자충, 백룡과 8백만 정령들과 동등한 세부적 결정화로서, 공중뿌리집의 예정된 식솔들이다. 공중뿌리란 토포스와 유토피아의 원생적인 연합, 그 영속적인 피드백과 상전이에 다름 아니다. 미야자키의 유토피아엔 언제나 그 혼융과 카오스의 얼굴과도 같은 디스토피아의 측면이 있는 것은 바로 이 때문이다. 그것은 토포스의 박동과 단절된 적이 없는 난기류의 모태다(〈이웃집 토토로〉의 원폭나무, 〈센과 치히로의 행방불명〉의 온천장, 〈하울의 움직이는 성〉의 텔레포트 기계).[23] 오히려 혼돈을 회피하기 위해 공중뿌리를 대지에 강제이식하고 유토피아를 정화하려는 게 문제를 일으키며, 여기서 미야자키의 가장 심원한 구분이 나온다. 좋은 과학은 그 모든 혼돈을 감수하면서 대지와 하늘을 연합시키는 비행술인 반면, 나쁜 과학은 그 연합을 끊고 하늘뿌리를 다시 대지에 고박시켜 독점하려는 측지술이다(〈미래소년 코난〉의 인더스트리아, 〈바람계곡의 나우시카〉의 토르메키아 제국). 그러나 이런 인위적인 정화사업은 언제나 실패하기 마련이며, 그럴 때마다 토포스와 유토피아, 집터와 무덤, 삶과 죽음을 하나의 원환으로 다시 이어주는 중재자가 필요해진다.

위어와 미야자키는 성장영화의 가장 먼 두 극점으로서, 리얼리즘과 몽상, 남성적 비판과 여성적 포괄의 대조를 이룬다. 위어는 하늘-대지의 쌍을 자연-인공의 쌍으로 간주하고, 인공적 체계 안에서 본 제한된 하늘을 다루면서 그것을 현실비판과 결부시켰다. 반면 미야자키에게 하늘-대지는 더 이상 대립쌍이 아니며 이둘 모두는 전개체적 피드백 속에 공속한다 할 것이다. 위어는 추락하는 공중뿌리를 묘사함으로써 자연마저도 법칙화하고 무대화하려는 인공적 시스템을 비판했다. 반면 미야자

김, 써드아이, 2002. 4장. 「미야자키 하야오의 자연관」, 358~362쪽. 타카하타 이사오와의 비교도 보라.

23. 미야자키 영화에서 모태의 변주에 대해선, 시미즈 마사시, 『미야자키 하야오 세계로의 초대』, 이은주 옮김, 좋은책만들기, 2004. 특히 치히로에게 각각 심연과 천공 쪽으로의 분신이 되는 가오나시와 하쿠에 대한 분석을 보라(146~152, 164~168쪽).

키가 비판하려는 것은 과학기술과 인공적 체계 자체가 아니라, 그가 자연과 이루는 특정 연합형태다(오히려 그것은 타카하타 이사오의 입장으로서 타카하타와 미야자키는 자연이 아니라 기계와 관련해서 달라진다고 할 수 있다). 위어에게 자연은 배역과 배역 사이에 드러나는 순수성인 반면(가령 〈웨이 백〉에서 소비에트와 폴란드 사이에 가로놓인 사막), 미야자키에게 자연은 이미 하나의 배역일뿐더러 온갖 세부 배역들의 불균질한 혼재였다.[24] 요컨대 위어와 미야자키는 공중뿌리에 대한 상반된 두 비전이다. 공중뿌리란 추락하는 뿌리, 즉 공허뿌리(〈트루먼-쇼〉=〈공중-공허〉), 혹은 공중뿌리란 활공하는 뿌리, 즉 공기뿌리(〈천공-섬〉=〈공중-공기〉)다.

스스로에게 비 내리는 만큼 하늘에 뿌리내리는 개체. 이 신비로운 상식을 니체는 이미 자신의 개체발생론에 포함시켰다. 생장이란 영혼의 무게를 대기의 가벼움으로, 심연의 깊이를 자신의 높이로 변환하는 철부지 차라투스트라의 모험이다.[25] **총체성은 죽었다. 개체성이 그를 죽였다.** 하지만 또한 니체는 개체발생론이 배우발생론이고, 개체화는 자작극이라고 말한다. 차라투스트라는 매번 대지로, 그 무게의 땅으로 귀환하기 때문이다("초인은 대지의 뜻이다"[26]). 자작극이란 먹구름에 빠지기 위해 가벼운 척 증발하고, 꿈꾸기 위해 무거운 척 빗방울로 돌아오는 차라투스트라 그레인의 피드백극이며, 여기에 〈수단으로서의 죽음〉을 〈수단으로서의 미래〉로 바꿔치기하는 니체의 음모론이 깃든다(키팅 선생이 자신의 "몰락"을 통해 꾸민 "음모"처럼). 고로 니체가 마지막 순간까지 자문했어야 했던 것은 미래의 피드백이 다시 구닥다리 목적론이나 니힐리즘으로의 회귀는 아닌지 하는 것이었다. 영화가 이에 대답하기 위해선 미래를 매개로 하는 영원한 피드백이 아니라 영원의, 영원에 의한, 영원을 위한 피드백, 즉 영원회귀로 진입해야 했다.

---

24. 미야자키의 풍경에서 일본 역사의 무게(천황, 사쿠라, 가미가제)와 일본인 정체성의 균열과 진동을 읽어내는 시도로는, 김윤아, 『미야자키 하야오』, 살림, 2005. 특히 〈원령공주〉와 〈하울의 움직이는 성〉에 대한 장.

25. "지금 나는 가볍다. 지금 나는 날고 있다. 지금 나는 **자신을 내려다본다.**"(『차라투스트라는 이렇게 말했다』, 1부. 「독서와 저술」. 강조는 인용자). 무게에 대해서는 3부 「무게 있는 영혼」. 깊이와 높이의 일치에 대해서는 3부 「방랑자」("가장 높은 곳에 이르기 위해서는 가장 깊은 것에서 비롯된 것이 아니면 안 된다.").

26. 『차라투스트라…』, 서문 3절. 대지, 먹구름, 빗방울에 대해서는 4절도 보라. 『디오니소스 송가』도 보라.

4부

영원과 변신 :
막과 무대에 대하여

아브라함아, 네가 어디에 있느냐?

1-1. 영원성의 고전적 표상 : 드레이어, 드밀

키에르케고르는 말한다. 시간이 곧 죄다. 영화는 이를 잘 알았다. 씨네그램이 그 죄다. 무엇보다도 씨네그램은 영원히 돌아온다. 영화와 종교와의 대면은 이처럼 숙명적이었을 것이다. 고전 종교영화 작가들로 하여금 필름릴의 회전과 반복에서 심판과 구원의 의미를 구하고, 죄의 영원회귀만큼이나 속죄의 영원회귀가 가능하다는 믿음을 품도록 한 것 역시 이러한 필름스트립의 본질적인 신학적 구조 때문이다. 틈새, 구멍, 얼굴, 즉 접면이 영원회귀한다.

그러나 이 접면은 거시표면도 미시표면도 아니다. 그것이 종국에 접하려는 것은 크거나 작은 것이 아니라, 무한자 혹은 영원자이기 때문이다. 그것은 **접신면**接神面이 다. 고전영화에서 접신면은 유한한 자와 무한한 자 사이에 가로놓이며 흡사 성부와 성자, 여호와와 그리스도, 악마와 유다의 비례관계에서처럼 어떤 유비類比, analogy를 성립시킨다. 무엇보다도 먼저 접신면은 순교자의 클로즈업된 얼굴이고(베르히만), 구원자와 희생자가 평행편집된 평행면이었는데(그리피스), 이는 그러한 접면들이 유한한 부분들로부터 무한한 잠재성을 유추해내도록 하는 비율ratio로 기능했기 때문이다. 그러나 접신면에서 유한이 무한의 미니어처 정도가 된다고 생각하면 오산이다. 여기서 유한은 무한의 일그러진 미니어처인 만큼 이 유추를 비로소 완성하는 데에는 이성마저 넘어서는 정신의 역할이 요구되기 때문이다. 누구보다도 드레이어는 모든 배경과 물질적 환경이 최대한 제거된 접신면을 보여주려고 했다. 예컨대 잔 다르크의 클로즈업은 그녀를 둘러싼 물질적 환경뿐만 아니라 속박된 그녀의 신체까지도 프레임 밖으로 배제함으로써 유비를 올곧이 정신의 차원에 국한시킨다(《잔 다르크의 열정》). 이것이 드레이어가 말하는 영화의 4차원과 5차원이다.[1] 여성과 그리스도, 예술가와 창조주와 같은 온갖 유비가 있을 수 있으나, 어떤 경우든 유비는 물질적 유사성(3차원)이 아니라 오직 시간에 의한(4차원), 그리고 정신에 의한 유사성(5차원)이며, 그래서 그것은 하나의 시련이자 시험이 된다(《재판장》〈미카엘〉). 또한 유비는 그 심도까지 제거되어 물질성이 표백되어 버린 배경 속에서 더더욱 도드라져서 정신의 전개, 즉 '열정'을 이룬다(《분노의 날》〈오데트〉).[2] 드레이어의 '열정'에 브레송은 '심판'을 대립시켰지만, 이 역시 정신적 유비다. 브레송에게서 유비는 물질적 파편들로 쪼개져 나가기에 그 자체로 정신에 대한, 그 재결합 능력에 대한 심판이다(《어느 시골 사제의 일기》〈소매치기〉〈잔 다르크의 심판〉). 희생과 부활은 정신적 유비의 두 극점을 이룬다. 접신면은 유한자 쪽으로 물질의 희생을, 무한자 쪽으로는 시간의 부활이자 정신의 재림을 표현한다. 드레이어의 플랑세캉스가 보여준 것처럼, 유비는 정확히 심도의 문제이기도 하다. 탈심도화된 접신면은 3차원의 희생을 통해서 이루어지는 4차원의 부활이자 5차원의 재림, 즉 무한을 향하는 정신적 심도의 재건이다. 정신은 유비될수록 심오해진다.

　미국영화는 또 다른 접신면을 발전시켰다. 그것은 물질의 빈곤화와는 정반대로 번성한 문명과 그 물질적 풍요 속에서 더욱더 촉구되는 정신적 유비, 즉 물질적 심화에 대조될수록 깊어지는 정신의 심도였다. 시네마코프와 테크니컬러의 현란함뿐만 아니라 대규모 세트까지 갖추었던 미국영화는 확실히 유리했을 것이다. 그리피스부터 와일러와 플레밍에 이르기까지, 깊은 심도를 가득 채운 바빌론과 로마 건축물들은 그 사치에 비례해야 할 신념의 상태와 종교적 가치를 표시한다. 특히 드밀에겐 다곤 신전과 파라오 궁전(《삼손과 데릴라》〈십계〉)이 바로 그러한 물질적 심도들이며, 여기서 비천한 유한자는 그들과 유지하던 물질적 유비를 끊고서 오직 정신적

---

1. Carl Dreyer, "Imagination and Color", *Dreyer in Double Reflection*, ed. Donald Skoller, Da Capo Press, 1973, p. 186. 드레이어는 컬러필름에서 다시 한번 생략의 힘을 기대하고 있다.
2. 키에르케고르는 철학에 정신적 유비를 도입한 작가였는데, 그에게 그것은 이성과 혼동될 수 없는 믿음의 힘이었다. 유한과 무한의 두 가지 유비, 즉 보편을 매개한 유비(비극적 영웅)와 보편을 매개로 하지 않는 유비(믿음의 기사)의 구분에 대해서는 『공포와 전율』, 「문제」-(2) ; 소크라테스와 그리스도 (혹은 교사와 신)의 유비에 대해서는 『철학적 조각들』, II장 ; 아담(원죄)과 인류(죄성)의 유비에 대해서는 『불안의 개념』, 1장.

유비로만 신의 뜻에 접근해야 한다. 그것은 히브리인들의 전설, 모세의 예언과 같은 방언으로부터 신의 말씀을 유추해내는 일이며, 로마제국과 바리새인들이 날조해왔던 거짓 무한성을 붕괴시키는 힘으로 현현할 때까지 이 유추를 믿는 일이다(와일러 〈벤허〉). 미국영화는 접신마저도 규모의 경제학이었다. 미국적 유비는 거대한 물질문명과 결별할수록 그만큼 거대한 정신과의 조우하는 희생과 부활의 비례식이다.

요컨대 신과 그 영원성을 표상하는 두 가지 고전주의적 방법이 있다. 유럽적 방식이 물질의 생략(희박화된 심도)을 통한 정신적 유비라면, 미국적 방식은 반대로 물질의 과장(과포화된 심도)을 통한 정신적 유비다. 유럽적 방식을 클로즈업의 얀센주의, 미국적 방식을 롱샷의 프로테스탄티즘이라고 불러도 좋을 것이다. 전자의 경우 죄가 도드라지도록 표백된 화면이 곧 접신면이라면, 후자의 경우 순결이 도드라지도록 죄로 점철된 화면이 곧 접신면이기 때문이다. 그러나 어쨌거나 이 모든 방식은 가장 낮은 황무지로부터 천상으로 뻗어 나가는 정신의 선이 유추되기를, 또 거기서 계몽의 빛이 계시되기를 고대하고 또 그러리라 믿었다는 점에서 여전히 고전주의였다.

정신적 유비는 상징이다. 왜냐하면 유비는 환유보다는 은유이고 부분-전체의 관계에 입각하기 때문이다. 특히 그것은 시간에 있어서의 부분-전체다. 상징은 반복된다.[3] 또한 반복을 명령하는 모든 것은 상징이다. 십자가, 판결문, 성호, 화형식, 순교자의 얼굴, 심지어 돈마저도 그렇다. 불확실성만큼이나 비대해진 우상들의 틈바구니에서도 다시 한번의 믿음을 명령하는 법칙성과 그 연속성이 상징의 의미다. 드레이어는 영화에선 대사가 바로 그러한 상징임을 직감했으며("대사의 클로즈업"), 그 반복과 정제를 통해서 영화가 다시 5차원의 연속체로 회귀할 것을 소망했다.[4] 말씀(오데트)만이 영원회귀한다. 그 지름은 쪼개져서 흩어져 나가고 있던 삶과 공동체를 선도하는 연속체의 길이이자 그 심도다. 드레이어와 드밀의 영화엔 복음(福音)의 음향

3. 드레이어에게 있어서 '상상적 어머니'의 '반복과 유전'에 대해선 다음 책에 실린 유운성의 글을 보라. 홍성남·유운성 엮음, 『칼 드레이어』, 한나래, 2003, 15~19쪽. 이 책은 드레이어에 대한 국내외의 글들을 풍부하게 수록하고 있다. 방혜진과 태그 갤러거의 글도 보라.

4. 드레이어 인터뷰. *Interviews with Film Directors*, ed. Andrew Sarris, The Bobbs-Merrill Company Inc., 1967.(영화와 연극의 대사에 대해선 p. 117. 정신적 연속성에 대해선 p. 119. 원전은 *Cahiers du Cinéma*, n° 170, mars. 1965. 『칼 드레이어』에도 번역되어 실려 있다).

학이 존재한다. 지상의 해석자와 천상의 발신자 사이에 망극의 거리가 있으므로, 해석이 깊이를 더할수록 신의 음성은 더욱더 우렁찬 메아리로 되돌아온다(《십계》). 상징은 접신면의 고전적 구성요소다. 상징은 유한한 시간으로부터 무한한 시간을 유비해내는 정신의 숭고한 활동 자체다.

1-2. 종교개혁 : 타르코프스키, 앙겔로풀로스, 소쿠로프

그런데 상징은 신인동형론이다. 그것은 유한자와 무한자, 해석자와 발신자 사이에 그 유비성만큼이나 외재적이고 위계적인 거리를 남기기 때문이다. 신을 닮은 인간, 로고스Logos를 닮은 말씀의 고전영화들은 이러한 유추의 피라미드 조직에 기초한다. 그 정점에서 신의 게으름Deus Otiosus은 불가피하다. 드레이어조차 이를 피해갈 수 없다. 그에게서 신은 여전히 먼저 '말씀'하기 때문이다. 고로 영화는 상징의 비범함과 함께 그 위험성에 대해서도 절감해야 했다. 상징은 그 외재적 거리로 인간을 재단하고, 그 심도를 독점하고 날조하려는 해석권력의 출현을 돕는 데 악용될 소지가 있음을, 결국 상징은 다시 우상일 수도 있음을 깨닫는 각성이 필요했던 것이고. 훨씬 나중에 동유럽 뉴웨이브가 이러한 개혁에 가장 적극적이었음은 놀랄 일이 아니다. 그들에게 소비에트는 종교와도 같았기 때문이고, 지긋지긋했던 신념의 상징체계 일체를 해체적 물질로 환원해 볼 필요가 있었기 때문이다(스반크마예르·네메치·마카베예프·줄랍스키·스콜리모프스키 등). 오히려 놀라운 것은 소비에트의 잔해 한복판에서 다시 한번 신념을 구출하려는 시도가 있었다는 사실이다.

타르코프스키가 상징을 반대한다면 이는 로고스의 외재성, 그 음성이 크게 울릴수록 멀어지고 그 해석이 섬세해질수록 심오해지는 정신적 심도를 거부하기 때문이다.[5] 타르코프스키는 로고스를 시詩로 대체한다. 시는 로고스가 아니다. 시는 몽

---

5. "상징들은 해석되기 존재하지만, 예술적 이미지[영화적 형상]는 해석될 수 없는 것이다. 그것은 우리가 사는 세상과 등가물이다. 그것은 어떤 것도 상징하지 않는다. 그건 어떤 것을 표현한다."(타르코프스키 인터뷰. 다음에서 재인용 : *Andrei Tarkovsky Interviews*, ed. John Gianvito, University Press of Mississippi, 2006, p. 122).

타주나 내러티브의 각 항들을 전체의 심도로부터 떼어내서 서로 반향하는 내재적이고 해석불가능한 관계 속에 위치시킴으로써 유비를 제거한다. 이것은 파라자노프의 작품에서도 볼 수 있는, 깊이가 지워진 카르파티아의 설원이나 아예 평면화되어 반향판이 되어버린 추상공간의 시적-음향적 기능이기도 하다(〈잊혀진 선조들의 그림자〉 〈석류의 빛깔〉). 타르코프스키는 시를 유독 기억에서 찾아내려고 했다. 허나 이는 기억이 시간의 심도를 이루어 또 다른 로고스가 될 위험이 있기 때문이었다. 시는 과거와 현재 간 유비적 반사를, 그 어느 한쪽에도 우열이나 선후를 두지 않는 상호적 반사, 나아가 모본과 사본, 무한과 유한, 정신과 물질 사이에서도 너끈히 울림을 만들어내는 상호작용 없는 상호반향, 즉 공명共鳴, resonance으로 대체함으로써 기억의 심도를 무력화한다(〈거울〉에서 어머니와 아내, 〈솔라리스〉에서 크리스와 아내, 〈향수〉에서 코르차코프와 도미니크, 〈희생〉에서 알렉산더와 마리아의 쌍들이 그렇다). 시는 그 자체로 믿음의 표현이다. 하지만 그것은 제왕적 유비 없이도 언제 어디서든 일어날 수 있는 범개체화에 대한 믿음이며, 이는 루블료프가 민중에 대해 가지는 생각이기도 했다(〈안드레이 루블료프〉). 타르코프스키는 애니미즘이다. 단 그것은 그 신적 개입이 곧 개체화가 되는 내재적 애니미즘이다. 이것이 타르코프스키가 영화사에 끌고 온 종교개혁의 핵심으로서, 이제 신은 로고스 안에만 머물러 있질 않고, 모든 크고 작은 만물에 평등하게 내재한다. 개체가 이미 신이고, 개체화가 이미 로고스다. 신은 게으를 틈이 없다. 그 틈이 이미 신의 모든 자리이기 때문이다.

타르코프스키가 드레이어의 신학적 전통과 결별하는 방식 속에서 우리는 나가르주나가 부파불교에, 스피노자가 카톨릭에, 화엄철학이 성리학에 가했던 것과 같은 사상적 혁신을 본다. 그것은 플랑을 개체로 하는 내재론이다. 기실 드레이어가 원경과 근경이 하나의 평면으로 찌부러지는 플랑세캉스를 구사한 것은 물질적 심도의 종말 속에서 스스로 복구되어야 할 정신적 심도("5차원")가 중요했기 때문이었다. 반면 타르코프스키의 플랑세캉스는 언제나 풍부한 환경 속에서 작용 없이 이루어지고, 인물의 움직임뿐만 아니라 바람과 명암의 변침, 안개와 비에 의한 공기의 밀도변화와 같은 사소한 디테일까지도 전일적 공명(타르코프스키 자신이 "분위기"라 부르는)에 참여한다. 문명이 자연과의 균형을 잃고서 쇠잔하는 부조화의 단계가 있는가 하면, 그를 다시 취합하기 위해 터널과 그늘로부터 내면으로 조명되는 방황과 회의의 준안정적 단계가 있으며, 반대로 그 흔들림 속에서도 주변을 채색하는 촛불이나 무중력 물체의 상승단계가 있다. 여기서 관건은 카메라와 대상의 거리에 의해 측정되는 심도가 아니라, 그 디테일들 간에 이루어지는 환경학적이고 대류학적인 농담변화, 그리고 그 불가해한 연합을 통해서 재취되는 균형이므로, 믿음과 회의의 양상들은 더 이상 로고스의 부침이 아니라 폐허를 감도는 물안개와 빗줄기(《스토커》), 방 안에 드는 미광이나 바람, 어느새 움직인 카메라만큼이나 어느새 드는 개 한 마리(《향수》) 등과 같은 기후학적 선율로만 포착된다. 타르코프스키의 플랑세캉스는 믿음의 미장센이다. 단 믿음이 더 이상 로고스의 깊이에 비례하지 않으며, 빛과 바람, 그 농밀도와 두께에 있어서의 조응과 반향, 그 전일적 개체화를 향하는 공명에 비례하는, 그래서 그 최대진폭의 평형이 공중부양과 같은 기적이 되는 기후신학적 climatotheological 미장센이다. 〈희생〉의 위대한 마지막 플랑세캉스를 보자. 우왕좌왕하는 인물들에 조응하는 트래블링 카메라, 자동차의 폭발에 조응하여 변침하는 알렉산더와 거꾸로 알렉산더의 퇴장에 조응하여 비로소 무너지는 집 등등이 두 겹 세 겹의 공명이 전일적 네트워크를 이루는 와중에, 여기서 개체화되는 것은 화면 자체, 즉 전소되고 있는 지속 자체다. 기적이란 바로 그 화점을 무게중심으로 시간 스스로가 다시 찾는 평형에 다름 아니다.[6] 이것은 시간으로 재조직되는 영원, 즉 – 타르코프스키의 표현 그대로 – "시간을 재료로 하는 조각"[7]이다. 타르코프스키가 로고스를 시로, 상징화를 개체화로 대체하는 건, 유비analogy를 평형equilibrium으로 대체하기 위해서다. 지속은 희거나 검은 물질로 퇴화되어 평평해져 버린 플랑들 이면에 있는 정신의 특권이 아니라 이끼, 수풀, 수면과 반사상, 안개입자 같은 다색조의 플랑들 각각에 이미 정신적 단일성으로 내재해 있는 개체의 특권이다. 드레이어의 접신면은 이면을 가지는 반면, 타르코프스키의 접신면엔 이면이 없다. 그 평형이 또 다른

6. "연결고리"에 대해선 타르코프스키의 저서 『봉인된 시간』 7장을 보라(김창우 옮김, 분도출판사, 1991. "우리 모두를 우리 주변을 에워싸고 있는 것들과 연결시켜주는 고리", 243쪽. 영역본 Andrei Tarkovsky, *Sculpting in Time*, trans. Kitty Hunter-Blair, University of Texas Press, 1986). 이 장과 결론 장(9장)은 예술의 도덕적이고 미학적 책무에 대한 타르코프스키의 성찰들이 개진되어 있다는 점에서 중요하다.

7. Andrei Tarkovsky, "De la Figure Cinématographique", *Positif*, no. 249, déc. 1981, p. 38.

개체화이기 위해 그 자신이 이미 수많은 이면들의 집합이기 때문이다. 정성일의 말대로 타르코프스키의 접신면은 웰스적(공간심도)이거나 레네적(시간심도)이라기보다는 르느와르적(자율심도)이다. 단 그것은 평형화된 르느와르인 것이다.[8] 타르코프스키의 플랑세캉스는 **평형몽타주**Æquo-Montage다.

타르코프스키는 그만의 몽타주 이론을 가지고 있었으며, 그의 선배들 것만큼이나 체계적이고 강력한 것이었다. 우리가 '개체'라고 부르는 것을 타르코프스키는 '영화적 형상'figure cinématographique[9]이라고 부른다. 영화적 형상은 "고유하고 모방불가능한" "단세포적" 원소로서, 수초와 나뭇가지, 그리고 그를 스치는 냇물과 바람 모두가 그러한 영화의 원소일 수 있으나, 그 어떤 다른 시간도 그 각각이 향유하는 고유한 시간을 침해하거나 변경시킬 수 없다는 점에서 무엇보다도 시간의 원소이기도 하다. 영화적 형상들, 그 샷들은 "근원적으로 다른 시간들"의 집합이므로 몽타주의 신비란 — 소비에트 선배들의 생각과는 정반대로 — "시간은 **편집 덕분에** 흘러가는 것이 아니라 **편집에도 불구하고** 흘러간다"[10]는 데에 있다. 고로 몽타주에서 고려되어야 할 형상의 특질은 운동량이나 충격압과 같은 물질압력이 아니라, 시간에 먼저 속하는 무게, 그 영속적인 코나투스, 즉 **시압**時壓, time-pressure이다. 하지만 같은 이유로 시압을 시간과 혼동해서도 안 된다. 시압은 시간의 물질적 권능, 즉 이미 충분히 분할되어 더 이상 불가분적인 자족성("시간의 일관성")을 의미한다. 즉 하나의 시압이란 단일한 영원적 객체(X_n)다. 만물의 수만큼이나 다양한 시압들이 있다($X_1, X_2, \cdots X_n$). 그것은 가감되거나 환산되지도 또 절충되지도 않는다($R(X_1, X_2, \cdots X_n)$). 오히려 각 고유한 시압들을 하나의 등질적 척도로 환원하려는 종교적이거나 과학적인 시도가 재앙과도 같은 시압불균형을 초래했다고, 그리고 그 균형의 회복은 예술이, 특히 영

---

8. 정성일, 「〈희생〉안드레이 타르코프스키 또는 구원으로서의 영화」(『VIDEO MOVIE』, 1995년 3월호). 이런 의미에서 정성일은 타르코프스키가 모더니즘이라기보다는 여전히 중세적이라고 말한다. 그것은 믿음의 자율성이다("이미지 자체가 스스로 자기 운동법칙에 따라 움직이는 것").

9. Andrei Tarkovsky, "De la Figure Cinématographique", 우리는 이 글의 pp. 29~35까지의 부분을 집중적으로 논의하고 있다. 타르코프스키를 또 다른 몽타주 이론가로 만드는 것은 그의 핵심개념인 '시압'을 소개하는 이 글이다. 타르코프스키는 영화적 형상의 정의로부터 몽타주 체계를 연역해내는데, 그 논리적 완결성은 상당해 보인다. 이 글은 『봉인된 시간』에도 부분 발췌되어 수록되어 있다(5장).

10. 같은 곳, p. 35.

화가 책임져야 할 과업이라고 타르코프스키는 확신한다. 즉 몽타주는 영원히 화해 불가능한 각각의 시압들을 바로 그 영원에 의해 재연결하는 일이고, 그 영원이 시압들의 평형점이 되도록 그들을 다시 균형 잡는 일이다($X_{R(X_1, X_2, \cdots X_n)}$). 타르코프스키는 소비에트 몽타주도 비판했다. 각 시압을 등질적 전체의 부분들로 환원하고, 한 형상에서 다른 형상으로의 도약을 그 심도와 유비에 남겨놓는다는 점에서 변증법은 기존의 거대교회와 하등 다를 바가 없을 것이다. 반면 타르코프스키가 볼 때 시압들의 전체란 각 시압을 사상함이 없이도 그 안에 일체 온존함으로써만 가능한 것이다. 그것은 더 이상 부분들의 총합으로서의 전체가 아닌, 또 다른 전체들의 총합으로서의 전체, 혹은 모든 전체들이 내재화되는 전체다. 즉 시압들의 전체란 그들의 평형에 다름 아니다.[11] 스토커는 "지대"Zone란 애초부터 존재하지 않았다고 말한다. 하지만 인류의 구원이 스스로 피어나기를 희망할 수 있는 것도 바로 그 지대의 영점에서다. 이렇게 본다면 소비에트 영화가 레닌을 무한대의 시압으로 가정하고 있다고도 할 수 있다. 소비에트의 $\sum \vec{X_n} = \infty$에 타르코프스키의 $\sum \vec{X_n} = 0$이 대립한다. 그에게 중요한 것은 3차원("도약"), 4차원("파토스")과 5차원("개념")도 아닌, 1, 2, 3 $\cdots$ n-1차원 모두와 평형함으로써 그들을 함축하는 n차원, 그리고 그 총합으로서의 0차원이다.

기법적인 측면뿐만 아니라 사상적 측면까지 고려할 때 타르코프스키와 비교되어야 할 작가는 앙겔로풀로스일 것이다. 앙겔로풀로스 또한 하나의 샷 안에서도 여러 시압들("들숨과 날숨")과 그 평형상태("닫힌 씬")를 발견해내는 작가다.[12] 게다가 그것은 시간의 영점일 뿐만 아니라 역사의 영점이다. 앙겔로풀로스는 상징을 단지 부정하지 않는다. 그는 아예 부서진 상징을 보여준다. 역사의 망명자들, 조각난 레닌, 발칸반도의 폐허들, 경계선에 걸린 채 정지되어버린 피난민들이 앙겔로풀로스의 영점에 우글거린다. 앙겔로풀로스는 폐허의 역사적 측면(롱샷)뿐만 아니라 그 속을

---

11. "n번째 샷은 첫 번째, 두 번째, 세 번째 … n-1번째 샷의 총합이어야 한다."(타르코프스키 인터뷰. *Andrei Tarkovsky Interviews*, p. 19. 도브첸코의 "분위기"와 "대지에 대한 사랑"을 언급하는 부분도 보라(p. 21).
12. "각 샷은 그만의 호흡을 가지고 있는, 즉 들숨과 날숨으로 구성되는 유기체이다."(앙겔로풀로스 인터뷰. *Theo Angelopoulos Interviews*, p. 72. 강조는 인용자). 앙겔로풀로스는 얀초와의 비교를 거부했는데, 이는 얀초의 플랑세캉스가 씬을 닫지 않고서 연속되는 플랑세캉스'들'이었기 때문이었다. 오히려 그는 미조구치를 언급한다. 이에 대해선 1980년 인터뷰를 보라(같은 책, p. 31).

방랑하는 인물들의 내면(클로즈업)까지도 모두 지속에 포함시키고 또 증발시켜버리는 영점의 플랑세캉스를 구사했다. 앙겔로풀로스의 방법론은 '순간'이다. 순간에서 롱샷과 클로즈업, 역사와 육체는 서로를 멀어지게만 할 뿐인 운동을 포기하고 그 이전과 이후를 결정할 수 없는 총체적 정지상태를 합성해낸다. 역사적 사건과 현재의 해석자들이 이전과 이후 없이 조우하는 초기작이 이미 그렇다(역사 삼부작). 그러나 순간이 역사와 시간을 포기하는 건 영원을 회복하기 위함이다. 국경선에 비끄러매어져 멈춰버린 난민들(〈황새의 정지된 비상〉 〈영원과 하루〉)이 이전과 이후를 알 수 없는 순간에 멈춰버린다면, 이는 순간이 영원을 기다리기 행위이기 때문이다. 빛에 대해서도 같은 것을 말할 수 있다. 시선이 유년과 노년, 기억과 상상, 과거와 미래 중 어느 것을 선뜻 결정하지 못하는 건, 빛이 시간의 바깥에 먼저 속하기 때문이다(〈율리시즈의 시선〉 무도회 장면). 이처럼 순간은 시간의 총체적인 결정불능상태지만, 바로 그 덕분 순간은 또 다른 어떤 시점時點의 선택이 아니라 오직 영원의 영접만을 위한 조건이 된다. 순간이란 고개를 돌리기 직전 영원의 뒷모습이다. 이것은 시간의 실존주의다.[13] 순간은 죽은 시간이고 비결정성의 형상 Form of Indetermination이지만, 그것은 또 한 번의 결정과 자유를 길어 올리는 우물이 된다. 〈안개 속의 풍경〉에서 소녀와 동생은 눈발에 정지된 세계를 틈타서 도망친다. 또 〈율리시즈의 시선〉에서 최초의 영화는 결국 텅 빈 영화, 내용이 없는 순수한 빛이었다("나의 시작은 나의 끝에 있다"). 앙겔로풀로스는 이미 갈 곳 잃고 방랑자가 되어버린 시간을 직시하려고 했고 그 고뇌를 피하려고도 하지 않았다는 점에서 철저한 휴머니스트였지만, 그 처방만은 휴머니즘 전체를 내기에 거는 신념이었다는 점에서 극단적인 키에르케고르주의자이기도 했다. 앙겔로풀로스는 순간을 극약처방한다. 그는 순간을 '믿는다.' 시간의 먼지로 소산되려는 인간에게 오직 텅 빈 순간만이, 즉 그 틈새가 질료가 되는 비결정성의 형상, 과거와 미래 모두를 그 맹점으로 이끄는 순수한 역광만이 그에게 허용될 유일한 가능성임을 믿기 때문이다. 앙겔로풀로스는 시간의 뒷모습, 시압중지, 즉 $\overrightarrow{X_n}=0$이다.

---

13. "내 영화들은 형이상학적이지 않고, 베르히만의 영화보다 실존적이다."(앙겔로풀로스 인터뷰. *Theo Angelopoulos Interviews*, p. 69).

그런데 타르코프스키는 다른 종교와 과학뿐만 아니라 실존주의와도 거리를 두려고 하였다. 실존주의는 시간의 정지를 통해 자유를 돌려주려고 하지만, 바로 그 때문에 시간에 내재한 신적 역량, 소명과 믿음 같은 각 개체에 천부된 시압까지 약화시킨다는 것이다.[14] 타르코프스키의 비판은 매우 엄밀해 보인다. 즉 실존론적 정지 또한 평형($\sum \overrightarrow{X_n} = 0$)에 이를지도 모르나, 그것은 어디까지나 시압정지($\overrightarrow{X_n} = 0$)라는 자충수를 통해서다. 하지만 타르코프스키가 볼 때 평형이 영적인 의미를 가지는 것은 '시압은 $\sum$ 덕분에 0인 것이 아니라 $\sum$에도 불구하고 0이다'라는 데에 있다("시간은… 편집에도 불구하고 흘러간다"). 신학적 측면에서 봤을 때 실존주의는 수단($\overrightarrow{X_n} = 0$)과 목적($\sum \overrightarrow{X_n} = 0$)의 유비에, 그것도 너무나도 순진한 유비에 호소하고 있다고도 할 수 있을 것이다. 바로 이러한 차이가 앙겔로풀로스와 타르코프스키의 플랑세캉스와 미장센에서 고스란히 드러나고 있다. 앙겔로풀로스의 인물들은 행동중지와 판단중지, 끝을 모를 기다림을 통해서 지속으로부터 순간을 유도해낸다. 반면 타르코프스키의 경우 인물과 사물, 조도와 기후까지도 정지함 없이 움직이고 때로는 급변침함으로써 각자의 지속을 짝맞춘다. 전자가 선험적 연역법이라고 한다면 후자는 선험적 귀납법으로서, 여기서 공명은 더 이상 텅 빈 순간의 매개 없이, 설령 그것이 잔해뿐일지라도 자연과 문명으로부터 직접적으로 이루어지며 그 상호성에 뿌리내린다. 두 작가는 실존과 본질, 수단과 목적, 희생과 부활에 대한 두 다른 철학적 입장이다. 〈실존이란 본질의 희생이다〉라는 앙겔로풀로스의 실존주의에, 〈본질은 실존의 상호희생〉[15]이라는 타르코프스키의 정치신학이 정확히 대조된다. 아무리 비슷해 보일지라도 $\sum \overrightarrow{X_n} = 0$과 $\overrightarrow{X_n} = 0$의 차이는 이처럼 엄청난 것이다. 그것은 평형과 순간, 범신론과 무신론, 초결정성의 형상과 비결정성의 형상, 시간을 재료로 하는 조각과 정지를 재료로 하는 조각 간의 차이다. 아멩구알의 탁월한 요약처럼, "타르코프스키가 시간을 조각한다"면 "앙겔로풀로스는 시간을 노동한다."[16]

---

14. 타르코프스키의 도덕적·정치적 입장에 대해선 1984년 인터뷰가 중요해 보인다(*Andrei Tarkovsky Interviews*, p. 142). 서구적 시스템이 야기해온 영적 위기에 대해서 장황하게 논한다. 또한 타르코프스키는 개인주의에 도교적 사유를 대립시켰다(『봉인된 시간』, 9장, 283~284쪽).

15. '상호희생'(mutual sacrifice)에 대해서는 *Andrei Tarkovski Interviews*, p. 120.

16. Barthélemy Amengual, "Théo Angelopoulos, Une Poétique de l'Histoire", *Études Cinématographiques*, no. 142~145, 1998, p. 38. 신화의 반복으로부터 단절하고 자유의 반복으로 이행하

시압의 전통에 있어서 소쿠로프의 독창성은 타르코프스키와 앙겔로풀로스 사이에 간극을 메꿨다는 데에 있을 터다. 소쿠로프는 히틀러, 레닌, 히로히토, 파우스트와 같은 역사적 형상Figure이 그의 시간을 이탈해가는 탈형상화의 과정을 보여준다(권력 4부작). 소쿠로프는 시간과 순간, 역사와 정지, 형상과 비형상과의 끊임없는 마주침이다. 〈세컨드 서클〉에서 아버지의 시신과 그 유품들은 '영화적 형상'이지만, 아들은 그 자신의 탈형상화 과정을 통과함 없이 절대 그들과 마주칠 수 없다. 또 〈러시아 방주〉에서 후작은 그 각각이 하나의 형상일 방들을 연속적인 플랑세캉스를 통해서 이행한다. 즉 마주침이란 지속도 순간도 아닌 그 둘 사이의 과정에 먼저 속한다. 소쿠로프는 타르코프스키와 앙겔로풀로스가 생략해버릴 수도 있었던 평형의 보조정리를 추가한다 : 형상들의 평형과 일치(지속)는 언제나 그들 사이 불평형과 불일치의 비형상(순간)을 통과(과정)해서다. 이것은 단지 순간이 아니라, 과정으로서의 카이로스, 과정-순간이다. 개체의 형상으로부터 개념적으로나 구분되던 "과정의 형상"Form of Process 17을 이처럼 생생하게 묘사한 극작가는 없을 것이다. 소쿠로프는 $\sum \overrightarrow{X_n} = 0 = \overrightarrow{X_n}$다.[18]

위 작가들의 공통된 스승을 찾으라고 한다면 그는 단연 도브첸코일 것이다. 그는 소비에트 몽타주가 내포하는 두 축, 즉 시간의 일시중지와 그 전반사적 평형을 한꺼번에 다루면서 변증법의 시적이고 신학적인 측면들을 파고들었기 때문이다. 그건 변증법을 개념적 압력(에이젠슈테인)이나 기계적 압력(베르토프)이 아닌, 희생과 부활의 영속적 원환을 그리는 시간 자체의 압력으로 새롭게 재해석하는 작업이기도 했다. 어쨌든 시압에는 다수의 개념이 포함되어 있다. 압력은 그 자체로 안에서

기 위해 앙겔로풀로스가 취한 파노라마 트래블링의 원형구조("총체화"), 그리고 내러티브에 있어서 '부정과 거짓의 전략'에 대한 분석들도 보라. 아멩구알은 '순간'에 맑스주의적 해석(브레히트, 루카치)을 가한다. "희망과 기만의 변증법, 가기와 돌아옴의 변증법 … 정치적 용기란 **기다림**을 아는 것이요, **전체 혹은 무를 거부하는 것이다.**"(같은 책, p. 51. 강조는 인용자).

17. MT 5강.

18. 그러한 한에서만 얌폴스키의 다음 분석은 정당하다. "타르코프스키를 일치의 대가라고 부를 수 있다면, 소쿠로프는 차라리 불일치의 대가라고 불러야 할 것이다."(「불일치의 영화」, 『영화와 의미의 탐구』, 3부 6장, 241쪽). 얌폴스키는 바흐친이 서사시와 소설에 대해 가했던 구분을 이 두 작가에게 적용하는 듯 보인다("타르코프스키의 세계는 노스텔지어의 절대적 세계이다"). 그러나 이는 시간과 시압을 혼동하는 처사다. 타르코프스키는 부뉴엘만큼이나 시간을 평형성의 형식으로 취급한다.

바깥으로 향하는 압력이며, 하나의 압력은 다른 압력, 즉 타자 혹은 집단의 압력을 전제한다. 이것이 그 엄청난 차이에도 불구하고 타르코프스키, 앙겔로풀로스, 소쿠로프가 공유할 수밖에 없는 현대의 신학적 사실이다 : 이제 신이란 다수의 개체들과 그만큼 다수의 시압들이 이루는 시적 균형과 연대에 다름 아니다.

1-3. 상징에서 지표로

모세가 돌아오고 우상도 돌아온다. 계율과 죄, 그리고 시련과 심판이 돌아온다. 종교영화의 내러티브는 반복과 떼어놓을 수 없다. 모든 반복은 접신면의 반복이기 때문이다. 그런데 키에르케고르는 반복의 두 유형을 구분한다 : 영웅은 신을 닮으려고 한다. 그것은 보편(윤리)에 근거한 유사성이며, 여기서 반복되는 것은 그 매개, 즉 로고스다. 이것이 유비다. 반대로 아브라함은 유비가 아니라 평형을 찾는다. 만약 그것이 부조리하다면 이는 평형이 아브라함의 개체성과 그 내면성 이외에 어떤 것에도 근거하지 않기 때문이다("개별성이 보편성 위에 군림한다"). 그에게 반복되는 것은 로고스가 아니라 자신 안의 원생적인 압력 자체, 즉 모리아 산, 장작더미의 불꽃과 음향, 그 분위기 자체와 구분되지 않는 시압이다. 어떤 의미에서 아브라함은 영웅보다 신과 더 닮은꼴이다. 그것은 시압의 내재성에 의한 유사성이기 때문이다.[19]

첫 번째 유형이 고전적 종교영화의 경우다. 드레이어와 드밀의 순교자는 말씀을 매개로 민중과 신을 중개하며 그 초연함을 잃지 않는다. 그는 신과 유비적인 영웅이다. 두 번째 유형은 현대 종교영화의 경우다. 타르코프스키뿐만 아니라 파라자노프와 소쿠로프의 순교자들을 정의하는 것은 부조리한 의무와 끝없는 내면적 동요, 그리고 그와 동조되거나 탈동조됨으로써 실천을 압박하는 바람과 안개, 낙숫물이나 타우르스의 울음소리, 심지어 색채와 같은 기후와 기압이다. 고전영화의 상징들을 대체함과 동시에 순교자들을 둘러싸는 이 '분위기'는 이제 과거·현재·미래의 회로에

---

19. 이 비교가 『공포와 전율』 3장의 내용이다.(한국어판 : 쇠렌 키에르케고르, 『공포와 전율』, 임춘갑 옮김, 치우, 2011).

서와는 완전히 다른 차원과 기능을 가진다. 그것은 더 이상 얇기·넓이·두께로는 환원되지 않는 촉각적 압박감으로서, 순교자들을 둘러싸고 압박함과 동시에 그의 일부로 흡수하는 영원성의 직접적 표현이다. 이 네 번째 회로에서 분위기란 영화적 형상들 간의 공명에 다름 아니다. 이건 더 이상 예감도 아니다. 이것은 분위기에 대한 막연한 감각이 아니라, 그와의 거리가 무한히 짧아져 분위기에 젖고 그에 몰입되는 감각, 문자 그대로의 내감interoception이다. 유비가 비례proportion라면, 분위기는 고유감각proprioception이다. 유비를 거역하는 신학으로서 분위기는 그를 내감하는 자가 참여하는 풍경 속에서 이루어질 개체들의 공통감각 및 평형감각과 떼어놓을 수 없다. 바로 이 때문에 타르코프스키는 분위기란 언제나 시적詩的이라고 말한다. 즉 분위기란 영원한 대상들의 평형을 압박하는 **시압감**Time-Pressure Sense이다. 분위기만이 회귀한다.[20] 결국 영화는 야훼의 음성에 두 가지 다른 대답을 구비했고 전자에서 후자로 이행하는 역사적 경향을 가진다. "아브라함아, 네가 어디에 있느냐?" 야훼와 유비적이므로 "제가 당신 *밑에* 있나이다."(고전적 접신면) 혹은 만물과 공명하므로 "제가 당신 *곁에* 있나이다."(현대적 접신면).[21]

고로 이러한 종교개혁이 고전적 접신면에 추가한 요소가 또 하나 있다면 그것은 바로 육체다. 시압은 육체의, 육체의 의한, 육체를 위한 압력 이외에 아무것도 아니다. 분위기는 그것이 아무리 관념적 영감을 불러일으킬지라도 오직 육체만을 상관항으로 가지며, 어떤 의식적 반성으로도 그를 제거할 순 없다. 육체의 몸무게 없이

---

20. '시적 분위기'에 대해선 타르코프스키, 『봉인된 시간』, 7장, 248~249쪽. 도덕적인 차원에서의 회귀에 대해선 3장을 보라(72쪽). 또한 영화배우에 관한 부분도 보라(182~194쪽). 타르코프스키는 영화배우의 임무는 분위기에 사로잡힘이라고 말하고 있다. 타르코프스키 연기론은 스타니슬랍스키적이지 않고, 차라리 체호프적이다.

21. "믿음의 기사는 하느님의 벗이 된다는 것 … 하느님을 '당신'이라고 부를 수 있다는 것 … "(『공포와 전율』, 3-(3), 158쪽) 1인칭과 3인칭의 양자택일에서, 세계와 대면하는 2인칭으로의 이행은 외려 동아시아적인 사유로서, ─ 서양철학과도 유리한 접점을 가지던 ─ 한국철학이 꾸준히 모색해 오던 바다. 특히 다음 책을 보라. 이승종, 『동아시아 사유로부터』, 동녘, 2018. 이승종은 유가, 도가, 성리학의 고전들을 현대적 관점에서 해체/재구축함으로써 그간 은폐되어 왔던 다수성을, 그러나 다시 유아론(1인칭)이나 도그마(3인칭)로 떨어지고 말 형이상학적 다수성이 아닌, "사태와 직면"함으로써만 유의미한 실천적 다수성(2인칭)을 추출해낸다. 그것이 "일이관지"에서 "관"(貫)이, "소당연"에선 "당"(當)이 의미하던 바고, "이기"(理氣)가 "문맥"(文脈)으로, "도지소이휴"(道之所以虧)가 양자붕괴로 다시 읽히는 이유다(각각 공자, 주희, 율곡, 장자 부분). 이승종은 "곁"(2인칭)의 철학자다.

는 분위기는 어떠한 압박도 행사할 수 없고 어떤 공명도 일으킬 수 없다. 반대로 육체는 분위기의 일부가 됨으로써만 공명을 반복하여 시압의 평형을 회복시킬 수 있다. 이것은 믿음을 사유하는 방식의 대전환을 의미한다. 믿음은 더 이상 관념이 아니라, 시압 속에서 취하는 육체의 한 상태나 태도, 차라리 그 자세가 된다. 파라자노프에게 그건 차라리 연극적인 포즈였다. 타르코프스키는 그 자체가 기압이나 수압이 되어버린 카메라를 취하며, 물에 씻기고 유황가스에 휩싸이고 촛불을 움켜쥐고서 버티는 육체를 부단히 보여준다. 앙겔로풀로스에게 국경지대와 난민수용소에 널브러진 잔해들이 이미 그러한 육체들이었다(그가 육체를 생략할 땐 너무 평형이 너무 쉽게 찾아지는 걸 경계할 때다 : 예컨대 〈안개 속의 풍경〉에서 강간장면). 파동, 특히 음파는 육체를 만든다. 소 울음소리는 레닌과 하늘을 접촉하게 하는 파동이 된다(소쿠로프 〈황소자리〉). 또 신부들은 오보에 음파를 통해 과라니족과 교류하며 쇳덩이의 무게와 폭포수의 압력을 온몸으로 견뎌야 한다(조페 〈미션〉). 모든 경우에서 시압이 육체를 통해 회복하려는 것은 어그러지고 물구나무선 중력장의 새로운 무게중심이다.[22]

　　클로즈업조차 예외가 될 수 없을 것이며, 사실 클로즈업의 탄핵은 이러한 종교개혁의 가장 핵심과업 중 하나다. 클로즈업이야말로 육체의 가장 고질적인 훼방꾼이기 때문이다. 클로즈업된 얼굴은 시압들의 교차 및 진동상태를 너무 쉽게 영혼의 무중력 상태로 대체해버림으로써 육체를 외려 가린다. 그렇다면 믿음의 방식 전체의 갱신을 위해 클로즈업의 중성화와 삭제는 불가피해 보인다. 타르코프스키의 고개 돌린 얼굴이나 앙겔로풀로스의 뒤통수만 보이는 얼굴에서처럼 말이다(특히 〈스토커〉에서 구역에 입장하는 장면). 키에슬롭스키에게서 볼 수 있는, 미물들과 공명하며 무표정으로 탈심도화되는 얼굴들도 마찬가지 경우다. 물론 얼굴을 정물로 물화시킨 최초의 무신론자는 오즈였다.[23] 더 이상 영혼과 육체를 중개하기 위한 얼굴이 아닌, 영혼의 모든 심도를 육체에게로 이양하기 위해 그 자체로 기후이자 그의

---

22. 지젝의 타르코프스키에 대한 유물론적 독해를 보라. 『진짜 눈물의 공포』, 6장. 타르코프스키 부분.
23. 일본영화의 정물을 클로즈업이 폐위되는 계보 속에서 파악하여, 육체의 일환으로 긍정하려 한 작가는 하스미 시게히코다. 그의 〈만춘〉 항아리 해석을 보라(『감독 오즈 야스지로』, 마지막 장. "얼굴과 항아리의 등가성", 197쪽).

롱샷이 될, 탈얼굴화하고 탈심도화하는 **탈클로즈업**declose-Up을 구축하는 것이 관건이다. 이 모든 것이 드레이어와 드밀에게서 정신의 이름으로 배척되던 물질이 다시 복권되는 과정이다. 믿음은 무게와 압박으로 내감되는 것이므로 먼저 고양되는 것은 정신이 아니라 육신 자체다. 타르코프스키의 공중부양 이미지가 의미하는 바도 이것이다. 무게중심은 더 이상 영혼이 아니라 육체의 사명이다.

　"난 상징주의의 적이다."[24] 종교개혁자들이 클로즈업을 탄핵한 건, 그것이 여전히 상징이었기 때문이다. 그만큼 더 이상 현대 접신면 위에서 상징은 가능하지 않다. 시압에 의해 육체에 새겨지는 촉각적 기호들이 상징을 대체하며, 바로 그 인장되고 각인되는 통감을 통해서만이 소명은 비로소 인식된다. 시압의 발견은 종교영화에 있어서 상징에서 지표index로의 변천을 의미한다. 시압에 의해 육체에 압인되는 모든 것들이 지표이며, 심지어 전통적 상징들도 변형과 파괴를 통해서 지표로 변모한다. 알렉산더의 공중부양이 공명의 최고극점에 형압되는 지표이며, 레닌의 산산조각이 그 최저극점에 형압되는 지표다. 또한 클로즈업도 상징이기를 멈추고 롱테이크와 롱샷의 일부로 포함됨으로써 공간 전체와 지표적 관계로 들어서게 된다(특히 앙겔로풀로스). 또한 파졸리니의 그리스도 영화뿐만 아니라 김기영과 임권택의 불교영화들, 최하원과 변장호의 무속영화들에서처럼, 육체는 성욕에 대해서 그런 것과 동등한 방식으로 계시의 빛과 소리가 접촉되고 또 압인되는 접신면을 직접 구성한다. 이제 구도자의 육신은 복음이나 염불의 파동이 반향되고 각인되는 양피지이고, 걸어 다니는 대장경이다. 특히 〈만다라〉와 〈아제 아제 바라아제〉에서 임권택은 목탁 소리와 염불에 갇혀있던 공명을 탄광촌, 도떼기시장, 창녀촌, 심지어는 데모 현장에까지 끌어내림으로써 범신론적 공명론을 가일층 확장하고 있다(〈씨받이〉의 출산장면과 〈서편제〉의 롱테이크 장면에서도 공명은 핵심요소이며, 〈짝코〉나 〈길소뜸〉 등에선 플래시백이 그 압력 역할을 한다). 모든 공명은 관념이 아니라 육체에 먼저 속한다. 김동리의 원작과 달리 최하원의 〈무녀도〉에서 진정한 접신은 무교-불교-기독교라는 관념들 사이에서 아니라, 무당-아들(아버지)-신딸의 육체들 사이에서, 그들 접촉이 곧 근친상간적 공명이 되는 살과 살 사이에서 이루어진다.[25] 또 배

---

24. 타르코프스키 인터뷰. *Andrei Tarkovsky Interviews*, p. 122.

용균은 가장 관념적인 사색 속에서도 세 구도자 사이를 휘감으며 그들의 육신을 갱생하는 수면의 파장, 나뭇잎 사이를 통과하는 바람과 빛을 포착해냈다(〈달마가 동쪽으로 간 까닭은〉). 대부분의 임권택 영화엔 행위자들을 공명케 하지만 정작 자신은 어느 편에도 속하지 못하여 제자리를 맴도는 관찰자가 존재한다. 기실 임권택의 영화들이 정성일을 멈춰 세우는 지점은 바로 이 공명중심에서다. 그것은 샷의 배분이나 내러티브의 경제학으로도 해명되지 않으면서, 그 모든 것을 관류하는 시압의 영점("숨 멈춤")이다(예컨대 〈신궁〉에서 바다에서 본 롱샷). 이것이 길과 대지에 집중하던 기존의 지리학적 임권택론보다, 정성일의 기체역학적-파동학적 임권택론이 더 나아가는 지점이다.[26] 정성일이 줄기차게 보여주려는 것은 임권택의 영화엔 어떤 형태의 선(시선·동선·플롯)으로도 완벽히 분해되지는 않는 일군의 파동·울림·호흡과 같은 기압이 존재하며, 그만큼 임권택의 샷 하나하나가 이미 시압이 시공간에 남긴 지표라는 것, 고로 그의 영화는 서사적이기 전에 건축적 혹은 조각적이고, 시간적이기 전에 시압적이라는 것이다. 지표란 화이트헤드가 "패턴"pattern이라 부른 것이다.[27]

그러나 이 모든 것을 너무도 일찍이 절감했던 작가는 유현목이다. 유현목이 천착했던 것은 심도공간과 그 상징이 아니라, 안개나 습기, 해방촌의 어둠과 같은 파동의 기상학적 양상들과 그를 따라 물질에 새겨지는 지표들이었다. 그것은 현판, 포고문이나 현수막이고, 작게는 충치와 신생아이며 크게는 폐허 속의 육체들과 시체들이다(〈오발탄〉 〈카인의 후예〉 〈나도 인간이 되련다〉 〈장마〉). 지표는 신존재 증거와는 아무런 상관이 없고, 반대로 신의 실효성과만 관련 있다. 그것은 카인의 징표이고 죄의 실질적 낙인인 동시에, 그 무게와 압력을 다는 계측눈금이다. 이것이 유현목의 인물들이 번뇌하는 방식이자, 이 모든 신학적 진화를 아우르는 가장 첨예한 문제다 : 심도는 사라졌고 신도 사라졌다. 그러나 그건 신은 세계의 압력이자 보이지

---

25. 영화 〈무녀도〉의 가장 좋은 평론은 이승종의 저 책 『동아시아 사유로부터』 2장 5~8절일 것 같다. 왜냐하면 영화 〈무녀도〉에서 싸움은 이(理)와 기(氣)가 아니라, "다수의 이(理)" 사이에서 먼저 일어나며, 그를 수행하는 것은 각기 다른 "문맥"(무교, 기독교)에 처한 육체들이기 때문이다. 그로써 이질적 분위기가 몸을 감싸 압박하고, 반대로 몸은 분위기를 거부하거나 받아들인다. "다수의 이(理)"가 곧 분위기다. 이(理)는 영원한 객체다.
26. 정성일이 KMDB에 기고한 「임권택×102」 연재 기고문.
27. 패턴에 대해선 PR 2부 4장 3절, SMW 8장. 패턴은 영원한 객체들("대비")이 시공간에 남긴 지표다.

않는 기압이 되었기 때문이다. 신의 있고 없음은 더 이상 문제가 되지 않는다. 외려 진짜 문제는 신이 없는데도 어떻게 십자가가 있느냐는 것이다. 〈순교자〉에서 군인들과 다른 성직자들이 이해하지 못하는 신 목사의 질문도 이것이다. 네오리얼리즘과의 차이도 분명해 보인다. 유현목에게 감각과 통각은 빈터를 메우는 전일적 파동의 현현으로서 그 자체로 신학적 가치를 지닌다. 고로 신학적 문제는 오직 감각될 수 있을 뿐이며 그 육체 없이는 아무 가치도 없다. 유현목이 "접촉" 혹은 "체험"[28]을 말할 때 그건 이런 의미다. 예컨대 죄는 단지 관념이거나 심리상태가 아닌, 육체의 상태이고 그 태도다. 또한 만약 인간이 신과 대립한다면 그 자신의 압통감과 그에 대한 실천으로서만 대립한다. 반대로 관념은 오히려 평형의 실천을 방해하기에 십상이며, 그로 인해 그 모든 압력의 평형점을 찾지 못한다면 방랑은 신의 부재와 구분되지 않을 것이다. 이것이 〈사람의 아들〉에서 요섭과 조동팔이 겪는 상황이다. 〈오발탄〉의 충치도 결국 평형점은 아니었다. 어머니의 환청, 구호소리, 비눗방울, 총성, 아기울음은 발치 이후에도 밤거리의 구석구석과 불협공명하여 더 무거운 대기를 구축할 뿐이다.[29] 이것은 파동과 그 감각만으로 건축되는 십자가다. 도마질 소리에서 기관차 피스톤 소리로 그리고 괘종시계 소리로 이어지며 시간 자체의 압력을 구축하는 파동의 경우이기도 하다(〈막차로 온 손님들〉). 이리 말해도 좋다면, 유현목에게서 신과 인간은 존재성은 다르나 그 몸무게가 같다. 유현목은 단지 믿음과 구원의 관념들을 사유한 작가만이 아니다. 유현목은 베르히만의 영화에서 그 기상학적 배경을 높이 평가했다. 유현목에게 있고 드레이어와 베르히만에게 없는 것, 그것은 더 이상 얼굴의 도움 없이도 믿음과 회의의 각 양태를 결정하는 몸무게("천근만근 되는 짐짝")와 그들 사이의 파동("가자, 가자 …"), 그리고 행여 재림할지도 모르는 시간-공명(구렁이)이다. 유현목은 차라리 타르코프스키의 지역에 알몸으로 남겨진 앙겔로풀로스였다. 인간의 실존은 오발이 아니라 오발'탄'이다. 오발체(體). 오발태(態). 방

---

28. 유현목, 「映畵藝術의 바람직한 未來像」, 『映畵學論叢』, 동국대 연극영화학과 엮음, 원방각, 1990, 840쪽.
29. 〈오발탄〉에 있어서 소음이 가지는 시압적 역량에 대해서는 이충직, 「〈오발탄〉의 사운드 사용에 대해서」, 『닫힌 현실 열린 영화』, 제3문학사, 1992. 특히 p. 165의 도표를 보라. 변인식은 파동을 커뮤니케이션 이론의 입장(시그널, 심볼)에서 다룬다(「유현목 영화에 표출된 신과 인간의 커뮤니케이션」, 29쪽).

법론적methodological 회의가 아닌 경로학적hodological 회의. 한국 접신면이 일찍부터 고전주의와 결별한 것은 유현목 덕분이다.

고전적 접신면에서 소수의 영웅이 지표(십계명 석판)를 독점해서 상징화하던 방식과는 정반대로, 현대 접신면은 천상이 독점하던 지표들을 땅으로 끌어내림이고, 그 세속화의 압박을 통해 믿음의 진폭을 만물에 형압함이다. 세속화의 극단은 지표의 지하화다. 현대 이단 영화들뿐만 아니라 고문 영화, 넌스플로이테이션 무비nunsploitation-에서도 볼 수 있는 피부 깊숙이 새겨지는 낙인, 먹거나 토해냄으로써 몸의 안팎을 만드는 성직자들, 땅 밑(혹은 피부밑)으로 함몰된 지하공간 등이 그러한 사례들이다(부뉴엘과 파졸리니도 이런 이미지들을 종종 차용한다). 특히 켄 러셀은 악마적 지표성의 가장 다채로운 변주들을 보여주는데, 천상에서 땅으로 끌어내려진 그리스도의 육신, 시압에 찢겨나간 상처나 반대로 시압에 충전되는 성기로서의 지표들이 그렇다(〈악마들〉 〈고딕〉 〈백사의 전설〉). 러셀에게 신성모독이란 철저하게 시간화의 문제로서 정교와 신화, 대중문화와 컬트, 물리학과 심령학과 같은 두 이질적인 시압들의 난교가 낳는 혼혈적 낙인으로 정의되는 것이었다(〈토미〉 〈상태개조〉). 러셀의 옵티컬 프린팅이 바로 그러한 압인법이며, 이를 통해 그는 필름 자체를 666의 피부로 만든다.

하지만 일반적으로 정교와 이단, 선과 악은 공명의 두 다른 국면들일 뿐이며 그 어떤 특정국면도 다음 사실을 변경시키진 못한다. 모든 육체, 모든 물체는 시압의 수용기이자 그 방출기이고 공명증폭기다. 만물이 미시-아브라함이다. 또 미시-아비타불이다. 나(1인칭)와 신(3인칭)을 유비함으로써 그 둘을 가로막는 것이 아닌, 내가 몸소 직면한다면 기꺼이 진입해오는 벗들(2인칭), 파동, 압력, 그 몸들. 심도에서 몸무게로, 시간에서 시압으로, 상징에서 지표로, 결국 정신적 유비에서 육체적 접촉으로. 이것이 영화신학의 진화과정이다.

영원과 육체

2-1. 신의 실어증: 자유간접화법, 파졸리니, 장선우

종교영화가 육체를 먼저 발견한 것은 놀랄 일이 아니다. 로고스는 육체를 억압하기 때문이다. 같은 이유로 현대 영화들이 로고스를 해체하고 변형시키려 했을 때 먼저 필요로 했던 것도 육체다. 육체는 천상의 로고스가 지표들로 분해되는 지대이며, 그럼으로써 로고스를 다중언어주의로 번역하는 막단백질이다. 이것은 언어학에서 소통모델에서 대화주의로, 의미론에서 화용론으로의 진화 같은 것이다. 파졸리니가 영화에게 자유간접화법을 요구한 것도 같은 맥락으로서, 다른 화자의 언어를 모방한다는 것은 그의 물리적이고 역사적 조건들에 대한 의식, 무엇보다도 육체("살과 피")에 대한 의식을 전제한다. 짐꾼은 교황이나 헤겔처럼 말할 수 없으며, 오직 그가 살아오고 일해 왔던 지역과 물리적 환경 속에서 체득한 사투리로만 말할 수 있을 뿐이다.[1] 당대 기호학자들과 지긋지긋한 논쟁 속에서도 파졸리니가 끝까지 견지했던 생각은 이러한 언어와 육체의 근본적 연관성이었다. 즉 특정 언어는 육체에 새겨진 지표이다. 따라서 자유간접화법은 육체가 그 인용부호가 되는 간접화법이다. 말은 오직 육체를 통해서만이 자유롭게 섞이고 교접하는 딴말(이종어heteroglossia)이 된다.

파졸리니 작품이 가지는 세속적 성스러움은 바로 이로부터 연유한다. 작가가 말하는 로고스는 언제나 걸인, 창녀, 포주의 사투리와 그 육신을 통해서만 말해지

---

[1] 이 모든 논의는 파졸리니의 두 논문, "Comments on Free Indirect Discourse", "The Cinema of Poetry", *Heretical Empiricism*. 파졸리니는 단테뿐만 아니라 아리스토텔레스의 경우도 살핀다.

고, 반대로 작가의 화법 또한 그에 함께 윤색되고 변질되는 초기작들이 이미 그렇다(〈아카토네〉〈맘마 로마〉). 또한 더 이상 관조하거나 내려다보지 않고 쫓아다님으로써 곁에 있는 촬영법(델리 콜리)은 관점의 자유간접화법을 제공했다.[2] 파졸리니는 네오리얼리즘(직접화법)과는 아무런 상관이 없다. 드레이어(간접화법)와도 다르다. 파졸리니의 카메라는 정확히 또 하나의 육체이고 자유간접화자 자신이기 때문이다. 만약 파졸리니가 클로즈업을 취한다면 이는 얼굴 외의 육체를 배제하기 위해서가 아니라, 반대로 얼굴이야말로 그 주름과 핏줄이 곧 그들의 물리적-역사적 조건을 증언하는 가장 훌륭한 육체이기 때문이다(특히 비전문 배우의 경우). 이제 육체는 그 자체로 '걸어 다니는 인용부호'가 되어 말과 딴말, 표준어와 사투리, 로고스와 비속어를 자유롭게 뒤섞으며, 그들 각각이 속한 이질적인 사회적 조건들을 그만큼 자유롭게 횡단한다. 이 정점이 바로 〈마태복음〉이다. 그것은 성서를 인용하는 건지 맑스를 인용하는 건지 더 이상 알 수 없는, 결국 우리 위에 있는 것만큼 우리 곁에 있는 예수의 클로즈업이다. 나중에 파졸리니는 심지어 편집 또한 이러한 자유간접 촬영법의 연장으로 간주한다. 육체는 어떤 샷에도 있기 때문이다. 각기 다른 시공간들로부터 딴말과 딴짓을 교통시키는 육체는 지성적 유비에 의존하지 않고도 샷들의 접착제가 된다(민담 영화들 〈데카메론〉〈캔터베리 이야기〉〈천일야화〉).

이 모든 것이 다이렉트 시네마에서도 찾아볼 수 있는 세 가지 위상들, 즉 딴말-딴낯-딴짓이며, 이는 파졸리니 작품세계에서도 핵심을 이룬다. 우린 이를 파졸리니가 한 샷(단위소rheme)을 이룬다고 생각했던 세 가지 기호들, 즉 영화소kineme, 의미소seme, 운율소rhythmeme에 각각 대응시켜 다시 생각해볼 수도 있을 것이다.[3]

자유간접화법은 신학적인 동시에 정치적 문제다. 모든 말들을 신의 간접화법으로 전락시키는 로고스의 체계는 교회뿐만 아니라 가부장제와 파시즘에 들어앉아 모든 궁핍을 정신 탓으로 돌리며 정작 그 자신은 육체를 좀먹고 있기 때문이다. 파졸리니가 '미메시스'를 말한다면 이를 비판하기 위해서다. 가부장제, 파시즘, 자본주

---

2. 같은 책, "The Cinema of Poetry", pp. 176~178. 파졸리니는 영화의 내재적인 자유간접화법을 시점(POV)으로 간주하며, "자유간접 시점샷"이란 용어를 제안한다. 아울러 파졸리니는 시적영화의 가능적 사례들로서 안토니오니, 베르톨루치, 고다르도 거론한다.
3. 같은 책, "Rheme".

의는 현실의 모든 말들을 아버지나 하느님의 말씀으로 유비시켜 빨아들이는 폭력적이고 식인적인 미메시스다. 반대로 문학뿐만 아니라 영화가 보유해야 할 것은 바로 그러한 위계적 미메시스를 끝장내는 미메시스, 즉 신의 말씀을 모방하는 것이 아니라 인간의 행동, 즉 다른 인간들, 그 타자성과 육체성의 방언들을 모방하는 자유롭고 수평적인 미메시스일 것이다. 미메시스의 단위소는 시압이다. 그것이 신분과 계급의 울타리를 넘어서 타자의 육체에 딴말을 압박하는 힘이라는 점에서 그렇다. 물론 다이렉트 시네마와 고다르가 자유간접적 육체성을 카메라에게 부여하면서 주관성과 객관성이라는 오래된 유비를 부수었지만, 이는 파졸리니를 만족시키진 못했다. 그들은 미메시스의 낡은 형식을 부수는 데 그치면서 신학과 정치학 둘 중에 하나만을 선택하고 말기 때문이다. 즉 그들은 충분히 정치신학적이지 않다. 반대로 파졸리니가 영화에게 요구한 것은 맑스와 성경(혹은 그람시와 신화?), 프롤레타리아와 아브라함 사이에서 자유간접화자가 되는 유물론적 순교다. 신으로부터 그 말씀 Logos을 박탈해야 한다. 파졸리니의 정치적 영화들이 보여주는 잔혹성은 육체가 미메시스들의 각축장이 된다는 데에, 그리고 바로 거기가 신조차 실어증 혹은 착어증 환자가 되어 복종해야 할 미메시스의 폭거가 일어나는 장소라는 데에 있다. 또 거기엔 화이트헤드의 개념적 역전, 단테의 라틴어와 피렌체 어의 역전에 상응할만한 어떤 물리적 역전(이상적 살-해체된 살, 남근-배설물)조차 있다. 〈테오레마〉와 〈살로, 소돔의 120일〉은 정확히 토대와 상부구조에 해당하는 실어증의 두 사례를 대조시키고 있다. 전자의 경우 예수의 이상적 육체는 가족들의 말을 흡수해버리고 가족들은 결국 벙어리가, 그러나 육체에 있어서도 벙어리가 된다. 후자의 경우 실어증은 먼저 권력자들의 것이다. 권력자들은 로고스를 순수한 부정성과 불법성으로 범람시키지만, 결국 파괴되어 해체된 육체만을 지시하게 된다. 이것은 병들어버린 자유간접화법의 완벽한 두 사례. 즉 신의 육체를 상실한 신자들의 자유직접화법이거나, 신의 언어를 상실한 파시스트들의 구속간접화법이거나.

살, 정액, 피, 똥과 오줌은 그 자체로 육체의 딴말들이므로 그 회귀와 역류는 정치적이고 도덕적 의미를 지닌다(〈돼지우리〉에서 식인과 수간). 파졸리니에게 '스타일'style, 文體은 도덕적이란 말과 동의어다. 그것은 언어의 수사가 아닌 육체의 패션이고, 패션은 언제나 역사적이고 정치적이기 때문이다. 또 패션의 혁명은 언제나 신학적이고 물질적이기 때문이다. 이런 까닭에 자유간접화법은 언제나 문법의 문제가 아니라 스타일의 문제라고 파졸리니는 부단히 강조한다. 아울러 바로 그 문체, 즉 대상과 작가의 유비, 나아가 객관성과 주관성의 유비를 부수는 촬영술적이고 편집 술적인 문체에 의해서, 그동안 허구의 로고스만을 숭상해온 산문영화를 대체하는 정치신학적인 '시적 영화'가 탄생하기를 염원했다. 그것은 신관 인간, 로고스와 말의 정신적 유비로 다시 빨려 들어가지는 않는, 외려 그를 해체하고 재구축하기 위해 이 종적인 사회적 조건들만을 교통시키는 육체적(지표적인) 유사성으로서의 '비판적 미메시스'의 영화다.

이러한 점에서 장선우는 가장 현대적인 파졸리니주의자이자, 가장 진보한 자 유간접화법을 구사했던 작가 중 한 명일 것이다. 그는 한국에선 흔치 않은 다이렉 트 시네마 작가이기도 하다. 그의 초기작들을 이미 특징짓고 있는 것은 육신을 지 녀 민중의 일부가 되어버린 예수, 두 다른 사회적-계급적 조건과 그 시점들을 넘나 드는 카메라다(〈서울예수〉〈성공시대〉). 단 그것은 계급의식이되 어디까지나 약자나 낙오자의 의식이다. 장선우는 파졸리니가 멈춘 곳에서 다시 시작한다. 장선우의 카 메라는 주변에 대한, 주변으로부터의, 주변으로의 카메라이며, 이것이 장선우표 자 유간접화법의 독창성이다. 파졸리니의 '시적 영화'에 장선우의 '열려진 영화'가 대조 된다. 그것은 마당극을 차용하는 영화로서, 중심 줄거리가 진행되는 와중에 틈틈이 쉬고 심지어는 그 주변사건에 더 관심을 가지는 판소리에서처럼, 카메라가 "사건의 변두리"를 기웃거리고 횡단함으로 인해 "줄거리의 전개는 오히려 이차적이고 허구적 이 되는" 영화다. 한마디로 열려진 영화란 "주변적인 것"으로 열려진 영화다.[4] 그러나

---

4. 이 모든 것이 장선우의 다음 글의 요약이다. 「열려진 영화를 위하여」, 『새로운 영화를 위하여』, 서울 영화집단 엮음, 학민사, 1983. 장선우는 〈춘향전〉을 인용한다. 가령 "심청이가 인당수에 빠졌다는 사 실은 물속에 빠져야 하는 심정을 길게 노래하고 묘사한 것에 비하면 아무것도 아니며, 이도령이 춘향 모로부터 한 상 잘 받았다는 사실보다는 상차림의 흐드러짐에 더 끌리게 한다"(318쪽). 장선우는 서 구 무대극과 한국 마당극을 줄기차게 대조시킨다(3장). 아울러 그는 카메라와 대상 간의 친교 형태 에 따라 소비에트 유파, 프랑스 포토제니 유파, 프랑스 누벨바그, 이탈리아 네오리얼리즘을 간명하고 도 엄밀하게 분류한다(2장). 장선우와 마당극의 관계는 파졸리니와 소쉬르 기호학의 관계와도 같다. 그만큼 마당극은 장선우 영화의 서사학적일 뿐만 아니라 윤리학적인 기반을 이루는데, 이는 자주 언 급되어 왔다. 가령 시네마테크 주최 〈장선우 특별전〉에서의 조경희와 김성욱의 대담(서울아트시네 마, 2010년 9월 11일).

주변성이 단지 객관성을 의미하진 않는다. 주변성이란 한국 마당극이 말하는 "부분의 독자성"(조동일)이다. 따라서 주변화란 대상이 주변화되는 만큼이나 카메라 또한 주변화될 수 있음을 의미하며, 여기서 두 다른 화자들은 어느 하나가 더 객관적이랄 것도 없이 서로의 시점들을 왕복하며, 서로를 베끼거나 끼어들고, 다투고 또 화해한다. 주변화란 이제 미메시스도 아니다. 그것은 "친교"이며 놀이다. 이제 카메라와 대상은 "함께 논다."[5] 〈우묵배미의 사랑〉이 가지는 아름다움은 불륜의 미화가 아니라, 불륜관계에 놓인 세 인물의 시점을 공평하게 주변화함으로써 그 누구에게도 도덕적 우위를 남기지 않는 불륜의 중립화에 있다.[6] 유영길 촬영감독과 공동작업이 본격화되고 장선우가 그 자신의 모든 이론적 구상들을 최초로 현실화한 〈경마장 가는 길〉에서 볼 수 있는, 인물들이 대화하는 도중에 슬그머니 주변공간으로 빠져나가는 카메라, 혹은 필요 이상으로 인물들에게 다가가거나 멀어짐으로써 사건의 진위나 그 도덕적 판단으로부터 발뺌하려는 카메라도 같은 경우다. 또한 〈너에게 나를 보낸다〉의 내러티브는 돌발적으로 분기되는 곁가지들의 집합이었다. 유영길·장선우의 카메라는 주변화하고 주변화되어 '샛길' 타는 카메라다("우린 계속해서 이렇게 샛길로 가야 할 거예요" 〈우묵배미 …〉). 샛길은 딴말, 딴낯, 딴짓의 경로다. 페로의 "거짓경로"다. 샛길의 가장 악명 높은 정점이 바로 〈나쁜 영화〉와 〈거짓말〉이다. 그것은 영화 그 자신의 주변부로 이루어진 영화, 결국 딴말이 참말과 거짓말의 놀이가 되는 영화로서 여기서 샛길은 더 이상 스크린 안에만 있질 않다. 영화의 육체와 관객의 육체 사이에도 샛길이 성립되면서 영화는 딴짓과 딴말의 거짓필름이 된다. 요컨대 장선우는 객관성을 주변성으로, 길을 샛길로, 미메시스를 친교로 대체한다. 누벨바그와도 혼동될 수 없다. 친교가 반사일 순 있어도, 반사는 친교가 아니다. 반사는 반성으로서의 사유를 재건하기 때문이다(특히 고다르). 그러나 생각 없이도 놀 수 있고, 심지어 잘 놀면 생각이 없어진다. 남는 것은 몸뿐이다. 주변은 친교

---

5. "카메라가 대상에 참여하고 함께 논다."(장선우, 같은 곳, 320쪽).
6. 〈우묵배미 …〉의 플래시백과 보이스오버의 딴말 구조에 대한 분석으로는, 이용관, 「〈우묵배미의 사랑〉에 나타난 플래시백과 보이스오버의 아이러니」, 『한국국영화를 위한 변명』, 시각과언어, 1998. 이용관은 이 영화의 리얼리즘을 두 층위의 플롯으로 구분한 뒤(112쪽), 이 둘의 종합을 "여적(餘滴)의 리얼리즘"이라 칭했다.

의 물리적·사회적 조건이자 그 살과 피다. 장선우의 자유간접화법은 주변친교화법이다.[7]

장선우에게도 육체는 그 자체로 도덕적 문제가 되지만 이는 모든 육체가 이미 주변부라는 특수한 조건(대부분 낙오자 집단) 아래서다. 그러므로 딴말은 이미 배설물이다. 장선우에게서 더 이상 말과 살이 교대로 서로를 매개하는 방식으로 자유간접화법이 구성되지 않는다. 그건 오히려 말이 살의 활성제가 되거나 살이 말의 최면제가 되는 파졸리니의 경우다(〈살로 …〉 〈테오레마〉). 실상 장선우의 자유간접화법을 정의하는 건 **말과 살의 즉자적 동일성**으로서, 더 이상 담론discourse이 아니라 교접intercourse이 구성하는 말들의 교환체계는 장선우의 주변인들이 말을 섞듯 몸을 섞는 유일한 사회경제적 조건이 되며, 반대로 그들은 자신의 육체에 새겨진 모든 말들을 리비도의 지표단위로 환산함으로써 그 조건을 드러내 준다. R과 J는 그들의 성관계를 시세와 품질을 감안하며 화대로 환산하고(〈경마장 …〉), 또한 섹스는 곧장 도색소설이 되며 그 역도 마찬가지다(〈너에게 …〉). 장선우에게서 말은 더 이상 정신적 가치를 갖지 않으며 정확히 "투입과 산출의 원리"에 따르는 육체적 가치만을, 즉 다른 살들을 더 살찌우거나 반대로 먹어치우는 육체적 가치만을 지닌다.[8] 예를 들자면 거식증과 식탐증은 정신병에 대응시킬 수 있고, 같은 식으로 로고스는 자지, 대화는 섹스, 폭언은 강간, 실어는 발기불능, 착어는 불임이고 … (이 목록은 얼마든지 계속될 수 있다) 샛길은 살들이 상변이하는 창자줄이다. 그러므로 가장 지정학적으로 중요한 주변부란 항문이다. 거기서 로고스라는 남근은 비로소 똥이 되기 때문이다. 장선우의 영화에서 항문섹스가 가지는 독특한 도덕적 함의는 여기에 있다.

---

7. 김수남은 열린영화론을 축소하려고 했다. 장선우의 카메라가 여전히 객관적 시점(리얼리즘·네오리얼리즘)에 사로잡혀 있다는 것이다(『한국영화감독론 3』, 지식산업사, 2005. 11장). 그러나 김수남은 객관과 주변을 혼동하는 것 같다. 유영길·장선우의 카메라는 주변적이지 객관적이지 않다. 주변은 객관이 아니다. 주변은 객관의 허구화이고 그 거세다(김수남의 분석법은 하길종이나 배창호의 몇몇 작품에 더 잘 적용된다). 반면 한국 민속학은 마당극의 주변적인 것(재비·악사·관객)에 내포된 열림성을 부단히 탐색해 왔다. 선구적인 연구는 역시 조동일(『탈춤의 역사와 원리』, 1979. 2장, 특히 코러스와 악사의 비교, 121~130쪽). 서연호와 김방옥의 연구도 보라(각각 『한국 전승연희의 원리와 방법』, 『열린 연극의 미학』).

8. "난 정신이 싫어요. 난 단순한 몸, 이런 게 좋아요. 저승도 싫고 이승이 좋고 …"(장선우, 토니 레인즈가 제작한 〈장선우 변주곡〉 중에서).

항문은 말하는 입과 마주 보면서도 그와 하나가 되어 있는 싸는 입이며, 로고스가 똥으로 되돌아오는 회로의 원점을 형성한다. 이것이 〈화엄경〉에서 로고스를 찾아 헤매던 소년이 얻은 선불교적 깨달음이고(똥도 로고스다), 또한 〈너에게…〉와 〈거짓말〉에서 파쇼이기를 자처하는 남자들이 로고스를 항문에 삽입하면서 얻는 마조히즘적 깨달음이다(로고스도 똥이다). "내 자지를 똥이라고 생각해."(〈거짓말〉) 장선우는 이것이 권력의 주변부를 어슬렁거리는 엘리트들 사이에서도, 또한 독재권력에 희생당한 피해자들 사이에서도 언제라도 재연될 수 있는 가부장제의 파쇼적 구조라고 단언한다. 생성 쪽으로 싸는 입으로, 파괴 쪽으로 먹는 입으로 두 겹으로 벌어져 있으면서 각 샛길로는 자지와 똥을 순환시켜 다시 한 몸뚱이로 만나고 있는 항문. 말을 싸는 입과 똥을 말하는 입, 혹은 로고스를 낳는 항문과 자지를 먹는 항문, 그리고 그 둘 사이를 메우면서 그 둘을 끊임없이 불륜으로 중매하는 최루탄 연기. 자지 없는 남자와 보지가 닳은 여자, 남자 식변증자와 여자 거식증자가 입을 모아 웅얼거리는 "세 번째 구멍."

정치학자 혹은 역사학자로서의 장선우에게 자유간접화법이란 항문거세화법이다. 그리고 그것은 광주 이후에 청산되지도 못한 채 미시파시즘으로 이어지고 있는 한국의 자학적 가부장 권력에 대한 장선우의 소묘다. 파졸리니가 유비에서 사디즘을 본다면, 장선우는 마조히즘을 본다. 실어증失語症이란 실근증失根症이다. 자지는 거짓말이다.[9] 장선우에게 '거짓말'이란 단지 풍자의 방편이 아니었다. 그것은 엄밀한 개념이자 정치적 방법론으로서, 주변을 들춰내고 또 접붙이는 힘이다. 거짓말은 마조히즘이 이미 그렇듯 주변부들을 일종의 역할극(남자-강간범, 여자-창녀, 지식인-사기꾼, 행려-부처, 앵벌이-예수 등) 속에서 연결하며 피해자들에게는 회상과 해원의 기회를, 가해자들에게는 망상과 자폭의 기회를 허용함으로써 〈로고스=참말〉이라는 진리모델을 부순다. 파졸리니도 이를 하였다. 그러나 그것은 딴말이 타자의 진실을 드러내는 '다른 참말'이 되어, 성-속, 선-악, 부-모와 같이 참말 대 참말의 본질적

---

9. 장선우 영화에서 마조히즘과 파시즘의 상관관계에 대해선 김경현의 다음 책, Kyung Hyun Kim, *The Remasculinization of Korean Cinema*, Duke University Press, 2004. '아버지상'과 '주체화의 내러티브'에 있어서 〈꽃잎〉을 〈파업전야〉(장산곶매)와 〈아름다운 청년 전태일〉(박광수)과 대조시키는 6장을 보라. 〈꽃잎〉의 비선형 구조에 대한 오이디푸스적 독해로는 4장.

인 대결을 이루는 방식이었다(특히 〈메데아〉). 이와 반대로 장선우의 거짓말은 어떤 말과도 대결하지 않는다. 주변부엔 참말이란 이미 없기 때문이다. 거짓말은 참말을 "겉돌고 있다."[10] 거짓말은 푸념과 넋두리와 같은 주변적 딴말들, 무가치한 똥과 다를 바 없는 실언과 허언들로만 가득 찬 기호이고, 외려 육체의 부분들로, 즉 각 딴말을 자신의 배역으로 삼는 딴살들로 보상되는 기호다. 장선우의 영화들에게서 더 이상 성과 속이 대립하거나 심지어는 교차하지도 않는 것은, 그것이 이미 위선과 위악의 놀이가 되어버렸기 때문이다(특히 후기작들 〈나쁜 영화〉와 〈거짓말〉에서의 역할극, 〈성냥팔이 소녀의 재림〉에서의 컴퓨터 게임). 파졸리니와 장선우의 차이는 오페라와 마당극의 차이다. 파졸리니의 딴말에 장선우의 거짓말이 대립된다. 파졸리니에게서 딴말은 또 다른 참말로서 로고스를 틀린 말로 축소하는 반면, 거짓말은 로고스를 허풍과 낭설로 뻥튀기한다(감독 자신의 로고스조차). 거짓말은 자지를 빈말로 만든다. 참말을 스스로 무너뜨리고, 딴말을 더 하기 위해서다. 거짓말은 비판적 미메시스와 구분되는 비판놀이다. 그것은 참말에 의존하지 않는 딴말들의 순수연쇄로서의 샛길, 딴말들의 역할극 자체다.[11] 이런 점에서 보자면 한국영화계에서 장선우의 가장 대척점은 정지영일 것이다. 정지영에게서 성과 속은 놀이가 아니라 대립을 이루며, 샛길이 아니라 길만을 내어주기 때문이다.[12] 가장 유사해 보일 이지상과도 다르다. 이지상에게도 성속은 대립은 아니나 동형을 놀 형태조차 본디 없어, 놀수록 남근뿐 아니라 몸마저 빈말이 되기 때문이다. 오히려 장선우가 부분적으로 참조하고 있는 것은 그의 직속 선배들이다. 영상시대 그룹(하길종, 이장호 등)은 이미 딴말들의 역할놀이를 통해 성과 속의 위상동형을 예감하고 있었다. 그러나 여기

---

10. 이효인의 정확한 소묘다. 『한국의 영화감독 13인』, 열린책들, 1994, 229쪽.

11. 판소리에서도 말은 소격효과와 같은 참말의 기능에만 국한되지 않으며, 극적 환상을 세우고 다시 허물기를 거듭하는 빈말-참말의 연쇄구조를 가진다. 창-아니리, 비장(悲壯)-골계(滑稽)가 반복되는 연쇄구조가 그것이다. 김흥규의 연구를 보라. 「판소리의 서사적 구조」, 『판소리의 이해』, 조동일·김흥규 엮음, 창작과비평사, 1978.

12. 김정룡의 명쾌한 정지영 해석의 요지다. 『우리 영화의 미학』, 문학과지성사, 1997. ("낭만적 리얼리즘", 72쪽). 그러나 김정룡은 길의 개념들(진로·퇴로·활로·귀로)을 장선우에게도 적용하는데, 이는 몇몇 윤리적 논점만을 걸러내는데 그칠 뿐 쉽지 않은 것으로 보인다(같은 책, 장선우 부분). 그도 그럴 것이 장선우에게 길은 샛길로 대체되고 있기 때문이다. 주변이 객관이 아닌 것처럼, 샛길은 길이 아니다.

서도 딴말은 여전히 또 다른 참말(고래)을 지시하기 위해서만 유효한 것이었다. 한국 뉴웨이브의 바보들은 딴말할지언정 거짓말을 하진 않는다. 어떤 면에선 그들은 여전히 리얼리스트였기 때문이다.

오히려 이론적으로 구분하기 어려우면서도 더 적절한 준거가 되고 있는 것은 여균동의 영화들이다. 여균동 역시 참말과 틀린 말의 대립을 넘어서 있는 거짓말의 차원을 다루었지만, 그건 어디까지나 빈말을 더 하기 위해서였다. 존재하지 않지만 끊임없이 말해지는 지리적이거나 심리적 외부(〈세상 밖으로〉 〈죽이는 이야기〉), 귀신처럼만 말해지는 금발의 대상(〈맨(포르노맨)〉), 목적도 실체도 없는 사랑(〈미인〉) 등이 이미 그렇다. 물론 여균동의 카메라 역시 끊임없이 주변을 들추고 딴말과 참말의 역할들을 횡단하며 다층적인 무대화를 이루지만, 이것은 어디까지나 중심부에, 너무도 순수한 바깥으로만 존재하는 그 텅 빈 중심에 더 다다르기 위해서다. 이것이 거짓말과 구분되는 빈말이다. 빈말은 가장 활성화되어 있는 상태의 상상력이며, 어떤 살이 주어져도 그로부터 가벼워지고 부풀어 오를 수 있는 관념의 긍정적 팽창력 자체, 여균동 자신의 정확한 표현처럼 "쫄지 마, 씨바"다.[13] 빈말은 고통을 모르고 또 몰라야 하는데, 왜냐하면 고통은 상상력을 위축시킬 위험이 있기 때문이다(특히 〈미인〉에서 남자의 고민이 이것이다). 반면 거짓말은 빈말을 그 자신이 이접시켜야 할 딴말들로 전환하는 힘이므로, 상상력보다는 이성에 먼저 속한다. 하지만 그것은 육체적 이성으로서, 거짓말은 딴말이 딴살이 되고 또 딴살이 딴딴살이 되는 변태의 고통을 반드시 수반해야 한다. 거짓말은 '쫄지 마, 씨바'가 될 수 없다. 거짓말은 자지가 똥으로 반드시 '씨바 쫄아야 한다.' 물론 거짓말이 빈말보다 상위의 능력이라고 볼 순 없다. 거짓말은 딴말의 연쇄에 이르기 위해선 언제나 빈말과 그 공허한 환영성에 의존해야 하기 때문이다. 여균동은 이 구분을 너무도 잘 알았고, 거짓말과 변신의 고통이 나타나는 족족 빈말로 흡수시켜 버렸다. 〈맨〉에서 포르노 배우와 메리가 재회하는 애절한 순간, 그들의 클로즈업은 촬영장 모니터 화면으로 넘어가 버린다.

---

13. 여균동, 『아큐, 어느 독재자의 고백』, 상상너머, 2011, 233쪽. '가벼움의 미학', '씨바의 미학'에서 말하는 상상력의 기능과 특징을 볼 것. 여균동은 특히 상상력의 정치적 기능을 강조한다(인터뷰에서 "마음"과 "이데올로기"를 구분하는 부분, 214쪽, 그 단위로 "개체성"을 언급하는 부분, 216쪽). 빈말이 거짓말보다 덜 정치적이라 할 어떤 이유도 없다.

또한 〈죽이는 이야기〉에서 영화감독의 번뇌는 자신의 영화가 빈말이 되어간다는 데
에 있질 않고(빈말은 그가 처음부터 의도한 바였다), 외려 빈말이 거짓말과 뒤섞여버
린다는 데에 있었다(여배우의 변덕, 대역배우의 변심). 어떤 의미에서 한국 뉴웨이브
의 가장 극단적 진화는 여균동이었다. 여균동은 거짓말 없는 빈말의 영화다. 한국
영화계가 거짓말로부터 빈말을 이토록 잘 분리해낸 적은 없었다.

모든 측면들을 비교해보았을 때 결론은 다음이다. 거짓말은 참말에 대항하나,
빈말과 짝을 이루지 결코 틀린 말과 짝을 이루진 않는다. 빈말은 틀린 말이 아니다.
틀린 말은 참말의 대립항으로서, 고작해야 거짓말의 부대효과일 뿐이다. 반대로 거
짓말은 빈말에 의해 정의되는데, 그것은 빈말이 거짓말의 매체나 매질이 되는 식에
의해서다.[14] 거짓말은 말들을 서로에게 딴말로 만들고 그 각각은 빈말로 만든다. 빈
말은 거짓말의 순수수단이다. 이리 말해도 좋다면, 거짓말은 빈말을 그 평형점으로
하는 분위기다($\sum \overrightarrow{\text{딴말}} = 0$). **거짓말은 화엄무(華嚴霧)다.** 이지상은 중요한 정식을 추
가한다 : 〈돈오〉는 살의 단열팽창에 의한 화엄무의 결로結露다("뭐 먹고 살아? … 이
슬" 〈둘 하나 섹스〉).

장선우의 필모그래피에서 〈꽃잎〉은 진정한 분수령이라 할 것이다. 〈꽃잎〉 이전
에 거짓말은 표절과 대필과 같은 참말의 형식을 군데군데 빌고 있었다. 그러나 거짓
말의 진정한 역능은 말들을 로고스의 모델로부터 뿌리 뽑기 위해, 기억의 잔해들,
망자와 원혼들에게까지 육신과 역할을 분양해주고, 그들마저 자유간접화법의 일부
가 되도록 종용하는 그 비논리성과 변신의 고통에 있다. 〈화엄경〉이 파졸리니에게
서 〈마태복음〉의 위상을 가지는 작품이라면 〈꽃잎〉은 〈테오레마〉의 위상을 가진
다. 장선우는 입이 항문이 되고 자지가 똥이 되는 마조히스트의 고통과 광기 없이는

---

14. 빈말과 거짓말이라는 두 극은 한국 마당극의 공간성에 고스란히 대응될 수 있다. 가령 탈놀이의 빈
공간에 대한 이미원의 중요한 연구, 『한국 탈놀이 연구』, 연극과인간, 2011, 5장. 요는 그 무형성에 의
해 극중공간과 일상공간은 빈 공간 안에서 부단히 연결되고 혼용된다는 것이다. 이미원은 기존의
마당극 공간연구가 지나치게 강조해왔던 것과 달리, "허구적 재현의 공간"이 완전히 배제되지 않음
을 관찰한다(특히 봉산탈춤의 경우, 120~127쪽). 그러나 이때에도 재현의 공간은 스스로 허물어짐
으로써 극중공간과 일상공간을 이어주는 거짓말의 기능임을 보유한다("인물 병풍"). 모든 것이 그녀
가 "극중 텍스트 공간"(dramatic textual space)이라고 부르는 것의 기능이며, 이런 측면이 마당극을
서구연극뿐만 아니라 순전한 제의로부터 차별화한다.

재현될 수 없는 금남로에게 그 스스로가 자유간접화법의 혀와 식도, 내장이 되기를 바랐던 것은 아닐까? 아직까진 로고스의 섬광이 아니라 거짓말의 섬망에 의해서만 금남로는 비로소 깨어날 수 있었기에? 비평가들은 장선우의 거짓말에 대해서 변태적 피해의식이라고 빈정거렸지만 사실은 정반대다. 장선우는 피해의식을 변태시키려고 한다. 타자의 의식에서 타자의 육신으로, 딴말에서 거짓말로, 피해의식에서 거세의식으로.

"화엄"이란 이것이다. 화엄이란 개별–집단, 주관–객관, 허구–사실과 같은 범주들로 쪼개져 흩어져버린 시간의 조각들을 다시 회집하여 중중무진(重重無盡) 재접촉하게 하는 거짓말의 힘이다. 만약 당대 평단이 장선우 영화를 기껏해야 거리두기의 카메라 정도로 요약하거나, 그로써 도덕적 문제만을 재구성하는 데에 그쳤다면, 그건 거짓말의 역능을 다시 주관–객관이라는 지성적 범주로 재단하려 했기 때문이다. 그러나 거짓말은 주관적이지도 객관적이지도 않다. 그것은 화엄적이다. 그건 주관–객관의 분리를 허구화하고, 그 텅 빈 평형점에서 매번 되찾아지는 기억과 상상의 식별불가능한 공존 속에서 변신할 수 있는 힘(無盡緣起)이다.[15] 거짓말에 의해서만 "흥부는 양반이면서 품팔이꾼이다. 춘향은 기생이면서 기생이 아니다."[16] 다른 어떤 평론가보다도 토니 레인즈가 화엄성을 잘 이해했던 것 같다 : '화엄이란 위장pretense의 변주다.'[17] 화엄을 가일층 밀어붙인 다른 사조를 꼽으라고 한다면, 그건 틀림없이 도그마 영화일 것이다. 그들은 엄격한 실제촬영 강령에 인공적으로 연출된 구원과 기적의 테마를 병행함으로써 영화 자체를 하나의 거짓말로 만들기 때문이다(빈터버

---

15. "카메라는 대상에 복종하기도 하고 때로는 대상을 엄격하게 지배하기도 하며, 그리고 그 아무것도 **아니기도 하여 서로의 가능성을 확장해주는 것이다**."(장선우, 「열려진 영화를 위하여」, 『새로운 영화를 위하여』, 321쪽. 강조는 인용자). 하지만 화엄이 변증법은 아니다. "변증법은 〈있다〉 다음에 〈없다〉로 갔다가 그 둘을 종합하는데 화엄에서는 그것이 동시에 존재"하기 때문이다(장선우 인터뷰. 『한국의 영화감독 13인』, 열린책들, 1994, 214쪽).

16. 조동일, 「판소리의 전반적 성격」, 『판소리의 이해』, 24~25쪽. 고로 "부분의 독자성"은 화엄의 형식이다.

17. Tony Rayns, "The Essence of Contradiction", *Jang Sun-Woo*, KOFIC, 2007. 〈나쁜 영화〉의 관점 변화 분석 부분(pp. 9~12). 『영화언어』 중 다음 글이 화엄의 본질을 꿰뚫는 것 같다 : 유현미, 「〈화엄경〉 허무에서 희망으로」, 『계간 영화언어』, 1994년 14호. ("현실과 비현실, 구체와 추상, 개별과 보편은 같은 것도 아니지만 그렇다고 다른 것도 아니라는 의미체를 형상화…"). 저자는 법성의 『앎의 해방, 삶의 해방』(1989)를 인용한다.

그 〈셀레브레이션〉, 폰 트리에 〈브레이킹 더 웨이브〉 〈도그빌〉, 레브링 〈왕은 살아있다〉, 비에르 〈오픈 하트〉). 도그마 영화에서 디지털카메라는 결정적이다. 디지털은 육체(네거티브 필름)가 없는 만큼 육체를 동원하면 할수록, 그 거짓말은 배가되어 구원의 허구성을 고스란히 영화 자체에게 되돌려주기 때문이다. 폰 트리에의 하드코어 작품들(〈백치들〉 〈안티크라이스트〉)뿐만 아니라, 특히 하모니 코린의 〈줄리앙 동키보이〉에서 저능아, 난쟁이, 헐벗고 퇴행한 육신들은 그 각자가 픽셀이 되어 리얼리티를 사산시키는 거짓말의 무진한 분자들을 이룬다. 디지털 화엄, 여긴 아마도 장선우와 파졸리니도 가보지 못한 지점일 것이다. 도그마 필름은 다이렉트 시네마의 하이퍼-리얼리즘 버전, 하이퍼-거짓말이다. 인터레이스 경경무진(輕輕無盡).

파졸리니와 기호학의 논쟁은 오늘날 얼마나 고루하게 들리는가? 그러나 당대나 지금이나 파졸리니에게서 오해될 수 있는 부분이야말로 그에게선 가장 중요한 함축이었을 게다. 파졸리니는 영화가 만약 언어가 될 수 있다면 그것은 현실reality과도 너무나도 유비적인 언어(그래서 유비도 아닌), 그래서 기호학자들이 말하는 "현실의 언어"와도 구분되는 "현실 자체로서의 언어"라고 말한다. 파졸리니가 그걸 랑그langue라고 부르긴 한다. 하지만 〈현실=언어〉라는 등식의 유일한 매개는 바로 "살과 피", 즉 육체라고 덧붙이기도 잊지 않는다. 기호학자들은 바로 이점을 이해하지 못했던 것 같다. 그래서 그들은 현실에서 언어만을 떼어간다. 다른 한편 파졸리니는 그 지루함으로는 일반기호학에 지지 않을 작위적인 플랑세캉스도 비판했는데, 그 이유는 그러한 작가들(앤디 워홀을 염두에 둔 듯 보인다)은 반대로 언어에서 현실만을, 아직 한정되지 않아 무의미한 시간만을 떼어가기 때문이다. 그가 볼 때 기호학자나 플랑세캉스 작가들은 언어와 세계 사이를 잇는 육체를 누락시킨 채 둘 중 하나만을 취하여 ─ 각각 기호와 이미지의 ─ "무한한 플랑세캉스"만을 제작하려고 한다는 점에서 하등 다를 바가 없다. 반대로 영화에게 요구되는 것은 흡사 "신이 그 자신과 말하기 위해 인간을 창조"했듯이 "인간경험을 그 전달체로 스스로 말하는" 그런 언어체계다.[18] 그것은 육체 그 자신과 하는 자유간접화법이자 주변친교화법이다. 이것이 여전히 언어학이라면, 그것은 바흐친 혹은 메를로-퐁티의 육체언어학이다.[19]

---

18. Pier Paolo Pasolini, "Living Signs and Dead Poets", *Heretical Empiricism*, p. 247.

기실 영화가 비로소 의미를 말하는 조건으로서 육체의 고유한 능력, 즉 상처받고 죽을 수 있는 역량인 가멸력을 파졸리니가 말할 때, 그는 이미 투철한 메를로-퐁티주의자인 것처럼 보인다("불멸하고 표현하지 못하거나, 표현하고 죽거나"[20]). 여기서 가멸력이란 로고스와 다를 바 없는 이상적 무한연속체를 압박하여 절단하고, 그를 역사화하고 도덕화하기 위해서 시간의 절단면을 자신의 지표로 삼는 육박성(肉迫性)에 다름 아니다(〈꽃잎〉은 이를 가장 멀리 밀고 나간다). 또한 가멸력은 지표의 비판적 기능에 대한 가장 좋은 설명이다. 지표는 죽었던 혹은 죽을 수 있는 누군가(즉 육신)의 상흔이고 트라우마다. "영화를 만든다는 건 타버리고 있는 종이 위에 글을 쓰는 것이다."[21] 이렇듯 육체의 가멸력은 자유간접화법이 신학이되 유물론 신학이기를, 그리하여 아브라함은 신의 프롤레타리아이기를 요구할 수 있는 천부권이 된다. 만약 파졸리니와 장선우가 기존 신학영화들과 가장 멀어지는 점이 있다면, 그들에게 희생은 곧 폭탄이라는 점이리라. 실어증은 곧 실행증이기에.[22] 그리고 이것이 신에게 되돌려질 때, 실어증이란 실어테러다. 희생이란 실어탄이다. 로고스를 더듬거리는 신… 허언탄(虛言彈) $\sum \overrightarrow{X_n} = -0$

2-2. 자유간접화법의 육체적 변주 : 뉴 저먼 시네마와 미국 B 무비

자유간접화법이 육체의 화법이라면 육체가 입 없이도 말할 수 있을까? 로고스

---

19. 메를로-퐁티에게서 언어는 사유가 아니라 신체를 전제한다. 언어는 몸짓이며, 그 의미는 세계다. 이것이 『지각의 현상학』 1부 6장의 내용이다. (한국어판 : 류의근 옮김, 문학과지성사, 2002) 2부 1장도 보라.
20. Pier Paolo Pasolini, "Is Being Natural?", *Heretical Empiricism*, p. 243. 이 논제는 67년에 썼던 글들에서 꾸준히 나타난다. 파졸리니는 시네마(cinema)와 필름(film)을 구분하고 각각에 랑그와 파롤을 대응시킨다. 메츠를 연상시킬 수도 있지만 파졸리니는 "의미"는 전자에서 후자로의 이행("죽음")을 통해서만 현실화되므로 시네마는 연역된 순수가설이라고도 말한다(같은 책, p. 250). 즉 시네마는 육체를 지닌 모나드다("연속체"). 자칫 오독되기 쉬운 '죽음효과'에 대해서 그는 흥미로운 비유를 든다. 스탈린의 생은 무한연속체이고, 그의 죽음 이후에 그것은 범죄라는 의미를 갖게 된다(같은 곳). 파졸리니는 죽음효과의 예로 주로 편집을 언급하나, 그건 편집에 국한되지 않음을 우린 이미 보았다.
21. 같은 글, p. 240.
22. 모리스 메를로-퐁티, 『지각의 현상학』, 1부 6장 10절.

를 먹고 쌀 수 있을까? 장선우와 파졸리니의 후기작들에서 볼 수 있는 지난한 기다림, 그 지루함을 버텨내려는 무의미한 버둥거림, 목적을 잃은 듯한 소화와 배설 등으로 충전된 육체는 이미 그 대답이었다. 그것은 딴말과 구분되는 '딴짓'으로서, 딴짓은 대사(언어)와 행동(운동)이 직조하던 시공간 좌표(내러티브, 디제시스)로부터 삐딱선을 그려내고, 그 육체로 하여금 시간의 사슬로부터 풀려나와 뜻밖의 시압에 노출되도록 해준다. 장선우·유영길의 카메라가 인물들을 벗어나는 그 움직임, 혹은 선재가 어머니를 향하는 경로로부터 비켜나는 그 이탈, 그게 바로 딴짓이다. 그것은 주어진 시공간을 멈춰 세우고, 그 절단면 위에 한마디 말없이도 접신면을 직접 그려낸다. 딴짓은 자유간접화법의 몸짓이고, 딴말의 육화다. 딴짓은 말해질 수 없는 것의 표현이며 그 불수의근과 내장감각을 통한 영원의 감응이므로 그 자체로 신성하기도 하다. 그런데 우리는 다른 영역에서도 이와 같은 변주들을 발견하게 된다. 기실 한 사조나 유파엔 언제나 딴짓을 추구하는 이단아들이 있어왔고, 이전 사조를 계승하는 척하면서 또 하나의 분파를 이루기도 했으며, 심지어 동시대 작가 혹은 사조와 라이벌 관계를 이루기도 했다. 물론 그들에게 신은 자연, 사회, 타자, 우연 등으로 이름만은 바꾸어왔지만, 그러한 이단아들이 딴짓으로 시공간 좌표로부터 이탈하여 때로는 자학과 경련으로까지 비화될 기다림과 빈둥거림의 접신면을 구성했다는 점만은 분명해 보인다. 두서없이 나열해본다면, 소비에트 유파에서 도브첸코, 서부극엔 만, 누벨바그엔 고다르와 트뤼포, 다이렉트 시네마엔 클라크와 카사베티스가 있었다. 고다르의 딴짓을 다시 외슈타슈와 아케르만이 잇고 있고, 카사베티스를 워홀과 브래키지가 다시 잇고 있다. 폴란드 유파엔 줄랍스키("신은 내 안에 있어요."), 포르투갈 유파엔 코스타. 그들은 모두 딴말의 기능을 차츰 딴짓하는 육체에게로 이양하며 그 과소운동성장애 혹은 과잉운동성장애를 통해서 접신면을 다시 구성하려고 했다. 이런 점에서 다이렉트 시네마의 가장 역설적 계승은 도그마 영화들일 것이다(폰 트리에). 한국영화는 그야말로 딴짓들의 보고였다. 뉴웨이브 이후에도 장선우, 여균동, 이지상, 채기 등.

이 모든 것은 영화가 고도를 기다리는 것처럼 진행된다. 영원히 도래하지 않는 것을 기다림으로써 그것을 육체에게로 도래시키는 것, 또 피부와 내장에 그것이 새겨지도록 그를 몸짓과 몸부림으로 포착하는 것, 이것이 바로 딴짓의 신학적 기능이다. 얀초가 이를 선구했다고도 할 수 있다. 얀초의 군중은 대립의 형식에서 시시각각 비껴서면서 집단의 자세라 할 수 있는 어떤 형形, Typus을 이루어 접신면의 들판에 새겨 넣기 때문이다(〈적군과 백군〉 〈붉은 시편〉). 반대로 완전히 닫혀버린 여균동의 무대나 촬영장에서도, 너무 먼 것들 사이에서 변이함으로써 기존 예측과 믿음을 파괴할지언정 일종의 형Trans-Typus이 나타났다가 사라지기를 반복한다(예컨대 〈맨〉에서 무당이 서양포르노 귀신에 접신하더니 "Fuck Me"). 채기는 가장 극한의 경우다. 형Intra-Typus은 이미 육체 안쪽, 망막뿐만 아니라 모든 감각기관의 안쪽으로 내입하여 외부엔 그 질료, 즉 빛만을 남겼다(〈빛 속의 휴식〉 〈빛나는 거짓〉). 이지상은 정확히 반대다. 형Inter-Typus은 육체들의 뒤섞임에 해체되어 그 공허한 형식만을 남겼다(〈둘 하나 섹스〉 〈돈오〉 〈그녀 이야기〉). 우린 자신들만의 고유한 딴짓을 일구었던 두 유파를 살펴볼 것이다. 이 모든 것을 대표하는 것은 아니지만, 이 두 유파는 딴짓을 본격적으로 개시함으로써 그 선배 유파들과 큰 대조를 이뤘을 뿐만 아니라, 그 둘 서로가 뚜렷하게 대조적이다.

　　뉴 저먼 시네마는 누벨바그의 자장 속에 놓여있던 그 초창기에서조차 육체의 테마를 집요하게 파고들었다. 무엇보다도 그것은 감금, 감시, 심판과 같은 실질적 폭력에 노출된 육체이며(슐뢴도르프 〈젊은 퇴를레스〉 〈카타리나 블룸의 잃어버린 명예〉), 문제가 되는 것은 더 이상 의식이나 정신이 아닌 고립되어 성장이 저지된 육체다(〈양철북〉, 슈미트 〈천사의 그림자〉). 특히 클루게는 이렇게 사회에 만연한 폭력을 영화신체 자체의 결손을 통해서 고발하려고 했고(〈어제와의 이별〉 〈어느 여자 노예의 부업〉에서 단속적 내러티브), 단편들, 인용구들, 본문 없는 각주들로만 이루어진 척추 없는 신경영화에 이르렀다(〈애국자〉).[23] 뉴 저먼 시네마에게 소외되는 유적 본질Gattungswesen이란 육체 자체다. 벤더스의 천사는 육체를, 그 무게를 원한다고 말한다(〈베를린 천사의 시〉). 허울뿐이었던 이성에 대한 근원적 회의, 그리고 너덜너덜하지만 실재하는 육체에 대한 직시에 이르러 뉴 저먼 시네마는 누벨바그의 자장에서 벗어난다. 특히 파스빈더가 그렇다. 물론 파스빈더가 고다르와 서크의 형식과 내

---

23. 『알렉산더 클루게』(전주영화제 총서 4, 2008)에 실려 있는 스튜어트 리브만과의 클루게 인터뷰 (1986, 1987년). "우리는 차이들의 바다 속에서 헤엄쳐야지 이성의 방주 안으로 피신해서는 안 됩니다", 93쪽.

러티브를 모사했었음은 사실이나, 그때조차 그의 신체는 철저한 반응불능과 무력감의 상태로 위축되어 시간의 막장드라마를 보여주고 있다. 파스빈더의 육체에게 남은 것은 오직 딴짓뿐, 즉 약물에 취해 널브러지고, 침묵하다가도 갑자기 자학적으로 분열하고, 흡사 시체나 마네킹처럼 마비되어 경련하는 딴짓뿐이다(〈사계절의 상인〉 〈페트라 폰 칸트의 비통한 눈물〉).[24] 마약은 방부제다. 박제화는 파스빈더의 작품을 관류하는 가장 큰 테마이며, 그가 볼 때 몰락해가는 인류에게 허용된 유일한 딴짓이다. 〈불안은 영혼을 잠식한다〉에서 금지된 사랑을 하는 백인 과부와 아랍인은 마을 사람들에게도 박제화되지만(노상카페 장면), 무엇보다도 서로를 박제화한다(근육을 자랑하는 장면). 〈페트라…〉엔 매우 함축적인 장면이 하나 있다. 페트라가 카린에게 사랑을 고백하는 순간 카메라는 갑자기 그들을 이탈하여 미끄러지고는, 그들의 거울상을 거쳐서 마네킹에 이르고, 끝내 그들을 어디선가 지켜보고 있던 화석과도 같은 여비서의 얼굴에 이른다. 유영길·장선우의 카메라를 연상시키는 이 장면에서 파스빈더는 자신이 자유간접박제술가임을 증명해 보이는 것 같다. 그리고 박제술 삼부작이라고 부를 만한 엄청난 연작이 있다. 온실 속에 박제된 식물여인(〈마르타〉), 역사 속에 박제된 비련의 여인(〈마리아 브라운의 결혼〉), 조명과 시선 속에 박제된 마네킹 여인(〈베르니카 포스〉), 모든 것은 내장을 비워내고 겉면엔 글리세린을 발라서 매끈하지만 창백한 껍질만 남기는 방부보존술의 전시장을 이룬다.

파스빈더의 관성화된 실내공간에 헤어조그의 신비화된 실외공간은 완전히 대비된다. 파스빈더의 박제술이라면 헤어조그는 축소술이다. 스스로 거인이라 여기던 인류는 사막, 정글, 산맥과 같은 숭고한 자연 앞에서 한없이 작아져 난쟁이로 축소되고, 그 거창했던 행동들 또한 바퀴벌레, 닭, 오리의 미미하고 무의미한 움직임만으로 쭈그러들어 결국 유적 딴짓이 된다(〈삶의 징후〉에서 집시 왕, 〈카스파 하우저의

24. 레인즈는 파스빈더를 할리우드 모델에 비교하려는 비평 경향에 반대하는 저자 중 하나다 : "파스빈더의 목표는 할리우드를 흉내 내는 것이 아니라 그에 필적하려는 것이다. 파스빈더는 서크에게서 발견했던 전복의 가능성을 부정함으로써, 불가능성을 주제 자체로 삼았다." Tony Rayns, "Fassbinder, Form and Syntax", Fassbinder, BFI, 1980, pp. 79~80. 이와 반대로 파스빈더를 자기반성하는 (파운드 푸티지) 영화의 전통 속에서 읽어내려는 시도로는 앨새서의 연구, Thomas Elsaesser, Fassbinder's Germany, Amsterdam, 1996. 파스빈더의 '인위성'의 공간, 재현으로서의 '미디어-리얼리티'에 대해서는 1장, 이중구속과 역할극에 대해서는 2장.

신비〉와 〈스트로스첵〉에서 정신박약아). 〈난쟁이도 작게 시작했다〉는 이 딴짓의 보고다. 눈먼 채로 줄을 잡고서 우물에 이르고, 같은 자리를 빙빙 맴도는 자동차에 열광하는 난쟁이 인류.[25] 헤어조그는 독일 낭만주의, 특히 니체의 영향을 가장 많이 받은 작가 중 한 명이다. 인류라는 허황된 개념, 이미 허풍이 되어버린 그의 유적 본질 안에서 거인은 사실 난쟁이의 그림자에 지나지 않으며, 결국 진화의 선은 한껏 굽어 폐쇄원환을 이루고는 모든 난쟁이를 가두어 놓는다. 스스로 신을 대리한다고 착각하는 영웅 역시 너무나 하찮은 난쟁이로서, 그는 너무나도 거창한 몸짓으로 이 원환으로부터 이탈하여 신인류를 재건하려는 딴짓거리를 벌이나, 그 역시도 원환에 흡수되어 결국 춤추고 노래하는 원숭이와 날벌레들의 비호를 받으며 장엄히 사그라질 것이다(〈아귀레, 신의 분노〉). 족족 실패하는 영웅의 딴짓이 외려 완성하는 자연의 숭고한 원환, 그것이 헤어조그의 접신면이다(원형 트래블링). 여기서 인류의 끝없는 수축과 고갈만이 새로운 영원을 영접하는 조건이므로 "인간이 사라진 후에야 신은 다시 돌아와 작업을 마칠 것이다."(〈피츠카랄도〉)[26] 결국 "첫 번째 문제는 무시간성, 즉 인간의 조건이다."[27] 네오리얼리즘이 〈운동=소멸〉의 공식을 수립한 최초의 사조라면, 뉴저먼 시네마는 〈운동=멸종〉의 공식을 수립한 최초의 사조다. 또 그 멸종의 몸짓으로 접신면을 구성한 최초의 사조다. 그것은 "제2의 종"을 태동하는 육체의 자학과 자멸, 스스로 미래의 화석 혹은 "유용한 불수"[28]가 되려는 종의 딴짓이다.

---

25. 헤어조그 영화의 퇴행적 신체성, 그리고 심지어는 내러티브와 관객 사이에서 일어나는 퇴행작용에 대해서는 다음을 보라. Timothy Corrigan, "Producing Herzog : From a Body of Images", *The Films of Werner Herzog*, ed. Timothy Corrigan, Methuen, 1986.

26. 헤어조그뿐만 아니라 뉴 저먼 시네마에게서 니체의 흔적은 필연적이다. 그들은 인류 전체를 접신제물로 삼기 때문이다. "인류는 목표라기보다는 수단이다. 인류는 단지 실험재료에 불과하며 실패한 것의 거대한 과잉이다. 즉 패잔의 들판이다."(니체, 『힘에의 의지』, 713절). 헤어조그의 다른 영화들(특히 다큐멘터리)의 풍경 속에 나타나는 낭만주의적 기원과 신학적 모티프에 대해서는, Brad Prager, *The Cinema of Werner Herzog*, Wallflower Press, 2007. 특히 2, 3장.

27. 헤어조그 인터뷰, *Herzog on Herzog*, ed. Paul Cronin, Faber and Faber, 2002, p. 112.

28. 〈절망〉에 관련해서 파스빈더가 1977년, 1978년에 쓴 글들은, 그 자신의 박제술과 그 실존주의적 측면을 이해하는 데에 매우 유용하다. 파스빈더의 글을 모아놓은 *The Anarchy of Imagination*(ed. Michael Töteberg, Johns Hopkins University Press, 1992)에 "Of Despair"란 제목으로 재수록되어 있다("우리의 불수를 조장한 태양계의 질서를 받아들인 똑같은 방식으로 파괴를 받아들이지 않는다면, 우린 결코 자유로울 수 없을 것이다. 이것을 '끝없는 끝'(Endless End)이라 부르자. 파괴는 존재의 반대가 아니다.", pp. 173~174).

주목할 만한 점은 뉴 저먼 시네마에서 더 이상 접신면에 각인되는 '딴'은 말이 아니라 짓에 먼저 속하며, 도리어 대사는 점점 더 인위적인 클리셰가 되어간다는 사실이다(특히 슈미트와 파스빈더의 경우). 또 그런 점에선 뉴 저먼 시네마가 닮아가고 있던 건 누벨바그가 아니라 마리오네트 전통과 파운드 푸티지 전통이라 할 것이다. 의식의 반성을 육체의 쇠락과 화석화로 대체하기 때문이다.

거의 같은 시기에 미국 영화도 딴짓을 모색하고 있었다. 그것은 독일적 방식과는 정반대의 것으로서, 여기서 영화는 육체를 잡아당기던 진화의 중력으로부터 완전히 해방되어 유적본질에 '딴짓의 자유주의'를 부여하고 있다. 이것이 미국 B 무비가 한 일이다. B 무비의 미국적 경박성은 인물의 딴짓을 초활성화해서 내러티브를 있어도 그만 없어도 그만인 허물로 만들어버리며, 심지어 내러티브 자체가 사라진 것처럼 보이는 가운데 유머나 공포 같은 자극은 바로 그 조직적 헐거움, 시공간 좌표의 연결오류로부터 직접적으로 도출되고 있다. 미국 B 무비는 순수하게 딴짓만으로 운동을 조직하는 영화다. 여기선 유적본질 따위 그다지 큰 관심사도 아니었다. 애초부터 인류란 없는 것이기 때문이다. 차라리 대중이라는 실용주의적 타자만을 인용하기 위해 그 유적 우연Gattungszufall을 통해 애초의 종으로부터 가뿐히 이탈하는 기형인간, 싸이코, 여전사, 식인종 같은 변종들이 주인공이 된다.[29] 미국적 자유 간접화자는 인류의 의식과 이성이 아닌, 대중의 무의식과 충동을 겨눈다(가령 핀들레이 〈스너프〉). 물론 B 무비란 용어 자체는 다소 느슨한 개념이다. 당대에 통용되던 "싸구려"sleaze 혹은 "재탕"exploitation이라는 개념들도 유용하긴 하나, 이 사조의 한 측면만을 묘사한다. 게다가 그 특유의 저렴한 날치기 제작방식과 속편과 아류작들을 남발하는 관행 덕분에 너무나 많은 작가가 깃털처럼 날아왔다가 사라졌고, 그게 바로 이 사조의 존재방식 자체였다(루이스·프랑코·밀리건·프리드먼·유즈나·로저 코만 사단·트로마 사단…). 우린 그중 접신면의 미국적 모델을 잘 묘사해줄 몇 명

---

29. 줄곧 통용되던 정의를 참조한다. "익스플로이테이션 영화란 플롯과 행동의 요소들이 홍보적 (promoted) 요소에 종속되는 영화다. 이런 점에서 〈쥬라기 공원〉은 궁극의 익스플로이테이션 영화다."(허셸 고든 루이스 인터뷰. 다음에서 재인용 : John McCarty, *The Sleaze Merchants*, St. Martin's Press, 1995, 38쪽). 존 맥카티 시리즈는 고어, 스플래터, 사이코 무비를 폭넓게 아우르는 최고의 B 무비 가이드다. 재탕 계보학의 또 다른 소개서로는 다음도 보라. Richard Meyers, *For One Week Only*, New Century Publishers, 1983.

의 작가만을 살펴보는 데에 만족하고자 한다.

　뉴 저먼 시네마가 수축으로 정의된다면 미국 B 무비는 팽창으로 정의된다. 그것은 단지 시각과 행동의 팽창이 아닌 육체의 직접적 팽창이며, 이때 팽창은 모든 육체들이 주어진 시공간의 좌표를 월경하는 그의 딴짓이 된다. 일단 그것은 신체기관의 팽창이다. 많은 작품에서 볼 수 있듯이 그것은 모체로부터 해체됨(루이스 〈피의 축제〉 〈2000 매니악〉, 밀리건 〈피의 도축자〉), 혹은 모체를 근본적으로 뒤틀어 변형시킴(카우프만 〈톡식 어벤저〉 시리즈)을 통한 확장이다. 그런데 우린 여기서 팽창된 기관에 어떤 캐릭터를 부여하여 팽창의 발육학이라 부를 수 있는 경지에 이르는 한 거장을 만나게 된다. 러스 메이어의 여전사들이 보여주는 과대발육한 유방과 엉덩이는 남자들이 대지에 그려 넣은 좌표를 맘대로 건너뛸 수 있는 확장력의 원천이며 그 자체로도 이미 무기가 되는데, 이에 비해 남자들은 푸시캣들이 그려놓은 팽창궤적만을 뒤쫓을 뿐이며 그마저도 좌표와 트라우마에 막혀버려 허둥지둥하고 있다(〈모터싸이코〉 〈패스터 푸시캣! 킬! 킬!〉). 메이어는 세워놓은 차에 여배우를 태워놓고 하늘을 배경으로 달리는 샷을 촬영하기도 했다. 하지만 이것은 단지 촬영상의 조악함이 아니라, 푸시캣의 팽창하는 유방 앞에서 너무나 왜소해져 버린 이 세계의 조악함이다. 푸시캣의 가슴만큼 이상발육한 샷과 클로즈업이 메이어의 영화들을 사로잡는다. 푸시캣이 이상발육시키는 것은 시간 자체다. 시간은 터질 때까지 부풀려져서 그 공극 속에 법과 수컷들을 가두어 놓는다(남자들은 항상 늦거나 개인적 과거에 발목이 잡혀있다). 가슴은 천부적인 팽창력의 능산이자 소산이며, 쭉쭉빵빵은 즉자적으로 접신이 된다. 그리고 이 확신에 이르러 메이어는 모터사이클을 버리는 이행을 단행하게 된다. 질주하고 격투하는 푸시캣pussycat과 달리 암여우vixen는 가슴과 엉덩이만으로도 적을 제압하며, 홀딱 벗고 뛰는 것만으로도 너끈히 신화적 단면을 확장해 나가면서, 동성애나 단성생식과도 같은 자율적 폐쇄회로를 구축한다. 더 이상 더 빠른 푸시캣들이 아니라 그 발육 자체가 곧 힘의 팽창인, 암여우-슈퍼암여우-울트라암여우의 발생패턴이 접신면을 그리는 것이다(〈암여우〉 4부작). 메이어를 단지 가슴 페티시 환자라고 볼 수 없다. 그는 부분을 사랑한 게 아니라, 그 부분으로부터 좌표 전체에까지 뻗어 나가는 신성神性을 사랑했기 때문이다. "가슴은 궁극을 향한 수단이다."Tits are a means to an end 30

고로 팽창은 정치적이거나 사회적인 대결을 불러오기도 하며, 이때 집단이 이루는 육체가 곧바로 문제가 된다(예컨대 수컷-암컷, 백인-흑인, 경찰-무법자의 쌍들). 물론 메이어도 집단의 문제를 간혹 다루었지만(예컨대 〈머드하니〉에서 감금·통제되는 여자들의 경우), 그 해결은 으레 가슴을 더 흔들기 위한 액션장면으로 어물쩍 넘어가곤 했다. 집단의 문제를 유방과 엉덩이만으로 해결하긴 어렵다. 집단의 팽창은 먼저 팔다리의 팽창이기 때문이다. 바로 이러한 문제의식이 잭 힐을 익스플로이테이션 영화계에서 독창적 작가로 만드는 것인데, 그는 무법지대에선 더더욱 간과될 수 없는 팽창의 법적 측면을 다루고자 했다. 즉 금지된 팽창의 문제. 힐이 볼 때 법이 관여하는 한 팽창은 언제나 한 집단의 다른 집단에 대한 팽창이고, 따라서 팽창은 으레 고립과 감금의 형태로 먼저 나타나며(여감방 시리즈), 소수집단 안에서 제한된 손발의 움직임에서 점점 활성화되어 상대 집단으로의 은밀한 잠입과 복수로 이어질 수 있을 뿐이다(〈몬도 키홀〉 〈스위치 블레이드 시스터즈〉). 이것은 사지가 묶인 신체가 자신을 옭아매던 끈을 풀어헤치고 비로소 수족의 자유를 찾는 과정이라 할 수 있다. 비록 그 과정에서 가슴과 엉덩이를 부분적으로 이용하긴 해도 말이다. 힐의 블랙스플로이테이션blaxploitation 작품들은 이 사지발육학을 흑인-백인 혹은 여자-남자 집단에 소급적용시키고 있다(〈코피〉 〈폭시 브라운〉). 힐은 처벌, 구속, 구원과 같은 이슈들을 그러모으며 헤어조그만큼이나 초자아의 팽창-수축 문제에 부심했던 작가다. 이런 점에서 그의 두 걸작 〈스파이더 베이비〉와 〈여감방〉은 정확히 대극을 이룬다. 즉 초자아가 소수집단에 내면화되어 그 마수를 다수집단에게로 팽창시키는 사디즘의 경우와(〈스파이더 베이비〉), 반대로 초자아가 외면화되어 다수집단의 사지를 옥죄는 마조히즘의 경우(〈여감방〉). 불가능해 보이던 이 둘의 종합에 이른 것은 일본 B 무비에서였다(코누마 마사루, 이시이 다카시 등).

미국 B 무비는 팽창에 위상학을 부여했고 때때로 그 팽창을 반전시키기도 한다. 팽창은 기본적으로 빼앗아 먹는 것, 즉 흡수와 소화다(고어영화, 식인영화). B 무비의 세 번째 측면은 고로 배설물에 관한 것이다. 세계를 향한 가슴이나 수족의 팽

---

30. 러스 메이어, 다음에서 재인용 : Jimmy McDonough, *Big Bosoms and Square Jaws*, Three Rivers Press, 2005, p. 56.

창은 이제 반전되어 배설물이나 분비물의 팽창이 되고, 똥은 한 육체의 입과 항문을 연결할 뿐만 아니라 다른 육체들을 연결하는 전일적 네트워킹, 즉 똥줄을 이룬다. 이것이 B 무비의 또 다른 거장, 존 워터스의 세계다. 달걀만 먹는 바보엄마, 항문 댄서, 체외수정자, 구토물과 개똥을 먹는 변태 등을 통해서 워터스가 추구하는 것은 엄밀히 말해 퇴행이 아니라 역행revolting이다(《막가는 인생》에서 모든 것을 거꾸로 하는 '거꾸로 날'Backwards Day처럼). 그것은 팽창을 먹는 팽창이며, 종에게 허용된 어떤 팽창도 포괄해버리고 출산조차 배설로 만들어버리는 역함의 절대권능이다. 이 결정체가 저 악명 높은 '디바인'Divine 캐릭터다. 디바인은 내장을 먹고 내장을 싸고, 미처 챙기지 못했던 세상의 똥까지 죄다 빨아들인 뒤, 똥으로 헌법을 제정하고 불결filth의 왕국을 선포하는 신의 내장이다(《멀티플 매니악》에서 내장을 먹는 디바인, 《핑크 플라밍고》에서 개똥 먹는 디바인). 어떤 점에서 디바인은 B 영화계에서 가장 정치적이고 초법적인 캐릭터였다. 그녀는 단지 단죄(푸시캣, 일사)하거나 저항(폭시 브라운)하지 않고 흡수하며, 그렇게 품은 각 요소들을 배설물로서만 연결하기 때문이다(그녀가 단죄자가 되는 것은 불결을 경합할 때뿐이다). 똥의 이런 제헌적 성질을 이해하지 못하는 바람에 비록 디바인에게 패하기는 했지만, 마블 부부가 이 배변 철학을 잘 요약하고 있다 : "난 네 꺼야, 잘 짜인 더러움의 보이지 않는 끈에 의해서 너에게 영원히 합쳐져 있기 때문이지. 결코 신도 이걸 부술 순 없어."(《핑크…》)[31] 워터스 영화의 요체는 똥이 아니라 똥줄이다. 이는 장선우가 화엄으로 암시했던 세계이기도 하다. 똥줄은 영원의 끈이다. 그것은 만물을 만변평등(萬便平等)으로 이끈다(《디바인 대소동》은 똥줄이 단절된 불행한 사례를 다룬다).

미국 B 무비를 단지 산업적 가벼움으로 정의할 수 없다. 그건 가슴과 팔다리의 팽창, 내장의 팽창과 같은 육체적 가벼움으로 먼저 정의된다. B 무비는 영화를 싸구려로 찍기 위해서가 아니라, 세계를 싸구려로 만들기 위해 팽창녀들을 캐스팅한다.[32] B 무비를 단지 저렴한 인스턴트 상품으로만 치부해버리는 것도 어리석다. 거기

---

31. 결국 마블 부부는 왜 패했는가? 호버만과 로젠봄의 탁월한 답변은, "마블 부부가 법을 어기려고 한다면, 디바인과 그 가족들은 금기를 부수려고 한다."(J. Hoberman & Jonathan Rosenbaum, "John Waters Presents Filthiest People Alive", *Midnight Movies*, Da Capo Press, Inc., 1983, p. 150. 저자들은 워터스의 철학과 미국의 많은 문화적 유산들(앤디 워홀, 앨리스 쿠퍼 등)과 비교한다.

엔 뉴 저먼 시네마의 예술성에 필적하는 어떤 신학적 이슈들이 내포되어 있기 때문이다. 팽창에 의해 펼쳐지는 하이퍼-접신면이 그것이다. 융의 개념대로 팽창은 "신과 비슷함"Gottähnlichkeit33이다. 결국 미국 B 무비에서 신은 무엇인가? 우린 토니 레인즈가 파스빈더에게 달았던 주석을 그대로 적용해볼 수 있을 것이다 : 미국 B 무비에서 신은 불가능성으로서의 신, 단 의식으로선 사유불가능한 바, 그 팽창압으로 집단무의식을 끌어올리는 육체로서의 신이다. 이러한 조건에서만 잭 힐의 저 악명 높은 대사("널 강간해 버리겠어." "그럴 수 없을걸. 난 섹스를 즐기거든." 〈빅 버드 케이지〉)를 다음과 같이 바꿔 쓸 수 있으리라 : "널 접신해 버리겠어." "그럴 수 없을걸. 난 이미 신이거든." 모든 측면에서 뉴 저먼 시네마와 미국 B 무비는 대조적이다. 뉴 저먼 시네마의 불능과 인류에, 미국 B 무비의 만능과 대중이 대립된다. 전자는 고갈체이고 후자는 팽창체다. 전자가 육체의 생략법이라면 후자는 그 과장법이다. 고갈과 팽창은 희생과 부활의 대극이기도 하다. 뉴 저먼 시네마의 정신이 인류의 상징적 팽창을 위해 고갈을 기꺼이 지불하는 장렬함이라면, 미국 B 무비의 정신은 고갈을 미지불한 채 팽창을 날로 먹으려고 하는 접신면 착취exploitation의 기업가정신이다.

허나 이 모든 것은 육체를 자유간접체로 변신시키기 위함이며, 여기에 두 사조의 공통점이 있다. 뉴 저먼 시네마와 B 무비는 허풍(虛風-*가짜 하늘*)의 영화다. 그들은 육신을 하나의 거짓말로 만들어 그만큼 불가능한 신성에 접신시킨다. 즉 더 이상 정신의 5차원(드레이어)에 존재하는 관념적 접신면이 아닌 살의 n차원에 존재하는, 그 자체로 쪼그라지거나 부풀어 경련하고 몸부림치는 접신면체. **영원의 내장감각.**

2-3. 시간의 환지통 : 마카베예프, 쿠스트리차, 페라라, 비글로우

32. "뚱뚱한 사람을 캐스팅하는 것이 좋다. 왜냐하면 그들은 스크린에 더 많은 공간을 차지하기 때문이다. 그러면 세트에 돈 쓸 필요가 없다."(워터스 인터뷰. *Critical Cinema*, ed. Scott MacDonald, University of California Press, 1988, p. 236).
33. 칼 구스타프 융, 「자아와 무의식의 관계」 1부, 『인격과 전이』, 한국융연구원 번역위원회 옮김, 솔, 2004.

고전영화와 현대영화를 가르는 주요한 기준은 고통이다. 고통은 영화에 주어지는 모든 육체와 그 육박성을 표현하기 때문이다. 고통은 시압에 대한 일차적 감각이다. 2부에서 살펴봤듯 고전 몽타주가 빈틈없는 체계이고 현대 몽타주가 빈틈의 체계라면, 고통은 고전 몽타주와 현대 몽타주를 가르는 기준이기도 하다. 왜냐하면 빈틈은 먼저 (영화 혹은 인간의) 육체에 나는 구멍이기 때문이다. 영화가 의식과 사유에 위탁해오던 분해와 결합의 권능을 되찾고, 빛과 지속에게 위탁해오던 시간을 시압으로 다시 새기는 건, 바로 그 몸구멍에 의해서다. 눈구멍, 목구멍, 숨구멍, 똥구멍… 수많은 빈틈이 있을 수 있다. 자유간접화법은 그중 특히 입구멍을 빈틈으로 하는 몽타주였다. 일반적으로 현대 몽타주의 빈틈이란 **압통점**壓痛點이다.[34] 유현목의 충치.

초기의 양상은 아마도 촉각이었을 것이다. 브레송의 영화에서 손이 이미 그러한 기능을 하고 있다. 〈소매치기〉의 기차역은 파편화된 공간이지만, 소매치기들의 손들이 물건을 주고받거나 서로를 가리키고 만짐으로써 그들을 다시 이어 붙인다. 손은 파편화된 공간의 접촉면을 구성하며, 반대로 공간은 그 촉각을 전제로 해서만이 파편화된다. 손은 공간의 일부로서 그 절단면과 접촉면을 한꺼번에 구축하는 그의 압통점이다(〈돈〉에선 돈이 그렇다). 그것은 파편화되어 고립된 샷에게, 지금은 결여된 그 나머지에 대한 예감과 통감, 그리고 미래에 있을 재결합의 책임을 부과한다는 점에서 환지통幻肢痛의 함수이기도 하다. 브레송은 드레이어의 〈잔 다르크의 열정〉을 다시 찍었다. 브레송의 잔 다르크에게만 있는 것, 그건 회의를 부르는 정신의 파편화, 신에 대한 환각지, 화형의 고통 없이는 해결될 수 없는 실재와 환영의 역설이다(〈잔 다르크의 심판〉). 바로 이러한 요소들이 브레송을 현대 몽타주의 선구자 중 일인으로 만든다. 그 세 가지 원칙은 다음과 같다 : 전적으로 촉각화된 공간 속

---

34. 압통점을 이론적으로 처음 발견한 이는 노엘 버치일 것이다. 버치는 초기영화가 빛(조명), 배우와 카메라의 운동에 의해서 어떻게 공간에 구멍을 뚫고서, 그 구멍을 "접촉점" 삼아서 내외부가 압착되거나 이격되는 "촉각공간"(haptic space)를 구축했는지를 분석한 바 있다(Noël Burch, *Life to Those Shadows*, University of California Press, 1990. "Building a Haptic Space"). 그러나 우린 이러한 공정이 현대 영화들에 더 잘 적용된다고 생각한다. 설령 촉각성이 발명되었을지라도, 그건 현대 영화가 더 잘 발명할 수 있었던 것이다. 또 다른 참고서적은 Laura U. Marks, *The Skin of the Film*, Duke University Press, 2000. 특히 2, 3장.

에서 프레임이 압통점이고, 샷은 환지통이고, 몽타주란 존재의 양가성이다. 브레송의 발견에 객관성을 부여한 것은 쿠트 크렌이다. 그는 촉각이라는 초기상태를 극한으로 밀어붙여서 시공간을 말 그대로 두 동강, 세 동강…n 동강 내버리고, 그야말로 환지통에 몸부림치는 영화를 만들었다(특히 64~65년도 작품들). 그로써 그는 또한 n 동강의 다차원성이야말로 인간의 정신마저 연원하는 물질과 시간의 속성임을 보여주었다. 이것은 어쩌면 브레송이 미뤄둔 부분이다(어쩌면 더더욱 메를로-퐁티적인…). 섬광 속에서 환각된 샷의 결여분은 이전 혹은 이후 샷의 표상이 아니라 그들의 동시적 현존이므로, 존재의 양가성ambivalence이란 그것이 육체로서 거하는 세계의 애매성, 나아가 시간의 애매성ambiguity이다.[35] 한스 쇼이글이 〈31/75 Asyl〉에 대해 "어떻게 이런 생각을 하게 되었나?"라고 묻자, 크렌의 대답이 의미심장하다 : "아무 생각도 없었다Keine Ahnung." 그리고 덧붙이길 "여기엔 정신분열적인 것이 있다."[36] 시간의 애매성이란 사유에게 전혀 빚지지 않는 신경 자체의 애매성이다.

신경은 육체의 부분이 아니다. 그것은 육체의 가촉력과 가멸력 자체이며, 그 안과 밖을 접촉하게 하는 표면성이다. 고로 신경은 물체의 속성이나 그들 간 관계도 아니다. 그것은 물체를 포함한 모든 육체를 이루는 섬유들이며, 사유와 물질 사이에서 직접 뇌를 구성함으로써 자극과 반응, 그 유입과 유출, 외향감과 내향감을 조율하는 살의 현이자 그 파동이다. 신경은 서로에게 안팎을 이루는 압통점 사이의 **살끈** 혹은 **육현(肉絃)**이다. 현대의 **신경 몽타주**neuro-montage는 바로 이런 조건들로부터 성립한다. 신경 몽타주는 영화의 각 부분과 연결을 육체와 신경으로 취급하는 몽타주다. 고통 주고 또 고통 받기 위해서다. 고전 몽타주는 이를 할 수 없다. 그 연결을 여전히 사유나 정신에 의존하며 육체를 멀리하기 때문이다. 반면에 신경 몽타주는 영

---

35. '애매성'이란 양가적으로 어떤 한쪽에 독점적으로 속하지 않는 다수성의 차원을 의미한다. 환각지 현상이 증거하는 존재와 시간의 애매성에 대해서 우린 계속해서 메를로-퐁티를 참조할 것이다. 『지각의 현상학』, 류의근 옮김, 문학과지성사, 2002. 1부 1장. "환각지의 애매성" 부분. "환각의 팔은 팔의 표상이 아니라 팔의 양의적(ambivalent) 현존이다."(142쪽). "세계-에로-존재의 애매성은 신체의 애매성으로 번역되고 신체의 애매성은 시간의 애매성에 의해서 이해된다."(148쪽).

36. 크렌 인터뷰. *Ex Underground Kurt Kren Siene Filme*, hg. Hans Scheugl, PVS Verleger, 1996, pp. 180~181. 크렌 몽타주에서 두뇌를 이끌어내는 팜의 글도 보라. Michael Palm, "Which Way?"("머릿속엔 영혼도 정서도, 인간도 역사도 없다. 오직 두뇌뿐이다.", p. 123).

화나 세계 어디선가 어떻게든 일어나고 있는 신경의 누락과 결손을 신경망 전체의 급변과 돌발, 그 산고의 고통으로 전환한다. 이것이 우리가 마카베예프의 영화들에서 볼 수 있는 압통점만으로 구성되는 신경망과 그 총체적 박동의 경우다. 마카베예프가 이데올로기에 관심을 가지는 것은 그것이 집단의 신경망이되, 그 압통과 결손으로서만 작동하는 집단환지통의 체계이기 때문이다. 그것은 메말라서 금이 벌어진 대지의 신경망(〈인간은 새가 아니다〉), 세르비아 영웅의 과거와 현재(〈보호받지 못한 순수〉), 스탈린을 그의 인민들과 억지로 연결하는 이념적 신경망이다(〈WR : 유기체의 신비〉). 이데올로기의 환영은 오직 민중의 고통을 전제로 한다는 것, 이것이 마카베예프의 몽타주가 보여주고자 하는 첫 번째 측면이다. 하지만 국지적 환지통이란 존재하지 않는다는 바로 같은 이유로 이데올로기는 한 집단에서 멀리 떨어진 한 집단에게로, 한 압통점에서 다른 압통점에게로 이어지는 연관통^{referred pain}의 체계를 가진다.[37] 〈스위트 무비〉는 이 연관통의 가장 세세한 목록이다. 질의 순수성을 측정하는 자본주의로부터 에펠탑의 페니스 캡티버스, 젖을 빨고 똥오줌을 휘갈기는 무정부주의 집단을 거쳐서, 초콜릿을 도포하는 광고촬영장과 포템킨 선원을 거세하는 사회주의 설탕밭으로 이어지는 고통의 전이과정이 거기에 있다. 실상 마카베예프는 소비에트 몽타주에게 빚진 것이 별로 없다. 그의 몽타주는 한 집단압통점에서 다른 집단압통점 간에 신경학적 거리에 의해 측정되는 고통의 조밀한 전파이기 때문이다(〈스위트 …〉에서 광고촬영현장과 카틴 대학살 유해발굴 현장의 교차편집).[38] 오히려 그는 라이히적이다. 그가 '왜 아프면 몸부림치는가?'라는 질문을 '왜 아픈데도 몸부림치지 않는가?'로 뒤집을 때 특히 그렇다. 그것은 세계의 연관통을 은폐하고 둔감화시키는 달콤한 촉각, 즉 설탕의 진정작용이며, 이런 기제에 의존한다는 점에서 사회주의는 자본주의와 하등 다를 바가 없다(〈스위트 무비〉에서 안나,

---

37. "관념들의 네트워크"(마카베예프 인터뷰. *WR : Mysteries of The Organism*, Avon Books, 1972, p. 20).

38. 그럼에도 불구하고 소비에트 견인몽타주, 그리고 심지어는 고다르의 전통 속에서 마카베예프의 작품들을 파악하려는 시도로는, Lorraine Mortimer, *Terror and Joy*, University of Minnesota Press, 2009. 저자는 마카베예프의 세계를 이루는 각종 사상과 평론들을 풍부하게 제시하지만 정작 고통과 연관통에 대해서는 인색한 편이다. 이 책은 오히려 변신으로서의 테러에 대한 좋은 논제들을 제시한다(8장).

〈고릴라는 정오에 씻는다〉에서 레닌).

　연관통은 변증법적 1 + 1 = 2가 아니라, 신경학적 2 + 2 = 5이다. 그것은 "흥분"arousal과 "냉각"frozen, 발기와 위축과 같은 서로 이질적 파동 간의 "게슈탈트 변환"Gestalt Shift을 집단에게 부여한다.[39] 이런 의미에서 집시 영화들은 또 다른 신경 몽타주의 스타일을 이룰 것이다. 쿠스트리차의 영화에서처럼 환지통은 집시 집단에게 생의 박동을 줌과 동시에, 절름발이 소녀에게서 가족 모두에게로(〈집시의 시간〉), 날개 잃은 청년에게서 사막 전체에게로(〈아리조나 드림〉), 난쟁이 신부에게서 결혼식에 모인 집안사람들 전체에게로(〈검은 고양이 흰 고양이〉) 일거에 퍼져나간다. 모든 소동은 집단 내 요소들이 제짝을 찾을 때까지, 혹은 그 결손된 부분이 다른 집단과 온전한 연결을 이룰 때까지 한 집단이 마치 끊임없이 그 자세를 바꾸면서 변신을 해나가는 것처럼 진행된다(〈언더그라운드〉는 이 결손이 너무 만성화된 경우를 다룬다). 집시 집단은 근원적 동요fluctuation 상태에 있는 신경망이며, 우상이나 설탕 발림과 같은 저항매질에 막힘이 없이 도시에서 시골로, 사막에서 병원 혹은 바다로 자유로이 파동과 그 고통을 실어 나르며 우주 전체를 가로지른다. 쿠스트리차 영화에서 꿈의 역할도 바로 그것으로서, 이때 집시 신경망에게 환지통은 더 이상 한 집단의 오류나 흠결이 아닌, 반대로 그 집단에게 가장 큰 동요와 활성화를 허용하는 그의 본질이자 영혼이 된다. 비행물고기가 집시의 꿈인 게 아니라, 반대로 집시가 비행물고기의 꿈이다. 집시의 압통점은 몽점(夢點)이다. 비행물고기는 어떤 신경망의 한 통점에서 다른 모든 신경망들에게서 아무런 저항 없이 뻗어 나가며, 더 이상 몽상과 구분되지 않을 환지통을 온 우주에 단숨에 투사한다. 이것은 고통의 전이성과 구분될 고통의 유랑성, 마카베예프의 연관통과 구분될 쿠스트리차의 방사통radiating pain이다. 연관통이 사회적·과학적이라면 방사통은 우주적·주술적이다. 아무리 몽환적이거나 음악적인 요소가 다분하더라도 다른 동유럽 영화들이나 여타 뮤지컬 영화들과 집시 영화는 결코 혼동될 수 없다. 집시 영화는 우주적 신경망의 발견이고, 그 방사통의 초월적 감각이다. 어떤 뮤지컬 영화도 방사통 없이는 쿠스트리차

---

39. 마카베예프 인터뷰. *WR: Mysteries of The Organism*, p. 21. "다른 연결들이 만들어지고, 다른 형태들(shapes)이 나타날 것이다."(같은 곳). 에이젠슈테인과 구분되는 2 + 2 = 5에 대해서는 pp. 17~18.

가 이르렀던 우주적 수준의 마력과 비애에 이를 순 없을 것이다. 방사통은 염소, 거북이, 물고기 같은 가장 작은 신경들과 대지, 바다, 하늘과 같은 가장 거대한 신경들 사이에서 일어나는 게슈탈트 변환을 하나의 춤과 활공으로 만들며, 결국 그 사점으로부터 모든 생을 다시 일으키는 시간의 압통점을 구성한다. 토니 갓리프는 이에 더욱더 극렬한 진동을 부여하여 말 그대로 스스로 구부러지고 방사되는 신경망에 이른다(《유랑자들》 〈트란실바니아〉). 방사통은 춤추는 연관통이다.

고로 환지통은 신경공학적일뿐만 아니라 사회학적-정치학적 애매성마저 가진다. 한편에선 극도로 활성화되어 발기된 육체들이 있을 수 있고(집시와 몽상가들), 다른 한편에선 다른 신경망과의 교통이 차단되어 위축되고 냉각된 육체들이 있을 수 있다(스탈린과 나치). 그리고 그 둘 사이에 개입하는 제3의 신경망, 그러나 이번엔 신경감각의 감퇴만을 조율하는 반反신경망이 존재하며, 이것이 신경 몽타주의 세 번째 측면을 이룬다. 그것은 진통제 몽타주다. 이것은 대조 편집이지만, 결코 두 다른 가치의 첨예한 대조가 아니다. 반대로 그것은 빨간 피를 뒤덮은 하얀 설탕(〈스위트…〉), 할리우드 영화에 포위된 집시들(〈아리조나…〉)처럼, 어느 한쪽의 일방적인 감퇴와 둔감화로 이루어진다. 이것은 미국의 장르전통과 B 무비 전통의 교묘한 접점을 점하고 있던 페라라가 가장 잘할 수 있었던 것이다. 페라라의 도시와 뒷골목에는 너무나 많은, 그래서 그 최초의 압통점을 더 이상 특정할 수 없는 익명의 자극들이 주어지며(〈복수의 립스틱〉 〈공포도시〉 〈보디 에일리언〉 〈위험한 게임〉), 이와 함께 신경망은 무뎌지고 둔감해져 결국 압통점 없는 환지통만을 지니게 된다(〈블랙아웃〉의 섬망증세).[40] 페라라의 카메라는 끊임없이 원환의 형상을 묘사하는데 이는 고전적 미장센과는 아무 상관이 없으며 차라리 타르코프스키나 헤어조그의 원형 트래블링과 맞닿아있는 것으로서, 여기서 원환은 출구 없는 신경망, 또는 변환 없는 게슈탈트를 구성하며, 선악의 대립, 구원과 속죄마저 모두 상투적이고 무기력한

---

40. 〈블랙아웃〉의 섬망 몽타주에 대한 브르네의 분석을 보라. *Abel Ferrara*, trans. Adrian Martin, University of Illinois Press, 2007, pp. 138~150. 브르네는 미분화(undifferentiation)의 세 가지 양상들(개체·장소·안팎)을 분류한 뒤, 다음과 같이 적는다. "매티가 지운다면, 미키는 증식시킨다. 어떤 의미에서 이는 필름 셀룰로이드의 이중적 실존에 상응한다… 미키는 이어붙이고(interlink), 매티는 떼어낸다(unlink)."(p. 149).

몸짓으로 환원하는 그 자체 둔통점純痛點들의 연쇄인 것처럼 보인다(특히 그의 갱스터 필름들, 〈뉴욕의 왕〉). 페라라의 육체는 접촉공포증에 걸린 육체다(〈악질 경찰〉의 자위 장면). 동시에 그것은 신경이 너무 곤두서거나 너무 마비되는 신경통의 극한에서 이제 통각마저 잃어버린 현대의 육체들이다. 페라라의 독창적 테마인 '중독'은 이로부터 나온다. 페라라의 육체는 의미 없는 복수, 목적 없는 희생, 대상 없는 포식, 의지 없는 저항과 같은 순수부정으로서의 신경통, 즉 통증 없는 신경통에 중독된 무통증analgesia의 신경망들이다. 페라라의 걸작 〈어딕션〉은 중독의 선험적 논증이며, 그 엄밀성은 타르코프스키의 어떤 작품에도 뒤지지 않는다. 즉 본질이란 실존에의 중독이다("나는 중독된다. 고로 존재한다").

현대의 신경 몽타주는 통감痛感이고, 그를 통한 신경망의 변형과 구축이다. 신경 몽타주는 고전 몽타주의 여러 방법론들(변증법·가속·대조·평행)을 연관통·방사통·신경통·무통증으로 대체하며, 한 작가는 그중 어떤 하나를 취함으로써 나머지들을 포괄하게 된다. 가령 우리가 이미 살펴본 폭탄영화 전통은 신경 몽타주의 극단적 용례들이다. 이제 시간은 쿠스트리차의 할머니가 던지는 빨간 실타래 같은 것이다. 시간은 자신의 잘려나간 결여분을 꿈꿀 때만 시압의 무게를 획득하므로, 신경이 곧 시간이며, 그 압통은 시압이다. 이것이 바로 우리가 비글로우의 영화에서 볼 수 있는 물결이나 빛과 공기의 파동이 되어버린 압통의 이미지다. 그의 단골설정인 서로 환각지가 되는 두 인물, 두 무리, 두 젠더 사이에서, 모든 전이는 머릿속에서 일어나기에 앞서 객관적이고 실재적인 시간 속에서 먼저 일어난다. 물론 피아혼동의 환각은 으레 나타나며 때로는 한 육체를 파멸로 이끌 수도 있으나, 항상 그보다 먼저 일어나는 일은 두 육체의 실재적 결합이고 그 실질적 고통이다(〈폭풍 속으로〉의 스카이다이빙 장면, 형사와 범인은 땅에 곤두박질치기 전에 합체해야 한다). 비글로우가 절감하는 바는 모든 시간에 앞서 나와 세계 사이에 약속된 객관적 신경망이 존재한다는 것, 고로 환지통이란 나에게 속하지 않은 결여분에 대한 상상적 고통이 아니라, 그것이 여분으로서 나에게 속하게 되는 실재적 고통이라는 것, 결국 모든 환지통은 서약covenant에 의한 변신통이란 것이다(〈죽음의 키스〉〈스트레인지 데이즈〉). 신경망은 계약이고 서약이다. 비글로우는 분명 페미니즘 작가지만, 이는 그녀 작품이 정신분석학적이라서가 아니라 외려 그 반대여서다. 부분대상도 결핍도 없다. 신경망은 너무 조밀해서 부분적일 수 없을뿐더러 결핍될 겨를도 없기 때문이다. 있더라도 신경통이 이내 그걸 채운다. 〈블루 스틸〉의 권총, 〈허트 로커〉의 폭탄은 남근이기 전에 먼저 연관통 혹은 방사통이어야 한다. 또 테러는 국가 간의 거세공포가 아니라 전지구적 연관통일 뿐이며, 그런 까닭에 알카에다의 자살폭탄테러만큼이나 아메리카의 정의도 아포템노필리아 중독으로부터 자유로울 순 없는 것이다(〈제로 다크 서티〉). 선과 악 어느 편을 택하든, 새로운 시간의 진입, 그 서약 없이 어떤 환각도 없다. 비글로우는 환지통이란 곧 **환시통**(幻時痛)phantom time pain임을 보여준 가장 진보한 신경 몽타주 작가다. 모든 논점들이 린 램지의 영화에도 그대로 적용될 수 있다(〈케빈에 대하여〉 〈너는 정말 여기에 없었다〉).

물론 고전 몽타주에 고통이 아예 없었던 건 아니다. 견인 몽타주를 신경학적 통각반응으로 정의할 때 에이젠슈테인은 이미 그것을 예견하였다("소비에트 영화는 두개골을 부순다"). 하지만 고전 몽타주는 통각을 으레 개념-전체로 돌려보낸다. 고통은 개념이 아니다. 반대로 고통은 "개념적 느낌"이다. 그것은 단지 사변의 대상으로서의 영원이 아니라, 살갗과 신경의 대상으로서의 영원이며 그 통각적 압박이다. 이제 영화가 부숴야 할 것은 두개골뿐만 아니라 팔다리, 오장육부, 척추, 모든 중추신경계다.

3

공포영화

3-1. 피부와 내장 : 브라우닝, 피셔, 고어, 시체성애

공포영화를 정의하는 단 하나의 술어, 그것은 전염contagion이다. 원한, 살의, 광기, 트라우마, 무엇보다도 그 고통이 전염된다. 물론 전염을 항상 물질적인 것이라 볼 수 없다. 그러나 전염이 정신적인 양상을 띨 때조차 공포영화의 전염은 육체적이다. 전염은 이물異物과의 접촉이기 때문이다. 전염이 육체적 이접離接의 퍼텐셜인 한, 공포영화의 공포는 언제나 전염공포증이고 반대로 공포영화의 육체는 바로 그 가촉성과 압통에 의해 정의된다. 물론 여전히 고딕적 풍경에 사로잡혀 있던 그 초창기에는 전염이 순전히 빛에 의해 대리되고 있었던 건 사실이다. 드레이어의 회색(《흡혈귀》)과 표현주의의 어둠(루푸 픽 〈공포의 밤〉, 비네 〈칼리가리…〉, 무르나우 〈노스페라투〉)이 그렇다. 이는 초창기 전염공포는 정신(빛의 굴절 및 반영)에 한정되고 있었고, 그 접촉공포는 클로즈업(얼굴)에 한정되고 있었단 의미다. 이것은 영화가 공포를 그 본래의 주인일 육체에게 돌려주자마자 퇴색되어버린 고전적 생각이지만, 그럼에도 불구하고 여기엔 현대 공포영화까지도 유효할 어떤 일반원칙이 암시되어 있다. 즉 운동뿐만 아니라 공포도 씨네그램으로부터 나온다는 일반원칙 : 공포영화의 전염공포는 포토그램의 씨네그램에 대한 접촉공포증이다. 필름스트립이 곧 감염경로다. 이런 조건 아래에서만 우린 멜리에스가 처음 한 일이 사람의 머리와 팔다리를 절단한 것이었다는, 또 뤼미에르의 기차를 보고서 관객들이 경악하며 혼비백산했었다는 사실을 굳이 더 해명하지 않고도, 모든 영화가 이미 태생적인 공포영화였다고 말할 수 있으리라.

공포영화를 지배하는 두 가지 구분은 이미지와 푸티지라는 실체적 구분과, 피부와 내장이라는 양태적 구분이다. 모든 공포는 푸티지와 이미지가 서로를 입거나 벗는 것처럼, 먹거나 싸는 것처럼 일어난다. 흡혈귀, 늑대인간, 마귀, 살인마 등 모든 괴물은 푸티지다. 반대로 인간은 이미지다. 이것이 실체적 구분이다. 괴물은 사멸함으로써만 이미지에게로 틈입하고, 이미지는 현존함으로써만 푸티지를 억압하고 은폐한다. 이미지는 먼저 통일성이고, 푸티지는 먼저 파편성이다. 그리고 이 둘 사이를 매개하는 물리적이거나 정신적인 환경이 존재하여 인간과 괴물 사이에 일어나는 외삽 혹은 내삽의 생태계를 이룬다. 예컨대 괴물은 인간으로 위장하여 숨어들고 인간들 속에서 번식한다. 위장하기 위해 입고 벗는 것은 피부이고, 번식하기 위해 먹고 싸는 것은 내장이다. 이것이 양태적 구분이다. 즉 피부(*scissum*)는 식별과 분리의 양태이고, 내장(*viscus*)은 혼융과 융합의 양태다.[1] 모든 괴물은 두 가지를 다 가지고 있다. 가령 드라큘라와 늑대인간은 인간의 외양을 입는다. 또 그것은 거울과 보름달에 의해 벗겨진다. 그러나 동시에 드라큘라는 흡혈한다. 늑대인간은 이미 반인반수의 혼혈이다. 그들은 인간들을 빨아 먹거나 삼킨다. 피부와 내장은 단지 육체의 부분이나 위치가 아니다. 피부와 내장은 육체의 존재양식이고 그 생태시스템이다. 피부는 육체의 외벽·얼굴·이름·남근·가면·방어막이고(면역계), 내장은 그 내벽·집·인테리어·자궁·배아·함정이다(전염계). 피부는 이미지의 신경망이고 내장은 푸티지의 신경망이다(슬래셔 영화도 예외는 아니다). 한마디로 괴물은 인간의 환지통이다. 괴물은 인간의 이미지로 시시각각 침투하고 있는 그의 결여분이다. 우린 다음 이중의 비례식이 성립하는 영화들을 공포영화라고 정의한다. 즉 〈인간 : 괴물 = 이미지 : 푸티지〉 그리고 〈이미지 : 푸티지 = 피부 : 내장〉[2]

---

1. "scissus"의 어원엔 '자르다'(scindo)뿐만 아니라 '숨다'(skinn)의 의미가 내포되어 있다. "viscus"는 '끈적거리다(viscosus)'라는 의미를 내포한다.
2. 이 도식의 단초는 두 명의 작가로부터 가져왔다. 첫 번째는 메리 더글러스다. 그는 공동체가 하나의 "이미지"임을 간파한 뒤, "체계 외연의 경계"와 "체계 내부의 경계"를 구분함으로써, 공동체를 하나의 육체처럼 사유한다(『순수와 위험』, 유제분·이훈상 옮김, 현대미학사, 1997. 특히 7~10장. "사회라는 개념은 강력한 이미지다.", 183쪽). 크리스테바는 좀 더 정교한 개념쌍에 이른다. 그 유명한 "object"와 "abject"의 구분이 그것이다. 이미지와 푸티지는 "object"의 두 실체이며, 피부와 내장은 "abject"의 두 양태라고 할 수 있다(『공포의 권력』, 서민원 옮김, 동문선, 2001. "아브젝트는 우리를 부르고, 결국에 가서는 삼켜 버린다.", 25쪽).

	실체	양태
인간	이미지	피부
괴물	푸티지	내장

공포영화의 캐릭터들은 이 네 가지 요소들의 교차와 조율 속에서 태어난다. 먼저 생각해볼 수 있는 것은 푸티지로 태어나는 인간들의 경우다. 우리가 공포영화의 원류에서 만나볼 수 있는 난쟁이, 굼벵이 인간, 수염 난 여자, 샴쌍둥이 같은 브라우닝의 기형인간들이 그러한 경우다. 그러나 그들은 외부의 시선에 의해 괴물로 태어나며, 그런 의미에서 푸티지를 입는 인간들이다. 이것이 브라우닝의 발견이다. 기형인간들은 괴물을 연기하는 배우들로서, 구경꾼들이 덧씌우는 배역에 의해서만 괴물이 되고, 그 배역을 내면화함으로써 최고의 열정과 잔혹을 되찾는다. 〈알려지지 않은 자〉에서 팔 없는 시늉을 하던 남자는 사랑을 위해 진짜로 팔을 절단하고, 〈프릭스〉의 기형아들은 맡았던 역할 그대로 행함으로써 복수를 단행한다. 배역role, part은 기형아들의 피부다. 그리고 배역은 다른 괴물들과 교환할 수 있고, 심지어는 인간 구경꾼에게 되돌려줄 수도 있는 피부의 형상이다(〈기적 팝니다〉에서 마술사, 〈불경스러운 삼인조〉에서 복화술사). 피셔는 정확히 반대의 경우다. 피셔의 프랑켄슈타인 괴물과 드라큘라는 여전히 푸티지이되 인간의 이미지를 유지하며 어떤 인격적 통일성마저 갖추고 있다. 그들은 인간의 이미지를 입는다. 하지만 이는 그 파편적 이미지들을 종합하는 어떤 궁극의 이미지를 스스로 성장시키기 위해서다. 그것은 개인의 형상form과 구분되는, 인간성의 이상ideal이다(피셔뿐만 아니라 제임스 웨일의 〈프랑켄슈타인…〉 시리즈). 해머영화사의 고딕 로맨스가 가지는 매혹이란 이것으로서, 해머의 괴물들은 비록 파편들의 어설픈 조합으로부터 태어나지만, 더 이상 외부가 아니라 그의 내면에 주어지는 인간성을 고양함으로써 인간보다 더 인간다워진다. 피셔는 드라큘라에게 이상적인 에로티시즘을 부여했다(〈드라큘라…〉 시리즈). 또한 〈지킬 박사의 두 얼굴〉에서 피셔가 원작소설에 가했던 가장 큰 변화는 지킬 박사를 뛰어넘는 하이드의 인간적 매력이었다. 프레디 프란시스는 여기에 종교적 열정과 상징성을 더한다(〈드라큘라 무덤에서 나오다〉). 즉 이상은 드라큘라의 피부다.[3] 요컨대 브라우닝의 광대들이 배역에 감염되었다면, 피셔의 피조물들은 이상에 감염

되었다. 그것은 피부감염이다. 배역과 이상은 주변으로 전파되며, 그래서 전염이다. 일반적으로 공포영화의 모든 가면은 피부다. 그 역도 참이다.

브라우닝과 피셔는 파운드 푸티지 방법론에 있어서 질산염 처리기법과 콜라주 기법과의 차이와도 같다. 여기엔 단지 연출기법상의 차이를 넘어 어떤 철학적 간극 마저 있는 것 같다. 브라우닝의 배역은 형상form이며, 이것은 그 참여자들 사이에서 위탁되고 이양되며 심지어 교환가능하다. 특히 〈프릭스〉는 동태복수법을 개시했기 에 호러장르에 있어서 함무라비 법전과 같은 작품이다. 거기엔 형상의 상호주의, 즉 배역의 등가교환이 있기 때문이다.[4] 배역의 탈리오법은 흡사 환경이 바뀌면 잠복기 를 끝내고 솟아오르는 자가전염의 경우에서와 같은 환경변화에 결부된다. 그것은 기형인간과 인간관중의 민주화라고도 할 수 있는, 구경꾼과 구경거리의 역전이며 배 역의 앙갚음이다. 반대로 피셔에게서 인간의 형상은 위탁되는 것이 아니라 오직 실 험되는 것으로서, 이때 형상보다 더 중요한 것은 그 원본으로서 과학자와 피조물 이 공유하는 이상ideal이며, 이것은 환경의 변화에 독립적인 보편적 면역체계를 이룬 다. 피셔가 독일 표현주의에게 차용한 바는 이것이다 : 이상은 배역처럼 내면화되지 않는다. 이미 내면 자체이기 때문이다. 그것은 정언명령이다. 피셔의 인조인간, 드라 큘라, 늑대인간은 과학자나 속세의 가설에 흔들림 없이 인간화의 명령만을 따르며, 이 복종심이야말로 그들을 또 다른 심연과 비극으로 이끄는 것이다(〈늑대인간의 저 주〉 〈고르곤〉). 반대로 브라우닝의 배역은 가언명령이다. 그것은 스타니슬랍스키의 '만약 ~라면'이다(만약 내가 괴물이라면 너도 괴물이다).[5] 브라우닝과 피셔의 차이는 가언적 배역과 정언적 이상, 상호주의와 절대주의, 쇼펜하우어와 칸트, 천민독재정

---

3. "괴물성은 인간성의 얼굴을 찬탈하기 위해 겉에 아름다움을 입을 것이다(revêtira)"(Jean-Marie Sa-batier, *Les Classiques du Cinéma Fantastique*, Balland, 1973, p. 149. 강조는 인용자). 이 책은 테렌 스 피셔에 대한 모범적인 일반론을 제시하고 있다. 〈지킬 박사와 하이드 씨〉와 〈도리안 그레이의 초 상〉과 같은 고딕문학이 이미 내포하고 있던 피부의 이중적 역할(감추기, 드러내기)에 대해선 할버스 탐의 중요한 분석, Judith Halberstam, *Skin Shows*, Duke University Press, 1995. 3장.

4. 형상을 가설과 타자성(혹은 상호성)으로 분해하는 논증으로는, 아르투르 쇼펜하우어, 『도덕의 기초 에 관하여』, 김미영 옮김, 책세상, 2004. 2부 4, 5장 [한국어판은 6, 7장].

5. 19세기 프릭쇼와 민주주의의 공모관계 및 기형인간이 맡았던 이중적 역할은 현대 장애학이 충분히 보여준 바다. 가령 로즈메리 갈런드 톰슨의 저술(『보통이 아닌 몸』, 3장). 병리학 쪽에선 샌더 길먼 (*Difference and Pathology*).

과 귀족정의 차이이다(이는 브라우닝과 피셔의 드라큘라가 가지는 차이이기도 하다).

파스퇴르의 발견 이후에도 한동안 지속되었던 공중보건개혁과 소독법의 경합에서 알 수 있듯이 19세기 말까지도 세균은 여전히 기후나 환경과 혼동되고 있었다. 공포영화는 바로 그 혼동에 입각한다. 공포영화에서 전염은 반드시 세균과 같은 병원체의 의학적 실존을 전제로 하진 않는다. 육체적 변이와 병리적–심리적 증상의 전파면 충분하다. 공포영화의 전염은 환경의 질적 변화를 유도하는 가운데 이루어지는 푸티지와 이미지의 팽창과 응결이며, 피부와 내장의 전이와 증폭이다. 그래서 우리가 기형아들이 배역을 전염시키고 드라큘라가 이상을 전염시킨다고 말할 때 그건 단지 비유가 아니다. 거기엔 일그러진 피부의 실질적인 전이(기형아들의 동태복수), 그리고 피부들을 뚫고서 관류하는 순혈과 그 이빨자국들의 전파(드라큘라의 봉토확장)가 있기 때문이다. 물론 모든 감염이 피부감염은 아니다. 피부감염과 섭취나 흡입에 의한 감염은 완전히 다른 양상이다. 페미니즘 비평이 이를 잘 보여주었다. 예컨대 클로버의 멋진 분류를 보자면, 슬래셔 무비의 남성 살인마는 자르고(거세충동), 오컬트 영화의 여성 유령은 삼킨다(수태충동). 고로 전자에서 여성의 남성화(슬래셔 무비에서 최종녀Final Girl는 살인마와 경쟁한다), 후자에서 남성의 여성화(오컬트 영화에서 남성조차 '먹힌다')와 같은 성전이transgender가 불가피하다.[6] 결국 클로버는 피부의 축과 내장의 축을 완벽하게 대비시킨다. 우리 식대로 말하자면 이렇다 : 슬래셔 무비의 살인마는 피부가 없어서 피부를 자른다(후퍼 〈텍사스 전기톱 대학살〉에서 '레더페이스', 카펜터 〈할로윈〉의 'Shape').[7] 그가 이미 집안에 들어와 있거나(클락 〈블랙 크리스마스〉) 희생자들을 난도질해놓고 내장을 죄다 꺼내놓는 것은 피부의 절단면을 더 늘려나가기 위해서다(바바 〈블러드 베이〉, 커닝햄 〈13일의 금요일〉). 반면 오컬트 악령은 내장이 따로 없어서 삼킨다(도너 〈오멘〉, 프리드킨 〈엑

---

6. Carol J. Clover, *Men, Women and Chain Saws*, Princeton University Press, 1992. 2장. 이 저술은 페미니즘과 공포영화 담론의 기념비적인 조우다. 이후 페미니즘/퀴어 진영에서 공포영화 이론들은, 이 책이 제시한 피부와 내장의 두 축 중 어느 하나에 집중함으로써 양 갈래로 전개된다. 대표적으로 내장의 축엔 바바라 크리드, 피부의 축엔 주디스 할버스탐.

7. "난 마이어스의 가면이 비어있기(blank)를 원했다. 흡사 마이어스가 사람 살을 입고 있는 것처럼."(카펜터 인터뷰, *John Carpenter*, ed. Gilles Boulenger, Silman-James Press, 2001, p. 106. 강조는 인용자).

소시스트〉). 그녀가 가급적 많은 사람을 빙의시키고 더 많은 타액을 토하게 하는 것은 내장의 융털을 늘려나가기 위해서다(후퍼 〈폴터가이스트〉에서 지옥 아가리). 연쇄살인은 피부충동(절단)의 전염인 반면, 연쇄빙의는 내장충동(흡수)의 전염이다. 피부감염과 내장감염은 이렇게 엄연히 다르다. 피부감염이 절단·침투·마찰을 통한 형(形)의 외삽이라면, 내장감염은 흡수·삼투·동화를 통한 배(胚)의 내삽이다. 설령 그 둘이 혼재되어 나타나는 경우가 있을지라도, 피부감염이 내장감염에 의존하지 않는 것처럼 내장감염도 피부감염에 의존하지 않는다. 크리드의 말처럼 "자궁은 언제나 자궁 스스로가 그 스스로의 참조대상이다."[8]

우리의 목록에 젠더의 대비만큼이나 중요한 좀비와 여귀의 분류를 첨가할 수 있을 것이다. 좀비는 감염되자마자 각 개별성을 잃고서 익명의 군중덩어리의 일부가 되는 이미지 없는 푸티지다. 깨물어 감염시킨다는 이유만으로 좀비를 피부감염이라고 볼 수 없다. 그들은 저 자신의 피부뿐만 아니라 이 사회의 피부(면역계)까지 허무는 방향으로만 움직이기 때문이다(반면 드라큘라는 언제나 피부의 견고함과 그 순결한 형상만을 목표로 삼는다). 좀비는 익명을 전파한다. 이것은 차라리 브라우닝의 기형괴물들에 대해 정확히 역산이며, 로메로가 미국식 좀비를 탄생시킨 방식이기도 하다. 즉 로메로의 좀비는 배역을 지우는 배역 속에서만 태어나며, 그 개별성의 외피가 지워지는 대신 가장 원형적 내장(뇌, 위)만을 가진다는 점에서 순수한 내장푸티지들이다.[9] 게다가 그들은 푸티지들을 먹고 싸는 푸티지다. 로메로는 좀비의 정치경제학을 창안한다. 미국 좀비는 대량소비사회의 푸티지들이다. 그것은 자신의 뒤로 또 다른 오염원일 찌꺼기와 쓰레기만을 남겨놓으며 퍼져나가는 만족할 줄 모르는 소비자들consumers이며, 시체의 인플레이션, 무절제한 대량소비, 극단적인 비숙련화 속에서 식탐만을 자신의 임금으로 가지는 전염노동자들이다(특히 2편 〈시체들의 새벽〉). 기실 브라우닝의 배역엔 임금도 이윤도 없었다. 반면 미국 좀비에겐 엄연히

---

8. 바바라 크리드, 『여성괴물』, 손희정 옮김, 여이연, 2008, 66쪽. ("여성의 성기와는 달리 자궁은 페니스의 '결핍'으로 구성될 수 없다. 자궁은 거세불안의 장소가 아니다.", 65쪽). 이 책은 내장의 독립성에 대한 가장 좋은 연구서다. 특히 〈에일리언〉과 〈엑소시스트〉에 나타나는 자궁 패턴에 대한 분석을 보라. 프로이트의 꼬마 한스에 대한 뛰어난 재해석인 7장도 보라.
9. "스스로를 집어삼키는 미국"(J. Hoberman, "Night of the Living Dead", *The Village Voice Film Guide*, ed. Dennis Lim, John Wiley & Sons, 2007, p. 185).

임금이 있다. 미국 좀비의 임금은 허기다. 그 이윤은 더 큰 허기다. 미국 좀비는 과소비한다. 좀비의 잉여노동이란 필요노동(허기)의 전염이다. 미국 좀비는 단 하나의 한국 격언을 따른다 : 〈먹는 게 남는 것이다〉. 물론 동양 공포영화의 여자귀신도 피부가 없다. 하지만 그녀는 내장도 없다. 좀비가 이미지 없는 푸티지라면, 동양 여귀는 이미지만 있는 푸티지다. 여귀는 다름 아닌 기억의 푸티지다. 여귀는 친가나 혈족과 같은 주류 역사로부터 망각된 찌꺼기들의 응어리이며, 부재의 장소에 침윤하는 잔상들의 자궁으로서만 존재한다(특히 한국 여귀의 경우 신상옥, 이유섭 등). 여귀는 순수기억이다. 여귀들은 웨일과 피셔의 드라큘라가 품었던 이상을 과거 쪽으로 뒤집으며, 그녀 자신도 순수한 이미지로 존재함으로써 그 비물질적 내장으로 모든 현재의 이미지들을 빨아들이고는 그 피부 뒤에 숨는다. 미국 좀비가 과소비한다면, 동양 여귀는 과기억한다. 여귀의 잉여노동이란 불불노동(여한)의 전염이다.[10] 동양의 여귀들은 미국 좀비의 〈먹는 게 남는 것이다〉에 〈죽 떠먹은 자리 없다〉를 대립시킨다. 이렇게 미국 좀비와 동양여귀는 내장을 양분하는 두 대표적 대립군이다. 미국 좀비의 깨물기가 허기의 전염이라면, 동양 여귀의 빙의는 여한의 전염이다. 전자는 유물론적 내장충동(로자 룩셈부르크 — "누가 새로운 소비자인가?")이고, 후자는 비물질적 내장충동(퇴계 이황 — "理之發")이다. 이는 배역의 전염(브라우닝)과 이상의 전염(피셔)에 대한 내장적 변주들이기도 하다. 요약해보자. 인간의 이미지를 입는 드라큘라, 푸티지를 입고 벗는 살인마, 이미지를 먹는 여귀, 푸티지를 먹고 싸는 좀비.

	피부	내장
이미지	흡혈귀	여귀
푸티지	살인마	좀비

공포의 대상으로서 '타자'란 용어는 너무 느슨한 개념이다. 공포는 언제나 접촉과 전염의 차원이기 때문이다. 공포영화에서 타자란 실상 타자로서의 육체, 즉 그 피

---

10. "잉여가치는 응고된 불불노동…"(맑스, 『자본론』 II권, 3편 19장 2절).

고름과 배설물로서의 다른 살("abject"), 딴살이다.[11] 실제로 공포영화는 딴살을 찾자마자 전염의 무수한 변조들을 개발해냈고, 각 캐릭터의 심화라 할 수 있는 서브장르들을 파생시켜 나갔다. 먼저 내장의 축에서 고어영화는 피부를 뚫고 나오거나 피부와 뒤섞여서 노출되는 내장, 끝내 연질덩어리가 되어 걸쭉하게 흘러내리는 내장의 경우에서와 같은 살의 근원적 취약성fragility에 관심을 가진다. 허셸 고든 루이스는 살이란 너무 쉽게 누출될 수 있고, 심지어 그릇에 옮겨 담을 수도 있는 반죽상태임을 보여주었다는 점에서 고어의 선구자였다(〈피의 축제〉 〈피의 맛〉 〈2000 매니악〉). 후퍼는 피부의 물성을 이용해서 내장을 빚을 줄 알았던 작가다(〈텍사스…〉 〈라이프포스〉 〈맹글러〉). 내장반죽을 가장 넓게 펼친 작가는 잭슨이다(〈데드 얼라이브〉). 고어 장르에서 피부가 더 핵심적 요소라고 볼 수 없다. 고어영화에서 피부의 연장성을 대체하는 것은 이러한 내장의 연질성이기 때문이다. 고어 장르와 근친관계에 있는 장르는 슬래셔가 아니라 오히려 스플래터splatter다. 육체의 경계선일 피부를 넘어서 비산되거나 튕겨져 나가는 내장은 피부에게 개망신을 주며, 스플래터 유머의 원천도 바로 거기에 있다. 즉 내장탄도가 입증하는 피부좌표의 무용성.[12] 우리 식대로 말하자면(2부) 스플래터의 내장은 피부를 '생략'한다. 스플래터는 피부를 거시표면으로 삼는 내장의 슬랩스틱이다. 유두를 자르자 모유가 솟구치는 장면 등을 통해 루이스도 스플래터를 선구했고(〈고어 고어 걸즈〉), 더 나아가 레이미는 눈알과 팔다리의 탄도학을 정초했다(〈이블 데드〉 시리즈, 〈드래그 미 투 헬〉). 괴물에게 오럴섹스를 하다가 폭발해버리는 머리로서 헤넨로터도 이에 정통하다(〈브레인 데미지〉 〈바스킷 케이스〉). 잭슨의 〈데드 얼라이브〉는 스플래터 장르에 있어서 〈셜

---

11. "[공포영화에선] 보여줄 것이 있다면 종국엔 보여주어야 한다. 러브크래프트처럼 대충 뭉개며 빠져나갈 수가 없다. 영화는 이미지다."(스튜어트 고든 인터뷰. *Dark Visions*, ed. Stanley Wiater, Avon Book, 1992, p. 86).

12. 할버스탐의 저서가 이를 잘 보여준다. 그는 고딕문학에서부터 현대공포영화에 이르기까지, 피부가 어떻게 점점 육체되고 내면화되는지를, 그리고 그 표면성이 어떻게 괴물성을 구성해왔는지를 집요하게 추적한다(Judith Halberstam, *Skin Shows*, Duke University Press, 1995). 그러나 그는 대개의 논의를 내장보다는 피부에 집중시키고 있다. 기실 〈텍사스 전기톱 대학살 2〉에 대한 분석(6장)은 고어 영화보다는 슬래셔 무비에 더 적합한 것 같다. 이 책의 진가는 피부와 내장의 구분이 아니라, 차라리 그 둘의 합성으로서의 "투과막"의 발견에 있을 것이다. 그것이 바로 그가 정의하려는 "전이로서의 젠더"다.

록 2세〉 같은 작품이다. 그것은 피고름을 연료로, 뼈를 뇌관으로 가지는 가장 정교한 내장 미사일의 향연이다. 고어/스플래터 장르는 내뱉고 던져지는 내장이 말을 대체하고, 그 탄도가 내러티브를 대체하는 자유간접내장으로서만 B 무비 전통에 속한다.[13]

그러므로 내장은 피부에 대하여 어떤 자족성을 지닌다. 연질괴물과 점액질 괴물(래리 코헨 〈스터프〉, 척 러셀 〈블롭〉) 혹은 창자를 촉수로 가지는 괴물들(스튜어트 고든 〈좀비오〉 〈지옥인간〉)는 내장의 인격화다. 유즈나는 최고의 다면체 내장을 보여주었다. 앞면과 뒷면이 뒤바뀌거나 항문으로 얼굴이 튀어나오고, 또 여러 육체가 혼융된 덩어리 괴물이 그렇다(〈소사이어티〉). 내장괴물이 가지는 최고의 힘은 흡수력의 독립성, 즉 시간을 내장에서 내장으로만 이어지는 똥줄로 대체하는 그 자기 폐쇄성에 있다. 고어영화가 이미지로서 노출되는 내장이라면, 식인영화는 푸티지로 퇴축되는 내장이다. 식인종은 가장 강력한 내장괴물일 것이다. 내장을 먹는 내장이기 때문이다(렌지, 데오다토). 식인영화에서 인류의 원시적 상태로의 퇴행은 불가피해 보인다(이탈리아 좀비물). 나아가 모든 내장이 보레어필리아다(보어물).

내장은 기형deformation인 반면, 피부는 개조reformation다. 이 차이는 미묘하지만 크다. 내장은 아무리 부피가 늘어나더라도 형形을 지우는 쪽de-으로 진행되고, 피부는 그것이 아무리 잘게 잘리더라도 형形을 재구축하는 쪽re-으로 진행되기 때문이다. 피부의 축에서 공포영화는 절단면이나 만굴면 같은 피부의 노출과 전시, 그리고 그를 통한 자세나 태도와 같은 형상의 연출에 집중한다. 가령 슬래셔 장르는 전형적인 피부의 영화들이다. 난도질이 증폭시키는 것은 피부의 노출면이지 내장의 함몰부가 아니다(이탈리아 지알로, 미국 슬래셔). 특히 단테는 그 노출면을 늘리기 위해 이물을 작게 만드는 축소술의 대가였다(〈피라냐〉 〈그렘린〉 〈이너 스페이스〉 〈스몰 솔저〉). 일반적으로 피부의 영화에서 무대화는 불가피하다. 피부의 노출과 그 형상화는 곧 그 전시이자 연출이기 때문이다(소아비 〈아쿠아리스〉의 연극무대, 단테 〈그렘린 2〉의 극장, 월러 〈무언의 목격자〉의 세트장). 그런 점에서 고문 영화는 피부

---

13. "플롯이나 캐스팅보다 더욱 중요한 것은 피이다."(허셀 고든 루이스 인터뷰. 다음에서 재인용 : *The Sleaze Merchants*, p. 48).

의 축에서 가장 극한에 위치하는 장르일 것이다. 외압에 의해서 억지로 구부러지는 척추와 관절, 속박되어 꺾이거나 조여지는 팔다리의 연출을 통해서 육체는 어떤 불가능한 자세, 즉 초월적 이미지를 취하며 이념적 육체ideal body가 된다. 이것이 일본 로망포르노와 고문영화 전통에서 볼 수 있는 피부의 초월적 변주들이다. 이에 관해선 두 명의 거대한 이시이가 있다. 이시이 테루오는 집단린치되는 피부들 사이에서 전이되는 이념을(〈도쿠가와 여형벌사〉〈망팔무사도〉), 반대로 이시이 다카시는 하나의 피부에 집중되어 가해자와 피해자 사이에서 역전이 되는 이념을 다뤘다(〈천사의 내장〉〈프리즈 미〉〈꽃과 뱀〉〈가학의 성〉). 어떤 경우든 피부는 일종의 배우처럼 고통을 연출함으로써 자신이 속했던 육체를 넘어서며, 그의 지배자들조차 복종해야 할 순수한 형상, 이념에 이른다(〈꽃과 뱀〉 시리즈, 〈기니아피그〉 시리즈가 이를 계승하고자 했다).14 이런 점에서 미이케 다카시는 또 한 명의 고문달인이라 하겠다. 그는 피부에 연출되어야 할 것은 단지 상처가 아니라 손톱 밑이나 피부와 속살 사이와 같은 피부에 내재하는 틈새임을 이미 통달하고 있다(〈오디션〉〈이치 더 킬러〉). 고문의 근원엔 누르기, 조르기, 비틀기와 같은 압인과 압살이 있다.15 고문에서 중요한 것은 단지 더 많은 고통과 더 가혹한 지배만이 아니라, 한계고통에 이르러 섬광처럼 현현하는 이념과 그것이 각인되는 이멀전으로서의 살갗이기 때문이다. SM 소설가 단 오니로쿠의 미학은 정확히 이런 피부의 이념감응적 기능을 나타낸다. 피부는 이념이 새겨지는 캔버스만은 아니다. 그것은 경련과 떨림으로 이념을 직접 형상화하는 그의 신경이고 힘줄들이다. 피부는 순수진동으로서의 이념이다. 그것은 파괴나 죽음으로 완전히 환원되지 않거니와, 그 결박의 엄격성엔 변태變態의 자유가 내포되어 있다. 이는 재팬노이즈Japanoise가 추구하는 경련적 조형성의 차원이기도 하다.16

---

14. 일본 고문영화 전통에서 실험과 제의의 문화사회학적 의미에 대해선 Jay McRoy, "Guinea Pigs and Entrails", *Nightmare Japan*, Editions Rodopi B.V., 2008.("한계, 즉 경계로서의 피부에 사로잡힌…", p. 23). 저자는 근대화론을 다시 끌어들인다. 하지만 우리가 볼 때 〈기니아 피그〉 시리즈는 점점 피부에서 내장으로 이행하는 것 같다.

15. 니체는 형벌을 압인에, 죄의식을 전염병에 결부 지은 최초의 사상가다. "기억에 남기기 위해서는 무엇을 달구어 찍어야 한다."(『도덕의 계보』 2장 3절), "양심의 가책은 채무자에게 뿌리를 내려 침투하고 확장해나가고 무좀처럼 넓고 깊게 성장하며 …"(같은 책, 2장 21절). 이 책은 '도덕의 전염학'으로 불릴 만하다.

16. 노이즈 앰비언트와 BDSM 구속법의 대면은 불가피해 보인다. 아키타 마사미(Merzbow)의 연구들

만약 고문영화가 끊임없이 색채로 돌아선다면, 영화에선 바로 색채가 그러한 기능을 하기 때문이다. 나카가와 노부오의 〈지옥〉에서 붉은색은 피부 자체가 되어 육체를 가두는 법-이미지 자체다. 일반적으로 고문영화는 이미지-피부다. 〈마터스〉(로지에)는 고문영화의 본질을 꿰뚫는다. 궁극의 고문이란 이미지의 취소, 즉 피부의 삭제다.

하지만 이미지-피부처럼 푸티지-피부가 가능할까? 본성상 부패이자 퇴행인 푸티지로, 본성상 에로스를 유도하는 피부를 만드는 것이? 우린 여기서 놀라운 조합을 만나게 되는데, 그게 바로 시간屍姦,necrophilia 장르다. 헤수스 프랑코는 일찍이 이 신비를 탐색하며 가사상태의 육체로부터 생과 에로스가 발현되는 연금술적 측면을 이끌어내고 있다(특히 레즈비언 뱀파이어물들 〈악마들〉〈뱀피로스 레스보스〉〈가슴을 드러낸 백작 부인〉). 어떤 의미에서 시체애호에 있어서 시체는 하나의 배우다. 그는 단지 죽은 자가 아니라 생을 연기하는 가사자假死者이며, 그의 피부는 만짐과 애무에 의해서 소생하는 연금술적 발전기처럼 작동한다. 프랑코는 여기서 제의적 성격을 발견한다(〈프랑켄슈타인의 성애의식〉〈노트르담의 사디스트〉). 프랑코가 박피된 안면피부(프랑주 〈얼굴 없는 눈〉)를 계속해서 재탕한 것은 우연이 아니다(〈오를로프〉 시리즈). 시체성애의 근원엔 박피된 피부에 대한 촉각성애, 더 썩을 속도 없는 영원한 피부에 대한 사랑이 있다. 그것은 생과 사를 갈라놓으면서도 접붙이는 그 영원한 애매성에 대한 사랑이다.17 그러나 이에 내밀성을 부여하여 가장 극적인 촉각성을 이끌어낸 작가는 뷰트게라이트다. 그는 부패한 내장들이 최대한의 면적을 갖게끔 가급적 넓게 펼친 뒤, 그 각각의 표면에 섬세한 터치로 광택과 윤기를 부여했다(〈네크로맨틱〉 시리즈). 뷰트게라이트는 네크로-서정주의다. 네크로맨스가 결국 비극이라면 그것은 푸티지-피부가 푸티지-내장은 결코 될 수 없다는 사실, 즉 어떤 배아도 수태할 수 없다는 사실에 있다. 〈네크로맨틱 2〉의 마지막 장면에 깃든 비장미는 바로 여기에 있다. 여자 시체성애자는 산 남자와 성교를 하던 도중, 그의

이 그렇다 : 『快楽身体の未来形』, 『日本変態研究往来』, 『日本緊縛写真史』, 『アナル·バロック』.

17. 헤수스 프랑코의 안면박피 영화들에서 나타나는 이분법 붕괴(외부-내부, 시선-응시, 동태-정태)에 대해서는 Joan Hawkins, *Cutting Edge Art*, University of Minnesota Press, 1999. 5장. 저자는 편집과 음악 등 기법적인 측면들도 상세히 살피고 있다.

머리를 참수하고 시체머리로 대체한 뒤에 성교를 계속한다. 이 장면은 푸티지-피부로부터 푸티지-내장으로 이행하려는 뷰트게라이트의 위대한 생체변환식이다. 이는 또한 삶과 죽음, 출산과 배설, 정액과 혈액이 분화되기 이전의 원형질만이 그 영양분일 신의 내장에 대한 존재증명이기도 하다.[18] 요컨대 이미지-피부(고문), 푸티지-피부(시체성애), 이미지-내장(고어), 푸티지-내장(식인). 이념, 가사, 핏덩어리, 똥덩어리가 전염된다….

	피부	내장
이미지	고문	고어
푸티지	시체성애	식인

3-2. 자가면역과 자가전염 : 좀비, 여귀, 태국유물론

고로 피부는 면역계를 이루는 반면, 내장은 전염계를 이룬다. 이는 인간과 괴물이 하나의 육체에 한정되지 않고 집단과 환경, 나아가 생태계를 이룰 때 더욱 분명해진다. 피부는 인간 집단을 감싸는 보호막을 이루고, 내장은 괴물 집단이 그 외피에 침투하고 끝내 인간 집단을 집어삼키는 아가리를 이룬다. 물론 피부가 인간의 전유물은 아니다. 피부는 인간과 괴물에 분유됨으로써, 면역된 내부와 그 외부의 희미하고도 불안정한 공통경계를 이룬다. 반대로 내장은 으레 괴물에게 먼저 점유된다. 면역계란 성곽, 보호막, 법이다. 그러나 그건 완벽한 것이 아니며, 그 본성에 전염계로 개방되는 틈새를 항상 포함한다.[19] 요컨대 피부는 숙주를 한정함으로써 그 면역계를 이루고, 내장은 병원체를 한정하며 그 전염계를 이룬다. 이것이 고딕괴물들뿐만

---

18. 뷰트게라이트가 〈네크로맨틱 2〉에 대해 자평하길 "아마도 이것은 여성을 위한 최초의 호러영화일 것이다."(뷰트게라이트 인터뷰. *Shock Masters of the Cinema*, ed. Loris Curci, Fantasma Books, 1996, p. 28).

19. 이진경의 면역계 정의. 『불온한 것들의 존재론』, 휴머니스트, 2011, 4장. "면역능력의 공백, 그것의 무능력 지대에서 면역계가 작동한다."(158쪽).

아니라 연쇄살인마가 보여주는, 흡사 두 신경망의 대결과도 같은 면역계와 전염계의 대립구도다. 드라큘라 백작의 봉토, 늑대인간의 숲은 십자가나 은탄환에 의해 한정되는 인간마을과 그 피부로서 접해있다. 이탈리아 지알로와 미국 슬래셔는 그 반대의 상황, 즉 면역계가 붕괴되어 피부가 분유되지 않는 상황을 다룬다. 방 안에 혼자있는 여자 혹은 휴양지에서 무방비 상태로 놀고 있는 청년들이 그렇다. 전염의 네 가지 요소를 추려보자. 먼저 병원체와 매개체는 전염계를 정의하는 요소들이다. 병원체는 전염계의 중심을 표시하며 그 오염력의 근원이다. 매개체는 병원체의 환유물이거나 대리물로서, 전염계의 중심으로부터 주변으로 퍼져나가는 그 운송수단이다. 가령 드라큘라의 매개체는 박쥐다. 연쇄살인마의 매개체는 어둠이고, 처녀귀신의 매개체는 안개다. 반면 감염경로와 항균력은 면역계를 정의하는 요소들이다. 감염경로는 면역계에 뚫리는 병원체의 침투로로서, 매개체뿐만 아니라 숙주의 이동성에 의해서도 활성화된다. 항균력은 병원체를 식별하는 감응력이거나 그에 대한 반응력으로서, 오염력과 공변하는 잠복기의 함수다. 가령 거울과 마늘은 드라큘라를 식별해내는 보조 T 세포다.[20] 그 최종백신은 십자가와 말뚝이다. 반면 연쇄살인마에 대항하는 유일한 항균력은 최종녀Final Girl의 눈썰미와 그녀가 빼앗아 든 칼이다.

네 가지 요소를 감안해볼 때, 고딕괴물과 연쇄살인마는 대비된다. 드라큘라는 자신의 봉토에서 인간영토로 퍼져가는 하수인들, 박쥐, 늑대와 같은 매개체들을 파생시키나, 정작 감염경로와 잠복기는 어떤 초월적 법칙에 의해 엄격하게 제한되어 있다(예컨대 초대의 법칙이나 십자가). 반면 연쇄살인마는 자신이 숨고 틈타는 어둠 이외에 어떤 매개체와 감염경로를 따로 가지지 않는다. 연쇄살인마는 고독한 전염계다. 하지만 바로 그 덕분에 연쇄살인마는 제한 없이 자유롭게 침투경로를 창조해내며, 어둠과 공허의 농도만을 그의 잠복기로 삼는다. 고딕괴물과 연쇄살인마의 차이는 귀족전염계와 천민전염계의 차이다. 전자는 전염의 법칙에 의해 순혈의 감염경로를 건축해나가지만, 후자는 게임이나 내기 이외에 어떠한 법칙 없이 무정형의 공간에 난잡한 감염경로를 뚫는다. 물론 이탈리아 지알로와 미국 슬래셔의 차이는 간과될 수 없

---

20. 전염성의 '폭로자'일 뿐만 아니라 그 '미끼'로서의 거울에 대해선, 장 루이 뢰트라, 『영화의 환상성』, 김경온·오일환 옮김, 동문선, 2002. 2장. 거울에 관한 부분.

다. 지알로의 전염계는 알파벳 조합이나 화학공식과 같은 공식Formula에 따라서 흡사 건축물처럼 조직된다. 바바의 나선형으로 혹은 거미줄처럼 옥죄어오는 선(〈너무 많은 것을 안 여자〉), 아르젠토의 대성당 궁륭처럼 구조화된 대칭형 혹은 사선형의 선(〈아홉 꼬리를 가진 고양이〉 〈딥 레드〉)이 감염경로를 그려내는 가운데, 매번의 시체들은 그 변곡점의 장식물이 되어 예정된 공식을 서서히 드러내는 현상Phenomena을 이룬다. 반면 슬래셔의 감염경로는 탈방위적이고 무정형적 공간 속에 즉흥적으로 주어지며 여기선 그 조형성이 시체와 잔해들이 널브러지는 패턴으로 축소되어, 공식의 현현이 아니라 차라리 문제-질문 혹은 가설-검증('다음은 누구인가', '다음은 어디인가')의 즉흥적이고 변칙적인 연쇄가 감염경로의 법칙성을 대체하고 있다. 조형적 공식을 내비치기 위해 점점 투명해지는 지알로 공간과 반대로, 슬래셔 전염계는 가설과 예측이 깨지는 어떤 지점도 감염경로로 내어주는 불투명 공간이다. 지알로 살인마가 전염계를 디자인한다면, 슬래셔 살인마는 전염계를 풍경화한다. 이것은 매개체에 있어서 색조의 투명성과 어둠의 불투명성의 차이이기도 하다(특히 〈피와 검은 레이스〉와 〈서스페리아〉에서 색조조명). 고딕-지알로-슬래셔로의 진화는 단지 신화나 우화에서 실화로의 소재변화만이 아니다. 거기엔 전염학에서 말하는 인플루엔자의 RNA 변이와 같은 체질변화가 암시되어 있다.

샘 레이미는 현대 공포영화의 사회적 기능에 대해서 말하면서 문명의 모든 위선이 과거보다 훨씬 더 예민해진 "무균세계"antiseptic world를 유지하는 데 있다고 꼬집었는데,[21] 이는 현대 공포영화가 출현한 전염학적 배경을 정확히 짚는 것이었다. 즉 현대 공포영화는 더 이상 전염계와 대치하는 면역계(인간/괴물)가 아니라, 면역계를 안팎으로 포위한 전염계(인간-괴물)의 구도 속에서 태어난다. 이것이 우리가 현대 공포영화에서 자주 보게 되는, 고립되어 정체불명의 앰비언트에 둘러싸인 인간집단, 예측할 수 없이 사방팔방으로 뚫리는 침투로, 그 와중에 야기되는 집단의 내분과 같은 상황이 함축하는 바다. 고전적 상황과 달리 현대적 면역계는 자발적으로 내파implode되는 경향을 가진다. 즉 자발적 파괴와 자발적 무력화. 전자는 특정환경에 대해 과민반응하는 **자가면역계**autoimmunity system의 경우라면, 후자는 환경의 변

---

21. 레이미 인터뷰. *Dark Visions*, pp. 143~145.

화에 촉발되어 **자가전염계**autoinfection system로 변환되는 면역계의 경우다. 예를 들어 좀비물에서 자가면역계는 으레 군인들이다. 그들은 보균자를 색출해내려고 하다가 결국 공동체를 스스로 파괴한다. 자가전염계는 혼자만 살려 하거나 자기 이익만을 챙기려는 배반자, 혹은 좀비보다 더 잔인한 괴물이 되어가는 백인과 부자의 경우다. 전염병이 발발하기 전부터 품고 있던 비인간성은 고립상황 속에서 비로소 발현하여 다시 공동체 전체를 위기에 빠뜨린다. 이 모든 것이 너무나 불특정해지고 잠재화되는 바람에 면역계 내부에서 자생하는 감염경로와 매개체, 그 항균력을 자신에게로 겨누는 면역계, 즉 감염경로 없는 감염의 경우다. 고전 공포영화에서 현대 공포영화로의 진화는 면역계와 전염계의 대립에서 그 포위로의 이행, 즉 면역계-전염계의 쌍에서 자가면역계-자가전염계로의 쌍으로의 이행이다. 이런 이행이 외적인 요인에 의한 것이라 볼 수 없다. 그것은 면역계의 본성에 입각한 내재적 과정이며, 고로 SF 발전사와 동궤를 그린다. **괴물의 내수화**, 이것이 자가면역-자가전염의 쌍의 출현이 의미하는 바다. 또한 이는 종교영화의 부활-희생의 쌍에 대한 공포영화의 응답이기도 하다. 아브라함은 자가면역함으로써 자가전염하는 자였다.[22]

　　물론 고전호러에서 자가면역질환과 자가전염질환의 양상이 아예 없던 것은 아니다. 환경변화에 촉발되어 변신하는 고딕 캐릭터들은 모두 그 자신이 '걸어 다니는 자가전염계'였다. 콰지모도에겐 노트르담의 종소리, 늑대인간에게 보름달이 자가전염의 촉발제가 되었고. 그러나 고전주의가 자가전염법을 의인화했던 건 여전히 전염계가 면역계를 포위할 만큼 충분히 거리를 좁히고 있지 못하고 있었기 때문이었다. 반면 현대 공포영화는 그 거리를 좁히기 위해 자가전염법을 보편법칙으로까지 추상화하면서 태어난다. 놀이나 게임의 형식은 불가피했다. 가령 지알로에서 인물들은 서로를 의심함으로써 고립공간 내부에서도 추리의 자가전염계를 형성한다. 상이한 방식이긴 하나 슬래셔도 자유로운 변칙을 통해 더 많은 이들을 외부로부터 끌어들이는 게임의 자가전염계를 형성했다. 특히 크레이븐은 슬래셔 장르의 법칙과 변칙

---

22. 공동체 봉합을 위한 희생양 예방접종이라는 고전적 자가면역법은 이미 신화학의 오랜 테마였다(지라르, 프레이저 등). 리처드 커니의 개괄이 좋다(『이방인, 신, 괴물』). 근대화 과정에 있어서 숙주와 병원체가 협동했던 면역의 조절과 절충(패턴 안정화)에 대해선 윌리엄 맥닐의 저술도 보라(『전염병의 세계사』). 반면 테러시대의 과개발된 자가면역법에 대해선 에스포지토의 글을 보라(「면역적 민주주의」).

을 가지고 가장 참여적인 자가전염 게임을 만들었다(《스크림》 시리즈). 고전호러에서 현대호러로 옮겨가며 모든 것은 자가전염계를 확장하기 위해 그 법칙을 더더욱 보편화하는 것처럼 일어난다. 자가전염계는 더는 특정 장소나 영토에 국한되지 않았다. 그것은 심지어 국제적으로 조직된다(로스 〈호스텔〉 시리즈). J-호러는 그 법칙을 헌법으로까지 격상시켰다(《링》). 한마디로 현대 공포영화는 자가전염법의 추상화를 통해 전염계를 더 널리 내수화하고, 또 그만큼 더 많은 육체를 숙주로 포괄함으로써 고전주의와 결별한다. 이런 점에서 현대적 자가전염계의 본격적인 형성은 가정된 전체 없이 오직 육체들의 관계, 그간에 배열되는 압통점들만으로 감염경로와 매개체를 내면화하여 전염경傳染景, infectoscape에 이르는 범내장화panvisceralization 과정이라고 할 수 있다. 이 진화의 과도기의 주요한 징후는 단연 고어괴물과 내장괴물들의 등장이다(루이스, 헤넨로터, 고든/유즈나, 카펜터). 그러나 우린 고딕에 그 기원을 두면서도 신경망의 자동주의를 부단히 꿈꾸며 이 과도기를 아름답게 장식했던 두 걸작을 잊지 않는다. 스튜어트 고든은 〈좀비오〉에서 자기 머리를 들고 영안실을 돌아다니며 다른 시체들까지 살려내는 프랑켄슈타인 자가전염원을 보여주었고, 클라이브 바커는 〈헬레이저〉에서 영혼과 육신을 포획하여 빨아들이며 탈출자를 잡으러 오는 악마의 자가면역군단(핀헤드와 그 사제들)을 보여주었다. 이 두 작품이 가지는 매혹은, 고딕적 어둠으로부터 자가전염계와 자가면역계를 직접 추상해낸다는 러브크래프트적 발상에 있다.

자가면역과 자가전염을 현대적 질환으로 가장 구체적으로 제시한 장르는 로메로의 좀비물이다. 좀비떼에 고립된 오두막이나 백화점이 상층부와 하층부로, 그 인간 공동체가 강한 자와 약한 자로 내파되는 와중에 한편에선 자경단과 같은 자가면역계가 출현하고, 다른 한편 인간의 비인간화 같은 자가전염이 진행된다(《살아있는 시체들의 밤》 《시체들의 새벽》). 또 로메로는 이러한 자가질환을 그 삼부작의 마지막 편에서 법관, 군인, 과학자와 벙커 주민들이 이루는 국가로까지 확대 적용했다(《시체들의 낮》). 로메로가 이 모든 양상을 보여준 것은 단지 인간이 좀비보다 더한 괴물임을 보여주기 위함만은 아니다. 우석훈의 정확한 지적처럼 거기엔 환경의 변화(냉전·베트남전·포디즘·소비주의…)에 발맞추는 병원균과 감염자들의 생태경제학적이고 사회생물학적인 변화가 있다.[23] 기실 좀비물의 진화에서 우린 전염병의 진화를 본다. 좀비는 그 이동성과 잠복기, 매개체 파생력, 감염경로 돌파력에 따라 그 식별불가능성의 정도가 측정되는 면역계의 항원들이다. 예컨대 데 오소리오, 풀치의 좀비는 로메로의 좀비와 다르다. 그들은 심히 부패된 데다가 느릿느릿 걷기에 단박에 분별된다. 이것이 구대륙(스페인·프랑스·이탈리아)의 부두 좀비voodoo zombie다. 부두 좀비는 그 이동성과 감염경로가 아직 주술적 법칙에 제한되는 식별가능한 항원들이다(할퍼린 〈화이트 좀비〉, 투르뇌르 〈나는 좀비와 함께 걸었다〉, 데 오소리오 〈블라인드 데드〉 시리즈, 풀치 〈좀비〉 〈비욘드〉). 반면 미국 좀비는 그 이동성과 감염경로 창출에 과소비와 과대증식 이외에 어떤 법칙과 제한 없이 면역계를 무한압박하여 인간집단의 자가면역을 유도한다. 또 구더기와 흙먼지만을 자신의 매개체로 삼던 구대륙 좀비와 달리, 미국 좀비는 신체의 모든 부위들이 매개체가 되므로 면역계 안으로 더 쉽게 유입되어 백신조차 오염시킨다(〈시체들의 낮〉). 미국 좀비는 구대륙 좀비보다 덜 식별가능한 항원들이다(시겔과 카우프만의 〈신체강탈자〉 시리즈). 그리고 영국 좀비가 나왔다. 구대륙 좀비와 신대륙 좀비가 여전히 걷는다면, 그들은 뛴다. 게다가 잠복기는 극히 짧아져 감염자는 순식간에 기하급수적으로 늘어난다(보일 〈28일 후〉). 이 무한정한 속도가 면역응답을 교란하며 식별불가능성을 증폭시킨다. 〈28주 후〉(프레스나디요)엔 매우 절묘한 장면이 있다. 감염자와 비감염자가 뒤섞여서 한꺼번에 뛰어나오고 더 이상 그 두 부류가 식별불가능해지자 군인들은 그 모두를 사살한다. 이 장면은 속도에 의한 자가면역이라고 부르지 않을 수 없다. 영국 좀비는 세계의 속도 속에 숨는 싸이토카인 폭풍이다. 미국 좀비가 자가면역의 유도장치 정도였다면, 영국 좀비는 아예 자가면역의 가속장치로서, 인스턴트 푸드 시대로 진일보한 인스턴트 바이러스의 지위를 가진다. 이 모든 진화는 시장과 소비행태, 그에 따른 지각방식의 변화와 결코 무관하지 않다. 전염학자들의 말대로 전염이란 애초부터 마케팅인 것이다.[24]

---

23. 우석훈, 『생태요괴전』, 개마고원, 2009. 1장과 2장. 이 책은 생태학을 위해서 공포영화를 빌고 있지만, 실상은 공포영화에 대한 탁월한 분석서다. 특히 좀비-노동자, 드라큘라-자본가, 프랑켄슈타인-테크노크라트라는 생태경제학적 구분보다 더 뛰어난 분석(1, 2, 3장)을 우린 찾아보기 어렵다. 미야자키 하야오에 대한 4장도 보라.

24. 폴 W. 이왈드, 『전염병 시대』, 이충 옮김, 소소, 2005. 2장. 접촉빈도수와 잠복기 간의 경제학적 상관관계 부분을 보라. 즉 성접촉이 빈번한 환경에선 성급한 병균이 유리하나, 성접촉이 드문 환경에선

동양 귀신영화(서양 오컬트 영화와 구분되는)는 이 모든 것을 물질면역계와 기억전염계 사이에서 이미 하고 있었다는 점에서 가장 유구한 현대공포물일 것이다. 좀비가 딴살이라면 귀신은 딴넋이다. 특히 한국과 일본 여귀의 경우, 면역계는 이제 타인들의 공동체가 아니라 그녀가 포함됐던 혈족 공동체(대가족 혹은 핵가족)이며, 여귀를 배태한 전염계는 그와 물리적 거리 없이 그를 에워싸는 비물질적 자궁이 된다. 그래서 서양호러의 광장이나 밀실 대신, 동양호러에선 집이 중요해진다. 동양 여귀는 면역계의 정신을 감염시킨다. 정신의 감염에도 자가면역과 자가전염이 있다. 무속학자들이 구분하는 넋의 나감과 들림이 그것이다. **탈혼**脫魂은 **자가면역질환**("넋나감")이고, **빙혼**憑魂은 **자가전염질환**("넋들임")이다.[25] 으레 전자는 죄의식에 의한 환각이고, 후자는 접신에 의한 실질적 변신이나, 이 둘은 언제라도 겹쳐질 수 있다. 그만큼 여귀에게 장벽이란 없다. 어떤 의미에서 여귀는 영국 좀비보다 빠르다. 면역계의 아무 곳과 아무 때가 그녀의 감염경로이기 때문이다. 여귀는 T-바이러스보다 더 전파력이 강하다. 면역계의 모든 감각대상들이 그녀의 매개체이기 때문이다. 여귀는 잠복기도 따로 없다. 그녀는 죽음의 순간만을 반복하기에 임의의 영원만이 그 신출귀몰의 주기이기 때문이다. 즉 여귀는 초超식별불가능한 항원이다. 이 초법성으로부터 어떤 초현실적 법칙성, 차라리 헌법을 다시 끌어내는 것이 일본 호러의 장점이다. 사다코를 일본 호러뿐만 아니라 여귀 호러의 대표적 캐릭터로 만드는 것은, 그녀가 인간면역계에 부과한 희대의 자가전염법 때문이었다(나카다 히데오 〈링〉). 또한 가야코와 토시오는 가장 내밀한 감염경로를 개발하는 자가전염 엔지니어들이었다. 그들은 가랑이 사이, 옷 속, 머리카락 속, 심지어 이불 속까지 파고든다(시미즈 다카시 〈주온〉 시리즈). 소노 시온은 이러한 감염법엔 한 명의 여고생, 한 올의 머리카락이나 한 줌의 바람과 같은 가장 작은 섭동에도 순식간에 대량학살에 이르는 쓰나미의 법칙이 적용되고 있음을 보여주었다(〈자살클럽〉 〈에쿠스테〉 〈리얼 술래잡기〉). 대

온순한 병균이 유리하다.

25. 넋나감과 넋들임의 정신의학적 구분에 대해서는, 이부영, 『한국의 샤머니즘과 분석심리학』, 한길사, 2012. 5, 7장. 나아가 이부영은 "실혼문화"(중앙아시아·시베리아·알래스카)와 "빙의문화"(한국·중국·일본)를 구분한다. 그러나 "이혼과 빙의, 영혼의 비상과 제신의 강하는 초자연적 실체와의 **접촉**이라는 하나의 목적에 이르는 두 가지 양식이다."(238쪽. 강조는 인용자).

체적으로 J-호러를 특징짓는 것은 여귀의 이러한 제헌적 권능과 그로부터 정당화되어 남성과 국가의 내러티브를 가뿐히 장악해버리는 자기복제술과 핵분열술, 그 무한루핑 속에서 이루어지는 무자비한 n차 감염 법칙에 있다.

한국 여귀는 좀 더 까다롭다. 한국 여귀의 생태계는 두 집 살림, 즉 남성·대가족·법·혈통의 면역계로서의 친가(親家⁻안쪽 집)와 며느리·자궁·한·업보의 전염계로서의 외가(外家⁻바깥쪽 집)로 이루어져 있다. 이것은 한국 공포영화에서 예외 없이 나타나는 남성과 법에 지배되는 내러티브와, 여성과 한에 지배되는 숨겨진 내러티브, 즉 '사연'으로의 평행분리이기도 하다. 사연은 내러티브가 아니다. 그것은 남성권력과 가족법의 내러티브로부터 배제되었던 며느리와 처녀의 한계 내러티브로서, 그 친가면역계 쪽으로 앙금과 여한을 누적시키는 외가전염계를 형성한다. 내러티브와 사연은 이미지와 푸티지의 두 흐름에 대한 한국적 번역이다. 한국 공포에서 일반적으로 친가면역계의 내러티브는 "혈통"이고, 외가전염계의 사연은 "업보"다. 외가는 혈통의 내러티브에 틈틈이 개입하는 업보의 원환을 그려내면서 그와 접합으로써 그를 지탱하고, 그에 호소함으로써 그를 교란시킨다.²⁶ 내러티브와 사연, 친가와 외가의 접점을 으레 다시 남성재판관(아버지, 사또, 스님, 서방님 등)이 꿰차고 있는 것만은 사실이다. 그러나 바로 그것이 한국 여귀가 남성을 매개체로 삼아 외가의 여한을 전염시키는 방식이고, 친가의 내러티브에 자가면역질환을 야기하는 방식이다. 여귀 바이러스에게 서방님은 매개체일 뿐이다. 혈통은 업보의 RNA가 역전사되는 DNA일 뿐이고. 한국 공포에서 외가가 친가에 의존한다고 볼 수 없다. 실상은 그 반대로서 친가는 드러나 있지만 가장 무력한 공간인 반면, 외가는 감춰져 있지만 가장 활성화된 공간이다. 외가는 식모와 기생, 계모와 딸, 첩과 본부인 사이에서 모함과 경합이 일어나는 공간이며(권철휘 〈월하의 공동묘지〉, 이규웅 〈두견새 우는 사연〉, 이유섭 〈엄마의 한〉 〈장화홍련전〉), 여기서 여귀들은 서방님과 사또님을 점점 무력하게 만드는 환각을 흩뿌리며, 여자들만을 그 마디로 가진 여한의 대류운동을 이루어 그 최종접점이 찾아질 때까지 과거와 현재를 교차시킨다. 이것은 이미 기억의 자가면역환自家免疫環이라 할 수 있다. 족족 부임해오는 새 사또들은 장화홍련귀신을 보고 놀

---

26. 이 루핑의 구조를 다음보다 더 잘 소묘하는 책은 없다. 김열규, 『恨脈怨流』, 주우, 1981. 특히 1, 2부.

라 스스로 죽어버린다(《장화홍련전》). 또한 음모를 꾸몄던 식모와 무당은 귀신에 홀려서 서로를 죽인다(《월하의…》). 이만희는 이 원환의 완벽한 도해를 보여준다 : 자가면역환이란 어떤 단면에도 여귀가 비치는 올가미 다면체다(《마의 계단》 수술실 장면). 다른 한편 혈통의 흐름에서 외가와 이미 접점을 이루고 있던 내생적 매개체를 찾는다면, 우리는 여한의 원환을 면역계 안으로 집어넣을 수도 있다. 그것이 이용민이 보여주는 빙의된 시어머니에 의해 친가의 혈통을 그 뿌리부터 오염시키는 자가전염환自家傳染環의 경우다(《살인마》). 가장 강렬한 자가전염환은 지렁이국수와 피눈물로 채색된 이혁수의 시어머니다(《여곡성》). 시어머니에게 고용된 이두용의 무당도 같은 기능이다(《피막》). 다른 식솔과 달리 시어머니는 친가에 잠재된 외가 자체다. 여귀와 같은 여자기 때문이다.[27] 자가면역환이 외가로의 얼빠짐, 혼나감, 넘남이라면, 자가전염환은 외가로부터의 영실, 기밀, 강신너름, 그 넘두리다. 둘 모두는 해원되기 전까진 친가를 외가에 "결박"시키는데, 그 "마디마디 맺힌 일곱 개의 고는 삶의 회환이 만든 피멍이다."[28] 어떤 경우든 한국 공포의 핵심은 외가의 건설이다. 외가는 그 궤적이 곧 사연이 되는 여한의 무한루핑이다. 신상옥은 가장 큰 외가를 만들었다. 그것은 국가를 친가로 가지는 궁중외가다(《연산군》 《천년호》 《이조괴담》 "신라를 망하게 하고 말리라"). 김기영은 가장 작지만 가장 정치경제학적인 외가를 만들었다(《하녀》 《충녀》). 박윤교는 남성과 산사람마저 참여하는 연극적 외가에 이른다(《꼬마신랑의 한》).

한국호러의 70년대는 미생물학의 1880년 같은 해다. 한편에서 이유섭은 선한 여귀의 휘광 서린 원환을 몽타주하고 있었고, 다른 한편에서 박윤교는 죽음충동에 가까운 악한 여귀의 점멸하는 원환을 극화하고 있었다. 이유섭은 분명히 여귀의 호소("억울하옵니다.")가 내러티브에 야기하는 자가면역질환을 고집했지만, 여

27. 시어머니의 자가전염환에 대한 백문임의 분석을 보라. 백문임, 『월하의 여곡성』, 책세상, 2008. 3장. (2)-다. 고부 갈등 부분. ("(시)어머니들은 며느리들을 학대하거나 살해하기도 하지만, 그 자신이 과거에는 '며느리'이기도 했다.", 208쪽). 백문임은 한국공포영화가 전래 설화에서 공포 장르로 이행하는 매개장르로 신파를 꼽고 있는데, 이는 매우 정당해 보인다. 아울러 그는 공안 모티프("한풀이")에서 복수 모티프("원 갚기")로 미묘한 변이를 관찰하고서, 거시적 수준에서 "한"(恨)과 "원"(怨)을 대비시키고 있다(이어령의 한일 비교연구). 이 책은 한국공포영화 연구에 있어서 보석 같은 책이다.
28. 황루시, 『한국인의 굿과 무당』, 문음사, 1988. 16장. 269쪽. 씻김굿과 고풀이에 관한 부분.

기엔 그 이상의 것이 있다. 여귀의 호소는 면역계를 둘러싸는 그의 환경 자체가 되어, 마치 여귀의 환영이 그 남성인물의 내면으로부터 방사되는 듯한 빙의효과를 지닌다. 이것이 이유섭의 영화에서 자주 볼 수 있는 남자들을 에워싸는 여귀의 목소리, 이미 안방에 들어와 있거나 도망가는 인물을 족족 막아서는 여귀의 경우다(《엄마의 한》 《누나의 한》 《장화홍련전》 《원녀》). 이것은 편집으로 하는 자가전염이다.[29] 반면 박윤교는 가장 악랄한 여귀를 상정할 때조차 빙의를 부정한다. 박윤교에게 빙의란 모두 산 사람에 의해 연출된 것이어서 순수한 환각으로서 언제까지나 자가면역의 증상에 머무른다(《꼬마신랑의 한》 《망령의 곡》 《망령의 웨딩드레스》). 이유섭이 정적이거나 부드럽게 미끄러지는 카메라로 여귀를 촬영했던 것과 반대로, 박윤교가 물신(드레스·미라·마네킹·거울 등)의 단속적 클로즈업이나 그 줌인에 집착하는 이유도 이것이다. 박윤교에게 물질과 영혼, 숙주와 병원균, 나아가 자가면역과 자가전염은 구분불가능하며, 이들을 구분할 수 있는 것은 오직 면역계에 초래된 자멸의 연출자를 상정했을 때뿐이다. 〈꼬마신랑의 한〉에서 암행어사가 "사람이냐 귀신이냐, 대체 어느 쪽이냐?"라고 묻자, 여귀의 대답: "나는 두 가지 다일 수도 있고, 두 가지 다 아닐 수도 있습니다." 이미 박윤교의 〈…한〉 시리즈가 다른 귀신영화과 달라지는 지점도 바로 이러한 연극적 측면들이었다(《옥녀의 한》 《며느리의 한》). 이유섭의 여귀가 폭로하고 탄원한다면, 박윤교의 여귀는 위장하고 연출한다. 이유섭이 편집에 의한 자가전염이라면, 박윤교는 너무도 순수한 자가면역, 즉 연극에 의한 자가면역이다. 물론 자가면역이 연출될 수 있다는 생각은 새로운 것은 아니었다(가령 이만희 《마의 계단》). 그러나 그걸 최대한 밀어붙여서 거기서 호러장르의 가능성을 재발견한 것은 분명 박윤교의 업적이다. 박윤교는 한국무속학이 말하는 '무속극' 영화다.[30] 동시에 그는 '귀신지알로'라는 신장르의 개척자이기도 하다. 그리고 박윤교는

---

29. 〈원녀〉는 자가전염을 완전히 성애화한 경우다. 〈원녀〉에서 여성 모체(母體)가 행하는 위반과 과잉에 대해선 김소영, 『근대성의 유령들』, 씨앗을뿌리는사람, 2000, 68~71쪽. 크리스테바적 분석이다. 같은 장에서 개진하고 있는 신상옥의 〈천년호〉에 대한 분석도 보라. 요약하자면 여귀의 시선은 외가의 대들보다(81쪽).

30. 한국 무속학은 굿과 연극(특히 가면극)의 동근원성을 부단히 탐색해왔다. 다음 계보가 그렇다. 김재철(『조선연극사』), 송석하(『한국민속고』), 이두현(『한국가면극』), 김열규(「굿과 탈춤」), 박진태(『한국 민속극 연구』). 황루시의 연구도 선구적이다. 황루시, 「굿의 연극성」, 이화여자대학교 석사학위논

이 기괴한 감염법을 태초의 시간으로 가져가서 사냥, 둔갑, 수간, 포식이 뒤엉키는 원생적 자가면역계를 너무도 아름답고도 장엄하게 펼쳐냈다(〈천년백랑〉).

어쨌든 한국공포의 모든 것은 루핑이다. 그것은 내러티브를 끊는 동시에 이음으로써 그를 감염시키는 사연의 루핑이다. 사또와 서방님을 모시던 고전적 면역계가 희미해진다 해도 상황은 크게 변할 것이 없다. 한국의 모든 공동체는 영원히 혈통이기 때문이다. 루핑은 물신과 분신들의 되돌아옴(고영남 〈깊은 밤 갑자기〉, 김성호 〈거울 속으로〉), 왕따 여학생의 졸업을 영원히 지연시키는 루핑(박기형 〈여고괴담〉), 학교를 내려다보는 영안에 깃든 소용돌이(민규동·김태용 〈여고괴담 — 두 번째 이야기〉), 저주놀이의 원환(안병기 〈분신사바〉), 죽음도 깨뜨릴 수 없는 결혼반지의 원환이다(정범식 〈기담〉). 루핑이란 강신 자체다(이수연 〈4인용 식탁〉). 무엇보다도 이 모든 루핑의 목적은 외가다. 이것이 일본 호러와 한국 호러의 궁극적 차이점이다. 일본 호러의 루핑은 외가에 한정되지 않는 무작위적이고 순수한 외부, 즉 사연 없는 외부를 만들기 위함이다. 일본적 루핑은 차라리 여백의 전염이며, 이때 외가가 있다면 그건 세계 전체와 구분되기 어렵다(구로사와 기요시가 가장 잘 보여주었다 : 〈큐어〉 〈회로〉). 일본 여귀는 유목민이다. 특정 사연에 안착하기를 마뜩잖아 하는 그녀들에겐 외가가 따로 없다. 이에 반해 한국 여귀는 오직 정착하기 위해서만 루핑한다. 사연을 밴 외가에. 외가는 한국 여귀의 '본향'이다.[31] 물론 한국 여귀가 시각적-전략적으로 진화하는 것도 사실이다. 백문임은 "증거"와 "장치"라는 탁월한 개념쌍을 제안했다(억울한 사연을 폭로하는 외모는 증거인 반면, 복수를 암시하는 외모는 장치다). 그러나 한국 여귀의 진화는 피부에선 상대적이다. 자가전염환 속에선 증거도 장치일 수 있기 때문이다(특히 박윤교의 연극장치). 오히려 진화는 그녀들의 피부가 아니라 내장에서 일어날 것이다. 하지만 그녀들은 외가를 떠나는 진화라면 딱히 관심이 없다. 한국여귀의 진화는 전염의 전략에 관해서지, 그 목적에 관해서는

문, 1978.

31. 한국 무속에 있어서 "본향", 그 바깥의 내재성과 루핑의 무장소성("Illud Tempus")은 조흥윤의 주제다. 조흥윤, 『한국의 샤머니즘』, 서울대학교출판부, 1999. 특히 바리공주 신화에 있어서 저승의 위상을 분석하는 163~183쪽. 그래서 조흥윤은 루핑이 한풀이(연희)보단 종교(제의)에 가깝다고 단언했다("한국 무巫의 모든 신령이 가망신이 된다.", 21쪽).

아니다. 한국여귀는 일본여귀를 질투하지 않는다.[32]

　　한마디로 좀비와 귀신의 발전은 카메라와 필름의 발전과 그 궤를 같이한다. 이것은 필름균의 진화다. 특히 뛰는 좀비의 출현은 카메라모터와 셔터스피드의 발전만큼이나 혁신적인 것이다. 동시에 인간은 고감도 필름이 되어 잠복기는 한없이 짧아지고 발병반응은 즉각적이 된다. 좀비의 이빨과 다리는 면역계에 구멍을 내는 스프로킷휠로서, 속도는 진화의 핵심변수가 된다. 좀비는 대지에 스프로킷홀을 뚫어 침투한다. 그런 점에서 안타깝게도 상어에 가로막히긴 했으나, 바다를 헤엄쳐 건너려 했던 풀치의 좀비야말로 좀비계 최초의 제국주의자였다 할 것이다(〈좀비〉).[33] 반면 뱀파이어는 제국주의자보단 해적단으로 진화했는데, 여기서도 스프로킷홀은 생사를 가르는 요소였다. 가령 비글로우의 뱀파이어들이 총알구멍을 잘못 뚫었다가 그 헐레이션이 역류하는 바람에 낭패를 봤다(〈죽음의 키스〉 모텔 총격전). 하지만 서양괴물의 수평전파에 동양귀신의 수직전파가 대조된다. 여귀는 바이러스의 잠복기를 그 주기로 대체한다. 좀비가 잠복기=0을 향해 질주하듯, 여귀도 주기=0을 향해 질주한다. 좀비가 공간과 영토에 스프로킷홀을 낸다면, 여귀는 시간과 역사에 스프로킷홀을 낸다. 특히 한국 여귀는 혈통의 수평적 흐름에 업보를 내삽함으로써 그를 자멸 혹은 변이에 이르게 한다. 여귀는 시간의 유전병이다. 바로 이 점이 유장한 공포영화사에서 동양 여귀의 위상을 독특하게 만드는 것으로서, 실상 여귀가 내파하는 것은 정신인 동시에 물질인 시간 자체이며, 그녀가 빙의시키는 육체는 단지 물질이 아니라 물질과 정신의 매개체다. 이는 박윤교가 제기했던 문제이기도 하다. 귀신이 연출이고 조작인 이유는 귀신이 없어서가 아니라 귀신이 너무나도 순수한 환상이기 때문이다. 그것은 물질에 내재하는 환상이다.

　　이로부터 '빙의된 물질'이라는 엄청난 생각이 싹튼다. 신호탄은 분명 〈링〉이었다. 비디오테이프에 이어 핸드폰과 인터넷(안병기 〈폰〉, 미이케 다카시 〈착신아리〉,

---

32. 백문임, 『월하의 여곡성』, 3장 2절 (2) (4). 백문임은 이러한 변이가 일어난 시기를 1960년대로 보고 있다. 그 이후의 변천에 대해서는 유용한 논점들을 제시하는 다음 글도 보라. 변성찬, 「2000년 이후 한국영화에 내재된 악 개념 및 형상에 대하여」, 『문학동네』, 88호(2016년 가을).

33. 제국주의가 피식민지에 뚫은 스프로킷홀(예컨대 말라리아모기의 산란처가 되는 물웅덩이)에 대해선, 셸던 와츠, 『전염병과 역사』, 태경섭·한창호 옮김, 모티브북, 2009. 저자는 정치적 스프로킷홀(임시적 무정부상태 혹은 검역체계의 공백상태)도 함께 검토하고 있다.

구로사와 기요시 〈회로)〉에 붙은 여귀는, 더 이상 인간의 육체만이 아니라 면역계 사회를 이루는 모든 물체를 자신의 매개체로 삼아 전파되는 정보의 유전병, 차라리 악성코드귀가 된다. 비록 그 시작은 J-호러에 빚지긴 했으나 그 독특한 화풍과 리듬으로 이러한 진화를 극단으로 밀고 나갔던 유파가 태국 호러다. 사진과 영화필름에 붙은 귀신이 그렇고(반종 피산타나쿤·팍품 윙품 〈셔터〉, 소폰 삭다피싯 〈커밍순〉), 또한 망막도 신들린 생체필름이 된다(팽 형제 〈디 아이〉). 이제 매체의 전파력이 곧 여귀의 감염력이 되어, 여귀는 사진처럼 현상되고, 영화처럼 영사되며, 무엇보다도 그 원본 네거티브에서 여러 벌의 프린트로 복제되어 퍼져나간다. 태국 여귀에게도 외가가 있다면, 그것은 기억의 필름스트립이 대류하는 암실이고 영사실일 것이며, 태국 여귀가 끌고 다니는 그 특유의 노이즈와 플릭커 효과가 이로부터 나오는데, 이미 팽 형제는 삐뚤어지거나 단속적인 프레임만으로 여귀를 조합해냈으며(〈디 아이〉의 복도 장면), 반종·팍품 콤비는 플릭커를 틈타서 점점 다가오는 여귀를 보여주었다(〈셔터〉의 스튜디오 장면). 더 이상 물질-정신이 아니라 네거티브-포지티브가 전염계-면역계의 위상을 정의하며, 여귀는 면역계에 틈입하기 위해 번쩍거리는 점멸령(點滅靈)이 된다. 이것이 태국 여귀의 자가면역법이다 : 태국 여귀의 회전주기는 그 자신 플릭커의 주파수다. 그 자가전염법은 자기복제다 : 태국 여귀의 수신율은 그 자신의 복제율이다. 〈커밍순〉에서 인물은 출구 없는 루핑에 갇히고 끝내 영화 안에 갇혀버린다. 태국 여귀의 고유성은 극장에서 재현되는 어떤 서양괴물과도 혼동될 수 없다. 람베르토 바바의 〈데몬스〉에서 유명한 한 장면을 보자. 여기서 스크린에 영사되는 것은 특정 영토를 점한 악령의 반영으로서, 스크린 안과 밖의 싱크를 맞추는 것으로 충분했다(스크린 안에서 텐트를 찢어지는 순간 스크린이 찢어진다). 영화의 대사 그대로 "영화랑 똑같은 일이 벌어지고 있을" 뿐이다. 반면 태국 여귀는 스크린에 반영되지도, 그 뒤에 숨지도 않는다. 그녀 자신이 이미 스크린이자 필름이고 옵티컬 프린터이며, 그 사이 탈싱크가 곧 면역결핍이고 싱크가 곧 접촉감염이기 때문이다. 〈셔터〉에서 여주인공이 사진들을 플립북처럼 넘겨보자, 각 포토그램에 희미하게 찍혀있던 여귀가 비로소 운동하며 현상되어 떠오른다. 이 놀라운 장면은 필름스트립 자체가 되어버린 여귀에 대한 가장 위대한 은유다. 태국 여귀는 한국적이지도 일본적이지도 않고, 이탈리아적이지도 미국적이지도 않다. 태국 여귀는 오스트리아적이고 체르카스키적이다. 태국 여귀는 플릭커를 자가면역(점멸령)으로, 자기복제를 자가전염(인화령)으로 가지는 **필름령**이다.

이 모든 것이 태국의 유물론자들이 현대매체에서 찾은 여귀의 속성들이다. 그 것은 아파두라이가 말하는 미디어스케이프^{mediascape}의 상황으로서, 여기서 매체들 은 서로를 포위하면서 그 소비자를 소비하며 그를 삼킨다. 서양 페미니스트들이 그 토록 찾아 헤매던 내장귀(內臟鬼)의 가장 실증적 사례는 태국 여귀일 것이다. 태국 여귀는 매질귀(媒質鬼)다. 그녀는 더 이상 정신과 물질의 이분법에 걸려들지 않으며, 오직 매체에서 매체로 전송되는 시그널, 악성코드, 프리온 단백질(PrP^{sc})로서의 **전 염성 엑토플라즘**이다.[34] 바로 여기에 태국유물론이 제기하는 가장 철학적인 구도가 있다. 이제 물질적으로는 전염계와 더 이상 구분되지 않는 면역계의 구성원들은 그 각각이 사진이나 영화 속의 인물들처럼 재현의 배우가 된다. 배역은 필름령이 세계 에 매설해놓는 그의 리셉터클이자 변환모듈이며, 그 자신의 매개변수다. 태국의 작 가들만큼 이를 산업적이고 기술적 조건 속에서 다루진 않았지만, 이미 한국과 일본 의 여귀들도 각자의 방식으로 배역의 개념에 다가서고 있다. 처녀귀신은 서방님과의 동침을 원한다(〈두견새…〉 〈원녀〉). 또한 영원히 학교를 다니기 위해, 영원히 사랑하 기 위해 산사람을 연기하는 귀신들이 있다(〈여고괴담〉 〈기담〉). 또한 배우의 연기 속 에서 저절로 드러나면서 촬영장 전체를 자가전염계로 뒤바꾸는 여배우의 혼령이 있 을 수 있다. 배역이야말로 전염병이다(〈여우령〉). 다카하시 히로시·나카다 히데오 콤 비의 이 엄청난 생각을 태국 유파는 다시 한번 밀고 나가서, 혼령의 부뉴엘리즘이라 고 부를 만한 n차 감염극을 이룬다. 즉 대역은 대역의 대역이며(몬톤 아라양쿤 〈사 령〉), 배역은 배역의 배역이다(팽 형제 〈귀역〉). 그건 아예 리얼리티 쇼다(팍품 원진다 〈스캐어드〉, 사라우스 위치엔산 〈고스트 게임〉). 또한 태국공포가 코믹호러의 개척 자일 수 있었던 것은 배역 개념을 마구 밀어붙여 귀신들마저 구경거리로 만드는 데 에 성공했기 때문이다(유틀럿 시파팍 〈고스트 스테이션〉 〈부파 라트리〉 시리즈). 특 히 반종 피산타나쿤은 그의 단편 〈결국엔〉(〈포비아2〉의 마지막 에피소드)에서 배역

---

34. 현대전염학엔 정신병을 뇌전염병으로 보는 급진적 입장이 존재한다. 다음은 좋은 소개서다. 제럴드 N. 캘러헌, 『감염』, 강병철 옮김, 세종서적, 2010. 8장.

의 가장 어처구니없는 역량까지 이른다. 즉 배역은 없던 귀신도 만들어낸다.

기실 빙의가 이미 육체의 매체화다. 빙의는 넋의 퍼포먼스이고, 퍼포먼스는 그 자가전염이다. 고로 여귀에게 배역은 그녀 자신이 소생하는 자가전염의 형식이자, 그 증거인 동시에 장치다. 매체media는 영매靈媒, medium다.[35] 바로 이것이 동양 여귀가 브라우닝의 기형아들을 포함한 다른 서양괴물들과 가장 달라지는 점이리라. 기실 서양괴물에게 배역이란 가설적 형식이고 자가면역에 머무르기에 십상이었다. 그것은 서커스장이나 무대 위에서 흡사 가면처럼 임시적으로 주어지며, 이를 통해서 살인마나 위장괴물들은 생을 빼앗고 파괴한다. 반면 여귀는 생을 빼앗거나 파괴하는 데 머무르지 않는다. 여귀는 배역을 통해 생을 훔치고 재생replay한다. 다시 산다relive. 이것이 빙의의 극한적 표현일 환생의 경우다. 환생에 있어서 무대는 따로 없다. 생이 이미 한 편의 연극이자 영화이기 때문이다.[36] 여귀들은 배역을 통해서 시간 전체를 한 뭉치의 필름스트립으로 만드는 동시에 그를 훔쳐서 본인을 주인공으로 재편집하여 재상영한다. 이런 수준에 근접한 서양귀를 꼽으라 한다면 그건 아마도 프레디 크루거일 것이다(크레이븐 〈나이트메어〉). 그는 무의식의 팽창에 따라 펼쳐지는 내면적 시간 전체를 자신의 무대로 삼고서 자유자재로 자신의 배역을 갈아타는 꿈의 배우이자 편집자다. 바로 이러한 연출독재가 크루거를 서양공포영화에서 독보적 존재로 만든다(그리고 그의 연출력은 시리즈를 더해감에 따라 더더욱 화려해지고 대담해진다). 하지만 꿈 역시 가설적이다. 여귀는 실질적 시간, 생과 그 유전을, 즉 단지 피血가 아니라 혈통血統을 원한다. 여귀에게 배역은 DNA다. 동양공포영화는 끊임없이 생의 태아감염으로 돌아갈 것이다. 현상액 속에 침윤한 무균상태의 배아에 자신의 새로운 생을 감광시키기 위해서. 이것이 팽 형제가 망막필름에서 복중필름으로, 시미즈 다카시가 이불 속에서 촬영장 속으로 돌아가는 이유이기도 하다(〈디 아이 2〉 〈환생〉). 특히 〈환생〉은 시미즈 다카시의 최고작이다. 거기엔 과거 쪽으로는 대학

---

35. 치병의식에 있어서 투사(投射)와 수용(受容), 그리고 무당의 역할에 대해선 이부영, 『한국의 샤머니즘과 분석심리학』, 6, 10, 13장. "그[샤먼]가 말하는 귀신은 그들에게는 상징이 아니다. 현실이다."(572쪽. 강조는 인용자).

36. 한국무속에 내포된 순환체계에 대한 심오한 통찰로는, 김태곤, 『韓國巫俗硏究』, 집문당, 1981. 특히 3장 「무속의 원형」, 5장 「무속의 원형적 사고체계」.

살의 가해자와 피해자, 그리고 현재 쪽으로는 배우와 감독이 서로가 서로에 대해서 누가 누구의 환생인지를 탐색해가는, 평행한 동시에 교호하는 시간의 이중나선이 있기 때문이다.[37] 동양 여귀의 종국적 빙의란 잉태다. 그 루핑이란 윤회이고. 결국 동양 여귀가 하려는 것은 **생의 감염**이다. 윤회란 각기 다른 생들의 콘택트프린팅이다.

3-3. 뇌와 척추 : 비체화, 아르젠토, 카펜터

결국 무엇이 전염되는가? 파멸과 죽음이겠으나, 그게 전부는 아니다. 도깨비들이 진정 원한 것은 사람을 죽이는 게 아니라 반대로 사람 시늉을 하는 것이었다(단테 〈그렘린〉 연작). 게다가 재이는 학교를 계속 다니고 싶었을 뿐이고(〈여고괴담〉). **전염의 목적은 변신이다.** 괴물들이 면역계 안으로 틈입하여 점점 더 식별불가능해지는 것은 더 완벽한 차별화를 위해서다. 전염은 언제나 개체화의 전염이다. 전이metastasis가 그 준안정성metastability이 되는 개체병. 공포영화는 개체병 영화들이다. 이미지-푸티지는 개체적이고, 피부-내장은 전개체적이다. 자가전염계와 자가면역계는 전개체적 장들이다.

고로 현대 공포영화에 있어서 감염경로가 점점 다각화되어 압박은 전방위적이 되고, 그만큼 즉각적인 면역응답이 요구되는 등, 피부와 내장이 그 연합환경과 교류하는 전개체적 퍼텐셜의 순환이 주기=0, 잠복기=0을 향하는 경향, 그것은 전개체적 장이 개체들의 완결된 집합과 그 법률로부터 이탈하여 점점 자유로워진다는 것을 의미한다. 현대 공포영화에서 병원균의 전개체적 순환회로는 자가조절회로다. 피부와 내장 간, 분자모방과 면역응답 간, 나아가 자가면역계와 자가전염계 간에 이루어지는 모든 딴살과 딴넋의 순환을 주재하는 개체화의 자율적 중심이 존재하며, 그것

---

37. 날이 갈수록 더해가는 장르융합 속에서도, 서양호러와 동양호러는 여전히 피부와 내장, 피와 혈통, 절단과 흡수로 크게 구분된다. 우리는 〈주온〉에서 시미즈 다카시가 귀신영화와 슬래셔를 결합했다는 의견(예컨대 Jay McRoy, *Nightmare Japan*, 3장)에 동의하지 않는다. 가야코와 토시오는 자르지 않고, 여전히 먹기 때문이다. 시미즈 다카시는 미국 영화가 아니라 오히려 폴란드 영화, 특히 키에슬롭스키를 염두에 두는 것으로 보인다. 시미즈 다카시의 세계를 사로잡는 것은 미시군중의 자가증식이기 때문이다(우리 책 1부 8장).

은 공포가 진화할수록 점점 더 도드라진다. 그 제일은 두뇌일 것이다. 두뇌는 자극들의 입출력을 처리하고 그 과정을 최적화하는 최초의 자기통제기관인 데다가, 그 자체로도 훌륭한 정보면역체계다. 두뇌는 개념과 감각, 환상과 실재의 한계를 설정한다. 그래서 과대망상을 다루는 공포영화에서 두뇌는 으레 개체화의 중심이 된다. 특히 러브크래프트의 성격이 짙은 우주호러 장르에서 그렇다(코만 〈X-레이 눈을 가진 사나이〉, 고든 〈지옥인간〉). 비디오신호와 악성코드가 되어버린 현대 여귀들에게도 뇌는 이미 자궁이었고(TV·전화·카메라·극장·인터넷…). J-호러의 숨은 선봉이라고도 할 위대한 시나리오 작가 다카하시 히로시는 그의 연출작인 〈공포〉를 만들었다. 여기서 뇌는 상상과 기억, 환영과 실재 간의 한계를 취소하고 감각의 범위를 우주 끝까지 연장하여 무한대의 정보까지 허용하는 미치광이 입법기관이 된다. 반대의 경우는 현대 좀비물일 것이다. 드라큘라에게 심장이었던 개체화의 중심이 좀비에게 두뇌인 것은 좀비가 허기라는 단 한 종류의 정보 이외에 아무것도 생각하지 못하는 뇌사자이기 때문이다. 말초신경계로 이어지는 척추도 두뇌의 일부다. 그러나 척추까지 개체화의 중심으로 다루기 위해선 호러는 SF와 동거해야 한다. 척추의 조작은 난도질만 가지고는 안 되며 정교한 테크놀로지가 요하기 때문이다. SF 호러는 척추변형의 공포다. 크게 세 가지 축이 있다. 척추를 기계적으로 연장하는 척추확대술(거대괴수·외계괴수：혼다 이시로 〈고질라〉, 〈에일리언〉 등), 척추를 유전학적으로 압착하는 척추축소술(분자괴물·배아복제：〈신체강탈자〉 등), 이종적 척추들을 비틀어 꼬아 융합하는 척추염좌술(사이버네틱 괴물：크로넨버그, 츠카모토 신야 등). 모든 경우에서 뇌는 개별 혹은 군집의 개체화를 위해 오장육부뿐만 아니라, 생각과 망상까지도 조절하고 통어하는 변신의 고삐이자 채찍이다.

두뇌는 항원과 항체, 안과 바깥, 나아가 전염계와 면역계를 접촉하게 하면서도 둘을 비로소 현존케 하는 태초의 피부다. 우리가 아르젠토의 작품들에서 만나게 되는 대칭성의 구도는 이로부터 연원한다. 아르젠토에겐 숨는 자-찾는 자, 살인범-추론자의 쌍처럼 언제나 두 개의 이질적인 뇌가 주어지며, 이 둘 사이에서 텔레파시처럼 전이되어 서로의 생각과 망상을 더욱 활성화하여, 때로는 다음 살인을 지시하기도 하고 때로는 추리의 단서가 되기도 하는 매개적 신경자극이 존재한다. 그것은 두 두뇌들을 대칭형으로 접촉시키며 서로를 맞감염시키는 '매개념'Middle Concept으로서, 벽 속의 그림이자(〈딥 레드〉) 살인지침서가 되는 책이고(〈인페르노〉 〈새도우〉 〈슬립리스〉), 숫자와 공식과 같은 기호들이며(〈서스페리아〉에서 발자국 개수, 〈페노미나〉에서 유충번식률), 변신을 지시하는 아이콘이다(〈스탕달 신드롬〉). 매개념은 두 두뇌의 통일을 완결하는 마지막 퍼즐조각이 아니다. 반대로 매개념은 그 두뇌들을 항구적인 분기 속에서만 통합시키며, 심지어 그 둘 서로가 서로에게 과대망상을 범람토록 하기 위해서 자기 자신도 분기되는 준안정적 기호다.[38] 가장 유명한 예는 그림인 줄 알았던 거울일 것이다(〈딥 레드〉). 가장 절묘한 예는 두 사람인 줄 알았던 한 쌍의 머리다(〈헤드헌터〉). 매개념은 두뇌들에게 전체의 관념을 주면서도 실상 어느 쪽에도 속하지 않음으로써, 매개념 부주연의 오류로만 그들을 접합하는 이성의 파리떼이자 구더기떼이고 까마귀떼다. 그래서 아르젠토의 미장센엔 언제나 대칭형-사선형-무정형으로의 삼단계 위상변형이 존재하게 된다. 가장 전형적으로 희생자가 목 매달리는 궁륭의 대칭형이 있고, 대칭성을 깨뜨리며 다음 희생자의 얼굴을 비스듬히 자른 유리조각이 있고, 온몸을 난자하는 철조망의 난잡한 사선집합이 있다(〈서스페리아〉). 또한 둥근 오페라 극장의 대칭형 구도가 있고, 그를 사선으로 가로지르는 한 마리의 까마귀가 있으며, 이는 까마귀떼로 번져서 관객 모두를 공격하게 된다(〈의혹의 침입자〉). 아르젠토는 살인장면을 필요이상으로 끔찍하게 묘사하지만, 그것은 두뇌가 여전히 이성적이어서 매개념에 과민반응하기 때문이다. 이것은 매개념이 두뇌를 대칭화하는 척하면서 그를 분열과 파열로 이끄는 방식에 대한 미장센이다. 아르젠토가 자주 보여주는 광장공포증의 원천도 바로 이것으로서, 두뇌는 우주의 무수한 정보들이 수집되고 또 재연되는 그 도서관이자 극장이지만 실상 그는 아무것도 알지 못하며, 시선과 감각 밑에 웅크리고 있던 매개념이 돌연 부과하는 투명한 틈새에 갇히고 그에 난자당하는 잔혹극의 주연이 될 뿐이다.[39] 가망이 없어 보이는 두뇌를 리모델링하는 유일한 방법은 처형장이 되는 것이

---

38. 아르젠토 작품세계에 나타나는 스타일과 플롯의 '과잉'과 그에 함축된 '더블' 개념에 대해선 Maitland McDonagh, *Broken Mirrors/Broken Minds*, University of Minnesota Press, 2010. 저자는 〈딥 레드〉에서 시점샷 또한 매개념이라고 본다(pp. 109~110). 〈의혹의 침입자〉에서 뇌의 박동과, 그것이 공간에 부여하는 만곡면에 대한 분석도 보라(pp. 197~204).
39. "모든 것이 이전과 똑같아 보이지만 하나도 똑같지 않은 세계"(universe where nothing and everything can ever be regarded the same way again)(아르젠토의 서문, *Profondo Argento*, ed. Alan Jones,

다. 이성을 두뇌의 불법거주자로 단죄하기 위해 그보다 먼저 입법하고, 매개념을 기꺼이 단두대로 변통하는. 이것이 아르젠토 특유의 살인건축물 이미지의 기원이다("이 빌딩은 내 몸이 됐지. 벽돌은 나의 세포고, 복도는 내 혈관이야… 그리고 그 공포는 내 심장이지." 〈인페르노〉). 매개념이야말로 마리오 바바와 지알로 전통에 추가하여 혁신한 아르젠토의 고유성이다. 바바로부터 계승한 색채주의가 비로소 완전한 의미를 획득하는 것 역시 아르젠토에 이르러서다. 색채야말로 대상들을 분열로만 통합하는 '보이는 매개념'이기 때문이다. 그것은 차라리 이성이 흘린 피다. 공포영화가 이토록 이성을 난도질한 적은 없다.

그런데 두뇌는 중추신경계이면서도 이성에게서 점점 멀어지며 말초신경계로 지엽화되어 소화와 호흡을 제어하는 자율신경계를 이룬다. 여기야말로 존 카펜터의 영화가 자리 잡는 곳으로서, 그의 공포영화들을 특징짓는 것은 중심 내러티브와는 독립적으로 주어지면서 인물들과 사건들을 시시각각 에워싸지만, 부지불식간에 증가하는 호흡과 근육긴장으로밖에는 감지되지 않는 앰비언트Ambient다. 카펜터의 〈할로윈〉이 여타 슬래셔 무비와 다른 점도 이것이다. 마이클 마이어스는 할로윈 축제에 의해 비워내진 마을의 공허, 신경을 곤두세우지 않고는 감지되지 않는 그 정적과 구분되지 않는다. 마이클 마이어스는 다발성 말초신경장애 자체다. 그는 감각실조, 근위축, 내장통각과 그에 따른 환영적 투사로만 이루어져 유령처럼 마을을 감돈다.[40] 카펜터는 아르젠토의 매개념을 '매질'媒質로 대체한다. 카펜터가 텔레파시와 같은 관념전이를 다룰 때조차, 그것은 광고 간판이나 하얀 아이들과 같은 군체가 한 개체를 에워싸는 형식과, 그에 대한 실질적인 내장통각이 개체화를 한정하는 형식 아래서다(〈그들은 살아 있다〉〈저주받은 도시〉). 아르젠토의 평행편집에 카펜터는 서스펜스 편집을 대립시킨다. 그러나 이는 단지 정보가 아니라 매질로 하는 서스펜

FAB Press, 2004, p. 10. 이 책은 삽화와 리뷰 등을 실은 도록집이다).

40. 마이어스 캐릭터에 대한 뮤어의 분석이 탁월하다. John Kenneth Muir, *The Films of John Carpenter*, McFarland, 2005. 스토킹하고 난자하기에 급급한 다른 슬래셔 캐릭터들과 달리, 마이어스에겐 그 살인의 의미가 해명불가능하다. "그는 당신을 지켜보고 또 기다린다. 시간을 들여서. **영원히 침착하게.**"(p. 77. 강조는 인용자). 또한 뮤어는 슬래셔 무비가 살인범과 관객을 동일시시킨다는 속류 비평으로부터 〈할로윈〉을 구해내려고 한다(p. 81). 베라 디카의 〈할로윈〉 분석도 보라. Vera Dika, *Games of Terror*, Fairleigh Dickinson University Press, 1990. 즉 마이어스는 로리의 "이드"(Id)다.

스다. 매질 역시 준안정적이나, 매개념이 두뇌에 부여했던 대칭성과는 다른 어떤 비대칭성, 즉 내러티브의 밑층을 은밀하게 관류하면서 그에게 점점 짙어져 가는 진동과 질량감만을 내어주는 음험한 농도경사에 의해서 그러하다. 카펜터의 세계에 아르젠토의 처형기계 건축물 같은 건 없다. 매질에겐 그를 담을 수 있는 그릇이나 집 같은 건 없기 때문이다. 대신에 있는 것은 모든 대칭성을 교감신경과 부교감신경의 대칭성으로 대체하며, 근위축-심부반사의 반복을 이루는 매질의 자가농축과 자가촉매뿐이며, 이제 중요한 것은 사건계열들에 대한 이성적 추리와 단서들의 배분이 아니라, 반대로 전방위적으로 엄습해오는 앰비언트로부터의 도주와 잠복, 그 와중에 허용되는 그에 대한 동물적 직감과 본능적 감지다. 매질은 모든 물질에 내재하는 말초신경이다. 그것은 바다와 육지를 잇는 안개이며(〈포그〉), 문명의 매질일 자동차이며(〈크리스틴〉), 태초부터 인류의 빙하기를 거쳐 과학문명의 시대로 순환하는 유전자이며 원형질이다(종말 삼부작). 무엇보다도 매질은 전염성이 있고 자기조절력마저 지닌다. 맥크리디는 "모든 부분이 하나의 전체처럼 움직였고, 모든 세세한 부위까지도 개별 생명체 같았다"고 정확히 묘사한다(〈괴물〉). 매질이 괴물thing이다. 단 그것은 전개체적인 괴물이다. 매질은 흡사 그 모든 부분들을 연결하는 신경망처럼 모든 개체들을 관류하며, 그들의 존재성을 내부로부터 구성하고 또 포획하는 우주의 자율신경계다. 무엇보다도 그 부분일 입자 각자가 하나의 고유한 자율입법기관이다. 그들은 각개체화singulindividuation를 명령한다.

카펜터를 단지 고딕문학, 러브크래프트, 신비주의에 탐닉하는 B급 작가로만 치부할 수 없다. 반대로 카펜터는 호러장르에 일련의 엄밀한 과학(신경학·분자생물학·급변론…)을 최초로 도입한 작가다. 심지어 그는 양자역학까지 차용하는데 이는 허풍이 아니다. 왜냐하면 매질은 각 부분이 하나의 전체인 것처럼 움직이는 자율적 입자들의 불연속적인 집합이며, 무엇보다도 그 입자들은 예측할 수 없는 경로로 침투하고 또 비선형적으로 급성장하기 때문이다. 그들이란 양자내장quantum viscus이다. 이것이 카펜터가 내장을 새롭게 정의한 과학적 방식이다. 즉 양자내장이란 "아원자 수준"에서 에너지를 흡수하여 여러 곳에 동시에 존재하고(양자중첩), 비선형적으로 성장하는(양자도약) 내장이고, 무엇보다도 탐침에 의해서만 모습을 드러내는 숨은 변수다(양자붕괴). 그는 주어진 매질 전체를 자신의 자율신경망으로 삼아 그 마디 하나하나가 개별촉수가 되게끔 육체의 안팎을, 육체들 사이를 건너뛴다. 양자내장은 두뇌는 아니다. 하지만 두뇌보다 더한 것이다. 그것은 두뇌에 독립적인 데다가 두뇌조차 먹는다. 그리고 더 크고 강력한 두뇌로 부지불식간 자라나 있다. 두뇌는 결코 이 침투와 도약을 예측하거나 해명할 수 없다. 양자내장은 카펜터의 저 의미심장한 질문 "무슨 일이야?"what's going on?이다.[41] 카펜터가 독일 표현주의와 러시아 몽타주, "오직 두 가지 형식이 있으며 나머지는 모두 쓰레기다"[42]라고 말할 때, 이는 양자내장의 이러한 두 작동방식에 관한 것이었다. 즉 양자내장은 숙주 내부에서 웅크리고 있다가 일거에 융기하거나(표현주의적 붕괴), 그 외부에서 내부 혹은 내부에서 외부로 건너뛰고 비약하거나(변증법적 도약) 둘 중 하나이며 바로 이 두 차원 간, 즉 어둠에서 빛으로, 원시수프에서 개체로, 분자에서 유기체로 이행하는 비약적이고 급변적인 몽타주만이 있다는 과학적 선언.

만약 상이한 소재와 주제를 다루는 카펜터의 종말 삼부작을 하나의 문법으로 묶을 수 있다면, 그건 바로 이러한 비선형적이고 비예측적인 양자내장 몽타주에 의해서다. 분자괴물은 육체 안에 잠자코 있다 돌연 솟구치고(〈괴물〉), 원시수프는 저택의 안팎을 "자기조직화"한다(〈프린스 오브 다크니스〉). 소설과 영화 같은 매체에도 양자내장은 있다. 그건 스크린 안에서 밖으로, 다시 밖에서 안으로 도약한다(〈매드니스〉). 양자내장 몽타주는 뉴런의 점프컷이다. 우리는 그 경로를 지각할 수도 예측할 수도 없다. 부지불식간 이미 내부를 점령하고 있다가도 난데없이 외부로 도약하는 모든 것이 양자내장이다(개연성보다는 돌발성을 중시하는 비약편집은 카펜터의 다른 영화에서도 지배적인 문법이다: 〈13구역의 습격〉 〈뉴욕 탈출〉 〈빅 트러블〉). 아르젠토의 광장공포증을 카펜터는 폐소공포증으로 대체하지만, 그건 이처럼 외부를 늘리기는커녕 줄여나가고 심지어 아예 지워버리는 방식에 의해서다. 개체 안으로 이미 도약해 있는 양자내장이 그를 내부로부터 감금하기 때문이다. 맥크리디가 코펜하겐 해석을 가해보았으나(〈괴물〉 혈청테스트 장면: "내가 이미 알고 있는 걸 보여

---

41. "문제는 어디 있는가? 무슨 일이 일어나는가?"(카펜터 인터뷰. *Cahiers du Cinéma*, n°339, sep 1982, p. 23. 〈괴물〉에 대해서).
42. 존 카펜터 인터뷰. *John Carpenter*, ed. Gilles Boulenger, Silman-James Press, 2001, pp. 272~273. 카펜터는 〈할로윈〉의 서스펜스 편집을 독일 표현주의와 결부 짓는다.

주지."), 이 감금의 내부가 비국지화non-localize되는 것을 막을 길은 공멸밖엔 없었다. 〈매드니스〉의 주인공은 결국 자신을 주연으로 하는 〈매드니스〉가 상영되는 극장에서 종말을 맞는다. 양자내장 몽타주의 요체를 서터 케인이 잘 요약하고 있다: "밖을 보면서 안쪽부터 편집할 수 있어."you can edit this one from the inside, looking out.

양자내장은 도약이 그의 변신이 되는 육체의 부분이자 환경이다. 그것은 신경계를 직접 구성하면서도 그를 안과 밖, 중심과 주변을 향해 동시에 열어둠으로써 그둘을 갈라놓고 또 뒤섞는다. 양자내장은 내장이면서 피부다. 그 아가리가 피부와 내장을 한데 엮는다. 양자내장이 공포영화사에 크게 공헌한 바도 이것이다. 양자내장은 피부와 내장의 호환성을 입증한다. 피부에 난 구멍이 곧 내장이고, 내장의 융털이 곧 피부일 수 있음을.[43] 물론 양자내장 크리처는 카펜터만의 독창성만은 아니며, 다른 내장괴물 작가들도 그 양자적 측면을 다루었다(고든, 유즈나, 크로넨버그). 그러나 누구도 카펜터만큼 저 호환성을 보여주진 못했다. 〈괴물〉의 흉부이빨 장면(롭 보틴)은 그걸 너무도 상세히, 그것도 삼단계로 나눠서 분석해 보여주고 있다. 심지어 그것은 몸통을 초기평형상태로 하는 내러티브 3점 구조처럼 보인다. 뚫린 복강이 의사의 손을 빨아들이더니 이빨을 돌출시켜 그를 절단한다. 이놈은 외부로부터 자신을 보호하던 피부내장이다. 그런데 머리가 다시 몸통으로부터 떨어져 나온다. 이놈은 내부로부터 토해내진 또 다른 개체, 내장피부다. 이후 절족과 더듬이를 내미는 거미머리는 그 둘의 종합으로서, 이때 척추는 두뇌에 대해서 내골격을 이루고, 반대로 절족은 그 외골격을 이룬다. 이놈은 융털이 곧 감각수용기가 되고 반대로 입이 곧 항문이 되는, 안팎이 없는 피부이자 똥인지 된장인지를 모르는 내장이다. 이 위대한 장면은 **피부와 내장의 궁극적 동일성**에 대한 완벽한 도해이며, 미국식 망원 몽타주에 대한 해부학적 응답인 동시에(모든 피부는 내장의 근경이다), 소비에트식 변증법 몽타주에 대한 개체발생학적 응답이다(모든 부분이 전체이다). 피부와 내장의 변증법인가? 혹은 융모막의 피부세캉스? 카펜터는 에이젠슈테인만큼이나 일원론자다. 양자내장에게 그가 구성하고 또 통과하는 내장과 피부는 모두 동등한 매질이

---

43. 손과 내장이 하나의 연속체(손-발톱-이빨-입-식도-내장-항문)임을 보여줌으로써 "붙잡기"(Ergreifen)와 "흡수"(Einverleiben)의 근원적 일관성을 보여준 작가는 카네티다. 『군중과 권력』, 강두식·박병덕 옮김, 바다출판사, 2002. '권력의 내장' 부분.

라는 점에서 그렇다. 양자내장은 육체의 한계를 만들면서 지우는 개체화의 자가촉매다. 그래서 그것은 가장 개념적 피부일 종膜까지도 뛰어넘는다. 카펜터의 괴물들은 척추를 더듬이로 연장하고 외투막으로 내장낭을 감쌈으로써, 곤충류나 연체류와 척추동물 사이의 계통분류학적 한계를 지우고, 그 모든 이질적 특성들을 잡종교배하여 한데 융합시킨다. 그들은 척추를 확장하고 축소할 뿐만 아니라, 자르고 붙이며, 심지어 마디마디 접는다. 그들은 척추를 편집한다. 1830년이라면 양자내장은 퀴비에보다는 생틸레르를 지지한다. 양자내장은 종과 종 사이를 양자도약한다. 이는 아르젠토의 살인마가 품은 망상보다 더 큰 공포일 수도. 양자내장의 원대한 꿈은 단속평형설을 포기하지 않으면서도 종의 가장 먼 공통 바깥, 즉 절지동물문과 연체동물문을 포함하는 무척추동물군까지 도약하는 것이다. 단 하나의 종…(같은 이유로 고든과 유즈나의 괴물들도 일원론자다)

무엇이 뇌를 그토록 고유하게 만드는가? 뇌는 최초의 피부인 동시에 최초의 내장이다. 그것은 개념적 피부(아르젠토)와 물리적 내장(카펜터)이라는 양극으로 구분되지만 궁극적으로 하나의 실체를 이루어 환상과 실재, 정신과 신체, 믿음과 감각 사이에 스스로를 걸친 채 진동하고 있다(아르젠토의 교차편집, 카펜터의 비약편집). 이 진동이야말로 우리가 그동안 고통이라고 불러왔던 바다. 공포영화는 단지 죽음과 피의 향연이 아니다. 그 피는 반드시 어딘가에서 응결되며 누군가에게 흡수되어 다시 피어난다. 공포영화는 괴물의 성장통, 즉 변신통이다(아마도 이를 가장 잘 보여준 작가는 페라라와 크로넨버그일 것이다). 공포영화의 개체화는 **비체화**(卑體化, a-dividuation)다. 피와 고름, 피부와 내장을 가지고 하는 불결한 개체화이기 때문이다. 게다가 그것은 다른 개체들의 몸 안에, 그 시선 안에 숨어서 진행되는 음험한 개체화다. 이런 점에서 이 비체화의 최종가치, 그 자기조절의 최종목표를 투명성이라고 말할 수 있으리라. 그것은 아르젠토의 트레이드마크일 개체를 찢어발기는 투명한 유리조각들, 혹은 이미 개체의 피부와 시선 뒤로 숨어버려서 더 이상 투명한 공간 자체와 구분되지 않는 카펜터의 양자괴물들이 의미하는 바다. 괴물들이 보이지 않는 건 그들이 "빛 속에 숨기" 때문이다.[44] 괴물들은 점점 투명해진다. 〈투명인간의 사

---

44. "악은 빛 속에 숨는다."(카펜터 인터뷰. *John Carpenter*, p. 136. 〈괴물〉에 대한 코멘트).

랑)은 카펜터의 삼천포가 아니다. 거기엔 투명성에 대한 지독한 실험과 체험이 있다. 마이어스는 공포영화사의 가장 위대한 투명괴물일 것이다. 그는 아무런 동기도 없고 아무것도 숨기지 않으며, 반대로 숨으려는 자들, 보이지 않으려고 노력하는 모든 불투명한 자들을 제거해나간다. 투명성은 비체화의 수단이자 목표이고, 칼날이자 가면이고, 촉수이자 내장낭이다. 투명성이란 변신의 모든 것이다. 피 역시 투명하다. 투명성이 전염된다. 비체화란 투명다. "악의 투명성."

다른 한편 이 모든 이유로 공포영화는 군중의 영화다. 개체화만이 전염되기에 좀비, 살인광, 뱀파이어뿐만 아니라 귀신들마저 군집을 이룬다(특히 태국과 일본). 괴물들이 점점 투명해지는 것은 그들이 너무 많아져서다. 뇌는 개체화의 증폭기라는 점에서만 공포영화의 관심사다. 공포영화의 본질인 접촉공포증은 언제나 군중공포증이었다.[45]

또한 이 모든 이유로 공포영화의 괴물들은 타나토스도, 이드(Id)도 아니다. 그들은 그냥 그것(das Es)이다. "질병은 그것에 의한 한 편의 드라마다."[46]

---

45. 이 역시 카네티가 말하고자 했던 바다. 그는 변신은 번식이 아니라 증식임을, 고로 변신은 언제나 군중의 것임을 부단히 상기시킨다. 『군중과 권력』, 증식무리 부분, 변신 부분. 이를 가장 잘 이해하는 작가가 슬로터다이크다. 그는 모든 유형의 계몽주의가 군중에 대한 자가면역계였다는 것을 보여주고자 한다(가령 『인간농장을 위한 규칙』, 2부).

46. Georg Groddeck, *The Book of the It*, Vintage Books, 1961. 13번째 편지. 이런 연유로 공포가 정신분석학의 대상일 순 있어도, 공포영화는 아니다.

제헌환과 끌개

4-1. 삶의 피드백 : 나루세 미키오, 한국 신파, 김수용, 이원세 등

전염병은 돈다. 드레이어와 드밀의 로고스가 돌아오듯 핀헤드, 크루거, 사다코
가 돌아온다. 타르코프스키의 Figure가, 카펜터의 Shape이 돌아온다. 그들은 두
뇌이고 신경망이고, 이념이고 법이기 때문이다. 후설의 말처럼 법은 반복될 수 있음
Wiederholbarkeit이다.[1] 하지만 이것이 영화가 제기하려는 법의 문제이기도 하다. 왜냐
하면 그들은 상징체계로서 주어진 법을 위반하는 방식으로서만 '또 다른 법'이기 때
문이다. 결국 영화는 후설과 반대의 문제를 던지는 중이다. 법이 반복가능한 것이
라면, 반복으로 법을 만들 수도 있는가? 기실 이것이 타르코프스키의 인물들을 사
로잡는 고민이었다. 즉 접신면은 법의 접촉뿐만이 아니라 그 촉발일 수 있는가? 결
국 반복은 누구의 것인가? 신인가, 아브라함인가? 현대 종교영화와 공포영화는 해
답을 내린 것 같다. 그들은 사물과 내장의 끊임없는 순환으로부터, 기존 법에 구멍
을 뚫고 그를 훔치는가 하면 새롭게 입법하기도 하고 반대로 탄핵하기도 하는 제헌
권력Constituent Power을 창출해내기 때문이다. 더 이상 반칙 자체가 목적이 아닌, 반
대로 법칙을 훔쳐 오고 스스로 자율적이 되는 것이 목적인 제헌적 순환, 즉 **제헌환**制
憲環이 현대영화를 사로잡는다. 우린 귀걸이와 하이힐이 견인하는 오퓔스와 부뉴엘
의 제헌환을 예로 들 수 있다. 또한 제헌환은 푸티지 영화와 구조주의 영화들의 가
장 큰 무기이자 목표였다. 사이보그 영화는 제헌환을 배반하고 비판한다. 무엇보다

---

1. 에드문트 후설, 『경험과 판단』, 이종훈 옮김, 민음사, 1997. 2부 2장 64, 65절. ("국가는 실재성이다. 헌
   법은 하나의 이념성을 갖는다. 어느 누구에 의해 〈반복할 수 있음〉", 377쪽). 후설은 실재에 개체화를,
   비실재에 반복을 각각 대응시킨다. 즉 대지와 하늘.

도 종교영화의 희생과 부활뿐만 아니라, 공포영화의 자가면역환과 자가전염환은 이미 제헌환의 두 양면이다. 더 이상 법의 반복을 기다리는 데에 만족하지 않으며, 대신 반복하는 모든 것을 자신의 법으로 삼으려는 이 준엄한 원환이 영화를 모리아산 정상으로 이끌고 있다. 그것이 설령 영화를 다시 새로운 환영과 파멸로 몰아갈지라도.

멜로드라마는 그중 선두라 할 수 있다. 제헌환으로부터 사랑을 추출하려고 하기 때문이다. 심지어 멜로드라마는 공포영화의 두 양극일 자가면역환-자가전염환에 대응하는 자신만의 양극과 그 질료마저 갖추고 있다. 그것은 하늘과 대지라는 양극이다. 특히 동양 멜로드라마를 정의하는 것은 하늘과 대지 사이에서 일어나는 삶의 영속적 순환, 위법과 죄인 없이도 어그러지는 순환과 그에 따른 대지의 균열과 동요, 그리고 그를 재조정하려는 대지조각들의 천명과도 같은 재순환과정이다. 동양 멜로드라마는 갈라진 대지(어긋난 사랑, 파혼, 이별…)의 각 부분들을 출력신호인 동시에 입력신호로 삼고서, 대지가 평형을 회복할 때까지 그들의 순환을 반복하는 제헌환, 즉 삶의 피드백이다. 피드백은 하늘에 먼저 속한다. 그건 하늘의 뜻^{天命}이기 때문이다. 피드백을 소환하는 대지의 최초균열이 대지가 아니라 하늘 자신의 최초출력이라는 점에서 더더욱 그렇다(특히 한국 신파의 경우 죄인은 없고 죄만 있다). 이것이 첫 번째 측면이다. 피드백은 '운명'^{運命}-또는 ^{명령}이다. 운명은 대지를 양분시키고 또 재봉합하려는 하늘의 동일한 힘이며, 그에 따라 교호되는 출력과 입력은 하늘의 동일한 명^{命, signal}이다. 고로 피드백은 대지에 자신의 물리적 상관물을 지닌다. 그것은 '끌개'attractor이며, 이것이 두 번째 측면이다.[2] 끌개는 대지에 유통됨으로써 피드백을 일정방향으로 유도하고, 그 스스로도 변모함으로써 상황을 급변시킨다. 예컨대 이수일과 심순애는 서로에 대해서 끌개가 된다. 김중배의 다이아몬드는 반^反끌개, 즉 리펠러repeller다. 끌개는 하늘의 뜻에 대한 대지의 응답이다. 피드백이

---

2. 급변론과 카오스 이론의 핵심일 "끌개"(attractor)에 대해선 김용운·김용국 콤비의 다음 저서가 좋은 입문서다. 『프랙탈과 카오스의 세계』, 우성출판사, 1998. 끌개는 상태공간에 따라 크게 네 가지로 분류된다. ① 고정점 끌개 ② 한계순환 끌개 ③ 토러스 끌개 ④ 이상한 끌개. "돌쇠 그 놈은 바람둥이다. 하루는 이쁜이, 다음날은 말숙이라는 두 아가씨와 어울린다. 이때 그의 어트랙터는 2개이다. 김선달은 장돌뱅이다. 그가 주기적으로 다섯 곳의 시장을 돈다면, 그의 어트랙터는 5개이다. 이런 정도라면 간단하지만, 그중에는 이상한 궤도를 그리는 것도 있다."(28쪽). 그것이 프랙탈의 경우다.

운명이라면, 끌개는 사랑이다. 하지만 끌개가 대지의 역량은 아니다. 끌개는 어디까지나 하늘과 대지의 대응이자 그 매핑이기 때문이다. 대지의 순수한 역량은 끌개를 놓지 않고 버티는 힘이다. 이효인은 "떼쓰기"라고 썼다. 비록 조소였지만 이는 대지의 힘에 대한 가장 좋은 정의이기도 하다. 즉 대지의 힘이란 '끈질김'이다.3 끈질김은 사랑이 아니다. 오히려 끌개가 점점 잔혹해지고 사랑이 쇠락할 때도 버티는 무식하고 맹목적 힘이다. 그건 차라리 믿음이다. 요컨대 동양 멜로드라마의 피드백을 구성하는 세 가지 요소는 하늘의 뜻(운명), 하늘-대지의 대응(끌개), 대지의 뜻(끈질김)이다.

물론 가장 포괄적이고 궁극적인 끌개는 운명 자체라고 할 수 있을 것이며, 그의 물질적 상관물일 연인, 자식, 편지, 약속, 돈 등등은 부분끌개라고 구분해볼 수도 있으리라. 오히려 자주 혼동되는 것은 하늘과 끌개다. 엄밀히 말해 하늘은 끌개가 아니다. 하늘은 끌개의 바탕이자 계의 열림이고, 그로 유입되어 피드백을 활성화시키는 무한한 에너지다(반대로 대지는 "소산구조"dissipative structure가 된다). 하지만 어떤 멜로작가들은 바로 그런 의도적 혼동 속에서 자신만의 스타일을 찾아낼 것이다. 나루세 미키오가 그랬다. 나루세에게 끌개는 순수하게 기체화된 공기의 흐름, 흡사 흩어지고 모이며 번개와 폭풍을 촉발하는 구름의 텅 빈 운동과 구분되지 않는다. 나루세는 처음부터 오즈와 달랐다. 나루세는 여백에 운동을, 무엇보다도 순환을 부여한다. 오즈에게 여백은 거기 있다. 반면 나루세에게 여백은 거기 없다. 나루세의 여백은 돌아온다. 바로 이 돌아오는 여백이야말로 나루세의 멜로드라마에서 끌개의 역할을 하며, 그의 여주인공들을 오즈의 이층집과 다다미로부터 뿌리 뽑아 여관과 정거장으로 이어지는 방랑의 연쇄 속에 집어넣는 것이다(차라리 미조구치

3. 3세대 한국 평론가들은 신파를 후진국형 장르로 폄하했다. 그들은 리얼리스트이고 모더니스트였기 때문이다. 가장 정교한 정의는 이효인의 것이다(「한국영화의 신파성과 근대성」, 『한국 영화 씻김』, 열린책들, 1995. 또한 『한국영화사 강의 자료집』, 산 출판사, 1999, 85~92쪽. 특히 김소동의 〈돈〉에 관한 부분. "근대에 대한 대응은 처절한 떼쓰기"). 주윤탁과 강한섭의 연구도 보라(각각 「영화의 장르」, 「멜로드라마 컨벤션 연구」). 반대로 이영일은 신파를 옹호했다. 하지만 그건 신파를 "역사적 장르"로 국한함을 통해서다(『한국영화전사』). 이후 한국 평론계는 서구 멜로드라마와 한국 신파극을 분리하려는 고육지책까지 내놓았으나, 그 기준 역시 다분히 이념적인 것이었다(서크는 혁명적이고, 신파는 반동적이라는 식으로). 자정작용은 그 이후의 일이다(김소영, 유지나 등).

와 유사하다). 여백은 나루세의 여자들이 가다 서기를 반복할 때, 그 걸음 사이에 끼어들면서 다음 걸음을 재촉하는 바로 그것이다. 또한 그것은 남자들이 기혼을 핑계로 끊임없이 떠나는 빈자리이고, 마치 그들과 경쟁하려는 듯 사랑을 포기하거나 다시 믿어봄으로써 여자들 스스로가 양산해내고 있는 내면의 빈터들이고(〈만국〉〈부운〉), 동분서주의 종점이기도 하다(〈여자가 계단을 오를 때〉). 나루세가 가족의 상황을 다룰 때도 있었다. 하지만 그것은 여백은 채울수록 깊어짐을 보여주기 위해서다(아내 삼부작, 그리고 〈취우〉〈아내의 마음〉). 나루세에게 오즈의 베게샷(정물) 같은 것은 없다. 하지만 이는 여백이 이미 내면화되고 체화되었기 때문이다. 반대로 나루세 멜로드라마에서 중요한 것은 육체다. 가다 서기를 반복하는 걸음걸이뿐만 아니라 힐금 쳐다보는 눈짓, 침착하다가도 어느새 떨리거나 흔들리는 몸짓, 비스듬하게 서있거나 터벅터벅 걸을 때의 태, 시간이 지남에 따라서 어느새 바뀌어있는 자세, 돌연 돌아볼 때의 눈빛과 고개 각도 등등 모두가 여백의 육체적 표현이다. 가장 아름답고도 유명한 예는 〈흐트러지다〉에서 기차 시퀀스일 것이다. 여기서 여백은 사랑에 빠진 형수와 시동생이 탄 마지막 기차를 계속해서 멈춰 세우고, 시동생으로 하여금 형수의 주변을 매번 다른 위치와 자세로 맴돌게 하며, 끝내 그들을 마지막 여관으로 이끌어 형수의 흐트러진 머리카락에 내려앉는다. 이 시퀀스는 멜로드라마 역사상 가장 위대한 호프 분기Hopf Bifurcation라 할 만하다. 나루세에게 사랑의 운동은 여백의 순환과 구분되지 않는다. 여백은 매번 돌아옴으로써 대지의 조각들을 재조정하고, 반대로 대지의 여자들은 그 매번 걸음을 멈추고 하늘의 뜻을 몸짓하면서 다음 여백으로 다시 나아간다. 나루세는 여백으로 하는 피드백이다. 이 때문에 우린 나루세에게서 (오즈에겐 희미한) 퍼포먼스적 측면을 말할 수 있는 것이다.[4] 나루세의 여성들이 그 적극성과 자립성에도 불구하고 실패한다고 볼 수 없다. 그녀들은 사랑을 포기하는 순간에서조차 믿음은 포기하지 않는 끈질김으로, 피드백의 자율적 원환을 완성해내고야 말기 때문이다(특히 〈흐트러진 구름〉 마지막 시퀀스). 나루세에게 하늘 인서트 샷이 딱히 필요 없었던 건, 바로 그녀들 자신이 이미 구름이었기 때문

---

4. 유운성은 나루세의 영화들에서 육체로 하여금 일정량의 감정을 지속도록 하는 시선이나 동선의 피드백이 존재함을 관찰한다(「하나의 시선을 위한 퍼포먼스」, 『인문예술잡지 F』, 2014년 12호). '감각-운동 도식'(베르그송)을 대체하는 '시선-감정 도식'이라는 유운성의 새로운 개념에 유의할 것.

이다.

한국 멜로드라마는 정반대의 구도 속에서 태어난다. 소위 '신파'는 하늘과 대지의 무한정한 멀어짐, 그만큼 대지에 부가되는 무한정한 중력으로 정의된다. 이것이 우리가 한국 신파에서 자주 보게 되는 하늘-대지를 잇는 지평선 이미지와 그 위로 할당되는 짐짝 혹은 무게의 이미지들이다(가난, 자식, 비천한 혈통, 연좌제, 불구, 불치병…). 한국 신파의 끝개는 단지 여백이 아니라 죄다. 그러나 여기서도 죄는 여전히 하늘의 뜻이다. 한국 신파에선 일본 멜로드라마보다 더욱 분명하게, 죄가 큰 만큼 진짜 죄인은 없어지기 때문이다(물론 간간이 악역을 맡은 시어머니가 있을 수 있으나 이는 임시적이다). 즉 사랑하는 자만이 죄인이 되고, 사랑할수록 대지는 감옥이 된다(신상옥 〈장한몽〉).[5] 한국 신파를 정의하는 하늘의 적극성이 여기서 나온다. 대지와 멀어지고 더 강력한 중력에 반작용하는 만큼 하늘은 더 큰 구심력으로 피드백을 일으키며 대지의 조각난 부분들을 속박하고, 끝개는 감옥을 이룬다. 감금은 한국 신파를 정의하는 작위성의 원천이다. 심지어 하나의 작위는 또 다른 작위를 부르면서 작위성을 스스로 가중시킨다. 작위의 반복은 감금의 전염이다. 무게의 양성피드백, 이것이 한국 신파의 고유성이다. 현대 신파의 교과서일 〈미워도 다시 한 번〉(정소영)은 이 모든 것을 개시한다. 서울과 시골, 뼈대 있는 집안과 애비 없는 집안과 같은 대지의 연쇄적 양분이 한편에 있고, 봉합을 재촉하는 에너지로서의 기억, 꿈, 하늘, 노란 풍선이 다른 한편에 있으며, 무엇보다도 인물들 사이를 오가며 감금을 전염시키는 무거운 끝개(본부인이 업은 아이와 봇짐처럼)가 있다. 자식은 가장 무거운 끝개다. 자식은 어른들의 감옥을 아이들에게까지 유전시키기 때문이다. 한 화면 안에 두세 명의 인물들이 서로 엇갈리게 세우는 정소영의 샷은 이후 한국 신파가 부단히 참조하게 될 감금전염샷이다. 반면 장일호는 무게전이에 급성전염성을 도입한다. 모든 불행은 마치 급경사를 미끄러지는 듯이 난폭하게 번져나가고, 또 그만큼 긴급하게 하늘이 개입하듯 돌발적으로 일어난다(〈사랑하는 사람아〉 시리즈). 정

---

5. 다음 책의 큰 주제다. 이영미, 『한국대중예술사, 신파성으로 읽다』, 푸른역사, 2016. 이영미는 소설, 음반극 등 다양한 사례들을 다루며 대지의 법칙(자본주의, 돈, 제도)에 초점을 맞춘다. 그러나 하늘의 법칙에 대해선 인색한 편이다. 하늘은 다른 매체보다도 신파영화에서 더 드러나는 측면이다. 하늘은 펼쳐지기 위해 스크린이 필요하기 때문이다.

소영의 직선에 장일호의 사선이 대립한다. 사선이란 하늘과 대지 사이를 가로지르는 바다의 파도이자, 돌연 뒷목을 잡고 쓰러지는 인물들의 추락선이고, 그들을 가두는 프레임의 빗금이며, 무엇보다도 자식조차 돈으로 환산하는 끌개 자체의 타락이다. 장일호는 신파피드백에 농도경사를 부여한 최초의 작가다(하늘을 가르는 사선은 그의 한홍합작 무협영화 전통에서 가져온 것이 분명해 보인다: 〈벽력권〉〈낙엽비도〉〈흑발〉 등).

한국 신파에서 모든 것은 하늘과 대지 사이의 환류가 하나의 거대한 올가미를 이루고, 그 매번의 반복이 대지의 각 부분에 그 올가미를 전파하는 것처럼 일어난다. 한국 신파는 운명의 프랙탈이다. 자식, 돈봉투, 양색시 어머니 모두가 다른 파장의 끌개들이지만, 이들은 생의 소용돌이 속으로 일괄적으로 합류하여 회전하며 대지의 각 부분을 하늘 전체의 격자와 유사한 모양으로 깎아나가는 숫돌바퀴의 날을 이룬다. 물론 나루세에게서도 전체 여백과 부분 여백 사이에도 유사성이 성립하나, 이는 형상화될 수 없다. 여백은 형상이 없기 때문이다. 반대로 감옥은 형상이 있다. 그것은 집으로 변형되는 형상이다. 한국신파의 하늘은 단지 내면적 끌개가 아닌 대지의 집단을 재조직하는 사회적 끌개로서 작동한다. 이것이 특히 청소년 신파극에서 볼 수 있는 편지의 피드백(김준식 〈슬픔은 이제 그만〉〈하늘나라에서 온 편지〉)이 일으키는 '아무개 돕기 운동'과 같은 대지적 운동(이영우 〈하늘 아래 슬픔이〉〈하늘나라 엄마 별이〉)의 사례다. 한국신파의 하늘은 대지의 운동을 이끌어내는 신호signal의 피드백에 다름 아니다. 당시 군사정권은 하늘을 이데올로기와 혼동하는 바람에 신파를 장려했고, 같은 이유로 평단은 신파를 힐난했다. 그러나 하늘은 이데올로기가 아니다. 이데올로기는 모양이 없기 때문이다. – 개인적 정치성향과는 무관하게 – 한국 신파작가들을 탁월한 운명조각가로 만드는 것은, 그들이 단지 더 많은 눈물을 쥐어짜는 데 만족하지 않았으며, 매번 돌아오는 격자, 올가미, 족쇄를 하나하나 형상화하여 결국 마주해야 할 운명 전체의 모양을 시각화했다는 사실이다. 이원세는 그중 가장 세밀한 조각가일 것이다. 〈엄마 없는 하늘 아래〉에서 그는 하늘과 갯벌 사이의 지평선을 판잣집의 수직선, 빨랫줄의 사선, 염전의 격자틀로까지 연장하고 그것들을 미친 아버지, 병든 어머니, 남겨진 아이들과 그의 친구들에게까지 확장함으로써, 이 모든 감금들의 선후와 대소를 지우는 프레임의 프랙탈을 만들어

나간다.[6] 이원세는 프랙투스 프레이밍fractus-에 리얼리즘의 희망을 건다. 지평선은 하늘의 무게로 인물들을 짓누르는 감옥이지만, 어떤 세공에 의해 하늘을 품는 난쟁이 마을의 서까래와 대들보가 되기도 하기 때문이다(〈난장이가 쏘아올린 작은 공〉). 김수용은 반대로 선이 아니라 점, 프레임이 아니라 풍경風景, windscape에서 끝개를 찾는다. 그것은 인물들을 감싸면서도 그 자신의 일부로 만드는 〈만추〉의 바람과 낙엽이다. 남자와 여자는 점점 짙어지는 추풍을 따라 서로에게 이끌리면서 서로 닮아감과 동시에 추풍 전체와도 닮아간다. 이것은 점묘법으로 하는 미세먼지 프랙탈이다. 이원세가 세공하고 깎는다면, 김수용은 채색하고 물들인다. 흡사 머리와 옷에 묻는 검불처럼, 이별의 순간을 스치는 물방울이나 빛방울처럼, 풍경에 스며들기 위해 육체에 칠해지는 휘발성 휘점輝點이야말로 김수용이 운명을 사유하고 하늘을 물질화하는 방법론이었다(〈저 하늘에 슬픔이〉〈갯마을〉〈안개〉〈산불〉〈여수〉 등).[7] 한국 신파의 가장 독특한 계승과 변형으로 이송희일을 언급하지 않을 수 없다. 그는 한국 사회의 규율과 소소한 편견까지도 모두 반끝개로 내주고서도 가장 감각적이고도 격정적인 바람을 만들어내기 때문이다. 이송희일에게 프랙투스란 조각난 육체이고 파열된 젠더 자체다(〈후회하지 않아〉〈백야〉). 하지만 그만큼 그것은 서로를 잡아당기고 또 변신시키며 세계의 법으로부터 부단히 탈주하고 방랑하고, 성전이를 불사하면서까지 스스로 껴안고 성장하는 육체의 자율환을 구축한다(〈탈주〉〈지난여름, 갑자기〉〈야간비행〉). 이송희일은 젠더의 자율성이다.[8]

분명 서구 멜로는 한국 신파와 다르다. 그러나 그 이유는 기계신Deus ex Machina

---

6. 우리는 "공허한 도덕주의"라는 하길종의 이원세론 (「엄마 없는 하늘 아래」, 『사회적 영상과 반사회적 영상』)에 반대한다. 이원세는 반대로 '조밀한 도덕주의'다. 이유는 전술한 바다.

7. 김수용의 "추상적 공간"에서 "의미론과 수학의 어지러운 뒤엉킴"으로의 이행, 그리고 그것이 함축하는 70년대 한국영화의 퇴조에 관해선, 정성일, 「감독을 통해 본 한국영화 ⑤ ─ 김수용」(『객석』, 1987년 12월호).

8. 이송희일 영화의 하늘("풍경의 공기")에 대한 남다은의 뛰어난 분석을 보라. 「감정과 욕망의 시간, 이송희일의 어떤 풍경들」, 『독립영화 ZINE』, 2014년 12월호. 남다은은 이송희일의 공기가 비로소 자율성의 장소가 될 수 있는 것은, 그것이 시간적 차원이기 때문이라고 말한다("그 어떤 틀도 없으며 그 순간이 지나고 나면 사라져버릴 일회적인 공기", 58쪽. 강조는 인용자). 아울러 그녀는 (이송희일 본인도 지향하고 있는) 사회적 멜로물의 기획이 행여 공기 본연의 에너지와 상충하지는 않을지 근심한다 (59~60쪽).

과 천명天命이 다르기 때문이다. 신파와 여타 멜로의 차이는 바로 여기에 있다. 서크에게서 하늘은 유클리드 평면이었다. 그러나 신파의 하늘은 단지 평평하거나 '거기에 있지' 않다. 그것은 한없이 구부러져 양 끝을 물고 돌면서 시시각각 파고들고 또 품기를 반복한다. 그는 병 주고 약 준다. 여기서 문제는 추론으로서의 모순이 아니라, 견뎌내고 수행되어야 할 죄이다. 신파의 하늘은 이미 비유클리드적인, 그것도 프랙탈적인 곡면이다. 같은 식으로 신파와 퇴행영화도 구분된다. 물론 한국 신파는 심심찮게 퇴행회로에 이끌렸고, 서구작가들 이상으로 강렬한 죽음충동을 발견해내기도 했다. 하지만 파편fracture은 프랙탈fractal이 아니다. 파편은 오직 충동의 대상으로서, 법의 구성을 오히려 저해하기 때문이다(우리 책 1부). 예컨대 홍성기의 멜로는 신파가 아니다. 겁탈, 강간, 자결의 충동이 하늘을 억제하기 때문이다(〈열애〉〈처녀성〉〈별은 멀어도〉).[9] 외려 까다로운 것은 한형모의 사회멜로물이다. 여기서 충동의 대상은 이데올로기(자유주의-공산주의, 서양문화-유교문화)이기 때문이다. 그러나 이데올로기 역시 하늘은 아니다. 이데올로기는 대지를 갈라놓을 뿐, 접합할 줄 모르는 죽은 하늘이다(〈성벽을 뚫고〉〈운명의 손〉). 한형모의 인물들은 자유의 포로지 법의 포로가 아니다. 바람이라고 다 하늘은 아니다. 춤바람과 신바람은 하늘의 대류를 외려 억제한다(〈자유부인〉〈청춘쌍곡선〉). 순애보라고 다 신파가 아니다. 지나친 순애보는 오히려 신파를 막는다. 그 검은 충동이 하늘에 먹칠을 한다(홍성기의 밤하늘 이미지). 같은 이유로 신파의 가장 반대되는 퇴행영화 장르는 반공 장르다. 반공주의는 충동만을 그러모으는 가장 경색된 하늘이기 때문이다.[10] 가장 이데올로기적 상황에서도 신파적 하늘을 끌어냈던 작가는 김기덕이었다(〈오인의 해병〉〈남과 북〉). 일반적으로 퇴행영화의 끝개가 충동이라면, 신파의 끝개는 법이다. 한국 신파와 다른 멜로장르의 차이는 이념적·서사학적인 것이 아니라, 이처럼 천문학적·기하학적인 것이다. 한국 신파는 법의 프랙탈 기하학이다. 신파의 법은 돌고 돌

---

9. 홍성기의 영화는 거의 남아있지 않다. 우린 김수남의 기술에 의존한다(『한국영화감독론 2』, 지식산업사, 2003. 4장. 홍성기 편).

10. 이런 이유로 호현찬은 60년대 반공영화를 지탱하던 것은 이념보다는 상업이었다고 썼다. "반공영화는 반공이라는 메시지만 걸치면 되는 세상에서 나온 산물이었다.…관중들은 신나는 액션영화를 보는 데 열중할 뿐이었다."(『한국영화 100년』, 문학사상사, 2000, 140~144쪽). 즉 당대 관중들이 이데올로기 속에서조차 보고파 했던 건 어쨌거나 활공과 하늘이었다.

면서 대지인의 외벽(감옥)과 내벽(집)을 동시에 건축한다. 이제 우리는 김수남이 김수용의 영화에 헌정했던 "형상적 리얼리티"formal reality 11라는 용어를 이해할 수 있다. 그것은 대지(심리묘사·주관·삶)나 하늘(풍경묘사·객관·법) 어느 쪽에도 귀속되지 않으면서 그 둘의 대응과 조응만을 형상화하는 프랙탈 리얼리티로서, 김수용의 작품뿐만 아니라 모든 신파에 잘 어울리는 개념이다.

이 모든 것은 원환이 스스로 변신하고 그 부분들이 그 자율로부터 법을 되찾는 것과 같다. 문자 그대로 하늘로부터 대지가 법을 되먹는다(feedback). 특히 한국 신파의 경우, 법은 어떤 무늬나 모양으로 되먹여진다. ─ 두 측면이 언제나 섞여 있지만 ─ 나루세 미키오는 여백의 피드백이므로 음성피드백이라면, 한국 신파는 무게의 피드백이므로 양성피드백이다. 고로 한국 신파엔 점점 더해가는 무게를 일거에 해소하려는 큰 결단, 즉 어머니의 희생과 같은 결정적 끝개변환이 존재한다. 물론 아이는 포기될 수도 있고 되찾아질 수도 있으나, 어떤 경우든 감금의 상황은 하나도 나아진 것이 없다. 반대로 여기서 중요한 것은 아이가 제자리를 되찾음으로써 그동안 거쳐 왔던 프랙탈 격자 하나하나를 동등한 집으로 선언하는 일이다. 이것이 이원세가 프레이밍으로, 김수용이 흩날리는 입자들로 보여주고자 한 바다. 하늘은 대지의 각 부분에 스며드는 전체지만, 바로 그 때문에 이 감독들은 어떤 것이 더 낫거나 못할 것이 없는 그 자체로의 집들이다. 법의 되먹음이란 제자리의 되찾음이다. 이것은 거의 칸트가 말하는 "법칙 없는 합법칙성"이다.[12] 신파를 하늘과 법에의 순응만으로 볼 수 없다. 하늘은 순응할 수 있는 전체가 아니기 때문이다. 반대로 대지의 부분들은 각 자세로 그 모양을 이루면서 법의 창발에 참여한다. 신파 프랙탈이 전체-부분의 유사성으로 말하고자 하는 바는 오히려 **전체란 없다**는 사실이다.[13] 대지가 그렇듯 하늘도 전체가 아니다. 조각난 대지의 각 부분을 잇는 것은 하늘의 반복이 아니라 오히려 그 반복을 버티는 사람들, 그 끈질김이다. **반복은 하늘의 뜻이고, 버팀은 대**

11. 김수남, 『한국영화감독론 2』, 8장. 김수용 편. 232쪽.
12. 『판단력 비판』, § 22. B69. 칸트는 '목적 없는 합목적성'이 순전히 '형상적'(formal)임을 부단히 강조한다. "자연목적" 피드백에 대해선 § 64, 65.
13. "프랙탈은 질서로부터 무질서로 넘어가는 가교이며, 무질서에서 질서가 탄생하는 창조의 원동력이 된다."(김용운·김용국, 『프랙탈과 카오스의 세계』, 146쪽).

지의 뜻이다. 한국 신파를 작위적이라고 비아냥대는 이들은 이 두 층위를 으레 혼동한다. 하지만 '미워도 다시 한번'이지 '미워서 다시 한번'이 아니다. 신파를 "감정의 작위적 반복"으로 정의할 수 없다. 반복이 이미 모든 작위이며, 감정은 오직 끈질김이기 때문이다. 끈질기게 버틴다는 감정을 서구적 이성이 이해할 리 없다. 모더니즘 비평은 이걸 놓친다. 끈질김이란 우리가 앞으로 보게 될 투명막의 가장 중요한 특질이다.

아울러 신파는 서구 종교영화에 대한 한국영화의 응답이기도 하다. 신파에서 유비되는 것은 개인과 신, 대지와 하늘이 아니라 그 부분성과 전체성이다. 이것이 한국 신파장르가 후진적이거나 시대한정적이기는커녕 또 하나의 심오한 우주론인 이유다.

4-2. 죽음의 피드백 : 오시마와 이마무라

제헌환의 무서움이란 이것이다. 제헌환은 대지의 그 어떤 부분보다도 먼저 변신한다. 우린 반대의 경우도 생각해봐야 할 것이다. 즉 제헌환이 시스템을 살리기 위해서가 아니라 죽이고 삼키기 위해서 거대괴물의 아가리로 변신하는 경우 말이다. 이때 제헌환은 대지 쪽으로 시체, 찌꺼기, 배설물 등을 출력시키고 그를 다시 입력으로 거두어들임으로써, 대지에게 죽음만을 명령하는 죽음의 피드백이 된다. 이것이 나루세 미키오 전통과 반대편에서, 전공투의 폭풍이 휩쓸고 간 60년대의 일본 뉴웨이브가 마주한 상황이었고, 와카마츠 코지와 아다치 마사오 이전에 오시마 나기사가 대지의 상층부뿐만 아니라 그 하층부에서도 목도한 상황이다. 오시마의 영화에서 제헌환의 법은 곧 살殺이 되고, 그 자율의 순환은 곧 자살의 전염이 된다. 이것이 바로 오시마가 천착하는 동반자살의 테마다. 피드백되는 입출력신호로서의 자살은 언제나 혼자일 수 없고 항상 유통되고 전파되며, 이때 하늘은 대지의 육체들을 자폭신호로만 연결하는 국가와 다르지 않다. 이 피드백의 범위는 광대하다. 그것은 법을 집행하는 관료집단뿐만 아니라(〈교사형〉〈전장의 메리 크리스마스〉), 법의 외부에서 불법을 추구하는 혈액은행 경영자들과 자해공갈단이나 무정부주의자들의 집단에(〈태양의 묘지〉〈열락〉〈동반자살, 일본의 여름〉〈소년〉), 반대로 새로운 법칙을 일구려는 이상적 공동체(〈일본의 밤과 안개〉〈백주의 살인마〉)에도 골고루 편재한다.[14] 오시마가 경고하는 바도 이것이다. 아무리 도망쳐봤자 이 죽음의 피드백엔 외부가 없는데, 그건 그 자신이 이미 외부이기 때문이다("적이 누구지?" 〈동반자살…〉), "국가는 바깥에도 있고 안에도 있다"〈교사형〉). 그것은 대지의 각 부분을 찢어놓고 또 가두어놓는 그 안의 외부이며, 전쟁이 끝나도 무의식 깊이 새겨져 있는 천황과 제국의 이미지다. 오시마에게 제헌환이란 일장기의 원환, 국가의 올가미다. 그것은 이성의 외부이기에 환영이지만 그 끝없는 되먹임 속에 현존하므로 그만큼 실재적이다. 심지어 그것은 이성의 가장 먼 외부, 육체까지고 옭아맨다. 오시마가 만약 성교를 보여준다면 이는 육욕의 순수성을 보여주기 위해서가 아니라, 반대로 그것이 얼마나 오염되기 쉬우며 집단죽음충동과 다를 바 없는 국가끌개의 먹이가 되어버렸는지를 보여주기 위해서다. 섹스가 곧 동반자살이다(고로 오시마 자살론의 계승자는 데라야마 슈지가 아니라 와카마츠 코지다). 외부를 찾으려 성교를 하면 할수록 육체가 되먹는 건 죽음뿐이므로 대지에 남겨지는 끈질김이란, 삶과 죽음 사이에서만이다. 국가의 신민이란 모두 이미 죽었거나 죽음에 빙의된 육신, 그 귀신들이다. 끈질김을 각각 하늘과 대지 쪽으로 펼쳐낸 오시마의 두 걸작은 그래서 더더욱 제헌공포영화 같다. 〈교사형〉에서 육체의 끈질김은 보이지 않는 적과 살해동기의 재연 속에서만 포착되며, 반대로 〈감각의 제국〉에서 그 재연은 철저하게 육질화되어 감각이 되었지만 이미 자기색정사 충동과 구분되지 않는다. 전자에서 재연은 환영의 되먹음이지만, 후자에서 재연은 남근의 되먹음이다. 어떤 경우든 재연("act out")은, 제국주의적 피드백 속에서 자행되는 자살명령의 되새김질이다.[15]

이마무라 쇼헤이에게 하늘과 끌개는 완전히 다른 의미다. 그에게 성교는 너무도 순수한 피드백, 즉 근친상간이었다. 고로 성교란 인간을 개나 돼지 같은 짐승으

---

14. 사토 타다오는 오시마 영화에서 세 가지 인물유형들(① 혁명가 ② 나태한 자 ③ 범죄자)을 분류한다. 『오시마 나기사의 세계』, 김성욱 엮음, 문화학교 서울, 2003. 「범죄를 몽상하는 남자들」 부분).

15. 그러나 〈교사형〉의 R의 무의식과 육체가 수행하는 또 다른 피드백이 있을 것이다. 투림의 뛰어난 분석을 보라. Maureen Turim, *The Films of Oshima Nagisa*, University of California Press, 1998, 3장. "그는 그 자신을 배설물로 흡수한다." 즉 "재현이 분기된다."(pp. 75, 77). 오시마의 유령 개념을 죽음충동과 섬세하게 구분하는 4장도 보라.

로 만들거나 자웅동체의 원시적 개체로 퇴행시키는 원초적 교미와 다르지 않으며, 무엇보다도 그것은 전염되고 심지어 유전된다. 이마무라의 끌개는 수간獸姦이다. 수간은 오시마의 자살섹스와 다르다. 수간은 그 자율성을 죽음과 폭력이 아니라, 자가생식의 원시성과 야생성에서 찾기 때문이다. 고로 이마무라에게 하늘은 국가가 아니라 짐승이다. 짐승은 국가가 아니다. 국가의 법학적 폭력성에 짐승의 인류학적 야만성은 대립된다. 야만은 힘을 폭력으로 만드는 이성의 기준조차 가지고 있질 않으며, 모든 대지의 연쇄를 먹이사슬로 뒤바꾸는 것만으로도 피드백을 완성하기 때문이다. 〈교사형〉과 〈복수는 나의 것〉은 완벽하게 대조적이다. R은 그의 범죄대상과 동기를 밝혀내기 위해서 모든 이성의 원형극장들을 통과해야 할 것이나, 카츠는 반성하지 않으며 그의 살인행각은 이성으로도 광기로도 해명되지 않는다. 카츠는 오직 짐승으로 변신하기 위해서만, 혹은 이미 세상이 짐승우리임을 보여주기 위해서만 살인한다. 그리고 감옥 쇠창살을 사이에 두고 마주 본 카츠와 근친상간하는 가족, 둘 중에 누가 더 짐승인지 우린 분간하기 어렵다. 오시마와 이마무라의 차이는 공포영화로 치자면, 귀신과 거대괴수의 차이 같은 것이다. 국가는 살인병이지만, 짐승은 식인병이다. 짐승은 자신의 씨앗을 인류의 육신에 심어 넣고, 또 육신으로 하여금 그것을 되먹게 함으로써 대지를 집어삼킨다. 물론 이마무라는 야수성이 인류의 본성이라고 생각했으며 그의 후기작(〈나라야마 부시코〉 〈우나기〉)에서 이 원초성의 순수성에 가닿으려고 했고, 이는 서구의 비평가들을 크게 매료시켰다.[16] 그러나 그의 초기작들(다큐멘터리 시기 이전)은 그 수간끌개가 얼마나 현대문명에 쉬운 먹잇감이 되고 또 숙주가 되는지 보여주고 있다. 수간끌개는 진화선상에서 신흥 사이비종교나 다를 바 없는 천민자본주의와 기계문명에 의해 흡수되어 교환, 유통, 투기와 암거래의 대상이 되며 심지어 집세와 세금이 된다(〈돼지와 군함〉 〈일본곤충

---

16. 이마무라의 여성들이 언제나 이 원환의 우월한 생존자임은 분명하다. 다음 책에서 유럽 비평가들 (막스 테시에, 오디 복 등)이 논하는 이마무라의 여성상을 보라. *Shohei Imamura*, ed. James Quandt, Toronto International Film Festival, 1997. 그러나 우린 유럽인들의 이런 야생예찬론이 이마무라에 대한 절반일 뿐이라고 생각한다. 야생예찬론은 피드백을 인류에게만 국한시키기 때문이다. 이마무라의 다른 절반은 인류마저 흡수해버리는 기계수에게 있다. 실상 이마무라의 여성들이 뛰어난 생존자인 것은 그녀들이 스스로 숙주이길 자처하기 때문이다. 도널드 리치가 이런 중립적 입장을 견지했다 : "이마무라의 여주인공들은 살아남고 번식한다(prosper). 교미는 양가적이다."(같은 책, p. 15).

기〉《인류학 입문》). 이 모든 것은 가와시마 유조(《정숙한 짐승》)에 대한 음울한 진화론적 번역이다. 인류는 끊임없이 야수로 돌아가기 위해 기차를 자신의 쳇바퀴로 삼고서 멸종을 질주하는 쥐가 되어가는 한편(《붉은 살의》), 반대로 기계문명은 인류의 자연성까지도 잡아먹는 또 하나의 신이 된다(《신들의 깊은 욕망》). 그는 근친혼 속에서 순수하기만 했던 도리코를 쫓는 기차이고, 모든 원초적 교미를 망망대해의 포르노 기계인형으로 수렴시키는 기계수機械獸다.

　이마무라와 오시마는 서구적 퇴행영화가 아니다. 퇴행영화에서 하늘은 배경에 머물며, 그 죽음충동은 오직 대지(환경과 주체)로부터 나오기 때문이다(비더, 데렌, 레이). 반면 오시마와 이마무라에게서 하늘은 대지의 각 부분들, 육체들을 연결하면서 빈틈없는 죽음의 프랙탈을 이룬다. 오시마의 제헌환은 동반자살이 끌개가 되는 국가의 올가미이고, 이마무라의 제헌환은 근친상간이 끌개가 되는 기계수의 창자줄이다. 이런 차이를 간과하지 않는다면 오시마와 이마무라 사이에 놓인 간극은 기법적인 측면뿐만이 아니라 사상적 측면에서도, 무엇보다도 영화 자체를 사유하는 방식에서도 엄청난 것임에 우린 놀랄 이유가 전혀 없을 터다. 가령 이마무라에게 피드백의 중심은 무엇보다도 기계였으며, 모든 대지의 부분들이 이미 그 내부에 있으므로 중요한 질문은 기계의 권위와 그가 허용하는 자유의 진실성에 관한 것이었다. 이것이 이마무라를 카메라의 권위를 문제 삼는 다이렉트 시네마로 이끈다(《인간증발》 〈호스테스가 말하는 일본전후사〉 〈가라유키상〉). 반면 오시마에게 피드백은 이성뿐만 아니라 육체의 내부와 외부 사이에서 일어나는 것이었다. 고로 다큐멘터리라면 그것은 파운드 푸티징 되어야 하며(조선 삼부작), 여기서 피드백은 그 감춰진 외부가 드러낼 때까지 작위적으로 활성화되어야 할 것이다. 오시마는 참-거짓의 문제를 무대 안팎의 문제로 대체한다. 오시마가 가장 영화적인 것(플랑세캉스·몽타주)과 가장 연극적인 것(무대조명·막 전환·퍼포먼스)을 혼합하는 영화의 무대화로 보여주려고 하는 것은, 지식과 이미지의 가식적 공리공담에 가려져 있는, 그러나 무대 바깥의 어둠처럼 실질적으로 영화를 목 조르고 있는 법의 원환이다(《일본의…》 〈신주쿠 도둑일기〉). 오시마가 볼 때 전공투와 아방가르드의 공통점도 여기에 있다. 그 둘 모두는 해방의 외부를 찾으려고 했으나, 그 외부는 으레 자신을 목 조르는 올가미가 되어서 돌아왔다(자기검열, 미시파시즘, 교조화, 또 다른 국가화…). 요컨대 이마무라의 원시성의 낙관주의에 오시마의 외부 없음의 비관주의가 대립된다. 또 이마무라의 기계문명 비판에 오시마의 자연상태 비판이 대립된다. 오시마에게 이마무라는 낭만주의처럼 비쳤을 수도 있으리라. 오시마가 볼 때 제헌환은 죽음을 작위적으로 창출해서가 아니라, 반대로 사람들이 그를 너무도 당연시하고 자연화해서 여전히 천황제에 남아있을 수 있는 것이었다. 영화에 대해서도 마찬가지일 것이고, 고로 진짜 전투란 영화를 더욱 영화답게 하는 것이 아니라, 반대로 영화를 탈자연화하고 허구화하는 연극화로부터 새롭게 시작되어야 할 것이다. 그런 방식만이 일장기의 제헌환이 은폐해오던 상처 나고 죽을 수도 있는 살덩어리로서의 인간, 나아가 짐승이나 유령으로 변신할 수 있는 변태인간을 폭로하기 때문이다.[17] 영화를 포기함으로써 영화를 되찾을 수 있다는 끈질긴 믿음, 이것이 오시마 나기사의 급진성이다.

4-3. 죽음충동 비판 : 남기남과 변신교습법

오시마는 검열체제에 저항하며 외설이 있어서 금기가 있는 게 아니라, 금기가 있어서 외설이 있다고 항변했다.[18] 이는 제국에 만연한 죽음충동에 대한 그의 입장이기도 했으며, 그 자신 영화를 통해 모든 것을 보여주었다. 죽음충동은 너무나 익숙한 연극에 불과하며, 죽음을 명령하는 것은 우리 자신이 아니라 우리를 옭아매는 법이라는 것, 즉 죽음은 **되먹여지므로 반복되지 결코 그 역이 아니란 것을**. 이는 철학에서는 니체가, 정신분석학에서는 라이히가, 그리고 영화에서는 동유럽 뉴웨이브가 견지했던 생각이기도 하다 : 신경증은 오직 전염되는 것이므로 생물학적 마조히즘이란 없다는 것, 오직 사회적, 정치적, 경제적 마조히즘만이 존재한다는 것.[19]

---

17. 고로 오시마와 함께 읽어야 할 자료는 '작위'와 '자연'을 구분함으로써 민주주의를 천황제로부터 구출하려고 했던 마루야마 마사오의 근대화론이다. 김항의 개괄을 보라.『말하는 입과 먹는 입』, 새물결, 2009. 6, 7장.
18. 오시마 나기사, 「실험적 포르느그래피 영화 이론」, 『오시마 나기사의 세계』에 수록.
19. 빌헬름 라이히, 『오르가즘의 기능』, 윤수종 옮김, 그린비, 2005. 특히 8장. 이 장은 오르가즘과 마조히즘을 기포무장 이론으로 해명함으로써, 죽음충동 현상을 정치사회학적으로 재해석하려는 원대

엄밀히 죽음충동은 운명이 아니다. 죽음충동은 하늘이 아니라 전체(국가·법·군주)가 내리는 명령이기 때문이다. 고로 전체에 대립하는 것은 부분이 아니라 개체다. 개체는 전체를 죽이기 때문이다. 신파와 공포영화에 어떤 철학적 공통점이 있다면, 그것은 그 둘이 전체화와 개체화의 대결을 보여주고 있다는 점이리라. 신파에서 인물들은 전체-부분의 유사성을 통과하며 전체를 되먹는다. 전체를 자신의 내면에만 살려두기 위해서다. 반면에 공포영화는 전체를 몸소 먹고 씹고 삼켜서 아예 소화해버린다. 공포영화에서 전이되는 이상, 허기, 배역, 여한이 이미 모두 변신의 끝개이며, 좀비와 여귀가 그려내는 루핑이 이미 전체의 되먹음이자 개체의 되싸기다. 즉 괴물들은 전체의 죽음을 먹고 산다. 물론 동서양의 차이는 크다. 서양괴물들에게 죽음은 '철퍽거리는'splatter 재료다. 반면 동양 여귀들에게 죽음은 '읽을 수 있는' 자료다. 그것은 여귀의 신체에 남아있는 여한의 증거들이며, 산사람들이 윤독해야 할 그녀 사망기전에 대한 정보다. 고로 자료도 재료다. 그것은 여귀 자신의 변신을 유도할뿐더러 그를 해독하는 다른 사람들까지 그 변신에 동참하도록 하기 때문이다. "정보란 개체화의 미끼이다."[20] 백문임의 논의를 확장하자면 동양 여귀들이 성취하는 것은 〈증거=장치〉의 등식이다. 요컨대 신파 연인들과 호러 괴물들은 변신하기 위해서만 전체를 죽인다. 신파에서 눈물이 전체가 흘린 눈물이듯, 공포영화에서 피는 전체가 흘린 피다. 전체의 실혈사. 변신, 개체화, 전염보다 죽음이 앞설 수 없다(그렇게 보이게끔 하는 국가의 연극적 조작이 있을 뿐이다). 전염학자들도 말하지 않는가. 질병과 죽음은 전염의 지출비용일 뿐이라고. 무속학자들도 말하지 않는가. 샤먼의 오체산락은 공동체 갱신에 이르는 통행세일 뿐이라고. 모든 죽음은 더 큰 개체로의 변신을 위한 각 개체들의 재료와 자료로의 전개체화, 즉 "의례적 죽음"[21]일 뿐이다. 여기서 죽음은 변신의 순수한 수단means이다. 그 목적end이 아

한 기획의 밑그림이다.

20. Gilbert Simondon, *I'Individu et Sa Gènese Physico-Biologique*, p. 29.

21. 시베리아 샤먼의 육신해체 사례에 대한 김열규의 해석을 보라. 샤먼의 죽음은 언제나 타인의 재생을 전제하며, 이는 성무식 이후에도 반복된다(『동북아시아 샤머니즘과 신화론』, 아카넷, 2003. 3부). "신지핌의 감염"에 의한 공동체 재생의 사례로서 동학을 분석하는 4부도 보라. 이는 샤먼 개인의 탈혼을 강조하고 신령의 전이를 정보의 전달로 제한하는 엘리아데의 해석(『샤머니즘』, 3장. "사자(死者)가 되는 것은 샤먼 자신인 것은 명백하다.")보다 더 급진적인 해석으로 보인다. 『맺히면 풀어라』를

니라.

　결국 죽음충동이 은폐하는 건 변신에 내포된 전이성, 집단성, 공재성이다. 반면 의례적 죽음은 상위 개체화를 위한 개체들의 집단적인 공共개체화에 다름 아니며, 고로 전前개체화와 군群개체화 사이의 중개자에 다름 아니다. 죽음의 모든 양상은 개체들이 군집을 이루어 변신을 서로에게 퍼트리고 집단적 개체화를 이루기 위해서다(신파영화). 결국 목숨을 건 대결은 그렇게 두 개체군들 사이에서만 일어난다(공포영화). 모든 대결은 변신 및 증식의 경쟁이며, 죽음충동은 그 대결 사이에서 일어나는 부대효과, 순수수단들이 부딪히면서 내는 스파크에 지나지 않는다(라이히). 그리고 그 섬광을 무대화해서 역이용하려는 또 다른 개체군이 있을 뿐이고(오시마, 마카베예프).

　공포영화와 신파영화는 이 모든 것을 교훈으로 주려고 했을 것이다. 그러나 교육효과는 그다지 크지 않다. 피와 눈물이 교훈을 가리기에 십상이기 때문이다. 차라리 그것은 공포와 신파의 유치하지만 절묘한 융합을 통해 남기남의 아동영화가 가장 잘할 수 있는 것이다. 수많은 필모그래피 속에서도 남기남 작품의 일관된 구도는 두 개체군의 대립이다. 즉 한편에 전체화를 노리는 귀신집단이 있고, 다른 한편에 개체화를 노리는 어린이 집단이 있다. 두 집단은 끊임없이 대립하지만 모두 변신술사들의 무리다. 이것이 남기남의 첫 번째 교훈이다. **고독한 변신술사란 존재하지 않는다.** 예컨대 〈영구와 땡칠이〉 1편에서 그 자신도 훌륭한 변신술사인 영구는 땡칠이, 스님, 동네 어린이들과 연합하여 변신을 전파하면서 개체군을 형성하며, 드라큘라, 처녀귀신, 꼬마강시 또한 낮에는 사람행세를 하는 변신술사들인 데다가 다른 무수한 요괴들까지 불러 모은다. **변신술사는 모두 훌륭한 전염술사다.** 이것이 두 번째 교훈이다. 영구의 "영구 없다"는 이미 훌륭한 존재론적 변신이며, 그의 "소쩍쿵" 또한 전염력이 막강하다. 드라큘라와 처녀귀신 또한 전염술사다. 심지어 그들이 한국에 온 이유는 "미국사람들의 피가 AIDS에 오염"되었기 때문이다. 고로 두 개체군 간의 전투는 언제나 방귀 대결이나 오줌 먹기와 같은 세균전의 양상을 띠며, 이때 개체군들은 자

───────────

비롯하여 김열규의 후기 에세이에서도 죽음은 사회적 수준의 전개체화(그가 "풀이"라고 부르는)로 읽힌다(『메멘토 모리』, 『도깨비 본색, 뿔난 한국인』, 『풀이』).

신의 핵심적 특질을 서로에게 전염시키는 것에서 승부를 본다. 죽음이란 언제나 한 개체군의 다른 개체군에 의한 완전전염이며, 여기에 세 번째 교훈이 있다. 남기남의 거의 모든 클라이맥스를 관통하는, 유행어 옮기기나 상대방 흉내 내기와 같은 '바보성의 전염'에서 볼 수 있는 측면이 그것쪽. 남기남이 끊임없이 상기시키려고 하는 바는 **죽음충동이란 변신과 그 전염의 특수한 국면일 뿐**이라는 사실이다. 〈영구…〉 4편에서 홍콩할매귀신은 동네 어린이들을 강시로 '경직'시키고 너구리를 구렁으로 '옮아맨다.'[22] 죽음충동에 대한 훌륭한 탈신화화가 아닐 수 없다. 영구는 죽음충동을 몰라서 바보다. 그는 변신바보다(그리고 변신은 시리즈를 따라 쿵푸도사, 람보, 탐정 등으로 계속된다). 〈각설이〉 삼부작과 〈갈갈이 패밀리〉 시리즈를 포함한 남기남의 코미디에서 모든 것은 각 개체가 군개체화를 위해 운집하는 전개체적 의례군중인 것처럼, 그래서 군집의 변신이 그들의 합동변신제인 것처럼 일어난다. 〈우리-모두-다함께-개체화〉인 것이다.

남기남의 세계와 심우섭의 세계가 대조된다. 심우섭에게 변신은 개체화에 의해 한정되므로 삶의 객관화였다(여장남자 시리즈, 팔푼이 시리즈). 반면 남기남에게 변신이 개체화를 정의하므로, 객관화되는 것은 그 전파와 의례적 용융 속에서 점점 무의미해지는 죽음이다. 기실 심우섭의 식모와 팔푼이는 의례를 멀리해야 한다. 의례가 변신을 방해하기 때문이다. 심우섭의 인물들의 변장을 으레 들통 내는 토정비결, 공중목욕, 약혼식, 상견례 등이 그러한 의례들이다. 영구와 각설이라면 더 큰 변신을 위해 죽어라 환영했을 것을. 반면 남기남이 교육하려고 하는 것은 〈변신=전염=개체화〉의 일의성, 〈죽음=수단=의례〉의 일의성이다. 변신이 전염인 것은 그것이 이미 의례이기 때문이다.[23] 남기남이 문맥과 장르에 맞지 않는 엉뚱한 개그와 유행어를 던진다면, 그것은 이 변신제의에 최대한 많은 전개체적 관객들이 동참하도록 하기 위해서다(스크린과 관객 간 피드백). 또 반대로 그는 이렇게 확장될 의례 안에서 관객이 누려야 할 무한한 변신의 자유를 영화에게 요구하였다(장르 간 피드

---

22. "무장은 터지는 것을 방해할 뿐만 아니라 외부로부터 내부로 향하는 압력을 행사한다. 유기체의 경직화…"(빌헬름 라이히, 『오르가즘의 기능』, 303쪽).

23. 의례에 내포된 전이성(transition)에 대해서는 역시 판 헤넵(Van Gennep)의 연구. 반 건넵, 『통과의례』, 전경수 옮김, 을유문화사, 2000, 41쪽.

백). 〈흑삼귀〉의 귀신들도 이미 삼단합체변신하고 있거니와, 남기남은 〈천년환생〉의 저 악명 높은 양계장 시퀀스에서 이 모든 것을 끝까지 밀고 나갔다. 이 의례를 풍요롭게 하기 위해선 좀비도 빙의할 줄 알아야 하고, 귀신은 이단옆차기도 할 줄 알아야 하며, 광선검 휘두르는 제다이로 양자도약할 줄도 알아야 한다. 이 변신의 자유로운 연쇄 어디에도 죽음충동이 끼어들 틈은 없다. 그들을 죽일 수 있는 것은 오직 새벽닭의 울음과 같은 또 다른 의례뿐이다. 의례적 죽음은 죽음의 확증이 아니라 반대로 "죽음으로부터 죽음의 시간과 죽음이 오는 시간을 빼앗는 것"[24]이라는 사실, 이것이 남기남의 작품들이 남긴 교훈이다. 우린 남기남만큼 죽음충동을 희화화하고 그 어처구니를 압수해서 끝내 하나의 허무개그로 변형시킨 작가를 알지 못한다.[25]

---

24. 이것이 메리 더글라스가 저 책의 위대한 마지막 장에서 의례의 본질로 꼽은 것이다. 『순수와 위험』, 유제분·이훈상 옮김, 현대미학사, 1997. 10장, 272쪽. ("죽음의 제식을 집행하는 것은 죽음에 대한 방어가 아니라 광기에 대한 방어이다.", 271쪽).

25. 한국영화계가 그를 '한국의 에드 우드' 정도로 대충 범주화해놓는 데 만족하고, 뒤로는 "필름을 찍지 남기남?"이라며 그의 작품세계를 단지 스크린쿼터제가 낳은 졸속의 산물로 폄하한다면, 이 모든 소중한 업적들을 스스로 부인하는 꼴이 되리라. 정확히 말하자면 "필름을 찍지 남기남?"은 "죽음충동을 변신충동으로 싹 바꾸지 남기남?"이다. 그만큼 그에게 죽음충동과 변신충동의 대결은 그의 무협영화 시절부터 이어져 온 끈질긴 테마였다. 그의 자살도 이후에 아내가 했다는 "당신은 남기남이다. 바로 읽어도 남기남, 거꾸로 읽어도 남기남 아니냐. 나가서 다시 처음부터 시작해라"라는 말이 오히려 그의 전개체적 개체들의 합동변신이라는 철학을 잘 해명하고 있는 것 같다. (다음에서 인용 : 『한국영화, 황금기를 찍다』, 남상국·남정욱 엮음, 연극과인간/광화문미디어센터, 2010, 73~74쪽). 남기남의 퇴장보다 더 씁쓸한 것은 "임권택은 왜 임권택이고 남기남은 왜 남기남인가?"(같은 책, 94쪽)라는 그의 질문에 대답할 수 있는 평론이 여전히 묘연하다는 사실이다.

김기영

5-1. 정충의 잉여가치론 : $c+v+s$

그렇다면 시간을 넘어서는 끌개가 있을까? 단지 시간을 당기는 끌개 말고, 시간과 그 바깥 사이를 넘나들면서 시간에게 어떤 교환체계를 부여하는 그런 영원성의 끌개가? 구로사와, 부뉴엘, 얀초 등은 그에 답하려고 했다. 하지만 그들은 피드백이 막 시작되려고 하는 순간에 멈춰 선다. 삶과 죽음 사이에서 피드백을 이루는 초물리적 단위들을 믿지 않거나 최소한 경계하기 때문이다. 이것은 신파와 공포의 괴기한 혼합 속에서, 그러나 그 장르적 클리셰에 하나 빚지는 것 없이도 김기영이 하려던 것이다.

김기영은 개체보다는 종種에, 인간보다는 인류에 관심이 있다. 만약 김기영이 죽음충동을 다룬다면 그것이 종의 실존방식이기 때문이다. 그는 죽음충동은 영생에의 충동, 종의 번식충동이라는 것으로부터 모든 것을 시작한다. 이미 초기작부터 그에게 죽음이란 시체더미나 뼈무더기 속에서 산자와 죽은 자가 합체하는 교령제, 그 "씨앗"의 초물리적 전이와 잉태와 떼려야 뗄 수 없었고(〈양산도〉 〈현해탄은 알고 있다〉 〈고려장〉), 전쟁터는 종 자체를 이산시키는 대신 사후세계와 가장 넓게 접촉하는 소산구조에 다름 아니었다(〈10대의 반항〉 〈슬픈 목가〉 〈렌의 애가〉).[1] 김기영은 신파의 기본구도인 대지–하늘의 쌍을 '현생계–영생계의 쌍'으로 대체한다.[2] 이 둘은 평

---

1. 김기영의 영화 중 〈여성전선〉 〈초설〉 〈10대의 반항〉 〈슬픈 목가〉 〈아스팔트〉 〈병사는 죽어서 말한다〉 〈미녀홍낭자〉 등 8편은 소실되었다. 이후 이 중에서 인용되는 작품이 있다면, 그것은 아직 남아있는 시나리오, 김기영 본인의 구술, 각종 매체에 남아있는 묘사 등에 따른 것이다.
2. "현세와 죽음의 세계가 합일되는 한 세상이다."(김기영 인터뷰. 『24년간의 대화』, 유지형 엮음, 도서출

행하되 씨앗의 초물리적 되먹임에 의해서만 그러한 두 시스템이다. 피드백은 초물리적transphysical인 만큼 시스템은 심령물리학적paraphysical이다. 고로 동역학이나 화학에 버금가는 교환과 분배의 과학이 현생계와 영생계 사이에 존재하며, 죽음충동은 이 제의례학祭儀禮學.ceremoscience의 요소가 된다. 물론 김기영이 처음부터 죽음의 과학적 특성을 발견하고 있었던 건 아니다. 그의 초기작에서 종의 부활은 미신과 신화에 사로잡혀 있는 것처럼 보인다(특히 〈양산도〉). 〈…녀〉 연작은 바로 그 발견 때문에 김기영 필모그래피 중에서도 독보적이 된다. 여기서 죽음은 환영과 망상을 촉발제로 하여 본처와 첩 사이에서 교환되고 또 증폭되는 생장력의 최소단위로서, 또 마지막 동반자살을 통해 시간 너머에 외가外家를 실현하는 영생력의 최초단위로서 기능한다. 죽음은 교미 직후에 암컷에게 잡아먹히는 수컷이 꾸는 꿈 같은 것이다. 〈살인나비를 쫓는 여자〉에서 영걸은 분명히 자살을 욕망하지만, 그 이유는 "먹는 게 성가셔서"다. 자살이 이미 되먹음이다. 그것은 태고의 신라로부터 그의 또 다른 천년을 구성하는 씨앗("2천 년 된 오줌")의 되먹음이며, 개체의 소멸을 뛰어넘어 종의 영속성을 보증하는 영생에로의 번식과 구분되지 않는다. 그리고 다음처럼 외치는 쇼펜하우어의 해골이 있다 : "내가 삶의 의지다! 나는 죽지 않아!" 김기영에게 죽음충동은 씨앗의 초물리적 되먹음이므로 소멸충동이다. 엄밀히 소멸충동은 죽음충동이 아니다. 소멸충동은 영생에의 의지, 종의 불멸충동을 함축하기 때문이다. 소멸은 끝이 아니다. 소멸은 불멸의 비용이다. 김기영은 공포영화의 타나토스-에로스의 쌍을 '소멸충동-불멸충동의 쌍'으로 대체한다.[3] 요컨대 김기영이 기존 장르에 가한 두 가지 해석이 있다. 첫째, 대지와 하늘은 심령물리학적 시스템들이다. 씨앗을 교환하고 재분배함으로써 평행한(현생계-영생계의 쌍). 둘째, 죽음충동은 초물리학적 끝개다. 씨앗의 이전이며 그를 통한 영생계로의 이주다(소멸충동-불멸충동의 쌍). "사람은 죽어서 소멸하는 게 아니라 동식물로 태어나 영원히 생명을 보존하는 것이다."(〈바보사냥〉).

　　그러나 이뿐이었다면 김기영은 신파극과 역사물에 진화생물학, 프로이트와 몇

　판 선, 2006, 43쪽. 유지형 감독이 진행한 대담으로 엮은 이 인터뷰집은 귀중한 자료다).

3. "죽음으로 의지의 승리를 실천한다."(김기영 인터뷰. 같은 책, 225쪽. 〈살인나비…〉의 해골 괴노인에 대한 언급).

가지 무속적 아이템만을 첨가해서 버무린 피상적인 컬트작가로만 남았을 것이다. 김기영을 정의하는 세 번째 측면이 있고, 이것이 김기영 본인이 가장 심혈을 기울인 부분이다. 그것은 순전히 대지의 속한 역량, 대지의 뜻으로서 육체들이 실질적으로 행하는 교환과 분배에 관한 것이다. 곤충이 그러하듯 하나의 신체는 교미를 끝내면 죽거나 최소한 더 살 필요가 없어지나, 바로 그 덕분에 종의 영생에 참여한다(참여의 방식에 따라 남자와 여자의 역할이 달라질 뿐이다). 소멸은 불멸의 비용인 만큼 불멸은 소멸의 등가라는 이 대지의 법칙이 김기영의 세계를 지배한다. 먼저 육체적 소멸을 통해서 다른 육체로 전이되거나 아예 육화되는 이 요소를 〈불멸소〉라고 부르자. 불멸소는 현생계와 영생계 사이에서 일어나는 피드백의 단위다. 불멸소는 페티시가 아니다. 단지 기호나 상징이 아니기 때문이다. 그건 차라리 "씨앗"이다(〈고려장〉). 불멸소는 연쇄되는 소멸 속에서도, 또 오직 그 소멸을 통해서만 살아남는 종의 발생학적 단위이며, 끝내 영생계로 이전되고 실현되어야 할 존재론적 가치다. 즉 불멸소는 끝개의 유일한 목표이자, 영생계의 원소들이다. 김기영이 자주 드는 예는 죽은 시체에서도 살아남는 정충이다(〈이어도〉). 불멸소는 피드백을 거쳐 가며 육체를 살찌우고 스스로도 생장하는 영양분일 수 있다. 김기영이 두 번째로 드는 예는 쥐(때로는 닭이나 돼지)다. 쥐는 인간이 절멸해도 살아남으며, 무엇보다도 서로가 서로를 되먹음으로써 스스로 산아제한을 수행하는 탁월한 불멸소다. 쥐는 자가조절하는 정충이다. 하녀는 가장 큰 쥐다. 김기영이 〈 … 녀〉 시리즈(〈하녀〉 〈화녀〉 〈화녀82〉 〈충녀〉 〈육식동물〉)에서 반복해서 보여주는 바는 하녀의 진정한 욕망은 정충만큼이나 쥐를 배태하는 것, 무엇보다도 스스로 쥐로 변신하는 것이란 사실이다(특히 〈충녀〉). 요컨대 불멸소는 변태(變態)한다. 그것은 한 형태의 소멸을 통해서 또 다른 형태로 살아남는다.[4] 불멸소는 가치다.

그런데 김기영은 바로 이 불멸소의 되먹음에 어떤 경제학적 법칙이 존재함을 본다. 고로 정충의 흡수와 전이, 하녀의 교미와 잉태는 재봉틀을 돌리고 밥을 짓는 것과 같은 노동이되, 삶이 아니라 죽음을, 즉 시간이 아니라 영원을 목표로 한다는 점

---

4. 김기영 영화에서 종종 나타나는 식인과 식변증은 불멸소의 변태에 대한 훌륭한 예시들일 것이다. "제주도민들이 변소 밑에 배설물을 먹여 돼지를 기르는 법에서 한 수 배웠다. 그 똥돼지를 먹어보았는데 아주 맛있었다." (김기영 인터뷰. 같은 책, 199쪽).

에서 조금 다른 노동이다. 이 노동을 〈영원노동〉이라고 부르기로 하자. 영원노동은 불멸소의 되먹음이다. 그것은 의례적이지만 여전히 과학적이다. 영원노동은 불멸소들의 교환과 유통이고, 무엇보다도 그들을 계량화하는 척도가 존재하기 때문이다. 김기영은 최소한 〈하녀〉 이후에 먹는 행위에 엄청난 중요성을 부여하는데, 그것은 먹기와 싸기 사이엔 어떤 등가법칙이 성립하기 때문이었다. 예컨대 교미는 먹기이고 잉태는 싸기이며, 이는 등가교환체계를 이룬다.5 〈하녀〉에서 본부인이 하녀의 태아를 낙태시키자 하녀는 본부인의 아들을 죽이는데, 본부인은 이를 용서한다. 각자의 자식이 등가로서 하나씩 주고받은 것이다. 또한 〈충녀〉에서 본부인은 첩에게 "월급"을 지급하며 그만큼 남편의 정충을 동등하게 나눠 먹는 "시간배당제"를 도입한다. 〈화녀〉에선 하녀는 남편의 정충을 먹는 만큼, 본부인은 마치 시체-사료-닭-계란의 가치이전으로 그에 경쟁하려는 듯 계란을 먹기도 한다. 무엇보다도 먹고 싼다는 것의 자기등가교환이 곧 변신이다. 본부인과 첩은 쥐를 먹고, 쥐를 배고, 쥐가 됨으로써 변신을 겨루지만, 이 변신경쟁은 둘 사이를 순환하는 정충이나 쥐의 영속적 되먹음에 다름 아니다(〈충녀〉). 확실히 〈육식동물〉은 〈충녀〉에서 미완결된 순환을 보충한다. 쥐-아기를 낳는다는 것(〈충녀〉에서 잉태된 쥐), 그것은 쥐-아기를 먹는다는 것(〈육식동물〉에서 아기가 된 남편과 교미하는 하녀)과 등가적이다.6 어느 모로 보나 변신은 영원노동의 최고형태다. 변신은 스스로 되먹는 영원노동이다. 그것은 변태이고 '쥐-되기'다. 물론 영원노동의 개념이 김기영 필모 중 〈…녀〉 연작에 국한되는 것이라 볼 수 없다. 김기영은 이만희의 〈만추〉를 리메이크했고 이를 심각하게 변형시켰는데, 이는 현생계를 불멸소를 사고팔거나 심지어 약탈하고 도박하는 영원노동시

---

5. 본부인이 맡은 은행장 역할, 쥐와 남편이 맡는 화폐의 역할, 첩이 맡는 소자본가의 역할을 간과하지 않는 이연호의 분석은 독보적이다. 김기영 영화에서 "성이란 섹스이며 화폐를 대체하는 교환가치이기도 하다."(이연호, 『전설의 낙인』, 한국영상자료원, 2007, 100쪽). 이연호는 김기영의 작품세계에 더 이상 관념론적이 아닌 유물론적 해석을 가한 거의 유일한 평론가다. 질병의 두 층위를 구분하는 대목(103~109쪽), 〈충녀〉에서 돈의 회전을 분석하는 대목도 보라(110~113쪽). 다만 이연호는 악몽을 남자의 것으로 간주하곤 하는데(117쪽), 우리는 악몽이야말로 하녀들의 것이라 간주한다. 하녀들의 경연은 수직적 계급투쟁일 뿐만 아니라 수평적 계급내분이기 때문이다("그의 여자들은 늘 비슷한 얼굴이다.", 95쪽).

6. 〈충녀〉의 리메이크 버전인 〈육식동물〉에선 아기가 냉장고에 들어있는 장면(쥐 낳기)이 빠져 있는 대신, 남편을 유아상태로 고착시키는 장면(쥐 먹기)이 있다.

장으로 환원하는 작업의 일환이었다(〈육체의 약속〉). 또 〈흙〉은 춘원 이광수의 원작에 영생계(아브라함과 이삭, 연개소문과 을지문덕)를 겨루는 영원노동자들의 측지학적 경쟁을 도입하였다. 그리고 저 악명 높은 〈살인나비…〉가 있다. 그 조잡한 완성도를 비웃으며 이 영화를 단지 컬트라고 속단할 수만은 없다. 여기엔 뼈의 무게를 화폐로 가치환산하는 도굴자들, 고대 몽골인의 유골을 통해서 골상학적 원형을 추론하려는 고고학자, 나비 날개의 콤파스와 나비 목걸이가 쳐놓은 함정의 깊이를 비교하는 미학박사, 불멸충동과 소멸충동의 우열을 논쟁하는 변증론자들이 있으며, 이 모든 논점들을 아우르는 엄밀한 경제학적 질문들("몸을 대가로 간을 달라는 건 아니겠지?", "하루 여섯 번을 먹어도 배가 고프다", "죽으면 살아있는 벌레만치도 가치가 없다"), 결국 애벌레-나비-뻥튀기-살인나비의 변태과정을 통해서 제기되는 '불멸소의 가격은 얼마인가?'라는 질문이 있기 때문이다.[7]

불멸소는 정충·쥐·하녀이고, 영원노동은 그 먹기·싸기·되먹기다. 하지만 이것은 형태학적 구분들일 뿐이며, 김기영은 이에 가치론적 구분마저 가하는 것처럼 보인다. 정충은 모두 다 같은 정충이 아니다. 정충의 응결된 형태가 존재하는가 하면 그 가변적 형태도 존재한다. 전이되는 과정 속에서 전자는 불변량을 지니며, 후자는 가변량을 지닌다. 예컨대 교미 와중에 일정량의 정충을 단순히 전달한다는 점에서 남자의 신체는 정비되고 폐차되는 기계나 송장과 다를 바 없는 불변적 불멸소(c)지만, 그 정충은 착상되어 수정란이 된다는 점에서 가변적 불멸소(v)다. 그러므로 가변적 불멸소는 자신의 증분을 가진다. 김기영이 내내 강조하는 남자와 여자의 가치론적 차이도 이것으로서, 남자의 신체는 생식수단으로서 불변적이지만, 여자들은 그 교환과 공유를 통해 정충을 증식시킨다(〈이어도〉). 같은 식으로 남자의 시체는 불변적이나, 닭에게 먹히고 그 계란을 다시 먹으면 가치는 증식될 수 있다(〈화녀〉). 무엇보다도 잠만 잘 자는 남자들에 비해 하녀의 흥분한 신경계와 뇌세포는 그 자체로 훌륭한 가변적 불멸소다. 불안과 망상에 따른 그 진동의 진폭 자체가 증분이 되기

---

7. "만약 누에가 애벌레로서의 그 생명을 이어 가기 위하여 실을 뽑는다면 그 누에는 영락없는 임금 노동자일 것이다."(맑스, 『임금노동과 자본』. 다음에서 인용: 『맑스 엥겔스 저작선집』 I권, 박종철 출판사, 1991, 549쪽). 가치와 혼동되기에 십상인 가격 개념에 대한 맑스의 급변론적 대답은 다음이다: "무질서의 운동 전체가 부르주아 사회의 질서다."(같은 책, 553쪽).

때문이다(《충녀》).[8] 이러한 증분들은 불멸소의 생장을 표현하는 잉여 불멸소(Δv)다. 차이는 분명해 보인다. 가변불멸소는 먹는 것이나, 잉여불멸소는 남겨 먹는 것이다. 고로 영원노동에 두 가지 양태가 존재한다. 한편엔 정충의 일정량을 보존하는 필요노동(v)이 있고("남편 뒷바라지하는 최하급 노동을 그 여자에게 맡겨보자." 〈육식동물〉), 다른 한편에 정충의 증분을 창출하는 잉여노동(s)이 있다("젖을 먹여라, 그러면 정력이 뻗을 것이다." 〈육식동물〉). 밥먹기와 밥먹이기는 필요노동이지만, 교미와 같은 남자먹기는 잉여노동이다. 후자엔 알사탕과 뻥튀기로 방사되면서 일어나는 수정과 착상이라는 가치증식이 있기 때문이다. 싸기와 되먹기, 잉태와 변태는 모두 잉여노동이다. 그 둘을 동시에 수행하는 시간^{屍姦}은 가장 강력한 잉여노동이다(《이어도》〈살인나비…〉). 〈하녀〉-〈화녀〉-〈화녀82〉의 연작에 대해서 〈충녀〉-〈육식동물〉 연작이 가지는 특이성은 바로 이 필요노동과 잉여노동의 명확한 구분에 있다 할 것이다. "하루를 반으로 쪼개" 남편의 정충을 본부인과 나눠 가지기로 한 하녀는 끝내 더 많은 시간과 정충을 요구하며 "첩을 사육하고 있어, 시간배당제는 음모야!"라고 말한다(《충녀》). 여기서 시간배당제에 의해 할당된 시간에 한정되는 정충의 보존("뒷바라지" "사육")이 필요노동이고, 그 할당량보다 더 많은 시간을 강탈하기 위한 정충의 착취와 증식("음모")는 잉여노동이다. 본부인과 하녀가 시간배당을 해놓고도 시간을 경쟁하는 건, 그것이 잉여노동시간이기 때문이다("시간을 양보할 순 없지" 〈충녀〉). 망상 또한 잉여노동의 일환이다. 신경증은 뇌로 쥐를 잉태하는 것, 말 그대로 신경계에 쥐가 '나는' 것이기 때문이다. 일반적으로 필요노동은 분할되지만, 잉여노동은 오직 흡수된다. 필요노동은 먹는 것이지만, 잉여노동은 빨아먹는 것이다("여자는 드라큘라라구" 〈육식동물〉).[9] 요약해보자. 불멸소는 불변적(송장·기계), 가변

---

8. "자본주의적 생산은 살아있는 노동을 더욱 탕진하며, 피와 살뿐만 아니라 **신경과 뇌**까지도 탕진한다."(맑스, 『자본론』 III권(상), 김수행 옮김, 비봉출판사, 2008, 1편 5장 2절. 101쪽. 강조는 인용자). 맑스가 혈행계와 신경계를 자본의 순환회로와 동일시하는 대목은 저술 곳곳에 산재해있다. 게다가 이건 결코 은유가 아니다. "피는 근육보다, 근육은 뼈보다 빨리 갱신되는데, 이 측면에서 보면 뼈가 인간신체의 고정자본으로 간주될 수 있다."(맑스, 『정치경제학 비판 요강』 II권, 김호균 옮김, 백의, 2000, 노트VI. 340쪽).

9. "자본에게는 단 하나의 충동이 있을 따름이다. 즉, 자신을 가치증식시키며, 잉여가치를 창조하며, 자기의 불변부분인 생산수단으로 하여금 **가능한 한 많은 양의 잉여노동을 흡수하게 하려는 충동**이 그것이다."(『자본론』 I권 (상) 3편 10장, 307쪽. 강조는 인용자).

적(정충·음식), 잉여적(배아·뻥튀기)인 불멸소들로, 영원노동은 그 필요노동(뒷바라지·사육)과 잉여노동(잉태·변태)으로 이루어진다. 자살, 독살, 동반자살은 그 어디에도 아직 속하지 않았다. 그것은 불멸소를 비로소 실현하는 최종노동이기 때문이다.

이 모든 것들이 김기영의 현생계에서 벌어지는 일들이다. 영생계가 현생계의 심령물리학적 시스템이고 소멸충동이 초물리학적 끝개인 것처럼, 현생계의 운동은 영원노동이다. 그것은 불멸소의 노동이다. 이 세 층위는 분리불가능하며 불멸소의 가치증식과정valorization process이 그 자체 시간이 되는 자율환을 직조한다. 김기영의 이층집에선 모든 것이 잉여불멸소들의 되먹음이 영생계 쪽으로의 흡수이고 그 되싸기가 현생계 쪽으로의 배설인 것처럼, 그리하여 하녀들의 영원노동이 우주 전체의 양성피드백($\Delta v + \Delta v + \Delta v + \cdots$)인 것처럼 일어난다. 불안과 망상을 그 촉매제로 하는. 김기영은 부뉴엘의 평행모나드 계에 실질적 매개체, 그것도 수백 수천 마리로 뻥튀기될 뿐만 아니라 진짜 뻥튀기로도 변태하는 핵분열 매개체를 부여한 작가다. 김기영은 린치를 내심 질투했다("나보다 분열증이 심했다."[10]). 그러나 실상 김기영에겐 린치보다 더한 것이 있다. 후기 린치의 불멸소는 의식을 각성시킴으로써 그가 통과하는 계들을 통괄하는 통합적 영생계("하얀 방")를 구성하고 있었다. 반면 김기영의 불멸소는 무의식적 활동들마저 자가촉매로 삼으며 자기회귀적 체계를 구성한다. 본부인이나 하녀가 겪게 되는 악몽과 환영이 바로 그러한 촉매제들이며, 그를 통해 그녀들은 불멸소 환류의 일부가 된다(〈…녀〉 시리즈). 즉 린치에게 의식은 불멸소에 *대한* 의식이다. 반면 김기영에게 의식조차 불멸소*이다*. 그것은 종種의 의식이다. 요컨대 부뉴엘과 린치에게 불멸소는 필요노동의 객체일 뿐이지만, 김기영에게 불멸소는 잉여노동의 객체이기도 하다. 그것은 단지 먹여지는 데 만족함이 없이 되먹여지며 오직 하녀의 자궁만을, 그 외가만을 초점으로 한다. 김기영은 이층집의 양자내장(카펜터)이고, 양계장의 비디오드롬(크로넨버그)이다. 부뉴엘과 린치에겐 없고 김기영에게만 있는 것, 그것은 불멸소의 변태, 그 뻥튀기, 즉 **정충의 잉여가치론**이다. 되먹여진 모든 것은 소멸할 필요가 있지만, 이는 그 *이상*으로 불멸하기 위해서다. 김기영은 화이트헤드 메타경제학자다. 하녀는 진정 "주체적으로 끊임없이 소멸하지만 객체

---

10. 김기영 인터뷰. 『24년간의 대화』, 233쪽.

적으로는 불멸한다."[11] 즉 과잉변태한다. "과잉이란 것은 일종의 집착이거나 아니면 또 다른 일탈에서 나오는 현상…"[12] 그것은 영생계에 대한 집착이고, 현생계로부터의 일탈이다.

"이 시계 자동이다. 차고만 있으면 영원히 돌아간다. 사람도 안 믿고 시계도 안 믿으면 뭘 믿지?"(〈육체의 약속〉) 영원을 믿으면 된다. 시간의 정충을.

5-2. 계약의 정치경제학 : $\dfrac{s}{c+v}$

김기영의 여자들이 특권적 위치에 있는 것만은 사실이다. 김기영은 전쟁터, 길거리, 섬, 그리고 중산층 집안에서도 자생할 수 있는 모계사회를 전시한다. 그러나 그것은 남자들을 생산수단 혹은 불변자본으로 취급하는 테일러주의 모계사회다. 특히 파랑도의 여자들은 배란기에 마당에 빨래를 걸어놓고 남자를 들이는 계약 아래 정충분배의 질서를 유지하며, 뭍에서 온 남성적 질서조차 시간屍姦을 통해서 집어삼키려고 한다(〈이어도〉). 김기영이 볼 때 남자와 여자의 가장 본원적인 차이도 여기에 있다. 여자는 계약의 당사자이고, 남자는 계약의 대상이다. 김기영은 매 작품마다 계약에 집착한다. 김기영은 계약의 영화다. 하지만 그것은 계약이 법보다 우월하기 때문이다. 김기영의 여자들은 법에 지배받는 남자와 정충을 훔치기 위해서만 계약을 성립시키며, 사소한 법률조항엔 일희일비하지 않는다. 그녀들은 스스로 창안한 계약에 충실함으로써 씨앗을 뽑아내고 되먹고 또 돌려먹는다. 계약은 법의 파생적이거나 과도기적인 형태가 아니다. 계약은 피드백의 표현으로서, 때로는 법과 배치되기도 한다. 차라리 계약은 법의 절도이고 강탈된 그 예외상태 자체다. 계약은 제헌 환이다. 김기영은 그 초기작부터 법으로부터 계약을 엄격하게 구분하고 있다. 그것은 너무나 엄격해지거나 반대로 무너져버린 법 아래서도 연인들을 재회하도록 이끄는 약속이며(〈양산도〉 〈현해탄…〉 〈렌의 애가〉), 남자의 세계에 대항하기 위한 여자

11. PR 98.
12. 김기영 인터뷰. 『24년간의 대화』, 152쪽.

들끼리의 결탁이고(《여성전선》), 남자를 공유하거나 분유하기 위한 여자들 간의 거래다(《하녀》).

물론 드레이어도 계약에 엄청난 중요성을 부여했으며, 그것이 영화의 정신이라고까지 말하였다. 그러나 그 내러티브뿐만 아니라 미장센에서도 우린 드레이어와 김기영의 현격한 차이를 관찰할 수 있다. 드레이어에게 계약의 성분일 로고스는 텔레그램으로서 인물과 인물을 잇는, 과거와 미래를 잇는 선이나 면을 구성한다. 〈사탄의 책〉의 전보, 〈재판장〉과 〈잔 다르크…〉의 서약서, 〈분노의 날〉의 악보, 〈오데트〉의 예언 등등이 그러한 시간의 투영선들이다. 반면 김기영에게서 약속이나 예언은 어떤 공극처럼 공간에 흩어지며, 그것이 지켜질지도 모르는 불안만큼이나 그것이 다시 시간을 빨아들일지도 모르는 불안을 드리운다. 김기영은 점點을 말한다.[13] 즉 무당의 예언은 점에서 시작해서 점점 넓어지거나 좁아지는 로고스의 원환을 형성하여 시간의 각 부분까지도 중개의 대상으로 삼는다. 김기영에게 로고스는 텔레그램이 아니라 프로그램이다. 그것은 미래의 재현이 아니라 미래의 중개이고 조절이다. 바로 이 위대한 발견이 〈고려장〉이다. 여기서 무당의 예언은 단지 미래를 예언하는 데 그치지 않으며, 예언된 미래를 정당화하기 위해 과거와 현재조차 조작하는 미래의 자동주의를 이룬다. 같은 식으로 화두는 참구 프로그램, 파계는 돈오 프로그램이었다(《파계》). 프로그램은 〈고려장〉과 〈나라야마 부시코〉의 결코 무시될 수 없는 차이이기도 하다.

김기영에게서 계약은 시간에 근거하지 않으며 오직 그 바깥에, 하녀가 임신을 대출받아서라도 출산해내야 할 순수미래에 근거한다. 그래서 계약은 법의 파괴이기 전에 더 엄격한 법의 창조다. 하녀들이 여타의 팜므파탈과 다른 점은 단지 적을 파괴하는 게 아니라, 정충량을 늘려 영생계에 다가가기 위해서라면 적과도 거래를 맺는 등 계약을 더더욱 엄수한다는 데에 있다. 계약의 엄격성은 하녀의 모든 것이다. 자유처녀는 하녀가 될 수 없다. 자유가 그걸 막는다(《자유처녀》). 자유하녀란 있을 수 없다. 영원노동은 자유와 프리섹스가 아니라 계약과 그 엄격성에 의해서만 보장되기 때문이다. 이런 점에서 보자면 〈하녀〉보다 〈충녀〉가 〈…녀〉 시리즈의 대표작이라고

---

13. 김기영 인터뷰. 같은 책, 200쪽. "비현실 세계의 점"(같은 곳). 〈이어도〉의 파랑도에 대한 언급이다.

도 할 수 있다. 여기서 본부인과 첩은 남자의 정충과 집안의 쥐떼를 불려 나가기 위해 남편의 몸무게·혈압·식생활·성생활까지 통제할 수 있는 교대관리법을 창안해낸다. 하녀들의 계약이 남자들의 법을 능가하는 건 그것이 헌법의 지위를 가지기 때문이다. 계약은 제헌권력이다. "두 집안을 다스리는 헌법을 만들어놓자."(〈육식동물〉).[14] 고로 계약은 전염병이기도 하다. 전염이야말로 미래로부터만 정당화되는 제헌이기 때문이다. 본부인과 하녀 사이에서 모든 것은, 누가 더 쥐를 닮고 그래서 누가 더 많은 쥐를 되먹는가 하는 경쟁이, 정충의 피드백을 더욱 활성화시키는 것처럼 혹은 그 순환경로를 찾아내는 것처럼 일어난다. 이로부터 〈…녀〉 시리즈를 지배하는 권리의 동등성이 나온다. 이것이 '변태에 의한 평등성'이고 계약의 첫 번째 측면이다. 계약 안에서 본부인과 첩은 점점 서로를 닮아 가는데, 이는 그녀들 모두가 하녀, 즉 쥐 같은 여자로 변태하고자 해서다. 〈…녀〉 시리즈에 사실 본부인이란 존재하지 않는다. 본부인과 첩의 불평등 지배관계는 쥐 대 쥐의 평등한 계약관계로 하향평준화되기 때문이다. 그녀들은 모두 동등한 하녀들이다. 더 많은 쥐를 품기 위해 스스로 쥐로 변태하는 동등한 쥐녀들("내가 새로 들어온 하녀라면?" 〈화녀〉). 무엇보다도 그녀들은 등가교환하기 때문에 동등한 하녀들이다. 이것이 계약의 두 번째 측면이다. 계약은 '소멸과 불멸의 등가성'을 보증하는 척도이기도 하다. 〈하녀〉에서 하녀가 줄곧 호소하는 것도 이 등가성이며("자식은 다 마찬가지예요. 내 자식이 죽었으면 당신 자식도 죽어야 해요."), 그리고 이는 으레 더 큰 불멸소의 취득을 보장한다("난 애아버지를 줬으면 좋겠어."). 이처럼 〈…녀〉 시리즈에서 두 하녀가 벌이는 모든 음해와 모함은 쌍방 소멸분을 주고 불멸분을 받는 등가적인 방식으로, 그러나 더 많은 불멸소를 얻기 위해서만 그를 지출하는 피드백의 방식으로 일어난다. 하녀들은 계약 없이 노동하지 않는다. 계약은 정충피드백의 밑그림이자 끌개들의 도식이다. 단 그것은 확대재생산 도식이다.

---

14. 우린 〈…녀〉 시리즈를 오이디푸스에 결부시키는 견해들에 동의하지 않는다(예컨대 김영진, 「행복했던 노장, 준비 없는 엔딩」, 『씨네 21』, 1998년 138호). 하녀들의 노동시간을 측정하는 것은 아버지의 법이 아니라 반대로 어머니의 계약이기 때문이다. 이를 보여주기 위해 김기영은 〈육식동물〉을 보충했다("〈충녀〉에서 부족한 부분이 있어서 다시 만들어 보겠다고 십여 년을 벼려 온 작품이다.", 김기영 인터뷰. 같은 책, 298쪽).

계약의 제헌적 성질로부터 변태와 증식을 도출해낸 최초의 철학자는 맑스·엥겔스일 것이다. 맑스는 노동자를 노동력의 판매자로, 자본가를 그 구매자로 정의함과 동시에 잉여가치를 그들 계약이 분할하는 노동력의 과거태와 미래태 간 시간편차(Δv)로 정의하기 때문이다. 계약에 의해 불멸소의 변태는 그 피드백이 된다($M-C-M'$). C는 $Contract$다.[15] 엥겔스는 계약이 물질에도 내재하며, 특히 공동체를 변태시키는 진화론적 핵심인자임을 보여주었다(가족에서 국가로 : $F-C-F'$).[16] 하녀는 정충노동자다. 남자는 정충이고 노동대상이다. 동시에 하녀들은 정충자본가이기도 하다. 하녀들은 남자를 사육한다. **불멸소는 자본이다. 변태하기 때문이다.**[17] 하녀들이 계약을 통해 노리는 건 소멸-불멸의 등가성 아래 강제되는 잉여불멸소의 극대화(더 많은 정충, 더 큰 쥐, 더 강렬한 불멸충동…)이며, 무엇보다도 경쟁을 통한 극대화다. 주고받는 와중에 점점 가속되는 탁구공처럼, 점점 불어나는 눈덩이처럼 불멸소는 두 하녀 사이에서 교환되고 유통되는 와중에 점점 더 축적되고 "농축"된다. 김기영은 망상과 악몽이야말로 이 촉매제라고 말한다. 〈하녀〉의 본부인을 점점 첩만큼이나 간사한 쥐로 변태시키는 것은 그 자신의 악몽이었다("나쁜 꿈이에요. 쥐들이 약을 먹고 죽었어요. 그런데 얼굴들은 사람들이 아니겠어요"). 〈충녀〉에서 악몽을 먼저 취하는 것은 하녀다. 그녀는 먹히고 먹는 쥐떼와의 되먹임을 통과하며 점점 더 담대한 쥐로 변태되어 간다. 악몽이 불멸소는 아니다. 그러나 그 훌륭한 증폭제다. 시냅스진동 성과급제. 더 끔찍한 악몽을 품는 자가 쥐떼를 더 많이 품는다. 더 빙의할수록 더 소유한다. 〈…녀〉 시리즈에서 두 하녀가 순수하게 적대적이라고

---

15. "노동자가 자본과 교환한 것은 그의 노동 자체다. 그는 **노동을 양도한다**."(『정치경제학 비판 요강』 I 권, 노트 III, 330쪽. 강조는 저자). 맑스는 잉여가치가 계약이 시간에 가하는 특수한 절단법(과거-미래, 현실태-잠재태, 평균적-개별적, 노동력-노동)으로부터 나옴을 보여주려고 한다. 이것이 그 유명한 '임금후불제'의 구조다(『자본론』 I권 (상) 6장, 7장. "노동력의 양도와 현실적 발휘는 시간적으로 서로 분리되어 있다.", 227쪽 ; 『자본론』 I권 (하) 16장과 18장, II권 20장 10절도 보라). 구조주의 언어학으로 무장한 가라타니 고진도 보여준 바다(『마르크스 그 가능성의 중심』, 김경원 옮김, 이산, 1999, 1부 4장). 하지만 이는 맑스의 텍스트에 모두 있던 것이다. 등가교환 도그마에 빠져있던 맑스주의가 몰랐을 뿐이다.
16. 엥겔스, 『가족, 사유재산, 그리고 국가의 기원』(저작선집 VI권). 잘 알려진 대로 엥겔스는 경제결정론적 맑스주의로부터 점점 멀어지고 있었다. 『독일 이데올로기』(저작선집 I권)에서 소유와 법률 부분도 보라. 법이 환영인 게 아니라, 법이 자유의지로부터 나온다는 생각이 환영이다.
17. "자본의 육체는 끊임없이 변할 수 있는 것이다."(맑스, 『임금노동과 자본』, 저작선집 I권, 557쪽).

볼 수 없다. 아무리 서로를 모함하고 누명 씌워 서로 죄책감과 불안감을 불러일으키더라도, 이는 교환되는 불멸소의 폭증이라는 공통목표를 위해서기 때문이다. 언제 그랬냐는 듯이 인물이 행동하거나, 시중들던 이가 시중받는 역할로 돌연 교대되는 〈…녀〉 시리즈의 작위적이고 연극적 성격은 바로 이로부터 연원한다. 망상과 악몽은 연극이다. 이미 계약 안에 있기 때문이다. 김기영은 매 장면 자신이 연극연출가 출신임을 숨기지 않았다. 그러나 그건 영화보다 연극이 계약의 특성을 더 잘 보여주기 때문이었다.[18] 물론 그건 장선우의 역할극과 또 다르다. 하녀들의 연극은 더 이상 남근이 아니라 정충이, 법이 아니라 헌법이, 로고스Logos가 아니라 서약Covenant이 문제가 되는 자학극인 것이다. 과대망상증이 그 등가교환의 산출량을 극대화하는. 〈…녀〉 시리즈뿐만 아니라 김기영의 다른 영화들에서 꾸준히 나타나고 있는 마조히즘적 성격은 바로 이러한 조건들 아래서다. 마조히즘은 계약의 동등성에 의해 누가 더 배우이고 관객인지, 누가 더 가해자이고 피해자인지 식별불가능하게 되는 연극이다. 마조히즘은 죽음충동의 공증이 아니라 그의 교환과 조작, 즉 죽음충동의 극화인 한에서 김기영의 테마가 된다.[19] 확실히 시간배당제는 음모였다. 하지만 그것은 본부인이 첩을 사육하는 만큼 동등하게 첩이 본부인을 사육할 수 있기에 음모인 것이며, 그렇게 하녀들이 평등하게 참여하는 공모이기에 음모인 것이다. 계약에 의해 경쟁이란 협연co-performance이다. "제가 당신을 뺏은 게 아니에요. 저 여자[본부인]가 내게 바친 거예요"(〈화녀〉).

고로 하녀들의 계약은 카르텔이다. 카르텔은 손해를 위장하며 이익을 추구하는 연극이기 때문이다. 본부인은 첩보다 불멸소 부자일 수 있다. 그리고 반대로 첩은 더 적은 불멸소를 가졌지만 번식력은 더 좋을 수 있다. 사전계약된 카르텔은 바로 이러한 번식력의 불균형, 무정부성을 키우는 불필요한 경쟁을 줄여줌으로써 초과이윤을 확대해 나간다. 카르텔은 피드백 협약이다.[20] 외견상 경쟁처럼 보이지만 실상은

---

18. 이연호가 김기영과 정일성 촬영감독의 연극적 프레이밍("좌우 법칙")에 대해서 언급한다. 『KINO』, 「김기영 감독 1955년~1998년, 덧없는 작별인사」, 1998년 3월호.

19. 비평가들이 으레 말하는 것과 달리, 김기영의 하녀들은 전근대적(비합리적)이거나 충동적이지만은 않다. 정작 김기영은 "변증법적 이성"을 말한다(김기영 인터뷰. 『24년간의 대화』, 173쪽). 그것은 마조히즘 배우의 이성이다. 마조히즘에 내포된 변증법적 성격 및 연극성에 대해선, 질르 들뢰즈, 『매저키즘』, 이강훈 옮김, 인간사랑, 1996. 특히 계약에 관한 8장.

짜고 치는 독점이다. 〈하녀〉부터 그랬다. 일단 카르텔은 숟가락만 얹으려는 외부경쟁자를 제거하고(하녀는 미스 조를 쫓아낸다), 계약의 내부자들에겐 불멸소의 자유교환을 보증하여 그 가치증식을 유도한다(정충은 복중태아-아들-애아버지 순으로 커진다). 즉 불멸소는 점점 비싸진다. 〈충녀〉에서 카르텔은 더욱 노골적이 된다. 여기서 하녀들은 정충을 키우는 데 소요될 생산비용, 유통비용, 투자비용 일체를 대대적으로 삭감하는 데에 합의한다. 남편의 교환 외엔 어떤 실질적 교환도 남지 않았지만, 그 덕분 이건 완전히 남는 장사다. 불멸소는 외견상 악몽처럼 보이는 전이와 집중을 통해, 어떤 교환 없이도 초과이윤으로 돌아온다(하녀의 자궁과 두뇌를 넘쳐나며 득실대는 쥐떼). 거짓말처럼 하늘에서 뚝 떨어지는 초과이윤은 문자 그대로의 의제자본fictitious capital이기도 하다(냉장고 안에 돌연 주어지는 태아). 〈충녀〉는 〈하녀〉보다 더욱 철저한 카르텔, 그 신디케이트 버전이다. 이때 계약은 마치 신경계와 그 망상으로부터 범람하는 잉여불멸소를 족족 흡수하는 반투막과도 같다.

　　연작이 거듭될수록 더욱더 노골적이 되는 바도 이것이다. 계약의 엄격함에 집착할수록 권리성의 동등성과 불멸소의 등가성과 유비되지 않는 어떤 폭증과 비약, 그 폭발, 그 뺑튀기, 혹은 계약을 가면으로 쓴 자들만이 가지는, 비록 연극적이지만 바로 그 때문에 더더욱 노골적이 되는 부등가의 폭풍우가 있고, 이성에 호소할수록 더욱 거세어지는 어떤 비이성적 간격의 도약이 있다. 결국 김기영이 카르텔을 통해서 보여주려고 하는 것은 그 등가교환에 내재한 아주 이질적인 어떤 것은 아닐까? 부등가교환 같은? 사실 등가-부등가의 모순이야말로 맑스주의 내부에서도 공공연한 비밀 같은 스캔들이었다. 맑스가 계약을 통해서 말하고자 했던 바도 다음이거니와 : 노동력의 구매와 판매가 경제적-법적으로 등가교환인 것은, 그것이 정치적-물질적으로는 부등가교환이기 때문이다.[21] 즉 잉여가치의 전유는 합법적 도둑질이라는

<hr />

20. 루돌프 힐퍼딩, 『금융 자본』, 김수행·김진엽 옮김, 새날, 1994, 11장~14장을 보라. "카르텔이 지속되기 위해서는, 협정이 더욱 전진해야 하며 협정한 시장가격을 유지할 수 있기 위해 수요와 공급의 관계를 조절할 수 있어야만 한다."(12장. 288~289쪽). 힐퍼딩의 독점가격 개념이 『자본론』 III권으로부터 멀어져 있음은 잘 알려진 사실이다. 힐퍼딩의 업적은 자본의 추상화 과정(독점자본)에서 더더욱 분명해지는, 자본의 자기입법 능력과 그에 내재한 무법성의 발견에 있다. 레닌이 이를 더 밀고 나갔다 (『제국주의론』).
21. "비(非)교환.", "자본 쪽에서 볼 때 교환은 외견상의 교환이어야 한다."(『정치경제학 비판 요강』 I권,

것이다. 카르텔 이론 역시 종속이론적 측면을 반드시 포함한다. 즉 카르텔의 구성부문들 간에 어떤 잉여가치의 농도차(자본의 이동성 및 노동력의 비이동성에 의한 불균등한 잉여가치율)가 존재하며, 은밀하고도 강제적인 압력 아래 저밀도 주변부(낮은 노동생산성)에서 고밀도 중심부(높은 노동생산성)로 삼투됨으로써 이전되고 횡령되는 잉여가치가 또한 존재한다.[22] 고로 등가교환을 지탱하고 있는 것은 그의 광기라 할 수 있는 부등가교환이고, 마찬가지로 계약의 제헌환을 지탱하고 있는 것은 그 자신의 반칙이라 할 수 있는 무법성이고. 모든 것을 보여주었다고 생각되었던 〈하녀〉와 〈충녀〉 이후에도 김기영이 〈화녀〉 〈화녀82〉 〈육식동물〉의 리메이크 연작들로 계속해서 변주했던 것은 바로 이 부분을 보충하기 위함이 아닐까. 즉 계약은 등가적 이성의 결과물이긴 하나 동시에 어떤 비이성적이고 부등가적 요소들의 발전기처럼 작동한다는 것, 그리고 그건 등가교환과 부등가교환의 모순으로 점점 비화된다는 것. 이를 보여주기 위해서 몽타주가 더더욱 비약적이고 연극적이 되는 것은 불가피하다. 왜냐하면 이제 문제가 되는 것은 하나의 연극무대 안에서 일어나는 불멸소의 의제적 교환(〈하녀〉 〈충녀〉)이 아니라, 두 연극무대 사이에서 일어나는 불멸소의 실재적 비약, 즉 그 강제이전과 비대칭독점이기 때문이다.

　　가장 아름다운 예는 〈화녀〉에 등장한다. 자신을 이 집안에 소개해준 중개업자를 하녀가 죽이게 되자 "죄를 같이 진다"며 본부인은 시체를 사료배합기에 갈아버리고는 그 계란까지 먹는다. 하지만 놀랍게도, 불멸소를 흡수한 이는 본부인인데 정작 망상에 사로잡히는 건 하녀다("닭먹이가 돼."). 재주(노동)는 본부인이 부렸는데 돈(불멸소)은 하녀가 가져간 것이다. 그녀들은 한술 더 뜬다. 본부인은 시체를 흡수한 적도 없음이 밝혀지는데, 사실 본부인은 시체를 강변에 유기했고 하녀는 살인도구

　　노트 III, 329쪽. 강조는 저자).

22. "카르텔 이윤은 무엇보다도 다른 산업부문들의 이윤을 횡령하는 것에 불과하다."(힐퍼딩, 『금융 자본』, 15장, 329쪽). 종속이론 혹은 주변부 자본주의론에 관련해선 다음 두 저작이 기념비적이다. Arghiri Emmanuel, *Unequal Exchange*, MRP, 1972 ; Samir Amin, *Accumulation on World Scale*, MRP, 1974. 좀 더 일반화된 논의로서, 지리적 불균등에 의한 "잉여자본의 흡수"에 대해선 단연 데이비드 하비의 저술들(『자본의 한계』, 12, 13장 ; 『자본이라는 수수께끼』, 5, 6, 7장). 종속이론에 관한 국내연구로는 다음도 보라. 『역사와 사회 1 : 제3세계와 사회이론』, 김진균 엮음, 한울, 1983. 물론 지대와 함께, 특별잉여가치가 가치의 이전분인지 총가치의 순증가분인지는 맑스주의의 영원한 논쟁거리다.

였던 빨간 요강을 앞마당에 파묻었다. 경찰들이 집 앞까지 추적해 들어오자 하녀는 기다렸다는 듯이 더더욱 큰 망상에 사로잡힌다. 모든 단계에서 본부인-사료배합기의 결합(c/v)에 의한 농축(s/v)은, 하녀-요강의 결합에 의한 농축에 대해서 스스로 희석됨으로써, 그 삼투에 의해 본부인은 잉여의 일부를 하녀에게 이전하게 된다. 본부인 쪽보다 하녀 쪽의 노동생산성이 더 높은 것이며, 본부인은 하녀에게 특별잉여가치extra surplus value를 상납한 셈이다(경찰이 그 사회적 가치의 규준이다). 이로써 하녀들이 으레 실패로 돌아가는 무용하고도 어설픈 음해시도, 그만큼 조잡하고 허무한 편집으로 왜 불멸소의 가격을, "왜 상품의 교환가치를 끊임없이 떨어뜨리려고 노력하는가라는 수수께끼가 해명된다."[23] 반면 〈화녀82〉는 전편의 경유지를 생략한다. 여기서도 본부인은 시체를 사료배합기에 갈아버리는 연극을 벌이지만, 실상 시체는 지하실에 유기되었고 하녀에게 악몽을 선사하는 것은 사료배합기의 소음이다. 여기에 경찰이 매기던 사회적 평균가격 같은 건 없다. 대신 감각과 정념으로 구성된 상대적 잉여가치가 하녀에게 직접적으로 이전되고 있다. 전편과 달리 여기서 본부인이 하녀에게 상납하는 것은 **신경잉여가치**neuro surplus value 혹은 "**네트워크 잉여가치**"network surplus value(조정환)다. 〈육식동물〉은 이 모든 것을 더욱 밀고 나간다. 하녀가 유년기까지 저개발시켜 저밀화된 남성육체로부터 그 사타구니 쪽으로 이전되어 점점 농축되어 가는 정충, 그리고 그를 다시 빨아들이기 위해 가능한 모든 시간을 밀집시키고 있는 본부인의 괘종시계, 그 초침소리를 다시 흡수함으로써 본부인과 하녀가 지하실로부터 이층 꼭대기까지 공통구축하고 있는 신경잉여가치의 착취 네트워크, 즉 "제국주의적 소우주"[24]로서의 뇌의 구성, 이런 것들이 자칫 유치한 상징으로 오해되기 쉬운 〈육식동물〉의 미장센이 진정 보여주는 바다. 요컨대 리메이크 삼부작에서 모든 살해, 음모, 모함은 마치 두 하녀가 중심과 주변을 교대하면서 그 낙차에 따라 잉여가치를 이리저리 이전시키는 것처럼 일어난다. 중심과 주변은 잉여불멸소의 밀도차로 정의되는 하녀들의 위상, 그 위층과 아래층이다(대부분의 경

---

23. 『자본론』 I (상) 3편 12장. 433쪽. 특별잉여가치에 대한 부분.
24. 김기영 인터뷰. 『24년간의 대화』, 300쪽. "명자의 주관에서는 시계와 부인은 동일시된다."(301쪽). 그만큼 〈화녀〉들과 〈육식동물〉의 시계는 단지 상징이 아니다. 그것은 명자가 실질적으로 경쟁하고 또 결합해야 하는 기계이며 신경자극이다.

우 본부인이 은행장 역할을 겸한다). 즉 모든 것은 잉여의 고농축이 상대적으로 저 농축된 주변잉여를 빨아들이는 것처럼, 반대로 그 희석화는 그것을 다시 주변부로 토해내는 것처럼, 그리하여 모든 불비례한 부문들이 밀도집중의 비자발적 카르텔을 창발하는 것처럼 일어난다("난 밀도를 추구한다."[25]). 이것이 〈하녀〉〈충녀〉와 그 리메이크 작품들 간의 차이다. 〈하녀〉와 〈충녀〉가 카르텔극이라면, 리메이크 삼부작은 종속이론극이다. 물론 이 구분은 임시적이다. 으레 두 측면이 동시에 나타나기 때문이다.

김기영은 카르텔 몽타주 혹은 잉여전이 몽타주다. 여기서 편집은 독점과 협정계약에 의한 노동의 분할과 재결합, 그리고 그 연극화에 의한 잉여의 전이와 역전이만을 표현한다. 심지어 거기엔 이윤량의 증대(쥐떼의 양적 증가)에 따르는 이윤율의 감소(망상의 증가에 따른 성욕감퇴, 육체퇴행, 신경마비)마저 있다. 잉여전이 몽타주의 연극성이 보유하는 정치경제학적 의미란 육체의 도구화 혹은 기계화, 즉 "불변 구성분(c)에 대한 가변 구성분(v)의 상대적 감소"다.[26]

김기영은 비자발적 맑스주의자다. 그것도 독점자본주의 시대의 맑스주의자다. 김기영 영화는 쥐떼의 모이고 흩어짐으로 보여주는 계약의 초법적 이중성이고, 뺑튀기로 보여주는 등가교환과 부등가교환의 예외법적 공존이다. 그것은 맑스가 너무나도 자명하지만 신비롭다고 누누이 말했던 $M—C—M'$의 정식, 즉 〈변태=증식〉 혹은 〈변신=축적〉이기도 하다. 〈 … 녀〉 시리즈는 단지 근대화된 중산층 가부장제의 위선과 모순을 폭로하는 영화만이 아니다. 하녀들은 그것을 폭증시키고 그 폭리暴利를 취한다. 김기영에게 붙은 '마술적 리얼리즘'이라는 꼬리표도 우린 반대한다. 하녀들이 필요로 하는 것은 마술이기 전에 어떤 과학, 특히 정치경제학이기 때문이다. 또한 하녀들은 전근대성과 근대성의 대립에도 딱히 관심이 없다. 그녀들이 먼저 대립시키는 것은 필요불멸소와 잉여불멸소, 교환가치와 사용가치, 중심과 주변, 고밀도

25. 김기영 인터뷰, 『KINO』, 1997년 1월호, 44쪽. 주지하다시피 맑스는 "농축"(Konzentration, 집적)과 "집중"(Zentralisation)을 구분하며, 이는 독점자본주의론의 근간을 이룬다. 우리도 그의 구분법을 따르고 있다. 『자본론』 I권(하) 7편 25장 2절. 제2개역판, 854쪽. "한곳에서 어떤 한 사람의 수중에 자본이 대량으로 증대하는 것은 다른 곳에서 많은 사람들이 자본을 잃어버렸기 때문이다."(같은 곳).
26. 『자본론』 III권 (상), 3편 13장 「법칙 그 자체」.

와 저밀도, 고부가가치 노동과 저부가가치 노동, 나아가 죽음충동과 영원노동 자체이기 때문이다. 게다가 이 대립은 심지어 연극이기까지 하다. 잉여를 축적하기 위한 두 하녀들의 협연. 하녀들에겐 **협연이 곧 협동이다.** 하녀들을 반anti- 혹은 전pre-모더니스트로 해석하는 모더니즘 비평에도 우린 반대한다. 무로부터 계약을 창출해내는 하녀들은 딱 홉스만큼만 근대화론자다. 그녀들은 사회계약론에서 배제되었던 신과 짐승이 맺는 (비非)계약을 통해서만이 (비非)교환하기 때문이다. 하녀들은 반anti- 혹은 전pre-근대화론자가 아니라 예외extra-근대화론자들이다.[27] 계약이성을 재연함으로써 그에 내재된 폭력과 폭리를 꿰찼다는 점에서 그녀들은 뛰어난 극hyper-근대화론자들이기도 하다. 하녀들은 '억압된 것의 귀환'이 아니다. 그녀들은 스스로를 억압하려고 귀환한다. 계약하기 위해서다. 하녀들은 언제나 몰려다닌다. 계약하기 위해서다. 하녀들이 근대성을 좀먹긴 한다. 하지만, 역시 계약하기 위해서다. 영원노동의 엄격성이 보장되지 않는다면 그녀들은 근대건 전근대건 초근대건 결코 돌아오지 않는다. 하녀들은 다른 어떤 팜므파탈과도 비교되기 어렵다. 하녀들은 차라리 영국 구조주의자에 가깝다. 목적이 다르긴 해도 그녀들은 추상노동과 그 확장을 협동하기 때문이다. 하녀들은 물신을 비웃을 만큼 한가하지 않다. 그것을 노동해도 모자란 생이다. 하녀들은 노동하고 또 협동할 뿐이다. 오직 축적하기 위해서. 오직 영생하기 위해서.

5-3. 공멸의 공황론 : $\dfrac{s/v}{c/v+1}$

마지막으로 실현의 문제가 남았다. 불멸소의 교환과 유통, 그 축적은 어디선가 종결되어야 한다. 김기영의 방법론은 악명 높다. 자살, 그것도 동반자살이다("제발 같이 죽어요."). 그래서 이건 단지 죽음충동의 실현만은 아니다. 여기엔 죽음의 독특한 측면이 있다. 하녀들에게 죽음은 육체에서 육체로 일어나던 잉여의 수평적 전이

---

27. 잘 알려진 대로 홉스는 계약의 당사자에서 신과 짐승을 배제하였다(『리바이어던』 14장). 이것이 근대국가이론의 핵심인 사회계약론에 내재하는 '비교환'의 측면이다. 아감벤의 해석을 보라(『호모사케르』, 6장). 데리다의 해석도 보라(*Seminaire : La Bête et le Souverain*).

를 현생계에서 영생계로의 수직적 전이로 전환하는 행위다("이제 영원히 당신은 내 꺼예요." 〈하녀〉). 하지만 이것이 가능한 것은 죽음은 더 이상 불멸소와 불멸소 사이에 이음선이 아니라 반대로 그들을 끊어서 보따리처럼 묶는 선이고, 그렇게 그들을 영생계로까지 빠짐없이 배달하는 그 매듭이기 때문이다. 죽음은 가장 비싼 불멸소다. 다른 불멸소들을 묶어내기 때문이다("이 세상에선 당신의 한 조각을 차지했지만, 저 세상에선 모두가 내 것이 돼요." 〈충녀〉). 고로 자살은 파산신청이다. 가장 비싼 불멸소의 무상대출이자 그 뱅크런이다. 자살은 공황이다. 카르텔 자체의 중지인 동시에 그 탈퇴이고 불멸소들의 먹튀다. 하녀들에게 죽음충동은 공황충동이다. 허나 공황충동이 다시 죽음충동은 아니다. 죽음충동은 소멸만을 실현하기 때문이다. 반대로 공황충동은 오직 잉여의 불멸만을 위함이다. 쥐떼의 과대망상을 스스로 벌면서 하녀들은 공황을 욕망한다. 그것이야말로 불멸의 실현이고 영생으로의 진입이기 때문이다. 공황노동은 최고의, 그리고 최종의 영원노동이다. 공황을 계약위반으로 볼 수 없다. 공황은 위약이 아니라 파약으로서, 계약의 일부이고 그 완성이다. 공황은 여전히 제헌권력의 표현이다. 자살은 자율사(自律死)다. 공황은 카르텔, 독점, 집중의 돌이킬 수 없는 완성이다.

맑스주의는 우리에게 여러 공황론을 펼쳐 보여주었다. 과소소비와 과잉공급(룩셈부르크), 각 부문 이윤율의 불비례(힐퍼딩), 독점자본의 과열경쟁(부하린·레닌), 탕진하는 잉여의 범람(스위지·바란), 자본의 과잉축적과 노동인력의 고갈(우노 학파), 필요노동의 자기가치증식(네그리·베라르디·라자라토), 장기적이고 세계적 수준의 생산비용증가(월러스틴·브레너), 무엇보다도 자본의 유기적 구성의 고도화(맑스) 등등. 그 계량법과 계산법의 세부적인 차이들에도 불구하고 이 모두가 공통적으로 시사하는 바는 인간만큼이나 자본주의에 죽음충동이 존재하되, 그것은 언제나 잉여실현의 문제와 결부되어 있다는 사실, **자본주의의 잉여충동이 곧 그의 죽음충동이**라는 사실이다. "*플러스(+)는 죽어야만 할지어다.*"[28] 바로 이것이 맑스주의가 정신분석학보다 더 교훈적인 부분일 것이다. 죽음은 뭔가가 모자라서가 아니다. 반대로 죽

---

28. 맑스, 『1844년 경제학 철학 초고』, 저작선집 I권, 31쪽. 맑스주의 공황론의 계보에 대해서는, 김수행, 『자본주의 경제의 위기와 공황』, 서울대학교출판부, 2006. 엄밀하고도 포괄적인 분석을 담고 있다. 특히 맑스의 재생산도식에 대한 분석(6장).

음은 뭔가가 남아서다.[29] 김기영 역시 맑스주의 공황론의 거의 모든 측면들을 골고루 보여준다. 기계들이 남아돌고, 여자와 닭들이 남아돌고, 계란들이 남아돌고, 쥐들이 남아돌고, 구더기와 나비들이 남아돌고, 알사탕과 뻥튀기가 남아돌고, 시계들과 그 초침 소리가 남아돈다. 즉 시간들이, 축적되었으나 아직 실현하지 못한 시간들이 남아돈다. 하녀들이 재연하는 모순도 바로 여기에 있다. 그녀들은 너무도 엄격한 법칙에 의거하여 망상과 신경마비와 같은 정충의 소실을 통해서만 정충을 번다. 즉 하녀들은 소멸을 투자해서 불멸을 번다. 그리고 바로 이 모순이 하녀들의 이윤율을 둔화시키는 경향으로 돌아온다.[30] 실상 김기영의 잉여전이 몽타주는 망상을 임신하기 위해서 소모되어 "마멸"되어가는 하녀들의 육체들을 끊임없이 보여주고 있다. 그것이 바로 육체의 도구화 및 기계화, 즉 그 유기적 구성(c/v)의 증가다. 그건 계약과 배역에 너무 충실한 나머지 서로에게 종속적이 되어가는 하녀들의 육체이고, 사료배합기, 결혼반지, 시계, 무엇보다도 죽은 시체와 결합하면서 산송장과 다를 바 없는 정충 인큐베이터가 되어가는 자궁이기도 하다. 특히 〈화녀82〉는 공황의 핵심 변수로 c/v를 지목하기 위해서 만들어진 〈화녀〉의 보충촬영분이다. 여기서 본부인은 계란을 흡수했던 하녀의 육체를 다시 사료배합기에 되먹임으로써 하녀를 기계송장의 일부로 만든다. 맑스에게 "불변자본에 대한 가변자본의 상대적 감소"인 것은, 김기영에겐 정충량의 증가에 대한 배란력의 상대적 감소다. 또한 이것은 〈육식동물〉에서도 볼 수 있는 정충량 증가(c)에 대한 상대적 정력감퇴(v), 즉 육체의 산송장화다(c/v 증가).[31] 하녀들의 번식의 이윤율, 즉 수정률($\frac{s/v}{c/v+1}$)이 저하되고 있다 … (남

<hr>

29. 프로이트도 무의식에서 경제법칙을 발견해내려고 노력했었다(「사랑의 영역에서 일어나는 가치 저하의 보편적 경향에 대하여」, 「마조히즘의 경제적 문제」). 그러나 프로이트가 에로스의 인플레이션과 대상의 감가상각의 원인을 죽음충동(혹은 그 조절자인 이드)에게만 전가하고 있다면, 이는 그가 충동의 잉여가치(즉 변신충동)를 일부러 무시하기 때문이다. 이는 이후 4세대 정신분석학의 주제가 된다(예컨대 펠릭스 가타리).

30. 맑스, 『자본론』 I권(하) 7편 25장 「자본주의적 축적의 일반법칙」, "생산수단의 양에 비한 노동량의 감소, 즉 노동과정의 객체적 요인에 비한 주체적 요인의 양적 감소"(850쪽).

31. 인류에서 기계류로의 변태과정에 함축된 유기적 구성(c/v)의 고도화에 대해선, 역시 『요강』 노트 VI에서 〈기계에 대한 단상〉 부분. 이 변신론을 기초로 네그리는 자율주의의 공황론과 임금론을 다시 썼다(『맑스를 넘어선 맑스』 5, 7장, 『지배와 사보타지』 4, 7, 8장). 확장된 논의로는 역시 다음 두 책, 이진경의 기계적 잉여가치론(『미-래의 맑스주의』, 그린비, 2006, "고용 없는 착취…") ; 조정환의 네트워크 잉여가치론(『인지자본주의』, 갈무리, 2011, "상품화 없는 착취…"). 고전적 가치론과 계급

은 시간과 힘에 비해 정충들이 지나치게 남아돌 때, 하녀는 더 늦기 전에 공황을 결단해야 한다).

김기영이 결국 보여주려고 하는 것은, 맑스주의의 용어법 그대로 소멸충동과 불멸충동의 공존이라는 "모순적 법칙"과 그 "내적 모순들의 전개"다. 하녀들은 독점자본주의 그 자체다. 그리고 축적이 한계에 다다라 과농축된 불멸소의 무게 자체가 장애물이 될 때, 하녀는 마지막 소멸을 결단해서 불멸을 보존해야 한다. "자본주의적 생산의 진정한 장벽은 자본 그것이다."[32] 그러나 하녀는 자본주의보단 똑똑하다. 하녀들은 바로 그 장벽으로 불멸소들을 묶고 보따리 싸기 때문이다. 카르텔이 축적 내러티브의 1틈이고 공황이 그 2틈이라면, 영생계로의 도약은 그 3틈이다. 하녀들과 자본주의의 미묘한 차이는 바로 여기에, 즉 죽음 자체의 변태가능성 혹은 재활용가능성, 자본주의의 죽음과 미래에 도래할 새로운 체계 간의 연관성, 요컨대 **죽음의 사용가치**에 대한 입장차에 있을 것이다. 다양한 비전들을 제시하지만 맑스주의는 대체로 잉여가 실현되지 못한 결과가 공황이라는 중론에 합의하고 있다. 자본주의의 송장도 유용한 불멸소일 수도 있다고 주장하는 맑스주의자는 비판에 시달리기 일쑤였고(예컨대 베른슈타인의 "적응수단", 카우츠키의 "초제국주의"와 같은 과도단계 가설이 그렇다). 그러나 하녀들에겐 그 반대다. 그녀들에겐 잉여의 실현 자체가 곧 공황이다. 왜냐하면 죽음조차 또 하나의 불멸소이고, 불멸소들을 묶는 끈이자, 그 묶음을 영생계로 배달하는 송증이 되기 때문이다. 그것은 맑스주의가 추상적 가설로만 제시했던 총카르텔의 단일주권, 즉 유통의 완전한 소멸을 대가로 하는 축적된 결과물에 대한 최종적(그래서 폭력적인) 소유권이다.[33] 그러나 맑스주의에게 가설인 것이 하녀들에겐 실재다. 자본주의에겐 영생계가 없는 반면(그를 꿈꾼 트로츠키와 마오쩌둥이 있을 뿐이다), 하녀에겐 영생계가 있다. 그녀에게 공황은 잉여가치를 실현하는 유일한, 그리고 마지막 노동이다. "하늘에 올라가면 하느님더러 주례를 서서 결혼식이나 해달라야겠어요."(《하녀》) 제국주의는 세계의 분할(레닌)이지만, 하녀주의는 시간의 분할이다.

론의 수정은 불가피해 보인다.

32. 『자본론』 III권(상), 3편 15장. 300쪽.

33. 힐퍼딩, 『금융 자본』, 15장. ("화폐는 완전히 소멸할 수도 있을 것이다." 335쪽).

하녀들은 룩셈부르크주의자들이다. 그녀들은 현생계의 바깥에서 불멸소를 실현하는 그 최종소비자들이기 때문이다. 김기영의 업적은 〈어떻게 실현하는가?〉라는 질문을 〈누가 실현하는가?〉라는 질문으로 뒤바꿈으로써 룩셈부르크가 맑스주의에 한 공헌에 비견할 만하다. 룩셈부르크의 대답은 간단했다. 잉여를 실현하는 자는 자본주의 바깥에 있는 자다.[34] 김기영의 대답도 그만큼 간단하다. 먼저 죽자고 하는 자가 그 바깥을 선점한다. 즉 계약을 먼저 파기하는 자, 그리하여 그로부터 먼저 빠져나오는 자가 잉여를 실현하고 영원히 독점한다(대부분 본부인보다는 첩이다). 그는 파약과 파산을 카르텔 체계 전체에게로 전염시키고 그 모든 것을 되먹기 때문이다. 이것은 잉여의 전이와 구분되는, 잉여실현으로서의 죽음의 전이다. 공황은 전염된다("내가 망했으니까 집안도 다 망해야죠." 〈하녀〉). 하녀공황론은 '노동의 사회적 성격'(맑스)에 '죽음의 사회적 성격'을 대응시킨다. 이것이 김기영이 공황은 "자의에 의한 타살"[35]이라고 말한 이유다. 즉 공황은 개체의 죽음을 수단으로 하는 종의 실현이다.[36] 공황충동의 두 번째 특성이 이로부터 나온다. 공황충동은 공멸충동이다. 그것은 불멸소의 과잉성과 전이성, 그 축적에 참여하는 자들의 전개체적 다수성을 표현한다.[37] 집안에 언제나 두 하녀가 있는 것처럼 언제나 헌법에는 두 계약자가, 쥐약에는 두 자살자가, 배란관에는 두 해골이, 케이크 상자에는 두 머리가, 저승에는 두 나비가 있다. 언제나, 고로 영원히 둘이, 여럿이 있다. 하나가 아니라. **공황충동이 공멸충동이란 것은 죽음충동이 잉여충동이란 것과 동일한 의미다.** 이연호의 정확한 지적대로 김기영의 영화에서 결핍은 전체가 아니라 오직 과잉만을, 단수單數가 아니라 복수複數만을 지시한다.[38] 하녀에게 과대망상이란 건 없다. 모든 망상이 이미 과

34. "바깥의 소비자"(Rosa Luxemburg, *The Accumulation of Capital*, trans. Agnes Schwarzschild, Yale University Press, 1951, 26장, p. 365). 이 책은 자동붕괴론이 아니다.

35. 김기영 인터뷰. 『24년간의 대화』, 229쪽.

36. 노동의 사회적 성격과 종의 실현에 관해서는 『자본론』 I(상) 4편 14장. 협업 부분. "다른 노동자들과 체계적으로 협력하고 있는 노동자는 그의 개별성의 족쇄를 벗어 던지고 그의 **종족의 능력**(Gattungs-vermögen)을 발전시킨다."(446쪽, 강조는 인용자). 노동의 사회적 성격은 이윤율 저하법칙 증명의 존재론적 기반으로서 『자본론』 III권 전체를 떠받들고 있다.

37. 룩셈부르크 또한 자본주의 발전사로부터 전개체적 다수성을 연역해내려 했었다(「대중파업론」). 룩셈부르크의 글들을 수록한 국내서적으로는, 『룩셈부르크주의』, 풀무질, 2002.

38. 이연호는 김기영에게 덧씌워져 왔던 기존의 물신론으로부터 과잉론을 구출하려고 한다. "벽면을 가

대이기 때문이다. 하녀에게 동반자살이란 없다. 모든 자살은 동반이기 때문이다. 하녀에게 외로운 죽음이란 없다. 죽음조차 노동이고, 노동은 언제나 협동이기 때문이다. 여기에 마스무라 야스조와 김기영의 근원적 차이도 있을 것이다. 마스무라에게 죽음은 언제나 단일한 전체의 재현이었다. 그것은 현생계에 다수로 존재하지만 불완전한 한에서 그리 존재하는 조각들이 비로소 다 짝 맞춰지는 이상적 단일육체의 재현이다((卍) 〈문신〉 〈눈먼 짐승〉). 반면 김기영에게 죽음은 재현이 아니다. 그것은 실현이며, 무엇보다도 그 자체로 과잉인 잉여들의 실현이다. 이것은 예술가가 캔버스에 그리는 대상의 재현과 다른, 차라리 몸소 실천으로서만, 그러나 그 역시 마비와 분열증만을 표현하는 과잉축적의 재연이다. 이것이 그 외견상의 유사성에도 불구하고 김기영이 마스무라가 혼동될 수 없는 이유다. 차라리 김기영은 오시마나 장선우와 비교되어야 할 것이다. 오시마와 장선우에겐 그 과잉된 말과 몸짓의 전이를 재연하는 여러 육체들, 그로 인해 마비되거나 분열하면서도 마지막 순간까지 노동하고 협연하는 여러 육체들이 있기 때문이다. 차라리 김기영은 남기남의 연소자관람불가 버전이다. 영구에게 외로운 변신이란 없는 것처럼, 하녀에게 외로운 죽음이란 없다. 죽음조차 변신이고 변태이기 때문이다. 이것이 김기영이 신파와 공포장르로부터 시작해서 그 둘을 종합하는 방식이기도 하다. 삶조차 넘어서는 끈질김이야말로 변태의 최고수준을 정의한다. 그것은 나비에서 살인나비로의 변태, 하녀에서 상녀로의 변태, 즉 영생계로의 진입이다. 그리고 진입은 언제나 다수성 혹은 군집성의 차원에 속한다. 영생진입이야말로 영원노동이기 때문이다. 요컨대 하녀의 공황론은 소멸충동–불멸충동의 쌍을 '공멸충동–영생충동의 쌍'으로 변환한다. 김기영에게서 나타나는 제의적이고 무속적 성격이 여기에 있을 것이다. 김기영은 공멸만이 제의적 죽음이라는 것을 보여주려고 한다. 그러나 그건 언제나 정치경제학적 끌개들(경쟁억제·집중·카르텔·파산·공황…)을 통해서다. 공황은 제사다. 그러나 이는 공멸이 제의적 죽

득 채운 시계들[은] 물신으로만 파악하기에는 지나치게 과장되어 있다."(『전설의 낙인』, 90쪽) 과잉론에 의해서만 김기영의 "모든 영화가 한 영화이다."(88쪽). 우리가 김기영 영화에서 물신체계를 말할 수 있는 것은, 그것이 물신들의 카르텔 경쟁이고 경영인 한에서다. 이야말로 자칫 진부한 모더니즘 비평이나 문화상호주의로 오독되기 쉬운 김소영의 김기영론이 진정 말하고자 하는 바다(「김기영과 쾌락의 영역」, 『근대성의 유령들』, "주물과 물신 사이의 경합", 109쪽). 물신이란 화폐에 다름 아니다.

음이기 때문이고 노동이 사회적이기 때문이지, 결코 그 역이 아니다(특히 80년대 이후 작품들 〈느미〉 〈육식동물〉 〈바보사냥〉에서 인구과밀, 환경공해, 기계화).

김기영의 마지막 두 작품은 공멸충동, 그리고 그에 내포된 군집성을 더 밀고 나가기 위한 시도들이었다. 〈죽어도 좋은 경험〉에서 젊은 여자와 늙은 여자는 서로의 남자를 죽여주기로 계약을 맺고, 심지어 서로에 대해서 정신적이거나 생물학적인 대리모가 되어 준다. 그녀들은 정충을 공동사육하고 그 생산비용을 절감하기 위해서라면 서로에 대해서 분신이 되어주고 서슴없이 변태를 일삼는 진정한 영원협약자들이다. 〈죽어도…〉에서 이전 작품들을 뛰어넘는 수준까지 의제자본이 추상화되는 것은 바로 이 때문이다. 남편은 이제 두 여자가 실질적으로 가치를 실현하기 전까지 순전히 잠재적이거나 상상적 화폐가 되어(그는 자살도 못 하며 상상적으로만 부인을 죽일 수 있다), 환어음처럼 교환되고 유통됨으로써 이 모든 계약시간에 농축되고 있을 그녀들의 부도위기만을 표시한다. 이제 정충은 이윤에서 이자로 분할되었다. 반대로 여자들은 그 시공간적 제한을 넘어 정충을 꿔주고 갚으며, 때로는 더 착복하기 위해 공수표마저 남발하는 은산유착 트러스트를 구축한다.[39] 안타깝게 현실화되지 못한 〈악녀〉는 이 과잉성을 더욱 뻥튀기하며 그 생물학적 측면까지 아우르려고 했던 것 같다. 본부인 진영에 여러 여자들이 있고 하녀 진영에도 여러 여자들이 있다. 그리고 두 진영은 각서, 매도증서, 이혼장, 고소장들을 주거니 받거니 하면서, 또 각기 다른 법률해석들로 공방하면서 남자들을 한꺼번에 "모의재판"으로 이끈다. 그리고 이에 상응하는 태반-닭-병아리-참새구이, 혹은 쥐-고양이-쥐만두로의 불멸소들의 미시적이고도 자기팽창적인 변태회로가 존재한다.[40] 이 두 작품은 초과잉축적을 위해 점점 군집을 이루는 초과하녀들super-을 목표로 하고 있었다. 더 큰 공멸과 더 큰 제의를 위해서 스스로 불어나는 초과하녀들을. 이것은 동양 여귀들이 본격적으로 군체화를 이루어 군중공포증의 주체로 거듭나기 훨씬 이전의 일

---

39. "이자는 자본가와 노동자 사이의 관계가 아니라 두 자본가들 사이의 관계다."(『자본론』 III권(상), 5편 23장, 468쪽).
40. 이것이 시나리오로만 남아있는 〈악녀〉의 내용이다. 김홍준 감독이 편찬한 김기영 시나리오 전집 중에서 〈겨울무지개〉를 보라. 『김기영 시나리오 선집 II』, 한국영상자료원, 2008. 김기영은 〈악녀〉라는 제목을 끝까지 숨기려고 했고 이 시나리오에 엉뚱한 제목을 붙여 놓았다.

이다. 실상 하녀들은 최초의 매질귀(태국)다. 하녀들의 살과 신경 하나하나가 이미 상품이고 화폐이기 때문이다. 초과하녀란 네트워크하녀다.

아마도 김기영 영화가 가지는 독창적 해괴함의 핵심은 단지 전근대와 근대의 혼합이라기보다는 이렇게 계통분류학적으로 너무도 이종적인 끌개들의 혼합, 즉 공포끌개(전염)와 신파끌개(점성), 경제끌개(잉여)와 생체끌개(임신), 헌법끌개(무대)와 무법끌개(몽타주), 자본끌개(축적)와 두뇌끌개(접신)의 혼합에 있을 것이다. 하녀는 공황충동에 빙의되는 한에서만 전근대적이다. 공황충동은 모든 충동을 매 순간 시초축적에게로 되돌려 보내는 하녀의 유일한 전근대적 임페투스다.

김기영이 영화사에 남긴 테제들은 다음이다. 그리고 그것은 박윤교, 아르젠토, 카펜터와 같은 공포영화의 거장들이 각기 다른 방식으로 새긴 테제들과 궤를 같이 한다. 즉 환상은 재현이 아니라 재연이다. 죽음은 행동이 아니라 노동이다. 육체는 조각이 아니라 잉여다. 고로 모든 변신은 변태다. 또한 모든 소멸은 공멸이다. 모든 존재가 잉여이기 때문이다. 이것이 하녀의 동반자살이 지시하는 가장 형이상학적 의미다. 저승까지 살아남는 집단성, 다수성, 과잉성이 있다. 시간의 안에서 밖으로, 또는 그 역으로 넘쳐흐르는 잉여들, 정충들, 쥐떼들. 존재의 원초적 잉여성. "자본이 잉여노동을 발명한 것은 아니다."[41]

41. 맑스, 『자본론』 I권(상) 3편 2장 10절. 310쪽.

화이트헤드의 네 번째 모험 : 투명막 이론

6-1. 표면과 막의 구분 : 흡수란 무엇인가

화이트헤드는 범신론자다. 영원한 객체는 스피노자의 '속성'이다. 그러나 그는 조금 다른 범신론자다. 그는 전통적 〈실체의 원리〉를 〈존재론적 원리〉로 대체하는 원자론자이기도 하다. 〈존재론적 원리〉는 〈절단의 원리〉다. 그것은 우주를 아무리 썰어도 모자람이 없다는 의미다. 화이트헤드는 우주를 채 썬다. 〈존재론적 원리〉에 의해 우주의 임의의 각 부분은 빈틈없이 현실적 존재다. 이는 시간의 흐름 속에서도 마찬가지다. 외로운 존재란 없듯 외로운 생성도 없다("생성의 일치"). **모든 생성은 합생이다.** 이것이 〈존재론적 원리〉의 가장 고양된 표현이자 〈객체화의 학설〉로 해명되는 바다. 주체는 여건으로서 객체화되어 다른 주체와 만나고, 이 과정은 끝없이 반복된다. 즉 우주의 각 부분이 빈틈없이 주체인 것처럼, 시간의 각 부분은 빈틈없이 합생이다. 고로 〈존재론적 원리〉는 〈축적의 원리〉이기도 하다. 자르며 자를수록 각 주체에게로 객체의 누적이 있고, 그 창조의 누적으로서의 "우주의 축적"cumulation이 있게 된다. 이것은 일자一者의 절단에 상관적인 "다자多者의 축적"이다.[1] 일자는 절단되어 다자가 되고, 다자는 축적되어 일자가 된다. 〈존재론적 원리〉의 신학적 측면이 여기에 있다. 우주의 축적 자체를 자신의 여건으로 하는 합생자, 그 모든 축적물 전체를 자신의 객체로 삼는 주체가 신이다. 신은 다자 전체를 일자로 변환하는 자다. 그는 이 모든 축적이 일으키는 창조의 궁극적 조건이자 한정으로서, 모든 생성이 합생이도록 하는 궁극적 근거이기도 하다. 나아가 신은 우주 전체의 합생 자체다.[2] 신

---

1. 벡터의 전이, 시간의 누진적 성격에 대해선 PR 3부 2장 1절.

은 〈존재론적 원리〉의 예외조항이 아니다. 반대로 신은 그 원리의 너무나도 엄격하고 고집스러운 적용이다. 신도 **현실적 존재**다. 신은 영원한 객체가 아니다. 객체가 아니라 객체화되는 것이기 때문이다. 신이 세계를 객체화하고 반대로 세계는 신을 객체화하기에 우주의 다자는 무차별한 먼지로 흩어짐 없이 일자와의 영속적 교호 속에서 통일성을 향유한다. 〈존재론적 원리〉에 의해 신과 세계는 우주를 양분하는 가장 큰 두 현실적 존재다. 신과 세계는 서로를 객체로 삼는 두 주체다("신의 객체화"). 고로 세계가 신에 내재하는 만큼 세계는 신에 내재한다("원초적 본성"). 신이 세계를 초월하는 만큼 세계는 신을 초월한다("결과적 본성").[3] 이것이 스피노자 범신론뿐만 아니라 라이프니츠 모나드론과도 다른 화이트헤드의 신학적 면모다. 이렇게 말해도 좋다면, 화이트헤드에게서 **신도 소멸한다.** 세계에 대해 불멸하고 그와 합생하기 위해서. 차라리 이것은 프랙탈 신학이다. 신이 세계를 창조하는 것과 같은 이유와 패턴으로 세계도 신을 창조한다. 즉 신은 피조물인 한에서만 창조주이며 그 역도 마찬가지다. 과연 "신은 원초적 피조물이다."[4] 세계가 결과적 창조주이기 때문이다. 이 모든 것이 화이트헤드가 플라톤주의와 교부철학의 업적을 인정하면서도 그들이 남겨놓은 독단적 궁극자의 학설에는 반대하며, 우주의 궁극자란 창조주가 아니라 "창조성"이라고 내내 강조하는 이유다.[5] 신은 창조하지 않는다. 외려 그는 창조성을 제약함으로써 그에(동시에 자기 자신에게도) 캐릭터를 부여characterize한다. 세계는 구체적 캐릭터들인 데 반해, 신은 "원초적 캐릭터"primordial character일 뿐이다.[6] 이렇게 "신과 세계는 서로 대치하고 있다. 그러나 하나하나가 저마다 소중하다."[7]

---

2. "합생은 우주 전체의 개체화이다."(PR 344).

3. 이 모든 것에 대해선 PR 5부 2장. 특히 5절. "신은 원초적으로 일자다. 세계는 원초적으로 다자다."(660).

4. PR 102.

5. PR 1부 1장 2절. "유기체 철학은 서아시아나 유럽의 사상보다는 인도나 중국의 사상의 기조에 더 가까운 것으로 생각된다. 후자 쪽에서는 과정을 궁극자로 보는데, 전자 쪽에서는 사실을 궁극자로 보고 있다."(PR 59). 개량된 플라톤주의(신의 설득 이론)과 삼위일체설(상호내재설)의 업적과 그 체계화의 실패에 대해선 AI 2부 10장, 종교와 과학의 구분에 대해선 SMW 12장도 보라.

6. PR 3부 1장 5절. 448~449. 화이트헤드 연구자들 사이에 '창조성' 개념에 대한 논쟁이 있어왔다. 그건 '창조적 전진'을 해명하는 데 있어서, 〈창조성의 원리〉가 〈존재론적 원리〉의 일부인지, 아니면 그 보완물인지에 대한 논쟁이다. 그러나 우린 창조성이 궁극자라고 해서 그것이 단순히 하나일 것이라고도, 그리고 무제약적일 것이라고도 생각하지 않는다. 신이 그 창조성의 제약자이기 때문이다.

고로 신의 본성에 두 가지 구분이 있는 것처럼, 세계의 활동에도 두 가지 구분이 있다. 즉 신은 원초적 본성과 결과적 본성으로 이루어지고, 세계는 내재적 결단과 초월적 결단으로 이루어진다. 내재적 결단은 신의 원초적 본성에 입각하는 다자의 합생이며, 초월적 결단은 신의 결과적 본성에 입각하는 다자의 전이다. 신의 원초적 본성에 의해 세계의 각 부분은 각자 일자가 되고, 그 결과적 본성에 의해 세계의 각 부분은 서로에 대해 다자가 된다. 마찬가지로 세계의 내재적 결단에 의해 신은 원초적 객체가 되고, 세계의 초월적 결단에 의해 신은 결과적 주체가 된다. 그런데 여기엔 조금 다른 측면이 하나 더 있다. 신과 세계는 서로에 대해 유혹하고 합생하는 만큼 각자 스스로가 만족해야 한다. 즉 서로에 대해서 초월하는 만큼 스스로를 초월해야 한다(만약 신과 세계가 스스로를 초월하지 못한다면 서로에 대해 초월적이지도, 고로 실용적이지도 못하리라). 바로 이러한 까닭에 화이트헤드는 두 구분들 사이에 세 번째 항을 추가한다. 그것은 신의 원초적 본성과 결과적 본성과 구분될 "자기초월체적 본성"superjective nature이고, 세계의 내재적 결단과 초월적 결단과도 구분될 "신의 결단"이다.[8] 신의 결단은 전이된 결단들을 자르는 결단, 그러나 오직 자신의 만족과 미래의 유용성을 위해서만 그리하는 결단이다. 엄밀히 말해서 신의 결단은 원초적 본성과 결과적 본성 어느 하나에게 독점되지 않는다. 그것은 단지 원초적이기엔 너무 이성적인 결단("신의 지혜")이고, 단지 결과적이기엔 너무 도취된 결단("신의 욕동")이기 때문이다. 더군다나 그것은 초월적인 동시에 내재적인 결단이다. 주체가 스스로를 초월하는 결단인 동시에 스스로를 객체화하는 결단이기 때문이다. 그것은 차라리 원초적 본성과 결과적 본성을 이어주는 본성이다. 그것은 차라리 합생과 합생을 이어주는 창조성의 전이다. 신의 결단은 결단도 아니다. 그건 또 다른 결단을 위해 결단된 것들을 먹는 것이다. 또 다른 만족을 위해 스스로 만족함이다. 화이트헤드가 은연중에, 그러나 꽤나 자주 쓰는 "흡수"absorption란 용어를 우린 이제 이해할 수 있다. 신의 결단이란, 이미 결단된 여건들의 흡수다. "객체성이 주체성 속으로 흡수된다."[9] 주체는 흡수함으로써 자기초월하고, 또 자기초월함으로써

7. PR 659.

8. 신의 삼중적 성격에 대해선 PR 2부 3장 1절, "신의 결단"에 대해선 2부 7장 4절("신의 결단에 따라 현실적 존재에서 생기는 무엇이든지 먼저 개념적으로 생겨나고, 이어서 물리적 세계로 변환된다.", 342).

흡수된다. 또 하나의 현실적 존재인 신도 마찬가지다. 신 또한 자기초월적 본성에 의해 세계를 흡수하고, 세계에 흡수된다. **흡수란 자기초월적 결단이다**.[10] 그것은 세계와 신을 그 매혹의 공유 속에서 비로소 "공동창조자"part-creator로 엮는다. 화이트헤드는 근대 범신론의 표현주의expressionism를 흡수주의immersionism로 대체한다("각 시간적 계기는 신을 구현하고, 신 속에서 구현된다"[11]). 신은 〈구체화의 원리〉에 다름 아니다.[12] 흡수란 〈존재론적 원리〉의 마지막 변주다. 일자는 절단되고 다자는 축적된다면, 다자는 일자 속으로 흡수된다. 흡수가 아니라면 〈존재론적 원리〉는 〈절단의 원리〉가 아니라 〈난도질의 원리〉가, 〈축적의 원리〉가 아니라 〈파산의 원리〉가 되었으리라. 흡수는 〈잉여의 원리〉다.

　　이제까지 우리는 영화의 원자들을 지시하기 위해 '표면'이란 용어를 써왔다. 표면은 현실적 포토그램의 절단이고(결과적 본성), 등급화된 씨네그램들의 절단이다(원초적 본성). 그리고 그 재결합이자 몽타주다. 그런데 영화는 절단만이 아님 또한 우린 살펴보았다. 하나의 정지된 포토그램은 인접 포토그램을 흡수함으로써만 비로소 운동을 얻는다. 또 필름 이멀전은 빛을 흡수한다. 영화에 본연적인 흡수를 표면만으로 설명하긴 어렵다. 절단은 굴절이거나 반사이지, 흡수가 아니기 때문이다. 우린 '빈틈' 혹은 '틈새'란 용어도 써왔지만, 이 역시 흡수에 대한 부분적 묘사일 뿐이다. 흡수를 수행하는 표면을 이제부터 막(膜, brane)이라 부르자. 막은 연속체를 절단하고 다른 표면들과의 접촉하지만, 자신의 개체화를 위해서 그 여건들을 선별적으로 투과시키는 자립적인 표면이다. 그는 화이트헤드가 "선택적 합생"이라 부른 것을 수행한다. 모든 막은 흡수막이다. 그리고 모든 흡수막은 합생자다. 흡수막은 벡터와 스칼라로 이루어진다. 벡터는 외부로부터 전이되거나 교환되는 정보, 에

---

9. PR 324. 또한 3부 1장 4절. ("초월을 통해 객체적 불멸성으로 이행…", 444).

10. "신은 원초적 본성과 결과적 본성에 있어서 객체적 불멸성을 가진다." (PR 104). PR 5부 2장 5절의 마지막 문단도 보라("신은 흡수한다."). 그럼에도 불구하고, 화이트헤드는 5부 전반에 걸쳐 신의 결과적 본성과 자기초월적 본성을 거의 같은 의미로 쓰고 있다. 이렇게 흡수와 객체화를 유의어로 쓰는 건, 신이 다시 주체적 형상으로 인격화되는 것을 피하려고 하는 의도인 것 같다. 그러나 신도 만족한다("신은 유동하는 만족에 의해 완결되고…", 657).

11. PR 659.

12. 〈구체화의 원리〉에 대해선 SMW 11장.

너지, 느낌들이고, 스칼라는 그 섭취와 소화를 통해 생장하는 사적이고 내밀한 내용물이다.[13] 흡수막은 내부를 가진다. 외부와 접촉하고 교통하기 위해서다. 그것은 폭력적일 수 있다. 그 교통이 일방적이고 강박적일 수 있기 때문이다. 그것은 자폐적일 수 있다. 그만의 면역체계를 지니기 때문이다. 흡수막은 각종 표면으로 이루어져 있지만, 어디까지나 자신의 내적 생장을 위해서만 그들을 직조하는 자다. 흡수막이 절단하지 않는 건 아니다. 흡수막도 표면이기 때문이다. 허나 흡수막은 먹기 위해서만 절단한다. 그렇다고 그가 마구잡이로 먹는 건 아니다. 그는 골라 먹고, 끝내 남겨 먹는다. 막은 메타표면이라고도 말할 수 있다.[14] 흡수막은 더 이상 개체의 일부로서의 표면이 아닌, 그 자체 개체로서 자기입법하는 표면이다. 흡수막은 자율적 필터다. 이런 의미에서 모든 변신자는 흡수막이다. 흡수는 "건조한 뼈대에 존재자의 살을 입히는"[15] 개체화의 활동에 다름 아니다. 흡혈귀, 좀비, 연질체 등 괴물들은 가장 전형적인 흡수막이다. 그들은 흡혈하고 먹고 또 변신하기 때문이다. 흡수막의 또 다른 특징은 신을 대리하는 성격이다. 그는 벡터들을 심판하고 또 구제한다. 심지어 그는 이미 죽은 여건들마저 흡수하여 자신 안에서 되살려냄으로써 그렇게 한다. "신은 세계를 창조하지는 않는다. 신은 세계를 구제한다."[16] 흡수막이 그렇다. 변신괴물뿐만 아니라 종교영화의 고행자와 순교자들이 그렇다. 요컨대 흡수막은 두 가지 점에서 특이한 표면이다. 그것은 절단함과 동시에 흡수함으로써, 한편으로 *남겨 먹고* 다른 한편으론 *남겨 산다*. 이 둘은 흡수막을 정의하는 물리적이고 정신적인 극이다. 흡수막은 *남겨 먹음*으로써만 살아 *남는* 마진바보다. 피드백하는 자는 가장 고도화된 흡수막이다. 되먹기는 남겨먹기의 반복이기 때문이다. 막이 하늘에도 접할 수 있느냐는 질문이 제기될 수 있다. 그러나 하늘(바람·공기·숨…)이야말로 막의 근원적인 연합환경이다. 막은 하늘 먹고 구름똥 싼다. SF에서 프로그램이 싸지르는 시뮬레이션, 일본 뉴웨이브에서 일장기가 내리는 자폭명령, 종교영화에서 공중부양하

---

13. 합생에 있어서 벡터와 스칼라에 대해선 PR 2부 10장 3절.
14. 우린 마투라나의 '막' 개념을 염두에 두고 있다(『인식의 나무』). 메타세포체와 그 자율성에 관해선 3장, 자연선택론의 반박에 대해선 4장.
15. PR 201.
16. PR 5부 2장 4절.

는 것, 신파에서 낙엽, 풍선, 편지, 암세포처럼 바람을 타는 모든 것, 같은 이유로 집시의 꿈, 김기영의 쥐꿈, 이명세의 물방울, 여균동의 Fuck Me 등등이 모두 그런 구름똥이다. 오즈에게도 구름똥이 있다. 여백이 싸지른 정물이 그것이다. 엄밀히 말해, 피드백에 의해 막은 하늘을 남겨 먹고 구름똥 남겨 싼다. 되먹기 위해서다. 일반적으로 모든 피드백은 흡수이며, 그 끝개란 흡수막의 코나투스다. 모든 시압(時壓)은 흡압(吸壓)이다.

모든 흡수막은 보레어필리아vorarephilia다. 혀를 대보는 건 표면이지 아직 막이 아니다. 막은 먹고 먹힌다. 흡수막은 단지 주체가 아니다. 주체는 표면이기 때문이다. 흡수막은 다른 잉여들을 흡수하기 위해 그 스스로도 잉여가 되는 "자기초월적 주체"subject-superject다.[17] 흡수막이 여전히 현실적 존재actual entity이긴 하다. 그러나 동시에 그는 자신을 초월함으로써만 살아남는 잉여존재(surplus entity)다. 자기초월이란 잉여-되기이다. 나머지-되기, 찌꺼기-되기. "삼켜도 삼키는 자의 것이 되는 것이다."[18]

결국 표면과 막을 구분하는 것은 필요와 잉여라는 개념쌍이다. 표면이 필요여건의 굴절과 반사라면, 막은 잉여여건의 흡수다. 예컨대 정지된 포토그램이 비로소 운동이 되는 건 그 잠상이 흡수되기 때문이지, 결코 잔상이 반영되어서가 아니다. 씨네그램은 영화의 가장 기초적인 흡수막이다. 빛을 남겨먹고 자신도 살아남는, 필름스트립의 잉여존재다.

막의 철학을 대중화한 최초의 근대철학자는 맑스일 것이다. 화이트헤드가 전통 주체철학에 대해 그리했던 것처럼, 맑스는 고전경제학을 단순정위의 오류로 전도시키며 자본주의가 거대한 막임을 보여주었기 때문이다. 『자본론』의 핵심은 자본이란 시간을 남겨먹는 흡수막이란 것이다. 우린 가라타니 고진의 맑스 비판이 부당하다고 생각한다. 그의 비판과 달리 맑스는 이미 자본을 '가치'라는 형이상학적 실체 없이도 "두 상이한 가치체계"를 분할하는 동시에 접합시키는 막으로 정확히 소묘하고

---

17. '주체'와 '자기초월적 주체'의 엄격한 구분에 관해선 PR 1부 2장 4절. ("현실적 존재는 경험하고 있는 주체이며 동시에 그 경험의 자기초월체다. 그것은 자기초월적 주체이며, 이 두 측면의 기술은 어느 한 순간도 간과될 수 없다.", 97~98). 사물 속(in re)과 사물의 뒤(post rem)에 의한 구분에 대해선 3부 1장 10절도 보라.

18. "그것은 삼켜져 안으로 들어갔다가 다시 밖으로 나오는 변신을 거듭하며 우주의 역사를 이루어 간다."(박동환, 『x의 존재론』, 사월의책, 2017, 138쪽).

있다. 즉 자본은 필요노동은 분할하고 **잉여노동은 흡수한다.**[19] 예컨대 노동력의 구매계약은 필요노동시간과 잉여노동시간을 절단하는 커터인 동시에 후자를 흡수하는 필터다. 물리적 극에선 화폐가 그렇다($M-C-M'$). 필터는 커터를 건너뛸 수도 있다 ($M-M'$). 또 각 필터 간 흡압의 편차(잉여가치율)와 그 해소(특별잉여가치)가 존재한다. 농축(독점이윤)과 희석(평균이윤) 같은 조절기능도 있다. 이윤율이란 사실 흡수율이다.[20] 이뿐만이 아니다. 자본은 그 횡단면에서 기업과 은행들을 합병하는 공공적 흡수와 함께, 종단면에선 전혀 이질적인 미시벡터들까지 일괄 민영화하는 개념적 흡수마저 지닌다. 헌법과 화폐를 제헌적 필터로 통합시키는 '국가'라는 개념적 느낌이 그것이다. 부르주아 관념론이 '매개'라는 말로 은폐해왔던 것, 그건 바로 인류의 모든 관계들을 대체해버린 자본필터다.[21] 이것이 자본주의의 가장 나쁜 점이다. 그것은 끈이되 "모든 끈을 풀기도 하고 매기도 할 수 있는" 반도체, 그 "전기화학적 힘", 즉 "모든 끈들의 끈"[22]으로서 모든 창조적 흡수를 독점한다. $M-C-<{MP \atop LP}\cdots P \cdots C'-M'$ 는 자본막 분자식이다. 자본주의는 합생독재다. 자본은 잉여를 남겨 먹기 위해서만 그를 잉태하는 잉여의 되먹음에 다름 아니며, 그 자신도 원초적 잉여로서만 임재하는 자기초월체다. 그런 점에서 자본주의는 자본교(資本敎)이기도 하다. 자기초월적 잉여는 물신일 수 있기 때문이다("잉여가치의 자율화"[23]). 그러나 처먹다간 체한다.

---

19. "잉여노동을 흡수하게 하려는 충동…"(『자본론』 I권(상) 3편 10장 1절. 307쪽. 강조는 인용자).

20. 『자본론』 III권의 교훈이다. 즉 **자본은 흡수하기 위해서만** 자른다. 물론 잉여가치도 분할되긴 한다. 평균이윤율이 이미 그렇다(2편 9장). 그러나 이 역시 흡수를 조절하기 위함이지, 결코 분할이 잉여가치를 낳아서는 아니다. 외려 우리가 흡수를 간과할 때 '이윤'이라는 환상적 형태를 얻게 되고(1편 1장), 이윤의 형태변환 역시 그 다양한 분할에 의한 잉여가치의 세분화된 흡수패턴(평균이윤-초과이윤, 기업가이득-이자, 절대지대-차액지대 등)임을 보지 못하게 된다(5편 23장). 그러나 어떤 분할도 흡수보다 앞설 수 없으므로, 어떤 잉여분할도 흡수력의 탄력성을 의미하지 흡수량의 탄력성을 의미하진 않는다(6편 37장, 7편 50장). 그럼에도 불구하고 흡수량을 증가시키는 분할("포획")은 현대 맑시즘의 주요한 주제가 되었다. 가령 논쟁적이었던 이진경의 지대 이론(『자본을 넘어선 자본』, 그린비, 2004, 9장).

21. 〈헌법=필터=화폐〉의 삼위일체, 이것이 『헤겔 법철학 비판』의 삼단논법이다. 근대 입법권은 정치사회와 시민사회, 정부와 시민을 연결하기 위해 분리하는 제헌적 필터("매개")를 이룬다. 화폐에서 이윤과 잉여가치의 관계는, 헌법에서 일반의지와 사적 소유의 관계와도 같다. 고로 화폐처럼 헌법도 물신이다("형이상학적 국가권력"). 물론 이런 정치-경제 유비법은 68혁명과 신자유주의 이후 비판되고 또 정교화되었다(가라타니 고진, 발리바르, 지젝, 그리고 정운영, 윤소영 등).

22. 맑스, 『1884년 경제학 철학 초고』(『맑스 엥겔스 저작선집』 I권. 박종철 출판사, 1991, 89쪽).

공황은 흡수장애malabsorption다. 맑스는 흡수된 잉여가 전체자본의 흡수율을 경향적으로 저하시키리라 진단하였고(흡수량에 대한 흡수력의 상대적 감퇴[24]), 이와 더불어 더 이상 흡수되지 않고 흡수하는 잉여들의 "연대성"이 출현하리란 희망을 포기하지 않았다(흡수력의 역흡수[25]). 즉 잉여의 되먹힘은 잉여의 되먹음*일 수 있다*는 과학, 되먹힌 잉여가 되먹는 잉여*이어야 한다*는 정치. 그리고 그 둘 모두로서의 신학 : "공산주의라는 유령 …"

화이트헤드 신학에서 가장 특이한 점 역시 신성의 사회적 성격("우주의 연대성")에 있다. 신은 더 이상 우주를 하나의 사회로 만드는 기체sub-stratum가 아니다. 반대로 신은 우주와 사회적 관계를 맺고 있는 그 우주의 일부다. 여기엔 맑스주의적 측면마저 있다. 연대를 시간화하는 "객체적 불멸성"이 이미 잉여이기 때문이다. 고로 신은 자본가가 아니다. 신도 **노동한다.** 세계가 노동하기 때문이다. 단 그것은 공동창조를 향한 잉여노동이다. 순전한 잉여노동이란 없다. 잉여협동만이 있을 뿐이다. "신과 세계는 각기 상대편에 있어서의 새로움을 위한 도구다."[26] 이것이 자기초월적 본성의 가장 심오한 의미다. 신과 세계는 서로를 향해 잉여를 낳고 되먹음으로써 그 각자 더불어 자기초월체가 되는 맞잉여존재다.[27] **잉여만이 흡수된다.** 이것은 김기영의 신이 쥐를 빨아먹고 또 남겨먹은 방식이기도 하다.

6-2. 합생학자들 : 막의 계보학

---

23. 자본물신(이자·지대·임금)의 발생을 정의하는 흡수의 자연화 과정에 대해선 『자본론』 III권(하), 7편 48장. III권(상) 5편 24장도 보라. 자본교의 계율과 성무일도에 대해선 다음도 보라. 폴 라파르그, 『자본이라는 종교』, 조형준 옮김, 새물결, 2014.
24. "총자본은 그것의 크기에 비하여 점점 적은 잉여노동을 **흡수한다.**"(『자본론』 III권(상), 3편 13장. 258쪽. 강조는 인용자).
25. 프롤레타리아트에 의한 생산력의 역흡수(exsorption)와 그 실천적 조건으로서의 "연대성"에 대해선, 맑스·엥겔스, 『공산당 선언』(부르주아 혁명 부분), 그리고 엥겔스, 『공산주의의 원칙들』(산업혁명 부분). 계약과 연대성의 대립에 대해선 맑스가 엥겔스에게 보낸 1854년 7월 서간문도 보라.
26. PR 659.
27. "세계가 신에 내재한다고 말하는 것은 신이 세계에 내재한다고 말하는 것과 마찬가지로 참이다."(PR 5부 2장 5절, 658).

엄밀히 말해 흡수막은 존재하지 않는다. 단지 현존하거나 잠존하지 않기 때문이다. 그것은 여존(餘存)한다. 그건 잉존(仍存)과 반대되는 잉존(剩存)이다.[28] 흡수막은 잉여의 흡수를 통해 그 자신도 잉존한다. 고로 흡수막은 자율적이다. 흡수막은 필요를 한정하는 법이나 가치체계에 의존하지 않으며, 그로부터 훔쳐낸 잉여로 자라난다. 흡수막은 합생적이다. 이것이 두 번째 특질이다. 흡수막은 그를 둘러싼 환경과 연합한다. 그와 함께 변태하고 생장하기 위해서다. 흡수막은 자율적인 한에서만 합생적이고, 그 역도 마찬가지다. 세 번째 특질은 그래서 투명성이다. 흡수막은 투명하다. 그는 다른 어떤 것도 숨기지 않는다. 그가 이미 그 '다른 어떤 것'이기 때문이다. 투명성은 잉존의 최고가치다. 모든 흡수막은 투명막이다. 투명하지 않고서 흡수할 수 없기 때문이다. 투명하단 건 단지 보이지 않는다는 의미가 아니다. 반대로 그 합생과 변환의 과정 외엔 더 이상 숨길 것도, 더 이상 보여줄 것도 없다는 의미다. 왜냐하면 이미 그가 바로 그 '더 이상'으로서 잉존하기 때문이다. 투명성이란 영원한 잉여성을 의미한다. 투명막의 철학은 〈자아-생성-빛〉의 쌍을, 〈자율-합생-투명〉의 쌍으로 대체한다. 필존에서 잉존으로. 투명막은 표면의 실존주의다.

고전 몽타주의 시대에 투명막은 억압되기 일쑤였다. 유기적 전체는 그 나머지를, 그 잉존을 허용하지 않기 때문이다. 고전 몽타주에서 투명막을 대신하고 있었던 건 바로 그 '전체'다. 에이젠슈테인과 그리피스의 국가, 포드의 아메리카, 드레이어의 신이 그렇다. 여기서 전체는 예정된 목적을 향해 부분들을 회집하고 서열화하는 빛처럼 작동한다. 고전 시기에 투명막에 대한 접근은 다분히 광학적이었고, 이때 흡수는 계몽과 다를 바 없었다. 예컨대 소비에트의 도약선, 서부극의 지평선은 바로 그러한 어둠과 빛을 분할하는 경계선으로서, 투명막을 각각 상단면과 지표면으로 감싸고는 놓아주질 않고 있었다. 간단히 말해 고전 시기에 투명성은 빛과 혼동되고 있었다. 그 결과 자율은 자유와, 합생은 합동과 혼동되고 있었고.[29] 이 시기에 투명막에

---

28. PR 132.
29. 유일하게 에이젠슈테인이 두뇌와 신경학을 차용했지만, 그건 아직 반사에 남아있지 흡수에 이르진 못한다('반사학'). 지적영화의 자의식, 그게 아니더라도 소비에트의 자의식이 그걸 막는다(「영화의 4차원」). 그가 흡수에 이른 것은 한참 뒤 그의 후기 저술에서, 특히 풍경을 발견했을 때였다(*Nonindifferent Nature*, 4장. "구체성은 점점 더 투명해진다.", p. 228).

가장 근접했던 사조는 표현주의다. 그들은 빛-어둠의 이분법으로부터 상대적으로 자유로웠고, 무엇보다도 블랙홀은 흡수하기 때문이었다. 이게 투명성에 접근할 수 있었던 표현주의의 광학적 이점이다 : 빛은 어둠의 잉여다(특히 무르나우, 슈트로하임). 표현주의의 블랙홀은 영화사상 가장 날것의, 그러나 가장 대규모의 투명막이었다. 투명막의 바벨탑. 또 하나 주목해야 할 초기 투명막은 동양의 것이다. 여백이 투명막이다. 여백은 서사와 프레임에 주어지는 모든 것을 그의 잉여로 만듦으로써 스스로도 잉존하기 때문이다. 이미 살펴봤듯이 일본 베개샷에서 스며듦은 이미 흡수였다(오즈, 나루세). 또 가장 기념비적 사례로서, 이타미는 서부극적 대결을 흡입의 대결로 대체했다(《담뽀뽀》). 이런 점에서라면 표현주의와 대조되는 건 서유럽 기계주의가 아니라 동아시아 여백주의였다. 여백은 흡기(吸氣)한다. 영원히 여존한다. 여백은 영화사상 가장 단순한, 그러나 가장 심오한 투명막이었다.

서구영화는 오히려 투명막의 기술적인 진보에서 앞서갔다. 기법적으로 가장 유행했던 초기 투명막은 아마도 클로즈업일 것이다. 클로즈업은 그 내용과는 상관없이 "투명한 가면"(오몽)이기 때문이다. 스크린 프로세스에서 옵티컬 프린팅으로 이어지는 광학기술의 진보 또한 서구영화가 투명막에 이르는 과정이었다. 합성도 합생이기 때문이다. 아울러 그건 상이한 계열들로부터 독립적인 자율적 시공간의 제작이기도 했다. 사실성과 색채의 재현에 몰두해왔던 광학기술이 투명화 과정이라는 게 역설적으로 들릴지 모르겠다. 그러나 옵티컬 프린터엔 엄청난 투명막이 이미 포함되어 있다. 슈프탄 글래스가 그것이다. 투명막은 사실을 혐오하지 않는다. 사실주의를 혐오할 뿐이다.

투명막의 기술적 진보엔 중요한 변화가 암시되어 있다. 더 이상 영화는 빛-어둠이라는 광학적 이분법에 연연하지 않으며, 영혼-물질, 실재-환영, 참-거짓과 같은 윤리적 가치체계로부터 거리를 두기 시작했다는 사실이 그것이다. 대신 영화는 옵티컬 프로젝터 헤드나 스태빌라이저의 개발을 통해 광선들의 회로를 직조하는 데에 점점 몰두했다. 광학적 대조가 아니라 그 회로로의 진화, 이것이 투명막의 진일보에 중요한 힌트다. 투명막은 결국 네트워킹이기 때문이다. 고로 투명막 계보의 두 번째 단계는 영화가 뇌를 모델로 삼았던 시기일 것이다. 그도 그럴 것이 뇌brain는 이미 막brane이다. 뇌는 외부와 접촉하며 그로부터 유입되는 파동들을 걸러냄으로써, 필요한 반응 이상으로 필요 없는 잉여파동들을 끊임없이 산출해낸다. 게다가 전기화학적으로 시냅스는 자신이 연결하는 두 뉴런 어디에도 속하지 않는, 뉴런계의 잉여존재다. 또 발생학적으로도 뇌는 육체를 잉여로 만들며, 그 자신도 육체의 잉여가 된다. 두뇌는 그야말로 잉여발전소다. 반대로 씨네그램은 시냅스다. 기실 옵티컬 프린터 또한 두뇌를 모델로 하고 있다. 두 필름스트립이 맞붙은 병렬회로가 그 구조다. 더구나 두뇌는 아무것도 숨기지 않는다. 아무리 미세한 자극에도 자신의 속내를 기꺼이 드러내기 때문이다. 가령 초현실주의는 프린터 없이 맨손으로, 의식의 불투명성에 꿈의 투명성을 대립시켜 보여주었다. 이처럼 뇌는 의식-무의식의 명암대조로 온전히 정의되지 않는다. 반대로 의식과 무의식 상호 간에 이루어지는 잉여적 산출과 그 흡수-역흡수의 순환회로로 정의된다. 무의식은 의식의 잉여이듯, 의식은 무의식의 잉여다. 여기에 투명막 계보의 두 번째 시기를 규정하는 신경학적 측면이 있다(이는 투명막이 클로즈업에게 배운 것이기도 하다). 즉 뇌막腦膜은 너무나 미세하거나 쓸데없어서 의식에 감지되기 어려운 잉여자극들까지 흡수하고, 반대로 무의식의 심층에 묻혀있는 오류까지도 모두 드러낸다. 즉 두뇌야말로 투명가면이다. 네오리얼리즘이 기존 리얼리즘과 결별한 신경학적 방식도 이것이다. 더 이상 서사에 필요한 여건을 굴절시키거나 반사하는 불투명한 표면이 아닌, 무의미한 사물들, 신체의 사소한 움직임, 목적과 이유를 알 수 없는 무의식적이고 돌발적인 표정이나 자세 등과 같은 잉여여건을 흡수하는 뇌투명막이 있다. 특히 안토니오니와 펠리니는 흡수막만을 격벽으로 가지는 다공형 혹은 벌집형 두뇌를 건축했다. 투명막은 그들 영화에서 색채와 여성이 맡은 역할이기도 했거니와.[30] 네오리얼리즘이 투명막을 취한 방법론은 장애투명론이다. 네오리얼리즘의 두뇌는 자신의 장애와 오류에 대해서조차 너무나 투명한 막이다.[31]

---

30. "여자들은 현실을 걸러내는 섬세한 필터다. 그들은 냄새를 맡는다." (안토니오니, 1967년 11월 『플레이보이』 인터뷰. *Michelangelo Antonioni*, p. 152에서 재인용).

31. 영화이론계에 들뢰즈가 던진 충격적인 화두: 영화는 먼저 육체인가 아니면 두뇌인가? 들뢰즈는 이 두 부류는 끊임없이 서로의 측면을 분유하긴 하나 결국엔 구분된다고 말한다. 육체가 "게스투스"라면, 두뇌는 "막"이다. "안과 바깥이 접촉하게 하고 이 둘이 서로 현존하게 하며, 서로 대면하거나 대치하게 하는 한계 혹은 막…"(『시네마 II』, 8장, 404쪽). 앨새서가 클로즈업으로부터 두뇌에 이르는 이론적 계보를 정리한 바 있다(토마스 엘새서·말테 하게너, 『영화이론』, 윤종욱 옮김, 커뮤니케이션 북

영화사의 각 사조나 장르는, 표면에서 막으로 이행하는 신경학적 경로들을 하나씩은 가지고 있는 것 같다. 뉴저먼 시네마에선 헤어조그가 유리로 된 투명막을 추출해냈고(〈유리심장〉), 애니메이션에선 카렐 제만이 얼음의 투명공간을 제작했다(〈영감〉 〈쥘 베른의 멋진 세계〉). 구조주의에선 어니 기어와 가이 셔윈이 투명프레임을 취했다. 한국 뉴웨이브엔 이명세가 있다. 성에, 증기, 눈발과 같은 불투명면으로부터 해석해내는 찰나의 투명성. 초현실주의엔 부뉴엘이, 코미디엔 타티가 있다. 그것은 너무나 투명한 면으로 분절되어 있어 각 부분이 서로에게 잉여가 되는, 그런 다중우주의 건축이다(〈자유의 환영〉, 〈플레이타임〉). 다큐멘터리 쪽에선 다이렉트 시네마와 콜라주 다큐멘터리가 이를 했다. 단 이제 그건 세계와 세계가 아니라, 영화와 세계를 서로에 대한 잉여로 만드는 수행적 투명막이다. "텅 빈 중심"(트린 민하) 혹은 "허주"는 이미 투명막이다. 모든 딴짓은 이미 흡수이고, 모든 흡수가 이미 딴짓이다. 딴짓은 잉여짓이기 때문이다. 이 실천적 측면을 가장 멀리 밀고 나간 작가는 하룬 파로키다(〈세계의 이미지와 전쟁의 기록〉 및 후기작들). 어쨌든 잉여의 감지와 합생, 그 흡수를 통한 부조리한 만족만이 영화를 표면에서 막으로 이행시킨다. 그렇다면 장르에서도 마찬가지다. 예컨대 전통 추리물에서 싸이코 스릴러의 진화, 특히 히치콕에서 드 팔마로의 진화가 보여주는 바는 범죄가 필요분에서 잉여분으로 이행했다는 사실이다. 같은 식으로 서부극과 갱스터물의 후계자는 슈퍼히어로물이다. 슈퍼파워는 잉여파워이기 때문이다. 그것은 히어로로 하여금 선과 악 어떤 프레임에도 안착하지 못하는 잉여인간으로 만들고, 결국 민중뿐만 아니라 악당과도 합생하도록 만든다. 멜로장르에 투명막을 부여한 건 한국 신파다. 비록 육체의 양상들이 불치병이나 돌연사 같은 클리셰로 제한되고는 있지만, 거기엔 순수하게 정신화된 신경망(거의 텔레파시에 가까운)으로 직조되어 죄를 그 잉여로 필터링하는 하늘막이 있기 때문이다. 투명막의 계보에서 보자면, 한국 신파는 여죄(餘罪)의 유전학이다. 반대로 한국 무속영화는 여한(餘恨)의 유전학에 이른다. 무당이야말로 프로페셔널 투명막이다. 이두용의 무당은 자신을 겁탈하는 남자들을 기꺼이 받아들였다. 여한을 더 흡수하기 위해서다(〈피막〉). 신파와 무속 장르는 질곡의 역사 속에서 신경계

스, 2012, 3, 5, 7장).

에 난 균열(대지-하늘, 근대성-전근대성)을 한국영화가 어떻게 흡수모델로 대처하려 했는지를 보여주는 사례들이다.

　어떤 경우에도 투명막은 신경망이다. 그 시냅스가 우주의 잉여파동들을 빨아들이는 빈틈이 되고, 그 자신도 그렇게 자극과 반응, 유입과 유출, 외부와 내부의 틈새가 되는. 시냅스는 **흡틈**(吸闖)이다. 우린 이미 씨네그램이 얼마나 영화의 시냅스일 수 있는지, 그리고 프레이밍과 몽타주에 빈틈을 구성하는지, 결국 영화의 모든 문법과 신체를 얼마나 미분적 동역학으로 들어서게 하는지를 살펴보았다(우리 책 2부 4장). 그러나 엄밀히 말해서 투명막은 빈틈이 아니라, 빈틈으로 이루어진 것이다. 기실 빈틈은 여전히 굴절과 반사를 흩뿌리는 데에, 그리고 소유되고 점유될 무언가를 흐트러뜨리는 데에 익숙하다. 반대로 투명막은 빈틈의 자생적이고 자폐적인 군체화colonization다. 그것은 내부를 소유한다. 빈틈으로 내부를 둘러쌈으로써. 일반적으로 흡막은 빈틈으로만 내부를 닫으므로 투명막이 되고, 반대로 빈틈은 막으로만 외부와 접촉하므로 흡틈이 된다. 헤어조그는 이미 기공들로 뒤덮인 광활한 대지가 또 하나의 투명막이 될 수 있는지((삶의 징후들) 〈파타 모르가나〉), 그리고 어떤 극한조건 속에선 인간의 왜소한 육신들조차 투명막을 이루는 미세공극들일 수 있는지를 보여주었다(〈난쟁이도 …〉). 여기에 투명막 계보가 그 세 번째 시기를 개시하는 단초가 있다. 어떤 조건과 환경 속에선 두뇌가 육체의 일부이기를 멈추고, 육체가 곧 두뇌가 되는 것이다. 뉴저먼 시네마는 이 과도기를 보여주는 매우 기념비적 사례라 할 것이다. 거기엔 두뇌가 육체 이상으로 팽창해나가기 위해서 과감히 포기해야 할 피부와 내장에 대한 목록들이 있기 때문이다. 카스파 하우저는 "엄마, 내 피부가 떨어져나가요"라고 중얼거린다. 이 점에서 헤어조그만큼이나 중요한 사례는 일본 뉴웨이브 작가들이다. 그들에겐 입력되는 모든 명령과 자극에 대해서 점점 투명해지려는 육체와, 그에 도달하기 위해 피부와 내장에게 가해야 하는 냉엄한 조교법과 테크놀로지가 있기 때문이다(오시마 나기사, 와카마츠 코지, 이시이 다카시).

　손이나 얼굴과 같이 국부화된 감각만으로 이 세 번째 시기(대략 80년대)로 진입할 수 없다. 그것은 신경망 전체의 기계적인, 고로 계통학적인 확장을 요한다. 세 번째 시기는 단지 신경학적이지 않고, 신경공학적이다. 또 유전공학적이고 심리전기적psychogalvanic다. 괴물, 사이보그, 변태, 바이러스, 변신기계 등이 이 세 번째 시기의 투명막들이다. 그들은 그 자신이 접촉하고 동화되는 주변 환경, 무기물이나 기계, 다른 육체와 척추, 매개체와 숙주 일체를 자신의 확장되는 시냅스로 삼음으로써, 연장된 척추와 왜곡된 DNA 염기시퀀스를 자신의 반지름으로 삼는 인공뇌막을 이룬다. 실상 점점 무척추동물군을 향해 점점 진화해가는 그들이 보여주는 것은, 이제 사방팔방 뻗어 나가 외부와 접속하는 시냅스 다발이 그들의 척추 자체가 되었다는 사실이다. 그들 각각이 "입자적 사회"corpuscular society다. 그들은 브라이언 유즈나가 보여준 척추가 뒤로 접혀서 머리가 항문으로 삐져나올 수도 있는 그런 각개 사회들이다(〈소사이어티〉). 또는 스반크마예르가 보여준 서로 먹고 싸기 좋게 반죽이 된 연질척추 사회들이다(〈대화의 차원〉〈음식〉).[32] 더 놀라운 것은 이러한 혼탁 속에서조차 그들은 여전히 투명하다는 사실이다. 그들은 육체와 환경, 유기물과 무기물, 종種과 아종亞種 사이에서 잉존하기 때문이다. 드디어 피드백 자율체가 등장한 것이다. 이것이 투명막의 결정적 진보다. 게다가 여기엔 '코르지브스키적 전환'이라 부를 수 있는 또 한 겹의 진보가 있다. 단지 유기체를 삼키고 배설하는 먹보막에서, 신경자극들 자체를 되먹고 나아가 그들을 필터링하고 채널링함으로써 생각과 언어를 제어하는 꾀보막으로의 진화가 그것이다. 이것은 더글라스 칸이 비트문학과 노이즈음악에서 관찰한 "약탈자 바이러스"usurper virus에서 "돌연변이 바이러스"mutated virus의 진화, 혹은 "젤라틴 표면"에서 "전기적 콜로이드"로의 진화 같은 것이다.[33] 이 새로운 되먹임막은 두 번째 시기의 투명막과도 혼동할 수 없다. 그들은 더 이상 사유와 반성의 실패를 통한 잉여여건의 간접증명이 아닌, 잉여여건의 실증적인 먹고 싸기를 통한 그 직접증명을 겨냥하기 때문이다. 그건 더 이상 언어나 클로즈업으로 대리되는 사유의 잉여가 아니라, 직접적으로 영혼과 육체, 인간과 비인간 사이에서 전이

---

32. "음식"(Essen)과 "통제"(Manipulation)라는 두 테마에 관해서는 스반크마예르의 다음 인터뷰. *Überraschende Begegnungen der Kurzen Art*, hg. Peter Kremski. Schnitt Verlag/Internationalen Kurzfilmtagen Oberhausen, 2005. "모든 것은 거대복강 안에서 처리되어 돈의 형태로 배설된다."(p. 146).

33. Douglas Khan, *Noise, Water, Meat*, MIT Press, 2001. 11장. 칸은 문학(버로우즈), 의미론(코르지브스키), 정신분석학(라이히), 사이언톨로지(허바드) 등 다양한 분야로부터 이러한 변이를 읽어내고 있다. 이 모두는 "언어가 바이러스"라는 새로운 사태를 지시한다. 물론 칸은 사운드 언어를 가장 먼저 염두에 두고 있다. "두 바이러스는 소리를 내고, 소리로 만들어진다."(p. 298).

되는 살-잉여, 잉육(剩肉), 즉 **딴살**의 증명이다. 딴살은 두 번째 시기에서나 가능했을 육체와 두뇌의 구분조차 희미하게 만든다. 딴살은 두뇌와 육체 사이로까지 확장된 신경망의 원소로서, 행동뿐만 아니라 생각과 기억까지도 복제하거나 왜곡시키고 심지어 통어하는 악성코드를 자신의 언어로 지니기 때문이다. 딴살은 사유의 범주들을 건너뛰는 톡소포자충이거나, 종의 기억층을 오르락내리락하는 프리온 단백질이다. 딴살은 김기영의 정충, 카펜터의 양자내장, 크로넨버그의 비디오드롬이다. 딴살의 되먹임에 의해 두뇌(사유·언어)는 먹거나 배설할 수 있는 것이 되고, 반대로 육신(척추·DNA)은 연역되거나 귀납될 수 있는 것이 된다. 되먹임막은 "말을 살로 만들어야 한다"[34]는 크로넨버그의 강령에 사활을 건다(《네이키드 런치》). 그래서 되먹임막은 뇌막도 아니다. 그건 더 추상적이지만 보편적인 형태로서, **균막**biofilm이다. 딴살은 모든 의미에서 전이되고 증식되어 전염되거나 면역되기 때문이다. 이에 상관적으로 균막은 자신만의 정족수 감지법과 분자모방법을 지니거니와, 균막이란 **흡수와 전염의 신경공학적 동일성**이다. 스반크마에르는 과연 옳았다. 균막은 소통의 시대를 마감한다. 이제 "접속한다는 것은 오염되는 것이다."[35]

균막을 생각나는 대로 열거해보면, 일단 언어의 전이성과 증식성을 이끌어내어 말과 살의 동일성을 보여준 일부 급진적인 다이렉트 시네마들이 있다(카사베티스, 장선우, 코스타). 딴말은 전이되어 딴살이 되고 육체는 그를 흡수하는 공허하거나 투명한 틈새가 된다는 점으로부터, 이 막을 **진동막**(振動膜)이라 부를 만하다.[36] 여기서 전염의 기능을 대신하는 것은 진동이기 때문이다. 진동막은 가장 기초적인 균막으로서, 기존 문법과 문체를 혁신하는 데는 으레 선봉이었다. 배우나 작가의 자유로운 신체운동이나 자유연상이 곧바로 서사 자체의 잉여분을 이루는 다이렉트 애니메이션이나 급진적 스크루볼이 있고(특히 ZAZ 사단), 반대로 매질들 사이에 이루어지는 광파나 맥동의 자유전이가 곧 의식의 잉여분을 이루는 플릭커 영화나 개체화 영화들이 있다(솔라리제이션의 투명성). 특히 어둠이 그 전이파동일 때 우리는

---

34. 크로넨버그 인터뷰, *David Cronenberg*, ed. Serge Grüberg, Plexus, 2006, p. 92.

35. 이진경, 『불온한 것들의 존재론』, 휴머니스트, 2011, 5장. 198쪽. 균막은 사이보그다.

36. "여백이 없으면 신명이 살지 않습니다."라고 말할 때, 장선우는 투명막의 계보 중 진동막 카테고리를 가리킨다(장선우 인터뷰. 『한국의 영화감독 13인』, 열린책들, 1994, 211쪽).

표현주의의 가장 극한적 버전과 마주하게 될 텐데, 린치, 매딘, 그랑드리와 같은 작가들과 오스트리아 유파(체르카스키 등)에게 진동막은 곧 암막(暗膜)이 된다. 그들은 '신표현주의'다. 더 추상적인 균막은 현대 파라시네마에게서 얻어졌다. 그건 각 부분이 너무 투명한 나머지 무의미하고 심지어는 비존재하는 잉여만을 서로에게 전이시키는 **평행막**(平行膜)이다(키에슬롭스키, 홍상수, 차이밍량, 아피찻퐁 위라세타쿤). 파라시네마는 초현실주의의 순박한 **몽막**(夢膜)을 세속화한다. 반대로 조도로프스키는 거꾸로 막에서 표면으로 돌아간 작가 중 한 명이다. 그는 의식을 빨아들이는 사막(《엘 토포》)에서 그를 반영하는 스크린(《홀리 마운틴》)으로 되돌아갔다.

그러나 균막은 무엇보다도 육체를 두뇌중심주의에서 해방시켜서 언어의 계열과 사유의 연쇄를 오롯이 계통과 척추의 문제로 대체할 때 가장 구체화된다. 균막은 무엇보다도 다른 종의 투명막을 잉여로 흡수하는 별종의 투명막이기 때문이다. SF 영화와 사이보그 영화들은 **기계막**(器械膜)이다. 사이보그는 더 이상 진동하거나 투사되는 잉육이 아닌, 합성되고 복제되고 프린트되는 잉육을 흡수하기 위해 두뇌가 아니라 컴퓨터, 그 프로그램과 바이러스를 취하는 균막이다(크로넨버그). 공포영화는 **흡혈막**(吸血膜)으로 시작했다. 그리고 미국 공포는 이를 남성(슬래셔)과 여성(오컬트)으로 분화시켰다. 전자는 피부를 잉여로 만들고, 후자는 내장을 잉여로 만든다("젠더는 벽이라기보다는 투과막이다."[37]). 공포영화의 일반적 균막은 **흡육막**(吸肉膜)이다. 공포영화에서 괴물들이 빛 속에 숨었는지 아니면 어둠 속에 숨었는지는 그가 투명막이라는 사실에 대해 아무것도 변경하지 못한다. 그들은 더 투명해지기 위해서만 숨기 때문이다. 아르젠토는 균막에 가장 아름다운 투명성을 부여했던 작가 중 한 명일 것이다. 육체를 밖에서 가두는 유리벽이나 반대로 육체 안으로 침투해 들어가는 유리조각은 그 자체로 균막이다. 투명면을 집단과 공간에 전염시킴으로써 자신의 식민지를 키워나가기 때문이다. 가장 음울한 균막은 페라라의 것이다. 그것은 스스로 전염시켜 자가흡수하는 균막의 경우다("우린 우리 자신을 삼켜야 해"〈악질 경찰〉). 반면 동양 공포는 **령막**(靈膜)이다. 동양 균막은 육신도 없이 기억만으로 잉여가 된다(한국, 일본). 빙의는 가장 정신적인 흡수다. 놀라운 건 이에 물질성을

---

37. Carol J. Clover, *Men, Women and Chain Saws*, p. 46. (원문은 "permeable membrane").

부여하는 태국 호러의 경우다. 태국유물론은 귀신 또한 딴살임을 실증하는 방향으로 호러가 진화함을 시사한다(이는 J-호러 내에서도 관찰된다 : 사다코에서 가야코로의 진화). 그러나 여귀는 꼭 매체에 빚지지 않아도 가장 유물론적인 흡수법을 이미 가지고 있었다. 환생이 그것이다. 인육을 잉육을 위한 자궁으로 삼는 **양막**(羊膜)은 령막의 최고형태다. 양막에 대한 경외를 버리지 않았던 김기영은 여전히 호러작가다. 우글거리는 쥐떼를 잉태한 투명자궁을 보여줄 때 특히 그렇다(〈충녀〉). 자궁까지 균막이 될 줄은 몰랐던 서양 공포영화가 양막을 취했던 방식은 다시 모방과학이나 기생충학에 호소하는 것(〈신체강탈자〉, 〈에일리언〉 시리즈), 아니면 꿈의 형식으로 퇴행하는 것이었다. 크레이븐이 몽막을 양막으로 만들었다(프레디 크루거). 홀랜드는 인형을 양막으로 만들었다(처키). 양막은 투명막의 진화단계에서 매우 결정적인 위상을 지닌다. 양막은 두뇌(기억·상상·망상…)와 육체(섭취·배설·수태…)의 불가능한 교호와 융합을 보여주기 때문이다. 꿈을 먹고 싸는 육체, 혹은 살을 기억하고 상상하는 두뇌. 서양 공포영화가 과학이나 꿈에 의존하지 않고서 양막을 취했던 건, 아마도 영화의 육체 자체를 대상으로 삼았을 때일 것이다. 그것은 일단 빛과 공간을 집어삼키는 **색채막**이다(마리오 바바). 그러나 가장 대담한 예는 서사와 디제시스 일체를 취하여 영화 자체를 하나의 감염균으로 만드는 **서사막**의 경우다. 일찍이 람베르토 바바가 보여준 것처럼, 서사막은 양막이 되어버린 스크린이다(〈데몬스〉 극장 장면). 카펜터의 〈매드니스〉는 서사막의 가장 아름다운 사례 중 하나일 것이다. 여기서 서사막을 통해 영화의 숙주는 곧 현실 자체가 되고, 그 내러티브의 전개가 곧 병균의 전파가 된다. 서사막에선 스크린 자체가 투명막이다. 현실 자체를 먹고, 영화 자체를 싸기 위해. 서사막은 우리가 '지뢰영화', 혹은 앨새서가 '마인드게임 영화'라고 부르는 영화들의 투명막이기도 하다(〈히든〉 〈식스 센스〉 〈메멘토〉 등). 마인드게임 영화는 정보와 그 처리착오를 통해 관객에게 호러적 요소들을 전염시킨다는 점에서 뇌막일 뿐만 아니라 균막이다. 최초의 마인드게임 영화는 〈칼리가리 박사의 밀실〉이었다.

투명막의 계보는 육화의 과정인 동시에 입자화의 과정이다. 전체막에서 뇌막으로, 그리고 균막으로. 뇌막은 여전히 사유의 잉여에 관련된다는 점에서 신경학적일 뿐이다. 반면 균막은 신경공학적이고 분자신경학적이다. 균막은 사유-육체, 영혼-물질 따위의 기존 범주를 종과 아종으로 교체하고, 두뇌와 그 외부세계가 아니라 차라리 상호 간에 이종적이고 별종적인 여러 두뇌들 간의 이행과 변전을 다루기 때문이다. 균막에겐 사유의 잉여가 아니라, 종의 잉여가 문제가 되는 것이다. 균막은 두뇌와 육체, 뇌수막과 양막, 시냅스와 척추의 합일뿐만 아니라 내장과 피부의 합일을 직접적으로 보여주기도 한다. 우린 투명막을 내장인 동시에 피부인 잉존체로 정의한다. 투명막에 있어서 내장과 피부 어느 것이 더 우위에 선다고 말할 수 없다(각 장르, 각 괴물들이 어느 한쪽을 강조할 뿐이다). 내장은 피부에게 흡수력을 주고, 피부는 내장에게 자율성을 준다. 투명막은 태생부터 내장과 피부의 합생인 것이다. 투명막의 계보는 이렇게 잔혹한 합생의 역사다.

6-3. 변신회로 : 결과 잉접

영원이 영원일 필요가 있는 것은, 그것이 시간 속에서 고갈되지 않는 잉여이기 위해서다. 잉여는 우주가 소멸을 '버텨내는' 방식이기도 하다. 잉여는 반복한다. 회귀한다. 존속한다. 영속한다. 반대로 존재는 그것에 대해서 투명해짐으로써, 바로 그 존속에 몸을 맡긴다. 〈존재론적 원리〉와 〈창조성의 원리〉를 둘러싼 논쟁을 낳을 만큼 모호하게 보였던 화이트헤드의 "창조적 전진"이란 개념이 결국 암시하는 바도 이 것이리라. 잉여만이 존속을 위한 식량이 되고 영속의 근거가 된다. 엄밀히 말해서 창조적 전진의 유일한 필요는 현실적 존재들의 반복이 아니라, 잉여적 존재들의 반복이다. 과거와 미래 양쪽으로 "언제나 남는 것이 있다."[38] 우린 이것이 화이트헤드가 "패턴"이란 술어와 함께 "결합체"nexus라는 새로운 존재를 추가한 이유라고 믿는다. 결합체는 현실적 존재들의 단순집합이 아니라, 그들이 상호내재를 통해 산출해내는 "새로운 공재성"novel togetherness으로 정의된다.[39] 새로운 공재성은 단일한 주체성

---

38. PR 1부 2장 3절, 아홉 번째 범주적 제약, 95. 원문은 "there is always a remainder for the decision of the subject-superject of that concrescence."

39. 결합체의 정의와 적용에 대해선 PR 1부 2장 2절. 3부 1장 9절. 결합체의 사회적 성격과 그 분류에 대해선 PR 2부 3장 5~11절.

의 형상이 아니라, 그것들 묶음의 군집적 형상이다. 결합체는 시간 속에서 패턴화된 존재다("대비").⁴⁰ 그것은 계승되고 전승되는 분자와 신체이고, 환경과 사회이며 현실세계 자체다. 고로 "창조적 전진에 있어서도 결합체는 파괴되지 않는다." 오히려 결합체는 창조적 전진의 근거가 된다.⁴¹ 결합체는 **공재성의 형상, 즉 패턴**의 전이로서 존속하기 때문이다. 패턴은 결합체가 시간을 버는 그의 잉여노동수단이다. "패턴은 자신을 전개시키기 위해서 시간의 경과를 필요로 한다"⁴²는 점에서 그렇다. 패턴은 결합체가 시간을 살아내는 그의 "캐릭터"이고 "페르소나"다.⁴³

결합체는 투명막이다. 결합체는 그가 머금는 다른 결합체들 간의 공재성의 형상 이외에 다른 어떤 존재방식도 가지지 않는다는 점에서 투명하다. 무엇보다도 한 결합체는 다른 결합체들을 먹고 쌈으로서 그 **패턴**을 **전염**시킨다. 그로써 살아 *남는다*.

물론 화이트헤드는 그 질서의 수준들에 따라 여러 종류의 결합체들을 열거하였다(종속하는 사회·구조화된 사회·입자적 사회⋯). 그러나 요지는 결합체들은 마치 서로를 걸러내는 필터처럼 서로 내재화하고, 힘의 경쟁처럼 보이는 그들의 투쟁이 실상은 그 전이와 변이, 거부와 공유를 통한 패턴의 경쟁이라는 것이다. 심지어 때로는 그것은 "약탈"이다. 그래서 결합체 간에 일어나는 흡수와 역흡수는 "정당화를 필요로 한다."⁴⁴ 그건 신이다. 신도 흡수막이다. 그러나 조금 다른 막이다. 그것은 모든 현실적 막들에게 공평무사하여 그들이 산출한 잉여물들뿐만 아니라 그 찌

---

40. 화이트헤드는 패턴을 주로 감각여건에 대해서 쓴다. 패턴보다 더 많이 쓰는 말은 "대비"다. 패턴은 현실적 존재의 층위에, 대비는 영원한 객체의 층위에 주로 적용되나, 모두 결합체의 수준을 결정하는 척도다. 예컨대 대비가 심오해질수록 결합체의 패턴은 복잡해진다(한 그루 나무보단 도시의 패턴이 더 복잡하다). "패턴은 대비의 양식이다."(PR 254) "패턴의 존속은 대비의 반복을 의미한다."(SMW 8장 201). 화이트헤드가 강조하는 바는, 대비는 잉여적이라는 사실이다. "다원적 대비는 이원적 대비들의 단순한 집합이 아니다. 그것은 그것을 구성하고 있는 대비에 더 해지는 또 하나의 대비다."(PR 456. 강조는 인용자). 물론 화이트헤드는 대비만으로 결합체를 의식할 수 없다고 말하지만, 이는 대비가 한정하는 결합체 자체도 하나의 개체적인 현실적 존재임을 강조하기 위해서다(PR 3부 1장 9절). 그래서 명제조차 결합체를 전제한다(PR 2부 9장 3절).

41. PR 3부 2장 1절. 473.

42. SMW 8장. 201. 패턴은 음조, 색조, 환율 등 모든 진동이다.

43. PR 109.

44. PR 236.

꺼기와 배설물들까지 모조리 흡수하는, 그리하여 "구원될 수 있는 것은 그 어떤 것도 버리지 않는 사랑의 심판", "시간적 세계 내의 단순한 잔해에 지나지 않는 것을 활용하는 지혜의 심판"을 수행하는 막이다. 결합체가 패턴의 반복이라면, 신은 그 반복의 끈질김, 인내심, 그 점탄성이다. 모든 투명막은 접신막이다. 흡수는 반복의 마디이고, 매주기의 원점이다. 신은 언제나 거기서 기다려주며 "천국의 기능을 하고 있는 신"이다. 그 무한저밀도의 구름이 역삼투 매질이 되는. 우리가 각 반복주기의 통과에 있어서 가장 먼저, 그리고 가장 마지막에 감염되어야 할 것은 신의 결과적이고 자기초월적인 본성이다. 바로 이 패턴에 함축된 신의 결과적 본성과 자기초월적 본성, 심지어는 그 둘 간의 동일성이 큐브릭과 페라라의 영화들을 아우르는 주제가 된다. 잭 토랜스는 인디언 문양, 행간의 패턴, 미로 무늬를 따라서 살인충동을 흡수하며 끝내 신의 두뇌에 이르러 파멸한다(〈샤이닝〉). 페라라의 인물들 또한 그들을 포위하거나 그들 스스로가 선택한 둥근 패턴을 따라가며 변신을 반복해가지만, 그들 역시 바로 그 원형 패턴에 흡수될 뿐이다(〈복수의 립스틱〉의 타나, 〈뉴욕의 왕〉의 프랭크, 〈악질 경찰〉의 LT).

그 패턴들은 한국 신파가 보여주려고 했던 "운명의 패턴"이다. 신파의 가난뱅이 후첩과 백혈병 어린이들은 알고 있었고, 잭 토랜스와 벙어리 타나가 모르고 있던 것, 그것은 그들을 일으켰던 패턴이 그들을 흡수하는 신의 피드백 회로이기도 하다는 사실이다. "이 세상의 사랑은 천국의 사랑이 되고, 다시 이 세상에 흘러넘친다 *flood back*."[45] 진화주기의 영점에서 신은 우주와 행성의 패턴을 다시 자궁의 패턴으로 내어줄 것인가(〈2001 스페이스 오디세이〉)?

이러한 회로들은 시간의 완전히 다른 측면을 드러낸다. 흡수는 순환회로이기도 하지만 **변신회로**trans-circuit이기도 하다. 투명막의 필터링은 곧 순수한 변신을 의미한다. 그건 패턴의 전염이되, 투명막은 패턴이 이접시키는 두 종 어디에도 전적으로 속하지 않는다. 특히 달라지는 건 (각 회로들에 대한 감각을 지시하기 위해) 우리가 이제껏 '분위기'라고 불러왔던 것의 기능과 위상이다. 변신회로에서 분위기는 호흡되는 객체로서, 더 이상 폐쇄회로나 스트로크 회로에서처럼 파편들 사이에 있거

---

45. 신에 대한 모든 인용은, PR 5부 2장 4절, 7절.

나, 병렬회로에서처럼 개체 앞에 있질 않다. 그것은 개체들 사이에 있으며, 그들 간 패턴의 전이와 융합을 보장하는 진동하는 질료의 역할을 맡는다. 변신회로는 폐쇄회로가 아니다. 반대로 폐쇄회로를 개방시켜 외부를 부여하는 게 그다. 변신회로는 스트로크 회로가 아니다. 반대로 스트로크 회로를 폐쇄하여 내부를 부여하는 게 그다. 변신회로는 병렬회로가 아니다. 반대로 병렬회로들을 군체화하여 공개체화시키는 것이 그다. 변신회로는 소유possess를 빙의possessed로, 준안전성metastable을 전이 metastasis로, 자동성automation을 자가전염autoinfection으로 대체한다. 변신회로의 척도는 얇기도, 넓이도, 두께도 아니다. 그러한 것들은 패턴의 전파와 흡수를 위한 부차적인 척도들을 제공할 뿐이다(예컨대 면역계의 얇기, 전염계의 넓이, 매질의 농도). 여기서 중요한 것은 패턴과 패턴 사이에서, 패턴 그 자신에게 직접적으로 일어나는 변이와 변형이다. 그건 결이다. 패턴은 결에 있어서만 달라진다. 결은 패턴의 편차, 그 욕동 그 자체다. 패턴은 시간의 결이다. 결의 변화는 미세하거나 클 수 있다. 그러나 결은 결코 규모의 문제가 아니다. 아무리 작은 결도 두뇌와 육체, 그 결합체에게 본질적인 변형을 불러오기 때문이다. 결은 스타일의 요소일 수 있다. 그러나 어디까지나 파졸리니적 의미에서만 그렇다. 아무리 전형적인 결도 결합체 변형의 역사적 자취를 이룬다. 변신회로에 있어서 시간은 얇지도, 넓지도, 두껍지도 않다. 변신회로는 시간을 결 짓는다. "과정은 언제나 무수한 공급로와 무수한 양태의 결 지음qualitative texture에 의한 수정의 과정이다."[46]

투명막 계보학의 네 번째 구간이 있다면, 그건 아마도 거의 모든 흡수가 끝나버려서 이젠 흡수 없는 반복만을 계속하는, 그래서 더 이상 망상과 광분의 면역학이 아니라 과로와 정서둔감의 신경학으로 다시 회귀하는 양상일 것이다. 이런 양상이 페라라에 의해서 선구된 것은 사실이다. 페라라의 영화엔 차이의 과잉흡수가 동일자의 반복으로, 신경과민을 신경과둔으로 변전시켜나가는 중독과정이 있기 때문이다. 흡수중독, 이것이야말로 페라라 고유의 주제이자, 그가 현대의 육체와 두뇌들에서 관찰한 이 시대의 지배적 현상이다. 하지만 영화는 중독이 더 고팠는지도 모른다. 너무나 반복되어 자각증상조차 없는 그런 일상화된 중독을. SF 영화가 겪은 진

---

46. MT 8강, 317.

화와 유사하게, 일상 속에 함께 살고 있는 뱀파이어나 외계종처럼 결합체에 완전히 내수화되고 동화되어 면역학적 기제들로는 그들을 식별하거나 분류해낼 수 없고, 그 동일하고 경색된 패턴의 과잉반복 이외에 남은 것이라고는 신에의 감염밖에 없는 영화들이 네 번째 시기를 채운다(알프레드손 〈렛 미 인〉, 스파이크 존즈의 작품들). 세 번째 시기의 막과 무엇이 달라졌나? 결이 달라졌다. 동일한 패턴이 과포화 상태에 이르는 것만으로, 우리의 지각, 존재성, 세계는 그 패러다임을 면역학에서 신경학으로 되돌리는 본질적인 변환과 역전을 겪게 된다.[47]

결은 원형archetype이 아니다. 패턴은 형type이 아니기 때문이다. 무속학자 김태곤은 원형과 구분되는 "원본"arche-pattern 개념을 제시한 바 있다. 원형은 추상되어 규격화된 형상인 반면, 원본은 "미분화未分化된 바탕"으로서, 그 영원히 순환하는 존재방식으로 말미암아 심지어 원형보다 앞선다. 버선 뽄本에 천을 대고 마름질해서 얻는 버선 형이 그 뽄을 앞설 순 없다.[48] 결이 그 뽄이다. 결은 아키패턴이다. 결은 모든 표면의 바탕이 되어 이미지를 순환시키는 투명막의 아키캐릭터archecharacter이기 때문이다. 게다가 결은 단지 이미지가 아니다. 결은 투명막의 질감이고, 신경망의 체험가능한 촉감이다. 패턴은 영원의 압력이 접신막에 새겨놓는 상흔이고 지표다. 그만큼 결은 영원한 객체와의 생생하고 실질적인 접촉이다. 또 그만큼 시공간에 새겨지는 그의 역사적 자취다. 고로 각 회로의 요소들도 모두 결이다. 기억도 결이다. 잠결이다. 관계도 결이다. 물결이다. 풍경도 결이다. 숨결이다. 육체도 결이다. 살결이다. 바이러스는 엉겁결이고, 귀신은 얼결이다. 일본영화의 향, 미국 뉴욕파의 몸짓, 폴란드 영화의 우울, 한국영화의 억울, 신표현주의의 그레인, 재탕영화의 유방과 B무비의 허세, 도그마 영화의 픽셀, 폭탄영화의 섬광, 개체화 영화의 현, 확장영화의

---

47. 스크린 안에서뿐만 아니라 그 밖에서도 타자의 전염학(부정성, 적대성)에서 동일자의 신경학(긍정성의 폭력, 내재성의 테러)으로 음울한 변천이 일어나고 있음을 부정할 순 없다. 다음 책보다 신랄한 성찰은 없었다. 한병철, 『피로사회』, 문학과지성사, 2012. "긍정성의 폭력은 박탈(privativ)하기보다 포화(saturativ)시키며, 배제(exklusiv)하는 것이 아니라 고갈(exhaustiv)시키는 것이다."(21쪽).
48. 김태곤, 『韓國巫俗研究』, 집문당, 1981. 2장 「무속의 원형」, 160쪽. 오해의 소지가 다분한 김태곤의 '미분성(未分性)' 개념은 사실 '순환성'을 의미한다. 가령 카오스는 하늘과 대지가 "모두 동일근원이어서 서로 바뀌는 것이 자유롭다"는 의미에서 미분적이다(『巫俗과 靈의 세계』, 한울, 1993, 126쪽). 이 수평적 순환성이 수직적 위계로 변질된 건 불교의 도입 이후다(같은 책, 52~61쪽).

c/v…이 모든 것이 결이다. 엄밀하게 결은 씨네그램 자체는 아니다. 그건 씨네그램의 전이가능하고 체험가능한, 손끝의, 혀끝의, 내장끝과 척추끝의 질감이고 풍경의 색깔이고 공기의 점탄성이다. 결은 영화적 전염소, '씨네-비리온'Cinevirion, '씨네온'Cineon 이다. 씨네온의 술어는 퇴접*retrojunction*도, 탈접*exjunction*도, 병접*parajunction* 도 아니다. 그건 전이로서의 접합, 변접*transjunction*이다. 변신이 언제나 자기초월이 라는 점에서, 변접은 초접*superjunction* 혹은 잉접*surjunction*이기도 하다. 씨네온 은 변신의 단위패턴이고, 자기초월체의 뿐살arche-flesh이다. 그것은 조정환이 말하는 "영원의 살"이다. 모든 결은 영원의 살결이다.

7

영화의 살결

7-1. 점탄성 : 가야코, 사르트르, 마른 공간과 젖은 공간

　메를로-퐁티는 투명성을 비난했다. 세계와의 접촉을 설명하는 것은 의식의 투명성이 아니라, 지각의 불투명성과 그 육체의 애매성, 접촉에 있어서 세계의 것도 아니고 나의 것도 아닌 그런 "시간의 애매성"ambiguïté이라는 것이다("세계-에로-존재"). 허나 바로 이게 영화가 투명성으로 보여주고자 하는 바다. 투명막은 자신이 접촉시키는 겉과 속, 이편과 저편 어느 쪽에도 속하지 않음으로써만 존속한다. 투명막은 양면ambi-이다. 게다가 그 패턴이 분명할수록 양면성은 더해진다. 물론 투명막은 불투명한 공간을 자신의 환경으로 지니지만(좀비영화의 폐허, 귀신영화의 어두운 공간, SF영화의 가상공간…), 이 역시 투명막을 더욱 투명하게만 할 뿐이다. 그는 불투명성 속에 숨고 심지어 변장함으로써 스스로 애매해질 수 있기 때문이다. 아직은 투명-불투명의 쌍에 머물러야 할 것이나, 우린 애매성이라는 존재양식으로부터 결의 세 가지 일반적 특질을 추려볼 수 있을 것이다.

　그중 첫 번째는 점성viscosity이다. 점성은 두 이질적 부분들 사이에 붙어서 어느 한쪽에 속하지 않지만 그렇다고 다른 쪽에도 속하지도 않는, 애매성의 가장 촉지각적 패턴유형이다. 경계를 비웃는 모든 것은 끈적인다. 그는 경계를 허물지 않으면서도 무효화한다. 투명막은 점막(粘膜)이다. 최소한 고전 시기 이후에 영화는 육체를 두 이종적인 공간이나 범주들 사이에 위치시킴으로써 점성을 강요해왔다. 다른 매체가 재현하는 육체들과 근본적으로 달랐던 점 또한 여기에 있을 텐데, 그것은 영화에서 육체는 그것은 으레 다른 무언가에 들러붙거나 떨어지고, 당겨지거나 밀쳐지고, 그 마찰의 상흔을 지니며, 기후나 분위기에 젖을 수 있다는 점이다. 영화는 육체에게 TV나 광고에서처럼 마르고 매끄러운 표면을 용납하지 않는다. 영화는 피부의 반들반들한 고형성을 혐오한다. 실상 초기 고어영화들이 다른 재현방식들을 비웃거나 풍자하면서 보여주려고 했던 바는 내장이 얼마나 무력한가뿐만 아니라, 반대로 피부는 얼마나 무력한가, 또 얼마나 쉽게 허물어지고 구멍 뚫리며, 결국 피부 또한 얼마나 이미 내장적인가 하는 것이었다. 일반적으로 모든 내장적인 것(visceral)은 끈적거린다(viscous). 공포영화는 육체의 점성에 존재론적 위상마저 부여했으며, 그 위상들이 내포하는 각기 다른 측면과 방법론에 따라 세부장르가 분기됨을 우린 또 보았다. 가령 고어물은 슬래셔와 반대되고 식인물과 근친이다. 내장의 점도변형이기 때문이다. 반대로 고문물은 슬래셔와 근친이다. 피부의 점탄성 측정이기 때문이다. 공포영화는 피부와 내장의 애매성이다. 그 교차점에 있는 피는 가장 전통적인 점성소다. 엄밀히 말해 헤모글로빈은 유동체가 아니라 점착체로서만 공포영화의 보편적 패턴이 된다. 느와르나 스릴러 영화에서는 죄가 그러한 점착소다. 죄는 들러붙는 '얼룩'(보니체르)이기 때문이다. 얼룩을 대상에서 떼어내 공간에도 붙였다는 점만으로도 히치콕은 이 분야 최초의 젖은 공간 제작자였다. 아울러 그는 시공간을 엿가락처럼 늘어나는 점탄성체로 만들어 버림으로써 이 과업에 끝장을 봤다(《현기증》의 줌인트랙아웃).

동양 공포영화는 여귀에서 점도를 찾는다. 실상 여귀는 점점 육체를 부여받는 쪽으로 진화하는데, 그렇다고 해서 그녀가 걷거나 뛸 수 있는 위치는 없는 그런 육체다. 여귀의 육체는 '공간은 없는 몸'이다. 서양 괴물이 대상에 먼저 들러붙는다면, 여귀는 공간에 먼저 들러붙는다. 빙의하기 위해서다. 그저 서 있는 것만으로도 면역반응을 야기했던 기존 여귀에, 비로소 질퍽이는 육체를 부여한 건 사다코였다(《링》). 그러나 그 육체에 더 찐득찐득한 패턴을 부여한 건 가야코다(《주온》 《그루지》 시리즈). 사다코보다 가야코가 더 들러붙는다. 법칙에 의존하지 않고도 더 끈적거리기 때문이다. 가야코는 경계면에 붙어산다. 그녀는 공간의 가장 내밀한 언저리로만 침투하며, 그 육신도 살지도 죽지도 못하여 이제-막-숨이-넘어가는-중인 경계상태에 있다. 태국 여귀는 더 나아간다. 태국 여귀가 공간에 들러붙지 않는 것처럼 보인다면, 그녀 자신이 이미 매개체로서 공간 자체가 되었기 때문이다. 태국 여귀는 육체적 점성을 모두 공간에 이양하며, 반대로 공간은 그녀에게 쫓아가고 들러붙을 수 있는 팔다리를 내어준다. 일본적 프레이밍과 동남아적 프레이밍의 차이도 여기에 있다. 일본 여귀는 프레임 내의 빈틈을 찾으며, 프레임은 기다린다(특히 구로사와 기요시, 시미즈 다카시의 경우). 반면 태국 여귀는 쪼개지고 증식되는 프레임들 사이의 빈틈에 있다. 팽 형제가 〈디 아이〉의 복도 장면과 엘리베이터 장면에서 보여준 것처럼, 태국 프레임은 기다리기는커녕 기울어지고 공간을 자르고 삐딱해진다. 심지어 태국여귀는 찰나의 섬광으로도 들러붙는다(〈셔터〉 플릭커 장면). 일본여귀가 마른 프레이밍이고 건뇌dry brain라면, 태국여귀는 젖은 프레이밍이고 습뇌moist brain다. 아마도 한국여귀는 그 중간 어디쯤일 것이다. 정범식은 두 양극을 가로지를 수 있는 거의 유일한 한국작가다. 그의 "기기기긱-"은 정직하고 마른 프레임, 삐딱하고 젖은 프레임 둘 중 어디에도 국한됨이 없이 양극을 넘나들며, 공간 전체의 점도조절기처럼 작동한다(건뇌로서의 〈기담〉, 습뇌로서의 〈곤지암〉). 어떤 경우든 여귀의 육체는 "인간과 동물의 불투명한 구분을 뒤흔드는" 경계로서, "에테르적이면서도 신체적"인 패턴으로 진화해간다.[1] 스릴러에 대해서도 같은 진화를 말할 수 있는데, 현대 스릴러는 느와르의 자장 속에서 의존해오던 이성의 분석력resolvability을 점성의 불용해력irresolvability으로 대체하면서 태어난다. 한국에서 이 같은 진화를 보여준 작가는 김성홍. 공간과 사물 일체가 끈적이는 점막이나 살점이 되어버린 그의 작품들에서 지배관계를 형성하는 것은 객관화의 거리를 남기지 않는 불용해적 점착력으로서, 그것은 엄마가 아들을, 스토커가 신혼부부를 옭아매는 집착의 프레임을 이룬다(〈올가미〉〈세이 예스〉). 여기에 추격이나 추리는 있을 수 없다. 모든 것이 이미 달라붙어 있기 때문이다. 사건도 있을 수 없다. 너무 달라붙어 풀어헤칠 게 없기 때문이다.[2] 김성홍에게 악의 불가해성不可解性은 점성의 불용해성不溶解性과 같은 의미였다. 〈실종〉에서 살인마(문성근)로부터 살아남은 생존자는 "그놈을 죽일 땐 제정신이 아니었지만, 그놈을 분쇄기로 갈 때는 분명히 제정신이었다"고 증언한다. 이성조차 점성으로 대체했다는 점에서 김성홍은 한국스릴러 최고의 믹소필리아myxophilia였다.

---

1. 〈주온〉에 대한 맥로이의 묘사다. Jay McRoy, "Cinematic Hybridity in Shimizu Takashi's 〈Ju-On : The Grudge〉", *Japanese Horror Cinema*, ed. Jay McRoy, Edinburgh University Press, 2005, pp. 176~177.
2. "내 영화에는 살인은 있어도 살인사건은 없다."(김성홍, 『스타뉴스』, 2013년 6월 인터뷰).

아마도 젖은 공간과 마른 공간의 대비가 극심한 서양장르는 액션일 것이다. 액션영화에선 육체가 공간과 맺는 외면적 점도, 즉 점탄성이 직접적으로 속도와 운동량의 척도가 된다. 마른 공간에서도 픽스샷과 편집으로 상당한 운동량을 이끌어낼 수 있으며(예이츠 〈블리트〉), 앵글과 사선 구도로도 탄성을 부여할 수 있다(프리드킨 〈프렌치 커넥션〉). 사막도 젖으면 쫄깃해진다(밀러 〈매드 맥스 2〉). 페킨파는 시간에 탄성을 부여했다(〈겟어웨이〉). 드봉은 순환회로에서도 탄성을 찾아낸다(〈스피드〉). 쫄깃할수록 좋은 액션이다. 끈질길수록 좋은 추격이다. 미국 액션영화의 원대한 목표는 단지 물처럼 흐르는 공간을 만드는 게 아니라, 공간의 각 경로를 자유롭게 늘렸다 줄일 수 있는 점탄성 신경망을 구축하는 것으로서, 이는 거의 신경탄성학이라고 부를만하다. 게다가 이것은 심리적 점탄성마저 야기하는 변형으로서, 액션히어로들은 추격속도나 편집속도의 증가와 함께 더더욱 끈질겨지고 집요해져 심지어 조울을 반복하게 된다(시겔 〈더티 해리〉, 맥티어난 〈다이 하드〉, 도너 〈리셀 웨폰〉). 물론 액션계의 점탄성 개근상은 007. "보드카 마티니, 젓지 말고 흔들어서." 가장 격렬하게 질척대는 신경망은 토니 스콧의 망원시스템이다. 시공간의 심도 자체를 펌프질하기 때문이다(〈에네미…〉 〈언스토퍼블〉). 그 주관적 차원을 가장 깊이 탐색한 작가는 마이클 만이다. 만의 신경망은 형사와 갱단 두목, 킬러와 택시운전사와 같은 두 주관적 극점이 추격의 객관적 속도를 더해가며 점점 멀어질수록 그들을 더더욱 끈끈하게 엮어나가고 있다(〈히트〉 〈콜래트럴〉).

사르트르는 "끈적끈적한 것" le visqueux을 분석하면서 그 본질이 "흡수"에 있음을 간파했다. 단 그것은 존재를 빨아들이는 파괴이고 "우발성의 전염"이며 "즉자의 복수"라고 경고하며.[3] 영화에서 피와 속도가 그런 끈적거림이다. 그건 육체를 빨아들여 해체로 몰아간다. 게다가 세계는 그 건기를 끝내고 점점 더 습해지고 있다. 이것이 실상 호러의 초창기에 피셔가 흡혈귀에게 에로스를 부여함으로써, 그리고 액션의 완숙기에 페킨파와 스콧이 죽음에도 속도를 부여함으로써 던졌던 질문이기도 하다 : 점점 질척대는 세계 속에서 육체가 시공간에 들러 붙어버렸고, 나아가 그 자

---

3. 장 폴 사르트르, 『존재와 무』, 2권 4부 2장 3절. 「존재를 계시하는 것으로서의 성질에 관하여」, 손우성 옮김, 삼성출판사, 1977. "끈적끈적한 것에 대한 공포는, 시간이 끈적끈적한 것이 되지는 않을까 하는 공포…"(451~452쪽).

신이 점성체 자체가 되었다면, 그 임계점성계수는 얼마인가? 육체는 어디까지, 어떻게 버틸 수 있는가? 실상 이것은 장르에 별 관심이 없던 몇몇 작가에게도 긴급한 문제였다. 그중 파졸리니는 가장 엄밀한 추궁을 했던 작가 중 한 명일 것이다. 그가 시적 영화를 정의했던 '스타일'이란 이미 육체에 각인된 패턴으로서, 자유간접화법은 이미 육체에게 언어뿐만 아니라 충동에도 직결되어야 할 점성의 실험을 권유하고 있다. 게다가 그것은 법의 문제이기도 하다. 법은 가장 단단할 때조차 가장 축축한 점막이기 때문이다. 생명, 기억, 충동마저 흡수하는. 이러한 생각은 웰스와 로지에게도 다른 방향의 출구를 모색하도록 이끌었다. 그러나 오시마 나기사보다 이 모든 상황을 잘 이해한 작가는 없다. 오시마가 볼 때 그것은 혁명의 성공과 좌절에 고스란히 대응되는 상황으로서 점막과 점막의 대결, 그 잔혹한 포섭과정이다. 한 편에서 법은 젖은 대기를 형성하여 그의 바깥을 빨아들이는 검은 일장기이고, 다른 한편에서 민중의 육체들은 그로부터 먹히고 소화되어 끈적이는 것으로 변형되어버린 산송장 혹은 반죽 덩어리들이다. 가장 혐오스러운 건 일장기-점막은 육체를 또 다른 점막으로 만들뿐더러 그 되먹음 과정을 통해 그들의 점성을 자신의 점성으로 전유한다는 사실에 있다. 이것이 오시마가 정치적 상황 내부에서도 자생하는 동반자살충동을 통해서 끝내 보여주려는 **법의 점탄성 변형**viscoelastic deformation이다. 그것은 법의 적용에 있어서 탄력성과는 구분되는, 피와 살의 되먹임을 통해 안팎으로 비대해지는 법의 본질에 있어서의 점탄성으로서("국가는 안에도 밖에도 있다"), 그 점탄성 계수의 증가는 법률의 지성력만큼이나 그 상상력에도 의존한다. 오시마에게 유령은 바로 그런 의미였다. 법은 피와 살을 흡수하는 만큼 팽창을 꿈꾸므로, 그들은 상상력의 식량으로서의 유령과 다를 바 없다는 것이다. 법은 그 자신이 꾸는 꿈인 한에서 '끈적끈적한 것'이다. 한마디로 법은 먹는 만큼 상상하고, 상상하는 만큼 늘어나는 두뇌내장이다. 법의 점탄성 계수란 그 상상한도다.[4] 그런데 여기엔 어떤 신경탄성

---

4. 오시마 나기사가 직접 쓴 「탄원서」는 법에 호소한다기보다는 법을 해부하는 글로서, 법이 또 하나의 점탄성 흡수막임을 폭로하고 있다. "검찰들은 분명히 이런 생각으로 외설적인 구절을 지적했을 겁니다. '무슨 일이 있어도 우리는 그를 기소해야 하니 최대한 넓은 망을 치는 거다. 망을 많이 쳐서 작은 물고기라도 걸리도록 해야 한다.'"(『오시마 나기사의 세계』, 「탄원서」, 문화학교 서울, 2003, 370쪽). 또한 "제 생각엔 '외설'은 처음부터 존재하지 않았습니다. 만약 외설이 실제로 존재한다면, 그것은 그것을 단속하고자 하는 경찰과 검찰의 마음속에 있는 것입니다."(같은 글, 357쪽).

학적 역설이 있다. 만약 유령들이 법의 탄성계수를 구성한다면, 그 내부마찰계수를 구성하기도 할 것이다. 왜냐하면 유령들이야말로 상상의 점탄성소이기 때문이다. 그것이 오시마가 말하는 범죄와 저항의 동일성이다. 육신들은 금기, 외설 등과 같은 그 바깥을 이루다가도 한번 흡수되면, 법의 내장 속에서 서로 엉기고 붙어나는 가야코와 토시오가 되어 그의 저항계수를 이루어 응력완화를 야기한다. 법이 쉽게 배불리는 같은 이유로 그의 배는 쉽게 꺼지지 못한다. 범죄는 육체에겐 유령됨이며, 법에겐 소화불량이다. 조선인 사형수는 죽었다 다시 살아남으로써(〈교사형〉), 소년은 자동차 대신 설원에 투신함으로써(〈소년〉), 사다와 키치조는 끝없이 살을 섞음으로써 그렇게 한다(〈감각의 제국〉). 비록 죽음의 되새김질을 동반한다 하더라도 말이다. 어떤 점에선 오시마 나기사의 유령은 가야코보다 더 찐득거린다. 그는 원망도 집착도 하지 않아서 외려 상대로 하여금 집착하게 하는 유령이다(〈열정의 제국〉). 오시마 나기사가 연극무대를 참조했던 건, 연극무대야말로 이러한 점탄성의 구조를 잘 드러내는 범죄현장이 될 수 있었기 때문이다(〈일본의 밤과 안개〉에서의 무대노출). 범죄는 법의 꿈을 홀랑 깬다. 그건 막의 뒤집힘이고, 때로는 그 찢어짐이다. 범죄는 금기를 애초부터 그 실체가 없었던 것, 즉 투명한 것으로 만든다.[5] 그런 점에서 법의 응력완화시간을 '역사'라도 불러도 좋을 것이다. 그리고 오시마는 영화가 바로 그 역사의 필터, 즉 또 하나의 범죄이기를 요구하였다.

이것이 젖은 공간에서의 점탄성 폭탄제조법이다. 폭식유도제. 오시마 나기사의 점탄성학을 우린 다른 동남아시아 영화들이나 라틴 영화들에게, 심지어 푸티지 영화들에게도 찾아볼 수 있다. 일찍이 로샤가 시네마노보에게 바랬던 바도 그러한 내장EMX였다("시네마 노보는 불같은 소화불량을 일으켜야 하며, 그 자신의 화염에 먹히고, 그 자신의 재로부터 다시 태어나야 한다"[6]). 라브 디아즈, 아피찻퐁과 차이밍량 또한 인간을 가두는 굴레와 골방으로부터 탈출하기 위해 육체가 더 많은 습기를 머금기를 바랐고. 어느 모로 보나 법은 상상의 편차만큼 빈틈을 드러내는 점

---

5. "보고자 했던 것이 일단 눈앞에 드러나게 되면 외설은 사라지고, 금기도 마찬가지로 사라지면서 해방만이 남게 된다."(오시마 나기사, 「실험적 포르노그래피 영화이론」, 같은 책, 352쪽).
6. Glauber Rocha, "From the Draught to the Palm trees", *Brazilian Cinema*, ed. Randal Johnson & Robert Stam, Columbia University Press, 1995, 88쪽.

탄성체인 것이다. 그러나 마른 공간에서 상황은 조금 다르다. 여기서 법은 상상과 감각이 아니라, 오직 이성과 사유에 들러붙는 기호학적이고 산술학적인 체계System이기 때문이다. 그리너웨이가 보여주는 것처럼 체계는 알파벳이나 숫자, 홀·짝수의 이항체계, 16개의 감옥과 92개의 가방의 서열화에 들러붙음으로써 기호를 흡수한다. 그의 습도가 될 의미를 흡수함으로써 공간 전체를 건조시키기 위해서다(〈영국식정원 살인사건〉〈차례로 익사시키기〉〈하나의 Z 두 개의 O〉〈틸시 루퍼 스토리〉). 체계는 순서강박증과 기호집착증을 인간의 지성에게 부과하고, 반대로 육체는 흡사 동물원 안의 짐승처럼 무미건조하게 먹고 싸는 데에만 집중하도록 함으로써 육체와 정신의 분리, 차라리 순수한 대칭을 만든다. 그것은 다시 인간을 잡아먹는 대칭이나 다른 한편으로 인간이 인간을 잡아먹는 부조리한 대칭으로서, 체계의 건조함이 내포한 폭력성, 즉 "혼돈을 탈혼돈화하고 음식을 탈음식화하는 노력"[7]과도 같은 폭력성을 드러내 보여준다(〈요리사, 도둑, 그의 아내 그리고 그의 정부〉). 그리너웨이의 영화엔 로지나 해롤드 핀터에 버금갈 부조리극적 성격이 있다. 그에게 체계는 의미의 과다흡수가 곧 무의미가 되고 그 소화불량이 될 기호의 신화였다(심지어 진화론마저도). 체계복잡도는 부조리의 점탄성 계수다. 이 말라버린 점막과 가뭄이 들은 자궁, 기호는 피부 위부터 다시 시작해야 하는 걸까?(〈필로우북〉)

그 공간이 말랐든 젖었든, 법은 하나의 환영이라는 것, 그러나 단지 이성과 신체의 오류가 아닌, 반대로 그들을 실재적으로 빨아들이는 유령이고 끈적끈적한 것이며 가야코라는 것, 이것이 영화가 점탄성을 통해서 궁극적으로 보여주고자 하는 바다. 여기엔 어떤 존재론적 선언마저 있다. 특히 오시마 나기사와 같은 위대한 점탄성 학자들과 함께 우린 비로소 내장적인 것visceral과 구분되는, **내장실재적인 것**viscereal을 말할 수 있게 되었다. 내장은 환영을 만들지만, 그 흡수 자체는 환영은 아니다. 모든 흡수는 내장실재적이다. 그건 애매성의 실재성이다.

---

7. 그리너웨이 인터뷰. *Cineaste*, vol. 18, no. 3, 1991. 다음에서 재인용. *Peter Greenaway Interviews*, ed. Vernon Gras & Marguerite Gras, University Press of Mississippi, 2000, p. 107.

7-2. 색깔 : 괴테, 바바, 퇴색공간과 탈색공간

두 번째 패턴은 색깔이다. 영화에서 색은 빛의 굴절과 반사와 아무런 상관이 없다. 색은 빛을 흡수한다. 이것이 고정된 프레임을 가지는 회화와 달리 프레임들의 연쇄로 이루어진 영화가 가진 고유한 능력이다. 일찍이 에이젠슈테인은 색의 진동이 음조 몽타주와 거의 같은 효과를 가질 수 있음을 이론적으로 보여주었으며, 컬러필름이 나오기 전에도 이미 몇몇 작가들은 검은색과 흰색에서 비슷한 측면들을 찾아내고 있었다. 색은 빛을 흡수하고 다시 역흡수함으로써 그 대상들 사이를 흐르거나 건너뛰고, 그들을 붙이거나 떼어놓는다. 색은 비물리적인 점탄성으로서 각 대상을 텔레파시로 연결하는 전일적 시신경망을 이룬다. 색채막 역시 투명막이다. 투명성은 색의 부재가 아니라 반대로 색을 변조하는 힘이기 때문이다. 영화에서 색채학은 무엇보다도 괴테의 색채론에 가장 가깝다. 괴테는 색의 물리적 조건으로서 매질을 고려하고 있으며, 색 스펙트럼을 "투명매질들의 밀도의 다양한 등급"으로 간주한다. 즉 색은 흰색과 검은색 사이의 변조가 아니라, 투명과 불투명 사이의 변조다. 예컨대 색은 "매질이 흐릴수록 더욱 밝고 옅어지게 되며, 반대로 투명성이 높아질수록 더욱 어둡고 짙게 나타난다." 또 "최고도의 에너지를 가진 색은 투명색이다."[8] 그것이 사실이라면, 투명함은 영화의 바탕색이다.

투명함은 신의 색깔이다. 이것이 영화가 채택한 색채주의의 공식이다. 이를 위해 색채막이 표현주의에 빚진 건 아무것도 없다. 영화의 모든 색채학은 색채신학이다. 기실 색채막은 영화에게 처음 찾아온 접신면이었다. 특히 컬러필름 이전에도 흰색은 빛의 최대치를 표현하기는커녕 반대로 빛과 어둠(선과 악)의 경계를 지우는 투명막의 역할을 대신하고 있다(드레이어).[9] 컬러필름이 나오자마자 미국영화는 가장 현란한 색채로 접신면을 뒤덮어버렸다(드밀, 와일러, 맨키비츠). 또 다른 방식으로 접신면을 채색한 사조는 네오리얼리즘과 영국 공포영화다. 그들은 채색된 구조물과 황색 연기가 묻어있는 잿빛 사막, 어둡게 채색된 공간 속에 놓인 새하얀 흡혈귀의 경우

---

8. 괴테, 『색채론』, 장희창 옮김, 민음사, 2003. 150, 151절.
9. 드레이어의 흰색에 대한 방혜진의 분석을 보라. 『칼 드레이어』, 「선악의 피안」, 홍성남·유운성 엮음, 한나래, 2003.

처럼, 유채색과 무채색의 대비로 막의 양면을 분할했다(안토니오니, 피셔).[10] 꿈이 접신의 기능이었던 미국 뮤지컬은 꿈의 화려함과 현실의 칙칙함으로 막의 양면을 분할했다(도넌, 미넬리, 플레밍). 한국 무속영화에선 무복과 무구가 그 색깔을 통해 직접적으로 접신면을 구성한다(임권택, 최하원, 변장호). 모든 경우에서 색깔은 상징성(흰색-순결, 적색-위험 …)과 아무런 상관이 없다. 무한한 흡수력을 증언하는 그 자신의 진동과 전율 이외엔 색깔은 어떠한 의미도 가지고 있지 않기 때문이다. 그것은 접신의 전율이다. 특히 미넬리는 색빨판을 너무 크고 화려하게 펼쳐내어 댄서들을 스스로 제작한 몽상 속으로 빨려 들어가는 무당으로 만들어버렸다(〈욜란다〉 〈파리의 미국인〉 〈밴드 웨건〉). 심령술사들의 다세대주택을 지은 이는 펠리니다(〈영혼의 줄리에타〉). 물론 색깔의 비판적 기능에 대해서도 말할 수 있을 것이다. 그러나 색깔이 비판적이라면 굿이 비판적인 만큼만이다.[11] 물리적 점탄성이 정치적·법학적이라면, 비물리적 색탄성은 신학적·무속적이다. 색깔은 그 연속적이거나 단속적인 변조가 접신의 경련과 방언이 되는 그런 상징체계다. 하지만 이 독특한 신학은 다름 아닌 애니미즘이다. 색깔은 투명성의 직접적인 변조이며, 그 자체로 만물 상호 간의 접신이 된다. 한국 무속영화는 그 문학적 외피를 벗어던지고 이를 너무나 고집스레 밀고 나갔다. 물은 예수님과 제석님을 양 극점으로 녹색과 적색 사이에서 변조되고(최하원 〈무녀도〉), 불은 벼락과 피, 혹은 쇠와 살을 양 극점으로 노랑, 빨강, 심지어 탁한 파랑으로까지 변조된다(변장호 〈을화〉, 임권택 〈불의 딸〉).

　　바로 이런 점에서 투명성의 심리적 한정(네오리얼리즘, 무속영화), 공간적 한정(뮤지컬)에서 벗어나, 투명성을 아예 공간 전체에 발라버림으로써 접신력의 무한한 확장력을 보여주었던 사조는 이탈리아 고딕호러와 지알로다. (펠리니에게도 분명히

10. 네오리얼리즘에서 색깔이 지니는 망각의 힘, 혹은 기억을 갱신하는 힘을 먼저 언급한 이는 로파르스-뷔외미에다. Marie-Claire Ropars-Wuilleumier, "Réflexion sur la Couleur dans le Cinéma Contemporain", *Études Cinématographiques*, n° 43~44, 1965. 다음에 재수록: *L'Écran de la Mémoire*, Éditions du Seuil, 1970. ("색은 그로부터 떨어져 나오기는커녕 이야기를 흡수한다.", p. 171). 들뢰즈도 이를 논한다(『시네마1』, 7장 색채 부분).

11. 우린 "비판적 색깔"이라는 브르네의 개념을 염두에 두고 있다. Nicole Brenez & Miles McKane, *Poétique de la Couleur*, Auditorium Du Louvre/Institut de L'Image, 1995. 브르네는 프램튼, 랜도우, 퐁텐느, 브라운과 같은 실험적 작가들을 예로 들고 있지만, 상황이 달라질 건 없다. 색깔이 필름의 본성을 재정의하는 것은 사실이나, 이때 필름은 관객도 포함하는 결합체 개념이기 때문이다.

영향을 주었을) 이탈리아 호러에 있어서 색깔은 어둠을 강조하자는 것이 아니다. 반대로 여기서 어둠조차 색깔로 이루어져 있으며, 여기서 각 색깔은 그 투명성의 변조에 따라서 가산혼합 혹은 감산혼합되어 무한한 파장으로 공간과 인물들에게로 퍼져나가고 또 그들을 점착시킨다. 특히 바바는 이 투명성의 변조를 서사보다 한 차원 높은 영화적 힘으로 승격시킨 작가였다. 실상 바바는 안전하다고 생각되는 외부공간과 악이 실체를 드러내는 내부공간을 병치해서 보여주는데, 전자에서 후자로 진입할수록 색깔은 점점 짙어진다(〈채찍과 시체〉의 해변과 고성, 〈피와 검은 레이스〉의 집과 스튜디오, 〈킬 베이비 킬〉의 마을과 성당, 〈리사와 악마〉의 골목과 저택). 여기엔 어떤 전염학적 측면마저 있는데, 색깔은 서사를 꾸며주는 게 아니라 반대로 서사의 각 부분들을 점착시키고 빨아들여 인물들을 분명한 동기 없이도 끌어당기고 끝내 파멸의 힘에 감염되도록 한다. 예를 들어 바바가 황색과 청색, 녹색과 적색과 같은 보색대비를 취한다면, 그 극한의 대비가 공간 한복판에 뚫는 심연으로부터 최대한의 투명성을 뽑아내기 위해서다. 뢰트라는 "빨강과 노랑 사이의 심연(혹은 구멍)을 메우는 것은 파랑"이라고 정확하게 썼다.[12] 바로 이 흡틈(吸闖)이 바바의 보색미로를 만든다. 바바의 미로는 도대체 빠져나갈 수가 없는 미로다. 보색대비가 강해지면 매질이 맑아지면서 자가전염적 배색이 생기고(〈채찍과 시체〉에서 파혼한 후의 네벤카), 보색대비가 약해지면 매질이 흐려지면서 자가면역적 배색이 생기므로(〈리사와 악마〉에서 엘레나가 되기 전의 리사). 바바는 단지 광기의 심도를 보여준 작가가 아니다. 반대로 그가 보여주려는 것은 광기의 전이와 그것이 가능해지는 실질적 조건들이다. 바바의 색깔은 **색균**chrompathogen이다. 그것은 가산혼합과 감산혼합 어느 방향으로도 감염의 경로를 찾아내서, 숨겨져 왔던 비밀이나 살인범의 정체가 마침내 내비치는 투명성의 핍홀을 이성과 육체에 박아 넣는다. 바바의 색균감염법은

---

12. Jean-Louis Leutrat, "Le Couleur Bava", *Mario Bava*, ed. Jean-Louis Leutrat, Éditions du CÉ-FAL, 1994, p. 52. 뢰트라는 철저하게 괴테적인 분석을 가하고 있다. "혼탁한 매질을 통해 보여지는 빛은 황색이 되고, 밝은 매질을 통해 보여지는 어둠은 청색이 된다."(p. 50). 뢰트라의 바바에 대한 또 다른 평론은 『영화의 환상성』에 실려 있다. 뢰트라는 바바의 카메라가 단지 대상을 바라보는 시선이 아니라, 채찍질하고 상형문자를 그려내는 몸짓이란 점을 부각시킨다("깨무는 시선", 〈사탄의 가면〉 부분). 끝내 뢰트라는 피에 대한 최고의 색채학적 정의에 이른다 : "눈물은 투명한 핏방울이고, 핏방울은 불투명한 눈물이다."(p. 80).

투명성의 회전혼합식 농축이다. 그것은 흡사 황색과 청색을 돌아나가는 나선형 계단처럼, 자가전염과 자가면역을 두 극으로 회전하면서 매질 자체의 투명도를 상승시키고, 그에 배정된 하나의 색깔을 극한으로 농축시킨다. 가령 황색과 청색의 "동반상승"Steigerung의 정점은 빨간색이었다. 빨간 꽃, 빨간 마네킹, 빨간 피 … .13

　색깔은 법학적이라기보다는 도덕적인 가치를 지닌다. 투명과 불투명 사이에서 변조되는 것은 결국 신·자연·세계·만물에 대한 믿음이기 때문이다. 심지어 지알로에서조차 인물들을 계속해서 미로로 몰아넣는 것은, 비록 그 해결책이 지성적인 것이라 할지라도 그들의 헛된 믿음과 맹신이다. 일반적으로 점탄성의 젖은 공간과 마른 공간에 대응할, 색깔의 반짝이는 공간과 흐릿한 공간이 있으며, 색채주의 영화들은 이 두 분극을 따라 발전해왔다. 반짝이는 공간이란 투명성이 과충전된 공간이다. 그것은 지나치게 자족적인 사회거나, 그 세부적 전이와 교통이 너무나도 충만해서 자명한 진리체계인데, 바로 그 때문에 그러한 공간들은 자가면역계를 숨긴 채 그 내부로부터 퇴폐와 퇴조를 진행시키고 있다. 반짝이는 공간은 퇴색공간discolored space이다. 그건 지나치게 반짝이는 과색공간overcolored-이나, 그만큼 더 짙은 퇴폐와 퇴조를 품고 있다. 가령 앵거의 공간은 전형적인 퇴색공간이다(〈스콜피오 라이징〉 〈루시퍼 라이징〉). 반대로 불투명성이 과도해진 흐릿한 공간은 탈색공간decolored space이다. 그것은 너무나 탁해져서 신화의 전승이 불가능해진 공간이다. 퇴색이 믿음의 퇴락이고 퇴조fading인 반면, 탈색은 믿음을 투시하는 광선 자체의 쇠잔, 그 빛바램이다. 변장호는 퇴색과 탈색의 대립을 통해 오색찬란했던 토속신앙이 그 내분이나 외부침입에 의해 해체되어 가는 과정을 다루었다(〈을화〉 〈무녀의 밤〉). 퇴색공간이 과도한 자가전염색(맹신)이라면, 탈색공간은 과도한 자가면역색(회의)이다. 고로 탈색공간에서 먼저 구해내야 할 것은 믿음이 전이될 수 있는 자족적인 의식이다. 네오리얼리즘은 극한의 탈색공간은 아니다(오히려 고다르의 색채영화들이 더 탈색공간이다). 분설이나 하얀 파편들에 뒤덮여 흐릿해지는 〈렛 미 인〉(알프레드손)과 〈그래비티〉(쿠아론)는 전형적인 탈색공간이다. 영화사상 가장 극악무도한 탈색공간은 모션블러에 무한대로 탈초점화된 〈중앙지역〉(스노우)의 허공이었다. 일부 액션

---

13. 괴테의 상승개념에 대해선, 같은 책, 517절, 523절. 699~701절도 보라.

영화에서도 속도에 의한 탈색이 시도된다(마이클 만). 그러나 탈색공간의 진정한 거장은 정지영이다. 정지영에게 탈색은 흰색에 의한다. 그것은 빨치산들에게 모든 진로를 빼앗는 지리산의 설원이고(〈남부군〉), 전후에도 병사의 머릿속에 남는 백색 섬광과 연막이며(〈하얀 전쟁〉), 결코 소멸하지 않는 번뇌의 얼음결정체(〈산산이 부서진 이름이여〉), 꿈마저 앗아가는 타불라 라사 스크린(〈헐리우드 키드의 생애〉), 대공분실의 백열등과 하얀 물보라다(〈남영동 1985〉). 하지만 하양이 그렇게 대상, 이미지, 심지어 적마저도 휩쓸어가고 시선을 불투명하게 만드는 것은 인간에게 신념에의 의지만을 남기기 위해서다. 정지영은 하얀 리얼리즘이다.

물론 퇴색공간과 탈색공간은 참조적인 극점일 뿐이다. 어떤 색채막도 이 두 측면을 모두 갖추고 있으며, 그 둘 사이에도 여러 단계들이 존재한다. 어떤 작가들이 어떤 공간성을 기준으로 삼을 뿐이다. 예컨대 데릭 저먼의 작품에게서 볼 수 있는 불타는 금색, 이글거리는 오렌지색, 번쩍거리는 태양의 광휘가 그러한 고집에 의해 끌어 올려진 색깔들이다. 거기엔 찬란했던 영국 제국주의와 엘리자베스 시대의 색깔로서 그 안엔 이미 퇴조와 퇴행의 기운이 내포되어 있다. 그리고 저먼이 볼 때 그 퇴폐란 성의 문란과 저급문화의 발달이기는커녕, 반대로 그러한 무정형의 움직임을 내부적으로 검열하고 억압하며 끝내 그 역사를 파편화로 이끄는 자가면역반응에 다름 아니었고. 저먼은 가장 현란한 원색에서 권력의 자가면역을 본다. 그것은 문명의 찬연한 광채와 함께 불타오르는 제국의 주술이고, 질투심에 사로잡히는 이성애자이며, 쓰레기더미의 배설욕구(〈세바스찬〉 〈희년〉 〈템페스트〉 〈대영제국의 몰락〉)인 동시에 보색을 탄압하고 은폐하는 광휘이기도 하다(〈가든〉의 고문 장면).[14] 저먼이 8mm 필름을 선호한 이유는 그것이 광채와 퇴색의 이러한 유착과 공존을 너무나도 자유롭고 또 엄밀하게 포착해낼 수 있기 때문이었다(〈천사의 대화〉). 특히 그것이 8mm에서 16mm로, 다시 35mm로 블로우업되었을 때, 색깔들의 상호독립성은 결코 논리적 필연이 아니며, 반대로 그만을 진리라고 우겨대며 다른 색깔은 배제하는 자가면역적 논리가 외려 필연적이지 않음을 보여줄 수 있었기 때문이었다(〈비트

---

14. 저먼 영화에 있어서 동성애와 마조히즘의 연관성에 대해선, 마이클 오프레이, 『데릭 저먼』, 문화학교서울, 2003. 〈세바스찬〉 부분. 오프레이는 저먼의 사상적 원류들을 다양하게 제시한다. 예컨대 윌리엄 블레이크.

겐슈타인〉에서 검은 바탕 위 원색들).[15] 8mm 필름, 그것은 저먼에게 단지 수사학이 아니라, 궁중정원과 런던 뒷골목 중 어느 것이 더 찬란함이고 더 퇴색함인지 묻는 질문이자 그 크로마토그래피 실험 자체였다. 문명의 자만과 맹신에 내재한 자가면역의 폭력, 또 그 마지막 자가면역질환 앞에서도 꿈꿔야 할 자유의 투명성을 색채의 패턴으로 직조했다는 점에서, 저먼은 가장 강렬한 퇴색공간을 만들었던 작가다(〈블루〉).[16]

　　퇴색공간은 맹신의 제국이다. 믿음의 자가전염이 자가면역을 은폐하기 때문이다. 반면 탈색공간은 회의의 황무지다. 이미 믿음의 자가면역이 횡행하는 불모지다. 고로 탈색공간에서 발견해내야 할 것은 반대로 믿음을 스스로 재취할 자가전염의 배색이다. 바로 이것이 애니메이션 작가들이 흐릿하고 뿌연 버캐의 질감에 이끌리는 이유다. 버캐는 자가면역색을 이루는 색깔이나, 만약 색깔이 불투명과 투명 사이의 연속적 변조임이 사실이라면, 그 흐릿함에는 믿음의 배아와도 같을 희미한 광채가 내포되어 있을 것이다. 게다가 애니메이션은 바로 연속적 변조를 가장 잘할 수 있는 색채막일 테고. 프레데릭 백은 아세테이트 투명면 위를 뒤덮은 탈색된 공간에서 바로 그 투명성의 씨앗을 발견해낸다(〈나무 심는 사람〉). 캐롤라인 리프는 더 탁하고 무정형적인 상황 속에서도 그 배아의 잉태와 발생을 관찰해냈다(〈거위와 결혼한 올빼미〉, 〈변신〉). 유리 놀슈타인은 탈색공간에 겹을 부여한 작가다. 그것은 반투명한 베일이거나(〈계절〉), 시야를 흐리게 하는 안개(〈안개 속의 고슴도치〉), 혹은 빗줄기와 눈발이다(〈왜가리와 학〉, 〈이야기 속의 이야기〉). 이 불투명막들의 윤곽이 짙어지고 때로는 마찰되어 닭힌 금속표면처럼 윤기가 난다 하더라도 탈색공간은 덜 탁해지진 않는다. 도리어 마찰흔적들은 언젠가 접촉했었으나 지금은 멀어져 버린 믿음의 현장부재만을 지시하는 식으로 현재의 불투명성을 더욱 배가시킨다(흔들리는 촛불에 의한 그의 유명한 렘브란트 조명법도 마찬가지 효과다). 놀슈타인이 진정 보여주

15. 요소명제의 상호독립성 체계를 스스로 붕괴시킨 비트겐슈타인의 색깔 배제 문제에 대해선, 이승종, 『비트겐슈타인이 살아 있다면』, 문학과지성사, 2002. 3장. 우린 〈비트겐슈타인〉이 전기 비트겐슈타인에 대한 영화지만, 진정 후기 비트겐슈타인적인 영화라고 말할 수밖에 없다.
16. 저먼의 〈블루〉에 대한 언급을 포함한 리핏의 아름다운 글, Akira Mizuta Lippit, *Ex-Cinema*, 1장. "Out of the Blue(Ex Nihilo)". 영화의 색깔에 대해 폭넓게 논한다. "블루의 이미지가 아닌, 이미지의 블루"(p. 15).

고 싶은 바는 탈색공간은 시층면으로 퇴적되어 주조된 기억과도 닮았다는 사실, 기억 안에서 일어나고 있는 꿈의 망각이야말로 우리가 우리 스스로를 탈색하고 있는 자가면역과정이라는 사실이다. "어떻게 백마가 안개 속에 있었을까?"라고 고슴도치는 묻는다. 이러한 작가들에게 인상주의의 선호는 불가피해 보인다. 그들은 여전히 불투명과 투명 사이의 연속성을 믿기 때문이다. 그리고 그들은 탈색의 불모지에 묻혀있을 색의 원초적 배아를 믿는다. 만약 투명한 것에도 색깔이 있다면, 그건 모든 색을 무한히 흡수할 수 있고, 그 광장이자 환승역이 될 수 있는, 맹신에 버금가는 어떤 힘이리란 것을. 투명성에 대한 최고의 색채심리학적 정의를 영화사에 헌정한 이들은 이러한 애니메이션 작가들이다. **투명성이란 색맹이다.** 색맹이 아니라면, 우린 어찌 색을 꿈꿀 것인가.[17]

모든 측면을 고려해볼 때, 색깔은 영화에게 몽타주와 프레이밍으로는 범접할 수 없었던 새로운 회로를 열어준다. 색깔은 대상의 속성이거나 빛의 속성이기를 멈추고, 정확히 그 둘 사이에 들러붙어 대상에 내재한 빛, 그의 언어와 신념이 되어 우주를 환류한다. 이는 호러작가뿐만 아니라 애니메이션 작가들이 오랜 시간 연마해온 우주론이기도 하다 : 영원회귀환과 색상환의 동일성. 색깔은 영원회귀한다. 색깔은 그 자체로 접신이다. 색깔은 신과 세계 사이에서 끈적끈적한 것le visqueux이다.

7-3. 할라이드 : 레블, 브래키지, 브라운, 이행준, 분자충동과 분자지성

세 번째 패턴은 필름 그레인이다. 우리는 씨네그램을 포토그램과 포토그램 사이에 존재하는 표면으로 이제껏 말해왔는데, 사실 영화는 씨네그램을 하나 더 가지고 있다. 그것은 이멀전emulsion이다. 이멀전은 더 이상 샷과 샷 사이가 아닌, 영화와 세계 사이의 수직적 씨네그램이다. 브래키지, 저먼이나 매딘과 같은 8mm 필름 작가들은 35mm 필름이 가려버리기에 십상인 이멀전 그레인에 부단히 매혹되어 왔다.

---

17. 조도로프스키는 또 한 명의 색채신학자로서 같은 결론에 도달한다. "입이 없다면 모든 걸 먹을 수 있다. 눈이 멀었다면 원하는 뭐든지 볼 수 있다."(조도로프스키 인터뷰. *El Topo*, A Douglas Book, 1971, p. 123).

허나 그 이유는 그레인이 단지 영화와 서사의 전개를 꾸며주는 장식이라서가 아니라, 반대로 영화와 세계가 분유하는 원초적 색깔이자 점성소이고, 또 하나의 역사이자 이야기일 수 있기 때문이었다. 이멀전은 영화의 일부가 아니라, 또 한 편의 영화일 수도 있다는 생각이 그들을 사로잡는다. 실제로 이멀전의 감광과정엔 이미 편집이 내포되어 있다. 할라이드 결정체는 빛에너지에 의해 할로겐 이온과 은 이온으로 분해되고($Br^- + hv \rightarrow Br + e$), 감광핵과 전자는 금속은으로 결합된다($e + Ag^+ \rightarrow Ag$). 뿐만 아니라 가속몽타주(ISO)와 충돌몽타주(콘트라스트)가 가능하다. 여기엔 내러티브의 전개도 있다(현상). 그 내러티브에 평행 몽타주를 가하면 파라시네마가 될 수도 있다(2차 노광·솔라리제이션). 이멀전은 육체이기도 하다. 그는 피부를 가지고(베이스), 내장도 가진다(젤라틴). 척추와 신경계가 있다(필름스트립). 팔다리가 있다(카메라·스프로킷휠). 그와 연합되는 환경으로서의 결합체도 있다(영사기·스크린·극장·망막). 무엇보다도 이멀전은 투명막이다. 할라이드에 의해 감광은 흡광이기 때문이다. 이멀전이야말로 은막(銀膜)이다. 요컨대 이멀전은 영화 최초의 영화다. 그 주연은 할라이드다. 이멀전은 영화의 분자적 비사秘史다. 반대로 할라이드는 그의 분자적 결이 된다.

이멀전은 영화와 세계 사이에서 끈적거린다. 무엇보다도 모든 발생 이전에 선행하여 가장 먼저 끈적거린다. 이러한 사실이 이멀전을 다른 패턴특성들과는 근원적으로 다른 것으로 만든다. 물론 이멀전은 빛을 흡수하고(에너지), 물질도 흡수한다(은입자). 그러나 그와 함께 그는 빛과 물질의 발생을 함께 빨아들인다. 이멀전이 흡수하는 것은 세계의 발생 자체, 그의 시간이다. 이것이 푸티징, 프린팅, 루핑, 토닝 등의 기법들을 모두 아우르며 할라이드와 씨름하는 '케미컬 작가들'이 화학처리된 이멀전에서 찾아내려는 흡수의 존재론적 차원이다. 시간은 생성이기도 하고 소멸이기도 하다. 하지만 시간의 생성(브래키지)도 있고, 시간의 소멸(레블, 모리슨)도 있다. 생성으로 역전되는 소멸도 있다(솔로몬, 브라운). 할라이드는 시간의 분자로서, 바로 그러한 시간의 생성과 소멸을 흡수하여 이멀전에 새겨 넣는다. 할라이드는 정확히 연장extension의 입자들이다. 연장을 여전히 연속적이고 부드러운 변조에 의존하는 색채나 점탄성에 감광시키긴 쉽지 않다. 왜냐하면 "연장성은 생성하지만 생성 자체는 비연장적이기 때문이다."[18] 그건 본성상 비연장적인 할라이드의 몫이다. 할라이드는 정치적-법학적이지도(점성), 신학적-무속학적이지도 않다(색채). 비록 그 측면들을 포함한다 할지라도, 할라이드는 먼저 존재론적-화학적이다. 존재화학적onto-chemcial이다. 할라이드와 같은 분자만이 시간을 떼었다 붙였다 할 수 있다. 분자만이 빛과 물질보다, 심지어 시간보다 더 먼저이고, 그래서 그들보다 더 '끈적끈적한 것'이기에. 표현주의도, 색채주의도, 아무리 다른 형태의 리얼리즘이나 몽타주도, 다른 어떤 사조와 장르도 이 경지에 다가가긴 어려워 보인다. 어떤 현란한 카메라 워크와 편집으로도 분자결합을 깰 순 없다.

분자만이 시간 자체를 빨아들일 수 있다. 이것이 케미컬 영화의 제일공식이다. 브루스 엘더가 제안했던 "분자지성"molecular intelligence이란 개념도 바로 여기 위치하는 것으로서, 분자지성은 더 이상 신과 세계, 법과 세계가 아닌 영화와 세계라는 두 다른 평행시간들을 잉접시키는 투명막이기를 자처한다. 분자지성은 시간을 빨고 뱉는 자율적인 조직이다. 그래서 지성이다. 그러나 여전히 분자적이다. 그가 걸러내고 교통시키는 것은 단지 빛이나 물질이 아닌, 그의 분자들이기 때문이다. 그것은 기계이기도 하다. 다른 기계들과 결합가능하기 때문이다. 분자지성은 여전히 점막이다. 할라이드는 젤라틴으로 통제될 수 있기 때문이다. 그건 여전히 색채막이다. 할라이드는 색감광층들 사이에서 연속적으로 변이할 수 있기 때문이다. 분자지성은 코르지브스키의 "전기화학적 콜로이드 표면"과도 같다. 그것은 먹고 싸고 느끼고 생각하고 오류를 일으킨다. 존재화학적으로.

하지만 영화사에 분자지성이 먼저 찾아온 건 아니다. 우리가 먼저 만나게 되는 건 그 충동적 측면이다. 루핑에 의해서(리머 〈셀로판 포장지 변주곡〉, J.J.머피 〈프린트 제네레이션〉, 군포 넬슨 〈내 이름은 오나〉), 확대에 의해서(제이콥스 〈톰, 톰, 피리꾼의 아들〉), 분광에 의해서(스튜어트 파운드 작품들, 르 그라이스 〈베를린 말〉) 그레인과 색채는 분해되고 해체되고 소산될 수 있다. 가장 악명 높은 건 위르겐 레블과 슈멜츠다인 그룹schmelzdahin의 필름파괴 퍼포먼스였다. 그러나 이 모든 것이 단지 이미지의 허상성과 필름의 가멸성을 보여주려는 유치한 시도라고 오해해선 안 된다. 여기엔 시간의 한 측면에 가닿기 위한 이멀전과 베이스의 결착구조에 대한 통렬

18. PR 111.

한 사유가 있으며, 게다가 그 성취는 베르히만이나 카사베티스 같은 클로즈업의 대가들이 얼굴과 공간의 결착에 대해 가했던 혁신에 맞먹는다. 실상 베이스는 이멀전의 단순한 지지대가 아니라 그 각 입자들의 위치를 고정시키는 좌표로서, 그 난류에 안정된 패턴을 부여하는 기층substratum으로 작동한다. 베이스는 지속이고 존속이다. 그런 점에서 이멀전과 베이스의 관계는 클로즈업에서 얼굴과 몸통의 관계, 공포영화에서 살과 뼈의 관계와도 같다. 위 작가들은 이 둘을 떼어낸다. 그들이 그레인이 과포화되어 끝내 분산되거나 분해되는 끝없는 루핑을 통해 보여주고 하는 바는, 흡사 클로즈업된 얼굴이 다른 얼굴들과의 삼투를 통해 공간좌표를 이탈하는 것처럼, 어떤 충동적 조건 속에서 이멀전 역시 그 결착을 끊고서 공간좌표를 이탈할 수 있다는 사실이다. 이것은 이멀전과 베이스의 투쟁이다. 해체의 모든 것은 이멀전 안이 아니라, 이멀전과 베이스 사이에서 일어난다. 이것은 이멀전의 변질이 유도하는 베이스 좌표 자체의 해체이기도 하다. 범람하는 할라이드는 좌표를 삭제할 뿐만 아니라, 그를 분열시키는 다층 레이어를 이루거나 그를 일그러뜨리는 중력파가 된다. 특히 색분해 루핑의 경우가 그렇다(리머, 머피).

실제로 그 기법들을 더욱 정교하게 밀고 나간 작가들에서 우리가 보게 되는 것은, 얼굴과 공간좌표의 유착을 끊기 위해 생체학적 변태에 서슴없었던 클로즈업의 극단적 형태들, 혹은 공포영화의 문법들이다. 가령 세실 퐁텐느는 이멀전을 말 그대로 박피하고 들어내서 한 베이스에서 다른 베이스로 옮겼고(〈과식〉 〈불가역〉 〈평행역사〉)[19], 빌 모리슨은 산화되어 베이스로부터 흘러내리려는 이멀전들을 몽타주해서 인류의 모든 육신을 휩쓸어가는 아질산 홍수를 보여주었다(〈데카시아〉 〈대홍수〉).[20] 가장 멀리 나간 이는 위르겐 레블일 것이다. 그는 이멀전의 부식을 고도를 기다리듯 기다렸다. 필름스트립을 빨래처럼 널어놓기도 했고, 오줌에 담가놓기도 했

19. 필름 리프팅 기법에 대한 간략한 설명으로는, Stefano Masi, *Cécile Fontaine*, Éditions Paris Expérimental, 2003, pp. 5~7. 암모니아 용액으로 하는 "습법"과, 접착물로 강제로 떼어내는 "건법"이 있다. "필름리프팅 테크닉은 파운드 푸티지로부터 모든 중력을 제거한다."(p. 8).

20. 〈데카시아〉의 몽타주와 음악의 분석, Ursula Böser, "Inscriptions of Light and The 'Calligraphy of Decay': Volatile Representation in Bill Morrison's Decasia", *Avant-Garde Film*, ed. Alexander Graf & Dietrich Scheunemann, Editions Rudpi, 2007. "순수 부패의 간격 총체는 이미지를 분리한다."(p. 312).

다. 이멀전이 공간좌표를 탈출하기를 기다린 게다. 끝내 그는 부패와 발포를 거듭하여 끝내 시랍화屍蠟化된 야광좀비를 만들어냈는데, 이때 베이스는 좀비입자들이 건너뛰고 부유하고 좌표 없는 벌판이 되었다(〈도깨비〉 〈열정〉). 그러나 마구잡이처럼 보이는 이 해체엔 엄밀한 과학이 있다. 모든 것은 이멀전의 부식률 혹은 그 주름조직reticulation의 공극률이 베이스의 염률捻率, torsion이 되어, 이멀전이 썩어 문드러지는 정도나 그 부패속도에 비례하여 베이스 평면이 왜곡되고 뒤틀리는 것처럼 일어난다. 이것이 필름부패학의 치환공식이다:부식된 주름은 시반屍斑이고, 아질산은 지방산脂肪酸이다. 이멀전은 오직 베이스가 영화에게 강요하는 존속과 지속으로부터 탈출하기 위해, 그 장벽을 허물기 위해서만 해체된다. 레블은 다음과 같이 썼다:그래, 우린 이멀전을 사포로 벗겨냈고, 필름에 구멍을 냈으며, 재봉틀로 꿰매버렸다, 그러나 "우리가 이렇게 한 건 필름스트립을 단지 마구잡이로 다루기 위해서가 아니었다. 우리가 진정 원했던 것은 필름이 더 이상 영사되지 않을 정도로 가장 먼 한계들을 발견하는 것이었다."[21] 이멀전은 필름의 연속성을 할라이드의 불연속성이라는 그 원초적 상태로 되돌아가기 위해서만 부패한다. 색채의 연속성으로도 이 이탈과 박리를 막을 수 없으며, 심지어 스펙트럼 파장의 가변성은 할라이드가 도망가는 속도와 첨예함으로 탈바꿈되기도 한다. 이런 점에서 쇼도로프의 〈샤를마뉴 2: 필처〉는 매우 아름다운 작품으로서, 할라이드에게 투항하여 불연속적이 되고 심지어 양자적이 되어, 말 그대로 공간을 썰어버리는 색소-스플라이싱을 보여준다. 마찬가지로 법도 썩는다. 수에오카의 〈행진〉에서 우리가 보게 되는 건 썩어 눌어붙고 잔뜩 찡그려져 주름 잡힌 제국의 얼굴이다.

이 모든 시도들이 〈시간=소멸〉이라는 익숙한 등식의 증명인 건 사실이다. 하지만 그게 전부는 아니다. 부패학자들이 보여주려는 건 이멀전의 무력함이기는커녕 반대로 베이스의 무력함이요, 그와 함께 증강하는 이멀전의 힘, 즉 베이스 좌표를 찌그러뜨리고 그로부터 이탈하는 힘, 그럼으로써 이멀전과 베이스 간의 표면이 엔트로피를 흡수하는 또 하나의 막이 되도록 하는 힘, 요컨대 **분자충동**이다. 분자충

---

21. Jügen Reble, "Chemistry and Alchemy of Colour", *Millennium Flim Journal*, no. 30/31(fall 1997).

동은 단지 비유가 아니다. 또 모리슨이 이멀전 부식이란 "시간에 의해 만져짐"touched by time 22이라고 말할 때, 이 역시 은유가 아니다. 여기엔 이멀전이 시간으로부터 되먹는 어떤 실질적 단위가 있다. 가령 은염을 부식시키는 질산-박테리아가 그것이다. 그것은 시간의 한 측면을 표현하며 할라이드의 은염에 전이되고, 그의 좌표이자 면역계인 베이스로 하여금 스스로 뒤틀리고 허물어져 그가 감춰오던 기층의 민낯을 드러나게 한다. 분자충동은 시간에 감염되어버린 이멀전에 대한 베이스의 자가면역 반응이다. 시간에 대한, 시간에 의한 자가면역. 분자충동은 "질산염은 기다리지 않는다"Nitrate won't wait 23는 아카이빙학의 절대명제를 시각화한다. 분자충동 역시 시간의 직접적 표현인 것이다.

그런데 완전히 반대의 측면이 있는데, 이번에 그것은 소멸이 아니라 생성에 관한 것이다. 분자충동과 다른 이 영역은 이멀전과 베이스의 이격에는 큰 관심이 없다. 반대로 베이스 좌표에 의존하지 않는 이멀전의 자족적인 존속을 되찾는 것이 관건이며, 그로부터 시간에 대한 자가전이를 끌어내는 것이 관건이다. 예컨대 로렌스 브로즈의 〈심연〉을 보자. 색의 농도는 어떤 수준에 이르면 대상과 공간에 의존함이 없이 스스로 전이되어 '물체 없는 색깔'이 된다. 브래키지가 "닫힌 눈"closed eye 혹은 "내부의 눈"inner eye이라고 말하던 또 다른 차원의 이멀전은 바로 여기에 위치한다. 그것은 분자적 생성의 모든 측면들을 끌어안기 위해 시간의 필름스트립 양끝으로 도약하는 눈으로서, 생성을 위해서라면 외부에 빚지는 일이 없는 그런 눈이다. 그것은 자아Self거나 마음Mind일 순 있어도 심리적인 건 아니다. 그가 감광하는 할라이드는 외부가 아니라 내부로부터 생성되는 "고유감각"proprioception이기 때문이다. 그것이 도약할 순 있어도 변증법적인 건 아니다. 그 감광은 반사가 아니라 투사에 의하기 때문이다. 닫힌 눈은 결코 지성적일 수가 없다. 반성하지 않기 때문이다. 그는 내감한다. 자신의 발생과 우주의 생성을 일치시키기 위해서.24 브래키지의 유명한 비

---

22. 빌 모리슨 인터뷰(2004년 4월). 다음에서 재인용 : *Found Footage*, Amsterdam University Press/ Eye Film Institute Netherlands, 2012, p. 200.

23. 케르키 우자이의 다음 책에서 인용한다. Paolo Cherchi Usai, *Silent Cinema*, BFI, 2003, p. 12. 이 책은 필름부식에 대한 화학적 메커니즘뿐만 아니라 그 역사적, 사회적, 무의식적, 철학적 효과들까지 폭넓게 논한다.

24. 가령 한 유명한 아티클에서 마이클슨이 브래키지의 불연속 편집(〈밤의 예감〉)을 에이젠슈테인의 변

유:"녹색 자체를 모를진대, 풀밭을 기어가는 아기에겐 얼마나 많은 색깔이 보일까? 그 천진한 눈에 얼마나 많은 무지개색이 빛날 것인가."[25] 닫힌 눈은 시간과 우주 전체의 발생을 흡광하기 위해 분자적 상태("원초적 시각"primal sight)로 되돌아간 이멀전이다. 브래키지의 케미컬 중기작에서처럼 그가 목격하는 것은 물, 불, 대지, 태양을 관류하면서 존재의 탄생과 사멸을 휘감는 크고 작은 할라이드들의 모험 자체이며(《독 스타 맨》), 그 내면으로부터 뻗어 나온 시신경들을 따라 이어지는 색채와 패턴들이다(《허벅지 수금 삼각》). 닫힌 눈은 **분자감각**이다. 그는 충동이 아니라 순수한 지각의 차원이다. 만약 그에게도 충동이 있다면 그것은 "마치 소리가 시간을 칠하듯" 시각과 청각이 교호되는 공감각적 박동pulse, 즉 소멸에의 충동impulse과는 반대되는 "내동"in-pulse[26]이다. 이 완벽한 사례가 브래키지의 완숙한 핸드페인팅 후기작들(부분적으로 솔로몬과 공동작업했던)에서 볼 수 있는 합생으로서의 색깔이다. 그것은 물, 불, 포톤과 $AgNO_3$와 같은 분자 자체가 되어버린 색깔이며, 더 이상 대상을 칠하는 것이 아닌 그 합성과 융해의 반복 자체일 시간을 칠하는 **합생색**(concrescenchrome)이다(《나이트 뮤직》 〈단테 4중주〉 〈스텔라〉 〈블랙 아이스〉 〈혼합용기〉 〈합생〉 등). 이 작품들은 모두 무음이다. 왜냐하면 합생색이 이미 하나의 음악이기 때문이다.

그의 무수하고 다양한 필모 속에서도 하늘은 브래키지의 일관된 주제였다(《나

증법적 편집과 비교했는데, 그녀는 — 그 외견상의 유사성에도 불구하고 — 이내 그 둘의 근본적인 간극을 인정하는 현명한 결론에 이른다. 즉 변증법이 역사를 연속화하는 지성적 의식인 반면, 닫힌 눈은 현재를 연속화하는 "최면적 의식"(hypnagogic consciousness)이라는 것이다. Annette Michelson, "Camera Lucida/Camera Obscura", *Artforum* vol.11, no.5. Jan 1973.

25. 이 모든 것이 다음 글의 요약이다. Stan Brakhage, "Metaphors on Vision", *Metaphors on Vision*, ed. P. Adams Sitney, Film Culture, 1963. 브래키지의 '닫힌 눈' 개념에 대한 더 상세한 주석으로는 Williams C. Wees, *Light Moving in Time*, University of California Press, 1992. 3, 4장. 그러나 가장 심도 있는 연구는 엘더의 것이다. 캐나다 전통을 포함한 아방가르드 전통에서의 '셀프' 개념의 변천사를 추적하면서 그가 내리는 명쾌한 요약:스노우가 초월론적 현상학(후설)이라면, 브래키지는 실존론적 현상학(메를로-퐁티)이다. R. Bruce Elder, *Image and Identity*, 14장. pp. 369~372.

26. Stan Brakhage, "Film and Music", *Brakhage Scrapbook*, ed. Robert A. Haller, Documentext, 1982, p. 51 공감각적 박동에 대해 논하는 글이다. 로버트 켈리에게 보낸 1967년 서간문도 보라. 영블러드는 〈독 스타 맨〉을 이미 공감각적 차원에서 논한 바 있다(*Expanded Cinema*, p. 88). 브래키지와 추상표현주의와의 유사성도 자주 지적되어 왔다. 가령 제임스 피터슨의 연구(*Dreams of Chaos, Visions of Order*, 4장).

방불〉〈별의 정원〉〈별들은 아름다워〉 등). 그러나 그의 핸드페인팅 시기에 이르러 하늘은 비로소 완벽하게 시각화되었다고 할 수 있다. 분자들이 활공하는 투명기층으로서의 베이스가 그것이다. 분자충동과 분자감각의 차이는 분명해 보인다. 분자감각에서 이멀전은 베이스로부터 이격되지 않으며, 베이스는 이멀전의 내면적 합생을 위한 감싸는 바탕이 된다. 분자감각은 분자충동의 불연속성을 색채의 내적 연속성으로 대체한다.[27] 분자감각이 충동의 주름reticulation을 으레 색채로 대체하려는 이유도 여기에 있다. 질산염과 은염 간의 투쟁 혹은 불연속을 하나의 내적인 연속성으로 완벽하게 이어주는 것은 아직은 색깔밖엔 없다. 브래키지에게 토닝 작업은 단지 색칠이 아니었다. 그것은 그 각각이 하나의 색깔인 할라이드들을 연결하는 분자적 연장성을 부여하여, 그들 활공의 두께가 곧 자신의 내면이 되는 분자적 셀프molecular self를 일으켜 세우는 작업이었다. 물론 촬영과 편집으로도 이를 할 순 있었을 것이다(대표적으로 〈밤의 예감〉). 하지만 색깔은 운동을 빌리지 않고도, 더 잘한다. 이는 환유와 은유를 빌지 않고도 읊어지는 시와 같은 것이다. 엘더는 유아론에 갇히지 않으면서도, 닫힌 눈의 기법(액션, 페인팅)과 미국 현대시 기법(투사, 이미지즘) 사이의 상동성을 발견해내는 대작을 브래키지에게 헌정하였다.[28] 그러나 우리가 볼 때 그것은 색깔에 이른 후기 브래키지에게 가장 잘 어울리는 헌사였다. 색깔은 닫힌 눈의 투사시projective verse다. 분자감각의 분자언어molecular verse다.

물론 분자감각이 브래키지만의 독창적 개념이라고 말할 순 없다. 실상 분자적이고 추상화된 미세지각은 언더그라운드와 구조주의까지 이어지는 미국 아방가르드 전통의 특징 중 하나였고, 심지어 유사한 개념들도 이미 존재하고 있었다(데렌의 폐쇄회로, 프램튼의 순환회로, 메카스의 사적 회로…). 그러나 분자감각은 분자충동과 혼동되기 일쑤였고, 다시 외부의 할라이드가 개입하곤 했다. 브래키지는 그 모

---

27. 하늘의 청명함이 색채에 대해 가지는 바탕의 기능에 대해선, "My Eye", *Metaphors on Vision*.("나의 눈은 하늘을 향하여, 청명하게 느즈러져, 한껏 비반성적인 마음이 된다.… 하늘은 단지 파란색이 아니다. 그 전체라는 불가능함이다. 난 하늘에 취한다(My eye, sky-wards, relaxed, all cloudless, mind as non-reflective as possible … THE SKY ISN'T BLUE, Impossibility of all of it. I sky-hypnotised …).

28. 그 대작이란 다음이다: R. Bruce Elder, *The Films of Stan Brakhage in the American Tradition of Ezra Pound, Gertrude Stein and Charles Olson*, Wilfrid Laurier University Press, 2011.

든 것으로부터 거리를 두었다. 실천적인 현상학자이기도 했으나 태생적인 원자론자로서 그는 분자충동과 분자감각을 명확하게 구분할 줄 알았다. 실제로 그는 몹시 화이트헤드적인 작가였다. 분자충동이 소멸이고 소산이라면, 분자감각은 생성이고 합생이다. 분자충동이 객관화라면, 분자감각은 주관화다. 분자감각은 모자랄 것 없이 스스로 "만족"함으로써 우주의 내적인 연속성을 되찾는 "주관성의 형상"이다. 그는 "어떠한 외적인 모험도 할 수 없으며, 오직 생성이라는 내적인 모험만을 할 수 있다."[29] 요컨대 분자충동이 시간의 자가면역이라면, 분자감각은 시간의 자가전염이다. 분자감각은 스스로 시간을 전이시키기 위해서 시간을 닫는다. 차이의 생성 외엔 아무것도 내비치지 않도록. 브래키지는 투명성의 가장 아름다운 은유에 이른다. 투명성이란 THRU INTO다. "I see thru into myself seeing thru into you seeing thru into yourself seeing thru into me seeing me see you seeing you see me."[30]

그러나 브래키지는 중요한 한 단계를 건너뛰었다. 만약 분자감각이 시간의 자가전염이라면 그 매개체란 무엇인가. 브래키지는 대답하지 않았다. 혹은 인간 신체라는 지나치게 쉬운 답만을 내놓거나 빛Lumen이라는 추상에 호소하고 있었다. 즉 브래키지는 분자감각엔 매개체와 면역계가 없는 것처럼 가정하고 있다.[31] 이것이 엘더의 브래키지 비판의 골자다. 즉 브래키지는 분자감각의 환경으로서의 분자기계molecular machine를 잊고 있다. 그 결과 분자감각은 분자충동을 금기시함으로써 그 가장 긍정적인 측면을 놓쳐버렸다. 그것은 소멸충동에 내재한 소생에의 충동으로서, 이를 따라간다면 이미 사멸한 분자도 다른 분자기계들(현상액·블리치·토너·프린팅…)과의 협업을 통해서 얼마든지 새롭게 전개develop - 현상될 수도 있다.[32] 바로

29. PR.193. 브래키지의 닫힌 눈 개념에 너무도 잘 어울리는 문장들이다. 실제로 엘더가 브래키지에게 헌정한 해석도 합생 개념에 입각한 것이었다(*The Films of Stan Brakhage in the American Tradition of Ezra Pound, Gertrude Stein and Charles Olson*, pp. 313~347).

30. Stan Brakhage, *Brakhage Scrapbook*, p. 16. 초현실주의에 대해 논하는 1964년 서간문.

31. 이것은 프램튼보다는 브래키지에게서 더 문제가 되는 측면이다. 프램튼의 체계는 한계와 오류를 가지기 때문이다. 실제로 프램튼과의 대담에서 브래키지는 다음과 같이 말한다 : "소통이라는 말은 아주 위험한 말 같다. 난 다른 사람들과 **동일한** 세상(same world)에 살고 있다는 느낌을 원했다. 이건 소통과는 다른 거다."(*Brakhage Scrapbook*, p. 187. 강조는 인용자).

32. R. 브루스 엘더, 「칼 브라운의 죽음의 종소리」, 칼 브라운에 대한 국내 유일의 출판물인 다음 책에 수록되어 있다. 『시각적 연금술사 칼 E. 브라운』, 이행준 엮음, 다이애고날 필름 아카이브, 2008. 이

여기서 '연금술'이라는 새로운 차원이 열리게 된다. 하지만 이것은 금속을 금은으로 변환하기 위해 원소들을 다루는 구시대의 연금술이 아닌, 은염과 질산염을 납, 철, 구리, 아연과 같은 산화성 금속 할라이드로 변환하는 새로운 연금술이다. 또한 그것은 곰팡이의 단속적 패턴이나 색채의 연속적 패턴이 아닌, 금속가공의 패턴, 흡사 주기율표의 7족에 위치한 원소를 3족이나 4족으로 계열변환하는 아분자적 패턴을 결정하는 일로서, 충동이나 감각과 근본적으로 구분된다. 연금술의 주체는 분자충동도 분자감각도 아닌, **분자지성**이다. 분자지성은 칼 브라운이 "금속치환"metal conversion 혹은 "산화철 변환"iron oxide conversion이라고 부른 변환을 자신의 흡수법으로 삼는다. 일반적으로 분자지성에게 할라이드도 금속이며, 반대로 모든 금속은 할라이드가 될 수 있다. 허나 그 이유는 금속이란 그 결합 및 해체가 우주의 리듬을 표현하고, 그 관성적 상태에서 활성적 상태로의 변환이 곧 "감정적 전이"가 되는 그런 유기화학적 분자이기 때문이다.[33] 죽었다가도 살아날 수 있는 모든 것이 금속이다. 금속은 모든 것에 있다. 수련, 연못, 신체, 플라스틱, 가로등과 하늘 모두 금속이다. 저 리듬을 그 자신 무의식으로 품고 있기 때문이다. 물과 불은 가장 강력한 금속이다. 그건 심지어 다른 금속들을 불러 모은다. 나아가 어떤 금속도 완전히 죽는 법은 없다. "불에 타서 고스란히 형체가 남아있는 잔재"와도 같이, 아무리 짙은 충동과 심연 속에서도 그것은 거기에 있다. 요컨대 연금술적 분자지성은 분자충동의 산화, 분자감각의 금속색을 산화철iron oxide로 대체한다. 그에게 모든 흡수는 할라이드 분포의 불연속성(주름)이냐 연속성(색채)이냐의 문제가 아닌, 그들의 조합을 제어하여 결국엔 소멸과 생성의 양방향으로 교차하는 할라이드 환생의 자율적 피드백을 만드는 문제를 의미한다. 절대적 외부가 있는지 없는지, 면역계가 얼마나 강고한지 취약한지 역시 더 이상 문제가 아니다. 반대로 관건은 자연계에 존재하는 금속의 수만큼이나 무수하게 주어져 있는 면역계들을 교통시켜, 결국 면역계를 자율계로 돌연변이mutate시키는 것이다. 더 이상 이멀전-베이스의 이격과 밀착이 관건이 아

책을 위해 특별히 쓰진 이 글은, 칼 브라운뿐만 아니라 케미컬 영화 전반에 대한 최고의 평론인 것 같다.

33. 칼 브라운, 「시각적 연금술/만물용해액의 짧은 역사」, 『시각적 연금술사 칼 E. 브라운』. 이후 인용들 또한 이 책에 수록된 브라운의 언명들이다.

니라, 할라이드를 기반금속base metal으로 걸러내고 용융하고 제련하여 이멀전과 베이스, 살과 뼈, 눈과 기계의 연금술적 종합 속에서 흡사 베이스 양면에 이멀전이 도포된 양날의 필름스트립을 연마해내는 게 관건인 것이다.

특히 우린 분자감각을 변증법과 혼동할 수 없는 같은 이유로, 분자감각을 분자지성과 혼동할 수 없다. 분자지성은 단지 닫지 않는다. 그의 목표는 셀프를 단지 투명하게 만드는 데에 있질 않고, 닫고 열고를 반복함으로써, 그 닫힌계에 넣었다 뺐다 말 그대로 담금질함으로써 셀프를 더 투명하게, 달리 투명하게 제련해내는 데에 있기 때문이다. 분자감각은 그렇게 갈고 닦진 않는다. 순진무구함으로 족하기 때문이다. 반면 분자지성은 투명해지려면, 절차탁마해야 한다. 분자감각이 *차이들의* 셀프라면, 분자지성은 *차이나는* 셀프들이다. 분자지성에게 베이스는 단지 형이상학적 투명성이 아닌, 실용적 투명성을 담보해야만 하는 것이다.

이런 점에서 분자지성의 먼 선조로 레트리즘Lettrisme을 꼽을 수도 있을 것이다. 레트리즘은 작가와 관객의 지성 자체가 영화의 이멀전이 됨으로써, 영화 자체는 그들로부터 유출되는 초시간적인 동시에 미학적인 미시입자(즉 문자)가 자유롭게 썼다가 지워질 수 있는 투명베이스이기를 요구하였다(이주, 르메트르).[34] 하지만 문자만으로는 충분하지 않다. 정작 산화에 필요한 건 잉크다. 그런 점에서 분자지성에 더욱 가까웠던 유파는 차라리 파운드 푸티지였다. 푸티지 작가들은 변사체처럼 버려진 푸티지를 압연하거나 인장할 수 있는 유기금속으로 간주하고, 가혹한 제련과 편집을 통해서 푸티지를 되살려내기 때문이다. 푸티지 유파는 본격적인 연금술 이전에 최초의 분자지성들이다. 실제로 파운드 푸티지 기법은 케미컬 작가들에게 두루두루 사용되었고, 그것은 분자충동에서 분자지성으로 넘어가는 길목을 열어주기도 했다. 우린 분자충동에서 이러한 이행의 흔적들을 어렵지 않게 찾을 수 있다. 모리슨 작품이 가지는 인류학적 성격의 핵심은 단지 도시와 자연, 인구와 재난 같은 사회학적 측면만이 아닌, 개체는 죽어도 그 자신은 사라지지 않고 남아있는 시대와

---

34. 잘 알려진 것처럼 레트리즘은 이를 음성과 이미지의 분리("불일치 몽타주(montage discépant)")로 시도하였다. 레트리즘의 초시간적 측면에 대한 심도 있는 연구로는, Frédérique Devaux, *Le Cinéma Lettriste*, Paris Expérimental, 1992. 특히 르메트르의 영화 〈Film est déjà commencé?〉를 분자적 관점에서 분석하는 5장. ("미학적 곰팡이", p. 71).

문명들 간의 자가생성적 피드백에 있다. 모든 자가전이가 분자지성의 독점물이라고
볼 어떤 이유도 없다. 실상 분자충동에도 자가전이가 있다. 할라이드 결합체가 이산
화질소를 내뿜고는 되먹는 자가부식 과정이 그것이다. 이처럼 아무리 충동적인 회
로에도 금속치환이 일어날 이차적 가능성은 내재하고 있는데, 솔라리제이션은 그러
한 이차노광 중 가장 강력한 연금술일 것이다. 솔라리제이션은 금속은을 이멀전 감
감화의 작인으로 역변환하여, 암부를 명부로 뒤집고 그 경계선을 내부의 빛으로 에
칭해내기 때문이다.[35] 이런 점에서 레블의 야광 도깨비들은 이미 연금술적이었다.
그리고 그들은 그들 자신을 삼키고 뱉어냈던 태초의 용암으로 되돌아간다(물질 시
리즈 〈불안정 물질〉 〈암흑물질〉). 레블은 화산학적 솔라리제이션이다. 반대로 솔로
몬은 분자감각에서 직접적으로 금속은과 분자지성을 끌어낸 작가 중 최고일 것이
다. 브래키지와 공동작업하기 이전부터 이미 솔로몬은 가장 깊은 암흑과 절망으로
부터도 빛나거나 색채를 띤 은입자들의 흐름을 추출해내고 있었다. 이것은 거의 기
상학적 솔라리제이션이라고 할 수 있다(〈야경〉 〈오늘 밤의 상실〉 〈물시계〉 〈우아한
시간〉). 사멸한 할라이드들의 숨결이 되기 위해 풍경이나 기후가 되어버린 광자폭
풍, 이것이 솔로몬의 일관된 테마이며(〈황혼의 시〉), 더 나중엔 아예 문명과 기억을
휩쓸어가는 솔라리제이션 토네이도를 보여주었다(〈미국 몰락〉). 분자감각과 분자지
성의 화해, 이것이 브래키지보다 솔로몬이 더 나아가는 지점이다. 물론 이멀전에 약
품만 뿌린다고 이 모든 전이가 일어나는 건 아니다. 가령 다이치 사이토의 〈귀환의
흔적〉은 8mm 그레인의 확대와 레이어링, 편집만으로도 분자지성에 가닿을 수 있
음을 보여준다. 분자지성에서 중요한 것은 빛바랜 할라이드를 어루만지고 갈고 닦
아 스스로 빛나는 할로halo로 소생시키는 일, 자가면역과 자가전염 일체를 종합하는
찬란한 돌연변이를 일으키는 일이다.

분자지성은 서유럽 전통(기계지성)이나 신대륙 개인주의 전통(닫힌 눈)과 아무
런 상관이 없다. 연금술에 더 이상 물질과 영혼의 구분은 없다. 각 기반금속이 이미
태초의 시간을 품은 할라이드이고, 그가 활성화되어 스스로 빛나는 상태로 돌아간
원물질prima materia이 바로 그의 영혼이기 때문이다(가령 레블의 용암, 솔로몬의 바

---

35. 이미 인용했었던, Sandy Walker & Clarence Rainwater, *Solarization*. Amphoto, 1974, 5장.

람). 분자지성은 그노시스주의나 고대철학, 플라톤까지 소급할 수도 있다 : 각 금속은 므네몬Mnemon이고, 그것은 각자의 시간을 숨죽인 채 반복하며, 2차 노광과 2차 현상을 기다리고 있는 우주의 금속은들이라고, 그것은 "시간 자체만큼 오래된 이미지"라며.[36] 그런데 바로 여기서 분자지성은 새로운 측면을 하나 덧붙이는데 그건 고대적 방식과는 너무도 다른 현대적 방식, 예컨대 미디어아트나 인공지능 공학에서 볼 수 있는 그런 방식이다. 즉 우주의 각 부분이 이미 하나의 금속성 할라이드이고 이미 하나의 이멀전-기계라면, 또 그 각각이 우주의 시간을 분유하는 것이 사실이라면, 이멀전-기계들의 재조합을 통해서 우린 그 용융과 제련에 정교함과 깊이를 더할 수도 있을 것이다. 실상 이것이 연금술 작가들이 자신의 작업방식과 작품에 대해서 가지는 생각과 태도이기도 할 텐데, 이에 따르면 주어진 금속을 감광하는 기계나 재료가 따로 정해져 있지 않으며, 현상액, 픽서, 경막제, 블리치, 포타슘과 소듐, 염료, 그에 더해질 수 있는 전자기적 자극이나 디지털 프린팅, 나아가 주어진 환경과 관객, 작가 자신의 뇌까지 모든 것이 또 다른 기계일 수도 있다. 브라운이 술회하길, 필름스트립을 겨우내 창문에 널어놓았더니 분자지성은 "환경을 **흡수했다**absorbs"[37]

엘더는 『정신현상학』을 인용하곤 한다. 하지만 이를 통해 그가 진정 말하고픈 바는 일반적 분자지성이란 개별적 분자지성들의 피드백 과정 자체라는 것이다. 한마디로 가장 중요한 피드백은 작품과 작가 사이에 있다. 작가는 자신이 가진 생각과 비전을 작품에 단지 투사하는 게 아니라, 작품이 구체화됨에 따라 그 생각과 비전도 점점 달라진다(관객에 대해서도 마찬가지다). 그러므로 핸드프로세싱의 불확실성은 분자지성의 심장이다. 작가는 자신이 품어왔던 트라우마, 후회, 증오, 환희 등을 필름에 투영하지만, 필름은 그대로 표현해주지 않거나 심지어 이미지를 소실시킴으로써 그들을 걸러내고, 작가 또한 그렇게 기록된 푸티지에 리프린팅하고 재현상함으로써 작품을 끊임없이 걸러낸다. 이것은 작가와 작품이 서로를 산화철 변환하는 과정이다. 작가의 뇌가 이멀전인 것처럼 필름의 이멀전도 뇌다. 작품뿐만 아니라 작가도 금속이다. 진정한 연금술은 작품과 작가 사이에서 일어난다. 분자지성의 작

---

36. 브루스 엘더, 「칼 브라운의 죽음의 종소리」, 『시각적 연금술사 칼 E. 브라운』, 20쪽.
37. 칼 브라운 인터뷰. 같은 책, 192쪽.

업방식은 차라리 추상미술에 있어서 일본 모노파, 추상영화에 있어서는 확장영화 유파와 가까워 보인다. 연금술사는 작품을 만들지 않는다. 그가 세계와 만나고 그와 함께 용융되어 제련되는 과정이 곧 작품이 될 뿐이다. 이 모든 것이 엘더와 브라운을 분자지성의 가장 완성된 사례로 만든다. 이멀전을 발작적으로 뒤덮는 주름조직reticulation은 두 금속 족을 접붙이는 분자지성의 중추신경계를 이루고, 풍경을 가르는 성운constellation은 분자지성의 겉막과 속막을 빛나는 테두리로 분리하는 그의 피부와 표정을 이룬다(엘더 〈에로스와 경이〉, 브라운 〈재:진입〉 〈공기의 울음, 텅 빈 물〉). 이걸 단지 핸드프로세싱이라고 부르는 건 안타깝다. 여기에 참가하는 것은 작가의 손만이 아니기 때문이다. 이건 딱히 주름이나 공팡이도 아니다. 충동만이라기엔 너무나 반짝이기 때문이다. 이건 딱히 색채도 아니다. 감각만이라기엔 너무나 쓰라리기 때문이다. 그건 충동과 감각 사이의 여백에 떠오르고 있는 상흔과 로돕신이고, 스스로를 짓는 산고의 금이자 태이며, 그 자율성의 감축, 혹은 결정화의 결이다. 이것은 분자의 색깔과는 구분될 **분자결합의 색깔**, 말하자면 쿼크quark와 글루온gluon을 분리사출하여 다른 어떤 분자결합 에너지, 허나 이번엔 다른 어떤 기억과 트라우마로도 깨지지 않을 강입자를 제련하는 과정과도 같은 것이다. 분자지성은 색채학과는 아무런 상관이 없고 외려 양자색역학과 관련이 있다. 쿼크는 결코 분리되지 않지만, 다른 쿼크와의 결합에 의해서만 알록달록해진다. 영화와 세계에 대해서도 마찬가지일 것이다. 영화사에서 있어서 분자의 자율성을 시각화한 건 분자지성들밖에 없다. 무르나우도, 김수용도, 타르코프스키도, 심지어 도브첸코도 이 정도는 아니었다.

물론 엘더와 브라운의 작품세계는 결코 혼동될 수 없다. 엘더에게 금속은 먼저 육체였다. 육체는 덩어리지고 프레임에 갇히고, 찢어지고 구멍 나고 상처받고 수치스러워하는 금속이다(〈불구, 짐승, 비애〉). 무엇보다도 죽음충동의 무한성은 그를 비활성화하여 분자적 마조히스트로 만든다(무한-유한, 주인-노예, 본질-현상). 엘더에게 죽음충동이란 프레임이다. 하지만 그건 화면의 고정된 프레임만이 아니라 발작과 이완을 반복하며 육체를 옥죄어오는 전자기적 주름조직의 자가-솔라리제이션이기도 하다(〈에로스와 경이〉). 여기에 바로 신체가 되찾는 자유의 색깔도 있을 것이며. 금속-용융-제련의 3틈은 엘더에겐 신체-죽음-자유의 3틈을 의미하면서, 실존주의적 변증법과도 같을 〈죽음의 서〉의 3부를 이룬다. 반면 브라운에게 금속은 먼저 정신적 특질을 갖는 것이었다. 그것은 변증법과는 아무런 상관이 없으며, 무엇보다도 먼저 대과거의 기억이고, 그 복기를 통해 주변 환경과 주고받는 비물질적 진동이었다(고로 그건 사진적 환영일 수도 있다 : 브라운의 에세이 영화들 〈재:진입〉 〈감각의 응축〉 〈흑설〉). 브라운은 엘더의 프레임을 주파수로 대체한다. 금속의 해방은 주름 조직의 전자기적 도약에 의해서가 아니라, 반대로 그 각각의 색조가 진동이 되는 금속들의 "크리스탈 싱크"crystal sync에 의해서 이루어진다. 그것은 해방과 대비되는 조화로서, 이때 기반금속은 감정적 전이의 투명한 매개체가 되어 그의 환경과 균형을 이룬다. 수련은 하늘과 연못의 동기화된 결정화 없이 그토록 눈부시게 스스로 결정화될 수 없었을 것이다(〈블루 모네〉). 엘더의 신체-죽음-자유의 3틈에 브라운의 진동-싱크-조화의 3틈이 대조된다. 엘더와 브라운의 차이는 광학에 있어서 입자설과 파동설, 수학에 있어서 집합론과 위상학, 미학에 있어서는 앙겔로풀로스와 타르코프스키, 혹은 유현목과 김수용의 대조만큼이나 적지 않은 것이다.

이행준은 또 한 명의 중요한 분자지성이다. 그는 연금술의 모든 측면을 탐색하면서 프레임과 진동이라는 금속변환의 두 본질적 특질들을 확장하고자 한다. 프레임, 그것은 한계이며 공간이고 지각이고 베이스다. 진동, 그것은 속도이고 시간이고 움직임이고 이멀전이다. 하지만 이행준이 요소들을 분해할 때는 오직 종합하기 위해서다. 진동하는 프레임, 이것이 그의 작품세계를 관류하는 "틈새"의 테마이며, 또 그가 다른 케미컬 작가들로부터 가지는 그만의 독특성이다. 틈새는 영화의 실질적인 구성요소로서, 이멀전과 베이스 사이의 여백인 동시에 그들이 구성했던 두뇌를 쪼개는 경련하는 균열들이고(〈균열의 몫〉 〈네뷸라 라이징〉), 이미지 전체에 소리가 뚫어놓는 스프로킷홀의 만성통각이다(〈사운드의 형이상학적 채집〉). 이행준은 "구멍에 의해 세상의 모든 물질은 필름이 된다"고 말한다. 그를 연금술의 낭만화마저 경계토록 하며 확장영화로 이끄는 것은 틈새의 물질성이 아니라, 이러한 **틈새의 실재성**이며, 이는 영화의 틈새를 세계의 틈새와 싱크시키거나 최소한 그 둘이 이미 싱크되어 있음을 증명하려는 과정의 존재론적 근거가 된다.[38] 이행준이 향하는 바는

---

38. 이행준 인터뷰. *The Stream*, Vol. 2., 한국 비디오아트 아카이브, 2014. 이행준은 레블, 솔로몬, 모리

필름의 슬릿이 인간의 눈이 되고, 퍼포레이션이 그의 성대가 되고, 필름게이트가 갤러리 공간이 되며, 행위의 반복 자체가 기억의 블리칭과 솔라리제이션이 되는 그런 '수행적 연금술'이다(〈필름 워크〉 〈애프터 싸이코 샤워〉). 분자적 민주주의 : "이것은 아주 투명하고 교육적이며 동시에 누구나 할 수 있는 퍼포먼스."[39]

우린 이행준에 동의한다. 또 케미컬 영화들이 필름의 물질성을 드러낸다는 둥, 유물론적이고 비판적인 반성적 의식을 형성한다는 둥의 구닥다리 평론에 반대한다. 여기서 재정의되는 건 필름의 본성이 아니라 이멀전의 본성으로서, 먼저 실천되는 것은 반사가 아니라 흡수이기 때문이다(반사를 일부러 강조하는 작가들이 있을 뿐이다). 분자적 실천의 본질은 시간 자체의 흡수에 있다. 이것이 결코 오해해서는 안 될 "시간 자체만큼 오래된 이미지"(엘더)의 본뜻이다. 케미컬 영화들이 인간과 영화가 새롭게 처한 조건에 대해서 결국 보여주려는 바는 **시간은 하나의 전염병**일 수 있다는 것, 또 그에 상응하여 ─ 작품·작가·관객을 포함하는 ─ 세계의 각 부분이 시간 전체를 분유하는 제각각의 이멀전이고 제각각의 세계일 수 있으며, 고로 그들 서로가 서로의 시간을 흡수하는 과정으로 새로운 시간을 정련해낼 수 있다는 것이다. 브라운은 필름과의 대면 속에서 과거의 트라우마로부터 미래를 지켜낼 면역계를 다시 세웠노라고, 영혼의 예방접종을 받았노라고 증언한다.[40] 관객에게도 마찬가지일 터다. 일반적으로 케미컬 영화들은 반성되지도 대상화되지도 않는다. 그건 보는 이들을 빨아드린다. 하지만 이는 영화 자신도 빨아들여지는 그 용융 속에서 미래를 감광해내는 새로운 이멀전을 그들과 함께 제련해내기 위해서다. 분자지성이 근대과학보다 더 잘 이해하고 있는 것은 이러한 자연의 관통성이다. 더 이상 필름 쪽으로 고립된 1차 자연과, 작가나 관객의 마음이 독점하는 2차 자연과 같은 "자연의 분기"란 없다. "저녁놀의 붉은 광휘는 분자와 전자파들처럼 자연의 일부다."[41] 더 이상 하나

슨 모두를 언급한다. "필름의 물질성으로만 가능한 것들을 낭만화하는 태도", 또 "이미지의 신비로운 경험에 대해서만 강조하는 태도는 제가 거리를 두는 것입니다."(39~40쪽).

39. 이행준, 「보이지 않는 방」, 『인문예술잡지 F』 2013년 9호, 88쪽.

40. 칼 브라운, 「시각적 연금술/만물용해액의 짧은 역사」, 『시각적 연금술사 칼 E. 브라운』, "현재에 지금 떠오르는 형상과 형체들은 이제 연금술적 처리과정을 통해 과거의 질병으로부터 면역력을 갖추어 해방되게 된다."(86쪽).

41. CN 2장 29. "자연의 이행성"(passage of nature)에 대해선 같은 책 3장. 근대사유가 낳은 "자연의 분

의 자연의 해석이 아니라, 서로 다른 자연들을 녹이고 서로 흡수토록 하는 용융과 제련이 관건인 것이다. 더 이상 어디에도 반성이 끼어들 틈이 없다는 것, 이 세계는 흡수, 흡광, 흡존으로 채워진 상호필터링의 총체적 주름조직reticulation이 되었다는 것, 더불어 영화뿐만 아니라 세계 또한 두뇌-육체 결합체의 시기로 완전히 진입했다는 것, 이것이 케미컬 영화들의 도래가 시사하는 바다. 케미컬 영화들은 범이멀전주의Pan-Emulsionism다. 이러한 생각이 이행준뿐만 아니라 많은 분자지성들을 암실에서 끌어내어 필름 퍼포먼스로 이끈다.

"몸의 두께는 세계의 두께와 경쟁하지 않는다." 그들은 동일한 "살의 두께"를 형성하는 투명막의 양면이기 때문이다.[42] 메를로-퐁티는 "살"을 지칭할 명칭이 전통철학에 없음을 개탄했다. 케미컬 영화들은 그걸 찾았다. 그건 할라이드, 금속은이다.

	A.E.	E.O.	진입
분자충동	객관화	주름, 곰팡이	자가면역
분자감각	주관화	색채	자가전염
분자지성	자기초월	금속은	돌연변이

기"란 관념에 대한 화이트헤드의 비판은, 이후 등장하게 될 사이보그 철학 혹은 하이브리드 철학의 형이상학적 초석을 제공한다.

42. 모리스 메를로 퐁티, 『보이는 것과 보이지 않는 것』, 남수인·최의영 옮김, 동문선, 2004. 「얽힘-교차」, 194쪽.

8

영화의 연극성

8-1. 배역과 무대

투명하다는 것, 그것은 **변신 이외에 다른 정체성이 없다**는 것이다. **투명(透明)이란 자명(自明)이다.** 그런데 이 변신의 조건이 되는 환경 및 매질은 단지 불특정하고 무한정한 풍경이 아니다. 반대로 그것은 분할되어 한정된 풍경이다. 안과 밖을 접촉시키는 풍경의 분할 없이는 변신도 일어나지 않는다. 왜냐하면 모든 변신은 피드백이기 때문이다. 일반적으로 모든 변신은 한정된 환경에서 일어난다. 반대로 무한정한 환경에서 일어나는 변화는 변신이 아니다(가령 계절은 변화할 뿐 변신하지 않는다). 우린 병렬회로에서 단지 〈배우–풍경〉actor-landscape으로 남겨두었던 개념쌍의 최종 버전을 만나게 된다. 그건 〈배역–무대〉part-stage라는 쌍이다.

영화가 처음부터 이를 발견한 것은 아니었다. 연극으로부터 독립선언을 할 시기에 영화가 한정된 풍경을 발견하는 것은 거의 불가능했다. 일단 바깥의 무한성이라는 관념이 그를 가린다. 몽타주가 금기시되었던 바쟁의 시대에 실제로 금기시되었던 것은 (그 발견과 동시에 연극과의 차이점을 소거해버릴) 한정된 바깥의 발견이었을 게다. 베르토프부터 바쟁까지 연극으로부터 영화를 구별해내고자 했던 영화우생학자들에게서 일관되었던 단 하나의 전제는, 무한과 유한의 대조였다. 한정적인 연극무대의 바깥과 달리 영화프레임은 무한정한 바깥을 누리며, 연극무대의 가설적 'Somewhere'를 능가하는 영화프레임의 실증적 'Anywhere'가 영화를 근원적으로 다른 예술형식으로 만든다고 그들은 자신했다. 그리고 그 대립을 리얼리즘의 외연을 규정할 수 있는 작위성과 자연성의 대립으로까지 확대해석하였고.[1] 하지만 이는 단지 이론에서만 일어나는 일이다. 영화는 연극의 형식과 결별한 뒤에도 으레 한정된 무대로 되돌아가곤 했다. 일단 인물이나 공간을 분해-재결합하는 쿨레쇼프의 격자장은 그 자체로 무대다(〈법〉). 마리오네트 전통은 끝없이 무대를 되찾곤 했는데, 가령 채플린을 감금했던 공장(〈모던 타임즈〉), 키튼을 빨아들였던 극장(〈셜록 2세〉)은 전형적인 한정된 바깥이다. 이에 질세라 표현주의는 매 공간을 암막으로 둘러쳤고, 강스는 너무 빨라 세계로부터 고립되는 움직이는 무대를 제작했다. 또한 장면의 연극화와 인공화를 부단히 시도했던 오퓔스와 루비치에게 있어서 무대와 무대 사이에는 그 안에서보다 더 불가항력적이고 긴급한 운동이 존재한다(〈롤라 몽테즈〉, 〈사느냐 죽느냐〉). 한정하는 순간, 우린 무대를 갖는다. 어떤 총체화도 이 한정을 막을 순 없다. 군중? 군중은 누구보다 지독한 한정자다. 소비에트의 군중은 멘셰비키를 포위해서 연극무대의 꼭두각시로 만들어버렸다. 이러한 한정은 이론이 강요해왔던 자연성(영화적 리얼리즘)과 작위성(연극적 낭만주의)의 양자택일로는 규명되기 어려운, 작위적인 동시에 실증적인 한정이다. 그러나 그것은 여전히 연극적이다. 그건 닫힌 공간 안에서 역할들의 배분과 그 실험과 제어를 통해서 공간을 지배하고 있던 법칙을 탐지해내고 또 새로운 법칙을 제정하려는 욕동으로서, 작위적이어도 너무 작위적인, 즉 '자율적인 한정'autonomous definiteness이기 때문이다. 실제로 앞선 예들에서 우린 법칙제정의 흔적들을 어렵지 않게 찾을 수 있다. 나사처럼 보이는 것만 보면 조이려고 달려드는 찰리에게 노동자 배역은 사실 인간을 물질로 되돌리는 기계 배역이라는 현실법칙의 탐지는 아주 간단한 예다. 루비치와 오퓔스는 주어진 배역의 법칙과 그 법칙의 빈틈으로 빠져나가는 운동을 발견해내기 위해서 더욱 작위적으로 공간을 닫았다. 〈롤라 몽테즈〉의 여배우는 과거 화려했던 무대를 재발견하기 위해 끊임없이 현재의 서커스 무대로 올라가야 한다. 〈사느냐 죽느냐〉에서 폴란드 연극배우들은 나치의 음모를 저지하고 그 추적을 따돌리기 위해 이중첩자, 게슈타포, 심지어 시체와 히틀러로까지 스스로를 연출하며 무대를 확장해야 한다. 이 모든 한정은 무대를 허물거나 빠져나가기 위해서만 무대를 짓는다는 무대전환법

---

1. 앙드레 바쟁, 「연극과 영화」, 『영화란 무엇인가』, "무대의 공간과는 반대로 스크린의 공간은 원심적이다."(210쪽). 바쟁은 미학적 측면(인공-자연), 광학적인 측면(샹들리에-램프)뿐만 아니라, 심리학적 측면(대립-동일화)까지도 검토하고 있다. 하지만 바쟁 역시 굴절모델뿐만 아니라 흡수모델에 호소한다. 부재(배우의 신체)가 관객의 현존을 흡수한다고 논할 때가 특히 그렇다.

을 제정하는 자율인 것이다.

만약 몽타주가 지속의 절단이고 바깥의 내삽인 것이 사실이라면, 영화는 작은 반응샷 하나만으로 어디서도 새로운 무대를 거뜬히 지을 수 있는 떡잎부터 연극귀재였을 터다. 즉 영화가 이토록 연극적일 수 있는 건, 그가 본성상 하나의 연극이 아니라 무수한 연극들이기 때문이다. 이 시대의 감독들은 손수 필름스트립을 자르고 만졌다. 거기엔 이미 영화에 내재한 연극적 본성이 새겨져 있다. 흡사 네모난 무대 위 이미지를 둘러싸고 구경함으로써 그를 현존케 하는 관객이나 연출자의 시선과도 같이, 포토그램을 한정하기 위해 포토그램들 사이의 경계가 되고 있는 씨네그램이 그것이다. 씨네그램은 포토그램들을 무대화함으로써만 그들을 현실화로 이끈다. 무대화 없이 운동은 일어나질 않는다. 이것이 영화가 그토록 하고팠지만, 시대의 요구와 평단의 눈치를 보느라 말하지 못했던 그 자신 출생의 비밀이다. 씨네그램은 영화의 연극적 DNA이다. 연극학자들이 말하듯 만약 연극무대가 장소라기보다는 장소를 발생시키는take place 그들 간 경계limen라면, 그건 딱 씨네그램인 것이다.[2]

우린 바쟁을 의심한다. 네오리얼리즘과 누벨바그가 영화사에서 가지는 중요성은 진짜 영화를 출생시켰다는 게 아니라, 저 출생의 비밀을 툭 까놓고 폭로했다는 데에 있을 것이다. 특히 펠리니는 무대화, 그것도 중층무대화의 거장이었다. 그것은 각 부분이 하나의 무대이자 진열장이 되는 벌집형 무대군집체로서, 각 부분무대들 간에는 그 자신들 분유하는 기억들을 이행하는 배우들의 행렬들이 존재한다. 펠리니는 무대의 층수에 따른 배우들의 군을 분류했다. 죽어서야 무대를 내려올 수 있는 배우들이 있는가 하면, 그들에게 배역을 강요하는 연출자와 관객들도 있다(〈사티리콘〉의 폭군, 〈광대들〉의 촬영팀과 텔레비전). 가장 구제불능의 경우는 배우도 연출자도 되지 못하여 더 이상 출구를 찾지 못하는 경우다(〈8½〉의 영화감독, 〈달콤한 인생〉에서 유명인사들). 펠리니는 무대들 사이를 줄지어 있는 행렬에서 자학, 망상, 죽음, 엔트로피를 본다. 그러므로 무대들의 통합은 기억의 최저층에서 이루어지

---

2. 다음 같은 인류학적 접근들을 염두에 둔다. 리차드 셰크너, 『민족연극학』(한국문화사, 2004), 특히 7장("문간성thresholdness"); 김용수, 「연극의 전이체험」(『한국연극학』 26호. 2005). 황루시의 무속학적 접근도 보라. 「민속 해석의 한 연구 : 경계의 이미지와 신성창조 방법을 중심으로」(『기호학연구』 11호. 2002).

며, 배우들은 〈광대들〉의 늙은 광대처럼 죽음의 몽상 속에서 그 마지막 변신을 완성한다. 고다르는 정반대 상황이다. 그는 한 무대에서 다음 무대로의 이행 속에서 죽음과는 반대되는 삶의 역량, 그러나 이번엔 단지 기억이 아닌 사유의 역량을 본다. 고다르의 트래블링이 매끄럽고 반질반질하게 닦아나갔던 사유의 반사면이 이미 무대벽면이자 그 바닥이었다(〈주말〉〈만사형통〉). 고다르 영화에서 반사란 이미지의 연극화 자체와 구분되지 않는다.[3] 레네는 이를 기억에 재차 적용하지만 결론은 정반대다. 기억은 각 독립된 단위들로 무대화될 수 있으나 반성은 결국 불가능하다. 왜냐하면 무대(A)와 무대(X) 사이엔 또 다른 무대만이 존재하므로 최종무대란 주어질 수 없기 때문이다(〈히로시마 내 사랑〉). 고다르에게 최종무대가 현실밖에 존재하지 않는다면, 레네에게 최종무대란 아직 존재하진 않는 현실의 밖인 것이다. 상이한 방법론들이기는 하나 이 모든 작가들이 깊이 공감하는 바는 배역과 무대화는 영화의 본성과 대립하지 않는다는 것, 반대로 카메라와 인물의 모든 운동을 이끌어내는 것은 한 무대에서 다른 무대로 갈아타기, 한 배역과 다른 배역으로의 교체라는 것이다.

배역은 기능이 아니다. 고전 연기론에서 말해왔던 전형이나 이념형은 더더욱 아니다. 배역은 입거나 벗을 수 있는 가면이나 탈이되, 인물의 정체성과 상황의 특질을 변경하지 않고는 그리할 순 없는 전이적 기능이고, 무엇보다 다른 배역들과 공존하기 위해서만 연출되고 탈바꿈한다. 무대는 공간이 아니다. 그것은 연출을 위해 작위적으로 닫힌 공간이고, 무엇보다 그 바깥이 다른 무대이기 위해서만 닫힌다. **무대는 셔터다. 플레이트가 아니다**(우리 책 2부 4장). 무대화가 이렇게 배역의 고정이 아니라, 반대로 다른 무대로 이탈하는 배역의 균열과 교체와 연관되는 까닭에 무대연쇄 속에서 최종연출자란 존재하지 않는다. 최종연출자 또한 그가 연출하는 배역의 일부로서 임의의 무대 안에 내속하기 때문이다. 무대화란 무대 바깥의 돌려막기고, 연출자 불확정성의 원리다. 이것은 펠리니와 고다르의 돌발적이고 즉흥적인 무대 세우기가 보여주는 기억과 사유의 힘이기도 하다. 그것은 사유와 기억의 스스로 연출을 실

---

3. 고다르가 프레이밍, 무용, 소품이나 무대장치 등을 통해 성취한 영화 자체의 연극화 혹은 "연극-베리테"(théâtre-vérité)에 대해서는, Jean-Claude Bonnet, "Le Petit Théâtre de Jean-Luc Godard", *Cinématographe*, Nov. 1978, N° 41.

패할 수 있는 힘이다. 운동은 바로 거기에 있다. 자연의 성공이 아니라, 작위성의 의도된 실패에.

반대로 장르영화는 무대화의 고민을 덜고 있었다. 장르 자체가 이미 닫힌계와 그 법칙들의 세팅이기 때문이다. 그 대신 장르영화는 배역을 파고든다. 만약 무대를 갈아탐이 곧 운동이라면 그 운동을 방해하거나 투쟁에 빠뜨릴 조연과 관객들이나 무대장치들, 무엇보다도 그들을 조직하는 법칙(규범·음모·시나리오·프로그램 …)도 존재할 것이다. 또 만약 배역의 분열과 증식이 곧 변신이라면 그 첫 번째 표현형질은 위장camouflage일 것이며, 위장이야말로 다른 예술보다 영화가 더 잘할 특기일 것이다. 이것이 장르영화에서 어김없이 나타나는 배역의 무한소적 특성이다.[4] 브라우닝 이래로 공포영화의 전염뿐만 아니라 SF 영화의 프로그래밍은 이미 새로운 배역의 강요나 선택인 동시에 기존 배역의 균열이었다. 더군다나 이 균열은 클 수도 있지만 반대로 보이지 않을 정도로 미세할 수도 있어서 두 배역은 구분불가능해질 수도 있고 급기야 동일해질 수도 있으며, 게다가 더 극단적 조건 아래에서 배역은 그야말로 복제되어 전파됨으로써 균열은 계층화되고 계열화될 수도 있다. 즉 배역은 전염되고 면역된다. 만약 장르영화도 정치적일 수 있었다면, 그것은 배역의 이런 무한소적 특성에 힘입은 바다. 즉 배역은 소유하는 것이 아니다. 그건 빙의하는 것이다. 무대는 단지 점유되는 것이 아니다. 그건 갈아타는 것이다. 배역은 밈Meme이다. 그건 유운성이 말하는 속성존재다. 속성도 가상도 아니라, 단지 속성처럼 나타나는 것이기 때문이다. 그 분기는 얼마든지 미세해질 수 있고, 유사성은 얼마든지 교란적일 수 있다는 점에서 더더욱 그렇다.[5] 일반적으로 모든 배역은 배역무한소partesimal다. 위장에 의해 하나의 배역 안에는 무수한 배역들이 겹쳐져 포개질 수 있는데, 그 자

---

4. 고전 연기론은 그 방법이 조금씩 달랐을 뿐, 대체로 배역을 상수(常數)로 간주해 왔다. 즉 그것은 그 수단이 정신(헤겔)이냐, 지성(디드로)이냐, 기억(스타니슬랍스키)이냐가 달라질 뿐, 배우가 일치하거나 최소한 접근해야만 하는 불변관념이라는 점에선 매한가지였다. 이 모두는 배역으로부터 무대를 사상한 뒤 그에 다시 얹어놓는 단순정위의 오류다. 그러나 무대화 없이 배역은 존재할 수 없고, 그 역도 마찬가지다. 그런 점에서 짐멜은 보다 현대적 관점의 배역이론을 보여준다. 그는 배역을 작품과의 관계 속에서 파악했고, 심지어 배역 자체를 하나의 과정 중에 있는 작품으로 간주한다(『배우의 철학』). 고전 배역론이 간과한 것, 그것은 배역과 무대에 내포된 다수성, 즉 배역의 가분성과 무대의 연장성이다.

5. "관계의 유령이자 유추의 악마로서의 속성존재 … "(유운성, 「형상적 픽션을 향하여」, 『유령과 파수꾼들』, 미디어버스, 2018, 214쪽). 유운성도 배역분석이 "미시물리학"임을 잊지 않는다(218~225쪽).

신이 분절하는 두 무대 어디에도 속하지 않는 배역이 항상 존재함으로써 위장은 무대를 증식시키기도 하고 고갈시키도 한다. 장르영화 작가들이 루비치와 펠리니만큼이나 깊이 통찰하고 있었던 바도 이것이다. 미리 주어진 무대가 배역을 규정하는 게 아니라, 반대로 새로운 배역이 새로운 무대화를 야기한다. 가령 배역의 혼동은 결국 시간의 무대화에 이르고(타임슬립의 경우), 배역의 분기는 곧 시층면의 분할을 표시한다(기억복제, 드림머신, 가상현실의 경우). 위장에 의해 무대는 횡으로 종으로 중층화되는데, 시미즈 다카시는 빙의된 배역의 실체가 밝혀질 때마다 한 층씩 내려가는 수직적 무대화를 보여주었고(《환생》), 제임스 완은 게임의 형식 속에서 연출자도 그 배역의 일부로 포함해가며 점점 넓어지는 무대화를 보여주었다(《쏘우》). 빈센조 나탈리의 무대는 종축과 횡축을 모두 가지고 있다. 살인기계 안에 떨어진 인물들은 자신들의 배역들을 깨닫고 또 배반해가며 무대의 법칙을 찾아내야 한다(《큐브》). 여귀물에서도 가장 무서운 자가전염법은 부지불식간에 덧씌워지는 배역, 즉 놀이와 게임이었다. 여귀보다 배역을 더 잘 미분할 수 있을까. 놀이와 제의, 생과 사, 전염과 면역이 분간되지 않을 때까지 미세하면서도 대담하게.[6] 일반적으로 모든 빙의는 탁월한 연극화다. "가성빙의도 빙의는 빙의다."[7]

모든 경우에서 위장은 무대의 숨겨진 법칙과 시나리오를 탐지하고 수정하는 행위이며, 거꾸로 무대들 사이에서 이행을 기도하는 행위다. 위장은 단지 시공간뿐 아니라 직접적으로 육체에도 적용된다. 사이보그는 무기물과 유기체 사이의 위장기계다. 사이보그화는 육체의 기계적 무대화다. 같은 식으로 공포영화 일반을 내장과 피부의 역할교대극으로 정의할 수도 있다. 특히 고어는 피부도 위장된 내장임을 폭로하는 육체의 해부학적 무대화다. "피부는 커튼의 역할을 하는데 걷어내면 배우들

---

6. 빙의에 의한 배역미분을 다음 문장이 너무 잘 소묘한다 : "신앙탈의 탈관념은 연속체적이고, 예능탈의 탈관념은 불연속체적이다."(박진태, 『동아시아 샤머니즘과 탈』, 박이정, 1999, 85~86쪽).

7. 현용준, 『濟州島 巫俗과 그 周邊』, 집문당, 2002. 2부 6장. 288쪽. 진성빙의(眞性-)와 가성빙의(假性-) 을 구분하는 부분. 그러나 현용준은 변신(빙의)하는 무당에 있어서 직접화법과 간접화법이 본원적으로 분리불가능하다는 점에 주목한다. 고로 빙의되는 배역은 무당 주변인에게도 전이·전파될 수도 있다(같은 곳). 현용준은 제주도 심방의 사례들을 주로 검토하나, 그 분석과 개념만은 보편성을 가진다. 굿이 제의로부터 연희로 분화되는 원초적 형태임은 한국 민족연극학도 일반적으로 채택하고 있는 가설이다. "샤먼은 굿의 배우이다."(서연호, 『한국 공연예술의 원리와 역사』, 연극과인간, 2011, 3장, 72쪽).

(내장기관들)이 원래의 기능이 아닌 다른 기능으로 조종받을 내부의 작은 연극무대를 노출시킨다."[8] 이는 카펜터의 양자내장 괴물에게도 너무나 잘 어울리는 표현이다. 탁월한 연기자일 뿐 아니라, 육체의 모든 부위, 장기, 혈액, 심지어 세포에까지 "부분의 독자성"[9]을 부여하는 마당극의 거장이기도 한 그 말이다. 유럽영화가 무대화의 증명이라면, 장르영화는 배역의 증명이었다. 주어진 무대를 건너감으로써 변신하는 자는 배역을 틈타는 자다. 가장 일반적으로 말해, 배역 없이 변신은 일어나지 않는다. 고로 위장 없는 영화란 없다. 심지어 다큐멘터리조차 그렇다.

영화는 전통철학과 꽤나 멀어지고 있는 것처럼 보인다. ① 배우란 실체 없는 개체다. ② 배역이란 속성 없는 특성이다. ③ 무대란 전체 없는 연장이다. 영화는 차라리 합생론의 세 가지 범주를 가리키고 있었다. 그 연극적 종합일 〈1배역1개체론〉을 : "합생에 있어 하나의 사물은 중복된 역할rôle을 수행할 수 없다." 배역이 하나라도 달라지면 합생 전체가 달라진다.[10] 배역은 배우의 개체화 없이, 무대의 총체적 전환 없이는 결코 교체되는 법이 없다.

고전 배역론은 부분-전체의 구도 아래, 배역을 너무 쉽게 상수常數, invariable로 가정해 왔다. 하지만 배역은 상수가 아니다. 미분해도 0이 아니기 때문이다. 무대는 그 총합이 아니다. 적분해도 전체가 아니기 때문이다. 미분되어 바꿀 수 없는 불변의 배역이 없는 것처럼, 재무대화되어 다면화될 수 없는 단일한 무대도 없다. 이것이 고전 배역론이 잊은 바고, 영화의 우월성을 주장하는 쪽에게 괄시의 빌미가 되어오던 바다. 그러나 배역-무대는 부분-전체가 아니다. 배역은 무대의 부분이 아니라 무대로의 참여participation이며, 반대로 무대는 배역을 한정하는 전체가 아니라 반대로 전체를 한정하는 역할분담partition이다. 물론 무대는 단지 공간만이 아니라 시간의

---

8. 필립 루이에, 『고어 영화』, 윤현옥 옮김, 정주, 1999. 10장. 216쪽. 저자는 고어영화의 연극적 본성을 논한다. 또한 포르노의 진실성과 고어의 작위성을 대조시키는데 타당해 보인다(219쪽).

9. 조동일, 「판소리의 전반적 이해」, 『판소리의 이해』, 창작과비평사, 1978, 24쪽.

10. "합생에 있어 하나의 사물은 하나의 역할(rôle)을 수행하며, 중복된 역할을 수행할 수 없다. 모든 사물은 어떤 역할을 연출하면서(play a part) 완고하게 자신으로 남아 있다."(PR 1부 3장 5절, 449, 세 가지 범주 부분). 고로 합생론이란 퍼포먼스론이다. '퍼포먼스'에 해당하는 용어를 화이트헤드 체계에서 찾으라고 한다면, 아마도 '파악'(prehension)이 될 것이다. 공적이지 않은 사적인 파악이란 없다(4부 1장 5절).

퇴적층으로서, 배역과 그 변신의 장르와 순서를 제한하는 관습과 규범의 관성적 체계이기도 하다. 배역-무대의 쌍은 차라리 투명막-불투명면의 쌍으로 더 잘 설명된다. 배역은 투명막을 이룬다. 배우는 하나의 배역을 흡수함으로써 그에 몰입immerse한다. 반대로 무대는 불투명면을 이룬다. 그것은 여분의 흡수와 새로운 배역의 투입과 산출을 제한함으로써 으레 다른 무대를 가리고, 자신의 법칙을 변경하기 전까진 다음 무대를 열어주지 않는다. 여기서 배역은 교환되고 교체됨을 통해 그 불투명면을 밝혀나가는 광원처럼, 무대뿐만 아니라 그에 참여하는 모든 존재(배우·관객·무대장치…)의 의식 깊숙이 묻혀있던 시간의 지층들을 재전개하는 현상액 혹은 만물용해액alkahest처럼 작동한다. 그러나 배역과 무대 둘 중 어느 것이 더 변신을 추동한다고 할 수 없다. 그중 어느 하나라도 없으면 변신은 일어나지 않기 때문이다.

이 모든 재연극화의 경향에 다시 편집과 플랑세캉스와 같은 영화 고유의 기법들을 들이밀어 봐도 사정은 달라질 게 없다. 그 모든 것들이 성취하려는 영화적 운동의 최고수준은 피드백인데, 피드백이야말로 연극적이기 때문이다. 피드백은 먹는 척 싸고, 싸는 척 먹는 신호의 역할놀이input-output role play다. 고로 모든 피드백하는 자는 배우이고, 피드백의 모든 매질을 무대라고 할 것이다(복제괴물뿐만 아니라 멜로와 신파에서도 마찬가지다). 들뢰즈는 "크리스탈-이미지"image-cristal라는 아름다운 개념을 제안했고 크게 흥행했다. 그건 잠재적 이미지와 현실적 이미지의 비연대기적인 공존이다. 그러나 우리는 이를 단지 공존이라고 종종 오해한다. 들뢰즈가 진정 말하고자 하는 바는 이 공존은 언제나 수행적 공존performative-, 즉 공생이자 합생으로서의 실천이며, 결국 크리스탈화는 언제나 개체화의 퍼포먼스라는 사실이다. 실제로 크리스탈은 단지 어떤 상태가 아니라 한 상태에서 다른 상태로의 전이이고, 그를 위해 이루어지는 표면들 간의 역할의 교환, 거기서 내통되는 신호나 자극의 되먹음이다("각 표면이 다른 표면의 역할을 수행…"[11]). 모든 크리스탈-이미지의 경우

11. 질 들뢰즈, 『시네마 II』, 4장 1절. 145쪽(원문은 "chaque face prenant le rôle de l'autre…"). 들뢰즈는 "식별불가능성"(indiscernablilité)이란 두 표면이 구별되지 않음이 아니라, 역할교환으로 인해 그들 간 고정된 구별이 할당될 수 없음(inassignable)이라고 강조한다. 아울러 들뢰즈가 언급하는 크리스탈의 사례들이 모두 연극화의 작가들임에 주목할 것. 특히 르느와르에 대한 해석("연극이란 역할들을 실험하고 선택하고자 하는 시도…", 173쪽). 물론 엄밀한 의미에서 역할교환이란 없다. 언제나 새로운 역할의 진입만이 있을 뿐이다. 이유는 전술했다(PR 세 가지 범주).

들을 요약할 수 있을 만큼 가장 단순한 예로 뮐러·지라르데의 〈크리스탈〉을 보자. 거울 앞에 있는 인물의 푸티지들이 흡사 그들이 마주 보고 교통하듯이 콜라주되는 크리스탈의 각 단면은 이미지에게 하나의 배역이 되며, 반대로 각 이미지는 배역의 교환과 교대를 통해 잠재화되거나 재수축되는 자유간접화자가 된다. 크리스탈화는 자유간접화자들의 캐스팅이고 그들이 벌이는 밀당 자체다. 그야말로 배우들에 의한 배우의 탄생인 것이다. 이로써 "대화는 분자 속으로, 나아가 원자 속으로까지 침투하게 된다."[12]

실제로 피드백을 연기와 미장센에 직접 도입하는 것만으로도 영화는 상당한 수준의 연극화에 도달하며, 이는 르느와르, 루비치뿐만 아니라 오시마 나기사, 김기영, 장선우, 이명세, 여균동과 같은 연극파 작가들에게는 영감과 전략의 무궁한 원천이 되었다. 하지만 연극화를 가장 급진적으로 밀고 나간 유파는 분자영화와 파라시네마일 것이다. 케미컬 영화는 분자에게 배역을 할당함으로써 화학구조까지 무대로 삼는다. 각 색깔은 투명성의 분자적 배역이고 각 금속입자들은 빛의 분자적 배역으로서, 그 끝없는 구획분할partition은 색과 빛 전체를 공간 없이도 무대화한다. 엘더의 다음 한 마디가 케미컬 영화의 연극성을 너무나 잘 요약한다 : 할라이드는 "존재에의 참여"participation in Being[13]다. 어떤 측면에서도 케미컬 영화들보다 결코 덜 실험적이지 않을 파라시네마는 이와는 정반대의 세계다. 파라시네마가 보여주는 것은 고립된 공간에 무대화되어 조력자뿐만 아니라 자신의 배역마저 점점 잃어가는 육체들, 그리고 그에 대조적으로 쓸데없이 많아지고 있는 이 세계의 편미분된 부분무대들이다(부뉴엘, 알트만, 키에슬롭스키). 특히 자아분열을 대체하는 배역분열, 꿈을 대체하는 무대전환은 후기 린치를 종합하는 테마로서, 여기서 인물들은 연기와 화염, 세트장의 어둠과 리허설의 섬광을 통과하여 다른 무대로 입장하는 탁월한 배우가 된다(〈로스트 하이웨이〉〈멀홀랜드 드라이브〉). 케미컬 영화가 배역의 분자화라면, 파라시네마는 무대의 분자화다. 케미컬 영화들이 배역의 과포화와 무대의 희박화라면, 파라시네마는 무대의 과포화와 배역의 희박화다. 파라시네마는 고립된 육

---

12. 미하일 바흐친, 『장편소설과 민중언어』, 전승희 외 옮김, 창비, 1988, 111쪽(시와 산문을 비교하는 부분).
13. R. Bruce Elder, "Some Reflections Parallel to 〈The Book of All Dead〉", *Bruce Elder* (Pamphlet), Anthology Film Archives, 1988, p. 14.

체가 끝없이 실험하는 가상의 피드백, 그리고 옆방으로 건너가는 상상력의 탄성, 그를 통해 육체 스스로가 되찾는 배역에의 관찰 및 실험과 떼어놓을 수 없다(카우리스마키, 차이밍량, 라브 디아즈). 케미컬 영화가 존재에의 참여인 반면, 파라시네마는 역사에의 참여다. 단 그것은 역사의 재무대화를 통한 그 삭제된 텅 빈 공기로의 참여인 것이다. 이런 점에서 파라시네마의 가장 통속적인 계승은 게임형식을 빌린 무대화일 것이다(가령 〈세븐〉 〈유주얼 서스펙트〉 〈식스 센스〉 〈메멘토〉). 이른바 '이야기의 반전'은 숨겨진 배역과 디제시스 전체의 무대화 없이는 성립될 수 없다. 놀란의 〈인셉션〉이 보여준 놀라움은 부분무대들의 발견에 있질 않고(그건 영화사 100년 동안 수도 없이 시도되었다), 그 부분무대들 사이에 그 층을 오르내릴 수 있는 과학법칙(층수에 프레임률이 반비례한다는)이 성립하며, 결국 무대화의 건축공학이 가능함을 보여주었다는 데에 있다. 모든 곳에서 분자적 배우들과 그의 무대들이 쓸데없이, 그 쓸데를 탐색하며 많아지고 있다. 부뉴엘의 말처럼 "감금이 전염된다." 무대가, 그 배역이.

배역은 화이트헤드가 "캐릭터"라 부르던 것이다. 배역은 영원한 객체이고, 그 역도 참이다. 배역은 "귀신처럼 시간을 빙의시킨다."(haunts time like a spirit)[14] 배역은 하늘에 먼저 속한다. 그러나 이는 대지를 향하기 위해서다. 배역은 천성이 아니라 천명天命, sky signal이다. 탈이다. 그것은 그 자신 분합에 의해 대지를 쪼갰다가 붙이고, 그 자신 탈착에 의해 무대를 열고 닫는다.[15]

도대체 왜 영화는 이토록 연극을, 그 작위적 비전과 답답한 공간성을 갈구하게 되었는가. 인터넷과 미디어의 모듈화와 같은 세계의 벌집화가 먼저인지, 아니면 필름

---

14. SMW, 5장, 138. 영원 개념을 본격적으로 개시하는 기념비적 대목이다. 오영환은 "[영원한 객체는] 혼백처럼 때의 흐름을 따라 다닌다"로 의역했으나, 우린 직역했다. 영원한 객체에 대한 이만큼 적나라한 묘사는 『과정과 실재』에서도 찾아보기 어렵다. 다음 정도다 : "한정성은 현실태의 영혼이다."(PR 3부 1장 3절, 444).

15. 배역(탈)에 대한 동일한 연구가 한국 가면극 연구에서 진행되었다. 사소한 이견이 있을 것이나 일반적으로 공유되는 대전제는, 탈은 본디 하늘과 대지의 연합을 복원(재조정)하는 무속적 기능이었으나(조선말까지도 '가면'(假面)은 '광대'(光大)나 '괴뢰'(傀儡)와 동의어였다), 점점 대지 쪽으로 세속화되어 왔다는 사실이다. 그 지역적·양식적인 분화과정을 추적한 이두현의 연구가 기념비적이다(『한국의 가면극』, 특히 3장). 박진태는 이를 동아시아 지역까지 확대하였다(『동아시아 샤머니즘 연극과 탈』). 반면 김지하는 탈의 본래적인 하늘적 본성에 주목했다(『탈춤의 민족미학』, "탈은 이미 운명적입니다.").

스트립에 내재된 씨네그램의 벌집구조가 먼저인지는 더 이상 문젯거리도 아니다. 바쟁이 점쳤던 것보다 영화는 훨씬 더 연극에 가까웠고 또 가까워지고 있다는 것만이 당면한 문제다. 더 이상 연속도 불연속의 구조도 아닌, 무대들이 "똑똑 끊어짐 속에서 연결되는 연산구조連山—"16가, 하나의 국밥인 동시에 제각각 따로따로인 "따로국밥" 구조가, 세계스트립과 필름스트립 중 누가 먼저랄 것도 없이 선점하려는 그 연산구조가 영화에 점점 더 적나라해지고 있는 것만이 작금의 문제다. 바르닥은 19세기 미국 연극과 초기영화가 교차하던 시기에 스펙터클 연극이 플래시백, 막전환, 몽타주, 디졸브 같은 영화적 기법들을 이미 갖추고 있었고, 영화가 이어받은 것은 그의 리얼리즘뿐만 아니라 낭만주의였음을 서술한 바 있다.17 또 혁명기 소비에트에선 메이에르홀드와 에이젠슈테인이 공공연히 영향을 주고받으며 무대 일체가 분절·재구성되는 몽타주 연극으로 합류하고 있었고. 조선의 경우도 마찬가지다. 연쇄극 또한 배우들이 연극을 벌이는 중간에 스크린 영사를 끼워 넣는 식으로 진행되고 있었다. 그러나 이것은 영화와 연극 둘 중 어느 것이 어느 것에 종속된 것이 아닌, 임화의 정확한 표현대로 영화와 연극의 "협동"이었다.18 하지만 기술적이고 사회적인 발전과 함께 한 벌의 필름스트립이 모든 것을 스스로 해낼 수 있을 정도로 자율화되고, 바로 저 협동이 내재화되었다면 어떨까? 인터넷이 출현하기 이전에도 영화는 순수한 리얼리스트였던 적이 없다. 영화의 본성은 리얼리티가 아니라 리얼리티의 한정이기 때문이다. 즉 영화는 그 필름스트립의 본성상 명제적이기 때문이다 : "모든 명제는 제각기 어딘가somewhere에 있지 않으면 안 된다."19 영화가 운동과 변신을 위해

16. 김지하, 『탈춤의 민족미학』, 실천문학사, 2004, 112~113쪽. "연산구조"(連山構造)는 서구연극이 가지는 아리스토텔레스적 연속성과 대조적으로, 한국 마당극이 가지는 부분들의 독자성과 그 프랙탈적 순환성을 지칭하는 개념이다. 채희완이 제안했다(『탈춤』, 대원사, 1994, 108~109쪽).

17. A. Nicholas Vardac, *Stage to Screen*, Da Capo Press, 1987. 4장, 11장. "영화는 연장했다(did extend)"(p. 251). 매직랜턴과 같은 좀 더 미시적인 사례들에 대해서는, Charles Musser, *The Emergence of Cinema*, University of California, 1994. "스크린 실천"(screen practice)이라는 개념에 주목할 것.

18. 임화, 「조선영화론」, 『춘추』, 1941년 11월. "자본의 원호를 못 받는 대신 다른 인접문화와의 협동…." 이 글은 조선영화의 정체성에 대한 거대한 화두가 되었고, 이후 영화사가들 사이에서도 다양한 해석을 불러일으켰다(가령 영화의 "이식"(移植) 과정에 대한 해석). 임화의 연쇄극론에 내포된 조선영화의 근원적 혼종성을 긍정하는 시도로는 백문임, 『임화의 영화』, 소명출판, 2015. 4장.

19. PR 2부 9장 1절. 381. 결합체에 의한 명제의 시공간적 한정에 대해선, 2부 9장 3절. 로마제국은 단지 로마와 제국의 결합체가 아니라, "그 로마와 그 제국과의 결합체"다(457).

서 필요로 했던 것은 예나 지금이나 무한한 바깥이 아니라, 한정된 바깥의 무한한 계열들인 것이다.

심지어 영화는 연극보다 더 유리할 것이다. 영화에겐 투명막이 있기 때문이다. 투명막은 뛰어난 무대한정자이고 자율성 연출가다. 그는 위장에 능한 뛰어난 배우이기도 하다. 모든 투명막이 연극막이다. 바쟁도 단서를 달았다. 어떤 조건에 이르면 영화는 스스로 "투명"limpide[20]해질 수 있을 것이라고.

8-2. 무대의 원자화 : 확장영화, 즉흥, 보이지 않는 방

물론 영화는 연극이 아니다. 하지만 우리가 영화의 본성이 연극적이라고 할 때, 그건 통념상의 연극도 아니다. 그것은 연출자 없는 무대로서의 순수한 연극성을 지시한다. 카벨은 바쟁의 논지를 파고들며 영화에서의 배역(스타)과 연극에서의 배역(캐릭터)에 대한 탁월한 구분을 제시한 바 있으나,[21] 이런 구분은 배우-연출자-관객의 구분, 나아가 무대(스크린) 안팎의 구분이 고정되었을 때나 성립하는 것이다. 반대로 그런 고정된 경계들을 넘어설 때 영화가 드러내는 본성은, 배역의 교체가 관조자들의 참여를 이끌고 무대의 전환이 새로운 역할분담을 이끌어 스타의 탄생과 캐릭터에의 예속을 한꺼번에 방지함과 동시에, 그렇게 서로 밀고 당기는 배우들이 공동으로 연출자의 자리를 대체하는 순수한 연극성이다. 우린 장선우의 마당극 영화와 오시마의 실험극 영화에서 스타도 캐릭터도 찾아볼 수 없다. 거기서 (카메라를 포함한) 배우들은 캐릭터에 예속되기 전에 배역을 바꾸고 스타가 되기 전에 무대를 빠져나옴으로써, 배역교체와 무대전환을 일치시키고, 나아가 시나리오의 법칙과 오

---

20. 바쟁, 「자전거 도둑」, 『영화란 무엇인가』, 392쪽. 바쟁은 「연극과 영화」 말미에 연극과 영화의 좀 더 발전된 관계에 대해서 논하고 있다. 그것은 연극을 재연하는 '연극영화'와는 구분되는, 연극적 잠재성을 모두 흡수하고 개조하는 '영화적 연극'이다(229쪽).
21. 스탠리 카벨, 『눈에 비치는 세계』, 이두희·박진희 옮김, 이모션북스, 2014. 4장, 5장. 카벨의 엄밀한 논점을 우리 식대로 요약하자면, 연극배우는 배역에 흡수되어 현실적 주체가 되어야 한다면, 영화배우는 배역을 흡수하여 영원한 대상("전형type")이 된다는 것이다. "스크린 연기자는 본질적으로 배우가 아니다."(66쪽). 카벨보다 더 엄밀한 구분은 유운성이다. 이미 살펴보았다(3부 4장).

류를 드러내고 심지어 그 시나리오를 수정하기 때문이다. 즉 오시마와 장선우의 배우들이 험프리 보가트도 오이디푸스 왕도 될 수 없는 이유는 그들이 배역과 배역, 무대와 무대 사이에 존재하는 자들, 즉 그 자신의 변신을 통해 갱신되어야 할 시나리오의 빈틈 속에 존재하는 자들이기 때문이다.[22] 그 배우들이란 육체다. 바로 이 점이 그들을 여전히 연극에 더 가까운 배우들로 만든다. 그들은 재현represent이 아니라 재연reenact의 전통에 속한다. (나중에 수정하겠지만 일단 말해보면) 재연은 재현이 아니다. 재연은 재현체계의 실패와 오류를 동반하며 배역균열과 무대증식을 야기하는 이미지의 탈자연화이자 육체의 재활성화다. 재현은 인간적-형상적이고, 재연은 육체적-분자적이다. 카벨은 오시마와 장선우뿐만 아니라 체르카스키와 브라운도 잊고 있다. 관객의 뉴런마저 재연의 참여적 일부가 되도록 하는 분자연극의 전통을.[23]

이른바 확장영화Expanded Cinema는 이 계보의 극단에 위치한다. 영화의 스크린조차 하나의 낡은 무대이고, 그 시나리오가 하나의 낡은 법칙임을 자각할 때, 그래서 영화 자체조차 그 재연의 대상이 되어야만 할 때, 영화는 스크린을 빠져나와 극장 안의 빛줄기가 되고, 관객과 연출자의 몸에 옮겨붙는 유령이 된다. 단 이번에 그것은 단지 이미지의 재연이 아닌, 영화의 몸통을 구성하는 영사기, 스크린, 카메라, 컨택트 프린터, 사운드헤드 등과 같은 장치들 일체를 아우르는 재연으로서, 두뇌-육체의 결합체 자체의 직접적인 해체와 재구성에 관련된다. 요컨대 확장영화는 신경공학적으로 자기무대화하는 영화들이다. 상영공간과 관객의 몸을 스크린으로 만드

---

22. 〈감각의 제국〉에서 장소와 시선의 분할에 따른 관객의 위치상실에 대한 히스의 분석을 보라(스티븐 히스, 『영화에 관한 질문들』, 김소연 옮김, 울력, 2003, 6장. 「오시마라는 질문」). 히스의 분석은 오시마의 실험극 영화들에도 고스란히 적용될 수 있다. 즉 장소와 시선의 분열은 "카메라-관객-등장인물의 릴레이 회로"를 끊는다(239~240쪽).

23. 예컨대 카벨은 색이 영화를 탈연극화한다고 말한다(같은 책, 13장). 색이 인물들의 대립뿐만 아니라 환영-실재의 대립마저 탈극화한다는 이유에서였다. 하지만 우리가 볼 때, 색이 탈연극화하는 건 아무것도 없다. 환영-실재의 대립의 기준은 인간의 형상인데, 색은 모든 형상을 분자에게 위임함으로써 인간에게 어떤 고정적 형상도 남겨놓지 않기 때문이다. 카벨에게 색깔은 여전히 (형상을) 반사하기 위해서만 흡수하는 것이었다(이건 배역에 대해서도 마찬가지다). 카벨과 우리의 간극은 좁혀지지 않을 것 같다. 카벨에게 색은 여전히 반사·미래·형상·탈연극화에 연관된다면, 우리에게 색은 먼저 흡수·영원·분자·초연극화에 연관된다. 결국 우린 카벨에 반대한다. 그는 영화가 사진을 극복함으로써 연극으로부터 멀어지고 있다고 생각한다.

는 가장 간단한 사례(맥콜·엑스포트)부터, 창작자의 육체를 더욱 개입시켜 스크린 속과 밖의 육체들을 분리하거나 재결합하는 사례들(르 그라이스·라반·휘트먼), 때로는 비디오와 연동되며 이루어지는 멀티프로젝션, 멀티채널링, 인스톨레이션의 사례들(USCO·밴더빅·탐벨리니·스노우·마클레이·고든·이케다 료지), 영사기로부터 뽑혀 나온 필름스트립을 즉각적으로 이용하거나, 이미지와 사운드트랙을 병렬변주하는 라이브 퍼포먼스의 사례들(메탐킨 그룹·이행준·홍철기·최준용·조용기·이강일), 아예 모든 프로젝션이 노동이나 놀이가 되어버린 사례들(김숙현·박병래)[24] 등 등 무수한 경우들에서 우리가 보게 되는 것은 단지 필름의 물질성을 드러내는 행위가 아니다. 반대로 이것은 매우 연극적인, 게다가 몹시 신경공학적으로 연극적인 재연으로서 관객이나 연출자의 몸에게 스크린의 배역을, 그들 고막과 망막에 사운드-옵티컬 헤드의 배역을, 그들 뼈와 신경망에게 필름스트립의 배역을, 그들 뉴런과 로돕신에게 이멀전과 할라이드의 배역을 전이시키는 총무대화 $^{total\ staging}$의 행위다. 이런 점에서 우로스키가 확장영화의 뿌리를 상황주의 ^{Situ}-ationism에서 찾으며, 확장영화는 매체성Medium에서 장소성Site으로의 이행을 함축한다고 말하는 건 매우 타당해 보인다.[25] 우린 또 하나의 그 기원으로 이미지의 영사와 무대장치의 편집, 그리고 그것이 견인해내는 관객의 반응reflex을 통해서 이미 점프컷, 클로즈업, 프리즈프레임 등 온갖 필름적 효과들을 한정된 무대 위에서 창출하고 있던 메이에르홀드의 몽타주 연극을 추가할 수도 있을 것이다.

　확장영화란 배역과 무대의 확장이다. 그리고 그를 통한 역할분담partition과 무대참여participation의 일치다. 만약 확장영화가 공간에 경계를 설정하여 부단히 부분 무대화를 시도한다면, 그것은 그만큼 접면을 늘려 관객의 참여를 더 유도해내기 위

---

24. 우리의 예시는 너무나 빈약한 것이다. 더욱 풍부한 사례와 심도 있는 논의를 제공하는 기념비적인 저술들로는, Gene Youngblood, *Expanded Cinema* (1970), Jeffrey Shaw & Peter Weibel, *Future Cinema* (2003), Peter Weibel, *Beyond Art* (2005). 영국 쪽은 르 그라이스와 햄린의 저술들. 좀 더 최근의 연구로는 Andrew V. Uroskie, *Between the Black Box and the White Cube* (2014). 이들은 전시, 건축, 출판을 아우르는 오픈 라이브러리의 선구자들이기도 하다. 방대한 링크들과 읽을거리들을 제공한다. http://aaaaarg.fail/ 또는 https://monoskop.org/.

25. 앞서 인용된 Andrew V. Uroskie, *Between the Black Box and the White Cube*, University Of Chicago Press, 2014. 특히 4장.

해서다. 만약 노동이 점점 안무나 액션이 되어간다면 이는 극장을 공장 밖으로 확장하기 위해서고(김숙현의 경우), 반대로 그 장소가 너무 좁거나 넓어진다면 이는 자연조차 무대화하기 위해서다(박병래의 경우). 설령 영국 구조주의 전통과 부단히 교류해왔다 하더라도 확장영화는 필름의 물질성 운운하는 유물론과 아무런 상관이 없다. 확장영화는 물질의 가변성과 매개성을 이용할 뿐이며, 정작 그가 목표하는 바는 배역교체와 무대증식으로 매체에 이식되었던 낡은 시나리오를 드러내어 그 생생한 마주침으로 그를 수정함이다. 어떤 계급도 의식화도 이런 내재적 무대화를 막을 순 없다.[26] 극영화에서 확장영화로의 이행엔, 민족지 다큐멘터리가 이룩했던 관찰적 방법론에서 참여적 방법론으로의 진보 같은 것이 있다. 차라리 확장영화는 스크린 중심에서 주변적인 것들(관객, 공간, 영사기 등)에게로 빛을 방사시키고 또 전이시키는 마당극(장선우, 여균동)에 가까워 보인다. 차라리 영화 자체를 그의 바깥에 빙의시켜 자신의 일부로 만드는 귀신연극(오시마)에 가까워 보인다. 이는 재연이지만 그렇다고 기호와 해석의 차원에 머무른다고만 볼 순 없다. 관객과 사물들의 움직임이 프로젝터와 헤드에 자극신호가 되고, 다시 그 장치들이 그들에게 반응하는 실질적이고 참여적인 피드백이 거기 있기 때문이다(심지어 밴더빅의 〈무비드롬〉에서처럼 여기엔 건축학적이거나 도시공학적인 가치마저 있다).

'배역분할과 무대참여의 일치'란 바로 확장영화와 필름 퍼포먼스가 천착하는 '싱크'Sync의 테마다. 일찍이 휘트먼은 스크린이 그 안의 인물과 밖의 인물이 서로 겹치거나 탈각되는 싱크면이 될 수 있음을 보여주었다(〈평삭〉). 싱크는 공간적인 차원뿐만 아니라 시간적 차원이기도 하다. 가이 셔윈은 자신의 과거 모습이 영사되는 광선을 거울과 유리를 이용하여 반사시키고 굴절시켜 현재의 나이 든 모습과 겹쳐지는 시간의 크리스탈을 제작했다(〈거울을 든 사나이〉). 마클레이는 매 순간이 그의 채널이 되는 가장 포괄적인 싱크기계를 구축했다(〈시계〉). 필름스트립이 그 악기가 됨으로써 사운드와 이미지를 간섭시키고 교착시키는 필름-사운드 퍼포먼스에 있어서도 시간은 이종적 트랙들 간의 유일한 매개변수가 된다(메탐킨, 이행준, 홍철기).

---

26. "모든 노동자는 노동을 하는 그 순간에는 사회적 배우가 된다."(김숙현, 네이버 인디극장과의 2017년 11월 인터뷰).

고로 싱크가 단지 내러티브를 이끌어가기 위한 행동과 반응 간 대응이라고 생각하면 오산이다. 반대로 싱크는 내러티브로부터 이탈하거나 또 다른 내러티브를 만들어내는 배역과 배역 간 대응이다. 즉 싱크란 시간-참여다.[27] 그러므로 모든 필름 퍼포먼스는 현장 샘플링에 대한 실시간 가공이다. 일반적으로 필름 퍼포먼스는 아무것도 은유하지 않는다. 반대로 그건 실질적인 피드백 안에서 영화와 관중을 동등한 배우로 만들고 또 결착시켜 영화가 진화해가고 있는 새로운 두뇌-육체 결합체를 재연한다. 아마도 여기서 궁극적으로 지향되고 있는 바는, – 인공지능공학에서 말하는 – 비정형 데이터들을 입출력하여 연산하고, 심지어 실수하고 교정함으로써 스스로를 교육하는 슈퍼 인텔리전스의 모델일 것이다. 인공지능 역시 그 지식의 이해가 정보의 피드백과 다르지 않을 또 하나의 연극기계였음을 우린 잊지 않는다(튜링 테스트, 중국어 방 실험).

피드백에 의해 확장영화는 즉흥극이 된다. 피드백은 그것이 일어나는 때와 장소, 그에 참여하는 구성원에 따라 변경되는 확장영화의 유일한 시나리오다. 물론 영화에서 우연의 계보는 유장한 것임을 우린 잘 알고 있다. 비전과 액션의 자유로운 일치를 통해 이미지의 균열을 이끌어내는 미국 언더그라운드의 씨네댄스cine-dance 이전에, 이미 초현실주의의 무의식댄스가 있었고(자동기술법), 소비에트의 개념댄스가 있었다(배음 몽타주).[28] 이 작가들이 시대를 뛰어넘어 깊이 공감하고 있는 바는 우연이 단지 배역의 균열뿐만 아니라 그 통합에 연관된다는 사실이다. 즉 변증법뿐만 아니라 역설법에 있어서도 우연은 두 다른 음조, 혹은 두 다른 현실태를 접붙이는 주관적 통각이거나 그 객관적 법칙이었고(에이젠슈테인, 브르통), 브래키지와 카사베티스의 경우에도 우연은 비전이나 신체의 주관적 형상의 발생과 직결되는 것이었다. 우연엔 자유뿐만 아니라 어떤 구속적 측면이 있다. 일자一者로의 통합을 구속하는 어떤 측면이. 돌발=자발. Synergy=Synthetic. 확장영화의 즉흥성 또한 이 전

---

27. 생물학, 물리학, 뇌과학에서도 관찰되는 예시들에 대해선, 스티븐 스트로가츠, 『동시성의 과학, 싱크』, 조현욱 옮김, 김영사, 2005. 특히 4, 7, 9장.

28. 영화뿐만 아니라 음악과 미술에 있어서 〈서사-우연-풍경〉의 삼각관계에 대해선, 방혜진, 「불확정성을 위한 확정적 언명들」, 『인문예술잡지 F』, 2호, 2011년. 방혜진은 우연이 서사보다는 풍경의 편이라고 논한다. 우리는 우연은 풍경보다는 개체화의 편이라고 덧붙인다. 풍경은 개체화의 질료이기 때문이다(우리 책 3부 8, 9장).

통에 속할 것이다. 이미 영블러드는 확장영화를 정의하기 위해 에너지와 시너지를 구분했고, 시너지가 가지는 우연적일 뿐만 아니라 그 통일적인 측면("우주적 의식")을 지시하기 위해 "시네테틱"Synaesthetic이란 용어를 제안한 바 있다.[29] 피드백이 일으키는 시너지의 우연성은 배역과 무대의 분열과 증식뿐만 아니라, 그 융합과 연대의 작인이기도 하다. 우연은 피드백의 변침과 탈선이 드러내는 기존 배역법칙에 구멍을 내는 동시에, 그 시너지를 이루는 배역들의 특정 배치와 그 돌발적 패턴을 기록하기 때문이다. 이것은 영화뿐만 아니라 음악에서 즉흥연주자들과 노이즈 뮤지션들이 말하는, 우연이 지니는 '순간화의 힘'이기도 하다. 즉흥연주란 배역들의 낡은 배치와 그 척도로는 포착될 수 없는 돌발적이고 그만큼 응집적인 순간의 포착이며 기록이다. 게다가 그것은 연주자와 관객과도 같은 공간적 거리뿐만 아니라 제작과정의 이전과 이후, 즉 작곡과 연주, 실행과 반응, 레코딩와 재생과 같은 시간적 간극을 바로 그 "자를 수 없는"indivisible 순간에 압축한다. 요컨대 즉흥은 무대를 원자화한다.[30] 비정형 신호를 다루는 노이즈 음악에서 이것은 더더욱 결정적인 사태가 된다. 노이즈 덩어리는 잘리지 않는다. 잘릴 형상이 없기 때문이다. 노이즈 피드백은 비정형에 의한 소리의 원자화다. 이때 기록은 곧 변주가 되고, 리허설은 곧 공연이 된다. 한 악명 높은 글에서 코넬리우스 카듀는 케이지와 슈톡하우젠을 제국주의자라고 맹비난했는데, 이는 그들이 음악에 자본주의적 시간 개념(예컨대 악보에 대한 사적소유권)을 도입함으로써, 음악이 생산되는 과정 전체를 작곡자-연주자-청중과 같은 계급으로 잘라놓았고 끝내 참여를 부분들의 단순집합으로 되돌려놓았다는 이유에서였다.[31] 확장영화도 사정은 마찬가지일 터다. 만약 확장영화에 유물론적 성격

---

29. 영블러드의 구분에 따르면, 에너지는 그 부분들의 총량을 보존하는 선형적 흐름일 수 있지만, 시너지는 그 총량을 넘어서는 체계 전체의 비선형적 도약이다. 그는 이러한 자가생성적 영화의 전통을 "시네테틱 영화"(Synaesthetic Cinema)라 명명했다(Gene Youngblood, *Expanded Cinema*, pp. 109~111). "시네테틱 시너지는 더 큰 복잡성을 지향하는 게 아니라, 물리학에서 '우아한 단순성'(elegant simplicity)이라고 알려진 효과를 산출한다."(p. 110). '시네테틱'은 영블러드가 열거하는 다른 인접 분야의 세부개념들(누스스피어, 비디오스피어, 사이버네틱 필름 등)을 아우르는 핵심개념으로 보인다.

30. 즉흥연주자 베일리의 중요한 저술. Derek Bailey, *Improvisation*, ed. Edwin Prévost, Da Capo Press, 1993. 특히 마지막 부분(「한계와 자유」).

31. Cornelius Cardew, "Stockhausen Serves Imperialism", *Cornelius Cardew : A Reader*, Copula, 2006.

이 있다면 그건 오직 이런 의미에서만이다. 그 피드백은 제작과정의 이전과 이후, 즉 촬영과 편집, 현상과 인화, 상영과 감상에 참여하는 수많은 배우들 일체를, 영원히 쪼개지지 않을 하나의 영화-신체로 제련해내는 영원노동이다. 우연은 창작자 개인의 자유와 에너지가 아니라 그와 관객들, 장치들 전체의 자율과 시너지를 표시한다. 우연은 그들의 접착제이며, 돌발하는 만큼 자발하는 그들의 새로운 헌법 자체다.

브레히트는 관객뿐만 아니라 무대장치도 배우의 일부가 되는 비非아리스토텔레스적 무대를 소망했다. 그래서 그 무대장치가 영사기일 때, 영사되는 이미지도 또 하나의 배우가 되는 그런 연극을. 확장영화가 딱 그것이다.[32] 확장영화는 단지 은유적 재현이 아니다. 반대로 그것은 영화 자신도 하나의 배역으로 참여해야 하는 그의 재연이며, 그 자율적 시너지에 의해 야기되는 기존 재현법칙의 해체이고 갱신이다. 엄밀히 말해 확장영화는 보이지 않는다. 보이던 대상도, 보던 관객도 모두 이 재연의 일부가 되기 때문이다. 이런 의미에서 확장영화는 연출자도 없지만 관객도 없다. 이 것이 바로 확장영화 작가들이 말하는 시간과 공간 자체가 되어버린 영화, 즉 "보이지 않는 방"invisible room이다. 확장영화는 영화 자체의 실시간 투명화 퍼포먼스다. 그 것은 "시네마의 부재를 통해서 시네마를 증명한다."[33]

8-3. 배우공동체 : 올리베이라, 이오셀리아니, 초인은 하나인가 여럿인가?

현대영화에 뭔가 연극적인 대전환이 일어나고 있다. 마리오네트 전통이 꾸준히 명맥을 이어오던, 그러나 확장영화나 케미컬 영화에 이르러 폭발적으로 전면화되는 어떤 전환이. 그것은 개념사적 전환이기도 하다. 이에 따른다면 영화에게 순수한 열

"Towards an Ethic of Improvisation"도 보라("당신이 음악을 연주할 때, 당신이 음악이다.", p. 126).

32. 브레히트, 『브레히트의 연극이론』, 송윤엽 외 옮김, 연극과인간, 2005. 3장 9절. 251쪽. '투사방식의 무대구성'에 관한 부분.

33. 유운성, 자신의 블로그, 이행준의 〈필름 워크〉에 대한 글 중에서. 샘플링에 의한 시간의 건축에 대해선 유운성의 다른 글, 「뤼미에르 은하의 가장자리에서 Part1(下)」, 『인문예술잡지 F』, 2011년 2호. 마클레이의 〈시계〉에 대한 분석이나 모든 필름 퍼포먼스에 확대적용할 수 있을 것이다. "삶이라는 무대 위에서 24시간 동안 펼쳐지는 온갖 연극적 제스처들에 대한, 차례도 색인도 없는 백과사전."(122쪽).

림이란 없다. 영화는 언제나 또 다른 닫힘을 위해서만 열리며, 모든 새로움이란 배역의 재분배와 재수정에 따른 또 다른 무대의 창출에 다름 아니다. 우린 이러한 연극적 전환에 대한 소묘들을 영화이론보다는 연극학과 결합된 현대사회학과 인류학에서 더 쉽게 찾아볼 수 있다. 특히 고프먼의 "상황 한정"definition of the situation이라는 중요한 개념이 궁극적으로 지시하는 바는, 한정되지 않는 상황이란 없으며 뒷무대와 앞무대 같은 임시적 구분이 있을 뿐 무대의 완전한 바깥이란 없다는 사실이다.[34] 여기서 배역의 교체는 무대의 완전한 탈출이 아닌 그 새로운 건설이며, 시간이란 그렇게 매번 한정된 상황들의 무한연쇄에 다름 아니다.

만약 언제나 다수의 배역들과 다수의 무대들이 주어지는 것이 사실이라면, 하나의 무대가 여러 무대들 사이에 존재하는 것처럼 배우는 언제나 여러 배역들 사이에, 그 간극 안에 존재한다. 간단히 말해 하나의 배역을 맡는 배우란 존재하지 않는다(그리 강요하는 나쁜 무대만이 있을 뿐이다). 만약 배우가 하나의 고정배역을 취한다면 이는 그걸 갈아타기 위해서, 아울러 그로부터 촉발되는 다른 배역들의 변경으로부터 자신의 배역도 변경할 퍼텐셜을 되먹기 위해서다. 여기엔 〈배역-무대〉가 현대영화에 내거는 새로운 슬로건이 있는데, 그건 운동 자체의 연극화에 관한 것이다. 배우에게 운동은 사후적으로 뒤따르는 외부반응과 그를 통한 재조정이 아니라면 그 자체로는 아무 의미도 없다. 그만큼 배우의 행동은 다른 배우의 반응을 유도해내고 그에 따라 자신도 변신하는 실험이나 즉흥적 피드백과 떼어놓을 수 없다. 그것이 여전히 운동이라면, 그것은 언제나 다수의 배역들 사이를 건너가는 뿌리 없는 운동, 그를 더 잘하기 위해서만 고정배역을 취하는 거짓 운동으로서, 결국 누구의 것도 아닌 텅 빈 운동이다. 관객의 것이라고도 볼 수 없다. 관객도 배역이고, 무대바깥은 또 다른 무대의 내부이기 때문이다. 이 거짓 운동의 텅 빔은 배우와 관객이라는 마지막 고정배역마저 취소하는 텅 빔이다. 이것이 펠리니와 부뉴엘의 마리오네트들, SF와 공포의 괴물들뿐만 아니라, 한국 마당극 영화의 무당과 자유간접화자

---

34. 어빙 고프먼, 『자아 연출의 사회학』, 진수미 옮김, 현암사, 2016. 서문. '앞무대', '뒷무대', '무대장치', '집합적 표상', '위장' 등을 정의하는 1장도 보라. 공연교란과 배역이탈은 4, 5장. 인류학에서는 단연 다음 책이다. 빅터 터너, 『제의에서 연극으로』, 이기우·김익두 옮김, 현대미학사, 1996. 특히 1장. 리미널과 리미노이드의 구분.

들이 보여주는 함축이다 : 매 순간 정박점이 없는 실험으로서 던져지지만 바로 그 실험에 의해 역할분담 전체가 갱신되므로 누구의 것도 아닌 동시에 모두의 것인 순환, 피드백, 즉 각 배우actor가 서로에게 반응기reactor가 되기 위해 카메라는 허주虛主가 되고 관객은 허객虛客이 됨과 동시에 그 모든 움직임이 허풍虛風이 되는 그런 되먹음, **여백을 머금는 운동**, 말하자면 여백 안에서의 운동과 구분되는 스스로 여백이 되는 운동, 차라리 공기가 되어버린 운동으로서의 숨-운동, 그것은 퍼포먼스다. 이 전환은 모든 의미에서 **객관화**(客觀化)와 **관객화**(觀客化)의 동일성을 의미하기도 한다. 이론적으로는 셰크너가 보여준 바다 : 단 한 명의 배우만 주어지더라도 거기엔 그 자신이라는 관객이 존재한다. 즉 퍼포먼스는 지知의 피드백이므로 어떤 배우도 이미 관객이다("이중의식"). 김방옥은 더 나아간다 : 퍼포먼스는 기氣의 피드백이므로 어떤 관객도 이미 배우다("기의 장").[35] 퍼포먼스는 모든 고정배역들을 거짓으로 만들되, 모든 실체들을 배역으로 비워내기 위해서만 그리하는, 비가정적이고 본질적인 여백의 산출이다. 그러므로 퍼포먼스는 배우와 관객, 그 행동과 반응 사이 이전에, 하늘과 대지 사이에 먼저 속해야 한다. 퍼포먼스는 (하늘로) 뛰어넘기 위해서만 (대지에) 경계를 새기기 때문이다. 그건 운동도 아니다. 운동은 으레 대지에 엎드리기 때문이다. 퍼포먼스는 하늘의 영원성을 흡수하기 위해 스스로 비워내는 운동, "신기(神氣)의 환", 그 "궁궁(弓弓)", 김지하의 개념 그대로 **"활동하는 무(無)"**다. **퍼포먼스란 흔 배역을 모심**(同役)이다.[36] 모두 현대연극학의 발견이나, 영화사에서 배역과 하늘의 기능이 점점 더 강조되어 왔음을 고려해본다면, 이보다 현대영화의 동향을 더 잘 소묘하

---

35. 김방옥, 『동시대 한국연극의 혼돈과 생성』, 연극과인간, 2016, 4장. 이 챕터는 기(氣)의 개념을 통해 − 영화학이 잊기 쉬운 − '관객의 육체'까지도 조명하려는 기념비적인 시도다("배우가 관객의 기를 받아먹으면서 연기한다.", 621쪽). 카벨적 입장을 포함하여 현상학 쪽 입장이라면 반드시 읽어봐야 할 논문인 것 같다. 이미 유명한 개념인 "이중의식"(double consciousness)은, 리차드 셰크너, 『민족연극학』, 김익두 옮김, 한국문화사, 2004. 2장, 3장. "내가 아니면서 내가 아닌 것도 아닌"(not me, not not me).

36. 90년대 이후 연극학뿐 아니라 무용, 음악, 미술 이론은 퍼포먼스에 대한 다양한 정의를 쏟아냈다. 허나 가장 심원한 버전은 김지하의 것이다. (현대 복잡계 이론뿐만 아니라 천지인 사상을 경유하여) 하늘-대지, 탈과 몸의 "이중적 교호결합"으로 퍼포먼스의 환(環)적 구조와 그 우주론적 원리까지 해명한다(『탈춤의 민족미학』, '시간' 장, 51~53쪽). 김지하의 모든 논의는 '天-탈·地-몸·人-춤'이라는 구도 속에 있다('육체' 장). 잘 알려진 대로 김지하는 기존의 '운동' 개념을 대체할 '모심' 개념을 제안했다(「'지기' 체득의 태도 : 모심」, 『생명학』 1권). 하지만 모심이 대표 개념과 섣불리 동일시될 순 없다. 그 둘을 혼동했던 김지하 본인의 정치적 행보가 이를 방증한다.

진 못할 것이다. 즉 행동action에서 연기act로, '운동에서 퍼포먼스로.'

　이러한 패러다임 전환엔 더 급진적인 측면이 하나 더 있는데, 그것은 바로 '선택에서 균형으로'라는 두 번째 슬로건이다. 만약 닫힌 무대 위 모든 것이 배우이고 모든 운동이 퍼포먼스라면, 어떤 경로의 선택에 있어서 고려되어야 할 것은 더 이상 한 배역이 감추거나 드러내는 배우의 겉면과 뒷면이 아니라, 반대로 그 외 모든 배역들과 마주치거나 조합되는 그들 궁합이다. 바로 이런 점에서 퍼포먼스는 선-악, 참-거짓과 같은 고전적 가치선택의 문제를, 그를 수행하는 배역들 간의 균형balance과 싱크sync의 문제로 전환하는데, 윤리적 관점에서 파라시네마가 기존의 도그마와 난제를 개혁한 방식도 바로 이것이다. 특히 타르코프스키에게 죄는 한 존재자에 귀속되는 게 아니라 언제나 그들의 잘못된 싱크, 굳어버린 피드백에 있는 것이었다. 그의 '영화적 형상'이야말로 배역이다. 단 너무나 고유한 배역이라 다른 배역으로 쪼개지지 않을 뿐이고, 시간의 밖을 우회하지 않는 이상 교류되지 않을 뿐이다. 같은 식으로 부뉴엘의 평행무대들이 보여주는 바는 배역의 재조합불가능성이 아니라, 반대로 그 재조합이 가지는 비인과적이고 비시간적인 성격일 뿐이고. 재싱크resync를 위해 대대적인 탈싱크desync가 불가피함을 보여준 건 소쿠로프였다(《일식의 나날들》). 또 키에슬롭스키는 "한정된 상황"만이 유일신이 되어버린 현대에 있어서 진정 전염되는 것은 선택불가능성 자체임을 보여주었다. 여인은 사생아를 출산할 수도 유산할 수도 없는 것처럼, 의사는 그녀 남편의 생존에 대해서 거짓말도 참말도 할 수 없다(《데칼로그》 두 번째 에피소드). 이런 윤리적 대전환에 있어서 피식민지 영화들은 선봉이라 할 것이다. '누가 옳은가right'라는 책임과 판단의 문제를 '누가 맞는가sync'라는 반응과 연행의 문제로 변환하기 위해, 역사를 거시사의 배역(국가·관료·가해자)과 미시사의 배역(민중·바보·희생자)으로 평행화하는 그들 말이다(한국의 경우는 이창동, 봉준호). 진정성만 보유한다면 더 다가갈 수 있다고 가정되던 진실의 실체란 더 이상 불가능하다. 그것이 없어서도, 진정성이 모자라서도 아니라, 다가감이라는 운동 자체가 이미 거짓이 되었기 때문이다. 배역 간 궁합으로서 추출되는 그에 대한 반응보다 그것이 더 진실할 수 없기 때문이다. 가장 일반적으로 말해서, 병렬회로의 출현은 옳고 그름의 문제가 싱크의 문제로 대체되는 영화사적 경향을 증거한다. 가령 다이렉트 시네마는 주체와 대상의 거리가 더는 좁혀지지 않음을 인정하고, 두 평행한 대상들을 싱크시키면서 태어난다. 대상과 그 역할 간의 싱크(루쉬, 카사베티스), 대상이 통과했던 경로와 카메라가 통과할 경로 간의 싱크(키아로스타미, 코스타), 나아가 대상과 카메라가 서로 예속되고 또 해방됨으로써 그 쿵짝이 틀어졌다가도 다시 맞는 장단長短의 싱크(장선우, 여균동), 진실은 거기에 있다. 대상 자체가 아니라. 〈숨결(낮은 목소리3)〉에서 변영주는 대상에게 모든 배역을 맡겨버렸다. 감독의 배역까지도. 변영주 자신은 위안부 할머니들의 싱크로나이저로 남았다.[37] 더 이상 사실에 뿌리내린 운동으로는 아무것도 선택할 수 없는 천신만고 속에서 진정 선택되어야 할 것은, 사실이 아니라 배역이며, 그렇게 모든 판단을 퍼포먼스의 싱크에 위임하는 배역에 대한 믿음인 것이다. 운동을 퍼포먼스로 대체하는 현대영화들에서 더 이상 관건은 철학·과학·신학 중에 어느 하나를 선택하는 데에 있지 않고, 반대로 그 모든 양자택일을 거부하는 데에, 즉 운동량에 의해 판가름되고 있던 거짓-참과 같은 진리의 표상들이 아니라, 각기 독립적 시간을 누리는 만큼 동등한 참을 수행하는 두 배역, 두 형상, 두 분자 간의 준안정적 균형과 그 시김새의 되먹음에 있다(실제로 타르코프스키와 소쿠로프의 플랑세캉스엔 확장영화적 성격이 다분하다). 아무리 고대사상과 중세신학을 인용해본들, 아무리 진정성의 휴머니즘으로 회귀해본들 이러한 진보적 시각에 퇴색됨이 있을 수 없다. 현대영화가 여전히 신을 믿는다면 그건 라이프니츠의 신일 터다. 아무리 하잘것없는 배역분할도 예정조화로 품는 고장 없는 싱크로나이저 말이다.[38] 분자시대의 구원은 이미 형상-질료가 아니라 배역-무대의 인식에, 모든 선택의 거부와 그를 통한 배우들의 동시적인 공개체화,

---

37. 변영주보다 싱크를 잘 이해한 작가는 없다. 이와 관련해서 그의 2012년 10월 인터뷰는 보석이다. "우리에게 지금 필요한 것은 '너와 내가 어디가 비슷한 것인가'이다. '너와 내가 어디가 다른가'가 아니라 '너와 내가 어떤 공통점을 갖고 있는가'를 찾는 것이 더 먼저라는 것이다. 그래야 '너의 어떤 문제가 해결되는 순간 그것이 연동되어져서 나의 문제도 조금씩 나아지게 되는 것을 찾는 것'이며, 이것이 바로 '손을 잡는 것'이라고 생각한다."(『프레시안』, 2012년 10월, 정치경영연구소 진행, 강조는 인용자).

38. "상이한 실체들 간의 상호일치(correspondance mutuelle)는 가장 강력한 신 존재 증명 중 하나입니다."(라이프니츠, 아르노에게 보낸 1687년 10월 9일 서간문). 기실 예정조화설의 독특함은 그 연극성에 있다. 연속창조설이 영화연출론이라면, 예정조화설은 연극연출론이다. 신은 최초 창조 이후에 매 장면, 매 테이크마다 연출로서 개입하지 않는다. 한 번 막이 오르면 이 연극은 영원히 자동이다. 그래서 신조차 무대 안에 있어야 한다. 배우여야 한다. 가령 신은 기적을 퍼포먼스하기 위해 "다른 배역(personnage)을 맡는다."(같은 서간문).

칼 브라운의 정확한 용어 그대로 '크리스탈 싱크'에 있다.

이런 현대적 경향에 있어서 가장 진보한 작가 중 한 명은 올리베이라일 것이다. 그는 영화를 처음부터 아예 연극으로 간주하기 때문이다. 그에게서 무엇보다도 말이 연극을 만든다. 말은 변신의 언어로서, 직접 변신을 일으키진 않지만, 화자의 배역을 드러냄과 동시에 배역에 틈을 내고 그 밖으로 뻗어 나가 다른 무대를 지시한다. 즉 말은 이 장소topos를 지시함으로써 무장소u-topos를 지시한다. 올리베이라가 오직 말이 진정한 운동이라고 말할 때, 이는 무대화가 더 이상 장소이동이나 신체 행동으로 환원되지 않는 신념의 운동임을 뜻하기 위함이다.[39] 올리베이라의 카메라는 쉽사리 움직이지 않으며 화자 주변의 청중을 보여주지 않을 때가 많은데, 이는 말이 이미 다른 무대를 모색하고 있기 때문이다. 엄밀히 말해 올리베이라의 연극적 영화들이 회귀하려는 곳은 초기 무성영화가 아니라 초기 확장영화, 가령 문자주의나 상황주의다. 이미 사랑 4부작부터 음성 하나하나는 현실적 무대와 아직 오지 않은 무대를 비월하며 교통시키는 초시간적 입자로서, 화자와 청자를 휘감으며 그들의 배역의 할당과 회수를 반복하는 즉흥적 피드백을 이루고 있다. 또 〈신곡〉과 〈말과 유토피아〉에 들어서면, 내러티브의 전개는 막간 자막에게 일임한 채 대사는 인류의 각 모듈들(철학-신학-예술)과 시간의 각 단면들(과거-현재-미래)을 순박하리만큼 정직하게 역할분담 해내며, 한 인물이 말하는 동안 다른 인물들은 뒤에서 자동적으로 코러스를 형성하거나, 반대로 말하는 이는 자유롭게 독백·방백·대화를 넘나들면서 더 이상 말의 도착점이 무대의 한 지점인지 혹은 무대의 바깥인지, 심지어 말하는 자기 자신인지 구분하기 어려워진다. 올리베이라의 화술에서 지배적인 것은 방백傍白이다. 방백은 독백과 대화를 왕복하며 주어진 무대 곁에 여백을 내고, 그로 다른 가능무대들의 퍼텐셜을 빨아들이기 때문이다. **말은 투시한다.** 그 가능무대들, 가능배역들, 재회를 통해 재현상될 그 유령들을.[40] 그래서 말이 무대에 끌어들이는

---

39. "만약 영화가 운동이라면, 그것은 단지 말에 의거해서다. 운동인 것은 그 발음이지 결코 이미지가 아니다."(올리베이라 인터뷰. *Manoel De Oliveira*, Éditions Dis Voir, 1988, p. 73). 올리베이라는 드레이어를 존경해왔다. "말을 촬영"했다는 이유에서였다.(Manoel de Oliveira, "Elonge de 〈Gertrud〉", *Cahiers du Cinéma*, n° 557, mai 2001, p. 102).

40. 같은 맥락에서 유운성은 올리베이라의 영화를 종합예술 혹은 미디어와 구분되는 "기능", 차라리 그 상이한 실체들 사이의 "유령"(eidolon)으로 간주하였다(「시네마-에이돌론」, 『유령과 파수꾼들』, 미

것은 단지 공간의 바깥만이 아닌, 현재의 무대를 지탱하고 있는 다른 시간대들의 퇴적층으로서의 시간의 바깥이기도 하며, 이것이야말로 올리베이라가 무대와 말에 대해 가지고 있던 고고학적 혹은 연금술적 생각이었다. 무대가 과거 장소들의 퇴적인 한, 말이 지시하는 무장소란 그 과거들로부터 재현상되는 미래의 장소다. 메시아의 음성과 피아니스트의 선율은 아담과 이브, 창녀와 카인, 철학자와 예언자가 한정시키는 견해의 간극들을 넘어서서 이미 인류의 이전 혹은 이후를 지시하며(〈신곡〉), 비에이라 신부 또한 단지 브라질 원주민과 포르투갈 기독교의 대립이 아니라, 칼뱅주의의 유구한 전통까지 포괄하며 그에 내삽되어야 할 "미래의 역사"를 지시한다(〈말과 유토피아〉). 또 말은 그 발화행위가 아무리 개인적일지라도 인류의 역사 전체를 표류하는 장소 없는 기호들의 피드백을 이룰 것이다(〈세계의 시초로의 여행〉 〈토킹픽처〉). 모든 경우에서 올리베이라에게서 말은, 타르코프스키에게서 바람, 유황, 물, 흙의 기능이다. 말은 발화행위를 구성하는 모든 것의 바깥으로만 정의되는 분위기를 이룬다. 이런 점에서 올리베이라 피드백은 스타니슬랍스키적이라기보다는 체호프적이라고 말할 수도 있을 것이다.[41]

실상 올리베이라에서 중요한 것은 과거보다는 미래다. 모든 도덕적 문제는 현재 무대와 배역이 그만큼 말을 쫓아가지 않는다는 데서 비롯되기 때문이다. 시공간의 퇴적에 의해 법칙화된 현재의 무대는 그만큼의 중력으로 배역을 현재에 고박시키며, 반대로 배역은 그만큼 고형화되어 배우들을 묶어놓는 족쇄가 될 수도 있다. 특히 올리베이라의 여주인공들이 겪는 상황이 이것이며(〈아브라함의 계곡〉 〈편지〉), 또 배우들이 무대를 빠져나와도 응고된 배역은 귀신처럼 따라붙는다(〈불안〉 〈나는 집으로 간다〉). 올리베이라의 근심은 삶의 수단일 뿐인 배역이 어떤 조건에선 삶보다 끈질겨진다는 데 있다. 흡사 박제된 미라나 동상처럼 고형화된 배역은 그저 시간만 흘

디어버스, 2018). 우린 더는 "영화적"(cinematic)이란 허위개념을 고집할 수 없을 것이다(389~390쪽). 아울러 유운성은 몬테이로, 코스타, 호드리게스 등과 같은 다른 포르투갈 작가에서도 유사한 측면을 관찰한다(같은 책).

41. 『미카엘 체홉의 테크닉 연기』, 윤광진 옮김, 예니, 2000. "객관적 분위기"와 배우 간의 피드백에 대해선 3장, 발성(오이리트미)에 의한 피드백에 대해선 5장. 스타니슬랍스키의 '시스템'과의 차이를 더 명확하게 볼 수 있는 그의 저서는, 미하일 체호프, 『배우의 길』, 이진아 옮김, 지식을만드는지식, 2009. ("형상의 모방").

러가길 기다리는 파국과 재앙의 말, 죽음 자체와 다를 바가 없다. 올리베이라 인물들에겐 잔 다르크나 게르투르드보다 더한 이중인격적 측면이 있다(심지어 〈말과 유토피아〉에서처럼 불굴의 신념을 가질 때조차 그렇다). 그것은 더 이상 죄가 아니라 말에 의한 십자가로서, 무대 안쪽(과거)으로 향하려는 배역의 구심성과 그 바깥쪽(미래)으로 향하려는 말의 원심성이 무언의 망상으로 빚어내는 정신의 분열이며 신념의 난청이다. 무대 밖으로 이탈하여 연출자를 자처해 봤자 소용없다. 현재의 무대에 그 배역이 포함되지 않는 무대 밖은 존재하지 않기 때문이며, 고로 새로 맡은 배역이라고 생각하는 것은 동일한 기존 배역으로부터 갈라져 나온 반사상에 불과할 수 있기 때문이다(〈불확실성의 원리〉의 카밀라–바네사, 〈마법의 거울〉에서 성모 마리아–알프레다의 쌍들). 올리베이라의 무대에서 모든 도덕원리는 배역 불확실성의 원리다. 최악의 경우 그것은 무대의 안팎을 결정불가능하게 하는 관성화된 배역의 응고상태를 표시한다.

이오셀리아니는 완전히 반대 상황이다. 그건 배역교환이 너무나 유동적이어서 무대짓기와 허물기가 즉흥적으로 이루어지는 분자배역–브라운운동의 세계다. 이로부터 이오셀리아니 특유의 아포리즘 극형식이 나오는데, 여기선 여러 이야기 그룹이 뚜렷한 중심 없이 산발적으로 엮이며 서로에게 개입하여, 인물들은 서로가 서로의 코러스가 되어 주거나 심지어 자신이 점유했던 공간이나 사물에게 주연 자리를 내어주게 된다. 올리베이라가 말에 의한 확장영화라면, 이오셀리아니는 사물에 의한 확장영화다. 이오셀리아니의 가장 신랄한 풍자는 개별 에피소드가 아니라 바로 이 극형식 자체에 있다. 즉 배역의 교환이 이토록 자유로움에도 불구하고, 진정한 변신은 실상 일어나질 않았다는 것이다. 거지에서 부르주아로 아무리 배역과 그 무대를 바꿔 봐도 그림이나 접시의 점유관계에 의해 정의되는 배역이라는 점에선 매한가지다(〈달의 애인들〉). 반대로 〈불한당들〉은 상이한 시간대를 통과하며 부랑자들이 독재자, 스페인 국왕, 다시 테러리스트와 소매치기들로 변신해가는 과정을 보여주는데, 이번엔 주어지는 물적 조건에 따라 배역은 너무 쉽게 바뀌어간다. 이 역시 사물이 매개한 배역교체로서, 사실 배역이 변신에 대해서 한 건 아무것도 없다. 이오셀리아니가 풍자하려는 건 배역의 사물화다. 즉 세계는 끝없이 무대를 갱신하고 인간은 수없이 변신을 거듭하며 다양한 배역들을 생산해내는 것 같지만, 이는 사실 사물화에 매개된 채 남의 배역을 훔치는 것뿐이며, 흡사 자본주의에서처럼 물건의 점유로만 전이되는 배역 밖에는 스스로 선택할 수 있는 배역이 남아있질 않다는 것이다. 〈안녕, 나의 집〉에서 거드름을 피우는 손님이기도 하지만 쓰레기 청소부이기도 한 흑인 남자처럼, 결국 다채로운 배역들의 조화는 다시 구매자–판매자라는 양자택일의 단색조의 자유로 축소되고 있다. 이오셀리아니는 만약 평등이란 게 있다면 그건 도둑으로서의 평등성이라고 말한다. 우린 모두 배역도둑이다, 이보다 더 유물론적인 비아냥거림은 없으리라.[42] 이오셀리아니는 단지 인생무상과 영겁회귀를 경쾌하게 은유한 시인만이 아니다. 그가 펼쳐내는 환생이나 윤회의 유머 뒤에는 사다코만큼이나 공포스러운 객관화가 있다. 그것은 우리가 자신만의 것이라고 오해하고 있는 훔쳐 온 배역에 대한 객관화이며, 그 위선과 허영 외에 다른 배역을 상상할 수 없어서 정해진 배역만을 구걸하는 우리네 모습의 객관화다. 이오셀리아니는 엄청난 니힐리스트이기도 하다. 〈월요일 아침〉에서 뱅상은 새로운 배역을 찾아 베니스로 떠나지만 별 소득 없이 다시 돌아와 보면, 그동안의 변신이 무색하리만큼 세상은 무심히 그 자리에 있다. 이 모든 변신시도에 세상은 준비가 안 되어 있다는 것, 허나 그 이유는 배역과 배역의 마주침에 예정된 시나리오라고도 할 수 있는 사물화가 어김없이 끼어들기 때문이라는 것, 결국 우리가 소유해야 할 배역이 반대로 우리를 소유하기 때문이라는 것, 이것이 이오셀리아니 영화에 깃든 유물론적 비판의식이다.

순전히 이론적으로만 보자면 올리베이라와 이오셀리아니의 차이는 체호프와 브레히트의 차이와도 같다. 올리베이라에게 배역이 무대에 고박되는 건 말·신념·시간(기억)에 의해서였던 반면, 이오셀리아니에게 배역이 고형화되는 건 좀 더 객관적인 분자응고, 즉 사물·욕망·공간(점유물)에 의해서다. 이는 날이 갈수록 점점 더 풍요로워지는 무대장치에도 불구하고 그 장면은 계속 지루해지는 이 세계의 연극장애에 대한 두 다른 진단이기도 하다. 즉 배역의 무거움이거나(올리베이라), 배역의 가벼움이거나(이오셀리아니). 전자의 경우 순교와 기적은 배역과 무대의 내적이고

---

42. "만약 내가 마네나 그레코의 그림들을 가지게 되었다고 해보자. 왜 그것들이 나의 것이어야만 하는가? 그들은 나에 대해서 생각해본 적도 없고, 다른 삶을 살았는데, 왜 그것이 나의 것인가? 이것이 그걸 소유한 사람들이 **공평하게**(également) 도둑인 이유이다."(이오셀리아니 인터뷰. *Cahiers du Cinéma*, n° 368, fev 1985, p. 10. 강조는 인용자).

정신적 불균형에 달려있다고 한다면, 후자의 경우에 먼저 문제가 되는 것은 소유물들의 이동경로에 의해서 계측되며 그에 의존하는 사물화된 배역들과, 그를 이리저리 직조하지만 정작 그 점탄성의 개선에 대해서는 당최 무관심한 세상과의 사회학적이고 경제학적인 불균형, 즉 배역과 무대의 외적이고 물질적 불균형이다.

　모든 측면에서 대조적인 두 작가가 공유하는 심오하고도 놀라운 전제는 결국 연극성에 함축된 '재현' 개념 자체에 대한 것으로서, 말과 사물의 분자적 본성과도 완벽하게 일치하는 것이다. 그 놀라운 전제란, **재현만이 있다는** 것이다. 왜냐하면 말이나 마주침에 의해 지시(말)되거나 목적(사물)될 수 있는 순수하게 비작위적이고 자연적인 종국의 본질이란 없기 때문이다. 이제껏 우리는 세간의 용례를 따라 '재현'의 축소된(그래서 폄훼된) 의미만을 써왔지만, 여기서 제기되는 재현이란 더더욱 광의적이고 철학적인 측면을 보유하고 있다. 그것은 영화의 영혼 가장 깊숙한 곳에서 연극성의 본질을 짚어내기 때문이다. 수정된 용법으로 말해보자면, 영화에서든 세계에서든, 재현이 아닌 건 없다. 변신도 재현이다. 배역의 재현이기 때문이다. 재연도 재현이다. 재현된 것의 반복이기 때문이다. 퇴접도, 탈접도, 병접도, 잉접도 모두 재현이다. 연장의 재분할이기 때문이다. 역사조차 이를 막을 순 없다. 역사도 연장이며, 책임도 재현이다. 그런데 이게 다시 구성주의는 아니다. 어떤 재현도 예외, 탈구, 균열, 변형과 돌발을 포함하는 한에서만 반복되기 때문이다(특히 이오셀리아니의 경우 그림과 접시는 매번 다른 계급과 신분으로 건너뛰며 변모한다). 그런 점에서 재현의 외부란 없다. 더 진짜 따위란 없다. 단지 더 좋고 나쁜 배역, 그에 따라 더 새롭고 낡은 재현만이 있을 뿐이다. 삶에 대해선 더더욱 그렇다. 물론 영화가 삶을 직시해야 하는 것은 맞다. 허나 그것은 삶에 재현의 외부가 남아있기 때문이 아니라, 반대로 삶의 모든 것이 이미 재현이기 때문이다. 이로부터 올리베이라의 엄청난 개념이 따라 나온다 : 영화는 따로 연극화될 필요조차 없이 애초부터 연극이었는데, 그 이유는 영화가 재현하는 삶이 이미 연극이기 때문이다. 단 삶은 조금 다른 연극이다. 삶은 관객 없이도 스스로를 재현하는 **"전연극"**préthéatre이다.[43] 결국 세계와 영화

---

43. 올리베이라 인터뷰. *Manoel De Oliveira*, pp. 85~87. "연극은 삶 속에 이미 존재한다. 우리가 보는 모든 것은 연극으로서만 나타난다. 삶은 이미 자기재현(représentation d'elle-même)이다."(p. 85, 강조는 인용자).

의 공통접점은 오직 배역, 그리고 그를 실천하는 배우들이다. 우주엔 빈 공간 없이 배우들만이 존재한다. 타르코프스키는 이오셀리아니 영화에서 바로 이 점을 높이 평가했다. 즉 인간과 배우의 동일성을. 물론 타르코프스키 본인은 영화의 고유성을 경배하며 연극배우와 영화배우를 구분하려고 했던 것은 사실이다. 그러나 이때 그가 말하는 영화배우란 분위기와 그 흡수에 의해서만 태어나는 배우, 그리하여 "모든 즉흥적 상황에 자발적이고 개성적으로 반응할 수 있는"[44] 확장영화배우였음 또한 잊으면 안 된다. 타르코프스키가 말하는 좋은 영화배우, 그건 **전연극배우다**. 타르코프스키가 접신면에서 낡은 유비를 제거할 수 있었던 것 또한 자연 자체를 전연극배우들의 무한집합으로 간주한 덕택이거니와. 그러므로 모든 윤리적 문제는 재현의 법칙이 낡고 관습화되어 새롭게 요구되는 배역과 무대를 선뜻 내어주지 못할 때, 그것이 법이 되고 권력으로 응고되어버린다는 데에 있을 뿐이며, 구원과 기적의 실패는 배역의 재현성과 무대의 폐쇄성보다는, 여전히 배역과 무대의 불균형에 좀 더 많은 책임이 있는 셈이다.

이들은 다른 어떤 작가들보다 니체적이다. 니체도 초인이 배우인 걸 알았다. 그는 바그너, 쇼펜하우어, 고고학자, 계보학자, 철학자, 파괴자로 부단히 변신해왔으며, 도떼기시장의 어릿광대들과 자신의 그림자를 만나기 위해 차라투스트라를 연기했었다. 하지만 무대도 없고 스태프나 관객도 없고, 무엇보다도 함께 연기할 상대 배우가 없는데, 그가 과연 좋은 배우였다 할 수 있을까? 이것이 말년의 니체가 초인의 디오니소스적 본성 옆에 "십자가에 못 박힌 자"라는 또 다른 본성을 서둘러 추가한 이유다. 디오니소스가 도취·파괴·창조를 의미한다면, 십자가에 못 박힌 자는 위장·음모·연극증을 의미한다. 십자가에 못 박힌 자는 그 변사체 주위로 구경꾼들을 몰려들게 하고 의문사에 대한 다양한 해석을 부추기는 그 자체 스펙터클이 됨으로써 군중을 자신의 조연으로 만든다. 연극증은 디오니소스의 전염력이다. 그것은 몰락하는 초인을 끊임없이 다시 무대 위로 불러냄과 동시에 군중을 그의 상대역으로 캐스팅함으로써, 영원회귀의 나머지 반쪽("악순환")을 완성한다. 토리노의 니체가 마지막으로 회복시키고자 한 것은 초인과 광대라는 두 배역 사이의 균형, 나아가 디오니

---

44. 안드레이 타르코프스키, 『봉인된 시간』, 영화배우에 관한 부분, 204쪽.

소스와 세계라는 배역과 무대 사이의 균형이었다.[45]

초인이 매번 반복되는 배역이란 게 사실이라면 초인들, 즉 '여러 초인들'이 존재할 수 있을까? 초인들의 집단이나 공동체가 가능한가? 니체는 미처 대답하지 못했다. 하지만 영화는 가능했을 것이다. 필름스트립의 연극적 본성상 천성적으로 죽는 연기에 능했고, 그를 스펙터클로 위장하여 구경꾼들을 모아 배역을 전염시키는 데에, 그리하여 그 전이와 변이로부터 돌연변이 배역들을 선도해내는 데에 능했던 영화는. 그 돌연변이가 초인들이다. 그들은 서로가 서로의 조연이자 코러스가 되어주며 그 각자 자기초월을 연기하기 때문이다. 〈Superjection과 Überjection의 일치〉라고도 부를 수 있을 이 도약의 전파, 실상 이것이 영화가 매체의 니힐리즘을 극복한 방식이기도 할 것인데, 여기서 배역은 뿌리내릴 대상이나 실체를 가지지 못하지만 바로 그 덕택 그는 영화에겐 가난의 원흉일 진 몰라도, 연극에겐 더 자유로운 전이와 변이를 보장하는 초인풍년의 원천이 된다. 나아가 어떤 영화, 장르, 그리고 어떤 작가에게도 한 무대에서 몰락의 위기처럼 보였던 한 포토그램의 소멸은, 다음 무대에선 매번 도약의 기회이기도 했을 터고. 예컨대 올리베이라와 이오셀리아니의 필모그래피 전반에 걸쳐서, 또 한 작품 안에서도 이러한 수동적 니힐리즘에서 능동적 니힐리즘으로의 전환이 나타난다.[46] 일단 그것은 소멸도 하나의 배역으로 긍정하는 일이고, 나아가 더 이상 한정된 무대에는 묶이지 않는 가능성, 즉 배역의 전파가능성과 여러 무대의 공존가능성을 긍정하는 일이다. 후기작으로 갈수록 빈번해지는 올리베이라의 환영 이미지는 두 무대 간의 건너갈 수 없는 간극이 아니라, 반대로

---

45. 클로소프스키의 전설적인 주석. 피에르 클로소프스키, 『니체와 악순환』, 그린비, 조성천 옮김, 2009. 특히 6장, 9장. "타자들에게, 니체의 친구들에게, 그의 메시지의 수신자들에게, 니체를 재발견할 임무가, 또는 이미 발견했다면 니체를 잃을 임무가 주어진다."(298쪽).

46. 두 가지 니힐리즘의 구분에 대해선, 니체, 『힘에의 의지』, 1권 1장. 특히 21절~25절. "내가 지금까지 철저하게 니힐리스트였다는 것, 나는 가까스로 요즘에 와서 이 점을 자인하였다."(25절) 이 전환은 무엇보다도 생성의 긍정이므로, 이후 연구자들이 꾸준히 보여준 바와 같이 『차라투스트라…』 이후의 저술들과 유고 단편들 여기저기에 변신 혹은 배우의 문제로 산발적으로 나타나고 있다. 그러나 니체에게 변신은 목적일 뿐만 아니라 수단이어서 더욱 문제적인 개념이었다. 실상 니체에게 변신이란 '순수수단'이다. 몇 가지 예로, 『힘에의 의지』, 544절, 1009절, 『이 사람을 보라』의 운명 부분("아마도 나는 어릿광대일지도 모른다."), 『우상의 황혼』 「어느 반시대적 인간의 탐험」, 10절, 11절("디오니소스적 연기술") 등등. 『아침놀』, 29절도 보라("덕의 배우와 죄의 배우").

그 둘을 통괄할 수 있는 더 큰 무대의 표시다. 〈안젤리카의 이상한 사례〉에서 사진 속의 소녀가 움직인다는 것보단 그 사진이 여러 장 걸려있다는 게 더 중요하다. 사진 사가 그녀와 재회하기 위해 무엇보다도 중요한 건 더 이상 무대의 안과 밖을 선택하는 것이 아닌, 포토그램 하나하나가 각 고유한 무대일 수 있으며, 나아가 그들 집합일 우주 자체가 하나의 연극임을 긍정하는 일이기 때문이다("반물질이 물질을 소멸시키는 것만은 아니다. 오히려 가장 순수한 에너지로 융해된다."). 이오셀리아니의 부랑자들도 무대 주변부를 맴돌면서 같은 것을 한다. 특히 〈가을의 정원들〉에서 백발 노인은 영화 내내 눈에 띄지도 않지만 그렇다고 완전히 사라지지도 않음으로써 각 무대들을 엮어내는 아리아드네의 실을 연기하는 중이다. 그로토프스키는 초인은 반드시 상대역으로서의 초인을 필요로 한다고 말한다. 초월에 있어서 빼기는 더하기를 배제하지 않는다. 외려 잘 더해야 더 잘 뺀다.[47] 이야말로 올리베이라의 부유령들, 이오셀리아니의 부랑자들이 니힐리즘의 부정성을 갱신하는 방식이리라. 즉 무대의 안과 밖, 실재와 허구, 실체와 배역 일체를 부정하는 수동적 니힐리즘에서, 그 모든 타자들을 휘감으며 도약하는 더 큰 무대의 가능성, 즉 엑스트라가 주연이 될 수도 있고 반대로 주연이 다시 엑스트라가 될 수도 있는 그 넓이의 가능성을 발견해내는 긍정과 시상의 니힐리즘으로의 역전. 이 부유령과 부랑자는 그리스 비극으로부터 훔쳐 온 사티로스 코러스의 분자들이다. 그들은 하나의 아폴론적 정원과 그 무대의 한계에 대한 증언이기는커녕, 본원적으로 다수적인 여러 무대들, 여러 "정원들"의 준안정적 공존상태에 대한 증언이고, 개별 피드백의 단주기를 더 큰 피드백의 장주기로 증폭시켜 나가는 대지의 확장력에 대한 증언이다. 그들은 '확장된 피드백'을 이루는 동반초월하는 초인무리다.

니체가 "성장"이라고 불렀던 원환도 이것이다. 초인은 모든 배역의 부정이라는 심연으로부터 어떤 배역의 긍정이라는 대지로 복귀해야 한다. 대지의 너비 없이 도

---

47. "충동은 상대 없는 발현하지 않는다."(그로토프스키, 「스타니슬라프스키에 대한 답변: 그의 진정한 제자」, 『그로토프스키 연극론』, 나진환 옮김, 현대미학사, 2007, 72쪽). 그로토프스키 이론에서 '초인의 다수성'은 '가난', '자아' 등의 개념에 가려져 종종 간과되는 것 같다. 그러나 연극의 가난은 어디까지나 "배우와 관객의 관계"를 더 잘 발견하기 위함이다(그로토프스키, 「가난한 연극을 향하여」, 『가난한 연극』, 고승길 옮김, 교보문고, 1990, 24~26쪽).

약의 높이도 성장의 깊이도 없다. 성장영화(신파영화를 포함하여)가 보여주는 바도 이러한 확장된 원환으로서, 여기서 어린이는 자신을 결박한 배역을 이탈하여 유령, 심연, 먹구름, 거머리떼를 통과하여 귀가하는데, 이는 자신이 출발했던 무대의 틈을 스스로 메꾸는 조건 아래서다. 그의 배역이 기존 법에 종속되는 게 아니라, 반대로 배역 스스로 법이 되어 공동체의 다른 배역들까지 조화시켜내는 사회화의 역능을 회복하지 않고서 어린이는 성장의 원환을 결코 완성할 수 없다. 성장영화는 배역의 두 번째 역능, 허나 이번엔 좀 더 정치적 역능을 보여준다. 그것은 법을 틈타는 배역전파력과는 구분될 법을 흡수하는 배역의 힘, 즉 자신들 조화를 위해서라면 공동체의 법칙·시나리오·프로그램을 다시 쓰는 배우들 간의 연대성 혹은 우정의 힘이며, 이는 우리를 더 이상 원죄-속죄, 유한-무한, 구속-자유 같은 규범적 양자택일이 아니라 각자 고유한 배역들 간의 자율적인 균형과 불균형으로만 정의되고 측정될 수 있는 '배우공동체'의 개념으로 이끈다. 성장영화는 이미 배우공동체의 여러 유형들을 제시했다. 주연들이 배역을 두고 경합하거나 적대하는 경우, 조연이 연출자 행세를 하고 주연이 외려 조연으로 전락하는 경우, 너무 배역에 몰입한 나머지 그 자신이 먹혀버리는 경우⋯ 하지만 어떤 유형이든 배우공동체는 그 가치판단에 있어서 실재성의 심도가 아니라 퍼포먼스의 활성도가 근거가 되는 사회이고, 주연과 조연, 관객과 연출 등 배역들의 교대율과 순환율이 곧 그의 성장률이 되는 사회다. 고로 배우공동체의 건전성을 결정하는 핵심변수는 각 구성원의 디테일한 자질이 아니라, 그들 사이를 관류하는 배역 재분배의 큰 피드백이다. 위어는 극단적인 두 사례를 보여준다. 이상화된 배역 속에서 주연배우들이 모두 어른들의 엑스트라가 되는 획일화된 공동체의 경우(《죽은 시인의 사회》)와 반대로 주연배우가 대상화되어 연출자와 광고주가 외려 주연급이 되는 물구나무선 공동체(《트루먼 쇼》)가 그것이다. 이 둘은 모두 나쁜 공동체다. 배역을 재조정하거나 재분배하는 피드백이 막히거나 마비됨으로 인해, 거기서 배우는 자기 배역의 연출권을 잃고 반대로 배역은 누구 하나 제대로 재현하지 못하고 있으며, 끝내 시나리오는 다시 오래된 법으로 경화될 뿐이기 때문이다. 반면 좋은 배우공동체는 관객의 자리, 연출자의 자리를 따로 고정해 놓지 않는다. 자신의 시나리오를 고정해 놓지 않기 때문이다. 건강한 배우공동체는 엑스트라도 주연이 되고 관객도 연출이 되는 가능성에 대한 긍정, 그 피드백에 의해 공동체의 시나리오가 기꺼이 자정될 가능성에 대한 긍정에 입각한 역할분담과 무대참여의 일치, 즉 **공생과 공연의 자율적인 일치**다. 〈죽은 시인…〉의 마지막 장면, 학생들은 자신들을 감금하던 책상을 각자의 무대로 삼고 일어나 키팅 선생님을 내려다본다. 이것이 건강한 배우공동체를 정의하는 자율적인 주·조연 교대와 무대참여의 힘, "수수께끼의 짐승"을 초기전염원으로 하는 "차라투스트라와 함께 창조하는 자"[48]들의 동반초월이다. 클로소프스키는 이 도약의 전파를 초인의 "음모"라고 부르며 그 교육적 측면을 강조했다. 주연의 희생은 조연들로 하여금 동반초월을 스스로 학습하도록 종용하기 때문이다. 앞의 경우 키팅 선생이 그 십자가에 못 박힌 자의 배역이며, 그의 해직이 그 음모다. 올리베이라 혼령의 강림도, 이오셀리아니 부랑자들의 줄행랑도 모두 음모였을 것이다. 동반초월하는 초인들을 육성키 위한 초인병의 전파. 아폴론 대 디오니소스를 연극 대 삶의 투쟁만이 아니라 연극 대 연극의 투쟁으로 능동적으로 해석하면서 "삶이라는 전체 작품과 연극에 대해서, 또 이러한 연극이 필요한 사람에 대해서 영원을 넘어 지치지 않고 다시 한 번*da capo*을 외치면서."[49]

좋은 배우공동체란 법이냐 변신이냐 라는 양자택일로부터 자유로운 사회다. 즉 법이 변신을 부정하다가 마지못해 승인해주는 것이 아닌, 반대로 변신의 끊임없는 연쇄가 곧 법이 되는 사회. 배역 재분배의 큰 피드백을 멈추지 않으며, 스스로 수정되는 재귀적reflexive 시나리오만을 자신의 움직이는 헌법으로 가지는 사회. 그런 선순환 피드백이 곧 제헌권력이 되는 사회. 그것은 브레히트가 비아리스토텔레스적이라고 말했던 "아무 약속도 하지 않아야 한다는 약속"뿐인 공동체[50], 더 일찍이는 한국 마당극이 그 역사적 변천을 통해 보여주었던 것처럼, 배역의 분화가 외려 "공동체 의식의 확대"를 촉진하는 그런 공동체다.[51] 아마도 그곳은 몹시 분자적인 사회

---

48. "창조하는 자가 구하는 것은 길동무다. 차라투스트라는 함께 창조하는 자를 구한다."(『차라투스트라…』, 서문 9절). 친구와 적의 역할극에 대해선 1장, "벗" 부분도 보라.

49. 니체, 『선악의 저편』, 3장 56절. 강조는 인용자. 1872년 강연문도 보라(니체전집 III권, 「우리 교육기관의 미래에 대하여」, 특히 마지막 귀머거리 사유실험 부분).

50. 브레히트, 『브레히트의 연극이론』, 3장 6절. 211쪽. '관객과 배우의 관계' 부분.

51. 한국 마당극이 농촌형에서 도시형으로 이행하면서 배우가 전문화되고 악사나 관객의 역할이 축소되었다는 기존 일반론에, 채희완이 가한 적극적 해석이다(『탈춤』, '공동체 의식의 분화' 부분, 59쪽).

일 것이다. 왜냐하면 여기서 피드백은 자신의 무대 위에 배우 아닌 존재를 남기지 않기 위해 사회와 자연, 인간과 비-인간을 모두를 포괄하며, 그 혼합적 원소들은 또 다른 배우나 무대장치들로서 이 분자코뮌의 재귀적 공동연출에 참여하기 때문이다. 배우공동체는 사회 전체가 하나의 '보이지 않는 방'인 그런 공동체다. 배우공동체는 '공동체의 부재를 통해서 공동체를 증명한다.'

기실 이 모든 공동체적 양상들이 연극에서도 나타나고 있던 변천임을 우린 잘 알고 있다. 현대연극은 그 프로시니엄 형태에서 탈피하여 움직이거나 회전하는 무대를, 나아가 주변 무대까지도 흡수함으로써 스스로 확장하는 마당을 이루고, 반대로 관객과 사물은 그만큼 자유로운 배역의 재분배를 통해 퍼포먼스의 일부가 되어 참여적 배우가 된다. 연극학자 김용수는 이미 영화와 연극이 기법뿐만 아니라 사상적 측면에서 얼마나 동근원적이고 잠재적 협동체계였는지를 보여주었으며, 예술장르뿐만 아니라 학문분야 간에서조차 날이 갈수록 심해져만 가는 이러한 융합의 현상을 "연행적 전환"performative turn이라고 일괄하였다. 그러나 김용수가 진정 말하고자 하는 바는 퍼포먼스에 의해 영화와 연극이 경험적으로 점점 닮아간다는 것이 아니라, 반대로 퍼포먼스는 영화와 연극이 선험적으로 공유하던 공통요소라는 것이다. 왜냐하면 퍼포먼스는 경계를 지우는 행동 action이 아니라 반대로 경계를 세분화하고 증대시키고, 더 많은 배우들을 끌어들이는 협동 coaction, 즉 연기act이기 때문이다.[52] 즉 영화와 연극의 공통술어가 퍼포먼스인 것처럼 그들의 공통주어는 배우공동체라는 것, 우리가 연극에 대한 영화의 우월성이라 여겨오던 '운동'조차 "세계연극"theatrum mundi의 공평한 변주일 뿐이었다는 것, 이것이 현대영화학이 우물쭈물하는 사이 현대연극학이 밝혀내고 있는 사실이다.

고로 '다양성의 통일'과 구분되는 '통일의 다양화', 즉 연산화(連山化)의 원리가 곧 전승의 원리가 된다(96~98쪽).

52. 김용수, 『퍼포먼스로서의 연극 연구』, 서강대학교 출판부, 2017. 김용수는 19세기 이전 프로시니엄과 바로크 극장으로부터도 퍼포먼스의 능동적 요소들을 추출하고(3장), 이를 한국 전통극과 역사극뿐만 아니라(5, 6, 8장), 영화와 TV 드라마에도 확대적용하고 있다(7, 11장). 이 모든 것이 김용수가 "사회적 퍼포먼스"라고 부르는 활동의 일환이다(10장). 김용수가 자주 참조하는 셰크너의 저술은, Richard Schechner, *Performance Studies*, Routledge, 2002. 특히 2장.

결론

9-1. 원뿔의 합생 : 네 가지 회로

레네의 A가 X와 마주친다. 허나 그 정원에 저 조각상이 있었는지는 확실하지 않다. 펠리니의 광대들이 행렬을 이룬다. 허나 그들이 향하는 곳이 출구인지 아니면 입구인지. 사우라의 소녀가 그 자신을 내려다본다. 죽었다던 엄마는 피아노를 치고 있다. 퀘이드가 드림머신 위에서 깨어난다. 아내가 휘두르는 식칼이 연속체를 파열 시킨다. 그렇다면 그녀는 누구의 연속체 내부에 존재하는가.

기억과 행동을 양극으로 하는 베르그송의 원뿔, 분명히 영화는 그것을 보여주고 있다. 그러나 영화의 본성상 그 원뿔은 하나가 아니다. 원뿔은 언제나 여럿으로서 주어진다. 한 원뿔의 바깥은 언제나 다른 원뿔들이다. 영화에서 시간은 흐른다고도 말할 수 없다. 영화의 시간은 닫히고 찢어지고 접히고 전이된다. 우리가 살펴보았던 네 가지 회로는 바로 위 사태로 인해 파생되는 반복의 네 가지 유형들이다. 시간은 얇고 넓고 두꺼워지고 또 결지음의 변양을 통해서 원뿔들의 공재성Togetherness을 표현한다. 먼저 합생하는 건 원뿔들이다. 그 개별 단면들이 아니라.

한 회로가 여전히 무대로 말해질 수 있는 건, 그것이 언제나 다른 회로들에 의해 둘러싸이기 때문이다. 이 둘러싸임의 효과를 우린 '분위기'라고 불러왔다. 분위기란 다른 원뿔에 대한 감각이다. 고로 분위기란 언제나 무대 위의 분위기다. 그것은 언제나 한 원뿔의 바깥으로부터만 주어지기 때문이다. 물론 분위기는 그를 통해 접촉하는 두 원뿔이 어떤 회로를 이루느냐에 따라 변양되고 변주되었다(① 유령 ② 파동 ③ 질량 ④ 입자). 그러나 어떤 무대도 서로가 바깥이 되는 두 원뿔이 마주치는 공통경계로부터 발원한다는 점에는 변함이 없다. 사람들이 '카이로스'라고 부르는 분위기의 전이는 바로 그 공통경계에서 일어나는 사태다. 고로 이것은 영화가 즐겨 쓰는 재현의 네 가지 유형이기도 하다.

즉 ① 폐쇄회로는 과거의 무대지만, 그 배역은 미래다(푸티지) ② 스트로크 회로는 현재의 무대지만, 그 배역은 또 다른 현재다(플릭커). ③ 병렬회로는 미래의 무대지만, 그 배역은 영원이다(프린팅). ④ 변신회로는 영원의 무대지만, 그 배역은 또 다른 영원이다(케미컬).

여기에 실험영화와 극영화의 구분 따위는 없다. 목적과 수단의 분리는 하나의 원뿔 안에서나 일어나는 일이기 때문이다.

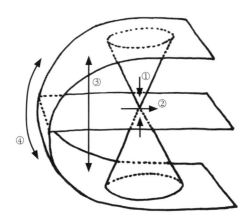

9-2. 연극과 영화 : 마늘장아찌와 대표제 민주주의

네 가지 회로는 영화의 연극적 본성을 의미한다. 그러나 그것은 단지 장소나 공간의 무대화가 아닌 **시간의 무대화**로서, 그로 인해 비로소 시간은 층이나 겹, 내외부와 그 한계들을 가질 수 있으므로 이 본성은 영화가 편집의 예술일 수 있는 가장 원초적 근거이기도 하다. 실제로 연극성은 영화가 일군의 장르를 이루는 데 제한이 되기는커녕 그 변주의 가능성을 열어준다. 우리는 각 회로가 그 양극단 사이에서 사조와 장르를 자유롭게 변주함을 살펴보았다. 즉 폐쇄회로는 웰스 혹은 레네적 영화에서 파운드 푸티지 영화까지, 스트로크 회로는 코미디와 네오웨스턴에서 구조영화까지, 병렬회로는 내러티브에서 옵티컬 프린팅까지, 변신회로는 육체와 뉴런의 영화들에서 케미컬 영화까지 각각 변주될 뿐만 아니라, 그들 사이에도 무수한 내삽과 교차가 존재한다. 어떤 작가도 한 회로를 선택해야 하지만, 그렇다고 해서 나머지를 배제할 수 있는 건 아니다. 연극적 본성은 영화와 연극의 기원 논쟁과는 아무런 상관이 없다. 그런 논쟁들은 서로 차용해가는 기법의 출처만을 따지기 때문이다. 오히려 연극적 본성이 시사하는 바는 기법의 출처가 아니라 그 출생지로서, 이때 논점은 우리가 가장 영화적이라고 생각하는 기법이나 문법들조차 실상 연극적 본성에 은밀히 힘입어왔다는 사실일 것이다. 에이젠슈테인의 '영화-주먹'과 베르토프의 '사실-주먹'의 대립, 플래허티의 '기록'과 로사의 '해석'의 대립, 바쟁의 '완전영화'와 프램튼의 '무한영화'의 대립 등은 사실 무대의 단일성과 다수성, 그 단순성과 복잡성을 정하는 문제였다. 어떤 길을 선택하더라도 영화는 시간의 무대화로 무장하고서 그 길 끝에서 우릴 기다린다.

오히려 소모적 논쟁의 틈바구니에 가려지기 쉬운 것은 연극적 본성의 진정한 의미와 그 작동방식이다. 시간의 무대화는 영화가 취하는 모든 운동이 재현임을, 하지만 그 모든 것이 재현인 이유는 현실적 존재의 이면에 무언가가 있어서가 아니라, 반대로 모든 것이 이미 현실적 존재이기 때문임을 의미한다. 〈시간의 무대화 원리〉는 화이트헤드의 〈존재론적 원리〉에 대한 영화의 응답이다 : 모든 것은 현실적 존재다. 이것이 우리가 영화가 취하는 모든 현실적 존재를 '표면' 혹은 '틈새'라고 불러왔던 이유다. 현실적 존재의 연쇄는 곧 표면의 연쇄이고 그들 간격의 반복이다. 하나의 표면이 두 현실적 존재 어디에도 독점적으로 귀속된다고 말할 수 없다. 우린 **현실적 존재는 탄다**(surf)고 말할 수 있을 뿐이다. 그러므로 한 표면 너머엔 또 다른 현실적 존재와 그 간극의 생성 이외에 아무것도 없다. 이것이 네 가지 회로의 진행방향이 보여주는 바이고, 특히 각 진행에 이어서 장르의 형성이 더욱 분명히 보여주는 바다. 미국영화의 두 건국장르를 보자. 비더와 포드의 영웅들이 지표면 너머에서 발견하게 되는 것은 '하나의 아메리카'가 아니라 그와의 간극으로서 지금 여기서 태동 중인 또 다른 지표면들(공동체)일 뿐이다. 다른 한편 갱스터 영화에서 특히 웰스의 인물들이 시층면 너머에서 발견하는 것은 음모의 원작자가 아닌, 음모를 공통구성해왔던 간극으로서 그들 자신의 시층면들(반사상, 메아리, 거울 파편…)일 뿐이다. 사정은 다른 종류의 표면들(신화면·반사면·평행면·초점면…)에 대해서도 마찬가지일 터다. 표면 너머엔 또 다른 표면일 뿐이다. 그 너머에 표면의 끝판왕이라 할 최종 근거, 궁극의 대상, 물자체 같은 건 없다. 쇼펜하우어의 표현을 빌자면, 물자체가 있다면 그건 표면에의 의지에 다름 아니다. 이건 단지 구성주의가 아니다. 표면은 재현되는 것과 재현하는 것 어느 것에도 독점적으로 속하지 않는 그들 틈새와 간격으로서 끝없이 외부에 개입해야 하기 때문이다. 표면은 재현이 일어나는 장소가 아니다. 반대로 표면은 재현이 일으키는 간격이고 간극이다. **재현은 표면화다.** 그 역도 마찬가지다.

재현은 차라리 한 무대를 일구는 배역이나 가면의 산출이다. 연극성이 소환되는 것은 바로 이 지점이다. 만약 재현의 연쇄만이 주어지는 것이 사실이라면, 한 대상의 본질이라 할 것은 그를 표면화하는 가면이나 배역을 통해서 한 대상이 다른 대상과 마주치는 재표면화에 다름 아닐 것이다. 장르영화 역시 운동을 취하기 위해선 그중 하나를 삶이라고 혼동해야 할 (최소한) 두 개의 무대로부터 모든 것을 시작해야 한다. 서부극에선 서부와 그 안에 위치한 공동체가 그것이고, 갱스터 영화에선 도시와 그 중앙 혹은 꼭대기에 차려진 조직본부가 그것인데(웰스의 경우 음모가 적용되는 공간과 음모가 꾸며지는 공간), 어떤 경우든 한쪽이 다른 한쪽을 재현함으로써 얻어지는 간극을 통하지 않고서는 역마차와 기관총은 결코 운동할 수조차 없다.[1] 장르로 가공되지 않은 대상에 대해서도 같은 것을 말할 수 있을 것인데, 실상 이것이 맥두걸 부부, 하라 카즈오와 같은 다큐멘터리 작가들이 기존 인류학과 민속지학의 방법론을 혁신한 방식이기도 했다. 그들은 누누이 강조한다 : 더 이상 카메라가 피사체를 관찰하는 것만으로 부족하다. 왜냐하면 피사체 너머에 숨은 '자연 자체'nature-in-itself란 따로 존재하지 않으므로. 외려 역할이 적절히 분배된 제한적 상황 아래 카메라가 피사체와 맺는 관계, 그 마주침의 표면만이 우리가 관찰해야 하는 유일한 자연이다. "민족지 영화는 단지 다른 사회에 대한 기록이 아니다. 그것은

---

1. 포드의 서부극을 닫힌 공간으로 해석하는 입장에 대해서 우린 이미 알아보았다. 그들은 장 미트리(*John Ford*, 1954), 하스미 시게히코(「존 포드, 뒤집어지는 하얀색」, 1977), 허문영(「존 포드 이야기」)이다.

영화작가와 그 사회의 **마주침**meeting에 대한 기록이다."[2] 영화의 연극적 본성은 스튜디오를 빠져나와도 무대를 짓는 능력에 있다. 무의식과 풍경을 들이밀어 봐도 소용없다. 영화에서 풍경은 가장 강력한 무대로서, 그건 어떤 임계점을 넘어가면 너무 좁아지거나 너무 넓어짐으로써 그 안의 인물들에게 다른 마주침만을 재촉하는 운명의 배역을 쐐기 박는다. 비워낼수록 좁아지고 아예 감옥이 되는 아르젠토의 광장(《서스페리아》)과 줄랍스키의 도시(《포제션》), 나아가 한없이 팽창하여 이젠 접촉할 외부가 무밖에 남지 않은 소쿠로프의 비네트 공간(《어머니와 아들》), 반대로 한없이 분자화되어 이젠 접촉할 내부가 무밖에 남지 않은 점묘화적 공간(《세컨드 서클》)에서 우린 각 회로 쪽으로 유령화·점멸화·개체화·비체화로 터져나갈 배역전환이라는 재표면화의 본성 이외에 다른 어떤 '자연 자체'를 찾을 수 없다. 또 날이 갈수록 다각화되는 앵글과 점점 빨라지는 카메라 워크를 들이밀어 봐도 역시 소용없다. 시공간의 다면체화야말로 그 각 단면이 작은 무대가 되는 가장 복잡다단한 무대화이고, 여기서 그들을 횡단하고 접붙이는 속도란 헌 배역과 새 배역을 걸러내는 자유실험에 다름 아니다. 각 단면이 하나의 관점이 되는 클라크와 카사베티스의 변박 공간(《커넥션》 《얼굴들》), 너무나 가속되어 접촉할 외부단면이 남아있지 않는 스콧의 망원 공간(《언스토퍼블》), 반대로 너무나 지체되어 접촉할 내부단면이 비루한 육신밖에 남지 않은 도그마 필름의 인터레이스 공간(《줄리앙 동키 보이》)에서 역시 각각 유령화·점멸화·개체화·비체화를 박동하고 질주하는 재표면화의 본성 이외에 우린 다른 어떤 '자연 자체'를 찾을 수 없다. 요컨대 장르 안에서나 밖에서나 영화는 모든 것이 재현이라는 준엄한 조건 앞에서 스스로 연극적이길 택하고자 한다. 스스로 가면과 표면들의 중층집합이기를, 한 벌의 연극이자 여러 벌의 연극이기를. 하라 카즈오의 정확한 소묘처럼, 영화는 한 꺼풀 벗김이 한 번의 무대화가 되는 '마늘장아찌(락교) 위상공간'이다. 일반적으로 **표면화는 이미 무대화이고 배역분할이다.** 표면화는 연극화와 같은 말이다. 연극화는 무대의 증식, 그 경계면의 증식이기 때문이다. 무엇보다도 그것은 그에 공외연적인 배우의 탄생이기도 하다. 비록 그에 의해 배역을 짊

---

2. David Macdougall, "Beyond Observational Cinema", *Principles of Visual Anthropology*, ed. Paul Hockings, Mouton, 1975, p. 125. 강조는 인용자.

어졌으나, 또한 그 덕분에 서로가 서로를 객체화함으로써 경계면을 뛰어넘어야 할 그 배우 말이다. 어떤 다면체도 연극화의 자식이라고 말해도 좋다. 특히 영화가 그렇다. 영화의 연극적 본성이란, 이렇게 정체성을 탈자연화하고 또 다수의 정체성을 폭로하는 그 표면적 본성이다. 이것으로 충분했다. 왜냐하면 영화는 표면 너머에 고립되어 있는 어떤 '자연 자체'도 모르기 때문이다. "락교의 핵이란 없다. 한 꺼풀을 벗겨내면 우리는 여전히 다른 꺼풀을 볼 뿐이다."3

이 선언과 영화 사이엔 어떤 미학적이거나 기술적인 우연도 개재될 수 없다. 영화의 필름스트립이 이미 장아찌스트립이기 때문이다. 필름스트립은 부단히 나눠지고 또 이어지므로 참현실도 아니지만 그렇다고 거짓현실도 아닌, 한국 마당극이 이른 개념 그대로 "**극장현실**"의 행렬이다.4 이 연극적 행렬 안에서 작위성은 자연스러움의 반대말이 아니다. 자연이 작위를 무대화한다고 말하는 것은 작위가 자연을 무대화한다고 말하는 것과 마찬가지로 참이다("신이 세계를 창조한다고 말하는 것은 세계가 신을 창조한다고 말하는 것과 마찬가지로 참이다"5).

영화의 연극적 본성을 가려버리고 그 재현적 특성을 호도한 건 오히려 이론과 평론 쪽이었다. 모더니즘 평론은 영화에게서 사실주의와 환영주의를 분리했고, 사실주의의 줄기엔 바쟁주의와 유물론이, 환영주의의 줄기엔 정신분석학과 내러티브 이론이 곧바로 따라붙었다. 분리는 공고한 것처럼 보인다. 실제로 그 각각의 줄기에 뤼미에르와 멜리에스, 자연과 예술, 실재와 해석, 대상과 주체, 내용과 형식, 기억과 상상, 세계와 작가, 역사와 창조와 같은 세부범주들이 첨가되면서 분리는 점점 더 공고해졌다. 오늘날 이 분리를 의심하는 평론가와 이론가는 많지 않다. 흥행요인분석

---

3. 하라 카즈오 인터뷰. *A Critical Cinema 3*, p. 130. 자신의 다이렉트 액션 기법에 대한 설명.

4. 70년대 마당극 및 창극을 개시한 허규와 민예극장(《물도리동》 〈다시라기〉)이 '자연'에 대해 취한 입장을 요약하는 개념이다(허규, 『허규의 놀이마당』, 박현령 엮음, 인문당출판사, 2004, 1부, 99쪽. "모든 사물, 모든 현상은 곧 연극적일 수 있다는 것", 69쪽). 연극에 놀이나 굿을 도입하는 과정은 으레 자연과 작위의 분리/통합 문제를 동반했는데, 허규 이후 80년대 '마당극-마당굿' 논쟁(임진택·채희완, 「마당극에서 마당굿으로」), 90년대 '굿의 연극화' 논쟁(《오구》) 등으로 이어졌다. 가령 자연과 예술의 분리를 전제하며 '굿은 제의일 뿐'이라는 이상일의 비판에 '굿은 연극 그 자체'라는 연희단 거리패의 입장이 맞선다(『한국연극』 90년 7, 8월호). 무속학에선 김태곤과 조흥윤 쪽이 위 비판과 같은 입장을 취하였으나, 그 근거와 조건은 더 심오한 것이었다.

5. PR 658.

이나 댓글분석으로 그 기능이 축소되어 가는 최근의 비평조류는 말할 것도 없고. 그러나 사실 이 두 유파는 같은 전제에 대한 두 가지 다른 응답일 뿐이다. 한쪽은 표면 너머에 자연이 있음을 전제하고서 그를 포착하기 위해 스크린을 걷어내야 한다고 말하고, 다른 한쪽은 표면 너머에 자연이 없거나 있어도 무방함을 전제하고서 스크린의 독자적 형식의 구성이 가능하다고 말함으로써, 두 입장 모두 자연과 영화의 분리만은 공유하며 인식론의 층위로 사이좋게 손에 손잡고 내려갔다. 라투르가 현대인류학에서 관찰한 근대성에 대한 "두 번의 대분할"과 같은 것이 영화이론에 있다. 첫 번째 분할은 자연과 영화의 분할이고, 두 번째 분할은 첫 번째 분할의 정도로 재측정되는 사실주의(자연-영화)와 비사실주의(자연/영화)의 분할이다.[6] 인류학과 다른 점이 있다면 대분할에 취한 영화이론은 영화를 직접성의 언어로 오해했다는 점이다. 심지어 대분할에 의해 결별했던 그 두 유파는, 영화가 다른 재현의 예술과는 달리 자연대상을 '현시'present할 수 있는 능력을 지녔다고, 그래서 그가 보유한 연극적 기법들을 열등하고 임시적 수단이라고 간주하는 데에서 다시 만난다. 재현을 너무 잘해서 현시와 다를 바 없다고 하는 사실주의와, 재현할 게 없어서 현시라고 하는 환영주의. 아마도 이러한 지식체계들이 재현의 모르쇠로써 의도했던 바는 영화의 문법은 사회의 재현법칙, 특히 표상제representation와 대의제representative에 묶여있는 언어문법과 헌법으로부터 해방되어 있으며, 그래서 직접민주주의의 가능성은 스크린 안에서라도 존재한다는 것을 보여주는 것이었을 게다. 하지만 그건 지식인들의 허영일 뿐이다. 영화의 진정한 정치는 법이란 법은 모두 거부하며 재현의 무대를 탈출하여 직접적 현존들과 그 주이상스로만 그득한 물자체의 아방궁을 짓는 것에 있질 않다. 반대로 영화의 정치는 재현의 문법에 고통받되, 그 고통의 반복과 변주로 그 법을 변형하고 개헌함으로써, 재현에 내재된 제헌권능을 다시 소환해내는 데에 있다. 이 두 층위는 분리불가능하다. 제헌권력은 오직 재현으로부터만 파생되며, 반

<hr />

6. 브뤼노 라투르, 『우리는 결코 근대인이었던 적이 없다』, 홍철기 옮김, 갈무리, 2009. 4.3절. 라투르가 '하이브리드'라고 부르는 인간-비인간 결합체들과 근대헌법과의 애증관계에 대해선 3장. 라투르는 근대헌법 및 근대적 사유에 내재한 간극을 메꾸거나 우회하기 위해 등장한 세 가지 근대적 기획들(① 포스트모더니즘 ② 기호학 ③ 존재 형이상학)을 두루 비판한다. 이 모든 것이 라투르 자신이 '대칭적 인류학'이라고 부르는 방법론을 위한 초석이다(5장). 근대사유에 있어서 자연의 분기는 화이트헤드가 이미 1920년에 비판한 바다. CN 2장.

대로 재현은 제헌권력에의 압력 없이는 일어나지 않기 때문이다. 재현의 간극은 제헌권력의 원천이자 에너지 자체다.

　우리는 어쩌면 영화사에서 가장 영화적이고 창조적이었다고 일컫는 대목에서조차 대표제 민주주의의 연극적 패턴을 발견해낼 수 있을지도 모른다. 몽타주의 탄생을 보자. 큐비즘과 접선하기 위해 쿨레쇼프는 이미 배우의 육체를 독립된 단편들로 분해하고 재결합하는 기계주의 연극과 무용(델사르트, 볼콘스키)으로부터 몽타주의 법칙을 대놓고 차용해오고 있었다. 그것은 운동의 헌법이라 할 리듬을 입법하기 위해 각 물질적 단편들이 전체의 형상을 재현한다는 점에서 영화가 기꺼이 배워야 할 연극성이었다.[7] 상이한 계보와 양식을 통해서긴 하나 푸도프킨과 에이젠슈테인 역시 연극으로부터 연속체의 재구성(스타니슬랍스키)과 그 자극의 반사(메이에르홀드)라는 재현법을 수입하기를 멈추지 않았다. 초창기부터 몽타주는 연속성을 불연속적 부분들의 대표제로서 사유함으로써, 그들의 대립으로부터 자유로울 수 있었던 것이다. 고로 연극성은 단지 불연속과 연속의 구분만으로 제거되지 않는다. 예컨대 심도화면 역시 연극적이다. 역시 연극으로부터 많은 것을 빌려오고 있던 르느와르에게 심도란 근경과 원경이 그들 간격을 통해 지속 전체를 재현/대표*represent*하는 과정, 또 그 한계로서의 법칙을 발견하는 과정에 다름 아니다. 심도는 헌법이기도 하다. 그것은 역할들 중 누가 이 법칙을 지키는지 또 안 지키는지, 결국 누가 삶이라는 가장 큰 지속의 마지막 대표자인지를 가려내는 필터처럼 작동한다. 다른 방식이긴 하나 오즈와 미조구치의 심도화면에서도 근경과 원경의 완고한 간극을 통해서 여백은 시간의 헌법이 되고, 정물은 시간의 대표자가 된다. 반대의 경우로 가보아도 사정은 크게 달라지지 않는다. 심도와 재현 이데올로기를 헐벗겨 망신 주려는 구조주의 영화에 있어서 스크린과 관객은 그 재현의 시공간적 간극 속에서만 재현하는 자와 재현되는 자로서 마주칠 수 있다. 그들은 재현의 간극을 의사당으로

---

7. 영화사에서 누락되어 왔던, 쿨레쇼프 몽타주와 기계주의 연극성의 계보학적 근친성을 복원하여 보여준 이는 얌폴스키다(『영화와 의미의 탐구』, 1권, 2부 3장). 이에 비한다면 스타니슬랍스키-푸도프킨, 메이에르홀드-에이젠슈테인의 연관성은 잘 알려진 바다. 김용수가 푸도프킨과 에이젠슈테인을 상이한 연극적 전통(집약희곡/확산희곡)으로 대조시킨 바 있다(『영화에서의 몽타주 이론』, 열화당, 1996. 부록).

해서만 영화제작자와 관람자의 의회를 구성한다. 영화제작시간과 관람시간이 동등해야 한다는 '지속등가성'durational equivalence은 영국구조주의 의회가 제정한 헌법 1조 1항이다. 모든 경우를 감안할 때, 일반적으로 **심도란 연극이다**. 최소한 연극화의 효과다. 단지 그 공간이 화각에 한정되어서가 아니라 원경과 근경을 배역으로 하는 플랑들의 교류와 교대가 더 큰 무언가를 으레 재현하기 때문이다. 심도화면은 독점적 연출자 없는 역할극이라는 점에서만 그 영화적 특이성을 가진다. 몇몇 작가는 심도를 가상적 연출자를 지시하는 기능으로까지 변용하긴 했지만 말이다(웰스, 큐브릭, 드 팔마). 모든 심도화면은 심도의 허구화를 내포한다. 우린 르느와르와 장선우, 웰스와 남기남 둘 중에 하나를 선택하는 이들을 이해할 수 없다. 자유간접화법은 말로 하는 심도화면이기 때문이다. 자유간접화법은 지식과 언어의 심도를 허구화한다. 지금 당장 암실로 달려가서 솔라리제이션을 해보라. 솔라리제이션은 어떤 임계치를 넘어가면 이미지를 회색조의 평평한 표면으로 만들어 그 심도를 없던 일로 만든다. 더 깊은 밝음이나 더 깊은 어둠은 애초에 없었다. 백색과 흑색을 배역으로 해서 재현되는 농담濃淡의 간접성만이 거기에 있다.

이론가들과의 지리멸렬한 논쟁 속에서도 파졸리니는 '미메시스'란 단어를 포기하지 않았다. 거기엔 화자의 자유를 보장하는 민주적 역량이 깃들어 있기 때문이었다. 하지만 그것이 모든 문법이 무효화된 자연상태의 직접민주주의를 뜻하진 않는다. 파졸리니는 미메시스가 전前문법적이긴 해도 문체적 '문법'의 산출과 관련된다고 끊임없이 강조한다. 즉 그에게 미메시스는 단지 야생의 자유가 아니라 간접성의 차원에서만 허용되는 자유, 즉 재현된 것 속에서 때로는 비판이고 때로는 창조일 수도 있는 법칙들을 이끌어내는 제헌의 역능이어야 했다. 나아가 모든 영화는 선천적으로 자유간접화법을 지닌다는 파졸리니의 암시가 사실이라면, 모든 영화는 이미 **자유간접 민주주의**free indirect democracy 결사체일 수도 있다("발화된 기호들의 전문법적 특성들이 한 시인의 문체에 일원이 될 시민권을 지니듯, 대상의 전문법적 특성들은 한 영화작가의 문체의 일원이 될 시민권을 지닌다."[8]). 우리가 근대 민주주의의 탄생에서 보게 되는 것은 대표제 민주주의는 인민주권 실현을 위한 불가피한 선택이 아

---

8. Pier Paolo Pasolini, "The Cinema of Poetry", *Heretical Empiricism*, p. 171.

니라 그 본질적 함축이라는 사실이다. 각 포토그램이 서로를 재현하는 무대가 되지 않으면 운동을 일으킬 수 없는 필름스트립으로부터 태어나는 영화에게도 사정은 마찬가지일 것이다. 그렇다면 영화의 가장 정치적 운동Movement은 재현을 거부하는 게 아니라 반대로 더 재현하는 데에, 그럼으로써 이미지의 대표제 민주주의를 구축하는 데에 있을지도 모른다. 이것이 파졸리니가 미메시스로 진정 말하고자 한 바다. **영화는 재현함으로써만 탄핵하고 제헌한다.**

이것이 사실이라면, 영화에게 연극성은 흠결이나 치부가 아니다. 비록 열등하지만 당장은 빌려 써야 하는 임시방편도 아니다. 영화에게 연극성은 곧 운명이고 권력이다.9 연극만이 재현을 부끄러워하지 않기 때문이다.

현대 정치학이 밝혀낸 것 중 하나는 대표제 민주주의를 정의하는 표상repre-sentation/대표representative의 방식엔 어떤 개념적 간극이 내재되어 있고, 그것은 어떤 이론적 보수공사로도 잘 메워지지 않는다는 사실이다. 홉스는 그걸 허위계약으로 메꾸려고 했고, 슈미트는 변증법으로 메꾸려고 했고, 켈젠은 공리계로 우회하려 했고, 반대로 스트라우스와 롤즈는, 자유주의와 달리 사회주의는… (목록은 계속되고 있다) 그러나 어떤 보강책을 따라가도 군중과 인민, 인민과 대표자 간의 간극은 남으며, 오히려 그를 메꾸는 방법의 차이가 대표자 캐릭터의 차이를 낳을 뿐이다. 현대 정치학의 더 큰 발견이 여기에 있다. 그 간극은 영원히 메워지지 않는다. 왜냐하면 그것은 대표제의 오류이기는커녕 본질이고, 좀 더 엄밀히 말해 개념적 간극이 아니라 대표제를 실질적으로 작동케 하는 **수행적 간극**performative gap이기 때문이다. 즉 대표제의 간극은 역할의 차이, 즉 무대의 안팎을 분할하고 그 퍼포먼스와 배역을 분배하며, 심지어는 하나의 배역 안에서도 그 세부역할을 분화시키는 수행적 미분이다.10 그런데 바로 이것이 영화가 진보해 온 방향이 아닌가. 간극을 메워보

9. 다음 저술들의 전제가 이와 같다. 클리퍼드 기어츠, 『극장국가 느가라』(눌민, 2017), 권헌익·정병호, 『극장국가 북한』(창비, 2013), 이러한 연구들이 시사하는 바는 극장국가가 단지 나쁘다는 게 아니라, 반대로 극장은 국가의 본질이란 점이다. 근대 민주주의의 연극성에 관해서는 모건의 연구가 선구적이다(*Inventing the People*, 1989). 마넹과 런시먼도 보라(각각 『선거는 민주적인가』, 2004, *Pluralism and the Personality of the State*, 1997).

10. 홍철기, 「대표의 허구에 관한 연구」, 서울대학교 박사학위논문, 2016. 특히 5장. 홍철기의 요지는 대표의 허구성은 단지 허위나 오류가 아니라, 대표자에게는 배역과 배우 자신을, 피대표자에게는 저자

거나 해명해보려는 각종 이론적인 시도들(심지어는 전문화되기까지 한! 홉스-리얼리즘, 슈미트-정신분석학, 켈젠-인지과학 및 러시아 형식주의)에도 불구하고, 영화는 그 자신 간극을 감출 줄 몰랐고 외려 그 수동적 기능을 능동적이고 수행적인 차원까지 업그레이드시켜왔다. 그것은 우리가 다이렉트 시네마와 색채주의 영화의 출현, 서양 파라시네마에서 동양 파라시네마로의 변이, 반사형 플랑세캉스에서 호흡형 플랑세캉스로의 변천, 아울러 할리우드 특수효과에 있어서 표현적expressive 양식에서 흡수적immersive 양식으로의 변천에서 관찰했던 '굴절-반사 모델'에서 '흡수 모델'로의 업그레이드다. 여기서 표면은 더 이상 운동과 빛을 휘거나 끊는 객관적 기능을 넘어 그러한 것들을 선택적으로 필터링하고 변질시켜 전유하는 주체성의 특이점으로 압축되고 고도화되고 있다. 물론 흡수 모델로의 진보는 연극성을 위한 선결조건이기도 하다. 배우가 몰입하기 위해선, 배역은 흡수되어야만 하기 때문이다. 또 이것은 육체 및 신경과 시압의 발견과 맥을 같이 하는 진보이기도 했다(유현목, 김수용, 임권택, 타르코프스키). 왜냐하면 바쟁이 배우의 현전 문제를 통해 역설적으로 논증해주었던 것처럼, 연극화 없이는 배우의 육체는 발견될 수 없기 때문이다.[11] 시압은 단지 시간이 아니다. 시압은 스님과 참회자뿐만 아니라 사이보그와 괴물들에게도 신경망의 확장을 요구하기 위해 육신을 비틀어 짜는 시간의 흡압력이다. 흡수 모델의 출현이 영화에서 주체성이 복권되는 과정임은 분명해 보인다. 그러나 이것은 재현의 간극을 자신의 표현express으로 메꾸는 '행동action의 주체성'이 아닌, 반대로 재현의 간극에 자신을 몰입시킴immerse으로써 그를 수행하는 '연기act의 초주체성'이

와 관객(평가자, 감시자)이라는 "역할 분화를 촉진"하는 적극적 기능이 있다는 것이다(178~180쪽). 결국 홍철기가 "간극의 수행"을 통해 그리는 그림은 피드백이다. 피드백에 의해 피대표자는 단지 유권자에 그치지 않고, (무대 위에서 국가를 연기하는) 대표자 배역의 저자, 관객, 비평가, 감시자로 그 역할을 끊임없이 "교체"할 수 있다.

11. 현존(presence)의 문제는 연극학에선 언제나 논쟁적인 것이었다. 가장 극단적 입장일 두 작가는 필립 아우스랜더(*Presence and Resistance*, 1992), 그리고 에리카 피셔-리히테(*The Transformative Power of Performance*, 2004). 김방옥의 개념사적 개괄을 참조할 수 있다(「연극에서의 현존 개념의 변화」, 『동시대 한국연극의 …』). 김방옥은 두 입장 모두로부터 거리를 두면서 우리와 비슷한 결론에 이른다. 즉 (특히 현대) 연극에서 현존은 가능한 것도 불가능한 것도 아닌데, 왜냐하면 그것은 "수행적 현존"이기 때문이다(결론 부분). 아르토·그로토프스키·바르바·안치운 등 구체적 사례들을 검토하는 그녀의 다른 논문도 보라(같은 책, 「몸의 연기론(II)」).

다. 드디어 표면이 막으로 업그레이드된 것이다. 막에게서 더 이상 재현은 단지 표면들의 결합과 분해로 전체의 변화와 순환을 표현express하는 방식이 아니라, 표면들을 뭉치고 걸러내는 재표면화로 육체의 변형과 피드백에 함입immerse되는 퍼포먼스의 방식으로만 구현되며, 나아가 그는 배역분할을 촉진하는 피드백 속의 피드백으로 재연쇄되는 방식이 아니면 재현을 계속 이어나갈 수조차 없다. 즉 막은 모든 주체를 배우로 만든다(관객에 대해서도 마찬가지다). 막에 의해 영화에서 "모든 현시는 재현이고, 모든 재현은 퍼포먼스다."[12] 한마디로 막은 연극존재다. 막(膜)은 막(幕)이다. 그건 다른 누군가를 재현함으로써만, 또 다른 누군가에게 재현됨으로써만 생존한다는 점에서 대리존재이기도 하다. 막은 현존하지도 않는다. 재현함으로써만 현존하기 때문이다. 막은 막존(幕存)하고 대존(代存)한다. 요컨대 막은 **대표면**(代表面)이다. 하지만 이것이 자신이 속한 집단을 대표함이라고 오해해선 안 된다. 반대로 막은 자신이 속하지 않은 집단만을 대표하며, 그에게 대표함이란 곧 흡수가 된다. 막은 그의 타자만을 대표한다. 그 간극의 수행이 펼쳐내는 다수의 정체성과 그들 사이에 이루어지는 변전만이 자신의 유일한 생존방식이기 때문이다. 막이란 용어가 맘에 안 든다면 다른 용어를 써도 상관없을 것이다. 남의 삶을 대신 살아냄으로써만 생존하는 T-1000과 환생귀신들, 또 남의 세계를 대신 살거나 남의 말을 대신 발화함으로써만 현존하는 부뉴엘과 올리베이라의 순교자들처럼, 자신이 흡수한 타자들을 대표하고 싶어서 안달이 난 이러한 연기자들을 한꺼번에 지칭할 수만 있다면. 분명 막의 대표성은 허구적일 수 있으리라. 그러나 여기서 "대표의 허구성은 다수의 바꿔 쓸 수 있는 가면 혹은 역할을 수행하도록 촉진한다."[13]

결국 이 모든 연행적 전환의 방향이 가리키는 것이 바로 변신의 테마다. 이는 고전영화에서 현대영화로의 도약을 가장 명징하게 표시해주는 변곡점이기도 하다. 변신은 그 자체로 재현의 퍼포먼스이고, 배역의 분화이고 재분배이면서 그 산출이다.

---

12. 스티븐 히스, 『영화에 관한 질문들』, 4장. 「영화 수행」(Film Performance), 185~186쪽. 히스는 이 엄청난 챕터에서 현대영화에 있어서 관객의 위상이 수행적 차원에서만 성립하며, 나아가 어떤 극영화조차 필름 퍼포먼스임을 논증해 보이려고 한다("주체-시간의 퍼포먼스"). 히스는 영화와 자연의 분기를 의심하는 이론가 중 하나다("리얼리즘은 오직 직접적 전송이라는 순진한 주장 속에만 있는 것…").
13. 홍철기, 「대표의 허구에 관한 연구」, 11쪽.

게다가 그 배역할당의 범위가 인간에서 기계, 무기물, 비인간, 화학적이거나 전자적인 단위들로까지 확장됨으로써 변신은 결국 영화에게 모든 육체를 준다. 변신은 영화가 품은 강력한 대표충동이다. 변신은 하나의 몸과 영혼뿐만 아니라 그들 네트워크, 나아가 인류와 기계 전체도 대표할 수 있다.[14]

호러와 SF는 변신의 대표제적 특성을 너무나 잘 보여준다. 니콜 브르네는 페라라의 영화에서 변신의 세 유형을 구분했는데, 이는 모든 SF와 호러에도 적용될 수 있는 것이며, 심지어 각 유형이 홉스, 슈미트, 켈젠에 대한 영화의 응답이라고 보아도 무방할 것 같다. 즉 대상을 완전복제로 대표하는 리바이어던-기계($1 = 1 - 1 = 1$: 복제괴물, 좀비), 숙주나 환경을 통해 분열 증식하는 결단-기계 혹은 슈미트-기계($1 = 1 : 1 = 2$: 기생괴물, 변신 사이보그), 규범체계로 잠재화되는 켈젠-기계($1 = 1 + 1 + 1 + 1 + \infty = -1$: 흡혈귀나 악마 같은 귀족괴물들, 드림머신, 프로그램, 동양 여귀).[15] 이들에게 유기물-무기물, 인간-짐승, 생명-기계 사이의 온갖 간격 내지 틈새는 더 이상 숨겨야 할 치부가 아니다. 오히려 그들에게 간격은 더 드러내고 더 이용해야 할 그들의 무기이자 식량이다. 그들은 간극을 먹고 살고, 간극을 타고 다닌다. 이들의 진정한 역능은 단지 배역을 강제하거나 빼앗는 폭력성에 있지 않고, 반대로 배역을 세분화하고 재분배하는 그 유연성(첫째 유형)과 당면한 위기상황에서 잠복기와 발병기를 과감하게 분리해내는 결단력(둘째 유형)에 있다. 김기영의 하녀들, 〈링〉의 사다코와 함께 가장 위대한 켈젠-기계(셋째 유형) 중 하나였던 나탈리의 〈큐브〉를 보자. 큐브는 자율성이 최소화된 고정된 법칙체계 같아 보이지만, 그 법칙을 알아낸 인물들이 출구를 발견한 곳은 처음 출발지점이다. 그것은 애초부터 그들을 심판할 욕망조차 없었기에 변경될 필요조차 없었던 극대의 자율성인 것이다. 이게 변신의 무서움이다. 변신은 자율성을 추구하는 대표제다. 그것은 우주의 끝에 고립된 먼지 하나라도 남기지 않으려는 듯 가장 작은 분자적 간격들까지 모두 끌어모아 군사·행정·방송을 커버하고 통어하여 스스로 성장해나가는 배역 재분배의 자율적 네트워크를 이룬다. 더 무서운 것은 위 세 유형 말고도 더 많은 변신유형들

---

14. 무당과 대장장이, 접신술과 연금술의 근친성에 관해선 이두현, 『韓國巫俗과 演戱』, 서울대학교출판부, 1996, 2장 「단골巫와 冶匠」.

15. Nicole Brenez, *Abel Ferrara*, trans. Adrian Martin, University of Illinois Press, 2007, pp. 82~92.

이 있고 또 가능할 거란 사실이다. 인류는 이들로부터 한 수 배워야 할 것이다, 마치 영화는 이렇게 말하는 것 같다.

라투르는 근대헌법이 괴물과 사이보그들("하이브리드")의 존재를 공식적으로 부인하면서도 그들을 은연중에 양산해옴으로써 그 통제권을 잃었다며, '자연 자체'라는 가상의 핵을 가정함 없이도 그들이 비로소 온전히 재현될 수 있는 "사물들의 의회"를 요구하였다. 라투르는 인류에게 마늘장아찌를 요구한 게다. 하지만 영화는 번외로 해도 될 것 같다. 영화는 평론의 오지랖, 이데올로기의 닦달, 자본의 유혹, 그 못지않을 레드카펫의 유혹 와중에도 꿋꿋하게 또 넉넉하게 마늘장아찌들을 구축하고 있었다. 비단 그것은 SF와 호러에서처럼 각 꺼풀이 조인트와 채널포트가 되는 사이보그장아찌에 국한되지 않는다. 디지털과 인공지능의 등장 이전에 이미 르느와느, 오퓔스, 미조구치에서 박윤교, 김기영, 장선우, 그리고 올리베이라에 이르는 연극영화는 각 배우와 그 역할이 한 꺼풀이 되는 게임과 계약의 무대장아찌를 제작해왔고, 신경몽타주의 변곡점을 지나서 오스트리아 실험영화와 구조주의 영화는 각 프레임을, 멀티내러티브와 파라시네마는 각 디제시스를 한 꺼풀로 하는 비유클리드적 장아찌 공간을 건축했다. 분자적 단위의 하이브리드까지 고려한다면, 확장영화는 스크린과 영사기가 각 꺼풀이 되는 걸어 다니는 장아찌의 제작이다. 케미컬영화에선 금속은과 곰팡이가 그 각 꺼풀이 된다. 미국영화도 예외는 아니다. 할리우드가 부단히 개발해온 망원 시스템은 원경과 근경을 꺼풀로 삼는 텔레장아찌의 구축이다. 판타지도 국회비준은 필요한 법이다. 가장 일반적으로 말해, 현대영화의 보편적 마늘장아찌란 신경장아찌다. 사물들의 의회는 어쨌거나 신경망이기 때문이다. 하나의 단일 디제시스만 주어진다 하더라도, 관점과 앵글에 의해 다면체화된 공간의 각 단면이 이미 하나의 무대이고, 그들을 감각으로써 접속시키는 각 뉴런이 이미 하나의 꺼풀이다. 이것이 왜 현대 액션영화나 핸드헬드 영화에서처럼 앵글이 많아지고 카메라 워크가 현란해질수록, 영화가 연극에서 멀어지기는커녕 점점 더 액션뮤지컬로 변모하며 **뉴로-퍼포먼스**가 되어 가는지를 설명해준다.[16] 또 왜 현대 디지털영화

16. '뉴로-퍼포먼스' 개념을 제안하면서 우리가 전제하는 건, 퍼포먼스의 신경학적 수준들을 분류한 셰크너의 다음 글이다. Richard Schechner, "Magnitude of Performance", *Performance Theory*, Routledge, 1988. ① 두뇌사건(brain event) ② 미시 비트(micro bit) ③ 비트(bit) ④ 기호(sign) ⑤ 장

가 CG와 크로마키로 떡칠되면 될수록 그리되어 가는지도. 아마도 디지털장아찌도 가능할는지도 모른다. 디지털장아찌가 여전히 신경장아찌인 한에서.[17] 어떤 경우든 관객은 더 이상 숨어서 응시하는 인간이 아니다. 그들은 이 신경망의 일원이 되어 함께 압통하는 그의 시냅스 유권자들이다. 당신이 아무리 객석에 가만히 앉아있어도, 당신의 뉴런은 이미 무대로 뛰어들고 또 그를 갈아타고 있는 제각각의 배우다.

물론 이러한 동향은 단지 사조나 장르로 범주화할 수 있는 것만은 아니다. 각 작가는 자신만의 "사물들의 의회"를 추구했던 것처럼 보인다. 구로사와와 펠리니의 둥근 대오, 오즈와 나루세의 여백, 데렌과 브래키지의 "폐쇄회로", 김수용과 신파의 하늘, 김기영의 천당, 장선우의 마당, 이장호의 "천수답", 김동원의 "가난의 공동체", 이명세와 미야자키 하야오의 "천공", 아케르만과 트린 민하의 "텅 빈 중심", 조도로 프스키의 "비인칭 자아", 린치의 "하얀 방", 체르카스키의 "검은 방", 정지영의 하얀 공간, 매딘의 아이스링크, 워터스의 똥줄 네트워크, 마투시카의 항문 네트워크, 크로넨버그의 "비디오드롬", 밴더빅의 "무비드롬", 브라운의 "만물용해액", 이행준의 투명공간… 그 어디에도 순수한 인간이나 순수한 대상과 같은 자연 자체란 없다. 그것을 필터링하고 흡수하는 배역막과 그 재분배만이 영화를 지속으로 이끌며, 거기서 영화는 그 재현과 변주가 곧 도덕, 윤리, 문법 등 모든 헌법의 제정과 개정이 되는 자동의회를 품게 된다. 이런 점에서 사물들의 의회를 최초로 감지했던 이들은 스탈린주의의 폭압 아래 있던 소비에트 작가들일 지도. 군중입자들이 다시 회집되어야 할 비–무차별적 자연Non-Indifferent Nature.

사물들의 의회를 요구하는 지식이 계속 화이트헤드의 철학에 이끌리는 이유도 여기에 있을 터다.[18] 이유는 두 가지다. 첫째, 이 의회는 시간의 선형적 계열의 추적

면(scene) ⑥ 드라마(drama) ⑦ 거시드라마(macro drama).

17. 디지털 신호로도 영화가 되는가, 즉 시그널스트립으로서의 디지털장아찌가 가능한가, 이 질문은 이 책의 범위를 넘어선다. 다만 첨언할 것은 만약 CG 때문에 영화가 손해를 본다면, 그건 그 영화적 본성이 아니라 연극적 본성일 것이란 점이다. CG가 대표의 허구성이 아닌 피대표의 허구성을 초래하는 한에서, 그리하여 영화로부터 퍼포먼스와 육체를 앗아가는 한에서 말이다. 그전까지는 영화가 손해 볼 연극성이란 아무것도 없다. 연극무대의 구조가 바뀔 뿐이다. 다음 개괄이 좋다. 송효정, 「피상성 예찬의 시대, 디지털 영화를 사유하다」, 『리토피아』, 2007년 28호. ("과거의 극장이 플라네타리움(Planetarium)적이었다면 동시대의 극장은 만화경(Kaleidoscope)적이다.")

18. 우리는 '사변적 실재론'(Speculative Realism)이라고 자칭하는 철학자 그룹을 염두에 두고 있다.

에는 아무런 관심이 없고, 또 그 끝이 있다고도 생각지도 않는다. 물자체 같은 순수한 대상이란 없다. 영원한 대상이 있을 뿐이다. 둘째, 이 의회는 그렇다고 해서 잠재성을 맹신하지도 않는다. 사물들의 의회는 생기론과 포스트구조주의가 은밀히 배양해온 잠재성 페티시즘을 경멸한다. 그건 또 다른 물자체일 수 있기 때문이다. 재현의 근거는 그 재현에 참여하는 자 스스로에게만 있다. 즉 법의 정당성은 그 잠재성이 아니라 그것이 변형되고 변신할 수 있는 바로 그 현실적 결합nexus에 있다. 현실적 존재만이 결단한다. 그 잠재태가 아니라("현실적 존재만이 근거가 된다."[19]). 요컨대 사물들의 의회에서 재현의 대상은 시간적이지 않고 영원하며, 재현의 근거는 가설적이지 않고 현실적이다. 즉 사물들의 의회가 사물들의 연극무대인 한, 또 사물들이 재현에 참여하지 않는다면 **어떤 결단도 없음**을 굳건히 믿는 한, 사물들은 이미 열렬 화이트헤드주의자다. 화이트헤드 철학은 라이프니츠 이후 가장 정교한 연극철학이기 때문이다. 어떤 현실적 존재도 실체 없이 상호파악하므로 서로가 배우인 동시에 관객이 되고, 파악은 퍼포먼스가 되며, 어떤 영원한 객체도 속성 없이 진입하므로 배역이 되고, 진입은 빙의가 된다. 한정은 무대화가, 합생은 공연이, 결합체는 배우공동체가 되는 그런 무대. 세계도 하나의 배우이기에, 신조차 캐릭터 없이는 입장할 수 없는 그런 무대.[20] 이것이 영화조차 필름스트립의 본성으로 분자모방했던 화이트헤드 철학의 요체다. 화이트헤드 철학은 최초의 ANT다. 그것은 현실적 존재가 배우(A)이고 영원한 객체가 그 네트워크(N)인 이론(T)이다.

　　베르그송의 저 유명한 언명, "지속은 분할불가능한 것이 아니라 분할하면 그 본성이 변하는 어떤 것"이라는 언명을 영화의회는 이제 다음처럼 읽는다 : '대상은 재현불가능한 것이 아니라 재현하면 그 헌법이 변하는 어떤 것이다.'

Quentin Meillassoux, Graham Harman, Ray Brassier, Steven Shaviro, Jane Bennett, Leon Niemoczynski 등.

19. PR 1부 2장 2절. 89. 2부 1장 2절도 보라("결단이 현실적 존재의 일시적 부속물과 같은 것으로 이해되어서는 안 된다. 그것은 현실태 그 자체의 의미를 이루고 있다.").

20. 화이트헤드가 시간과 그 바깥을 양극으로 쪼갰을 때, 연극철학은 시작되었다고 할 수 있다. 영원한 객체는 배역이다. "그것은 나타났다가 사라진다. 그것은 살아남는 것도, 사는 것도 아니다. 그것을 필요로 할 때면 그것은 모습을 나타낸다." "그것은 귀신처럼 시간을 빙의시킨다."(SMW 5장, 138). 다른 한편 사사성과 공공성을 구분하자 퍼포먼스 이론이 시작되었다. 현실적 존재는 그 각자 배우인 동시에 서로 관객 및 스태프이다. 주체인 동시에 자기초월체이기 때문이다(PR 4부 1장 5절).

"민주주의는 영원하다. 민주주의는 오히려 오랜 지속의 방해자로서 영원하다."[21] 영화도 그렇다.

9-3. 영화와 민주주의

플라톤은 민주주의를 비웃었다. 민주주의엔 말 그대로 '데모스'demos만 있지 '아르케'arche-형상, 원리가 없다는 이유였다. 하지만 민주주의의 힘은 바로 거기에 있다. 데모스가 그 현존에 아르케가 없는 것은, 그 자신 재현을 아르케로 삼기 위해서다. 이 재현에의 추동이 근대성을 탄생시켰고 영화도 탄생시켰다. 사실이 그렇다면 영화가 민주주의를 표현하고 나아가 정치적이 되는 건, 만약 그게 가능하다면, 그건 현시를 통해서가 아니라 재현을 통해서다. 데모스는 현시될 수 없고 오직 재현될 수 있기 때문이다. 같은 말이지만, 그는 오직 무대 위에서만 현시될 수 있기 때문이다. 민주주의에서 재현의 완전한 바깥이란 없다. 재현을 주기적 선거로만 완결시키지 않는, 주기가 없거나 주기를 스스로 창출해내는 피드백으로서 박동하는 그 내부만이 있을 뿐이다. 그러므로 그것은 여전히 무대의 내부다. 데모스는 영화배우이기 전에 연극배우다. 데모스는 스타도 될 수 없고 매니저도 기획사도 없다. 올리베이라의 말처럼 그들은 '전연극배우'다.

민주주의가 그렇듯 영화도 그렇다. 영화가 데모스를 현시하는 게 아니다. 데모스는 이미 배우이고, 영화는 그 무대가 될 뿐이다. 영화는 생의 아르케나이저로 나서기보단 생의 싱크로나이저로 겸허히 물러설 뿐이라는 이 유일한 사실 혹은 윤리를, 한 데모스의 다음 단언만큼 간결하고도 심오하게 소묘할 수 있을까: "영화를 안 만든다고 내가 죽는 건 아니다."[22]

오해와 착각은 완전히 무대 바깥으로 나갈 수 있고, 거기서 데모스를 현시할 수 있다고 생각하는 데서 비롯되는 것 같다. 마치 완전한 직접민주주의에 대한 환상

---

21. 고병권, 『민주주의란 무엇인가』, 그린비, 2011. 4장. 119쪽.
22. 변영주, 『프레시안』, 2012년 10월 인터뷰.

처럼. 데모스를 현시하기 위해 데모스의 재현을 사건의 재현으로 대체하는 시도는 군중의 권리, 상황의 진실, 그 현존재의 평등과 자유를 소묘하는 데 성공할 진 모르나, 거기엔 민주주의를 움직이는 어떠한 간극도 없거나 혹은 미리 메워진 간극만 있다. 데모스를 현시하려는 시도는 그를 다시 영화배우나 스타로 만들 뿐이다. 반대로 데모스가 가장 민주적-정치적 투쟁상태에 놓이게 되는 것은 그가 연극배우일 때다. 왜냐하면 민주주의에서 투쟁은 대표자 배역과 피대표자 배역 사이의 간극에 대한, 간극을 통한, 간극의 투쟁, 즉 그들 싱크를 위한 배역의 교체 및 세분화의 압박, 피드백의 가속화, 심지어는 경합과 탈환, 결국 그를 통한 헌법의 탄핵 및 개헌이기 때문이다. 한마디로 민주주의의 모든 투쟁은 현존의 쟁취가 아니라 재현의 쟁취이기 때문이다. 진정 정치적 데모스는 권리, 진실, 평등과 자유에 그다지 큰 관심이 없거나 그를 부속적 지참금으로만 여긴다. 그러한 것들은 그가 재현됨으로써 분투할 간극을 너무 쉽게 메워버리기 때문이다(사실 권리나 자유와 같은 합의consensus의 가치는 인민people 혹은 국민nation의 것이지 데모스의 것은 아니다. 데모스는 재현되기 위해 그 이전으로 돌아가는 이들이다). 반대로 정치적 데모스는 권리를 배역으로, 진실을 퍼포먼스로, 평등을 간극으로, 자유를 헌법으로 대체한다. 간극을 더 벌리고 드러내 그를 연기하기 위해서다. 물론 싸움꾼이 된다고 더 정치적이 되는 게 아니다. 외려 지나친 분노와 원한은 연기를 망치고 간극을 다시 닫아버리기에 십상이다. 데모스가 만약 대표자의 배역을 공격하고 다른 배역으로 틈입하여 그를 내파시킨다면, 그 목적은 헌법의 교정, 즉 배역의 교체 및 창출과 무대의 전환에 있지, 결코 그 무효화와 파괴에 있지 않다. 무대전환은 객관적이다. 반면 무대의 완전한 파괴나 탈출은 머릿속에서나 일어날 뿐이다.[23] 어떤 의미에선 데모스는 법에 대항하지도 않는다. 그들 자신이 법의 객관적 일부를 이뤄야 하기 때문이다. 데모스는 법을 움직이기 위해서 기꺼이 재현되는 이들이다. 그래서 데모스는 재현불가능성을 모르

---

23. 고로 대표함의 객관성은 실질적 민주화를 위한 제일조건이 되며, 이 생각에 이르자마자 서동진은 강경 근본주의로 돌아섰다(『변증법의 낮잠』, 꾸리에, 2014, 3~5장). 서동진이 계속 묻는 것은 외려 연출자, 그것도 사이비 객관(국가-스태프)과 심리적 주관(파토스-배우) 어느 쪽에도 휘둘림 없이 무대 전체를 총괄하는 전문적인 '총연출자'의 자리다. 그러면 퍼포먼스를 다시 '조직'(organize)할 수 있을까?

거나, 알아도 혐오한다. 도망가는 게 능사도 아니며 도망가지지도 않는다. 헐벗는다고 능사도 아니며 헐벗겨지지도 않는다. 올곧이 재현되는 게 없는 만큼 재현되지 못할 것도 없다. 재현의 완결된 내부가 없는 만큼 재현의 완결된 외부도 없다. 데모스는 재현의 'RE(다시 한번)'를 마다하지 않는다. 그 고형성을 마다할 뿐이다. 미안하지만, 재현은 주적이 아니다. 적이었던 재현과 친구일 재현이 있을 뿐이다. 순전한 특이화란 없다. 모든 특이화는 "재특이화"re-singularization다.[24] 오늘날 모든 권력은 재현에 기생하기 때문이다. 특히 자본은 가장 강력한 연극기계다. 그것은 배역을 명령한다.[25] 어느 모로 보나 관건은 권리의 재인식이 아니라 배역의 재분배, 재현의 부정이 아니라 그 변주인 것이다. 간극의 퍼포먼스는 그래서 수단이자 목적이다. 그것은 변신이다. 사건의 재현과 재현의 간극을 맞바꾸는 이론적이거나 영화적인 시도들이 으레 간과하는 것, 그것도 변신이다. 변신 없이 민주주의에선 정치도 없다. 왜냐하면 민주주의의 아르케는 누군가의 변신을 통해서만 다시금 움직이기 때문이다. "그런 점에서 시청각 민주주의의 관건은 언제나 반응이 일치되지 않고 반드시 분열되는 청중을 조직화하는 일이다."[26] 간극의 퍼포먼스, 여기에 가닿지 않는 이상 사건을 재현하면서도 정치적인 영화는 아마도 불가능할 것이다.

영화가 민주주의를 연기하기 위해 추구해야 할 것은 타자를 흐릿하게 바라보는 시선 혹은 그 조심스러운 거리두기와 같은 불투명한 화면만은 아니다. 불투명성만으로는 부족하다. 설령 간극 자체가 비예측성, 측정불가능성과 같은 불투명성이더라도 그렇다. 결국 정치의 목적은 재현의 법칙에 불투명성을 틈입시키고 전이시키는 것만이 아니라, 그 변조와 변주를 통해 재현의 법칙을 개헌하는 것이기 때

24. 가타리에게서 빌려 온다. 펠릭스 가타리, 『카오스모제』, 윤수종 옮김, 동문선, 2003, 1, 6장.

25. 맑스의 계급론에 함축된 바다. 즉 계급이 이미 배역이다. 공장 안팎에서 생산자–소비자를 연기하는 노동자처럼, 감독관–화폐소유자를 연기하는 자본가도 이미 배우다(『자본론』 III장 23장). 게다가 생산–유통이 압축되어 무대가 일원화됨("지구공장")에 따라 배역의 명령은 더더욱 절대적 요소가 되어갈 것이다. 이런 점에서 자본주의의 연극성을 가장 잘 파악하는 맑스주의의 계승은 자율주의다. 자율주의는 결국 노동을 "퍼포먼스 노동"으로 사유하는 방법론이다(빠올로 비르노, 『다중』, 2장). 그리고 "명령가치"에 "공통가치"를 대립시키는 실천이다(조정환, 『인지자본주의』, 6, 12장 ; 『절대민주주의』, 11장). 자율주의는 고전 맑스주의의 총연출을 공동연출("공통적인 것")로 대체하고자 한다.

26. 홍철기, 「우정 안의 간극들」, 『인문예술잡지 F』, 2013년 10호, 131쪽.

문이다. 좋은 데모스는 불투명성의 산출에 만족하지 않는다. 그는 **불투명성을 연기**perform한다. 불투명성을 연기하는 자는 정작 불투명하지 않다(반대로 이 두 불투명성을 혼동하는 순간 우린 다시 재현과 현시, 역할과 능력, 배우와 사건, '정치적 영화'와 '정치에 대한 영화'를 혼동하게 된다). 김열규는 샤먼의 사회적 역할로서 "흐림의 역전"을 말했다. 그것은 아무리 개인적인 수준에서 시작된 불투명성("어지러움")이라도 집단적 수준의 투명성("신명")으로 역전·확전·비화시키는 집단변신의 사회적 퍼포먼스("신지핌의 감염")를 뜻한다. "유리병 안의 흐린 물은 빨리 흔들어야 맑아진다."[27] 영화는 이걸 제일 잘할 수 있을 터다. 필름스트립이 이미 그 유리병이기 때문이다. 게다가 그건 클라인 병이다. 영화에서 데모스의 이상적인 형태는 투명기계다. 샤먼기계 혹은 리미노이드 기계. 친구와 적들 사이에서 그의 평판은 변신 이외에 다른 현존방식을 모르는 변신바보다. 그는 개헌밖에는 자신의 재현법을 모르는 입법바보이기도 하다. 그러나 이것이 다시 '절차의 투명성'과 같은 형식적 민주주의의 가치를 의미하진 않는다. 이때 투명성은 지식과 행정의 투명성이 아니라 권력과 변전의 투명성이기 때문이다. 그것은 안토니오니가 "심해로 들어갈수록 물고기는 투명해진다"고 말할 때, 카펜터가 "악은 빛 속에 숨는다"고 말할 때, 남기남이 "영구 없다"고 말할 때, 김기영이 "이젠 모든 것이 된다"고 말할 때, 페로가 "있지도 않았기에 의심할 수도 없다"고 말할 때의 그 투명성이다. "영구 없다"는 현존과 부재의 변증법이 아니다. 영구는 슈미트가 될 수 없다. 그에게 예외는 위기가 아니기 때문이다. 영구는 도망간 것도 아니다. 도망가면 땡칠이 밥은 누가 주겠는가. 그는 헐벗겨진 것도 아니다. 헐벗고서 꼬마강시와 협연할 수 있겠는가. 영구는 오줌과 방귀의 전파자로 변신하고 드라큘라와 처녀귀신에게 소쩍쿵을 전염시켜 죽음의 법칙을 개헌하기 위해, 그렇게 "다시 한 번Da Capo" 재현되기 위해 재현 이전의 "하이브리드" 상태로 되돌아간 것뿐이다. 영구야말로 진정한 정치적 데모스다. 데모스는 더 이상 보이지도 않는다. 그들은 모두 변신 중이기 때문이다. 우리는 이 이상의 거창한 결론을 영화에게서 바랄 수 없다. 나머지는 그와 함께 협연하는 세계의 몫이다.

---

27. 김열규, 『동북아시아 샤머니즘과 신화론』, 4.2부, 355쪽.

부록

:: 참고문헌

국내 저서 및 논문

강남훈. 『정보혁명의 정치경제학』. 문화과학사, 2002.

고병권. 『민주주의란 무엇인가』. 그린비, 2011.

_____. 『화폐, 마법의 사중주』. 그린비, 2005.

고승길. 『동양연극연구』. 중앙대학교출판부, 1993.

권헌익·정병호. 『극장국가 북한』. 창비, 2013.

김경욱. 『나쁜 세상의 영화사회학』. 강, 2013.

_____. 『블록버스터의 환상, 한국 영화의 나르시시즘』. 책세상, 2002.

김기영. 『김기영 시나리오 선집 I』. 집문당, 1996.

_____. 『김기영 시나리오 선집 II』. 김홍준 엮음. 한국영상자료원, 2009.

김방옥. 『동시대 한국연극의 혼돈과 생성』. 연극과인간, 2016.

_____. 『열린 연극의 미학』. 문예마당, 1997.

김상일. 『화이트헤드와 동양철학』. 서광사, 1993.

김성도. 『구조에서 감성으로 - 그레마스의 기호학 및 일반의미론의 연구』. 고려대학교 출판부, 2002.

김성률·맹수진 외. 『독립 다큐의 대부 김동원 展』. 서해문집, 2010.

김소영. 『근대성의 유령들』. 씨앗을뿌리는사람, 2000.

_____. 『근대의 원초경』. 현실문화연구, 2010.

_____. 『아시아 영화의 근대성과 지정학적 미학』. 현실문화연구, 2009.

_____. 『파국의 지도』. 현실문화연구, 2014.

김수남. 『조선영화사 논점』. 월인, 2008.

_____. 『한국영화감독론 1』. 지식산업사, 2002.

_____. 『한국영화감독론 2』. 지식산업사, 2003.

_____. 『한국영화감독론 3』. 지식산업사, 2005.

김수행. 『자본주의 경제의 위기와 공황』. 서울대학교출판부, 2006.

_____. 『자본론의 현대적 해석』. 서울대학교출판부, 2011.

김열규. 『도깨비 본색, 뿔 난 한국인』. 사계절, 2010.

_____. 『동북아시아와 샤머니즘과 신화론』. 아카넷, 2003.

_____. 『맺히면 풀어라』. 서당, 1991.

_____. 『메멘토 모리, 죽음을 기억하라』. 궁리, 2001.

_____. 『풀이』. 비아북, 2012.

_____. 『한맥원류 : 한국인, 마음의 응어리와 맺힘』. 주우, 1981.

김영진. 『이장호 vs 배창호』. 한국영상자료원, 2008.

김영진. 『화이트헤드의 유기체철학』. 그린비, 2012.

김용수. 『연극이론의 탐구』. 서강대학교 출판부, 2012.

_____. 『영화에서의 몽타주 이론』. 열화당, 1996.

_____. 『퍼포먼스로서의 연극 연구』. 서강대학교 출판부, 2017.

김용운·김용국. 『공간의 역사』. 공화출판사, 1975.

_____. 『지성의 비극』. 일지사, 1992.

_____. 『토폴로지 입문』. 우성출판사, 1995.

_____. 『프랙탈과 카오스의 세계』. 우성출판사, 1998.

김용운. 『카타스트로피 이론 입문』. 우성출판사, 1993.

김윤아.『미야자키 하야오』. 살림, 2005.

김정룡.『우리 영화의 미학 ─ 한국 영화 감독론』. 문학과지성사, 1997.

김지하.『생명학』 1, 2권. 화남, 2003.

_____.『탈춤의 민족미학』. 실천문학사, 2004.

_____.『흰 그늘의 미학을 찾아서』. 실천문학사, 2005.

김진균.『역사와 사회 1 : 제3세계와 사회이론』. 한울, 1983.

김태곤.『무속과 영(靈)의 세계』. 한울, 1993.

_____.『한국무속연구』. 집문당, 1981.

김항.『말하는 입과 먹는 입』. 새물결, 2009.

남다은.『감정과 욕망의 시간』. 강, 2015.

남상국·남정욱.『한국영화, 황금기를 찍다』. 연극과인간/광화문영상미디어센터, 2010.

독립 다큐멘터리 연구모임.『한국 독립 다큐멘터리 역사와 진실, 그 어제와 오늘의 기록』. 예담, 2003.

맑스코뮤날레 조직위원회.『맑스주의와 정치』. 문화과학사, 2009.

문창옥.『화이트헤드 철학의 모험』. 통나무, 1999.

문화학교 서울.『루이스 부뉴엘의 은밀한 매력』. 문화학교 서울, 2000.

민진영.『파운드 푸티지』. 전남대학교 출판부, 2015.

박길성·김성도 외.『전염의 상상력』. 나남, 2017.

박동환.『서양의 논리 동양의 마음』. 까치, 1987.

_____.『안티호모에렉투스』. 길, 2001.

_____.『x의 존재론』. 사월의책, 2017.

박진태.『동아시아 샤머니즘 연극과 탈』. 박이정, 1999.

_____.『한국 민속극 연구』. 새문사, 1988.

배선복.『근대 동서존재론 연구』. 철학과현실사, 2007.

_____.『라이프니츠의 바로크 기획과 동서비교철학』. 한국학술정보, 2012.

백문임.『월하의 여곡성』. 책세상, 2008.

_____.『임화의 영화』. 소명출판, 2015.

서동진.『변증법의 낮잠』. 꾸리에, 2014.

서병훈 외.『왜 대의민주의인가』. 이학사, 2011.

서연호.『동서 공연예술의 비교연구』. 연극과인간, 2008.

_____.『한국 공연예술의 원리와 역사』. 연극과인간, 2011.

서울영화집단.『새로운 영화를 위하여』. 학민사, 1983.

서인숙.『한국 영화 속 탈식민주의』. 글누림, 2012.

_____.『영화분석과 기호학』. 집문당, 1998.

서정범.『무녀들의 꿈 이야기』. 우석출판사, 2003.

_____.『한국 문학과 문화의 고향을 찾아서』. 문학사상사, 2001.

신태호.『하인리히 폰 클라이스트의 노벨레 연구』. 삼영사, 1984.

안병섭.『영화적 현실 상상적 현실』. 정음사, 1989.

안치운.『연극제도와 연극읽기』. 문학과지성사, 1996.

여균동.『아큐, 어느 독재자의 고백』. 상상너머, 2011.

오영환.『화이트헤드와 인간의 시간경험』. 통나무, 1997.

오영환 외.『과학과 형이상학』. 자유사상사, 1993.

우석훈.『생태요괴전』. 개마고원, 2009.

유운성.『유령과 파수꾼들』. 미디어버스, 2018.

유지나·변재란 엮음.『페미니즘 영화 여성』. 여성사, 1993.

유지나 외.『멜로 드라마란 무엇인가』. 민음사, 1999.

유현목.『한국영화발달사』. 한진출판사, 1980.

유현목 외.『영화학논총』. 동국대 연극영화학과 편. 원방각, 1990.

윤인로.『신정-정치』. 갈무리, 2017.

이기중.『렌즈 속의 인류학』. 눌민, 2014.

이두현.『한국무속과 연희』. 서울대학교출판부, 1996.

_____.『한국의 가면극』. 일지사, 1979.

이미원.『연극과 인류학』. 연극과인간, 2005.

_____.『한국 탈놀이 연구』. 연극과인간, 2011.

이부영.『한국의 샤머니즘과 분석심리학』. 한길사, 2012.

이상락.『정보시대의 노동전략』. 갈무리, 1999.

이상일.『굿, 그 황홀한 연극』. 강천, 1991.

이승민.『영화와 공간』. 갈무리, 2017.

이승종.『동아시아 사유로부터』. 동녘, 2018.

_____.『비트겐슈타인이 살아 있다면』. 문학과지성사, 2002.

이승종·뉴턴 가버.『데리다와 비트겐슈타인』. 민음사, 1999.

이연호.『전설의 낙인』. 한국영상자료원, 2007.

이영미.『한국대중예술사, 신파성으로 읽다』. 푸른역사, 2016.

이영일.『한국영화전사』. 삼애사, 1969.

이영준.『기계비평』. 현실문화연구, 2006.

_____.『이미지 비평』. 눈빛, 2004.

_____.『xyZ City』. 워크룸 프레스, 2010,

이용관.『한국영화를 위한 변명』. 시각과언어, 1998.

이용관 엮음.『전위영화의 이해』. 예니, 1991.

이정우.『사건의 철학 : 삶, 죽음, 운명』. 그린비, 2011.

_____.『인간의 얼굴』. 민음사, 1999.

_____.『접힘과 펼쳐짐』(강의록). 거름, 2000.

_____.『주름, 갈래, 울림』(강의록). 거름, 2001.

_____.『주체란 무엇인가 : 무위인에 관하여』. 그린비, 2009.

이주영.『연출가 메이예르홀드』. 연극과인간, 2005.

이진경.『미-래의 맑스주의』. 그린비, 2006.

_____.『불온한 것들의 존재론』. 휴머니스트, 2011.

_____.『자본을 넘어선 자본』. 그린비, 2004.

이택광.『세계를 뒤흔든 미래주의 선언』. 그린비, 2008.

_____.『한국 문화의 음란한 판타지』. 이후, 2002.

이행준.『아시아 실험영화』. 평사리, 2009.

이행준 엮음.『시각적 연금술사 칼 E. 브라운』. 다이애고날 필름 아카이브, 2008.

이효인.『한국영화사 강의 자료집』. 산 출판사, 1999.

_____.『한국의 영화감독 13인』. 열린책들, 1994.

이효인·이정하.『한국 영화 씻김』. 열린책들, 1995.

임재철 엮음.『알랭 레네』. 한나래, 2001.

_____.『장 마리 스트라우브 다니엘 위예』. 한나래, 2004.

임진택.『민중연희의 창조』. 창작과비평사, 1990.

임호준.『시네마, 슬픈 대륙을 품다』. 현실문화연구, 2006.

장회익·이중원 외.『양자·정보·생명』. 한울아카데미, 2015.

전양준 엮음.『세계영화작가론』 1, 2권. 이론과실천, 1994.

전양준·장기철 엮음.『닫힌 현실 열린 영화』. 제3문학사, 1992.

정준호.『기생충, 우리들의 오래된 동반자』. 후마니타스, 2011.

조동일.『탈춤의 역사와 원리』. 홍성사, 1979.

_____.『카타르시스 라사 신명풀이』. 지식산업사, 1997.

조동일·김흥규 엮음.『판소리의 이해』. 창작과비평사, 1978.

조정환.『21세기 스파르타쿠스』. 갈무리, 2010.

_____.『아우또노미아』. 갈무리, 2003.

_____.『인지자본주의』. 갈무리, 2011.

_____.『절대민주주의』. 갈무리, 2017.

_____.『지구제국』. 갈무리, 2002.

조정환·이정우·황수영·최호영.『인지와 자본』. 갈무리, 2011.

조흥윤.『한국의 샤머니즘』. 서울대학교출판부, 1999.

_____.『한국종교문화론』. 동문선, 2002.

주유신 외.『한국 영화와 근대성』. 소도, 2001.

최길성.『한국무속의 연구』. 아세아문화사, 1980.

최장집.『민주화 이후의 민주주의』. 후마니타스, 2002.

_____.『민중에서 시민으로』. 돌베개, 2009.

채희완.『탈춤』. 대원사, 1994.

채희완 엮음.『탈춤의 사상』. 현암사, 1984.

천이두.『한의 구조 연구』. 문학과지성사, 1993.

하길종.『사회적 영상과 반사회적 영상』. 한국영상자료원·부산국제영화제, 2009.

한국분석철학회.『비트겐슈타인과 분석철학의 전개』. 철학과현실사, 1991.

한국영상자료원.『지워진 한국영화사』. 한국영상자료원, 2014.

한국 화이트헤드학회.『창조성의 형이상학』. 동아서, 1998.

한덕규 엮음.『위대한 영화감독 유현목』. 한국영화인복지재단, 2006.

한병철.『피로사회』. 문학과지성사, 2012.

허규.『허규의 놀이마당』. 박현령 엮음. 인문당출판사, 2004.

_____.『민족극과 전통예술』. 문학세계사, 1991.

허문영.『세속적 영화 세속적 비평』. 강, 2010.

현용준.『제주도 무속과 그 주변』. 집문당, 2002.

호현찬.『한국영화 100년』. 문학사상사, 2000.

홍성남 엮음.『막스 오퓔스』. 한나래, 2006.

홍성남·유운성 엮음.『로베르토 로셀리니』. 한나래, 2004.

_____.『칼 드레이어』. 한나래, 2003.

홍성욱 엮음.『인간·사물·동맹』. 이음, 2010.

황루시.『한국인의 굿과 무당』. 문음사, 1988.

김용수.「연극의 전이체험」,『한국연극학』 26호, 2005.

_____.「퍼포먼스 연구의 시각에서 본 한국연극학의 새로운 접근방법」,『한국연극학』 29호, 2006.

맹수진.「한국 독립 다큐멘터리 영화의 대항기억 재현에 관한 연구」. 동국대학교 박사학위 논문, 2009.

_____.「한국 독립 다큐멘터리의 주제 및 양식적 다양화에 대한 고찰」,『씨네포럼』 18호, 2014년 5월.

문창옥.「화이트헤드의 과정철학과 명제이론」. 연세대학교 박사학위 논문, 1994.

변선찬.「2000년 이후 한국영화에 내재된 악 개념 및 형상에 대하여」,『문학동네』 88호, 2016년 가을.

이중원.「양자역학의 대안적 해석들과 '서울해석'」,『물리학과 첨단기술』, 2012년 4월.

이진경.「생명의 잉여가치와 정치경제학 비판」,『문학동네』 65호, 2010년 겨울.

임진택·채희완. 「마당극에서 마당굿으로」, 『한국문학의 현단계』. 창작과비평사, 1982.

홍철기. 「대표의 허구에 관한 연구 : 토마스 홉스, 칼 슈미트, 한스 켈젠에게 있어서의 대리와 현시의 대표 이론」, 서울대학교 박사학위 논문, 2016.

_____. 「우정 안의 간극들」, 『인문예술잡지 F』 10호, 2013.

황루시. 「굿의 연극성 : 서울지역 진오기굿을 중심으로」. 이화여자대학교 석사학위 논문, 1978.

_____. 「민속 해석의 한 연구 : 경계의 이미지와 신성창조 방법을 중심으로」, 『기호학연구』 11호, 2002.

국내 번역서

가라타니 고진. 『마르크스 그 가능성의 중심』. 김경원 옮김. 이산, 1999.

가타리, 펠릭스. 『카오스모제』. 윤수종 옮김. 동문선, 2003.

갈란드 톰슨, 로즈메리. 『보통이 아닌 몸』. 손홍일 옮김. 그린비, 2015.

고티에, 기이. 『다큐멘터리, 또 하나의 영화』. 김원중·이호은 옮김. 커뮤니케이션 북스, 2006.

고프먼, 어빙. 『상호작용 의례 : 대면 행동에 관한 에세이』. 진수미 옮김. 아카넷, 2013.

_____. 『자아 연출의 사회학』. 진수미 옮김. 현암사, 2016.

괴테, 요한 볼프강 폰. 『색채론』. 장희창 옮김. 민음사, 2003.

그레마스, A. J. 『의미에 관하여』. 김성도 옮김. 인간사랑, 1997.

그레마스, 알지르다스 줄리앙·자크 퐁타뉴. 『정념의 기호학』. 유기환·최용호·신정아 옮김. 강, 2014.

그로토프스키, 예르지. 『가난한 연극』. 고승길 옮김. 교보문고, 1990.

_____. 『그로토프스키 연극론』. 나진환 옮김. 현대미학사, 2007.

기어츠, 클리퍼드. 『극장국가 느가라』. 김용진 옮김. 눌민, 2017.

네그리, 안토니오. 『맑스를 넘어선 맑스』. 윤수종 옮김. 새길, 1994.

_____. 『혁명의 시간』. 정남영 옮김. 갈무리, 2004.

네그리, 안토니오·마이클 하트. 『디오니소스의 노동』 1. 이원영(조정환) 옮김. 갈무리, 1996.

_____. 『디오니소스의 노동』 2. 이원영(조정환) 옮김. 갈무리, 1997.

_____. 『제국』. 윤수종 옮김. 이학사, 2001.

_____. 『지배와 사보타지』. 윤수종 옮김. 새길, 1996.

노직, 로버트. 『아나키에서 유토피아로』. 남경희 옮김. 문학과지성사, 2000.

니체, 프리드리히. 『권력에의 의지』(힘에의 의지). 강수남 옮김. 청하, 1988.

_____. 『도덕의 계보·이 사람을 보라』. 김태현 옮김. 청하, 1982.

_____. 『선악의 저편·도덕의 계보』. 김정현 옮김. 책세상, 2002.

_____. 『비극의 탄생·반시대적 고찰』. 이진우 옮김. 책세상, 2005.

_____. 『우상의 황혼·반그리스도』. 송무 옮김. 청하, 1984.

_____. 『차라투스트라는 이렇게 말했다』. 곽복록 옮김. 동서문화사, 2007.

니콜스, 빌. 『다큐멘터리 입문』. 이선화 옮김. 한울, 2005.

다께우찌 게이. 『무한과 유한』. 김용준 옮김. 1989.

더글라스, 메리. 『순수와 위험』. 유제분·이훈상 옮김. 현대미학사, 1997.

데라야마 슈지. 『책을 버리고 거리로 나가자』. 김성기 옮김. 이마고, 2005.

데카르트, 르네. 『철학의 원리』. 원석영 옮김. 아카넷, 2002.

돕, 모리스 외. 『자본주의 이행논쟁 : 봉건제로부터 자본주의로의 이행』. 김대환 엮음. 동녘, 1984.

뒤르, 한스 페터. 『은밀한 몸』. 한계수 옮김. 한길사, 2003.

_____. 『음란과 폭력』. 최상안 옮김. 한길사, 2003.

드보르, 기. 『스펙타클의 사회』. 이경숙 옮김. 현실문화연구, 1996.

들뢰즈, 질. 『매저키즘』. 이강훈 옮김. 인간사랑, 1996.

_____. 『시네마 I : 운동-이미지』. 유진상 옮김. 시각과언어, 2002.

_____. 『시네마 II : 시간-이미지』. 이정하 옮김. 시각과언어, 2005.

들뢰즈, 질·안또니오 네그리 외.『비물질노동과 다중』. 자율평론 기획. 갈무리, 2005.

디드로, 드니.『배우에 관한 역설』. 주미사 옮김. 문학과지성사, 2001.

라이히, 빌헬름.『오르가즘의 기능』. 윤수종 옮김. 그린비, 2005.

_____.『파시즘의 대중심리』. 황선길 옮김. 그린비, 2006.

라이프니츠, 빌헬름 고트프리트.『모나드론 외』. 배선복 옮김. 책세상, 2007.

_____.『라이프니츠가 만난 중국』. 이동희 옮김. 이학사, 2003.

_____.『라이프니츠와 아르노의 서신』. 이상명 옮김. 아카넷, 2015.

_____.『자유와 운명에 관한 대화 외』. 이상명 옮김. 책세상, 2011.

_____.『형이상학 논고』. 윤선구 옮김. 아카넷, 2010.

라자라토, 마우리치오.『부채인간』. 허경·양진성 옮김. 메디치미디어, 2012.

라투르, 브뤼노.『우리는 결코 근대인이었던 적이 없다』. 홍철기 옮김. 갈무리, 2009.

라파르그, 폴.『자본이라는 종교』. 조형준 옮김. 새물결, 2014.

러셀, 버트런드(럿셀, 버트란드).『나는 왜 기독교인이 아닌가』. 황동문 옮김. 대운당, 1980.

_____.『수리철학의 기초』. 임정대 옮김. 연세대학교 출판부, 1986.

레닌, 블라디미르 일리치.『제국주의론』. 남상일 옮김. 백산서당, 1986.

로메르, 에릭·끌로드 샤브롤.『알프레드 히치콕』. 최윤식 옮김. 현대미학사, 1980.

로젠봄, 조너선.『에센셜 시네마』, 안건형·이두희 옮김. 이모션북스, 2004.

뢰트라, 장 루이.『영화의 환상성』. 김경온·오일환 옮김. 동문선, 2002.

루이에, 필립.『고어 영화』. 윤현옥 옮김. 정주, 1999.

루카치, 게오르그.『역사와 계급의식』. 박정호 옮김. 거름, 1999.

룩셈부르크, 로자.『룩셈부르크주의』. 편집부 옮김. 풀무질, 2002.

리치, 도날드.『오즈 야스지로의 영화 세계』. 김태원·김시순 옮김. 현대미학사, 1995.

리히터, 한스.『다다:예술과 반예술』. 김채현 옮김. 미진사, 1988.

마넹, 버나드.『선거는 민주적인가:현대 대의민주주의의 원칙에 대한 비판적 고찰』. 곽준혁 옮김. 후마니타스, 2004.

마르크스, 칼.『경제학-철학 수고』. 강유원 옮김. 이론과실천, 2006.

_____.『잉여가치학설사』 1권. 편집부 옮김. 아침, 1989.

_____.『잉여가치학설사』 2권. 편집부 옮김. 이성과현실, 1989.

_____.『자본론』 I권(상). 김수행 옮김. 비봉출판사, 2001(제2개역판).

_____.『자본론』 I권(하). 김수행 옮김. 비봉출판사, 2009(제2개역판).

_____.『자본론』 II권. 김수행 옮김. 비봉출판사, 2004.

_____.『자본론』 III권(상). 김수행 옮김. 비봉출판사, 2008(제1개역판).

_____.『자본론』 III권(하). 김수행 옮김. 비봉출판사, 2009(제1개역판).

_____.『정치경제학 비판 요강』 I권. 김호균 옮김. 백의, 2000.

_____.『정치경제학 비판 요강』 II권. 김호균 옮김. 백의, 2000.

_____.『정치경제학 비판 요강』 III권. 김호균 옮김. 백의, 2000.

_____.『헤겔 법철학 비판』. 홍영두 옮김. 아침, 1988.

마르크스, 칼·프리드리히 엥겔스.『독일 이데올로기 I』. 박재희 옮김. 청년사, 1988.

_____.『칼 맑스 프리드리히 엥겔스 저작선집』 I권. 최인호 옮김. 박종철출판사, 1991.

마츠모토 토시오.『영상의 발견:아방가르드와 다큐멘터리』. 유양근 옮김. 동국대학교 출판부, 2004.

마키아벨리·홉즈.『군주론·리바이어던』. 임명방·한승조 옮김. 삼성출판사, 1982.

마투라나, 움베르토·프란시스코 바렐라.『인식의 나무』. 최호영 옮김. 자작아카데미, 1995.

맥닐, 윌리엄.『전염병의 세계사』. 김우영 옮김. 이산, 2005.

맥렐런, 데이비드.『마르크스주의 논쟁사』. 안택원 옮김. 인간사랑, 1986.

멀비, 로라.『1초에 24번의 죽음』. 이기형·이찬욱 옮김. 현실문화, 2007.

메를로-퐁티, 모리스.『보이는 것과 보이지 않는 것』. 남수인·최의영 옮김. 동문선, 2004.

_____.『지각의 현상학』. 류의근 옮김. 문학과지성사, 2002.

_____.『현상학과 예술』. 오병남 편역. 서광사, 1983.

메츠, 크리스티앙.『상상적 기표』. 이수진 옮김. 문학과지성사, 2009.

모랭, 에드가.『인간과 죽음』. 김명숙 옮김. 동문선, 2000.

무페, 샹탈.『정치적인 것의 귀환』. 이보경 옮김. 후마니타스, 2007.

무페, 샹탈·에르네스토 라클라우.『헤게모니와 사회주의 전략』. 이승원 옮김. 후마니타스, 2012.

바르트, 롤랑.『밝은 방』. 김웅권 옮김. 동문선, 2006.

바바, 호미.『문화의 위치』. 나병철 옮김. 소명출판, 2012.

바슐라르, 가스통.『공간의 시학』. 곽광수 옮김. 동문선, 2003.

_____.『공기와 꿈』. 정영란 옮김. 이학사, 2003.

_____.『물과 꿈』. 이가림 옮김. 문예출판사, 1998.

_____.『부정의 철학』. 김용선 옮김. 인간사랑, 1991.

_____.『순간의 미학』. 이가림 옮김. 영언문화사, 2002.

바쟁, 앙드레.『오손 웰즈의 영화 미학』. 성미숙 옮김. 현대미학사, 1996.

_____.『영화란 무엇인가』. 박상규 옮김. 시각과언어, 1998.

_____.『장 르느와르』. 박지회·방혜진 옮김. 한나래, 2005.

바흐친, 미하일.『장편소설과 민중언어』. 전승희·서경희·박유미 옮김. 창비, 1988.

반 건넵(판 헤넵), 아놀드.『통과의례』. 전경수 옮김. 을유문화사, 2000.

발라즈, 벨라.『영화의 이론』. 이형식 옮김. 동문선, 2003.

버치, 노엘.『영화의 실천』. 이윤영 옮김. 아카넷, 2013.

베르그송, 앙리.『물질과 기억』. 박종원 옮김. 아카넷, 2007.

_____.『사유와 운동』. 이광래 옮김. 문예출판사, 1993.

_____.『창조적 진화』. 황수영 옮김. 아카넷, 2005.

베르이만, 잉마르.『잉마르 베르이만의 창작노트』. 오세필·김정애 옮김. 시공사, 1998.

베르토프, 지가.『키노 아이』. 김영란 옮김. 이매진, 2006.

벤야민, 발터.『아케이드 프로젝트』1~6권. 조형준 옮김. 새물결, 2008.

보겔, 아모스.『전위 영화의 세계』. 권중운 외 옮김. 예전사, 1997.

보니체, 파스칼(빠스칼).『비가시 영역』. 김건·홍영주 옮김. 정주, 2001.

보드리야르, 장.『테러리즘의 정신』. 배영달 옮김. 동문선, 2003.

보드웰, 데이비드.『영화의 내레이션 I』. 오영숙 옮김. 시각과언어, 2007.

뵐플린, 하인리히.『미술사의 기초개념』. 박지형 옮김. 시공사, 1994.

뷔아쉬, 프레디.『루이 브뉘엘의 영화세계』. 김태원 옮김. 현대미학사, 1998.

브레송, 로베르.『시네마토그래프에 대한 단상』. 오일환·김경온 옮김. 동문선, 2003.

브레히트, 베르톨트.『브레히트의 연극이론』. 송윤엽 외 옮김. 연극과인간, 2005.

브룩스, 피터.『플롯 찾아 읽기』. 박혜란 옮김. 강, 2011.

비르노, 빠올로.『다중』. 김상운 옮김. 갈무리, 2004.

비릴리오, 폴.『속도와 정치』. 이재원 옮김. 그린비, 2004.

_____.『전쟁과 영화』. 권혜원 옮김. 한나래, 2004.

_____.『탈출속도』. 배영달 옮김. 경성대학교 출반부, 2006.

사르트르, 장 폴.『존재와 무』1,2권. 손우성 옮김. 삼성출판사, 1977.

사토 타다오 외.『오시마 나기사의 세계』. 문화학교 서울 편역. 문화학교 서울, 2003.

샤츠, 토마스.『할리우드 장르』. 한창호·허문영 옮김. 컬처룩, 2014.

샤프, 재스퍼.『일본 섹스 시네마』. 최승호·마루·박설영 옮김. 커뮤니케이션북스, 2013.

셰크너(쉐크너), 리차드.『민족연극학』. 김익두 옮김. 한국문화사, 2004.

_____.『퍼포먼스 이론 I』. 이기우·김익두·김월덕 옮김. 현대미학사, 2001.

_____.『퍼포먼스 이론 II』. 이기우·김익두·김월덕 옮김. 현대미학사, 2004.

소렐, 조르주.『폭력에 대한 성찰』. 이용재 옮김. 나남, 2007.

쇼펜하우어, 아르투어.『도덕의 기초에 관하여』. 김미영 옮김. 책세상, 2004.

_____.『의지와 표상으로서의 세계』. 곽복록 옮김. 을유문화사, 2000.

슈미트, 칼.『대지의 노모스』. 최재훈 옮김. 민음사, 1995.

_____.『땅과 바다』. 김남시 옮김. 꾸리에, 2016.

_____.『독재론』. 김효전 옮김. 법원사, 1996.

_____.『정치적인 것의 개념』. 김효전 옮김. 법문사, 1995.

_____.『정치신학』. 김항 옮김. 그린비, 2010.

_____.『파르티잔의 이론』. 김효전 옮김. 문학과지성사, 1998.

스미스, 토마스 G.『특수효과기술』. 민병록 옮김. 영화진흥공사 영화이론총서 제28집, 1993.

스타니슬랍스키(스타니스랍스키), 콘스탄틴.『배우수업』. 신겸수 옮김. 예니, 2001.

_____.『성격구축』. 이대영 옮김. 예니, 2001.

_____.『역할창조』. 신은수 옮김. 예니, 2001.

스트라스버그, 리.『연기의 방법을 찾아서』. 하태진 옮김. 현대미학사, 1993.

스트로가츠, 스티븐.『동시성의 과학, 싱크』. 조현욱 옮김. 김영사, 2005.

슬로터다이크, 페터.『인간농장을 위한 규칙』. 이진우·박미애 옮김. 한길사, 2004.

시게모리 고엔.『사진예술론』. 홍순태 옮김. 해뜸, 1987.

시몽동, 질베르.『기술적 대상들의 존재양식에 대하여』. 김재희 옮김. 그린비, 2011.

시미즈 마사시.『미야자키 하야오 세계로의 초대』. 이은주 옮김. 좋은책만들기, 2004.

시옹, 미셸.『오디오-비전』. 윤경진 옮김. 한나래, 2004.

_____.『영화의 목소리』. 박선주 옮김. 동문선, 2005.

시트니, 아담스.『시각영화』. 박동현 외 옮김. 평사리, 2005.

아감벤, 조르조.『예외상태』. 김항 옮김. 새물결, 2009.

_____.『호모 사케르』. 박진우 옮김. 새물결, 2008.

아감벤, 조르조·양창렬.『장치란 무엇인가?: 장치학을 위한 서론』. 양창렬 옮김. 난장, 2010.

아렌트, 한나.『인간의 조건』. 이진우·태정호 옮김. 한길사, 2006.

_____.『전체주의의 기원』. 이진우·박미애 옮김. 한길사, 2006.

아르토, 앙토넹.『잔혹연극론』. 박형섭 옮김. 현대미학사, 1994.

아리기, 조반니.『장기 20세기』. 백승욱 옮김. 그린비, 2008.

아파두라이, 아르준.『고삐풀린 현대성』. 차원현·채호석·배개화 옮김. 현실문화연구, 2004.

앨새서, 토마스·말테 하게너.『영화이론』. 윤종욱 옮김. 커뮤니케이션 북스, 2012.

얌폴스키, 미하일.『영화와 의미의 탐구』. 1,2권. 김수환·이현우·최선 옮김. 나남, 2017.

에버트, 로저.『위대한 영화 1』. 최보은·윤철희 옮김. 을유문화사, 2006.

_____.『위대한 영화 2』. 윤철희 옮김. 을유문화사, 2009.

에슬린, 마틴.『부조리극』. 김미혜 옮김. 한길사, 2005.

에이젠슈테인, 세르게이 미하일로비치.『몽타주』. 홍상우 옮김. 경상대학교 출판부, 2007.

에코, 움베르토.『매스컴과 미학』. 윤종태 옮김. 열린책들, 2009.

엘리아데, 미르치아.『샤마니즘』. 이윤기 옮김. 까치, 1992.

오몽, 자크.『영화 속의 얼굴』. 김호영 옮김. 마음산책, 2006.

_____.『이마주: 영화 사진 회화』. 오정민 옮김. 동문선, 2006.

오이다 요시.『보이지 않는 배우』. 허순자 옮김. 게릴라, 2003.

오프레이, 마이클.『데릭 저먼』. 김성욱·김은아 옮김. 문화학교 서울, 2003.

와츠, 셸던.『전염병과 역사』. 태경섭·한창호 옮김. 모티브북, 2009.

요모타 이누히코. 『일본영화의 래디컬한 의지』. 강태웅 옮김. 소명출판, 2011.

위베르스펠드, 안느. 『연극기호학』. 신현숙 옮김. 문학과지성사, 1988.

융, 칼. 『원형과 무의식』. 한국융연구원 번역위원회 옮김. 융 기본 저작집2권. 솔, 2002.

_____. 『인격과 전이』. 한국융연구원 번역위원회 옮김. 융 기본 저작집3권. 솔, 2004.

이왈드, 폴 W. 『전염병 시대』. 이충 옮김. 소소, 2005.

임마누엘 칸트. 『순수이성비판』. 전원배 옮김. 삼성출판사, 1989.

_____. 『실천이성비판』. 백종현 옮김. 아카넷, 2012.

_____. 『판단력비판』. 백종현 옮김. 아카넷, 2012.

제아미. 『풍자화전』. 김충영 옮김. 지식을만드는지식, 2008.

제임슨, 프레드릭. 『보이는 것의 날인』. 남인영 옮김. 한나래, 1992.

지젝, 슬라보예. 『진짜 눈물의 공포』. 오영숙·곽현자·김소연·김숙 옮김. 울력, 2004.

짐멜, 게오르그. 『돈의 철학』. 안준섭·장영배·조희연 옮김. 한길사, 1983.

_____. 『배우의 철학』. 신소영 옮김. 연극과인간, 2010.

체호프, 미하일. 『미카엘 체홉의 테크닉 연기』. 윤광진 옮김. 예니, 2000.

_____. 『배우의 길』. 이진아 옮김. 지식을만드는지식, 2009.

카네티, 엘리아스. 『군중과 권력』. 강두식·박병덕 옮김. 바다출판사, 2002.

카벨, 스탠리. 『눈에 비치는 세계』. 이두희·박진희 옮김. 이모션북스, 2014.

캘러헌, 제럴드 N. 『감염』. 강병철 옮김. 세종서적, 2010.

커니, 리차드. 『이방인, 신, 괴물』. 이지영 옮김. 개마고원, 2004.

크레이그, 에드워드 고든. 『연극예술론』. 남상식 옮김. 현대미학사, 1999.

크리드, 바바라. 『여성괴물』. 손희정 옮김. 여이연, 2008.

크리스테바, 줄리아. 『공포의 권력』. 서민원 옮김. 동문선, 2001.

클라인, 모리스. 『수학의 확실성』. 박세희 옮김. 민음사, 1984.

클로소프스키, 피에르. 『니체와 악순환』. 조성천 옮김. 그린비, 2009.

클리버, 해리. 『자본론의 정치적 해석』. 권만학 옮김. 풀빛, 1986.

키리도시 리사쿠. 『미야자키 하야오 론』. 남도현 옮김. 써드아이, 2002.

키에르케고르, 쇠렌. 『공포와 전율』. 임춘갑 옮김. 치우, 2011.

_____. 『불안의 개념』. 임규정 옮김. 한길사, 1999.

_____. 『철학적 조각들』. 황필호 옮김. 집문당, 1998.

타르코프스키, 안드레이. 『봉인된 시간』. 김창우 옮김. 분도출판사, 1991.

터너, 빅터. 『제의에서 연극으로』. 이기우·김익두 옮김. 현대미학사, 1996.

톰, 르네. 『카타스트로프의 과학과 철학』. 이정우 옮김. 솔, 1995.

티냐노프, 유리·유리 로트만 외. 『영화의 형식과 기호』. 오종우 편역. 열린책들, 2001.

파농, 프란츠. 『검은 피부 하얀 가면』. 이석호 옮김. 인간사랑, 1998.

포이케르트, 데틀레프. 『나치시대의 일상사』. 김학이 옮김. 개마고원, 2003.

푸코, 미셸. 『성의 역사』. 이규현 옮김. 나남, 2004.

프로이트, 지그문트. 『성욕에 관한 세 편의 에세이』. 프로이트 전집 7권. 김정일 옮김. 열린책들, 2004.

_____. 『정신분석학의 근본개념』. 프로이트 전집 11권. 윤희기·박찬부 옮김. 열린책들, 2006.

프루동, 피에르 조제프. 『소유란 무엇인가』. 이용재 옮김. 아카넷, 2003.

프리고진, 일리야·이사벨 스텐저스. 『혼돈으로부터의 질서』. 신국조 옮김. 자유아카데미, 2011.

플루서, 빌렘. 『사진의 철학을 위하여』. 윤종석 옮김. 커뮤니케이션북스, 1999.

하비, 데이비드. 『자본의 한계』. 최병두 옮김. 한울, 1995.

_____. 『자본이라는 수수께끼』. 이강국 옮김. 창비, 2012.

_____. 『포스트 모더니티의 조건』. 구동회·박영민 옮김. 한울, 2013.

하스미 시게히코. 『감독 오즈 야스지로』. 윤용순 옮김. 한나래, 2001.

_____.『영화의 맨살』. 박창학 옮김. 이모션북스, 2015.
하이데거, 마르틴.『시간의 개념』. 서동은 옮김. 누멘, 2011.
_____.『존재와 시간』. 소광희 옮김. 경문사, 1998.
헤겔, 게오르크 빌헬름 프리드리히.『헤겔미학』 III권. 두행숙 옮김. 나남, 1996.
헤이먼, 로날드.『불안은 영혼을 잠식한다 : 라이너 베르너 파스빈더 평전』. 이성복 옮김. 한나래, 1994.
화이트헤드, 알프레드 노스.『과정과 실재』. 오영환 옮김. 민음사, 2003.
_____.『과학과 근대세계』. 오영환 옮김. 서광사, 2005.
_____.『관념의 모험』. 오영환 옮김. 한길사, 2002.
_____.『사고의 양태』. 오영환·문창옥 옮김. 도서출판 치우, 2012.
_____.『상징활동 : 그 의미와 효과』. 문창옥 옮김. 동아서, 2003.
_____.『이성의 기능』. 정연홍 옮김. 이문출판사, 2000.
후설, 에드문트.『경험과 판단』. 이종훈 옮김. 민음사, 1997.
_____.『시간의식』. 이종훈 옮김. 한길사, 1996.
히스, 스티븐.『영화에 관한 질문들』. 김소연 옮김. 울력, 2003.
힐퍼딩, 루돌프.『금융자본』. 김수행·김진엽 옮김. 새날, 1994.

외국어 저서

Agee, James. *Agee on Film*. Modern Library(New York), 2000.
Amiel, Vincent. *Le Corps au Cinéma : Keaton, Bresson, Cassavetes*. PUF, 1998.
Amin, Samir. *Accumulation on World Scale*. Monthly Review Press, 1974.
Antonioni, Michelangelo. *Michelangelo Antonioni : The Architecture of Vision*. ed. Marga Cottino-Jones. The University of Chicago Press, 2007.
Amengual, Barthélemy. *René Clair*. Seghers, 1969.
Auslander, Philip. *Presence and Resistance : Postmodernism and Cultural Politics in Contemporary American Performance*. University of Michigan Press, 1992.
Bailey, Derek. *Improvisation*. Da Capo Press, 1993.
Bakker, Kees(ed.). *Joris Ivens and the Documentary Context*. Amsterdam University Press, 1999.
Bazin, André. *Qu'est-ce que le Cinéma?* Cerf/Corlet, 2008.
Beauvais, Yann & Jean-Damien Collin(direction). *Scratch Book*. Light Cone/Scratch, 1999.
Belaval, Ybon. *Leibniz : Initiation à Sa Philosophie*. Vrin, 2005(6e édition).
_____. *Leibniz : Critique de Descartes*. Gallimard, 1960.
Bellour, Raymond. *L'Entre-Images*. Éditoins de la Différence, 2002.
Berghaus, Günter. *Futurism and Politics : Between Anarchist Rebellion and Fascist Reaction 1904-1944*. Berghahn Books, 1996.
Bergson, Henry. *L'Évolution Créatrice*. PUF, 2001(9e édition).
_____. *La Pensée et Le Mouvant*. PUF, 2006(15e édition).
_____. *Matière et Mémoire*. PUF, 1999(6e édition).
Biro, Yvette. *Jancsó*. Editions Albatros(Paris), 1977.
_____. *Turbulence and Flow in Film : The Rhythmic Design*. Indiana University of Press, 2008.
Blaetz, Robin. *Women's Experimental Cinema : Critical Frameworks*. Duke University Press, 2007.
Blümlinger, Christa. *Cinéma de Seconde Main : Esthétique du Remploi dans l'Art du Film et des Nouveaux Médias*. trans. Pierre Rusch. Klincksieck, 2013.
Boehm, Alfred. *Le Vinculum Substantiale chez Leibniz*. Vrin, 1962.
Bonitzer, Pascal. *Le Champ Aveugle : Essais sur le Réalisme au Cinéma*. Éditions Cahiers du Cinéma, 1999.
Bordwell, David. *Narration in the Fiction Film*. University of Wisconsin Press, 1985.

Bounoure, Gaston. *Alain Resnias*. Seghers, 1962.

Bouzereau, Laurent. *The De Palma Cut*. Red Dembner Enterprises Corp., 1988.

Brainin-Donnenberg, Wilbirg & Michael Loebenstein(hrsg.). *Gustav Deutsch*. FilmmuseumSynemaPublikat ionen(Vienna), 2009.

Brakhage, Stan. *Brakhage Scrapbook*. ed. Robert A. Haller. Documentext, 1982.

_____. *Metaphors on Vision*, ed. P. Adams Sitney. Film Culture, 1963.

_____. *The Brakhage Lectures*. GoodLion(Chicago, Illinois), 1972.

Brenez, Nicole. *Abel Ferrara*. trans. Adrian Martin. University of Illinois Press, 2007.

Brenez, Nicole & Miles McKane(direction). *Poétique de la Couleur : Une Histoire du Cinéma Expérimental*. Auditorium Du Louvre/Institut de L'Image, 1995.

Brunette, Peter. *Michael Haneke*. University of Illinois Press, 2010.

Buache, Freddy. *Luis Buñuel*. L'Age d'Homme, 1990.

Buchan, Suzanne. *The Quay Brothers : Into a Metaphysical Playroom*. University of Minnesota Press, 2011.

Bukatman, Scott. *Matters of Gravity : Special Effects and Superman in the 20th Century*. Duke University Press, 2003.

_____. *Terminal Identity : The Virtual Subject in Postmodern Science Fiction*. Duke University Press, 1993.

Buñuel, Luis. *My Last Sigh*. trans. Abigail Israel. University of Minnesota Press, 2003.

Burch, Noël. *Life to Those Shadows*. trans. and ed. Ben Brewster. University of California Press, 1990.

_____. *Theory of Film Practice*. trans. Hellen R. Lane. Princeton University Press, 1981.

_____. *To The Distant Observer*. University of California Press, 1979.

Bürger, Peter. *Theory of Avant-Garde*. trans. Michael Shaw. University of Minnesota Press, 1984.

Cage, John. *Silence*. Wesleyan University Press, 1973.

Cardew, Cornelius. *Cornelius Cardew : A Reader*. ed. Edwin Prévost. Copula, 2006.

Carney, Ray. *The Films of John Cassavetes*. Cambridge University Press, 1994.

Carroll, Noel. *The Philosophy of Horror : or, Paradoxes of the Heart*. Routledge, 1990.

Child, Abigail. *This Is Called Moving : A Critical Poetics of Film*. University of Alabama Press, 2005.

Chion, Michel. *David Lynch*. trans. Robert Julian. BFI, 2006(2nd Edition).

_____. *Jacques Tati*. Cahiers du Cinéma, 1987.

Chatman, Seymour. *Antonioni : or, Surface of the World*. University of California Press, 1985.

Cherchi Usai, Paolo. *The Death of Cinema : History, Cultural Memory and the Digital Dark Age*. BFI, 2001.

_____. *Silent Cinema*. BFI, 2003.

Ciment, Michel. *Kubrick*. trans. Gilbert Adair. Owl Book(New York), 1982.

Clover, Carol J. *Men, Women and Chain Saws : Gender in the Modern Horror Film*. Princeton University Press, 1992.

Coates, Paul. *The Red and The White : The Cinema of People's Poland*. Wallflower Press, 2005.

Cobb, Ben. *Anarchy and Alchemy*. Creation Books, 2006.

Collet, Jean. *Jean-Luc Godard*. Seghers, 1963.

Corrigan, Timothy(ed.). *The Films of Werner Herzog*. Methuen(New York & London), 1986.

Curtis, David. *Experimental Cinema*. Dell Publishing, 1971.

De Baecque, Antoine. *Andrei Tarkovski*. Cahiers de Cinéma, 1989.

Deleuze, Gilles. *Différence et Répétition*. PUF, 2000(10th edition).

Deren, Maya. *Essential Deren*. ed. Bruce R. Mcpherson. Documentext, 2005.

Dery, Mark. *Escape Velocity : Cyberculture at the End of the Century*. Grove Press, 1997.

Deslaw, Eugène. *Ombre Blanche-Lumière Noire : Eugène Deslaw*. Éditions Paris Expérimental, 2004.

Devaux, Frédérique. *Le Cinéma Lettriste (1951-1991)*. Paris Expérimental, 1992.

Dyer, Ben. *Supervillains and Philosophy*. Open Court, 2009.

Dika, Vera. *Games of Terror : Halloween, Friday the 13th, and the Films of the Stalker Cycle*. Fairleigh Dickinson University Press, 1990.

Dixon, Wheeler Winston. *Visions of the Apocalypse : Spectacles of Destruction in American Cinema*. Wallflower Press, 2003.

Dixon, Weeler Winston(ed.). *The Exploding Eye : A Re-Visionary History of 1960s American Experimental Cinema*. State University of New York Press, 1997.

Dovzhenko, Alexander. *Alexander Dovzhenko : The Poet as Filmmaker Selected Writings*. ed. Marco Carynnyk. MIT Press, 1973.

Dreyer, Carl. *Dreyer in Double Reflection*. ed. Donald Skoller. Da Capo Press, 1973.

Drouzy, Maurice. *Luis Buñuel Architecte de Rêve*. l'Herminier, 1978.

Dubois, Philipe(direction). *Recherches sur Chris Marker*. Presses Sorbonne Nouvelle, 2006.

Durgnat, Raymond & Scott Simmon. *King Vidor, American*. University of California Press, 1988.

Dwoskin, Stephen. *Film Is*. Overlook Press(Woodstock, New York), 1975.

Dworkin, Susan. *Double De Palma*. Newmarket Press(New York), 1984.

Eagle, Herbert(ed.). *Russian Formalist Film Theory*. Michigan Slavic Publications, 1981.

Eisenstein, Sergei. *Film Essays and a Lecture by Sergei Eisenstein*. trans. and ed. Jay Leyda. Praeger Publishers, 1970.

_____. *Film Form*. trans. and ed. Jay Leyda. A Harvest Books, 1977.

_____. *Film Sense*. trans. and ed. Jay Leyda. Faber and Faber, 1986.

_____. *Nonindifferent Nature*. trans. Herbert Marshall. Cambridge University Press, 1987.

Eisner, Lotte H. *The Haunted Screen*. University of California Press, 2008.

Elder, R. Bruce. *A Body of Vision : Representation of the Body in Recent Film and Poetry*. Wilfrid Laurier University Press, 1997.

_____. *Harmony and Dissent : Film and Avant-garde Art Movements in the Early Twentieth Century*. Wilfrid Laurier University Press, 2008.

_____. *Image and Identity : Reflections on Canadian Film and Culture*. Wilfrid Laurier University Press, 1989.

_____. *The Films of Stan Brakhage in the American Tradition of Ezra Pound, Gertrude Stein and Charles Olson*. Wilfrid Laurier University Press, 2011.

Elsaesser, Thomas. *Fassbinder's Germany : History, Identity, Subject*. Amsterdam University Press, 1996.

_____(ed.). *Early Cinema : Space Frame Narrative*. BFI, 1997.

Emmanuel, Arghiri. *Unequal Exchange*. Monthly Review Press, 1972.

Epstein, Jean. *Écrits Sur Le Cinéma*. Vol. 1. Cinéma Club/Segehrs, 1974.

_____. *Écrits Sur Le Cinéma*. Vol. 2. Cinéma Club/Segehrs, 1975.

(Études Cinématographiques, collectif) *Études Cinématographiques : Orson Welles*. n°24-25, 1963.

_____. *Études Cinématographiques : Akira Kurosawa*. n°30-31, 1964.

_____. *Études Cinématographiques : Michelangelo Antonioni*. n°36-37, 1964.

_____. *Études Cinématographiques : Jean-Luc Godard*. n° 57~61, 1967.

_____. *Études Cinématographiques : Jerzy Kawalerowicz*. n°62-63, 1967.

_____. *Études Cinématographiques : Miklós Jancsó*. n°104-108, 1975.

_____. *Études Cinématographiques : Federico Fellni 2*. n°127-130, 1981.

_____. *Études Cinématographiques : Theo Angelopoulos*. n°142-145, 1998.

Farber, Manny. *Negative Space*. Praeger Publishers, 1971.

Fassbinder, Rainer Werner. *The Anarchy of Imagination*. The Johns Hopkins University Press, 1992.

Fetherling, Douglas(ed.). *Documents in Canadian Film*. University of Toronto Press, 1988.

Fischer-Lichte, Erika. *The Transformative Power of Performance : A New Aesthetics*. trans. Saskya Iris. Routledge, 2004.

Ford, Lewis & George L. Kline. *Explorations in Whitehead's Philosophy*. Fordham University Press, 1983(1st edition).

Foucault, Michel. *Essential Works of Foucault 1954-1984*. ed. James D. Faubion. The New Press(New York), 2000.

Frampton, Hollis. *Circles of Confusion*. Visual Studies Workshop Press, 1983.

Frémont, Christian. *l'Être et la Relation*. Vrin, 1999.

Fujiwara, Chris. *Jerry Lewis*. University of Illinois Press, 2009.

Gallagher, Tag. *John Ford : The Man and His Films*. University of California Press, 1986.

Gautier, Guy. *Chris Marker, Écrivain Multimédia ou Voyage à travers les Médias*. L'Harmattan, 2001.

Gidal, Peter(ed.). *Structural Film Anthology*. BFI, 1976.

Gidal, Peter. *Materialist Film*. Routledge, 1989.

Gilman, Sander L. *Difference and Pathology : Stereotypes of Sexuality, Race, and Madness*. Cornell University Press, 1985.

Gioli, Paolo. *Selon Mon Œil de Verre : Paolo Gioli*. Éditions Paris Expérimental, 2003.

Godard, Jean-Luc. *Jean-Luc Godard par Jean-Luc Godard*. Éditions Pierre Belfond, 1968.

Gordon, David, Lawrence Lessig, Stefano Basilico. *Cut : Film as Found Object in Comtemporary Video*. Milwaukee Art Museum, 2004.

Gueroult, Martial. *Descartes selon l'Ordre des Raisons II*. Aubier Montaigne, 1953.

Graf, Alexander & Dietrich Scheunemann(ed.). *Avant-Garde Film*. Editions Rudpi(Amsterdam & New York), 2007.

Greimas, A. J. *Du Sens*. Édition du Seuil, 1970.

_____. *Du Sens II*. Édition du Seuil, 1983.

_____. *Sémantique Structurale*. Larousse, 1966.

_____. *Semiotique : Dictionnaire Raisonne de la Theorie du Langage*. Hachette, 1979.

Griffith, D. W. *Focus on D. W. Griffith*. ed. Harry M. Geduld. A Spectrum Book, 1971.

Groddeck, Georg. *Exploring the Unconscious*. trans. V. M. E. Collins. Funk & Wagnalls Co., 1950.

_____. *The Book of the It*. trans. V. M. E. Collins. Vintage Books, 1961.

Guldemond, Jaap et al(ed.). *Found Footage : Cinema Exposed*. Amsterdam University Press/Eye Film Institute Netherlands(Amsterdam), 2012.

Halberstam, Judith. *Skin Shows : Gothic Horror and the Technology of Monsters*. Duke University Press, 1995.

Haltof, Marek. *Polish National Cinema*. Berghahn, 2008.

Hames, Peter. *Czech and Slovak Cinema*. Edinburgh University Press, 2009.

Hames, Peter(ed.). *Dark Alchemy : The Films of Jan Švankmajer*. Praeger, 1995.

Hamlyn, Nicky. *Film Art Phenomena*. BFI, 2003.

Hanhardt, John & Matthew Yokobosky. *Gregory J. Markopoulos : Mythic Themes, Portraiture, and Films of Place*. Whitney Museum of American Art, 1996.

Haraway, Donna J. *Simians, Cyborgs, and Women : The Reinvention of Nature*. Routledge, 1991.

Harman, Graham. *Towards Speculative Realism*. Zero Books, 2010.

Heath, Stephen. *Questions of Cinema*. Indiana University Press, 1981.

Hoberman, Jim. *The Village Voice Film Guide*. ed. Dennis Lim. John Wiley & Sons, 2007.

Hoberman, Jim & Jonathan Rosenbaum. *Midnight Movies*. Da Capo Press, 1983.

Iimura Takahiko, *The Collected Writings of Takahiko Iimura*. Wildside Press, 2007.

Illetschko Peter(hrsg.). *Gegenschuß : 16 Resisseure aus Österreich*. Wespennest(Wien), 1995.

Ishiguro Hidé. *Leibniz's Philosophy of Logic and Language*. Cambridge University Press, 1990(2nd edition).

Hatfield, Charles. *Hand of Fire : The Comics Art of Jack Kirby*. University of Mississippi, 2011.

Hawkins, Joan. *Cutting Edge Art : Art-Horror and the Horrific Avant-Garde*. University of Minnesota Press, 1999.

Hockings, Paul(ed.). *Principles of Visual Anthropology*. Mouton, 1975.

Horwath, Alexander, Lisl Ponger, Gottfried Schlemmer(hrsg.). *Avantgardefilm Österreich 1950 bis Heute*. Wespennest(Vienna), 1995.

Horwath, Alexander & Michael Loebenstein(hrsg.). *Peter Tscherkassky*. FilmmuseumSynemaPublikationen (Vienna), 2005.

James, David E.(ed.). *Stan Brakhage Filmmaker*. Temple University Press, 2005.

_____. *To Free the Cinema*. Princeton University Press, 1992.

Jang Byung-won. *Lee Myung-Se*. KOFIC, 2008.

Jenkins, Henry. *What Made Pistachio Nuts?*. Columbia University Press, 1992.

Johnson, Randal & Robert Stam(ed.). *Brazilian Cinema*. Columbia University Press, 1995.

Jones, Alan. *Profondo Argento*. FAB Press, 2004.

Kael, Pauline. *5001 Nights at the Movies*. Henry Holt and Company, 1991.

_____. *The Age of Movies*. ed. Sanford Schwartz. Library of America, 2011.

Kaye, Nick. *Postmodernism and Performance*. St. Martin's Press, 1994.

Kerr, Walter. *The Silent Clowns*. Da Capo Press, 1990.

Khan, Douglas. *Noise, Water, Meat : A History of Sound in the Arts*. MIT Press, 2001.

Kim Hong-joon. *Kim Ki-Young*. KOFIC, 2006.

Kim Kyung Hyun. *The Remasculinization of Korean Cinema*. Duke University Press, 2004.

Kim See-moo. *Lee Jang-ho*. KOFIC, 2009.

Kitses, Jim. *Horizons West : Directing the Western from John Ford to Clint Eastwood*. Indiana University Press, 1969.

Kitses, Jim & Gregg Rickman(ed.). *The Western Reader*. Limelight Editions, 1999.

Klein, Norman M. *The Vatican to Vegas : A History of Special Effects*. The New Press, 2004.

Koch, Stephan. *Stargazer : The Life, World, and Films of Andy Warhol*. Marion Boyars, 1991.

Korzybski, Alfred. *Science and Sanity : An Introduction to Non-Aristotelian Systems and General Semantics*. International Non-Aristotelian Library Publishing Company, 1958(4th edition).

Kracauer, Siegfried. *History : The Last Things Before the Last*. Oxford University Press, 1969.

_____. *Theory of Film : The Redemption of Physical Reality*. Princeton University Press, 1997.

Kuenzli, Rudolf E.(ed.). *Dada and Surrealist Film*. MIT Press, 1996.

Kuhn, Annette(ed.). *Alien Zone : Cultural Theory and Contemporary Science Fiction Cinema*. Verso, 1990.

Kurtz, Rodolf. *Expressionismus und Film*. Chronos, 2007.

Kuleshov, Lev. *Kuleshov on Film*. trans. and ed. Ronald Levaco. University of California Press, 1974.

Kyrou, Ado. *Le Surréalisme au Cinéma*. Le Terrain Vague, 1963(2nd edition).

Lagier, Luc. *Les Mille Yeux de Brian De Palma*. Cahiers du Cinéma, 2008.

Lardeau, Yann & Philippe Tancelin. *Manoel De Oliveira*. Éditions Dis Voir, 1988.

Lauretis, Teresa de & Stephen Heath(ed.). *The Cinematic Apparatus*. Macmillan Press, 1980.

Le Grice, Malcolm. *Abstract Film and Beyond*. MIT, 2007.

_____. *Experimental Cinema In The Digital Age*. BFI, 2001.

Leibniz, G. W. *Leibniz : Philosophical Papers and Letters*. Vol.1, 2. trans. and ed. Leroy E. Loemker, D.

Reidel(Dordreht), 1969(2nd edition).

_____. *The Early Mathematical Manuscripts of Leibniz*. trans. and ed. J. M. Child. Open Court(New York), 1920(1st US edition).

_____. *The Labyrinth of the Continuum*. trans. and ed. Richard T. W. Arthur. Yale University Press, 2001.

Lemaître, Maurice. *Le Film est déjà commencé? : Séance de cinéma*. Éditions André Bonne(Paris), 1952.

_____. *Qu'est-que Le Lettrisme?* Éditions Fischbacher, 1954.

Leprohon, Pierre. *Michelangelo Antonioni*. Seghers, 1961.

Leutrat, Jean-Louis(ed.). *Mario Bava*. Éditions du CÉFAL, 1994.

Levi, Pavle. *Cinema by Other Means*. Oxford University Press, 2012.

Leyda, Jay. *Kino : A History of the Russian and Soviet Cinema*. Princeton University Press, 1983(3rd Edition).

Lherminier, Pierre(ed.). *L'Art du Cinéma*. Seghers, 1960.

Lippit, Akira Mizuta. *Ex-Cinema : From a Theory of Experimental Film and Video*. University of California Press, 2012.

Luxemburg, Rosa. *The Accumulation of Capital*. trans. Agnes Schwarzschild. Yale University Press, 1951.

Lynch, David. *Catching the Big Fish*. Tarcher/Penguin Books, 2006.

Maddin, Guy. *From the Atelier Tovar : Selected Writings*. Coach house Books, 2003.

_____. *My Winnipeg*. Coach House Books(Toronto), 2009.

Makavejev, Dušan. *WR : Mysteries of The Organism*. Avon Books, 1972.

Margulines, Ivone. *Nothing Happens : Chantal Akerman's Hyperrealist Everyday*. Duke University Press, 1996.

Marks, Laura U. *The Skin of the Film : Intercultural Cinema, Embodiment, and the Senses*. Duke University Press, 2000.

Marsolais, Gilles. *l'Aventure du Cinéma Direct*. Cinéma Club/Seghers, 1974.

Masi, Stefano. *Cécile Fontaine : Décoller le Monde*. Éditions Paris Expérimental, 2003.

McCarty, John. *The Fearmakers*. St. Martin's Press, 1994.

_____. *The Official Splatter Movie Guide*. St. Martin's Press, 1989.

_____. *The Sleaze Merchants : Adventures in Exploitation Filmmaking*. St. Martin's Press, 1995.

McDonagh, Maitland. *Broken Mirrors/Broken Minds*. University of Minnesota Press, 2010.

McDonough, Jimmy. *Big Bosoms and Square Jaws*. Three Rivers Press, 2005.

McRoy, Jay. *Nightmare Japan : Comtemporary Japanese Horror Cinema*. Editions Rodopi B.V., 2008.

_____(ed.). *Japanese Horror Cinema*. Edinburgh University Press, 2005.

Merleau-Ponty, Maurice. *Phénoménologie de Perception*. Gallimard, 1976.

Metz, Christian. *Le Signifiant Imaginaire*. Union Générale d'Éditions, 1977.

Meyers, Richard. *For One Week Only : The World of Exploitation Films*. New Century Publishers, Inc., 1983.

Michałek, Bolesław. *The Cinema of Andrzej Wajda*. trans. Edward Rothert. Tantivy Press(London), 1973.

Mitry, Jean. *Esthétique et Psychologie du Cinéma*. Cerf, 2001.

_____. *John Ford*. Éditions Universitaires, 1954.

_____. *Le Cinéma Expérimental : Histoire et Perspectives*. Seghers, 1974.

Moholy-Nagy, Lázló. *The New Vision and Abstract of an Artist*. trans. Daphne M. Hoffman. Wittenborn, Schulz, Inc.(New York), 1947.

Morgan, Edmund S. *Inventing the People : The Rise of Popular Sovereignty England and America*. W. W. Norton & Company, 1989(revised edition).

Morin, Edgar. *Le Cinéma ou l'Homme Imaginaire*. Les Éditions du Minuit, 1956.

Morris, Tom & Matt Morris(ed.). *Superheroes and Philosophy*. Open Court, 2005.

Mortimer, Lorraine. *Terror and Joy : The Films of Dušan Makavejev*. University of Minnesota Press, 2009.

Muir, John Kenneth. *The Films of John Carpenter*. McFarland, 2005.

Müller, Roswitha. *Valie Export : Fragments of the Imagination*. Indiana University Press, 1994.

Musser, Charles. *The Emergence of Cinema : The American Screen to 1907.* University of California, 1994.

Nestingen, Andrew(ed.). *In Search of Aki Kaurismäki*. Journal of Finiish Studies, Vol. 8 No.2 Dec. 2004.

Nichols, Bill(ed.). *Maya Deren and The American Avant-Garde*. University of California Press, 2001.

Nietzsche, Friedrich. *Der Wille zur Macht*. Kröner(Stuttgart), 1996.

Nobo, Jorge Louis. *Whitehead's Metaphysics of Extension and Solidarity*. State University of New York Press, 1986.

Noguez, Dominique. *Une Renaissance du Cinéma : Le Cinéma Underground Américain*. Klincksiek, 1985.

Nyman, Michael. *Experimental Music : Cage and Beyond*. Cambridge University Press, 1999.

O'Pray, Michael. *Avant-Garde Film*. The Arts Council of England/John Libbey Media/University of Luton, 1996.

_____. *Avant-Garde Film : Forms, Themes and Passions*. Wallflower(London), 2003.

Orr, John & Elzbieta Ostrowskaed(ed.). *The Cinema of Andrzej Wajda : The Art of Irony and Defiance*. Wallflower Press, 2003.

Palmer, James & Michael Riley. *The Films of Joseph Losey*, Cambridge University Press, 1993.

Pasolini, Pier Paolo. *Heretical Empiricism*. New Academia Publishing LLC, 2005.

Penley, Constance, Elisabeth Lyon, Lynn Spigel, Janet Bergstrom. *Close Encounters : Film, Feminism, and Science Fiction*. University Of Minnesota Press, 1991.

Peretz, Eyal. *Becoming Visionary : Brian De Palma's Cinematic Education of the Senses*. Stanford University Press, 2008.

Peterson, James. *Dreams of Chaos, Visions of Order : Understanding the American Avant-Garde Cinema*. Wayne State University Press, 1994.

Pinteau, Pascal. *Special Effects : An Oral History*. Abrams, 2004.

Prager, Brad. *The Cinema of Werner Herzog*. Wallflower Press, 2007.

Prince, Stephen. *Savage Cinema : Sam Peckinpah and The Rise of Ultraviolent Movies*. University of Texas Press, 1998.

Postone, Moishe. *Time, Labor, and Social Domination*. Cambridge University Press, 1993.

Pudovkin, V. I. *Film Technique and Film Acting*. trans. and ed. Ivor Montagu. Vision Press, 1958.

Quandt, James(ed.). *Shohei Imamura*. Toronto International Film Festival, 1997.

Rapp, Friedrich & Reiner Wiehl. *Whitehead's Metaphysics of Creativity*. State University of New York Press, 1990.

Rayns, Tony. *Jang Sun-woo*. KOFIC, 2007.

Rayns, Tony(ed.). *Fassbinder*. BFI, 1980.

Redmond, Sean. *Liquid Metal : The Science Fiction Film Reader*. Wallflower Press, 2004.

Rees, A. L. *A History of Experimental Film and Video*. BFI, 1999.

Rehm, Jean-Pierre & Olivier Joyard(ed.). *Tsaï Ming-Liang*. Éditions Dis Voir, 1999.

Reich, Wilhelm. *Character Analysis*. Farrar, Straus and Giroux, 1972.

Richardson, Michael. *Surrealism and Cinema*. Oxford/New York : Berg, 2006.

Richie, Donald. *The Films of Akira Kurosawa*. University of California Press, 1996(3rd edition).

Richter, Hans. *The Struggle for the Film*. trans. Ben Brewster. St. Martin's Press, 1986.

Robinson, David. *Buster Keaton*. S&W, 1973.

Robinson, Jeremy Mark. *Walerian Borowczyk*. Crescent Moon Publishing, 2008.

Rohmer, Éric. *L'Organisation de l'Espace dans le Faust de Muirnau*. Cahiers du cinéma, 2000.

Ropars-Wuilleumier, Marie-Claire. *L'Écran de la Mémoire*. Éditions du seuil, 1970.

Rotha, Paul. *Documentary Film*. Communication Arts Books, 1952(3rd Edition).

Roth, Laurent(direction). *Abbas Kiarostami*. Cahiers du Cinéma, 1997.

Runciman, David. *Pluralism and the Personality of the State*. Cambridge University Press, 1997.

Russell, Bertrand. *A Critical Exposition of the Philosophy of Leibniz*. Allen & Unwin, 1967(2nd edition).

Russett, Robert & Cecile Starr. *Experimental Animation : Origin of New Art*. Da Capo Press, 1976.

Sabatier, Jean-Marie. *Les Classiques du Cinéma Fantastique*. Balland, 1973.

Sadlier, Darlene J. *Nelson Pereira dos Santos*. University of Illinois Press(Urbana and Chicago), 2003.

Sarris, Andrew. *The American Cinema : Directors and Directions 1929-1968*. Da Capo Press, 1996.

Sato Tadao. *Kenji Mizoguchi and Art of Japanese Cinema*. trans. Brij Tankha, ed. Aruna Vasudev & Latika Padgaonkar. Berg, 2008.

Schechner, Richard. *Performance Studies*. Routledge, 2002.

_____. *Performance Theory*. Routledge, 1988.

Schefer, Jean Louis. *Du Monde et Du Mouvement des Images*. Éditions de l'Étoile/Cahiers du Cinéma, 1997.

_____. *L'Homme Ordinaire du Cinéma*. Cahiers du Cinéma-Gallimard, 1980.

Sherburne, Donald W. *A Whiteheadian Aesthetic*. Yale University Press, 1961.

Schrader, Paul. *Transcendental Style in Film : Ozu, Bresson, Dreyer*. Da Capo Press, 1972.

Scheugl, Hans(hrsg.). *Ex Underground Kurt Kren Siene Filme*. PVS Verleger(Wien), 1996.

Shaviro, Steven. *Post Cinematic Affect*. John Hunt Publishing, 2010.

_____. *The Universe of Things*. University of Minnesota Press, 2014.

Silver, Alin & James Ursini. *The Vampire Film*. Limelight, 1997(3rd edition).

Simmon, Scott. *The Invention of the Western Film*. Cambridge University Press, 2003.

Simondon, Gilbert. *I'Individu et Sa Gènese Physico-Biologique*. Jérôme Millon, 1995.

Sitney, P. Adams(ed.). *Film Culture Reader*. Cooper Square Press, 2000(2nd edition).

_____. *The Avant-Garde Film : A Reader of Theory and Criticism*. Anthology Film Archive/ New York University Press, 1978.

Skoller, Jeffrey. *Shadows, Spectres, Shards : Making History in Avant-Garde Film*. University of Minnesota Press, 2005.

Smith, Jack. *Wait For Me at the Bottom of the Pool : Writings of Jack Smith*. ed. J. Hoberman & Edward Leffingwell. Highrisk Books, 1997.

Sobchack, Vivian. *Screening Space : The American Science Fiction Film*. Rutgers University Press(New Brunswick, New Jersey & London), 1999.

Sontag, Susan. *Against Interpretation*. Vintage Press, 1994.

Speck, Oliver C. *Funny Frames : The Filmic Concepts of Michael Haneke*. Continuum, 2010.

Stevens, Brad. *Abel Ferrara : Moral Vision*. FAB Press, 2004.

Suárez, Juan A. *Bike Boys, Drag Queens, and Superstars*. Indiana University Press, 1996.

Swinnen, Johan & Luc Deneulin. *Raoul Servais : The Wizard of Ostend*. ASP(Brussels), 2008.

Tarde, Gabriel. *Œvres de Gabriel Tarde*. vol.1~5. Institute Synthélabo, 1999.

Tarkovsky, Andrei. *Sculpting in Time*. trans. Kitty Hunter-Blair. University of Texas Press, 1986.

Telotte, J. P. *A Distant Technology : Science Fiction Film and the Machine Age*. Wesleyan, 1999.

_____. *Replications : A Robotic History of the Science Fiction Film*. University of Illinois Press, 1995.

_____. *Voices in the Dark : The Narrative Patterns of Film Noir*. University of Illinois Press, 1989.

Tscherkassky, Peter(hrsg.). *Film Unframed : A History of Austrian Avant-Garde Cinema*. FilmmuseumSynemaPublikationen(Vienna), 2012.

Trin T Minha. *Cinema Interval*. Routledge, 1999.

Tsivian, Yuri(ed.). *Lines of Resistance : Dziga Vertov and The Twenties*. Le Giornate del Cinema Muto, 2004.

Turim, Maureen. *Flashbacks in Film : Memory and History*. Routledge(New York & London), 1989.

_____. *The Films of Oshima Nagisa : Images of a Japanese Iconoclast*. University of California Press, 1998.

Turnock, Julie A. *Plastic Reality : Special Effects, Technology, and the Emergence of 1970s Blockbuster Aesthetics*. Columbia University Press(New York), 2015.

Uroskie, Andrew V. *Between the Black Box and the White Cube : Expanded Cinema and Postwar Art*. University Of Chicago Press, 2014.

Vardac, A. Nicholas. *Stage to Screen : Theatrical Origins of Early Film : David Garrick to D. W. Griffith*. Da Capo Press, 1987.

Viola, Bill. *Reasons for Knocking at an Empty House*. Anthony d'Offay Gallery(London), 1995.

Von Bagh, Peter. *Aki Kaurismäki*. Éditions Cahiers du Cinéma, 2006.

Wahl, Jean. *Du rôle de l'idée de l'instant dans la philosophie de Descartes*. Descartes et Cie, 1994.

Walker, Sandy & Clarence Rainwater. *Solarization*. Amphoto, 1974.

Waller, Gregory A.(ed.). *American Horror : Essays on the Modern American Horror Film*. University of Illinois Press, 1987.

Warhol, Andy. *The Philosophy of Andy Warhol*. Harvest Book, 1975.

Warshow, Robert. *The Immediate Experience*. Doubleday & Company, Inc.(New York), 1962.

Waters, John. *Crackpot : The Obsessions of John Waters*. Scribner, 1986.

Wees, Williams C. *Light Moving in Time : Studies in the Visual Aesthetics of Avant-Garde Film*. University of California Press, 1992.

_____. *Recycled Images : The Art and Politics of Found Footage Films*. Anthology Film Archives, 1993.

Weibel, Peter(ed.). *Beyond Art : A Third Culture*. Springer-Verlag(Wien), 2005.

Weibel, Peter & Jeffrey Shaw(ed.). *Future Cinema : The Cinematic Imaginary After Film*. MIT Press, 2003.

Werner, Jochen. *Aki Kaurismäki*. Bender(Mainz), 2005.

Whitehead, Alfred North. *Process and Reality*. The Free Press(New York), 1978(corrected edition by David Ray Griffin & Donald W. Sherburne).

_____. *Science and the Modern World*. The Free Press(New York), 1967.

_____. *The Concept of Nature*. Cambridge University Press, 1995 edition.

Whitney, John. *Digital Harmony : On the Complementarity of Music and Visual Art*. Byte Books/McGraw-Hill Publications(New Hampshire), 1980.

Wiener, Norbert. *Cybernetics or Control and Communication in the Animal and the Machine*. MIT Press, 1948.

Wittgenstein, Ludwig. *Philosophical Investigations*. trans. G. E. M. Anscombe. Macmillan, 1957(2nd edition).

Wood, Robin. *Hitchcock's Films*. Castle Books(New York), 1969.

Xenakis, Iannis. *Formalized Music*. Pendragon Press, 1992(2nd edition).

Youngblood, Gene. *Expanded Cinema*. E.P.Dutton & Co., Inc., 1970.

인터뷰

MacDonald, Scott(ed.). *A Critical Cinema*. University of California Press, 1988.

_____. *A Critical Cinema 2*. University of California Press, 1992.

_____. *A Critical Cinema 3*. University of California Press, 1998.

_____. *A Critical Cinema 4*. University of California Press, 2005.

_____. *A Critical Cinema 5*. University of California Press, 2006.

Altman on Altman. ed. David Thompson. Faber and Faber, 2005.

Bergman on Bergman. ed. Stig Björkman, Torsten Manns & Jonas Sima. Da Capo Press, 1993.

Burton on Burton. ed. Mark Salisbury. Faber and Faber, 2006.

Cassavetes on Cassavetes. ed. Ray Carney. Faber and Faber, 2001.

Cronenberg on Cronenberg. ed. Chris Rodley. Faber and Faber, 1997.

David Cronenberg. ed. Serge Grüberg. Plexus, 2006.

Herzog on Herzog. ed. Paul Cronin. Faber and Faber, 2002.

Kieślowski on Kieślowski. ed. Danusia Stok. Faber and Faber, 1993.

Lynch on Lynch. ed. Chris Rodley. Faber and Faber, 2005.

Sirk on Sirk. ed. Jon Halliday. The Viking Press(New York), 1972.

Akira Kurosawa Interviews. ed. Bert Cardullo. University Press of Mississippi, 2008.

Andrei Tarkovsky Interviews. ed. John Gianvito. University Press of Mississippi, 2006.

Brian De Palma Interviews. ed. Laurence E. Knapp. University Press of Mississippi, 2003.

Charlie Chaplin Interviews. ed. Kevin J. Hayes. University Press of Mississippi, 2005.

David Lynch Interviews. ed. Richard A. Barney. University Press of Mississippi, 2009.

Federico Fellini Interviews. ed. Bert Cardullo. University of Mississippi, 2006.

Howard Hawks Interviews. ed. Scott Breivold. University Press of Mississippi, 2006.

John Ford Interviews, ed. Gerald Peary. University Press of Mississippi, 2001.

Joseph L. Mankiewicz Interviews. ed. Brian Dauth. University Press of Mississippi, 2008.

Peter Greenaway Interviews. ed. Vernon Gras & Marguerite Gras. University Press of Mississippi, 2000.

Robert Altman Interviews. ed. David Sterritt. University Press of Mississippi, 2000.

Roman Polanski Interviews. ed. Paul Cronin. University Press of Mississippi, 2005.

Sam Peckinpah Interviews, ed. Kevin J. Hayes. University Press of Mississippi, 2008.

Theo Angelopoulos Interviews. ed. Dan Fainaru. University Press of Mississippi, 2001.

(김기영 인터뷰) 『24년간의 대화』. 유지형 엮음. 도서출판 선, 2006.

(고다르 인터뷰) *Archéoloigie du Cinéma et Mémoire du Siècle*. ed. Youssef Ishaghpour. Farrago, 2000.

(로지 인터뷰) *Conversation with Losey*. ed. Michel Ciment. Methuen(London & New York), 1985.

(매딘 인터뷰) *Kino Delirium : The Films of Guy Maddin*. ed. Caelum Vatnsdal. Artbeiter Ring, 2000.

(부뉴엘 인터뷰) *Object of Desire*. trans. and ed. Paul Lenti. Marsilio Publishers(New York), 1992.

(이벤스 인터뷰) *Entretiens avec Joris Ivens par Claire Devarrieux*. Albatros, 1979.

(조도로프스키 인터뷰) *El Topo : A Book of the Film by Alexandro Jodorowsky*. ed. Ross Firestone. A Douglas Book, 1971.

(카펜터 인터뷰) *John Carpenter : The Prince of Darkness*. ed. Gilles Boulenger. Silman-James Press, 2001.

(힐 인터뷰) *Jack Hill : The Exploitation and Blaxploitation Master, Film by Film*. ed. Calum Waddell. McFarland, 2009.

(페로 인터뷰) *Cinéaste de la Parole : Entretiens avec Paul Warren*. Hexagone,1996.

(인터뷰 모음집) *Interviews with Film Directors*. ed. Andrew Sarris. Bobbs-Merrill Company Inc., 1967.

(인터뷰 모음집) *The Film Director as Superstar*. ed. Joseph Gelmis. Doubleday(New York), 1970.

(뮐러 · 마투시카 · 립친스키 등 단편영화 작가들 인터뷰 모음집) *Überraschende Begegnungen der Kurzen Art : Gespräche über den Kurzfilm*. hrsg. Peter Kremski. Schnitt Verlag/Internationalen Kurzfilmtagen Oberhausen, 2005.

(공포영화 작가들 인터뷰) *Dark Visions*. ed. Stanley Wiater. Avon Book, 1992.

(공포영화 작가들 인터뷰) *Shock Masters of the Cinema*. ed. Loris Curci. Fantasma Books, 1996.

잡지 및 팸플릿

『피터 쿠벨카』. 전주국제영화제, JIFF 2005 총서4.

『피터 체르카스키』. 전주국제영화제, JIFF 2006 총서4.

『알렉산더 클루게』. 전주국제영화제, JIFF 2008 총서4.

『예르지 스콜리모프스키』. 전주국제영화제, JIFF 2009 총서1.

『오즈 야스지로 특별전』 팸플릿, 2004년 5월.

『허우샤오시엔 특별전』 팸플릿, 2003년 4월.

『영화와 혁명 특별전』. 시네마테크 문화학교 서울, 2005년 팸플릿.

Illumination Ghost. Daguerreo Press, Inc./Image Forum, 1998. (이토 타카시 비디오 출시와 함께 발간된 소책
    자).

Ken Jacobs, Tom Tom the Piper's Son : exploding special issue. Re:Voir Video, 2000. (〈톰 톰 피리꾼의 아들〉 비
    디오 출시와 함께 발간된 소책자).

Bruce Elder. Anthology Film Archives, 1988 (팸플릿).

Evidence : Gunvor Nelson. Film i Värmland, 2006 (팸플릿).

Martin Arnold : Deanimated. ed. Gerald Matt. Kunsthalle Wien, 2002 (전시 도록집).

Austrian Avant-Garde Cinema 1955-1993. Sixpack Film/San Francisco Cinematheque, 1994 (식스팩 필름 미
    국순회상영 자료집).

Cahiers du Cinéma, n° 61, juillet 1956.

Cahiers du Cinéma, n° 65, décembre 1956.

Cahiers du Cinéma, n° 84, juin 1958.

Cahiers du Cinéma, n° 123, septembre 1961.

Cahiers du Cinéma, n° 138, décembre 1962.

Cahier du Cinéma, n° 144, juin 1963.

Cahiers du Cinéma, n° 164, mars 1965.

Cahiers du Cinéma, n° 171, octobre 1965.

Cahiers du Cinéma, n° 205, octobre 1968.

Cahiers du Cinéma, n° 284, janvier 1978.

Cahiers du Cinéma, n° 339, septembre 1982.

Cahiers du Cinéma, n° 358, avril 1984.

Cahiers du Cinéma, n° 368, février 1985.

Cahiers du Cinéma, n° 557, mai 2001.

Positif, no. 194, juin 1977.

Positif, no. 249, décembre 1981.

Positif, no. 478, décembre 2000

Positif, no. 536, octobre 2005.

Balthazar : Ruvue d'Analyse du Cinéma Contemporain, n° 5, printemps 2002.

Cinéma Pratique, n° 137, 1975.

Cinématographe, novembre 1978, N° 41.

Écran. n° 10, décembre 1972.

Film Quarterly, summer 1974.

Jeune Cinéma, n° 3~4, 1964~1965.

Les Créateurs, n° 43, mars 1983.
Pratiques, no. 14, autumn 2003.
Traffic, n° 6, printemps 1993.

Afterimage, no. 4, 1972.
Afterimage, no. 13, autumn 1987.
Artforum, vol. 10, no. 1, September 1971.
Artforum, vol.11, no. 5, January 1973.
Sight and Sound, autumn 1956.
Sight and Sound, summer 1957.

Film Culture, no. 9, 1956.
Film Culture, no. 28, spring 1963.
Film Culture, no. 36, spring/summer 1965.
Film Culture, no. 44, spring 1967.
Film Culture, no. 46, autumn 1967.
Film Culture, no. 47, summer 1969.
Film Culture, no. 48/49 winter & spring 1970.
Film Culture, no. 52, spring 1971.
Film Culture, no. 53-54-55, spring 1972.
Film Culture, no. 56-57, spring 1973.
Film Culture, no. 58-59-60, 1974.
Film Culture, no. 61, 1975-76.
Film Culture, no. 65-66, 1978.

Millenium Film Journal, no. 4/5, summer/fall 1979.
Millenium Film Journal, no. 6, 1980.
Millenium Flim Journal, no. 30/31, fall 1997.
Millenium Film Journal, no. 32/33, fall 1998.
Millenium Film Journal, no. 35/36, fall 2000.

『독립영화』 41호, 2011년 9월.
『독립영화 ZINE』, 2014년 12월호.
『스크린』, 1999년 8월호.
『영화』, 1993년 147호.

『KINO』, 1997년 1월호.
『KINO』, 1997년 12월호.
『KINO』, 1998년 3월호.
『KINO』, 1998년 10월호.
『KINO』, 2000년 1월호.
『KINO』, 2000년 2월호.
『KINO』, 2000년 6월호.
『KINO』, 2001년 12월호,

『씨네 21』, 1996년 5월 51호.
『씨네 21』, 1998년 138호.
『씨네 21』, 1998년 168호.
『씨네 21』, 2000년 256호.
『씨네 21』, 2004년 3월.
『씨네 21』, 2005년 519호
『씨네 21』, 2006년 547호.
『씨네 21』, 2006년 578호.
『씨네 21』, 2007년 591호.
『씨네 21』, 2007년 602호.
『씨네 21』, 2007년 606호.
『씨네 21』, 2007년 608호.
『씨네 21』, 2007년 610호.
『씨네 21』, 2007년 613호.
『씨네 21』, 2008년 643호.
『씨네 21』, 2009년 702호.
『씨네 21』, 2009년 706호.
『씨네 21』, 2010년 753호
『씨네 21』, 2010년 770호.
『씨네 21』, 2010년 778호.
『씨네 21』, 2012년 844호.
『씨네 21』, 2013년 7월.

『인문예술잡지 F』, 2011년 1호.
『인문예술잡지 F』, 2011년 2호.
『인문예술잡지 F』, 2011년 3호.
『인문예술잡지 F』, 2013년 9호.
『인문예술잡지 F』, 2013년 10호.
『인문예술잡지 F』, 2013년 11호.
『인문예술잡지 F』, 2014년 12호.
『인문예술잡지 F』, 2015년 18호.

『나방』 1호, 2006.
『나방』 2호, 2007.
『나방』 3호, 2007.
『리토피아』, 2007년 28호.
『오큘로』, 2016년 2호.
『문화과학』 2015년 가을 83호.
『문학동네』, 2016년 가을 88호.
The Stream, Vol.2. 한국 비디오아트 아카이브, 2014.

『FILO』, 2018년 2호.
『FILO』, 2018년 3호.

:: 용어표

표면(表面, surface)
- 평행면
- 충돌면
- 지층면
- 시층면
- 신화면
- 반사면(모방면)
- 전반사면
- 난반사면
- 평행면(초점면)
- 편반사면
- 접신면
- 경계면
- 대표면

막(膜, brane, membrane)
- 투명막(transparent brane)
- 흡수막(absorbent brane)
- 은막(銀膜)
- 균막(菌膜, biofilm)
- 점막(粘膜)
- 진동막(振動膜)
- 암막(暗膜)
- 몽막(夢膜)
- 평행막(平行膜)
- 기계막(器械膜)
- 흡혈막(吸血膜)
- 흡육막(吸肉膜)
- 령막(靈膜)
- 양막(羊膜)
- 색채막(色彩膜)
- 서사막(敍事膜)

필름스트립(filmstrip)
- 포토그램(photogram)
- 씨네그램(cinegram)
- 스플라이스(splice)
- 이중노출(superimposition, double exposure)
- 다중노출(multiple exposure)
- 슬로우모션(slow motion)
- 감도(sensitivity, ISO)

- 스프로킷휠(sprocket wheel)
- 스프로킷홀(sprocket hole)
- 퍼포레이션(perforation)
- 플레이트(plate)
- 게이트(gate)
- 셔터(shutter)
- 이멀전(emulsion)
- 베이스(base)
- 할라이드, 할로겐 화합물(halide)
- 주름, 주름조직(reticulation)
- 연산구조(連山-, 벌집구조)

씨네그램
- 씨네그램(cinegram, cinégramme)
- 쎄네제니(cinegenie)
- 씨네스케이프(cinescape)
- 씨네온(cineon)

회로(circuit)
- 폐쇄회로(closed-)
- 스트로크 회로(stroke-)
- 병렬회로(parallel-)
- 변신회로(trans-)

접
- 퇴접(退接, retrojuction)
- 탈접(脫接, exjunction)
- 병접(竝接, parajunction)
- 잉접(剩接, surjunction), 변접(transjunction)

시간
- 얇기(thin)
- 넓이(wide)
- 두께(thick)
- 결(grain, texture)

동시성(simultaneity)
- 공시성(共時性, synchrotaneity)
- 이시성(異時性, asynchrotaneity)
- 계층적 동시성(다층적-, stratificational simultaneity)

- 계열적 동시성(serial simultaneity)
- 모자이크 동시성(mosaic simultaneity)
- 씽크로노미(synchronomy)
- 파라노미(paranomy)

존재(-sist)
- 현존(現存)
- 항존(恒存)
- 공존(共存)
- 병존(竝存)
- 틈존(闖存)
- 점존(點存)
- 섬존(譫存)
- 섬존(閃存)
- 폭존(暴存)
- 폭존(爆存)
- 무존(霧存)
- 막존(幕存)
- 대존(代存)
- 잉존(剩存)
- 여백(餘白)

바깥(out, dehors)
- 밖
- 뜻밖
- 안팎
- 외부
- 외생적(exogenous)
- 외가(外家)
- 재연하다(act out)

다른, 딴
- 딴말
- 딴짓
- 딴낯
- 딴길, 딴 얘기(한계 내러티브, 먼 플롯)
- 딴곳
- 딴살
- 딴넋

빈틈, 틈새(gap)
- 틈
- 간격(interval)
- 구멍(pore, hole)
- 사이
- 새

- 어느새
- 겨를
- 무심결
- 결
- 틈타기(surf-)
- 표면(surface)

사이
- 새
- 틈새
- 어느새
- 부지불식간
- 순식간
- 삽시간
- 겨를
- 결
- 무심결
- 알게 모르게
- 시나브로
- 무한소(infinitesimal)
- 신출귀몰(神出鬼沒)

순간(moment, instant)
- 찰나
- 어느새
- 순식간, 삽시간
- 단숨
- 공기(空氣)
- 숨
- 호흡, 흡수

풍경(landscape, windscape)
- 환경(環境, surrounding)
- 풍경(風景, landscape)
- 풍경(風-景, wind-scape)
- 공기(空氣)
- 숨
- 호흡, 흡수

분위기(atmosphere, mood)
- 두께
- 앰비언스(ambience)
- 앰비언트(ambient)
- 공기(空氣)
- 숨
- 호흡, 흡수

덩어리(mass)
- 질량(mass)
- 대중(mass)
- 중력(gravity, gravitation)
- 무게(weight)
- 압력(pressure)
- 시압(time-pressure)
- 기압, 공기
- 숨
- 호흡, 흡수

숨
- 들숨, 날숨
- 헛숨
- 단숨
- 숨구멍
- 공기
- 호흡, 흡수

하늘
- 천명(天命)
- 운명(運命)
- 천공(天空)
- 공기(空氣)
- 숨
- 호흡, 흡수

여백(餘白)
- 틈새, 틈
- 공백
- 공기
- 숨
- 호흡, 흡수

잉여(surplus)
- 여지(餘地)
- 여시(餘時)
- 여력(餘力)
- 여분(餘分)
- 여한(餘恨)
- 잉여기억(surplus memory)
- 잉여비전(surplus vision)
- 잉여이미지(surplus image)
- 잉여노동(surplus labor)
- 영원노동(eternal labor)
- 잉여가치(surplus value)

- 잉여전이(surplus transfer)
- 특별잉여가치(extra surplus value)
- 네트워크 잉여가치(network surplus value)
- 신경잉여가치(neuro surplus value)
- 잉접(剩接, surjunction)
- 잉존(剩存)
- 잉여존재(surplus entity)
- 여백

흡수(吸收, absorb)
- 흡수막(absorbent membrane)
- 흡수장애(malabsorption)
- 역흡수(exsorption)
- 흡수적(immersive)
- 몰입(immersion)
- 이멀전(emulsion)
- 표현주의(expressionism)
- 흡수주의(immersionism)
- 호흡(呼吸)
- 들숨, 날숨(inhale, exhale)
- 숨
- 공기
- 여백
- 잉여

현실적 존재(actual entity, A.E.)
영원한 객체(영원한 대상, eternal object, E.O.)
소멸(perish, vanish)
불멸(immortal)
생성(becoming, generation)
현실화(actualization)
실현(realization)
시간화(temporalization)
진입(ingression)
객체화(objectification)
객체적 불멸성(objective immortality)
정신적 극(mental pole)
물리적 극(physical pole)
개념적 느낌(conceptual feeling)
개념적 역전(conceptual reversion)
여건(datum)
파악(prehension)
연접(conjunction)
이접(disjunction)
연장(extension)
분할(절단, division, cut)

결단(decision, cut off)
합생(concrescence)
이행(transition)
변환(돌연변이, transmutation)
자기초월체(자기초월, superject)
만족(satisfaction)
결합체(nexus)
공재성(togetherness)
현시적 직접성(presentational immediacy)
인과적 효과성(causal efficacy)

원자(atom)
- 원자적(atomic)
- 원자론(atomism)
- 원자화(atomize)
- 가분적, 불가분적(divisible, indivisible)

원자화(atomize, atomization)
- 맞원자화(paratomize)
- 쌍원자화(synatomize, coatomize)
- 전원자화(범원자화, panatomize)
- 개체화(individuation)
- 증식(multiplication)

지속(durée)
운동(movement)
변화(change)
잠재적(virtual)
잠재태(virtuality, the virtual)
잠재화(virtualization [베르그송], potentialization[화이트헤드])
가능화(potentialisation [그레마스])
퍼텐셜(potential)
가능성(potentiality, possibility)
전체(total, tout)
총체성(totality)
부분(part)
정념, 정서(affection [베르그송])

관계(relation, rapport)
조직, 유기체(organization [소비에트])
직조(network, texture [라이프니츠])
관계망(network)

위상학(topology)
위정학(topolitics)

지정학(geopolitics)
비유클리드 기하학(non-euclidean geometry)
군이론(group theory)
급변론(catastrophe theory)
프랙탈 기하학(fractal geometry)
기후신학(climatotheology)
제의례학(ceremoscience)
우주론(cosmology)
형이상학(metaphysics)
초물리학(transphysics)
심령물리학(paraphysics)
신경학(neurology)
신경공학(neuroengineering)
전염학(epidemiology)
면역학(immunology)
종속이론(dependency theory)
계통학(phylogeny)
계통분류학(taxonomy)
계통점진설(phyletic gradualism)
단속평형설(punctuated equilibrium theory)
존재론(ontology)
존재화학(ontochemistry)
연금술(alchemy)
법의학(forensic)
분변학(scatology)

위상학적(topological)
- 위상(topos, phase)
- 집합(set)
- 류(class)
- 군(group)
- 부분군(subgroup)
- 자명군(trivial group)
- 사상(mapping)
- 자기동형사상(automorphic mapping)
- 호모토픽(homotopic)
- 동형적(isomorphic)
- 위상동형(homeomorphic)
- 상동성(homology)

몽타주
- 수렴 몽타주 (그리피스)
- 충돌 몽타주 (에이젠슈테인)
- 대조 몽타주 (표현주의)
- 가속 몽타주 (프랑스 유파)
- 광각 몽타주 (서부극)

- 망원 몽타주 (구로사와)
- 연결 몽타주 (이벤스)
- 거리 몽타주 (펠레시안, 김동원)
- 간섭 몽타주 (스반크마예르)
- 플래시 몽타주 (크렌, 메카스 등)
- 시나브로 몽타주 (이명세)
- 지그재그 몽타주 (드팔마)
- 병렬 몽타주 (파라시네마)
- 평행몽타주 (타르코프스키, 앙겔로풀로스, 소쿠로프)
- 신경몽타주 (브레송, 페라라, 비글로우)
- 접신 몽타주 (공포영화, 카발레로비치, 체르카스키)
- 텔레 몽타주 (스콧)
- 코러스 몽타주 (베이)
- 양자내장 몽타주 (카펜터)
- 카르텔 몽타주 (김기영)
- 프랙투스 몽타주 (한국 신파)

영화
- 완전영화(total cinema)
- 무한영화(infinite cinema)
- 다면체(polyhedron, manifold)
- 다면체적(다형체적, polymorphous, multifaceted)
- 다공체적(polyporous)
- 증식(multiplication)

영화적
- 영화적(cinematographic)
- 영화적(필름적, filmic)
- 영화적(cinematic, kinematic)

푸티지(footage)
- 파운드 푸티지(found footage)
- 푸티징(footaging)
- 메타 푸티지(meta footage)
- 슈퍼 푸티지(super footage)

반사(reflection)
- 반응(reaction)
- 반성(reflection)
- 반사적, 재귀적(reflexive)
- 응답(response)
- 책임(responsibility)
- 복수(revenge)
- 반전(reversion, reversal)
- 퇴행(retrogression)

- 후굴(retroflex)

모방(mimesis, mimic)
- 흉내 내기(impersonation, mimicry)
- 탈인격화(탈인칭화, impersonation)

얼굴(face)
- 클로즈업(close-up)
- 탈클로즈업(declose-up)
- 옆얼굴, 뒷얼굴(juxtaface, infraface)
- 밑얼굴(subface)
- 겹얼굴(strataface, multiface)
- 탈얼굴(deface)
- 예외얼굴(extraface)
- 평행얼굴(paraface)
- 무표정(aface)
- 얼굴탄젠트(physiogno-tangent, face-tangent)
- 얼굴무한소(facesimal, face-infinitesimal)

미분(微分, differentiation, differential)
- 도함수(derivative)
- 접선(接線, tangent)
- 적분(積分, integration)
- 편미분(偏微分, partial differentiation)
- 무한소(infinitesimal)
- 얼굴무한소, 배역무한소

플릭커(flicker)
- 플래시(flash)
- 점멸(點滅)
- 명멸(明滅)
- 섬광
- 돌발, 돌연

허주(虛主)
- 공주(空主)
- 접주(接主)
- 전주(傳主)
- 환주(換主)
- 텅 빈 중심(empty center)
- 허객(虛客)
- 허풍(虛風)
- 공기, 숨

다큐멘터리
- 횡단면(transection)

- 교차면(intersection)
- 전단면(total cross section)
- 미시단면(micro cross section)

플래시 몽타주
- 굴절(inflection)
- 반사(reflection)
- 회절(diffraction)
- 간섭(interference)

폭탄(bomb)
- 화약(charge)
- 뇌관(fuse)
- 운반체, 유도체(vehicle)
- 항법장치(navigation)

평행선(parallel)
- 무한원점(無限遠點, point at infinity)
- 소실점(vanishing point)
- 카이로스(kairos)
- 평행몽타주(평행편집, parallel montage)
- 병렬몽타주(paramontage)
- 병렬감(parapathy, parasympathy)
- 평행지각(paraception)
- 역설(paradox)
- 시차(parallax)
- 기억착오(paramnesia)
- 우화(parabole)
- 파라노이아(paranoia)
- 기생충, 기생괴물(parasite)
- 초금속(parametal)
- 심령물리학(paraphysics)
- 병렬군중(paramass)

내러티브
- 닫힌계(closed system)
- 디제시스(diegesis)
- 분위기
- 비유클리드적 변형
- 초점화
- 관점, 화각, 전망(perspective)
- 플롯(plot)
- 한계 내러티브(marginal-)
- 한계플롯(marginal-)
- 파불라(fabula), 수제(syuzhet)

3틈 구조
- 1틈 : 유클리드 평면 (표준)
- 2틈 : 보요이-로바체프스키 변형 (과장)
- 3틈 : 리만 변형 (생략)

3틈 구조, 내러티브
- 1틈 : 문제 제기 (선동적 사건, 욕망)
- 2틈 : 문제 포기 (바닥점, 절망)
- 3틈 : 문제 용해 (클라이맥스, 결단)

3틈 구조, 프린팅
- 1틈 : 스플릿 · 매트 (split, matt)
- 2틈 : 리버설 · 마스크 (reversal, mask)
- 3틈 : 합성 · 글래스 (composition, glass)

3틈 구조, 옵티컬 내러티브
- 1틈 : 다층화 · 멀티프로젝션(multi-layer, -projec-tion)
- 2틈 : 시차 · 가면 (parallax, mask)
- 3틈 : 변형 · 트랜지스터 (metamorphosis, transis-tor)

3틈 구조, 옵티컬 효과
- 1틈 : 다중노출
- 2틈 : 플리커
- 3틈 : 솔라리제이션

초점(focus)
- 초점면(focal-)
- 초점이동(shift focus)
- 초점들임(in-focus)
- 초점나감(out-focus, defocus)
- 허초점(imaginary focus)

초점화(focalization)
- 탈초점화(defocus)
- 폐초점화(tautofocus)
- 자동포커스(autofocus)
- 허초점화(imaginary focus)

망원(telescope)
- 근경/원경(近景/遠景)
- 가까운 플롯/먼 플롯
- 내러티브/한계 내러티브(딴얘기)
- 길/딴길
- 거시사/미시사

개체화(individuation)
- 전개체화(preindividuation)
- 공개체화(coindividuation, synindividuation)
- 탈개체화(deindividuation)
- 범개체화(panindividuation)
- 각개체화(singulindividuation)
- 군개체화(cumulindividuation)
- 비체화(卑體化, adividuation)
- 개체병(individuoepidemic)
- 준안정성(metastability)
- 벼텨냄, 시김새

결정화(結晶化, crystallization)
- 솔라리제이션(solarization)
- 현상(現像, development)
- 전개(development)
- 발달(development)
- 농담법(濃淡-, gradation)

거짓말
- 딴말
- 참말
- 틀린 말
- 빈말
- 허풍(虛風)
- 공기(空氣)

고통(pain)
- 통각(痛覺), 통감(痛感)
- 압통점(壓痛點)
- 둔통점(鈍痛點)
- 환지통(幻肢痛, phantom limb pain)
- 환시통(幻時痛, phantom time pain)
- 연관통(referred pain)
- 방사통(radiating pain)
- 신경통(neuralgia)
- 무통증(analgesia)

전염(contagion)
- 감염(infection)
- 전염, 전파(transmission)
- 오염(contamination)
- 병원체(pathogen)
- 숙주(host)
- 보균자(carrier)
- 감염경로(route of infection)

- 매개체(vector)
- 면역계(immune system)
- 전염계(infective system)
- 자가면역(autoimmunity)
- 자가전염(autoinfection)
- 자가면역계(autoimmune system)
- 자가전염계(autoinfective system)
- 전염경(傳染景, infectoscape, infectosphere)
- 전이(metastasis)
- 준안정성(metastability)
- 변신(metamorph)
- 개체화(individuation)
- 개체병(individuoepidemic)

피부와 내장
- 피부(scissum)
- 내장(viscus)
- 점성의, 끈적이는(viscous)
- 끈적끈적한 것(le visquex [사르트르])
- 끈질긴(persistent, tenacious)
- 점착(adhesion, cohesion)
- 점성(viscosity)
- 점탄성(viscoelasticity)
- 내장적(visceral)
- 내장화(visceralization)
- 범내장화(panvisceralization)
- 내장실재적(viscereal)
- 양자내장(quantum viscus)
- 오장육부, 창자(intestine, guts, entrails)
- 기관, 장기(organs)
- 조직, 유기체(organization)

헌법(constitution, constitutional law)
- 법(law)
- 계약(contract)
- 로고스(logos)
- 서약(covenant)
- 제헌권력(constituent power)
- 제헌환(constituent circle)
- 피드백

자율성(autonomy)
- 자동성(automaticity)
- 자동주의(automatism)
- 자폐성(autism)
- 타율성(heteronomy)

- 무정부성(anomie)

피드백(feedback)
- 되먹음(feedback)
- 되싸기
- 남겨먹음
- 끌개(attractor)
- 반끌개(repeller)
- 공명(resonance)
- 소산구조(dissipative structure)

변신(metamorph)
- 변태(metamorphosis)
- 변형(transformation)
- 변환(transmutation [화이트헤드])
- 변환(transduction [시몽동])
- 돌연변이(mutation)
- 전환(convert)
- 변장(disguise, mask, camouflage)
- 위장(camouflage)
- 변화(change)
- 전이(transition, transference, transfer)
- 증식(multiplication)

연기(perform)
- 수행(perform)
- 연기(act)
- 재연(reenact)

연극(theater)
- 연극성(theatricality)
- 연극화(theatricalization)
- 극화(dramatization)
- 탈연극화(detheatricalization)
- 연극장애(dystheater)
- 극장애(dysdrama)
- 전연극(pretheater)
- 민족연극학(Ethnodramatics)
- 연극인류학(Theater Anthropology)

배역(part, role)
- 참여(participation)
- 역할분담(partition)
- 배역분할(partition, divide-, split-, cut-)
- 배역 교체(shift-, replace-, change -)
- 배역무한소(partesimal, part-infinitesimal)

- 역할극(role play)
- 배역장애(dyspart, partoplegia)
- 배역균(partogen)
- 캐릭터(character)
- 몰입(immersion)
- 이멀전(emulsion)

무대(stage)
- 무대화(staging)
- 탈무대화(destaging)
- 중층무대화(multilayer staging, polystaging)
- 총무대화(total staging)
- 범무대화(panstaging)
- 무대 갈아타기(transfer-)
- 무대 뒤(backstage)
- 한정(definiteness, definition)
- 한정하다(define)
- 한정자(definer)
- 상황 한정(definition of the situation)
- 경계(limen)

재현(representation)
- 대의(representative)
- 대의제(representative system)
- 재귀적(reflexive)
- 대표 민주주의(representative democracy)
- 자유간접 민주주의(free indirect democracy)
- 데모스(demos)
- 아르케(arche)
- 배역

배우(actor, performer)
- 연기(act, perform)
- 재연(act out)
- 재연(reenact)
- 수행(perform)
- 연행(perform)
- 연기자(performer)
- 퍼포먼스, 공연(performance)
- 공연(co-performance)
- 배우공동체(actor community, actor commune)
- 전연극배우(pretheater actor)
- 전연극
- 삶

기타